böhlau

DING, MATERIALITÄT, GESCHICHTE

herausgegeben von Lucas Burkart, Mark Häberlein,
Monica Juneja und Kim Siebenhüner

Band 5

Alexander Denzler

Straßen im 16. Jahrhundert

Erhalt – Nutzung – Wahrnehmung

BÖHLAU

Gedruckt mit freundlicher Unterstützung der Geschwister Boehringer Ingelheim Stiftung für Geisteswissenschaften in Ingelheim am Rhein und der Forschungsstiftung Bayerische Geschichte.

Bibliografische Information der Deutschen Nationalbibliothek:
Die Deutsche Nationalbibliothek verzeichnet diese Publikation in der Deutschen Nationalbibliografie; detaillierte bibliografische Daten sind im Internet über https://dnb.de abrufbar.

© 2023 Böhlau, Lindenstraße 14, D-50674 Köln, ein Imprint der Brill-Gruppe
(Koninklijke Brill NV, Leiden, Niederlande; Brill USA Inc., Boston MA, USA; Brill Asia Pte Ltd, Singapore; Brill Deutschland GmbH, Paderborn, Deutschland; Brill Österreich GmbH, Wien, Österreich)
Koninklijke Brill NV umfasst die Imprints Brill, Brill Nijhoff, Brill Hotei, Brill Schöningh, Brill Fink, Brill mentis, Vandenhoeck & Ruprecht, Böhlau, Verlag Antike und V&R unipress.

Alle Rechte vorbehalten. Das Werk und seine Teile sind urheberrechtlich geschützt. Jede Verwertung in anderen als den gesetzlich zugelassenen Fällen bedarf der vorherigen schriftlichen Einwilligung des Verlages.

Umschlagabbildung: Der Bildausschnitt zeigt die Grenze zwischen dem Hochstift Passau und dem Herzogtum Bayern bei Breiteich, Socking, Kalteneck (alle Lkr. Passau). Signatur BayHStA, Plansammlung 20801. Erscheinungsjahr (1558) [DFG viewer].

Umschlaggestaltung: Michael Haderer, Wien
Satz: SchwabScantechnik, Göttingen
Druck und Bindung: ⊕ Hubert & Co, Göttingen
Printed in the EU

Vandenhoeck & Ruprecht Verlage | www.vandenhoeck-ruprecht-verlage.com

ISBN 978-3-412-52759-4

Inhalt

1. **Einleitung** 9
   1.1 Alles schlechte Straßen? 9
   1.2 Forschungsstand 22
       1.2.1 Altstraßenforschung 24
       1.2.2 Wirtschaft-, Handels-, Transport-, Verkehrs- und
             Mobilitätsgeschichte 31
       1.2.3 Reiseforschung 44
   1.3 Zielsetzung und Fragestellung 58
   1.4 Quellen, methodisches Vorgehen und Aufbau der Studie 64

2. **Was sind Straßen? Eine begriffliche und visuelle Annäherung** 74
   2.1 Die Vielfalt vormoderner Straßen und Wege
       und die Grenzen einer Typisierung 80
   2.2 Die Visualisierung des Straßenraumes 96
       2.2.1 Aus der Ferne: Der Verlauf und die Distanz von Wegstrecken .. 109
       2.2.2 Aus der Nähe: Hochstraßen, Steige, Hohl- und Grenzwege 121
       2.2.3 (Un-)sichtbares und Sagbares: Eine Kreuzstraße und ein
             tödlicher Unfall bei einer Landstraße neben einem Winterweg ... 131
       2.2.4 Am Straßenrand: Zäune, Kreuze, Bildstöcke, Richtstätten,
             Grenzsteine, Zollhäuser, Informationstafeln 146
       2.2.5 Öffentlichkeit und Abgelegenheit 166
   2.3 Zusammenfassung 177

3. **Die *sorg und arbeit des wegs*: Reiseweg, Schutz vor Qual und Hölle** ... 183
   3.1 Wider den Teufel und körperliche Gebrechen: Medizinische und
       theologische Reiseratgeber 188
   3.2 Reisen mit der Kutsche: Schutz vor Mördern? 202
   3.3 Reden und Schweigen über Reisewege in Reiseberichten 208
   3.4 Wohin führt der Weg? Itinerare 224
   3.5 Zusammenfassung 246

4. Die Materialität der Verkehrsinfrastruktur: Eine vielschichtige Konstellation – Baustoffe, Kosten und Arbeiter 251
    4.1   Die Fern- und Nahhandelsstraßen im Nürnberger Umland 256
    4.2   Die Rechnungen des Weg- und Stegamts: Quantitative Befunde 262
    4.3   Die Materialität von Straßen 271
          4.3.1 Erde, Holz und Steine: Straßen als Teil der Natur 274
          4.3.2 Straßen- und Landgräben: Der Schutz vor Wasser und Eindringlingen – die praktische Herstellung von Sicherheit vor Umwelteinflüssen 285
    4.4   Brücken aus Holz und Stein 295
    4.5   Finanzierungsgrundlagen: Gattergelder und Stiftungen 302
    4.6   Die Straßen- und Brückenarbeiter – ein mikrohistorischer Blick auf Akteure der Verkehrsinfrastruktur 307
    4.7   Zusammenfassung 313

5. Herrschen mit und über Straßen 317
    5.1   Sicherheit und Straßenfrieden 326
    5.2   Zollrechte, Unterhaltspflichten und Zöllner als Straßenerhaltungsexperten 341
    5.3   Herrschen über Straßen: Zur Beseitigung der *unwesenhait und zeschlaipfung* 359
    5.4   Straßenvisitationen: Möglichkeiten und Grenzen des obrigkeitlichen Straßenunterhalts 369
    5.5   Beschwerden von ›unten‹ und die Ordnung von ›oben‹ 378
    5.6   Straßenunterhalt um 1600: Eine Wendezeit? 391
    5.7   Zusammenfassung 401

6. Wege und Stege: Die Verkehrsinfrastruktur auf dem Land als Gemeinschaftsressource 406
    6.1   Der übersehene verkehrsinfrastrukturelle Nahbereich 409
    6.2   Pfade, Stiegel, Straßen: Mikromobilitäten 415
    6.3   Gemeinde, Anlieger und Herrschaft: Wer front für wen? 437
    6.4   Zusammenfassung 454

7. Ergebnisse und Ausblick 456

Dank 467

Verzeichnis der Abbildungen und Diagramme 468
Abbildungen 468
Diagramme 475

Abkürzungsverzeichnis 476

Quellen- und Literaturverzeichnis 477
Quellen 477
Archivalische, bibliothekarische und museale Quellen 477
Gedruckte Schriftquellen 479
Karten und Bildquellen online 482
Editionen, Regesten, Repertorien und Inventare 485
Literatur 488
Nachschlagewerke und Hilfsmittel 536

Anhang 538

1. Einleitung

1.1 Alles schlechte Straßen?

Straßen sind »social institutions«,[1] so hat es die Forschung bereits vor 40 Jahren konstatiert und sie seitdem als zentrale Elemente von städtischen Gesellschaften untersucht. Als »primary arena for social encounters and transactions«[2] konnten besonders innerurbane Straßen der Vormoderne jüngst durch ein internationales Forscherteam um Danielle von den Heuvel nicht nur als Grundbedingung für den voranschreitenden Urbanisierungsprozess charakterisiert, sondern der Straßenraum hinsichtlich sinnlicher und devianter, aber auch geschlechterspezifischer Erfahrung und Aneignung von Städten perspektiviert werden.[3] Straßen als kulturhistorische Phänomene zu betrachten, die geschaffen,

---

1 Rykwert, Joseph: The Street. The use of its history, in: Anderson, Stanford (Hg.): On Streets, Cambridge 1978, S. 15–27, hier S. 15.
2 Nevola, Fabrizio: Sources and methods for studying historical streets, in: Heuvel, Danielle van den (Hg.): Early Modern Streets. A European Perspective, London/New York 2023, S. 28–49, hier S. 28.
3 Heuvel 2023; Pierik, Bob: Coaches, Sleighs, and Speed in the Street: »Vehicularization« in Early Modern Amsterdam, in: Journal of Urban History (September 2022), URL: https://doi.org/10.1177/00961442221117856 (11.4.2023); Heuvel, Danielle van den u. a.: Capturing Gendered Mobility and Street Use in the Historical City: A New Methodological Approach, in: Cultural and Social History 17 (2020), S. 515–536. Siehe auch die Plattform »The Freedom of the Streets. Gender and Urban Space in Europe and Asia (1600–1850)« unter https://www.freedomofthestreets.org/ (11.4.2023).
Das umfängliche Forschungsinteresse an den innerhalb von Städten gelegenen Straßen der Frühen Neuzeit belegen etwa auch Riguelle, William: ›Look out! Get back!‹ Horse-drawn traffic and its challenges in Belgian cities in the early modern period, in: Urban History 49 (2022), S. 1–17; Nevola, Fabrizio: Street life in Renaissance Italy, New Haven/London 2020; Degl'Innocenti, Luca/Rospocher, Massimo (Hg.): Street singers in Renaissance Europe (Renaissance studies 33/1), Oxford 2019; Ylimaunu, Timo u. a.: Street mirrors, surveillance, and urban communities in early modern Finland, in: Journal of Material Culture 19 (2014), S. 145–167; Gordon, Andrew: Materiality and the Streetlife of the Early Modern City, in: Richardson, Catherine/Hamling, Tara/Gaimster, David (Hg.): The Routledge Handbook of Material Culture in Early Modern Europe, London/New York 2016, S. 130–140; Laitinen, Riitta/Cohen, Thomas V. (Hg.): Cultural History of Early Modern Streets, Leiden 2009; Vaillancourt, Daniel: Les urbanités Parisiennes au XVIIe siècle: Le livre du trottoir (Les collections de la république des lettres), Québec 2009; Terpstra, Nicholas: Creations and Re-creations: Contexts for the Experience of the Renaissance Street, in: I Tatti studies 16 (2013), S. 221–230; Farge, Arlette: Vivre dans la rue à Paris au XVIIIe siècle, Paris 1992. Stadtstraßen werden auch im Projekt Hidden Cities erfasst: https://hiddencities.eu (11.4.2023). Siehe zur digitalen kartographischen Darstellung vormoderner Städte, was in der Regel Straßen einschließt, Terpstra, Nicholas/Rose, Colin (Hg.): Mapping space, sense, and movement in Florence: Historical GIS and the early modern city (Routledge research in digital humanities), London/New York 2016; Saygi, Gamze/Yasunaga, Marie:

angeeignet, ausgehandelt, sinnlich erfahren wurden und auf analytischer Ebene damit sowohl als Marker von Intersektionalität und Differenz, aber auch von sich ändernden sozialen Bedingungen, Praktiken, politischen Konzepten und Vorstellungen dienen können, verweist auf grundlegende, sich wandelnde Forschungsperspektiven.[4] Blickt man auf die ältere, aber durchaus auch jüngere Forschung, so wird deutlich, dass die Nutzung und Schaffung von vormodernen Straßen durch Menschen außerhalb ummauerter Siedlungen in erster Linie für den Bau von Chausseen Aufmerksamkeit auf sich zog. Die im »grand siècle des routes«[5] in vielen Ländern Europas entstandenen Kunststraßen begründeten aufgrund ihrer kosten- und materialintensiven Bauart und daraus resultierenden komplexeren Formen der Organisation und Finanzierung geradezu eine Straßenbauepoche.[6] Davor, so zumindest suggeriert es die Forschung, scheinen außerurbane Straßen für

---

The Digital Urban Experience of a Lost City. Using Mixed Methods to Depict the Historical Street Life of Edo/Tokyo, in: magazén. International Journal for Digital and Public Humanities 2 (2021), S. 193–224, URL: http://doi.org/10.30687/mag/2724-3923/2021/04/002 (11.4.2023) u. Nevola 2023, S. 38–43.

4   Siehe zu den innerstädtischen Straßen und Plätzen des 18. Jahrhunderts demnächst auch Weber, Maria: Zwischen organisierter Wachsamkeit und Chaos. Massenveranstaltungen, ephemere Räume und Herstellung von Sicherheit im 18. Jahrhundert, in: HZ 317/2 (2023).

5   Livet, Georges: Histoire des routes et des transports en Europe des chemins de Saint-Jacques à l'âge d'or des diligences, Straßburg 2003, S. 344.

6   Jolly, Anne: Comment mobiliser les fonds alloués aux infrastructures royales routières? L'exemple de la stratégie financière du Trésorier général des Ponts et Chaussées Gabriel Prévost (1748–1778), in: Conchon, Anne/Plouviez, David/Szulman, Éric (Hg.): Le financement des infrastructures de transport XVIIe-début XIXe siècle, Paris 2018, S. 141–172; Longen, Nicole: Financer l'extension des infrastructures routières: l'emploi de la corvée dans l'électorat de Trèves (1750-1850), in: Conchon/Plouviez/Szulman 2018, S. 83–98; Wunder, Bernd: Die Anfänge des Chausseebaus in Österreich und im Schwäbischen Kreis (1717-1764), in: Andermann, Kurt/Gallion, Nina (Hg.): Weg und Steg. Aspekte des Verkehrswesens von der Spätantike bis zum Ende des Alten Reichs (Kraichtaler Kolloquien 11), Ostfildern 2018, S. 231–244; Conchon, Anne: La corvée des grands chemins au XVIIIe siècle. Économie d'une institution, Rennes 2016; Flückiger, Daniel: Entscheiden an Ort und Stelle. Verfahren im Straßenbau am Beispiel des Kantons Bern 1740-1850, in: Stollberg-Rilinger, Barbara/Krischer, André (Hg.): Herstellung und Darstellung von Entscheidungen. Verfahren, Verwalten und Verhandeln in der Vormoderne (ZHF, Beihefte 44), Berlin 2010, S. 335–362; Flückiger, Daniel: Strassen für alle. Infrastrukturpolitik Kanton Bern 1790–1850, Baden u.a. 2011; Schiedt, Hans-Ulrich: Chausseen und Kunststrassen: Der Bau der Hauptstrassen zwischen 1740 und 1910, in: Schweizerische Zeitschrift für Geschichte 56 (2006), S. 13–21; Helmedach, Andreas: Das Verkehrssystem als Modernisierungsfaktor. Straßen, Post, Fuhrwesen und Reisen nach Triest und Fiume vom Beginn des 18. Jahrhunderts bis zum Eisenbahnzeitalter (Südosteuropäische Arbeiten 107), München 2002, u.a. S. 70–93 u. 170–175; Hennigs, Annette: Gesellschaft und Mobilität. Unterwegs in der Grafschaft Lippe 1680 bis 1820 (Sonderveröffentlichungen des Naturwissenschaftlichen und Historischen Vereins für das Land Lippe 66), Bielefeld 2002, S. 57–81; Müller, Uwe: Infrastrukturpolitik in der Industrialisierung. Der Chausseebau in der preußischen Provinz Sachsen und dem Herzogtum Braunschweig vom Ende des 18. Jahrhunderts bis in die siebziger Jahre des 19. Jahrhunderts (Schriften zur Wirtschafts- und Sozialgeschichte 57), Berlin 2000; Müller, Uwe: Art. ›Chaussee‹, in: EdN 2 (2005), Sp. 654–656; Wunder, Bernd: Der Kaiser, die Reichskreise und der Chausseebau im 18. Jahrhundert, in: ZNR 18 (1996), S. 1–22. Zum Chausseebau des 19. Jahrhunderts neuerdings auch Gräfenberg, Felix: Privatwirtschaftliche Partizipation im preußischen Chausseewesen (1816 bis späte 1830er Jahre). Überlegungen zum politischen Wandel aus prozess- und praxisorientierter Perspektive, in: VSWG 108 (2021), S. 291–317; Ders.: Preu-

Gesellschaft und Herrschaft nur eine marginale Rolle gespielt zu haben, waren diese doch in einem durchweg »miserabel[en]«[7] Zustand. Die »trostlosen Straßenverhältnisse« vor dem Chausseebau ist Forschungskonsens,[8] wie das Oxford Handbook of Early Modern European History unterstreicht: »During a period when remarkable feats of oceanic navigation were opening up contacts with other continents, travel and transport remained deeply traditional within Europe itself« und »routes [...] were seldom adequately maintained«.[9] Die vermeintliche und in erster Linie anhand individueller Reiseberichte konstatierte Rückständigkeit außerubaner Straßen vor dem Bau von Chausseen[10] verstärkte das Defizitbild vormoderner Straßen.

Gab es keine guten Straßen? Schweigen die Quellen dazu? Welche ›Hermeneutik der Straße‹, welches epistemische Setting braucht es, um den Defizitdiskurs zu relativieren und grundsätzlich die praktische Herstellung von Straßen und Wegen zu untersuchen? Diese Fragen leiten die vorliegende Studie an. Denn gerade angesichts des oft konstatier-

---

ßens Werk und Vinckes Beitrag. Chausseebau in Westfalen als Gegenstand politischen Entscheidens, ca. 1816–1840er Jahre, in: Westfälische Forschungen 72 (2022), S. 75–95.

7 Straube, Manfred: Geleitswesen und Warenverkehr im thüringisch-sächsischen Raum zu Beginn der Frühen Neuzeit (Veröffentlichungen der Historischen Kommission für Thüringen, Kleine Reihe 42), Köln u. a. 2015, S. 85. Die Studie fußt auf Straubes Habilitationsschrift von 1981.

8 Klinckowstroem, Carl v.: Knaurs Geschichte der Technik, München/Zürich 1959, S. 124. Eine Entgegnung zum »Topos von der schlechten Straße« findet sich bei Petersen, Niels/Holterman, Bart/Huang, Angela: Digitale Werkzeuge zur Analyse von Straßen und Wasserwegen als Rückgrat eines vormodernen Märktenetzwerks in Zentral- und Ostmitteleuropa, in: Zeitschrift für Ostmitteleuropa-Forschung 70 (2021), S. 325–356, hier S. 342 f., URL: https://doi.org/10.25627/202170311015 (11.4.2023).

9 Scott, Hamish: Travel and Communications, in: Ders. (Hg.): The Oxford Handbook of Early Modern European History 1350–1750, Bd. I, Peoples and Place, Oxford 2015, S. 165–191, hier S. 166 u. 168.

10 Behringer, Wolfgang: Im Zeichen des Merkur. Reichspost und Kommunikationsrevolution in der Frühen Neuzeit (Veröffentlichungen des Max-Planck-Instituts für Geschichte 189), Göttingen 2003, S. 513 f., dessen Einschätzung Bangert, Julia: Buchhandelssystem und Wissensraum in der Frühen Neuzeit (Schriftmedien/Written Media 7), Berlin/Boston 2019, S. 116 folgt; Schwinges, Rainer Christoph: Straßen- und Verkehrswesen im hohen und späten Mittelalter – Eine Einführung, in: Ders. (Hg.): Straßen- und Verkehrswesen im hohen und späten Mittelalter (Vorträge und Forschungen 66), Ostfildern 2007, S. 9–18, der sich auf Ohler, Norbert: Reisen im Mittelalter, Düsseldorf/Zürich 2004 bezieht. Birk, Alfred: Die Straße. Ihre verkehrs- und bautechnische Entwicklung im Rahmen der Menschheitsgeschichte, Karlsbad 1934 (Neudruck Aalen 1971), S. 206 erhebt Reisebeschreibungen sogar zu den »einzigen unmittelbaren Quellen für die Geschichte des Straßenbaus im Mittelalter«; Braudel, Fernand: Das Mittelmeer und die mediterrane Welt in der Epoche Philipps II., Bd. 1: Die Rolle des Milieus, übersetzt von Osterwald, Grete nach der vierten durchgesehenen und berichtigten Auflage von 1979 (zuerst erschienen 1949), Frankfurt a. M. 1990, S. 410 führt neben Reisenden auch offizielle italienische Mitteilungen an, die eine Wegstrecke »als schadhaft und unvollendet« darstellten.
Müller, Uwe: Art. ›Straßen- und Wegebau‹, in: EdN 12 (2010), Sp. 1130–1137, hier Sp. 1131 resümiert, erst mit den Kunststraßen des 18. Jahrhunderts habe das »Mittelalter« ein Ende gefunden, wobei das Mittelalter einem Zitat aus der Studie von Helmedach 2002 unter Hinweis auf S. 37 entstammen soll. Das Zitat ist jedoch hier und auch mit keinem Zahlendreher oder dergleichen zu finden! Die zitierte Studie sowie der Artikel selbst sind aber zweifelsohne einer wertenden Modernisierungsgeschichte verpflichtet.

ten geringen Urbanisierungsgrades der Vormoderne[11] und der überdeutlichen sozialen Relevanz von Straßen ist es erforderlich, nicht nur Erzählungen in Reiseberichten zum Gradmesser vormoderner Straßenverhältnisse zu nehmen, sondern durch die gezielte Ausweitung des Quellenkorpus und methodische Anlehnung an praxistheoretische Zugriffe, das Phänomen Straße neu zu erforschen. Denn Straßen sind, ebenso wie Mobilität, ein »key to our appreciation of (urban) [and non-urban; AD] society in the early modern period.«[12] Statt das subjektive Erleben von Unzulänglichkeiten zu thematisieren und die Erhaltungsbemühungen von Gesellschaft und Herrschaft in der Frühen Neuzeit a priori durch den Vergleich mit anderen, auch antiken Jahrhunderten zu marginalisieren, geht die Studie einen Schritt hinter die erfahrenen **Effekte** der Straßennutzung zurück und fragt nach den **naturräumlichen** und **materiellen Bedingungen** dieser »von den Menschen hergestellten gegenständlichen Strukturen«,[13] die letztendlich auf einem ständigen Wechselspiel zwischen dem natürlich gegebenen und dem vom Menschen materiell geschaffenen Raum basierten. Die hieraus resultierenden Einsichten erlauben es, die Wahrnehmung von Straßen in einen größeren Kontext zu setzen, um nicht vorschnell vorempirische Interpretationen anzustoßen. Der gute Weg nämlich fand als metaphorische Lebensleitlinie und als Erbauungsmoment, mehr aber noch – und darauf kam es letztendlich an – in seiner gebauten und materiellen Existenz eine weitläufige Thematisierung und konnte als Diktum Diskurse um die vormoderne Verkehrsinfrastruktur in der Zeit leiten: Der gute Weg wurde zum Äquivalent von guter Herrschaft, für den *Gutnweg* wurden unterschiedliche Akteure, Kollektive, Normen und Praktiken mobilisiert – Metapher und Realität fanden hier ihren Schnittpunkt.[14]

Damit sind an dieser Stelle bereits zwei Faktoren angedeutet, die den Diskurs um die Verkehrsinfrastruktur insgesamt dominierten und die die Studie in einem erweiterten Zusammenhang analysiert: Straßen und Wege sowie ihre Nutzbarkeit waren einerseits unausweichlich auf den sie umgebenden natürlichen Raum angewiesen und entsprangen ihm, hingen andererseits aber ebenso von den Instandsetzungsarbeiten etwa der Zöllner oder der dazu verpflichteten Anrainer ab. Diesen dynamischen Konstitutionsprozess zwischen Mensch und Natur entsprechend der neueren Umweltgeschichte[15] auf seine Vor-

---

11 Dies hebt auch Heuvel, Danielle van den: Framing the street, in: Dies. 2023 I, S. 3–27, hier S. 3 hervor.
12 So hat es Zenobi, Luca: Mobility and Urban Space in Early Modern Europe: An Introduction, in: Journal of Early Modern History 25 (2021), S. 1–10, hier S. 4 bezogen auf die Mobilität formuliert.
13 Heidenreich, Elisabeth: Fliessräume. Die Vernetzung von Natur, Raum und Gesellschaft seit dem 19. Jahrhundert, Frankfurt a. M. 2004, S. 103.
14 Für einen *Gutnweg* trat 1506 ein Zöllner gegenüber dem bayerischen Herzog Albrecht IV. (1447–1508) ein [BayHStA, Gerichtsliteralien Landshut, Nr. 59, fol. 350v]. Siehe hierzu Kapitel 5.2.
15 Reinkemeier, Peter: Die Gouvernementalisierung der Natur. Deutung und handelnde Bewältigung von Naturkatastrophen im Kurfürstentum Bayern des 18. Jahrhunderts (Umwelt und Gesellschaft 27), Göttingen 2022; Haumann, Sebastian: Materiality and Practice Theory, in: Ders./Knoll, Martin/Mares, Det-

bedingungen zurückzuführen und in die Praktiken zur Schaffung von »Wege-Räume[n]«[16] einzubetten, wie dies die Forschung zum *spatial turn* gefordert hat, nimmt sich die vorliegende Untersuchung unter den Leitkategorien ›Erhalt‹, ›Nutzung‹ und ›Wahrnehmung‹ von Straßen im 16. Jahrhundert zum Ausgangspunkt.[17] Zentrales Element bilden hierbei die vollzogenen Instandhaltungs-, Fortbewegungs- und Aneignungspraktiken der Zeit.

Straßen ermöglichen Fortbewegung, ermöglichen es, Distanz und Raum mit und gegen die Natur, gerade in Abhängigkeit von den topographischen Gegebenheiten und vom Wetter, zu überwinden. Sie waren aber auch Bestandteil einer politischen, administrativen Kultur der Frühen Neuzeit, eng verwoben mit Prozessen der transregionalen, ja globalen Verdichtung von Wirtschaft und Handel,[18] Gegenstand von kulturellen Aneignungs-,[19] Austausch- und Kommunikationsprozessen,[20] Herrschaftsmittel innerhalb des territorialen

---

lev (Hg.): Concepts of Urban-Environmental History (Umwelt- und Klimageschichte 1), Bielefeld 2020, S. 51–64; Collet, Dominik: Die doppelte Katastrophe. Klima und Kultur in der europäischen Hungerkrise 1770–1772, Göttingen 2019; Knoll, Martin: Die Natur der menschlichen Welt. Siedlung, Territorium und Umwelt in der historisch-topografischen Literatur der Frühen Neuzeit (Histoire 42), Bielefeld 2013; Reith, Reinhold: Umweltgeschichte der Frühen Neuzeit (EDG 89), München 2011; Winiwarter, Verena/Knoll, Martin: Umweltgeschichte. Eine Einführung, Köln 2007; Reith, Reinhold/Popplow, Marcus: Art. ›Umwelt und technischer Wandel‹, in: EdN – Online [2014]; Rohr, Christian: Extreme Naturereignisse im Ostalpenraum. Naturerfahrung im Spätmittelalter und am Beginn der Neuzeit (Umwelthistorische Forschungen 4), Köln u. a. 2007.

16 Rau, Susanne: Räume. Konzepte – Wahrnehmungen – Nutzungen (Historische Einführungen 14), Frankfurt a. M. 2013, S. 143.

17 Löw, Martina: Vom Raum aus die Stadt denken. Grundlagen einer raumtheoretischen Stadtsoziologie (Materialitäten 24), Bielefeld 2018. Zur veränderten Perspektivierung von »Raum« und »Raumbeschreibung« siehe Günzel, Stephan: Raum – Topographie – Topologie, in: Ders. (Hg.): Topologie. Zur Raumbeschreibung in den Kultur- und Medienwissenschaften, Bielefeld 2007, S. 13–29, hier S. 13–27.

18 Newman, Paul B.: Travel and Trade in the Middle Ages, Jefferson/London 2011; Malanima, Paolo: Europäische Wirtschaftsgeschichte. 10.–19. Jahrhundert, Köln/Weimar/Wien 2010; Popplow, Marcus/Ellmers, Detlev: Art. ›Verkehr und Transport‹, in: EdN – Online [2019]; Schiedt, Hans Ulrich u. a. (Hg.): Verkehrsgeschichte/Histoire des transports (Schweizerische Gesellschaft für Wirtschafts- und Sozialgeschichte 25), Zürich 2010; Merki, Christoph Maria: Verkehrsgeschichte und Mobilität, Stuttgart 2008; Popplow, Marcus: Europa auf Achse. Innovationen des Landtransports im Vorfeld der Industrialisierung, in: Sieferle, Rolf Peter (Hg.): Transportgeschichte (Der Europäische Sonderweg 1), Berlin 2008, S. 79–142; Schiedt, Hans-Ulrich: Trampelpfade und Chausseen – Literaturbericht einer strassenbezogenen Verkehrsgeschichte, in: Merki, Christoph Maria/Ders. (Hg.): Strasse und Strassenverkehr (Traverse. Zeitschrift für Geschichte 6), Zürich 1999, S. 17–35; Moser, Peter: Mittel- und Nordwesteuropäischer Landtransport. Die Frammersbacher Fuhrleute und ihr Beitrag zur Transportgeschichte (15.–19. Jahrhundert), Diss. phil. Bamberg 1990; Henning, Friedrich-Wilhelm: Deutsche Wirtschafts- und Sozialgeschichte im Mittelalter und in der frühen Neuzeit (Handbuch der Wirtschafts- und Sozialgeschichte Deutschlands 1), München/Wien/Zürich 1991; Kellenbenz, Hermann: Wirtschaft und Gesellschaft Europas 1350–1650, in: Ders. (Hg.): Europäische Wirtschafts- und Sozialgeschichte vom ausgehenden Mittelalter bis zur Mitte des 17. Jahrhunderts (Handbuch der europäischen Wirtschafts- und Sozialgeschichte 3), Stuttgart 1986, S. 1–387.

19 Schramm, Manuel: Die Entstehung der modernen Landschaftswahrnehmung (1580–1730), in: HZ 287 (2008), S. 37–59, hier bes. S. 42–50.

20 North, Michael (Hg.): Kultureller Austausch. Bilanz und Perspektiven der Frühneuzeitforschung, Köln/Weimar/Wien 2009.

Durchdringungsprozesses im Laufe des 16. Jahrhunderts sowie Teil des ländlich-gemeindlichen Gesamtgefüges und gemeinsame Ressource. Straßen und Wege waren, so lässt sich zusammenfassen, Kristallisationspunkte zentraler zeitgenössischer Dynamiken und bilden somit den Ausgangspunkt, um danach zu fragen, wie Menschen mit und durch Straßen handelten, sie nutzten und erhielten, wie sie die *Wege und Stege* im physischen Raum wahrgenommen und sich mental angeeignet haben, wie aber auch Straßen selbst auf die sie umgebenden Menschen und die Natur wirkten. Straßen sind damit als mehrdimensionales Phänomen zu begreifen, das 1. materiell-existent, 2. sozial-markiert 3. herrschaftlich-rechtlich durchdrungen und 4. Ergebnis vorbedingter sozialer Praktiken war.

Als Kontaktzone zwischen Mensch und Natur kommt dabei dem jenseits von Stadtmauern gelegenen *Straßenraum*[21] mit seinen topographischen und geographischen Eigenschaften eine tragende Rolle zu. Denn sowohl Bau und Erhalt von außerurbanen Straßen, Wegen und Brücken – zentrale Elemente einer Verkehrsinfrastruktur – als auch deren Nutzung und Wahrnehmung waren stets abhängig vom gegebenen Naturraum, wie eine gegenüber den bisherigen Forschungen erweiterte Quellenauswertung eindringlich aufzeigen kann. Dass Straßen diesen Naturraum nicht erst mit dem in der Forschung bislang sehr prominent bedachten Bau von Chausseen im 18. Jahrhundert zu einem vielbesetzten und genutzten Kulturraum werden ließen, ohne dabei jedoch aufgrund der Abhängigkeit von den natürlichen Ressourcen und den Wetterverhältnissen die Natur gleichsam beherrschen zu können,[22] lässt sich einerseits zeigen. Andererseits wird die Tatsache offenkundig, dass zum Funktionieren von Straßen unterschiedlichste Akteure beigetragen haben, um die von Thomas Szabó so bezeichnete »Grundstruktur eines jeden räumlichen Geschehens«[23] benutzbar zu halten und die Straßen als Ort des Sozialen[24] zu markieren. Eine ›dunkle Straßenepoche‹ mit unzureichenden Straßenverhältnissen, wie sie Fernand Braudel[25] und besonders Werner Sombart für die Zeit vor 1650 im Vergleich zum ›staatlich‹ gelenkten Chausseebau nach 1750 kontrastierten,[26] kann auf Grundlage der

---

21 Um für die Begrifflichkeiten zu sensibilisieren, die es erlauben, über Straßen und Wege der Vergangenheit zu sprechen, und darüber näher zu reflektieren, werden diese in der Studie kursiv gesetzt. Siehe hierzu ausführlicher Kapitel 2.1 sowie Kapitel 4.1 zu den *Fern- und Nahhandelsstraßen* des Nürnberger Umlands. Die Kursivsetzung von straßenbezogenen Einzelbegriffen erfolgt variabel, wenn etwa Quellenzitate einer solchen Kenntlichmachung auf bestimmten Seiten vorbehalten bleiben soll oder bewusst auf eine Hervorhebung verzichtet wird, um andere Aspekte oder Einzelbegriffe in den Vordergrund zu rücken.
22 Von einer Naturbeherrschung im Straßen- und Wegebau sprechen Reith/Popplow 2014.
23 Szabó, Thomas: Einleitung, in: Ders. (Hg.): Die Welt der europäischen Straßen. Von der Antike bis in die Frühe Neuzeit, Köln u. a. 2009, S. 1–3, hier S. 1.
24 Reckwitz, Andreas: Grundelemente einer Theorie sozialer Praktiken. Eine sozialtheoretische Perspektive, in: Zeitschrift für Soziologie 32/4 (2003), S. 282–301, hier S. 289.
25 Braudel 1979/1990, S. 410.
26 Sombart, Werner: Das europäische Wirtschaftsleben im Zeitalter des Frühkapitalismus. Historisch-systematische Darstellung des gesamteuropäischen Wirtschaftslebens von seinen Anfängen bis zur Gegenwart, Bd. II/1, München 1987 (Nachdruck der zweiten, neugearbeiteten Aufl. München/Leipzig 1916), S. 245.

für diese Studie ausgewerteten Quellen differenziert in ihren jeweiligen Kontexten unter den Aspekten der ›Nutzung‹, des ›Erhalts‹ und der ›Wahrnehmung‹ betrachtet und so vom Maßstab der *Kunststraßen* des 18. Jahrhunderts gelöst werden. Ein solches Vorhaben ist umso notwendiger als selbst Wolfgang Behringer 2003 in seiner einschlägigen post- und kommunikationsgeschichtlichen Studie die Vorstellung einer dunklen Straßenepoche an sich zwar zerlegte, indem er das Funktionieren des Austauschs und der Fortbewegung mit Postreitern und Postkutschen herausstellte; das von Sombart im frühen 20. Jahrhundert entwickelte, starre und strukturkonzentrierte Epochenmodell zum Straßenbau blieb jedoch forschungsleitend. Denn erst »mit der Einführung der Territorialposten und der Etablierung der Fahrposten […] [sei] erstmals eine echte Lobby für den Straßenbau« entstanden; in »Sombarts ›zweite[r] Epoche‹ (1650–1750)« hätte sich der Straßenzustand dank der Post verbessert.[27] Der dann erfolgte Bau von *Kunststraßen* und mit diesem der Territorialstaat des 18. Jahrhunderts wurde von der Forschung wiederkehrend zum Ideal erhoben und damit zum wertenden Bezugspunkt für die Zeit vor 1750, mehr aber noch für die Zeit vor 1650.

Doch gerade in den wirtschaftlich, politisch, kulturell und demographisch erheblich expandierenden Jahrzehnten des 15. und 16. Jahrhunderts wuchs die Bedeutung von *Handels-* und *Fernstraßen* als Verbindungselemente zwischen den wirtschaftlichen und politischen Zentren Europas und sie waren Grundlage einer gesteigerten Mobilität.[28] *Handelsstraßen* zwischen Venedig und Amsterdam, Kiew und Lyon ermöglichten prinzipiell den Warenaustausch zwischen Süd und Nord, Ost und West. Gleichzeitig, neben den großen kontinentaleuropäischen Handelsverbindungen, sind es aber auch die Verkehrsinfrastrukturen des Binnenhandels,[29] die außerurbanen regionalen und lokalen Landstraßen, die noch einer verstärkten Aufmerksamkeit bedürfen,[30] zumal sie mehr mit als neben den *Fernstraßen* bestanden und genutzt wurden. Dies ist darauf zurückzuführen, dass der

---

27 Behringer 2003, S. 548.
28 Andermann/Gallion 2018; Holzner-Tobisch, Kornelia/Kühtreiber, Thomas/Blaschitz, Gertrud (Hg.): Die Vielschichtigkeit der Straße. Kontinuität und Wandel in Mittelalter und früher Neuzeit (Österreichische Akademie der Wissenschaften. Philosophisch-Historische Klasse, Sitzungsberichte 826. Veröffentlichungen des Instituts für Realienkunde des Mittelalters und der Frühen Neuzeit 22), Wien 2012; Henning 1991, 623 f.; Kellenbenz 1986, S. 298 f. (siehe in diesem Handbuch auch die einzelnen Länderbeschreibungen mit Abschnitten wie ›Transport und Verkehr‹ für Portugal); Malanima 2010, 221 f.
29 Moser 1990; Popplow 2008, S. 107–119; Popplow/Ellmers [2019].
30 Ein von Niels Petersen initiiertes Projekt, das sich zunächst die Erforschung und digitale Darstellung vormoderner Fernstraßen und regionaler Wegenetze im Hanseraum zum Ziel gesetzt hat [https://www.uni-goettingen.de/de/583497.html (11.4.2023)], untersucht mittlerweile »all kinds of movement of people and goods bound to long-distance land routes and inland waterways within the period 1350–1650 in northern and central Europe« [Holterman, Bart u. a.: Viabundus. Map of Premodern European Transport and Mobility, in: Research Data Journal for the Humanities and Social Sciences 7 (2022), S. 1–13, hier S. 2 f., URL: https://doi.org/10.1163/24523666-bja10025 (11.4.2023)]. Siehe http://www.landesgeschichte.uni-goettingen.de/roads/viabundus/ (11.4.2023).

Warenaustausch auf kürzeren, regionalen Strecken zwischen benachbarten Wirtschaftsräumen mit ca. 80 % am Transportgeschehen der Frühen Neuzeit weitaus häufiger auf den Straßen anzutreffen war als der internationale Handel, wie Marcus Popplow schätzt.[31] Studien auf der Grundlage überlieferter Messe-, Kaufmanns-, Warengeleits-, Zoll- oder Gerichtsbücher[32] sowie handelsbedingten Korrespondenzen zum mittelalterlichen und frühneuzeitlichen Markt- und Messewesen,[33] Untersuchungen zu Handelsnetzwerken[34] oder der sog. *consumer revolution* im Zuge des globalisierten Handels[35] zeigen zwar die Dimension des Binnenhandels und sein Verhältnis zum international agierenden Handel auf, reduzieren Fragen nach Transportbedingungen und verkehrsinfrastrukturellen Voraussetzungen allerdings weitgehend auf die Benennung der prinzipiell zur Verfügung stehenden ›großen‹ Land- und Wasserstraßen.[36]

---

31 Popplow 2008, S. 85. Siehe auch die dementsprechenden Befunde von Straube 2015, S. 445–447.
32 Rauscher, Peter/Serles, Andrea (Hg.): Wiegen – Zählen – Registrieren. Handelsgeschichtliche Massenquellen und die Erforschung mitteleuropäischer Märkte (13.–18. Jahrhundert) (Beiträge zur Geschichte der Städte Mitteleuropas 25), Innsbruck u. a. 2015; Straube 2015.
33 Denzel, Markus A./Blockmans, Wim (Hg.): Europäische Messegeschichte 9.–19. Jahrhundert. Tagung zum Thema »Internationale Messen in Vergangenheit und Gegenwart«, Leipzig 2015, Köln/Weimar/Wien 2018; Petersen, Niels: Stadt und Umland: Der Bau des Alster-Beste-Trave-Kanals 1525–1530 aus dem Blick der Rechnungen, in: Blätter für deutsche Landesgeschichte 149 (2014), S. 251–285; Dauser, Regina: Informationskultur und Beziehungswissen – das Korrespondenznetz Hans Fuggers (1531–1598) (Studia Augustana 16), Tübingen 2008; Diefenbacher, Michael (Hg.): Tucherbriefe. Eine Nürnberger Patrizierfamilie im 16. Jahrhundert. Eine Ausstellung des Museums für Kommunikation Nürnberg und des Stadtarchivs Nürnberg im Museum für Kommunikation Nürnberg vom 28. November 2008 bis 1. Februar 2009 (Ausstellungskataloge des Stadtarchivs Nürnberg 18), Neustadt an der Aisch 2008; Rothmann, Michael: Die Frankfurter Messen im Mittelalter (Frankfurter Historische Abhandlungen 40), Stuttgart 1998.
34 Häberlein, Mark: Der Donauraum im Horizont Augsburger Handelsgesellschaften des 16. und frühen 17. Jahrhunderts, in: Rauscher/Serles 2015 I, S. 411–431.
35 Schmidt-Funke, Julia: Materielle Kultur und Konsum in der Frühen Neuzeit (Ding, Materialität, Geschichte 1), Köln/Weimar/Wien 2017; Richter, Sandra/Garner, Guillaume (Hg.): ›Eigennutz‹ und ›gute Ordnung‹. Ökonomisierung der Welt im 17. Jahrhundert (Wolfenbüttler Arbeiten zur Barockforschung 54), Wiesbaden 2016; North 2009, bes. ab S. 291 die Beiträge zu den Themen »Netzwerke des transnationalen Kulturtransfers« u. »Kultureller Austausch zwischen Europa und Außereuropa«; einen quantitativen Einblick in die consumer revolution mit speziellem Fokus auf den entstehenden und dichten Klein- und Einzelhandel in den Niederlanden bietet die Untersuchung von Ogilvie, Sheilagh/van den Heuvel, Danielle: Retail Development in the consumer revolution: The Netherlands, c. 1670 – c. 1815, in: Explorations in Economic History 50 (2013), S. 69–87, wo sie auf S. 81 direkten Bezug zwischen einem gesteigerten Einzelhandel im Norden Hollands und der dichten Anzahl an Wasserwegen herstellen; De Vries, Jan: The industrious revolution. Consumer behavior and the household Economy, 1650 to the present, Cambridge 2008; Blondé, Bruno/Stabel, Peter/Boone, Marc u.a (Hg.): Buyers and Sellers. Retail circuit and practices in medieval and early Modern Europe (Studies in European Urban History 9), Turnhout 2006.
36 Bütow, Sascha: Straßen im Fluss. Schifffahrt, Flussnutzung und der lange Wandel der Verkehrsinfrastruktur in der Mark Brandenburg und der Niederlausitz vom 13. bis zum 16. Jahrhundert (Studien zur brandenburgischen und vergleichenden Landesgeschichte 18), Berlin 2015.

Neben Studien zur Wirtschaft-, Handels- und Transportgeschichte sind es Untersuchungen im Bereich der Sozial-,[37] Mobilitäts-,[38] Verkehrs-,[39] Militär-,[40] Rechts-,[41] Medien-, Kommunikations- und nicht zuletzt der Postgeschichte,[42] die allesamt Fragen nach infrastrukturellen Voraussetzungen vormoderner Mobilität berühren; die vorliegende Studie baut auf ihren Ergebnissen auf, zentriert aber das Phänomen Straße als »Aspekt[...] der Praxis«[43] und betrachtet Straßen eingebettet in eine »Vollzugswirklichkeit«,[44] also in eine physische Welt, die von Handlungen, Praktiken und Alltagsroutinen ebenso geprägt war wie von obrigkeitlicher Normierung, von wahrgenommenen und schriftlich überlieferten Unsicherheiten und Gefahren, von gezielten Instandhaltungsmaßnahmen und Herrschaftsansprüchen. Es gilt also die Pfadabhängigkeiten und die Geschichtlichkeit der Verkehrsinfrastruktur[45] im oberdeutschen und im europäischen Raum des 16. Jahrhunderts darzulegen und so nach den Bedingungen von Nutzung, Erhalt und Wahrnehmung der Straßen und Wege zu fragen. Der Mensch wird dadurch jenseits des klagenden Straßennutzers zum Partizipanten am Phänomen Straße.

Der Bedeutungszuwachs des Straßenwesens für die Zeitgenossen ergab sich aber nicht nur aus der wirtschaftlichen und geographischen Expansion sowie entscheidender kultureller und medialer Austauschprozesse im Europa des 16. Jahrhunderts. Als wichtiger Einnahmeposten des fürstlichen und städtischen Haushalts gewannen *Zoll-* und *Geleitstraßen* darüber hinaus an fiskalisch-monetärer Bedeutung. Mit dem jeweiligen Straßenregal gin-

---

37 Hier und im Folgenden jeweils in Auswahl (siehe insgesamt ferner den Forschungsüberblick): Esch, Arnold: Räuber, Diebe, Wegelagerer: Reviere, Beute, Schicksale in Berner Verhörprotokollen des frühen 16. Jahrhunderts, in: Ders.: Alltag der Entscheidung. Beiträge zur Geschichte der Schweiz an der Wende vom Mittelalter zur Neuzeit, Bern 1998, S. 137–160; Rheinheimer, Martin: Arme, Bettler und Vaganten. Überleben in der Not 1450–1850 (Europäische Geschichte), Frankfurt a. M. 2000; Schubert, Ernst: Fahrendes Volk im Mittelalter, Bielefeld 1995.
38 Hennigs 2002; Moraw, Peter (Hg.): Unterwegssein im Spätmittelalter (ZHF, Beihefte 1), Berlin 1985.
39 Merki 2008, S. 16–18; Voigt, Fritz: Verkehr, Bd. II: Die Entwicklung des Verkehrssystems, 2 Teilbde., Berlin 1965, S. 401; Schiedt 2010; Merki/Schiedt 1999.
40 Kroener, Bernhard R.: Les routes et les étapes. Die Versorgung der französischen Armeen in Nordostfrankreich (1635–1661). Ein Beitrag zur Verwaltungsgeschichte des Ancien Régime (Schriftenreihe der Vereinigung zur Erforschung der Neueren Geschichte 11), Münster 1980; Parker, Geoffrey: The Army of Flanders and the Spanish Road 1567–1659. The Logistics of Spanish Victory and Defeat in the Low Countries' Wars, Cambridge 1972.
41 Johanek, Peter: Die Straße im Recht und in der Herrschaftsausübung des Mittelalters, in: Holzner-Tobisch/Kühtreiber/Blaschitz 2012, S. 233–262.
42 Behringer 2003; Beale, Philip: England's Mail. Two Millennia of Letter Writing, Stroud 2011, S. 63–80 u. 200–224.
43 Hillebrandt, Frank: Soziologische Praxistheorien. Eine Einführung, Wiesbaden 2014, S. 77.
44 Ebd., S. 71.
45 Zum Infrastruktur-Begriff und seinem Konzept Van Laak, Dirk: Infrastruktur und Macht, in: Duceppe-Lamarre, François/Engels, Jens Ivo (Hg.): Umwelt und Herrschaft in der Geschichte/Environnement et pouvoir: une approche historique, München 2008, S. 106–114, hier S. 106f.; Beyrer, Klaus/Weigl, Andreas: Art. ›Infrastruktur‹, in: EdN – Online [2014].

gen neben der Möglichkeit, Einnahmen zu akquirieren, die Pflichten des baulichen Erhalts und der Gewährung von Sicherheit für die Straßennutzer einher. Das Verhältnis von Einnahmemöglichkeiten und Ausgabepflichten durch und für die Verkehrsinfrastruktur gestaltete sich dabei offensichtlich umso schwieriger, als sich mit der voranschreitenden Territorialisierung der Geld- und Finanzbedarf vor allem seit dem ausgehenden 16. Jahrhundert insgesamt erheblich steigerte[46] und es zudem die von Holger Gräf und Ralf Pröve prominent geltend gemachten »unnachgiebigen und korrupten Zöllner[…]« gegeben habe.[47] Flossen also tatsächlich die für den Wegebau (mit-)bestimmten Zollabgaben und Wegegelder »meist […] ins private Säckel«[48] der noch keineswegs ergebenen Amts-

---

46 Reinhard, Wolfgang: Geschichte der Staatsgewalt. Eine vergleichende Verfassungsgeschichte Europas von den Anfängen bis zur Gegenwart, 3. durchgesehene Aufl., München 2002, S. 306–343; 't Hart, Marjolein: Art. ›Staatsfinanzen‹, in: EdN – Online [2014]; Hengerer, Mark Sven: Wer regiert im Finanzstaat? Zur Entstehung landesfürstlicher Entscheidungen unter Mitwirkung der Niederösterreichischen Kammer im 16. Jahrhundert, in: Butz, Reinhardt (Hg.): Hof und Macht. Dresdener Gespräche II zur Theorie des Hofes; Ergebnisse des gleichnamigen Kolloquiums auf Schloß Scharfenberg bei Dresden, 19. bis 21. November 2004 (Vita curialis 1), Berlin 2007, S. 87–140; Krüger, Kersten: Finanzstaat Hessen 1500–1567. Staatsbildung im Übergang vom Domänenstaat zum Steuerstaat (Quellen und Darstellungen zur Geschichte des Landgrafen Philipp des Großmütigen 5), Marburg 1981; Stolleis, Michael: Pecunia nervus rerum. Zur Staatsfinanzierung in der frühen Neuzeit, Frankfurt a. M. 1983.

47 Gräf, Holger Th./Pröve, Ralf: Wege ins Ungewisse. Reisen in der Frühen Neuzeit, Frankfurt a. M. 1997, S. 47. Zur breiten Rezeption dieses »Sach- und Lesebuch[s]« [ebd., S. 16]: Bade, Klaus J.: Migration in European history, Malden 2003, S. 360; Haug, Christine: Reisen und Lesen im Zeitalter der Industrialisierung. Die Geschichte des Bahnhofs- und Verkehrsbuchhandels in Deutschland von seinen Anfängen um 1850 bis zum Ende der Weimarer Republik, Wiesbaden 2007, S. 25, 43 u. 193; Hundt, Michael: Beschreibung der dreijährigen chinesischen Reise. Die russische Gesandtschaft von Moskau nach Peking 1692 bis 1695 in den Darstellungen von Eberhard Isbrand Ides und Adam Brand (Quellen und Studien zur Geschichte des östlichen Europas 53), Stuttgart 1999, S. 39; Landwehr, Achim: Die Erschaffung Venedigs. Raum, Bevölkerung, Mythos 1570–1750, München u. a. 2007, S. 343; Landwehr, Achim: Welsch und wie er die Welt sah. Ein württembergischer Rentkammerrat und seine »Wahrhafftige Reiß-Beschreibung«, in: Becker, Peter/Krosigk, Rüdiger v. (Hg.): Figures of authority. Contributions towards a cultural history of governance from seventeenth to twentieth century, Brüssel u. a. 2008, S. 51–80, hier S. 51; Leibetseder, Mathis: Kavalierstour – Bildungsreise – Grand Tour: Reisen, Bildung und Wissenserwerb in der Frühen Neuzeit, in: Europäische Geschichte Online (EGO), hg. vom Leibniz-Institut für Europäische Geschichte (IEG), Mainz 2013-08-14, URL: http://www.ieg-ego.eu/leibetsederm-2013-de (11.4.2023); Rau, Susanne: Räume der Stadt: Eine Geschichte Lyons 1300–1800, Frankfurt a. M. 2014, S. 60; Reinhard, Wolfgang: Lebensformen Europas. Eine historische Kulturanthropologie, München 2004, S. 417 (für Anm. 66) u. S. 422 (Anm. 78); Rösch, Barbara: Der Judenweg. Ein ergänzender Beitrag zur Geschichte und Kulturgeschichte des ländlichen unterfränkischen Judentums aus Sicht der Flurnamenforschung (Jüdische Religion, Geschichte und Kultur 8), Göttingen 2009, S. 77 f. u. 306; Struck, Bernhard: Nicht West – nicht Ost. Frankreich und Polen in der Wahrnehmung deutscher Reisender zwischen 1750 und 1850, Göttingen 2006, S. 127, 137 u. 140.

48 Engel, Volker: Die Entwicklung des bayerischen Strassen- und Wegerechts, Diss. iur. Erlangen-Nürnberg 1978, S. 294.

träger⁴⁹ oder bestenfalls in den ›Staatshaushalt‹, wo sie dann allerdings gleichsam zweckentfremdet wurden?

Die Straßen im Europa des 16. Jahrhunderts scheinen unterfinanziert gewesen zu sein, was laut Forschungslage die unzureichende bauliche Qualität offensichtlich beförderte, wenn nicht gar bedingte. Wie genau sich allerdings der Finanzierungsbedarf der Verkehrsinfrastruktur gestaltete, ob und inwiefern dies vom Geldbedarf der Territorien abhing, darüber schweigt sich die bisherige Forschung weitgehend aus. Diese Position ist unmittelbar mit einem weiteren Manko verknüpft: der »staatliche[n] Zersplitterung des Alten Reiches in viele hundert Territorien«, welche dem »Bau und Erhalt von Verkehrswegen entgegen[stand]« und insgesamt »eine einheitliche und straff gelenkte Straßenbaupolitik« verhindert hätte.⁵⁰ In den letzten rund 30 Jahren hat sich freilich diese Auffassung vom römisch-deutschen Reich erheblich gewandelt: Statt die Defizite mit dem modernen Bezugspunkt einer aus einem Territorium und mit einer Staatsgewalt versehenen Staatlichkeit zu benennen, wurde die komplexe, sich mehr ergänzende als widersprechende Verdichtung von Herrschaft auf einer Reichs-, Territorial- und Lokalebene herausgearbeitet und weiter differenziert.⁵¹ Die bisherigen Defizitbefunde zum frühneuzeitlichen Straßenwesen vor dem bezeichnenderweise vom ›zentralistischen‹ Frankreich initiierten Chausseebau sind somit explizit und implizit einem mittlerweile überholten Herrschaftsverständnis verpflichtet.

Erforderlich ist es also, die vormoderne Verkehrsinfrastruktur mit einem kulturgeschichtlich erweiterten Verständnis von Politik und Herrschaft nicht teleologisch, dualistisch und einseitig als ›top-down‹-Vorgang zu betrachten.⁵² Stattdessen gilt es auf neu-

---

49 Brakensiek, Stefan/Wunder, Heide (Hg.): Ergebene Diener ihrer Herren? Herrschaftsvermittlung im alten Europa, Köln/Weimar/Wien 2005.
50 Gräf/Pröve 1997, S. 86.
51 Burkhardt, Johannes: Vollendung und Neuorientierung des frühmodernen Reiches 1648–1763 (Gebhardt. Handbuch der deutschen Geschichte 11), Stuttgart 2006; Stollberg-Rilinger, Barbara: Des Kaisers alte Kleider. Verfassungsgeschichte und Symbolsprache des Alten Reiches, München 2008; Bretschneider, Falk/Duhamelle, Christoph: Fraktalität. Raumgeschichte und soziales Handeln im Alten Reich, in: ZHF 43 (2016), S. 703–746; Scheffknecht, Wolfgang: Kleinterritorium und Heiliges Römisches Reich. Der »Embsische Estat« und der Schwäbische Reichskreis im 17. und 18. Jahrhundert, Konstanz 2018.
52 Blockmans, Wim/Holenstein, André/Mathieu, Jon (Hg.): Empowering Interactions. Political Cultures and the Emergence of the State in Europe 1300–1900, Aldershot 2009; Brakensiek, Stefan: Akzeptanzorientierte Herrschaft: Überlegungen zur politischen Kultur der Frühen Neuzeit, in: Neuhaus, Helmut (Hg.): Die Frühe Neuzeit als Epoche (HZ, Beihefte 49), München 2009, S. 395–406; Meumann, Markus/Pröve, Ralf: Die Faszination des Staates und die historische Praxis. Zur Beschreibung von Herrschaftsbeziehungen jenseits teleologischer und dualistischer Begriffsbildungen, in: Dies. (Hg.): Herrschaft in der Frühen Neuzeit. Umrisse eines dynamisch-kommunikativen Prozesses (Herrschaft und soziale Systeme in der Frühen Neuzeit 2), Münster 2004, S. 11–49; Asch, Ronald G./Freist, Dagmar (Hg.): Staatsbildung als kultureller Prozess. Strukturwandel und Legitimation von Herrschaft in der Frühen Neuzeit, Köln u. a. 2005; Neumeyer, Teresa: Dinkelsbühl. Der ehemalige Landkreis (Historischer Atlas von Bayern, Teil Franken, Reihe I, Heft 40), München 2018, S. 187–330. Letztgenannte Studie setzt sich auf diesen Seiten mit

erschlossener empirischer Grundlage aus dem Phänomen der Straßen selbst heraus eine Vielzahl an Akteuren diesseits und jenseits unterschiedlicher Herrschafts- und Verwaltungsebenen vom Kaiser bis zum aufgrund der Fron zum Straßenerhalt verpflichteten Untertan in die Analyse mit einzubeziehen, um so die Dynamiken, aber auch Widersprüchlichkeiten des zeitgenössischen Umgangs mit Straßen aufzudecken.

Straßen dienten zwar auch und vor allem dazu, sich von Punkt A zum Punkt B fortzubewegen, was scheinbar mehr schlecht als recht gelang. Eine solche Perspektive ist jedoch zwingend allein schon deshalb zu erweitern, da im 16. Jahrhundert das angesprochene demographische Wachstum, aber ebenso eine dadurch beförderte und gesteigerte Mobilität, ein wachsender Handelsaustausch und dessen schwerpunktmäßige Verlagerung vom Mittelmeer zum Atlantik zu einer erhöhten Straßennutzung führten, die ›irgendwie‹ – konkreteres lässt sich auf Grundlage bisheriger Forschungen kaum sagen – gedeckt werden konnte. Deutlich ist ebenso, dass sich im 16. Jahrhundert die Erfahrung und Erfassung der physischen Welt unter Nutzung der neuen Drucktechnik nachhaltig verändert hat. Auf verschiedensten Ebenen und Bereichen wurde die physische Welt erfasst, der Natur-, Kultur- und Herrschaftsraum verbal beschrieben und visualisiert. Besonders die sich verdichtenden Territorien und *composite monarchies* leisteten hierzu ihren Beitrag, indem sie ihren Herrschaftsraum systematisch beschreiben und auf Karten darstellen ließen.[53] Die räumliche Grundlage von Herrschaft wurde erfasst, visualisiert und dadurch auf einer anderen Ebene wahrnehmbar. Sollten Straßen als Teil der physischen Welt von einer solchen herrschaftlichen Durchdringung unberührt bleiben, obgleich sie ja die Durchschreitung des Territoriums erst ermöglichten? Die für das 16. Jahrhundert vermehrt erhaltene Verwaltungsschriftlichkeit zeigt, dass sich Herrschafts- und Amtsträger auf Grundlage

---

dem Thema »Herrschaft im Konflikt: Ein praxeologischer und diskursanalytischer Ansatz zur Herrschaft und zum Begriff der Landeshoheit im fränkisch-schwäbischen Raum« auseinander. Eine solche praxeologische Perspektivierung von Herrschaft, wie sie auch Ullmann, Sabine: Methodische Perspektiven der Herrschaftsgeschichte in komplexen territorialen Landschaften der Frühen Neuzeit, in: Hirbodian, Sigrid/Jörg Christian/Klapp, Sabine (Hg.): Methoden und Wege der Landesgeschichte (Landesgeschichte 1), Ostfildern 2015, S. 191–208 einfordert, fehlt in der neuen epochenübergreifenden Darstellung von Mergel, Thomas: Staat und Staatlichkeit in der europäischen Moderne, Göttingen 2022.

53 Kohler, Alfred: Neue Welterfahrungen. Eine Geschichte des 16. Jahrhunderts, Münster 2014; Fuchs, Stefan: Herrschaftswissen und Raumerfassung im 16. Jahrhundert. Kartengebrauch im Dienste des Nürnberger Stadtstaates (Medienwandel – Medienwechsel – Medienwissen 35), Zürich 2018; zur Vermessung etwa des Herzogtum Bayerns: Die Vermessung Bayerns. 450 Jahre Philipp Apians Große Karte (Katalog zur Ausstellung in Zusammenarbeit mit der Bayerischen Staatsbibliothek), hg. v. Bayerischen Staatsministerium der Finanzen, für Landesentwicklung und Heimat, Abteilung VII, Bayerische Vermessungsverwaltung, Informations- und Kommunikationstechnik, München 2013; jüngst nun auch zum Fürstentum Pfalz-Neuburg Hadry, Sarah: Kartographie, Chorographie und Territorialverwaltung um 1600. Die Pfalz-Neuburgische Landesaufnahme (1579/84-1604) (Studien zur bayerischen Verfassungs- und Sozialgeschichte 32), München 2020; Brendecke, Arndt: Imperium und Empirie. Funktionen des Wissens in der spanischen Kolonialherrschaft, Köln u. a. 2009.

normativer Rechtsetzungen (Policeyordnungen) und alltäglicher Erfordernissen (Straßenerhalt als Aufgabe vor Ort) in erhöhtem Maße mit Straßen, ihrem Erhalt und Ausbau, der Routenführung, Geleits-, Zoll- und Straßenrechten beschäftigten. Weitere analytische Uneindeutigkeiten ergeben sich aus der bisherigen Forschung, wenn man auf Grundlage der angesprochenen Mehrdimensionalität von Straßen berücksichtigt, dass der Zustand der Verkehrsinfrastruktur von Seiten der Herrschaftsträger wie auch der Straßennutzer im Laufe des 16. Jahrhunderts vermehrt als Indikator einer guten Regierung selbst interpretiert und mit dem Schlagwort des »gemeinen Nutzens« besetzt wurde. Der materiell existente Straßenzustand und seine Wahrnehmung konnten hierdurch auf das Ansehen der jeweiligen Herrschaft zurückwirken – auch hierfür galt es den *Gutnweg*,[54] wie es ihn eben auch durchaus gab, zu erhalten.

Die bisher von der Forschung mehr rein konstatierten als argumentativ dargelegten Negativbefunde zum Straßenwesen des 16. Jahrhunderts sind aber allein schon deshalb zu hinterfragen, da das vormoderne Straßenwesen von einer bislang verkannten und hier umso mehr zu ergründenden Vielfalt geprägt war: Ob *Zoll-, Geleits-, Maut-, Land-* oder *Reichsstraßen* – alleine die Vielzahl zeitgenössischer Bezeichnungen[55] verweist auf eine von der Natur und Nutzung, aber auch von den Herrschaftsverhältnissen auf der Straße abhängigen und vorhandenen offenen Typologie von Straßen und Wegen, die es zu reflektieren und insofern zu problematisieren gilt, als solche Zuschreibungen immer nur in Grenzen Eindeutigkeiten schaffen können. Was also waren überhaupt Straßen? Und wie und unter welchen Umständen konnte es einen *Gutnweg* geben? Dass Straßen sich nicht einfach selbst überlassen blieben, sondern Untertanen, Herrschafts- und Amtsträger gleichermaßen für deren Unterhalt sorgten, obgleich oder gerade weil die Instandsetzungsarbeiten aufgrund der zur Verfügung stehenden Bautechnik und Materialien sowie aufgrund der Naturabhängigkeiten nie auf Dauer angelegt sein konnten, wird die Studie deutlich machen. Das Verhältnis von Mensch und Natur einerseits und das naturbedingte Vorhandensein von sehr verschiedenen Straßen andererseits gilt es im Folgenden gerade nicht nur aus der Perspektive von Reisenden, sondern ebenso aus der Warte von Straßenerbauern, Herrschern und zum Straßenerhalt verpflichteten Amtsträgern und Untertanen zu betrachten. Auf dieser Grundlage können vielfältige zeitgenössische Umgangsformen mit den gleichermaßen schlechten und guten Straßen aufgedeckt werden, um zugleich

---

54 BayHStA, Gerichtsliteralien Landshut, Nr. 59, fol. 350v.
55 Scott 2015, S. 167; Haubrichs, Wolfgang: Die volkssprachlichen Bezeichnungen für alte Fernwege im Deutschen, vorwiegend nach westmitteldeutschen Quellen dargestellt, in: Burgard, Friedrich/Haverkamp, Alfred (Hg.): Auf den Römerstraßen ins Mittelalter. Beiträge zur Verkehrsgeschichte zwischen Maas und Rhein von der Spätantike bis ins 19. Jahrhundert (Trierer Historische Forschungen 30), Mainz 1997, S. 97–181; Denecke, Dietrich: Straßen, Reiserouten und Routenbücher (Itinerare) im späten Mittelalter und in der Frühen Neuzeit, in: Ertzdorff, Xenja u. a. (Hg.): Reisen und Reiseliteratur im Mittelalter und in der Frühen Neuzeit, Amsterdam 1992, S. 227–253, hier S. 227–237; Engel 1978, S. 72–87.

neue Perspektiven auf Herrschaft, Natur und Land zu gewinnen. Denn Straßen waren mehr: hinter ihnen standen vielschichtige Praktiken der Instandhaltung, der Herrschaft und der außerurbanen Welt- und Naturerfahrung.

1.2 Forschungsstand

Gleichwohl Straßen als Grundlage des menschlichen Daseins zu begreifen sind und gerade deshalb historisch differenzierende Analysen erforderlich sind, um die Wandelbarkeit einer nur vermeintlichen anthropologischen Konstante zu eruieren, fehlen, wie dies oben deutlich gemacht wurde, diesbezügliche breitere Untersuchungen für die Epoche der Frühen Neuzeit.[56] Ältere epochenübergreifende Überblicksdarstellungen aus der Feder von Historiker:innen und Ingenieur:innen für Deutschland, England und Frankreich, aber auch Amerika und Asien,[57] sowie die von Thomas Szabó, Rainer Christoph Schwinges und zuletzt etwa auch von Kurt Andermann und Nina Gallion herausgegebenen Sammelbände konnten dieses Desiderat weniger beheben, als dass sie es vielmehr unterstrichen und sichtbar gemacht haben.[58] Denn selbst jene umfänglichen Forschungen, die sich den

---

56 Sich basalen Kategorien des menschlichen Zusammenlebens zu widmen und deren Phänomenologie, ja deren »Erfolg« zu ergründen, wie dies etwa Hedwig Richter in Hinblick auf das Instrument der Wahlen forderte, ist eine grundsätzliche Forderung der praxeologischen Forschung [Richter, Hedwig: Einleitung. Eine Neue Geschichte der Wahlen, in: Dies./Buchstein, Hubertus (Hg.): Kultur und Praxis der Wahlen. Eine Geschichte der modernen Demokratie, Wiesbaden 2017, S. 1–27, hier S. 2].
57 Addison, William W.: The old roads of England, London 1980; Birk 1934/1971; Gasner, Ernst: Zum deutschen Strassenwesen von der älteren Zeit bis zur Mitte des XII. Jahrhunderts. Eine germanistisch-antiquarische Studie, Stuttgart 1889 (Neudruck Wiesbaden 1966) u. Reverdy, Georges: L'histoire des routes de France du Moyen Age à la Révolution, Paris 1997. Die 1992 erstmals unter dem Titel ›Ways of the World. A History of the World's Roads and of the Vehicles That Used Them‹ erschienene und kurz darauf auch auf Deutsch publizierte Studie des Straßenbauingenieurs Maxwell Gordon Lay perspektiviert auch Asien und vor allem Amerika [Die Geschichte der Straße. Vom Trampelpfad zur Autobahn, Frankfurt a. M./New York 1994]. Alfred Birk hat 1920 von der Technischen Hochschule Braunschweig die Ehrendoktorwürde der Ingenieurswissenschaften verliehen bekommen [Kurzel-Runtscheiner, Erich: »Birk, Alfred« in: Neue Deutsche Biographie 2 (1955), S. 256]. Addison 1980 etwa stützt seine Ausführungen auf althistorische Befunde wie jene von Good, Ronald: The old Roads of Dorset, Dorchester 1940.
58 Schwinges 2007 I; Szabó 2009 I; Denzler, Alexander (Hg.): Die Nutzung und Wahrnehmung von Straßen und Wegen (1100–1900) (Themenband im Jahrbuch für Regionalgeschichte 36), Stuttgart 2018; Denzler, Alexander: Art. ›Straße‹, in: EdN – Online [2018]; Andermann/Gallion 2018. Siehe auch Burgard/Haverkamp 1997; Holzner-Tobisch/Kühtreiber/Blaschitz 2012; Fischer, Thomas/Horn, Heinz Günter (Hg.): Straßen von der Frühgeschichte bis in die Moderne. Verkehrswege – Kulturträger – Lebensraum (ZAKMIRA-Schriften des Lehr- und Forschungszentrums für die antiken Kulturen des Mittelmeerraumes 10), Wiesbaden 2013 u. Jaritz, Gerhard (Hg.): Die Strasse: Zur Funktion und Perzeption öffentlichen Raums im späten Mittelalter: Internationales Round Table Gespräch, Krems an der Donau, 2. und 3. Oktober 2000 (Forschungen des Instituts für Realienkunde des Mittelalters und der Frühen Neuzeit Diskussionen und Materialien 6), Wien 2001.

Bereichen Wirtschaft, Handel, Transport,[59] Verkehr, Reisen und Mobilität[60] zuordnen lassen und damit Straßen zumindest mittelbar zum Gegenstand haben, analysieren kaum, wie die Menschen mit den Straßen umgegangen sind und wie umgekehrt Straßen Einfluss auf das Handeln und die naturabhängige Welterfahrung der Menschen nahmen.

Beginnend mit der Altstraßenforschung wird im Folgenden der Stand jener Forschungen dokumentiert, die sich bislang auf Grundlage unterschiedlicher Quellenüberlieferungen zwar mit Straßen beschäftigt haben, deren Erkenntnisinteresse und zentralen Befunde aber dann doch bezeichnenderweise über die Nicht-Benutzbarkeit von Straßen in der Regel nicht hinausgehen. Die folgende Darlegung des Forschungsstandes markiert zu überwindende Traditionen und Konventionen bisheriger straßenbezogener Forschungen. Zugleich ist es möglich, nicht zuletzt durch die Verwendung und Hervorhebung[61] etablierter Straßenbezeichnungen wie *Alt-, Geleits-* und *Handelsstraßen,* den Untersuchungsgegenstand der vorliegenden Studie näher zu konturieren und insgesamt das Erfordernis der Neuperspektivierung weiter hervorzuheben.

---

59 In Auswahl (siehe näher die weiteren Ausführungen): Denzel/Blockmans 2018; Gömmel, Rainer: Handel und Verkehr, in: Schulz, Günther u. a. (Hg.): Sozial- und Wirtschaftsgeschichte. Arbeitsgebiete – Probleme – Perspektiven, München 2005, S. 133–145; Kellenbenz, Hermann: Landverkehr, Fluss- und Seeschiffahrt im europäischen Handel (Spätmittelalter bis Anfang des 19. Jahrhunderts), in: Les grandes voies maritimes dans le monde, XVe – XIXe siècles: rapports présentés au XIIe Congrès International des Sciences Historiques par la Commission Internationale d'Histoire Maritime à l'occasion de son VIIe Colloque (Vienne, 29 août – 5 septembre 1965), Paris 1965, S. 327–441; Kikuchi, Yūta, Hamburgs Ostsee- und Mitteleuropahandel 1600–1800. Warenaustausch und Hinterlandnetzwerke (Wirtschafts- und Sozialhistorische Studien 20), Köln 2018; Lang, Heinrich: Wirtschaften als kulturelle Praxis. Die Florentiner Salviati und die Augsburger Welser auf den Märkten in Lyon (1507–1559) (VSWG – Beihefte 248), Stuttgart 2020; Parry, John H.: Transport and Trade Routes, in: E. E. Rich/C. H. Wilson (Hg.): The Cambridge Economic History of Europe, Bd. 4: The Economy of Expanding Europe in the Sixteenth and Seventeenth Century, Cambridge 1967, S. 155–219; Schremmer, Eckart: Die Wirtschaft Bayerns. Vom hohen Mittelalter bis zum Beginn der Industrialisierung. Bergbau, Gewerbe, Handel, München 1970; Serles, Andrea: Nürnberger Händler und Nürnberger Waren: Reichsstädtische Wirtschaftsinteressen und der Donauhandel in der Frühen Neuzeit, in: Jahrbuch für Regionalgeschichte 35 (2017), S. 93–128; Straube 2015.

60 In Auswahl (siehe näher die weiteren Ausführungen): Classen, Albrecht (Hg.): Travel, Time, and Space in the Middle Ages and Early Modern Time: Explorations of Worldly Perceptions and Processes of Identity Formation (Fundamentals of Medieval and Early Modern Culture 22), Berlin/Boston 2018; Canny, Nicholas (Hg.): Europeans on the Move. Studies on European Migration 1500–1800, Oxford 1994; Demel, Walter: Als Fremde in China. Das Reich der Mitte im Spiegel frühneuzeitlicher europäischer Reiseberichte, München 1992; Hennigs 2002; Merki/Schiedt 1999; Moraw 1985; Newman 2011; Schiedt 2010; Treue, Wolfgang: Abenteuer und Anerkennung. Reisende und Gereiste in Spätmittelalter und Früher Neuzeit, Paderborn 2014; Voigt 1965; Wacker, Reinhold: Das Verkehrswesen im Rheinland vom 15. Jahrhundert bis 1794 (Beiträge zur Landes- und Kulturgeschichte 7), Trier 2008.

61 Zu den Kursivsetzungen in dieser Studie siehe Anm. 21 (Kapitel 1).

1.2.1 Altstraßenforschung

Die 1931 erstmals als solche bezeichnete Altstraßenforschung,[62] etwa auch ›historische oder archäologische Straßenforschung‹, ›historisch-geographische Wegeforschung‹ oder ›Altwegeforschung‹ genannt, hat sich seit dem ausgehenden 19. Jahrhundert als eine Subdisziplin zwischen Archäologie, Geographie und Geschichte entwickelt[63] und untersucht die – so hat es der Geograph Dietrich Denecke in einem programmatischen Aufsatz formuliert – »historische Entwicklung alter Verkehrswege und Straßennetze«.[64] Unter Verwendung schriftlicher und bildlicher Quellen sowie unter Berücksichtigung sprachgeschichtlicher Befunde (v. a. Flur-, Gelände- und Siedlungsnamen), mehr aber noch anhand der Auswertung von erhaltenen Relikten im Gelände und der naturräumlichen Umgebung selbst interessieren sich diese Forschungen für das Vorhandensein und den Verlauf von in der Vergangenheit genutzten Einzelstraßen sowie für deren Beziehung zueinander.[65] Entsprechend der zur Verfügung stehenden Quellen sind es neben Heimatforscher:innen[66] Spezialisten der genannten Fächer, welche von der Ur- und Früh-

---

62 Wopfner, Hermann: Geschichtliche Heimatkunde. 4. Altstraßenforschung [Teil 1], in: Tiroler Heimat, N. F. Bd. 4, Heft 3, Innsbruck u. a. 1931, S. 83–136. Der zweite Teil dieses Beitrags zur titelgebenden »Altstraßenforschung« ist im Folgejahr erschienen mit Wopfner, Hermann: Geschichtliche Heimatkunde. 4. Altstraßenforschung [Teil 2], in: Tiroler Heimat, N. F. Bd. 5, Heft 1 u. 2, Innsbruck u. a. 1932, S. 3–12.

63 Engels, Jens Ivo/Schenk, Gerrit Jasper: Infrastrukturen der Macht – Macht der Infrastrukturen. Überlegungen zu einem Forschungsfeld in: Förster, Birte/Bauch, Martin (Hg.): Wasserinfrastrukturen und Macht von der Antike bis zur Gegenwart (HZ, Beihefte 63), Berlin u. a. 2015, S. 22–58, hier S. 33.

64 Denecke, Dietrich: Methoden und Ergebnisse der historisch-geographischen und archäologischen Untersuchung und Rekonstruktion mittelalterlicher Verkehrswege, in: Jankuhn, Herbert/Wenskus, Reinhard (Hg.): Geschichtswissenschaft und Archäologie. Untersuchungen zur Siedlungs-, Wirtschafts- u. Kirchengeschichte (Vorträge und Forschungen 22), Sigmaringen 1979, S. 433–483, hier S. 435. Zu der Begrifflichkeit ›Altstraßenforschung‹ und alternativen Begriffen ebd. S. 434. Der Aufsatz resümiert zahlreiche Ergebnisse der 1969 vorgelegten Promotionsschrift: Denecke, Dietrich: Methodische Untersuchungen zur historisch-geographischen Wegeforschung im Raum zwischen Solling und Harz. Ein Beitrag zur Rekonstruktion der mittelalterlichen Kulturlandschaft (Göttinger geographische Abhandlungen 54), Göttingen 1969.

65 Denecke 1979, bes. S. 437 mit einer tabellarischen Übersicht zu »Forschungszweige, Quellen, Methoden und Fragestellungen der Altwegeforschung«. Siehe etwa auch Jäger, Helmut: Geographische und historische Methoden der Altstraßenforschung, in: Riedenauer, Erwin (Hg.): Die Erschließung des Alpenraums für den Verkehr im Mittelalter und in der frühen Neuzeit. L'Apertura dell'area alpina al traffico nel medioevo e nella prima era moderna (Schriftenreihe der Arbeitsgemeinschaft Alpenländer, Neue Folge 7), Bozen 1996, S. 39–59, der sich auf S. 56 auch zum Verhältnis von Einzelstraßen zum Verkehrsnetz äußert. Die Quellen der Altstraßenforschung hat bereits Wopfner 1931 umschrieben.

66 Maier, Edgar: Historische Straßen und Wege: Altwegeforschung als Disziplin der Heimatforschung, in: Heimatkundliche Blätter 7 (2004), S. 1–5. Indem sie Relikte von Wegen und Brücke vor Ort aufsuchen und dokumentieren, leisten gerade die Heimatforscher einen wichtigen Beitrag zur Rekonstruktion von Trassen. So hat Auer, Johann: Altwege zwischen Abens, Donau und Isar (Regensburger Beiträge zur Regionalgeographie und Raumplanung 5), Kallmünz 1999 »auf der Basis von mehr als 20 Jahre andauernden, intensiven Begehungen des Gebietes [...] die Geschichte der Fernwege bzw. Straßen in diesem Raum«

geschichte bis ins 20. Jahrhundert hinein die historischen Straßenverläufe und deren Verflechtungen oftmals unter Verwendung der Metapher ›Verkehrsnetz‹ oder ›Straßennetz‹ rekonstruierten.[67]

So hat beispielsweise Hans-Peter Schäfer in seiner 1976 erschienenen historisch-geographischen Promotionsschrift die »Entwicklung des Straßennetzes im Raum Schweinfurt« vom Frühmittelalter bis zum Beginn des Eisenbahnbaus bearbeitet,[68] indem er *Verkehrswege,* also Verbindungen, welche den »Austausch von Personen, Gütern und Nachrichten zwischen getrennten Standorten durch die Überwindung von räumlichen

---

beschrieben [ebd., S. 2]. Die Ergebnisse einer so gelagerten Altstraßenforschung, wie sie gedruckt etwa von Höhn, Alfred: Altstraßen im Coburger Land, in: Jahrbuch der Coburger Landesstiftung 28 (1983), S. 171–202 für das Coburger Land oder von Edelmann, Hans: Oberfränkische Altstraßen (Die Plassenburg. Schriften für Heimatforschung und Kulturpflege in Ostfranken 8), Kulmbach 1955 für weitere Teile Oberfrankens vorliegen, werden auch häufig im Internet dokumentiert. Siehe etwa zu den ›Altstraßen im Kulmbacher Land‹ URL: http://www.landschaftsmuseum.de/Seiten/Denkmal/Alte_Wege-Strassen.htm (11.4.2023) oder zu jenen im heutigen Hessen URL: https://www.altstrassen-in-hessen.de/ (11.4.2023). Die Forschungen zu den Altstraßen in der Oberpfalz dokumentiert der »Arbeitskreis Netzwerk der Inventarisierung Altstraßen Mittlere Oberpfalz« (Andiamo): URL: https://www.heimatforschung-regensburg.de/view/title_series/andiamo.html (11.4.2023).

67 Exemplarisch: Mit einer urzeitgeschichtlichen Perspektivierung Pollak, Marianne: Wege zum Wohlstand. Technologie und Infrastruktur in den Zentralalpen, in: Fischer/Horn 2013, S. 11–41; zur Antike Rathmann, Michael: Untersuchungen zu den Reichsstraßen in den westlichen Provinzen des Imperium Romanum (Beihefte Bonner Jahrbücher 55), Mainz 2003; Schneider, Hans-Christian, Altstraßenforschung (Erträge der Forschung 170), Darmstadt 1982; Kolb, Anne (Hg.): Roman Roads: New Evidence – New Perspectives, Berlin/Boston 2019; zum Mittelalter Schwarz, Klaus: Archäologisch-topographische Studien zur Geschichte frühmittelalterlicher Fernwege und Ackerfluren im Alpenvorland zwischen Isar, Inn und Chiemsee, Kallmünz/Opf. 1989; Szilágyi, Magdolna: On the Road: The History and Archaeology of Medieval Communication Networks in East-Central Europe (Archaeolingua. Series Minor), Budapest 2014; Klimek, Tomáš/Bolina, Pavel: Cosmas' Road across Hill Osek as an Example of how Narrative Sources Can Help us Interpret Medieval Roads, in: Denzler 2018 I, S. 115–129; zur Frühen Neuzeit Klemm, Susanne: Straßen für den Steirischen Erzberg. Archäologisch-historische Altstraßenforschung in der Steiermark, 16.–18. Jahrhundert (Forschungen zur geschichtlichen Landeskunde der Steiermark 51), Münster u.a. 2011; zum 19. u. 20 Jahrhundert Dienel, Hans-Liudger/Schiedt, Hans Ulrich (Hg.): Die moderne Straße. Planung, Bau und Verkehr vom 18. bis zum 20. Jahrhundert, Frankfurt a.M. 2010. Gegenstandsbedingt sind die Arbeiten oftmals aber weniger epochenspezifisch als vielmehr epochenübergreifend angelegt, wie bei Schäfer, Hans-Peter: Die Entwicklung des Straßennetzes im Raum Schweinfurt bis zur Mitte des 19. Jahrhunderts (Mainfränkische Studien 13), Würzburg 1976. Dementsprechend werden auch Kontinuitäten und Diskontinuitäten bei der Nutzung von Römerstraßen bis in die Neuzeit etwa von folgenden Studien zur Sprache gebracht: Burgard/Haverkamp 1997; Popovic, Mihailo St.: Zur Kontinuität der Römerstraßen in Südosteuropa. Das Beispiel der Felsenstraße des Djerdap, in: Holzner-Tobisch/Kühtreiber/Blaschitz 2012, S. 173–182 u. Szilágyi 2014, S. 76–83. Die Interdisziplinarität der Altstraßenforschung und damit verbundene Methodenvielfalt betont etwa Denecke 1979, dem freilich computergestützte Analysen unserer Tage, wie sie Herzog, Irmela: The Potential and Limits of Optimal Path Analysis, in: Bevan, Andrew/Lake, Walnut (Hg.): Computational Approaches to Archaeological Spaces, London/New York 2013, S. 179–211 für die Archäologie thematisiert, noch nicht bekannt waren.

68 Schäfer 1976.

Hindernissen«[69] (Verkehr) ermöglichen, dokumentiert und funktional entsprechend der Intensität und Reichweite der Verkehrsnutzung (regionaler/überregionaler Verkehr) differenziert.[70] Nicht nur Straßen, auch ›Verkehrsknotenpunkte‹ wie Haßfurt, Hofheim oder Schweinfurt werden von Schäfer benannt und mittels Kanten (Verbindungen) netzförmig zueinander in Beziehung gesetzt, wodurch sich ein zusammenhängendes Verkehrsgefüge (›Verkehrsnetz‹) im Wandel der Zeit beschreiben lässt.[71]

Altstraßenforschungen wie jene von Schäfer, Denecke oder auch Bernd W. Bahn[72] haben die historische Auseinandersetzung mit *Landverkehrswegen*[73] nachhaltig geprägt und darüber hinaus einen wichtigen Beitrag zur Konservierung der von Vergessen, Verfall und Zerstörung bedrohten Relikte von Altstraßen geleistet.[74] Die mit den Geländerelikten arbeitenden Altstraßenforscher:innen, zu denen gerade auch eine Vielzahl an Laien zählt, haben damit jenes Bewusstsein um das historische Straßenerbe geschärft, wie es in der Schweiz umfassend Fachspezialisten mit dem »Bundesinventar der historischen

---

69 Merki 2008, S. 8.
70 Zwischen regionalem und überregionalem Verkehr unterscheiden etwa die Ausführungen von Schäfer 1976 auf S. 205–220, wobei hier auch eigens auf den Postverkehr eingegangen wird. Die Reichweite als Kriterium einer funktionalen Differenzierung der Wege hebt Denecke 1979, S. 460 expliziter hervor.
71 Schäfer 1976; zum Verkehrsnetz als Grundkategorie der verkehrsgeographischen Betrachtung Nuhn, Helmut/Hesse, Markus: Verkehrsgeographie (Grundriss Allgemeine Geographie), Paderborn 2006, S. 20 u. 285 sowie zur Frage nach der Verdichtung von Verkehrsnetzen im Mittelalter Fütterer, Pierre: Wege und Herrschaft. Untersuchungen zu Raumerschließung und Raumerfassung in Ostsachsen und Thüringen im 10. und 11. Jahrhundert (Palatium 2), 2 Teile, Regensburg 2016, hier S. 44 (Teil 1).
72 Bahn, Bernd W. u. a. (Hg.): Altstraßen in Südthüringen. Stand und Perspektiven der Altstraßenforschung, Langenweißbach 2015 u. Bahn, Bernd W: Die Kupferstraße. Geographisch-prähistorische Untersuchung ihres Verlaufs in Thüringen (Beiträge zur Altwegeforschung 2), Langenweißbach 2016. Die Ursprünge der letztgenannten Arbeit zur Kupferstraße liegen in einer unveröffentlichten Diplomarbeit von 1965. Siehe hierzu Fütterer 2016, S. 41 (Teil 1).
73 Gränitz, Frauke: Landverkehrswege als Faktoren der Entwicklung der Kulturlandschaft und des Straßenwesens im Kurfürstentum Sachsen von 1648 bis 1800, Diss. phil. Chemnitz 2006, URL: https://nbn-resolving.org/urn:nbn:de:bsz:ch1-200800219 (11.4.2023). *Wasserwege* spielen insgesamt nur eine untergeordnete Rolle [Denecke, Dietrich: Wege der historischen Geographie und Kulturlandschaftsforschung. Ausgewählte Beiträge. Zum 70. Geburtstag hg. v. Klaus Fehn u. Anngret Simms, Stuttgart 2005, S. 182]. Eigens hierzu jedoch Schich, Winfried: Die Havel als Wasserstraße im Mittelalter: Brücken, Dämme, Mühlen, Flutrinnen. Antrittsvorlesung vom 24. November 1992, URL: https://edoc.hu-berlin.de/handle/18452/2270 (11.4.2023).
74 So mahnte Spier, Heinrich: Stand, Aufgaben und Methoden der Wegeforschung im Harz, in: Harz-Zeitschrift 14 (1962), S. 121–128, hier S. 121 eindringlich vor den Baggern, die eingesetzt wurden, um zu dieser Zeit das Harz als Erholungslandschaft zu erschließen. Sie würden »die Zeugen des alten Verkehrsnetzes in der freien Landschaft ausradieren und uns unseres Forschungsobjekts berauben«. Zum Schutz von Altstraßen in unserer Zeit: Fütterer, Pierre: Merkmale, Erfassung und Schutz von Altstraßen. Einbeziehung von ehrenamtlichem Engagement in Thüringen, in: Bund und Umwelt in Deutschland (BHU) (Hg.): Historische Wege. Dokumentation der Tagung am 13. und 14. September 2012 in Winterberg (NRW), Bonn 2013, S. 23–25; explizit gegen das Vergessen: Nicke, Herbert: Vergessene Wege: das historische Fernwegenetz zwischen Rhein, Weser, Hellweg und Westerwald, seine Schutzanlagen und Knotenpunkte, Nümbrecht-Elsenroth 2001.

Forschungsstand

Verkehrswege der Schweiz« (IVS) gesetzlich weitreichend geregelt und staatlich finanziert pflegen.[75] Straßengeschichte kann so gesehen immer auch Denkmalgeschichte sein.[76] So ist es besonders das fehlende Wissen etwa um alte Wegoberflächen, das zur Zerstörung von *original roads* führen kann.[77]

Die Altstraßenforschung hat genuin historische Grundlagenarbeit insofern geleistet, als sie vergangene *Verkehrswege* und deren Verlauf überhaupt erst erfasst und einer systematisierenden Betrachtung unterzogen hat. In Abhängigkeit von den zur Verfügung stehenden Quellen, Methoden und Erkenntnisinteressen wurden daneben die Bautechnik sowie die Organisation und Verwaltung von Straßen und damit verbunden deren Finanzierung und die an der Instandsetzung respektive am Bau beteiligten Arbeiter mitbehandelt.[78] Ebenso interessierten die Gründe des Straßenbaus, welche in der Regel mit den Stichworten ›wirtschaftlich‹ und ›militärisch‹ umschrieben werden;[79] Straßen erlaubten es daneben schlicht und ergreifend zu herrschen, sie waren, wie Anne Kolb jüngst für die Straßen der römischen Antike nochmals betont hat und hier für das 16. Jahrhundert noch zu behandeln bleibt, »foundation and means of power«.[80]

All diese Aspekte, die das ›Wie‹ und ›Warum‹ des Baus und Erhalts von Straßen hervorheben, spielten für weite Teile der Altstraßenforschung jedoch nur eine untergeordnete Rolle im Vergleich zum quellenbedingt ertragreicheren Bemühen, (1.) die Existenz und den Verlauf von Verkehrswegen zu belegen. Noch 2009 forderte Thomas Szabó ein, die Straßen des Mittelalters nicht mehr nur über die Datums- und Ortsangabe von Urkunden, sondern umfänglicher und genauer anhand zeitgenössischer, etwa von Pilgern angelegten Itineraren zu rekonstruieren.[81] Mit einem solchen Anliegen wollte Szabó jene Rekonstruktionsbemühungen fortsetzen, wie sie die Altstraßenforschung von

---

75 URL: https://www.ivs.admin.ch/ (11.4.2023). Siehe zum IVS etwa auch Schiedt, Hans Ulrich/Schneider, Guy/Herzig, Heinz E.: Historische Strassen-und Wegeforschung in der Schweiz, in: Schwinges 2007 I, S. 119–159 u. ViaStoria – Stiftung für Verkehrsgeschichte (Hg.): Wege und Geschichte 2018/1 (Themenheft zu ›15 Jahre IVS‹), Zürich 2018. Gesetzliche Regelungen zum Schutz alter Wege in Thüringen spricht Fütterer 2013, S. 24 f. an. Die rege Altstraßenforschung in Thüringen dokumentiert insgesamt Bahn 2015.
76 Dienel, Hans-Liudger/Schiedt, Hans Ulrich (Hg.): Einleitung in die Geschichte der modernen Straße, in: Dies. 2010 I, S. 7–21, hier S. 11.
77 Classen, Albrecht: Roads, Streets, Bridges, and Travelers, in: Ders. (Hg.): Handbook of medieval culture. Fundamental Aspects and Conditions of the European Middle Ages, Bd. 3, Berlin/Boston 2015, S. 1511–1534, hier S. 1514 (»original roads«); die Zerstörung von Altstraßen durch Unkenntnis konstatiert neben Aerni, Klaus: Ziele und Ergebnisse des Inventars historischer Verkehrswege der Schweiz (IVS), in: Riedenauer 1996, S. 61–84, hier S. 67 auch Fütterer 2013, S. 25.
78 Diesen Themenkanon résumiert für die Antike Schneider 1982. Siehe auch Rathmann 2003 sowie insgesamt zu den Untersuchungsaspekten der Altstraßenforschung Fütterer 2016, S. 40–43 (Teil 1).
79 Kritisch zu diesen pauschalen Motivzuschreibungen Schneider 1982, S. 24 f.
80 Kolb, Anne: Via ducta – Roman Road Building: An Introduction to Its Significance, the Sources and the State of Research, in: Kolb 2019 I, S. 3–21, hier S. 8.
81 Szabó, Thomas: Die Itinerarforschung als Methode zur Erschließung des mittelalterlichen Straßennetzes in: Szabó 2009 I, S. 85–96.

Anbeginn geprägt hat und für die Frühe Neuzeit vor allem von Herbert Krüger umfänglich auf Grundlage gedruckter Wegbeschreibungen und Karten durchgeführt worden sind.[82] Gegenwärtig erfährt dieser Forschungszweig eine beeindruckende Erweiterung durch das länderübergreifend Viabundus-Projekt, welches mittels einer GIS basierten digitalen Karte die *Transportrouten* Nord- und Zentraleuropas zwischen 1350 und 1650 präzise dokumentieren möchte.[83] Ein weiteres Forscherteam widmet sich der systematischen Erfassung und kartographischen Darstellung des Zustands und der Entwicklung von Wasser- und Landwegen im frühneuzeitlichen England und Wales,[84] während es niederländischen Naturwissenschaftlern mittels historischer, archäologischer, geowissenschaftlicher, geomorphologischer und paläographischer Daten möglich war, Kontinuitäten und Veränderungen des spätantiken und frühmittelalterlichen Verkehrsnetzes im naturräumlich sehr dynamischen Rhein-Meuse-Delta plastisch zu erforschen.[85] Für die Antike wird schließlich derzeit im Rahmen eines vom European Research Council geförderten Projektes ein dynamisches computergestütztes Simulationssystem für den wasser- und landgestützten Transport zwischen der Adria und der Donau entwickelt. Um »möglichst realistische Einschätzungen zu den Transportzeiten zu erhalten«, werden hierfür antike Wasser- und Landwege rekonstruiert.[86]

Damit ist zugleich (2.) angesprochen, dass die Altstraßenforschung die erfassten und dokumentierten Straßen in der Regel unter Anfertigung moderner Karten netzförmig zueinander in Beziehung setzt und deren »Verkehrsbedeutung« – wie es wiederkehrend bei Schäfer heißt[87] – eruiert. Die Feststellung der »historische[n] Kommunikationsbedeutung« von Straßen,[88] welche beim Schweizer IVS über die staatliche Zuwendung entscheidet, ist ein bleibend zentrales Anliegen der Altstraßenforschung, um die vielfältigen Erscheinungs-

---

82 Krüger, Herbert: Hessische Altstraßen des 16. und 17. Jahrhunderts nach zeitgenössischen Itinerar- und Kartenwerken (1500–1650) (Hessische Forschungen zur geschichtlichen Landes- und Volkskunde 5), Kassel/Basel 1963 u. Krüger, Herbert: Das älteste Routenhandbuch. Jörg Gails »Raissbüchlin«, Graz 1974. Schon Wopfner 1931 ging es um die »Feststellung von Altstraßen«. Daneben wird bezeichnenderweise die »Entwicklung des Wegenetzes« behandelt (siehe die entsprechenden Kapitelüberschriften).
83 URL: http://www.landesgeschichte.uni-goettingen.de/roads/viabundus/ (11.4.2023); siehe auch Anm. 30 (Kapitel 1).
84 URL: https://viaeregiae.org/wiki/Main_Page (11.4.2023).
85 Van Lanen, Rowin J./Pierik, Harm Jan: Calculating connectivity patterns in delta landscapes: Modelling Roman and early-medieval route networks and their stability in dynamic lowlands, in: Quaternity International 501 (2019), S. 393–412. Siehe ferner Van Lanen, Rowin J. u. a.: Route persistence. Modelling and quantifying historical route-network stability from the Roman period to early-modern times (AD 100–1600): a case study from the Netherlands, in: Archaeological and Anthropological Sciences 10 (2018), S. 1037–1052, URL: https://doi.org/10.1007/s12520-016-0431-z (11.4.2023).
86 Zitiert wird hier aus der Beschreibung des Projekts STRADA (Simulation of Transport between the Adriatic Sea and the Danube), URL: https://strada.uni-trier.de/ (11.4.2023).
87 Schäfer 1976, etwa S. 113, 305 u. 314.
88 Aerni 1996, S. 71; Doswald 2000/2003.

formen von Straßen und Wegen differenzierend und hierarchisierend zu erfassen und damit präsent zu halten.[89]

Die Bemessung respektive Beurteilung der Bedeutung einer Straße oder eines Weges in seiner Zeit erfolgte freilich keinem abgeschlossenen oder gar einheitlichen Kriterienkatalog. Beim IVS sind es 1.) die Kontinuität der Wegbenutzung, 2.) die rechtliche Stellung des Verkehrsweges (etwa Reichs- oder Landstraße) und 3.) die »[g]eopolitisch-strategische Bedeutung der Verkehrsachse«, welche zur Einstufung als ›überregionale‹, ›regionale‹ oder ›lokale Route‹ führt.[90] Schäfer zog demgegenüber die Verkehrsfrequenz als zentrales Kriterium zur Beurteilung einer Verkehrsbedeutung heran, obgleich zu bedenken gilt, dass sich die Nutzungsintensität eines Weges im prästatistischen Zeitalter nur sehr schwer bestimmen lässt.[91] Gerade die von Wirtschafts-, Handels- und Transportgeschichte durchgeführten Berechnungen des Volumens von auf den Straßen transportierten Waren ist kein leichtes Unterfangen, aber dennoch anhand von Zolllisten umfänglich möglich, wie Manfred Straube eindringlich darlegen konnte.[92] Demgegenüber verfügt die mit den Relikten arbeitende Altstraßenforschung über die Möglichkeit, gerade von den Eintiefungen bei *Hohlwegen* Rückschlüsse auf die Häufigkeit der Benutzung zu ziehen,[93] auch wenn natürliche Faktoren wie der Grad des Gefälles, die Art des Untergrundes oder die Vegetation im Wegebereich einen erheblichen Einfluss auf Wegvertiefungen nehmen konnten.[94] Besser als die Nutzungsintensität lassen sich die unterschiedlichen Verkehrsmittel nachweisen, die bei der Fortbewegung zur Anwendung kamen, beginnend mit den eigenen Füßen über Tiere bis hin zu von Tieren gezogenen oder mit der Hand geschobenen Wägen. So standen, wie Denecke anführt, gerade für den Nahverkehr von Ort zu Ort benutzbare *Fußwege* zur Verfügung, während

---

89 Siehe dementsprechend Fütterer 2016 (Teil 1).
90 Aerni 1996, S. 71; Doswald 2000/2003 führt weitere Bewertungskriterien an, darunter auch die Verkehrsfrequenz und das Transportvolumen.
91 Siehe hierzu etwa Schäfer 1976, S. 84–88 u. S. 91 sowie Denecke 1979, S. 460 u. 469f. Auf die damit verbundene Schwierigkeit, zwischen regionalen, überregionalen und lokalen Verbindungen zu unterscheiden, geht auch Manske, Dietrich-Jürgen: Ambergs Lage im Straßennetz der Oberpfalz während des Mittelalters und der Neuzeit. Ein Beitrag zur historischen und Verkehrsgeographie, in: Schriftenreihe der Universität Regensburg 11 (1985), S. 9–45, hier S. 21, ein. Er hat wiederkehrend einschlägig zu Altstraßen gearbeitet, so etwa Manske, Dietrich-Jürgen: Altstraßenforschung in Ostbayern: Auf den Spuren alter Fern- und Nahverbindungen, mittelalterlicher Wegweiser und Gefahrenhinweise, in: Beiträge zur Flur und Kleindenkmalforschung in der Oberpfalz 26 (2003), S. 29–48.
92 Straube 2015. Siehe zu der hier mitunter behandelten Frage, welche Waren »von woher nach wohin, in welchem Umfang und zu welchem Zeitpunkt transportiert wurde[n]« [ebd., S. 10], auch Rauscher/Serles 2015 I. Quellenbedingte Grenzen, den Handel auf dem *Landweg* quantifizierend zu erfassen, spricht so explizit Wijaczka, Jacek: Handelsstadt und Zollregister. Der Krakauer Außenhandel und seine Quellen in der Frühen Neuzeit, in: Rauscher/Serles 2015 I, S. 169–196, hier S. 187 an. Auf das von der Altstraßenforschung betonte Erfordernis, den Umfang transportierter Waren zu erfassen und die damit verbundenen Schwierigkeiten, weist bereits Denecke 1979, S. 469f. hin.
93 Ebd., S. 444f. u. a.
94 Ebd., S. 469.

der *Fernverkehr* zu Fuß oder mit dem Pferd in der Regel der Linienführung des Wagenverkehrs folgte, es sei denn, die Fuhrwägen mussten bei einer starken Steigung auf eine andere Linie ausweichen.[95] Die *großen Fernstraßen* waren darüber hinaus meist multifunktional, sie wurden zu militärischen Zwecken ebenso genutzt wie von viehtreibenden Bauern.[96]

Befunde wie diese hat die Altstraßenforschung häufig für Einzelstraßen und weniger für *Verkehrsnetze* vorgelegt. Auch die Kombination geographischer, archäologischer und historischer Methoden und damit verbunden die Verwendung sehr unterschiedlicher Quellentypen sind in der älteren Forschung die Ausnahme. Pierre Fütterer war es allerdings möglich, auf Grundlage von Schriftquellen, Altkarten, topographischen Karten, geographischen Gegebenheiten, anthropogenen Geländeformen (v. a. Gleise von *Hohlwegen*), archäologischen Fundstücken, Orts-, Flur- und Wegenamen sowie Luft-, Satelliten- und Laserscanaufnahmen für das 10. und 11. Jahrhundert ein in Ostsachsen und Thüringen gelegenes *Wegenetz* zu rekonstruieren, welches »von einer Reihe überregionaler, polylinearer *Fernverbindungen* passiert wurde, die unter Nutzung der lokal-regionalen *Trassen* [Hervorhebung d. Verf., A.D.] und verschiedener Herrschaftsmittelpunkte ihren Zielräumen oder -orten entgegenstrebten«.[97]

Wie weitere Altstraßenforschungen zeigen konnten, bestanden *Fernstraßen* bis ins Mittelalter, aber durchaus auch darüber hinaus[98] aus mehreren in der Regel durch den Druck von Wagenrädern gebildeten Gleisen. Die Radabstände wiesen dabei in den Territorien des römisch-deutschen Reiches eine erhebliche Variationsbreite von etwa 99 cm bis 182 cm auf und wurden gerade auch deshalb zunehmend zum Gegenstand von normierenden Implementationsprozessen der frühneuzeitlichen Obrigkeiten.[99] Ob jedoch,

---

95 Ebd., S. 458.
96 Ebd., S. 460.
97 Fütterer 2016, S. 494 (Teil 1).
98 Die Fixierung auf einen Strang habe sich seit dem Hochmittelalter mit dem Geleitsrecht und dem daraus resultierenden Straßenzwang ergeben, so resümiert Fütterer 2016, S. 91 (Teil 1) die Forschungen (siehe auch ebd. S. 45 f.). Die parallele Linienführung gab es aber auch danach, wie Ericsson, Ingolf: Straßen des Mittelalters im archäologischen Befund, in: Szabó 2009 I, S. 155–171, hier S. 155 f. für das Spätmittelalter anführt und auch aus dem Pfinzing-Atlas von 1594, S. 29 hervorgeht. Die divergierenden Befunde lassen sich damit erklären, dass es unterschiedliche Formen an *Straßenbündel* gab: Zum einen jene Fahrlinien, die weit voneinander entfernt, aber dann dennoch zusammenhängend zu einem Wegeziel führten, und jene, die nur das Ausweichen in einen begrenzteren Fahrkorridor ermöglichten [Szabó, Thomas: Nachwort. Ergebnisse und Probleme, in: Szabó 2009 I, S. 355–376, hier S. 361; zum Begriff ›Korridor‹: Fütterer 2016, S. 51 (Teil 1)]. Nicht jede Fahrlinie begründete also zwangsläufig eine neue – schwerer zu kontrollierende – Route. Dies geht auch aus dem Komplex an *Gleisstraßen* von Vuiteboeuf (heue Kanton Waadt) hervor: Auf einer Länge von rund 1,5 km und einer maximalen Breite von rund 30 m lassen sich eine Vielzahl an Gleisen nachweisen, wobei jedes Gleis im Durchschnitt nur 15–20 Jahre benutzt werden konnte [Schiedt/Schneider/Herzig 2007, S. 124–146, bes. S. 129, 137 u. 145].
99 Denecke 1979, S. 446 u. 451. Allgemein zu Wagengleisen auch Denecke 1969, S. 52 f. Gleise konnten aber ebenso von Menschenhand bewusst geplante und geschaffene Konstrukte sein, wie Schiedt/Schneider/Herzig 2007, S. 126 f. für die *Gleisstraßen* von Vuiteboeuf ausführen.

wie Denecke anführt, im »Zeitalter der unbefestigten Straßen« für die »Erhaltung und den Ausbau dieser und anderer Straßen nicht sehr viel aufgewandt wurde«,[100] ob also, anders gesprochen, die Straßen vor dem Chausseebau sich weitgehend selbst überlassen blieben, bleibt grundlegend zu untersuchen. Die Materialität der Verkehrsinfrastruktur und die damit verbundenen Instandsetzungsarbeiten bedürfen einer genaueren Analyse, welche die Altstraßenforschung auch deshalb bislang nicht leisten konnte, da sie an historischen Quellen vorzugsweise Itinerare und zeitgenössische Karten verwendet hat und im Unterschied hierzu die vorliegende Studie mit seriell überlieferten, amtlichen Rechnungen neues Quellenmaterial erschließt und in Bezug auf die Instandhaltung von außerurbanen Straßen analysiert.

1.2.2 Wirtschaft-, Handels-, Transport-, Verkehrs- und Mobilitätsgeschichte

Den Ertrag einer seriellen Quellengrundlage für die Beschäftigung mit Straßen hat die bereits angesprochene Wirtschaftsgeschichte wiederkehrend belegt. Vor allem die Handelsgeschichte als eines ihrer Teilgebiete hat sich wiederholt für *Handels- und Transportwege* interessiert.[101] Ein solches Forschungsinteresse unterstreicht das unter der Leitung von Mark Häberlein und Markus A. Denzel entstandene und vor der Veröffentlichung stehende »Handbuch globale Handelsräume und *Handelsrouten* [Hervorhebung d. Verf., A.D.]. Von der Antike bis zur Gegenwart«.[102] Handelsgeschichtliche Studien zeichnen sich dadurch aus, dass sie nach Möglichkeit unter Verwendung von Registern und Rechnungen zum Zoll- und Geleitswesen jene *Transport and Trade Routes*[103] bzw. *Land-, Fluss- und*

---

100 Denecke 1979, S. 447 f. Bezeichnenderweise werden hier nur einzelne Wegebesserungsmaßnahmen auf Grundlage von Ordnungen des 17. und 18. Jahrhunderts angeführt.
101 Gömmel 2005, S. 133. Zur Handelsgeschichte im Allgemeinen und deren Umgang mit massenhaft überlieferten, seriellen Quellen: Rauscher/Serles 2015 und hier vor allem Rauscher, Peter/Serles, Andrea: Fluch und Segen. Handelsgeschichtliche Massenquellen und die Erforschung mitteleuropäischer Märkte (13.–18. Jahrhundert), in: Dies. 2015 I, S. 19–42. Dementsprechend ist auch das unter URL: https://www.univie.ac.at/donauhandel/ (11.4.2023) dokumentierte Projekt »Der Donauhandel« zu nennen. In diesem Zusammenhang erfolgte die Erschließung der 28 Jahrgänge umfassenden Rechnungsbuchreihe der sogenannten »Kremser Waag- und Niederlagsbücher« von 1621 bis 1737, denen der Beitrag Serles 2017 zugrunde liegt. In ebendiesem Jahrbuch findet sich zudem eine Auswertung der Sundzollrechnungen von 1634 bis 1857: Rheinheimer, Martin: Die Schifffahrt des Herzogtums Schleswig im Spiegel des Sundzolls 1634–1857, in: Jahrbuch für Regionalgeschichte 35 (2017), S. 15–32. Siehe insgesamt zu Stand und Perspektiven handelsgeschichtlicher Forschungen auch die seit 2015 von Markus A. Denzel und Mark Häberlein neu herausgegebene Fachzeitschrift »Annales Mercaturae. Jahrbuch für internationale Handelsgeschichte/Yearbook for the History of International Trade and Commerce« [URL: https://elibrary.steiner-verlag.de/yearbook/JB-AME (11.4.2023)].
102 Siehe hierzu die Publikationsankündigung unter URL: https://www.degruyter.com/document/isbn/9783110428032/html?lang=de (8.8.2023).
103 Parry 1967.

Seewege zum Gegenstand haben,[104] die für den Handel und den Transport von Waren wie etwa Salz *(Salzhandelswege/Salzstraßen)*[105] benötigt wurden. Es stehen also *Haupthandelsrouten,*[106] *große Handelsrouten*[107] oder einfach nur *Handelsrouten* im Mittelpunkt.[108] Verkehrsverbindungen stehen hier als grundlegende Voraussetzungen im Rahmen des lokalen und regionalen, mehr aber noch im Rahmen des innereuropäischen und transkontinentalen Austauschs im Zentrum der Aufmerksamkeit. Dementsprechend finden sich in der Forschungsliteratur Unterscheidungen etwa zwischen *Fernhandelsstraßen* und *regionalen Wegenetzen,*[109] major und minor routes[110] oder *Haupthandelsstraßen* und Straßen auf Nebengeleiten.[111] Differenzierungen wie diese werden in Abhängigkeit von der Relevanz der Straßen entlang der meist nicht explizit genannten, geschweige denn systematisch behandelten, für den Handel aber wichtigen Kriterien ›Transportvolumen‹, ›Transportfrequenz‹, ›Art der transportierten Waren‹ und ›zurückgelegte Distanz zwischen Herkunfts- und Bestimmungsort von Waren‹ vorgenommen.[112]

Bei der Handelsgeschichte steht neben der bloßen Existenz und dem Verlauf von Straßen deren Nutzungsintensität im Vordergrund, ein Forschungsinteresse, wie es bereits für die Altstraßenforschung konstatiert werden konnte.[113] Die Handelsgeschichte hat Stra-

---

104 Kikuchi 2018, S. 111–213. Hierzu bereits einschlägig für den europäischen Handel Kellenbenz 1965 II.
105 *Salzhandelswege* bei Hirschmann, Norbert: Salzhandel in der Oberpfalz bis zum 30-jährigen Krieg unter besonderer Berücksichtigung der Residenzstadt Amberg, in: Hocquet, Jean-Claude/Palme, Rudolf (Hg): Das Salz in der Rechts- und Handelsgeschichte, Berenkamp 1991, S. 127–134, hier S. 132–134. *Salzstraßen*, aber etwa auch zum Transport von größeren Salzmengen besonders geeignete *Winterwege* bei Ott, Martin: Salzhandel in der Mitte Europas. Raumorganisation und wirtschaftliche Außenbeziehungen zwischen Bayern, Schwaben und der Schweiz, 1750–1815 (Schriftenreihe zur bayerischen Landesgeschichte 165), München 2013, hier S. 348 u. 429.
106 Wijaczka 2015, S. 169.
107 Schremmer 1970, S. 147–152.
108 Kikuchi 2018, S. 111 u.a.
109 So die Formulierungen des bereits genannten Viabundus-Projektes [URL: https://www.uni-goettingen.de/de/583497.html (11.4.2023).
110 Blanchard, Ian: The International Economy in the »age of the Discoveries«, 1470–1570. Antwerp and the English Merchants' World (Studien zur Gewerbe- und Handelsgeschichte der vorindustriellen Zeit 29), Stuttgart 2009, S. 101 (Map. 8.1).
111 Straube 2015 setzt sich vorzugsweise mit den *Haupthandelsstraßen* oder auch *Fernhandelsstraßen* (siehe etwa die schematischen Karten im Anhang) auseinander. Auf S. 258–262 wird aber auch der Warentransport durch thüringische Nebengeleite behandelt.
112 Siehe etwa Kellenbenz 1965 II u. Straube 2015.
113 Die Nähe der Altstraßenforschung zur Handelsgeschichte bringt bereits Gerbing, Luise: Erfurter Handel und Handelsstrassen, in: Mitteilungen des Vereins für die Geschichte und Altertumskunde von Erfurt 23 (1900), S. 97–148 zum Ausdruck. Sie hat sich eigens den so bezeichneten *Handels- und Verkehrsstraßen* gewidmet, wie es wörtlich im Kartenanhang heißt. Handelsstraßen, wie sie auch schon Heller 1884 behandelt hat, stehen daneben etwa bei Krüger 1963 I, S. 9 oder Fütterer 2016, S. 494–501 (Teil 1) im Vordergrund. Hinzuweisen ist auch auf das bereits angeführte Viabundus-Projekt, welches vorrangig vormoderne *Handelsstraßen* mittels einer digitalen Karte erfasst: URL: https://www.landesgeschichte.uni-goettingen.de/handelsstrassen/map.php (11.4.2023).

ßen also nicht nur erfasst und typisiert, wie mit Blick auf die Handelsmetropole Nürnberg noch genauer zu thematisieren bleibt, sondern sie setzte sich mit ihnen immer dann weitreichender auseinander, wenn es um die Frage ging, inwieweit Straßen mittelbar (Nutzungsmöglichkeit als solche) oder unmittelbar (baulicher Zustand) Einfluss auf die Entfaltung oder Begrenzung des Handels hatten. Da ein dichtes Verkehrsnetz geradezu als Voraussetzung, aber ebenso als Folge des Handels etwa in den verschiedenen regionalen Wirtschaftsräumen Mitteleuropas angesehen werden kann,[114] haben das Zoll- und Geleitswesen als kostenverursachende Rahmenbedingungen des Warentransports ebenso wiederkehrend Aufmerksamkeit erfahren wie die dahinter stehende Organisation des Transportwesens selbst.[115] Vor allem dem für den transalpinen Handel mit zentralen Funktionen besetzten Rottwesen haben sich vorzugsweise ältere wirtschafts- und handelshistorische Arbeiten gewidmet und es als eine wichtige organisatorische Grundlage für die handelsbedingte Nutzung von Straßen beschrieben.[116] Das Rottwesen ermöglichte bei einem besonders umfänglichen und regelmäßigen Warenverkehr den etappenweisen Transport über längere Distanzen;[117] so sind für die Strecke zwischen Schongau und Venedig 24 Rottstationen bekannt.[118] Derart aufgeteilte *Transitstraßen*[119] zu Lande hat die Forschung auch als *Rottstraßen*[120] oder *Rodstraßen* umschrieben,[121] daneben gab es die von

---

114 Ogilvie/van den Heuvel 2013, S. 81; Mathis, Franz: Die deutsche Wirtschaft im 16. Jahrhundert (EDG 11), München 1992, S. 46. Siehe zu den Handels- und Wirtschaftsräumen in und außerhalb Europas Denzel, Markus A./Pfister, Ulrich: Art. ›Handel‹, in: EdN 5 (2007), Sp. 68–89, hier Sp. 77–80 u. Häberlein, Mark: Art. ›Handelsräume. 1. Einleitung‹, in: EdN 5 (2007), Sp. 113–117.
115 Etwa Schremmer 1970, S. 178–184 sowie umfänglich zum Geleitswesen Straube 2015.
116 Müller, Johannes: Das Rodwesen Bayerns und Tirols im Spätmittelalter und zu Beginn der Neuzeit, in: VSWG 3 (1905), S. 361–420 u. Stolz, Otto: Zur Geschichte der Organisation des Transportwesens in Tirol im Mittelalter, in: VSWG 8 (1910), S. 196–267. An neueren Abhandlungen sind zu nennen: Fischer, Klaus: Das Rodfuhrwesen zwischen Augsburg und Venedig vom 13. bis zur Mitte des 18. Jahrhunderts, in: Baer, Wolfram/Fried, Pankraz (Hg.): Schwaben/Tirol. Historische Beziehungen zwischen Schwaben und Tirol von der Römerzeit bis zur Gegenwart, Rosenheim 1989, S. 240–250; Palme, Rudolf: Der spätmittelalterliche und frühneuzeitliche »Rod«-Verkehr durch Tirol, in: Hartmut Zwahr u. a. (Hg.): Leipzig, Mitteldeutschland und Europa. Festgabe für Manfred Straube und Manfred Unger zum 70. Geburtstag, Beucha 2000, S. 523–530; Koch, Alois: Die Trassen des Fernhandelsweges Augsburg-Füssen im 15. und 16. Jahrhundert (Lech Ammersee Studien 3), Landsberg am Lech 2007, hier u. a. S. 53–57 u. 100–103.
117 Zum Fehlen der Rottorganisation bei zu wenig genutzten Landstraßen: Stolz 1910, S. 267. Die Nachteile des Rottfuhrwesens für den Handel (Pflicht zur Niederlage bzw. zum Stapeln, geringe Flexibilität und hohe Fixkosten) spricht auch Spranger, Carolin: Der Metall- und Versorgungshandel der Fugger in Schwaz in Tirol 1560–1575 zwischen Krisen und Konflikten (Veröffentlichungen der Schwäbischen Forschungsgemeinschaft, Reihe 4, 31; Studien zur Fuggergeschichte 40), Augsburg 2006, S. 359 an.
118 Müller 1905, S. 369.
119 Koch 2007, S. 53.
120 Koch, Alois: Straßen (Mittelalter/Frühe Neuzeit), publiziert am 23.05.2012, in: Historisches Lexikon Bayerns, URL: http://www.historisches-lexikon-bayerns.de/Lexikon/Straßen_(Mittelalter/Frühe_Neuzeit) (11.4.2023).
121 Müller 1905, S. 398. Zum Wort Rod als oberdeutsche Form für Rotte und seine Bedeutung siehe ebd., S. 398 f.

Flößern etwa auf dem Lech betriebene Wasserrott.[122] Stand also eine Wasser- bzw. *Schiffstraße* zur Verfügung,[123] wurde diese gleichfalls genutzt, obgleich mit Manfred Straube und anderen bezweifelt werden kann, dass Wasserstraßen den Landstraßen immer der Vorzug gegeben wurde.[124]

Auch das Verhältnis von Wasser- und Landstraßen hat die Handelsgeschichte wiederkehrend thematisiert und dabei Schnelligkeit und Sicherheit als kostenverursachende Faktoren zur Nutzung bestimmter *routes marchandes* identifiziert.[125] Damit verbunden interessierten sich diese Forschungen für die Transporttechnik, da davon implizit die Leistungsfähigkeit der *Handelswege bzw. Wegenetze* entschieden abhing.[126] So hätte laut den älteren, aber nach wie vor einschlägigen Untersuchungen von Alexander Dietz erst nach 1700 die Verbesserung der Landstraßen und damit einhergehend der Nutzung größerer Wägen eine Erhöhung des Transportvolumens von 5 bis 10 Tonnen auf nunmehr 15 Tonnen zugelassen, während Schiffe auf dem Main 50 bis 60 Tonnen transportieren konnten.[127] Flüsse waren demgegenüber aufgrund fehlender Möglichkeiten der Stromregulierung nicht ganzjährig benutzbar, weshalb die Forschung auf die sich ergänzenden Nutzungsmöglichkeiten von Wasser- und Landstraßen hingewiesen hat.[128] Die Abhängigkeit der Wasserstraßen von der Natur ist evident und machte sich für die Zeitgenossen auch bei Vereisungen des Flusslaufs im Winter, Eisgängen im Frühjahr und in der Folge auftretendem Hochwasser bemerkbar – natürlich bedingte Vorgänge, die Schäden an Brücken und am Ufer hervorriefen und sich in besiedelten und kulturräumlich genutzten Zonen auch für Handel, Warentransport und Kaufmannschaft negativ auswirken konnten.[129]

Solche von der Umwelt gesetzten Rahmenbedingungen des Wirtschaftens und Handels sind freilich mehr ein Untersuchungsanliegen der Umwelt- als der Wirtschafts-

---

122 Häberlein, Mark: Fuhrleute, Säumer, Flösser und Schiffer. Logistische Probleme und Praktiken der Augsburger Welser und Fugger im 16. Jahrhundert, in: Ferrum 88 (2016), S. 28–37, hier S. 30 mit Hinweisen zu weiteren Formen des Gütertransports. Ferner zur Wasserrott Schremmer 1970, S. 181 f.
123 Stolz 1910, S. 267. Besondere Aufmerksamkeit erfährt seit 2008 der Donauhandel: URL: https://www.univie.ac.at/donauhandel/ (11.4.2023).
124 Straube 2015, S. 448 f.; Popplow/Ellmers [2019], 2.6. Leistungsfähigkeit.
125 Heers, Jacques: Rivalité ou colloboration de la Terre et de L'Eau? Position Générale des Problémes, in: Les grandes voies maritimes 1965, S. 13–63, hier S. 13 u. 26–47. Zur alternativen Kostenberechnung für den Land- und Wassertransport Gömmel 2005, S. 141.
126 Diese kursiv gesetzten Begrifflichkeiten sind der unter Anm. 102 (Kapitel 1) angeführten Publikationsankündigung entnommen.
127 Dietz, Alexander: Frankfurter Handelsgeschichte, 4 Bde., Frankfurt a. M. 1910–1925, hier Bd. 3, S. 302 u. 335. Diesem Befund bedient sich auch Mathis 1992, S. 46.
128 Heers 1965, S. 56–63; Mathis 1992, S. 46; Popplow/Ellmers [2019], 2.6. Leistungsfähigkeit.
129 Fouquet, Gerhard/Zeilinger, Gabriel: Katastrophen im Spätmittelalter, Darmstadt 2011, S. 29–34; Maschke, Erich: Die Brücke im Mittelalter, in: Ders./Sydow, Jürgen (Hg.): Die Stadt am Fluß (Stadt in der Geschichte 4), Sigmaringen 1978, S. 9–39, hier S. 20 f.; Rohr 2007, S. 201–398.

und Handelsgeschichte.¹³⁰ Die Handelsgeschichte hat stattdessen, ebenso wie die noch eigens zu behandelnde Transportgeschichte, die bereits angesprochenen verschiedenen Organisationsformen des Transports fokussiert. Besondere Aufmerksamkeit haben außer den Rottfuhrleuten die zwischen den Niederlanden, Ober- und Mitteldeutschland agierenden Frammersbacher Fuhrleute erfahren.¹³¹ Daneben standen Aspekte der Transporttechnik im Vordergrund, um die zeitgenössische Nutzbarkeit von Straßen besonders mit Blick auf Kapazitätsgrenzen zu eruieren. Der Warentransport war aber gerade im frühneuzeitlichen Europa insofern nur relativ beschränkt als hier seit dem 16. Jahrhundert auf *Überlandstraßen* der Transport mit Fuhrwerken und Kutschen prinzipiell wuchs.¹³²

Davon unberührt ist deutlich: Die handelsbedingte Nutzung von Straßen war mitnichten beliebig vermehr- oder auch steuerbar, sondern hing über die Transporttechnik hinaus von den bereits angedeuteten klimatischen und geographischen Gegebenheiten ebenso ab wie von politischen und wirtschaftlichen Umständen. Diese bereits von Hermann Kellenbenz angeführten Aspekte wird auch das ›Handbuch globale Handelsräume und Handelsrouten. Von der Antike bis zur Gegenwart‹ hervorheben.¹³³ Die Limitierung der Nutzbarkeit von Straßen resultierte, präzisiert man den Aspekt der politischen und wirtschaftlichen Umstände, auch aus dem Geleitswesen, da hier einerseits die Benutzung bestimmter abgabepflichtiger Straßen vorgegeben war. Andererseits erzwangen Geleits-, aber auch Zollgelder geradezu den Warentransport auf *Zollgeleitstraßen*.¹³⁴ Neben einem solchen Straßenzwang¹³⁵ waren es Seuchen, die bereits angesprochenen Naturkatastrophen und schließlich Kriege, die den Verlauf und die Benutzung von *Handelsrouten* erheblich beeinflussen konnten.¹³⁶ Für die Kriegsführung gibt es mit der sogenannten *Spani-*

---

130 Winiwarter/Knoll 2007, S. 207–242.
131 Moser 1990; Denzel, Markus A.: Art. ›Spedition‹, in: EdN – Online [2019]. Zum Ferntransport mit und ohne Umladen auch Hassinger, Herbert: Zur Verkehrsgeschichte der Alpenpässe in der vorindustriellen Zeit, in: VSWG 66 (1979), S. 441–465, hier S. 463.
132 Popplow/Ellmers [2019].
133 Klimatische und geographische Gegebenheiten hebt die unter Anm. 102 (Kapitel 1) angeführte Publikationsankündigung – neben dem »Vorhandensein von Infrastrukturen (Häfen, Kaufmannsniederlassungen, Transportmöglichkeiten, Karawansereien etc.)« – hervor; Kellenbenz 1965 II stellt die wirtschaftlichen, technischen und politischen Verhältnisse in den Vordergrund. Eine Verkehrspolitik, die auf die Lenkung des Warenverkehrs zielte und sich dergestalt als Teil einer Wirtschaftspolitik begreifen lässt, behandelt für das Hochstift Augsburg und Herzogtum Bayern am Beispiel der sog. *Kardinalstraße* für das 15. und 16. Jahrhundert Koch 2007.
134 Schaab, Meinrad: Geleitstraßen um 1550, in: Historischer Atlas von Baden-Württemberg, Beiwort zu Karte X,1: Geleitstraßen um 1550, Stuttgart 1982, S. 9 (Abb. 5); Otto, Martin: Art. ›Wegerecht‹, in: EdN – Online [2014].
135 Brandstätter, Klaus: Straßenhoheit und Straßenzwang im hohen und späten Mittelalter, in: Schwinges 2007 I, S. 201–228; Erler, Adalbert: Art. ›Straßenzwang‹, in: HRG I 5 (1998), Sp. 35–37.
136 Siehe zur Umfahrung von Geleitstraßen in Friedens- und Kriegszeiten beispielsweise Unger, Eike Eberhard: Nürnbergs Handel mit Hamburg im 16. und beginnenden 17. Jahrhundert, in: MVGN 54 (1966), S. 1–85, hier S. 71; zur Sperre von Handelswegen in Kriegszeiten etwa Kellenbenz, Hermann: Der russische

schen Straße und anderen *Marsch-* und *Versorgungsrouten* eine eigene Klassifikation an Straßen.[137] Den kriegsbedingten Bedarf an Straßen bringt auch der sinnfällige Ausdruck *Heerstraße* oder *Heer- und Handelsstraße* zum Ausdruck.[138]

Beeinträchtigungen des Handels konnten durch *Alternativroute[n]* umgangen werden, wie die Handelsgeschichte gleichfalls konstatiert hat.[139] Dabei kam es zu handelsbedingten Auskundschaftungen von Wegen, wie es eher beiläufig und bislang zu beiläufig Erwähnung fand.[140] Diese Auskundschaftungen sind deshalb von zentraler Bedeutung, weil sie auf zeitgenössische Praktiken der Wegfindung verweisen und damit einer Art der gezielten Planung der Fortbewegung. Nimmt man die in der Studie noch näher darzulegenden Inspektionsreisen und Expertenberichte über die Instandhaltung von Straßen und Brü-

---

Transithandel mit dem Orient im 17. und zu Beginn des 18. Jahrhunderts, in: Jahrbücher für Geschichte Osteuropas, Neue Folge 12 (1965), S. 481–498, hier S. 488 f.; Lang, Heinrich: »Dan auf disen vornemen handelsplatzen ist gelt vollauf«. Zu transalpinen Transferbeziehungen zwischen süddeutschen und Florentiner Handelsgesellschaften während des Dreißigjährigen Krieges, in: Annales Mercaturae 2 (2016), S. 33–76, hier S. 61–64 thematisiert die Verlagerung von Handelswegen während des Dreißigjährigen Krieges, auf denen die transalpinen Wirtschaftsbeziehungen zwischen norditalienischen Kaufmannbankiers und süddeutschen Handelsgesellschaften gründeten; zur Beeinträchtigung des Handels durch Naturkatastrophen oder Seuchen, welche auch Tiere betreffen konnten, etwa Koch 2007, S. 103 u. Spranger 2006, S. 351 f. u. 354. Hinsichtlich der kriegsbedingten Beeinträchtigung der Benutzbarkeit von Straßen, wie sie bereits Landau, Georg: Über Straßen im Allgemeinen, in: Zeitschrift für deutsche Kulturgeschichte 1 (1856), S. 383–405, hier S. 388 f. für das 17. Jahrhundert anführt, gilt es natürlich mit Burkhardt, Johannes: Die Friedlosigkeit in der Frühen Neuzeit. Grundlegung einer Theorie der Bellizität Europas, in: ZHF 24 (1997), S. 509–574, den Kriegsreichtum in der Frühen Neuzeit zu bedenken.

137 Parker 1972; Kroener 1980; Meumann, Markus: Art. ›Spanische Straße‹, in: EdN – Online [2019]; bereits zum 14. Jahrhundert Braunstein, Philippe: Guerre, vivres et transports dans le Haut-Frioul en 1381, in: Franz Huter u. a. (Hg.): Erzeugung, Verkehr und Handel in der Geschichte der Alpenländer. Festschrift für Univ.-Prof. Dr. Herbert Hassinger, Innsbruck 1977, S. 86–108; zu *Military Roads* im Schottland des 18. Jahrhunderts Taylor, Christopher: Roads and tracks of Britain, London u. a. 1979, S. 169 u. 198. Siehe ferner zu den Transportbedingungen von Kriegsgütern in Zeiten des Dreißigjährigen Krieges per Schiff Zunckel, Julia: Rüstungsgeschäfte im Dreißigjährigen Krieg. Unternehmerkräfte, Militärgüter und Marktstrategien im Handel zwischen Genua, Amsterdam und Hamburg (Schriften zur Wirtschafts- und Sozialgeschichte 49), Berlin 1997, bes. S. 176–188 u. 274 sowie S. 329 zum vermuteten Transport vom Salpeter und Schießpulver auf dem Landweg von Oberdeutschland nach Genua. Zu militärischen Erwägungen zum Ausbau oder auch bewussten Nichtausbau von Straßen im 18. Jahrhundert Hennigs 2002, S. 77 (mit Anm. 271) u. S. 79.

138 Lemma ›Heerstrasze‹, in: DWB 10 (1877), Sp. 761; Landau, Georg: Beiträge zur Geschichte der alten Heer- und Handelsstraßen in Deutschland (Hessische Forschungen zur geschichtlichen Landes- und Volkskunde 1), Kassel 1958. Bei der zuletzt angeführten Studie handelt es sich um den Wiederabdruck von zwischen 1842 und 1862 erschienenen Aufsätzen.

139 Blanchard 2009, S. 121–136 (»Route Realignment«); Ganjalyan, Tamara: Armenische Handelsnetzwerke, in: Europäische Geschichte Online (EGO), hg. vom Leibniz-Institut für Europäische Geschichte (IEG), Mainz 2016-05-09, URL: http://www.ieg-ego.eu/ganjalyant-2016-de (11.4.2023), Abschnitt 19; Vlami, Despina: Trading with the Ottomans. The Levant Company in the Middle East, London 2015, S. 96–156 (»New Trade Routes«).

140 Kellenbenz 1965 I, S. 490; Vlami 2015, S. 138 f.

cken hinzu,[141] findet sich in diesen Quellen nichts weniger als das zeitgenössische Wissen um das Vorhandensein, den Verlauf und der Bedeutung von (Handels-)Straßen. Dieser basale Aspekt des zeitgenössischen Umgangs mit Straßen, Fragen nach Straßen-Wissen, seiner Aufbereitung und Erforschbarkeit in Anlehnung an Forschungen zum *spatial turn*, werden in dieser Studie eingehender zu behandeln sein.

Umfänglicher thematisiert hat die Handelsgeschichte hingegen all jene klagenden Fuhrleute, die mit dem eigentlichen Transport von Waren beauftragt waren und sich über den baulichen Erhaltungszustand von Straßen beschwerten. Der bereits angesprochene, scheinbar allgegenwärtige miserable Straßenzustand widersprach dem gewiss nicht spezifisch vormodernen Transportverlangen, »möglichst schnell und billig vorwärts zu kommen und nicht durch Achsenbrüche oder Steckenbleiben auf schlechten Straßen Zeit zu verlieren«.[142] Durch diese Zuschreibungen, zu der auch Erwähnungen von Überfällen auf *Handels- und Verkehrswegen* zählen,[143] wird unweigerlich jene Defizitgeschichte fortgeschrieben, wie sie die Reiseforschung nachhaltig geprägt hat und wie sie hier zu überwinden bleibt.

Zu einer solchen Neuperspektivierung können jene handelsgeschichtlichen Befunde beitragen, die das Funktionieren des vormodernen Wirtschaftens und Handels betonen. So haben jüngst Magnus Ressel dem Warenhandel über die Alpen[144] und Hanns Haas dem Wanderhandel aus und in die Alpen Aufmerksamkeit geschenkt,[145] während Mark Häberlein am Beispiel der Fugger und Welser herausgestellt hat, wie Fuhrleute, Säumer, Flößer und Schiffer imstande waren, logistische Probleme zum Aufbau weiträumiger Handels- und Vertriebsnetze zu bewältigen.[146] Andere Forschungen zu den Fuggern konnten deutlich machen, wie sich Augsburger Gewerke in Tirol auch jenseits von Geleits- und

---

141 Siehe Kapitel 5.
142 Unger 1966, S. 71.
143 Bütow 2015, S. 248. Überfälle kommen wiederkehrend etwa bei Schulte, Aloys: Geschichte des mittelalterlichen Handels und Verkehrs zwischen Westdeutschland und Italien mit Ausschluss von Venedig, 2 Bde., Leipzig 1900, hier Bd. 1, u. a. S. 164, 186, 359, 454, 494–497 vorzugsweise für das Spätmittelalter zur Sprache. Für das 16. Jahrhundert – dies bleibt zu diskutieren – kann Straube 2015, S. 95 freilich die allgemeine Sicherheit auf den *Handelsstraßen* im thüringisch-sächsischen Raum konstatieren; Übergriffe durch *Straßenräuber* kamen sehr selten vor und »beschränkten sich weitgehend auf die Grenzgebiete bzw. auf benachbarte Territorien« [ebd.].
144 Ressel, Magnus: Protestantische Händlernetze im langen 18. Jahrhundert. Die deutschen Kaufmannsgruppierungen und ihre Korporationen in Venedig und Livorno von 1648 bis 1806 (Schriftenreihe der Historischen Kommission bei der Bayerischen Akademie der Wissenschaften 107), Göttingen 2021, S. 77–100 mit Ausführungen zum transalpinen Transportwesen in der Frühen Neuzeit und den Transitrouten.
145 Haas, Hanns: Wandergewerbe und Wanderhandel aus den und in die Alpen. Ein wirtschaftlicher Funktionstypus im sozialen Umfeld, in: Jahrbuch für Regionalgeschichte 35 (2017), S. 33–66.
146 Häberlein 2016.

Wegegeldzahlungen an Instandsetzungsarbeiten beteiligt haben.[147] Daneben gab es einen über den Korntauern führenden *Gebirgspass,* den mutmaßlich die Fugger um 1500 ausbauen ließen, um mittelbar den Handel mit Venedig zu befördern; der bis zu 4 m breite, in Serpentinen angelegte Pass wird deshalb von der Forschung auch als *Fuggerstraße* bezeichnet.[148] Und auch in Polen und in der Slowakei unterstützten die Fugger nachweislich den Ausbau und Unterhalt von Straßen und Brücken.[149] In den bayerischen Voralpen ließ der Münchner Ratsherr und Weinhändler Heinrich Barth 1492 auf Geheiß Herzogs Albrecht IV. von Bayern-München (reg. 1465–1508) einen *Saumpfad* als *Passverbindung* in das obere Isartal ausbauen.[150] Diese sog. *Kesselbergstraße* schloss in Mittenwald an die *Brennerstraße* an und war vorzugsweise für den Regionalhandel zwischen Südbayern und Tirol von Bedeutung.[151]

Sind solche (Aus)Bauten von *Fernpassstraßen*[152] und anderen *Straßenrouten*[153] zu vernachlässigende Einzelbefunde, die nicht darüber hinwegtäuschen können, wie schlecht es insgesamt um den baulichen Zustand der Verkehrsinfrastruktur bestellt war? Die sich für die »Gesamtheit der Hilfsmittel und Veranstaltungen zur Überwindung räumlicher Entfernungen«[154] interessierende Verkehrs- und Transportgeschichte lässt hieran kaum Zweifel aufkommen, hat sie doch lange Zeit der Eisenbahn die größte Aufmerksamkeit geschenkt und in Abgrenzung dazu die »pre-railway era«[155] entsprechend dem bereits beschriebenen Muster als defizitär eingeschätzt. Vor der Eisenbahn hätten »mittelalterliche Zustände« geherrscht, resümierte Hans-Ulrich Schiedt 1999 das wiederkehrende Urteil

---

147 Spranger 2006, S. 354 f. Dies betraf außergewöhnliche Belastungen nach Naturkatastrophen, nicht jedoch die »üblichen Reparaturarbeiten« [ebd., S. 355].
148 Tremel, Ferdinand: Die Fugger und Welser in Salzburg und die Fuggerstraße über die Tauern, in: Scripta Mercaturae 6 (1972), S. 73–104, hier bes. S. 84–89; zur Erstnennung von 1969 ebd., S. 75. Der Pass diente nach Ansicht des Autors dem Transport von Blei aus Kärnten, um das für den Venedighandel benötigte Silber gewinnen zu können. Er kann indes keinen eindeutigen Beleg für den Ausbau durch die Fugger anführen. Der Handel auf Gebirgspässen hat seit jeher eine besondere Aufmerksamkeit erfahren [Schulte 1900].
149 Lieb, Norbert: Die Fugger und die Kunst im Zeitalter der hohen Renaissance (Studien zur Fuggergeschichte 14; Veröffentlichungen der Schwäbischen Forschungsgemeinschaft 4), München 1958, S. 90 u. 378.
150 Haslauer, Johannes: Kesselbergstraße, publiziert am 30.03.2010, in: Historisches Lexikon Bayerns, URL: http://www.historisches-lexikon-bayerns.de/Lexikon/Kesselbergstraße (11.4.2023).
151 Ebd. u. Weber, Andreas Otto: Regionalhandel zwischen Südbayern und Tirol im Mittelalter und früher Neuzeit, in: Konrad Ackermann u. a. (Hg.): Bayern vom Stamm zum Staat (Schriftenreihe zur bayerischen Landesgeschichte 140), München 2002, Bd. 1, S. 331–343.
152 Palme 2000, S. 527.
153 Haslauer 2010.
154 Borght, Richard van der: Das Verkehrswesen, 3. Aufl., Leipzig 1925, S. 4.
155 Mom, Gijs: What Kind of Transport History did we get? Half a Century of JTH and the Future of the Field, in: The Journal of Transport History 24 (2003), S. 121–138, hier S. 125.

einer verkehrs- und transportgeschichtlichen Fachliteratur,[156] der Kurt Möser vor kurzem bescheinigt hat, allzu leicht eine Erfolgs- und Aufstiegsgeschichte zu schreiben.[157] Erst mit dem »Beginn des ›Dampfzeitalters‹«, so hat es der Sozial- und Wirtschaftshistoriker Hans-Jürgen Teuteberg formuliert, könne von einem »sich erstmals aus den Schranken der organischen Natur befreiende[n] und seitdem immer mehr beschleunigende[n], seine Kapazität, Regelmäßigkeit und Sicherheit stark vergrößernde[n] und die Frachtkosten stark senkende[n] Verkehr« die Rede sein.[158] Die Verkehrspraxis der Vormoderne scheint demgegenüber seit 1750 mit dem Ausbau von Wasserkanälen und der Errichtung von *Kunststraßen (Chausseen)* nur ein langsames Ende gefunden zu haben, bevor sich im 19. Jahrhundert die Eisenbahn auch in Abgrenzung zu den »holprigen Chausseen« als weit verbreitetes Transportmittel von Gütern und Personen durchsetzen konnte – unabhängig von Straßen, gebunden an Schienen.[159]

Die Transportgeschichte hat diese Entwicklungen lange Zeit als epochenmachend begriffen und von einer ersten Transportrevolution gesprochen, bevor der Antrieb mit Dampf unter Verwendung von Steinkohle von der zweiten, auf fossile Brennstoffe sich gründenden Transportrevolution abgelöst wurde.[160] Die Vorstellung, nach der bereits Entwicklungen wie das Postkutschennetz sowie der Neu- und Ausbau von Land- und Wasserstraßen im 18. Jahrhundert mittels Chausseen und Kanälen den Transport in Europa erstmals revolutioniert hätten, gilt mittlerweile insofern als überholt, als statt eines Umbruchs von einer longue durée des Wandels ausgegangen wird, der keineswegs geradlinig verlief. So hat Dorian Gerhold für den Landtransport in England die langanhaltende Verwendung von Packpferden nachgewiesen, obgleich hierfür seit dem ausgehenden 16. Jahrhundert auch vierrädrige Kutschen zur Verfügung standen. Bei *bad roads,* unebenen Gegenden oder in Abhängigkeit von Art, Umfang und Wertigkeit der Ladung, so etwa bei hochwertiger Kleidung, blieben jedoch Packpferde das bevorzugte Transportmittel, zumal sich die Leistungsfähigkeit von Kutschen erst allmählich aufgrund technischer Veränderungen und des Einsatzes von kräftigeren Pferden, mehr aber noch durch die Optimierung der

---

156 Schiedt, Hans-Ulrich: Trampelpfade und Chausseen – Literaturbericht einer strassenbezogenen Verkehrsgeschichte, in: Merki/Schiedt 1999, S. 17–35, hier S. 18.
157 Möser, Kurt: Transport-, Verkehrs- oder Mobilitätsgeschichte? Neue Paradigmen der Technik- und Industriekultur, in: Keazor, Henry u. a. (Hg.): Genialer Schrott. Interdisziplinäre Studien zur Industriekultur, Saarbrücken 2014, S. 61–82, hier S. 67.
158 Teuteberg, Hans-Jürgen: Entwicklung, Methoden und Aufgaben der Verkehrsgeschichte, in: Jahrbuch für Wirtschaftsgeschichte/Economic History Yearbook 35 (1994), S. 173–194, hier S. 173.
159 Merki 2008, S. 20 f. u. 43 (Zitat).
160 Möser, Kurt: Prinzipielles zur Transportgeschichte, in: Sieferle 2008 I, S. 39–78.

Organisationsstrukturen (etwa durch die Einführung der Tag und Nacht fahrenden »flying waggons«) steigern ließ.[161]

Gerholds vielbeachteter Beitrag von 1993[162] vermag in mehrfacher Hinsicht deutlich zu machen, inwieweit sich die Verkehrs- und Transportgeschichte bislang mit den frühneuzeitlichen Landstraßen beschäftigt hat. Vorauszuschicken ist hierbei, dass die Verkehrs- und Transportgeschichte alleine schon aufgrund der Begrifflichkeit keine klar voneinander abgrenzbaren Bereiche bilden, da Verkehr und Transport im Deutschen häufig synonym verwendet werden und gleichermaßen eine »räumliche Standortveränderung [...] mittels verschiedener Verkehrsmittel« meinen.[163] Dieser »Hinüber-Trage-Prozess« wird im Englischen mit »transport« bezeichnet,[164] weshalb hier von ›transport history‹ oder auch in Frankreich von ›histoire des transports‹[165], aber im Deutschen gleichermaßen von Verkehrs- und Transportgeschichte gesprochen werden kann; ansonsten steht bei dem deutschen Nomen Verkehr im Unterschied zum Transport der organisatorisch-technische Aspekt der Übertragung weniger im Vordergrund.[166] Was der genaue Gegenstand einer solchen Verkehrs- oder Transportgeschichte ist, darüber hat sich die Forschung in den letzten drei Jahrzehnten wiederkehrend Gedanken gemacht.[167] Diese Suche nach einem fachlichen Profil resultiert mitunter aus einem geringen Grad der Institutionalisierung und damit verbunden vor allem daher, dass sich mit dem Verkehr eine Vielzahl an Fächern – von der Geographie, der Psychologie, der Ökonomie, der Rechtswissenschaft,

---

161 Gerhold, Dorian: Packhorses and wheeled vehicles in England, 1550–1800, in: The Journal of Transport History 14 (1993), S. 1–26, hier bes. S. 17f. u. 20–22, für die »bad roads« S. 17.
162 Etwa Barker, Theodore C.: The rise and rise of road transport 1700–1990, Basingstoke u. a. 1993 oder Daybell, James: The material letter in early modern England: manuscript letters and the culture and practices of letter-writing, 1512–1635, Houndmills 2012, S. 129. Siehe auch Gerhold, Dorian: Carriers and Coachmasters. Trade and Travel before the Turnpikes, Chichester 2005. Dieses Werk, welches – wie noch anzumerken bleibt – differenzierter, aber im Kern unverändert argumentiert, wird etwa von Popplow/Ellmers [2019] angeführt.
163 Ammoser, Hendrik/Hoppe, Mirko: Glossar Verkehrswesen und Verkehrswissenschaften. Definitionen und Erläuterungen zu Begriffen des Transport- und Nachrichtenwesens (Diskussionsbeiträge aus dem Institut für Wirtschaft und Verkehr, Technische Universität Dresden 2), Dresden 2006, URL: https://tu-dresden.de/bu/verkehr/ivw/ressourcen/dateien/diskuss/2006_2_diskusbtr_iwv.pdf?lang=de (12.4.2023). Hier S. 21f.
164 Ebd., S. 22.
165 Flonneau, Mathieu/Guigueno Vincent: Introduction. De l'histoire des transports à l'histoire de la mobilité? Mise en perspective d'un champ, in: Dies. (Hg.): De l'histoire des transports à l'histoire de la mobilité? Etat de lieux, enjeux et perspectives de recherche, Rennes 2009, S. 11–21.
166 Siehe insgesamt zur Geschichte und Bedeutung des Begriffs ›Verkehr‹ Köhnke, Klaus Christian: Art. ›Verkehr‹, in: Historisches Wörterbuch der Philosophie, Bd. 11, Darmstadt 2001, Sp. 703–705.
167 Teuteberg 1994; Merki, Christoph Maria: Unterwegs in unwegsamem Gelände. Historische Straßenverkehrsforschung in der Schweiz, in: Merki/Schiedt 1999, S. 37–54; Schiedt 1999; Mom 2003; Dienel, Hans-Liudger: Verkehrsgeschichte auf neuen Wegen, in: Jahrbuch für Wirtschaftsgeschichte/Economic History Yearbook 48 (2007), S. 19–38; Flonneau/Guigueno 2009 u. Moraglio, Massimo: Seeking a (new) ontology for transport history, in: The Journal of Transport History 38 (2017), S. 3–10.

den Ingenieur- und Technikwissenschaften, den Kultur- und Medienwissenschaften bis hin zu den Geschichtswissenschaften – beschäftigen. Ein solches interdisziplinäres Konglomerat kann im Deutschen unter dem Begriff Verkehrswissenschaft subsumiert werden und behandelt vorzugsweise die Ökonomie, Technik oder Planung des Verkehrs.[168] Die historische Perspektivierung musste sich demgegenüber oftmals den »Zwänge[n] von Planungsgesichtspunkten und technologischer Fortschrittsorientierung« unterordnen,[169] weshalb bereits in den 1960er Jahren Fritz Voigt in seinem Standardwerk die mangelnde historische Reflexion bei der Analyse des Verkehrswesens beklagt hat.[170] Diesem Mangel hat Voigt abgeholfen, indem er die Entwicklung der verschiedenen Verkehrsmittel wie Straßen- und Eisenbahnverkehr oder See- und Binnenschifffahrt zunächst einzeln von den Anfängen bis zu seiner Gegenwart dargelegt hat, um dann das Zusammenwirken dieser Verkehrsmittel in einem Verkehrssystem sowie dessen Wirken in Gesellschaft, Wirtschaft und Politik zu betrachten.[171]

Eine solche Einordnung der Verkehrsentwicklung in einen breiteren politischen, gesellschaftlichen, wirtschaftlichen und kulturellen Rahmen lässt sich bereits für die Anfänge der Verkehrsgeschichte im Zuge der historischen Nationalökonomie des 19. Jahrhunderts feststellen[172] und ist seitdem eines ihrer zentralen Anliegen. Noch 2007 kreisten die meisten verkehrsgeschichtlichen Forschungen um die »Wechselwirkungen von Verkehr, Politik, Wirtschaft und Gesellschaft«, wie Hans-Liudger Dienel resümierte.[173] Dessen ungeachtet sind es vor allem technik-, industrie- und wirtschaftshistorische Aspekte, denen die Verkehrsgeschichte große und nach Ansicht etwa von Gjs Mom und Kurt Möser zu große Aufmerksamkeit geschenkt hat. Ihre Überlegungen bezüglich des fachlichen Profils gehen deshalb dahin, die Verkehrsgeschichte zu einer Mobilitätsgeschichte[174] oder gar zu einer holistischen »transport-cum-mobility history« zu erweitern, wie es vor kurzem Massimo Moraglio als neuer Chefredakteur des Journals of Transport History vorgeschlagen

---

168 Dienel 2007, S. 19; Neubert, Christoph/Schabacher, Gabriele: Verkehrsgeschichte an der Schnittstelle von Technik, Kultur und Medien. Einleitung, in: Dies. (Hg.): Verkehrsgeschichte und Kulturwissenschaft. Analysen an der Schnittstelle von Technik, Kultur und Medien, Bielefeld 2012, S. 7–45, hier S. 11; Ammoser/Hoppe 2006, S. 41–43. Die fachliche Profilierung der Verkehrsgeschichte war allerdings auch deshalb notwendig, da sie »über weite Strecken von Arbeiten beherrscht [wurde], die oft unter dem üblichen Standard wissenschaftlicher Geschichtsschreibung« blieben, so urteilte noch 1999 Christoph Maria Merki [Merki 1999, S. 37]. Die seitdem erfolgte Professionalisierung resümiert ebenso Pernold, Magdalena: Traumstraße oder Transithölle? Eine Diskursgeschichte der Brennerautobahn in Tirol und Südtirol (1950–1980), Bielefeld 2016, S. 17–21.
169 Neubert/Schabacher 2012, S. 11.
170 Voigt 1965, S. 1 f.
171 Ebd.
172 Neubert/Schabacher 2012, S. 8.
173 Dienel 2007, S. 21. Die Verkehrsentwicklung weitgehend für sich betrachtet hingegen Wacker 2008.
174 Mom 2003, S. 132; Möser 2014, S. 65. Siehe auch Merki 2008, S. 10 u. Flonneau/Guigueno 2009.

hat.[175] Hierbei sollen nicht nur Mobilität, Migration und Transport zusammenhängend betrachtet werden, wie es Colin G. Pooley fast zeitgleich eingefordert hat.[176] Moraglio tritt überdies dafür ein, im Anschluss an die *mobilities studies* die Bewegung von Menschen, Objekten und Ideen als solche und deren Wirkung auf die Gesellschaft in den Blick zu nehmen.[177] Die auch in Deutschland in ähnlicher Form erhobene Forderung, »Verkehrsphänomene nicht isoliert zu betrachten, sondern in den Kontext umfassender Zirkulations- und Austauschmodelle zu stellen«,[178] lässt sich freilich in Abhängigkeit von den Quellen und dem Forschungsstand nicht für jede Epoche gleichermaßen realisieren. Und wenn Hans-Liudger Dienel 2007 festgehalten hat, dass es über die Geschichte des Autos wahrscheinlich »100-mal mehr Bücher als über die Geschichte der Straßen« gibt,[179] und sich daran auch in den letzten Jahren gerade für die Vormoderne nichts geändert hat, so wird das Forschungsdesiderat, wie es die Studie zu beheben hat, noch offenkundiger.[180]

Der bisherige Wissenskanon bezüglich des Verkehrswesens vor dem Chausseebau und der Etablierung der Eisenbahn ruht auf einem scheinbar unverrückbaren und allesentscheidenden Kern: Die unzulängliche Benutzbarkeit der Landstraßen. Eine solche Vorstellung der Rückständigkeit hat die Verkehrs- und Transportgeschichte nachhaltig selbst befördert, wie Gerholds Beitrag beispielhaft deutlich machen kann. Hervorzuheben ist, dass der Beitrag in der bereits erwähnten Fachzeitschrift ›The Journal of Transport History‹ und damit in dem »wichtigsten Organ der Verkehrshistoriker« erschienen ist.[181] Entsprechend den bereits angesprochenen allgemeinen Schwerpunktsetzungen hat sich die Zeitschrift seit ihrer Gründung im Jahr 1953 vorzugsweise dem Eisenbahnwesen sowie dem Wasser- und Automobilverkehr gewidmet, so dass Gerholds Ausführungen zum Landtransport der nicht-motorisierten Vormoderne hier wie auch ansonsten die Ausnahme bilden.[182] Ungewöhnlich ist ferner, dass von ihm das 16. Jahrhundert aufgrund der Einführung der Kutschen mitbehandelt wird. Wenn sich die Verkehrs- und Transportgeschichte dem Verkehr der Vormoderne widmet, dann stehen in der Regel das 17. Jahr-

---

175 Moraglio 2017, S. 4; Divall, Colin: Introduction: Cultural histories of sociabilities, spaces and mobilities, in: Ders. (Hg.): Cultural histories of sociabilities, spaces and mobilities (Studies for the International Society for Cultural History), London 2015, S. 3–15, hier S. 6 spricht von »mobility-cum-transport«.
176 Pooley, Colin G.: Mobility, Migration and Transport: Historical Perspectives (Palgrave Studies in Migration History), Cham 2017.
177 Moraglio 2017. Zum »new mobilities paradigm« Sheller, Mimi/Urry, John: The new mobilities paradigm, in: Environment and Planning A 38 (2006), S. 207–226.
178 Neubert/Schabacher 2012, S. 24.
179 Dienel 2007, S. 25.
180 Zur vergleichsweise gut erforschten Straßengeschichte der Moderne siehe etwa Mom, Gijs/Tissot, Laurent (Hg.): Road History. Planning, building and use, Neuchâtel 2007.
181 Merki 2008, S. 11.
182 Dies geht aus der Bestandsaufnahme aus dem Jahr 2003 von Mom und für die Jahre danach aus eigenen Sichtungen hervor.

hundert, mehr aber noch das 18. Jahrhundert im Vordergrund, wie sich nicht nur für das Journal of Transport History sagen lässt.[183] Auch verkehrsgeschichtliche Gesamtdarstellungen für Deutschland, England und Frankreich schenken der Zeit vor 1750 nur eine geringe bis gar keine Beachtung.[184]

Eine solche zeitliche Schwerpunktsetzung, wie sie sich insgesamt für die Erforschung des frühneuzeitlichen Straßenwesens konstatieren lässt,[185] bleibt insofern problematisch, als hierdurch die Defizitgeschichte oftmals und – so auch von Gerhold – fortgeschrieben wird, indem er die fortdauernde Nutzung von Packpferden als Ausdruck von »the backward nature of the road system« für die Zeit vor 1700 begreift; erst dann hätten »better roads [...] alternative forms of fast conveyance« ermöglicht.[186] Höhere Geschwindigkeit,

---

183 Siehe hierzu etwa den von Dorian Gerhold 1996 herausgegebenen Band, der zwölf zwischen 1959 und 1993 im Journal of Transport History veröffentlichte Aufsätze zum Thema »Road transport in the horse-drawn-era« wiederabdruckt [Gerhold, Dorian (Hg.): Road transport in the horse-drawn era, London 1996]. Neben Gerhold 1993 erstreckt sich hier nur ein weiterer Aufsatz auf die Zeit vor 1600. In jüngster Zeit sind in der Zeitschrift etwa Beiträge zur Personenbeförderung in England und Wales zwischen 1681 und 1831 [Rosevear, Alan/Bogart, Dan/Shaw-Taylor, Leigh: The spatial patterns of coaching in England and Wales from 1681 to 1836: A geographic information systems approach, in: The Journal of Transport History 40/3 (2019), S. 418–444] oder zur Auswirkung der verbesserten Verkehrsinfrastruktur im 18. Jahrhundert auf die ländliche Wirtschaft Flanderns, nicht aber zur Zeit davor, erschienen [Graef, Pieter De: The fruits of better roads and waterways: Facilitating fertiliser improvement through transport innovations in 18th-century Flemish Husbandry, in: The Journal of Transport History 39/2 (2018), S. 170–192].
184 Ausschließlich die Zeit ab oder nach 1750 behandeln Copeland, John: Roads and their traffic, 1750–1850, Newton Abbot 1968; Lepetit, Bernard: Chemins de terre et voies d'eau. Réseaux de transports et organisation de l'espace en France (1740–1840), Paris 1984; Merki 2008 u. Price, Roger: The modernization of rural France. Communications networks and agricultural market structures in nineteenth-century France, New York 1983; die Transportgeschichte von Barker 1993 setzt bei 1700 ein. Demgegenüber schenken Albert, Bill: The turnpike road system in England, 1663–1840, Cambridge 1972 u. Livet 2003, hier v.a. S. 79–224, sowie insgesamt Taylor 1979 der Zeit davor verhältnismäßig breite Aufmerksamkeit. Leighton, Albert Chester: Transport and communication in early Medieval Europe, AD 500–1100, Newton Abbot 1972 fokussiert sogar nur das Frühmittelalter. Siehe zu den verkehrsgeschichtlichen Forschungen, welche auch die Vormoderne zum Gegenstand haben, die Bibliografien von Müller, Wilhelm: Schrifttum zur Verkehrsgeschichte Frankens und der angrenzenden Gebiete, Nürnberg 1965 u. Simon, Achim (1985): Bibliographie zur Verkehrsgeschichte Deutschlands im Mittelalter. Das mittelalterliche Straßen- und Wegenetz, 2. Aufl., Trier 1985 sowie den Literaturbericht von Schiedt 1999, der zudem auf weitere Bibliografien hinweist [S. 29, Anm. 2]. Die in der letztgenannten Abhandlung nicht, aber etwa von Schwinges 2007 II, S. 12 angeführte Online-Bibliografie zur Verkehrsgeschichte von Marie-Claude Pfaffen und Sylvie Pfaffen ist unter URL: www.mittelalter.hist.unibe.ch nicht mehr verfügbar [Stand: 12.4.2023]. Neuere Bemühungen gehen freilich dahin, die Verkehrsgeschichte als epochenübergreifendes Fach zu etablieren, siehe z. B. Schiedt 2010.
185 Die von Schiedt 1999, S. 17 festgestellte Forschungslücke ist also noch keineswegs geschlossen.
186 Gerhold 1993, S. 23. In dem Werk ›Carriers and Coachmasters. Trade and Travel before the Turnpikes‹ von 2005 wird von Gerhold die Rückständigkeit der Straßenqualität vor 1700 etwas differenzierter gesehen, indem er etwa auf den eben keineswegs gleichförmigen Erhaltungszustand der *main roads* und der Möglichkeit der Zeitgenossen hinweist, einer schlecht erhaltenen Straße auszuweichen. Im Kern heißt es jedoch nach wie vor: »[...] while packhorses were economic, it was the poor quality of the roads which

größere Regelmäßigkeit und geringere Kosten[187] – diese in ähnlicher Form auch von der Handelsgeschichte konstatierten und oben erwähnten Faktoren einer sich optimierenden Leistungsfähigkeit des Handels und Verkehrs sind »zwei Seiten ein und derselben Medaille«.[188] Sie bilden die wertenden Bezugspunkte einer Transport- und Verkehrsgeschichte, um die drei für den Landtransport relevanten Variablen Wagen, Antrieb (Zugtiere) und Straße zu behandeln. Dabei wird zwar mittlerweile entsprechend der überwundenen Vorstellung einer revolutionären Steigerung der Transportleistung im 18. Jahrhundert die Prozesshaftigkeit der Entwicklungen betont. Dazu hat, neben der Züchtung von Pferden für spezifische Transportzwecke wie der Post, auch das Postwesen selbst sowie die Einführung von Kutschen einen Beitrag geleistet.[189] Die Straßen selbst erscheinen aber nach wie vor nur eine statisch-defizitäre Nicht-Variable der Transportleistung zu sein, bevor es schließlich zum Bau von Chausseen oder auch *Turnpike Roads* kam. Oder, anders gesprochen: Die Straßen der Vormoderne konnten nicht zu jener Verkehrsverbesserung beitragen, für die sich die Transport- und Verkehrsgeschichte seit jeher interessiert hat, ja mehr noch, sie waren ein Hindernis für die schnelle, sichere, regelmäßige, bequeme oder auch massenhafte Fortbewegung von Personen, Sachgütern und Nachrichten.[190]

1.2.3 Reiseforschung

Die negative Sichtweise auf das vormoderne Verkehrswesen haben die reichen Forschungen zum Reisen ebenfalls befördert, da ihre auf Reiseberichten basierenden Analysen vielfach die Wahrnehmung der Zeitgenossen übernommen und nicht in ihren Kontext gesetzt haben. »Pünktlichkeit – trotz miserabler Straßen« lautet die pointierte, gleichwohl programmatische Teilüberschrift in dem Standardwerk zum vormodernen Reisen von Norbert Ohler.[191] Mit der Pünktlichkeit angesprochen ist freilich, dass Bischöfe, Fuhrleute und andere Reisende ihre Wegeziele durchaus fristgerecht erreichen konnten. Wie die Zeitgenossen mit dem Verkehrswesen ihrer Zeit umzugehen wussten, gilt es in der Studie auch in Erweiterung der bisherigen Reiseforschung deutlich zu machen. Denn ungeachtet des breiten Feldes zur reisebedingten Fortbewegung von Menschen der Vormoderne und zu den von Reisenden verfassten Texten haben Straßen bislang keine weitergehende Aufmerksamkeit erfahren.

---

allowed them to be so: on good roads they would soon have become uneconomic und been replaced by waggons, as eventually happened in the 18th century« [Gerhold 2005, S. 166].
187 Möser 2008, S. 40.
188 Gömmel 2005, S. 133.
189 Popplow/Ellmers [2019].
190 Borght 1925, S. 20.
191 Ohler 2004, S. 58. Das Werk ist erstmals 1986 auf Deutsch und 1989 auf Englisch erschienen und wurde seitdem mehrfach neu aufgelegt [Ohler, Norbert: The Medieval Traveler, Woodbridge 1989].

Das Interesse der Forschung an Menschen, die über Wochen, Monate und Jahre verreist sind, sei es des Glaubens, der Wissenschaft oder der (Aus-)Bildung wegen, sei es, um ein Abenteuer zu erleben, um nach der Rückkehr in der heimischen Gesellschaft Anerkennung zu erlangen[192] oder um in der Fremde einfach nur Schutz vor Krieg oder Seuchen zu finden,[193] gründet seit Anfang der 1980er Jahre auf der Auseinandersetzung mit Reiseberichten.[194] Mit dieser Quellengattung haben seitdem Literatur- und Geschichtswissenschaftler wiederkehrend gerade deshalb gearbeitet, da es sich um eine umfängliche und zudem äußerst vielseitige Überlieferung handelt – das Spektrum reicht von stichpunktartigen und informationskomprimierten Itineraren über die zurückgelegte Wegstrecke bis hin zu egodokumentarischen oder episch auserzählten, narrativen Erzählungen in Berichtsform –, deren historischer und literarischer Untersuchungswert allerdings lange Zeit verkannt blieb. Vor allem die textimmanente Uneindeutigkeit bezüglich des Wahrheitsgehaltes, der zwischen Faktizität und Fiktionalität changiert, hat die Auseinandersetzung mit diesen Texten lange Zeit erschwert,[195] bis 1981 erstmals in Wolfenbüttel auf

---

192 Im Unterschied zu Motiven wie Frömmigkeit, Wissenschaft oder Ausbildung begreift Treue 2014 das Abenteuer als wichtigen, wiederkehrenden Bestandteil sehr unterschiedlicher Reiseerlebnisse und als »strukturelles Element der Berichterstattung« [S. 328]. Über die Reisen geschrieben wurde nach Treue zudem, um in der Heimat Anerkennung zu erlangen. Die Bedeutung des Abenteuers betonte bereits Ganz-Blättler, Ursula: Andacht und Abenteuer. Berichte europäischer Jerusalem- und Santiago-Pilger (1320–1520), 3. Auf., Tübingen 2000.

193 Das kriegs- und seuchenbedingte Verreisen in die Ferne im Unterschied zur Migration in Kriegszeiten, wie sie Burkhardt, Johannes: Der Krieg der Kriege. Eine neue Geschichte des Dreißigjährigen Krieges, Stuttgart 2018, S. 203–209 thematisiert hat, findet bislang zu wenig Beachtung. So unternahm der Nürnberger Arzt und Kosmograph Hieronymus Münzer (1437–1508) 1484 eine Reise nach Italien aus Angst vor einer Seuche bei Nürnberg, denn es *stirbt selten in Krieg oder Pest, der nicht in ihnen weilt*. Zehn Jahre später, 1494/95, setzte er wiederum auf das *alte Heilmittel Flucht*, um in Westeuropa mehrere Monate der seuchengeplagten Heimat zu entkommen [Hurtienne, René: Arzt auf Reisen. Medizinische Nachrichten im Reisebericht des doctoris utriusque medicinae Hieronymus Münzer (+ 1508) aus Nürnberg, in: Fuchs, Franz (Hg.): Medizin, Jurisprudenz und Humanismus in Nürnberg um 1500 (Pirckheimer-Jahrbuch für Renaissance- und Humanismusforschung 24), Wiesbaden 2010, S. 47–70, hier S. 51]. Bei der in Italien und Süddeutschland grassierenden Pestepidemie von 1483/84 erteilte ein Nürnberger Ärztekollegium den Ratschlag, aus der Gegend zu fliehen [Herz, Randall: Der Arzt und Frühhumanist Hieronymus Münzer, in: MVGN 105 (2018), S. 99–215, hier S. 124]. Siehe zur Reise von Münzer mitterweile die Gesamtedition und Übersetzung: Münzer; Hieronymus: Iinerarium, hg. von Klaus Herbers unter Mitarbeit von Deimann, Wiebke u. a. (Monumenta Germaniae historica, Reiseberichte des Mittelalters 1), Wiesbaden 2020; Herbers, Klaus: Der Reisebericht des Hieronymus Münzer. Ein Nürnberger Arzt auf der »Suche nach der Wahrheit« in Westeuropa (1494/95), Tübingen 2020.

194 Maurer, Michael: Reisen interdisziplinär – Ein Forschungsbericht in kulturgeschichtlicher Perspektive, in: Ders. (Hg.): Neue Impulse der Reiseforschung (Aufklärung und Europa. Beiträge zum 18. Jahrhundert), Berlin 1999, S. 287–410, hier S. 299. Grundlegend ferner Maurer, Michael: Reiseberichte, in: Ders. (Hg.): Aufriß der Historischen Wissenschaften, Bd. 4: Quellen, Stuttgart 2002, S. 325–348.

195 Struck 2006, S. 23.

einer Tagung unter der Leitung von Antoni Mączak und Hans Jürgen Teuteberg eine breite historische Reflexion über diese Quellengattung einsetzte.[196]

Von literaturwissenschaftlicher Seite war es besonders Peter Brenner, der deutlich machen konnte, dass das Changieren zwischen Faktizität und Fiktionalität zum konstituierenden Gattungsmerkmal der Reiseberichte gehört,[197] und zwar allein schon deshalb, da Reise- und Berichtszeit in der Regel nicht deckungsgleich waren. Reiseberichte konstituieren sich gleichsam aus einer »Doppelheit [...] im Sinne von narratio und descriptio«.[198] Diese Ausgestaltungsprinzipien verlangen nach einer bewussten methodischen Auseinandersetzung mit dieser Quellengattung – in der von Wolfgang Neuber bezeichneten Doppelheit liegt auch das forschungspragmatische Potenzial dieses Quellenmaterials, da ausgehend von narratio und descriptio verschiedene Ebenen des Wahrgenommenen und Erfahrenen differenziert und analysiert werden können. Besonders die Erfahrung der Fremde und die damit verbundene implizite oder explizite Reflexion über das Eigene haben eine intensive Bearbeitung erfahren und dienen der vorliegenden Studie als Ausgangspunkte.[199]

So konnte die Forschung etwa aufzeigen, dass neben den eigenen Erfahrungen und Wahrnehmungen vor allem jene Topiken aufgegriffen wurden, welche gesellschaftliche Erwartungen erfüllten und bestimmte zeitgenössisch-aktuelle Diskurse bedienten, wenn beispielsweise Amerikareisende mit Berichten über Kannibalismus die kulturelle Andersartigkeit der außereuropäischen Welt hervorhoben und Protestanten die Kannibalismusvorstellung adaptierten, um die Transsubstantiationslehre der Katholiken zu dis-

---

196 Mączak, Antoni/Teuteberg, Hans Jürgen (Hg.): Reiseberichte als Quellen europäischer Kulturgeschichte. Aufgaben und Möglichkeiten der historischen Reiseforschung (Wolfenbütteler Forschungen 21), Wolfenbüttel 1982. Siehe seitdem die in der Regel durchwegs interdisziplinären und epochenübergreifenden Sammelbände, etwa Krasnobaev, Boris I./Robel, Gert/Zeman, Herbert (Hg.): Reisen und Reisebeschreibungen im 18. und 19. Jahrhundert als Quellen der Kulturbeziehungsforschung (Studien zur Geschichte der Kulturbeziehungen in Mittel- und Osteuropa 6), Berlin 1980; Brenner, Peter J. (Hg.): Der Reisebericht. Die Entwicklung einer Gattung in der deutschen Literatur, Frankfurt a. M. 1989; Ertzdorff 1992; Wunderli, Peter (Hg.): Reisen in reale und mythische Ferne: Reiseliteratur in Mittelalter und Renaissance (Studia humaniora 22), Düsseldorf 1993; Hooper, Glenn/Youngs, Tim (Hg.): Perspectives on travel writing (Studies in European cultural transition 19), Aldershot 2004. Eine umfängliche Auseinandersetzung mit der Reiseliteratur liegt neuerdings mit Das, Nandini/Youngs, Tim (Hg.): The Cambridge history of travel writing, Cambridge 2019 vor. Siehe ferner Holmberg, Eva Johanna (Hg.): Renaissance and Early Modern Travel: Practice and Experience, 1500–1700 (Renaissance Studies 33/4, Special Issue), Oxford 2019.
197 Brenner, Peter J.: Der Reisebericht in der deutschen Literatur. Ein Forschungsüberblick als Vorstudie zu einer Gattungsgeschichte, Tübingen 1990, S. 20–25. Siehe dementsprechend auch Brenner, Peter J.: Art. ›Reiseliteratur‹, in: EdN – Online [2014].
198 Neuber, Wolfgang: Der Zauber des Fremden. Zur frühneuzeitlichen Reiseliteraturforschung, in: Internationales Archiv für Sozialgeschichte der deutschen Literatur 23/2 (1998), S. 142–155, hier S. 145.
199 Brenner, Peter J.: Die Erfahrung der Fremde. Zur Entwicklung einer Wahrnehmungsform in der Geschichte des Reiseberichts, in: Brenner 1989 I, S. 14–49.

kreditieren.[200] Die intensive Auseinandersetzung mit der Quellengattung Reisebericht als Mittler zwischen narratio und descriptio führte darüber hinaus zu Einsichten in den Prozess ihrer Verschriftung und der unterschiedlichen Aufzeichnungs- und Dokumentationspraktiken. Auf Grund des Geneseprozesses von Reiseberichten konnte gezeigt werden, dass Berichte oft mit zeitlichem Abstand aus dem Gedächtnis und/oder auf Basis angefertigter Notizen während des Reisens ex post niedergeschrieben wurden.[201] Daneben gab es immer auch fiktive »armchair traveler«, wie es jüngst nochmals Albrecht Classen formuliert hat.[202]

Neben der Erfüllung von erwarteten Konventionen der eigenen gesellschaftlichen Ordnung wurde von der Forschung besonders der bereits angesprochene Faktor der Alterität in den Reiseberichten fokussiert und herausgearbeitet. Damit gerieten zeitlich, geographisch und thematisch gestreute Reiseberichte in den Aufmerksamkeitsfokus von Literatur- und Geschichtswissenschaftlern, wodurch Muster der Narrationen ebenso herausgefiltert werden konnten wie routinierte Wahrnehmungs- und Alteritätsbeschreibungen, rhetorische Praktiken, argumentative Strategien, Deutungsmuster, Motivationen der Autorschaft in der Frühen Neuzeit und Wirkungen von Reiseberichten.[203]

Auf Grundlage derartiger (quellenkritischer) Reflexionen hat sich eine breite Forschungstätigkeit entfaltet, der Michael Maurer bereits 1999 einen umfänglichen historischen Ertrag zugeschrieben hat, besonders hinsichtlich der Analyse von ästhetischen (Natur-)Erfahrungen oder der differenzierenden Betrachtung von geschlechterspezifischen Erscheinungsformen des Unterwegsseins – ein Aspekt, welcher mit einem Sammelband

---

200 Gareis, Iris: Art. ›Kannibalismus‹, in: EdN – Online [2019].
201 Maurer, Michael: Reiseberichte als Wissensspeicher, in: Grunert, Frank/Syndikus, Anette (Hg.): Wissensspeicher der Frühen Neuzeit. Formen und Funktionen, Berlin 2015, S. 391–411, hier S. 392 verweist etwa auf die »tagebuchartigen Notizen«.
202 Classen, Albrecht: Travel, Time, and Space in the Pre-Modern World: Theoretical an Historical Reflections. An Introduction, in: Classen 2018 I, S. 1–75, hier u. a. S. 52.
203 Aus der zahlreichen Literatur siehe Hacke, Daniela: Contact Zones. Überlegungen zum sinneshistorischen Potential frühneuzeitlicher Reiseberichte, in: Brendecke, Arndt (Hg.): Praktiken der Frühen Neuzeit. Akteure. Handlungen. Artefakte (Frühneuzeit-Impulse 3), Köln u. a. 2015, S. 421–434, die in Bezug auf den von ihr bearbeiteten Reisebericht des französischen Hugenottenpaters Jean de Léry vom Jahr 1563 auf S. 423 konstatiert, dass »Kulturkontakte« durchaus »reflektiert« und »als sinnlich-perzeptive Prozesse, die in der Auseinandersetzung mit und der Aneignung des Fremden« mündeten, verarbeitet werden konnten; Nelting, David: Frühneuzeitliche Autorschaft zwischen Diskurs und Identität, in: Romanistisches Jahrbuch 56 (2006), S. 124–140; Zimmermann, Christian von: Reiseberichte und Romanzen. Kulturgeschichtliche Studien zur Perzeption und Rezeption Spaniens im deutschen Sprachraum des 18. Jahrhunderts (Frühe Neuzeit 38), Tübingen 1997; Neuber, Wolfgang: Fremde Welt im europäischen Horizont. Zur Topik der deutschen Amerika-Reiseberichte der frühen Neuzeit (Philologische Studien 121), Berlin 1991; Übleis, Franz: Deutsche in Indien 1600–1700. Entstehung, Struktur und Funktion des Indienbildes der deutschen Reiseberichte des 17. Jahrhunderts, in: Zeitschrift für Religions- und Geistesgeschichte 32/2 (1980), S. 127–151; zu Reiseberichten des späten 19. und frühen 20. Jahrhunderts und der Wahrnehmung des Fremden siehe Gustrau, Maibritt: Orientalen oder Christen. Orientalisches Christentum in Reiseberichten deutscher Theologen (Kirche, Konfession, Religion 66), Göttingen 2016, besonders S. 109–182.

über reisende Adelsfrauen eine weitere Vertiefung erfahren hat.[204] Als Akteure des Reisens wurden in der Forschung in erster Linie reisende Herrscher, Diplomaten, Kaufleute, Gelehrte und Pilger einer historischen Analyse unterzogen, um die »Erfahrung der Welt« von so verstandenen Vielreisenden[205] und damit verbunden die Begegnung mit dem Fremden in der Ferne, sei es in Europa, im Heiligen Land, in Indien, China, Afrika, Amerika oder in anderen Teilen der Welt, zu untersuchen.[206]

Frühneuzeitlich gedruckte, aber in großem Umfang auch unpublizierte Reisetexte[207] hat für das 16. und 17. Jahrhundert grundlegend der bereits genannte Antoni Mączak (1928–2003) aufbereitet. In seiner 1978 erstmals auf Polnisch, 1995 auf Englisch und posthum 2016 auf Deutsch erschienenen Abhandlung steht die auch von Ohler ausführlich, ansonsten aber oftmals nur am Rande mitbehandelte Reisepraxis im Vordergrund.[208] So kommen bei Mączak Aspekte wie Herbergen, Reisekosten, Gesundheit, Gefahren, Reisegefährten und Reisezwänge (»Was muss man gesehen haben«) sowie in bemerkenswert

---

204 Maurer 1999 II; Cremer, Annette C./Baumann, Anette/Bender, Eva (Hg.): Prinzessinnen unterwegs. Reisen fürstlicher Frauen in der Frühen Neuzeit (bibliothek altes Reich 22), Berlin/Boston 2018. Siehe ferner Scheitler, Irmgard: Gattung und Geschlecht. Reisebeschreibungen deutscher Frauen 1780–1850 (Studien und Texte zur Sozialgeschichte der Literatur 67), Tübingen 1999.
205 Reichert, Folker: Erfahrung der Welt. Reisen und Kulturbegegnung im späten Mittelalter, Stuttgart 2001.
206 Agai, Bekim/Pataki, Zita Ágota (Hg.): Orientalische Reisende in Europa – Europäische Reisende im Nahen Osten. Bilder vom Selbst und Imaginationen des Anderen (Bonner Islamstudien 19), Berlin 2010; Demel 1992; Erfen, Irene/Spieß, Karl-Heinz (Hg.): Fremdheit und Reisen im Mittelalter, Stuttgart 1997; Ertzdorff, Xenja u. a. (Hg.): Beschreibung der Welt. Zur Poetik der Reise- und Länderberichte (Chloe 31), Amsterdam 2000; Ertzdorff, Xenja/Giesemann, Gerhard (Hg.): Erkundung und Beschreibung der Welt. Zur Poetik der Reise- und Länderberichte (Chloe 34), Amsterdam 2003; Fischer-Kattner, Anke: Spuren der Begegnung. Europäische Reiseberichte über Afrika, 1760 bis 1860, Göttingen 2015; Fuller, Mary C.: Voyages in print. English travel to America, 1576–1624 (Cambridge studies in Renaissance literature and culture 7), Cambridge 1995; Kessler, Sabrina: Kartographien von Identität und Alterität in englischen Reiseberichten über die Neue Welt: 1560–1630, Frankfurt a. M. 2016; Reichert, Folker (Hg.): Fernreisen im Mittelalter (Das Mittelalter 3/2), München 1998; Rinke, Stefan/Rüther, Kirsten/Mann, Michael/Wendt, Reinhard: Art. ›Entdeckungsreise‹, in: EdN – Online [2019]; Schmidt, Dorothee: Wissen über fremde Welten um 1600. Reisen in das Orientalische Indien, Köln 2016; Taetz, Sascha: Richtung Mitternacht. Wahrnehmung und Darstellung Skandinaviens in Reiseberichten städtischer Bürger des 16. und 17. Jahrhunderts (Kieler Werkstücke 3), Frankfurt a. M. 2004.
207 Maurer 2002, S. 327; Maclean, Gerald: Early Modern Travel Writing (1): Print and Early Modern European Travel Writing, in: Das/Youngs 2019, S. 62–76, hier u. a. S. 64. Siehe dementsprechend an Quellenverzeichnissen etwa Siebers, Winfried/Rees, Joachim: Erfahrungsraum Europa. Reisen politischer Funktionsträger des Alten Reichs 1750–1800. Ein kommentiertes Verzeichnis handschriftlicher Quellen (Aufklärung und Europa. Schriftenreihe des Forschungszentrums Europäische Aufklärung e. V. 18), Berlin 2005 u. Paravicini, Werner (Hg.): Europäische Reiseberichte des späten Mittelalters. Eine analytische Bibliographie, 3 Bde., Frankfurt a. M. 1994/1999/2000.
208 Mączak, Antoni: Travel in Early Modern Europa, Cambridge 1995; Mączak, Antoni: ›Eine Kutsche ist wie eine Straßendirne …‹. Reisekultur im Alten Europa, Paderborn 2016. Siehe zur polnischen Ausgabe und insgesamt zu diesem Werk die Rezension von Michael Maurer zur deutschsprachigen Ausgabe in: sehepunkte 17 (2017), Nr. 9 [15.09.2017], URL: http://www.sehepunkte.de/2017/09/30078.html (12.4.2023). Daneben Ohler 2004.

differenzierter Weise die Straßen zur Sprache. Der Feststellung in der gekürzten deutschen Ausgabe, dass der Zustand der Wege von Boden, Klima und Wetter abhing,[209] ist in der englischen Ausgabe die noch grundlegendere Bemerkung vorangestellt, nach der die an die modernen Verkehrsverhältnisse gewöhnten Menschen des späten 20. Jahrhunderts dazu tendieren, die *roads* der Vergangenheit als »uniformly abysmal« zu begreifen. »Yet people in the past«, so heißt es weiter, »saw things differently«.[210] Ein solcher Hinweis auf die Wahrnehmung und der Nutzungsgewohnheiten von Straßen durch in der Vergangenheit lebende Menschen unter Zurückweisung moderner Vergleichsmaßstäbe ist allerdings die Ausnahme. Denn Mączaks Abhandlung hat ungeachtet der englischen und deutschen Übersetzungen bis heute keine nachhaltige Wirkung entfaltet. So gründet zwar der Artikel von Hamish Scott über »Travel and Communications« in dem Oxford Handbook of Early Modern European History von 2015 auch auf der zitierten englischsprachigen Ausgabe der ursprünglich polnischen Reisegeschichte, dennoch werden die *trails* von Scott mehr als Hindernis denn als Mittel zum Reisen begriffen, bevor im 18. Jahrhundert die Fortbewegung als leichter, verlässlicher und teils signifikant schneller interpretiert wird.[211]

Eine solche Entwicklungsgeschichte ist schnell bei der Hand und wurde durch jene Reiseforschung befördert, die dem Jahrhundert der Aufklärung und damit jener Zeit größte Aufmerksamkeit geschenkt hat, in der die bürgerliche Bildungsreise das Reiseverhalten nachhaltig verändert hat.[212] Dieser Wandel hin zu einem auf Selbstbildung zielenden Reiseverhalten von elitären Teilen der entstehenden bürgerlichen Gesellschaft gerade in Abgrenzung der zum Zwecke der »Initiation und Integration in die höfische Gesellschaft« durchgeführten Kavalierstour junger Adeliger[213] gründete nach Klaus Beyrer, Peter Brenner und anderen auf der Etablierung der Fahrposten, also dem Transport von

---

209 Mączak 2016, S. 24.
210 Mączak 1995, S. 4.
211 Scott 2015, S. 168 u. 187.
212 Chaney, Edward: The Evolution of the Grand Tour. Anglo-Italian cultural relations since the Renaissance, London 2000; Brenner 1990, S. 149–274; Griep, Wolfgang/Jäger, Hans Wolfgang (Hg.): Reisen im 18. Jahrhundert. Neue Untersuchungen, Heidelberg 1986; Jäger, Hans Wolfgang (Hg.): Europäisches Reisen im Zeitalter der Aufklärung, Heidelberg 1992; die höhere Reisefrequenz hätte nicht nur das Reiseverhalten, sondern auch »philosophical discussion, but [...] also tastes, fashions, and aesthetic attitudes for elites across Europe« verändert. »Moreover, participation in the Grand Tour shaped and reshaped social structures and expectations across a host of realms [...]«, so Kelly, Jason M: Reading the Grand Tour at a Distance: Archives and Datasets in Digital History, in: The American Historical Review 122/2 (2017), S. 451–463, hier S. 452 f., in der kontextuellen Beschreibung eines beeindruckenden DH-Projekts im Rahmen der »Mapping the Republic of Letters« an der Stanford University, siehe http://republicofletters.stanford.edu/ (12.4.2023).
213 Grosser, Thomas: Reisen und soziale Eliten: Kavalierstour – Patrizierreise – bürgerliche Bildungsreise, in: Maurer 1999 I, S. 135–176, hier S. 142; Babel, Rainer/Paravicini, Werner (Hg.): Grand Tour: Adeliges Reisen und europäische Kultur vom 14. bis zum 18. Jahrhundert (Beihefte der Francia 60), Ostfildern 2005; Leibetseder, Mathis: Die Kavalierstour. Adlige Erziehungsreisen im 17. und 18. Jahrhundert (Beihefte zum Archiv für Kulturgeschichte 56), Köln u. a. 2004.

Personen mit Wägen, wie sie auch Wolfgang Behringer einschlägig untersucht hat.[214] Erst diese »verkehrstechnischen Infrastrukturverbesserungen«[215] haben eine »neue Epoche eines institutionalisierten Reise-Verkehrs«[216] eingeläutet, indem nun auch der Nichtadel umfänglicher als vorher zeit- und kostengünstig die Fremde erkunden konnte. Der mit den Fahrposten beförderte Ausbau von Straßen habe zudem, wie dann auch die Errichtung von Chausseen und die Verwendung neuer Formen und Typen von Kutschen, die Fortbewegung bequemer gemacht.[217]

Das veränderte Reiseverhalten auf Grundlage sowohl organisatorischer (Fahrpost) als auch fahr- und bautechnischer (*Chausseen*, Kutschen) Neuerungen des Verkehrswesens hat die Reiseforschung wiederkehrend in dezidierter Abgrenzung zu den Reisemöglichkeiten der Jahrhunderte davor begriffen. Klaus Beyrer spricht von einer »Wirkungslosigkeit« der Straßeninstandsetzungstechnik vor dem Chausseebau[218] und Thomas Grosser sogar von »desolaten Verkehrsverhältnissen«, welche die Fortbewegungsmöglichkeiten in der Ständegesellschaft zumindest »für die überwältigende Mehrheit der Untertanen« limitiert hätten.[219] Die bereits wohlbekannte Defizitgeschichte erfährt damit eine entscheidende Erweiterung insofern, als die Landstraßen nicht nur den Transport von Waren und die Fortbewegung der reisenden »Handwerker, Händler und Kaufleute, Diplomaten, Manufakturunternehmer, Studenten und Gelehrten« erschwert haben, wie Grosser selbst anführt,[220] sondern die nur eingeschränkt benutzbaren Verkehrswege bedingten oder beförderten zumindest ebenso die Immobilität weiter Teile der Gesellschaft.

Eine solche Sichtweise greift allein schon deshalb zu kurz, da sie vernachlässigt, dass die Freizügigkeit standesspezifischen Beschränkungen unterlag und viele Untertanen aufgrund von Besitz-, Erb-, und Nutzungsrechten an Ort und Obrigkeiten gebunden waren, womit weniger die Gegebenheiten der Verkehrsinfrastruktur als vielmehr Herrschaft und Recht die Möglichkeiten der geographischen Mobilität grundsätzlich limitierten.[221] Dane-

---

214 Behringer 2003, S. 436–485; Beyrer, Klaus: Die Postkutschenreise, Tübingen 1985, S. 251; Grosser 1999, S. 165; Brenner 1990, S. 155 f. spricht von einer »Ausweitung der Reisemöglichkeiten, die allgemein durch die Verbesserung des Verkehrswesens gegeben wurden«. An anderer Stelle [S. 274] ist von der »technischen und ökonomischen Erleichterung des Reisens« die Rede, welche die Zunahme des Reiseverkehrs erst ermöglicht habe. Siehe zu ähnlich gelagerten Forschungsbefunden ebd., S. 161, 168 u. 217. Den grundlegenden Wandel der Reisekultur thematisieren auch Stollberg-Rilinger, Barbara: Europa im Jahrhundert der Aufklärung, Stuttgart 2000, S. 118 u. Hlavin-Schulze, Karin: »Man reist ja nicht, um anzukommen«. Reisen als kulturelle Praxis, Frankfurt a. M./New York 1998, S. 40–42.
215 Grosser 1999, S. 165; siehe auch Grosser, Thomas: Art. ›Bildungsreise‹, in: EdN – Online [2019].
216 Beyrer, Klaus: Art. ›Post‹, in: EdN – Online [2019], 5.2. Fahrpost.
217 Brenner 1990, S. 161; Beyrer 1985, S. 158 f.
218 Ebd., S. 79.
219 Grosser 1999, S. 136.
220 Ebd.
221 Die herrschaftsrechtlichen Abhängigkeiten konnten sich freilich sehr unterschiedlich gestalten, wie die reichen Forschungen zur Agrarverfassung der Vormoderne aufgezeigt haben. Hierzu nach wie vor ein-

ben schränkte der Arbeits- und Zeitrhythmus der Landwirtschaft den Bewegungsradius der Landbevölkerung erheblich ein.[222] Doch bereits in Anknüpfung an die Befunde von Mączak bleibt zu zeigen, wie die Menschen mit den Verkehrsgegebenheiten ihrer Zeit umzugehen wussten.

Der Annahme einer Immobilität gilt es also einerseits zu widersprechen. Mit Scott bleibt, wenn auch auf Grundlage der Defizitvorstellung – »the manifest shortcoming of the transport infrastructure« –, festzuhalten, dass es durchaus »at all levels of society« individuelle Mobilität gab.[223] Die Vormoderne war also »on the move«, wie die historische Migrationsforschung hinlänglich deutlich machen konnte und jüngst nochmals Classen in seiner Reflexion über das Reisen in der Vormoderne hervorgehoben hat.[224] Andererseits waren nicht zu jeder Zeit die Menschen gleich oft und gleich weit unterwegs sowie überdies nicht fortlaufend gleich viele Menschen ›on the move‹, worauf bereits die demographische Entwicklung hinweist. So leitete die Pest des 14. Jahrhunderts eine demographische Krise ein, die seit 1450 und dann auch das gesamte 16. Jahrhundert über durch ein schnelles Bevölkerungswachstum überwunden werden konnte, bevor im 17. Jahrhundert Seuchen, Versorgungskrisen und Kriege, so vor allem der Dreißigjährige Krieg, einen neuerlichen erheblichen Bevölkerungsrückgang verursachten.[225] Der Bevölkerungs-

---

schlägig Lütge, Friedrich: Geschichte der deutschen Agrarverfassung vom frühen Mittelalter bis zum 19. Jahrhundert (Deutsche Agrargeschichte 3), 2. Aufl., Stuttgart 1967 sowie im aktuellen Überblick Kießling, Rolf/Konersmann, Frank/Troßbach, Werner (Hg.): Grundzüge der Agrargeschichte, Bd. 1: Vom Spätmittelalter bis zum Dreißigjährigen Krieg (1350–1650), Köln u. a. 2016, S. 182–227 u. Pfister, Ulrich: Art. ›Agrarverfassung‹, in: EdN – Online [2019]. Siehe ferner Enders, Liselott: Art. ›Bäuerliche Besitzrechte‹, in: EdN – Online [2019] u. Wunder, Heide: Art. ›Bauern‹, in: EdN – Online [2014], 2. 4. Recht, Eigentum und soziale Stellung. Es geht aber nicht nur darum, inwieweit sich Untertanen rechtlich von Besitz und Herrschaft ›wegbewegen‹ durften/konnten. Zu bedenken ist vielmehr auch die – damit korrespondierende – zeitgenössische Einstellung zur ›Bewegungsfreiheit‹, wie sie Schubert 1995, S. 62–65 anspricht: Nicht der (bedingt) sesshafte Untertan, sondern die »Ungebundenheit des Wanderlebens« [S. 63] wich von der ›Bewegungsnorm‹ ab.

222 Peters, Jan: Die Recht-Zeitigkeit bäuerlichen Lebens und Arbeitens: Wiederholen oder Verändern?, in: Brendecke, Arndt/Fuchs, Ralf-Peter/Koller, Edith (Hg.): Die Autorität der Zeit in der Frühen Neuzeit (Pluralisierung & Autorität 10), Berlin 2007, S. 133–147; Rösener, Werner: Die Bauern und die Zeit – Anmerkungen zum bäuerlichen Zeitverständnis in der vormodernen Gesellschaft, in: ZAA 52 (2004), S. 8–24.
223 Scott 2015, S. 170.
224 Classen 2018 II, S. 53, wobei er sich an dieser Stelle nur auf das Hoch- und Spätmittelalter bezieht. Siehe zur geographischen Mobilität in der Vormoderne etwa Canny 1994; Hochstadt, Steve: Migration in preindustrial Germany, in: Central European History 16 (1983), S. 195–224; Jaritz, Gerhard/Müller, Albert (Hg.): Migration in der Feudalgesellschaft (Studien zur historischen Sozialwissenschaft 8), Frankfurt a. M./New York 1988; Küther, Carsten: Menschen auf der Straße. Vagierende Unterschichten in Bayern, Franken und Schwaben in der zweiten Hälfte des 18. Jahrhunderts (Kritische Studien zur Geschichtswissenschaft 56), Göttingen 1983; Oltmer, Jochen/Schubert, Michael (Hg.): Migration und Integration in Europa seit der Frühen Neuzeit. Eine Bibliographie zur Historischen Migrationsforschung (Institut für Migrationsforschung und Interkulturelle Studien), Osnabrück 2005, S. 37–63.
225 Ehmer, Josef: Art. ›Bevölkerung‹, in: EdN – Online [2019], 2. Demographische Entwicklung; Ehmer, Josef: Art. ›Demographische Krisen‹, in: Ebd.

anstieg im 16. Jahrhundert ist für die vorliegende Untersuchung insofern von Interesse, als dieser Sachverhalt bereits 1995 Ernst Schubert hat annehmen lassen, »die Landstraßen wären im 16. Jahrhundert voller geworden«, wozu neben wandernden Gesellen und Landsknechten vor allem das als herrenloses Gesindel stigmatisierte fahrende Volk beigetragen habe.[226] Diese schwerlich zu quantifizierende und zu belegende Annahme und Beobachtung Schuberts verweist auf eine – durch den Bevölkerungsanstieg bedingte oder zumindest beförderte – Steigerung der Nutzungsintensität von Straßen und überdies auf eine Obrigkeit, welche begann, unerwünschte Formen der Mobilität (stärker) zu reglementieren. Alle diese Aspekte, gesteigerte Mobilität und deren verstärkte Reglementierung in einer Zeit des demographischen Wachstums, deuten auf einen sich wandelnden Umgang mit Straßen hin, der es umso mehr erfordert, die Nutzung und Wahrnehmung, aber ebenso den Erhalt von im 16. Jahrhundert scheinbar immer intensiver genutzten Straßen genauer zu untersuchen.

Ein Wandel ist so auch für das »Reisen der Ehrbaren« feststellbar, wie Schubert das gewollte Reisen in Abgrenzung zur erzwungenen Mobilität des fahrenden Volkes bezeichnet.[227] Denn den reisenden Eliten standen seit der zweiten Hälfte des 16. Jahrhunderts gedruckte Itinerare und Meilenscheiben zur Verfügung, um sich vorab über die Routen zu informieren bzw. Planungen anzustellen. Für Schubert belege dies eine »neue[...] Einstellung der Lesekundigen, der ›besseren‹ Reisenden, zum Reisen«.[228] Zu ergänzen bleibt, dass Itinerare und Meilenscheiben zugleich auf einen intensivierten Umgang mit Straßen und Wegeverläufen verweisen insofern, als dass die Zeitgenossen stärker als bislang den Verlauf und die Distanz von Routen erfassten. Schubert spricht so selbst von einem »Höhepunkt an Welterfahrung«, der sich auch in der Produktion und Rezeption neuer Reisehilfsmittel äußerte.[229] Eine solche Einschätzung deckt sich mit Forschungen, die für die beginnende Frühe Neuzeit die geänderte Erfahrung und Erfassung der physischen Welt herausstellen, gewann Herrschaft doch eine neue, raumbezogene Dimension. Die machtpolitische Durchdringung des physischen Raumes wurde so nicht zuletzt auf dem Feld der Mathematik, der Vermessung und der Kartographie sowie der topographischen Darstellung und imaginierten Repräsentation eines Herrschaftsraums ausgefochten.[230]

---

226 Schubert 1995, S. 43.
227 Ebd.
228 Ebd., S. 44.
229 Ebd., S. 43 f.
230 Rutz 2018; Baumgärtner, Ingrid/Thiel, Lena (Hg.): Fürstliche Koordinaten. Landesvermessung und Herrschaftsvisualisierung um 1600 (Schriften zur Sächsischen Geschichte und Volkskunde 46), Leipzig 2014; Friedrich, Susanne: ›Zu nothdürfftiger information‹. Herrschaftlich veranlasste Landeserfassungen des 16. und 17. Jahrhunderts im Alten Reich, in: Brendecke, Arndt/Friedrich, Markus/Friedrich, Susanne (Hg.): Information in der Frühen Neuzeit. Status, Bestände, Strategien (Pluralisierung & Autorität 16), Münster 2008, S. 301–334.

Die veränderte Wahrnehmung des physischen Raums im Laufe des 16. Jahrhunderts, wie dies Andreas Rutz,[231] Tanja Michalsky,[232] Stefan Fuchs[233] und jüngst Sarah Hadry mit ihrer Studie zur seit 1579 erfolgten Landesaufnahme des Fürstentums Pfalz-Neuburg herausstellten,[234] betraf aber nicht nur einzelne Territorien, sondern insgesamt die damals bekannte Welt. So hob Alfred Kohler in seiner 2014 vorgelegten Studie über die ›Neuen Welterfahrungen‹ hervor, wie die Europäer des 16. Jahrhunderts bereits bekannte und neu entdeckte Gegenden mittels der Drucktechnik umfänglicher als je zuvor erfassten und systematisch in eine beschreibende Ordnung brachten.[235] Mit Kohler anführen lassen sich etwa die seit 1544 mehrfach aufgelegte *Cosmographia* Sebastian Münsters oder das Kartenwerk *Theatrum Orbis Terrarum* von Abraham Ortelius aus dem Jahr 1570.[236] Zu eben dieser geographisch-kartographischen Welterfassung trugen ebenso die bereits genannten Itinerare und Meilenscheiben sowie überdies gedruckte *Straßenkarten* bei, wie sie im Jahr 1500 der Nürnberger Kartograph und Kompassmacher Erhard Etzlaub (1455–1532) mit der Romwegkarte und im Folgejahr 1501 für die *lantstrassen durch das Romisch reych* vorlegte.[237] Insgesamt lässt sich also festhalten: Sowohl die Quantität und Qualität der Mobilität als auch die Auseinandersetzung der Zeitgenossen mit eben dieser Mobilität durch Medien der Visualisierung und Schriftlichkeit blieb in der Vormoderne keineswegs gleich und erlebte besonders in der zweiten Hälfte des 16. Jahrhunderts eine Veränderung.[238]

---

231 Rutz 2018.
232 Michalsky, Tanja: Projektion und Imagination. Die niederländische Landschaft der Frühen Neuzeit im Diskurs von Geographie und Malerei, München 2011. Siehe auch Schramm 2008.
233 Fuchs 2018.
234 Hadry 2020.
235 Kohler 2014, S. 264–287.
236 Ebd.
237 Krüger, Herbert: Des Nürnberger Meisters Erhard Etzlaub älteste Straßenkarten von Deutschland, in: Jahrbuch für fränkische Landesforschung 18 (1958), S. 1–286; Krüger, Herbert: Erhard Etzlaub's Romweg Map and Its Dating in the Holy Year of 1500, in: Imago Mundi 3 (1951), S. 17–26. Siehe insgesamt auch Bischoff, Michael/Lüpkes, Vera/Schönlau, Rolf (Hg.): Weltvermesser. Das goldene Zeitalter der Kartographie [Katalog zur Ausstellung vom 13. September bis 6. Dezember 2015, Weserrenaissance-Museum Schloss Brake, Lemgo], Dresden 2015 mit einem Katalogteil zum Thema »Für unterwegs: Straßenkarten und Entfernungstafeln« [319–327] u. Zögner, Lothar: Straßenkarten im Wandel der Zeit (Katalog zur Ausstellung in der Kartenabteilung der Staatsbibliothek Preußischer Kulturbesitz vom 7. bis 30. April 1975), Berlin 1975.
238 Gerade deshalb sollte hinsichtlich der geographischen Mobilität ebenso bedacht werden, dass nicht jeder sich gleichermaßen fortbewegen konnte und wollte, oder, wie Scott gleichfalls anführt: »The ability to travel […] was not uniformly available, either socially or geographically« [Scott 2015, S. 170]. Eine solche bereits angedeutete Differenzierung hinsichtlich der Mobilitätsmöglichkeiten, aber ebenso der Mobilitätszeiten, also jener Wochen, Monate und Jahre, in der die Menschen tatsächlich physisch unterwegs waren, betrifft bereits die Reisenden, welche eben keineswegs gleichförmig und dann auch in der Regel nur einen begrenzten Zeitraum in der Fremde mobil waren, um danach umso länger in ihrer Heimat über ihre Reiseerfahrungen zu berichten [Treue 2014]. Aber auch bei all jenen Menschen, die jenseits der

Und die an Ort und Obrigkeit gebundene Landbevölkerung? Deren Mobilitätsverhalten hat bislang wenig Beachtung gefunden, sieht man von Forschungen ab, welche sich etwa für die Erreichbarkeit von Märkten und den Handel mit Agrarprodukten[239] oder aber für die stets sehr mobilen Knechte interessierten.[240] Daneben hat Hermann Zeitlhofer in seinen Studien zu südböhmischen Dörfern darauf aufmerksam gemacht, dass nicht nur das Gesinde oder Handwerksgesellen sehr mobil waren, sondern auch sesshafte Personen im Alter temporär oder dauerhaft migrieren mussten. Aus diesem Grund, und da selbst Vagierende vorübergehend ortsgebunden sein konnten, hat Zeitlhofer dafür plädiert, Sesshaftigkeit und Mobilität nicht dichotomisch, sondern als variable Lebensentwürfe zu begreifen, bei denen sich der Grad an Sesshaftigkeit und Mobilität je nach Person, Lebensalter und Stand sehr unterschiedlich gestalten konnte.[241] Ein derartiges, eben keineswegs gleichförmiges und gleichbleibendes Mobilitätsverhalten ist freilich nicht das Untersuchungsanliegen der Reiseforschung, da sie, wenn überhaupt, die ländliche Gesellschaft lediglich als pauschale Kontrastfolie bedient, um das Unterwegssein vorzugsweise von sozialen Eliten herauszustellen. Dies betrifft auch die sogenannten Provinzialreisen der Spätaufklärung, die zwar, wie bei Friedrich Nicolai, auch auf die volksaufklärerische

---

  von Freiwilligkeit und mit einer Rückkehr zum Ausgangspunkt gekennzeichneten Reise [Treue 2014, S. 7] unterwegs waren, konnten sich Zeit und Aufwand der geographischen Mobilität sehr unterschiedlich gestalten. Zu denken ist an die mit einem dauerhaften oder zumindest langfristigen Wechsel des ursprünglichen Lebensortes verbundene freiwillige oder gerade durch religiös-konfessionellen Dissens verursachte zwangsweise Migration [Siehe neuerdings Baumann, Anette/Jendorff, Alexander/Theisen, Frank (Hg.): Religion – Migration – Integration. Studien zu Wechselwirkungen religiös motivierter Mobilität im vormodernen Europa. Tübingen 2019 und die Bestandsaufnahme von Niggemann, Ulrich: Migration in der Frühen Neuzeit. Ein Literaturbericht, in: ZHF 43 (2016), S. 293–321], aber ebenso an saisonale Arbeitsmigranten oder an die bereits angesprochenen Vagabunden oder Söldner [Kroener, Bernhard R.: Krieg und Karriere. Geographische Mobilität als Voraussetzung sozialen Aufstiegs in der militärischen Gesellschaft des 17. Jahrhunderts, in: Beer, Mathias/Dahlmann, Dittmar (Hg.): Über die trockene Grenze und über das offene Meer. Binneneuropäische und transatlantische Migration im 18. und 19. Jahrhundert (Migration in Geschichte und Gegenwart 1), Essen 2004, S. 45–65; Lucassen, Jan/Lucassen, Leo: Art. ›Arbeitsmigration‹, in: EdN – Online [2019]; Rheinheimer, Martin: Arme, Bettler und Vaganten. Überleben in der Not 1450–1850, Frankfurt a. M. 2000; Schubert 1995]. Alle diese reisenden, migrierenden oder einfach nur sich fortbewegenden Menschen und sozialen Gruppen waren mal länger und mal kürzer in ihrem Leben auf Straßen unterwegs, und zwar entweder gesellschaftlich akzeptiert oder von Gesellschaft und Obrigkeit stigmatisiert.
239 Kießling/Konersmann/Troßbach 2016, S. 145–162, bes. S. 150 f.
240 Kussmaul, Ann: Servants in Husbandry in Early Modern England, Cambridge 1981, S. 49–69; Lundh, Christer: Servant Migration in Sweden in the Early Nineteenth Century, in: Journal of Family History 24 (1999), 53–74.
241 Zeitlhofer, Hermann: Formen der Seßhaftigkeit bei Hausbesitzern und Landlosen in der südböhmischen Pfarre Kaplický 1640–1840, in: Oberpenning, Hannelore/Steidl, Annemarie (Hg): Kleinräumige Wanderungen in historischer Perspektive (Institut für Migrationsforschung und Interkulturelle Studie, Beiträge 18), Osnabrück 2001, S. 51–67; Zeitlhofer, Hermann: Besitzwechsel und sozialer Wandel. Lebensläufe und sozioökonomische Entwicklungen im südlichen Böhmerwald, 1640–1840 (Sozial und Wirtschaftshistorische Studien 36), Wien u. a. 2014, S. 157–168.

Erziehung der ländlichen Gesellschaft zielten und damit den Blick von Reisenden auf das bereiste Land, nicht aber auf die ländliche Mobilität selbst eröffnen.[242] Bedenkt man demgegenüber, dass die Landbevölkerung vielfach für die Instandsetzung genau jener Straßen verantwortlich war, die sie selbst mitbenutzte, und hierzu zumindest im Frankreich des 17. und 18. Jahrhunderts die gleichfalls sehr mobilen Tagelöhner ihren Beitrag leisteten,[243] dann deutet sich das Erfordernis an, das Verhältnis von Verkehrswesen und Landbevölkerung grundlegend (neu) zu bestimmen.

Die Studie wird hier ansetzen und einen Beitrag dazu leisten, die Reiseforschung im Sinne der angesprochenen Mobilitätsgeschichte zu erweitern, um nicht nur das Unterwegssein von sozialen Eliten zu fokussieren. Aufzuzeigen ist vielmehr, dass auch die sesshaften Untertanen auf, von und mit Straßen lebten. Das von der Reiseforschung angeführte Argument einer vermeintlichen Immobilität oder – so lässt sich vielleicht sagen – begrenzteren Mobilität der Landbevölkerung gerade im Vergleich zu Fernreisenden aufgrund unzureichender Verkehrsverhältnisse ist hierbei zwar ungenügend; dennoch gab es auch jenseits der angesprochenen Mobilitätsaffinität von sozialen Aufsteigern wie Offizieren[244] einen Zusammenhang zwischen Stand und geographischer Mobilität insofern, als sich nicht jeder ein Pferd oder eine Kutschenfahrt leisten konnte und die verschiedenen Fortbewegungsarten erheblichen Einfluss auf die Reisegeschwindigkeit und damit auf die Reichweite einer Reise haben konnten. Norbert Ohler hat dies einschlägig für die Forschung erfasst.[245]

---

242 Jost, Erdmut: »Gerechte Lobsprüche«. Zur positiven Zeitschriften-Rezeption von Friedrich Nicolais Beschreibung einer Reise durch Deutschland und die Schweiz im Kontext einer sich wandelnden Poetik der Reisebeschreibung 1783–1796, in: Stefanie Stockhorst (Hg.): Friedrich Nicolai im Kontext der kritischen Kultur der Aufklärung (Schriften des Frühneuzeitzentrums Potsdam 2), Göttingen 2013, S. 133–153.
243 Ehmer, Josef: Art. ›Tagelöhner/in‹, in: EdN – Online [2019], der sich hier auf Goubert, Pierre: The ancien regime. French society, 1600–1750, New York u. a. 1974, S. 116–118 stützt. An dieser Stelle wird in Auszügen das im Todesjahr von Sébastien Vauban (1633–1707) veröffentlichte und von ihm verfasste ›Projet d'une dixme royale‹ angeführt. Dort ist zwar nicht explizit von Instandsetzungsarbeiten für Straßen, sondern lediglich von »clearing land, ditching […], labouring für builders and several other tasks which are all hard and laborious« die Rede [ebd., S. 117]. Gerade das Ausheben von Gräben, wie sie sich vielfach am Straßenrand befunden haben [siehe Kapitel 4.3.2], lässt sich aber tatsächlich als durch Tagelöhner übernommene »Arbeiten im Straßen- und Wegebau« begreifen, wie Ehmer 2019 III resümiert.
244 Kroener 2004.
245 Ohler 2004, S. 111, wobei hier jedoch zwangsläufig aufgrund des zeitlichen Schwerpunkts die Kutschen fehlen. Denecke, Dietrich: Straße und Weg im Mittelalter als Lebensraum und Vermittler zwischen entfernten Orten, in: Herrmann, Bernd (Hg.): Mensch und Umwelt im Mittelalter, Stuttgart 1986, S. 203–219, hier S. 217 führt eine Übersicht zu »Tagesleistungen des Landverkehrs in historischer Zeit« (etwa Bote im 16. Jahrhundert ohne Pferdewechsel im Winter 46 km und im Sommer 53 km pro Tag) und eine weitere zu »Kilometerleistungen pro Stunde« (etwa Postwagen 8 km/h im 17. Jh., Pferd im Galopp 18 km/h zeitunabhängig) an. Siehe ferner etwa auch Schubert 1995, S. 68 und zu Beförderungszeiten von Briefen durch die Post Behringer 2003, S. 74. Forschungen zur Reisegeschwindigkeit haben eine lange Tradition: Ludwig, Friedrich: Untersuchungen über die Reise- und Marschgeschwindigkeit im XII. und XIII. Jahrhundert, Berlin 1897.

Die geographische Mobilität hing ferner durchaus auch von der *Verkehrsinfrastruktur*, also den personellen, materiellen und institutionellen Einrichtungen ab,[246] da jeder Reisende einer Versorgung bedurfte, wie die Reiseforschung besonders für die Jerusalempilger etwa hinsichtlich der Organisation der Überfahrt von Venedig nach Jaffa herausgearbeitet hat.[247] Demgegenüber bereits länger erforscht sind die in Städten, mehr aber an *Straßenrändern* gelegenen Gasthäuser.[248]

Der Zusammenhang zwischen Straßen und Gasthäusern ist evident und hat die Forschung hinlänglich deutlich machen können. So hat etwa John Chartres aufgezeigt, dass erst der wachsende *long-distance traffic* im England des 14. Jahrhunderts »at the roadside« eine wachsende Zahl an kleineren Bierschenken entstehen ließ.[249] Und auch ansonsten waren Versorgungseinrichtungen für Reisende zum Essen, Trinken und Schlafen »infrastrukturelle Knotenpunkte«, die sich vorzugsweise an *Pilgerwegen* und zentralen *Handelsstraßen*,[250] aber ebenso abseits viel genutzter *Durchgangsstraßen* etablierten.[251] Reisenden war es hier auch möglich, Informationen über den Verlauf oder Zustand von Straßen einzuholen. Die »symbiotische Beziehung«, welche nach Beat Kümin zwischen Landstraßen und Wirtshäusern bestand, äußerte sich auch darin, dass Gaststätten Straßenbauten nach sich ziehen konnten.[252] In *Straßengasthäusern*[253] erhielten Reisende zudem

---

246 Zum Begriff Verkehrsinfrastruktur: Ammose/Hoppe 2006, S. 27 f.
247 Reichert 2001, S. 140–142. Solche und andere Häfen haben jüngst eine breitere Aufmerksamkeit erfahren, siehe Brugger, Eva/Burschel, Peter/Schürch, Isabelle (Hg.): Historische Anthropologie 26/1 (2018), Themenschwerpunkt: Hafen, Köln u. a. 2018; Denzler, Alexander: Häfen des Mittelmeers und der Ostsee als Kontaktzonen? Pilgerreisende, Seefahrer und Inselbewohner an der Schnittstelle zwischen Land und Meer, in: Burschel, Peter/Juterczenka, Sünne (Hg.): Das Meer. Maritime Welten in der Frühen Neuzeit/ The sea. Maritime worlds in the early modern period (Frühneuzeit-Impulse 4), Köln u. a. 2021, S. 149–153; Denzler, Alexander: Willkommen und Abschied? Häfen und die maritime Raumerfahrung von Reisenden im 16. Jahrhundert, in: Ebd., S. 183–193. Siehe zur durch Nah- und Fernpilger genutzten und geformten Verkehrsinfrastruktur nun auch Kühne, Hartmut/Popp, Christian (Hg.): Pilgern zu Wasser und zu Lande (Jakobus-Studien 24), Tübingen 2022.
248 Siehe hierzu etwa Mączak 1995, S. 30–71; Mączak, 2016, S. 44–70.
249 Chartres, John A.: The English Inn and Road Transport before 1700, in: Peyer, Hans Conrad (Hg.): Gastfreundschaft, Taverne und Gasthaus im Mittelalter (Schriften des Historischen Kollegs 3), München/Wien 1983, S. 153–176, hier S. 160.
250 Fuchs, Antje, Art. ›Gasthaus‹, in: EdN – Online [2019].
251 Kümin, Beat: Wirtshaus, Reiseverkehr und Raumerfahrung am Ausgang des Mittelalters, in: Schwinges 2007 I, S. 331–352, hier S. 341. Dort hingewiesen wird auch auf einen unter Peyer 1983, S. 246 zu findenden Diskussionsbeitrag von Fritz Glauser, der pointiert behauptete, »daß abseits der großen Straßen mehr Tavernen lagen«. Siehe insgesamt zu Gasthäusern, neben Peyer 1983, auch Kümin, Beat/Tlusty, B. Ann (Hg.): The World of the Tavern. Public Houses in Early Modern Europe, Aldershot 2002. Das »Herbergswesen« berücksichtigte bereits Voigt 1965, S. 412–415.
252 Kümin 2007, S. 331 (Zitat) u. 341 f. Zur Informationsbeschaffung über den Verlauf und Zustand von Straßen auch Denecke, Dietrich: Straßen, Reiserouten und Routenbücher (Itinerare) im späten Mittelalter und in der Frühen Neuzeit, in: Ertzdorff 1992, S. 227–253, hier S. 228.
253 Gassert, Michael: Kulturtransfer durch Fernhandelskaufleute. Stadt, Region und Fernhandel in der europäischen Geschichte. Eine wirtschaftshistorische Untersuchung der Beziehungen zwischen wirtschaft-

Transportmittel oder Wegeführer, und Außenanlagen wie Kegelbahnen oder Tanzbühnen ließen die gesellige Sphäre von Gasthäusern auf Plätze, Felder und Straßen ausweiten.[254]

Die Bedeutung von Gasthäusern für das Reisen ist immanent, allein wenn man etwa an die über 80 Reiseunterbrechungen denkt, die Peter Stabel und Inneke Baatsen betrachtet haben, um die Lebensmittelversorgung eines Pilgerreisenden zu Beginn des 16. Jahrhunderts auf seiner Wegstrecke von Flandern nach Venedig zu eruieren.[255] Eine solche Untersuchung von »dining habits on the road«[256] ist auch deshalb bemerkenswert, da die Reiseforschung wiederkehrend betont hat, Reiseberichte hätten bis weit ins 17. Jahrhundert hinein in erster Linie, wenn nicht gar ausschließlich, die Städte und damit die eigentlichen Reiseziele beschrieben, während der Raum dazwischen nur durch die – so hat es Achim Landwehr formuliert – »Aneinanderreihung von Punkten – und damit eben itinerarisch« zur Sprache gekommen sei.[257] Ob die Versorgung auf Reisen zu Lande oder zu Wasser, ob die Zeiten zwischen dem einen und dem Anlegen an einen anderen Hafen oder ob die Wegstrecken über Täler und Berge hinweg zwischen zwei Siedlungen, all dies spiele in den Berichten lange Zeit angeblich wenig bis gar keine Rolle. Den Reisenden, so hat es Axel Gotthard formuliert, »interessiert einfach nicht, was dazwischen liegt«.[258]

Die in der Fremde Umhergehenden, Umherreitenden oder Umherfahrenden konnten freilich nicht nur auf Grundlage individueller Interessen über das Reisen schreiben. Apodemische Schriften erteilten seit den späten 1570er Jahren Ratschläge, wie die bereiste Welt systematisiert betrachtet und in Erinnerung behalten werden könne, womit der von Schubert und Kohler beobachtete Wandel bezüglich der Welterfahrung und -erfassung eine Bestätigung findet. Die Reisenden sollten, so lautet das Anliegen der von Justin Stagl einschlägig untersuchten Apodemiken, nicht unvorbereitet und unbedacht die Fremde erkunden, sondern diese geplant und systematisch anhand eines vorgegebenen Rasters »aus zweckfreier Liebe zur Weisheit und Tugend« beobachten und darüber berichten.[259] Die zu diesem Zweck erstellten Beobachtungs- und Erkundungsraster konnten es dem

---

lichen Vorgängen und kulturellen Entwicklungen anhand von Karten, 12. bis 16. Jahrhundert (Europäische Hochschulschriften, Reihe III: Geschichte und ihre Hilfswissenschaften 915), Frankfurt a. M. 2001, S. 243 f.
254 Kümin 2007, S. 345 u. 352.
255 Stabel, Peter/Baatsen, Inneke: At Home and on the Road. Comparing Food Cultures in the Medieval Low Countries, in: Classen 2018 I, S. 331–358, hier S. 346. Einen außereuropäischen Blick auf die Versorgung von Reisenden erlaubt Kaplony, Andreas: Das Verkehrsnetz Zentralasiens: die Raumgliederung der arabischen Geographen al-Muqaddasī und Ibn Ḥawqal, in: Schwinges 2007 I, S. 353–364, hier S. 360. Er weist darauf hin, dass es in Zentralasien im Abstand von 12 km entsprechende Wegstationen gab, welche zwar auch umgangen werden konnten, aber dennoch das Reisen maßgeblich geprägt haben.
256 Stabel/Baatsen 2018, S. 350.
257 Landwehr 2007, S. 349 f.
258 Gotthard, Axel: In der Ferne. Die Wahrnehmung des Raums in der Vormoderne, Frankfurt a. M. 2007, S. 111. Kritisch hierzu bereits Knoll 2013, S. 88 f.
259 Stagl, Justin: Ars apodemica: Bildungsreise und Reisemethodik von 1560 bis 1600, in: Ertzdorff 1992, S. 141–189, hier S. 161; siehe ferner Stagl, Justin: Eine Geschichte der Neugier. Die Kunst des Reisens 1550–

Reisenden ermöglichen, die gemachte Erfahrung und Wahrnehmung zu imaginieren und sie Revue passieren zu lassen. In den Berichten aufgeführte Gebäude wie Kirchen, Bibliotheken und Rathäuser, ferner auch Sprache oder Religion strukturierten das Wahrgenommene und schufen individuelle, konstruierte Raumproduktionen, die uns in den Reiseberichten als mental geschaffene Raumvorstellungen entgegentreten – narratologische Konstruktionen, die es bei der Analyse für die Apodemiken und Ratgeberliteratur zu beachten und methodisch zu reflektieren gilt.[260] Für Wege und die Beschreibung des Wege-Raums[261] war offensichtlich jedoch kein Platz – weil sie ein zu selbstverständlicher Bestandteil der Welterfahrung waren?

Deutlich zu erkennen ist, dass es zwar umfängliche Quellen gibt, welche sowohl die noch zu erlebenden oder die bereits erlebten und dann erinnerten als auch die lediglich imaginierten oder ›abstrakt‹ reflektierten Reisen zum Gegenstand haben; neben den Reiseberichten sind namentlich die Apodemiken sowie die auch von der Altstraßenforschung für die Rekonstruktion von historischen Straßenverläufen herangezogenen Itinerare nochmals zu nennen. Resümiert man jedoch die Befunde der Reiseforschung, dann scheinen diese Quellen für das 16. Jahrhundert, wenn überhaupt, nur Auskunft über schlechte Straßen zu geben.

1.3 Zielsetzung und Fragestellung

Die bisherigen Defizitvorstellungen und Engführungen der Forschung möchte die Studie durch eine praxeologische Neuperspektivierung überwinden. Statt die außerurbanen Straßen in erster Linie als Transport- und Verbindungslinien zu begreifen, die es Menschen, Waren und Nachrichten ungeachtet aller (baulichen) Widrigkeiten ermöglichten, von Punkt A nach Punkt B zu gelangen, werden die vielfältigen Erscheinungsformen, Nutzungsweisen, Instandhaltungspraktiken und Aneignungsformen der Verkehrswege durch die Menschen in Abhängigkeit von der Natur behandelt. Hierdurch ist es möglich, die großen und kleinen Straßen als dynamischen, essentiellen Bestandteil vormodernen Lebens und Herrschens zu ergründen.

Als Kontaktzonen von Mensch und Natur wirkte an der baulichen Ausgestaltung von Straßen eine Vielzahl an bezahlten und unbezahlten Händen unter Verwendung von natürlichen Ressourcen in Abhängigkeit von Wetter und Jahreszeiten mit. Die Nutzungsschwierigkeiten von Straßen resultierten hierbei oft weniger aus der baulichen Qualität,

---

1800, Wien u. a. 2002 [ursprünglich Chur 1995: A History of Curiosity. The Theory of Travel 1500–1800] u. Stagl, Justin: Art. ›Apodemik‹, in: EdN – Online [2014].
260 Rau 2013, S. 158.
261 Siehe hierzu die weiteren Ausführungen.

Zielsetzung und Fragestellung

sondern zuvorderst aus der Verletzbarkeit und Angreifbarkeit der menschlichen und tierischen Körper. Dies zu beachten und in das Zentrum der Analyse zu stellen, erlaubt es, die zeitgenössische Nutzbarmachung von Straßen, aber gleichermaßen den Einfluss von Straßen auf Mensch und Natur zu ergründen. Denn »roads are not changed just by the demands of external pressures and events, they change their own environment and the social organization of their users«, wie Christopher Taylor in einem Überblickswerk die Untersuchungsmöglichkeiten von Straßen umrissen hat.[262]

Straßen haben ihre eigene Geschichte, »la route a son histoire«, so hat es Georges Livet formuliert.[263] Eine daran angelehnte Neuperspektivierung des Phänomens Straßen durch die Fokussierung der natur-, tier- und menschenabhängigen Fragilität des *Straßenraumes* und seiner Wirkung auf Mensch und Natur, sowie die Aneignung der Straßen durch die Straßennutzer und Herrschaften erfordern es, in der hier vorliegenden Studie nicht eine einzelne Straße wie etwa die von Frankfurt am Main nach Krakau verlaufende *via regia*[264] oder die von Canterbury nach Rom führende *via francigena*[265] in das Zentrum der Analyse zu stellen. Vielmehr soll die bereits angedeutete Vielfalt der Straßen und deren Eingebundensein in die Natur durch einen erweiterten, praxeologischen Zugriff auf die *doings and sayings* rund um den *Straßenraum* analysiert und damit der Nutzung, dem Erhalt und der Wahrnehmung sehr verschiedener Straßen und Wege Rechnung getragen werden. Gerade deshalb nimmt die Studie mit Oberdeutschland einen Untersuchungsraum zum Ausgangs- und Bezugspunkt, der per se eine Pluralität an Straßen und Wegen erwarten lässt und es zudem erlaubt, die Interessen und Bedürfnisse an Straßen in einer Zeit sich verdichtender Territorien für eine von Herrschaftsvielfalt geprägten Gegend zu ergründen. Überwinden lässt sich damit die Zentrierung von geschlossenen Territorien, wie es für die Betrachtung von Straßen oftmals geschehen ist. Zudem lässt sich mit der Reichsstadt Nürnberg ein Verkehrsknotenpunkt des damaligen Europas fokussieren. Mit Oberdeutschland gerät eine dennoch sehr ländlich geprägte Gegend in den Blick.[266]

---

262 Taylor 1979, S. 153.
263 Livet 2003, S. 11.
264 Enke, Roland/Probst, Bettina (Hg.): Via regia – 800 Jahre Bewegung und Begegnung (Katalog zur 3. Sächsischen Landesausstellung Staatliche Kunstsammlung Dresden, Görlitz 21. Mai bis 31. Oktober 2011), Dresden 2011; Müller, Winfried (Hg.): Menschen unterwegs, Die via regia und ihre Akteure (Essayband zur 3. Sächsischen Landesausstellung Staatliche Kunstsammlung Dresden, Görlitz 21. Mai bis 31. Oktober 2011), Dresden 2011.
265 Zweidler, Reinhard: Der Frankenweg – Via Francigena. Der mittelalterliche Pilgerweg von Canterbury nach Rom, Darmstadt 2003.
266 Berechnungen und Schätzungen vor allem über die Größe der Haushalte gehen etwa für das Herzogtum Bayern für die Zeit zwischen 1590 und 1620 von 150.000 Bewohnern der Städte und Märkte aus, was bei 1,1 Millionen Gesamteinwohnern um 1600 einem Anteil von rund 14 % entspricht; siehe Rankl, Helmut: Landvolk und Frühmoderner Staat in Bayern 1400–1800 (Studien zur bayerischen Verfassungs- und Sozialgeschichte 17/I u. II), 2 Teilbde., München 1999, S. 487–491, mit dem Hinweis, dass diese Zahlen »so lange

Die Menschen des 16. Jahrhunderts lebten mehrheitlich auf dem Land und nutzten ebendort eine Verkehrsinfrastruktur, über die die Forschung bislang zu wenig weiß, da sie sich vorzugsweise für große *Handels-, Reise-* oder *Transportrouten* interessiert hat. Damit ergibt sich allein schon quantitativ ein erheblicher blinder Fleck im Rahmen einer Mikromobilität. Auch abseits großer Straßen gab es eine bislang unbekannte Vielfalt an *Wegen und Stegen*. Mehr aber noch bleibt in qualitativer Hinsicht zu untersuchen, inwieweit überhaupt die großen *Fernstraßen* von kleinen *Landstraßen* unterschieden werden können, hat doch Fütterer auf Grundlage seiner geographisch-archäologisch-historischen Altstraßenuntersuchung für das 10. und 11. Jahrhundert darlegen können, dass die *lokal-regionalen Wege* vielfach Teile von *überregionalen Fernverbindungen* waren und sie Reisenden »eine zügige Verbindung ihrer weit entfernten Zielorte und -räume gewährleisteten«.[267] Auf Grundlage von Verwaltungsakten sowie edierten und nicht edierten Dorfordnungen gilt es, diesen für das vormoderne Straßenwesen insgesamt essentiellen, aber bislang weitgehend übersehenen Aspekt, nämlich das hybride Neben- und Miteinander von großen und kleinen Straßen, zu untersuchen.

Die unzureichenden Kenntnisse über Form und Vielfalt der Straßen auf dem Land betreffen sodann auch Fragen des Straßenunterhalts, den die Landbevölkerung nach bisheriger Forschungsmeinung wiederum »mehr schlecht als recht durchführte«, da sie »zumeist keinen Nutzen in der Verbesserung der Verkehrsinfrastruktur« sahen.[268] Welche Interessen die auf dem Land lebenden und – wie bereits angesprochen – eben keinesfalls immobilen Menschen an der Instandsetzung der *Wege und Stege* hatten und wie sich derartige Unterhaltsarbeiten neben und mit den *Zoll-* und *Geleitstraßen* unter Beteiligung welcher Teile der Dorfbevölkerung auf freiwilliger und unfreiwilliger Grundlage (Fronarbeit) gestalteten, bedarf ebenso einer genaueren, grundlegenden Untersuchung wie die Frage, was insgesamt unter der Verkehrsinfrastruktur des Landes verstanden werden kann. Ein solches Untersuchungsanliegen gründet zwar nach wie vor auf Quellenmaterial, welches in Abhängigkeit von Herrschaftshandeln entstanden ist, dennoch werden es Dorfordnungen und Aktenschriftgut erlauben, die herrschaftszentrierte Perspektive und mit ihr die pauschalierenden Defizitvorstellungen (schlechte Straßen, schlechte Instandsetzungsarbeiten) zu überwinden. Es geht also darum, den Straßenerhalt ›von unten‹ zu betrachten und sodann auch danach zu fragen, inwieweit diese Instandhaltungsmaßnahmen nicht nur gegen, sondern mit, neben und/oder statt den obrigkeitlichen Bemühungen um gute

---

als relative Größen« zu gelten haben, »bis sie durch weitere Quellen erhärtet werden« [ebd., S. 491]. Siehe ferner die Angaben unter Anm. 4 (Kapitel 6).
267 Fütterer 2016, S. 96 (Teil 1).
268 Müller 2010, Sp. 1132.

Straßen bestanden. Zu klären ist damit zugleich, ob Straßen zu jenen *empowering interactions* zählten, die Herrschaftsvermittlung beförderten.[269]

Zu einem erweiterten Verständnis von Straßen trägt auch die Analyse ihrer materiellen Beschaffenheit bei. Denn die Natur und die ihr abgewonnenen Roh- und Baustoffe, vor allem Holz und Steine, gaben die Möglichkeiten und Grenzen des Straßenunterhalts vor, wie unter Berücksichtigung altstraßengeschichtlicher Befunde mit einer Rechnungsserie für die Straßen des Nürnberger Umlands aufgezeigt werden soll. Die Materialität der von Menschenhand geschaffenen »›zweite[n] Natur‹, der ›gebaute[n] Umwelt‹«[270] – so hat es Dirk van Laak bezeichnet – darzulegen und sich deren Jahreszeiten- und Wetterabhängigkeiten zu vergegenwärtigen, eröffnet die Perspektive, sich dem Verhältnis von Mensch und Natur als entscheidende und unhintergehbare Grundlage des vormodernen Straßenwesens anzunähern.

Zu einer solchen Verkehrsinfrastruktur gehörten neben den Straßen und Wegen zu Lande die *Wasserwege,* welche die Fortbewegung dem vorgegebenen Flusslauf entlang und unter Nutzung der Fließkraft des Wassers ermöglichen. Die Nutzungs- und baulichen Gestaltungsmöglichkeiten sind jedoch mit den Landstraßen nicht vergleichbar, weshalb sie hier keine Beachtung finden, außer bei jenen Reisenden und Itineraren, welche die Fortbewegungspraktiken ohne eigene körperliche Anstrengung zu beschreiben wussten. Damit wird der Tatsache Rechnung getragen, dass Europas Landschaft von Bächen und Flüssen »wie ein Adernetz« durchzogen war,[271] obgleich hier weitere Untersuchungen erforderlich bleiben.[272] Flüsse sind nicht nur Verkehrsadern, sondern ebenso Verkehrshindernisse, die entweder mit Furten oder Fähren oder aber mit Brücken zu überwinden waren. Und da ebendiese Brücken »als ein speziell geführtes und architektonisch besonders konstruiertes Stück Straße oder Weg«[273] zu begreifen sind und Brücken bzw. Stege in der hier bearbeiteten Quellenüberlieferung neben den Straßen durchwegs als gleichwertiger Faktor der Verkehrsinfrastruktur aufgeführt werden, hat die Studie gleichfalls hierauf einzugehen.

Sodann bedarf es auch und vor allem einer Fokussierung der Materialität von Landstraßen sowie der verschiedensten entlohnten und unentlohnten Arbeiter, die für den Straßenunterhalt erforderlich waren. Denn ob Bauer, Zöllner oder ganzjährig mit der

---

269 Blockmans/Holenstein/Mathieu 2009.
270 Van Laak 2008, S. 107. Siehe auch Van Laak, Dirk: Alles im Fluss. Die Lebensadern unserer Gesellschaft. Geschichte und Zukunft der Infrastruktur, Frankfurt a. M. 2018.
271 Kühtreiber, Thomas: Einleitung, in: Holzner-Tobisch/Kühtreiber/Blaschitz 2012, S. 5–18, hier S. 11.
272 Der von Bütow 2015 vorgelegten Studie zu den Wasserstraßen in der Mark Brandenburg und der Niederlausitz wird demnächst eine Monographie von Martin Keßler folgen zum Thema ›Arbeit am Fluss in der Vormoderne: Fluss- und Brückenbau an Donau und Lech im 16. und 17. Jahrhundert in Bayern‹. Siehe neuerdings auch Hülsen-Esch, Andrea (Hg.): Flusslandschaften. In Mittelalter und Moderne (Studia humaniora 50), Düsseldorf 2023.
273 Höcker, Christoph: Metzler Lexikon antiker Architektur. Sachen und Begriffe, Darmstadt 2004, S. 231.

Instandsetzung von Straßen betraute und entlohnte Arbeiter – an der baulichen Gestaltung der Verkehrsinfrastruktur zu Lande wirkten zahlreiche, sehr unterschiedliche Menschenhände mit, deren Behandlung in unterschiedlichen Zusammenhängen allein schon deshalb geboten ist, um die von Gerhard Fouquet so bezeichneten »Mikrostrukturen der Sozialgeschichte des Bauens« aufzuzeigen.[274] Die sozialen Dimensionen des Straßenbaus, wie sie die bisherigen Forschungen nur in Umrissen erkennen lassen, erlauben es darüber hinaus, auf einer weiteren Ebene das Verhältnis von Mensch und Natur, von Obrigkeit und Untertan eingehender zu erfassen, da damit Aspekte wie die wiederkehrenden und notwendigen Arbeiten, Instandhaltungs- und Sicherungsmaßnahmen nach schlechtem Wetter, die Arbeitsmoral oder Anstrengungen zum Antransport und zur Verarbeitung von Baumaterialien angesprochen sind. Gerade mit dem zu schlagenden und zu verbauenden Holz wird überdies die Frage nach der Ressourcenökonomie berührt, war Holz doch in der Vormoderne eine ebenso zentrale wie knappe Ressource.[275] Betrachtet man das Phänomen Straße als komplexe Praxisformation, so gelangen zwangsläufig mit ihm nicht nur Fragen zum praktischen Erhalt in den Fokus, sondern auch Fragen zur Verfügbarkeit und zum Management kollektiver Güter, die wiederum erst zu brauchbaren Baumaterialien gemacht und an entsprechenden Stellen verbaut werden mussten. Mit der Quellenüberlieferung soll insofern gezeigt werden, welche Praktiken hinter dem Bau und Erhalt der Verkehrsinfrastruktur standen und wie darüber auf welchen Ebenen gesprochen wurde.[276]

Straßen lassen sich also als eine Kontaktzone zwischen Mensch und Natur charakterisieren, deren Analyse sich nicht einfach auf die Möglichkeiten und Grenzen der Fortbewegung beschränken kann. Deutlich sichtbar wird vor allem, dass der Bau und Erhalt von Straßen und Brücken durch zahlreiche Beteiligte im Rahmen koordinierter und

---

274 Fouquet, Gerhard: Bauen für die Stadt. Finanzen, Organisation und Arbeit in kommunalen Baubetrieben des Spätmittelalters (Städteforschung, Reihe A: Darstellungen 48), Köln/Weimar/Wien 1999, S. 49.
275 Below, Stefan von/Breit, Klaus: Wald. Von der Gottesgabe zum Privateigentum. Gerichtliche Konflikte zwischen Landesherren und Untertanen um den Wald in der frühen Neuzeit (Quellen und Forschungen zur Agrargeschichte 43), Stuttgart 1998; Reith, Reinhold: The Forest as a Topic of Environmental History, in: Knoll, Martin/Reith, Reinhold (Hg.): An Environmental History of the Early Modern Period – Experiments and Perspectives, Wien 2014, S. 33–36; Selter, Bernward/Marquardt, Bernd: Art. ›Wald‹, in: EdN – Online [2014]; Schläppi, Daniel: Sorge um Wald und Bäume als Kerngeschäft vormoderner Politik und Verwaltung am Beispiel der Schweizer Kleinstadt Zug, in: MEMO – Medieval and Early Modern Material Culture Online 1 (2017), S. 12–32, URL: https://memo.imareal.sbg.ac.at/wsarticle/memo/2017-schlaeppi-sorge-um-wald/ (4.4.2023). Siehe insgesamt auch den Themenschwerpunkt dieser Zeitschriftenausgabe.
276 Auge, Oliver: Auf dem Weg zur Nachhaltigkeit? Ansätze zu Ressourcenschutz und Ressourcenregeneration im spätmittelalterlichen und frühneuzeitlichen Schleswig-Holstein, in: Schulz, Günther/Reith, Reinhold (Hg.): Wirtschaft und Umwelt vom Spätmittelalter bis zur Gegenwart. Auf dem Weg zur Nachhaltigkeit (VSWG, Beiheft 233), Stuttgart 2015, S. 31–51; Jancke, Gabriele/Schläppi, Daniel (Hg.): Die Ökonomie sozialer Beziehungen. Ressourcenbewirtschaftung als Geben, Nehmen, Investieren, Verschwenden, Haushalten, Horten, Vererben, Schulden, Stuttgart 2015; Schläppi, Daniel/Gruber, Malte-Christian (Hg.): Von der Allmende zur Share Economy. Gemeinbesitz und kollektive Ressourcen in historischer und rechtlicher Perspektive (Beiträge zur Rechts-, Gesellschafts- und Kulturkritik 15), Berlin 2018.

organisierter Strukturen erfolgte: Man ging im wahrsten Sinne des Wortes mit Straßen um, sie forderten menschliches Handeln ein, ja formten es sogar und besaßen eine Eigenmächtigkeit.[277] Konflikte konnten hier nicht ausbleiben, wenn sich etwa zollzahlende Fuhrleute über unzureichende Instandsetzungsarbeiten beschwerten, Dorfgemeinden wider gegenteilige Gewohnheiten zu Straßenarbeiten herangezogen werden sollten oder von *Straßenanrainern* bestellte Felder als *Ausweichrouten* dienten. Die Konflikte auf und neben den Straßen machen zugleich verständlicher, warum sich die Obrigkeiten auch jenseits wirtschaftlicher oder militärischer Nutzerwägungen für Straßen interessierten. Auf und neben den Straßen galt es den Frieden zu wahren.

Die Menschen, die auf den Straßen auf Grund unterschiedlichster Motive unterwegs waren, gilt es ebenso in der vorliegenden Studie expressis verbis als Straßennutzer zu fokussieren, und zwar unter bewusster Verwendung von Reiseberichten, da mit diesen Quellen bereits für das 16. Jahrhundert ein Aspekt besonders thematisiert werden kann, nämlich die narratologische Aufbereitung der durch den Körper sinnlich erfahrenen und wahrgenommenen Durchdringung des *Straßenraumes*. Die Studie erweitert in dieser Hinsicht die bisherige vorherrschende Forschungsmeinung und macht deutlich, dass sich das Reden und Schweigen über Verkehrswege von schreibenden Reisenden weitaus differenzierter gestaltete als bislang angenommen. Die in den Reiseberichten erwähnten Schwierigkeiten der Straßennutzung sind dabei stärker als bislang im Zusammenhang mit den Gestaltungsprinzipien der Reiseberichte – Betonung der individuellen Leistung des Unterwegsseins, Beschreibung der Reiseerfahrung zwischen narratio und descriptio – zu sehen.

Aufzudecken ist hierbei ein bislang übersehenes Paradoxon der Straßennutzung, nämlich das Oszillieren zwischen Routinen einerseits und Unwägbarkeiten und Unsicherheiten andererseits. Die auf diese Weise in einem erweiterten Zusammenhang zu sehenden Ungewissheiten der Straßennutzung, wie sie nachhaltig Gräf und Pröve umrissen haben,[278] resultierten zwar auch aus der mangelnden baulichen Qualität etwa von einzelnen Straßenabschnitten, da allein solche punktuellen Unzulänglichkeiten ausreichten, um die Fortbewegung empfindlich zu stören; die Kontaktzone war fragil. Die Gefahren der Straßennutzung gingen aber ebenso von Straßenräubern und – ja – auch vom Teufel aus, wenn man bedenkt, dass gerade die Welt des 16. Jahrhunderts noch nicht entzaubert war![279]

---

277 Latour, Bruno: Reassembling the Social. An Introduction to Actor-Network-Theory, Oxford 2005.
278 Siehe Anm. 47 (Kapitel 1).
279 Roeck, Bernd: Der Morgen der Welt. Geschichte der Renaissance, München 2017, S. 616–620, 815–823 u. 835–841; Graf, Friedrich Wilhelm: Art. ›Entzauberung der Welt‹, in: EdN – Online [2019].

1.4 Quellen, methodisches Vorgehen und Aufbau der Studie

Indem die Studie Straßen als Kontaktzone von Mensch und Natur begreift, untersucht sie deren soziale und naturale Bedingtheiten. Es geht also im Sinne des praxeologischen Ansatzes und angelehnt an umwelthistorische Forschungen wie jenen von Martin Knoll und Dominik Collet darum deutlich zu machen, dass jede menschliche Aktivität Teil von Praktiken ist und im Zusammenhang mit nicht-menschlichen Aktanten wie Dingen, Artefakten und Tieren steht.[280] Die von vielen Individuen betriebenen »spatial-temporal manifolds of activity« (Praktiken),[281] welche für die vorliegende Studie die Nutzung sowie den Erhalt und Bau von Straßen umfassen, geschehen somit nie voraussetzungslos, sondern sind eingebunden in *doings and sayings,* also Sprechakte und jene »körperliche Bewegungen (Praktiken), [die] immer nur durch den Einsatz des Körpers und in einer Handhabe der Dinge möglich sind«.[282] Zu den handgehabten Dingen (Artefakte), die zusammen mit dem menschlichen Körper die *doings* entstehen lassen, gehören durch menschliche Aktivität absichtlich oder in erheblichem Umfang geformte Materialien wie etwa Werkzeuge oder Kutschen, aber auch ungeformte Dinge wie etwa Bäume, Felsen oder unberührte Landschaften.[283]

Mit einem solchen praxeologischen Zugriff sind Straßen als eine in der Vergangenheit durch *doings and sayings*[284] wirksam gewordene Praxisformation zu begreifen, die sich historisch aufgrund von vergangenen Ereignissen untersuchen lässt und »nicht nur als diskursive oder kommunikative, sondern auch und vor allem als materiale, körperlich und dinglich verankerte Praktiken« zu verstehen sind.[285] So gesehen stehen die Körperlichkeit und ganz im Sinne des *material turns* die Materialität, also die Artefakte, aber ebenso die naturbedingte Dinglichkeit sowohl *neben* (Bäume) als auch *auf* bzw. *mit* oder *unter* den Straßen (so etwa Erdreich und Steine) im Vordergrund der Untersuchung.[286]

---

280 Hillebrandt 2014, S. 81; Knoll 2013, S. 98 f.; Collet 2019, S. 30. Siehe ferner etwa Reinkemeier 2022, S. 46–49.
281 Schatzki, Theodore R.: Nature and technology in history, in: History and Theory, Theme Issue 42 (2003), S. 82–93, hier S. 84.
282 Hillebrandt 2014, S. 52.
283 Ebd., S. 76; Knoll 2013, S. 99.
284 Schatzki, Theodore R.: The Site of the Social: A Philosophical Account of the Constitution of Social Life and Change, Pennsylvania 2002, S. 21.
285 Hillebrandt 2014, S. 60.
286 In der soziologischen Praxeologie werden die menschlichen Körper als Teil der »Materialität aller Praxis« verstanden [Hillebrandt 2014, S. 61]. Zur Erforschung der (frühneuzeitlichen) Materialität siehe etwa: Füssel, Marian: Die Materialität der Frühen Neuzeit. Neuere Forschungen zur Geschichte der materiellen Kultur, in: ZHF 42 (2015), S. 433–463; Samida, Stefanie/Eggert, Manfred/Hahn, Hans Peter (Hg.): Handbuch materielle Kultur. Bedeutung, Konzepte, Disziplinen, Stuttgart 2014; Schmidt-Funke 2017; Siebenhüner, Kim: Things that matter. Zur Geschichte der materiellen Kultur in der Frühneuzeitforschung, in: ZHF 42 (2015), S. 373–409.

Hierdurch werden Straßen als gleichermaßen von Mensch und Natur abhängige Kontaktzone charakterisiert.

In Anlehnung an Susanne Rau, die Kurt Lewin folgend von einem durch Bewegungen und Handlungen Einzelner oder von Gruppen resultierenden Wege-Raum spricht, kann auch von einem *Straßenraum* gesprochen werden.[287] Ein solcher Raum entsteht einerseits durch und aus der straßenbezogenen oder straßenabhängigen Körperlichkeit von Reisenden, Straßenarbeitern oder auch Straßenräubern. Andererseits ist im Sinne des praxeologischen Zugriffs die ungeformte Dinglichkeit und geformte Materialität zu berücksichtigen, von denen die menschlichen Handlungen und Bewegungen abhingen. Die Körperlichkeit, Dinglichkeit und Materialität der Straße verweist auf eine Vielzahl an Praktiken und eine Naturabhängigkeit des Straßenraumes. Abhängig sind diese Praktiken 1.) von der Erdoberfläche: Sie ist entweder die Fahr- oder Gehbahn selbst oder ihr Untergrund. Damit wird sie zur erforderlichen Ressource des Straßenköpers und Grundlage der Fortbewegung. 2.) waren die Praktiken der Instandhaltung auf natürliche Ressourcen angewiesen und dominiert von Wetter und Jahreszeiten. Ein solcher natur- und menschenabhängiger *Straßenraum* erstreckt sich in Abhängigkeit von den menschlichen Handlungen nicht nur auf den Straßenkörper, sondern bezieht etwa die vom Überfahren bedrohten Felder am Wegesrand oder den Wohnort der zum Straßenbau verpflichteten Untertanen ebenso ein wie die Wälder, aus denen das zum Straßenbau verwendete Holz stammte.

Der *Straßenraum* verweist also auf eine Praxisformation, die es erlaubt, Straßen als materiell existente Kontaktzone von Mensch und Natur zu begreifen, deren bauliche Ausgestaltung und Nutzung komplexen Praktiken zugrunde lagen. Ein solcher Zugriff erfordert es, die körperlichen Bewegungen und Handlungen auf, mit und neben Straßen möglichst genau und kleinteilig im Sinne der Mikrogeschichte zu analysieren.[288] Es geht also um einen mikroskopischen Blick auf die »verschlungene[n] Wurzelwerke« einer jeden Praxisformation,[289] zugleich aber bedarf es einer Vergrößerung des Beobachtungsmaßstabes, um der von Hans Medick für die Mikro-Historie resümierten Erkenntnis Rechnung zu tragen, dass jede analytische Ebene und damit auch die Betrachtung im

---

287 Rau, Susanne: Zeit-Räume, Parcours und Karte. Die Raum-Erkundungen der Reisenden in frühneuzeitlichen Großstädten, in: Tiller, Elisabeth/Mayer, Christoph O. (Hg.): RaumErkundungen. Einblicke und Ausblicke, Heidelberg 2011, S. 154–180, hier S. 163; Lewin, Kurt: Der Richtungsbegriff in der Psychologie. Der spezielle und allgemeine Hodologische Raum, in: Psychologische Forschung 19 (1934), S. 249–299. Zu der von der Autorin nachhaltig geprägten Auseinandersetzung mit der historisch grundlegenden Kategorie Raum siehe Rau 2013, Rau 2014 u. Rau, Susanne: Die Vielfalt des Räumlichen – Stand und Perspektiven der frühneuzeitlichen Raumforschung, in: Frühneuzeit-Info 28 (2017), S. 75–86. Das Einführungswerk von 2013 ist mittlerweile auch auf Englisch erschienen: Rau, Susanne: History, Space, and Place, London/New York 2019.
288 Medick, Hans: Mikro-Historie, in: Schulze, Winfried (Hg.): Sozialgeschichte, Alltagsgeschichte, Mikro-Historie. Eine Diskussion, Göttingen 1994, S. 40–53.
289 Hillebrandt 2014, S. 104.

Kleinen (Giovanni Levi) ihre Schärfen und Unschärfen hat.[290] Erforderlich ist damit ein »Jeux d'échelle«, ein Spiel mit den Betrachtungsmaßstäben, wie es Jacques Revel, Bernhard Lepetit und andere eingefordert haben.[291] Der *Straßenraum*, dies verdeutlicht die ausgewertete Quellengrundlage, basierend auf Rechnungs- und Amtsbüchern, Policey-, Landes- und Dorfordnungen, amtlichen und privaten Korrespondenzen, Gerichtsakten und kartographischen Darstellungen, Landesaufnahmen, Flugblättern, Itineraren, Reiseberichten, Reisegebeten und Reiseratgebern, soll deshalb in Abhängigkeit von eben diesen Quellen auf einer Makro-, Meso- und Mikroebene untersucht werden. Jede Ebene erlaubt es, »la complexité du réel [...] et son inaccessibilité«[292] bezogen auf das Phänomen Straße weitaus genauer und umfänglicher zu erkennen als es der Forschung bislang möglich war. Inhaltlich und methodisch wird damit Rechnung getragen, was vor kurzem van den Heuvel für die urbanen Straßen resümiert hat: Sie waren essentieller Bestandteil des Lebens und sind dennoch schwer fassbar.[293]

Diese »dual nature of the street«[294] evoziert für die außerurbanen Straßen ein reflektierendes Spiel mit den Betrachtungsmaßstäben, das (**Kapitel 2**) mit einer begriffsgeschichtlichen Annäherung beginnt. Wann und wo für die Vormoderne von gebauten Straßen und ungebauten Wegen gesprochen werden kann und wie sich die Vielfalt an sehr unterschiedlichen Verkehrsverbindungen systematisieren lässt, ist hier Gegenstand der Analyse. Begriffliche Zuschreibungen der Forschung und der Zeitgenossen können jedoch nicht immer Eindeutigkeiten schaffen, zumal wenn hierdurch umfängliche retrospektive Typisierungsmodelle von Straßen entstehen. Zur Durchbrechung dieser Unschärfen und um die für die Zeitgenossen relevanten Merkmale von Straßen klarer herauszuarbeiten, wird aufbauend auf die begrifflichen Befunde ein breites Spektrum an Visualisierungsmedien die Darstellungskonventionen und Spezifika von Straßen hervorheben. Flugblätter, Augenscheinkarten, Straßenkarten und kartographische Landesaufnahmen erlauben es nicht nur auf die befahr- oder begehbare Straßenoberfläche selbst, sondern überdies den Blick auf den Straßenrand zu lenken, dessen Vielgestaltigkeit (etwa Wegheiligtümer, Jagdsäulen u. Informationstafeln), räumliche Ausdehnung, Funktionalität und Sinngehalt einer grundlegenden Thematisierung bedarf. Den Straßenraum zeichnete überdies eine Öffentlichkeit aus, die mit der Darstellung von Straßen auf Einblattdrucken nicht nur faktisch einhergeht, sondern die Straße zur Metapher für die Öffentlichkeit macht.

---

290 Medick 1994, S. 49.
291 Revel, Jacques (Hg.): Jeux d'échelles. La microanalyse à l'expérience, Paris 1996; Lepetit, Bernard: De l'échelle en histoire, in: Revel 1996, S. 71–94; Bretschneider/Duhamelle 2016, S. 721 u. 734 sowie – eigens bezogen auf Straßen – ebd., S. 727.
292 Lepetit 1996, S. 92.
293 Heuvel 2023 II, S. 5.
294 Ebd.

Die Analyse zentraler Merkmale von Straßen und Wegen erfolgt auf Grundlage von zeitgenössischen *doings and sayings* der Straßennutzer, der Straßenvisualisierer und Straßenbezeichner. Daran anknüpfend sind jene Menschen zu fokussieren, die auf den Straßen leibhaftig gingen, ritten oder fuhren, um in die Ferne zu reisen und die anschließend darüber berichtet haben. Die in **Kapitel 3**, aber nicht nur dort verfolgte **Makroebene**, welche im Sinne »aucune échelle ne jouit d'un privilège particulier« (»il n'y a pas de hiérarchie entre eux«)[295] gleichrangig neben der Meso- und Mikroebene steht, fokussiert also die Reisenden und deren Erfahrungen und Umgangsformen mit Straßen. Anliegen einer solchen Betrachtungsebene ist es nicht nur, wie bereits angesprochen, trotz gegenteiliger Einschätzungen der Forschung darzulegen, wie sehr in Reiseberichten der Fortbewegungsprozess als solcher auf differenzierte Weise thematisiert wird. Darüber hinaus und im Besonderen steht mit den Reisenden eine für die Studie und den praxeologischen Ansatz[296] entscheidende Determinante im Zentrum der Analyse, nämlich der menschliche Körper in seiner Verletzbarkeit und Angreifbarkeit, wie sie sich gerade bei Ermüdung, Erkrankung, Wetterextremen, Straßenräubern, wilden Tieren und – vom Teufel veranlassten? – Irrwegen äußert. Die Körperlichkeit von Reisenden auch im Sinne der historischen Anthropologie zu fokussieren[297] erlaubt es, die Nutzung und Wahrnehmung[298] von Straßen in der Vormoderne gelöst von defizitären Pauschalbefunden zu untersuchen und stattdessen deutlich zu machen, wie Straßen im Sinne ihrer angesprochenen Eigenmächtigkeit (ihrer Agency, um im Sinne Bruno Latours zu sprechen)[299] ein bestimmtes Nutzungsmuster und Routinen einforderten, die es je nach Kontext für die Nutzer anzupassen galt.

---

295 Lepetit 1996, S. 92.
296 Hillebrandt 2014, S. 61–76.
297 Bezeichnenderweise enthält das Handbuch Historische Anthropologie einen eigenen Artikel zu Straßen, in dem sich der Autor dem »anthropologisch unterbelichtete[n] Problem der Straße« epochenübergreifend annähert [Sting, Stephan: Straße, in: Wulf, Christoph (Hg.): Vom Menschen. Handbuch Historische Anthropologie, Weinheim/Basel 1997, S. 202–211, hier S. 203]. Dezidiert auf Straßen geht auch Reinhard 2004, S. 417 f. in seiner Überblicksstudie ein, und zwar auf Grundlage des hier bereits genannten Sach- und Lesebuchs von Gräf/Pröve 1997. Siehe bei Reinhard 2004, S. 4–197 zudem die – für die historische Anthropologie obligatorischen – Ausführungen zum Körper. Dazu etwa auch Freist, Dagmar (Hg.): Diskurse – Körper – Artefakte. Historische Praxeologie in der Frühneuzeitforschung – eine Annäherung, in: Dies. (Hg.): Diskurse – Körper – Artefakte. Historische Praxeologie in der Frühneuzeitforschung, Bielefeld 2015, S. 9–30, hier S. 13–15.
298 Zu den mit diesem Begriff verbundenen methodischen Zugriffsmöglichkeiten auf die Vergangenheit: Goetz, Hans-Werner: »Wahrnehmung« der Arbeit als Erkenntnisobjekt der Geschichtswissenschaft, in: Postel, Verena (Hg.): Arbeit im Mittelalter. Vorstellungen und Wirklichkeiten, Berlin 2006, S. 21–33; Hacke, Daniela/Krampl, Ulrike/Mißfelder, Jan-Friedrich: Can you hear the light? Sinnes- und Wahrnehmungspraktiken in der Frühen Neuzeit, in: Brendecke 2015, S. 386–390; Schulze, Winfried: Wahrnehmungsmodi von Veränderung in der Frühen Neuzeit, in: Mitteilungen Sonderforschungsbereich 573: Pluralisierung und Autorität in der Frühen Neuzeit 1 (2005), S. 16–25; Tschopp, Silvia Serena: Das Unsichtbare begreifen. Die Rekonstruktion historischer Wahrnehmungsmodi als methodische Herausforderung der Kulturgeschichte, in: HZ 280 (2005), S. 39–81.
299 Latour 2005.

Gerade deshalb berücksichtigt die Studie neben Reiseberichten medizinische und theologische Ratgeber. Wie diese von der Reiseforschung bislang weitgehend übergangene Ratgeberliteratur verdeutlichen kann, wussten die Zeitgenossen um mögliche Gefahren, verknüpften die gemachte Straßenerfahrung mit religiösen und übersinnlichen Momenten und stellten die notwendige körperliche Unversehrtheit als zentralen Faktor für die Fortbewegung und Bewältigung des Raums ins Zentrum der gedruckten Ratgeber. Die materiell existenten Straßen und ihre Nutzung wurden durch die mediale Vermittlung mental markiert und darüber ein *Straßenraum* produziert, der mit den Kategorien ›gut‹ und ›schlecht‹ narratologisch erfasst und für den Leserkreis rezipierbar wurde.[300] Die sinnliche Erfahrung wurde also zum diskursiven und durch die Schriftlichkeit re-aktivierbaren Bestandteil der Straßennutzung, denn die Bewegung im Raum schloss die körperliche Unmittelbarkeit aufs Engste mit ein.

Die Erfahrung und Nutzung des *Straßenraumes* mit dem eigenen Körper ging mit existentiellen Bedrohungen einher, zu denen in der (noch) verzauberten Welt des 16. Jahrhunderts die Begegnung mit dem Teufel auf irdischen *Irrwegen* zählte. Davor schützen konnte einzig und allein Gott, wie die mehrfach aufgelegten Reiseempfehlungen des sächsischen Theologen Michael Sachs (1542–1618) deutlich machen können. Sein *Reißbüchlein* ist in der Forschung gänzlich in Vergessenheit geraten, wie auch insgesamt die religiöstheologische Dimension des Reisens jenseits von Pilgerfahrten in der Forschung kaum Beachtung findet.[301] Geht man von der Praktik des Reisens aus, so wurde nicht nur der Körper beansprucht; vielmehr waren Reisende im Prozess der Fortbewegung gleichermaßen mit profan-mentalen, aber ebenso irdisch-realen Gefahren und nicht-säkularen Risiken konfrontiert, zu denen nach der Vorstellung der Zeit auch die Begegnung mit dem Teufel zählte.

Die Furcht vor dem Teufel, vor am Wegesrand lauernden Räubern und Mördern und vor Wetterextremen war auch deshalb im 16. Jahrhundert so wirkmächtig, da die Reisenden lange Reisezeiten in Kauf nehmen mussten und sie den potentiellen Gefahren nicht einfach entrinnen konnten. Schutz boten Waffen, Geleit, Weggefährten, Wegführer und – diese Gewissheit spendete Sachs in seinem *Reißbüchlein* – Gott. Neben diesen Reisehinweisen von Theologen waren es Mediziner, die sich um die gesunde Fortbewegung von Reisenden sorgten. Eine solche als Regimen sanitatis bezeichnete Gesundheitslehre hat sich seit dem Frühmittelalter im westlichen und arabisch-islamischen Raum herausgebildet[302] und führte immer wieder zur Anfertigung gesundheitsdidaktischer Lehrschriften.[303] Empfehlungen

---

300 Rau 2013, S. 158.
301 Gräf/Pröve 1997, S. 49–52 u. 54 thematisieren Reisegebete, Reisesegen und Reiselieder.
302 Keil, Gundolf: Art. ›Regimina‹, in: Gerabek, Werner E. u. a. (Hg.): Enzyklopädie Medizingeschichte, Berlin/New York 2007, S. 1225 f.
303 Schmitt, Wolfram: Medizinische Lebenskunst. Gesundheitslehre und Gesundheitsregimen im Mittelalter, Berlin 2013.

für die gesunde Reise als Teil der Diätetik (›Lehre von der gesunden Lebensführung‹) sind zwar bereits um 1300 dokumentiert. Mit dem Buchdruck erreichten die Reise-Regimina jedoch weitaus mehr Leser.[304] Eine mehrfach aufgelegte Empfehlungsschrift des Arztes und Philologen Georg Pictorius (um 1500–1569) wird es erlauben, die medizinischen Ratschläge für das Reisen auf Straßen näher zu betrachten und unter Berücksichtigung weiterer Abhandlungen in den gesundheitsdidaktischen Lehrkanon der Zeit einzuordnen.

Den besten Schutz gegen viele Gefahren bot eine gute Kenntnis des zurückzulegenden Weges und damit des *Straßenraumes*, wofür gedruckte Itinerare ein probates Hilfsmittel darstellten. Welche Informationen die reisepraktischen Hilfsmittel einem Reisenden an die Hand gaben, soll daher ebenso thematisiert werden. Im Unterschied zur bisherigen Itinerarforschung sind aber nicht nur die vorgeschlagenen Routenverläufe, sondern auch all jene in den Wegeverzeichnissen enthaltenen Angaben zu fokussieren, die die Reisenden über die Beschaffenheit eines Weges und seiner natürlichen Umgebung informierten. Neben den Reiseberichten und den theologischen und medizinischen Ratgebern geben somit die Itinerare umfassende Einblicke in die Möglichkeiten und Grenzen, Wünsche und Ängste im Zusammenhang mit Fortbewegung.

Die Analyse des körperlichen Erlebens und Erleidens des *Straßenraumes* erfolgt entsprechend den Quellen und dem räumlichen Zuschnitt, wie sie einerseits die Reisenden mit ihren Reisewegen innerhalb, aber auch außerhalb Europas und andererseits die Itinerare über die Verzeichnung von teils bis ins Baltikum reichenden Wegestationen vorgeben, aus einer Makroperspektive. Die Auswahl der Reiseberichte wird zu Beginn des **Kapitels 3** näher ausgeführt. Die makrohistorische Perspektivierung schließt daneben in **Kapitel 5** die Beschäftigung des Reichstages und des Kaisers mit der Sicherheit und dem Frieden auf den im römisch-deutschen Reich gelegenen Straßen ein.

Eine gleichfalls im **Kapitel 5** zu behandelnde **Mesoebene** ergibt sich einerseits über die Reichskreise, wobei der fränkische Reichskreis entsprechend dem Gesamtschwerpunkt der Studie besondere Berücksichtigung erfahren wird, und andererseits über die sowohl weltlichen als auch geistlichen Territorien wie das Herzogtum Bayern, das Herzogtum Pfalz-Neuburg und das Fürstbistum Würzburg. Policey- und Landesordnungen, Korrespondenzen sowie Gerichts- und Verwaltungsakten ermöglichen es, die *doings and sayings* des Straßenunterhalts und der Straßensicherheit für diese Untersuchungsebene zu behandeln, um die Möglichkeiten und Grenzen des Herrschens mit und über Straßen in einer vermeintlich herrschaftsfernen Straßenzeit zu ergründen. Ein besonderes Augenmerk

---

304 Neuber, Wolfgang: Der Arzt und das Reisen. Zum Anleitungsverhältnis von Regimen und Apodemik in der frühneuzeitlichen Reisetheorie, in: Benzenhöfer, Udo/Kühlmann, Wilhelm (Hg.): Heilkunde und Krankheitserfahrung in der frühen Neuzeit. Studien am Grenzrain von Literaturgeschichte und Medizingeschichte (Frühe Neuzeit 10), Tübingen 1992, S. 94–113, hier S. 95; Gadebusch-Bondio, Mariacarla: Art. ›Diätetik‹, in: EdN – Online [2014].

wird so auf einer über Jahrzehnte andauernden konfessionsübergreifenden Kooperation zwischen den Fürstbischöfen von Würzburg und den Herzögen von Sachsen-Coburg zur gemeinsamen Instandsetzung einer *Geleitstraße* liegen. Aber auch die für die Herrschaft tätigen Zöllner und Geleitsleute werden im Vordergrund stehen, um deutlicher zu machen, warum die Zeit vor dem Chausseebau keinesfalls als eine Straßenepoche begriffen werden kann, in der sich die Straßen selbst überlassen blieben.

Eine in **Kapitel 4** fokussierte **Mikroebene** erlaubt es, weiterführend die Materialität der Straßen sowie die Erfordernisse und kostenverursachenden Abhängigkeiten dieses Straßenunterhalts von menschlichen Arbeitskräften, natürlichen Ressourcen, Wetter und Jahreszeiten zu behandeln. Eine derartige Betrachtung im Kleinen erfolgt anhand einer Rechnungsserie, mit deren systematischer Auswertung Neuland betreten wird. Sie entstammt dem seit der ersten Hälfte des 14. Jahrhunderts greifbaren Weg- und Stegamt der Reichsstadt Nürnberg und erlaubt es, die Straßen des Nürnberger Umlands als materiell existente Kontaktzone von Mensch und Natur für die überlieferten Rechnungsjahre von 1544 bis 1562 qualitativ und quantitativ zu analysieren.[305]

Untersuchbar wird so, welche Instandsetzungsarbeiten, welche Akteure, welches und wie viel Material im Verlauf eines Jahres erforderlich waren, um Straßen benutzbar zu halten. Mit einer solchen mikrohistorischen Perspektivierung der Materialität von Straßen eröffnet sich die Möglichkeit, die bisherigen pauschalierenden Negativvorstellungen bezüglich der Qualität von Landstraßen zu überwinden und mit den Erkenntnissen zu den Zwängen und Erfordernissen der Straßennutzung von Reisenden rückzubinden. Mit den Straßen des Nürnberger Umlands stehen dabei Verkehrswege in einem städtischen Nahbereich im Vordergrund, welcher auch als vor-städtischer Raum begriffen werden kann.[306] Eine kleinräumige und hierdurch kleinteilige Betrachtung, um die Straßen entsprechend dem Credo der Mikro-Historie im Kleinen zu begreifen, erfordert aber ebenso der von einer (Groß-)Stadt weiter entfernte, nicht-(mehr)-städtische *Straßenraum*. Auf Grundlage von Verwaltungsakten und Dorfordnungen sowie unter Berücksichtigung weiterer Bildquellen behandelt deshalb **Kapitel 6** für im bayerischen und fränkischen Reichskreis gelegenen Landgemeinden die Instandhaltungspraktiken, deren Organisation und Koordination sowie die damit verbundenen Zwänge und Handlungsspielräume im Rahmen der Straßen- und Brückenarbeiten. Ausgehend von den basalen Fragen, wer, wann, wie, warum und wozu mit welchen Straßen umgehen konnte oder musste, geraten so die

---

305 StAN Reichsstadt Nürnberg, Bauamtsakten 323 u. 328.
306 Thewes, Guy/Uhrmacher, Martin (Hg.): Extra muros. Vorstädtische Räume in Spätmittelalter und früher Neuzeit. Espaces suburbains au bas Moyen Âge et à l'époque moderne (Städteforschung. Reihe A: Darstellungen 91), Köln 2019. Siehe auch Petersen, Niels: Die Stadt vor den Toren. Lüneburg und sein Umland im Spätmittelalter (Veröffentlichungen der Historischen Kommission für Niedersachsen und Bremen 280), Göttingen 2015.

Praktiken und diskursiv ausgehandelten Bemühungen um Straßen in größere strukturelle Zusammenhänge von Politik und Herrschaft.

Die Studie fokussiert besonders hier mit Oberdeutschland einen geographischen Raum, der sich zeitkontextuell mit seinen beiden Metropolen Augsburg und Nürnberg zu Beginn des 16. Jahrhunderts in einer wirtschaftlichen Aufschwungsphase befand, woran sich Prozesse der demographischen Verdichtung, der politischen Zentralitätsfunktion auf der Ebene des Reiches, aber auch der medial-kulturellen Neuformierung, wie des Buchdrucks, anlagerten.[307] Den Begriff Oberdeutschland zur geographischen Raumeingrenzung zu verwenden bedeutet, von einem »offenen Regionenbegriff«[308] auszugehen, denn sowohl das relativ geschlossene Flächenterritorium des Herzogtums Bayern als auch das fränkische[309] und schwäbische Kerngebiet[310] der überwiegenden *territoriae inclausae* mit einer Vielzahl an Herrschaftsträgern, Landesherrschaften und intermediären Gewalten bilden hier die Herrschaftsordnung des Reiches ab[311] und treten als Akteure straßenbezogenen Handelns in den Fokus der Untersuchung. Geographisch gesehen wird damit ein kleinräumiger Naturraum bearbeitet,[312] der teilweise bereits seit der römischen Antike verkehrsinfrastrukturell erschlossen worden war und zudem durch die Zentren Augsburg, Nürnberg, Ulm und Regensburg mobilitätsgeschichtliches Anziehungs- und Transitgebiet war.

Die Verkehrsgeographie des oberdeutschen Raumes orientierte sich an den naturräumlichen Gegebenheiten von Höhenzügen, wie den Mittelgebirgen (Fränkische Alb, Oberpfälzer Wald, Bayerischer Wald) und den Flusstälern der großen Flüsse von Donau, Iller, Lech, Wertach, Isar und Inn sowie dem hügeligen Voralpenland im heutigen Ober-

---

307 Eser, Thomas/Armer, Stephanie (Hg.): Luther, Kolumbus und die Folgen. Welt im Wandel 1500–1600 (Katalog zur Ausstellung im Germanischen Nationalmuseum, Nürnberg vom 13. Juli bis 12. Nov. 2017), Nürnberg 2017; Diefenbacher, Michael/Beyerstedt, Horst-Dieter: Nürnberg, in: Adam, Wolfgang/Westphal, Siegrid (Hg.): Handbuch kultureller Zentren der Frühen Neuzeit, Bd. 3, Berlin 2012, S. 1569–1610; Pfeiffer, Gerhard (Hg.): Nürnberg – Geschichte einer europäischen Stadt, München 1971 [hier bes. die Beiträge zu »Nürnbergs große Zeit (1438–1555)« ab S. 115]; Schremmer, Eckart: Die Wirtschaftsmetropole Nürnberg, in: Max Spindler/Andreas Kraus (Hg.): Handbuch der bayerischen Geschichte. 3. Band, 1. Teil: Geschichte Frankens bis zum Ausgang des 18. Jahrhunderts, 3. Aufl., München 1997, S. 902–929; Schremmer, Eckart: Handel und Gewerbe bis zum Beginn des Merkantilismus, in: Max Spindler/Andreas Kraus (Hg.): Handbuch der bayerischen Geschichte. 3. Band, 2. Teil: Geschichte Schwabens bis zum Ausgang des 18. Jahrhunderts, München 2001, S. 539–570; Tschopp, Silvia Serena: Augsburg, in: Adam, Wolfgang/Westphal, Siegrid (Hg.): Handbuch kultureller Zentren der Frühen Neuzeit, Bd. 1, Berlin 2012, S. 1–50.
308 Storm, Monika/Ullmann, Sabine: Das Land in seinen Beziehungen zu Reich und Nation, in: Freitag, Werner/Kißener, Michael/Reinle, Christine/Ullmann, Sabine (Hg.): Handbuch Landesgeschichte, Berlin/Boston 2018, S. 236–267, hier S. 236.
309 Auge, Oliver/Schneider, Joachim: Der Niederadel, in: Ebd., S. 303–334, hier S. 304–318.
310 Wunder, Bernd: Der Schwäbische Kreis, in: Hartmann, Peter-Claus (Hg.): Regionen in der Frühen Neuzeit. Reichskreise im deutschen Raum, Provinzen in Frankreich, Regionen unter polnischer Oberhoheit. Ein Vergleich ihrer Strukturen, Funktionen und ihrer Bedeutung (ZHF, Beihefte 17), Berlin 1994, S. 23–39.
311 Storm/Ullmann 2018, S. 254.
312 Sieferle, Rolf Peter: Transport und wirtschaftliche Entwicklung, in: Sieferle 2008 I, S. 1–38, hier S. 13.

bayern. Die Landschaft wird aber auch durch naturräumliche Eigenheiten auf vielfältige Weise weiter untergliedert, weshalb Untergründe, Steigungen, Bewaldung, Niederschlagsmengen und Wetterbedingungen erheblich voneinander abweichen konnten.[313] Heraus ergaben sich wiederum unterschiedliche Möglichkeiten und Grenzen der Fortbewegung und des Straßenunterhalts, wie zu zeigen bleibt.

Für diesen Untersuchungsraum ist es mittels einer breiten Quellengrundlage möglich, die vielschichtigen straßenbezogenen und straßenabhängigen *doings and sayings* zu untersuchen. Zu betonen bleibt abschließend, dass Flugblätter, Reiseberichte, Itinerare und Policeyordnungen – neben den Amtsbüchern zur sächsisch-würzburgischen Straßenkooperation – eine Ausweitung des ansonsten auf Oberdeutschland liegenden Untersuchungsschwerpunktes erfordern, um die Straßen auf einer Makro- und Mesoebene zu behandeln. Daneben gestatten es Forschungen vorwiegend zu England und Frankreich, die eigenen Befunde für das lange 16. Jahrhundert in einem erweiterten Zusammenhang zu betrachten. Das Jahrhundert ist deshalb lang, weil neben den Jahrzehnten zwischen 1500 und 1600 und den noch anzusprechenden sich verdichtenden Befunden für die Zeit nach 1570 auch Beobachtungen und Erkenntnisse aus dem endenden 15. und beginnenden 17. Jahrhundert miteinfließen. Eine solche Weitung des Blicks auf die Zeit zwischen etwa 1480 und 1620 unterstreicht den Konstruktions- und Übergangscharakter jeglicher Epoche und die Feststellung, dass ein zeitordnender Zugriff noch keine eigene Erklärungskraft besitzt.[314]

---

313 Vgl. hierzu Frei, Hans: Landschaft und Siedlung in Schwaben. Ries, Mittelschwaben, Allgäu, in: Gebhard, Helmut/Frei, Hans (Hg.): Schwaben (Bauernhäuser in Bayern 7), München 1999, S. 19–52; Gunzelmann, Thomas: Landschaft und Siedlung in Oberfranken, in: Gebhard, Helmut/Popp, Bertram (Hg.): Oberfranken (Bauernhäuser in Bayern 2), München 1995, S. 19–52; Haversath, Johann-Bernhard: Landschaft und Siedlung in Niederbayern, in: Gebhard, Helmut/Baumgartner, Georg (Hg.): Niederbayern (Bauernhäuser in Bayern 5), München 1995, S. 19–35; Manske, Dietrich-Jürgen: Landschaft und Siedlung in der Oberpfalz, in: Gebhard, Helmut/Unterkircher, Paul (Hg.): Oberpfalz (Bauernhäuser in Bayern 4), München 1995, S. 19–44; Schenk, Winfried: Landschaft und Siedlung in Unterfranken, in: Gebhard, Helmut/Bedal, Konrad/Wald, Albrecht (Hg.): Unterfranken (Bauernhäuser in Bayern 3), München 1996, S. 19–46; Sommerhoff, Gerd/Weber, Christian: Naturraum und Kulturraum, in: Gebhard, Helmut (Hg.): Oberbayern 1 (Bauernhäuser in Bayern 6), München 1998, S. 19–43; Thiem, Wolfgang: Landschaft und Siedlung in Mittelfranken, in: Gebhard, Helmut/Bedal, Konrad (Hg.): Mittelfranken (Bauernhäuser in Bayern 1), München 1994, S. 19–46. Die Bedeutung der »naturräumlichen Voraussetzungen« für die vormoderne Verkehrsinfrastruktur hebt beispielsweise für den Raum der heutigen Schweiz Schöpfer Pfaffen, Marie-Claude: Verkehrspolitik im Mittelalter. Bernische und Walliser Akteure, Netzwerke und Strategien (Vorträge und Forschungen 55), Ostfildern 2011, S. 40 hervor.

314 Jaser, Christian/Lotz-Heumann, Ute/Pohlig, Matthias: Alteuropa – Vormoderne – Neue Zeit. Leistungen und Grenzen alternativer Periodisierungskonzepte für die europäische Geschichte, in: Dies. (Hg.): Alteuropa – Vormoderne – Neue Zeit. Epochen und Dynamiken der europäischen Geschichte (1200–1800) (ZHF, Beihefte 46), Berlin 2012, S. 9–24, hier S. 11.

Zugriff auf Abbildungen im Netz

Das folgende Kapitel analysiert Begriffe und Visualisierungen von Straßen im 16. Jahrhundert. Um einen leichteren Zugriff auf online verfügbare Digitalisate zu ermöglichen, folgt ein QR Code.

2. Was sind Straßen? Eine begriffliche und visuelle Annäherung

Bauernweg, Bohlenweg, Chaussee, Dorfweg, Eisenweg, Fahrweg, Feldweg, Fernhandelsstraße, Fernstraße, Fernverkehrsweg, Fuhrsteig, Fußsteig, Fußweg, Gangsteig, Gehweg, Geleitstraßen, Gemeine Straße, Goldene Straße, Goldener Steig, Grasweg, Grenzstraße, Güterweg, Handelsstraße, Handelsweg, Hangweg, Hauptroute, Hauptweg, Heerstraße, Hellweg, Highway, Hirtenweg, Hochrain, Hochweg, Hohe Straße, Höhenweg, Hohlweg, Karrenweg, Kirchsteig, Kirchweg, Kohlenweg, Königsstraße, Kunstweg, Kreuzweg, Kreuzstraße, Landstraße, Mühlenweg, Nahstraße, Nahverkehrsweg, Naturweg, Nebenweg, Ortsweg, Pfad, Pilgerstraße, Prozessionsweg, Reichsstraße, Reitweg, Reitsteig, route, rue, Salzstraße, Sandweg, Saumweg, Schleichweg, Steige, Steinweg, Straße, Talweg, Transportstraße, Triebweg, via publica, via regia, via rupta, via strata, via vicinalis, Viehweg, Viehgasse, Wagenstraße, Wagenweg, Waldstraße, Weg, Weinstraße, Wegscheide, Welthandelsstraße, Winterweg, Zollstraße

Wie die obenstehende Auflistung an in diesem ersten Kapitel genannten Straßen- und Wegebezeichnungen anzeigt, existierte bei den Zeitgenossen wie in der Forschung ein weites, offenes Spektrum an Begriffen zur Benennung, Beschreibung und Markierung von Straßen. Die Begriffsvielfalt ist dabei kein Selbstzweck, sondern gewährt Einblicke in eine tatsächliche, typologische Straßenvielfalt, die im Folgenden für die Straßen *vor* dem Chausseebau[1] erfasst und beschrieben wird. Außer den sprachlichen Ausdrucksmitteln, welche nach Reinhart Koselleck immer auf beides, den inneren Diskurs wie auch auf außersprachliche Elemente hinweisen,[2] stehen in einem zweiten Schritt visuelle Darstellungen von Straßen im Vordergrund – das Sprechen über, Wahrnehmen von und Abbilden der Straßen bilden die drei zentralen analytischen Kategorien in diesem Kapitel. Denn gerade mit den verschiedensten bildlichen und kartographischen Abbildungen von Straßen und Wegen eröffnet sich die Möglichkeit, eine gegenüber der bisherigen Forschung anders gelagerte Position einzunehmen und danach zu fragen, wie Zeitgenossen nicht nur mit Worten, sondern ebenso mit den Augen den Straßenraum wahrgenommen und letztlich

---

1 Das Wort ›Chaussee‹ leitet sich vom lat. calculus (Steinchen) und von der von den Römern verwendeten Straßenbezeichnung *via calciata* (mit Kalkstein gebaute Straße) ab [Wacker 2008, S. 256 (Anm. 28)].
2 Koselleck, Reinhart: Begriffsgeschichten. Studien zur Semantik und Pragmatik der politischen und sozialen Sprache, Frankfurt a. M. 2006, S. 16.

zeichnerisch visuell konkretisiert, ihn abgebildet haben. Ziel ist es, mit der Kombination einer begriffsgeschichtlichen Annäherung unter Einbezug von Visualisierungsmedien den Untersuchungsgegenstand der Studie klarer zu konturieren und zentrale Ausformungen, Aspekte, Praktiken und Akteure des Straßenraumes aufzudecken, die für die weitere Analyse von zentralem Interesse sind. Damit wird der Rahmen, das Setting der vorliegenden Studie aufgezogen und jene Elemente herausgearbeitet, welche ein frühneuzeitliches *doing street* prägten.

Wie bereits Wolfgang Haubrichs in seiner linguistischen Herangehensweise an die Straßenforschung sowie Dietrich Denecke im Rahmen seiner Altstraßenforschungen umfänglich analysieren und darlegen konnten, existierten für den gebauten wie für den ungebauten Straßenraum unterschiedliche Denominationen, die verschiedene semantische Inhalte umfassten und so Straßentypen markierten, deren Spektrum sich zwischen dem naturbelassenen, unbebauten Weg sowie planerisch angelegten, kontrollierten und im ständigen Erhaltungsprozess befindlichen *Land-*, *Zoll-* oder *Geleitstraßen* bewegte.[3] Entsprechend des Credos der Begriffsgeschichte wird es darum gehen, aus dem Forschungsdiskurs um Straßen und den empirischen Befunden zunächst systematisch Einzelbegriffe zu identifizieren, um die sprachförmige Konzeptualisierung des Phänomens Straßen zu erfassen und kontextualisierend rückzubinden. Erst der Verwendungskontext lässt den Realitätsbezug und die damit verbundenen »Semantisierungsmöglichkeiten« erkennen.[4] Die straßen- und wegebezogenen Begrifflichkeiten gewähren so einerseits Einblicke in die *Sayings* der Zeitgenossen und deren historische Entwicklung, andererseits gestatten sie es, über begriffsgeschichtlich orientierte Erkenntnisse und Deutungsschemata der bisherigen Forschung, die Straßenbegriffe kritisch zu reflektieren und das Erfordernis einer praxeologischen Neuperspektivierung des Phänomens Straße nochmals nachdrücklich vor Augen zu führen. Denn die zu behandelnde Begriffsvielfalt und das Bemühen der bisherigen Forschungen, hieraus eine modellhafte Typologie von Straßen der Vormoderne, theoretische Nutzungszuschreibungen und vermuteten Entstehungsbedingungen zu entwickeln, kann nicht über Uneindeutigkeiten und Unschärfen hinwegtäuschen, die gerade aus einem Zugriff resultieren, der weniger historische Kontexte, Konstellationen oder Situationen, sondern abstrahierende Schematisierung zum Ausgangspunkt hat. Um vorempirische Annahmen zu vermeiden, werden im Anschluss an die begriffsgeschichtlichen

---

3 Denecke 1969; Haubrichs 1997.
4 Jussen, Bernhard: Historische Semantik aus der Sicht der Geschichtswissenschaft, in: Jahrbuch für Germanistische Sprachgeschichte 2 (2011), S. 51–61, hier S. 55. Siehe auch Kollmeier, Kathrin: Begriffsgeschichte und Historische Semantik, Version: 2.0, in: Docupedia-Zeitgeschichte, 29.10.2012, URL: https://docupedia.de/zg/Begriffsgeschichte_und_Historische_Semantik_Version_2.0_Kathrin_Kollmeier (28.6.2023) u. Steinmetz, Willibald: Vierzig Jahre Begriffsgeschichte – The State of the Art, in: Kämper Heidrun/Eichinger Ludwig M. (Hg.): Sprache, Kognition, Kultur. Sprache zwischen mentaler Struktur und kultureller Prägung, Berlin 2008, S. 174–189.

Ausführungen Visualisierungsmedien die Analyse anleiten. Sie erlauben es, mikrohistorisch auf Straßen zuzugreifen und dadurch den Blick auf den Untersuchungsgegenstand zu schärfen. Besonders deutlich wird dabei: Nicht nur Akteure, Praktiken, Ordnungen und Herrschaftsdynamiken stellten die Straßenwelt der Frühen Neuzeit her. Straßen waren geprägt von der Naturabhängigkeit des eben nicht ausschließlich aus der Straßenoberfläche bestehenden Straßenraumes und dessen Formung und Aneignung durch die Menschen. Anhand von bestimmten Visualisierungstechniken und Visualisierungsmitteln werden an kartographischen Darstellungen und Flugblättern beides herausgearbeitet: Einzelne Elemente des Straßenraumes und den Visualisierungsmedien eigene Typen der Straßendarstellung. Sie erlauben über den visuellen Blick Kohärenzen und Differenzen ›der‹ Straße sichtbar zu machen und die begriffsgeschichtliche Annäherung zu erweitern.

Um an dieser Stelle zunächst die Sprache der Zeitgenossen und die Sprache der Forschung zu fokussieren, steht eine umfängliche systematische Erfassung und Strukturierung der verschiedensten Straßen und Wege der Vormoderne zur Verfügung, die der Altstraßenforscher Denecke angefertigt hat (Abb. 1). Solche Typisierungen bzw. Klassifizierungen haben für die Erforschung von Straßen eine lange Tradition. Sie haben Althistoriker[5] ebenso beschäftigt wie Gasner in seiner Ende des 19. Jahrhunderts vorgelegten epochenübergreifenden Untersuchung zum Straßenwesen oder Uwe Müller in seiner Studie zu den Chausseen von 2000.[6] Deneckes Systematisierung mit insgesamt sieben Gruppen und verschiedenen Untergruppen wie *Wegeklassen* und *Wegegattungen*[7] ist aufgrund ihres Umfangs und Grades der Differenzierung singulär und hat dementsprechend bereits andere Untersuchungen angeleitet.[8]

Neben der Typologisierung von Denecke ist es die strukturierte, fast 100 Seiten umfassende Auseinandersetzung Haubrichs mit der volkssprachlichen Bezeichnung für alte *Fernwege,* die den folgenden Ausführungen zugrunde gelegt wird.[9] Das Modell von Haubrichs gründet auf zeitgenössischen Straßen-Bezeichnungen, die er mit den vorgefundenen Geländeverhältnissen verglich. Trotz dieser Vorgehensweise sind es in erster Linie die eigenen analytischen Zuschreibungen von Haubrichs, welche die Gruppierung

---

5 Schneider 1982, S. 17–23; Rathmann 2003, S. 3–41.
6 Gasner 1889/1966, S. 75–78; Müller 2000, S. 290–298.
7 Denecke 1969, S. 110. Die Unterscheidung zwischen Gruppen, Klassen, Gattungen und Arten wird jedoch nicht näher erläutert und ist zudem in der Übersicht nicht einheitlich kenntlich gemacht. So sind die kursiv gesetzten *Fernverkehrswege* bei der Gruppe ›Regionale Klassifikation‹ ebenso eine *Wegeklasse* wie die nicht kursiv gesetzten Wege überregionaler Funktion bei der Gruppe ›Funktionale Klassifikation‹.
8 Das von Magdolna Szilágyi 2014, S. 86f. für die mittelalterlichen Straßen und Wege Ungarns vorgelegte Klassifikationsschema baut in weiten Teilen auf der Einteilung von Denecke auf. Die Ergebnisse von Denecke rezipiert etwa auch Hermann, Oliver: Lothar III. und sein Wirkungsbereich. Räumliche Bezüge königlichen Handelns im hochmittelalterlichen Reich (1120–1137), Bochum 2000, S. 74f.
9 Haubrichs 1997.

und Hierarchisierung des Modells anleiteten[10] und deshalb eine kritische Dekonstruktion erforderlich machen. Solche in ihrem Wert und in ihrer Erkenntnisdichte nach wie vor unverzichtbaren Forschungsarbeiten zu hinterfragen ist umso mehr geboten, als jegliche Typisierung eine Wirkmächtigkeit entfaltet, die, obgleich sie vielfach auf die *Sayings* der Zeitgenossen gründet, zunächst und vor allem eine abstrakte und der Modellierung inhärente Bündelung darstellt.[11]

Die Auseinandersetzung mit dem sprachlichen Inventar der Zeitgenossen und der Forschung bringt es darstellungstechnisch im Folgenden mit sich, dass hier wie im gesamten Text neben sämtlichen Quellenzitaten auch all jene Begriffe kursiv hervorgehoben werden, die Komposita der Worte ›Straße‹, ›Verkehr‹ oder ›Weg‹ etwa in Form von *Fernstraße, Rottstraße* oder *Landverkehrswege* bilden, um das Phänomen Straße sprachlich und visuell zu fassen. Diese Markierung der Begrifflichkeiten – sehr häufig verwendete Komposita wie ›Landstraße‹ oder ›Wasserstraße‹ sind hiervon weitgehend ausgenommen – erlaubt es einerseits, bereits anhand des sprachlichen Inventars die numerische und inhaltliche Vielfältigkeit des Phänomens ›Straße‹ aufzuzeigen und diese zeitgenössischen wie forschungsimmanenten Differenzierungen nutzbar zu machen, um die Verwendung unterschiedlicher Worte für unterschiedliche Straßenkontexte auf Grundlage der Quellen und Forschungen zu reflektieren. Andererseits soll damit sowohl der Untersuchungsfokus der bisherigen Forschung als auch die mit der Studie intendierte Neuperspektivierung deutlich gemacht werden – ›Straße‹ ist ein Idealtyp,[12] ein kognitives Muster, das es für die Frühe Neuzeit zu historisieren und zu hinterfragen gilt. Die von der Forschung und in der Zeit verwendeten Begrifflichkeiten sowie die Grenzen des Beschreibbaren, welche im Deutschen nicht zuletzt mit den Worten ›Straße‹ und ›Weg‹ vorgegeben sind, werden eine grundsätzliche Aufbereitung und Neuperspektivierung erfahren.

---

10 Dies hebt Denecke 1969, S. 110 selbst hervor.
11 Denecke, mehr aber noch Haubrichs gründen ihre Studien auf eben gezielt gesuchte Straßen- und Wegebezeichnungen für einen überdies weitgefassten Untersuchungsraum und eine lange Untersuchungszeit; Denecke berücksichtigt ferner die erhaltenen Wegerelikte.
12 Zu Idealtypenbildung grundsätzlich Weber, Max: Wirtschaft und Gesellschaft (Grundriss der Sozialökonomik, III. Abteilung), Tübingen 1922, S. 2 f.

Klassen, Gattungen, Arten	Beispiele
Regionale Klassifikation	
Fernverkehrswege:	Thüringer Straße, Braunschweiger Straße
Nahverkehrswege:	
Ortsverbindungswege:	
Stadtwege	Stadtstieg
Nachbarschaftswege (Kommunikationswege)	Buenser Weg, Iberscher Stieg
Sonstige Verbindungswege:	Burgweg, Turmweg Mühlenweg, Galgenweg, Brunnenweg, Kirchweg
Lokale Verbindungswege: (Gemarkungswege)	Wege und Stege innerhalb einer Gemarkung
Ortswege:	Straßen, Wege und Stege innerhalb eines Ortes
Reliefbezogene Klassifikation	
Höhenwege	Fastweg, Rennweg, Haarweg, Hartweg, Liethweg, Hoher Weg
Hangwege	unterer Weg, oberer Weg
Randwege	Hellweg
Talwege	Dahlweg, Grundweg
Steigen	Stiege
Klassifikation der Wege nach ihrer Stellung im Wegenetz	
Hauptwege	Mittelweg
Nebenwege	Beiweg, Seitenweg
Querwege	Dwarsweg, Schratweg[13])
Klassifikation der Wege nach ihrer natürlichen Beschaffenheit und der Art ihres Ausbaues	
Naturwege:	
Hohlwege	Graben, hohler Graben, Fuhre[14]), Greppe, Hülle Hölle
Geleisewege	Thranen[15])
Sandwege	
Dreckwege	
Graswege	Grüner Weg, Rasenweg
Kunstwege:	
Chausseen	
Steinwege	
Bohlenwege	Bollweg, Dielenweg
Dammwege	
Speckenwege	Speckweg, Specke[16])
Klassifikation nach der Art der Verkehrsmittel	
Fahrwege	
Karrenweg	Karweg, Körkerweg[17])
Kutschweg	
Saumwege	Eselstieg, Treiberweg
Reitwege	Reitstieg
Fußwege	
Stieg Recke	
Gasse Pad	

Funktionale Klassifikation

Wege überregionaler Funktionen
   Pilgerstraßen
   Heerstraßen (via militaris)
   Handelsstraßen   Bernsteinstraße, Salz-
                                       straße, Seidenstraße,
                                       Messestraße

   Poststraßen
Wege regionaler Funktionen
   kirchliche Wege
       Kirchenwege   Messeweg
       Totenwege   Leichweg
   Wirtschaftswege
   Landwirtschaftliche
   Wege
     Feld- u. Waldwege
       Bauerweg (Bauweg)
       Notweg   Schleifweg
       Mistweg
       Wiesenweg   Heuweg, Maschweg (Meßw.)
       Holzweg   Haiweg
     Viehwege
       Triftweg   Ochsenweg, Jokweg
       Hutweg   Hirtenweg, Schäferweg
       Mühlenweg
       Rottweg
   Industriewirtschaftliche
   Wege
       Steinweg
       Eisenweg   Eiserne Stiege
       Kohlenweg   Kohlweg
   Wege des regionalen Handels
       Butterweg
       Eierweg   Eirecke
       Salzweg   Sölterstieg
       Töpferweg   Pöttcherstieg

Jurisdiktionale Klassifikation

viae publicae   dietweg[18], via regia,
(öffentliche Straßen)   Königsweg, Kaiserweg,
                                       Reichsstraße, Heer-
                                       straße, gemeine Land-
                                       straße
   rechte Heerstraßen   ordinari Landstraße
   (strata legitima)
      verbotene Wege   Diebesstieg, Heiweg
      Zollstraßen   extra ordinari Fußweg
      Geleitstraßen
viae vicinalis
   (markgenossenschaftliche Wege)   Allmendweg, Dorfweg
Privatwege

Abb. 1: »Klassifikation der alten Verkehrswege« nach Denecke.

2.1 Die Vielfalt vormoderner Straßen und Wege und die Grenzen einer Typisierung

Die Schwierigkeit, Straßen der Vergangenheit zu typologisieren, beginnt bereits damit, dass sich nicht einfach sagen lässt, was genau wann unter welchen Bedingungen unter einer Straße verstanden werden kann, ja mehr noch, der moderne Sinngehalt des Wortes ›Straße‹ droht eine Beschreibung des historischen Phänomens ›Straße‹ zu limitieren, wenn nicht sogar zu verzerren. Unter dem deutschen Wort ›Straße‹ nämlich versteht sich – einer modernen Begriffsdefinition folgend – ein planmäßig angelegter und befestigter Verkehrsweg, wohingegen der ›Weg‹ ein »wenig[er] befestigtes Raumsegment« darstellt.[13] Anders als mit dem Wort ›Weg‹, welches von der gleichen gemeingermanischen Wurzel abstammt wie ›bewegen‹ im Sinne von fahren,[14] wird im Deutschen also mit ›Straße‹, wie auch im Englischen und Französischen mit ›route‹, ihren lateinischen Wortursprüngen (*via strata* und *via rupta*) entsprechend das größere, aber keineswegs eindeutig zu bestimmende Gemachtsein einer Wegstrecke betont.[15] Ein Weg entsteht prinzipiell überall und jederzeit durch die Fortbewegung etwa eines Reisenden im Moment des Gehens oder Fahrens,[16] während Straßen und ›routes‹ auch vor und nach ihrer Nutzung materiell existieren: sie sind durch Menschenhand etwa mittels Pflasterung oder durch das Beschlagen von Hölzern im Wald (»Freibrechen«) dauerhaft(er) in die Natur eingeschrieben und konstruiert.[17] Der semantisch-theoretische Unterschied zwischen Weg und Straße liegt so betrachtet also einerseits in der tatsächlichen materiellen Existenz und andererseits in der absichtsvollen Benutzung durch den Einzelnen verborgen, wobei sich reziprok daraus ergibt: Absichtsvoll gestaltete Straßen werden für den Benutzer zu Wegen, die natürliche Umwelt zum Straßen-Raum. Die Alltagsverwendung und der Wortgebrauch der Begriffe ›Straße‹ und ›Weg‹ trifft diese Differenzierung allerdings nicht, wenn man die konkrete Sprachverwendung miteinbezieht, denn hier werden beide Wörter synonym und nebeneinander verwendet. Unterscheidungen werden allenfalls im Punkt des Zustands (Gemachtseins) von Straßen und Wegen selbst evident: Straßen seien eher fest ausgebaut und als Straßen erkenntlich, während Wege eher verkappte, ungebaute Pfade suggerieren, die weniger

---

13 Ammoser/Hoppe 2006, S. 18 u. 45.
14 Lemma ›Weg‹, in: DWB 27 (1922), Sp. 2852.
15 Lemma ›Strasze‹, in: DWB 19 (1957), Sp. 883; Perol, Céline: Les réseaux routiers de la France médiévale. Ambitions et limites d'un champ d'investigation historique, in: Szabó 2009 I, S. 69–84, hier S. 76–79; Delano-Smith, Catherine: Milieus of Mobility. Itineraries, Route Maps, and Road Maps, in: Akerman, James R. (Hg.): Cartographies of Travel and Navigation. Chicago 2006, S. 16–68, hier S. 30.
16 Beyrer, Klaus: Art. ›Weg‹, in: EdN – Online [2014]; Szabó 1994, S. 913 f.
17 Denecke 2007, S. 627 präzisiert in diesem Sinne für einen Weg, dass der »Zustand oder ein möglicher Ausbau […] zunächst nicht begriffsbestimmend« ist. Eine Straße hingegen bezeichnet »vornehmlich […] einen angelegten oder auch ausgebauten« Weg.

bequem zu benutzen seien als Straßenwege. Historisch gewendet lässt sich hierauf also fragen, was die erheblichen Unschärfen der Begriffe ›Weg‹ und ›Straße‹ in den Quellen des 16. Jahrhunderts offensichtlich macht: wie viel Planung, Baumaterialien und Dauerhaftigkeit einer ausgebauten Wegstrecke (von welcher Länge?) braucht es, um für die Vormoderne von einer Straße oder doch ›nur‹ von einem Weg zu sprechen?

Klare Trennlinien zwischen der materiell existenten Straße und dem immateriellen, bei der Fortbewegung entstehenden Weg können zumindest vor dem Bau von Chausseen nicht gezogen werden, gerade wenn man die synonyme Verwendung von Weg und Straße betrachtet;[18] in diesem Sinne wird in der vorliegenden Studie die synonyme Paarformel ›Straßen und Wege‹ verwendet, wodurch insgesamt die von Menschenhand mal mehr und mal weniger bewusst ausgebauten Wegstrecken zusammengefasst sind. Ein solches Begriffsverständnis erlaubt es, ergebnisoffener das historische Phänomen ›Straße‹ zu untersuchen und damit zugleich dem zeitgenössischen Sprachgebrauch zu entsprechen: mit Weg konnte Straße und mit Straße Weg bezeichnet werden – unabhängig von materiellen oder mentalen Vorstellungen und losgelöst von Hierarchisierungen.[19] In der Vergangenheit musste – so hat es auch Norbert Ohler festgehalten – »ein Weg nicht schmaler oder weniger bedeutend sein [...] als eine Straße«.[20]

Straßentypologien

Gerade weil die Bedeutungen der Grundwörter ›Straße‹ und ›Weg‹ in Hinblick auf die reale Ausgestaltung nicht eindeutig sind, gibt es bis heute und gab es bereits in der Vergangenheit zahlreiche Kompositavarianten, um Straßen und Wege in ihrem Kontext,

---

18 Im Grunde trifft hier die Einschätzung Quentin Skinners zu, der auf den logischen Denkfehler verweist, der zwischen »meaning and use, as the result of a failure to distinguish between the *occurrence* of the words [...] which denote the given idea, and the use of the relevant sentence« [S. 37] herrührt, den der einzelne Autor, das einzelne Schriftstück beabsichtigt. Straßen und Wege sind solche Wörter, deren inhaltliche Verwendung einzeln erschlossen werden muss, um diesen Denkfehler zu vermeiden [Skinner, Quentin: Meaning and Understanding in the History of Ideas, in: History and Theory 8/1 (1969), S. 3–53].
Davon unberührt erlaubt es eine qualitative Gewichtung der baulichen Ausgestaltung von Straßen und Wegen, die benannten Trennlinien aufzuweichen. So kann zwischen ›Naturwegen‹ (»ohne jegliche Bearbeitung durch den Menschen«), ›Gewordenen Wegen‹ (Nutzung gibt Richtung vor), ›Gebahnten Wegen‹ (»besitzen ein künstliches Wegband, das sich noch eng an die natürliche Geländeform anschmiegt«), ›Gebauten Wegen‹ (»durchgehend eingebaute Wegkörper unter Ausgleich des topographischen Gefälles«) und ›Fahrwegen‹ (»Endformen der gebauten Wege«) unterschieden werden [Aerni, Klaus: Ulrich Ruffiner – Straßen und Brücken, in: Ders. u. a.: Ulrich Ruffiner von Prismell und Raron/Ulrich Ruffiner de Prismell et Rarogne. Der bedeutendste Baumeister im Wallis des 16. Jahrhunderts/Le plus important architecte et ingénieur du XVIe siècle en Valais (Cahiers de Vallesia 20), 2. erw. Aufl. Sitten 2009, S. 141–190, hier S. 142 f.].
19 Bader, Karl Siegfried: Ländliches Wegerecht im Mittelalter vornehmlich in Oberdeutschland, in: Zeitschrift für die Geschichte des Oberrheins 88, Neue Folge 49 (1936), S. 371–444, hier S. 400.
20 Ohler 2004, S. 57. Klemm 2011, S. 11 weist dementsprechend explizit für das 16. Jahrhunderts nach, dass für eine befestigte und mit Fuhrwerken befahrbare Straße die Bezeichnung *weeg* verwendet wurde.

ihrer Nutzung, ihrer Gestaltung oder als materialisierte Form herrschaftlicher Macht zu kennzeichnen. So schloss beispielsweise die Stadt Lauingen mit dem Bischof von Augsburg 1497 einen Vertrag über den Erhalt eines *varwegs* (Fahrwegs), worin festgelegt wurde, diesen mit *Holltz, Koll [Kohl/Kohle; A.D.], Traid und ander dergleichen notturfft*[21] befahren zu dürfen. Mit anderen *sweren Lasten und Kauffmanschafft* war aber die Nutzung des Fahrweges untersagt, man sollte hierzu die *gewohnliche Landstrazz und schlacht* benutzen.[22] Die sprachliche Differenzierung zwischen *Fahrweg* und *Landstraße* – daneben wird auf einen ausgebauten Wasserweg *(schlacht)* hingewiesen[23] – verweist auf einen reichen Wortschatz, der den Zeitgenossen zur Benennung von Straßen und Wegen zur Verfügung stand, und macht zugleich deutlich, was über den Fahrweg transportiert werden durfte. Ob sich die Benutzungsvorgaben auf den prekären Zustand dieses Transportweges, einer angestrebten Nutzungsreduzierung oder aber auf die Umleitung der Kaufleute auf die herrschaftlich verwaltete Landstraße bezog, kann im Kontext der Quelle nicht mehr erschlossen werden. Sie zeigt aber deutlich die Differenzierungsleistung der Komposita auf und verweist auf die außersprachliche Wirklichkeit einer wenn auch ex post konstruierten, modellhaften Straßentypologie.

Eine solche Typologie kann entlang folgender Kriterien entworfen werden: Es sind herrschaftsrechtlich (›Jurisdiktionale Klassifikation‹) und naturräumlich geprägte Straßen und Wege (›Reliefbezogene Klassifikation‹ u. ›Klassifikation nach natürlicher Beschaffenheit‹) sowie deren Nutzungsformen (›Klassifikation nach Art der Verkehrsmittel‹) und Stellung in einem hierarchisch-funktional geordneten Nutzungsgefüge (›Regionale Klassifikation‹› ,Funktionale Klassifikation‹ u. ›Klassifikation nach Stellung im Wegenetz‹), die sich erkennen lassen und im Folgenden die erforderliche Aufmerksamkeit erfahren werden.

Die von Denecke erstellte tabellarische Übersicht (Abb. 1) erlaubt es im Korpus seines empirischen Materials zunächst, den genannten *Fahrweg* von 1497 einer Gruppe an Straßen und Wegen zuzuordnen, die sich entsprechend der Art der verwendeten Verkehrsmittel (mit Karren oder Kutsche) bilden lässt. Zu dieser »Klassifikation nach Art der Verkehrsmittel« zählen ferner der *Reit- und Fußweg* sowie der nur von Lasttieren begehbare *Saumweg* bzw. *Saumpfad*.[24]

---

21 FWB, Lemma ›¹kol‹, URL: http://fwb-online.de/go/kol.h1.0m_1669650209 (3.4.2023); Lemma ›²kol‹, URL: http://fwb-online.de/go/kol.h2.0m_1668687614 (3.4.2023).
22 Monumenta Boica, Bd. 33/1 (1841), S. 317–319, hier S. 317f.
23 Lemma ›B(e)schlacht‹, in: Heydenreuther, Reinhard/Pledl, Wolfgang/Ackermann, Konrad: Vom Abbrändler zum Zentgraf. Wörterbuch zur Landesgeschichte und Heimatforschung in Bayern, 3. Aufl. München 2010, S. 32.
24 Lemma ›Saumpfad‹, in: Ebd., S. 186.

Fernverkehrs- und Nahverkehrswege

Gleich zu Beginn seiner Übersicht klassifiziert Denecke die Straßen und Wege aufgrund der Distanz, mit der die *Verkehrswege* einen Ausgangs- und einen Zielpunkt miteinander verbanden.[25] Geradezu in Erfüllung des für die Altstraßenforschung charakteristischen Strebens nach hierarchischer Ordnung des Verkehrswesens[26] werden demnach *Fernverkehrswege* von *Nahverkehrswegen* und diese wiederum von *lokalen Verbindungswegen* unterschieden. Alle »drei übergeordneten Wegeklassen«[27] sowie die in der Übersicht gleichfalls angeführten Wege innerhalb von Orten *(Ortswege)* werden in der rechten Spalte (Abb. 1) näher umschrieben respektive Beispiele aus einem wichtigen Durchgangsgebiet nördlich von Göttingen als dem Untersuchungsraum der Studie zugeordnet.[28] So werden für die *Nahverkehrswege* der *Galgenweg* oder *Kirchweg* als sonstige *Verbindungswege* und überdies die *Thüringer Straße* und *Braunschweiger Straße* als *Fernverkehrswege* genannt. Die beiden letztgenannten Straßen lassen sich aufgrund der Zielpunkte der Straßenführung (Thüringen u. Braunschweig) als eine gängige Spezifizierungsform von Straßen begreifen, wie auch Haubrichs in seiner sprachwissenschaftlichen Untersuchung etwa unter Anführung des Hodonyms *Flandernstraße* für eine aus der Lombardei nach Flandern führende *Handelsstraße* dargelegt hat. Und auch die für das Jahr 1434 belegbare *Duser Straße* bezeichnet eine vom Salzort Dus/Dieuze in Lothringen kommende respektive dorthin führende Straße.[29]

Via publica, Heerstraße, Landstraße

Die *Duser Straße* ist eine Straße, die auch als *Heerstraße* und damit mittelbar als *via publica* bzw. *strata publica* benannt wird, da das Althochdeutsche *heristrâza* als die Lehnübersetzung der lateinischen Bezeichnungen angesehen werden kann.[30] Der Name Heerstraße hat sich in diesem Sinne in der Frühen Neuzeit »ganz allgemein als Bezeichnung für die *öffentlichen Fernstraßen* [Hervorhebung d. Verf.; A.D.] durchgesetzt«.[31] Diese Wortbedeutung geht auch aus dem Typisierungsschema Deneckes (Abb. 1) hervor, wo er die *Heerstraßen* unter der »Jurisdiktionalen Klassifikation« als eine von der Straßenforschung insgesamt sehr prominent bedachte Einteilungsmöglichkeit vormoderner Straßen und Wege auflistet.[32] Die auch *Reichsstraße, Landstraße, gemeine Straße* oder *Königsstraße* genannten *viae publicae* waren öffentliche Straßen. Öffentlich in dem Sinne, weil hier theo-

---

25 Denecke 1969, S. 113.
26 Szilágyi 2014, S. 86 betitelt deshalb diese Gruppe auch treffender mit »Hierarchy of roads«.
27 Denecke 1969, S. 113.
28 Zum Untersuchungsraum ebd., S. 20–24.
29 Haubrichs 1997, S. 144 f.
30 Ebd., S. 145 u. 159.
31 Denecke 1969, S. 117.
32 Etwa Szilágyi 2014, S. 91–107 u. Schiedt/Schneider/Herzig 2007, S. 157 f.

retisch jedermann *zu reisen und zu wandeln befugt* war,[33] ohne auf Beschränkungen zu stoßen, wie dies im einführenden Augsburger Beispiel der Fall war. Weniger eine Nutzungsbeschränkung als vielmehr eine prinzipielle Nutzungsverpflichtung dieser Straßen ging allerdings für Fuhr- und Kaufleute einher. Aufgrund der Mitführung von zollbaren Waren bei Kaufleuten sowie wegen des Geleits und der Sicherheit auf diesen Straßen bei Reisenden, sollten sich beide genannten Nutzergruppen in erster Linie und wenn möglich auf den öffentlichen Straßen fortbewegen. Es gab also gleichermaßen das Recht und den Zwang zur Benutzung dieser Verkehrswege, was schließlich und in Hinblick auf die zu zahlenden Abgaben auf diesen *viae publicae* zu ihrer doppelten Funktion führte, die sich auch in der Benennung widerspiegelt. Aus öffentlichen Straßen wurden *Zoll- oder Geleitstraßen*. Wer sich diesem *Straßenzwang*, also der Verpflichtung zur Benutzung bestimmter Straßen gegen Abgaben entzog,[34] gebrauchte verbotene *Nebenwege*. Solche *Schleichwege*[35] verliefen abseits von *rechten Straßen* im durchaus doppelten Sinne von ›gerade‹ und ›rechtmäßig‹.[36] Eindeutig auf rechten Pfaden bewegten sich die Nutzer von *Landstraßen,* wie viele *viae publicae* einfach genannt wurden. Mit der Landstraße als im 12. und 13. Jahrhundert entstandener begrifflicher Neubildung lässt sich in der Terminologie bereits der sich andeutende Territorialisierungsprozess und damit einhergehend der Ausbau und die Aneignung bestimmter herrschaftlicher Rechte auch auf Straßen ablesen.[37] Der Landes- oder Territorialherr hatte nämlich auf Landstraßen den besonderen Schutz für die Nutzer dieser Straßen zu garantieren. Das Wort Landstraße ist in diesem Sinne als herrschaftsrechtliches Schutz- und Nutzungsgebot zu verstehen, kann daneben aber ebenso ohne den herrschaftsbezogenen Sinngehalt die Verlaufsform einer Wegstrecke über Land und eine dadurch bedingte prinzipiell gute Benutzbarkeit meinen.[38] Letztere Wortbedeutung erlaubt es auch, eine Landstraße von den Wasserstraßen analytisch zu unterscheiden.

Die in der Vormoderne so bezeichneten über Land führenden Straßen meinten jedoch mehr: Landstraßen unterlagen aufgrund ihrer Funktion als herrschaftlich überwachte

---

33 Zedler. Grosses vollständiges UNIVERSAL LEXICON Aller Wissenschafften und Künste […], 65 Bde. u. vier Supplementbände, Halle/Leipzig 1732–1754, URL: https://www.zedler-lexikon.de (3.4.2023), hier Lemma ›Strasse‹, Bd. 40 (1744), Sp. 714–718, hier S. 714.
34 Otto 2014.
35 Krünitz, Johann Georg: Oekonomische Encyklopädie oder allgemeines System der Staats- Stadt- Haus- und Landwirthschaft, 242 Bde., Berlin 1773–1858, hier Lemma ›Schleichweg‹ Bd. 145 (1827), S. 378 f. Siehe hierzu näher Kapitel 5.
36 Haubrichs 1997, S. 176.
37 Vgl. etwa die Bestimmungen im Mainzer Landfrieden von 1235: *Precipimus autem omnes stratas publicas observari et coactas stratas omnino cessare,* aus: Weiland, Ludwig (Hg.): Constitutiones et Acta Publica Imperatoreum et Regum, Tomus II (Monumenta Germania Historica), Hannover 1896, S. 244.
38 Haubrichs 1997, S. 176; FWB Lemma ›land‹, URL: http://fwb-online.de/go/land.s2n_1573738780 (5.4.2023); Schiedt, Hans-Ulrich: Landstrasse, in: Lampugnani, Vittorio Magnago/Domhardt, Konstanze Sylva/Schützeichel, Rainer (Hg.): Enzyklopädie des gestalteten Raumes, Zürich 2014, S. 318–329, bes. S. 318 f.

viae publicae und Zollstraßen einer besonderen Instandsetzungspflicht von Seiten der Obrigkeit. Die Zollabgaben nämlich sollten teilweise redistributiv für den Erhalt, die Benutzbarkeit und die Sicherheit auf diesen Straßen eingesetzt werden.[39] Ein solches Unterhaltsgebot für die öffentlichen Straßen ging mit den ursprünglich königlichen und im Laufe des Mittelalters an die Territorialherren oder an die (Reichs-)Städte schrittweise übertragenen Zoll- und Geleitsprivilegien einher, die die Privilegieninhaber dazu aufforderten, die Benutzbarkeit der Straßen zu überwachen. Es lässt sich also durchaus von einem übergeordneten Straßenregal sprechen, aus welchem letztlich die *hohe[...] Gewalt [...] uff freyer Kays[erlicher] Heer- und Reichs-Strassen* resultierte.[40] Rechte und Pflichten sowohl der Straßennutzung als auch des Straßenerhalts lassen die *viae publicae* als einen nicht zuletzt für den Territorialisierungsprozess zentralen Straßentypus erkennen.

Wagen-, Geh- und Fahrwege

Von den *viae publicae* prinzipiell zu unterscheiden sind neben den *Privatwegen* die gleichfalls in der Übersicht von Denecke als eigene Wegeklasse aufgeführten *viae vicinales*, also Wege, die »von der Marktgenossenschaft oder von einer bestimmten Gruppe von Gemeinden benutzt werden durfte[n]«.[41] Standen die *viae publicae* allen Nutzern offen, beschränkten sich die *viae vicinales* auf bestimmte, lokal spezifizierte Akteursgruppen, nämlich auf *benachbarte und Innwohner,* wie ein Rechtstraktat des Geographen und Kartographen Johannes Oettinger (1577–1633) näher festhält.[42] Im 18. Jahrhundert werden diese *Vicinal-Wege* nicht mehr nur über die Nutzergruppe, sondern zunächst über ihre Funktion als *Wagen-, Geh- und Fahrtwege* definiert. Hierbei aber verbleibt die Beschreibung nicht, sondern sie konkretisiert die Hintergründe: *Vicinal-Wege* nutzten jene, weil *sich die Dorfgemeinden wegen der von ihnen weiters entlegenen Haupt- und Landstrassen in die nächste Städt und Märkt oder auch Schlösser* befinden, die Dorfbewohner jedoch *hin und her zur Verkaufung ihrer Pfennwerth [Handelsware; A.D.]* gehen oder fahren mussten, um ohne große Umwege in die Stadt zu kommen und dabei ihre Auskunft und Existenz zu finden.[43] Ein solches Nebeneinander von *Haupt- und Landstraßen* einerseits und

---

39 Siehe hierzu besonders Kapitel 5.
40 HAB A: 107.27 Jur. (6), Oettinger, Johannes: Tractatus De Iure Et Controversiis Limitum; Ac Finibus Regundis. Oder Gründlicher Bericht / Von den Gräntzen und Marcksteinen / wie durch dieselbe der Königreich / Landschafften [...], Ulm 1642, S. 66 bezogen auf das Geleitsregal. Zum Straßenregal siehe Kapitel 5.
41 Denecke 1969, S. 117.
42 HAB A: 107.27 Jur. (6), Oettinger: Tractatus De Iure Et Controversiis Limitum, 1642, S. 109; Oehme, Ruthardt: Johannes Oettinger 1577–1633. Geograph, Kartograph u. Geodät (Veröffentlichungen der Kommission für Geschichtliche Landeskunde in Baden-Württemberg 103), Stuttgart 1982.
43 Sammlung der Churpfalz-Baierischen allgemeinen und besonderen Landes-Verordnungen, Bd. 4: Polizey-u. Landesverbesserungs-, Religions-, Kirchen- und Geistlichkeits-Kriegs- und Vermischten-Sachen, München 1788 [VD18 90159314], Alphabetisches Register (ohne Seitenangabe), Eintrag ›Vicinal-Wege‹; zu Pfennwert: Heydenreuther/Pledl/Ackermann 2010, S. 161.

Neben- und Vicinalstraßen andererseits ist zunächst und in erster Linie einem schon zeitgenössischen Ordnungs- und Systematisierungsanspruch zuzurechnen, der nicht darüber hinwegtäuschen kann, dass beide Straßentypen gleichermaßen für den Warentransport benötigt wurden. Anders als die in der Antike strikte typologische Trennung und Unterscheidung zwischen *viae publicae* und *viae vicinales*,[44] sind Straßen besonders im 16. Jahrhundert charakterisiert durch ihre hybride Nutzungs- und damit auch Bezeichnungsform. Vermeintlich einfache *Wege und Stege* des Landes konnten parallel als ›große‹ *Fernstraßen* fungieren. Diese hybride Form führte nicht selten dazu, dass Straßenregale und damit verbundene Instandhaltungspflichten umstritten sein konnten und es eines kommunikativen Austausches der Beteiligten erforderte, um die Zuständigkeiten zu klären, vielfach auch auszuhandeln. Eine klare und überdies über mehrere Menschengenerationen hinweg gleichbleibende rechtlich geregelte Abgrenzung zwischen den Straßentypen war insofern schwerlich zu generieren, da zumindest eine *via vicinalis* zu einer öffentlichen Landstraße aufsteigen konnte. Darüber hinaus konnte sich die Benennung im Laufe der Zeit ändern. Nicht die Form der Benutzung oder die eingeschränkte Nutzung führten in erster Linie dazu, dass ein *Güter- oder Dorffweg* zu einer *gemeinen offnen Strassen* wurde, sondern das menschliche Erinnerungsvermögen: Seit *Menschen Gedächtnüß*, so formulierte es Oettinger in seinem Traktat von 1642, hielt man den Weg *für ein gemeinen Weg*, da man ihn so *genutzt hat*.[45]

(Dis-)Kontinuitäten und plurale Nutzungsformen

Ein über Jahrhunderte gleichbleibender rechtlicher Status lässt sich demgegenüber mit der von Nürnberg über Fulda Richtung Hildesheim–Hannover–Hamburg oder Braunschweig–Lüneburg–Lübeck verlaufenden Straße nachweisen, dem auch Denecke mit vielen weiteren *Fernverkehrswegen* besondere Aufmerksamkeit schenkt. Für den Streckenabschnitt nördlich von Göttingen zwischen Solling und Harz kann der Altstraßenforscher entsprechend seinem Untersuchungsraum weit mehr als 20 Bezeichnungen auflisten (Abb. 2). Sie betonen zum überwiegenden Teil den öffentlichen Charakter dieser Straße. Beginnend mit der zeitlich nicht näher spezifizierten Benennung ›via regia‹ über das im Jahr 1575 verwendete Wort ›Geleitstraße‹ bis hin zur Kennzeichnung der Straße als ›Heerstraße‹ und ›Landstraße‹ im 18. Jahrhundert – bei allen Bezeichnungen steht die für *menniglich zum reisen und freyen wandel* bestimmte Benutzbarkeit der Straße im Vordergrund.[46] Auffällig ist ferner die vorwiegende und bis zum Volksmund – er ist in der Abb. 2 mit ›Vm‹ abgekürzt – reichende Umschreibung des Verkehrsweges als (Nürnberger) *Heerstraße*.

---

44 Schneider 1982, S. 18.
45 HAB A: 107.27 Jur. (6), Oettinger: Tractatus De Iure Et Controversiis Limitum, 1642, S. 109.
46 Ebd.

Überlieferte Bezeichnungen der Strecke:

via regia		(HERBST, 1926, S. 129)
gemeine, öffentliche, rechte Heerstraße		(HERBST, 1926, S. 129)
Thüringer Heerstraße		(Vm)
Nürnberger Heerstraße		(Vm)
Hahlestraße	Gieboldehausen	(FLNS)
Enge Straße	Gieboldehausen	(Straßename)
Land Straße	Hattorf	(K Herzberg 1744)
Geleitsstraße	Wulften	(A Eichsfeld 1575)
Gieboldehauser Weg	Wulften	(FLNS)
rote Weg	Wulften	(FLNS)
Bilshäuser Landstraße	Wulften	(FLNS)
Speckenweg	Wulften	(KG)
Heerstraße	Wulften	(A Wulften 1755)
Landstraße	Wulften	(A Wulften 1755)
Landstraße von Förste nach Dorste	Dorste	(A Förste 1705)
Heerstraße zwischen Förste und Dorste	Dorste	(A Förste 1708 ff.)
gemeine Heerstraße	Dorste	(A Wulften 1755 u. A Förste 1708)
Herrweg	Dorste	(KG)
Höhle	Dorste	(KG)
Hohle Graben	Dorste	(KG)
Graben	Nienstedt	(Vm)
Heerstraße von Duderstadt	Badenhausen	(KB Osterode 1763)
In der Speken	Förste	(FLNS)
Badenhauser Weg	Förste	(KG)
Königsweg	Badenhausen	(KB Osterode 1763)

(Von Badenhausen bis Seesen vgl. S. 235 ff.).

Abb. 2: Bezeichnungen für den von Nürnberg über Fulda Richtung Hamburg und Lübeck verlaufenden Fernverkehrsweg.

Eine solche ›herstrasse‹ war in der Frühen Neuzeit laut dem Frühneuhochdeutschen Wörterbuch eine »breitere befestigte *öffentliche Landstraße* [Hervorhebung d. Verf.; A.D.], die besonders auch vom Heer genutzt wurde«.[47] Der Zedler, das umfänglichste enzyklopädische Werk im Europa des 18. Jahrhunderts, versteht unter *Heerstraßen* wiederum einerseits Straßen, *darauf ein Krieges-Heer mit flügenden Fahnen und in die Höhe*

---

47 Frühneuhochdeutsches Wörterbuch – Online (künftig: FWB), Lemma ›herstrasse‹, URL: https://fwb-online.de/lemma/herstrasse.s.1f?q=herstrasse&page=1 (3.4.2023).

gerichteten Piquen marchiren [sic] kann, die anderseits aber auch einfach nur *offene Landstraßen, Geleits-Straßen, Freye Gemeine Straßen, Reichs Straßn* oder *Königs-Straßen* meinen.[48] Die Nutzbarkeit von *Heerstraßen* durch das Militär orientierte sich an der notwendigen Breite der Straßen für den Durchzug, es handelt sich also nicht etwa um einen schmalen, gangbaren *Pfad*,[49] der für den Transport vor allem von Geschützen und Munitionswägen gänzlich ungeeignet gewesen wäre.[50]

Straßen und Wege mussten damit, dies lässt sich mit der eindeutigen Unterscheidbarkeit von *Heerstraßen* und *Pfaden* sagen, sehr verschiedenen Nutzungsansprüchen entsprechen können. Denecke führt dies mit seiner funktionalen Klassifikation (Abb. 1) sehr umfänglich an. Die meisten der von ihm erfassten Wegenamen beziehen sich unter Abgleichung mit Geländebefunden, wie etwa Überresten von Kohlemeilern oder Wegvertiefungen, entweder auf das transportierte Gut wie etwa bei *Salzstraße* und *Kohlenweg* oder auf die Wegbenutzer selbst, wie bei *Pilgerstraße, Hirtenweg, Bauernweg* oder eben *Heerstraße (via militaris)*,[51] wobei ein und derselbe *Straßenzug* in der Regel eine multifunktionale, hybride Verwendung fand[52] und dementsprechend – dies bleibt generell zu betonen – ein und dieselbe Straße mehrere Bestimmungsworte und damit verschiedene Bezeichnungen besitzen konnte.

Die Straßenbezeichnungen spezifizierten somit vorwiegend mittel- oder unmittelbar die Nutzungsmöglichkeiten eines Verkehrsweges.[53] Diese basale Feststellung ist für die kritische Einordnung des Typisierungsmodells sowie generell für die Analyse der zeitgenössischen Begrifflichkeiten wichtig, ja es deutet sich sogar an, dass einer entscheidenden Bedeutungsdimension von Straßen- und Wegebezeichnungen bislang zu wenig Beachtung geschenkt wurde. Denn – so bleibt zu fragen – warum wurde ein *Kohlenweg* überhaupt als *Koyllwegh*[54] bezeichnet? Wer von einem solchen Weg sprach, konnte sicher sein, dass dieser über einen längeren Zeitraum für den Transport von Kohle genutzt wurde und diese Verkehrsbahn für ebendiesen Nutzungszweck aufgrund einer gewissen Festigkeit

---

48 Zedler Bd. 12 (1735), Lemma ›Heer-Strasse‹, Sp. 1097. Als Synonyme werden ferner *Hayden-Straßen* und *Baanen [sic]* genannt. Zu diesem Nachschlagewerk: Schneider, Ulrich Johannes: Die Erfindung des allgemeinen Wissens. Enzyklopädisches Schreiben im Zeitalter der Aufklärung, Berlin 2013.
49 FWB, Lemma ›pfad‹, URL: http://fwb-online.de/go/pfad.s.0m_1544596648 (3.4.2023).
50 Der Bedarf an militärischen Gerätschaften für die Kriegsführung im 16. Jahrhundert geht etwa aus HAB H: N 189.2° Helmt., Fronsperger, Leonhart (1596): Kriegßbuch, ander Theil: Von Wagenburgk vmb die Veldleger, Wie man die schliessen, sich darein verschantzen […] soll, Frankfurt a. M. 1596 hervor. Siehe etwa zu den Munitionswägen fol. 8v-9r.
51 Siehe neben der Übersicht (Abb. 1) auch Denecke 1969, S. 117; zu Wegspuren etwa der Heerstraße von Einbeck in Richtung Hannover ebd., S. 163 und zu den Kohlemeilern S. 279; siehe zur Bezeichnung von Straßen nach dem transportierten Gut und nach der Art der Benutzung auch Haubrichs 1997, S. 121–126.
52 Denecke 1969, S. 117.
53 Ein *Kohlenweg* war so schlicht für den Transport für Kohle und eine *pilgrimsstraße* [Haubrichs 1997, S. 116] für das (pilgerbedingte) Reisen geeignet.
54 So lautet eine Wegebezeichnung aus dem 15. Jh. [ebd., S. 121].

und Breite geeignet war. Für einen *Kohlenweg* ist also weniger der Kohlentransport als solcher, als vielmehr die Tatsache ausschlaggebend, dass er aufgrund seiner Materialität und Ausdehnung mit Karren, Wägen und großen Lasten befahren werden konnte.[55] Das Wort ›Straße‹ allein bringt dies nicht zum Ausdruck, da sein Konzept in seiner Bedeutung als Idealtyp alle Formen und Funktionen unspezifisch vereint, wie die Namensforscher Rosa und Volker Kohlheim mit ihrer Analyse innerstädtischer Wegebezeichnungen unterstreichen. Denn »entgegen aller semantischen Differenzierungsversuche der Wörterbücher«, wurde im Frühneuhochdeutschen mit dem Wort ›Straße‹ nicht die spezifische Breite des Weges im Unterschied zur ›engeren Gasse‹ betont.[56] Das Grundwort ›Straße‹ besaß vielmehr für die Beschreibung inner-, aber eben auch außerstädtischer Wege keinen »semantisch-konnotativen Mehrwert«,[57] weshalb es Bestimmungswörter bedurfte, um eine konkrete Bezeichnung zu erhalten. Sagen lässt sich also, dass gewisse Nutzungsformen von Straßen zu spezifizierenden Wortbenennungen führten und diese Beiwörter nicht nur Auskunft über die Nutzung als solche gaben, sondern darüber hinaus die für eine Nutzung erforderliche physische Gestalt der Verkehrswege andeuteten oder auch eindeutig hervorhoben. Dies ist für die zahlreichen von Haubrichs nachgewiesenen *karrenweg[e], wagenweg[e]* oder auch *wagenstraze[n]* offenkundig.[58] Eben hierin liegt ein für die Zeitgenossen entscheidender Sinngehalt von Straßen- und Wegebezeichnungen. Auch der bereits eingangs angeführte *varweg* bei Lauingen bedurfte einer gewissen Breite und Festigkeit, um für den Transport von Holz, Kohle und Getreide genutzt werden zu können.[59]

Straßenbreite

Deutlich ist also, dass die Breite eines Weges und damit die Ausdehnung der für die Fortbewegung und den Transport benutzbaren Oberfläche zusammen mit der Festigkeit des Straßenkörpers durch Bestimmungsworte zumindest mittelbar eine Spezifizierung erfahren hat. Besonders die Gegenüberstellung von *Heerstraßen* und *Pfaden* oder die für einen *Kohlenweg* erforderliche Straßenbeschaffenheit hat bereits Hinweise auf die außersprachliche physische Gestalt von ›Straßen und Wegen‹ gegeben. Neben diesen Implika-

---

55 Kranz, Horst: Auf Schultern, Achse und Kiel. Kohlentransport in Spätmittelalter und früher Neuzeit, in: Mitteilungen der Deutschen Gesellschaft für Archäologie des Mittelalters und der Neuzeit 14 (2003) (Themenheft zu ›Warentransport im Mittelalter und in der Frühen Neuzeit. Transportwege – Transportmittel – Infrastruktur‹), S. 71–79. Hier handelt es sich um Steinkohle, während Haubrichs 1997, S. 121 lediglich auf die Holzkohle verweist. Entscheidender ist jedoch, dass es sich bei dem von Haubrichs angeführten *Koyllweg* um eine *Fernstraße* handelte.
56 Kohlheim, Rosa/Kohlheim, Volker: Gasse und Straße als Grundwörter in frühen deutschen Straßennamen, in: Brendler, Andrea/Brendler, Silvio (Hg.): Eigennamen. Neue Wege ihrer Erforschung, Hamburg 2011, S. 169–194, hier S. 193.
57 Ebd.
58 Haubrichs 1997, S. 117–119.
59 Monumenta Boica, Bd. 33/1 (1841), S. 317 f.

tionen in der alltäglichen Wortverwendung gab es explizite, normative Festlegungen von Straßenbreiten. Gasner geht in seiner Studie sogar von einem zentralen zeitgenössischen Einteilungsprinzip aus, wie bei der Übersicht von Denecke allerdings nicht eigens deutlich wird und auch Haubrichs übergeht.[60] Die »Breitenmasse«, wie es Gasner formuliert,[61] seien zwar rege, aber keineswegs übermäßig oft bestimmt worden;[62] zentral legte jedoch der im 16. Jahrhundert mehrfach nachgedruckte und weit rezipierte Sachwabenspiegel in Anlehnung an den Sachsenspiegel Eike von Repgows aus dem 13. Jahrhundert für die *Königsstraßen* eine Breite von 16 Schuh fest, was in etwa 4,5 m entsprach.[63] Landstraßen wiederum mussten nach dem seit dem 13. Jahrhundert gültigen Rechtsgrundsatz so breit sein, dass ein Wagen dem anderen ausweichen konnte: *Die Landstraß die sol also breit sein / daß ein Wagen dem andern geraumen mag.*[64] Noch weitreichender spezifizierte eine von Raymond van Uytven für die Niederlande angeführte Ordnung aus dem Jahr 1510 die Breite von Straßen und Wegen. Danach sollte eine *Heerstraße* 40 Fuß, ein *Mühlenweg* für Packpferde 8 Fuß, ein *Kirchweg* 6 Fuß, ein *Feldweg* für Karren 12 Fuß, ein Weg von Dorf zu Dorf *(Leiweg)* 16 Fuß und ein *Triebweg* für Vieh 24 Fuß breit sein.[65]

Solche Festlegungen sind für die begriffsgeschichtliche Auseinandersetzung mit den Straßen in zweifacher Hinsicht von besonderem Interesse. Zum einen beziehen sich die Vorgaben zur Breite im zuletzt angeführten Fall zwar ebenso auf die *viae vicinales,* dennoch waren es in erster Linie die *viae publicae,* deren Mindestbreite sich nicht selbst über-

---

60 Gasner 1889/1966, S. 75. Bereits Landau, 1856, S. 385 hebt die Vielzahl an Bestimmungen bezüglich der Straßenbreite hervor.
61 Haubrichs 1997, S. 116.
62 Entsprechende Befunde führt die Studie im weiteren Verlauf an. Es gab jedoch zweifelsohne mehr Ordnungen, die die Breite der Straßen und Wege nicht explizit festlegten, ungeachtet der vielen Einzelbestimmungen, wie sie auch Denecke 1969, S. 97 teils unter Auswertung der Angaben von Gasner 1889/1966, S. 78 f. anführt.
63 Kayserlich und königlich Land- und Lehenrecht, Satzungen, Sitten und Gebrauch, wie unsere Teutsche Vorfahren lang wol hergebracht und erhalten: auch durch Röm. Keyser und König weyters erklärt und gebessert worden sind [...], Frankfurt a. M. 1566. fol. 51r [VD16 D 723]. Der Schwabenspiegel ging daneben in Straßburg 1505 [VD16 D 721] und 1507 [VD16 D 722] sowie in Frankfurt a. M. 1576 in Druck [VD16 D 724]; Umrechnung nach Denecke 1969, S. 97.
64 Schwabenspiegel [VD 16 D 723], fol. 51r. Allerdings verharrte der Rechtsgrundsatz nicht auf dieser deskriptiven Beschreibung, denn der Grundsatz legte fest, wer wie ausweichen sollte: der leichtere solle dem schwereren Wagen ausweichen, der in der günstigeren Position dem anderen *(baß entweichen mag),* ein Reiter dem Wagen, Fußgänger dem Reiter. Auch die Fortbewegungsgeschwindigkeit spielte eine Rolle: sei ein Reiter im Galopp *(jagten)* unterwegs und träfen sich die Straßennutzer auf einem Weg oder einer Brücke, so sollten die Wagen warten und dann erst nacheinander die Brücke überqueren. Der Sachsenspiegel/Schwabenspiegel kombinierte also verschiedene Eventualitäten auf den Straßen, um die Benutzung sicherzustellen.
65 Uytven, Raymond van: Landtransport durch Brabant im Mittelalter und im 16. Jahrhundert, in: Burgard/Haverkamp 1997, S. 471–499, hier S. 473, wobei sich die Breite nicht genauer berechnen lässt (siehe hierzu ebd. Anm. 10).

lassen blieb.[66] Indem bereits das antike Zwölftafelgesetz[67] und im Frühmittelalter etwa das Lex Alamannorum[68] Standards für die Ausdehnung von ›Straßen und Wegen‹ festlegten und sodann in der ersten Hälfte des 13. Jahrhunderts der Sachsenspiegel auch auf Grundlage von Rechtsgewohnheiten und in Entsprechung von rechtlichen Vorgaben in England für *kuniges straße* eine Breite festlegte, nach der *ein wagin dem andrn geraumen mag*,[69] wird eindringlich die von der Forschung oft übergangene Straßenbreite in ihrer Wichtigkeit für die zeitgenössische Straßennutzung greifbar. Denn es handelt sich hier um die »älteste deutsche Wegerechtsordnung«, der in der zweiten Hälfte des 13. Jahrhunderts nicht nur in Deutschland, sondern ebenso in Frankreich weitere diesbezügliche Bestimmungen folgten.[70] Wer also von einer – so formuliert es ein Traktat aus dem Jahr 1591 – *Heerstrasse (via regia, via publica)* und damit von einer *gemeine[n] freye[n] Landstrasse* sprach,[71] meinte eine mit Wägen befahrbare Straße.

Mit Blick auf die bisherige begriffsgeschichtlich orientierte Straßenforschung muss freilich zum anderen konstatiert werden, dass die implizit oder explizit genannte Breite ein Aspekt des Erscheinungsbildes von Straßen ist, der oftmals jenseits von Begriffen oder dem vordergründigen Sinngehalt von Einzelbegriffen liegt. Die Ausdehnung von Straßen ist deshalb bei Haubrichs bezeichnenderweise kein Kriterium zur Typisierung, denn diese wird über die Straßenbezeichnungen selbst selten konkretisiert, wie etwa bei *strata magna* oder *brede wech*.[72] Und auch Denecke hebt zwar hervor, dass die »Einhaltung der Breiten […] durch Rechtssätze geschützt war«, und interessiert sich in diesem Zusammenhang ferner für die Spurenweite von Wägen, also dem Abstand der Räder voneinander.[73] Als abstrahiertes Unterscheidungskriterium tritt die Breite von Straßen und Wegen in der Übersicht (Abb. 1) jedoch nicht in Erscheinung. Die begriffsorientierte Betrachtung des vormodernen Straßenwesens erlaubt es damit zwar, eine feingliedrige Binnendifferenzierung der in der Vergangenheit existenten Straßen und Wege vorzunehmen, da solche Forschungen qua Untersuchungsanliegen einen analytisch weitgefassten Blick auf eine Vielzahl sehr unterschiedlicher Straßen und Wege werfen und diese einordnen. Die schließlich systemati-

---

66 Denecke 1969, S. 97 führt 12 weitere Breitenvorgaben für *Königs- und Heerstraßen* ang.
67 Höcker, Christoph: Art. ›Straßen- und Brückenbau‹, in: Der Neue Pauly – Online, URL: http://dx.doi.org/10.1163/1574-9347_dnp_e1123690 (5.5.2023).
68 Ebengreuth, A. Luschin v.: Art. ›Wegemaße‹, in: Reallexikon der Germanischen Altertumskunde 4 (1918/1919), S. 492 f., hier S. 492.
69 Bonacker, Wilhelm: Die älteste deutsche Wegerechtsordnung von 1220/30, Bad Godesberg 1968. Zur Bestimmung in England Szabó 1994, S. 928 f.; Landau 1856, S. 385 weist ebenfalls auf das diesbezügliche Gesetz des englischen Königs Heinrich I. hin.
70 Bonacker 1968; Szabó 1994, S. 929.
71 Spangenberg, Cyriacus: Adels-Spiegel, Historischer Ausführlicher Bericht: Was Adel sey und heisse […], Schmalkalden 1591 [VD16 S 7472], fol. 266v.
72 Haubrichs 1997, S. 140.
73 Denecke 1969, S. 86–99, S. 96 (Zitat).

sier- und hierarchisierbaren Befunde können jedoch nicht zwangsläufig sämtliche und womöglich sogar die für die Zeitgenossen zentralen Unterscheidungsmerkmale erfassen.

Denn die »Hochrangigkeit«[74] etwa von *Heerstraßen* oder anderen *viae pulicae* ergab sich nicht nur aus ihrem rechtlichen Charakter, wie Abb. 1 mit der »Jurisdiktionalen Klassifikation« hervorhebt, sondern ebenso aufgrund einer gewissen Straßenbreite. Es kann auch von einer dem Begriff ›viae pulicae‹ bedeutungsimmanenten relativen Straßenbreite gesprochen werden: die Reichs-, Geleits- und anderen öffentlichen Straßen hatten im Vergleich zu anderen Straßen und Wegen eine besondere Breite.[75] Welchen Stellenwert die Ausdehnung eines Verkehrsweges für das zeitgenössische Verständnis des *Straßenraumes* hatte, unterstreicht eine Bestimmung zu den *strassen des rychs* für das schweizerische Burgau in Toggenburg aus dem Jahr 1469. Demnach sollte im Falle einer Beschwerde über die unzureichende Straßenbreite zunächst ein Knecht auf ein Pferd gesetzt und ein Spieß quer über den Sattel gelegt werden. Der Knecht hatte dann das Pferd *die strassen [entlang] zu füren,* und falls der Spieß irgendwo anstoße, müsse die *Reichsstraße* an der entsprechenden Stelle innerhalb von acht Tagen erweitert werden.[76]

Deutlich ist, dass die Straßenbreite der *viae publicae* kein beliebiges, sondern ein für die Zeitgenossen maßgebendes, gesetzlich geregeltes und kontrolliertes Merkmal dieses Straßentypus war. Eine Definition des Begriffes ›Landstraße‹ aus dem 18. Jahrhundert bestätigt dies. Demnach sollte eine solche Straße in Entsprechung der bereits angeführten Begriffsbestimmung nicht nur durch ein Land oder *aus einem Lande in das andere* führen, sondern zuvorderst heißt es: *Land-Straße, eine Straße, d. i. ein großer, breiter Weg.*[77] Die häufig auch *Heerstraßen* genannten *Landstraßen*[78] mussten daneben eine gewisse Geradheit und Ebenheit besitzen, wie Haubrichs ferner für die so bezeichneten *viae publicae* geltend machen kann.[79]

Straßenbezeichnungen verweisen damit vielfach auf die physische Gestalt von Fahr- und Gehwegen, obgleich natürlich der Wandel der Wortbedeutungen, die Produktivität von Komposita und Derivationen sowie die Tatsache zu berücksichtigen bleibt, dass die Zeitgenossen für die Bezeichnung von Straßen Wörter verwendeten, die von den ›eigentlichen‹ Wortbedeutungen abweichen konnten, wenn nicht sogar diesen widersprachen. So weist Haubrichs unter Berücksichtigung von Rekonstruktionsergebnissen im Gelände auf sogenannte *Rennwege* hin, welche als *überregionale Verbindungsstraßen* »für den schnellen Verkehr, vorwiegend für Reiter« fungierten, doch obgleich sie häufig schmal waren

---

74 Haubrichs 1997, S. 164.
75 Dies hebt auch Ohler 2004, S. 57 hervor.
76 Grimm, Jacob (Hg.): Weisthümer, Bd. 1, Göttingen 1840, S. 193.
77 Krünitz Bd. 62 (1794), Lemma ›Land-Straße [und Chausseen]‹, S. 318–740, hier S. 318.
78 Ebd.
79 Haubrichs 1997, S. 164.

und über Höhen und Wälder verliefen, konnten sie sogar *Heerstraße* heißen,[80] womit sie mitnichten den bislang hervorgehobenen Kriterien dieses Straßentypus entsprachen. Eine Heerstraße musste also nicht zwingend breit, gerade und eben verlaufen. Vielmehr konnte der von Haubrichs angeführte *Rennweg* gerade deshalb als eine eigentlich viel zu schmale *Heerstraße* bezeichnet werden, da es sich um eine *Fernstraße* handelte, welche aber trotz der Bezeichnung keinen besonderen rechtlichen Status besaß.[81] Damit erweitert respektive verengt sich allerdings die Wortbedeutung von *Heerstraße,* was eine abschließende Zuordnung von Straßen zu einer größeren Gruppe erschwert. Dennoch verweisen bei aller Variabilität der Wortverwendungen die Straßenbezeichnungen auf bestimmte Merkmale von Straßen.

Verlaufsform und Materialität

Sowohl die Verlaufsform (gerade/kurvig u. eben/uneben) als auch die Materialität der befahr- und/oder begehbaren Straßenoberfläche waren für manche Straßenbezeichnungen wortprägend. Dies betrifft sämtliche auf das Verhältnis einer *Verkehrsbahn* zum Relief bezugnehmenden Bezeichnungen, also die in der Übersicht (Abb. 1) unter »Reliefbezogene Klassifikation« angeführten Straßen.[82] In Abhängigkeit von der Form der Erdoberfläche gab es auf Anhöhen *(Höhenwege)* oder in Tälern *(Talwege)* verlaufende Wege oder *Hellwege,* welche entsprechend der Bedeutung des Wortes ›helle‹/›helde‹ (Abschüssigkeit, Geneigtheit, Hang) entlang von Gefällen führende *Hangwege* waren.[83] Und auch eine *Steige* brachte die für jeglichen Nutzer beschwerlichen Steigungen weitaus präziser zum Ausdruck als die unbestimmten Grundwörter ›Straße‹ oder ›Weg‹.[84]

Die materielle Beschaffenheit von Straßen und Wegen spezifizieren wiederum Bezeichnungen wie *Sand-, Stein- oder Graswege* (siehe hierzu bei Abb. 1 die Klassifikation zu den sogenannten *Natur- und Kunstwegen*). Mit breiten, dicken Brettern ausgebaute Wege sind *Bohlenwege,*[85] während durch fortlaufende Nutzung entstandene *Hohlwege* eine gewisse Festigkeit für den Wagenverkehr implizierten.[86] Die von den Zeitgenossen verwendeten Begrifflichkeiten geben also neben der rechtlichen und raumbezogenen (Relief, Verlaufsform, Breite) Zuschreibung zahlreiche Hinweise auf die vielfältigen materiellen

---

80 Ebd., S. 122 (Zitat) u. 165.
81 Ebd., S. 165.
82 Siehe hierzu auch Denecke 1969, S. 113.
83 Ebd., S. 116.
84 FWB Lemma ›steige‹, URL: http://fwb-online.de/go/steige.h1.1f_1573910506 (4.4.2023).
85 Ebd., Lemma ›bole‹, URL: http://fwb-online.de/go/bole.s.1f_1574194380 (4.4.2023).
86 Siehe zu Formen und Genese von Hohlwegen Denecke 1969, S. 51–58. Einen solchen Hinweis auf die Festigkeit einer Wegstrecke beinhalten zahlreiche weitere Straßenbezeichnungen und geben hierüber Einblicke in die verschiedenen Nutzungsformen (zu Fuß, auf oder mit Tieren, mit oder ohne Wagen oder Kutschen), da diese immer auch eine gewisse materielle Beschaffenheit erforderten. Wer also etwa eine *Heerstraße* benutzte, konnte in der Regel damit rechnen, dass diese Straße mit entsprechender Breite, Geradheit und Ebenheit ausgezeichnet war und aufgrund ihrer Materialität mit Wägen befahren werden konnte.

Erscheinungsformen von Straßen und Wegen. Die Übersicht von Denecke vermag diese Vielfalt in ihrer Unabgeschlossenheit zu strukturieren. Die dezidierte Auseinandersetzung mit den vorhandenen Bezeichnungen aus den unterschiedlichen Quellen zeigt jedoch, dass jede Straße mehreren Einteilungen gleichzeitig entsprechen konnte, wenn etwa eine *Heerstraße* (Jurisdiktionelle Klassifikation) zugleich als ein *Fernverkehrsweg* (Regionale Klassifikation) oder ein *Hohlweg* (Klassifikation nach natürlicher Beschaffenheit) zugleich als *Karrenweg* (Klassifikation nach Art der Verkehrsmittel) zu begreifen ist. Die sehr umfängliche und differenzierte Systematisierung (Abb. 1) bleibt unvollständig, nicht zuletzt deshalb, weil Typisierungen von einem eindimensionalen Ideal ausgehen und sie die hybriden Realitäten nur bedingt erfassen können.

Grenzen der Typologisierung

Die Bedeutungsdimensionen lassen sich nicht immer strikt differenzieren, einer Nutzungsform oder einem Erscheinungsbild zuordnen und dadurch trennscharf typologisieren, obgleich eine Systematisierung nach Nutzungsform und Erscheinungsbild dazu beiträgt, sich ›der Straße‹ im 16. Jahrhundert schrittweise zu nähern, ohne dessen vielfältige Ausprägungen oder Mehrdeutigkeiten zu vernachlässigen.[87] Solche Mehrdeutigkeiten lassen sich nur bei näherer Analyse des Einzelfalls auflösen, wie etwa bei bestimmten metaphorischen Beschreibungen. So lassen sich gleich mehrere *Goldene Straßen* greifen: Etwa eine von Salzburg über Seebruck nach Augsburg verlaufende *Salz-Fernstraße*,[88] oder eine von Nürnberg über Lauf, Sulzbach, Weiden, Bärnau, Tachov/Tachau und Pilsen nach Prag führende *Handelsstraße*. Das Adjektiv ›golden‹ wurde daneben zwar ebenso »für den von Passau aus nach Böhmen führenden *Goldenen Steig* [Hervorhebung d. Verf.; A.D.] verwendet, wie auch zeitweise für die von Vilshofen über Grafenau führende Verbindung«.[89] Der erstmals im Jahr 1513 auftauchende Begriff *gulden straß* meint jedoch in erster Linie die angeführte Verbindung von Nürnberg nach Prag.[90] Diese *Goldene Straße* konnte nur deshalb golden sein, da sie besonders rege für den Warentransport genutzt wurde, was wiederum eine Straßenbreite und Festigkeit der befahrbaren Straßenober-

---

87 So führt etwa Denecke einen *Eisenweg* als einen industriewirtschaftlichen Weg mit regionaler Funktion in der Übersicht (Abb. 1) unter ›Funktionale Klassifizierung‹ an, während Haubrichs zudem auf die metaphorische Bedeutung eines *Eisenweges* aufmerksam macht, bei der mehr die Härte des Straßenbelages als die Art des transportierten Gutes im Vordergrund steht [Haubrichs 1997, S. 151].
88 Ebd.
89 List, Ulrich: Goldene Straße, publiziert am 01.03.2010, in: Historisches Lexikon Bayerns, URL: http://www.historisches-lexikon-bayerns.de/Lexikon/Goldene_Straße (4.4.2023); List, Ulrich: Untersuchungen zum Transportwesen und den Transportwegen des Systems der »Goldenen Straße« zwischen dem mittelfränkischen und dem böhmischen Becken (Regensburger Beiträge zur Regionalgeographie und Raumplanung 11), Kallmünz 2006.
90 Ebd., S. 10.

fläche voraussetzte. Die von Nürnberg über Lauf gegen Prag verlaufende *Handels- und Transportstraße* wird im weiteren Verlauf der Studie noch als *Laufer Straße* in Erscheinung treten. Im 18. Jahrhundert erfährt die Strecke mit dem Wegziel Lauf auch eine Spezifizierung als *Heerstrasse*,[91] während die *gulden straß* insgesamt 1513 auch als *königliche Stras* bezeichnet wird.[92] Die Forschungen des 19. und 20. Jahrhunderts erkannten in dieser Straße wiederum einen Teil der von Breslau nach Genf verlaufenden *Welthandelsstraße*, einen *Hauptweg*, eine *Hauptroute* oder ebenso eine *Fernhandelsstraße*.[93] Gerade solche hierarchisierenden Klassifizierungen entsprechend der Distanz von Wegstrecken (*Fern- u. Nahstraßen*) oder aufgrund der Stellung von Wegen in einem *Wegenetz* (*Haupt- u. Nebenstraßen*) müssen abschließend nicht nur an dieser Stelle mit Bedacht genannt und kritisch reflektiert werden.[94] Denn deutlich ist abermals, dass es sich in erster Linie um analytische Zuschreibungen der Forschung handelt, die nur bedingt etwas über die *Sayings* der Zeitgenossen aussagen. Zumindest das Wort ›Hauptstraße‹ lässt sich erst für die Zeit um 1700 nachweisen, während Nebenstraßen *(bistraze, beiweg, beistrasse)* seit Ende des 13. Jahrhunderts belegbar sind.[95]

Fernstraßen tauchen wiederum zwar als *ferne Wege* im 16. Jahrhundert auf,[96] hier wie generell handelt es sich jedoch um relative Zuschreibungen, was auch Denecke zugestehen muss: »Die Abgrenzung von *Fernverkehrs- und Nahverkehrswegen* [Hervorhebung d. Verf.; A.D.] bereitet oft Schwierigkeiten [...]. Eine absolute Grenze läßt sich hier nicht angeben«.[97] Wenn in diesem Sinne auch Haubrichs es für unlösbar erachtet, »eine Fernweg- von einer Nahwegbezeichnung zu unterscheiden«,[98] dann deuten sich analytische Unschärfen an.

---

91 Truckenbrot, Michael: Nachrichten zur Geschichte der Stadt Nürnberg, Bd. 2: Welcher die Geographie des Distrikts, und die politische Geschichte der Stadt enthält, Nürnberg 1786 [VD18 90029208], S. 158.
92 List 2010.
93 Müller, Johannes: Die Hauptwege des Nürnbergischen Handels im Spätmittelalter. Ein Beitrag zur mittelalterlichen Verkehrsgeographie, in: Archiv für Kulturgeschichte 5 (1907), S. 1–23, hier S. 2; Höhn, Alfred: Die Straßen des Nürnberger Handels. Ein Streifzug durch Geschichte und Landschaft, Nürnberg 1985, S. 45–74; Stadtlexikon Nürnberg, hg. v. Diefenbacher, Michael/Endres, Rudolf, 1. Aufl. Nürnberg 1999; 2. verb. Aufl. Nürnberg 2000, Art. ›Fernhandelsstraßen‹, S. 280.
94 Siehe hierzu auch die Ausführungen zu den Straßen des Nürnberger Umlands.
95 Haubrichs 1997, S. 114; FWB, Lemma ›beiweg‹, URL: http://fwb-online.de/go/beiweg.s.0m_1573738233 (4.4.2023) u. Lemma ›beistrasse‹, URL: http://fwb-online.de/go/beistrasse.s.1f_1533847950 (4.4.2023); Haubrichs 1997, S. 114 führt für das Wort ›Hauptstraße‹ einen Beleg aus dem Jahr 1703 an. Es kommt ferner 1689 bei einer Beschreibung Schlesiens vor [Lucae, Friedrich: Schlesiens curiose Denckwürdigkeiten oder vollkommene Chronica, Teil 2, Frankfurt a.M. 1689 [VD17 39:122810Z], S. 1401].
96 Rosenbusch, Christoph: Zeitung, welcher Gestallt, im Martio dieses fünffundachtzigsten Jars, etlich König und Fürsten auß Japonia ihre Abgesandten, deß Glaubens halben, gen Rom geschickt haben [...], o.O. 1586 [VD16 A 145], S. 10.
97 Denecke 1969, S. 113.
98 Haubrichs 1997, S. 102 (Anm. 7). Denecke versucht dennoch, *Fernstraßen* als jene Verbindungen zu definieren, die »über den engeren Einzugsbereich der zentralen Siedlung eines geschlossenen Siedlungsraumes hinausgehen« [Denecke 1969, S. 113].

Diese wiegen umso schwerer, als dass das in der Einleitung bereits angesprochene Mobilitätsverhalten der Zeitgenossen in die Analyse miteinzubeziehen ist. Denn alleine die zur Verfügung stehenden Fortbewegungsmittel lassen einen Bewegungshorizont erkennen, bei dem Nah und Fern eine zeit- und gesellschaftsspezifische Ausformung erfuhren, Straßen und Wege je nach Jahreszeit und Oberflächenzustand unterschiedliche wahrgenommen und damit charakterisiert wurden.

2.2 Die Visualisierung des Straßenraumes

Auf der Quellengrundlage von Straßenkarten, Augenscheinkarten, Landesaufnahmen und Flugblättern wird im Folgenden differenziert für die einzelnen Medien gezielt nach den jeweiligen Visualisierungstechniken von Straßen gefragt. Typische, musterhafte Darstellungskonventionen und wiederkehrende Darstellungselemente lassen sich damit ebenso greifen wie gattungsbedingte Spezifika oder kontextbedingte Singularitäten. Sämtliche untersuchten visuellen Quellen erlauben es daneben, über das Dargestellte und Gesehene in Kombination mit dazugehörigem schriftlichen Aktenmaterial oder der gattungsspezifischen Text-Bild-Kombination in Flugblättern, unmittelbare Rückschlüsse auf die Bedeutung und die Funktion von Straßen zu gewinnen. Während kartographische Darstellungen im Rahmen von Landesaufnahmen oder beweisführenden Augenscheinkarten ein bewusstes, momentanes Abbild der Landschaft geben und explizit die Verkehrsinfrastruktur visualisieren, wie sich unten zeigen wird, implementieren Flugblätter mit Straßendarstellungen ein implizites Verweissystem: Straßen symbolisieren hier vorwiegend den Raum des Öffentlichen, des Zugänglichen und verweisen so auf das Eingebundensein von Verkehrsinfrastruktur in die Lebenswelt der Frühen Neuzeit.

Behandelt wird als erstes [2.2.1] die Kenntlichmachung von Straßen auf eigens dafür produzierten Straßenkarten und weiteren kartographischen Darstellungen unter Berücksichtigung textueller Spezifizierungsmöglichkeiten. Im Unterschied zu solchen Visualisierungen, die den Verlauf und die Distanz einer Wegstrecke aus der Ferne fokussieren, lässt sich darauf aufbauend [2.2.2] mit *Hochstraßen, Steigen* und *Hohlwegen* sowie mit den an oder mit Herrschaftsgrenzen verlaufenden Straßen die detailreiche Nähe darlegen, mit denen die Verkehrsverbindungen in Kartenwerken bildlich und sprachlich Eingang fanden. Nicht nur in Ausschnitten, sondern in ihrer Gesamtheit sowie unter Berücksichtigung dazugehörigen Aktenmaterials betrachtet werden daran anschließend zwei Augenscheinkarten [2.2.3], welche es erlauben, mit einer *Creutzstraße* eine von Denecke und Haubrichs[99] bislang übersehene Straßenbezeichnung sowie ein sehr detailreich

---

99 Denecke 1969, S. 111 f.; Haubrichs 1997.

dokumentiertes Unfallgeschehen in den Mittelpunkt zu rücken. Deutlicher werden so die Möglichkeiten, Grenzen und Erfordernisse der Sichtbarmachung und verbalen Spezifizierung von Straßen und Wegen durch kartographische Darstellungen. Damit verbunden stehen im Folgenden die *Doings* der Visualisierungsmedien im Vordergrund. Insgesamt zu klären bleibt, welche Straßen überhaupt sichtbar gemacht wurden und vice versa, was nicht zu sehen ist. Als am und beim Straßenrand von Menschenhand willentlich aufgestellte, aber ebenso bewusst zerstörte oder sich selbst überlassene Objekte können, neben Zäunen, Informationstafeln, Grenzsteinen und Richtstätten, besonders Wegheiligtümer benannt und deren Funktionalität eruiert werden [2.2.4]. Dokumentiert sind ferner die an Fern-, Zoll- und Geleitstraßen errichteten Zollhäuser: sie visualisieren ganz konkret die herrschaftliche Durchdringung des Straßenraumes und sind Abbild der Herrschaft mit Straßen. Inwieweit Straßen als öffentliche Räume begriffen werden können und wie dieser grundlegend zur Klärung des Sachverhalts zur Gefahr der Straßennutzung beitrug, soll ebenso thematisiert werden unter besonderer Beachtung der Frage, wie Flugblätter Straßen publikumswirksam visualisierten [2.2.5].

Entlang dieses Aufbaus gehen die folgenden Ausführungen der Frage nach, wie und warum die verschiedensten visuellen Medien der Vormoderne Straßen und Wege zur Darstellung brachten, worauf die bisherige Forschung nur eingeschränkt Antworten bereithält. Abgesehen von Untersuchungen der Altstraßenforschung, welche Karten und Bilder in erster Linie zur Rekonstruktion von Straßenverläufen herangezogen haben, um allerdings mehr die geographische Exaktheit der einzelnen Darstellungen herauszustellen als nach den Prinzipien und Konventionen der divergierenden Visualisierungen zu fragen,[100] beschäftigten sich weitere Studien vorzugsweise der Kunstgeschichte konkret mit Darstellungsprinzipien und konnten diese aus unterschiedlichem Bildmaterial heraus-

---

100 Etwa Herzog, Steffen: »... die hohe und die niedere Landstraß aus Polen und Schlesien«. Augenschein-, Bild- und Streitkarten als Quellen der Altstraßenforschung, in: Aurig, Rainer/Ders./Lässig, Simone (Hg.): Landesgeschichte in Sachsen. Tradition und Innovation (Studien zur Regionalgeschichte 10), Bielefeld 1997, S. 109–128; Gränitz 2006, S. 40–45; List 2006, u.a. S. 55–57 u. 241 f. Schon Wopfner 1931, S. 111 führt Karten als Quelle der Altstraßenforschung an. Behringer, Wolfgang: Die Visualisierung von Straßenverkehrsnetzen in der frühen Neuzeit, in: Szabó 2009 I, S. 255–278 interessiert sich in erster Linie für das Aufkommen der Postkurskarten (seit 1632) und attestiert den visuellen Medien des 16. Jahrhunderts eine nicht näher begründete Unbrauchbarkeit; diese Sichtweise wurde fast wortgleich bereits in der Habilitationsschrift formuliert [Behringer 2003, S. 486 f.]. Eine eingehendere Auseinandersetzung mit den so bezeichneten Verkehrswegekarten findet sich bei Recker, Gabriele: Von Trier nach Köln 1550–1850. Kartographiehistorische Beiträge zur historisch-geographischen Verkehrswegeforschung. Betrachtungen zum Problem der Altkarten als Quelle anhand eines Fallbeispiels aus den Rheinlanden, Rahden/Westfalen 2003, S. 146–190. Die Rekonstruktion von Wegstrukturen auf Grundlage von topographischen Ansichten behandelt Andraschek-Holzer, Ralph: Dorfansichten der Frühen Neuzeit: Fiktionen oder Quellen, in: Beiträge zur Mittelalterarchäologie in Österreich 25 (2009), S. 231–258, hier S. 234 u. 241.

arbeiten.[101] Straßen erscheinen hierbei in erster Linie als typologische Hilfsmittel, als visuelle Strukturierungselemente: So hat Ralph Andraschek-Holzer deutlich machen können, dass Straßen und Wege auf topographischen Ansichten des 15. und 16. Jahrhunderts häufig die Funktion erfüllten, den Blick des Betrachters in Richtung des Bildzentrums zu lenken oder eine ›Bühne‹ für die zur Belebung der bildlichen Darstellung mitaufgenommen Figuren zu bereiten.[102] Für Straßen in Stadtabbildungen spricht die kunsthistorische Forschung von regelrechten »Streetscapes«, da bei vielen dieser Stadtveduten die innerhalb oder unmittelbar vor den Städten gelegenen Straßen »the organising element of the city view« darstellten.[103] Und auch bei Landschaftsansichten erhoben Maler den Weg zu einem zentralen Bildelement der Perspektivenführung, um die Naturszenerie zu strukturieren; Wege konstituierten geradezu die dargestellte Raumszenerie, wie Birgitta Coers hervorhebt.[104] Aus dezidiert geschichtswissenschaftlicher Perspektive setzten sich etwa für das Spätmittelalter Gerhard Jaritz und Helmut Hundsbichler auf Grundlage von christlichen und profanen Bildwerken mit Straßen und Wegen auseinander. Straßen und Wege, innerhalb und außerhalb von Siedlungen, so ihr Befund,[105] dienten als ikonographische

---

101 Nur am Rande wird die Visualisierung von Verkehrswegen angesprochen etwa von Otruba, Gustav: Das Verkehrswesen Österreichs in der Neuzeit (16.–18. Jahrhundert), in: Gutkas, Karl/Bruckmüller, Ernst (Hg.): Verkehrswege und Eisenbahnen. Beiträge zur Verkehrsgeschichte Österreichs aus Anlaß des Jubiläums »150 Jahre Dampfeisenbahn in Österreich« (Schriften des Instituts für Österreichkunde 53), Wien 1989, S. 23–59, hier S. 32 oder Heimann, Heinz-Dieter: Dorfbild, Ereignisbild, Weltbild: Die neue Sicht der »kleinen« Welt in frühen Kartenwerken, in: Rösener, Werner (Hg.): Kommunikation in der ländlichen Gesellschaft vom Mittelalter bis zur Moderne (Veröffentlichungen des Max-Planck-Instituts für Geschichte 156), Göttingen 2000, S. 189–208, hier S. 195. Die Zeitschrift ›Wege und Geschichte‹ widmete sich 2018 (Heft 2) dem Thema »Wege und Verkehr in Bildern«. Hier kommen aber in erster Linie Visualisierungen des 19. und 20. Jahrhunderts zur Sprache, URL: https://viastoria.ch/ (4.4.2023).
102 Andraschek-Holzer, Ralph: Darstellung von Verkehrswegen in topographischen Ansichten des 15. und 16. Jahrhunderts, in: Holzner-Tobisch/Kühtreiber 2012, S. 331–352, hier S. 340 u. 350.
103 Blumin, Stuart M.: The encompassing city. Streetscapes in early modern art and culture, Manchester 2008, S. 8. Siehe auch Blumin, Stuart M.: The encompassing city: *Vedutismo* in Early Modern Art and Culture, in: Groos, Arthur u. a. (Hg.): Topographies of the early modern city (Transatlantische Studien zu Mittelalter und Früher Neuzeit 3), Göttingen 2008, S. 239–256. Insgesamt hierzu Behringer, Wolfgang/Roeck, Bernd (Hg.): Das Bild der Stadt in der Neuzeit 1400–1800, München 1999, darin besonders Simane, Jan: Die Welt im Bild – Städte- und Landschaftsdarstellungen im 16. und 17. Jahrhundert, S. 56–65.
104 Coers, Birgitta: Monumente am Wegesrand. Piranesis »Via Appia« und die antiquarische Forschung im 17. und 18. Jahrhundert, in: Denzler 2018 I, S. 73–94, hier S. 81 mit Verweis auf Hochstrasser, Julie Berger: Inroads to Seventeenth-Century Dutch Landscape Painting, in: Netherlands Yearbook for History of Art 48 (1998), S. 193–221. Siehe auch Michalsky 2011. Zur nicht nur kunsthistorisch relevanten und untersuchbaren Verschränkung von »routes, roads and landscapes« schwerpunktmäßig vom 18. bis ins 20. Jahrhundert Hvattum, Mari u. a. (Hg.): Routes, roads and landscapes, Farnham/Surrey 2011.
105 Jaritz, Gerhard: ›Strassenbilder‹ des Spätmittelalters, in: Ders. 2001, S. 47–70 fokussiert die urbanen Straßen, die Befunde resümiert wiederum Hundsbichler, Helmut: Wahrnehmung von Wegen – Wege der Wahrnehmung. Straßen als Bildelemente im späten Mittelalter, in: Szabó 2009 I, S. 215–236, hier. S. 233f. Bildquellen zum spätmittelalterlichen Passverkehr stellt Esch, Arnold: Spätmittelalterlicher Passverkehr im Alpenraum. Typologie der Quellen, in: Esch 1998 I, S. 173–248, hier S. 227–231 vor.

Elemente dazu, durch die Miteinbeziehung dieses Phänomens des Alltags in das Bildprogramm die Authentifizierung der dargestellten Szenen und Landschaften zu erreichen. Dem Betrachter sollte durch das Dargestellte »plakativ«[106] die in das »Bild tretende Welt«[107] nahegebracht werden und damit bekannte, wiedererkennbare Elemente aus der Umwelt in den Betrachtungsprozess integriert werden. Im Grunde geht es also um die »fundamentale Rolle anschaulicher Evidenzbildung, einer sinnlichen Sicherheit im Umgang mit der Welt«, wie Gottfried Boehm in Hinblick auf die »Genese der ikonischen Evidenz« darlegt.[108] Wo jedoch durch das visuelle Wiedererzählen eine ästhetisierende Fiktionalität begann und eine dokumentierende Faktizität der visualisierten Straßen endete, ist für das 16. Jahrhundert unzureichend untersucht, nicht zuletzt, weil die Grenzen hierzu fließend sind und überdies Flugblätter ungeachtet ihrer Funktion als zentrale Bildmedien im Übergang vom skriptographischen zum typographischen Zeitalter für die hier zu interessierenden Zusammenhänge bislang keine ausreichende Beachtung gefunden haben.

Die in der Regel aus einem Bild- und einem Textteil bestehenden Flugblätter, die aus der Reformation ein Medienereignis machten[109] und das gesamte 16. Jahrhundert über anlassbezogen mit einer durchschnittlichen Auflage von 1000 bis 1500 Exemplaren je Ausgabe erschienen sind,[110] eröffnen zusammen mit kartographischen Darstellungen von

---

106 Janßen-Schnabel, Elke: Die Straße als Lebensraum in Antike, Mittelalter und Neuzeit. Darstellung in der bildlichen Kunst von der Antike bis heute, in: Fischer/Horn 2013, S. 251–264, hier S. 253; siehe auch Jaritz 2001 II, S. 48 f. u. 53 f.
107 Stierle, Karlheinz: Petrarcas Landschaften. Zur Geschichte ästhetischer Landschaftserfahrung (Schriften und Vorträge des Petrarca-Instituts Köln 29), Krefeld 1979, S. 44.
108 Boehm, Gottfried: Augenmaß. Zur Genese der ikonischen Evidenz, in: Boehm, Gottfried/Mersmann, Birgit/Spies, Christian (Hg.): Movens Bild. Zwischen Evidenz und Affekt, München 2008, S. 14–42, hier S. 15; siehe zur Evidenzerzeugung und zur Bedeutung von Evidenz in der Frühen Neuzeit auch den interdisziplinären Ansatz im Sammelband Wimböck, Gabriele/Leonhard, Karin/Friedrich, Markus (Hg.): Evidentia. Reichweiten visueller Wahrnehmung in der Frühen Neuzeit (Pluralisierung & Autorität 9), Münster 2007.
109 Burkhardt, Johannes: Das Reformationsjahrhundert. Deutsche Geschichte zwischen Medienrevolution und Institutionenbildung 1517–1617, Stuttgart 2002.
110 Münch, Roger: Art. ›Druckmedien‹, in: EdN – Online [2019]; Schilling, Michael: Bildpublizistik der frühen Neuzeit: Aufgaben und Leistungen des illustrierten Flugblatts in Deutschland bis um 1700 (Studien und Texte zur Sozialgeschichte der Literatur 29), Tübingen 1990, S. 25 geht von durchschnittlich 1500 Exemplaren aus, bei Holzschnittblättern war die Auflage aber teils erheblich höher. Zur Einordnung des Flugblatts in die Mediengeschichte der Frühen Neuzeit: Bellingradt, Daniel: Das Flugblatt im Medienverbund der Frühen Neuzeit. Bildtragendes Mediengut und Recycling-Produkt, in: Daphnis 48 (2020), S. 516–538 u. Würgler, Andreas: Medien in der Frühen Neuzeit (EDG 85), München 2013, u. a. S. 18 u. 113 f., ferner Harms, Wolfgang/Schilling, Michael (Hg.): Das illustrierte Flugblatt in der Kultur der frühen Neuzeit (Mikrokosmos 50), Frankfurt a. M. 1998; Harms, Wolfgang/Messerli, Alfred (Hg.): Wahrnehmungsgeschichte und Wissensdiskurs im illustrierten Flugblatt der Frühen Neuzeit (1450–1750), Basel 2002; Harms, Wolfgang/Schilling, Michael: Das illustrierte Flugblatt der frühen Neuzeit: Traditionen, Wirkungen, Kontexte, Stuttgart 2008 u. Schilling, Michael: Illustrierte Flugblätter der frühen Neuzeit als historische Bildquellen, in: Tolkemitt, Brigitte/Wohlfeil, Rainer (Hg.): Historische Bildkunde. Probleme – Wege – Beispiele (ZHF, Beihefte 12), Berlin 1991, S. 107–119.

Straßen die Möglichkeit, die zeitgenössische Sichtbarmachung zur Begehung, Bereitung oder Befahrung genutzter Strecken aufzudecken. In bewusster Ergänzung, aber auch Abgrenzung zu den begriffsgeschichtlichen Befunden ergeben sich hierdurch 1.) weitreichende Einblicke in den Öffentlichkeitscharakter von Straßen, der von der Forschung bislang nur lose konstatiert wurde und einer systematischen Behandlung bedarf.[111] Kartographische Darstellungen und Flugblätter thematisieren 2.) das Eingebundensein von Straßen und Wegen in die sie umgebende Natur und eröffnen den Blick auf den ebenfalls noch weitgehend unerforschten Straßenrand. Der straßenzugehörige Bereich, der ausgehend von der befahr- und begehbaren Straßenfläche haptisch ergreifbar oder mit den Augen einsehbar ist, lässt zusammen mit den Visualisierungsmedien selbst 3.) verschiedene Aneignungsformen von Straßen und Wegen erkennen, die auf die Gefahren der Straßennutzung und den zeitgenössischen Umgang mit diesen Unsicherheiten ebenso verweisen wie auf die herrschaftliche Durchdringung des Straßenraumes.

Im Fokus stehen damit die den Visualisierungsmedien zugrundeliegenden Praktiken, worauf einzelne Bildinhalte eindeutig hinweisen: Kolorierungen, Text-Bild-Kombinationen, Textfelder innerhalb der Visualisierungen, die Darstellung und Markierung wichtiger topographischer Elemente (Wälder, Flüsse, Anhöhen) sowie unterschiedliche Möglichkeiten der Geländedarstellung. Einzelne, straßenbezogene Bildelemente, die die alltägliche Straßenumwelt repräsentieren, bilden damit den Ausgangspunkt der Analyse. Besonders die am Straßen- respektive Wegesrand platzierten Bildstöcke und Kreuze lassen einen zentralen Bestandteil der graphischen Darstellung erkennen, an dem sich nicht weniger als die mit der Straßennutzung einhergehenden Gefahren, Ängste, Sorgen und Hoffnungen materialisierten und damit die Kontingenz der Fortbewegung widerspiegeln. Das Gemachtsein der Bildstöcke und ihre Aufnahme in visuelle Darstellungen verweisen auf ihre Präsenz und Markierungsfunktion im Straßenraum, auf eine Performanz der Straße.[112] Es soll also nicht nur die jüngst von Ruth Evans formulierte Einschätzung »crosses were evidently plentiful« bestätigt werden.[113] Aufbauend auf diesen und anderen meist

---

111 Jaritz 2001 II, S. 48 spricht von Straßen als einem »Objekt des öffentlichen Raumes«; siehe etwa auch Hundsbichler 2009, S. 224 u. Szabó 2009 IV, S. 358.
112 Mit einer europäischen Dimension, vorwiegend auf die Gegenwart ausgerichtet: Zak-Kulseza, Malgorzata/Lubiarz, Magdalena/Kulesza, Piotr: The European cultural heritage of the contemporary sacred landscape in Poland and its evaluation based on the example of roadside shrines and crosses, in: Cogent arts & humanities 9/1 (2022), S. 2–22; ebenfalls gegenwartsbezogen und interreligiös, Wegkreuze und Wegheiligtümer jedoch als den natürlichen Ort in einen religiösen Raum transferierend: Claassen, Chreyl: Waning pilgrimage paths and modern roadscapes: moving through landscape in northern Guerrero, Mexico, in: World archaeology 43/3 (2011), S. 493–503. Eine ganze Bandbreite an Einzelaufsätzen setzt sich für die unterschiedlichsten Regionen in der Welt mit der religiösen, (kunst)historischen oder psychologischen Bedeutung von Wegheiligtümern auseinander.
113 Evans, Ruth: Getting There: Wayfinding in the Middle Ages, in: Allen, Valerie/Evans, Ruth (Hg.): Roadworks: Medieval Britain, medieval roads, Manchester 2016, S. 127–156, hier S. 142.

Die Visualisierung des Straßenraumes

gegenwartsbezogenen Forschungen von Allgemein-, Kunst- und Rechtshistoriker:innen[114] sowie Ethnolog:innen[115] und insbesondere Heimatforscher:innen[116] soll darüber hinaus deutlich gemacht werden, dass die Objekte am Straßenrand als ein wiederkehrender, zentraler Bestandteil von Visualisierungen zu begreifen sind, die weitreichende Einblicke in die Straßenumwelt, die Auflandung des Straßenraumes, dahinter stehende Praktiken und damit in den zeitgenössischen Umgang mit Straßen gewähren.

Gezeigt werden kann somit im Folgenden, wie Flugblätter und kartographische Darstellungen einschließlich des kartenzugehörigen Aktenmaterials besonders bei stritti-

---

114 Gruber, Thomas u. unter Mitarbeit von Haberlah-Pohl, Annett: Kleindenkmäler im Landkreis Roth. Flurkreuze, Grenzsteine, Bildstöcke, Sühnekreuze und vieles mehr (Das Steinkreuz), Roth 2015; Heydenreuter, Reinhard: Steinkreuze und Totschlagssühnen: Anmerkungen zum rechtshistorischen Hintergrund der Steinkreuzsetzung im 15. und 16. Jahrhundert, in: Hermann, Hans-Georg/Hecker, Hans-Joachim (Hg.): Rechtsgeschichte des ländlichen Raums in Bayern (Rechtskultur Wissenschaft 8), Regenstauf 2012, S. 75–88; Hopf, Herbert: Studien zu den Bildstöcken in Franken insbesondere im Stadtbereich und Landkreis Würzburg (Mainfränkische Hefte 54), Volkach 1970; Koppelt, Hans: Der Schlüssel zu einem monolithischen Bildstocktyp des 16./17. Jahrhunderts in Unterfranken, Gerolzhofen 1983; Popp, Stefan: Bildstöcke im nördlichen Landkreis Würzburg. Inventarisierung und mentalitätsgeschichtliche Studien zu religiösen Kleindenkmalen, Würzburg 2004; Schmeissner, Rainer H.: Steinkreuze in der Oberpfalz. Ein volkskundlich-rechtskundlich-topographischer Beitrag zur Flurdenkmalforschung in Bayern, Regensburg 1977; Timmermann, Achim: The Poor Sinners' Cross and the Pillory: Late Medieval Microarchitecture and Liturgies of Criminal Punishment, in: Umeni 55/5 (2007), S. 362–373; Timmermann, Achim: Highways to Heaven (and Hell): Wayside Crosses and the Making of Late Medieval Landscape, in: Brusati, Celeste/Enenkel, Karl A. E./Melion, Walter (Hg.): The Authority of the Word. Reflecting on Image and Text in Northern Europe, 1400–1700 (Intersections 20), Leiden 2012, S. 385–441; Timmermann, Achim: Memory and redemption. Public monuments and the making of late medieval landscape (Architectura medii aevi 8), Turnhout 2017.
115 Baur-Heinhold, Margarete: Bildstöcke in Bayern, in: Rheinisches Jahrbuch für Volkskunde 5 (1954), S. 53–92; Dünninger, Josef/Schemmel, Bernhard: Bildstöcke und Martern in Franken, Würzburg 1970; Mehl, Heinrich: Bildstöcke im nördlichen Unterfranken: Volkskundliche Untersuchung der Bildstöcke in den Landkreisen Hofheim, Bad Kissingen, Königshofen i. Gr., Mellrichstadt und Bad Neustadt, Würzburg 1969.
116 Etwa Brandstetter-Köran, Michaela: Bildstöcke im Taubertal um Bad Mergentheim, Weikersheim und Creglingen, Bergatreute 2000; Burkart, Peter u.a.: Bildstöcke, Flurdenkmale und Kreuze in Aschaffenburg (Veröffentlichungen des Geschichts- und Kunstvereins Aschaffenburg e. V. 49), Aschaffenburg 2003; Dippacher, Edwin: Kreuze und Hofkapellen, Bildstöcke und Flurdenkmale in Heroldsbach, Forchheim 2019; Hoppe, Werner: Flurdenkmäler im Landkreis Haßfurt am Main, Haßfurt 1968; Käsbauer, Anton: Großlangheimer Marterlesweg: Bildstöcke in Dorf und Flur, Großlangheim 2001; Kolb, Karl: Bildstöcke im Taubertal, Tauberbischofsheim 1952; Navratil, Ansgar/Royackers, Karl: Die Bildstöcke im ehemaligen Landkreis Marktheidenfeld (Schriftenreihe des Historischen Vereins Marktheidenfeld und Umgebung 12), Marktheidenfeld 1989; Perseke, Franz: Bildstöcke und ausgewählte Flur- und Kulturdenkmäler im ehemaligen Landkreis Alzenau, 2., überarb. und erg. Aufl. Aschaffenburg 2009; Pohler, Alfred: Flurdenkmäler. Bildstöcke, Marterln, Kleinkapellen und Kreuze. Perlen in den Landschaften des alpinen Raums, Pflach bei Reutte 2002; Raab, Werner: Marterln und Bildstöcke in der Pfarrei Kümmersbruck, Kümmersbruck 2005; Schindler, Maria/König, Hans: Zeichen der Frömmigkeit. Marterl, Wegkreuze und Bildstöcke in der Gemeinde Nagel, Nagel 2000; Waiblinger, Wilfred: Kreuze, Bildstöcke, Marterl auf Gilchinger Flur, 3. Aufl., Gilching 2015; Werner, Paul/Werner, Richilde: Vom Marterl bis zum Gipfelkreuz. Flurdenkmale in Oberbayern, Berchtesgaden 1991; Worschech, Reinhard: Bildstöcke. Wahrzeichen der Landschaft, Rosenheim 1981; Worschech, Reinhard: Bildstöcke an den Wegen durch Unterfranken, Würzburg 1994.

gen Fällen vor Gericht auf je unterschiedliche Weise und mehrdimensional bestimmte Umgangsformen mit dem Straßenraum hervorhoben. Ein solches Analysepotential ist unmittelbar mit dem Medium und den Gattungskonventionen von kartographischen Darstellungen und Flugblättern verbunden,[117] denn die visuelle Informationsdichte musste sich materiell gesehen meist auf ein einzelnes Blatt Papier oder ein Pergamentstück beschränken[118] und hatte zudem darauf zu achten, eine prinzipielle Anschaulichkeit und Überschaubarkeit beizubehalten. Eine damit verbundene bewusste Reduktion und Konstruktion kontrastiert die bisher mit den begriffsgeschichtlichen Ausführungen aufgedeckte Vielfalt des Phänomens Straße insofern, als nämlich weitaus weniger typologisch-visuelle Zuschreibungen hinsichtlich des Erscheinungsbildes von Straßen sichtbar werden. Ob aus der Vogel- oder der Nahperspektive, die Analyse der Visualisierung des Straßenraumes lässt ein wiederkehrendes Spektrum an Merkmalen zu Tage treten, das vor allem um die Wiedererkennbarkeit des Dargestellten[119] und die Abhängigkeit der Straßenführung von der Form der Topographie (Täler, Anhöhen, Berge) und der Beschaffenheit der Erdoberfläche (Vertiefungen von Hohlwegen) kreist. Bei aller Verschiedenheit der Darstellungsformen, der Variationen, Verschiebungen oder Abweichungen von zeitgenössischen Konventionen,[120] dieser typologische Kanon an Darstellungselementen zur visuellen Beschreibung des Straßenraumes lässt sich aus dem bearbeiteten Quellenmaterial herausarbeiten. Bildelemente werden als Repräsentanten vergangener Handlungen auf oder im Umfeld von Straßen aus dem Bildkontext herausgelöst, um sie als straßenbezogene Praktiken darzulegen.

Diese erste inhaltliche und methodische Einordnung ist evident, um die bereits von der Historischen Bildkunde, mehr aber noch von der Visual History eingeforderten »bildspezifischen Mittel zur Sinnproduktion«[121] bezogen auf das Phänomen Straße zu

---

117 Michalsky, Tanja: Medien der Beschreibung. Zum Verhältnis von Kartographie, Topographie und Landschaftsmalerei in der Frühen Neuzeit, in: Glauser, Jürg/Kiening, Christian (Hg.): Text-Bild-Karte. Kartographie der Vormoderne (Litterae 105), Freiburg 2007, S. 319–349, hier S. 330. Mit den noch anzusprechenden Sehgewohnheiten konnte jeder Rezipient unter einer Übersichtlichkeit natürlich sehr Unterschiedliches verstehen.
118 Die Karte zu den Uferschutzbauten am Inn bei Aising von ca. 1600 besteht aus zwei Blättern [BayHStA, Plansammlung 10820] und misst nach Krausen, Edgar: Die handgezeichneten Karten im Bayerischen Hauptstaatsarchiv München und in den Staatsarchiven Amberg und Neuburg a.d. Donau bis 1650 (Bayerische Archivinventare 37), Neustadt a.d. Aisch 1973, S. 118 in der Höhe 21 cm und in der Breite 63,3 cm. Verzeichnet ist hier auch *die Landstrassen auf Rossenhaim*.
119 Ebd.
120 Voßkamp, Wilhelm/Weingart, Brigitte: Sichtbares und Sagbares. Text-Bild-Verhältnisse – Einleitung, in: Dies. (Hg.): Sichtbares und Sagbares (Mediologie 13), Köln 2005, S. 7–22, hier S. 17.
121 Paul, Gerhard: Von der Historischen Bildkunde zur Visual History. Eine Einführung, in: Ders. (Hg.): Visual History. Ein Studienbuch, Göttingen 2006, S. 7–36, hier S. 18; Talkenberger, Heike: Von der Illustration zur Interpretation. Das Bild als historische Quelle. Methodische Überlegungen zur historischen Bildkunde, in: ZHF 21 (1994), 289–313; Talkenberger, Heike: Historische Erkenntnis durch Bilder? Zur Methode und

ermitteln und überdies den Blick auf die ›Straßen und Wege‹ des 16. Jahrhunderts nicht zuletzt gegenüber der begrifflichen Annäherung zu schärfen. Eine solche analysebedingte Gegenüberstellung der Bildlichkeit und Begrifflichkeit von Straßen bedeutet nicht, die charakteristische Verschränkung von Text und Bild zu negieren. Stattdessen ist mit bildwissenschaftlichen Studien die mediale Interaktion von Sichtbarem und Sagbarem zu konstatieren,[122] die zunächst beim Flugblatt mit der, so Wolfgang Harms, »Verquickung von Wort und Bild«[123] offensichtlich ist.

Das Quellenkorpus hierzu bilden über 1.000 auf Grundlage edierter Flugblattsammlungen gesichtete Flugblätter.[124] Daraus haben sich 200 mittels einer Datenbank erfasste Einzelblätter ergeben, die Straßen bildlich und/oder textlich zum Gegenstand haben. Mit dieser kritischen Masse an von den Zeitgenossen etwa als *charta, bildniß* oder *kunststück* bezeichneten Flugblättern[125] lässt sich die von Heike Talkenberger für die Historische Bildkunde vorgeschlagene serielle Betrachtung breit rezipierter Bildmotive durchführen.[126] Eine Auswahl an *gemalten brief[en]*[127] wird hier vorgestellt, um zentrale, wiederkehrende Darstellungsprinzipien von Straßen und deren Funktionalität in der Narration von in der Regel auf Information oder Meinungssteuerung zielenden Flugblättern zu behandeln.[128] Eine mehrblättrige Flugschrift, deren Auflagenhöhe in der Regel zwischen 400 und 1.000 Exemplaren, manchmal aber auch höher lag,[129] erlaubt es beispielhaft für dieses Medium die gewaltbedingte Aneignung des Straßenraumes durch Serienmörder als zentrales Thema der Druckschriftlichkeit zu betonen.[130]

Praxis der Historischen Bildkunde, in: Goertz, Hans-Jürgen (Hg.): Geschichte: Ein Grundkurs, Reinbek b. Hamburg 1998, S. 83–98; Tolkemitt/Wohlfeil 1991; Wohlfeil, Rainer: Das Bild als Geschichtsquelle, in: HZ 243 (1986), S. 91–100.

122 Voßkamp/Weingart 2005.
123 Harms, Wolfgang: Einleitung, in: Ders./Schilling, Michael (Hg.): Deutsche illustrierte Flugblätter des 16. und 17. Jahrhunderts, Bd. 1: Die Sammlung der Herzog-August-Bibliothek in Wolfenbüttel, Teil 1: Ethica, Physica, Tübingen 1985, S. VII–XXX, hier S. VII.
124 Hauptsächlich handelt es sich um die Zusammenstellung der Flugblätter der mittlerweile neunbändigen Edition von Flugblättern des 16. und 17. Jahrhunderts, die seit 1980 Wolfgang Harms mit Kollegen/Innen der Forschung zu Verfügung stellen, siehe Harms, Wolfgang/Schilling, Michael (für Bd. 1-9)/Pietrzak, Ewa (für Bd. 9) (Hg.): Deutsche Illustrierte Flugblätter des 16. und 17. Jahrhunderts, 9 Bde., Tübingen (Bd. 1 u. 3-8)/München (Bd. 2) 1980–2005; Berlin/Boston (Bd. 9) 2018. Daneben Meuche, Hermann/Neumeister, Ingeborg (Hg.): Flugblätter der Reformation und des Bauernkrieges. 50 Blätter aus der Sammlung des Schloßmuseums Gotha, 2 Bde., Leipzig 1976; Schäfer, Bernd/Eydinger, Ulrike/Reko, Matthias: Die Sammlung der Einblattholzschnitte des 15. und 16. Jahrhunderts der Stiftung Schloss Friedenstein Gotha, Bd. 2: Abbildungen, Stuttgart 2016.
125 Harms/Schilling 2008, S. 31.
126 Talkenberger 1998, S. 87.
127 Harms/Schilling 2008, S. 31.
128 Harms 1985, S. VII.
129 Brückner, Wolfgang/Schneider, Ute: Art. ›Flugschrift‹, in: EdN – Online [2019].
130 Warhafftige Newe zeitung / So geschehen den Ersten tag Martij im 70. Jar hat man diese nachfolgende zwen Moerder gericht / einer mit namen Mertin Farkas / der ander Paul Wasansky / zu Ewantzitz im Moehrern

Neben Flugblättern werden handgezeichnete und gedruckte Karten auf Darstellungskonventionen hin untersucht.[131] Solche graphischen Darstellungen, die den physischen Raum keineswegs abbilden, sondern räumliche Verhältnisse der Erdoberfläche oder Teile von ihr in zweidimensionaler, verkleinerter und damit in veränderter Form visualisieren,[132] lassen eine bislang unerforschte Vielfalt an Darstellungsmöglichkeiten von Straßen und Wegen erkennen, wie zunächst mit sogenannten Augenscheinkarten aufgezeigt werden kann.

Bei diesen von der Forschung lange Zeit nur am Rande und jüngst allen voran von Anette Baumann breit untersuchten Augenscheinkarten handelt es sich um im Zuge von Gerichtsprozessen angefertigte kartographische Darstellungen eines in Augenschein genommenen Geländes.[133] Die Visualisierung des physischen Raumes erfolgte im Zuge

---

Land / die auch bis in die hundert vnd vier vnd zwantzig Mord bekennet haben, [Prag] 1570 [VD16 ZV 26280].
131 Miedema, Nine: Erhard Etzlaubs Karten. Ein Beitrag zur Geschichte der mittelalterlichen Kartographie und des Einblattdruckes, in: Gutenberg-Jahrbuch 71 (1996), S. 99–125, hier S. 100 unterscheidet vier Möglichkeiten der »Text-/Bildkombination auf Karten«: 1.) Legenden im oder 2.) außerhalb des Bildes, 3.) Texte am Kartenrand oder 4.) Karten als Begleitmaterial zu einem Text.
132 Leidel, Gerhard unter der Mitarbeit von Franz, Monika Ruth: Von der gemalten Landschaft zum vermessenen Land: Eine Ausstellung des Bayerischen Hauptstaatsarchivs zur Geschichte der handgezeichneten Karte in Bayern (Katalog zur Ausstellung München, 6. Oktober bis 22. Dezember 2006), München 2006, S. 16; Harley J. B./Woodward, David: Preface, in: Dies. (Hg.): The history of cartography, Bd. 1: Cartography in Prehistoric, Ancient, and Medieval Europe and the Mediterranean, Chicago 1987, S. XV–XXI, hier S. XVI; Rau 2013, S. 127.
Zu Stand und Entwicklung der Kartographie im 16. Jahrhundert: Bérard, Julien: Kommunikation, Wissensproduktion und Kartographie. Abraham Ortelius und die Kartenproduktion im Antwerpen des späten 16. Jahrhunderts, Baden-Baden 2020; Woodward, David (Hg.): The history of cartography, Bd. 3: Cartography in the European Renaissance, Chicago 2007; Bischoff/Lüpkes/Schönlau 2015; Bischoff, Michael/Lüpkes, Vera/Crom, Wolfgang (Hg.): Kartographie der Frühen Neuzeit. Weltbilder und Wirkungen (Studien zur Kultur der Renaissance 5), Marburg 2015; Bönisch, Fritz u. a. (Hg.): Kursächsische Kartographie bis zum Dreißigjährigen Krieg, Bd. 1: Die Anfänge des Kartenwesens (Veröffentlichungen des Mathematisch-Physikalischen Salons – Forschungsstelle Dresden 8), Dresden 1990, S. 112–206, URL: https://doi.org/10.11588/arthistoricum.76.70 (4.4.2023); Glauser/Kiening 2007 I; Karrow, Robert W.: Mapmakers of the sixteenth century and their maps. Bio-bibliographies of the cartographers of Abraham Ortelius, 1570, Chicago 1993; Lindgren, Ute: Art. ›Kartographie‹, in: EdN – Online [2019]; Mittler, Elmar/Tappenbeck, Inka (Hg.): Weltbild – Kartenbild. Geographie und Kartographie in der frühen Neuzeit. Katalog zur Ausstellung aus den Beständen der Niedersächsischen Staats- und Universitätsbibliothek Göttingen, Paulinerkirche, Historisches Gebäude der SUB, 24.2.–7.4.2002, Göttingen 2002; Wolff, Hans (Hg.): Philipp Apian und die Kartographie der Renaissance, Weißenhorn 1989.
133 Baumann, Anette: Karten vor Gericht. Augenscheinkarten der Vormoderne als Beweismittel, Darmstadt 2022; dies: Augenscheinkarten am Reichskammergericht (1495–1806) (Schriftenreihe der Gesellschaft für Reichskammergerichtsforschung 47), Wetzlar 2019; dies., Visualisierte Evidenz. Inaugenscheinnahmen und ihre Dokumentation durch Augenscheinkarten am Reichskammergericht (1495–1806). Erste Beobachtungen, in: Zeitschrift Rechtsgeschichte/Legal History 27 (2019), S. 458–461, URL: http://rg.rg.mpg.de/en/article_id/1330 (4.4.2023); dies: Augenscheinkarten des Reichskammergerichts (1495–1806) im Generallandesarchiv Karlsruhe, in: Zeitschrift für die Geschichte des Oberrheins 167 (2019), S. 141–153. Weitere aktuelle Abhandlungen liegen von Timpener 2022 und im Sammelband Baumann/Timpener/

von geordneten, formellen Verfahren und Prozessen vor dem Reichskammergericht. Besonders häufig wurden Augenscheinkarten in Fällen von Grenzstreitigkeiten, strittigen Jagd- oder Wasserrechten, Eigentums- und Besitzschutz sowie Landfriedensbruch eingesetzt.[134] Straßen und Wege erfuhren in diesen Zusammenhängen eine Visualisierung, da sie entweder selbst Teil der Auseinandersetzung waren, etwa wenn es um den Verlauf von Grenzen ging, oder sie jene Strecken dokumentierten, die eine vom Gericht oder den Streitparteien initiierte Kommission bei der Inaugenscheinnahme selbst benutzte, um an den Ort der Auseinandersetzung zu gelangen. Eine solche visualisierte Dokumentation der Augenzeugenschaft war ein zentrales Anliegen vieler dieser Karten, denn sie sollten es dem Betrachter zusammen mit Protokollen und/oder einer Bildlegende ermöglichen,

---

Schmolinsky 2020 sowie von Timpener, Evelien: Die Karte als Argument? Bildliche Darstellungen von territorialen Verhältnissen in Reichskammergerichtsprozessen zwischen Frankfurt und Hanau-Münzenberg im 16. Jahrhundert, in: Kälble, Mathias/Wittmann, Helge (Hg.): Reichsstadt als Argument (Studien zur Reichsstadtgeschichte 6), Petersberg 2019, S. 195–219 u. Kaune, Daniel: Augenzeugen und Augenschein im Prozess. Ein Zeugenverhör-Rotulus des Reichskammergerichts im Spiegel seiner Augenschein-Karte, in: Laux, Stephan/Schmidt, Maike (Hg.): Grenzraum und Repräsentation. Perspektiven auf Raumvorstellungen und Grenzkonzepte in der Vormoderne (Trierer historische Forschungen 74), Trier 2019, S. 85–98 vor. Siehe ferner chronologisch rücklaufend angeführt: Rutz 2018, S. 314–320; Baumann, Anette/Eichler, Anja/Xenakis, Stefan (Hg.): Augenscheine – Karten und Pläne vor Gericht, Katalog zur gleichnamigen Ausstellung im Reichskammergerichtsmuseum Wetzlar vom 22. November 2014 bis 15. Februar 2015, Wetzlar 2014; Schülein, Johannes-Georg/Wöpking, Jan: Der indirekte Augenschein. Annäherungen an das Problem kartographischer Evidenz, Berlin 2011, URL: http://www.cms.fu-berlin.de/geisteswissenschaften/v/drehmomente/content/5-Schuelein_Woepking/Drehmomente_SchueleinWoepking.pdf (4.4.2023); Jendorff Alexander: Bilder der Gemeinsamkeit oder Bilder des Streits? Kartographiehistorische Beobachtungen zu Augenscheinkarten der Ganerbschaft Treffurt und der Vogtei Dorla am Beginn des 17. Jahrhunderts, in: Hessisches Jahrbuch für Landesgeschichte 60 (2010), S. 31–67; Horst, Thomas: Die älteren Manuskriptkarten Altbayerns. Eine kartographiehistorische Studie zum Augenscheinplan unter besonderer Berücksichtigung der Kultur- und Klimageschichte, 2 Teilbde., München 2008, S. 35–61; Recker, Gabriele: Gemalt, gezeichnet und kopiert. Karten in den Akten des Reichskammergerichts (Schriftenreihe der Gesellschaft für Reichskammergerichtsforschung 30), Wetzlar 2004; Neumann, Joachim: Reichskammergericht und Kartographie. Über Entstehung und Benennung der Augenschein-Karten, in: Scharfe, Wolfgang (Hg.): 9. Kartographiehistorisches Colloquium Rostock 1998. Vorträge, Berichte, Posterbeiträge, Bonn 2002, S. 163–169; Recker, Gabriele: Prozeßkarten in den Reichskammergerichtsakten. Ein methodischer Beitrag zur Erschließung und Auswertung einer Quellengattung, in: Baumann, Anette u. a. (Hg.): Prozessakten als Quelle. Neue Ansätze zur Erforschung der höchsten Gerichtsbarkeit im alten Reich (QFHG 37), Köln 2001, S. 165–182; Hellwig, Fritz: Tyberiade und Augenschein. Zur forensischen Kartographie im 16. Jahrhundert, in: Baur, Jürgen/Müller-Graff, Peter-Christian/Zuleeg, Manfred (Hg.): Europarecht, Energierecht, Wirtschaftsrecht – Festschrift für Bodo Börner zum 70. Geburtstag, Köln u. a. 1992, S. 805–834; Brichzin, Hans: Augenschein-, Bild- und Streitkarten, in: Bönisch 1990, S. 112–206; Schwarzmaier, Hansmartin: Kartographie und Gerichtsverfahren. Karten des 16. Jahrhunderts als Aktenbeilagen. Zugleich ein Katalog der ältesten handgezeichneten Karten des Generallandesarchivs Karlsruhe, in: Richter, Gregor (Hg.): Arbeit des Archivars. Festschrift für Eberhard Gönner (Veröffentlichungen der staatlichen Archivverwaltung Baden-Württemberg 44), Stuttgart 1986, S. 163–186; Taddey, Gerhard: Über den Augenschein. Ein Beitrag zur Identifizierung historischer Karten, in: Der Archivar 33 (1980), S. 397–402.
134 Baumann 2019 I, S. 9.

»die Landschaft quasi als Kommissionsteilnehmer [zu] durchwandern«.[135] Beteiligt am Prozess der Inaugenscheinnahme waren neben den Kommissaren, Parteien und Zeugen vereidigte Maler oder auch Geometer. Ihre Aufgabe lag darin, den besehenen, begangenen und oftmals zumindest in Teilen vermessenen physischen Raum visuell auf Pergament oder Papier abzubilden.[136] Die Darstellungsform der insgesamt rund 3.000 für die gesamte Frühe Neuzeit im Zuge von Reichskammergerichtsprozessen entstandenen und bis heute erhaltenen Augenscheinkarten konnte dementsprechend »zwischen Landschaftsmalerei und Kartographie, zwischen Panoramablick und schematisch-geometrischer Berechnung stehen«.[137]

Von diesen in Archiven lange Zeit unzureichend gelagerten und mittlerweile vermehrt in digitalisierter Form online zur Verfügung stehenden *Abriss[en], Riss[en]* oder *Contrafactur[en]* – wie die zeitgenössischen Bezeichnungen lauten[138] – werden im Folgenden rund 30 ausgewertet. Daneben stehen 33 in einem Atlas gebundene kartographische Darstellungen aus der Feder des Nürnberger Patriziers und Kartographen Paul Pfinzing (1554–1599) im Vordergrund. Basierend auf größtenteils von ihm selbst vorgenommenen Augenscheinreisen unter Verwendung von Schrittmesser und Kompass dokumentierte Pfinzing damit das reichsstädtische Territorium. Mit Unterstützung des Ratskanzlisten Hieronymus Braun entstanden zudem zahlreiche erläuternde Textseiten, die insbesondere den Prozess der Inaugenscheinnahme, seine einzelnen Bestandteile und Praktiken diskursiv erläutern, welche gleichfalls in die Analyse mit einfließen werden.[139]

Berücksichtigt werden daneben die zur Planung und Durchführung von Reisen genutzten *Straßenkarten*[140] sowie die im Zuge von Landesaufnahmen erstellten kartographischen Erfassungen, wie sie zwischen 1597 und 1608 für das Hochstift Bamberg und zuvorderst für das Herzogtum Pfalz-Neuburg vorliegen.[141] Für Pfalz-Neuburg werden zudem verbale Beschreibungen des Territoriums herangezogen, da sie als komplemen-

---

135 Ebd., S. 26.
136 Ebd., S. 40 u. 44.
137 Schülein/Wöpking 2011. Zur Vielfalt der Kartengestaltung auch Baumann 2019 I u. Brichzin 1990, S. 189; zur Schätzung von ca. 3.000 Karten Baumann 2022, S. 27.
138 Baumann 2019 I, S. 7. Die unzureichende Verwahrung der Augenscheinkarten spricht Schwarzmaier 1986, S. 165 an.
139 Der Pfinzing-Atlas von 1594. Faksimile, hg. v. Staatsarchiv Nürnberg und Altnürnberger Landschaft e. V., Nürnberg 1994; Fleischmann, Peter (Bearb.): Der Pfinzing-Atlas von 1594: Eine Ausstellung des Staatsarchivs Nürnberg anlässlich des 400jährigen Jubiläums der Entstehung (Katalog zur Ausstellung, Nürnberg vom 9. Sept. bis 23. Okt. 1994), hg. v. der Generaldirektion der Staatlichen Archive Bayerns, München 1994. Ebd., S. 7–18 werden Paul Pfinzing und der Atlas vorgestellt. Siehe hierzu nun auch Fuchs 2018, bes. S. 79–83.
140 Siehe hierzu bereits die Gesamteinleitung der Studie.
141 Die Karten sind mittlerweile auf dem Internetportal bavarikon mit Einführungen zu den Landesaufnahmen von Sarah Hadry u. Johannes Staudenmaier zugänglich: URL: https://www.bavarikon.de (4.4.2023). Siehe zu Neuburg auch Horst, Thomas: Die Karten der Pfalz-Neuburgischen Landesaufnahme (1579–1605), in:

tärer Bestandteil der gleichermaßen visualisierten und verschriftlichten Landesaufnahme zu begreifen sind. Hierdurch wird nicht nur der medialen Verschränkung von Sichtbarkeiten und Sagbarkeiten Rechnung getragen, sondern es lassen sich überdies zentrale Elemente des *Straßenraumes* klarer bestimmen. Der Analyse der Landesaufnahmen vorauszuschicken ist, dass sie sich teils erheblich von den Augenscheinkarten unterscheiden. Denn während bei den oft hybriden Augenscheinkarten die Darstellungen »sowohl in maßlicher und geometrischer als auch in anschaulicher Hinsicht dem wirklichen Gelände« entsprechen sollten,[142] spielte bei den Landesaufnahmen die sinnliche Erfahrbarkeit und Anschaulichkeit der Erdoberfläche kaum mehr eine Rolle. Stattdessen ging es unter Anwendung von Messinstrumenten darum, die nicht wahrnehmbare Ausdehnung und die Größenverhältnisse der Erdoberfläche in ihrer – so hat es Gerhard Leidel formuliert – »metrischen Tatsächlichkeit zum Ausdruck [zu] bringen«.[143] Inwiefern hierbei Straßen und Wege, aber ebenso wegbegleitende Elemente und die Natur am Wegesrand visualisiert wurden und welche Funktion diese Bestandteile des Straßenraumes für die verschiedenen Visualisierungsmedien einnahmen, gilt es deutlich zu machen.

Im Folgenden wird also mit Flugblättern, Augenscheinkarten, Straßenkarten und kartographischen Landesaufnahmen ein bewusst heterogenes Quellenkorpus zugrunde gelegt, um unter Berücksichtigung dazugehöriger Textelemente ein breites Spektrum an Techniken, Konventionen und Intentionen der Visualisierung von Räumlichkeit zu analysieren: So stehen den für den Verkauf bestimmten Flugblättern und Straßenkarten die für den gerichts- oder verwaltungsinternen Gebrauch bestimmten Karten gegenüber; jeder Quellentypus strebte nicht zuletzt in Abhängigkeit von der Darstellungsperspektive und des Betrachtungsmaßstabes in unterschiedlicher Skalierung nach ästhetisierender Fiktionalität und dokumentierender Faktizität.[144]

Mit neueren Forschungen zu Visualisierungen in der Vergangenheit und deren methodisch reflektierter Nutzbarmachung für die historiographische Forschung bleibt schließlich zu beachten, dass Bilder »Geschichte nicht nur passivisch widerspiegeln, sondern als Bildakte selbst zu prägen vermögen.«[145] Inwieweit die hier zu behandelnden visuellen Medien

---

KN – Journal of Cartography and Geographic Information 67 (2017), S. 301–308 sowie insgesamt zur veränderten Welterfassung im 16. Jahrhundert die Gesamteinleitung der vorliegenden Studie.
142 Leidel 2006, S. 133.
143 Ebd., S. 130. Zur Pfalz-Neuburger Landesaufnahme ebd., S. 178–184; zur Vermessungstechniken dieser Zeit Göderle, Wolfgang: Art. ›Triangulation‹, in: EdN – Online [2017]; Schillinger, Klaus: Entwicklung des Vermessungswesens im 16. Jahrhundert, in: Bönisch 1990, S. 11–36 u. Dolz, Wolfram: Instrumente und Methoden der Landvermessung in der Frühen Neuzeit, in: Bischoff/Lüpkes/Crom 2015, S. 79–92.
144 In Anlehnung an Andraschek-Holzer 2009, S. 239, die hier für eine kartographische Darstellung des 17. Jahrhunderts von einer »eher ästhetischen als dokumentarischen Zwecken verpflichteten Abbildungstendenz« spricht.
145 Paul 2006, S. 18, der dies für die Neuere Geschichte und Zeitgeschichte formuliert.

als »Aktiva mit einer eigenständigen Ästhetik« begriffen werden können, »die Sehweisen konditionieren, Wahrnehmungsmuster prägen, Deutungsweisen transportieren [...] und in der Lage sind, eigene Realitäten zu generieren«,[146] bleibt gleichfalls allein schon deshalb zu beachten, da die Quantität und Qualität der Visualisierung im 16. Jahrhundert entscheidenden Veränderungen unterlag. Dies betraf 1.) die »Invasion der Bilder ins tägliche Leben der breiten Bevölkerung«,[147] die mit den Tiefdruckverfahren des Kupferstichs und Holzschnittdrucken einsetzte und hier mit den Flugblättern berücksichtigt wird. Es kam 2.) im Zuge der humanistischen Wiederentdeckung von Ptolomäus zu einer »new dimension of map production«[148] und zur verstärkten Auseinandersetzung mit der Chorographie, welche »spezielle Ausschnitte der Erdoberfläche quasi wie unter einem Vergrößerungsglas porträtieren« wollte.[149] Dazu gehörten auch Straßen und Wege, wie etwa der Renaissance-Humanist Girolamo Cardano hervorhob[150] und »chorographische[...] Karten von kleineren Gebieten« in Form von lokalen und regionalen Detailaufnahmen zur Darstellung brachte.[151] Befördert vom Humanismus und den geänderten Möglichkeiten zur Visualisierung von Rechtsansprüchen,[152] erfassten 3.) die sich verdichtenden Territorien für sich und im Zuge von Gerichtsprozessen immer auch in Konkurrenz zu anderen Herrschaftsträgern vermehrt kartographisch ihre Herrschaftsgebiete und mit diesen die Straßen. Besonders deutlich materialisierten sich diese Veränderungen und damit einhergehend die Praktiken zur Erfassung und Visualisierung auch in den technischen Instrumenten. Aus dem 16. Jahrhundert ist eine Vielzahl an Schrittmessern, Kompassen und anderen technischen Instrumenten erhalten, ohne die präzise kartographische Darstellungen nicht möglich gewesen wären.[153]

---

146 Paul, Gerhard: Visual History, Version: 3.0, in: Docupedia-Zeitgeschichte, 13.03.2014, URL: http://docupedia.de/zg/paul_visual_history_v3_de_2014 (4.4.2023).
147 Würgler 2013, S. 9. Siehe zur neuartigen Verfügbarkeit von Bildern in der Frühen Neuzeit auch Wimböck, Gabriele: Die Autorität des Bildes – Perspektiven für eine Geschichte vom Bild in der Frühen Neuzeit, in: Büttner, Frank/Dies. (Hg.): Das Bild als Autorität. Die normierende Kraft des Bildes (Pluralisierung & Autorität 4), Münster 2004, S. 9–41, hier S. 32.
148 Boroffka, Anna: Introduction: Regionally Specified Knowledge Compendia between Encyclopedia and Chorography, in: Dies. (Hg.): Between Encyclopedia and Chorography: Defining the Agency of »Cultural Encyclopedias« from a Transcultural Perspective (Cultures and Practices of Knowledge in History/Wissenskulturen und ihre Praktiken 12), Berlin/Boston 2022, S. 1–39, hier S. 4.
149 Hadry 2020, S. 1. Siehe auch Boroffka 2022, S. 11 f.
150 Friedrich, Markus: Chorographica als Wissenskompilationen – Strukturen und Probleme, in: Büttner, Frank/Ders./Zedelmaier, Helmut (Hg.): Sammeln, Ordnen, Veanschaulichen. Zur Wissenskompilatorik in der Frühen Neuzeit (Pluralisierung & Autorität 2), Münster 2003, S. 83–109, hier S. 85.
151 Timpener, Evelien: In Augenschein genommen. Hessische Lokal- und Regionalkartographie in Text und Bild (1500–1575) (bibliothek altes Reich 38), Berlin/Boston 2022, S. 3.
152 Baumann, Anette/Timpener, Evelien/Schmolinsky, Sabine (Hg.): Raum und Recht. Visualisierung von Rechtsansprüchen in der Vormoderne (bibliothek altes Reich 29), Berlin/Boston 2020.
153 Im Überblick zu den Messinstrumenten: Leidel 2006, S. 67 f.

Ob die visualisierte Repräsentation von verschiedenen *Straßenräumen* als Ausdruck und Motor einer sich veränderten Wahrnehmung und Nutzung von Straßen und Wegen begriffen werden kann, können die folgenden Ausführungen in einer ersten Annäherung deutlich machen. Eine Differenzierung und Vertiefung der Befunde muss zwangsläufig weiteren und dann auch interdisziplinären Studien vorbehalten bleiben, da es sich um einen komplexen Vorgang handelt, der die Rezeption und Wirkung von Einzelmedien und deren Wechselwirkung[154] ebenso berührt wie generell die sich im Zuge der neuen Druckverfahren verändernde ›visuelle Kultur‹ einschließlich der historisch wandelbaren Sehgewohnheiten.[155] Und auch die von den Produzenten angewandten Visualisierungsstrategien, wie sie jüngst Birgitta Coers für die in den Bildmedien des 18. Jahrhunderts behandelten Wegerelikte der Antike am Beispiel der Via Appia untersucht hat,[156] können hier für das 16. Jahrhunderts nur annäherungsweise behandelt werden. Zusammengenommen wird es dennoch möglich sein, weitaus deutlicher als bislang die Mechanismen und Bestandteile der Sichtbarmachung von Straßen in einer Zeit des sich insgesamt verändernden Umgangs mit dem physischen Raum offenzulegen.

2.2.1 Aus der Ferne: Der Verlauf und die Distanz von Wegstrecken

Die einfachste Form der Visualisierung von Straßen besteht in der Kenntlichmachung ihres Streckenverlaufs durch das Zeichnen einer Linie oder die Aneinanderreihung von Punkten. So sind sowohl auf der Romwegkarte Erhard Etzlaubs von 1500,[157] sowie auf seiner im Folgejahr gedruckten »Reichslandstraßenkarte«[158] (siehe Anhang) die Straßen mit in einem Abstand von je einer Meile (ca. 7,4 km) angebrachten Punkten markiert.[159]

---

154 Emich, Birgit: Bildlichkeit und Intermedialität in der Frühen Neuzeit. Eine interdisziplinäre Spurensuche, in: ZHF 35 (2008), S. 31–56.
155 Würgler 2013, S. 83, der hier von Bildkultur spricht. Zur visuellen Kultur Emich 2008, S. 34 (Anm. 8) und im Speziellen zur Rezeption Tschopp 2005.
156 Coers 2018.
157 Sie wird von Recker 2003, S. 154 als die »älteste gedruckte Verkehrswegekarte überhaupt« bezeichnet.
158 Brincken, Anna-Dorothee von den: Unterwegs im Mittelalter – mit und ohne Karten?, in: Szabó 2009 I, S. 237–254, hier S. 253.
159 Brunner, Kurt: Erhard Etzlaubs Karte »Die Landstraßen durch das Römische Reich«, in: Reiner Buzin (Hg.): Kartographie 2001 – multidisziplinär und multimedial. Beiträge zum 50. Deutschen Kartographentag, Heidelberg 2001, S. 43–54, hier S. 43; Krüger 1951; Krüger 1958; Miedema 1996, S. 99–125. Zur erforderlichen Ungenauigkeit der Umrechnung von Meilen auf Kilometer schreibt Guckelsberger, Kurt: Das moderne Kartenbild von Europa auf der Carta Itineraria Waldseemüllers von 1511/1520, in: Cartographica Helvetica 48 (2013), S. 34–48, hier S. 37: »Niemand weiss, wie lang eine deutsche Meile wirklich ist oder war, da vor dem 17. Jh. kein systematischer Vergleich terrestrischer und astronomischer Distanzbestimmungen dokumentiert ist.« Zu Straßenkarten insgesamt Bonacker, Wilhelm: Bibliographie der Straßenkarte, Bonn-Bad Godesberg 1973; Fordham, Herbert George: Les routes de France: étude bibliographique sur les cartes routières et les itineraires et guides routiers de France, Paris 1929. Ferner zu Straßen- und anderen »brauchbaren Verkehrskarten« (Postkurskarten) Behringer, Wolfgang: Mit der Karte

Letztere, hinsichtlich der räumlichen Ausdehnung nur geringfügig erweiterte und gleichfalls wie die Romwegkarte gesüdete Karte, zeigt im Maßstab von etwa 1:4.100.000 ein Gebiet, das von Mittelitalien bis Dänemark und in west-östlicher Richtung von Paris bis nach Krakau reicht.[160] Wie die Kartenlegende näher ausweist, sind insgesamt 820 Orte auf und neben den Wegstrecken aufgenommen, darunter in der Mitte und mit einem Wappen hervorgehoben Nürnberg, von wo aus strahlenförmig die *lantstrassen durch das Romisch reych* ihren Lauf nehmen. Graphisch dominieren daneben die braun kolorierten Gebirgsdarstellungen für die Alpen und einige Mittelgebirge, Wälder, wie jene um Böhmen, sind grün und die teils auch namentlich genannten Flüsse wie *Neckar, Seonia* (Seine) oder *Tonav* (Donau) blau verzeichnet.[161] Die natürliche Wegumgebung ist – obgleich in groben Zügen – auf der Landstraßenkarte Etzlaubs ein fester, wenngleich sehr unterschiedlich ausgestalteter Bestandteil der kartographischen Darstellungen.

Die Visualisierung von Wegstrecken, wie sie die Straßenkarten Etzlaubs vornahm, hatte um 1500 eine lange Tradition. Im Unterschied etwa zur Tabula Peutingeriana,[162] dem Pilgeritinerar des englischen Mönchs und Geschichtsschreibers Matthäus Paris aus dem 13. Jahrhundert[163] oder der Gough Map aus dem 14. Jahrhundert als der ältesten überlieferten Straßenkarte Englands,[164] waren die Arbeiten des Nürnberger Kartographen aber weitaus genauer hinsichtlich des Verlaufs und der Distanz von Routen sowie der topographischen Einordnung einzelner Städte und Flüsse.[165] Allen voran die Idee und Technik, durch Punkte die Straßenführung nicht nur schematisch, sondern in Abweichung von einer Geraden möglichst exakt darzustellen und mit den Punkten zugleich die Distanz von Strecken anzugeben, hat die Forschung als Pionierleistung begriffen.[166] Etzlaub

---

auf Grand Tour. Infrastrukturbildung und Mental Mapping in der Frühen Neuzeit, in: Dipper, Christof/Schneider, Ute (Hg.): Kartenwelten. Der Raum und seine Repräsentation in der Neuzeit, Darmstadt 2006, S. 77–93, hier S. 82.

160 Bischoff/Lüpkes/Schönlau 2015, S. 319.
161 Miedema 1996, S. 117; Brunner 2001, S. 47. Zur Darstellung der böhmischen Grenze als Hügelketten Rutz 2018, S. 189.
162 Rathmann, Michael: Tabula Peutingeriana. Die einzige Weltkarte aus der Antike, 3. überarb. Aufl. Darmstadt 2018.
163 Delano-Smith 2006, S. 46–49; Kupčík, Ivan: Karten der Pilgerstrassen im Bereich der heutigen Schweiz und des angrenzenden Auslandes vom 13. bis zum 16. Jahrhundert, in: Cartographica Helvetica 6/2 (1992), S. 17–28, hier S. 17.
164 Delano-Smith, Catherine: New Light on the Medieval Gough Map of Britain, in: Imago mundi 69 (2017), S. 1–36; die Karte ist vollständig digitalisiert und frei verfügbar unter URL: http://www.goughmap.org/map/ (4.4.2023).
165 Zur topographischen Einordnung insgesamt: Miedema 1996, S. 110; Englisch, Brigitte: Erhard Etzlaub's Projection and Methods of Mapping, in: Imago Mundi, 48 (1996), S. 103–123; zum Routenverlauf im Vergleich zu älteren Straßenkarten: Delano-Smith 2006, S. 46–54 u. 58 f.; Recker 2003, S. 147 f. u. 151–157 (besonders auch Anm. 964).
166 Wolff, Hans (Hg.): Bayern im Bild der Karte: Cartographia Bavariae (Katalog zur Ausstellung vom 17. Mai bis 26. August 1988), Weißenhorn 1988, S. 27. Die Abweichung von einer Geraden ist aufgrund des ge-

Die Visualisierung des Straßenraumes

war, so hat es Ivan Kupčík formuliert, ein »Bahnbrecher in der Herstellung der Itinerarkarten«.[167] Seine überdies gedruckten Itinerar- oder Straßenkarten[168] gaben in einem verkleinerten Maßstab einen bis dahin unerreicht genauen Überblick über die »Leitlinien des Verkehrs großer Räume«.[169] Zahlreiche Zeitgenossen nahmen die Arbeiten Etzlaubs zum Vorbild, wie etwa der Formschneider und Drucker Georg Erlinger (ca. 1485–1541), der nach 1515 zunächst einen im Maßstab identischen Druck der Landstraßenkarte und 1524 eine nach Norden orientierte verkleinerte Ausgabe vorlegte.[170] Ein Rechenmeister ließ sich 1565 sogar dazu inspirieren, in einem Rechenbuch den Ausführungen zur Berechnung von Entfernungen zwischen Städten eine auffaltbare Europakarte mit entsprechenden Angaben voranzustellen.[171]

Der ursprüngliche Verwendungszweck der Etzlaubschen Karten bestand darin, die Planung und Durchführung einer Reise zu erleichtern. Das reisepraktische kleine Format sowie die Tatsache, dass es sich um jeweils nicht in Werke eingebundene Einblattdrucke handelt, unterstreichen diesen Aspekt auch in materieller Hinsicht.[172] Eine gedruckte lateinische Handreichung zur Landstraßenkarte kann diesen Nutzungsaspekt gleichfalls belegen und zudem verdeutlichen, welche Straßen hier überhaupt im Vergleich zur Romwegkarte dargestellt sind.[173] An einer Stelle der Kartenerläuterung ist nämlich von *via regia* die Rede, es handelt sich also um Königs- oder eben – entsprechend dem Karteititel und den ausgeführten begriffsgeschichtlichen Befunden – *landstrassen*,[174] welche auf der Romwegkarte wiederum als *Pilgerstraßen* erscheinen. Im Unterschied zur Romwegkarte weist die unter Verwendung von Reiseberichten und schriftlichen Itineraren erstellte[175] Landstraßenkarte weitaus mehr Straßenzüge auf, obgleich mitunter ein Seitenweg nach Santa Maria de Loreto sowie die Kennzeichnung des Brenners fehlen.[176] Neu aufgenom-

---

      wählten Maßstabs natürlich nur relativ gegeben, wenn man sich etwa die Strecke von Salzburg nach Villach anschaut.
167 Kupčík, Ivan: Alte Landkarten. Von der Antike bis zum Ende des 19. Jahrhunderts, Prag 1983, S. 47. Siehe dementsprechend auch die »Genauigkeitsanalyse« von Brunner 2001, S. 51–53.
168 Siehe zu den Begrifflichkeiten die weiteren Ausführungen.
169 Recker 2003, S. 151.
170 Die 1524 und 1530 nochmals gedruckte Landstraßenkarte hat einen Maßstab von etwa 1:3.700.000. Zu diesen und weiteren Karten in der Folge Etzlaubs Kupčík 1992, S. 21–26.
171 Nefe, Matthias: Arithmetica – Zwey Newe Rechenbücher, Breslau 1565 [VD16 N 455], hier Buch 1 o.S. (Beginn zweiter Teil ›De distantiis locorum‹); Enke/Probst 2011, S. 337.
172 Miedema 1996, S. 104. Am rechten und damit westlichen Kartenrand sind zudem »for the traveler's benefit« die Tageslängen, also die Längen des längsten Tages, in Abhängigkeit von den Breitengraden angegeben [Delano-Smith 2006, S. 64; Brunner 2001, S. 49].
173 Zur Romwegkarte gab es gleichfalls eine Handreichung. Beide sind bei Miedema 1996, S. 113 f. u. 118–120 transkribiert, die lateinische Version ist zudem übersetzt.
174 Ebd., S. 119.
175 Krüger 1958, S. 4–53.
176 Miedema 1996, S. 117. Recker 2003, S. 157 weist ferner auf fehlende Verbindungen von Aachen nach Trier hin.

men wurde hingegen die *Fernstraße* von Danzig bis Barcelona oder etwa die »›Via regia lusatiae‹, die Königsstraße von Paris nach Krakau«.[177] Der erweiterten Darstellung des »mitteleuropäische[n] *Fernstraßennetz[es]* [Hervorhebung d. Verf., A.D.]« waren freilich allein aufgrund des gewählten Maßstabs und Druckformates deutliche Grenzen gesetzt, so dass eine »subjektiv-selektive Routenauswahl Nürnberger Provenienz« überwog.[178]

Visualisierung mittels Punkten

Mit den Punkten erfuhren die Wegstrecken in zweierlei Hinsicht eine Konkretisierung: Zum einen wurde der Verlauf der Straßenführung visualisiert und diese durch die Benennung der Orte als Zwischenetappen oder Wegeziele auf einem insgesamt den physischen Raum in seiner Süd-Nord und Ost-West Ausdehnung darstellenden Kartenwerk spezifiziert. Zum anderen ist es die Distanz einer Wegstrecke, die sich anhand der Punkte ablesen respektive abmessen ließ. Es gab aber noch eine weitere Möglichkeit der Längenberechnung. Denn um die Länge der abseits von einer auch als *recta via* bezeichneten punktierten Straße zu bemessen, gab die Handreichung der Landstraßenkarte den Ratschlag, unter Zuhilfenahme eines Zirkels die Wegdistanz zu bemessen: So sollte die eine Zirkelspitze auf den Ort am Wegbeginn und die andere auf den Ort am Wegende gesetzt werden. Die Distanz dazwischen ergab die Länge der Wegstrecke, die über die am unteren Kartenrand angebrachte Leiste abgelesen werden konnte.[179] Die Bemessung respektive das Errechnen von Distanzen auf Grundlage von Punkten und die Feststellung des Verlaufs von über ganz Europa verteilten Routen war möglich, da die Straßen aus einer Draufsicht und damit aus der Ferne visualisiert wurden. Voraussetzung für die Planung der Routenberechnung war also nicht nur die Karte an sich, sondern mathematisches Wissen und dazugehörige kalkulative Praktiken.[180]

Ebenso mit Punkten verzeichnet sind die Straßen auf der von Martin Waldseemüller (um 1470–1520/21) nach dem Vorbild Etzlaubs in einem Maßstab von ca. 1:2.500.000 erstellten *Carta Itineraria Evropae* von 1511 bzw. 1520.[181] Aufgrund der Kartengröße von ca. 141 × 107 cm und der intendierten Anbringungsform wird der nicht mehr erhaltene

---

177 Brunner 2001, S. 47. Zum Vergleich der beiden Straßenkarten auch Krüger 1958, S. 237.
178 Schäfer, Hans-Peter: Vom Raißbüchlin zur Postrouten-Karte. Gedruckte Reisehilfsmittel aus der Sammlung der Postabteilung beim Verkehrsmuseum Nürnberg, in: Fränkische Postgeschichtsblätter 400 (1990), S. 29–76, hier S. 42.
179 Miedema 1996, S. 119.
180 Weber, Maria: Gemeinsames Abrechnen als kalkulative Praktik. Handlungssequenz in der Kleinkreditpraxis in Augsburg um 1500, in: VSWG 108 (2021), S. 5–29.
181 Bagrow, Leo: Carta Itineraria Europae Martini Ilacomili, 1511, in: Imago Mundi 11 (1954), 149 f.; Guckelsberger 2013; Wieser, Franz von/Bonacker, Wilhelm/Meine, Karl-Heinz (Hg.): Erläuterungen zur ersten gedruckten (Straßen-)Wandkarte von Europa, der Carta itineraria Evropae d. Jahre 1511 bzw. 1520 von Martin Waldseemüller, Bad Godesberg 1971. Neben der Landstraßenkarte Etzlaubs – was Guckelsberger 2013, S. 39 jedoch relativiert – wurden weitere Vorlagen verwendet, hierzu Meurer 2007, S. 1206. Zu

Erstdruck von 1511 und die im Landesmuseum Tirol überlieferte zweite Version von 1520 auch als »Straßenwandkarte« bezeichnet.[182] Selbst auf dieser mittels vier Holzschnitten erstellten »big wallmap«[183] ist der Verlauf und die Distanz der Wegetappen derart genau verzeichnet, dass der Kartographie-Historiker und Physiker Kurt Guckelsberger von einer »für ihre Zeit beeindruckende[n] Winkel- und Abstandstreue« spricht.[184]

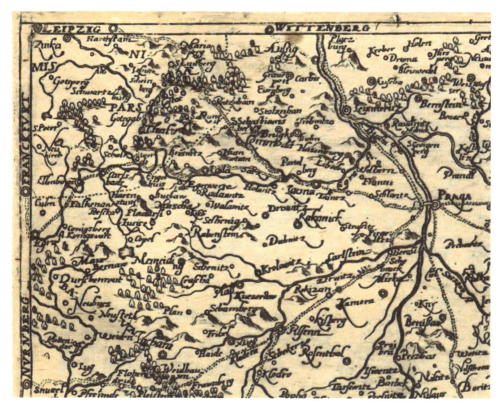

Abb. 3: Gepunktete Doppellinien zeigen im ersten Straßenatlas der Welt von 1579/80 (ca. 15 × 20 cm) die von und nach Prag führenden Fern- und Handelsstraßen. Am Kartenrand wird zudem auf außerhalb des Kartenblatts liegende zentrale Wegziele verwiesen.

Nicht mit einfachen, sondern mit punktierten Doppellinien brachte das zwischen 1579 und 1580 in vier Teilen erschienene *Itinerarium orbis Christiani* die Straßen zur Dar-

---

Leben und Werken Waldsemüllers nun auch Van Duzer, Chet A.: Martin Waldseemüller's ›Carta marina‹ of 1516. Study and transcription of the long legends, Cham 2020.
182 Beschreibung zur *Carta Itineraria Evropae* unter URL: https://sammellust.ferdinandeum.at/page/objekte/1835b (4.4.2023).
183 Bagrow 1954, S. 149.
184 Guckelsberger 2013, S. 37 (Erläuterung zur Abb. 4).

stellung.[185] Es handelt sich um den ersten von Nordeuropa über Mittel- und Osteuropa bis nach Spanien, Italien und in den Balkan reichenden Straßenatlas der Welt. Als Autor konnte die Forschung den vielreisenden Gelehrten und Publizisten Michael von Aitzing (ca. 1530–1598) identifizieren, der vor allem als Herausgeber der Meßrelationen Bekanntheit erlangt hat.[186] Von den von Frans Hogenberg (1535–1590) gestochenen insgesamt 85 Karten sind 54 mit punktierten Doppellinien versehen. Sie zeigen »alle wichtigen Fern- und Handelsstraßen« Mitteleuropas[187], wie hier beispielhaft mit einem Ausschnitt aus der Karte zu Böhmen zu sehen ist (siehe Abb. 3). Eine weitere, gleichfalls im Ausschnitt erkennbare und für den überwiegenden Teil der Kartenblätter gültige Besonderheit besteht darin, dass im Kartenrahmen Zielorte von Strecken aufgenommen sind, die auf anderen Blättern liegen. Die Forschung begreift dies als eine bis auf gegenwärtige Straßenkarten fortwirkende Innovation.[188]

Die Kenntlichmachung des Verlaufs von Straßen durch punktierte Doppellinien ist zeitüblich und begegnet etwa auch in einer Skizze für die kartographische Erfassung des Herzogtums Pfalz-Neuburg (Abb. 4). Daneben brachten gestrichelte oder durchgezogene Einzel- oder Doppellinien Straßen zur Darstellung, wie eine Zusammenstellung von Catherine Delano-Smith für das umfängliche Handbuch zur »Cartography in the European Renaissance« erkennen lässt (Abb. 5). Bei aller Verschiedenheit der Visualisierungsform, auf einer Karte wurde in der Regel nur ein »Road Sign« verwendet,[189] wobei die doppelte Linienführung – sei es gepunktet, gestrichelt oder durchgezogen – eine Hervorhebung der Straßen gerade auch in Abgrenzung gegenüber den in der Regel nur einlinig verzeichneten Territorial- oder Verwaltungsgrenzen erlaubte.[190] Dem von Delano-Smith angeführten Beispiel, entnommen an zweitletzter Stelle der oberen Reihe einer von Anto-

---

185 Itinerarium orbis Christiani, o. O. [ca. 1580]; Meurer, Peter H.: Atlantes Colonienses: Die Kölner Schule der Atlaskartographie 1570–1610, Bad Neustadt a. d. Saale 1988, S. 120 f. u.124; Beyrer, Klaus: Art. ›Straßenkarte‹, in: EdN – Online [2014]; Schuler, Josef Egon (Hg.): Der älteste Reiseatlas der Welt. Mit einem Vorwort v. Alois Fauser u. Traudl Seifert, Stuttgart 1965; Wertheim, Hans: Der erste Europäische Straßenatlas, in: Imago Mundi 1 (1935), S. 41–43 (mit einer modernen Karte, die auf Grundlage des Straßenatlas das »Straßensystem für Mitteleuropa um 1570« zeigt). Der Straßenatlas findet auch bei Behringer 2009 I, S. 264 Erwähnung, wenngleich sich dieser Beitrag vorzugsweise für Postkurskarten interessiert.
186 Schuler 1965, Vorwort.
187 Meurer 1988, S. 123.
188 Recker 2003, S. 158.
189 Delano-Smith, Catherine: Signs on Printed Topographical Maps, ca. 1470 – ca. 1640, in: Woodward 2007, S. 528–590, hier S. 569. Als Ausnahme wird ebd. auf eine Karte von 1619 mit zwei verschiedenen Straßenzeichen hingewiesen.
190 Etwa Grenzverlauf zwischen den Halsgerichten Wildenstein-Presseck, Schwarzenbach am Wald, Enchenreuth, Naila und Schauenstein, 1605, URL: https://bavarikon.de/object/bav:GDA-LAA-000000STABAPL380 (4.4.2023); Die zwischen dem nürnbergischen Pflegamt Betzenstein und den bambergischen Ämtern Pottenstein und Leienfels strittige Fraischgrenze, [1597–1608], URL: https://bavarikon.de/object/bav:GDA-LAA-0000000STANPL381 (4.4.2023). Zur kartographischen Darstellung von Grenzen Rutz 2018, u.a. S. 183–222 u. S. 261–283.

Die Visualisierung des Straßenraumes   115

nio Campi (um 1523–1587) erstellten kartographischen Darstellung der Diözese Cremona in der Lombardei, kann zudem ein gewisser 3D-Effekt konstatiert werden. Und auch die doppelte Linienführung auf einer Karte aus dem Jahr 1551 trägt im Zusammenspiel mit der dargestellten Siedlung zu einer Dynamisierung der Darstellung bei.[191]

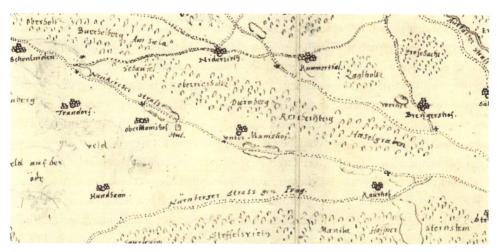

Abb. 4: Die Straße von Nürnberg nach Prag und weitere Straßen als gepunktete Doppellinien in einer Skizze zur Pfalz-Neuburger Landesaufnahme, [1597/98–1604].

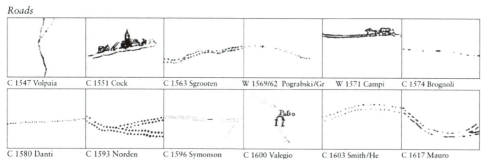

Abb. 5: Verschiedene Visualisierungsformen von Straßen auf gedruckten topographischen Karten, 1547–1617.

Sämtliche durch Einzel- oder Doppellinien visualisierten Straßen sind in der Regel »highway[s] [Hervorhebung d. Verf., A.D.]«.[192] Es kann auch von *Hauptstraßen*, von zeitgenössisch als *via regia* oder *Landstraßen* bezeichneten Straßen gesprochen werden. Deren

---

191 Delano-Smith 2007, S. 569 (Anm. 176) konstatiert in diesem Sinne: »On the map engraved by Hieronymus Cock of the environs of Parma (1551), settlements bisected by the road are shown in apparently realistic detail«.
192 Delano-Smith 2007, S. 569.

kartographische Darstellung musste sich entsprechend des gewählten Maßstabs auf die Angabe des Verlaufs und der Distanz einer Straße beschränken, während sämtliche mit den begriffsgeschichtlichen Ausführungen aufgedeckten Unterscheidungsmöglichkeiten keine Berücksichtigung finden konnten. Die daraus resultierende regelrechte Gleichförmigkeit der Straßen lässt gerade keine Details zur Straßenoberfläche oder -breite erkennen. Stattdessen handelt es sich um abstrahierende Darstellungen von Routen und nicht um eine Wiedergabe der physischen Gestalt von Einzelstraßen. Mit der Abstrahierung geht gleichermaßen eine ausgewählte Hierarchisierung der möglichen Routen hervor: nur die zentralen Straßen nämlich erfahren eine explizite Hervorhebung und Thematisierung. Die Straßen aus der Ferne mussten zwangsläufig gleichförmig erscheinen, allerdings erlaubte die bereits angesprochene Wegumgebung eine nicht unerhebliche bildliche Konkretisierung; auf die Möglichkeit, mittels textlicher Angaben den Straßenraum auf Visualisierungsmedien zu spezifizieren, wird sogleich noch einzugehen sein. In erster Linie sind es Wälder und Berge, aber ebenso die oftmals mittels Brücken zu überquerenden Flussverläufe (siehe Abb. 6), die die Existenz von Straßen in einer kartographisch erfassten Gegend näher bestimmten. Mit der Darlegung der natürlichen Umgebung wurde der Straßenraum konkretisiert und für den Kartennutzer durch inhaltliche Aspekte der Route explizit gemacht. Wälder und Berge nämlich visualisieren nicht nur die Straßenumwelt. Die Routenführung im darstellerischen Kontext von Bergen führte dem Kartennutzer implizit die notwendige Überwindung von Höhenmetern und damit eine körperliche Anstrengung vor Augen, die es zu planen galt.

Kartographische Darstellungen belegten grundsätzlich die Existenz von Straßen, differenzierten und spezifizierten sie und machten sie durch die Visualisierung von so vermeintlich basalen Gesichtspunkten wie Wäldern oder Bergen zum wichtigen Reisehilfsmittel für Straßennutzer.

Abb. 6: Wald, Berge und Flüsse als Umgebung und Teil von Straßen bei Neuhaus an der Pegnitz, um 1600.

Straßenkarten mit topographischen Elementen und topographische Karten mit Straßenelementen

Die Aufnahme einer Straße in einer graphischen Repräsentation der Erdoberfläche erlaubte es, die abstrahierende Darstellung des Verlaufs und der Distanz von Routen zu konkretisieren. Der Umfang, in dem die Verkehrswege eine Einbettung in die Natur erfuhren, konnte dabei alleine schon aufgrund des Kartentypus erheblich variieren. Denn typologisch muss auch mit Blick auf die weiteren Ausführungen sowie die sich teils widersprechenden Begriffsdefinitionen und -verwendungen der Forschung[193] zwischen Straßenkarten mit topographischen Elementen und topographischen Karten mit Straßenelementen unterschieden werden. Während erstere, thematische Straßenkarten sich durch die Darstellung eines Verkehrswegenetzes unter Berücksichtigung von Landschaftsmerkmalen auszeichnen und in der Regel als Reisehilfsmittel fungierten,[194] wie sich eindeutig für die Romwegkarte und Landstraßenkarte Etzlaubs belegen lässt, stehen Verkehrswege bei topographischen Karten nicht im Vordergrund. Sie werden nur als ein Element unter vielen (Gewässer, Wälder und Berge sowie Siedlungen) aufgenommen, um einen Ausschnitt aus der Erdoberfläche als solchen zu visualisieren. Diese in Anlehnung an die Forschungen von Catherine Delano-Smith und Gabriele Recker festlegbare typologische Unterscheidung[195] trägt nicht nur den verschiedenen Entstehungs- und Verwendungszusammenhängen der kartographischen Darstellung Rechnung. Mehr noch waren die Möglichkeiten der Sichtbarmachung von Straßen bei beiden Kartentypen grundverschieden. Die Unterschiede ergeben sich in erster Linie dadurch, dass Straßenkarten qua Definition immer ein Verkehrsnetz darzustellen hatten und hierdurch ein Darstellungsmaßstab erforderlich war, der eine Nahperspektivierung des Straßenraumes im Vergleich zu den topographischen Karten verhinderte. Vor allem wegbegleitende Elemente und die natürliche Wegumgebung werden ausschließlich durch letztgenannte kartographische Darstellungen näher thematisiert, während Straßenkarten die Straßen nur in groben Zügen

---

193 Dies lässt sich mit den Karten Etzlaubs verdeutlichen, welche beide mit Beyrer 2014 III zunächst als Straßenkarten begriffen werden können. Recker 2003, S. 155–157 spricht demgegenüber von einer thematischen Pilgerroutenkarte für die Romwegkarte und von einer thematischen Straßen- und Wegekarte für die Landstraßenkarte, während Delano-Smith 2006, S. 64 die Romwegkarte Etzlaubs der Kategorie »topographical maps for route planning« gerade im Unterschied zu den »thematic maps of routes and roads« einerseits und »topographical maps for wayfinding« andererseits zuordnet [ebd., S. 57–68]. Die Begriffsverwendungen und terminologischen Ungenauigkeiten anderer kartographiehistorischer Forschungen spricht Recker 2003, S. 147 an, wobei sie selbst den übergeordneten Begriff ›Verkehrswegekarten‹ verwendet.
194 Den reisepraktischen Nutzen erheben Beyrer 2014 III u. Recker 2003, S. 148 zum Definitionsmerkmal von Straßenkarten.
195 Delano-Smith 2006, S. 57–68; Recker 2003, S. 146–161. Daneben wurde die Definition des Lexikons der Kartographie und Geomatik für ›topographische Karte‹ zugrunde gelegt, wie sie unter URL: https://www.spektrum.de/lexikon/kartographie-geomatik/topographische-karte/4911 (5.5.2023) zu finden ist.

topographisch verorteten. Layouttechnisch verwendeten jedoch beide Kartentypen die gleiche Visualisierungsmethode: Es sind jeweils Punkte oder Linien, die den Verlauf von Straßen zur Darstellung bringen.

Schriftlich-textuelle Spezifizierungen

Schließlich und als weiteres Instrument zur Konkretisierung ist die schriftlich-textuelle Beschreibung zu nennen, die eine Spezifizierung einer Straßendarstellung erlaubte. Dies war etwa bei der Skizze zur Landesaufnahme von Pfalz-Neuburg (Abb. 4) der Fall, jedoch bei keiner Straßenkarte. Beschriftungen wie hier etwa *Nürnberger Strass gen Prag* trugen zur Konkretisierung bei. Neben den in Ergänzung und Erweiterung zu Ortschaften, Flüssen oder anderen topographischen Gegebenheiten namentlich spezifizierten Straßen erfuhr die Oberflächenstruktur von Verkehrswegen eine sprachliche Hervorhebung. Die schrift-textuellen Hinzufügungen ließen darüber hinaus Verkehrsverbindungen auf Visualisierungsmedien erst entstehen, wie sich mit einer weiteren Skizze aus dem Jahr 1537 näher darlegen lässt (Abb. 7): Der Kartenentwurf entstand, um das Herrschaftsgebiet des 1505 neu gegründeten Herzogtums Pfalz-Neuburg bei Monheim in der Fränkischen Alb vor allem in Abgrenzung zum Markgrafentum Brandenburg-Ansbach zu dokumentieren. Wie der Ausschnitt deutlich macht (Abb. 7), wurden hierfür neben Waldungen, Siedlungen und einem im Ausschnitt nicht mehr zu sehenden Flusslauf (Altmühl) Straßen und Wege zunächst unter Anbringung von Linien verzeichnet.[196] Sodann sind es aber ebenso Freiräume zwischen den Waldungen, die unterhalb der *weinstraß* einen *Lichtenberger weg* und darunter einen *Dallweg* zu erkennen geben. Es sind also nicht Punkte oder Linien, sondern das visuelle Arrangement der Wegumgebung, die hier als mittelbare Sichtbarmachung über graphische Anordnungen die Wegtrassen vorgaben und Raum schufen für eine verbale Konkretisierung. Die Schreiblinie entspricht dabei der Linienführung des Weges. Eine so geartete Kenntlichmachung der Straßen in »schriftbildliche[r] Form«[197] erforderte es bei der Herstellung und Produktion, in einem ersten Schritt die Wegumgebung zu skizzieren und danach die entsprechenden Freilassungen zu beschriften. Dass im vorliegenden Fall die Lücken zwischen den Baumreihen tatsächlich erst nachträglich zur verbalen Spezifizierung der Wegführung genutzt wurden, geben einzelne über die Zeichnungen ragende Buchstaben etwa beim ›g‹ für den *Obersultzerhof weg* unterhalb des Talweges *(Dallweg)* zu erkennen.

---

196 Dies war bei dem gleich am unteren Bildrand zu sehenden *stainweg* oder der gleichfalls eingezeichneten *weinstraß* oberhalb von Langenaltheim der Fall; daneben weist eine zwischen Langenaltheim und Büttelbronn (Betlbron) aufgenommene Line auf eine Verkehrsverbindung hin.
197 Ruch, Ralph A.: Kartographie und Konflikt im Spätmittelalter. Manuskriptkarten aus dem oberrheinischen und schweizerischen Raum (Medienwandel – Medienwechsel – Medienwissen 33), Zürich 2015, S. 168.

Die Visualisierung von Straßenrouten ohne Punkte und Linie ist keine Seltenheit und war vorzugsweise bei durch Wälder führenden Wegen möglich, indem die Freilassungen die Wegelinien vorgaben.[198] Damit ist eine grundlegende Technik der Visualisierung von Straßen und Wegen benannt, die ohne eigene Zeichen auskam. Hierzu zählt ebenso die von der Forschung bislang zu wenig beachtete Kenntlichmachung von Wegstrecken durch Siedlungen, welche ja Verkehrsverbindung voraussetzten[199] und für sich genommen auf Wegstrecken hinweisen.[200] Brücken und Furten kennzeichnen darüber hinaus Kreuzungspunkte von Wasser und Wegführung zu Lande.[201]

Abb. 7: Die schriftlich-textuelle Spezifizierung von Straßen und Wege bei Langenaltheim, 1537.

Solche mittelbaren Sichtbarmachungen von Straßen erlaubten es, Streckenverläufe durch deren natürliche Umgebung zu konturieren, eine Spezifizierung erfolgte dann über Textelemente. Sie sind ein fester Bestandteil kartographischer Darstellungen, stumme Karten gibt es kaum.[202] Im vorliegenden Fall (Abb. 7) war es zunächst der von bzw. nach Obersultzerhof führende *Obersultzerhof weg,* der ebenso wie der *Lichtenberger weg* eine eindeutige Zuschreibung erfuhr. Im Unterschied dazu gibt die Linie des *stainweg* eine hier nicht mehr zu sehende Wegführung nach Rehlingen zu erkennen, die der Härte des Straßenbelags wegen so bezeichnet wurde.[203] Oberhalb von Langenaltheim in südlicher Richtung

---

198 Es konnte aber auch umgekehrt erst der Weg und dann das umliegende Waldgebiet verzeichnet werden; durch Wälder führende Trassen konnten immer auch zusätzlich mit Linien hervorgehoben werden, siehe etwa: Die Ämter Höchstadt a.d. Aisch, Oberhöchstädt und Wachenroth, 1600–1650, URL: https://bavarikon.de/object/bav:GDA-LAA-000000STABAPL375 (4.4.2023); zahlreiche, dann auch beschriftete Waldstraßen bei: Geometrischer Abrieß der Pfleg Veldenstein sambt deroselben Waldt, der Veldner Forst genannt, mit allen seinen Ecken, auch namhafftigsten Örtern, [1597–1608], URL: https://bavarikon.de/object/bav:GDA-LAA-000000STABAPL371 (4.4.2023).
199 Siehe zum Zusammenhang von Verkehrswegen und Siedlungen Kapitel 4.
200 Dies merkt Pfeifer, Wolfgang: Seltzlins Schwäbischer Kreis von 1572 und seine möglichen Quellen, in: Ulm und Oberschwaben 53/54 (2007), S. 149–171, hier S. 153 an.
201 Siehe neben Abb. 6 etwa die Skizzen zur Spanischen Straße [Parker 1972, S. 76 f.].
202 Als Ausnahme zu begreifen ist die in der Folge noch zu berücksichtigende »Stumme Karte des Raumes Pappenheim, wahrscheinlich das Gebiet zwischen Monheim und Pappenheim, Wemding und Langenaltheim« von 1537 [BayHStA, Plansammlung 20843].
203 Dieser Sinngehalt des Wortes *stainweg* liegt nahe, wenn man die Eisenwege in die Überlegung mit einbezieht [Haubrichs 1997, S. 151]. Siehe hierzu bereits Anm. 87 (Kapitel 2). Haubrichs 1997, S. 133–137 weist

erstreckt sich auf dem gesüdeten Kartenentwurf eine *weinstraß*, womit ein etwa auch in der Eifel und an vielen weiteren Orten anzutreffender *Handelsweg* ausgewiesen ist, der seinen Namen zwar nicht ausschließlich dem Handel mit Wein verdankt, auf dem aber dennoch »oft Wein von den Erzeugergebieten zu den Absatzmärkten transportiert wurde«.[204]

Die in diesem Fall an Langenaltheim und Büttelbronn vorbei Richtung Monheim führende *Weinstraße* entspricht der von Denecke verwendeten funktionalen Klassifikationskatego-risierung. Im Unterschied dazu handelt es sich bei dem *Dallweg* und zu guter Letzt auch bei dem oberhalb von Büttelbronn benannten *leeweg* um eine reliefbezogene Klassifikation, die die Skizze gleichfalls zur textlichen Hervorhebung der eben nur rudimentär visuell erfassten Straßen anführt. Zumindest bedeutet ›lê‹ Hügel,[205] womit das Bestimmungswort des *leeweg[es]* wohl jenen Aspekt hervorhebt, der sich mit dem Bayern-Atlas genauer eruieren lässt. Mit dem Geoinformationsdienst nämlich lässt sich für die knapp sechs Kilometer lange Wegstrecke von Büttelbronn nach Monheim ein Höhenprofil feststellen, das von einem ständigen Auf und Ab geprägt war. Es beginnt bei rund 520 Höhenmetern, erreicht mit 567 Metern seinen höchsten und mit 504 Metern seinen tiefsten Punkt, bevor auf etwa 500 Höhenmeter der *leeweg* bei Monheim sein Ende fand.[206] Ob freilich dieser über Hügel verlaufende Weg nach Büttelbronn die bereits genannte Weinstraße fortsetzte oder hier eine parallel Richtung Monheim verlaufende Wegführung vorliegt, gibt die Skizze nicht zu erkennen. Deutlich ist jedoch, dass die mit Linien nur teilweise angedeuteten Straßen und Wege über die verbale Beschreibung eine Spezifizierung hinsichtlich der Ausgangspunkte (*Obersultzerhof weg* u. *Lichtenberger weg*), der Nutzungsart (Weintransport), der Verlaufsform (im Tal oder entlang von Hügeln) und womöglich

---

ebenso auf zahlreiche Steinwege und dergleichen hin, ohne jedoch die genannte Bedeutungsvariante anzuführen. Bei dem vorliegenden Steinweg handelt es sich also möglicherweise um einen besonders festen Weg, der unter Umständen sogar mit Steinen ausgebaut war. Andererseits wurde gerade in dieser kartographisch erfassten Gegend der Fränkischen Alb umfänglich Stein abgebaut, so dass der Name gleichermaßen auf eine Route zum Transport von Steinen hinweisen kann: Ein Steinbruch ist auf der Karte zum pfalz-neuburgischen Landgericht Graisbach in der Nähe von Langenaltheim bei Solnhofen eingetragen [Das Landgericht Graisbach (Hauptkarte) [1597/98–1604], URL: https://bavarikon.de/object/bav:GDA-LAA-0000BAYHSTAPL208 (4.4.2023)]. Den Zusammenhang von Art des transportierten Guts und der Wegbezeichnung legen andernorts durchgeführte jüngere Altstraßenforschungen nahe [Faasen, Felix: Hohlweg und Steinbruch – Moderne Prospektion macht alte Strukturen sichtbar. Digitales Geländemodell (DGM) zeigt Spuren eines bisher unbekannten Steinbruchs und Hohlweges in Nottuln, URL: https://blog.altertumskommission.lwl.org/de/hohlweg-und-steinbruch-moderne-prospektion-macht-alte-strukturen-sichtbar/ (28.6.2023) [veröffentlicht am 26.08.2019]].

204 Grasediek, Werner: Eine Eifler ›Weinstraße‹. Der Koblenz-Lütticher Fernhandelsweg, in: Burgard/Haverkamp 1997, S. 427–446, hier S. 429.

205 Lexer, Lemma ›verhouwen‹.

206 URL: https://geoportal.bayern.de/bayernatlas (4.4.2023). Hier handelt es sich um über die Luftlinie ermittelte Richtwerte. Veränderungen der Bodenhöhe, die sich im Laufe der zurückliegenden Jahrhunderte ergeben haben könnten, bleiben ebenso unberücksichtigt wie der tatsächliche, in diesem Fall aber ohnehin unbekannte, exakte Wegverlauf.

Die Visualisierung des Straßenraumes

auch bezüglich der Beschaffenheit der Oberfläche (Steinweg) erfuhren. Schließlich trifft auf die Skizze zu, was sich für die meisten Visualisierungsmedien sagen lässt: Die Straßen sind konstruierte und in die Natur eingebettete Bestandteile der Natur, worauf im vorliegenden Fall auch die auf die Verlaufsform rekurrierenden Bezeichnungen hinweisen. Zu guter Letzt haben Straßen und Wege mit Siedlungen einen Anfangs- oder Endpunkt, der gleichfalls als ein fester Bestandteil sämtlicher hier behandelter Visualisierungsmedien zu begreifen ist.

Ob graphisch mit Punkten oder Linien in einfacher oder gedoppelter Ausführung einerseits oder schriftlich-textuell mit Worten in Ergänzung oder als Ersatz von graphischen Markierungen andererseits, die Sichtbarmachung von Straßen auf topographischen Karten(skizzen) mit Straßenelementen und Straßenkarten mit topographischen Elementen erfolgte auf sehr unterschiedliche Art und Weise. Selbst Siedlungen konnten für sich genommen zur Visualisierung von Verkehrswegen beitragen, da deren Vorhandensein und Anordnung Wegstrecken ohne Worte und Zeichen sichtbar machte.

Den Verlauf und die Distanz einer Wegstrecke möglichst exakt wiederzugeben, war das Anliegen vieler Darstellungen zum Nutzen von Reisenden, Humanisten, Gerichten und jenen Herrschaften, die um den physischen Raum rangen. Straßen und Wege standen im Zentrum einer Darstellung, waren aber ebenso oftmals nur ihr Beiwerk, um die von der Natur vorgegebene und von Menschen gleichermaßen geformte und mitgeschaffene Struktur einer bereisten, beobachteten und beherrschten Gegend zur Darstellung zu bringen. Ungeachtet der durchaus erfolgten Einbettung in die Natur blieb der Straßenraum vor allem aufgrund der erforderlichen Fernperspektivierung eines möglichst großen Ausschnitts der Erdoberfläche vielfach konturlos. Und doch lassen sich wiederkehrende Elemente der visuellen und verbalen Konkretisierung feststellen, welche das Eingebettetsein von Straßen in die Natur klarer hervorhoben.

2.2.2 Aus der Nähe: Hochstraßen, Steige, Hohl- und Grenzwege

Mit Textelementen stand den Visualisierungsmedien ein prinzipiell unbeschränktes, dem Kontext angemessenes Spektrum zur Konkretisierung der Darstellung von Straßen und Wegen zur Verfügung. Die verbale Nahperspektivierung, also die nähere Beschreibung von Straßen und Wegen mittels Worte, beschränkte sich dabei auffälliger Weise auf ein reduziertes Sprachinventar, das aber für die Zeitgenossen umso zentralere Aspekte aus dem Straßenwesen hervorhob. Und auch für die graphische Gestaltung von Straßen lässt sich auf topographischen Karten in Abhängigkeit von der Maßstäblichkeit eine erklärungswürdige Regelmäßigkeit feststellen, die sich nicht nur auf die Wiedergabe von Verlauf und Distanz von Routen beschränkte.

Abb. 8: Hohe Straße bei Schornweisach, um 1603.

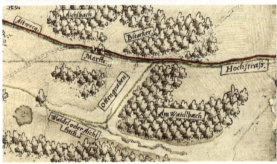

Abb. 9: Hochstraße bei Hirschau, 1590–1610.

Hochstraßen

Die spezifizierte, schriftlich-textuelle Erfassung von Straßen und Wegen betraf zunächst die entlang von Wasserscheiden oder auf anderweitigen Anhöhen verlaufenden *Hochstraßen*. Wie beispielhaft für eine Strecke bei Schornweisach Richtung Höchstadt a.d. Aisch (Abb. 8) oder bei Hirschau an der Grenze des von dem Herzogtum Pfalz-Neuburg und Kurpfalz verwalteten Kondominats Parkstein-Weiden (Abb. 9) hervorgeht,[207] wurden solche Straßenverbindungen im hier untersuchten empirischen Material häufig visuell und verbal spezifiziert. Beiden genannten Ausschnitten liegen Landesaufnahmen aus der Zeit um 1600 zugrunde und heben neben Flussverläufen, Waldungen und Siedlungen das Vorhandensein von Straßen hervor. Dazu wurde zunächst der Verlauf von Straßen in bereits bekannter Form durch parallel verlaufende Linien mittelbar sichtbar gemacht. Diese Linien sind einmal durchgehend (Abb. 8) und einmal gestrichelt wiedergegeben (Abb. 9), wobei die variierende Länge der Striche und die geringen Abstände zwischen

---

207 Rösel, Jochen: Parkstein-Weiden, Gemeinschaftsamt, publiziert am 19.04.2010, in: Historisches Lexikon Bayerns, URL: http://www.historisches-lexikon-bayerns.de/Lexikon/Parkstein-Weiden,_Gemeinschaftsamt (4.4.2023).

den Einzelstrichen im vorliegenden Ausschnitt kaum zu erkennen sind. Neben den graphischen Markierungen sind es Textelemente, welche die Gleichförmigkeit der Sichtbarmachung durchbrechen und auf eine *Hochstrass* bei Hirschau und eine *Hohe[n] Straß* bei Schornweisach hinweisen. Damit hervorgehoben wird ein naturabhängiges Erscheinungsmerkmal von Straßen, das Eindeutigkeit schuf. Der Verlauf der Straße auf einer Anhöhe kann dabei für die *Hohe Straß* bei Schornweisach wörtlich genommen werden. Denn wie gleichfalls Abb. 8 zu erkennen gibt und sich mit dem BayernAtlas näher bestimmen lässt, verlief diese Straße zwischen der kleinen Weisach und der Weisach auf etwa 380 Höhenmetern gegenüber dem sich auf etwa 300 Höhenmetern befindlichen Ort Schornweisach.[208]

Eine solche verbale Spezifizierung der Verkehrswege geschah nicht zufällig, wurden die Straßen der Vormoderne doch auf entscheidende Weise von der Struktur der Reliefs gelenkt.[209] Dies schließt die Bezeichnung ›Hohe Straße‹ mit ein, deren Wichtigkeit nachgewiesenermaßen aus der Verlaufshöhe und einer dadurch bedingten herausgehobenen Bedeutung für den Verkehrsfluss einer Gegend resultierte.[210] Wasserscheiden oder andere topographische Anhöhen gaben naturbedingt über längere Distanzen und auf relativ stabile zeitliche Dauer hin eine häufig zum Fernverkehr genutzte Wegführung vor.[211] Die vorliegenden Abbildungen tragen dieser besonderen Funktionalität Rechnung, indem sie die Straßen graphisch und verbal hervorhoben. Bezeichnenderweise fungierten die Hochstraßen in beiden Fällen zudem als kolorierte Grenzlinien. Doch auch darüber hinaus erfuhren die Hochstraßen aufgrund ihrer Funktionalität und topographisch markanten Erscheinungsform eine Hervorhebung, sie waren zu zentral für die jeweilige Gegend, um sie ohne textliche Konkretisierung einer Gleichförmigkeit zu überlassen, wie sie der graphischen Kenntlichmachung von Straßen mittels Punkte oder Striche inhärent war.

Wie sehr besonders *Hochstraßen* ein für die Zeitgenossen zentrales Erfassungs- und Beschreibungskriterium von Straßen zu erkennen geben, lässt sich mit einem umfänglichen Textkorpus unterstreichen, der zwischen 1579 bis 1605 im Zuge der Landesaufnahme des Herzogtums Pfalz-Neuburg entstanden ist und die graphische Erfassung textlich komplementierte. Es handelt sich um 1.400 Manuskriptseiten, die in textlicher Form die 19 Land-

---

208 URL: https://geoportal.bayern.de/bayernatlas (4.4.2023).
209 Denecke 1969, S. 100.
210 Frank, Günther/Paulus, Georg (Bearb.): Die pfalz-neuburgische Landesaufnahme unter Pfalzgraf Philipp Ludwig. Mit einem kartographiehistorischen Beitrag von Thomas Horst (Regensburger Beiträge zur Heimatforschung 6), Regensburg/Kollersried 2016, URL: https://www.heimatforschung-regensburg.de/97/ (4.4.2023), S. 873 führen die Wichtigkeit einer Hochstraße bzw. Hohen Straße einerseits und deren Verlauf über Anhöhen andererseits als Bedeutungsinhalte dieses Straßentypus an. Beides bedingte sich jedoch gegenseitig.
211 Denecke 1969, S. 113, wobei die Bedeutung der Reliefverhältnisse für den Fernverkehr vor allem für das Hochmittelalter hervorgehoben wird. Die naturräumlich bedingten Höhenstraßen für den Spessart beschreibt Flachenecker, Helmut: Vom Straßenbündel zur verrechtlichten Straße, in: Frankenland 61 (2009), S. 4–9, hier S. 4.

gerichts- und Pflegamtsbezirke des Herzogtums Pfalz-Neuburg in Ergänzung zu etwa 400 Manuskriptkarten[212] beschreiben. Der mit der Landesaufnahme beauftragte lutherische Pfarrer und Kartograph Christoph Vogel (1554–1608) war nämlich entsprechend der Anweisung von Pfalzgraf Philipp Ludwig (reg. 1569–1614) nicht nur damit betraut, sämtliche Dörfer, Weiler, Schlösser, Edelsitze, Städte, Märkte, Höfe, Kirchen und Kapellen mit ihren Markungen oder Fluren zu erfassen. Ebenso war er dazu angehalten, *alle Hölzer, clains unnd groß, Vörst, Auen, Velder, Berg unnd Thal, auch Wasserflüß, Bäch, Weyer, Weyerstett, Straßen, Weg und Steg, wie auch Pruckhen, clain unnd groß* aufzunehmen.[213] Neben Brücken sind es also die mit und neben der Natur bestehenden Straßen und Wege, die hier als Teil des zu beschreibenden Territoriums inbegriffen und dementsprechend umfänglich dokumentiert wurden.

Dabei fanden, wie schon bei der von Vogel angefertigten Darstellung der Grenze des Kondominats Parkstein-Weiden (Abb. 9), für die schriftlich-textuelle Beschreibung der in den heutigen bayerischen Bezirken Mittelfranken, Niederbayern, Oberbayern, Oberpfalz und Schwaben gelegenen ca. 2.200 Quadratkilometer die *Hochstraßen* besondere Beachtung.[214] So ist einmal von einer *Hochstrasß bey Lyberg* oder von einer Grenzbegehung die Rede, die Richtung Haidensbuch *auf die Höch und Straß von dannen nach Oberettenhard* führt.[215] Weitere elfmal wird explizit auf Hochstraßen hingewiesen, etwa auf eine *Hochstraß* nach einem *Fuhrwege* oder eine *Hochstraß zwischen dem Kirchberg und der Wolffskhel*.[216] Und auch im Pflegamt Kallmünz befand sich bei Pfraundorf nach der Kirche, Schmiede und einem Pfarrhof die *Hochstraß oder denn Hochrain*.[217] Vogel bezeichnet mit dem Wort ›Hochstraße‹ einen auf einer Höhenlinie, einem Hügel oder einer Anhöhe verlaufenden Verkehrsweg, der Niederungen vermied.[218]

Mehrfach in der Beschreibung des Herzogtums Pfalz-Neuburg hervorgehoben werden außerdem Steige, die auf Anhöhen oder Berge führen. Den *Berg am Steig ab in denn*

---

212 Solche Karten lassen sich als handgezeichnete oder gemalte kartographische Darstellungen verstehen, »die wegen ihrer Einmaligkeit im Unterschied zu den gedruckten Karten zumeist wenig bekannt sind. Zu ihnen sind sowohl Entwürfe als Grundlage für die Kartenherstellung, Kartendrucke, wie auch Nachzeichnungen (Kopien) zu rechnen. Jede Manuskriptkarte ist ein Unikat« [Horst 2008, S. 204].
213 Memorial für die Bearbeitung der Pflegämter Hainsacker und Laaber vom 8. März 1598, in: Frank/Paulus 2016, S. 852–855, hier S. 853. Siehe zur Vorlage und Weiterverwendung dieses Memorials ebd., S. 25 f. u. 852.
214 Zu den 2.200 Quadratkilometern Frank/Paulus 2016, S. 4.
215 Ebd., S. 71 u. 499.
216 Ebd., S. 263 u. 644.
217 Ebd., S. 326. Mit Hochrain gemeint ist das sich zwischen zwei Furchen erhebende Erdreich [Lemma ›Hochrain‹, in: DWB 10 (1877), Sp. 1630]. Siehe daneben die auf S. 324, 326 (insgesamt 2-mal), 497, 525, 644 (2-mal), 645 (2-mal) u. 649 genannten *Hochstraßen*.
218 Frank/Paulus 2016, S. 873.

Die Visualisierung des Straßenraumes

Abb. 11: Reitsteig bei Konstein im Altmühltal, 1597/98–1604.

Abb. 10: Steig im Spessart bei Miltenburg, unweit von Bürgerstadt (›Pur-stat‹), 1594.

Abb. 12: Steig von Neunhof nach Bullach (›Polach‹) bei Lauf, 1590.

Abb. 13: Hohlweg bei Henfenfeld, 1592.

Abb. 14: Hohlweg bei Altenburg im Spessart, 1594.

Abb. 15: Grenzverlauf des Pflegamts Hersbruck bei Artelshofen »am Fußstaig neben dem Holweg am Berg hinauf« bis zum Steinkreuz, 1595/96.

Hockherbach, heißt es etwa für das Landgericht Sulzbach.[219] Solche Steigungen fanden ihre visualisierte Entsprechung etwa auf der ersten überlieferten kartographischen Darstellung des Spessart für die Gegend bei Miltenberg von 1594 (Abb. 10) oder auf einer anlässlich von Jagdstreitigkeiten zwischen dem Nürnberger Pflegamt Lauf und der Herrschaft Neunhof erstellten Karte (Abb. 12). Einen nicht nur begehbaren, sondern überdies explizit zum Bereiten fähigen Steig weist eine wiederum im Zuge der pfalz-neuburgischen Landesaufnahme erstellte Teilkarte des Landgerichts Graisbach aus (Abb. 11). Die Hauptkarte zu ebendiesem Landgericht führt daneben bei Pappenheim und andernorts einen Steig an.[220]

Hohlwege

Die auf der Landesaufnahme für Pfalz-Neuburg nicht vermerkten *Hohlwege* sind auf der Spessart-Karte (Abb. 14) und ebenso auf einer Darstellung der Burg von Henfenfeld mit ihrem Umland von 1592 (Abb. 13) eigens verzeichnet. Die topographische Wiedergabe des 1530 mit finanzieller Unterstützung der Reichsstadt Nürnberg erworbenen Stammsitzes der Familie Pfinzing hat im Vergleich zur Spessart-Karte und mehr noch im Vergleich zu den pfalz-neuburgischen Manuskriptkarten einen kleinen Maßstab von ca. 1:1.800.[221] Ein solches Verkleinerungsverhältnis erlaubte die sehr prominente, farbliche Darstellung des langgezogenen *Hohlwegs* westlich von Henfenfeld. Es waren also nicht mehr nur Linien, die das Vorhandensein des Weges und dessen Verlauf dokumentierten, und auch nicht mehr nur schriftlich-textuelle Zuschreibungen, die die natürliche Beschaffenheit spezifizierten, sondern die vielfältigen graphischen Darstellungsmöglichkeiten besonders über Farben selbst, die das Erscheinungsbild des Hohlweges eigenständig und ohne kombinierte Dokumentationspraktik deutlich konturierten. So ist im vorliegenden Fall die im

---

219 Ebd., S. 644. Siehe ferner ebd. S. 79, 148, 184 (3-mal), 283, 391, 471, 648, 653 u. 670. Auf S. 182 u. 219 ist zudem von einem *Gestaig* die Rede, und zwar jeweils mit dem Zusatz ›hinab‹, so also: *dann das Gestaig hinab an den Bach* (ebd., S. 182). Hier handelt es sich also um einen steil aufwärts bzw. abwärts führenden Pfad. Das Wort ›steig‹ kann daneben immer auch einen »Weg, Pfad, Fußpfad von unbestimmter Breite und Steigung sowie mit unbestimmtem Ausbaugrad« bedeuten [FWB Lemma ›steig I‹, URL: http://fwb-online.de/go/steig.rI.0m_1573832992 (4.4.2023)]. Ein *rittsteig* ist für ein Waldgebiet bei Eichstätt ausgewiesen [Ein zwischen dem Hochstift Eichstätt und den Grafen von Pappenheim strittiges Waldstück bei St. Thomas], 1587 [BayHStA, Plansammlung 10711]; neben *Fahr weg[en]* sind zwei *Gang steig[e]* bei Büchenbach Richtung Bruck zu einer Mühle eingezeichnet [Das zwischen dem Hochstift Bamberg und den Markgrafen von Brandenburg strittige kleine Weidwerk bei Büchenbach], 1588 [BayHStA, Plansammlung 11114]; ein steiler *Gangsteig* führte bei dem alten Weg nach Ettal [Erster Abriss des alten und neuen Khüenbergweegs, dem Closter Etal gehörig], 1615 [BayHStA, Plansammlung 11115]; ein Steig führt von Krassolzheim nach Hüttenheim und eröffnet damit den Weg zum Main [Sitze Hohenkottenheim, Hohenlandsberg und Speckfeld mit den zwischen Georg Ludwig d. Ä. von Seinsheim zu Hohenkottenheim und Friedrich von Limpurg-Speckfeld strittigen Waldgebieten], 1581 [BayHStA, Plansammlung 10046].
220 Ein weiterer Steig ist auf der Hauptkarte vom Landgericht Graisbach zu finden: Das Landgericht Graisbach (Hauptkarte) [1597/98–1604], URL: https://bavarikon.de/object/bav:GDA-LAA-0000BAYHSTAPL208 (4.4.2023).
221 Fleischmann 1994, S. 70f.

Vergleich zu den angrenzenden Grün- und Ackerflächen tief in das Erdreich eingegrabene Fahrbahn durch eine durchgehend dunkelbraune Färbung hervorgehoben. Rechts und links davon bringen hellbraun gefärbte und dunkelbraun schattierte Bereiche die für jegliche *Hohlwege* charakteristischen Vertiefungen und »Entblößung[en] größerer Flächen von schützenden Vegetationen« zum Ausdruck.[222] Nach dem *Hohlweg* führte die Fahrbahn in nördliche Richtung wieder auf festeren Untergrund, was damit verbunden wieder einen natürlichen Pflanzenwuchs im näheren Umfeld des Weges zuließ. In dem Kartenausschnitt nicht mehr zu sehen ist, wie sich danach der Weg gabelte und ein Teil sich in nordwestlicher Richtung nach Reichenschwand und ein anderer sich in westlicher Richtung nach *Odensoß* (Ottensoos) fortsetzte, wie eine Beschriftung die Verlaufsrichtung der Wege näher ausweist. Weitere, in alle Himmelsrichtungen verlaufende Wege bringen ebenfalls das Eingebundensein des Dorfes Henfenfeld in das Umland zum Ausdruck, wozu auch der eigens kartierte *Hohlweg* zählt. Er war ein natürlicher und allgegenwärtiger Bestandteil des vielgestaltigen *Straßenraumes* um Henfenfeld. Hier nur von einen »zeittypisch schlechten Ausbaustandard der Verkehrswege« zu sprechen, wie es eine neuere Studie über die kartographische Erfassung und Darstellung des Nürnberger Territoriums hervorhob, greift eindeutig zu kurz.[223]

Der Hohlweg weist hier und auf der Spessart-Karte (Abb. 14) eine charakteristische, breit gezogene Fläche auf, die der Verkehrsnutzung diente. Im Unterschied dazu heben auf der letztgenannten Karte einfache Linien unspezifisch weitere Straßenführungen hervor. Eine dieser Linien wird in einer Legende als *Strassen von Prelden und altenpurg* näher beschrieben.[224] Daneben und sehr außergewöhnlich ist an anderer Stelle der Spessart-Karte eine Straßengaststätte aufgenommen: *An der Strassen ein Wirtshaus,* heißt es gleichfalls in der Legende.[225] Ansonsten aber ist es der eine Hohlweg, den die Spessart-Karte graphisch und textlich ebenso kenntlich macht wie den Steig (Abb. 10).

Auf eine solche verkehrsbedingte Vertiefung der Verkehrsbahn wird auch auf den »Bairischen Landtafeln« von Philipp Apian (1531–1589) hingewiesen.[226] Die Feststellung von Andreas Rutz, dass auf den kartographischen Darstellungen des Herzogtums Bayern von 1568 nur Gewässernetze, Orte und Siedlungen, aber keine Straßen zu finden sind,[227] muss mit Blick auf den Hohlweg, aber auch deshalb relativiert werden, da hier bereits Brücken

---

222 Denecke 1969, S. 51.
223 Fuchs 2018, S. 186.
224 Pfinzing-Atlas 1594, S. 41 (Die älteste Karte des Spessart, 1594).
225 Ebd.
226 Apian, Philipp: Bairische Landtafeln 1568, Landtafel 16, URL: https://bavarikon.de/object/bav:BSB-MAP-000000HBKSF15B16 (4.4.2023). Der Hohlweg ist unweit des rechten Kartenrandes bei *Nadernpach* zu finden.
227 Rutz 2018, S. 290.

und Siedlungen implizit auf Straßen hinweisen.[228] Und auch der *Hohlweg* ist auf den Landtafeln Apians nicht leicht zu identifizieren. Delano-Smith spricht in ihrem Beitrag über Darstellungselemente auf gedruckten Karten der Renaissance noch von einer schwer zu deutenden Kennzeichnung.[229] Ein Vergleich mit den hier näher behandelten Hohlwegen erlaubt eine klare Zuordnung und belegt in seiner großen numerischen Dichte diese Visualisierungs- und Dokumentationspraktik.

Straßen als Grenzen

Aufgrund des Maßstabes von 1:32.000 ebenso zunächst nicht eindeutig identifizierbar ist ein Hohlweg, wie er im Pfinzing-Atlas mit dem zur Reichsstadt Nürnberg gehörigen Pflegamt Hersbruck zur Darstellung gebracht wird.[230] Der etwa 13 km in nordwestlicher Richtung von Henfenfeld gelegene Weg (Abb. 15) geht sogar auf einer zweiteiligen Karte mit einer ursprünglichen Gesamthöhe von 80 cm und einer Breite von einmal 65 cm (oberer Teil) und einmal 84 cm (unterer Teil) geradezu verloren. Der vergrößerte Ausschnitt kann aber nicht darüber hinwegtäuschen, dass es sich bei dieser Karte um eine neuartige, farblich fein abgestufte Darstellung der grundsätzlich schwer wiederzugebenden fränkischen Schichtstufenlandschaft handelt. So werden laut Peter Fleischmann für steile schmale Hänge die »sogenannte Kliffzeichnung in dunklen braunen Farbtönen verwendet, während große Hangflächen durch hellbraune Lavierung hervorgehoben werden [...]. Bei den grün wiedergegebenen Waldungen differenziert Pfinzing Hochwald durch dunkle, Niederwald durch helle Grüntöne.«[231] Das auf Grundlage von seinen Eigenbeobachtungen und Vermessungen erstellte »Meisterstück« Pfinzings[232] diente dazu, den Verlauf der Fraischgrenze des Pflegamts zwischen Riegelstein im Norden, Hirschbach und Alfeld im Osten, Unterhaidelbach im Süden und Neunkirchen am Sand wiederzugeben. Die 114 Markungspunkte werden daneben schriftlich-textuell beschrieben und geben so auch den *Hohlweg* konkret zu erkennen: Nach der großen Linde (Nr. 42) verlief die Mark *am Fußsteig, neben dem Holweg am Berg hinauf* zur mit der Nummer 43 gekennzeichneten Stelle. Von dort setzte sich die Grenze beim Fußsteig *neben dem Holweg* bis zum Steinkreuz (Nr. 44) fort.[233] *Am Weg steht ein altes Staines Kreutz.*[234] Die Aufnahme einer parallel zum Fuß-

---

228 Für den modernen Betrachter ist diese mittelbare Visualisierung von Verkehrsrouten ohne Worte und Zeichen nicht einfach zu erkennen, dürfte aber für die Zeitgenossen weitaus offensichtlicher gewesen sein, wenn man auch den notwendigen und andersgearteten Lesemodus etwa der Meilenscheiben mit in Betracht zieht. Siehe hierzu die Ausführungen zu den Flugblättern.
229 Delano-Smith 2007, S. 569 f.
230 Zum Maßstab Fleischmann 1994, S. 47.
231 Ebd., S. 45.
232 Ebd.
233 Pfinzing-Atlas 1594, S. 16 a (Grenzbeschreibung für das Pflegamt Hersbruck Teil 1, 1595/96).
234 Ebd.

weg verlaufenden Fahrbahn und deren nähere Ausweisung in der kartenzugehörigen Beschreibung als *Hohlweg* erfolgte, um den Verlauf der Grenze nach dem Dorf Artelshofen exakt nachvollziehbar zu machen. Der Hohlweg interessierte in diesem Zusammenhang also weniger wegen des *Straßenraumes* sondern der Grenze wegen: *Ist der Weg die Marck*, oder wie Nr. 30 oder zu Nr. 85 belegen: *Der Weg soll die Marck sein. Dann geht die Marck den Weg durchs Reißach [Buschwerk, kleiner Wald; A.D.] bis an die das Eck am Langen Holz.*[235] Straßen nahmen hier explizit eine hybride Funktion ein: sowohl als Grenze als auch als Markierungselement in der Realität und auf der Karte.

Gerade weil sich in der zweiten Hälfte des 16. Jahrhunderts die obrigkeitliche Erfassung des physischen Raumes intensivierte und Straßen und Wege Grenzen markierten, wurden sie auf zahlreichen kartographischen Darstellungen und den dazugehörigen Beschreibungen berücksichtigt.[236] Dies betraf neben Hochgerichtsgrenzen auch jene Grenzen, mit denen eine Herrschaft die Hoheit über die Jagd für sich beanspruchte. Solche Begrenzungen von Jagd- und Wildbanngebieten verliefen querfeldein, aber ebenso entlang von Straßen wie bei Lussaw am Rhein (Abb. 16) oder auf den Hügeln der Schwäbischen Alb, wo ein *Rennweg* die Wildbanngrenze zwischen dem Herzogtum Pfalz-Neuburg und der Grafschaft Oettingen bildete.[237] Die Straßen und Wege stellten hier wie im vorgenannten Beispiel zum Pflegamt Hersbruck selbst eine Grenzlinie dar und konnten damit jenen Wildzaun ersetzen, der etwa bei Brunnau den Jagdbereich des Markgraftums Brandenburg-Ansbach gegenüber Pfalz-Neuburg abgrenzte. Dieser ca. 2,70 Meter hohe und mit Toren versehene Zaun verlief entlang von Straßen und überquerte bei Brunnau die *straß nach Allersperg* (Abb. 17), und zwar jahrzehntelang.[238] Diese bewusst aufgestellten Markierungen materialisierten das Territorium und waren keine Seltenheit: Temporär beschränkt wurden 20 Säulen um Lichtenau herum aufgestellt, mit denen Markgraf Georg Friedrich I. von Brandenburg-Ansbach (1539–1603) versucht hatte, Faktizität zu schaffen

---

235 Ebd., S. 16 a/b (Grenzbeschreibung für das Pflegamt Hersbruck Teil 1 u. 2., 1595/96); Lemma ›Reisach‹, in: Heydenreuther/Pledl/Ackermann 2010, S. 186.
236 Rutz 2018 geht nicht näher auf diesen Sachverhalt ein.
237 Schunka, Alexander: Soziales Wissen und dörfliche Welt. Herrschaft, Jagd und Naturwahrnehmung in Zeugenaussagen des Reichskammergerichts aus Nordschwaben (16.–17. Jahrhundert) (Münchner Studien zur neueren und neuesten Geschichte 21), Frankfurt a. M. u. a. 2000, S. 152.
238 Der 1573 auf Anweisung des brandenburg–ansbachischen Wildmeisters skizzierte Wildzaun (Abb. 17) ist auch auf der zwischen 1590/91 und 1594 entstandenen Karte zum Schultheißenamt Neumarkt abgebildet [Pfinzing-Atlas 1594, S. 37]. Siehe zum Entstehungshintergrund dieser Karte Fleischmann 1994, S. 62 f., ferner Fleischmann, Peter (Bearb.): Die handgezeichneten Karten des Staatsarchivs Nürnberg bis 1806 (Bayerische Archivinventare 49), München 1998, S. 80 u. Haberlah-Pohl, Annett: Fränkische Untertanen im Spannungsfeld von frühneuzeitlichen Herrschaftskonflikten, in: Zeitschrift des Historischen Vereins für Schwaben 106 (2014), S. 179–191, hier S. 185. Zur Funktion solcher Zaunkonstruktionen als Wildschutz einerseits und Schutz vor Wildschäden andererseits Fenske, Lutz: Jagd und Jäger im früheren Mittelalter. Aspekte ihres Verhältnisses, in: Rösener, Werner (Hg.): Jagd und höfische Kultur im Mittelalter Göttingen (Veröffentlichungen des Max-Planck-Instituts für Geschichte 1359), Göttingen 1997, S. 29–94, hier S. 82.

und zu seinen Gunsten den Jagdbereich für Niederwild, also Hasen, Füchse und Federvieh, im zur Reichsstadt Nürnberg gehörigen Pflegamt Lichtenau zu begrenzen. Die Jagdsäulen standen bezeichnenderweise in erster Linie an Straßenkreuzungen und am Straßenrand, wie Paul Pfinzing nach eigener Inaugenscheinnahme auf einer bereits vorliegenden Karte kenntlich machte (Abb. 18). Zu sehen ist eine mit verkupferten Blechstreifen visualisierte Säule kurz nach Immelsdorf und danach bei Waldendorf *an der wegschaiden* bei den nicht eigens eingezeichneten *stainen Creuzen [...], da der weg von Imelsdorf gehen Malmers- und Herberstdorf gehet*. Eine weitere Jagdsäule befand sich ausweislich der Karte und nach der Beschreibung einer dazugehörigen Legende zwischen Äckern zur *linckhen als der weg von Imeldorf gehen Herbertsdorf* geht. Kurz vor Herbertsdorf – auf der Abbildung oben rechts noch in Teilen zu sehen – war es schließlich ein wiederum an einer Weggabelung gelegener gemeiner Wiesengrund, der am 2. oder 3. Mai 1594 als geeigneter Ort zur Platzierung der Säule ausgewählt wurde.[239]

Abb. 16: Verlauf der Wildbanngrenze entlang eines »new[en] weg[es]« bei Lussaw zwischen der Kurpfalz und dem Hochstift Speyer, 1548.

Abb. 17: Über die »straß nach Allersperg« verlaufender Wildzaun bei Brunnau an der Grenze zwischen dem Herzogtum Pfalz-Neuburg und dem Markgrafentum Brandenburg-Ansbach, 1579.

---

239 Pfinzing-Atlas 1594, S. 34; Fleischmann 1994, S. 58 u. 60. Auf die Jagdstreitigkeiten im Pflegamt Lichtenau geht Jehle, Manfred: Ansbach: Die markgräflichen Oberämter Ansbach, Colmberg-Leutershausen, Windsbach, das Nürnberger Pflegamt Lichtenau und das Deutschordensamt (Wolframs-)Eschenbach (Historischer Atlas von Bayern, Teil Franken, Reihe I, 35), Kallmünz 2009, S. 366–369 näher ein; der dahinterliegende weitläufige Organisationsprozess, bis die Säulen aufgestellt waren, kann hier nur angedeutet werden und bedarf einer weitergehenden Analyse.

Die Visualisierung des Straßenraumes   131

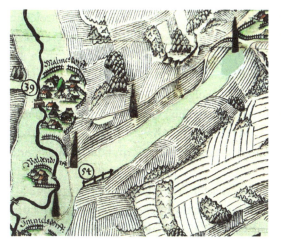

Abb. 18: Bei und zwischen Straßen aufgestellte Jagdsäulen im Pflegamt Lichtenau, 1594.

Gerade das Aufstellen von Säulen an Wegscheiden und am Straßenrand ermöglichte es, Jagdrechte im physischen Raum gut sichtbar zu beanspruchen respektive streitig zu machen. Eine solche Öffentlichkeit war im 16. Jahrhundert umso mehr intendiert, als damit über die Grenzen einer Grund- und Gerichtsherrschaft hinaus der Einflussbereich gegenüber konkurrierenden Herrschaftsträgern ausgeweitet werden konnte.[240] Straßen und Wege wurden so zu verstärkt genutzten Orten des Territorialisierungsprozesses.

2.2.3 (Un-)sichtbares und Sagbares: Eine Kreuzstraße und ein tödlicher Unfall bei einer Landstraße neben einem Winterweg

Im 16. Jahrhundert war nach Einschätzung Gerhard Leidels der »Bedarf an anschaulichen Übersichten über kleine und größere Gebiete [...] an den Höfen und in den Verwaltungs- und Gerichtskollegien weit verbreitet«.[241] Wenn nun der zunehmende »breite Trend [...] zur kartographischen und deskriptiven Landeserfassung«,[242] wie er sich auch für England, Frankreich, Spanien, den Niederlanden und anderen Ländern Europas beobachten lässt,[243] im Jahr 1579 dazu führte, dass eine an der Grenze zwischen Pfalz-Neuburg und dem Herzogtum Württemberg gelegene *Kreuzstraße* eine visuelle und verbale Festlegung erfuhr (Abb. 19), dann vermag dies zunächst zu verwundern. Denn eine solche Straße konnten die bisherigen Ausführungen noch nicht anführen, ja selbst die umfänglichen begriffsgeschichtlichen Befunde von Denecke und Haubrichs lassen eine solche Straßenbezeichnung unerwähnt.[244] Demgegenüber konnte Bill Angus jüngst in seiner Kulturgeschichte der frühneuzeitlichen Kreuzstraße deren »metaphysical significance« und damit verbundene breite Formen der religiös-rituellen Aneignung und Refle-

---

240 Rutz 2018, S. 66. Ein entsprechendes Beispiel für das Herzogtum Württemberg führt Graessner, Holm: Punkt für Punkt. Zur Kartographie des staatlichen Territoriums vor und mit der Geometrisierung, in: Glauser/Kiening I 2007, S. 293–316 an.
241 Leidel 2006, S. 139.
242 Brendecke 2009, S. 97.
243 Ebd., S. 98; Barber, Peter: Mapmaking in England, ca. 1470–1650, in: Woodward 2007, S. 1589–1669, hier S. 1599.
244 Denecke 1969, S. 111 f.; Haubrichs 1997.

xion herausstellen.[245] Die Herausgehobenheit von Straßenkreuzungen unterstreichen neben der im Folgenden im Mittelpunkt stehenden Augenscheinkarte weitere kartographische Darstellungen, welche eigens auf *Creutzwege* hinweisen.[246] Und auch in der verbalen Beschreibung des Territoriums von Pfalz-Neuburg werden allein 25 *Creutzwege* und sogar über 40 *Creutzstraßen* genannt.[247] Im Folgenden stehen, außer der Visualisierung der Gegend mit einer Kreuzstraße, die Darstellung eines Unfallgeschehens und jeweils dazugehöriges Aktenmaterial im Vordergrund, um die visuellen und schriftlich-textuellen Hervorhebungen von Straßen und Wegen des 16. Jahrhunderts breiter und genauer bestimmen zu können.

Die von dem Nördlinger Stadtmaler und »Meister der Augenscheinkartographie«[248] Friedrich Seefried (1549–1609) auf Grundlage einer Inaugenscheinnahme erstellte kartographische Darstellung zeigt ein 20 km westlich von Höchstädt an der Donau gelegenes umstrittenes Grenzgebiet zwischen Pfalz-Neuburg und dem Herzogtum Württemberg. Die gleichermaßen der Weite der Gegend angemessene und der optischen Erfahrung der Menschen angepasste Perspektive der Darstellung[249] hebt auf gewohnte Weise im südlichen Teil der Karte den Verlauf der Straßen und Wege mittels punktierter Doppellinien hervor. In nördlicher Richtung geht die Visualisierung jedes markierten Streckenverlaufs in einfach punktierte Linien über. Deutlich erkennen lässt sich die Doppellinienführung einerseits kurz nach dem Schriftzug *weg zum erlin brücklein*. Außer diesem Weg, der in Richtung einer aus Erlenholz gebauten Brücke führt,[250] ist es andererseits die gleichfalls mit einem Schriftzug als ›*steinstras*‹ spezifizierte Linie, die eine Hervorhebung erfährt. Die Steinstraße tritt zunächst doppelt punktiert vom unteren, südlichen Rand der Darstellung in das Kartengeschehen ein, quert die *creutzstras* und geht dann als einfach punktierte Linie in den Wald über. Dort ist zudem goldfarben die umstrittene Geleitsgrenze eingezeichnet.

Im vorliegenden Fall dominiert der Wald aufgrund seiner Ausdehnung das räumlich-visuelle Geschehen. Das auf einer Anhöhe befindliche Waldgebiet geht in charakteristischer Weise für die mitteleuropäische Kulturlandschaft dieser Zeit fließend in mittlerer

---

245 Angus, Bill: A history of crossroads in early modern culture, Edinburgh 2022, S. 3.
246 Das Landrichteramt Sulzbach (Teilkarte 1), [1597/98–1604], URL: https://bavarikon.de/object/bav:GDA-LAA-0000BAYHSTAPL246 (4.4.2023); Das Gebiet zwischen Trockau, Bodendorf, Püttlach, Büchenbach, Leups und Lindenhardt, 1606 [BayHStA, Plansammlung 10710].
247 Frank/Paulus 2016, für *Creutzstraß*: S. 113, 150, 219, 221, 265 (dreimal), 276, 279, 323, 324 (zweimal), 325, 358 (zweimal), 389 (zweimal), 391, 392, 423, 424, 425, 427, 429, 471, 473, 498, 524, 525, 526, 642 (dreimal), 643, 646, 648, 654 (zweimal), 655, 670, 820 (zweimal), 821; für *Creutzweg(e)*: 151, 264, 276, 323, 326 (zweimal), 392, 425 (zweimal), 428, 432 (viermal), 433, 471, 472 (dreimal), 475, 498, 499, 590, 651, 656.
248 Leidel 2006, S. 139. Siehe auch Baumann 2022, S. 42 u. 45.
249 Leidel 2006, S. 139.
250 Lexer, Lemma ›erlîn‹.

Die Visualisierung des Straßenraumes 133

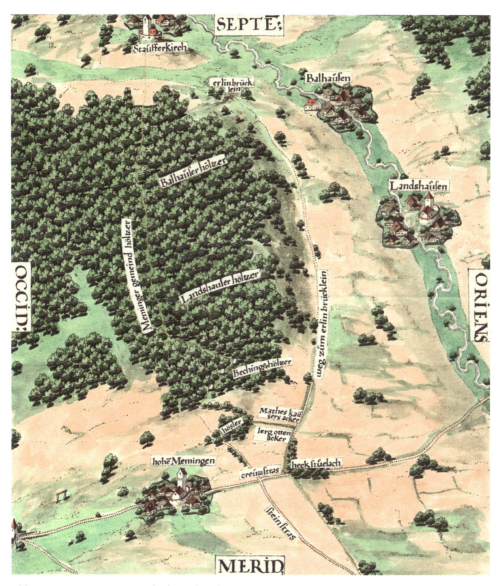

Abb. 19: Umstrittener Grenzverlauf zwischen dem Herzogtum Pfalz-Neuburg und dem Herzogtum Württemberg bei Hohenmemmingen an einer Kreuzstraße, 1579.

Höhenlage in Äcker und danach am Bachlauf in Wiesen über.[251] Gegenüber dieser differenzierenden Visualisierung bringt der recht große Betrachtungsmaßstab das Erfordernis mit sich, die Verkehrswege nur in Umrissen mittels Punkten als Bestandteil einer von Mensch und Natur gleichermaßen geformten Landschaft kenntlich zu machen, während die nähere Ausweisung gerade der Oberflächenstruktur und Breite der Straßen nicht im Vordergrund steht. Für die Visualisierung der umstrittenen Geleitsgrenze war in erster Linie die Abbildung der sie umgebenden Verkehrsinfrastruktur und Natur erforderlich, um durch die Visualisierung die »Multiplikation von Zeugenschaft«[252] zu erlangen. Inaugenscheinnahme, Dokumentation der Umgebung, Kommunikationsprozesse und Visualisierung machten die Karten im Entstehungsprozess zum dritten Zeugen. Der Gebrauch der Abbildung bestimmte zu großen Teilen die Auswahl und die konkrete Umsetzung der Visualisierungselemente. In erster Linie lässt sich hier also das Bestreben erkennen, die vorhandene Verkehrsinfrastruktur zwar detailliert in ihrer Struktur wiederzugeben, ohne jedoch Kenntnis über die materielle Beschaffenheit oder der Breite der befahrbaren Straßenoberfläche evozieren zu müssen oder für den eigentlichen Darstellungszweck zu benötigen.

Besondere Darstellungsmechanismen mit der Absicht, unterschiedliche Zugehörigkeiten, Besitz- und Eigentumsansprüche, Grenzverläufe oder andere Rechte anhand des Karten- und Abbildungsmediums zu visualisieren, liegen in der Kolorierung der voneinander zu differenzierenden Elemente. Diese weitere Form der Nahperspektivierung von Verkehrsrouten lässt sich an einer Visualisierung im Pfinzing-Atlas exemplarisch darlegen (Abb. 20). Hier nämlich wird auf einer im Maßstab von ca. 1:32.000 angebrachten Darstellung der Gegend westlich von Ludwigsstadt eine *Landstrassen* verzeichnet. Sie führt an der Grenze zwischen dem Herzogtum Sachsen-Coburg-Saalfeld und dem Amt Lauenstein des Fürstentums Brandenburg-Kulmbach durch den Thüringer Wald.[253] Aufgrund verschiedener Besitzrechte sind die einzelnen Waldparzellen grün, gelb und dunkelrot koloriert.[254] Zwischen den Waldgebieten hindurch führt die in der Darstellung breit angelegte

---

251 Freitag, Winfried: Wald, Waldnutzung, publiziert am 25.01.2012, in: Historisches Lexikon Bayerns, URL: http://www.historisches-lexikon-bayerns.de/Lexikon/Wald,_Waldnutzung (4.4.2023), der hier ebendiese Augenscheinkarte exemplarisch analysiert.
252 Michel, Boris: Geographische Visualitätsregime zwischen Länderkunde und Quantitativer Revolution, in: Schlottmann, Antje/Miggelbringk, Judith (Hg.): Visuelle Geographien. Zur Produktion, Aneignung und Vermittlung von RaumBildern (Sozial- und Kulturgeographie 2), Bielefeld 2015, S. 209–224, hier S. 211, der zwar zu gegenwärtigen Tendenzen und Diskussionen in der visualisierenden Geographie spricht, allerdings darauf verweist, dass die Motive für die Abbildung des Natur- und Landschaftsraumes weitgehend persistent sind, obgleich sich die Darstellungsmöglichkeiten und vor allem -praktiken kontinuierlich verändern.
253 Fleischmann 1994, S. 39.
254 Anders in dem Pfalz-Neuburgisch – Württembergischen Kartenausschnitt: hier verweisen eigens in die Karte eingebrachte Textfelder auf unterschiedliche Besitzer oder Eigentümer.

Die Visualisierung des Straßenraumes 135

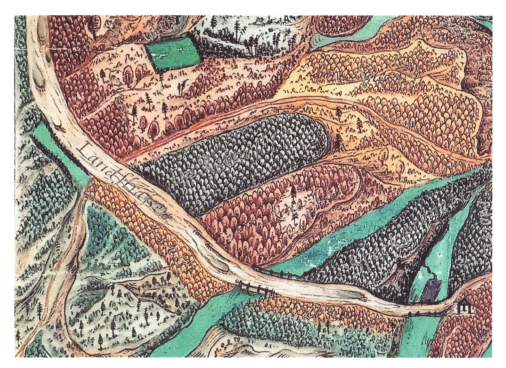

Abb. 20: Die bei Ludwigsstadt durch den Thüringer Wald führende Landstraße, 1596–1598.

und in weiten Teilen hellbraun eingefärbte Straße. Auf der befahrbaren Oberfläche geben hellgrün gefärbte Stellen Erhebungen zu erkennen, die umfahren werden mussten und die Fahrbahn teilweise in zwei Stränge teilten. Neben der Kolorierung finden sich auch graphische Markierungselemente: In Fahrtrichtung verlaufende dunkelbraune Strichlinien und Flächen verweisen auf Fahrgleise und andere Unebenheiten des so typisierbaren *Naturweges*.[255] Über der Vertiefung kurz vor der mit Zäunen begrenzten Wegstelle bei dem dunkelrot gefärbten Waldabschnitt sind überdies *quer* zur Fahrtrichtung kurze, dickere schwarze Striche angebracht, möglicherweise als Hinweis auf Holzabdeckungen, die durchaus üblich waren.[256] Die Darstellung dieser Verkehrsroute, die sich auch als *Fahrweg* oder *Waldstraße* typisieren lässt,[257] macht deutlich: Straßen verliefen ungleichförmig und nicht durchweg mit gleicher Breite. Wegstellen verbreitern sich durch natürliche Unebenheiten oder werden durch Zäune und Hecken teilweise bewusst und absichtlich limitiert. Besonders augenfällig an dieser Visualisierung ist zudem die unmittelbare Ein-

---

255 Siehe Abb. 1.
256 Siehe Kapitel 4.3.1.
257 Letztere Typisierung hebt Denecke 1969, S. 111 f. nicht eigens hervor.

bettung der Verkehrsroute in ihre topographische Umwelt, die dem Betrachter das symbiotische und notwendige Miteinander von gemachtem Weg und natürlicher Umgebung deutlich vor Augen führt bzw. die Unabgeschlossenheit von gemachter Infrastruktur und Natur suggeriert.[258] Gerade bei dem Hochgerichtszeichen am Ende des Kartenausschnitts, kurz nachdem die Straße ein weiteres Mal aus Waldungen vorbei an Geländeeinschnitten führt, verschmälert sich die mit Hölzern begrenzte Fahrbahn. Die in dieser Form visualisierte *Hauptstraße* ist schließlich auch in Abgrenzung zu den beiden schmalen, durchgehend dunkelbraun kolorierten *Nebenwegen* zu begreifen, die auf der Höhe des Schriftzugs ›Landstrassen‹ oberhalb und unterhalb der Buchstabenfolge ›nd‹ von und zu umliegenden Ortschaften führen.

Solche Details gibt die Augenscheinkarte Seefrieds zum Grenzverlauf zwischen Pfalz-Neuburg und dem Herzogtum Württemberg nicht zu erkennen (Abb. 19), da sie die Verkehrslinien generell in einen größeren räumlichen Zusammenhang stellt und grundsätzlich eine weitere Perspektive einnimmt. Sprachlich eindeutig hervorgehoben werden jedoch eine Kreuzstraße und eine Steinstraße. Was es genau mit diesen Straßen auf sich hat und warum überhaupt dieser Teil der Erdoberfläche zur Darstellung gebracht wurde, geht aus der dazugehörigen Gerichtsakte hervor. Für die Bezeichnung der von Hohenmemmingen zum rechten Kartenrand in Richtung des nicht mehr eigens verzeichneten Ortes Bachhagel verlaufenden *creutzstras* bleibt zunächst festzuhalten, dass auch hier der Schnittpunkt von mindestens zwei Wegverbindungen als charakteristisches Merkmal der Wegführung sprachlich kenntlich gemacht wurde. Außer der materiellen Beschaffenheit, die sich für die ›steinstras‹ und Kreuzstraße belegen lässt, erfährt zudem die Straßenbreite entsprechend der bisher beschriebenen Konventionen eine Konkretisierung.[259] Die Straße sei so breit, *das man weichen könde*, heißt es wörtlich für die Kreuzstraße.[260] Während also die Visualisierung auf diese mikroskopische Darstellung verzichtete, konkretisiert der beigegebene Text zum Kartenausschnitt die dargestellten Elemente sehr genau und ergänzt das Gesehene detailliert.

Mit der sich kreuzenden Stein- und Kreuzstraße handelt es sich um zwei für diese Gegend zentrale Verkehrslinien, die der Kartograph im Kontext der Grenzstreitigkeiten sichtbar zu machen hatte. Die Kreuzstraße kann entsprechend der von Denecke so bezeichneten jurisdiktionalen und regionalen Begriffstypologie sogar als eine *Fernver-*

---

258 Fleischmann 1994, S. 39 spricht einfach von einer »eigenwillige[n], sehr modern anmutende[n] kartographische[n] Aufnahme«.
259 In der Gerichtsakte wird explizit von einem bei der *Kreuzstraße* befindlichen Weg gesprochen, der *nit steinig*, aber so beschaffen sei, dass die Fuhrleute *außkhommen könden* [BayHStA Reichskammergericht, Nr. 10187, fol. 163v (Teilband 1)]. Und auch die *Kreuzstraße* selbst bezeichneten die Zeitgenossen vor allem deshalb als steinig, da es sich um einen gut befahrbaren Weg handelte [ebd., etwa fol. 88r (Teilband 1); 646v u. 719r (Teilband 2)].
260 Ebd., fol. 565r (Teilband 2).

kehrs- und *Geleitstraße* identifiziert werden, worauf nicht nur Befunde des Altstraßenforschers Krüger hindeuten.[261] Als Ausgangspunkt der Visualisierung gibt die Gerichtsakte nämlich eindeutig das Geleit zu erkennen – überregionale Nutzung scheint hierbei offensichtlich: Die Obrigkeiten stritten sich darum, wer wen wo und vor allem wie lange ins Geleit nehmen durfte. Besonders bei der mit der Hecke Stülach kenntlich gemachten Wegstelle war die Ausübung des Geleits ein Streitpunkt. Während ein württembergischer Amtmann teils bis zur Hecke Stülach geleitete, war es im Jahr 1566 ein pfalzgräflicher Vogt, der bereits ab der *Kreuzstraße* das Geleit gab, und zwar für einen Geleitszug mit *sechzig oder sibendtzig pferden,* wie ein Zeuge zu Protokoll gab.[262] Nicht ohne Grund also massieren sich exakt um diese strittige Stelle die Beschreibungs- und Visualisierungsinstrumente: Wege werden in Doppellinie eingezeichnet, durch schriftliche Benennung eindeutig identifizierbar, die Hecke graphisch und textlich markiert, nahegelegene Äcker mit den Namen der Besitzer spezifiziert. Die visuelle Darlegung verdichtet die Informationen, hybridisiert das eigentlich zweidimensional Festgehaltene. Raumwissen wird durch die Kombination der verschiedenen Visualisierungsmöglichkeiten plastisch.

In der Gerichtsakte ist es aber nicht nur die Kartendarstellung, die sich mit der umfassenden Visualisierung des strittigen Raumes auseinandersetzt. Mehr als 60 Zeugen führten beide Streitparteien ins Feld, um ihre Vorstellung vom Verlauf der Geleits- und Herrschaftsgrenze durchzusetzen. 800 Folioseiten legen hiervon Zeugnis ab und ergänzen die Momentaufnahmen der Augenscheinkarte um vielfache Informationen, Ereignisse und Vorgänge auf und fernab der umstrittenen Straße. Der Vorteil der Visualisierung liegt bei aller notwendigen Selektivität und Ausschnitthaftigkeit darin: Während die Zeugenaussagen, Stellungnahmen und weitere Schriftzeugnisse der Auseinandersetzung ein ganzes Aktenkonvolut angefüllt haben, kristallisiert sich die Situation selbst in der Augenscheinkarte auf einem Stück Papier!

Die vor Gericht verhandelte Auseinandersetzung um die Grenze hatte ihren Auslöser im Sommer 1572, als ein württembergischer Hirte Schweine auf den Acker des Matthias Keyser aus Landshausen trieb; dieser Acker ist auf der Karte eigens bei Hohenmemmingen oberhalb der *creutzstras* vermerkt. Ein pfalz-neuburgischer Vogt ahndete die aus seiner Sicht unerlaubte Ackernutzung mit einer Geldstrafe, woraufhin die württembergische Seite den Ackerbesitzer Matthias Keyser in Hohenmemmingen inhaftierte. Gegen diese Inhaftierung klagte Herzog Philipp Ludwig von Pfalz-Neuburg am Reichskammergericht. Er beanspruchte für Landshausen und den strittigen Acker die Obrigkeit. Wo jedoch verlief in diesem Gebiet die Grenze zwischen Pfalz-Neuburg und Württemberg?[263]

---

261 Die hinter Hohenmemmingen weiter nach Giengen verlaufen Kreuzstraße führt Krüger 1974, S. 66 für die Wegstrecke von Dillingen nach Bingen an. Siehe zudem Abb. 1.
262 BayHStA Reichskammergericht, Nr. 10187, fol. 9r (Teilband 2).
263 Ebd.

Neben der Augenscheinkarte sollten hier die befragten Zeugen Klarheit schaffen. Deren Aussagen betrafen nicht nur die Ausübung des in dieser Zeit häufig umstrittenen Geleits, wie Luca Scholz jüngst deutlich machen konnte.[264] Anhand verschiedener Fragen sollte geklärt werden, welche Obrigkeit wo zuständig für das Geleit war und wo sich die Grenze lokalisieren ließ. Bestimmte Argumentationsmuster lassen sich aus den Zeugenantworten in Hinblick auf die strittige Grenze herausarbeiten.

Aufgrund der besonderen Relevanz für die weiteren Ausführungen bleibt hervorzuheben, dass die Zeugen nicht nur nach Partikeln ihres obrigkeitlichen und sozialen Wissens hin befragt wurden,[265] sondern gezielt nach den Instandhaltungsmaßnahmen der abgebildeten Straßen. Diese Maßnahmen nämlich dienten dem Gericht als Ankermerkmal für die Klärung der obrigkeitlichen Zuständigkeit. Denn wer Straßen baute respektive bauen oder ausbessern ließ, der herrschte, so der *common sense* und der Kristallisationspunkt der diesbezüglichen Zeugenaussagen. Über die Zeugenaussagen erfahren wir, dass der Weg entlang der Hecke Stülach aufgrund *zwo böse[r] Lachen*[266] von den Untertanen der pfalz-neuburgischen Vogtei Bachhagel mit Holz und Steinen ausgebessert wurde.[267] Das Baumaterial stammte von den Untertanen selbst, bzw. es wurde direkt das benötigte Gestrüpp von der Hecke abgeschlagen. Die Untertanen der Vogtei Bachhagel mussten für den Unterhalt der *Fernverkehrs-* und *Geleitstraße fronen und dienen helfen,* wie es heißt.[268] Daneben berichtet ein Zeuge, er habe mitgeholfen, zwei Pfützen aufzufüllen, obgleich er *ein solches nit schuldig gewesen.*[269] Aus Hohenmemmingen hingegen habe *doch nie niemandt den Orth etwas machen sehen,* wie ein weiterer Zeuge hervorhob.[270] Mehrere Hohenmemminger Zeugen bestätigten diese Aussage insofern, als *solcher Weg*

---

264 Scholz, Luca: Borders and Freedom of Movement in the Holy Roman Empire, Oxford 2020. Zum Streit des Geleits bei Einzügen von Kaisern Rudolph, Harriet: Das Reich als Ereignis. Formen und Funktionen der Herrschaftsinszenierung bei Kaisereinzügen (1558–1618) (Norm und Struktur 38), Köln u. a. 2011, u. a. S. 92 f., 103 f. u. 126 f.
265 BayHStA Reichskammergericht, Nr. 10187: Gefragt wurden sie etwa danach, zu welchen Herrschaften welche Ortschaften zugehören, wem sie steuern, wie weit sich die Dörfer erstrecken, wie frühere Geleitstreitigkeiten geregelt wurden, welche Grenzmarkierungen es gäbe, welche Obrigkeiten welche Rechte in den Ortschaften ausüben. Bei der Klärung der Obrigkeitsverhältnisse werden bestimmte besehene Ereignisse als relevante Marker angesehen, etwa an welchen Orten Diebe von der einen Herrschaft an die andere übergeben worden sind (fol. 125), konkret beschreibt ein Zeuge (125v–126r): Als vor Jahren Jörg Ott von Memmingen und der noch lebende Schulmeister zu Bachhagel *zwischen der Kreitzstraß und Heckstuelach uneins worden und ein ander geschlagen, seien sieh zu Memmingen vor Gericht* gestanden.
266 FWB Lemma ›lache‹, URL: http://fwb-online.de/go/lache.h1.1f_1573730813 (4.4.2023).
267 BayHStA Reichskammergericht, Nr. 10187, fol. 405r u. 719r (Teilband 2).
268 Ebd., fol. 470v.
269 Ebd., fol. 405r.
270 Ebd., fol. 719v.

bei sein Zeugen Lebzeiten durch die vonn Bachagel nie weitters gemacht worden sey, dann bis zue die Heckh Stuolach.[271]

Zeugenaussagen wie diese erlauben es, sowohl das Erscheinungsbild der Straßen zu konkretisieren als auch Einblicke in lokale Straßennutzungen und praktische Instandsetzungsarbeiten zu erhalten. Festhalten lässt sich zunächst: Die territoriale Landeshoheit konnte außer mit dem Hochgericht und dem Jagdregal auch mit dem Geleitregal sowie mit dem ›Recht‹ zum Bau respektive dem ›Recht‹ zum Erhalt von Straßen legitimiert werden. Straßen tangierten aufgrund ihrer herrschaftsrechtlichen Funktion Recht und Raum, wobei Augenscheinkarte und Zeugenaussagen zwei unterschiedliche funktionale Momente einnahmen: während im Fall der Augenscheinkarte mehr das Vorhandensein der infrastrukturellen Elemente an sich zentral für die Visualisierung war, stand bei den Zeugenaussagen das explizite Sprechen über das tatsächliche Handeln auf, mit und für die Straßen im Fokus. Die Visualisierung nahm für das Prozessgeschehen aber eine entscheidende Rolle ein, denn das sich eigentlich fernab, außerhalb des Gerichtsraums vollziehende prozessrelevante Geschehen wurde durch die Abbildung für alle Beteiligten, Parteien wie Richter, vor Gericht sichtbar. Gleichzeitig ließen sich die Gerichtsvorgänge in das räumliche Umfeld einbetten. Anders formuliert: Wälder, Berge oder Flüsse wurden zu ›natürlichen Kulissen‹, die den Prozessgegenstand eindeutig lokalisierten und verräumlichten. Straßen und Wege waren demnach selbst Gegenstand von Gerichtsprozessen, die es abzubilden galt.

Ohne Gerichtsakte bleibt die *Kreuzstraße* jedoch nur einer jener mittels Linien recht konturlos-gleichförmig visualisierten Straßenzüge. Gänzlich anders gestaltet sich die Visualisierung von Wegstrecken, die im Dezember 1562 auf tragische Weise ein Getreidehändler aus Schwabhausen namens Probst nutzte, um gemeinsam mit seinen beiden Söhnen den knapp 10 km entfernten Wochenmarkt von Landsberg am Lech aufzusuchen (siehe Anhang). Die Darstellung des alltäglichen, aber für den Vater tödlich endenden Streckenverlaufs besticht durch eine Nahperspektivierung des räumlichen Geschehens, bei dem entsprechend dem Entstehungshintergrund der Visualisierung dezidiert die Fortbewegung und der Streckenverlauf des Getreidehändlers im Vordergrund stehen. Es ist die Rekonstruktion der *Doings* des Getreidehändlers, die die Ansicht aus der Vogelschau im großen Maßstab vor allem auch deshalb eingehend zur Darstellung bringt, da hier mehrere, sich zeitlich überlagernde Handlungsmomente parallel in einer kartographischen Darstellung festgehalten wurden. Die temporäre Prozesshaftigkeit rückt in der Darstellung auf einer Seite, einem Plot, einem Setting zusammen.

---

271 Ebd., fol. 163r, zudem fügt er hinzu: Er habe *oft daselbst hinaus gemusst und gesehen, das die vonn Bachagel die* [folgt 163v] *Lachen und Weg allein bis zue der Heckhstuolach ausgeschitt und gebässert haben*; auch etwa 168r; 176r–v: Zeuge sagt, *haben sie solchen weg weiter herein nit gemacht, hat auch nit gehört, das sie dennselbigen also weitters gemacht haben sollten.*

Insgesamt besteht die Augenscheinkarte aus drei einzelnen Situationen, die aus dem Gesehenen und Erzählten ausgewählt wurden, um exemplarisch auf den Hintergrund der Geschehnisse, den Verlauf und die Folgen eingehen zu können. Die Karte fügt alle drei Einzelstationen in einem Bild zusammen, die sich wie folgt differenzieren lassen. Die Narration der Karte entsprechend ihres zeitlichen Verlaufs beginnt im rechten oberen Teil: Aus einem Waldgebiet heraus, hinter dem – wie eine Beschriftung eigens zu erkennen gibt – Schwabhausen liegt, überqueren (1.) der Vater und die beiden Söhne mit zwei beladenen Fuhrwerken zunächst Wiesen. Eine durchgehend gezogene Linie gibt den Wegverlauf über die mit Hecken und Pfosten begrenzte, verschneite Wiesenfläche zu erkennen. Nach den Wiesen überquerten der Vater und die Söhne mit den getreidetransportierenden Lastpferden zwei mit Flechtwerken gesäumte Straßen respektive Wege. Auf einer Anhöhe gibt die Darstellung (2.) visuell und schriftlich zu erkennen, wie *alda Probst von seinen Sönen Urlaub genomen* habe.[272] Die Wege von Vater und Söhnen trennten sich hier.

In der Annahme, dass beide Söhne den richtigen Weg nach Landsberg *nit mehr [...] verfelen, oder Ire werden,* ging Probst zurück Richtung Schwabhausen.[273] Eine (3.) gestrichelte Linie gibt seinen Rückweg in der Augenscheinkarte zu erkennen und markiert so den Verlauf. Eine vermeintliche Abkürzung führte querfeldein auf ein Grundstück der Gemeinde Bergen: *Perger gemain* steht als Text unmittelbar bei der figürlichen Darstellung geschrieben. Probst aber ging mit dieser selbstgewählten und im vermeintlichen Wissen um eine Abkürzung hier nichtsahnend auf einen nicht eingezäunten, neu angelegten Brunnen zu und stürzte darin zu Tode.

Eine im Jahr nach dem tödlichen Unfall von der Witwe auf den 11. Juni 1563 datierte Supplik an den bayerischen Herzog Albrecht (reg. 1550–1579) hält die Narration in der Karte schriftlich fest. Sie gewährt uns weitere Zugriffe auf das Unglückszenario in einem für diese Zeit charakteristisch ausgeformten Straßenraum. Mit der Supplik war für die Witwe das Ziel verbunden, von der ihrer Ansicht nach für den Tod ihres Mannes verantwortlichen Gemeinde Bergen entschädigt zu werden.[274] Die fehlende Umfriedung und damit Absicherung des Brunnes sei die fahrlässige Ursache für den Tod ihres Mannes. Dies wog für die Witwe umso schwerer, als sie gegenüber dem Herzog geltend machte, dass ihr Mann ja eigentlich einen frei zugänglichen Weg über einen Weideplatz (*freyer Entz weg*) benutzt hätte, der überdies *auf und neben der freyen Straß* führte und offensichtlich als begehbarer Weg im sozialen Wissen der Zeitgenossen verankert war.[275] Um diesen Sachverhalt zu klären, wurde die kartographische Darstellung angefertigt. Anders als bei der Auseinandersetzung zwischen Pfalz-Neuburg und Württemberg lässt sich hier

---

272 Plan eines Unfallgeschehens bei Oberbergen, [1563] [BayHStA, Plansammlung 20607].
273 BayHStA Kurbayern Äußeres Archiv, Nr. 26 fol. 122r.
274 Ebd., fol. 122–123.
275 Ebd.

auch der Produktionszeitpunkt der Karte eindeutig bestimmen. Sie wurde im Nachgang und damit als eine Art visuelle Antwort auf diese Supplik hin angefertigt.

Das von der Witwe geschilderte räumliche Arrangement des Unfallgeschehens erfährt durch die Visualisierung jedoch eine offensichtliche Entgegnung.[276] Die Landstraße sei nicht in unmittelbarer Nähe, wie die vergleichsweise umfängliche textuelle Spezifizierung am linken Kartenrand hervorhebt: die *Recht Lanndstraß [führe] vil hundert schrit vom prunnen* entfernt, während sich exakt 72 Schritte neben dem Brunnen lediglich ein *gesonder[t] wintter weg doch nit die recht Landstraß* befände. Letztere Hinweise gehen aus den beiden Schriftzügen hervor, wie sie in vertikaler Richtung auf den an anderer Stelle vom verunglückten Probst in actu überquerten *Winterweg* und sodann in horizontaler Richtung auf der Höhe des Brunnens vor der figürlichen Darstellung angebracht wurden.[277]

Verbal und visuell spezifiziert sind auf der Karte also einerseits die Wegstrecke des Getreidehändlers bis zum todbringenden Brunnen und andererseits die Entfernung des Brunnens zur Landstraße und zum *wintterweg*. Eine solche an die Jahreszeit gebundene Nutzung von Wegen, wie sie mit dem *Winterweg* eingeführt wird, ging in der Regel mit der saisonal variierenden Nutzbarmachung der landwirtschaftlichen Anbauflächen einher. »Je nachdem, ob die Felder brach lagen oder mit Sommer- bzw. Winterfrucht bepflanzt waren, wiesen die Wege dorthin und an diesen vorbei«.[278] Der von Schwabhausen nach Landsberg führende *Winterweg* ist also allein deshalb aufgenommen, da es sich um eine zum Zeitpunkt des Unfallgeschehens temporär genutzte Wegverbindung handelte und er überdies für die Entschädigungsbemühungen der Witwe des Getreidehändlers von besonderer Bedeutung war. Die Frage nach Distanz und Nähe des neu angelegten Brunnens zur Landstraße interessierte wohl aufgrund des besonderen Rechtscharakters dieser Straßen, wozu auch die etwa im Schwabenspiegel zu findende Festlegung gehörte, dass eine gewisse Fläche neben der Straße unbebaut bleiben sollte.[279] Insgesamt lässt sich damit festhalten: Der Brunnen war eine unerlaubte, zumal ungesicherte Wegsperre, die für den Getreidehändler zur Todesfalle wurde.

Für die Frage nach Möglichkeiten, Grenzen und Zielsetzungen der Visualisierung von Straßen ist der Unfalltod des Getreidehändlers in mehrfacher Hinsicht besonders aufschlussreich. Dies beginnt bereits damit, dass die Landstraße entgegen den Angaben der Witwe doch so weit vom Unfallgeschehen entfernt lag, dass sie lediglich verbal und nicht visuell spezifiziert wurde. Visualisierungsmedien konnten also immer auch mittelbar mit

---

276 Die etwa von Horst 2008, S. 333 für das Jahr 1562 angenommene Anfertigung der Darstellung muss also auf das Folgejahr verschoben werden.
277 Plan eines Unfallgeschehens bei Oberbergen, [1563] [BayHStA, Plansammlung 20607].
278 Schiedt, Hans-Ulrich: Strassen, in: Historisches Lexikon der Schweiz, Version vom 10.02.2015, URL: https://hls-dhs-dss.ch/de/articles/007959/2015-02-10 (4.4.2023).
279 Zu diesem sogenannten Bauwich Engel 1978, S. 300 f.

Worten auf Straßen verweisen, die außerhalb des visualisierten Bereichs lagen; verbal nichtvisualisierte Straßen zu erfassen, war damit nicht nur dem Straßenatlas von Aitzing vorbehalten. Die (Un-)Sichtbarkeiten von Straßen hingen daneben entscheidend vom Zeitpunkt der Anfertigung der Visualisierungsmedien ab, wie außer die zu Sommer- oder zu Winterzeiten genutzten Wegverbindungen neu angelegte Straßen belegen, welche alte ersetzten. Das Mit- und Nebeneinander von alten und neuen Verkehrsverbindungen, wie es topographische Karten etwa um 1560 für von Kösching nach Stammham führende Steige,[280] 1615 für eine neue und alte *Bergstraße* von Oberau nach Ettal[281] oder 1627 für den Verlauf der alten und neuen Landstraße im Grenzgebiet zwischen dem Herzogtum Bayern und dem Hochstift Passau zur Darstellung brachten (siehe Abb. 21), weisen auf deren Zeitgebundenheit hin.

Abb. 21: Alte und neue Landstraße sowie Fußweg (›gangsteig‹) im Grenzgebiet zwischen dem Herzogtum Bayern und dem Hochstift Passau oberhalb der Ortschaft Rieß.

Obgleich visualisierte Wegstrecken in der Regel über Generationen von Menschen genutzt wurden, blieb deren Nutzungsintensität nie gleich und konnte alleine aufgrund der Jahreszeit erheblich variieren, ja mehr noch, gerade im Winter war die Nutzung von eigenen Wegen vorgesehen. Daneben beeinflusste die wirtschaftspolitische Lenkung von Warenströmen[282] oder die Anlage neuer Straßen in Konkurrenz zu benachbarten Herrschaftsträgern die Nutzung von Wegverbindungen (Abb. 21). Eine solche Dynamik, die Straßen und Wege entstehen, aber ebenso verschwinden lassen konnte,[283] übergehen die

---

280 Die Forsten um Stammham, Westerhofen (Gde. Stammham) und Appertshofen, vor 1562 [BayHStA, Plansammlung 19816].
281 Erster Abriss des alten und neuen Khüenbergweegs, dem Closter Etal gehörig, 1615 [ebd., Plansammlung 11115].
282 Siehe Kapitel 5.
283 Das schließt die Verlegung von Straßen ein, wie sie Klemm 2011, S. 236 f. anspricht.

Visualisierungsmedien in der Regel, da sie Verkehrswege zu einem gewissen Zeitpunkt und für einen gewissen Aspekt sichtbar zur Darstellung brachten.

Die Temporalität und Nichtbeständigkeit von Wegverbindungen unterstreicht ein weiterer Gerichtsfall, der am 8. Oktober 1571 bei einer Inaugenscheinnahme ins Leere lief, da sich die Spuren der strittigen Wegenutzung durch eine Straßensperre bereits verloren hatten. Bewusst wurden die möglichen Hinweise hierauf zerstört. Bei einem Acker etwa sei aufgrund des Umpflügens *kain Anzeig des wegs alda* mehr möglich, wie ein Zeuge bemerkte. Doch der Weg sei noch *zuspüren*. Und auch bei einer Schlucht wiesen Zeugen auf Fährten hin, *welche gleichwol guttentheyls ein Gras uberwachsen, aber doch noch scheinbar gewesen.*[284] Sehsinn und Haptik waren unerlässliche Hilfsmittel, um sich Straßen im Augenschein und in Karten zu nähern und *Niemand zu Lieb oder zu Leidt an den Augenschein thun und abreissen* zu wollen.[285]

Das Sehen und Spüren von Wegen, die bei und über landwirtschaftliche Nutzflächen führten, weist eindringlich auf die Grenzen der Sichtbarmachung einer materiell keineswegs immer gleich gegebenen Verkehrsinfrastruktur hin. Vielmehr war es die Nutzung selbst, die Wegverbindungen sichtbar machte, womit deutlich wird, dass die Abhängigkeit der Nutzbarmachung und Sichtbarmachung von Straßen und Wegen eine doppelte war: Nur genutzte Verkehrsverbindungen waren grundsätzlich und auch im Moment des Begehens eines Geländes, wie es die topographischen Karten in der Regel voraussetzte, sichtbar und schließlich auch darstellbar. Die Nutzungsintensität beeinflusste auf entscheidende Weise die Darstellungswürdigkeit, denn die Visualisierung von Hohlwegen erfolgte im beschriebenen Maße gerade deshalb, da es sich um wiederkehrend genutzte Fahrwege handelte. Außer der Nutzung entschieden Erhaltungsarbeiten über die Visualisierung von Straßen. Wie die *Kreuzstraße* bei Hohenmemmingen eindringlich aufgedeckt hat, sind es besonders intensiv genutzte *Fernstraßen* und damit zusammenhängende wiederkehrende Erhaltungsmaßnahmen, die die Möglichkeiten und Interessen der Sichtbarmachung determinierten.[286]

Damit angesprochen ist zugleich, dass die meisten Straßen des 16. Jahrhunderts keine derartige Visualisierung erfahren haben, sie blieben in den Weiten des Straßenraumes unbeachtet. So haben gerade dem Fußverkehr vorbehaltene Wegverbindungen, die bei Abb. 21 als *gang steig* spezifiziert sind,[287] sowohl im Gelände als auch im Aktenmaterial weitaus weniger Spuren hinterlassen als vielfrequentierte Fahrwege.[288] Die von Probst bis zum Brunnen begangene Wegstrecke war auf den letzten Metern unbefahrbar, da sie

---

284 BayHStA, Reichskammergericht, Nr. 2695, fol. 62v u. 63r (Attestationes).
285 Ebd., fol. 18v.
286 Siehe hierzu näher Kapitel 4.
287 FWB Lemma ›gangsteig I‹, URL: http://fwb-online.de/go/gangsteig.s.0m_1533860006 (4.4.2023).
288 Denecke 1969, S. 286.

über einen umzäunten Weideplatz führte. Wahrscheinlich war es auch hier ein Pflock oder Brett, der das fußläufige Überwinden des Zaunes ermöglichte,[289] oder aber Probst zwängte sich durch das Buschwerk, welches gemeinsam mit dem Zaun den Weideplatz begrenzte. Vor dem umzäunten Weideplatz überquerte Probst wiederum zu Fuß jene Flächen, die er kurz davor noch gemeinsam mit seinen Söhnen und den beiden Fuhrwerken passiert hatte. Dies betraf neben Wiesen und dem *Winterweg* einen hier bislang noch unerwähnten, der Nutzung der Viehherden vorbehaltenen und so auch auf der Darstellung bezeichneten *Perger Viehgassen*.[290] Solche *Vieh- und Triftwege* lassen sich auch auf anderen kartographischen Darstellungen finden,[291] und zwar deshalb, da sie häufig mehrere Meter breit und bereits deshalb weithin sichtbar waren.[292] Darüber hinaus führten die aus dem Gewicht der Tiere resultierenden[293] Verformungen der Erdoberfläche zu einer Sichtbarkeit der *Viehwege*, die deren Berücksichtigung in kartographischen Darstellungen evozieren konnte.

Anders als bei den hunderttausenden Rindern, die jährlich europaweit über hunderte Kilometer zurücklegten und so auch von Ungarn bis nach Süddeutschland gelangten,[294] war es im vorliegenden Fall die regionale Viehhaltung der Bergener Gemeinde, die einen mit Flechtwerk begrenzten Zugang zu einer Viehweide entstehen ließ. Auf welche Weise Probst einmal gemeinsam mit den Söhnen und den beiden Fuhrwerken und ein weiteres Mal allein den *Viehweg* überquerte, gibt die Darstellung nicht zu erkennen und findet auch bei der Witwe in ihrer Supplik keine Erwähnung. Ausgeschlossen werden kann, dass Tore das Öffnen und Schließen der Wegbegrenzungen erlaubten, denn bei genauer Betrachtung jener Stellen, wo der Fahrweg den *Viehweg* kreuzte (siehe Anhang), ist unmittelbar vor der Waldung kein Zaun mehr, sondern ein braun gefärbter Streifen mit halbkreisförmigen Einzeichnungen zu erkennen, die sich als überquerbare Erderhebungen identifizieren lassen. Und auch auf der anderen Seite der *Viehgasse* wird die Wegbegrenzung durch eine nachträglich über dem Flechtzaun angebrachte weiße Färbung durchbrochen.

---

289 Siehe zu diesen Stiegel näher Kapitel 6.2.
290 Plan eines Unfallgeschehens bei Oberbergen, [1563] [BayHStA, Plansammlung 20607].
291 Ein Viehtrieb wird unter der Nr. 26 für folgende Karte ausgewiesen: Die strittige Jagdgerechtigkeit bei Friesenhausen, 1609 [ebd., Plansammlung 10723]. Eine *Herdgassen* ist bei Schretzhaim hervorgehoben [Die Donau zwischen Lauingen – Dillingen – Höchstädt – Blindheim] (Extrakt aus der Mappa des Pfalzgrafischen Landgerichts Höchstädt), 1593 [ebd., Plansammlung 10796].
292 Denecke 1969, S. 269.
293 Ebd.
294 Dalhede, Christina: The European Ox Trade in Early Modern Time. Southern Germany, the Southern Netherlands and Western Sweden, in: Liljewall, Britt (Hg.): Agrarian Systems in Early Modern Europe, Stockholm 1999, S. 57–95; Blanchard, Ian: The Continental European Cattle Trades, 1400–1600, in: The Economic History Review, New Series 39 (1986), S. 427–460; Grillmaier, Anna-Maria: Fleisch für die Stadt. Ochsenimporte nach Augsburg und Schwaben im 15. und 16. Jahrhundert (Veröffentlichungen der Schwäbischen Forschungsgemeinschaft bei der Kommission für Bayerische Landesgeschichte 44), Augsburg 2018, bes. S. 245–273.

Die *Viehgasse* konnte von den Fuhrwerken also an einer unbezäunten Stelle passiert werden, während weiter unterhalb Probst fußläufig die Gasse überquerte, wohl unter Zuhilfenahme einer – womöglich auch provisorischen, etwa aus größeren Steinen bestehenden – Tritthilfe, wie sie beim Betreten der Viehweide wahrscheinlich dauerhaft zur Verfügung stand. Solche Details lassen sich der Darstellung allerdings ebenso wenig entnehmen wie der Verlauf und die Breite sowohl des *Viehweges* als auch des daneben verlaufenden *Winterweges,* die beide nur schemenhaft angedeutet und nicht exakt wiedergegeben sind. Bei aller Verzerrung und ungeachtet der nicht sichtbar gemachten Details ist aber dennoch deutlich, dass *Winter- und Viehweg* ein weitaus dauerhafterer Bestandteil der Erdoberfläche waren als die querfeldein führenden Fahr- und Gehwege des Getreidehändlers. Dies zumindest legt die gesamte Darstellung insofern nahe, als mit der durchgezogenen und gestrichelten Linienführung Wegstrecken markiert sind, die erst im Gehen und Fahren durch Probst, dessen Söhne, die Pferde und beladenen Transportwägen entstanden sind. Der *Winter- und Viehweg* bedurften demgegenüber solcher dem Unfallgeschehen unmittelbar vorangegangener *Doings* nicht, sie waren auf der Erdoberfläche bereits vorhanden und durch ein Zaungeflecht sichtbar markiert. Der Zaun begrenzte darüber hinaus den *Winterweg* durchgehend auf einer Seite und den *Viehweg* auf beiden Seiten bis zum Übergang auf die Viehweide. Für beide Wege darf zudem eine gewisse Nutzungsfrequenz angenommen werden,[295] woraus eine Verformung oder mindestens dauerhaftere Sichtbarkeit resultierte als bei den anderen Wegstrecken. Ob und inwieweit daneben die befahrbare Oberfläche des *Winterweges* eine bauliche Ausgestaltung erfahren hat, lässt sich nicht sagen. Dennoch kann ungeachtet der bereits ausgeführten unscharfen Wortbedeutungen der vorliegende *Winterweg* als eine Straße begriffen werden, die erkennbar durch den Flechtzaun am Straßenrand eine bauliche Ausgestaltung erfuhr, während Probst auf gänzlich unbebauten Wegen ging.

Dies zumindest ist die Sichtweise der kartographischen Darstellung, die freilich Eindeutigkeit schaffen wollte, gerade auch in Abgrenzung zu der von der Witwe vorgebrachten Darlegung bezüglich der Entfernung der Landstraße zum Brunnen und der letzten Wegstrecke ihres Mannes. Während nämlich die Witwe von einem über einen Weideplatz (Etz)[296] führenden freien, regulären Weg sprach, dessen Nutzung durch einen unbegrenzten Brunnen gefährdet schien, gibt die Darstellung die Größe des Brunnens und die weithin sichtbare Möglichkeit zu erkennen, links oder rechts davon auszuweichen. Plausibel wird damit die Schilderung, die am 7. Dezember 1562 ein Richter zu Landsberg formulierte. In diesem Schriftstück, welches neben der Supplik der Witwe auf entscheidende Weise die kartographische Darstellung kontextualisiert, ist von einer willentlichen Ertränkung

---

295 Wie sich mit der Augenscheinkarte auch andeutet.
296 Heydenreuther/Pledl/Ackermann 2010, S. 66.

und keinem Unfall die Rede.[297] Die Witwe betonte demgegenüber den Unfallcharakter und versuchte, den Vorwurf der Selbsttötung zu entkräften.[298] Die genaueren Umstände lassen sich mit den wenigen überlieferten Schriftstücken nicht klären, eindeutig ist jedoch, dass mit dem zum Tränken des Viehs angelegten Brunnen[299] keine fest fixierte Wegelinie bebaut wurde, sondern Probst einfach nur sehr unglücklich oder eben auch willentlich die Weidefläche an einer prinzipiell umgehbaren Stelle überquerte.

Mit der Weidefläche sichtbar wird eine offene, individuell begehbare Wegefläche ohne festgelegte Linienführung. Die in erster Linie den Nutztieren zum Weiden vorbehaltene, aber auch den Menschen zum Überqueren freigegebene Fläche ist damit ein ebenso fester Bestandteil des *Straßen- und Wegeraums* wie die angrenzenden Wiesen. Im Unterschied zum schließlich durch einen Wald führenden *Winterweg* barg die offene Linienführung das größere Risiko, unwegsamere Stellen passieren zu müssen. Überdies waren die über Wiesen und Weiden führenden Wegstrecken weitaus abgelegener, was das rasche Auffinden des im Brunnschacht liegenden Vaters wohl verhinderte, obgleich schließlich ein Nachbar aus Schwabhausen dieselbe Wegstrecke nahm und den bereits toten Probst auffand.[300] Die Abgelegenheit der Wegstrecke war also relativ. Gerade für die Schwabhausener handelte es sich vielmehr um häufig genutzte Wegverbindungen, die es ermöglichten, zügiger nach Landsberg zu gelangen als es der *Winterweg* oder die Landstraße erlaubten.[301] Mit den von Schwabhausen Richtung Bergen und von dort weiter nach Landsberg führenden *Fahr- und Gehwegen* war zumindest der Getreidehändler eingehend vertraut, im Unterschied zu seinen Söhnen, die mehrere Kilometer durch ihren Vater begleitet wurden, um den dann doch nicht so eindeutigen Weg zu finden. Selbst solche altersabhängigen Nutzungsroutinen gibt diese außergewöhnliche kartographische Darstellung zu erkennen.

2.2.4 Am Straßenrand: Zäune, Kreuze, Bildstöcke, Richtstätten, Grenzsteine, Zollhäuser, Informationstafeln

Visualisierte Wegstrecken weisen immer auf *Doings* hin, die sich auf, neben und mit den Straßen vollzogen. Sie stehen entweder im Zusammenhang mit der Visualisierung selbst, indem Straßen von Malern, Kartographen und Augenscheinkommissionen zuerst betrachtet, begangen, beritten und vermessen wurden, bevor sie eine Darstellung fanden. Solche Handlungen haben kartographische Darstellungen teils selbst zum Gegenstand,

---

297 BayHStA Kurbayern Äußeres Archiv, Nr. 26 fol. 120r.
298 Ihr Mann habe *khain [...] beschwernis gehabt, dadurch vermuettet werden möchte, das er sich selbst [...] in solcher Gefahr begeben het sollen* [ebd., fol. 122v].
299 Ebd., fol. 120r.
300 Ebd.
301 Zur Schnelligkeit als Nutzungskriterium für Wegstrecken siehe Kapitel 3.4.

obgleich vor allem Straßenkarten aufgrund ihrer Darstellungskonventionen als statisch erscheinen und auch bei topographischen Karten mit Straßenelementen die Narration oder Logik oftmals erst mittels zugehörigem Aktenschriftgut über Kontexte weitergehend erschlossen werden kann. Daneben sind es zahlreiche dem Visualisierungsvorgang zeitlich vorgelagerte Handlungen, die Eingang in die Darstellungen fanden und implizite Einblicke in straßenbezogene *Doings* gewähren. Dies beginnt bereits mit der eigentlichen körperlichen Nutzung, also dem Begehen, Bereiten oder Befahren von Verkehrswegen zur Fortbewegung und zum Transport von Gütern. Solche Bewegungsabläufe von Menschen und Tieren sind Voraussetzung dafür, dass überhaupt Hohlwege entstehen konnten, über das Geleit auf stark frequentierten Fernstraßen gestritten wurde oder etwa die Wegstrecken des Getreidehändlers eine Darstellung fanden. Die Fortbewegung hat aber nicht nur auf, sondern ebenso neben der befahr- oder begehbaren Fläche weithin Spuren hinterlassen, also am Straßenrand. Im Folgenden geht es darum, den Bereich links und rechts von der Straßenoberfläche als einen von den Menschen besonders umfänglich ausgestalteten inhärenten Bestandteil des Straßenraumes zu beschreiben, dessen Analyse die zeitgenössischen Umgangsformen mit Straßen und Wegen eindringlich vor Augen führen kann. Hierzu wird 1.) das Erscheinungsbild sowie die Funktion der Bereiche jenseits der befahr- oder begehbaren Fläche systematisch eruiert sowie 2.) die *Doings* angesprochen, die den am Straßenrand befindlichen Objekten zugrunde lagen.

Zäune, Straßensperren, Informationstafeln und Richtstätten

Dies fängt bereits mit den im »ländlichen Raum« weit verbreiteten Zäunen an.[302] Denn neben dem Siedlungsbereich, den eingefriedeten landwirtschaftlichen Nutzflächen oder am Waldrand zum Schutz vor dem Eindringen von Wild in die Siedlung aufgestellter Begrenzungen,[303] waren in erheblichem Maße die Straßen und Wege mit einem Zaun versehen. Sie grenzten weniger begehbare als vielmehr befahrbare Verkehrsverbindungen vorzugsweise gegenüber landwirtschaftlichen Nutzflächen ab. Eine Augenscheinkarte zum Grundbesitz des Klosters Raitenhaslach bei Braunau (Abb. 22) gibt beispielsweise visuell und verbal einen *Ackher Zaun* bei einer Landstraße zu erkennen. Er war zugleich ein Straßenzaun. Zäune zwischen Straßen und Feldern waren also immer beides, Straßen- und Feldbegrenzung und nicht bloß ein Schutz- und Ordnungselement der Nutzflächen. Solche und andere Begrenzungen am Straßenrand konnten verschieden gebaut sein (Abb. 23) und lassen sich immer wieder auf kartographischen Darstellungen (Abb. 12, Abb. 16, Abb. 18 u. Abb. 20), aber ebenso auf Flugblättern (Abb. 47 u. Abb. 48) finden. Ein aus Pfählen und Flechtwerk bestehender Zaun etwa konnte gut 40 Jahre halten, bevor er

---

302 Heimann 2000, S. 195.
303 Ebd.; Rösener, Werner: Bauern im Mittelalter, München 1985, S. 55.

erneuert werden musste, während ein natürlicher, selbst nachwachsender Zaun in Form einer Hecke regelmäßig zu beschneiden war.³⁰⁴ Die *Kreuzstraße* bei Hohenmemmingen hat letztere Art der Begrenzung und die damit verbundenen Straßenarbeiten offen gelegt (Abb. 19). Ein hölzerner Zaun, wie er auch bei Landsberg den *Winterweg* von der Weide schied (siehe Anhang), ist ein charakteristisches Merkmal des Straßenraumes, der nicht nur aus der Straßenoberfläche selbst bestand, sondern sich auf angrenzende Flächen erstrecken konnte, was die Anrainer zum Schutz ihrer Güter unterbinden wollten. Ein Zaun konnte jedoch überwunden werden, wie der Getreidehändler Propst gezeigt hat, oder aber es kam zum willentlichen Durchbrechen der Straßenbegrenzungen. So befuhren Anfang 1539 drei Fuhrleute eine *landtstraß* bei Hiltenfingen. Als der Schnee aber *so tieff und groß uber ainander gewehet worden,* dass kein Fortkommen mehr möglich war, durchbrachen sie *ainen Zaun* und überfuhren *etwan dreyssig schridt* ein besätes Feld, wodurch ein Konflikt entstand.³⁰⁵ Solche Konflikte zwischen Fuhrleuten und Anrainern kamen häufig vor und mündeten im vorliegenden Fall in einen Gerichtsprozess, konnten aber auch blutig enden.³⁰⁶ Zäune konnten nur eingeschränkt den Frieden auf den Straßen wahren. Dennoch waren teils weite Strecken mit Zäunen versehen (siehe Abb. 24), und zwar weil dies auch im Interesse der Straßennutzer lag. Denn die »Begehrlichkeit der Anlieger, ihren Wohn- und Wirtschaftsraum auf Kosten der Straße zu erweitern«, hat Thomas Szabó als ein sogar »überzeitliches Phänomen« und Problem benannt.³⁰⁷ Zäune limitierten damit zugleich das Ausgreifen von Siedlungen und landwirtschaftlichen Nutzflächen auf die Straßenoberfläche wie sie das Fahren abseits von Straßen behinderten.³⁰⁸

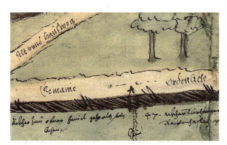

Abb. 22: Ein Ackerzaun begrenzt die Landstraße bei Braunau, 1616.

Abb. 23: Zäune verschiedener Bauart neben dem Transportweg zur Saigerhütte bei Ludwigstadt, 1588.

---

304 Zedler Bd. 61 (1749), Lemma ›Zaun‹, Sp. 184–187, hier Sp. 184.
305 BayHStA Reichskammergericht, Nr. 3332, fol. 7r u. 7v (eigens foliiertes Aktenbündel bei Q 31).
306 Siehe Kapitel 6.2.
307 Szabó 2012, S. 36.
308 Siehe hierzu auch die Funktion von Straßengräben [Kapitel 4.3.2].

Die Visualisierung des Straßenraumes

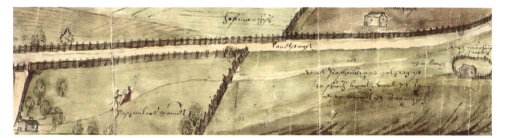

Abb. 24: Eine weithin mit Zäunen versehene Landstraße bei Traunstein, 1611.

Abb. 25: Die Landstraße nach Passau bei Breiteich mit Bildstock und einem über die Straße verlaufenden Grenzzaun, 1558.

Mit dem bewussten Durchbrechen des Zaunes aufgrund von Schneeverwehungen auf der Landstraße sind Naturabhängigkeiten der Straßennutzung angesprochen, die das Fortkommen erheblich erschweren konnten. Aber auch Wegbegrenzungen mittels quer über die Fahrbahn verlaufenden Zäunen limitierten die Nutzungsmöglichkeiten der Straße selbst (Abb. 25; siehe daneben bereits Abb. 17).[309] Solche Sperren markierten und schützten sichtbar im physischen Raum Herrschaftsrechte. Außer Zäunen waren es am Straßenrand stehende Zollsäulen (Abb. 26)[310] und Grenzsteine (Abb. 27),[311] die Herrschaft ebenso sichtbar machten wie Galgen und andere Stätten der Hoch- und Blutgerichtsbarkeit (Abb. 28; siehe daneben bereits Abb. 20).[312] Für diese nonverbale, aber eindringliche Sichtbar-

---

309 Siehe hierzu auch Kapitel 4.3.2.
310 Säulen sind auch bei Abb. 28 (links) verzeichnet.
311 Die Landschaftsskizze aus der Vogelschau zeigt eine Grenzregulierung zwischen den Ortschaften Gnötzheim und Ippesheim [Krausen 1973, S. 39 (Nr. 128)].
312 Zur materiellen Markierung von Grenzen mittels Pfählen, Steinen, Säulen und Richtstätten Rutz 2018, S. 122–137. Zu sehen ist hier (Abb. 3 auf S. 136) auch eine *Hohe Landtstraß*, die die Grenze zwischen der Grafschaft Virneburg und Kurtrier darstellt und an beiden Seiten mit Hinrichtungsstätten versehen ist. »Signs for Gallows« auf Karten spricht eigens Delano-Smith 2007, S. 567 an. Den Zusammenhang von Straßen und Richtstätten beleuchtet dezidiert Günther, Hermann: Galgen an der »Alten Heerstraße«, in:

machung von Herrschaftsrechten wurden in erster Linie weiter entfernt von der befahrbaren respektive begehbaren Straßenoberfläche liegende Stellen verwendet. Demgegenüber mussten Tafeln, die über den Zoll oder Jagdrechte schriftlich informierten (Abb. 29), in unmittelbarer Nähe zu Straßen und Wegen stehen.[313]

Die räumliche Ausdehnung des Straßenrandes gestaltete sich, dies legen die empirischen Befunde offen, sehr verschieden. Voraussetzung war, dass die unterschiedlichen Objekte von den Straßennutzern gesehen und mit den eigenen Augen betrachtet werden konnten. Für die Analyse von Straßenrändern lässt sich also generell sagen: Was nicht mehr von der Straße aus erblickt werden konnte, gehörte nicht mehr zu ihrem Randbereich. Die erforderliche Lesbarkeit der Informationstafeln oder auch die Zaunbegrenzungen lassen eine instrumentelle Zweckmäßigkeit erkennen, die eine gewisse Nähe zur Straße erforderte. Nur Objekte, die wie der Galgen Herrschaft auch symbolisch zum Ausdruck brachten und überdies eine gewisse Größe hatten, konnten und mussten im Sinne der Sichtbarkeit und je nach räumlichem Arrangement weiter entfernt von Straßen vorzugsweise auf Anhöhen stehen (Abb. 28, rechts).[314] Die Nähe von Richtstätten zu »major traffic routes« war also gerade im Sinne der »visibility«, wie sie archäologische Forschungen für ganz Europa bestätigen konnten, nur relativ gegeben und nicht der einzige Grund dafür, warum Galgen, Räder und dergleichen an den entsprechenden Orten standen.[315]

Heimatkalender für den Landkreis Wolfenbüttel 7 (1961), S. 91–94. Nach wie vor einschlägig zu Grenzsteinen ist die Studie von Röttel, Karl: Das Hochstift Eichstätt. Grenzsteine, Karten, Geschichte (Das Steinkreuz 1990/1), Nürnberg 1990. Siehe daneben etwa Pfundner, Thomas: Historische Grenzsteine in Bayerisch-Schwaben. Inventar zu einem unendlichen Feld, Weißenhorn 2015, S. 13–17, der nicht zuletzt die verschiedenen Verwendungszwecke und Typen von Grenzsteinen auflistet.

313 Denecke 1969, S. 127 f. unterscheidet zwischen Zolltafeln, die entweder an oder bei Zollhäusern mit einer Aufschrift versehen waren und etwa über das Erfordernis der Abgabe von Belegzetteln für den gezahlten Zoll hinwiesen. Daneben gab es an Pfählen befestigte Tafeln, die anstatt eigener Zolleinnahmestellen darüber informierten, wo der Zoll zu entrichten war. Eben diese Information befand sich vermutlich ebenso auf der Zollsäule (Abb. 24). Und auch Wildtafeln (Abb. 29) dürften kaum ohne Worte ausgekommen sein, was natürlich nicht ausschließt, dass bildliche Darstellungen etwa auf von der Jagd ausgenommene Tiere hinwiesen.

Solche über Jagdgerechtigkeiten informierenden Tafeln standen jahrelang an Straßen oder auch an anderen Stellen bei oder in Jagdgebieten. Dies geht aus einem Vertrag zwischen Kurbayern und dem Hochstift Augsburg von 1690 hervor, der die Jagdrechte in der Haunstetter und Mehringer Au betraf. Dort wird der genaue Standort mehrerer Wildtafeln festgelegt, so auch *beym Ochsensteeg*. Für eine weitere Wildtafel heißt es, dass diese vor *ungefähr [...] 8 Jahren [...] gesetzt worden* sei und in diesem Stand belassen werden sollten [Lori, Johann Georg: Der Geschichte des Lechrains: zweyter band, urkunden enthaltend, o. O. 1770, S. 502 f.].

314 Die Hinrichtungsstätten waren daneben auf eine Erreichbarkeit angewiesen, weshalb sich Nähe und Ferne zu Straßen verschieden gestalten konnte. So ist auf Abb. 28 die Hinrichtungsstätte ein stückweit entfernt von der Straße eingezeichnet, während andernorts, wie vor den Toren von Dinkelsbühl (Abb. 28), der Galgen in unmittelbarer Nähe zu einem Verkehrsweg stand. Der hier zu sehende platzartige Vorbau lässt die Hinrichtungsstätte sogar nahtlos in die Wegführung übergehen.

315 Coolen, Joris: Places of justice and awe: The topography of gibbets and gallows in medieval and early modern north-western and Central Europe, in: World Archaeology 45/5 (2013), S. 762–779, hier S. 762. Der

Die Visualisierung des Straßenraumes

Zollhäuser, Bildstöcke und Kreuze

Die Kontrolle der Straßennutzung und das Entrichten von Geldzahlungen auf *Zoll-, Geleits- und Fernstraßen* erforderte zwangsläufig die uneingeschränkte, unmittelbare, persönliche und permanente Nähe von Zöllnern und im Raum platzierte Zollhäuser. Darauf weisen wiederkehrend vermerkte und eingezeichnete Zollhäuser hin (Abb. 30).[316]

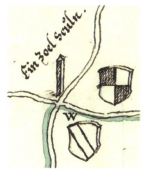

Abb. 26: Zollsäule an einer Straßenkreuzung vor Naila an der Hochgerichtsgrenze zwischen den Freiherren von Wildenstein und dem Fürstentum Brandenburg-Kulmbach-Bayreuth, 1605.

Abb. 27: Steine an der ›gemeine[n] Landtstraß‹ markieren bei Ippesheim eine Gemarkungsgrenze.

Abb. 28: An Straßen gelegene Richtstätten bei Sulzbach (links), Dinkelsbühl (mittig) und Mattsee/Salzburg (rechts), um 1568–1604.

Autor hebt etwa auch hervor, dass die Standorte »had a strong symbolic meaning that reinforced the expulsion of executed malefactors from society« [ebd., S. 773].
316 Ein Zollhaus ist ferner etwa auf folgender Karte vermerkt: Die Donau zwischen Lauingen – Dillingen – Höchstädt – Blindheim (Extrakt aus der Mappa des Pfalzgrafischen Landgerichts Höchstädt), 1593 [BayHStA, Plansammlung 10796].

Abb. 29: Wildtafel und ›Stainen Marten Seil‹ an der Landstraße von München nach Ingolstadt, [Anfang 17. Jh.] (siehe auch Abb. 34).

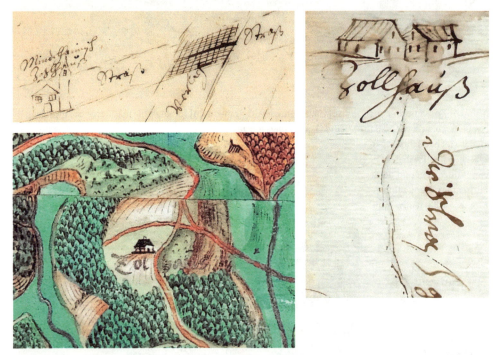

Abb. 30: Zollhäuser an Straßen bei Mindelheim vor der Brücke über die Wertach (links oben), bei Lichtenhan (links unten) und bei Türkheim an der ›Straß gen Landsberg‹ (rechts), 1592–1617.

Im von den Straßennutzern nicht nur mit eigenen Augen zu sehenden, sondern mit eigenen Händen ertastbaren Bereich direkt bei, ja teils sogar auf der Straßenoberfläche selbst, standen in großer Zahl Kreuze und Bildstöcke. Bei den auch Marterl, Marterbild, Betsäule, Bildsäule oder Heiligenstock genannten Bildstöcken sowie bei den oftmals zur Sühne für eine Untat aufgestellten Kreuzen handelt es sich um Wegheiligtümer, die in Fortführung antiken Brauches besonders seit dem Spätmittelalter das Erscheinungsbild vieler Landschaften nachhaltig geprägt haben und in großer Zahl auch auf Visualisierungsmedien

Die Visualisierung des Straßenraumes 153

des 16. Jahrhunderts zu finden sind.[317] Religiöse Zeichen waren allgegenwärtig: Ob das *Hössellbacher Marten*, welches eine Skizze und dann nochmals eine Karte verbal und visuell für das Pflegamt Schwandorf des Herzogtums Pfalz-Neuburg in Nachbarschaft zum kurpfälzischen Pflegamt Wetterfeld hervorhoben (Abb. 31),[318] das *Steine Creutz* bei einer Wegkreuzung an der – mit roter Linie kenntlich gemachten – Fraischgrenze des fürstbischöflich-bambergischen Amts Oberhöchstädt (Abb. 33), der steinerne Bildstock *(Stainen Marten Seil)* an einer Straßenmündung in der Nähe von der Wildtafel (Abb. 29) und einer Kreuzigungsgruppe bei Haimhausen (Abb. 34), der Bildstock und das Kreuz an der Straße zwischen Hofheim i. Ufr. und Reckenhausen (Abb. 32) oder die Bildstöcke bei Weilach (Abb. 35) und Oberaurach (Abb. 36) – ob diese, weitere bereits gezeigte (Abb. 9, Abb. 25 u. Abb. 28) oder andere Wegheiligtümer,[319] die Liste ließe sich erweitern. Kaum eine kartographische Darstellung kam ohne sie aus.

Wie prägend Bildstöcke für das Erscheinungsbild von Straßen waren, lässt sich mit drei Darstellungen von 1537 und 1538 unterstreichen, die ein und dieselbe Bildsäule selbst im umgefallenen Zustand zeigen (Abb. 37). Ob ein *Straßenunfall*, ein bewusster menschlicher Gewaltakt oder Naturgewalten – etwa durch das wasserbedingte Unterspülen des Fundamentes – für das Umfallen des bei Monheim an einer Wegstrecke von Übermatzhofen

---

317 Dinzelbacher, Peter: Handbuch der Religionsgeschichte im deutschsprachigen Raum, Bd. 2: Hoch- und Spätmittelalter, Paderborn u.a. 2000, S. 245; Dinzelbacher, Peter: Raum, in: Ders. (Hg.): Europäische Mentalitätsgeschichte, 2. durchg. u. erg. Aufl., Stuttgart 2008, S. 695–708, hier S. 701; Reinle, Adolf: Art. ›Wegheiligtümer‹, in: Lexikon des Mittelalters 8 (1997), Sp. 2091–2093; Zoepfl, Friedrich: Art. ›Bildstock‹, in: Reallexikon zur Deutschen Kunstgeschichte – Labor [erstmals 1940], URL: http://www.rdklabor.de/wiki/Bildstock (5.4.2023).

318 Noch eine Kopie der Karte aus dem 18. Jahrhundert verweist auf das Marterl [Das Pflegamt Schwandorf (Hauptkarte), 1751–1800, URL: https://bavarikon.de/object/bav:GDA-LAA-0000BAYHSTAPL114 (5.4.2023)].

319 Zwei Kreuze sind auf der Landstraße nach Straubing zu finden [Ansicht der Reichsstadt Regensburg von Süden her, 1612 [BayHStA, Plansammlung 11231]]; auf der Wegstrecke zwischen Achsheim und Eggelshof befindet sich ein Kreuz [Stangengehau (südlich von Feigenhofen in der Gde. Biberbach, Lkr. Augsburg) in Abgrenzung von den umliegenden Waldstücken, 1600 [ebd., Plansammlung 20371]]; ein Bildstock ist vor dem *Gangsteig* nach Ettal und ein weiterer (siehe Abb. 38) nach dem Bergaufstieg zu sehen [Erster Abriss des alten und neuen Khüenbergwegs, dem Closter Etal gehörig, 1615 [ebd., Plansammlung 11115]]; ein Bildstock ist westlich von Stadtamhof eingezeichnet [Die Donau bei Regensburg, 1598 [ebd., Plansammlung 11305]]; drei Bildstöcke sind für das Gebiet an der Traun zwischen Stein und der Poschmühle bei Weisbrunn eingetragen [ebd., Plansammlung 18589]; neben der Paar sind Straßen zu Lande mit zwei Bildstöcken aufgenommen [Das Paartal bei Hohenwart, 1588 [ebd., Plansammlung 18705]]; bei Rothenburg ob der Tauber stand an dem von Schweinsdorf nach Linden führenden Weg nach dem Klosterwald ein Bildstock, wie ein 1590 von der Stadt Rothenburg als Kläger angefertigter Plan und dann nochmals 1598 einer nach der Vornahme eines Augenscheins im Auftrag von der Kommission erstellter *Neuerer abriss* hervorhebt [»Abriß augenscheins [des Gebiets östlich von Rothenburg] in sachen Rotenburg uf der Tauber contra Brandenburg«, 1590 [ebd., Plansammlung 20586/I]; »Neuerer abriss augenscheins [des Gebiets östlich von Rothenburg] inn sachen Rothenburg auff der Tauber contra Brandennburg«, 1598 [ebd., Plansammlung 20586/II]].

Abb. 31: ›Hössellbacher Marten‹ im pfalz-neuburgischen Pflegamt Schwandorf bei Steinberg am Rand der von Heselbach nach Warmersdorf führenden Straße in einer Skizze und einer Karte, um 1600.

Abb. 32: Bildstock u. Kreuz bei Hofheim i. Ufr., 1609.

Abb. 33: Steinkreuz bei einer Wegkreuzung an der Fraischgrenze des fürstbischöflich-bambergischen Amts Oberhöchstädt, um 1603.

Abb. 34: Bildstock (›Stainen Marten Seil‹) und Kreuzigungsgruppe an einer Straßeneinmündung bei Haimhausen in die Straße München-Ingolstadt (siehe auch Abb. 29).

Die Visualisierung des Straßenraumes   155

Abb. 35: Bildstock bei Weilach, 1608.

Abb. 36: Bildstock bei Oberaurach, 1589.

Abb. 37: Umgehauene Bildsäule an der Straße von Übermatzhofen nach Langenaltheim, 1537/38.

(Ubermanshofen) nach Langenaltheim stehenden Bildstocks gesorgt hatten, lässt sich mit letzter Gewissheit nicht sagen. In zwei Darstellungen (links unten u. rechts) ist jedoch von ›*umbgehauen biltseul*‹ die Rede, was eindeutig auf einen wie auch immer intendierten Gewaltakt hinweist.[320] Und auch wenn fehlendes Aktenschriftgut es verhindert, hier abschließende Klarheit zu schaffen, wird auf Grundlage der vergleichenden Betrachtung der Abbildungen deutlich, dass die umgehauene Bildsäule ein zentrales Bildelement darstellt, und zwar aus mehreren Gründen.

Klar erkennen lässt sich, dass der Zustand der Zerstörung oder auch des Verfalls kein Hinderungsgrund war, Wegheiligtümer in den Visualisierungen sichtbar zu machen. Sie blieben darstellungswürdig, gerade weil sie nicht ausschließlich Objekte der Religiosität und des Glaubens waren, denen durch Zerstörung ihre sakrale Zeichenhaftigkeit verloren ging.[321] *Creutz und Bildstöck* wurden vielmehr immer auch bewusst zur Markierung von Grenzen an die *Strassen und Gränzorth* gesetzt, wie ein Standardwerk des 17. Jahrhunderts über die Gestaltung von Grenzen festhielt[322] und die verbale Beschreibung der pfalz-neuburgischen Landesaufnahme unterstreicht.[323] Bildstöcke und Kreuze waren damit Teil des vermittelnden Verweissystems von territorialen Zugehörigkeiten. Der aktenmäßig nicht näher greifbare Vorgang des Umhauens dürfte also der bewussten Zerstörung eines Grenzzeichens wegen und nicht aufgrund eines bildstürmerischen Hintergrundes erfolgt sein. Dies legen andere Auseinandersetzungen um materielle Markierungen von Grenzen in der Zeit ebenso nahe[324] wie der Entstehungshintergrund der vorliegenden Darstellungen: Nach Ausweis der beiden vorliegenden Beschriftungen dienten die Bildstöcke dazu, den Verlauf der Fraischgrenze des zum Herzogtum Pfalz-Neuburg gehörigen Landgerichts Graisbach und des Pflegamts Monheim gegenüber den territorialen Nachbarn, dem Markgrafentum Brandenburg-Ansbach, festzulegen.[325]

---

320 FWB Lemma ›hauen‹, URL: http://fwb-online.de/go/hauen.s.3v_1573979145 (5.4.2023): Ungeachtet der vielen Bedeutungsvarianten, es ist immer die aktive Handlung des Schlagens, die zum Ausdruck gebracht wird, so auch gerade zerschlagen, zertrümmern oder zerstören.
321 Alle christlichen Kultobjekte waren prinzipiell einem »Spannungsfeld zwischen materieller Rohheit und sakramentaler Zeichenhaftigkeit« ausgesetzt, und zwar auch jenseits ikonoklastischer Handlungen [Schnitzler, Norbert: Ikonoklasmus – Bildersturm. Theologischer Bilderstreit und ikonoklastisches Handeln während des 15. und 16. Jahrhunderts, München 1996, S. 18]. Es gab also immer eine materielle Wertigkeit, die neben der religiös-sakralen Dimension bestehen konnte.
322 Oettinger: Tractatus De Iure Et Controversiis Limitum, 1642, S. 51. Auf die Verwendung von Bildstöcken als Marksteine wird bereits auf S. 5 hingewiesen. Zu diesem Werk Rutz 2018, S. 236.
323 Auf Marter und *Marterseulen* wird mehrfach hingewiesen, etwa Frank/Paulus 2016, S. 279, 281, 423, 425, 649, 660, 730, 732, 817.
324 Etwa Rutz 2018, S. 116f.
325 Heydenreuter, Reinhard: Landgericht Graisbach und Pflegamt Monheim, in: Fried, Pankraz (Hg.): Die ländlichen Rechtsquellen aus den pfalz-neuburgischen Ämtern Höchstädt, Neuburg, Monheim und Reichertshofen vom Jahre 1585 (Veröffentlichungen der Schwäbischen Forschungsgemeinschaft, Reihe 5b: Rechtsquellen 1), bearbeitet von Franz Genzinger, Sigmaringen 1983, S. 118–120. Auch mit der Herr-

Es kann auch von einer profanen Funktionalität von Wegheiligtümern gesprochen werden, ohne damit die religiöse Dimension relativieren zu wollen.[326] Denn Bildstöcke und Kreuze am Straßenrand boten für Reisende immer auch Gelegenheit, innezuhalten, zu beten und um göttlichen Beistand und Schutz vor den irdischen Gefahren des Unterwegsseins zu bitten oder an Unfälle zu erinnern.[327] Der Straßenraum war also von der (christlichen) Religion durchdrungen, was als weiterer Grund die Sichtbarmachung jeglicher und damit auch der umgehauenen Bildsäule erklärt. Die Sakralisierung des Straßenraumes bringen die Visualisierungsmedien in stupender Anzahl durch die Aufnahme von Wegheiligtümern zum Ausdruck. Und selbst die Nutzung eines Bildstocks im beschriebenen, religiösen Sinne hebt eine kartographische Darstellung hervor. Auf der sehr malerisch ausgestalteten Darstellung der alten und neuen *Bergstraße* von Oberau nach Ettal ist bei dem Bildstock, wie er kurz nach dem Berganstieg am *Altweeg und Straß* eine überproportional große, markante Einzeichnung erfährt, ein Reisender kniend und betend zu sehen (Abb. 38). Ein solches Gebet am Straßenrand erforderte die Unterbrechung der Fortbewegung und die Niederlegung des Wanderstabes, ganz im Unterschied zum ebenfalls sichtbaren Wanderer, der auf dem neuen Weg Richtung Ettal und der davor verlaufenden *gemaine[n] Straß* ging.

Das Innehalten an einem Wegheiligtum, zumal nach einem beschwerlichen und gefährlichen Berganstieg von knapp 200 Metern, verweist eindringlich auf die Interdependenzen von Objekten am Straßenrand und der Fortbewegung auf der Straßenoberfläche selbst: Ein Bildstock war kein loses Beiwerk von Straßen, sondern er lud ein und forderte gleichermaßen dazu auf, Gott für das sichere Begehen, Bereiten oder Befahren der Erdoberfläche zu danken respektive dafür zu beten. Solche Dank- und Bittgebete setzten wiederum die Sichtbarkeit, Erreichbarkeit und eben auch Unversehrtheit der Wegheiligtümer für die Reisenden voraus. Der Straßenrand verkehrte sich indes in diesen Momenten des Betens zum Zentrum des unterbrochenen Reisevorgangs.[328] Ja mehr noch, mit Achim Timmermann, der sich mit der sakralen Markierung des physischen Raumes in der Vormoderne eingehend beschäftigt hat, sind die Wegheiligtümer als in der Vergangenheit wirksame und die traditionalen Lebensformen stabilisierende, komplexe Orte (milieux de mémoire) zu begreifen, »that took travellers both backward in time, to Christ's historical death on Golgotha, and forward, to his eventual blissful subsumation [sic] into the Heavenly Jeru-

---

schaft Pappenheim und den Fürstbistum Eichstätt legten die Markgrafen von Brandenburg Ansbach in diesen Jahren die Fraischgrenzen fest [Hofmann, Hanns Hubert: Gunzenhausen-Weissenburg (Historischer Atlas von Bayern, Teil Franken, Reihe I, Heft 8), München 1960, S. 37].
326 Bereits Reinle 1997, Sp. 2091 spricht von einer Vermischung der Wegheiligtümer »mit profanen Rechtszeichen, Grenz- und Hoheitsmarken, Rolanden, Marktkreuzen, Verkündkanzeln und Prangern«.
327 Dinzelbacher 2000, S. 245; siehe hier die weiteren Ausführungen zu den Reisenden [Kapitel 3].
328 Siehe zum Beten auf Reisen näher Kapitel 3.1.

salem«.³²⁹ Mit einer solchen transzendentalen Durchdringung des physischen Raumes, wie sie mit Kreuzstraßen bereits zur Sprache kamen, wurde aus vielen weiteren Straße eine Via Sacra,³³⁰ und zwar auf Grundlage der Objekte am Straßenrand und deren Aneignung durch die Straßennutzer.

Abb. 38: Ein Reisender betend bei einem Bildstock, 1615.

Für ein solches Innehalten am Wegesrand dürfte auch die umgefallene Bildsäule von Monheim gesorgt haben, obgleich im Unterschied zu den nachweislich (Abb. 37, rechts) und mutmaßlich (Abb. 37, links oben) jüngeren Darstellungen bei der älteren, skizzenhaften rechten Darstellung das Wegheiligtum scheinbar im straßenlosen Raum steht. Alle Darstellungen zeigen unzweifelhaft eine Grenzregion zwischen Solnhofen, Wemding, Dietfurt und Monheim. Während jedoch zwei Darstellungen mit einer doppelten Linienführung den Straßenverlauf sichtbar machten, genügte bei der älteren Darstellung (Abb. 37, links unten) der Bildstock, um auf die Straße hinzuweisen. Neben Siedlungen waren es also auch Bildstöcke, die Straßen markieren konnten. Ansonsten hob diese kartographische Darstellung nicht nur bildlich, sondern auch textlich Bildstöcke als einen essentiellen Bestandteil des Straßenraumes hervor. So steht an der Wegstrecke von Wemding nach Monheim eine weitere Bildsäule aufrecht und versehen mit den Worten *bildseul und des glaits.*³³¹ Ein dritter Wegbegleiter für Reisende ist schließlich ohne eigens hervorgehobene Wegführung bei Langenaltheim mit dem Zusatz *Glait* verzeichnet (siehe Abb. 7).³³² Während also eine Darstellung drei Wegheiligtümer – zwei aufrechtstehende

---

329 Timmermann 2012, S. 411 in Anlehnung an Pierre Nora. Seine Forschungen mündeten in seine bereits angeführte Monografie von 2017 zu ›Memory and redemption. Public monuments and the making of late medieval landscape‹.
330 Reinle 1997.
331 Fraisch-, Wildbann- und Halsgerichtsgrenzen der Herrschaft Pappenheim [...], 1537 [ebd., Plansammlung 20842].
332 Zum Wort ›Glait‹: FWB Lemma ›gleit‹, URL: http://fwb-online.de/go/geleit.s.2n_1573797670 (5.4.2023).

und einen umgehauenen Bildstock – zeigt, beschränken sich zwei weitere darauf, für die identische Gegend zum ähnlichen Zeitpunkt nur die zerstörte Bildsäule zu visualisieren.

Damit sei das Offensichtliche festgehalten: Die Visualisierungsmedien geben nur in Teilen Aufschluss über die bauliche Ausgestaltung des Straßenrands. Dies betrifft die selektiv erfassten Objekte am Wegesrand, mehr aber noch Informationen über den Bewuchs oder die natürliche Umgebung, welche sich in der Regel nur im Kontext erschließen lassen. Ebenso nicht immer klar bestimmen lässt sich der genaue Standort der Wegheiligtümer, also wie viele Meter ein Bildstock oder Kreuz von der Straßenoberfläche entfernt stand. Mit der Sichtbarkeit und Erreichbarkeit ist jedoch eine räumliche Koinzidenz angedeutet, wie es auch die umgehauene Bildsäule zum Ausdruck bringt. Denn einmal liegt sie unmittelbar neben der Straße (Abb. 37, rechts) und einmal liegt im zerbrochenen Zustand ein Teil samt Sockel auf einer und der andere Teil auf der gegenüberliegenden Straßenseite (Abb. 37, links oben). Wegheiligtümer konnten aber auch unmittelbar auf der Straßenoberfläche selbst platziert sein, worauf bereits einer der beiden Bildstöcke hinweist, der auf der Spessartkarte mit den Worten ›auf dem Eselspfand‹ spezifiziert wird (Abb. 39).

Abb. 39: Visuelle und verbale Kenntlichmachung von zwei Bildstöcken im Spessart, 1594.

Abb. 40: Bildstöcke und Kreuze auf und neben Straßen beim Nürnberger Dutzendteich, 1590.

Abb. 41: Bildstock und Kreuze am Straßenrand bei Boxdorf, 1591.

Diese sichtbare Lage auf einem Verkehrsweg kann wörtlich genommen werden und stellt keine Ausnahme dar. Bei Nürnberg stand ebenfalls ein Bildstock unmittelbar auf der nach Fischbach führenden Straße (Abb. 40, links). Die Breite der mehrgleisigen Straße erlaubte das Vorhandensein eines Bildstocks auf der eigentlich dem Verkehr vorbehaltenen Fläche; der Bildstock konnte umfahren werden. Unweit von dieser Stelle, aber für eine andere Verkehrsroute, gibt die topographische Aufnahme des für die Wasserversorgung der Reichsstadt wichtigen Dutzendteichs einen weiteren Bildstock zu erkennen, der zusammen mit Kreuzen auf einer Anhöhe unmittelbar bei, ja zwischen der Straße stand (Abb. 40, rechts). Von der Fahrbahn und deren Vertiefungen ausgenommen ist hier also ein Bereich, der entweder für das Befahren im Vorhinein ungeeignet war, etwa aufgrund einer besonderen Erhöhung, die dann zum Aufstellen von Wegheiligtümern genutzt wurde. Oder aber der Bildstock und die insgesamt drei Kreuze, von denen eines umgefallen ist, vereinnahmten einen eigentlich befahrbaren Bereich und erforderten dessen Umfahrung und damit das Handeln der Straßennutzer. Auf jeden Fall befand sich die Erderhebung inmitten einer ebenfalls mehrgleisigen Fahrbahnfläche, die sich kurz nach den Wegheiligtümern aufteilte in eine *Strassen nach Röttenpach und Wendelstain* und eine weitere *Strassen nach Büttenreuth,* wie die Karte die Streckenbündel verbal spezifizierte.[333]

Das umgefallene Kreuz auf der Anhöhe kann leicht von dem modernen Betrachter der Visualisierung übersehen werden[334] und dürfte wohl bereits von an dieser Stelle vorbeifahrenden Zeitgenossen nicht immer erblickt worden sein – oder war es eine Störung, die umso aufmerksamer registriert wurde? Zumindest war es Pfinzing, der das Kreuz wahrnahm und darstellte, weil es ein Bestandteil der zu visualisierenden Gegend war. Umgefallene Wegheiligtümer gab es nicht nur beim Dutzendteich, sondern ebenso

---

333 Ebd., S. 29 (Die Weiher des Dutzendteichs, 1590).
334 So spricht Fleischmann 1994, S. 54 von nur zwei Steinkreuzen.

im Nürnberger Pflegamt Lichtenau, was Pfinzing deshalb sehr sorgsam dokumentierte (Abb. 42, rechts unten), da es sich um einen von insgesamt 55 Punkten handelte, die den Fraischbezirk des etwa acht Kilometer südöstlich von Ansbach gelegenen Besitzkomplexes markierten.[335] Die Dokumentation der Grenze erfolgte erstmals nach 42 Jahren wieder,[336] weshalb es einerseits nicht verwundert, wenn nicht nur für den Grenzpunkt Nr. 4 auf die *umbgefallen und halb verfault[en] Säule* hingewiesen wird; auch für den Grenzpunkt Nr. 19 ist von einer *abgefault[en]* und deshalb an einen Baum gebundenen *Seulen* in der kartenzugehörigen Beschreibung die Rede.[337] Andererseits blieb ein Guttteil der hölzernen[338] Säulen intakt.

Die Objekte am Wegesrand waren allein schon deshalb einem Verfallsprozess anheimgegeben, da sie im Freien standen und jeden Witterungsverhältnissen schutzlos ausgeliefert waren, und dies über Jahre, ja Jahrzehnte hinweg. Gleich welche Ursachen, faulende Bildstöcke und umgefallene Kreuze konterkarieren die beschriebene Sakralität, vorausgesetzt, die Visualisierung weist auf den tatsächlichen Erhaltungszustand von Wegheiligtümern hin. Dies ist für die im Pflegamt Lichtenau faulenden und umgeworfenen Säulen zweifelsohne der Fall.

Kreuze und Säulen

Der Sakralitätscharakter des Straßenraumes resultierte auch aus der stupenden Anzahl von am Straßenrand stehenden Kreuzen, zumal sie auf besonders sensible und gefahrvolle Wegstellen hinwiesen. Dies fängt mit den bereits mehrfach angesprochenen Wegkreuzungen oder Wegscheiden an, die oftmals mit Kreuzen versehen waren, eben weil sie eine Entscheidung abverlangten: man konnte sich immer für eine andere Richtung entscheiden, so etwa an der *wegschaiden [...] bei den stainen Creuzen zwischen Imeldorf und Malmerstorf* im Pflegamt Lichtenau.[339] Solche Wegstellen waren aufgrund des Entscheidungszwangs »risky«,[340] Kreuze minimierten dieses Risiko durch die sakrale Markierung und waren reisepraktische Entscheidungshilfen, indem sie als Wegweiser fungierten.[341] Symbolische Darstellungen des Todes Jesu waren daneben auf Bergspitzen und damit am End- respektive Zwischenpunkt von *Bergstraßen* anzutreffen, so etwa im Pflegamt Hersbruck (Abb. 15). Bereits seit dem Frühmittelalter wurden sie an solchen Stellen

---

335 Ebd., S. 55.
336 Ebd.
337 Pfinzing-Atlas 1594, S. 32.
338 Bereits das Verfaulen legt eine solche Materialität nahe, und für Grenzpunkt Nr. 5 wird von dem Erfordernis gesprochen, eine Säule aus Holz zu erneuern [ebd.].
339 Ebd., S. 34 (Nr. 13).
340 Stollberg-Rilinger, Barbara: Cultures of decision-making, London 2016, S. 8.
341 Evans 2016, S. 142; Lemma ›Kreuzstrasze‹, in: DWB – Online, URL: https://www.dwds.de/wb/dwb/kreuzstrasze (5.4.2023).

aufgestellt, um die »Wohnstätte[n] der bösen Geister zu heiligen und darüberziehende Gewitterwolken zu bekämpfen«.[342] Kreuze, wie sie bereits auf Abb. 21 zu finden sind, konnten schließlich immer auch auf ein an der Straße begangenes Verbrechen hinweisen. Bevor sich im Laufe des 16. Jahrhunderts das landesherrliche Strafmonopol allmählich durchsetzen konnte, wurden sogenannte Sühnekreuze zur »gütliche[n] Einigung der Parteien bei Totschlagsdelikten zur Ausschaltung von Fehde und Blutrache« aufgestellt.[343] Hierbei legten die seit dem Mittelalter überlieferten Sühneverträge die Verpflichtung der Täter fest, am Ort der Tat zugunsten des Verstorbenen einen Stein zu setzen.[344] Die Straße konnte so entweder selbst Tatort sein, wie im ausgehenden 15. Jahrhundert bei Tauberbischofsheim, als ein Butterhändler auf dem Rückweg nach Grünsfeld einem Raubüberfall zum Opfer fiel.[345] Bei großer Entlegenheit des Tatorts war es aber auch möglich, das Kreuz an der nächst gelegenen Straße aufzustellen.[346] Indem die häufig aus Stein bestehenden Sühnekreuze an die Straftat und an das ohne Sterbesakramente verstorbene Opfer erinnerten, forderten sie die Straßennutzer dazu auf, für die arme Seele des Opfers zu beten, erinnerten an die Straftat und luden den Ort symbolisch auf.[347] Solche Kreuze markierten also Orte der Gewalt und des Erinnerns, und zwar über Generationen hinweg. So lassen sich für das heutige Bayern mit dem Atlas des Landesamtes für Denkmalpflege zahlreiche, bis in unsere Gegenwart erhaltene Sühnekreuze nachweisen.[348] In weitaus

---

342 Dinzelbacher 2000, S. 245.
343 Kocher, Gernot: Art. ›Kreuz‹, in: HRG II 3 (2016), Sp. 228–230, hier Sp. 229; Heydenreuter 2012, bes. S. 75 u. 83 f.
344 Wojtucki, Daniel: »… ein steynen Crewtze an die stelle setzen, do der Todslag gescheen ist …«. Schlesische Sühneverträge vom 14. bis zum 16. Jahrhundert, in: Forschungen zur Rechtsarchäologie und Rechtlichen Volkskunde 24 (2007), S. 187–210; Heydenreuter 2012, S. 82.
345 Losch, Bernhard: Sühne und Gedenken. Steinkreuze in Baden-Württemberg. Ein Inventar (Forschungen u. Berichte zur Volkskunde in Baden-Württemberg 4), Stuttgart 1981, S. 95 u. 109.
346 Heydenreuter 2012, S. 82.
347 Ebd., S. 87; Bucka, Hans: Die Steinkreuze und Kreuzsteine im Landkreis Hof und in der Stadt Hof, Hof 1986; Saller, Barbara: Steinkreuze im Landkreis Straubing-Bogen, in: Jahresbericht des Historischen Vereins für Straubing und Umgebung 85 (1984), S. 183–219; Schmeissner 1977.
348 URL: https://www.blfd.bayern.de/denkmal-atlas (5.4.2023), in kleiner (!) Auswahl etwa Einzeldenkmal D-5-64-000-2825: Sühnekreuz Gemeinde Nürnberg; Landkreis Nürnberg (Stadt) frühes 16. Jh.; Einzeldenkmal D-3-75-156-110: Gemeinde Kallmünz; Landkreis Regensburg, 16. Jh.; Einzeldenkmal D-4-74-146-16: Gemeinde Langensendelbach; Landkreis Forchheim *an der Straße nach Baiersdorf,* 16./17. Jh.; Einzeldenkmal D-3-75-130-41: Gemeinde Donaustauf; Landkreis Regensburg, wohl spätmittelalterlich; Einzeldenkmal D-6-74-149-139: Gemeinde Hofheim i. UFr.; Landkreis Haßberge, spätmittelalterlich; Einzeldenkmal D-6-73-147-49: Gemeinde Nordheim v.d. Rhön; Landkreis Rhön-Grabfeld, spätmittelalterlich; Einzeldenkmal D-6-74-149-138: Gemeinde Hofheim i. UFr.; Landkreis Haßberge *ca. 250 m nordwestl. des Ortes am Feldweg zw. »Hutzelacker« u. »Leite«,* spätmittelalterlich; Einzeldenkmal D-6-73-141-206: Gemeinde Bad Königshofen i. Grabfeld; Landkreis Rhön-Grabfeld *im Spitalholz an der Straße nach Herbstadt an der Gemarkungsgrenze,* spätmittelalterlich; Einzeldenkmal D-4-62-000-484: Gemeinde Bayreuth; Landkreis Bayreuth (Stadt), um 1400; Einzeldenkmal D-6-77-154-123: Gemeinde Triefenstein; Landkreis Main-Spessart, wohl spätmittelalterlich; Einzeldenkmal D-1-80-112-47: Gemeinde Bad Kohl-

geringerer Zahl haben sich demgegenüber Armesünderkreuze erhalten, welche auf dem Weg zu einer Richtstätte standen, um den reuigen Sünder an den erlösenden Tod Christi zu erinnern und die Wiederaufnahme in die *communitas Christianorum* in Aussicht zu stellen.[349] Gemeinsam mit anderen Typen an Kreuzen haben sie aber ebenso dazu beigetragen, dass der vormoderne Straßenraum ein religiös geprägter war.

Das Kreuzsymbol konnte dabei unabhängig vom Maßstab und der Perspektive leicht sichtbar gemacht werden, obgleich bei jeglichen dargestellten Objekten am Straßenrand von Idealisierungen ausgegangen werden muss. Dies trifft aufgrund der Größe und Form gerade auf Bildstöcke zu, wie abschließend zur Analyse des Straßenrandes darzulegen bleibt. So scheinen auf einen ersten Blick im Nürnberger Pflegamt Lichtenau zahlreiche Bildstöcke am Rande einer Straße zwischen Wäldern und Feldern gestanden zu haben (Abb. 42, links oben), wie eine zwischen 1590 und 1592 handgezeichnete und danach als Kupferstich vervielfältigte Karte erkennen lässt.[350] Bei der hier auf der Manuskriptkarte befindlichen Straße handelt es sich nach Ausweis der dazugehörigen Beschreibung um die von Neukirchen nach Petersaurach verlaufende *Hohe(n) Straße(n)*.[351] Die Gesamtlänge dieser Straße betrug rund 6,5 km, von denen der Kartenausschnitt etwa einen zwei Kilometer langen Abschnitt zeigt. Von Westen kommend[352] kreuzt sie zunächst bei der

---

    grub; Landkreis Garmisch-Partenkirchen, nach 1467; Einzeldenkmal D-7-80-112-41 Gemeinde Altusried; Landkreis Oberallgäu *an der Straße nach Kempten,* 15./16. Jh.; Einzeldenkmal D-7-78-116-20: Gemeinde Bad Wörishofen; Landkreis Unterallgäu *an der Kreuzung* mit der Kirchdorfer Straße, 1547; Einzeldenkmal D-7-77-159-41: Gemeinde Pfronten; Landkreis Ostallgäu ca. 1,5 km südöstlich des Ortes *an der Straße nach Weißbach,* nach 1532 errichtet; Einzeldenkmal D-7-77-124-8: Gemeinde Eggenthal; Landkreis Ostallgäu 800 m nordöstlich *an der Straße nach Baisweil beim Schleifbach,* spätmittelalterlich; Einzeldenkmal D-7-80-128-7: Gemeinde Oy-Mittelberg; Landkreis Oberallgäu *am Fußweg nach Mittelberg,* 1539; Einzeldenkmal D-1-90-158-18: Gemeinde Wessobrunn; Landkreis Weilheim-Schongau, 15./16. Jh.; Einzeldenkmal D-1-76-153-46: Gemeinde Pförring; Landkreis Eichstätt *am Feldweg nach Oberhartheim,* mittelalterlich; Einzeldenkmal D-5-72-132-150: Gemeinde Herzogenaurach; Landkreis Erlangen-Höchstadt *an der alten Straße nach Steudach,* wohl 17. Jh.; Einzeldenkmal D-5-72-135-86; Gemeinde Höchstadt a.d. Aisch; Landkreis Erlangen-Höchstadt *am alten Weg nach Poppenwind,* wohl 17. Jh.; Einzeldenkmal D-5-76-143-135: Gemeinde Roth; Landkreis Roth *am alten Eichelburger Weg beim Teufelsknopf,* 1631; Einzeldenkmal D-5-76-151-126: Gemeinde Wendelstein; Landkreis Roth *in Verlängerung der Alten Salzstraße nach Sperberslohe/Allersberg, am westlichen Straßenrand im Wald,* Sandstein, 14./15. Jh; Einzeldenkmal D-4-64-000-240: Gemeinde Hof; Landkreis Hof (Stadt) *an der alten Straße nach Leupoldsgrün,* spätmittelalterlich; Einzeldenkmal D-4-74-122-25: Gemeinde Effeltrich; Landkreis Forchheim *an der Weggabelung Kersbach-Poxdorf,* 16./17. Jh.; Einzeldenkmal D-2-72-127-27: Gemeinde Hohenau; Landkreis Freyung-Grafenau *am alten Weg nach Bierhütte,*16./17. Jh.

349 Timmermann 2012, S. 405.
350 Fleischmann 1994, S. 58.
351 Pfinzing-Atlas 1594, S. 32. Auch diese Hochstraße verläuft auf einer Anhöhe, wie mit Blick auf die bisherigen Ausführungen zu Hochstraßen anzumerken bleibt. Sie beginnt bei gut 450 m, verläuft dann größtenteils auf über 460 m, bevor sie bei etwa 440 m in Petersaurach endet [URL: https://geoportal.bayern.de/bayern-atlas (5.4.2023)].
352 Die Karte ist geostet.

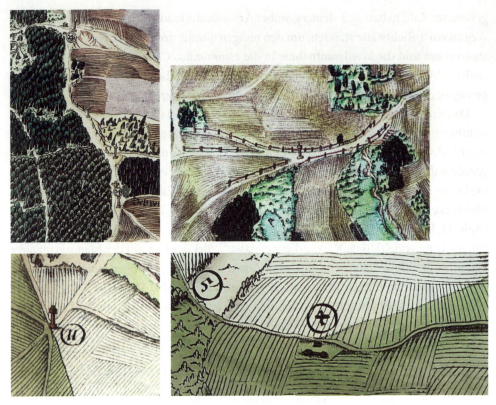

Abb. 42: Bildstöcke, Steinkreuze und verfaulte Säulen im Nürnberger Pflegamt Lichtenau, 1592–1594.

Nummer 23 den *Kirchstaig* von Külbingen nach Wilmetsdorf und führt vorbei an Wäldern und Feldern bis zu einer Weggabelung bei Winklesgreuth.[353] Bei der Weggabelung zwischen einer Säule und einem Kreuz ist die Nummer 24 vermerkt. Sie markiert eine der bereits genannten 55 Stellen, mit denen die Karte die Hochgerichtsgrenze des Pflegamts kenntlich macht. Bei Nummer 24 steht ebenso wie bei der Nummer 23 eine Säule, zwei weitere Säulen befinden sich zwischen den beiden Grenzpunkten am Rand des an dieser Stelle zusätzlich mit einem Zaun versehenen Straßenabschnitts. Alle vier Säulen ähneln sich weitgehend: Sie stehen auf einem Sockel und werden mit einem spitzförmigen Aufbau abgeschlossen, lediglich die Höhe variiert ein wenig und der Sockel von der Säule bei der Nummer 24 ist schmäler; er scheint nur eine Stufe zu umfassen, während die anderen Säulen einen stufenförmigen Sockelbau haben.

Bei diesen und all den anderen Säulen, die ausschließlich an der Fraischgrenze und nur einmal in der Kartenmitte an einer Weggabelung stehen (Abb. 42, rechts oben), han-

---

353 Pfinzing-Atlas 1594, S. 32.

delt es sich jedoch keineswegs nur um Bildstöcke. In der Beschreibung heißt es vielmehr zum Grenzpunkt Nr. 23: *An diesem Ort stehet ein Heegseul.*[354] Die Säule ist also als Grenzmarkierung eines Jagdgebietes zu identifizieren, wie sie dann auch bei Nr. 24 steht.[355] Ob es sich bei den beiden anderen Säulen zwischen den beiden Hegsäulen überhaupt um Bildstöcke handelt, kann aufgrund der ähnlichen Visualisierung zunächst bezweifelt, dann aber mittels des Kupferstiches der reproduzierten Karte bestätigt werden. Zumindest die Säule oberhalb des Kreuzes am Ende des Zaunes lässt sich als Bildstock identifizieren. Ähnliche Säulen standen beim Grenzpunkt mit der Nummer 11 (Abb. 42, links unten) und inmitten des Pflegamts (Abb. 42, rechts oben).[356]

Die vergleichende Betrachtung von Säulen, wie sie zwei verschiedene kartographische Darstellungen für die identische Gegend zu einem ähnlichen Zeitpunkt visualisieren, lässt erkennen, dass es sich nicht immer gleich um Bildstöcke handeln musste, obgleich die Zeitgenossen oftmals mit dem Wort ›Säule‹ ebensolche Wegheiligtümer bezeichneten. Die Ähnlichkeit, mit der Hegsäulen und Bildstöcke zur Darstellung gebracht wurden, verweist auf eine entscheidende Tatsache: Beide Male fanden aufrecht am Straßenrand stehende Objekte eine Hervorhebung, die ausschließlich (Hegsäule) oder mitunter (Bildstock) als Grenzmarkierungen fungierten. Und dass überhaupt beide Säulentypen auf eine kartographische Darstellung aufgenommen wurden, ist der intendierten Dokumentation des Grenzverlaufs geschuldet.

Mehr als deutlich ist der unaufhaltsame Verschleiß gerade von hölzernen Objekten am Wegesrand; Kreuze und Bildstöcke aus Stein konnten Wind und Wetter besser trotzen. Gegen bewusste Zerstörungsakte war aber kein Objekt am Wegesrand gefeilt. Jegliche Visualisierung weist also auf die Zeitlichkeit hin, ein und derselbe Straßenrand konnte über Jahrzehnte hinweg eine unterschiedliche Ausgestaltung erfahren. Dies betraf auch eine *Martter,* die ebenso unmittelbar bei dem Grenzpunkt mit der Nr. 23 im Pflegamt Lichtenau (Abb. 39, links) in eine Fichte *gehauen gewesen,* wie es in der verbalen

---

354 Ebd.
355 Auch für Nr. 24 heiß es näher, hier stehe eine *Hegseul* [ebd.]; das Wort ›Heg‹ bezeichnet einen geschützten Wald [Heydenreuther/Pledl/Ackermann 2010, S. 97]. Siehe zu diesen Säulen: Schönheid, Karlheinz: Die Hegsäule – Eine verschwundene gegenständliche Quelle der Jagdgeschichte, in: Rudolstädter Heimathefte 56/5 (2010), S. 123–126. Nicht gänzlich ausgeschlossen werden kann, dass es sich im vorliegenden Fall bei den Hegsäulen doch um Bildstöcke handelt, die als Markierungspunkte für eine Jagdgrenze fungierten und deshalb eine solche verbale Spezifizierung erfuhren.
356 Auch die Tatsache, dass der Bereich zwischen den beiden Hegsäulen von der Grenzbeschreibung ausgenommen wurde, spricht dafür, dass es sich bei den beiden anderen Säulen nicht um eigens aufgestellte Grenzsäulen handelt; ein Hinweis auf ein wie auch immer geartetes Grenzsymbol ist ansonsten der Regelfall. Ein genauerer Blick auf die vier Säulen an der *Hohen Straße* lässt zudem eindeutig erkennen, dass gerade die Säule oberhalb des Kreuzes am Ende des Zaunes nicht identisch ist (Abb. 42, links oben). Näheren Aufschluss kann schließlich die Kartenreproduktion geben. Hier nämlich werden für ebendiese Stellen eindeutig verschiedene Säulentypen zur Darstellung gebracht, wobei die Säule am Zaunende identisch ist mit Bildstöcken, wie sie an weiteren Wegstellen zu finden sind.

Grenzbeschreibung heißt. Die Fichte mit dem Bildstock stand jedoch zum Zeitpunkt der Inaugenscheinnahme nicht mehr, weshalb Pfinzing die Setzung eines eigenen Grenzsteines vorschlug.[357] Gerade der Randbereich von *Grenzstraßen,* wie jener im Pflegamt Lichtenau, unterlag also einem Wandel. In den Jahren oder Jahrzehnten, in denen ein Wegheiligtum oder eine Informationstafel am Straßenrand standen, wiesen sie jedoch unzähligen Reisenden aus Nah und Fern den Weg, sie wurden beim Vorbeigehen oder Vorbeifahren wahrgenommen oder ignoriert. Solche Reaktionen und Umgangsformen, wie sie der beim Bildstock betende Reisende hat erkennen lassen, sind allerdings nicht das Darstellungsanliegen vieler Visualisierungen – im Unterschied zu den hier abschließend zu behandelnden Flugblättern.

2.2.5 Öffentlichkeit und Abgelegenheit

Anders als bei den kartographischen Darstellungen gehört die Aneignung des *Straßenraumes* durch Menschen und Tiere sowie die bildliche und textliche Hervorhebung gerade der Mühsale und Gefahren der alltäglichen Straßennutzung zum festen Themenkanon von Flugblättern. Dies fängt bei Boten an, die zu Fuß bei jeglichem Wetter und unter täglicher Sorge vor Raubüberfällen über *hoch berg und tieffe thal / Durch finstere Wald/ stauden und hecken* ihres Weges gehen.[358] Bei anderen Flugblättern setzt sich die Alltäglichkeit der Straßennutzung mit Reisenden fort, die fußläufig oder zu Pferde bei einer Herberge einkehren, während im Bildhintergrund Fuhrwerke Waren in eine Siedlung transportieren und ein Landsknecht fußläufig in die Ferne zieht.[359] Nicht zuletzt findet sie mit dem österreichischen Gesandten Siegmund von Herberstein (1486–1566) einen Abschluss, dessen Fortbewegung in Russland per Kutsche, Pferd, Schlitten, Schiff oder zu Fuß zum visualisierten Gegenstand eines Flugblatts erhoben wurde.[360]

Einblattdrucke kanonisieren diese Motive und leisten mit der Beschreibung der Fortbewegung von häufigen Straßennutzern aus unterschiedlichen Akteurskreisen informative, unterhaltende, ermahnende oder illustrative Funktionalisierungen.[361] Die namentliche Nennung und Darstellung von Einzelpersonen kommt jedoch selten vor. Die explizite Nennung des zu Beginn des Dreißigjährigen Krieges fluchtbedingt *auff fremder strassen* umherziehenden Winterkönigs[362] ist als Ausnahme zu begreifen – eine Ausnahme, die

---

357 Pfinzing-Atlas 1594, S. 32 (Nr. 23).
358 Schäfer/Eydinger/Reko 2016, Nr. 327.
359 Ebd., Nr. 369.
360 Harms/Schilling/Pietrzak, Flugblätter VI, Nr. 87; Pferschy, Gerhard (Hg.): Siegmund von Herberstein. Kaiserlicher Gesandter und Begründer der Russlandkunde und die europäische Diplomatie (Veröffentlichungen des Steiermärkischen Landesarchives 17), Graz 1989.
361 Schilling 1990.
362 Harms/Schilling/Pietrzak, Flugblätter II, Nr. 181.

sich aus der höchst politischen Dimension seiner erzwungenen Mobilität ergab. Es sind mehrheitlich die namenlosen Reisenden, Vaganten[363] und *auf der Strass* umherziehenden und beutemachenden Landsknechte,[364] deren Fortbewegung auf den Straßen und ihr (vermeintlich) unstetes Leben zum warnenden Motiv in den Flugblättern erhoben wurden. Aber auch die Bewohner von Dörfern und Städten werden wiederkehrend außerhalb von Siedlungen gezeigt, um dort stehend auf oder bei Straßen in erster Linie Wunderzeichen und Mirakel zu bezeugen (Abb. 46 u. Abb. 48).[365]

Flugblätter visualisieren Straßen aus diesem Kontext heraus. Anders als bei Karten war dies deshalb möglich, weil es gerade nicht um die dokumentarische Aufzeichnung der Erdoberflächengestalt, sondern um die dezidiert idealisierte, mitunter auch übersteigerte malerische Ausgestaltung eines Straßenraumes ging, der für die berichtswürdigen *Doings* relevant war.[366]

Die bildliche Aufbereitung eines »Aktionsraum[es]«[367] Straße auf Einblattdrucken lässt deshalb häufig breitgezogene Straßenoberflächen erkennen, die trennscharf oder mit Übergängen den Fahr- und Gehbereich von den Feldern, Wiesen oder Wäldern abgrenzen. Auf der Fahr- und Gehbahn selbst liegen wiederkehrend Steine von unterschiedlicher Größe,[368] es sind aber auch Fahrrillen und andere Unebenheiten dargestellt.[369] Die Straßen treten in der Regel vom Rand in das Bildgeschehen ein[370] und verleihen dem Raumgeschehen eine Tiefenstruktur, indem sie den Bildvordergrund mit dem Bildhintergrund verbinden.[371] Neben Dörfern[372] sind es Städte respektive Stadttore, die auf Flugblättern weniger für sich stehen, sondern zu denen eine oder mehrere Wegverbindungen hinführen und die das Eingebundensein der Siedlungen in einen größeren räumlichen Zusammen-

---

363 Schäfer/Eydinger/Reko 2016, Nr. 365.
364 Harms/Schilling/Pietrzak, Flugblätter I, Nr. 172; siehe etwa auch ebd. I, Nr. 173 u. IX, Nr. 63. Zur Darstellung von Landsknechten in dieser Zeit: Irler, Hans: Heroisierung – Ironisierung – Verspottung. Landsknechtflugblätter und ihr historischer Erkenntniswert, in: Harms/Messerli 2002, S. 85–108; Rogg, Matthias: Landsknechte und Reisläufer: Bilder vom Soldaten. Ein Stand in der Kunst des 16. Jahrhunderts (Krieg in der Geschichte 5), Paderborn 2002.
365 Zudem etwa Harms/Schilling/Pietrzak, Flugblätter VI, Nr. 76 u. IX, Nr. 59 u. 63.
366 Zudem verfügten Flugblätter über andere Möglichkeiten in der Layoutgestaltung, die Wahl der Schriftart und Schriftgröße, der Anordnung Bild-Text-Kombination, einer Kolumnen- oder Blocktextgestaltung, ornamentalen oder figürlichen Hinzufügungen. Grundsätzlich wirkte sich die multioptionale Gestalt auch auf die Darstellungsweisen aus.
367 Rösch 2009, S. 355.
368 Harms/Schilling/Pietrzak, Flugblätter I, Nr. 77; VI, Nr. 41; VII, Nr. 99.
369 Ebd. I, Nr. 204; II, Nr. 22; IV, Nr. 118.
370 Ebd. VI, Nr. 55.
371 Ebd. VI, Nr. 142.
372 Ebd. IX, Nr. 64.

hang herausstellen.³⁷³ Ein Flugblatt, welches das Erscheinen von Himmelszeichen vor den Toren Rothenburgs o.d.T. im Jahr 1561 zum Gegenstand hat, differenziert durch die darstellerische Kenntlichmachung in der Abbildung die Beschaffenheit der Wege, nämlich einen vor den Stadtmauern verlaufenden Feldweg und eine gepflasterte Straße, die zu einem Tor führt.³⁷⁴ Mit Wegheiligtümern,³⁷⁵ Galgen³⁷⁶ und Zäunen bringen Einblattdrucke daneben gleichermaßen und in der gleichen Typik wie bei Karten den Straßenrand zur Darstellung. Als zentrales Bildelement ermöglichen es Zäune, den Siedlungsbereich vom außerurbanen Straßenraum abzugrenzen (etwa Abb. 48)³⁷⁷ oder auch einfach nur das Vorhandensein von Wegverbindungen anzudeuten.³⁷⁸ Buschwerke markieren außerdem die Trennlinie zwischen benutzter Straße und Natur.³⁷⁹

Flugblätter dokumentieren in wiedererkennbaren und bekannten Motiven den Alltag des Straßensettings. Essentielle Bestandteile dieses Settings und Teil der Fortbewegungspraktiken sind Last- und Zugtiere. In ihrer Funktion als unerlässliche Mittel und Partizipanden in der Fortbewegung der Vormoderne wurden sie deshalb in den Motivkanon der Flugblätter aufgenommen: dargestellt sind Esel³⁸⁰ und Pferde im Transportprozess von Personen und Waren³⁸¹ oder beim Ziehen von Wägen, Schlitten³⁸² und Kutschen,³⁸³ beim profanen *Spaziren-Ritt*.³⁸⁴ In den Texten der Flugblätter bleibt es aber nicht bei der reinen Benennung der Tiere als Fortbewegungsmittel. Vielmehr stellen sie die Belastungsfähigkeit und damit Effizienz dieser Tiere in den Vordergrund, die nur durch einen schlechten *Reuter*, also den Menschen selbst, gefährdet wurde.³⁸⁵ Grundsätzlich könne man sich auf die Tiere verlassen, denn wenn *sie der Straß gewohnt* waren, so würden sie den rechten Weg immerzu finden.³⁸⁶ Diese hier metaphorisch zugeschriebene Weg- und Ortskundigkeit von Tieren wurde zum kulturübergreifenden Aspekt der Lasttiere, denn die von den Osmanen 1529 erbeuteten Dromedare hätten ebenfalls eine solche Fähigkeit: wenn *sie eyn weg einmal gegangen sind, dann finden sie ihn wieder, ob er gleych vom wind mit santt oder schnee verworffen were*.³⁸⁷ Kamele seien überaus widerstandsfähig gegenüber natür-

---

373 Ebd. VI, Nr. 112 u. 142; VII, Nr. 135.
374 Ebd. VI, Nr. 111.
375 Ebd. IX, Nr. 89 (Kruzifix).
376 Ebd. VI, Nr. 55 u. 164; IX, Nr. 136.
377 Daneben etwa ebd. VI, Nr. 142.
378 Ebd., VI, Nr. 106.
379 Ebd. II, Nr. 208; III, Nr. 190; IV, Nr. 72.
380 Ebd. I, Nr. 77; II, Nr. 35; IX, Nr. 80.
381 Ebd. VI, Nr. 53.
382 Ebd. VI, Nr. 67 u. 83.
383 Ebd. IX, Nr. 49.
384 Ebd. I, Nr. 157.
385 Ebd. IX, Nr. 79.
386 Ebd. II, Nr. 53.
387 Schäfer/Eydinger/Reko 2016, Nr. 166.

lichen Gegebenheiten und könnten ungeachtet *große[r] Schmerzen [...] lange herte weg gehen.*[388] Deutlich verweisen die Texte der Flugblätter auf die enge Beziehung von Mensch und Tier im Rahmen der Fortbewegung auf Straßen.

Die visuelle und/oder textliche Behandlung des Straßenraumes durch Flugblätter in seiner ganzen Breite – von der Straßenoberfläche über den Straßenrand bis zu den verschiedensten Straßennutzern und den dazu benötigen Tiere selbst – ist ein eindringliches, aber von der Forschung bislang weitgehend übersehenes Faktum, das aus einer ebenso basalen wie weitreichenden Tatsache resultiert: Straßen waren öffentlich. Sie stellten also einen Raum dar, der sich nach Susanne Rau 1.) durch seine Zugänglichkeit auszeichnet, der 2.) zeitlich variieren konnte und den sich 3.) die Menschen auf unterschiedliche Art und Weise aneignen konnten.[389] Die Öffentlichkeit von Straßen und Wegen konnte sich entsprechend der drei Kriterien der Zugänglichkeit, der Temporalität der Nutzung und der Art der Aneignung sehr unterschiedlich gestalten: So lässt sich im Rückblick auf die Ausführungen zur Straßentypisierung festhalten, dass die Zugänglichkeit zuvorderst für die Landstraßen eine rechtliche Festlegung erfahren hat, woraus eine andere Qualität der Öffentlichkeit resultierte als etwa aus Feldwegen. Damit verbunden gestalteten sich die Nutzungsmöglichkeiten von Straßen und Wegen nicht gleichförmig, so etwa bei Fahrwegen im Unterschied zu nur begehbaren Gebirgspfaden. Eine gänzlich andere Form der Aneignung liegt mit deviantem Verhalten vor, wie sie durch *Straßenräuber* geschehen ist.[390] Schließlich sind es die von Jahres- und Tageszeiten abhängigen Rhythmen der Straßennutzung, die die Zugänglichkeit des Straßenraumes entscheidend beeinflusst haben.[391] Gerade Flugblätter sind Teil dieser Aneignungspraktiken, da sie in medialer Form alle drei Aspekte der Raumaneignung verbinden.

Die dem Straßenraum immanente Öffentlichkeit bedienten und beförderten Flugblätter, indem sie über faktische oder fiktionale Begebenheiten auf Straßen berichteten und zum Gegenstand der mittels Druckmedien konstituierten Öffentlichkeit erhoben.[392] Wie sich also mit den massenhaft erschienenen Flugblättern zeigen lässt, unterlagen Straßen und Wege einer besonderen Öffentlichkeit und erhoben diese zu einem zentralen Bildmotiv, um 1.) Anschaulichkeit und Glaubwürdigkeit zu erzeugen sowie 2.) vorzugsweise Gefahren und Risiken der Straßennutzung zu behandeln. Daneben wird 3.) über militärische Vorkommnisse informiert, die eine weitere spezifische Aneignungsform von Straßen offenlegen und zugleich erkennen lassen, wie Flugblätter bereits bekannte Visualisierungsformen von Straßen bedienten, um die Erdoberfläche in einem verkleinerten Maßstab

---

388 Harms/Schilling/Pietrzak, Flugblätter II, Nr. 53.
389 Rau 2014, S. 45.
390 Siehe hierzu Kapitel 5.1.
391 Siehe Kapitel 3.
392 Würgler 2013, S. 132.

aus der Vogelperspektive darzustellen. Schließlich kann 4.) bereits an dieser Stelle konstatiert werden, dass Flugblätter gleichermaßen über die Inhalte an der Straßenöffentlichkeit partizipierten und aufgrund der medialen Vermittlungsform eine Medienöffentlichkeit mitkonstituierten. Der Zusammenhang beider Öffentlichkeitsformen wird mit den Meilenscheiben evident. Seit 1565 erschienen sie medial in Form von Flugblättern und ermöglichten einem breiten Rezipientenkreis die Entfernungsermittlung etwa von Nürnberg oder Augsburg ausgehend in andere Städte Europas.[393] Der Weg wurde medial und medialisiert!

Die Möglichkeiten und der Bedarf, Distanzen von Wegstrecken vorab in gedruckter Form zu eruieren, beschränkten sich weitgehend auf einen festgelegten Kanon an übergeordneten Fernstraßen. Flugblätter greifen die Medialisierung des Weges bzw. von Straßen zwar auf, vor allem aber in bestimmten Momenten: nicht das generelle Straßenwesen wird thematisiert. Erst wenn die Straße und ihre Öffentlichkeit gerade bei Verbrechen beschädigt wurden, nahmen sie Straßen ins Bildmotiv auf. Es sind also punktuelle Visualisierungen in spezifischen Kontexten, was dazu führte, dass Straßen lediglich als schematisches Setting herangezogen wurden, um die Öffentlichkeit des Geschehens in das Zentrum der Narration zu rücken. Flugblätter teilten dieses informatorisch und illustrativ mit, generierten aus der allgemeinen Zugänglichkeit und der Offenheit der Aneignungsmöglichkeiten von Flugblättern eine Öffentlichkeit.[394] So berichtet ein Flugblatt von 1556 über eine schwangere Frau, die sich *nit weit gelegen von Münster* auf dem Heimweg befand, als in einem Wald, *dadurch die straß gangen ist,* die Wehen einsetzten. Folgt man dem konfessionell polemisierenden Flugblatt, nutzte dies ein schamloser *Pfaff* aus (Abb. 43), indem er die Frau enthauptete und ihr einen Geldbeutel raubte, den die Frau zuvor *auff der straß* gefunden hatte. Der mit dem Frauenhaupt enteilende Pfarrer konnte jedoch von einem Edelmann, dem eigentlichen Besitzer des Geldbeutels, überführt und der sanktionierenden Obrigkeit überstellt werden: der Edelmann nämlich folgte der sichtbaren Blutspur, die das blutende Haupt auf dem leicht mit Schnee bedeckten Fluchtweg hinterließ.[395]

---

393 M. Schilling 1990, S. 96; Krüger, Herbert: Oberdeutsche Meilenscheiben des 16. und 17. Jahrhunderts als straßengeschichtliche Quellen, in: Jahrbuch für fränkische Landesforschung 23 (1963), S. 171–197 [Teil 1]; 24 (1964), S. 167–206 [Teil 2]; 25 (1965), S. 325–379 [Teil 3]; 26 (1966), S. 239–306 [Teil 4]. Meilensteine oder (Post-)Meilensäulen hingegen, welche physisch im Straßenraum die Entfernung anzeigten, lassen sich für das 16. Jahrhundert nicht nachweisen. Die Setzung von zunächst hölzernen Postmeilensäulen begann in Kursachsen im Jahr 1695 [Behringer 2003, S. 690; zu den steinernen Postmeilensäulen ebd., S. 524f.]. Der Erforschung der Meilensteine widmet sich eine eigene Forschergruppe: URL: https://forschungsgruppe-meilensteine.de/ (5.4.2023).
394 Zur »marktgerechte[n] Gestaltung der Flugblätter« Schilling 1990, S. 53–90.
395 Ein grausamlich mord / so geschehen ist in dem Minster thal sechs meil wegs von Kur / da ein Pfaff ein schwangere frawen gemördt hat / die in Kindsnöten gelegen ist: Wahrafftig geschehen im 56. Jar, Straßburg [1556], URL: https://www.recherche-portal.ch/permalink/f/5u2s21/ebi01_prod005349101 (5.4.2023). Siehe auch Harms/Schilling/Pietrzak, Flugblätter VI, Nr. 70.

Dieses räumliche Geschehen visualisiert das Flugblatt schemenhaft entsprechend üblicher Darstellungsformen von Gewalt,[396] wobei das Gestrüpp den szenisch dargestellten Tathergang auf offener Straße gegenüber den übrigen Geschehnissen abgrenzt; in dem Bildausschnitt nicht mehr zu sehen ist rechts davon die Hinrichtung des überführten Mörders. Die Tat vollzog sich keineswegs abseits der Straße, wie das Gestrüpp vermuten lässt. Stattdessen war es die Straße selbst oder zumindest ihr unmittelbarer Rand, wo ausweislich des Textes die Wehen einsetzten, die Frau sich auf dem Geldbeutel niedersetzte, sie schließlich der Mörder antraf und wo auch der Edelmann seines Weges ritt.

Abb. 43: Ermordung einer schwangeren Frau auf offener Straße, 1556.

Abb. 44: Ein alter Mann findet abseits der Straße die schwer verletzte Caritas auf, um 1535–1551.

Straßen waren Schauplätze von Gewalt, die Flugblätter und auch Flugschriften immer dann thematisierten, wenn es sich um besonders schwerwiegende Taten handelte. Dies konnte aufgrund der Opfer-Täter Konstellation und des Tathergangs einzelne Morde oder ganze Serien von Morden betreffen. So wurde 1581 ein bei Mainz hingerichteter Räuber des 964-fachen Mordes[397] und 1570 zwei in Mähren wütende Mörder des 124-fachen Mordes für schuldig befunden.[398] Letztere Flugschrift hob als Tatort mehrfach explizit ›auff

---

396 Der Hergang wird in mehreren Szenen innerhalb eines Bildraumes dargestellt; die Tatwaffe als Corpus Delicti wird prominent ins Bild gesetzt; die physische Unterlegenheit des auf dem Boden sitzenden Opfers wird gegenüber dem stehenden Täter durch eine räumliche Unterordnung betont [Rudolph, Harriet: »Pain in the Reality, yet a Delight in the Representation« – Verbale und visuelle Repräsentationen von Gewalt, in: Ulbrich, Claudia/Jarzebowski, Claudia/Hohkamp, Michaela (Hg.): Gewalt in der Frühen Neuzeit. Beiträge zur 5. Tagung der Arbeitsgemeinschaft Frühe Neuzeit im VHD (Historische Forschungen 81), Berlin 2005, S. 391–408, hier bes. S. 395]. Siehe zu »Crime in Print« auch Wiltenburg, Joy: Crime and Culture in Early Modern Germany, Charlottesville 2012, S. 9–19 u. Westphal, Jörn Robert: Die Darstellung von Unrecht in Flugblättern der Frühen Neuzeit (Studien zur Kultur- und Rechtsgeschichte 4), Mönchengladbach 2008, S. 137–142.
397 Harms/Schilling/Pietrzak, Flugblätter VII, Nr. 135.
398 Warhafftige Newe zeitung, [Prag] 1570.

dem Weg‹ hervor, wobei hier vor allem Fuhrleute und Kaufleute den Tod fanden,[399] was das massenhafte Morden wiederum plausibel machte, handelt es sich doch um häufige Straßenbenutzer, die dadurch einem erhöhten Gefährdungsrisiko ausgesetzt waren und überdies in großer Anzahl auf den Straßen unterwegs waren. Eben dieses, die Herstellung von Glaubwürdigkeit respektive Authentizität in diesen Flugblättern ist sehr fluide, ganz im Gegenteil zu den Augenschein- und Straßenkarten.

Gerade aufgrund der ambivalenten Entstehungshintergründe dieser drei Quellengattungen zeigt sich die Bedeutung des Straßenraumes nicht nur im herrschaftlichen, gerichtlichen oder mobilitätsbezogenen Umfeld. Mit der Situierung der Geschehnisse in einem öffentlichen, generell von allen benutzten Raum ging es in den Flugblättern nicht bloß und manchmal auch gar nicht darum, ein Geschehen genau und im exakten Zusammenhang zu lokalisieren. In der Regel ist nur von einer nicht näher spezifizierten Wegstelle die Rede, die etwa ein *Meyl wegs vonn Forchheim*,[400] *anderthalb meil wegs von Schmalkalden*[401] oder *drey myl von Luzern auff Bern* lag.[402] Eine nähere Umschreibung oder Visualisierung der Wegstellen blieb aus und war auch nicht erforderlich, da es darum ging, ein berichtetes Ereignis für die Rezipienten glaubhaft und nachvollziehbar darzustellen. Eine solche schemenhafte Glaubhaftmachung von Geschehnissen bezweckte beispielsweise ein 1556 in Nürnberg gedrucktes Flugblatt, das von einer Begegnung eines Gesellen mit einem Teufel *etwan ein Büchsenschuß wegs weyt von der Stadt S. Galla gelegen* berichtet,[403] oder ein weiterer in dieser Zeit veröffentlichter Einblattdruck, dem zufolge ein alter Mann an einem heißen Sommertag voll Kummer spazieren ging, wie es im zur Abbildung (Abb. 44) dazugehörigen Text heißt. Der Mann durchschritt Wiesen und Bauernfelder, benutzte eine wiederum nicht näher spezifizierte *straß* zu einem Steinbruch, bog rechter Hand ab und kam *sehr weyt von der straß* ab und stieß in einem abgelegenen Wald auf die Caritas. Sie lag dort schwer verletzt auf dem Boden, denn aufgrund des Eigennutzes der Menschen hatte ihr eine mit Flügeln und Schwert bestückte mythologische Figur die Füße abgeschlagen, welche – wie gleichfalls dargestellt ist – nach der Tat in den Tiefen des Waldes enteilte. Im Unterschied zu den vorgenannten, unliebsamen und gar tödlichen Begegnungen auf offener Straße war es hier die abseitige Lage fern von Straßen, die das unerhörte Geschehen in Abgrenzung zu den von Menschen frequentierten Wegverbindungen verortete und einen älteren Spaziergänger zum Beobachter und erzählenden Mahner zur Überwindung des Eigennutzes erhob.[404]

---

399 Ebd., Blatt 9–11.
400 Harms/Schilling/Pietrzak, Flugblätter VI, Nr. 109.
401 Ebd. VI, Nr. 153.
402 Ebd. VI, Nr. 55.
403 Ebd. VI, Nr. 72.
404 Parabel von dem Eigennutz und der Caritas, Augsburg um 1535–1551 [Stiftung Schloss Friedenstein Gotha, Inv. Nr. 37,13]. Der Text stammt von Hans Sachs.

Die Visualisierung des Straßenraumes 173

Abb. 45: Straßen in Kriegszeiten: Ein Weg zum ›Christen Lager‹ bei der Festung Gran, 1595 (links) und die Landstraße von Böhmen Richtung Waidhausen, 1621 (rechts).

Eine spezifischere Umschreibung der Straßen und Wege unterblieb in der Regel. Diese Form der text-visuellen Darstellungen lassen sich damit von der Vielzahl an Flugblättern unterscheiden, die Straßen und Wege genauer benannten und verorteten. Darstellungen von Straßen als Teil einer Kriegslandschaft etwa ließen sich hier anführen (Abb. 45, links). So visualisiert ein im Zuge des Langen Türkenkrieges entstandenes Flugblatt aus dem Jahr 1595 den Weg zum *Christen Lager,* welches zwei Monate und schließlich erfolgreich vor der Festung von Gran bestand, als sich die Osmanen vor den Habsburgern und ihren Verbündeten zurückziehen mussten.[405] Ein weiteres Flugblatt von 1621 hob eine *Landstrassen* von Böhmen Richtung Waidhausen in die Oberpfalz hervor (Abb. 45, rechts). Hier standen sich zu Beginn des Dreißigjährigen Krieges die bayerisch-ligistischen und kurpfälzischen Truppen gegenüber; die Straße ist auf dem Bild mit einer Linie gekennzeichnet und wird über die Legende zur Nummer 11 spezifiziert.[406] Gerade im Dreißigjährigen Krieg, aber nicht nur in diesem,[407] informierten zahlreiche Druckschriften über die Kriegsereignisse. Zu dieser von Esther-Beate Körber so bezeichneten »Faktenbericht-

---

405 Harms/Schilling/Pietrzak, Flugblätter IX, Nr. 107.
406 Abriß [...] deß Manßfeldischen Legers 1621. Siehe neuerdings zur Organisation der Kriegsführung in ebendiesen Jahren Saito, Keita: Das Kriegskommissariat der bayerisch-ligistischen Armee während des Dreißigjährigen Krieges (Herrschaft und soziale Systeme in der frühen Neuzeit 24), Göttingen 2020.
407 Harms/Schilling/Pietrzak, Flugblätter IX, Nr. 102 (Belagerung von Rouen, 1591); IX, Nr. 108 (Kampf um Calais, 1596).

erstattung«, der sich ihrer Einschätzung nach ein Großteil des in dieser Zeit erschienenen Druckschriftguts zuordnen lässt,[408] gehörten auch die Straßen und Wege, da sie selbst Bestandteil von Kriegshandlungen waren. Die hierdurch erfolgte kriegsbedingte Aneignung der Verkehrswege fand ihre visualisierte Entsprechung, indem sich auf, neben oder um die Straßen und Wege sichtbar (Abb. 45) Reiter oder Landsknechte fortbewegten. In diesen bildlich festgehaltenen Momenten vereinnahmte der Krieg die Verkehrsinfrastruktur, was in Abhängigkeit von Art, Dauer und Intensität der Kriegsgeschehnisse mal länger und mal kürzer andauern konnte.[409] Auf jeden Fall aber war zu diesen Zeiten die ansonsten für jeglichen Straßenraum charakteristische Öffentlichkeit erheblich und bei Belagerungen durchaus mehrere Monate limitiert.

Abb. 46: Bezeugung einer am Wegesrand befindlichen Blutquelle bei Halle, [1550?].

Die Limitierung der Öffentlichkeit von Straßen durch eine teilweise Unbenutzbarkeit in Kriegszeiten ging mit den sich im physischen Raum vollziehenden militärischen Handlungen einher. Diese wurden durch die Flugblätter ex-post aus einer Vogelperspektive zur

---

408 Körber, Esther-Beate: Der Dreißigjährige Krieg als europäisches Medienereignis, in: Europäische Geschichte Online (EGO), hg. vom Leibniz-Institut für Europäische Geschichte (IEG), Mainz 2015-09-01, URL: http://www.ieg-ego.eu/koerbere-2015-de (5.4.2023), hier Abschnitt 3 u. 4. Siehe auch Harms, Wolfgang: Das illustrierte Flugblatt als meinungsbildendes Medium in der Zeit des Dreißigjährigen Krieges, in: Bussmann, Klaus/Schilling, Heinz (Hg.): 1648. Krieg und Frieden in Europa. Textband II, Münster u. a. 1998, S. 323–327; Boys, Jayne E.: London's News Press and the Thirty Years War (Studies in Early Modern Cultural, Political and Social History), Woodbridge 2011 und insgesamt zum Dreißigjährigen Krieg als Medienkrieg Burkhardt, Johannes: Der Dreißigjährige Krieg, Frankfurt a. M. 1992, S. 225–232.

409 Es muss weiteren Studien vorbehalten bleiben, die Zusammenhänge von Krieg und Verkehrsinfrastruktur genauer zu erforschen. Zu klären wäre hierbei auch, inwieweit die Straßen und Wege nur deshalb eine Visualisierung erfuhren, da sie es einfach nur erlaubten, die ›eigentlichen‹ Kriegsgeschehnisse genauer zu verorten.

Die Visualisierung des Straßenraumes

Darstellung gebracht. In Abgrenzung dazu sind all jene Flugblätter zu begreifen, die aus der Augenhöhe eines stehenden Betrachters den Blick auf die Straßen richten. Wie sehr Darstellungsperspektiven und darstellbare Handlungen den Blick auf Straßen bestimmten, unterstreicht ein Nürnberger Flugblatt aus dem Jahr 1550, welches über eine Blutquelle berichtet, die zwischen Halle an der Saale und Merseburg am Wegesrand in einer Wiese entsprungen sei (Abb. 46). Um diese Quelle stehen links ein Bauer, der mit seiner linken Hand auf das Naturwunder zeigt, und rechts davon ein Knabe sowie ein älterer Mann, dessen Gewand und Zweihänder ihn als Angehörigen des Adels zu erkennen geben. Diese Personen waren Teil der im Text genannten zusammengeströmten etlichen Hunderten von Menschen, um die Blutquelle zu bestaunen. Das Geschehen in der Mitte wird gerahmt von einer Stadtsilhouette am linken Bildrand und einem Gebüsch auf der rechten Seite. Der mehrfach gewundene Weg, auf dem in einiger Entfernung von der Blutquelle eine weitere Person steht, ist zunächst ein darstellerisches Element,

Abb. 47: Ein Liebespaar in Sorge vor den Gefahren auf Straßen, nach 1531.

Abb. 48: Beobachtung von Himmelserscheinungen vor den Toren Wiens bei und auf der Via Regia, 1557.

das Vorder- und Hintergrund des Bildes vereint. Die Darstellung enthält so eine perspektivische Tiefe. Im Unterschied zur Wiedergabe von militärischen Handlungen ist es aber auch inhaltlich gesehen die allgemeine Zugänglichkeit des Geschehens, die durch die generationen- und ständeübergreifende Zusammenkunft bei dem Wunderzeichen zum Ausdruck gebracht wird und der dargestellten Wege bedurfte. Die links und rechts hin zur Blutquelle führenden Wege waren Voraussetzung für die Erreichbarkeit und Sichtbarkeit des Wunders.[410]

Dementsprechend sind es die Straßen und Wege selbst, die auf diesen Flugblättern prominent eingezeichnet sind, da sie realiter und darstellerisch das Geschehen erst beobachtbar machten. Für das Verständnis, warum überhaupt Flugblätter Verkehrsverbindungen visualisieren, ist dieser Gesichtspunkt zentral, wie sich mit einem kolorierten Flugblatt verdeutlichen lässt, welches eine Himmelserscheinung vor den Toren Wiens zum Gegenstand hat und die Sündhaftigkeit der Menschen beklagt (Abb. 48). Das Bild zeigt neben einer weitläufigen Landschaft, von der sich rechts die Häuser Wiens und der Turm des Stephansdoms erheben, links, in einigem Abstand von der Stadt, den Gebäudekomplex des Siechenhauses zu St. Marx. Im Vordergrund stehen mehrere Personen, die sich mit lebhaften Zeichengesten gegenseitig auf das Himmelsschauspiel aufmerksam machen. Die Krücken lassen manche Beobachter als Bewohner des Siechenhauses erkennen. Ausgehend von diesem Bildvordergrund ist ein Weg hin zum Siechenhaus angedeutet, während nach bzw. von Wien der mit Zäunen umgrenzte Königsweg führt. Durch die Kennzeichnung als *via regia* erfährt die Straße eine für alle ausgewerteten Flugblätter einzigartige textliche Spezifizierung und Konkretisierung. Ein typisches Element in der kartographischen Darstellung von Straßen wird hier übertragen und angewandt.

Im Unterschied etwa zu der dargestellten Blutquelle sind es daneben die charakteristischen Zäune am Wegesrand, die die *Fernstraße* vor den Toren Wiens markieren. Straßen bilden die Bühne für die zu bezeugenden Himmelsbeobachtungen.

Zugänglichkeit und daraus resultierende Sichtbarkeit und Glaubwürdigkeit sowie die Verortung der zur Darstellung gebrachten Geschehnisse bedingten hier die Visualisierung von Straßen und Wegen auf Einblattdrucken. Der damit nachdrücklich zum Ausdruck gebrachte Öffentlichkeitscharakter von Straßen und Wegen erfuhr eine sehr unterschiedliche Ausformung, und zwar zunächst in Abhängigkeit von der Anzahl an Personen, die gleichzeitig einen Verkehrsweg benutzten, um etwa die Blutquelle zu bestaunen. Gänzlich anders gestaltete es sich bei der schwangeren Frau, die auf der Straße und damit auf öffentlichem Raum – jedoch im Wald – aber dennoch allein ihrem Mörder begegnete. Damit verbunden hatte die Art der Nutzung und Aneignung von Straßen und Wege Einfluss auf deren Zugänglichkeit, wie neben Überfällen die Darstellungen zu militärischen

---

410 Harms/Schilling/Pietrzak, Flugblätter VI, Nr. 41.

Auseinandersetzungen bezeugen. Schließlich blieb die Öffentlichkeit aufgrund der Wegumgebung und der Distanz zu einer Siedlung keineswegs gleich. Nicht zufällig geschah der Mord an der schwangeren Frau auf einem *Waldweg,* der weitaus abgelegener war als etwa die *via regia* bei Wien.

Jede Straße und jeder Weg war jedoch weitaus zugänglicher und damit öffentlicher als die abseits davon gelegenen Stellen, wie etwa jene Waldungen, in denen ein alter Mann die schwer verletzte Caritas fand oder aber wo sich ein Liebespaar heimlich außerhalb der Stadt unter einem Felsbogen traf (Abb. 47). Belauscht von dem Erzähler, der des Morgens bei Sonnenschein über *perg vnd thal* spazieren ging und in abseitiger Lage fernab der im Bildhintergrund in Umrissen zu erkennenden Siedlung auf die Liebenden stieß, erfahren wir von deren Sehnsüchten und Ängsten, die auch aus den Gefahren der Straßennutzung resultierten: *Auch sorg ich für dich über massen,* so spricht die Frau zum Mann, *Dir geschech etwas auff der strassen.*[411] Das im Bild befindliche, mit Rosen bestückte Zaungeflecht zwischen den Felswänden spielt gleichermaßen auf den bei einer Rosenhecke sich versteckenden stillen Beobachter wie auf diese sorgenvollen Worte bezüglich der Straßennutzung des Liebhabers an. Der Zaun symbolisiert also die Straßen und deren Öffentlichkeit, denen sich das Liebespaar bewusst entzogen hat, um für sich zu sein. Zugleich ist es das Wissen um die Gefahren der Straßennutzung, die gerade in Momenten der abgeschiedenen Zweisamkeit eine erdrückende Sorge sein konnte.

2.3 Zusammenfassung

Die Gründe, Intentionen und Möglichkeiten der Visualisierung von Straßen und Wegen im 16. Jahrhundert waren vielfältig. Von kleinmaßstäbigen, zum Verkauf bestimmten Straßenkarten über die wiederkehrende bildhafte Aufnahme des außerurbanen Straßenraumes auf Flugblättern bis hin zu zwischen malerischer Ausgestaltung und kartographischer Präzision oszillierenden und besonders zur Dokumentation und Durchsetzung von Herrschaftsrechten angefertigten Augenscheinkarten, sie alle machten befahrbare und/oder begehbare Straßenoberflächen als Teil der damaligen physischen Welt sichtbar. Straßen konnten zwar mittelbarer Auslöser der Visualisierung sein, indem etwa eine Geleitstraße aufgrund umstrittener Geleitsrechte zur Darstellung gebracht wurde oder als Öffentlichkeitsmetapher zur Sichtbarmachung von Gewaltverbrechen herangezogen wurde. Daneben sind es gerade die Straßenkarten und die schließlich in Flugblattform erschienenen Meilenscheiben, die den Verlauf und die Distanz von Wegstrecken für Reisende oder

---

411 Schäfer/Eydinger/Reko 2016, Nr. 312.

(humanistisch) interessierte »armchair traveler«[412] behandelten. Die meisten Straßen wurden jedoch weniger ihrer selbst wegen als vielmehr deshalb visualisiert, weil sie 1.) Teil einer Erdoberfläche waren, die in dieser Zeit mit einer bislang unerreichten Intensität Humanisten, mehr aber Herrschaft, Verwaltung und Gerichte erfassten, und sie 2.) eine Öffentlichkeit besaßen, aus der viele für die Flugblattmedien berichtswürdige Handlungen und (gewaltsame) Begegnungen resultierten. Anders gesprochen waren Straßen und Wege für jene Visualisierungsmedien Ausgangs- und Bezugspunkt für reale oder fiktionale Weltbeobachtungen, sei es, um ein Territorium aufzunehmen, eine Himmelserscheinung zu bezeugen, ein Unfallgeschehen zu dokumentieren oder ein Gewaltverbrechen zu verorten und glaubhaft zu machen.

Im Unterschied zu den informierenden, moralisierenden, polemisierenden und skandalisierenden Flugblättern sowie in Abgrenzung zu den gedruckten Straßenkarten, Straßenatlanten und Meilenscheiben, welche den Straßenraum für Reisende und andere interessierte Rezipienten aus der Ferne konturierten, erlaubten es unikal hergestellte kartographische Darstellungen, die räumlichen Zusammenhänge der Erdoberfläche umfänglicher und detaillierter mit einer gewissen Nähe für Gerichte, Verwaltungen und Obrigkeiten zu visualisieren. Die Sichtbarmachung und explizite Spezifizierung der Verkehrslinien erfolgte gezielt im Kontext der Darstellungs- und Visualisierungsabsichten. Die skopische Ordnung[413] der Karten und der darin festgehaltenen Bildelemente zielte darauf ab, anhand der zur Verfügung stehenden Dokumentations- und Visualisierungspraktiken die vor allem im Augenschein gewonnenen Informationen und Kenntnisse aus der existenten Wirklichkeit auf dem Karten- und Bildmedium zusammenzuführen und abzubilden. Die jeweiligen Elemente, die den Straßenkontext bildeten, Straßen mittelbar oder unmittelbar visualisierten oder textuell benannten, nahmen unterschiedliche Funktionen ein: Funktionen der reinen Visualisierung (Linien, Punkte als Straßenverläufe), Funktionen der mittelbaren Visualisierung, jedoch expliziten Hervorhebung durch das Medium der Schrift (Orts- und Straßenbenennungen), die Funktion einer unmittelbaren Gegenwärtigkeitsbeschreibung der Umgebung (Bildstöcke, Hecken, Berge, Wälder) oder die Funktion einer erklärenden Legende. Mit der Visualisierung von Straßen als unerlässlicher Bestandteil einer Umweltbeschreibung wird die Aufmerksamkeit auf die fragmentarische, detaillierte und vielgestaltige »Oberfläche einer Welt«[414] gelenkt. Berge, Wälder,

---

412 Classen 2018, S. 52.
413 Grundlegend hierzu: Jay, Martin: Die skopischen Ordnungen der Moderne, in: Leviathan 20/2 (1992), S. 178–195.
414 Ebd., S. 186. Diese Formulierung leitet Jay aus den Ergebnissen von Sventlana Alpers ab, die für die niederländische Malerei des 17. Jahrhunderts ebenso wie für die Kartenproduktion des Gerhard Mercator feststellen konnte, dass die dortige Perspektive eine »Ansicht aus dem nirgends« [ebd.] sei im Vergleich Albertis Dimensionalisierung des Raumes; siehe Alpers, Svetlana: The Art of Describing: Dutch Art in the Seventeenth Century, Chicago 1983.

Zusammenfassung

Hohlwege, Siedlungen mit Kirchentürmen oder gezielt eingesetzte, farbliche Schattierungen generieren aus der Zusammensetzung der einzelnen Teile eine Art Dreidimensionalität, fernab von Leon Battista Albertis (1404–1472) *velo* Perspektivenraster. Durch die Praktiken des Augenscheins, der unmittelbaren Informationsbeschaffung und der Kombination der Elemente lassen sich für den zeitgenössischen Betrachter »Wirklichkeitseffekte«[415] ableiten, die letztlich die »Autonomie«[416] der Abbildung und das übergeordnete Narrativ bilden. Ob Straßenkarte oder Landesaufnahme – beide visuelle Medien stellen im Kontext ihrer Entstehung Momentaufnahmen, Ausschnitte einer Umwelt dar, die es mit den eigenen Augen über das Bildmedium zu sehen galt. Die skopische Ordnung befindet sich damit am Schnittpunkt von dynamischer Wahrnehmung und verkleinerter Fixierung, zwischen Verlässlichkeit und notwendiger, zeit- und kontextabhängiger Aktualisierung. Das durch die Dokumentationspraktiken dargestellte Raumwissen ist also eng verbunden mit der Entwicklung eines übergeordneten skopischen Regimes. Damit kann der Forderung Robert Jüttes Rechnung getragen werden, der hervorhob, dass es die visuelle Wahrnehmung ist, die von allen Sinnen seit der Antike die größte Autorität besaß. Sie gilt es jedoch auch in nicht-philosophischen Schriften zu analysieren,[417] was mit dem hier betrachteten pragmatischen Schriftgut bezogen auf die Bildelemente gezeigt werden konnte: der Augenschein diente zur Evidenzerzeugung, die Visualisierung zur Beschreibung und Dimensionalisierung des Straßenraumes.

Die mediale Imagination und Konstruktion des Straßenraumes auf topographischen Karten mit Straßenelementen eröffnete so einem kleinen Kreis und damit gerade nicht der Medienöffentlichkeit die Möglichkeit, sich einen Überblick über raumwirksame Herrschaftsrechte zu verschaffen, wie sie sich vor allem aus dem Geleits-, Zoll- und Jagdrecht ergaben. Landesaufnahmen sowie die Bündelung kartographischer Aufnahmen, wie sie mit dem Pfinzing-Atlas für die Reichsstadt Nürnberg vorlagen, beförderten und komplementierten die Erfassung eines Territoriums – zu denen zwingend auch die Straßen zählten.

Herrschafts-, verwaltungs- und gerichtspragmatische Erwägungen und Erfordernisse gaben so auf Papier in Ausschnitten eine Erdoberfläche zu erkennen, die zuerst von den Produzenten der Visualisierungsmedien beobachtet und teilvermessen wurde, bevor die Straßen und Wege immer zusammen mit der sie umgebenden Natur visualisiert wurden. Neben Flüssen, Bächen, Wäldern, Wiesen, Äckern und Berge sind es Städte, Dörfer und Weiler, die Wegverbindungen als Teil der gleichermaßen bebauten und von Menschenhand geformten wie naturdeterminierten physischen Welt begreifen lassen. In dieser Welt mussten die Obrigkeiten des 16. Jahrhunderts wiederkehrend ihre Herrschaftsansprüche

---
415 Jay 1992, S. 194.
416 Ebd., S. 183.
417 Jütte, Robert: Augenlob – oder die (Neu-)Bewertung des Sehsinns in der Frühen Neuzeit, in: Wimböck/Leonhard/Friedrich 2007, S. 39–56, hier besonders S. 54.

sichtbar behaupten, wozu außer den Straßen selbst sowie deren Instandsetzung und vorzugsweise geleitsbedingter Nutzung ebenso der etwa mit Grenzsteinen oder Jagdsäulen markierte Straßenrand einen entscheidenden Beitrag leisten konnte. Mehr der instrumentellen Zweckmäßigkeit, aber ebenso der symbolischen Markierung von Herrschaftsansprüchen im Raum und über den Raum dienten Zollhäuser und Informationstafeln.

Bei aller Verschiedenheit und Vielfalt, ein Vergleich mit den begriffsgeschichtlichen Befunden legt in aller Deutlichkeit offen, dass zwar die Bildzeichen und die für jede Karte konstitutiven Komponenten »wie Format, Projektion, Skala, Rahmen, Ausschnitt und Perspektive«[418] medienspezifische Möglichkeiten an die Hand gaben, Straßen und Wege differenziert zu erfassen. Hinzu kamen Schriftzeichen, die auf den Karten selbst oder auf kartenzugehörigen Schriftstücken die Spezifizierungsmöglichkeiten potenzierten. Dennoch beschränkte sich die Sichtbarmachung nicht zuletzt wegen des limitierten Umfangs des Materials, das für den Entwurf oder die Endversion einer kartographischen Darstellung zur Verfügung stand, oftmals auf den Verlauf der Wegstrecke. Die behandelte *Kreuzstraße* bei Hohenmemmingen wird so über die Wegumgebung und die Beschriftung und weniger über die doppelte Linienführung spezifiziert, womit Darstellungsformen zur Anwendung kamen, wie sie auch auf Straßenkarten, in Straßenatlanten und bei über Kriegsgeschehnisse berichtenden Flugblättern zu finden sind. Über den bloßen Wegverlauf hinausgehend konturierten topographische Karten immer dann den Straßenraum genauer, wenn es darum ging, die Abhängigkeit der Wegführung von der Gestalt der Erdoberfläche hervorzuheben, wie es vorzugsweise bei den über Anhöhen führenden Hochstraßen und besonders steilen Wegstrecken der Fall war. Daneben sind es die durch Nutzung einer Verkehrsbahn entstandenen breitgezogenen Vertiefungen, deren Sichtbarkeit und Dauerhaftigkeit mit der verbalisierten und/oder visualisierten Hervorhebung von *Hohlwegen* Ausdruck verliehen wurde. Das Erscheinungsbild von Straßen und Wegen konnte auf kartographischen Darstellungen ferner über die Breite der Verkehrsverbindungen konkretisiert werden. Schließlich sind es einzelne oder mehrere Fahrrillen, die eine befahrbare Straße zur Darstellung brachten.

Jegliche visuelle Spezifizierung macht die Naturabhängigkeit der Wegverbindungen offensichtlich: Die Form der Erdoberfläche und die Festigkeit des zu befahrenden Erdreichs waren nur in begrenztem Rahmen von Menschenhand zur Erleichterung der Fortbewegung bewusst gestaltbar, und auch Flussverläufe erforderten naturbedingt eine Überquerung mittels Brücke und/oder Steg. Damit kommt schon mittelbar zum Ausdruck, dass die Fortbewegung von Punkt A nach Punkt B eine zeitintensive und für den menschlichen und/oder tierischen Körper sehr mühselige Angelegenheit sein konnte. Eben dieses bezeugt unmittelbar der neben der Straßenoberfläche häufig zur Darstellung gebrachte Straßenrand. Denn Wegheiligtümer markierten die unzähligen Wegstellen, an denen

---

418 Glauser, Jürg/Kiening, Christian: Einleitung, in: Glauser/Kiening 2007 I, S. 11–35, hier S. 21.

die Straßennutzer für die sichere Fortbewegung dankten oder dafür um göttlichen Beistand baten. Sühnekreuze wiesen überdies auf Stellen von Gewaltverbrechen auf offener Straße hin, wie sie auch Flugblätter thematisieren. Zum Straßenrand gehörten zugleich in erheblichem Ausmaß Zäune, die zur Wahrung des Friedens zwischen Straßennutzer und Anrainer die befahrbare Straßenfläche begrenzten, aber ebenso die Ausdehnung von Siedlungs- und landwirtschaftlichen Nutzungsflächen auf die Straße verhinderten. Schließlich sind es Grenzsteine und Zeichen der Hochgerichtsbarkeit, die den Straßenraum als einen Herrschaftsraum erkennen lassen.

Am Rande von weithin sichtbaren *Fern-, Haupt- und Geleitstraßen* vollzog sich zudem das Foltern und Töten von Delinquenten. Solche Straßen waren zugleich häufig in der Nähe von Herrschaftsgrenzen verlaufende Wegverbindungen und damit *Grenzstraßen*, welche als Grenzlinie fungieren konnten und allein schon deshalb darstellungswürdig waren. Zur Markierung von Grenzen dienten ebenso Wegheiligtümer, deren Aufnahme auf kartographischen Darstellungen und in verbalen Landesbeschreibungen damit nicht nur auf die weitreichende sakrale Durchdringung des Straßenraumes hinweist. Indem neben Galgen auch andere Objekte am Straßenrand die Möglichkeit »of inscribing authority into the landscape« eröffneten,[419] wird mehr noch unterstrichen, dass eine Analyse von Straßen neben der Straßenoberfläche selbst auch jene Umgebung zu berücksichtigen hat, die sich rechts und links von der zum Begehen, Bereiten oder Befahren genutzten Erdoberfläche anschloss.

Der Straßenraum wurde dennoch immer nur in Ausschnitten visualisiert. Neben bewussten Selektionen erzwang der zeitliche Wandel selektive Momentaufnahmen, wie der von dem Getreidehändler Probst überquerte Winterweg aufgedeckt hat. Er weist auf saisonale Nutzungsformen hin, deren Berücksichtigung vom Zeitpunkt der Inaugenscheinnahme eines Geländes abhing. Und auch ansonsten waren außer den häufig und das gesamte Jahr über genutzten *Fern-, Haupt- und Geleitstraßen* die Naturwege nicht immer mit einer solchen Eindeutigkeit zu erkennen, die eine Visualisierung erlaubten. So haben Darstellungen, die das Ersetzen von alten Verkehrsverbindungen durch neue zum Gegenstand haben, die Vergänglichkeit von Straßenführungen aufgezeigt. Umgekehrt war es aber ebenso möglich, durch Brücken, Siedlungen und bezeichnender Weise auch durch Wegheiligtümer auf real existierende, aber nicht eigens visualisierte Wegverbindungen hinzuweisen. Die Sichtbarmachung von Straßen ohne Bilder erlaubte es, nur über den Verlauf und gegebenenfalls die Distanz einer Wegstrecke zu informieren, so wie es die Straßenkarten und Meilenscheiben taten. Solche verbalisierten Grundinformationen reichten dennoch auch den Flugblättern oftmals aus, um jene Geschehnisse zu verorten, die sich faktisch oder fiktional entweder auf abseitigen *Waldstraßen* oder auf weithin ein-

---

419 Coolen 2013, S. 773 (bezogen auf Galgen).

sehbaren und leicht erreichbaren Straßen in der Nähe von Siedlungen vollzogen haben. Daneben waren es militärische Vorkommnisse, deren Vollzug in der Vergangenheit die Einblattdrucke aktualisiert aus der Vogelperspektive oftmals unter Angabe der Verkehrsinfrastruktur darlegten.

Damit werden Aneignungsformen von Straßen offensichtlich, die Flugblätter explizit hervorhoben, obgleich oder gerade weil es flüchtige Momente waren, ganz im Unterschied etwa zu den Objekten, die von Menschenhand erschaffen über Jahrzehnte am Straßenrand standen. Die Flüchtigkeiten und Einzelmomente, mit denen Kriege einerseits und Delinquenten andererseits den Straßenraum dann aber umso eindringlicher vereinnahmten, ja okkupierten, schufen die für Flugblätter berichtswürdigen Anlässe. Solche *Doings* haben die kartographischen Darstellungen meist nicht zum Gegenstand, da sie mehr die bloße Existenz von Straßen und Wegen in einer bestimmten Gegend als das Agieren auf und neben den Straßen fokussieren. Ausgenommen hiervon ist der Vorgang der Inaugenscheinnahme selbst, der des Öfteren bildlich mit Figuren oder eingezogenen Wegelinien auf kartographischen Darstellungen belegt ist. Daneben hebt Schriftgut, das im Zuge der Erfassung eines Territoriums oder Geländes für Gerichte und Herrschaften entstanden ist, Bewegungsvorgänge und Beobachtungen hervor, die im physischen Raum der visuellen Fixierung vorausgingen. Ansonsten aber war es die topographisch möglichst exakte Wiedergabe der damaligen Welt, die einer – auch den Straßenrand umfassenden – Visualisierung ohne *Doings* bedurfte. Für die Zeitlichkeit der Straßen und deren Aneignung war hier einfach kein Platz, weshalb sich die malerisch-illustrierende Ausgestaltung von kartographischen Darstellungen oftmals in Grenzen hielt.

Dennoch waren – abgesehen von den Fiktionalisierungen der Flugblätter – sämtliche von den Visualisierungsmedien angeführten Straßen in der Vergangenheit genutzte Wegverbindungen, deren Relevanz für die Sichtbarmachung und Behauptung von Herrschaft evident ist. Verkehrswege gehörten zum Lebensalltag der Menschen, zumal die Fortbewegung außerhalb von Siedlungen mit existentiellen Gefahren verbunden sein konnte. Zusammengenommen lässt sich sagen: Die visualisierten und imaginierten Straßen verliehen deren Eingebundensein in die Natur ebenso Ausdruck wie der Aneignung durch vor allem (kriegsführende) Herrscher, Fuhrleute, Kaufleute, Händler, Anrainer, aber auch Räuber und Mörder. Den er- und durchlebten Gefahren, Unsicherheiten und Konflikten standen aber ebenso Routinen der Nutzung, eine irdische Konfliktregulierung durch Gerichte und an den Straßenrändern materialisierte, allgegenwärtige transzendentale Schutzversprechen und Schutzhoffnungen gegenüber. Ob Haupt-, Geleit- und Fernstraße oder Neben-, Feld-, saisonale Winter- und Hohlweg, die Aneignungs- und Nutzungsvielfalt stand der typologischen Vielfalt an Straßen und Wegen in nichts nach, ja sie waren essentielle Bestandteile eines von den Zeitgenossen auf unterschiedliche Weise produzierten, adaptierten, konstruierten und (medial) konturierten Straßenraumes.

3. Die *sorg und arbeit des wegs*: Reiseweg, Schutz vor Qual und Hölle

They had an intimacy with the road that has been largely lost today in Western world.[1]

Die von Catherine Delano-Smith konstatierte Vertrautheit der Menschen der Vormoderne mit den Straßen und Wegen einerseits und der Verlust dieser Vertrautheit in der westlichen Moderne andererseits deckt eindringlich das Erfordernis auf, sich dezidert das Sprechen der Zeitgenossen über ihre Reise- und damit auch Straßenerfahrung anhand unterschiedlicher Quellen näher anzuschauen. Es geht also grundsätzlich darum, ergebnisoffen die anthropogenen Umgangsformen und Erfahrungen mit dem Straßenraum Schritt für Schritt darzulegen und zu analysieren, bevor Wahrnehmungsmuster übernommen und diese zum charakteristischen Merkmal vormoderner Straßen und Wege erhoben werden. Mit dem Gegenstand des Reisens berühren die hier zu behandelnden Reiseberichte und Ratgeberliteratur insgesamt eine »Vollzugswirklichkeit«[2] auf Straßen, die von bestimmten Mustern und Routinen getragen, aber ebenso von vielfältigen nur schwer kalkulierbaren, kontingenten Faktoren abhängig war. Indem die Zeitgenossen dies in ihren Schriften benannten und reflektierten, geben sie weitreichende Einblicke in die außersprachliche Wirklichkeit des Straßenraumes.

Das Spannungsverhältnis von Vertrautheiten und Ungewissheiten[3] bezogen auf vormoderne Straßen wird im Folgenden zum Ausgangspunkt genommen, um grundsätzlich danach zu fragen, auf welche konkreten Anstrengungen und Gefahren sich die Zeitgenossen bei Mobilität und Straßennutzung expressis verbis vorbereitet haben, welche Bewältigungsstrategien entwickelt wurden, um den Körper von Mensch und Tier für die Fortbewegung zu optimieren und zu schützen. Besonders die medizinischen und theologischen Reiseanleitungen werden hierüber Aufschluss geben. Apodemiken[4] und Reise-

---

1   Delano-Smith 2006, S. 17.
2   Hillebrandt 2014, S. 11; Dagmar Freist 2015 spricht von Vollzugsgeschehen [besonders S. 24].
3   Die Vertrautheit konterkariert geradezu die Ungewissheiten, wie sie Gräf/Pröve 1997 mit ihrer breit rezipierten und hier in der Einleitung bereits angesprochenen Studie hervorheben. Diese konträren Einschätzungen sollen im Folgenden gleichsam synthetisiert werden.
4   Verwendet wird hier ein erweitertes Verständnis von Apodemiken in Anlehnung an Neuber 1992. Im Kern zielt die Apodemik »auf die Wahrnehmung der Objektwelt« [ebd., S. 94], immer aber auch auf das reisende Subjekt, so wie es schwerpunktmäßig bei den medizinischen Reise-Regimina [ebd.] und schließlich ebenso bei den hier gleichfalls zu behandelnden theologischen Traktaten der Fall ist. Das *Reißbüchlin* von Georg

berichte ermöglichen es darüber hinaus, aus der Reiseerfahrung heraus Muster und Routinen zu erschließen, die Rückschlüsse auf Praktiken des Reisens erlauben.

Im Mittelpunkt stehen damit die Straßennutzer selbst, die in Reiseberichten Spuren des reisenden Leibes hinterlassen haben.[5] Wie nämlich auszuführen ist, werden die bereisten Orte zwar immer weitaus umfassender beschrieben als die Reisewege selbst, dennoch hat der Reisevorgang – entgegen der bislang vorherrschenden Forschungsmeinung – in den Reiseberichten durchaus umfänglich Beachtung gefunden, und zwar auch jenseits des hinlänglich konstatierten Defizits der Straßenqualität. Gezeigt werden kann damit in Anlehnung an die Befunde von Antoni Mączak,[6] dass Straßen und Wege ein selbstverständlicher Bestandteil der Welterfahrung waren. Wie nämlich Albrecht Classen in seiner jüngeren theoretisch-historischen Reflexion über das Verhältnis von Zeit, Raum und Reisen in der Vormoderne betont: »[t]he passing of time also reminds us of our location in space, and each location reminds us in its own terms of the time of our presence there«.[7] Dieses zeitintensive Erleben der begangenen, berittenen oder befahrenen Straßen und Wege thematisieren Reiseberichte selbst. Wie die Reiseliteraturforschung als Gattungsmerkmal hervorhebt, vergewissert sich der Schreiber damit über die selbst erfahrene und ihm bekannte Welt, er dokumentiert die Reise- und Welterfahrung, um sie zu memorie-

---

Pictorius führt Justin Stagl in seiner einschlägigen Bibliografie an: Apodemiken. Eine räsonnierte Bibliographie der reisetheoretischen Literatur des 16., 17. und 18. Jahrhunderts (Quellen und Abhandlungen zur Geschichte der Staatsbeschreibung und Statistik 2), Paderborn u. a. 1983, S. 83. Die antiken Ursprünge der ärztlichen Regimina hebt Horden, Peregrine: Travel sickness: Medicine and mobility in the Mediterranean from Antiquity to the Renaissance, in: Harris, William V. (Hg.): Rethinking the Mediterranean, Oxford 2005, S. 179–199 hervor.

Zur Gattung der Apodemiken insgesamt und zu ihrer inhaltlichen Typologie siehe, neben Stagl 1992, 2002 u. 2014, ders.: Die Apodemik oder »Reisekunst« als Methodik der Sozialforschung vom Humanismus bis zur Aufklärung, in: Rassem, Mohammed/Stagl, Justin (Hg.): Statistik und Staatsbeschreibung in der Neuzeit vornehmlich im 16.–18. Jahrhundert, Bericht über ein interdisziplinäres Symposium in Wolfenbüttel, 25.–27. September 1978 (Quellen und Abhandlungen zur Geschichte der Staatsbeschreibung und Statistik 1), Paderborn u. a. 1980, S. 131–204; Rubiés, Joan-Paul: Instructions for travellers: teaching the eye to see, in: Ders.: Travellers and Cosmographers Studies in the History of Early Modern Travel and Ethnology, Aldershot 2007, S. 139–190 (Text 2 von 1996); Landwehr, Achim: Die Stadt auf dem Papier durchwandern. Das Medium des Reiseberichts im 17. Jahrhundert, in: Jahrbuch für Kommunikationsgeschichte 3 (2001), S. 48–70, hier besonders S. 50–52. Anzumerken bleibt, dass sich die Forschung generell uneins ist, welchen Einfluss die Apodemiken auf Reisberichte nahmen: Treue 2014, S. 40 f. negiert dies entgegen der Feststellung von Landwehr 2007, S. 344.

5   In Anlehnung an Piller, Gudrun: Private Körper. Spuren des Leibes in Selbstzeugnissen des 18. Jahrhunderts (Selbstzeugnisse der Neuzeit 17), Köln u. a. 2006. Zu den Herausforderungen des Reisens für einen weiblichen Leib um 1700: Böth, Mareike: Erzählweisen des Selbst. Körperpraktiken in den Briefen Liselottes von der Pfalz (1652–1722) (Selbstzeugnisse der Neuzeit 24), Köln u. a. 2015, S. 89 u. a.; allgemein zu Körpererfahrungen in Reiseerzählungen: Haasis/Rieske 2015, S. 27 f.
6   Mączak 1995; Mączak 2016. Siehe hierzu den Forschungsüberblick.
7   Classen 2018 II, S. 23.

ren.[8] Die nach Jürgen Osterhammel sich erst mit der Eisenbahn lösenden »Fesseln der Biomotorik« zur zügigen und zielgerichteten Fortbewegung[9] sind also auch durch die Brille der Gattungskonventionen zu lesen. Zeitgenössisch fand so die *sorg und arbeit des wegs*[10] zahlreichen schriftlichen Niederschlag.

Anhand von drei Quellentypen soll die von Routinen und Unkalkulierbarkeiten geprägte Straßenerfahrung von Reisenden dargelegt werden. Die in der Fremde umhergehenden, umherreitenden oder umherfahrenden Schreibenden wussten mit den Straßen ihrer Zeit umzugehen, taten diese aber nie voraussetzungslos, zumal im Laufe des 16. Jahrhunderts immer mehr Informations- und Ratgebermaterial zur vorausschauenden Vornahme einer möglichst unbeschwerten Fortbewegung zur Verfügung stand. Ähnlich den Straßenkarten, jedoch listenartig aufgebaut und mit weitaus dichteren und abstrakteren Informationen versehen, gaben **Itinerare** Auskunft über den Verlauf und die Distanz einer Wegstrecke, hielten dann aber auch weitergehende und bislang von der Forschung übersehene reisepraktische Informationen bereit. Neben den Itineraren ist es das bereits angesprochene **apodemische Schriftgut**, das uns gleichermaßen medizinische und theologische Einblicke sowohl in Vorgaben zur Reisevorbereitung als auch in die (gottgefällige) praktische Reiseumsetzung und mögliche Reisenöte gibt. Die Beschreibung von Wegen in Reiseberichten war daneben fester Bestandteil der **Reisetexte** selbst, und zwar nicht nur, wenn die schlechte Qualität der bereisten Wege beklagt wurde. Verkehrswege selbst wurden von Apodemikern, Theologen und Medizinern zum expliziten Gegenstand ihrer Ausführungen, da sie ihr Wissen um Verkehrsinfrastruktur und Nutzungsanforderungen zu Voraussetzungen des Reisens erhoben. Auf Grundlage von Reiseberichten und apodemischen Schriften wird ein differenzierender Blick darauf geworfen, wann, warum, in welchen narratologischen Kontexten und in welcher Form Reisende Verkehrswege zum expliziten Gegenstand ihrer Ausführungen erhoben hatten und wie die körperabhängige Straßennutzung die Reiseerfahrung prägte. Der Topos der schlechten Straßen bildet dabei nur einen Faktor des reflektierten Reiseerlebnisses. Mit diesen Beschreibungen der zeitgenössischen Straßennutzung und seiner Straßenumwelt ist es auf einer ersten Ebene möglich, im narrativen Kontext einer kohärenten Erzählung nach den Umständen zu fragen, in welchen die schlechte Straße thematisiert wurde und welche Hinweise auf bestimmte

---

8   Landwehr 2007, S. 350.
9   Osterhammel, Jürgen: Die Verwandlung der Welt. Eine Geschichte des 19. Jahrhunderts, München 2009, S. 126.
10 Pictorius, Georg: Reißbüchlein. Sehr wol erfarne vnd heilsame Ratschläg, wie sich alle, die so in frömde vnd vnbekannte Land zu rossz oder zu fuß reisen wöllen, ihr gesundtheit erhalten mögen oder wenn sie die vmb vngelegenheit des lufts, landes oder sunst verloren, durch was mittel sie sie wider erholen mögen [...], Frankfurt a. M. 1566 [VD16 P 2709], fol. 5v.

Praktiken oder außersprachliche Wirklichkeiten gegeben werden, die sich so wiederum anschließend auf einer zweiten Ebene analysieren lassen.

Im Zentrum der Ausführungen stehen zunächst durch Oberdeutschland Reisende. Dass deren Reiseerfahrung aber kein Spezifikum der bereisten Gegend zwischen Schweizer Alpen und Thüringer Wald war und es überall – unabhängig von den topographischen Begebenheiten – schwer benutzbare Straßen gab, welche entscheidenden Einfluss auf das Reiseerlebnis selbst und die Beschreibungen darüber hatten, lässt sich ebenso mit Berichten von in Oberdeutschland lebenden Menschen deutlich machen, die sich als Pilger, Kavalier, Diplomat oder aus anderen Gründen in Süd- und Westeuropa sowie im Heiligen Land fortbewegten. Erst beide Reisegruppen, die in Oberdeutschland Beheimateten und die Durchreisenden zusammen erlauben es, Form und Grenzen der Nutzungsroutinen von Straßen aufzuzeigen. Mit den Pilgerreisenden lassen sich zudem bewusst Unterschiede und Gemeinsamkeiten der Fortbewegung zu Lande und zu Wasser ansprechen. Ausgehend von diesem Zugriff liegt den folgenden Ausführungen ein Quellenkorpus zugrunde, das auf Grundlage von Editionen[11] nach Vorgabe einer zeitlich möglichst weiten Streuung über den gesamten Untersuchungszeitraum sowie unter Berücksichtigung der gattungskonstituierenden Heterogenität von sprachlich knappen bis umfänglich ausformulierten Reisetexten zusammengestellt wurde. Beachtung finden daneben dezidiert Klassiker der Reiseforschung wie etwa der Reisebericht von Michel de Montaigne (1533–1592),[12] um die Möglichkeiten einer Neuperspektivierung von Straßen auch auf Grundlage von Reisetexten zu unterstreichen und die Quellengrundlage weiter zu fundieren. Abgesehen von den epistemologischen Schwierigkeiten, welche jede Quellenanalyse mit sich bringt, und mit dem Wissen um den Konstruktionscharakter der Berichte, erlauben sie es, die narratologisch geschilderten Bedingungen der Praxisformation Reisen/Fortbewegung auf Straßen zu untersuchen und so nach Grundlagen und Vorbedingungen der Wahrnehmung von Straßen zu fragen.

Das Verlangen nach Gewissheiten und Sicherheiten der Straßennutzung einerseits und die Grenzen der Planbarkeit zur unbeschwerten Fortbewegung andererseits bringen

---

11 Etwa Reisen und Reisende in Bayerisch-Schwaben und seinen Randgebieten in Oberbayern, Franken, Württemberg, Vorarlberg und Tirol (Veröffentlichungen der Schwäbischen Forschungsgemeinschaft, Reihe 6: Reiseberichte und Selbstzeugnisse aus Bayerisch-Schwaben), Bd. 1: Dussler, Hildebrand (Hg.), 2. Aufl., Weißenhorn 1980; Bd. 2: Dussler, Hildebrand (Hg.), Weißenhorn 1974; Bd. 3: Gier, Helmut (Hg.), Weißenhorn 2015; Hellwig, Karin: Die Reise Ottheinrichs von der Pfalz durch Spanien und Portugal 1519/20 im Spiegel des Reisetagebuchs von Johann Maria Warschitz, Heidelberg 2010; Reichert, Folker: Die Reise des Pfalzgrafen Ottheinrich zum Heiligen Land 1521, Regensburg 2005.

12 Montaigne, Michel de: Journal de voyage en Italie par la Suisse et l'Allemagne en 1580 et 1581, hg. v. Charles Dédéyan, Paris 1946; Montaigne, Michel de: Tagebuch einer Reise durch Italien, die Schweiz und Deutschland 1580 und 1581, hg. und übersetzt v. Otto Flake, Frankfurt a. M. 1988 (erstmals München/Berlin 1915).

ferner die jeweils mehrfach gedruckten medizinischen und theologischen Ratgeber von Michael Sachs (1542–1618)[13] und Georg Pictorius (um 1500–1569)[14] sowie Itinerare zum Ausdruck. Neben dem ältesten deutschen Itinerar in gedruckter Form des Augsburger Schulmeisters und Notars Jörg Gail (um 1520–1584) von 1563[15] wird der 1552 erstmals und danach mehrfach aufgelegte *La Guide des chemins de France* von Charles Estienne (1504–1564) verwendet.[16] Weitere Itinerare erlauben es, den zeitgenössischen Blick auf die Straßen und Wege besonders West- und Nordeuropas differenziert zu betrachten. Unabhängig von Reisegegend und Reiseweg konnte ein Reisegebet gesprochen werden, wie es bislang unbemerkt in einem Itinerar zu finden ist und gerade deshalb dort mitaufgenommen wurde, da der Schutz vor *Strassenreuber und Mörder* eine für viele Zeitgenossen unerfüllte Hoffnung blieb.[17]

Nur einen trügerischen Schutz vor Überfällen boten Kutschen. Welche Auswirkungen das Reisen ohne die eigene körperliche Anstrengung auf das Reiseverhalten hatte und wie dies die Wahrnehmung der Straßen und Wege beeinflusst hat, bedarf gleichfalls eine Berücksichtigung, setzte sich doch die Kutsche als Neuerung im Reisewesen im 16. Jahr-

---

13 Sachs, Michael: Reißbüchlein. Darin Christliche Wanderer unterrichtet werden, wie sie ire gefahr und hinderung bedencken, darwider sich rüsten und trösten, beten und singen sollen [...], Nürnberg 1580/1581 [1580: VD16 S 718; 1581: VD16 ZV 19032] u. Sachs, Michael: Reisebüchlein. Darin Christliche Wanderer unterrichtet werden, wie sie ire gefahr und hinderung bedencken, darwider sich rüsten und trösten, beten und singen sollen [...], Leipzig 1600 [VD16 W 1431]. Zur Person: Schumann, A.: Sachs, Michael, in: ADB 30 (1890), S. 129 f.

14 Pictorius, Georg: Raiss Büchlin. Ordnung wie sich zuhalten so einer raisen will in weite onerfarne land unnd wie man allen zufällen so dem raisenden zustehn mögen mit guten miteln der artzney begegnen soll. Mit angehencktem regiment wie sich uff dem Möre oder anderen wassern zu schicken, o. O. 1557 [VD16 ZV 12470]; Pictorius, Georg: Itinerarium peregrinantium. Das ist, Kurtzer bericht für die so da reisen wöllen inn frömbde unbekannte land, damit sy bey guter gesundtheit bleyben mögen, und ob sy durch ungelägenheit des wäges die selbige gesundtheit verlore[n] hetten, durch welche mittel der artzney sy wider gebracht mög werden. Zu dem anderen mal beschriben und gar vil gemeert, Mülhausen [1557–1559] [VD16 P 2707]; Pictorius, Reißbüchlein 1566. Siehe zu seinem Leben und seinen Werken insgesamt Wertz, Tillmann: Georg Pictorius (1500–1569/73). Leben und Werk eines oberrheinischen Humanisten (Studien und Quellen zur Kulturgeschichte der Frühen Neuzeit 4), Heidelberg 2006 und zu den Reiseratgebern im Speziellen ebd., S. 189–192.

15 HAB A: 34 Geogr. [Rara], Gail, Jörg: Ein neůwes nützliches Raißbüchlin / der fürnemesten Land vnnd Stettnn Durch mich Jörg Gail Burger zů Augspurg in truck verfertiget, Augsburg 1563.

16 HAB A: 27.1. Geogr., Estienne, Charles: La Grande Guide des chemins pour aller & venir par tout le Royaume de France. Avec les noms des Fleuves & Rivieres qui courent parmy lesdicts pays. Augmenté du voyage de S. Jaques, de Rome, de Venise & Jerusalem, Troyes 1580.

17 HAB M: CC 606 (2), Wintzenberger, Daniel: Wegweiser, oder Reyse Büchlein, Von der Stad Dreßden aus, der fürnemsten Wege und strassen durch gantz Deudschland, in viel andere Städte und anstossende Königreiche, Herrschafften und umbligende Lender. Auffs fleißigste auffgezeichnet und ordentlich beschrieben Durch Daniel Wintzenberger, weyland Churf. Sächsisch. Postreiter. Samt einem Vorzeichnis der vornembsten Jarmärckten, sonderlichen im Lande Meissen, Dresden 1597, Kapitel 80. Siehe zu den Gefahren der Straßennutzung die Ausführungen zu Steinkreuzen, Wegheiligtümern und Straßenöffentlichkeit [Kapitel 2.2.4 u. 2.2.5].

hundert durch. Daneben etablierten sich in diesem Jahrhundert regelmäßige Postverbindungen, welche prinzipiell auch der Fortbewegung von Reisenden und nicht nur dem Nachrichtentransport dienten. Inwieweit allerdings die seit etwa 1500 auch für Reisezwecke benutzbare Post, so Wolfgang Behringer, »schlagartig zu einer Veränderung des Reiseverhaltens führte«, bleibt zu diskutieren.[18]

Vorauszuschicken gilt es: Um sich einer Wahrnehmung von Straßen zu nähern, werden die Reisenden selbst im Folgenden ausführlich zu Wort kommen und anhand medizinischer, theologischer und reiseliterarischer Traktate und Beschreibungen Auskunft über die körperlichen Herausforderungen des Reisewegs, die Zwänge und Handlungsmöglichkeiten der biomotorisch bedingten Fortbewegung sowie über die Naturabhängigkeit des Straßenraumes als essentieller Bezugspunkt der von den Zeitgenossen reflektierten Welterfahrung geben. Besonders in den spezifisch für Reisende formulierten diätetischen Schriften und Apodemiken [3.1] wird deutlich, wie differenziert über die Reiseanstrengung im Vorfeld informiert und Handlungsanleitung zu deren Überwindung gegeben wurden.[19] Die gesunde Fortbewegung mit dem eigenen Körper konnte aber nur mit Gott gelingen, wie Sachs hervorhebt. Dem zeitgenössischen Verlangen nach Reisegewissheiten folgten daneben die Itinerare [3.4]. Sie lassen die natürliche Wegumgebung als konstituierenden Bestandteil eines genutzten und wahrgenommenen Straßenraumes erkennen, denn: »They had an intimacy with the road«,[20] wie die schreibenden und reflektierenden Straßennutzer der Zeit bestätigen [3.2 u. 3.3].

3.1 Wider den Teufel und körperliche Gebrechen: Medizinische und theologische Reiseratgeber

In einem regelrechten Panoptikum beschreiben die medizinischen Reiseratgeber den praktischen Umgang mit Reisebeschwerlichkeiten: Von Inhalten der Humorallehre über Körper und Gesundheit, Fortbewegungsmittel, naturräumliche Umgebung, Wetter und Verkehrsinfrastruktur thematisieren sie Effekte und Auswirkungen auf den Reisenden ebenso wie Handlungsmöglichkeiten und Maßnahmen, um sich etwa vor Kälte zu schützen und den lädierten Körper zur Weiterreise zumindest ein Stück weit zu heilen. Einen ausweislich der mehrfachen Druckauflage breit rezipierten, aber dennoch in Vergessenheit geratenen Kanon an Ratschlägen zur körperlich unversehrten Fortbewegung legte Georg

---

18 Behringer, Wolfgang: Art. ›Beschleunigung‹, in: EdN – Online [2014].
19 Mariacarla Gadebusch-Bondio weist auf den Umstand hin, dass sich Diätetiken durchaus an bestimmten Berufsgruppen orientierten und zielgerichtet für deren Zwecke verfasst wurden [Gadebusch-Bondio, Mariacarla: Art. ›Diätetik‹, in: EdN – Online [2014]].
20 Delano-Smith 2006, S. 17.

Pictorius vor. Sein *Reißbüchlein* bot den Zeitgenossen auf Grundlage eigener Erfahrungen medizinisches Erfahrungswissen an, um den körperlichen Herausforderungen der Fortbewegung begegnen zu können. In der (noch) verzauberten Welt des 16. Jahrhunderts waren die Reisenden aber keineswegs bloß mit irdisch-realen Anstrengungen und Herausforderungen konfrontiert. Bestand nicht gerade die Gefahr, bei Unkenntnis der Wegführung vom Teufel in unentrinnbare Tiefen des Waldes geführt zu werden?[21] Der Theologe Michael Sachs wusste um solche diabolischen Gefahren und nicht-säkularen Risiken, vor denen einzig und allein Gott schützen konnte. Diese theologischen Gewissheiten zur sicheren Erreichung von irdischen und transzendentalen Wegezielen spendete Sachs in seinem gleichfalls als *Reißbüchlein* betitelten Traktat. Beide *Reißbüchlein* werden die folgenden Ausführungen unter Beachtung weiterer Abhandlungen anleiten, um das medizinische und theologische Streben nach Reisesicherheiten und Reisegewissheiten darzulegen.

Medizinische Ratschläge

Der um 1500 in Villingen geborene Pictorius verfasste zeitlebens mehr als vierzig medizinisch-pharmazeutische, geographische und naturkundliche Werke und erteilte in diesen auch mehrmals Ratschläge, um gesund reisen zu können. Seine schließlich unter dem Titel *Reißbüchlein* gedruckten Empfehlungen gingen 1557 erstmals, zwischen 1557 und 1559 in einer erweiterten Neuauflage und nochmals 1566 in einer wiederum erweiterten und überarbeiteten Auflage in Druck.[22] Zur unbeschwerten Fortbewegung in der Fremde auf zwei Arten – ob *zu rossz oder zu fuß*[23] – galt es nach Ansicht von Pictorius entsprechend der hippokratischen Humorallehre,[24] die sogenannten sechs nicht-natürlichen Gegebenheiten *(sex res non naturales)* in einer möglichst guten Mischung zu halten, um das für die Gesundheit grundlegende Gleichgewicht der Säfte (Eukrasie) zu wahren.[25] Dies betraf Bewegung/Ruhe, Schlafen/Wachen, Essen/Trinken, Aufnahme/Ausscheidung, den Gemütszustand und die Sexualität.[26] Im impliziten Bezug auf die *sex res non natu-*

---

21 Bockmann, Jörn u.a (Hg.): Diabolische Vigilanz. Studien zur Inszenierung von Wachsamkeit in Teufelserzählungen des Spätmittelalters und der Frühen Neuzeit (Vigilanzkulturen 2), Berlin/Boston 2022, URL: https://doi.org/10.1515/9783110774382 (30.6.2023).
22 Pictorius, Raiss Büchlin; Ders: Itinerarium peregrinantium; Ders: Reißbüchlein 1566 [VD16 P 2709]. Im Folgenden wird das zuletzt erschienene Reißbüchlein von 1566 verwendet.
23 Diese Zielgruppen benennt Pictorius im Titel des *Reißbüchlein[s]* von 1566.
24 Jütte, Robert: Über Krankheit und Gesundheit in der Frühen Neuzeit, Stuttgart 2014, S. 112. Die gesamte Schrift wendet sich, wie bereits der Titel ausweist, vorzugsweise [fol. 1–39r] an die zu Fuß und per Pferd Reisenden. In einem kleineren, zweiten Teil [fol. 40r–49v.] geht es um das Verhalten auf dem Meer. Der erste Teil ist in 37, der zweite Teil in neun Kapitel unterteilt.
25 Eckart, Wolfgang Uwe: Art. ›Blut. 1. Medizin‹, in: EdN – Online [2014].
26 Ebd. Der Autor listet unter den ›sechs natürlichen Dingen‹ an anderer Stelle Folgendes auf: Luft, Nahrung, Schlaf, Bewegung, Stoffwechsel, Gemütsregungen [Eckart, Wolfgang Uwe: Art. ›Humorallehre‹, in: EdN – Online [2014]].

rales arbeitete Pictorius seine Apodemik aus und ließ eigene und bekannte Erfahrungen in die Abhandlung miteinfließen, um »Anweisungen zum richtigen Beobachten«, mehr aber noch zum richtigen »Verhalten auf Reisen« zu geben.[27] Mit den apodemischen Schriften lassen sich aber nicht nur gelehrte Wissensbestände zur Medizingeschichte und dem zeitgenössischen medizinischen Denkhorizont thematisieren, sondern mehr noch vor allem mikroperspektivische Einsichten in die – idealtypisch beschriebenen – Praktiken des Reisens gewinnen.[28]

Bereits im ersten von insgesamt 37 Kapiteln erteilte Pictorius in Rückgriff auf Aristoteles und mit Blick auf die Säftelehre[29] zunächst den Rat, vor Reiseantritt und zur Vorbereitung *den ubervlluß seines leibs [zu] entladen,* sodann die Ader zu lassen und bei Überfluss von schwarzer *(Melancholicus)* oder gelber Galle *(cholera)* den Körper unter Einnahme von bestimmten Arzneimischungen zu reinigen *(purgieren).*[30] Pictorius aber verbleibt hier nicht auf der Ebene des reinen Konstatierens: Sehr präzise gibt er an, es solle die *niderist ader/inn der krunen des gerechten arms/so die basilie oder leber adern genant würt* zum Aderlass geöffnet werden, wobei Arzt oder Bader gezielt auf äußere Reaktionen des zur Ader Gelassenen zu achten hatten, dass nur so viel Blut abfloss, wie der Patient vertrug.[31] Als eine Art Handlungsanleitung (Ader am rechten Arm, genaue Bezeichnung der Ader, Beobachtung des Patienten) eines Experten fügt Pictorius den meisten von ihm beschriebenen medizinischen Erscheinungen derartige handlungsleitende Präzisierungen hinzu, wobei nicht nur die irdischen Konstellationen Aufmerksamkeit erfahren, sondern auch die kosmischen.[32]

Auf der Reise selbst waren die Reisenden angehalten, sich allmählich von den heimischen Speisen zu entwöhnen und an das Essen der bereisten Länder zu gewöhnen. Von schweren, deftigen Mahlzeiten riet Pictorius ebenso ab wie von gedämpften Speisen, damit der Magen nicht anfange *zu riechen und den soot [Sodbrennen; AD] erwecke.*[33] Nach dem Essen solle man nicht gleich reiten oder gehen, um gleichfalls Sodbrennen zu vermeiden, während umgekehrt nach einer Tagesetappe vor der Essensaufnahme der

---

27 Stagl 1983, S. 7.
28 Zum hier weiterführenden Begriff des *agencement* siehe Hardie, Iain/MacKenzie, Donald: Assembling an economic actor: the agencement of a Hedge Fund, in: The Sociological Review 55 (2007), S. 57–80; grundlegend zu Praxisformationen Hillebrandt 2014.
29 Stolberg, Michael: Der gesunde Leib: Zur Geschichtlichkeit frühneuzeitlicher Körpererfahrung, in: Münch, Paul (Hg.): »Erfahrung« als Kategorie der Frühneuzeitgeschichte (HZ Beihefte 31), München 2001, S. 37–57.
30 Pictorius, Reißbüchlein 1566, fol. 1v–3r.
31 Ebd., fol. 1v.: [...] *und thut im heraus nach wesenlichheit seines leibs/und vermög seiner krafft/doch mit der bescheidenheit/so er sich erachten möchte einen Phlegmaticum/das er für sich neme Cholerische zeiche[n]/ als den wider/löwen/und den schützen.*
32 Ebd., fol. 2v.
33 Ebd., fol. 4r–v.

Körper erst abzukühlen habe, da sich durch das Fortbewegen im Reiten oder Gehen der Magen und andere Körperteile erhitzen und die Verdauung in eine *corruption* versetzen.[34] An Getränken empfahl der Mediziner zur Winterszeit einen mit Kräutern versetzten Wermutwein und im Sommer nur leichte Weine, aber auf keinen Fall einen starken Rotwein. Bei Weinmangel musste Wasser ausreichen, welches unter Umständen zu destillieren war und gegebenenfalls auch das Bier zu ersetzen hatte, da dieses nach Ansicht des im Schwarzwald und im Elsass wirkenden Pictorius nur *leib wehe vnnd grimmen*, also Krämpfe, verursache.[35] In den ersten Kapiteln seiner apodemischen Schrift beschäftigt sich Pictorius also unter anderem unmittelbar mit den praktischen Voraussetzungen (Körper, Gesundheit, Essen und Trinken), um den Leser und potenziell Reisenden auf die vielfältigen Herausforderungen einer Reise einzustellen. Die Ausführungen zielten darauf ab, gewisse Routinen und Gewohnheiten zu entwickeln, um Unvorhersehbarkeiten und Kontingenzen des Reisens zu minimieren bzw. hierauf vorzubereiten. Entsprechend der Säftelehre galt es etwa bei Fiebererkrankungen mit Blutungen *(blutfeber)* sich wenig zu bewegen, *auch wenig [zu] reden und nit zu viel [zu] schlaffen*.[36] Das Blutfieber entstand nach Ansicht Pictorius' durch die fremde Luft und die Veränderung der Landschaft, weshalb der Ratschlag erging, im Sommer zur Abkühlung bei stehendem Wasser zu verweilen.[37] An anderer Stelle empfahl er, bei sonnigem Wetter die Kühle der Luft für Ruhepausen zu suchen.[38] Die Mühsal des Gehens oder Reitens bzw. die *arbeit deß wegs*, wie es Pictorius formulierte – ein Begriff, den auch Hieronymus Turler in seiner *de peregrinatio* zur Anwendung brachte[39] –, waren jedoch die Grundlagen der Fortbewegung und damit Bedingung des Reisens. Sie machten unweigerlich körperlich wie geistig *zu schaffen*, weshalb der Reisende Sorge, Trauer, Angst, Kummer und *unordenliche freud* zu vermeiden habe.[40] Zu achten sei daneben auf ausreichend Schlaf, denn *sorg und arbeit des wegs* führten oftmals dazu, dass dem Reisenden der Schlaf abgehe, *welchs gar schedlich*.[41] Falls der Reisende dennoch nicht schlafen konnte, riet Pictorius dazu, nach dem Nachtessen die Füße und Arme mit einem mit Kräutern angereicherten Wasser zu waschen und einen Trank aus Seeblumen, *violaten* und *magsamen* zu sich zu nehmen. Bei

---

34 Ebd., fol. 5v u. 12v.
35 Ebd., fol. 5r–v (Wein); fol. 30r–31r (Bier). Auf die Möglichkeit, *böß wasser zu bessern* [fol. 5v], und was bei verunreinigtem Wasser zu tun war, geht Pictorius im zweiten Teil ein [fol. 42r–43v]. Zum Wort ›grimmen‹ siehe FWB, Lemma ›grimmen‹, URL: http://fwb-online.de/go/grimmen.s.3v_1543737314 (13.4.2023).
36 Pictorius, Reißbüchlein 1566, fol. 18v.
37 Ebd., fol. 18r.
38 Ebd., fol. 3v.
39 Turler spricht von Reisen als *Peregrinatio nihil aliud sit, quam labor invisendi et perlustrandi alienas Terras* [Turler, Hieronymus: De Peregrinatione Et Agro Neapolitano, Libri II., Omnibus peregrinantibus utiles ac necessarii, ac in eorum gratiam nunc primum editi, Argentorati 1574 [VD16 T 2315], S. 3].
40 Pictorius, Reißbüchlein 1566, fol. 6r.
41 Ebd., fol. 5v.

Bedarf waren zusätzlich die Nasenlöcher und Pulsadern mit einer aus geriebenem Safran hergestellten Salbe einzureiben sowie über die Stirn und Schläfen ein unter anderem mit Kuhmilch getränkter Lappen zu legen.[42]

Derartige Rezepturen sowie die Hinweise zum Reisevorgang und seiner praktischen Durchführung selbst sollten die Gesundheit eines reisebedingt geschwächten Körpers bewahren oder wiederherstellen.[43] Die Empfehlungen des Mediziners setzten aber nicht nur bei der Erstellung von Säften und Salben an, sondern zielten immer auch darauf, den Körper ohne medizinische Hilfsmittel möglichst gut zu schützen, wozu vor allem die richtige Kleidung zählte. Für den Sommer sprach sich Pictorius dafür aus, mit möglichst wenig Textilien aus Leinen und im Winter mit Wolle bekleidet zu sein, davon unabhängig müsse bei jeglichen Temperaturen ein besonderes Augenmerk auf die Bedeckung des Kopfes und der Brust gelegt werden.[44] Gegen die Kälte empfahl er, zwischen Körper und Kleider Papier zu legen, damit kein Wind hindurchkomme.[45] Ob darüber hinaus auch Gänseschmalz oder eine Salbe aus Pfeffer, Paradieskörnern und weiteren Zutaten vor dem Erfrieren bewahren könne, vermochte der Arzt nicht zu entscheiden.[46]

Die bisherigen Ausführungen lassen erkennen: Die zahlreichen von Pictorius zusammengestellten und so verfügbar gemachten Informationen zielten auf eine handlungsleitende Wirkung. Als außersprachliche Wirklichkeiten lassen sich diese Praktiken nicht nur im Kontext der gelehrten Schriftlichkeit lesen und kognitiv nachvollziehen, sondern innerhalb eines Reisealltags praktisch anwenden. Abgeleitet aus der eigenen Reiseerfahrung entstand so eine auf »lebensweltliche[...] Orientierung«[47] hin ausgerichtete Form der medialen Reiseratschläge, indem »empirisch gesichertes Wissen«[48] auf einen spezifischen Anwendungskontext übertragen wurde und durch die Leser und potenziell Reisenden angeeignet werden konnte und musste. Die kleinschrittige Beschreibung der einzelnen Reisepraktiken sowie die Einbettung der Ausführungen Pictorius' in zeitgenössisch bekannte Denk- und Diskursmuster ermöglichten es zudem, ausgehend von

---

42 Ebd., fol. 9r-v.
43 Horden 2005; zur neuen Körpergeschichte und der Abhängigkeit des Körpers von seiner kulturellen Konstruktion siehe Heide, Mareike: Holzbein und Eisenhand. Prothesen in der Frühen Neuzeit (Disability History 7), Frankfurt a. M./New York 2018; Neuber 1992, S. 95.
44 Pictorius, Reißbüchlein 1566, fol. 3v.
45 Ebd., fol. 25r. Um sich vor Schneeblindheit zu schützen, schlägt Pictorius zudem das Tragen von schwarzer Kleidung vor, da die dunkle Farbe den angegriffenen *geist bey einander erhaltet*, ansonsten laufe der Reisende Gefahr, den geplanten Weg *nit [mehr] gebrauchen* zu können [23r]. Damit verweist Pictorius also direkt darauf, dass die Reisende darauf achten sollen, die sensorischen Mechanismen des Körpers zu schützen, besonders das Sehen rückt er dabei in den Vordergrund.
46 Ebd., fol. 25r-v.
47 Friedrich, Udo: Wahrnehmung – Experiment – Erinnerung. Erfahrung und Topik in Prosaromanen der Frühen Neuzeit, in: Das Mittelalter 17 (2012), S. 75–94, hier S. 76.
48 Ebd., S. 77.

einer gemeinsamen Wissensbasis, die Bestandteile der einzelnen Praktiken zu vermitteln und zu funktionalisieren.

Die zuletzt angeführte Uneindeutigkeit bezüglich des Schutzes vor dem Erfrieren ist in Pictorius' Reise-Regimina die Ausnahme. Normalerweise sind es, wie für die gesundheitsdidaktischen Lehrschriften üblich,[49] Autoritäten der griechisch-römischen Antike und Arabiens wie Avicenna, Rases, Aristoteles, Hippokrates oder Cornelius Celsus, die eine medizinische Maßnahme legitimierten.[50] Aber auch mit der eigenen Erfahrung, der Methode der Autopsie und bekannten medizinischen Mustern beglaubigte Pictorius die empfohlenen Schutz- und Genesungsmaßnahmen. So habe er *vil und offt gesehen*, wie die Anwendung von Ohrenschmalz geschädigte Lippen *(lefftzen)*[51] wieder heilen könne.[52] An anderer Stelle stützte er sich auf die Reiseerfahrung von Graf Georg zu Helfenstein-Wiesensteig, Freiherr von und zu Gundelfingen (1518–1573), sodann wiederum auf antike und mittelalterliche Autoritäten und schließlich auf seine eigene Behandlungserfahrung, um seine Ausführungen zum Schutz vor Hitze, Ungeziefer und Fußblasen zu präzisieren. Als oberster Landvogt im Elsass kannte Pictorius Graf Georg zu Helfenstein-Wiesensteig persönlich und behandelte ihn medizinisch, da er seit 1540 als Physikus in den Diensten der Regierung der vorderösterreichischen Lande in der Landstadt Ensisheim stand.[53] Helfenstein war Widmungsempfänger des *Reißbüchleins*[54] und verfügte aufgrund von *kriegssachen* über viel Reiseerfahrung. Auf diesen Reisen, so weiß Pictorius zu berichten, habe Georg zu Helfenstein-Wiesensteig so manchem, der unter einem Hitzeschaden litt, das Leben gerettet, indem er mit einer Heilpflanze angereichertes Wasser gurgeln ließ.[55] Mit dem byzantinischen Arzt Oreibasios (4. Jh. n. Chr.) konnte Pictorius wiederum die Zutaten für eine Salbe zum Schutz vor Läusen benennen. Der Befall von solchem Ungeziefer sei feuchten und faulen Dämpfen geschuldet, wie unter Verweis auf Konstantin den Afrikaner (11. Jh.) näher ausgeführt wird. Speziell für den Reisenden sei dieser *unraht* sehr beschwerlich und auch *in allen herbergen verächtlich*, weshalb der Ratschlag erging, die Kleidung regelmäßig zu wechseln. Falls diese aber mit Läusen befallen sei, solle man sie mit Salz- oder Meerwasser waschen, ansonsten könne auch Lavendel auf die *hemdern oder kleidern* gestreut werden.[56] Zu jeder Reisekleidung gehöre schließlich ein gutes Schuhwerk. Falls dennoch die Füße *von schuh oder stifeln* geschädigt wurden, indem sie bei entstandenen Blasen *(blatteren)* ein Stück Haut *(blez)* aufzureißen drohten, sprach sich

---

49 Schmitt 2013.
50 Etwa Pictorius, Reißbüchlein 1566, fol. 6v, 27r–v, 31v u. 37v.
51 FWB, Lemma ›lefze‹, URL: http://fwb-online.de/go/lefze.s.1f_1544370866 (13.4.2023).
52 Pictorius, Reißbüchlein 1566, fol. 35r.
53 Wertz 2006, S. 36.
54 Siehe zu diesem und weiteren Widmungsempfängern ebd., S. 47–64, bes. S. 61.
55 Pictorius, Reißbüchlein 1566, fol. 19v.
56 Ebd., fol. 32v u. 33r.

Pictorius eindringlich dafür aus, warme Lungen von Lämmern um die betroffenen Stellen zu binden, denn es gäbe *kein besser artzney*.[57] Wenn sich hingegen durch die *rauhe [...] deß wegs schrunden [Risse; A.D.] an den füssen* gebildet haben, erteilte der Arzt den Ratschlag, ungefähr für drei Tage eine Salbe aus Ingwer, Myrrhe und weiteren Zutaten zu verwenden.[58] Ermüdete und geschwollene Füße sollen mit zerdrücktem Wegerich behandelt werden, um ihnen erforderliche Erholung zu verschaffen und die Weiterreise zu Fuß zumindest an diesem entscheidenden Körperteil sicherzustellen.[59]

Die zahlreichen Empfehlungen von Pictorius für eine gute Reise zu Lande – die Meeresreisen werden nur mit wenigen Seiten behandelt[60] – rücken besonders die körperlichen Anstrengungen und Herausforderungen in den Mittelpunkt, mit denen Reisende auf Pferden, aber vor allem per pedes konfrontiert waren. Damit unterscheidet sich das *Reißbüchlein* von den gesundheitsdidaktischen Ratschlägen etwa des aus Bergamo stammenden Guglielmo Grataroli (1516–1568). Als calvinistischer Glaubensflüchtling und Arzt floh Grataroli nach Basel und veröffentlichte dort 1561 das lateinisch verfasste Traktat *De regimine iter agentium*. Obwohl sich der Themenkanon bei ihm und Pictorius in vielen Punkten gleicht – Reisevorbereitung, Prävention und Heilung von körperlichen Beeinträchtigungen während des Reisevorgangs –, behandelt der Italiener die Meeresreise umfassender und geht für die Landreise auch eigens auf Pferde ein.[61] Besonders die Reisetüchtigkeit des Tieres stand im Zentrum der Ausführungen.[62] Zudem berücksichtigt Grataroli mit Wagenreisen eine Form der Fortbewegung, die sich im 16. Jahrhundert noch nicht jeder Reisende leisten konnte. Nicht zuletzt deshalb, aufgrund des wohl dadurch angedeuteten, avisierten Leserkreises und ebenso aufgrund der lateinischen Sprache kommt Antoni Mączak, der die Reise-Regimina Gratarolis für seine Studie über das Reisen ausgewertet hat, zum Schluss, dass sich die Abhandlung vor allem an Akademiker richtete und insgesamt nur wenig rezipiert worden sei.[63] Der Rezipientenkreis des mehrfach aufgelegten *Reißbüchleins* war demgegenüber größer, gleichwohl sich auch hier eine Wirkungsgeschichte nur

---

57 Ebd., fol. 22v; FWB, Lemmata ›blater‹ u. ›blez‹, URL: http://fwb-online.de/go/blater.s.1f_1543650746 u. URL: http://fwb-online.de/go/blez.s.0m_1543912927 (13.4.2023).
58 Pictorius, Reißbüchlein 1566, fol. 22v u. 23r; FWB, Lemma ›aufschrunden‹, URL: http://fwb-online.de/go/aufschrunden.s.3v_1544713088 (13.4.2023).
59 Pictorius, Reißbüchlein 1566, fol. 37r.
60 Ebd., fol. 40r–49v.
61 Grataroli, Guglielmo: De regimine iter agentium, vel equitum, vel peditum, vel navi, vel curru seu rheda [...], Basel 1561 [VD16 G 2907], S. 81–84. Zur Person siehe den Eintrag unter URL: http://www.treccani.it/biografico/index.html (13.4.2023).
62 Die Reisenden bekamen beispielsweise den Ratschlag, einen aufgeblähten Pferdebauch mit Öl einzureiben oder bei einem verletzten Huf Essig und Salz in die Wunde zu geben [Grataroli, De regimine iter agentium 1561, S. 82–84].
63 Mączak 2016, S. 93. Das Traktat berücksichtigt auch Neuber 1992, S. 97.

mittelbar über den Druck nachweisen lässt und kein Reisender Auskunft gibt, ob und inwieweit er vor oder auf der Reise die Ratschläge befolgte.

Der reisepraktische Nutzen der Abhandlungen von Pictorius und Grataroli ist jedoch unbenommen. Beide behandelten einen von der reisediätetischen Literatur seit dem 13. Jahrhundert geradezu topisch abgedeckten Themenkanon und benannten Einzelpraktiken, die dem medizinischen Wissensstand und den reisebedingten Notwendigkeiten ihrer Zeit entsprachen. Im Einzelnen betraf dies Reisen in Hitze und Kälte, Themen wie das Stillen von Hunger und Durst, Entkräftung, die richtige Nahrung, Läuse und Flöhe sowie Verletzungen wie Wundlaufen oder -reiten.[64] Beide Autoren stehen in der Tradition dieser Reiseempfehlungen, waren aber zugleich Mediziner des Humanismus, welche sich in Rückbesinnung auf antike Traditionen um die Gesundheit der Menschen im Diesseits sorgten und dabei dem Jenseits keine Beachtung schenkten.[65] Sie stellten also einen in sich geschlossenen, medizinisch autorisierten, säkular-legitimen und in der irdischen Welt wirksamen Kanon an Ratschlägen auf, damit die Reisenden ihre körperliche Unversehrtheit bewahren bzw. wiederherstellen konnten. Das Jenseits spielte hier keine oder zumindest kaum eine Rolle.

Theologische Ratschläge

Dieser eher pragmatisch orientierten Literatur fügt das von Michael Sachs stammende *Reißbüchlein* eine weitere Dimension hinzu: das Motiv des Lebens als Pilgerschaft. Eine real existente und allen bekannte Verkehrsinfrastruktur wird dabei zum Ausgangspunkt genommen, um metaphorisch Jenseits und Diesseits im religiösen Momentum zu verbinden. Sachs nutzte praktisches, auf Reisen erworbenes Erfahrungswissen, um auf Grundlage der Weg-Metapher symbolisch über den Lebensweg zu reflektieren, er verflocht real Existierendes mit übernatürlich Sinnlichem. Differenziert man beide Ebenen, so zeigt sich, dass auch Sachs' Reißbüchlein eine irdisch-reale Reiseanleitung inhärent war, welche gleichermaßen profane und diabolische Gefahren auf einer Reise zum Gegenstand erhob.

Im *Reißbüchlein* von Pictorius taucht Gott hingegen nur in der Widmung für Georg zu Helfenstein-Wiesensteig ganz am Ende und lediglich einmal im Zusammenhang mit einem medizinischen Ratschlag auf.[66] Dies betraf das übermäßige Trinken, was insofern nicht überraschen kann, als in dieser Zeit außer Theologen vor allem Humanisten wie

---

64 Ebd., S. 95.
65 Siehe zur Medizin der Renaissance allgemein Eckart, Wolfgang Uwe: Geschichte, Theorie und Ethik der Medizin, 8. überarb. Aufl., Heidelberg 2017, S. 74–99 und zum medizinischen Humanismus im Speziellen Rotzoll, Maike: Art. ›Humanismus, medizinischer‹, in: EdN – Online [2014], sowie zum Verhältnis von Naturwissenschaft und Religion Dijksterhuis, Eduard J.: Die Mechanisierung des Weltbildes, Berlin 1956.
66 Pictorius, Reißbüchlein 1566, Widmung (unfol.) u. fol. 49v. Am Ende heißt es: *Will hiemit mein regiment der reisenden beschliessen, Gott sey gelobt der da regiert von welt zu welt, in ewigkeit Amen.*

Sebastian Franck (1499–1542) Mahnschriften wider den übermäßigen Alkoholkonsum verfassten.[67] Pictorius verurteilte gleichfalls das Weintrinken bis zum Erbrechen als ein *viehisch und schendlichs ding*, welches nicht allein *der welt zu wider, sonder auch Gott ein greuwel und hoch von im verbotten*. Wer dennoch nicht nur der Geselligkeit und Gesundheit wegen, sondern *umb füllen willen* trinke, solle anschließend die *rechte artzney* gebrauchen und etwa mit lauwarmem Wasser, Baumöl und einer Feder das Erbrechen herbeiführen, ansonsten aber an finsteren Orten ohne viel zu reden den Schlaf suchen.[68]

Die aufgrund des Alkoholkonsums selbstverschuldete Unfähigkeit zu reisen ist die einzige Stelle, an der Pictorius in Zusammenhang mit einem Ratschlag von Gott spricht. Gänzlich anders gestaltet sich dies im Traktat des lutherischen Theologen sowie Hof- und Schlosspredigers von Sachsen-Gotha Michael Sachs. Sein zuerst 1580 und damit gut 20 Jahre nach dem Erstdruck des Werkes von Pictorius erschienenes, bereits im Folgejahr neu aufgelegtes und 1600 nochmals gedrucktes *Reißbüchlein* trägt womöglich nicht nur zufällig den buchstabengleichen Titel wie das Werk des Mediziners Pictorius, richtet sich im Unterschied dazu aber dezidiert an *Christliche Wanderer*.[69] Jeder christliche Wanderer, sei er alt oder jung, arm oder reich, hohen oder niederen Standes, konnte darin Ratschläge finden, um sich betend und singend vor der Reise und auf dieser mit den reisebedingten Anforderungen auseinanderzusetzen.[70]

In dem theologischen *Reißbüchlein* geht es also funktional betrachtet um das gottgefällige Reisen des *homo viator*, ein scholastisch-theologisches Konzept mit Wurzeln bereits im Hochmittelalter und neben der theologischen Literatur besonders in Heldenepen präsent.[71] Jeder Christ sei ein Pilger und Reisender, so die den Diskurs führende Metapher Sachs', der nach einem anderen und besseren Leben zu trachten habe – auch und gerade in Momenten des Unterwegsseins im Diesseits. »Mobilität« und Reisen sind hierbei die »zentrale[n] Element[e] der Handlungsführung«[72] und die Ausgangskonzepte, die Sachs einerseits metaphorisch aufgreift, um sein Anliegen um das Seelenheil plastisch und

---

67 Eckart, Wolfgang Uwe: Art. ›Sucht‹, in: EdN – Online [2014]. Die Schrift Francks lautet wie folgt: *Von dem greulichen Laster der Trunckenheit, so in disen letsten Zeiten erst schier mit den Frantzosen auffkommen, Was füllerey, sauffen und zuotrincken für jamer unnd unrath, Schaden der seel und des leibs, auch armut und schedlich not anricht* ..., Augsburg 1528/Ulm 1531.
68 Pictorius, Reißbüchlein 1566, Widmung (unfol.) u. fol. 28v u. 29r.
69 Diese ›Zielgruppe‹ weist der Titel näher aus. Im Folgenden wird die Ausgabe von 1581 [VD16 ZV 19032] verwendet. Sie ist nicht paginiert, weshalb lediglich die Abschnitte als Nachweis benannt werden.
70 Sachs, Reißbüchlein 1581, Titel u. Vorrede.
71 Wolfzettel, Friedrich: Von Santiago nach Babiloine. Wegesymbolik und Struktursymbolik in dem altfranzösischen Liebesroman Floire et Blancheflor, in: Szabó 2009 I, S. 173–184; Biaggini, Olivier: »Todos somos romeos que camino pasamos«: homo viator dans le mester de clerecía, in: Cahiers d'Études Hispanique Médiévales 30 (2007), S. 25–54.
72 Wolfzettel 2009, S. 174.

in einer »lineare[n] sprachliche[n] Struktur«[73] zu veranschaulichen und sich in die Reihe der Viator-Schriften zu stellen. Andererseits nutzt er einzelne Elemente des Reiseprozesses, wie sie auch die Apodemiker und Diätetiker benennen, die mentale Vorbereitung auf die Reise, den Abschied von Zuhause, die Suche nach Übernachtungsmöglichkeiten, Essen und Trinken auf Reisen, Kleidung, Wetter und vor allem den Zustand der Straßen und Wege, als Strukturierungselement für seine disziplinierende Mahnung.[74] Die Metaphern ermöglichten es ihm, bekannte Alltagserfahrungen in das spirituelle Setting zu überführen oder wie dies Karin Wenz für Raummetaphern beschreibt: »Mit Hilfe der konzeptuellen Abstraktionen unserer Wahrnehmungen und allgemein unserer Erfahrungen entstehen räumliche Konzepte, die als metaphorische Projektionen auf weitere Erfahrungsbereiche ausgedehnt werden«.[75] Sachs konnte und wollte sich also nicht damit begnügen, praktische Ratschläge für das physisch-körperliche Wohlergehen zu erteilen. Im Gegenteil, ihm ging es darum, anhand der Reise- und Wegmetapher die Erlangung des seelischen Heils zu ermöglichen.[76] Manifeste Informationen des Reisealltags[77] dienten ihm in erster Linie dazu, die bekannte Mobilitätserfahrung als Identifikations- und Vorstellungsangebot zu nutzen, um Elemente aus der Alltagserfahrung zum Ausgangspunkt zu nehmen und in seine religiös-transzendente Erzählung zu transformieren.

Neben dem leiblichen und geistigen Essen und Trinken waren es neun weitere auf weltlich-säkularen Reisen sich ereignende außersprachliche Wirklichkeiten, welche Sachs im fünften von insgesamt sechs Kapiteln aus ihrem praktischen Kontext löste, um sie theologisch zu deuten. Der Theologe brachte damit hier und an vielen weiteren Stellen des rund 200 Seiten umfassenden *Reißbüchleins* Begebenheiten und Herausforderungen des Reisens zur Sprache, die die Reisenden oftmals nicht explizit machten. Das *Reißbüchlein* ist eines von etwa 30 Traktaten, die Sachs zeitlebens verfasste, womit er, ebenso wie Pictorius, ein Vielschreiber war. Wie das medizinische Traktat ging das theologische *Reißbüchlein* mehrfach in Druck und trug so dazu bei, dass Sachs am Ende des 19. Jahrhunderts als ein »vielgelesener Theologe strengutherischer Richtung« galt.[78] Ansonsten

---

73 Wenz, Karin: Raum, Raumsprache und Sprachräume. Zur Textsemiotik der Raumbeschreibung (Kodikas/Code. Supplement 2), Tübingen 1997, S. 61.
74 Hoffstadt, Christian: Denkräume und Denkbewegungen. Untersuchungen zum metaphorischen Gebrauch der Sprache der Räumlichkeit (Europäische Kultur und Ideengeschichte. Studien 3), Karlsruhe 2008, besonders S. 35–38, der zwar hier nicht direkt auf ›Weg‹ und ›Reise‹ eingeht, jedoch auf den kognitionstheoretischen Rahmen von Bewegungsmetaphern verweist.
75 Wenz 1997, S. 34.
76 Sachs, Reißbüchlein 1581, Vorrede.
77 Blaschitz, Gertrud: Unterwegs in der mittelhochdeutschen Epik des 12. und 13. Jahrhunderts. Das sprachliche und literarische Erscheinungsbild von Weg und Straße in der Heldenepik, im Frauendienst des Ulrich von Liechtenstein und im Helmbrecht von Wernher dem Gärtner, in: Szabó 2009 I, S. 185–214, hier S. 185.
78 Schumann, A.: Sachs, Michael, in: ADB 30 (1890), S. 129f., hier S. 129.

aber ist Sachs ein nach wie vor »fast vergessener, in unseren Litteraturgeschichten kaum erwähnter« Theologe, wie 1890 die Allgemeine Deutsche Biographie bemerkte.[79] Ein Musikhistoriker, welcher sich mit Sachs auseinandergesetzt hat, da mehrere Vorfahren von Johann Sebastian Bach mit dem Theologen zu tun hatten, bestätigt, dass Sachs und seine Werke in der Zeit sehr bedeutsam waren, aber bis heute in Vergessenheit geraten sind.[80] Der zunächst bei Weimar als Kantor, danach als Schuldiener und schließlich als Hofprediger von Sachsen-Gotha tätige Sachs bereiste selbst keine fernen Länder,[81] wusste aber dennoch um die weltlichen Nöte und Erfordernisse des Reisens Bescheid. Zu den zehn Dingen, *so sich in dem wandern und raisen zutragen,* und denen er ein eigenes Kapitel widmete, gehörte zuvorderst der Abschied von Heimat, Haus, Hof, Eltern, Frau, Kindern, Geschwistern und anderen, *so in lieb sind.*[82] Dieses vorübergehende Abschiednehmen von dem gewohnten persönlichen Lebensumfeld solle der Reisende, so Sachs' Empfehlung, zum Anlass nehmen, an die Sterblichkeit zu denken, da niemand für immer auf dieser Welt bleiben könne. Jede Reise bringe daneben unweigerlich Hunger und Durst, Hitze und Frost sowie andere Gefahren mit sich, was dem Leben an sich entspreche, denn Schmerz, Krankheit und Not seien unvermeidbare Bestandteile des Lebens. Zu reisen bedeute zudem immer, in Eile verfallen zu müssen, um noch vor Einbruch der Nacht eine unverschlossene Herberge zu erreichen. In solchen Momenten solle ein Reisender dankbar sein für die göttliche Gnade, gesund nach den offenen Himmelspforten streben zu dürfen. Denn, wie schon Bernhard von Clairvaux gesagt habe: *Via longa, vita brevis.*[83] Die Praxis der Sinnübertragung führte Sachs auch in Hinblick auf die Wegbeschaffenheit und die naturräumliche Umgebung fort.

Ein weiterer Ratschlag des Theologen betraf nämlich die *glatten, tieffen und bösen wege,* denen ein Reisender unweigerlich begegne und die nach Einschätzung von Sachs dazu führten, dass man *offtmals stolpern und straucheln, gleiten und fallen, sich besudeln und unfletig machen* müsse. In die Darstellung fließen also durchwegs Vorkommnisse ein, die Sachs aus dem Lebensalltag des Reisens auf Straßen entnimmt. Diese Vorkommnisse lassen sich auf zwei Ebenen differenzieren: Im Kontext des Werkes fungieren sie als Metaphern für sein didaktisches Anliegen. Auf einer zweiten Ebene aber verweisen diese Stellen aus dem Lebensalltag direkt auf die einzelnen Herausforderungen, denen sich ein Reisender auf dem Weg stellen muss, wodurch sich Einblicke in diesen Reisealltag auf der

---

79 Ebd.
80 Hagedorn, Volker: Bachs Welt. Die Familiengeschichte eines Genies, Hamburg 2016, S. 33 f., 43, 45 und vor allem S. 397. Zum Konzeptionsstil dieses Buches zwischen dokumentarischer Erzählung und fiktionaler Nahaufnahme siehe S. 397–401.
81 Schumann, A.: Sachs, Michael, in: ADB 30 (1890), S. 129 f.
82 Sachs, Reißbüchlein 1581, 5. Kapitel.
83 Ebd.

Straße ergeben: Ob die Suche nach Herbergen, das Stolpern oder Strauchlen, gute und schlechte Wege. In Momenten wie diesen solle sich jeder der *schlüpfferigkeit dieser Welt, darin sie wandeln,* erinnern, denn ohne Fallen und Sünde sei kein Leben möglich. Jede schlechte Wegstelle, die das Fortkommen erschwert, ließe also nach Ansicht von Sachs die eigene Sündhaftigkeit erkennen. Entscheidend sei hierbei, wie er weiter ausführt, nicht bei solch schlechten Wegabschnitten zu verbleiben und sich tiefer im *dreck [zu] weltzen,* sondern schleunigst wieder aufzustehen, die *besudelte[n] Kleider* abzuwischen und des *weges fort [zu] raisen.* Gleichermaßen solle man auch nicht in Sünden verharren, sondern nach schneller Buße und Bekehrung streben.[84]

Das Stolpern und Strauchlen auf schlechten Wegen ist einer von zahlreichen Momenten einer Reise, denen Sachs seine Aufmerksamkeit schenkt: im ersten Teil werden zunächst allgemeine Gefahren benannt und im zweiten Teil geistige und körperliche Schutzmaßnahmen empfohlen, mit denen man diesen Herausforderungen begegnen sollte. Im dritten Kapitel führt Sachs Gebete und Gesänge an, um Gott *um schutz und schirm* zu bitten.[85] Wie man auf einer Reise Trost bei Gefahren, Anstrengungen und Unglücksereignissen findet, steht im vierten Kapitel im Mittelpunkt, während sich das fünfte Kapitel mit den angesprochenen zehn Begebenheiten einer Reise auseinandersetzt. Die Abhandlung endet mit alphabetisch angeordneten Sprüchen aus der Heiligen Schrift von A wie *Abraham weis von uns nichts und Israel kenne uns nicht* (Jesaja 64) bis Z wie *Zeige mir O Herr deine wege und lehre mich deine Stege* (Psalm 25). Sie sollten es den Reisenden erlauben, die verdrießlichen Momente ihrer Reise mit der Betrachtung von Gottes Wesen und Willen nützlich zu gestalten, wobei Sachs vorschlägt, die Sprüche auswendig zu lernen, um sich gegenseitig nach den Sprüchen einzelner Buchstaben zu befragen.[86]

Nicht nur der letzte Teil weist also darauf hin, dass es Sachs ein großes Anliegen war, die Reisezeit nützlich zu gestalten – eine Zeit, die aufgrund der zur Verfügung stehenden Fortbewegungsmöglichkeiten sehr lang sein konnte. Deshalb riet er im zweiten Teil, sich stets eine gute Gesellschaft zu suchen, um die *lenge der zeit und verdrießlichkeit der raise* zu vertreiben.[87] Sachs wusste auch einen passenden Spruch anzuführen:

> *Ein mitgefert, der wohlberedt*
> *Und kurtzweilig gesprech treibet*
> *Ist wie ein Wagen, dann er macht*
> *Das man der zeit und wegs nit acht.*[88]

---

84 Ebd.
85 Ebd., Kapitel 3.
86 Ebd.
87 Ebd., Kapitel 2.
88 Ebd.

Ein Reisegefährte ließ also Zeit und Wegstrecke ebenso vergessen wie die komfortable Reise in einem Wagen. Wie schon bei Pictorius waren es damit auch hier in erster Linie die Fußreisenden, denen Ratschläge erteilt wurden. Daneben wird bei Sachs das Reisen mit dem Wagen als selbstverständliches Mittel der Fortbewegung genannt.[89] Die gute Reisegesellschaft konnte aber auch ihre Grenzen finden. Ähnlich wie Pictorius warnt Sachs vor Gasthöfen und Wirtshäusern, welche *voller böser, Gottloser [...] Leute* seien und zu allerlei Sünden und Betrügereien veranlassen würden.[90] An solchen Orten, so spitzt Sachs zu, sollten die Reisenden Hab, Gut und Seele schützen und Gott, aber kaum einem Menschen trauen. Auf den Straßen solle man sich ebenso ganz auf Gott verlassen, denn er werde einen Reisenden auf den sicheren Weg führen und die *Gebeine erquicken*.[91] Neben den Herbergen war es das eigene Fleisch und Blut, von dem nach Ansicht des Theologen eine große Gefahr ausging, da der in der Welt Umherwandernde nur allzu leicht den Sünden und teufelsgetriebenen Reizen erliege. Die größte aller Reisegefahren ging jedoch nicht von einem selbst und sündigen Mitmenschen, sondern vom Teufel aus, wie Sachs gleich zum Auftakt des *Reißbüchleins* ausführt.

Der Teufel sei der *erste Feind* der Reisenden, der nicht nur an wüsten Orten, Ecken und Hecken, in Wildnissen, Wäldern und beim Wasser wohne, sondern die christlichen Wanderer überall verfolge, gleich wie im Sommer die Fliegen und Mücken. Ein Christ müsse sich also stets bewusst sein, so konstatiert Sachs unter Verweis auf Luther, dass er immerfort mitten unter dem Teufel *sitze, stehe und gehe* und diesem näher sei als *sein(em) Rock und Hembde*, ja selbst näher als seiner eigenen Haut. Mit welcher Arglist der Reisealltag vom Teufel bedroht werde, bezeugt Sachs mit Begebenheiten aus dem Böhmischen Wald. Hier könne man, so weiß er unter Bezugnahme auf eine Abhandlung des Theologen Andreas Hondorf (gest. 1572) zu berichten, zuweilen einem Mönch namens Rübenzal begegnen, der sich zu Wandersleuten geselle, so *der Wege im gehöltze und Gebirge nicht kündig sind*. Freundlich, tröstend und umsorgend weise Rübenzal den Wegunkundigen die rechte Route – doch nur zum Schein, denn in den Untiefen des Waldes, wo niemand weder ein noch aus wisse, schwinge sich der falsche Wegführer schadenfroh auf einen Baum und lache derart laut, dass es im Wald erschalle. Zu erkennen gebe sich damit der Teufel persönlich, der sich nur zum Schein als Mönch verkleidet habe.[92]

Solche Erzählungen knüpfen an einen Teufelsglauben an, der bis in die Aufklärung den Teufel als einen in der irdischen Welt agierenden Akteur begriff. Die personalisierte Vorstellung des Bösen, wie sie auch in zahlreichen Flugschriften des frühen 16. Jahrhunderts

---

89 Siehe hierzu die weiteren Ausführungen.
90 Sachs, Reißbüchlein 1581, Kapitel 1.
91 Ebd.
92 Ebd.

zum Ausdruck kommt[93] und bis in unsere Gegenwart wirksam bleibt,[94] bedurfte glaubwürdiger und lebensrelevanter Situationen, um das teuflische Handeln zu konkretisieren und plausibel erscheinen zu lassen. Gerade der gefahrvolle Reisealltag war voll von solchen Situationen – wie nicht nur der oben beschriebene Fall zeigt. Schon Otloh von St. Emmeram (1010–1070) beschrieb die unheilvolle Begegnung einer reitenden Reisegruppe mit dem Teufel, welcher zum Schein einer in der Zeit bekannten Persönlichkeit ähnelte und die Gruppe auf der Suche nach einem Nachtquartier in einen dichten Wald führte. Als die Irrgeführten dies bemerkten, beteten sie unablässig zu Gott und wurden erhört. Am nächsten Morgen gelangten sie wieder zu der Stelle, von der an sie sich wieder auskannten. Mensch und Pferde waren äußerst geschwächt, aber gerettet.[95]

Diese Teufelsbegegnung aus dem 11. Jahrhundert hat vor kurzem Hans-Werner Goetz als »außergewöhnliche, geradezu märchenhafte Geschichte« bezeichnet, die »wohl einfach eine Parabel der Warnung war, sich nicht mit dem Teufel einzulassen«.[96] Als ein solches lehrhaftes Gleichnis kann auch die von Sachs angeführte Begegnung verstanden werden. Womöglich hat auch mancher Zeitgenosse die teuflische Mönchsbegegnung als eine allgemeine Ermahnung verstanden, sich vor dem Teufel zu hüten und ein gottgefälliges Leben zu führen. Sachs schilderte jedoch mehr noch hier wie generell zentrale Bestandteile einer jeden Reise von der Verabschiedung über das Wege-Gehen bis zur Einkehr und Heimkehr und verortete die Teufelsbegegnung sehr konkret im Böhmerwald. Die Gefahr, dem *Teuffel und [...] böse[n] Leut* zu begegnen, war für ihn genauso real wie jene, durch Räuber, *bösen Thiern*, Feuer oder Wasser in lebensbedrohliche Lagen fern von zu Hause zu geraten. Gott sei *Lob, preiß und ehr* für das glückliche Geleit und die gesunde Rückkehr – heißt es am Ende eines Gebets nach der Auflistung der Gefahren.[97]

Ein christlicher Wanderer war also nicht schutzlos den teuflischen und weltlichen Verführungen und Unsicherheiten ausgeliefert, sondern er konnte und sollte in Gott einen wirkmächtigen Reisebegleiter finden. Auf die eigene Kraft sowie auf die – so ließe sich durchaus im Sinne der Abhandlung ergänzen – medizinischen Ratschläge eines Pictorius dürfe man sich hingegen nicht verlassen *(Nain, nain, Da hüte sich jederman)*. Für eine solche leibliche, äußerliche Rüstung sprach sich Sachs zwar gleichfalls aus, wozu für ihn, neben einer guten Gesellschaft, die Beratschlagung mit gottesfürchtigen Menschen, ein gesundes Misstrauen gegenüber Unbekannten und die Ausstattung *mit tüchtiger Wehr*

---

93 Löhdefink, Jan: Zeiten des Teufels. Teufelsvorstellungen und Geschichtszeit in frühreformatorischen Flugschriften (1520–1526) (Beiträge zur historischen Theologie 182), Tübingen 2016.
94 Flasch, Kurt: Der Teufel und seine Engel. Die neue Biographie, 2. Aufl., München 2016, S. 380.
95 Goetz, Hans-Werner: Gott und die Welt. Religiöse Vorstellungen des frühen und hohen Mittelalters, IV: Die Geschöpfe: Engel, Teufel, Menschen, Teil I, Bd. 3 (Orbis mediaevalis 13.1), Göttingen 2016, S. 274–277.
96 Ebd., S. 278.
97 Sachs, Reißbüchlein 1581, Kapitel 3.

und Waffen zählte. Den einzig wahren Schutz böte allerdings die geistige, innere Rüstung. Nur hierdurch können die genannten Gefahren abgehalten werden. Dann werde der Herr auch ein *Schirm wider die hitze, eine hute [Hut; AD] wider den heissen mittag, eine hütte wider das straucheln, eine Hülffe wider den fall [sein], der des Hertz erfrewt und das Angesicht frölich macht und gibt gesundheit, leben und segen.*[98]

Diese in Vergessenheit geratenen Reiseempfehlungen von Michael Sachs verweisen eindringlich auf die theologisch-religiöse Dimension des Reisens. Dazu trug unbenommen die symbolisch-metaphorische Sinnebene des gesamten *Reißbüchleins* bei – der Reiseweg als Lebensweg in den Himmel oder in die Hölle. Darüber hinaus war es aber das irdische Wirken des Teufels auf den Reisewegen und in den Herbergen, vor denen der Theologe warnte und Schutzmöglichkeiten an die Hand gab. Diese irdisch-diabolische Sinnebene ist Kerninhalt des theologischen *Reißbüchleins*. Für die gottgläubigen Reisenden bedeutete dies, sich weder mit Waffen noch mit Wegbegleitern, sondern nur im Bewusstsein der eigenen Sündhaftigkeit und im Glauben an Gott sicher fortbewegen zu können. Hierin liegt die theologische Gewissheit einer gottbezogenen Fortbewegung. Mit den in dem theologischen *Reißbüchlein* angeführten Gebeten, gottgefälligen Liedern und Sprüchen war es dem christlichen Wanderer möglich, der Reisezeit eine alltägliche Gottgefälligkeit und Gottbezogenheit zu verleihen, die mit dem himmlischen Schutz belohnt wurde. Gänzlich ohne Gott kamen hingegen die säkular-medizinischen Reiseempfehlungen des Pictorius aus, die den Körper vor und auf der Reise auf Grundlage des medizinischen Wissens der Zeit schützen sollten. Beide Traktate bringen damit gleichermaßen die Reisenöte und Reisewünsche der Zeit zum Ausdruck. Sie ermöglichen es den Zeitgenossen nicht zuletzt, die Beschwerlichkeiten des langen, von zahllosen Untiefen gekennzeichneten und dadurch stolperanfälligen Weges körperlich und seelisch zu überstehen, und geben damit implizit Einblicke in Reise- und Fortbewegungspraktiken. Einen solchen von Verkehrsinfrastruktur, Biomotorik, Naturabhängigkeit und medizinisch-theologischer Welterfahrung geformten Alltag der Straßennutzung lassen die weitgehend in Vergessenheit geratenen Traktate durch eine Analyse im Spannungsfeld von text- und sprachabhängiger Beschreibung und außersprachlicher Wirklichkeit deutlich erkennen.

3.2 Reisen mit der Kutsche: Schutz vor Mördern?

Blickt man darauf, welche Fortbewegungs- und Mobilitätsformen die gelehrten medizinisch-theologischen, aber auch andere schreibende Straßennutzer in ihren Schriften nennen, so fällt auf, dass in erster Linie über die Fortbewegung zu Fuß oder anhand von Pferden

---

98 Ebd., Kapitel 2.

und Maultieren berichtet wird. Die Nutzung von Kutschen spielte demgegenüber erst allmählich eine größere Rolle in der Überwindung räumlicher Distanzen.

Diese auf der Grundlage der Reiseratgeberliteratur getroffene Feststellung ist insofern keine Selbstverständlichkeit, als es auch noch im 16. Jahrhundert große Vorbehalte gegenüber gebauten Reisetransportmitteln gab. Noch im Mittelalter galt der Grundsatz, ein Mann habe zu gehen oder zu reiten, »but he never rode in a wagon or cart unless he had been seriously wounded or was too old or sick to ride«.[99] Diese Ablehnung wich im Laufe der Frühen Neuzeit einer zunehmenden Akzeptanz und gründete maßgeblich auf der Entwicklung eines neuen Wagentypus, des sogenannten Kotschiwagens. Der leichte, offene Korbwagen wurde Mitte des 15. Jahrhunderts in Südosteuropa erfunden[100] und zeichnete sich durch die Aufhängung des Wagenkastens an Lederriemen und seit dem 17. Jahrhundert »durch dessen zusätzliche Lagerung auf große Stahlfedern aus, ferner durch kleine Räder an der Vorderachse, die Lenkbarkeit und Manövrierfähigkeit erhöhten«.[101] Die in den Reiseberichten beschriebenen Vorteile dieses neuartigen Reisewagentyps und die allmähliche Verbreitung einer weiteren, vor allem in Italien produzierten luxuriösen Kutsche, der sogenannten »Karossen«, haben auch Adelige zum Anlass genommen, nicht mehr nur selbst zu reiten, wie es der Stand und der Anspruch auf Exklusivität gebot, sondern sich mit einem Wagen fahren zu lassen.[102] Mit der technischen und mechanischen Innovation der Kutschen als Transportmittel wurde es auch an Land möglich, neben der Sänfte, ohne eigene Körperanstrengung, aber weiterhin den Naturgewalten ausgesetzt zu reisen. Als neue Form und Praktik des Reisens mussten sich Kutschen jedoch erst etablieren, zudem wirkte sich die Straßennutzung durch Kutschen auf den Erhalt und den Zustand von Straßen aus. Denn die Räder eines solchen Fahrzeugs rissen eine weichere Straßenoberfläche und damit alle nicht von den Zeitgenossen etwa als *Stein- oder Eisenstraße* bezeichneten, sehr robusten Wegstrecken sehr leicht auf, ganz im Unterschied zu den Fußgängern: Sie verdichteten durch das Auftreten in der Regel den Straßenkörper.[103]

---

99 Newman 2011, S. 37.
100 Der Name Kotschi/Kutsche leitet sich möglicherweise von der ungarischen Stadt Kocs ab. Siehe generell zur technischen Entwicklungsgeschichte von gleislosen Fahrzeugen: Rauck, Max: Geschichte der gleislosen Fahrzeuge, in: Klemm 1941, S. 41–81; zum Begriff Kutsche etwa ebd., S. 45 f.
101 Bayerl, Günter: Technik in Mittelalter und Früher Neuzeit, Stuttgart 2013, S. 92.
102 Wackernagel, Rudolf H.: Zur Geschichte der Kutsche bis zum Ende des 17. Jahrhunderts, in: Treue, Wilhelm (Hg.): Achse, Rad und Wagen. 5000 Jahre Kultur- und Technikgeschichte, Göttingen 1986, S. 197–235; Köppen, Thomas: Ungarische Kocsi-Wagen, nach 1600, in: Beyrer, Klaus (Hg.): Zeit der Postkutschen. Drei Jahrhunderte Reisen 1600–1900 (Publikation anlässlich der gleichnamigen Ausstellung im Deutschen Postmuseum, Frankfurt a. M. 20.10.1992–10.1.1993), Karlsruhe 1992, S. 44 f.; Köppen, Thomas: Art. ›Kutsche‹, in: EdN – Online [2014]; Paulinyi, Akos/Troitzsch, Ulrich: Mechanisierung und Maschinisierung 1600 bis 1840 (Propyläen Technikgeschichte 3), Berlin 1997, S. 116. Die genaue Analyse dieses Mentalitätswandels ist jedoch nach wie vor ein Desiderat der Forschung.
103 Temming, Rolf L.: Das Transportwesen im Wandel der Zeiten, Bielefeld 1985, S. 17.

Auf der anderen Seite erforderten es die zur Personenbeförderung genutzten Wagen, Straßen vermehrt von Seitenbewuchs zu befreien, um das Durchfahren zu ermöglichen.[104] Die Kutschennutzung brachte also Vor- und Nachteile sowohl für den Nutzer als auch für die Straße und deren materielle Gestalt.

Den zunehmenden Gebrauch von Kutschen vor allem ab der Mitte des 16. Jahrhunderts[105] bezeugt etwa Herzog Wilhelm V. von Jülich-Kleve-Berg (1516–1592), der nach der Vermählung seiner Tochter Anna (1552–1632) mit Philipp Ludwig (1547–1614) zu Neuburg am 27. September 1574 auf dem Rückweg nach Bensburg mit *zweien Gutschiwagen vnnd etlich wenig Pferden* von Esslingen nach Stuttgart reiste, um danach wieder selbst mit dem Pferd zu reiten.[106] Ebenso nur in Teilen mit einer *Gutschen* reiste 1598 Herzog August d. J. von Braunschweig-Wolfenbüttel (1579–1666) bei Augsburg auf dem Weg nach Italien.[107] Und auch Berthold von Gadenstedt (1560–1632) benutzte auf seiner Kavalierstour, die ihn von Wernigerode nach Italien und von dort weiter bis nach Malta führte, für die Wegstrecken von Speyer nach Augsburg eine Kutsche, was ihm und den Mitfahrer 27 fl kostete.[108] Da es die erstmals um 1630 in Frankreich eingesetzten Postkutschen noch nicht gab,[109] waren Gadenstedt und seine Mitfahrer eigenständig dafür verantwortlich, die Fahrt zu organisieren und auch den Fahrer der Kutsche in Augsburg zu bezahlen, damit dieser die Kutsche wieder zurück zum Ausgangspunkt der Reise nach Speyer brachte.[110] Der Kostenaufwand und die erforderliche Eigenorganisation lohnten sich insofern, als es prinzipiell (!) eine schnellere und bequemere Möglichkeit der Fortbewegung war – vor einem Überfall indes konnte keine Kutsche schützen. Den Unwägbarkeiten von Überfall und Raub waren alle Straßennutzer gleichermaßen ausgesetzt und es nimmt nicht Wunder, dass die Forderung von Fuhrleuten, Kaufmännern, Pilgern und Reisenden in klagenden Suppliken an die Landesherrn oder den Reichstag nach einer einheitlichen Friedenssicherung auf den Straßen des Reichs und der verstärkten Sanktionierung räuberischer Überfälle in dem Maße zunahm, in dem der Mobilitätsgrad auch mit

---

104 Landrecht, Policey- Gerichts- Malefitz- vnd andere Ordnungen, München 1616, S. 594 (Landes- und Policeyordnung, 3. Buch, 13. Tit., 1. Art.).
105 Dies konstatierte bereits Behringer 2003, S. 438 f.
106 Herrliche, warhaffte Beschreibung der beyder fürstlichen Heimfahrt, so mit [...] Wilhelmen, Hertzogen zu Gülich Cleve [...] zweyen ältern Töchtern, Hertzogin Maria Leonora in das Landt zu Preussen und Hertzogin Anna in das Fürstenthumb Newburg in der obern Pfalz [...] beschehen [...], Frankfurt a. M. 1576 [VD16 H 2601], fol. 110v u. 111r.
107 Reisen und Reisende in Bayerisch-Schwaben 1980, S. 106–111, hier S. 108 (Herzog August d. J. von Braunschweig-Wolfenbüttel, 1598).
108 Ebd., S. 90–97, hier S. 96 (Barthold von Gadenstedt, 1587). Zur Person siehe auch den Eintrag in der ADB 8 (1878), S. 301 von W. Scherer.
109 Behringer 2014 I. Bei Behringer 2003, S. 438 ist von den späten 1620er Jahren die Rede.
110 Reisen und Reisende in Bayerisch-Schwaben 1980, S. 96 (Barthold von Gadenstedt, 1587).

und durch die Kutschen gestiegen war.[111] Vielleicht war es sogar die im Vergleich zu einem Fuß- oder Pferdereisenden besser kalkulierbare Aussicht auf Beute – eine Kutschenfahrt konnte sich nicht jeder leisten –, die fünf *bubenn* zum Anlass nahmen, Gadenstedt und die Mitfahrer zwischen Weißenhorn und Ziemetshausen zu überfallen. Da die Kutscheninsassen jedoch mit insgesamt sechs Personen in der Überzahl waren und über *buxschen und wheren* verfügten, konnten sie sich den Räubern entgegenstellen, woraufhin diese *von der strasen Ins holtz* zurückweichen mussten.[112]

Ohne größere Zwischenfälle konnte demgegenüber der Engländer Fynes Moryson (1566–1630) im Rahmen seiner mehrjährigen Bereisung Kontinentaleuropas und des Nahen Ostens im Jahr 1595 eine Kutsche für die Strecke Nürnberg–Augsburg anmieten. Das Transportmittel brachte ihn und sechs Reisegefährten innerhalb von drei Tagen die rund 140 km über Pleinfeld, Weißenburg, Monheim und Donauwörth ans Zwischenziel. Lediglich für die Tagesetappe Pleinfeld–Monheim bemerkte Moryson ab Weißenburg einen schmutzigen und waldreichen Weg, bis sie zu einem nicht näher benannten pappenheimischen Dorf gelangten, wo sie zwei frische Pferde und einen Geleitsmann erhielten.[113]

In dem zunächst in lateinischer Sprache verfassten, dann von ihm selbst ins Englische übersetzten und erstmals 1617 veröffentlichten Bericht[114] begrüßte Moryson ansonsten die Möglichkeit der Fortbewegung mittels einer Kutsche oder auch mittels eines Pferdes. Von Fußreisen hingegen riet er ausdrücklich ab, dann solle man doch lieber gleich zu Hause bleiben und die Welt in einer Karte behalten, denn – so ermahnte Moryson die potentiellen Reisenden, für die er schrieb – ein ermüdeter Körper neige allzu leicht dazu, *to fall into sickness,* und sei überdies der erhöhten Gefahr vor wilden Tieren und Dieben ausgesetzt. Ja er ging sogar so weit zu sagen, alle in Deutschland auf einer Landstraße *(high way)* begangenen Morde hätten ausschließlich Fußgänger betroffen.[115] Eine Kutschenfahrt konnte, musste allerdings nicht mehr Sicherheit verschaffen, wie das Beispiel des überfallenen Gadenstedt gezeigt hat. Und auch ansonsten brachte eine Fahrt

---

111 Baumbach, Hendrik/Carl, Horst (Hg.): Landfrieden – epochenübergreifend. Neue Perspektiven der Landfriedensforschung auf Verfassung, Recht, Konflikt (ZHF, Beihefte 54), Berlin 2018; Baumbach, Hendrik: Königliche Gerichtsbarkeit und Landfriedenssorge im deutschen Spätmittelalter. Eine Geschichte der Verfahren und Delegationsformen zur Konfliktbehandlung (QFHG 68), Köln u. a. 2017; Baumbach, Hendrik: Landfriede (Spätmittelalter), publiziert am 25.09.2015, in: Historisches Lexikon Bayerns, URL: http://www.historisches-lexikon-bayerns.de/Lexikon/Landfriede_(Spätmittelalter) (13.4.2023); Straube 2015, S. 98–101; siehe näher Kapitel 5.1.
112 Reisen und Reisende in Bayerisch-Schwaben 1980, S. 92 (Barthold von Gadenstedt, 1587).
113 Ebd., S. 97–105, hier S. 103 (Fynes Moryson, 1592 u. 1595). Siehe zu dieser Reise auch Cramsie, John: British Travellers and the Encounter with Britain, 1450–1700 (Studies in Early Modern Cultural, Political and Social History), Woodbridge 2015, bes. S. 181–321.
114 Reisen und Reisende in Bayerisch-Schwaben 1980, S. 97 (Fynes Moryson, 1592 u. 1595).
115 Moryson, Fynes: An Itinerary. Containing his ten yeeres travell through the twelve dominions of Germany, Bohmerland, Switzerland, Netherland, Denmarke, Poland, Italy, Turky, France, England, Scotland and Ireland, 4 Bde., Glasgow 1907/1908, hier Bd. 3, S. 389.

mit der Kutsche keinesfalls immer und jederzeit Vorteile mit sich, wie andere Reisende zu berichten wussten.

So zerbrach 1583 dem nach Rom reisenden polnischen Geistlichen Stanislaw Rescius (1544–1600) bereits kurz nach Prag sein Wagen völlig. Bei Nittenau gut 20 km nordwestlich von Regensburg mussten die Räder und in Landshut sogar die Achsen erneuert werden. In München wurde der Wagen für die Bergfahrt ausgerüstet, doch schon in Partenkirchen und ab dann fast täglich standen neuerlich Reparaturen an.[116] Solche Reparaturarbeiten verringerten die Reisegeschwindigkeit erheblich, weshalb der wagenfahrende Rescius bei einer weiteren Reise, so gibt er zumindest an, sogar einmal langsamer gewesen sei als Fußgänger.[117] Neben der Reisegeschwindigkeit sprach die Bequemlichkeit keineswegs immer für eine Wagenfahrt. So warnte Grataroli in seinem medizinischen Traktat eindringlich davor, die Alpen mit neuartigen Wägen zu überqueren, die angeblich weniger durchschütteln würden *(minimum concutit)*, dafür aber doppelt so lang seien wie üblich. Solche Wägen könnten das Gewicht von Reisenden, Gepäck und anderen Lasten in dieser bergigen und steinigen Umgebung nicht tragen: sie würden ganz plötzlich zerbrechen, seien zudem nicht schneller und überdies unbequem *(nec velociter & incommodius)*. Stattdessen empfahl Grataroli die Bergüberquerung mit von Maultieren getragenen Sänften *(lectice)*. Besonders bei solchen mit gläsernen Fenstern ausgestatteten und gewärmten Innenräumen könne man ohne Schaden seine Freude haben *(sine noxa etiam voluptates capere)*.[118]

Die Fortbewegungsart musste also den wechselnden natürlichen Gegebenheiten und damit verbunden den Straßenverhältnissen angepasst werden, da die Verkehrswege nur mit der Natur existieren konnten und sich die bauliche Anpassung des Straßenraumes entsprechend den Erfordernissen von Kutschen dann doch insgesamt in Grenzen hielt.[119] Dessen ungeachtet brachte die Benutzung von Kutschen besonders für Reisende mit körperlichen Beeinträchtigungen Vorteile mit sich. Dies war beispielsweise bei Hans von Montfort, einem Neffen von Hans Fugger (1531–1598), der Fall, als er sich im Oktober 1586 aufgrund eines Reitunfalls am linken Bein erheblich verletzt hatte. Hans Fugger, der die Söhne seiner Schwester zeitlebens als Ersatz für ihren verstorbenen Vater engagiert umsorgte, riet deshalb einem Bruder von Hans von Monfort, ihm eine Kutsche entgegenzuschicken, da diese Art der Fortbewegung körperlich nicht so anstrenge und ihn in seinem

---

116 Mączak 2016, S. 26.
117 Ebd.
118 Grataroli, De regimine iter agentium 1561, S. 92 f. Zur Möglichkeit, die Alpen mit einem Wagen zu überqueren, siehe Mączak 2016, S. 28.
119 Siehe Kapitel 5.3.

Zustand nicht so sehr schmerze wie das Reiten.[120] Für Hans von Montfort war die Nutzung einer Kutsche also eine womöglich willkommene Reiseerleichterung, um ungeachtet der körperlichen Beeinträchtigung mobil zu sein. Und auch wenn er letztlich die offerierte Kutsche nicht benutzte, sie eröffnete prinzipiell die Möglichkeit, unbeschwert(er) am übergeordneten sozialen Leben teilzuhaben und nicht zuletzt den herausgehobenen, adeligen Stand zu betonen.[121]

Zusammenfassend lässt sich sagen: Durch die Thematisierung der Nutzung von Straßen mittels Kutschen und Wägen in den Reiseberichten werden die wahrgenommenen und erfahrenen Risiken, aber auch Vorteile dieser Art der Fortbewegung näher greifbar: Ohne eigene körperliche Anstrengung relativ sicher, zügig und zielgerichtet voranzukommen, da einem (wegkundigen) Kutscher die Verantwortung für das zeitige Erreichen des Wegeziels oblag. Dabei beschreiben die ausgewerteten Reiseberichte in erster Linie die sinnlich erfassten Effekte und Auswirkungen dieser technisch veränderten Mobilitätsform, stellen die Nutzung in einen abwägenden Kontext, um neben Vorteilen auch auf Risiken zu verweisen. Dies betraf dann auch gerade die Straßenverhältnisse: Bei schlechtem Wetter konnte ein Weg sehr schnell für Kutschen nicht mehr passierbar sein, so dass Fahrgäste aussteigen, festere Wegstellen erst suchen und zu Fuß gehen mussten.[122] Abgesehen von technischen Innovationen in der Fortbewegung bestimmten Wetter- und Bodenverhältnisse sowie Tiere und Fahrzeuge die Art der Fortbewegung und den Fortbewegungsprozess. Gleichzeitig tritt der eigentliche Zustand der Straße hinter die Fortbewegungsbeschreibung zurück, Kosten werden genannt und zeitintensive Reparatur- bzw. Vorbereitungsarbeiten erwähnt. Als zukunftsweisende Innovation im Verkehrswesen und als Teilaspekt im weiten Feld des Phänomens Straße nahmen Kutschen eine außerordentliche Position ein und verweisen – mehr noch als die medizinischen Schriften – auf den Faktor Zeit. Immer schneller, sicherer und komfortabler ließ es sich mit Kutschen dennoch nicht reisen, es entstanden vielmehr neue Abhängigkeiten: Von der technischen Funktionsfähigkeit des

---

120 Karnehm, Christl (Bearb.): Die Korrespondenz Hans Fuggers von 1566 bis 1594. Regesten der Kopierbücher aus dem Fuggerarchiv (Quellen zur Neueren Geschichte Bayerns III: Privatkorrespondenzen; Bd. I, II/1, II/2), 3 Bde., München 2003, hier Bd. II/2: Nr. 3075 (An Anton Graf von Montfort: Augsburg, 24. X. 1586) u. 3078 (An Jörg Graf von Montfort: Augsburg, 24. X. 1586); zur Beziehung Hans Fuggers zu seinen Neffen ebd., Bd. 1: S. 12* (Anm. 36). Siehe ferner zur Korrespondenztätigkeit Hans Fuggers Dauser 2008 und zu der nach dem Aufstieg Jakob Fuggers dritten Generation der Fugger auch Grüner, Stefan: Mit Sitz und Stimme. Die Erlangung der Reichsstandschaft durch die Familie Fugger auf dem Augsburger Reichstag von 1582 (Materialien zur Geschichte der Fugger 9), Augsburg 2017.
121 Karnehm 2003, Bd. II/2: Nr. 3084 (An Hans Graf von Montfort: Augsburg, 1. XI. 1586), 3090 (An Anton Graf von Montfort: Augsburg, 8. XI. 1586), 3091 (An Jörg Graf von Montfort: Augsburg,7. XI. 1586). Zur disability history in Kombination mit Technik- und Objektgeschichte unter der Perspektive einer material culture siehe Ott, Katherine: Material Culture, Technology, and the Body in Disability History, in: Rembis, Michael/Kudlick, Catherine/Nielsen, Kim E. (Hg.): The Oxford Handbook of Disability History, New York 2018, S. 125–140, URL: https://doi.org/10.1093/oxfordhb/9780190234959.013.8.
122 Gräf/Pröve 1997, S. 112.

Fahrzeugs, dem Können und Wissen des Kutschers bezüglich des Gefährts und der Wegstrecke sowie stärker als bei Reisenden zu Fuß und mit dem Pferd von der Straße selbst, denn diese musste ausreichend breit und entsprechend beschaffen sein.

3.3 Reden und Schweigen über Reisewege in Reiseberichten

Während, wie sich gezeigt hat, das im 16. Jahrhundert eingeläutete ›Kutschenzeitalter‹ eine dichotomische Ursachenzuschreibung des schnellen oder langsamen Reisens und Fortbewegens hervorbrachte, lassen sich bei genauerer Betrachtung der Reiseberichte nicht nur die Effekte der Straßennutzung näher fassen, sondern auch die materiellen und naturräumlichen Faktoren, die für die Nutzung und Wahrnehmung entscheidend waren. Möglichkeiten und Grenzen der Fortbewegung wurden dabei in den Reiseberichten reflektiert und, wie sich zeigt, auch klassifiziert.

Wetter- und Natureinflüsse

Unabhängig von der Art der Fortbewegung war Reisen in Hinblick auf die natürlichen Abhängigkeiten und vor allem in Bezug auf das Wetter keine einfache Angelegenheit und bewegte sich je nach Jahreszeit und Witterungslage, Vorbereitung und Durchführung, zwischen optimalen Reisebedingungen und unüberwindbaren Barrieren.[123] Hans Schad (1575–1634) musste etwa berufsbedingt als Diplomat der Reichsstadt Ulm auch im Winter reisen, was prinzipiell nicht nur Nachteile mit sich brachte, da der Frost aufgeweichte Wege festigte und der Schnee Unebenheiten ausglich. Wer sich also darauf einstellte und über die entsprechende Kleidung verfügte, konnte selbst im Winter gut reisen.[124] Eine winterliche Heimreise gestaltete sich dennoch bei Schad einmal besonders schwierig, da

---

123 Treffend fasst Cordula Scholz für Handelsreisende ins mittelalterliche Byzanz zusammen: »Fernhandel in und durch fremde Länder warf durch das gesamte Mittelalter hinweg dieselben Probleme auf: Bedrohung des eigenen Lebens und der Freiheit, Gefahr für Fahrzeuge, Waren und Tiere durch Witterung, Diebe, Räuber, schwierige Reisebedingungen durch schlechte Straßen, schwierige und oft gefährliche Fluß- und Paßübergänge, [...] begrenzte Küstenschifffahrt, klimatische Unwägbarkeiten, politische Auseinandersetzungen wie Krieg und Unruhen« [Scholz, Cordula: In fremden Landen Handel treiben – ausländische Händler in Byzanz, in: Das Mittelalter 6 (2001), S. 91–107, hier S. 92]. Dieses von Scholz aufgeführte Faktorenbündel beschränkte sich natürlich nicht auf das Mittelalter, auch im 16. Jahrhundert waren die Reisenden damit konfrontiert, sprachen und schrieben darüber. Diesen ›tradierten‹ Herausforderungen aber wurden bestimmte Bewältigungsstrategien entgegengesetzt, die die Fortbewegung und Reisen ermöglichten, wie etwa eine gezielte Reiseplanung und -vorbereitung, das Mitführen von Proviant und Arznei, von Itineraren und Wegkundigen.
124 Ohler 2004, S. 34f.

der Weg derart verschneit war, dass er selbst *mitt 10 pferden vor einem schlitten nitt auss-kommen künd*.[125]

Einen *böß[en] und gefroren[en]* Weg durch einen Wald mussten im März 1569 Hans Johann von Hürnheim (gest. 1585) mit seinem Kaplan Wolfgang Gebhart schon kurz vor Augsburg bewältigen, als sie vom Ries zu einer Pilgerreise nach Rom und Jerusalem aufbrachen – zumindest, wenn man dem Bericht des Kaplans folgt. Denn über diese Reise verfasste auch Hürnheim einen Bericht, hier jedoch heißt es zu dem von Gebhart als schlecht umschriebenen Wegabschnitt lediglich: *Den 22. März haben wir zu Wertingen [nach einer Übernachtung; AD] ein Morgensuppen gessen und sind nachmaln gen Augspurg geritten, ist 4 teutscher oder 20 welscher Meil.*[126] In diesem Bericht war der schlechte Weg keine Erwähnung wert, während in dem anderen die ungünstigen Umstände benannt sind. Der Kaplan lädt den Text damit auf und gibt entweder ein dichtes oder verzerrendes Bild; möglicherweise war der Geistliche anders als sein adeliger Kompagnon aber auch nicht an derartige Situationen gewöhnt. Die Reisegefährten beschreiben also in beiden Berichten den identischen Reiseweg unterschiedlich, und dies obgleich sowohl Hürnheim als auch Gebhart die Pilgerreise noch im Jahr der Rückkehr jeweils für sich dokumentierten.[127] Die divergierende Beschreibung ein und derselben Wegstrecke setzte sich in den Berichten fort. So übernachteten die Pilger auf dem Weg zum Bodensee in Sontheim und ritten von hier aus in das rund acht Kilometer entfernte Ottobeuren, wie Hürnheim im Bericht mitteilt, während Gebhardt ausführlicher festhält, dass sie ursprünglich in das zehn Kilometer hinter Ottobeuren gelegene Grönenbach wollten, aber darauf wegen des *grossen vngewitters vnnd grossen frosts* vorerst verzichteten.[128] Die Informationsdichte der beiden Reiseberichte unterscheidet sich deutlich, wie sich an den zwei genannten Beispielen exemplarisch hervorheben lässt. Obgleich sich gattungstypologisch gesehen natürlich Muster und Konventionen in Reiseberichten erkennen lassen, gilt es dennoch für jeden Einzelfall zu bedenken, dass spezifische individuelle Schreibkonventionen und damit Dokumentationspraktiken sowie die individuelle Zielsetzung des Schreibenden die jeweilige Informationsdichte ausmachen. Der Kaplan Gebhart berichtet nicht nur statisch über Anfangspunkt und Zielort, wie dies Hürnheim tut, sondern gibt zusätzlich Wahrgenommenes wieder,

---

125 Greiner, Hans (Hg.): Das Memorial- und Reisebuch des Hans Schad. Ein Beitrag zur Geschichte Ulms im 17. Jahrhundert, in: Württembergische Vierteljahreshefte für Landesgeschichte, Neue Folge 7 (1908), S. 334–420, hier S. 414 (18. Jan. 1627). Siehe zur Person und seinem Bericht den Eintrag im Verzeichnis der Selbstzeugnisse im deutschsprachigen Raum der FU Berlin, URL: https://www.geschkult.fu-berlin.de/e/jancke-quellenkunde/verzeichnis/s/schad/index.html (13.4.2023).
126 Reisen und Reisende in Bayerisch-Schwaben 2015, S. 64–80, hier S. 72 (Hans Johann von Hürnheim und sein Kaplan Wolfgang Gebhart, 1569/70). Vom Kaplan sind keine Lebensdaten bekannt.
127 Ebd., S. 65. Die Reise ging bis zum Januar 1570. Noch in diesem Jahr verfasste nachweislich der Kaplan und vermutlich ebenso Hürnheim einen Bericht.
128 Ebd., S. 74 f. Der Weg nach Grönenbach wurde bis zum Abend aufgeschoben.

um Authentizität und Nachvollziehbarkeit herzustellen und so das mögliche Geschehen schriftlich präsent zu halten und sich deutlich als Beteiligter, nicht nur als Beobachter, an der Situation zu erkennen zu geben. Sein Fokus liegt also auch darin, die Umstände und das Setting der Reise zu schildern, weshalb seine Dokumentationspraxis auf andere Beschreibungsmuster zurückgreift, die uns Einblicke in einen Reisealltag erlauben.[129]

Die Berichte von Hürnheim und Gebhart zeigen eindringlich auf, dass die Straßen und Wege nicht per se schlecht oder gut waren, sondern betonen die Subjektivität der wahrgenommenen, erinnerten und im Moment der Berichtsabfassung für mitteilungswürdig oder nicht erwähnenswert erachteten Wegbeschaffenheit. Dies schloss die zuletzt genannte Möglichkeit ein, über wetter- und damit wegbedingte Routenänderungen zu reden oder zu schweigen. Das Reden und Schweigen über die Reisewege kannte seine individuellen Ausformungen, glich sich aber vor allem dann in Abhängigkeit von individuellen Gewohnheiten des Erlebens, Erinnerns und Berichtens an, wenn die Fortbewegung beschwerlich war. Dazu gehörten Unfälle, wie am 27. März 1569, als Hürnheims mitreisender Schwager samt Pferd in eine *Kotlachen* fiel, wie er selbst notiert und auch der Kaplan festhält, allerdings mit der Ergänzung, dass viele Kleider ausgewaschen werden mussten.[130] Der so in den beiden Berichten thematisierte Reisetag war aber nicht nur für Hürnheims Schwager, sondern für alle aufgrund eines übermäßigen Regens unangenehm und strapaziös. Und als – wie Gebhart weiter schreibt – *balt alle naß waren*, ritten sie den *abent nit weitter.*[131] Das Wetter wurde zum Hindernis.

Mit einer nicht nur wetterbedingten vorübergehenden Beeinträchtigung der Fortbewegung, sondern einer körperlich verursachten Grundschwere musste der an einer Nierenkrankheit leidende französische Philosoph Michel de Montaigne seine 1580 vorgenommene Gesundheits- und Bildungsreise nach Italien bestreiten. Für einen nach Trient führenden Gebirgspfad bei Pfronten notierte der wegbegleitende Sekretär, wie sie den Pfad gegen einen bequemeren Weg *(le chemin plus dous)* eintauschten, um sich in Deutschland schöne Städte anzuschauen.[132] Wenige Tage zuvor, am 11. Oktober 1580,

---

129 Die zahlreiche interdisziplinäre Literatur zur Theorie und Praxis der Ego-Dokumente und Selbstzeugnisse ist schwerlich noch überschaubar, grundlegend jedoch immer noch Schulze, Winfried (Hg.): Ego-Dokumente. Annäherungen an den Menschen in der Geschichte (Selbstzeugnisse der Neuzeit 2), Berlin 1996. Darüber hinaus haben sich im Zuge des cultural und linguistic turn vielfach interdisziplinäre Ansätze der Anthropologie, Ethnologie, Linguistik und Literaturwissenschaft als sehr fruchtbar erwiesen, siehe etwa die Einleitung bei Fischer-Kattner 2015, besonders S. 44–71.
130 Reisen und Reisende in Bayerisch-Schwaben 2015, S. 73 f.
131 Ebd.
132 Montaigne/Dédéyan 1946, S. 131. Den ersten Teil des Reiseberichts verfasste der Sekretär und den zweiten Montaigne selbst. Hauptanliegen der Reise war die Linderung eines Nierenleidens [Fieseler, Christian: Der kranke Körper auf Reisen, in: Bracher, Philip u. a. (Hg.): Materialität auf Reisen. Zur kulturellen Transformation der Dinge (Reisekultur und Kulturanthropologie 8), Münster 2006, S. 159–174, hier S. 162]. Siehe zu dieser Reise und zum Bericht auch das Nachwort in: Montaigne/Flake 1915/1988, S. 330–354

mussten die Reisenden auf dem Weg von Lindau Richtung Füssen zwangsweise bei Wangen halten, da das mit dem Gepäck beladene Maultier verletzt war. Stattdessen mieteten sie einen mit vier Pferden bespannten Wagen *(une charrete)* für drei Taler pro Tag an und reisten so weiter.[133]

Keineswegs sorgenfrei lief auch der in Zusammenhang mit den Kutschen bereits angesprochene Rückweg von Herzog Wilhelm nach der Vermählung seiner Tochter mit Herzog Philipp Ludwig. Ein Teilstück der Wegstrecke von Neuburg nach Bensburg konnte er zwar ohne Zwischenfälle mit einer Kutsche zurücklegen, doch bei einem Ausflug auf einen Berg bei Ulm war es aufgrund der *grossen höhe und enge des wegs gar gefehrlich* sich mit der Kutsche weiter fortzubewegen.[134] Bereits auf dem Hinweg geriet ein Hofjunker in eine lebensbedrohliche Situation, als er mit seinem Pferd in den Neckar stürzte. Tier und Reiter blieben letztlich unverletzt.[135] Und als es am Folgetag unaufhörlich stark regnete, kam es wie bei Hürnheim und seiner Reisegesellschaft zu einem vorübergehenden Reisestillstand, da man sich bei solchen Wetter- und damit Wegeverhältnissen *auff den Rossen schwerlich erhalten* könne.[136] Die Wetterbedingungen werden wiederkehrend in den Reiseberichten thematisiert, da die eigenen Füße und ebenso die Hufe der Tiere auf die Festigkeit des Straßenkörpers angewiesen waren. Die Naturabhängigkeit war also eine zweifache: Die Verkehrsbahnen waren (1.) eingebettet in die Natur, kilometerlang über die ganze Straßenoberfläche mit Steinen und Holz ausgebaute Wegstrecken gab es nicht, stattdessen bestimmte das Erdreich die Festigkeit weiter Teile der Wegstrecken.[137] Dadurch waren (2.) Regen und Unwetter zuvorderst weniger für den Körper der Reisenden und deren Tiere selbst als vielmehr durch die dadurch bedingte Aufweichung des Straßenkörpers eine Reiselast.

Reisen mit und ohne Post

Über Wetter- und Straßenverhältnisse konnte sich kein Reisender hinwegsetzen, auch Herzog Wilhelm nicht. Er setzte seine Reise nach der wetterbedingten Unterbrechung fort und verweilte bei seiner Rückreise drei Tage in Lauingen. Von dort ist er *auff der*

---

und Wiedemann, Hermann: Montaigne und andere Reisende der Renaissance. Drei Reisetagebücher im Vergleich: Das »Itinerario« von de Beatis, das »Journal de voyage« von Montaigne und die »Crudities« von Thomas Coryate (Grenzüberschreitungen – Studien zur europäischen Moderne 9), Trier 1999.
133 Montaigne/Dédéyan 1946, S. 125 f. Montaigne/Flake 1915/1988, S. 51 übersetzt das Wort ›une charrete‹ mit ›Karren‹. Die in Reisen und Reisende in Bayerisch-Schwaben 2015, S. 91–121, hier S. 96 übernommene Übersetzung spricht gleichfalls von ›Karren‹, obgleich das »Gespann von vier Pferden« [ebd.] darauf verweist, dass es sich um einen Wagen handelte.
134 Herrliche Beschreibung der beyder fürstlichen Heimfahrt 1576, fol. 110v.
135 Ebd., fol. 67v.
136 Ebd.
137 Siehe hierzu die Befunde von Kapitel 4, speziell etwa zu den Gräben zum Ablassen von Wasser am Straßenrand, sowie die Ausführungen zu den Hohlwegen Kapitel 4.3.2.

Post nach Gundelfingen *geritten, [hat] dasselbig besichtigt* und kehrte dann auf einem Pferd nach Lauingen zurück.[138] Die von Wilhelm geschilderte Benutzung der Post,[139] zumindest auf dem Hinweg, ist einer der wenigen Momente, in denen in den hier analysierten Berichten ein Reisender mit der Post in Berührung kam. Von der Nutzung der Post für die Fortbewegung des eigenen Körpers ist ansonsten wenig bis gar keine Rede. Festzuhalten ist also, dass die Post seit dem frühen 16. Jahrhundert zwar prinzipiell von jedermann genutzt werden konnte und seitdem immer auch dem Reisen gedient hat.[140] Dies bringen auch die seit den 1560er Jahren publizierten, speziellen Itinerare zum Ausdruck, die ausschließlich Poststationen verzeichnen und aufzeigen, dass die Post vor allem in Spanien (235 Stationen) und Frankreich (229) genutzt wurde. Für Deutschland lassen sich demgegenüber zusammen mit dem südwestdeutschen Vorderösterreich lediglich 30 Poststationen feststellen, während es selbst in den flächenmäßig weitaus kleineren spanischen Niederlanden, von wo die Tassis/Taxis-Post ihren Anfang nahm, 25 Poststationen gab.[141] Das 16. Jahrhundert stand also noch keineswegs für jeden Reisenden im Zeichen des Merkur, womit der programmatische, titelgebende Schlusssatz der Studie von Wolfgang Behringer aus dem Jahr 2003 zu relativieren ist: »Die Frühe Neuzeit stand im Zeichen des Merkur«[142] – aber nicht für die im 16. Jahrhundert in und durch Oberdeutschland reisenden Menschen, und dies, obgleich die Hauptpoststrecke zwischen Augsburg und Brüssel ein »Experimentierfeld [war], auf dem die Technik der Raumportionierung erprobt« und zuvorderst etabliert wurde.[143]

Die Beobachtung lässt sich mit dem Augsburger Arzt und Botaniker Leonhard Rauwolf (um 1540–1596) bestätigen. Als er am 18. Mai 1573 zu einer dreijährigen Orientreise aufbrach, ritt er von seiner Heimatstadt mit seinem eigenen oder zumindest selbst angemieteten Pferd bis nach Voghera bei Pavia, und erst von dort nahm er bis nach Nizza *die halbe Posten* in Anspruch.[144] Eine solche halbe Post nahm im Unterschied zur ganzen Post Briefe und Personen nur einfach mit und nicht auch wieder zurück.[145] Der als Handelsgehilfe und danach in verschiedenen Ämtern für die Stadt Nürnberg tätige

---

138 Herrliche Beschreibung der beyder fürstlichen Heimfahrt 1576, fol. 109v u. 110r.
139 Behringer 2003 führt diese Station nicht an. Zur Entstehung neuer Poststationen allgemein siehe ebd., S. 90–93.
140 Ebd., S. 437.
141 Ebd., S. 95.
142 Ebd., S. 688.
143 Ebd., S. 90.
144 Rauwolf, Leonhard: Aigentliche beschreibung der Raiß, so er vor diser zeit gegen Auffgang inn die Morgenländer, fürnemlich Syriam, Iudaeam, Arabiam, Mesopotamiam, Babyloniam, Assyriam, Armeniam etc. nicht ohne geringe mühe vnnd grosse gefahr selbs volbracht [...], o. O. 1583 [VD16 R 431], S. 2–6 (Zitat S. 6); zur Person: Häberlein, Mark: ›Rauwolf, Leonhard‹, in: NDB 21 (2003), S. 217 f.
145 Estor, Johann Georg: Bürgerliche rechtsgelehrsamkeit der Teutschen [...], Tl. 1, Marburg 1757 [VD18 11121564], S. 856.

Hieronymus Köler (1507–1573) reiste gleichfalls viel und nahm 1537 die *postpferd[e],* wie er selber schreibt, 14 Tage am Stück in Anspruch, um von Antwerpen nach Lissabon zu gelangen.[146] Ansonsten aber waren es die eigenen Füße, selbst gekaufte oder angemietete Pferde und Schiffe, mit denen er sich zu Lande und zu Wasser fortbewegte.[147] Überhaupt keinen Bedarf an von der Post bereitgestellten Stationen zum Wechseln von Pferden hatte Ottheinrich von der Pfalz (1502–1559), als er zunächst 1519 in Begleitung seines Onkels und Vormunds Friedrich II. von der Pfalz nach Spanien und sodann im Frühjahr 1521 kurz nach seinem 19. Geburtstag in das Heilige Land reiste.[148] Die in der Folge etwas genauer zu betrachtenden mehr als 12.000 Kilometer[149] legten Ottheinrich und seine Weggefährten bei kürzeren Strecken zu Fuß, ansonsten aber auf einem Pferd, einem Esel, auf einem von Tieren gezogenen Wagen oder mit Schiffen zurück.[150] Als Lasttiere und womöglich auch als Fortbewegungsmittel treten zudem Kamele in Erscheinung.[151] Nicht benutzt wurde die Post.[152]

---

146 Amburger, Hannah S. M.: Die Familiengeschichte der Koeler. Ein Beitrag zur Autobiographie des 16. Jahrhunderts, in: MVGN 30 (1931), S. 153–288, hier S. 231. Zur Person ebd., S. 171–184 u. Hirschmann, Gerhard; ›Köler, Hieronymus‹, in: NDB 12 (1979), S. 317f.

147 Amburger 1931, S. 216, 220, 224–226, 228–231, 246 u. 251.

148 Einen Überblick über diese ›Wanderjahre‹ Ottheinrichs findet sich bei Reichold, Klaus: Der Himmelsstürmer. Ottheinrich von Pfalz-Neuburg (1502–1559), Regensburg 2004, S. 48–70. Siehe insgesamt zu Ottheinrich auch Bäumler, Suzanne u. a. (Hg.): Von Kaisers Gnaden. 500 Jahre Pfalz-Neuburg (Katalog zur Bayerischen Landesausstellung 2005), Augsburg 2005 und Zeitelhack, Barbara (Hg.): Pfalzgraf Ottheinrich. Politik, Kunst und Wissenschaft im 16. Jahrhundert, Regensburg 2002. Bei den adeligen Weggefährten nach Jerusalem handelte es sich um den Neuburger Hofmeister Reinhard von Neueneck, Graf Georg zu Zweibrücken, die Ritter Georg von Wemding und Engelhard von Hirschhorn, der Herr von Hirschheim, der Ritter Georg Wilhelm von Leonrod sowie Philipp Ulner von Dieburg. Daneben reiste für die standesgemäße Lebenshaltung und Versorgung folgendes Dienstpersonal mit: »ein Koch, ein Barbier, ein Dolmetscher, ein Schneider und schließlich sogar ein angeworbener Kellerknecht, der für den in Venedig eingekauften Wein zuständig war« [Reichert 2005, S. 51].

149 Dokumentiert sind die 6.500 km für die Pilgerreise [Reichert 2005, S. 58] und die 2.500 km umfassende Route über die Iberische Halbinsel [Hellwig 2010, S. 59]. Hinzu kommen für die Hinreise Neuburg–Barcelona – dort begann die Rundreise – mind. 1.100 km (Luftlinie). Die Rückreise erfolgte von La Coruña aus zunächst nach England und vor dort über die Niederlande wieder nach Neuburg [ebd., S. 37], was mit mindestens 2.000 km veranschlagt werden kann (Luftlinie).

150 Siehe zusammenfassend Hellwig 2010, S. 61 f. u. Reichert 2005, S. 58; zur Fortbewegung mittels Wagen ebd., S. 117.

151 Röhricht, Reinhold: Zwei Berichte über eine Jerusalemfahrt (1521), in: Zeitschrift für deutsche Philologie 25 (1893), S. 163–220 u. 475–501, hier S. 177.

152 Die von Behringer 2014 I konstatierte schlagartige Veränderung des Reiseverhaltens durch die Post seit etwa 1500 trifft damit zumindest in dieser Pauschalität nicht zu, wie sich nicht nur für die dokumentierten Teile der Reisen von Ottheinrich sagen lässt. Es bleibt also nicht zuletzt mit Blick auf den zunehmenden Gebrauch von Kutschen zu diskutieren, inwieweit die Reichspost, wie auch Behringer, Wolfgang: Art. ›Reichspost‹, in: EdN – Online [2014] hervorhebt, im gesamten 16. Jahrhundert der maßgebliche Schrittmacher für ein beschleunigtes Leben war.

Gute und schlechte Wege zu Lande und zu Wasser

Zunächst lässt sich auch für diese Berichte, welche von verschiedenen Weggefährten Ottheinrichs und von ihm selbst stammten und mit einer variierenden Dichte Auskunft über die Reisen geben,[153] festhalten, dass der Weg an sich immer wieder angesprochen wird. So ist ganz konkret einerseits von guten und sehr oft von ebenen Wegen die Rede, wie bei einem verhältnismäßig kurzen Abschnitt der Rückreise aus dem Heiligen Land vom heutigen Slowenien bis nach Lauingen. Hier verwendet der mit dem Pferd reisende Ottheinrich je sechsmal das Wort gut und eben. So war es von Ljubljana bis Bischofslak drei Meilen lang ein *guter weg,* von Mülbach an der Rienz nach Sterzing *eben* und der Wegabschnitt von Offingen nach Lauingen wiederum *gut.*[154] Andererseits begegnete Ottheinrich auf ebendiesem Teil der Reise gleichermaßen *bößen,* also schlechten, beschädigten und schadhaften Wegstellen.[155] Am 16. November 1521 war daneben in Kärnten ein verfallener, *wüster weg* zurückzulegen.[156]

Solche Aussagen über den Wegzustand erfahren mittels Adjektiven eine Präzisierung und sind weitaus mehr als topoiartige Formulierungen,[157] da sie letztlich in der Wahrnehmung des Schreibenden zum Ausdruck bringen, wie unbeschwert (gut) oder beschwerlich (böse) die Fortbewegung in bestimmten Reisemomenten unter bestimmten Umständen war. Eine solche Einschätzung bestätigt sich, wenn man sich den Schreibkontext genauer anschaut, warum ein Weg als böse galt. Dies war vor allem dann der Fall, wenn der Weg nicht eben, also gerade und damit gut und bequem, sondern uneben, bergig und damit böse und schlecht war. So heißt es für die bereits fokussierte Wegstrecke in Slowenien: *Unnd am 7. Tag novembris bin ich zu Adelsperg außgeritten unndt hab auch bößen weg unnd birg gehabt bis gen Obern Labach.*[158] Doch schon die ersten Meilen kurz nach Beginn der Pilgerreise von Lauingen nach Augsburg empfand Ottheinrich als *bergich,* und ebenso von Jerusalem nach Jericho heißt es: *[I]st ein sehr bößer weg zu reytten im*

---

153 Der Bericht Ottheinrichs über die Pilgerreise ist nur in einer Kopie überliefert. Siehe hierzu und zu den anderen Berichten von Mitreisenden Reichert 2005, S. 15–20. Von der knapp dreimonatigen Reise durch Spanien und Portugal liegen tagebuchähnliche Aufzeichnungen des sprach- und landeskundigen Sekretärs Johann Maria Warschitz vor, der Ottheinrich begleitet hat [Hellwig 2010].
154 Reichert 2005, S. 238 u. 240. Siehe daneben etwa auch die guten Wege bei Röhricht 1893, S. 185 u. 190.
155 Reichert 2005, S. 238 u. 240; FWB, Lemma ›böse‹, URL: http://fwb-online.de/go/b%C3%B6se.s.4adj_15434 21942 (13.4.2023).
156 Reichert 2005, S. 238; Wörterbuch Grimm, Lemma ›wüst‹ [Bd. 30, Sp. 2419].
157 Es gilt dabei zu beachten, dass Adjektive alleine natürlich auf keine »außersprachliche Wirklichkeit« verweisen, »erst im Verbund mit einem Bezugslexem«, hier Straße oder Weg, nimmt das Adjektiv eine zentrale Bedeutung ein und charakterisiert den Wegzustand, siehe Thomas, Barbara: Adjektivderivation im Nürnberger Frühneuhochdeutsch um 1500. Eine historisch-synchrone Analyse anhand von Texten Albrecht Dürers, Veit Dietrichs und Heinrich Deichslers (Wortbildungen des Nürnberger Frühneuhochdeutschen 3), Berlin/New York 2002, hier S. 8.
158 Reichert 2005, S. 238.

birg.[159] Ein anderer, namentlich nicht bekannter Reisender, der zusammen mit Ottheinrich durch das Heilige Land zog und parallel darüber berichtete,[160] nahm die zurückgelegten Wegstrecken vergleichbar wahr: *Item am 26. Tag [...] sind wir durch Betlaem durch Rauh und Birgig Weg gefaren in das gebürg Montana Judea geheyssen.*[161] Einen bergigen und bösen Weg gab es auch auf der Iberischen Halbinsel[162] und schließlich ebenso 26 Jahre vor Ottheinrich bei Hieronymus Münzer (1437–1508), der einen Weg von Santiago nach Beneventum mit folgenden Worten beschrieb: *via montosa et pessima.*[163]

Mit bösen, unebenen und bergigen Wegen wurden die Reisenden jederzeit und überall konfrontiert, unabhängig von der berichtenden Person und der bereisten Gegend. Indem die Zeitgenossen diesen Umstand explizit machten, hoben sie in Abgrenzung und in Ergänzung zu den guten, unbeschwert zu benutzenden Wegen die Mühsale der Wegenutzung hervor. Denn als ›gute‹ Straße galt in der Vormoderne stets, wie bereits Folker Reichert konstatiert hat, »ein flacher, trockener und dadurch leicht zu bereisender Weg«,[164] der überdies frei von Bedrohungen wie Überfällen[165] respektive frei von Gewalt war.[166] Ein ›schlechter Weg‹ zeichnete sich demgegenüber durch äußere Unsicherheit und/oder durch eine unzureichende, da die Fortbewegung erschwerende materielle Beschaffenheit aus. Neben bergigen Wegabschnitten finden bei Ottheinrich etwa verschneite Strecken

---

159 Ebd., S. 104 u. 176.
160 Zum Konzept der Parallelberichte siehe Esch, Arnold: Gemeinsames Erlebnis – individueller Bericht. Vier Parallelberichte aus einer Reisegruppe von Jerusalempilgern 1480, in: ZHF 11 (1984), S. 385–416.
161 Röhricht 1893, S. 190.
162 Die Reisenden mussten hier einen *gar beusen wegs unter dem Berg* oder einen *seltzemen beusen und tieffen weg* bestreiten [Hellwig 2010, S. 122].
163 BSB Clm 431, Itinerarium des Hieronymus Münzer 1494, fol. 182v. Der bereits in der Einleitung (siehe Anm. 193 (Kapitel 1)) vorgestellte Bericht hat sich in einer von Hartmann Schedel angefertigten Abschrift erhalten [BSB Clm 431, Itinerarium des Hieronymus Münzer 1494]. Sie wurde für die lange unedierten Teile in digitalisierter Form über das Münchener Digitalisierungszentrum herangezogen. Siehe zu den Teileditionen Herbers, Klaus/Plötz, Robert: ›Itinerarium Hispanicum‹ des Nürnbergers Hieronymus Münzer (1494). Auch Humanisten Pilgern, in: Dies. (Hg.): Nach Santiago zogen sie. Berichte von Pilgerfahrten ans ›Ende der Welt‹, München 1996, S. 135–150 und Herbers, Klaus: Vom Bodensee nach Spanien. Eigenes und Fremdes im Blick eines Reisenden um 1500, in: Bauer, Dieter R. u. a. (Hg.): Oberschwaben und Spanien an der Schwelle zur Neuzeit. Einflüsse – Wirkungen – Beziehungen, Ostfildern 2006, S. 9–31. Das Projekt einer Neuausgabe samt Kommentierung, wie es Herbers, Klaus: Humanismus, Reise und Politik. Der Nürnberger Arzt Hieronymus Münzer bei europäischen Herrschern am Ende des 15. Jahrhunderts, in: Gotthard, Axel u. a. (Hg.): Studien zur politischen Kultur Alteuropas. Festschrift für Helmut Neuhaus zum 65. Geburtstag (Historische Forschungen 91), Berlin 2009, S. 207–220, hier S. 207 (Anm. 2) angekündigt hat, ist mittlerweile abgeschlossen: Münzer/Herbers 2020; die anhand des Originals zitierte Stelle ist auf S. 218 zu finden. Zur Übersetzung Herbers 2020, S. 141.
164 Reichert 2001, S. 26.
165 Dies hebt Hellwig 2010, S. 63 hervor.
166 Bei der Ortschaft Rama verstellten 200 Bauern *unns den weg mit gewalt und wollten von jedem Bilger haben XV Modin* [Röhricht 1893, S. 498].

oder der Weg *durch holtz*, also Wald, Erwähnung.[167] Dieser Weg durch einen Wald wird zudem als ein *sehr irriger* beschrieben: Oft verzweigt und für die Nutzer ohne erkennbare Linie zwang er sie zu einem Umherschweifen, wodurch das Wegeziel nicht geradewegs, sondern auf Abwegen erreicht wurde. Es handelt sich also um eine nicht durchgehend zielgerichtete Fortbewegung, die sich keineswegs weit entfernt etwa im Heiligen Land, sondern bei Rosenheim und damit rund 170 km vom Startpunkt der Reise entfernt ereignet hatte.[168]

Das Wissen um den Verlauf von Wegen stieß schnell an Grenzen, weshalb Ottheinrich und viele andere Reisende oft auf – keineswegs unfehlbare – Wegführer angewiesen waren.[169] Der Bedarf an Wegkundigen betraf, neben den Landstraßen, auch *unser[e] stroß* auf dem Meer, wie Ottheinrich einmal bezeichnenderweise den Seeweg umschrieb.[170] Die Fortbewegung auf den Meeresstraßen hing also ebenfalls von zwei Faktoren ab: dem Faktor Mensch und dem Faktor Natur. In Hinblick auf den Faktor Mensch waren die Reisenden nicht auf einen Kutscher und schon gar nicht auf sich selbst, sondern auf die Navigationsfertigkeiten des Patrons angewiesen, in dessen Fähigkeiten es lag, über Berechnungen, Instrumente und astronomische Kenntnisse den ›rechten‹ Weg zu finden. Mehr aber noch war man auf See abhängig vom zweiten Faktor, dem Wind. Wiederkehrend ist in den Berichten vom guten, starken, sehr guten oder einfach nur von einem gnädigen Wind die Rede, der die Reisenden näher an ihr Ziel brachte und die Schifffahrt ohne Gefahr zuließ.[171] Demgegenüber konnte der Wind aber auch ungnädig, böse sein, etwa wenn ein derart starker Sturmwind aufkam, dass der eine hier, *der ander dorthin zu fallen gezwungen ward* und daraufhin *Etliche auch gar herlich speyen warden*.[172] Besonders letzteres Zitat lässt eindringlich erkennen, dass sich Fortbewegung jeglicher Art direkt auf den Körper und die Befindlichkeiten des Reisenden auswirkte. Sehr deutlich zeigt sich an dieser Stelle die unmittelbare Verwobenheit von Akteur, Körperlichkeit, Mobilität und Natur. Fortbewegungspraktiken waren und sind immer körperlich. Neben diesem Sturm hatte aber auch das andere Extrem, die Windstille oder gar ein Gegenwind, nachhaltigen Einfluss auf die Fortbewegung auf dem Meer. So ist etwa entsprechend des

---

167 Reichert 2005, S. 104 u. 107.
168 Ebd., S. 104; FWB, Lemma ›irrig‹, URL: http://fwb-online.de/go/irrig.s.4adj_1543604829 (13.4.2023).
169 In Spanien organisierte Sekretär Warschitz die Reise, der sich jedoch einmal verirrte und damit eine Verspätung verursachte [Hellwig 2010, S. 26 f. (zu Warschitz) u. 106 (Irrweg)]. Siehe zum Wegführer im Heiligen Land Reichert 2005, S. 36. und in einem anderen Zusammenhang zu einem bei Dillingen umherirrenden Reiseleiter Mączak 2016, S. 30.
170 Reichert 2005, S. 150.
171 Ebd., S. 158 (guter Wind), S. 170 (sehr guter Wind), S. 236 (starker Wind); Röhricht 1893, S. 171 (gnädiger Wind).
172 Ebd., S. 167.

generell kontrastvollen Mittelmeerklimas zu lesen:[173] *Item am 28. Tag Juni [...] stund der Wind ab, weshalb die Schiffsreisenden gar wenig des wegs gefürdert wurden.*[174] Mit der als *bonatze* bezeichneten Windstille und ebenso mit einem Gegenwind *(wieder windt)* mussten sich die Reisenden arrangieren und warten.[175]

Der ungewollte Stillstand auf dem Meer verdeutlicht ex negativo, dass die Möglichkeiten und Grenzen der Fortbewegung zu Wasser und zu Lande als zentrale narrative Elemente der Reiseberichte zu begreifen sind. Zu reisen bedeutete in dieser Zeit, sich im physischen Raum sehr zeitintensiv unter körperlichen Anstrengungen und realen Gefahren für Leib und Seele fortzubewegen. Dies geben viele Berichte 1.) in ihrer Gesamtheit aufgrund des Reiseverlaufs zu erkennen – von der Hinreise über das Reiseziel bis zur Rückreise. Daneben sind es 2.) die angeführten zahlreichen Einträge, welche die Schwere oder Leichtigkeit der Fortbewegung durch qualifizierende Angaben zur Wegbeschaffenheit explizit machten. Die zurückgelegte Route strukturierte aber auch deshalb nachhaltig die Reiseberichte, da sich überall quantifizierende Angaben zur zurückgelegten Wegstrecke finden lassen.

Distanzangaben und die (Selbst-)Vergewisserung der Reiseleistung

Die numerische Erfassung des zurückgelegten Reisewegs betraf bei Ottheinrich sowohl die Reise ins Heilige Land, beginnend mit Lauingen bis zum Endpunkt der Reise in Neuburg,[176] als auch die Reise durch Spanien und Portugal. In den Aufzeichnungen über den Aufenthalt auf der Iberischen Halbinsel finden sich jedem Eintrag vorangestellt itinerarähnliche Kurzangaben zu den Wegstrecken. *De Barcellona a Castel de Felix a cenar L[eguas] 3,* heißt es etwa, womit nicht nur die Wegdistanz, sondern auch der konkrete Reisezweck genannt sind.[177] Wenige Tage später, am 4. Januar 1520, wird eine fünf Meilen weite Durchreise durch San Mateo festgehalten.[178] Angaben über die Länge der Wege lassen sich in sämtlichen Berichten finden, da sie die Reise zunächst in actu und letztlich deren Niederschrift strukturierten; womöglich erlaubten sie es auch schon vor Reisebeginn, die Reise zu planen, was den reisepraktischen Nutzen von Itineraren, Straßenkarten und Meilenscheiben in den Fokus rückt.[179] Itinerare, Karten und Meilenscheiben sind daher dem

---

173 Braudel 1979/1990, S. 351–361.
174 Röhricht 1893, S. 171.
175 Reichert 2005, S. 232.
176 Ebd., S. 104 u. 242.
177 Hellwig 2010, S. 106.
178 Ebd., S. 109.
179 Denecke 1992, S. 241 u. 251. Zu Reiseplanungen insgesamt näher: Denecke, Dietrich: Vor und während der Reise. Informationen und Planungen zum Weg, zur Fahrt und zur Rast in historischer Zeit, in: Aurig, Rainer u. a. (Hg.): Im Dienste der historischen Landeskunde. Beiträge zu Archäologie, Mittelalterforschung, Namenkunde und Museumsarbeit vornehmlich in Sachsen. Festgabe für Gerhard Billig zum Geburtstag

pragmatischen Schriftgut zuzuordnen und damit materielle Repräsentanten von Mobilität und zielgerichtete Hilfsmittel. Sie halfen den Reisenden bei der Planung, halfen dabei den Weg zu finden, Entfernungen auf eine objektive Ebene zu heben, den Reiseweg zu dokumentieren und damit die erbrachte Leistung für sich und die Nachwelt festzuhalten, wie bereits Dietrich Denecke festgestellt hat[180] und sich mit Hans Schad bestätigen lässt. Bevor nämlich der Ulmer Diplomat aus beruflichen Gründen viel unterwegs war, bereiste er 1595 von seinem zu diesem Zeitpunkt in Königsberg befindlichen Wohnsitz aus England und die Niederlande. In dem Bericht resümierte er für sich und seine Nachkommen eine Gesamtlänge von 469 gereisten Meilen. Und weiter heißt es: *Diese 469 meilen hab ich zu wasser unnd land in einem vierteljahr geraisst und dazwischen in unterschidlichen ohrten 7 wochen und ettlich tag still gelegen.*[181] Die zu Wasser und zu Land zurückgelegten Distanzen waren zentraler Bestandteil der Reiseerfahrung und lassen sich in den Reiseberichten als resümierendes Muster identifizieren.[182] Neben der Summe war es jede Distanzangabe für sich genommen, gleich welcher Messgröße,[183] die eine Reiseleistung und damit eine Lebensleistung bezifferte, wie der im Handel und für die Stadt Nürnberg tätige Köler eindringlich unterstreicht. In der Familiengeschichte hielt er für seine *nachkommenden zu mehrer gedechtnus* neben dem bereits genannten Postweg von Antwerpen nach Lissabon die Reisewege fest, die ihn zu Fuß, auf dem Pferd und mit dem Schiff in die Niederlande, nach Spanien, Portugal, Italien, Böhmen und Sachsen führten.[184] Doch auch an ein Itinerar seines Großvaters Heinrich Köler (gest. vor 1482) erinnerte Hieronymus, indem er die mehr als 50 Stationen beginnend in Nürnberg und endend in Zürich auflistet, worauf

---

dargebracht von Schülern und Kollegen, Leipzig 2002, S. 459–469. Siehe auch die weiteren Ausführungen zu den Itineraren.
180 Denecke 1992, S. 251.
181 Greiner 1908, S. 380. Zur Abfassungszeit und zum Zweck des *Memorial- und raissbüchlin* siehe den bereits angeführten Eintrag im Verzeichnis der FU Berlin unter Anm. 125 (Kapitel 3).
182 Kardinal Luigi d'Aragona (1474–1519), welcher 1517/18 durch Deutschland, die Niederlande, Frankreich und Oberitalien reiste, hält am Ende 3576 italienische Meilen fest [De Beatis, Antonio: Die Reise des Kardinals Luigi d'Aragona durch Deutschland, die Niederlande, Frankreich und Oberitalien 1517–1518 (Erläuterungen und Ergänzungen zu Janssens Geschichte des deutschen Volkes 4, 4), Freiburg 1905, S. 180]. Diesen Bericht behandelt auch Wiedemann 1999.
183 Neben den »teutschen« Meilen sind es etwa auf der Iberischen Halbinsel spanische Meilen/leguas [Hellwig 2010, S. 59] und auf der Pilgerreise in der Regel »welsche« Meilen, welche die Reisenden angeben, so etwa Ulner von Dieburg, Philipp: Bericht von der Wallfahrt zum Heiligen Land 1521, fol. 56 [SBB Ms. Germ. Quart 1126]. Siehe aber auch die zyprischen Meilen, welche Reichert 2005, S. 208 für Ottheinrich anführt. Bei Dieburg, Bericht von der Wallfahrt 1521, fol. 112 heißt es hingegen für ebendiese Route von Nikosia nach Sanct Mamma *achtt Cypperisch meiln* und weiter: *das seynd funff teutscher meyln*. Kardinal Luigi d'Aragona rechnete wiederum die deutschen in italienische Meilen um (eine »teutsche« Meile entspricht fünf italienischen) und reflektiert ferner über die divergierenden Längen der französischen Meilen [De Beatis 1905, S. 28 u. 83].
184 Amburger 1931, S. 216, 220, 224–226, 228–231, 246 u. 251. Auf S. 255 f. ist ferner ein Reiseitinerar von Nürnberg nach Brandenburg aufgenommen, wer allerdings hier reiste, bleibt unklar.

die Worte folgen: *Disse weg und straßen hat mein liebher anher seliger Heinrich Köler vorgemelt gereist und vil gewandert in seiner handlung und ist zuletz darauf verschiden. Gott sey ime und uns allen genedig. Amen.*[185]

Der nicht näher beschriebene Tod Heinrich Kölers auf den Straßen und Wegen verweist auf die Gefahren des Reisens und eine – in diesem Fall finale – Verbindung von Reise- und Lebenszeit, wie sie Hieronymus Köler auch für seine eigene Biografie durch die Angabe der Reiseitinerare dokumentierte. Die derart bezeugte Reiseleistung bestand aus der Überwindung der mit den Itineraren nachgewiesenen Distanzen, allerdings ließen sich damit die körperlichen Anstrengungen nur in Grenzen zum Ausdruck bringen. Demgegenüber ermöglichten die angeführten Umschreibungen der Wege als böse, bergig und wüst eine Konkretisierung der Mühsale und die qualitative Hervorhebung der Schwere des Reisevorgangs, womit die Reiseleistung eine Erhöhung und vielleicht auch Überhöhung fand, denn nicht auszuschließen ist, dass der eine oder andere Weg nur schlecht war, um die – zweifelsohne unvermeidbaren – Strapazen plausibel zu machen.

(Lebens-)Gefahren, (Un-)Planbarkeiten und Reisegeschwindigkeiten

Nicht nur mit wenigen Worten, sondern stets umfänglicher zu beschreiben waren die lebensbedrohlichen Momente des Reisens, wie sie auch Hieronymus Köler erlebt hat. Als er 1526 zur Erledigung von Handelsgeschäften und zur Erlernung der Sprache nach Italien reiste, wurde er hinter Füssen in den Bergen Zeuge von Lawinenabgängen, die *etliche wegen mit man und roß damals verdarben*. Für die Sommerzeit wusste er von Steinschlägen zu berichten, *Gott behuet ein jedes menschs vor solichem lermen*.[186] Drei Jahre später, 1529, benutzte Köler auf dem Rückweg nach Nürnberg bei Salzburg einen schmalen Gebirgspfad, der unmittelbar am Abgrund entlang einer *grausame[n] ebne tiefe* führte, so dass sich kaum jemand ohne *schwindel des haupts* hat fortbewegen können. *Da zittert mir das hertzs und gebein im leib, auch das roß unter mir war zitternd.*[187]

Exemplarisch belegt Köler mit dem in der Schilderung verwendeten körperbezogenen und sensorischen Vokabular die unmittelbare Verbindung zwischen Fortbewegung und Körper, zwischen Mensch und Tier und versinnbildlicht die Angst und Lebensgefahr, in die jeder Reisende schnell geraten konnte. Gerade in solchen Momenten der Gefahr war die Schnelligkeit der Reise nachrangig. Im vorliegenden Fall war es womöglich sogar die langsame, bedachte Fortbewegung, die Köler mit seinem Pferd gegenüber einem eiligen Vorankommen bevorzugte, um die gefahrvolle Situation zu überstehen. Entscheidend war die sichere Bewältigung einer Tagesetappe, wozu Schnelligkeit beitragen konnte,

---

185 Ebd., S. 253. Siehe zusätzlich den dort im Anhang befindlichen und ab S. 280 erläuterten Stammbaum.
186 Ebd., S. 218.
187 Ebd., S. 219.

aber nicht musste. Auch deshalb berichten die Reisenden über schlechte Wege, da sie es erschwerten, ein Tagesziel und damit mittelbar auch ein endgültiges Reiseziel zu erreichen. Die Herausforderungen, hunderte oder gar tausende Kilometer zu überwinden, war jedoch jedem zumindest in Ansätzen bekannt, sei es aus eigener Erfahrung, Erzählungen oder gedruckten Abhandlungen wie Reiseberichten und Reiseempfehlungen. Den Strapazen konnte man sich nur gänzlich entziehen, wenn man schlicht und ergreifend nicht reiste, wie ein Florentiner, der 1624/25 den polnischen Kronprinzen nicht weiter als fünf bis sechs Meilen von Florenz entfernt begleitete, *da er sich vorher nie von zu Hause entfernt hatte*.[188] Andererseits konnte ein Reisender immer in bislang unbekannte, unvorhersehbare Situationen geraten, wie es einem vierzigjährigen Mann geschah, als er 1578 erstmals in seinem Leben bei hohem Wellengang über den Bodensee fuhr, in große Angst geriet und ganz *plaich Außgesehen* hat. Nach der wohlbehaltenen Ankunft bei Lindau schwor er, sein Leben lang auf keinem Wasser mehr fahren zu wollen.[189]

Die Herausforderungen des Reisens waren keineswegs durchweg, aber zumindest ein Stück weit erwartbar und planbar. Es war erforderlich, Wetter, Wegbeschaffenheit, den eigenen Körper sowie den Körper der zur Fortbewegung genutzten Tiere, das Reisetempo individuell oder im Zusammenspiel mit den Weggefährten anzupassen und ab und an eine ungewollte Verlängerung der Reisezeit zu akzeptieren. Eile konnte dennoch kaum gänzlich ausbleiben, wenn es etwa darum ging, noch rechtzeitig vor Schließung der Tore eine Stadt oder ein für die weitere Fortbewegung benötigtes Fahrzeug zu erreichen. Letzteres betraf in erster Linie Schiffe, wie sie Pilger zur Überfahrt von Venedig nach Jaffa benötigten. Bevor sich beispielsweise Philipp Ulner von Dieburg (um 1490–1556) in Venedig der Pilgerreise Ottheinrichs anschließen konnte, mussten er und zwei Weggefährten nach der Übernachtung in Trient ein morgendliches Treffen mit dem dortigen Bischof absagen, weil sie *eylentn darvon hinwegk* kommen mussten.[190] Venedig erreichten die Pilger am 1. Mai 1521, 14 Tage nachdem sie von Steinsberg im Kraichgau aufgebrochen waren.[191] Damit hatten sie ungefähr 670 km zurückgelegt, was einem Tagesdurchschnitt von rund 48 km entsprach. Pferde waren hierfür unerlässlich, sie ermöglichten es geübten Reitern pro Tag etwa 50 bis 60 Kilometer weit zu kommen, während Fußreisende nur 20 bis maximal 40 km schafften.[192]

---

188 Mączak 2016, S. 29, hier ist das Quellenzitat bereits sprachlich angepasst.
189 Reisen und Reisende in Bayerisch-Schwaben 2015, S. 51–63, hier S. 55 (Hans Ulrich Krafft, 1562–1581).
190 SBB Ms. Germ. Quart 1126, Dieburg, Bericht von der Wallfahrt 1521, fol. 4. Zur Person siehe Reichert 2005, S. 16–18. Die Abfahrt der Pilgerschiffe war freilich nicht fest terminiert, vielmehr legten sie »erst dann ab, wenn sich Reisegruppen gebildet hatten« [ebd., S. 20].
191 Dieburg, Bericht von der Wallfahrt 1521, fol. 1 u. 5.
192 Ohler 2004, S. 108 u. 111.

Solche durchschnittlichen Reisegeschwindigkeiten täuschen allerdings insofern, als eine Reise, wie dargelegt, nicht zuletzt aufgrund von wetterbedingten Schwierigkeiten der Wegnutzung nie gleichförmig verlief. Daneben waren es Berge und zu überwindende Höhenmeter, die darüber bestimmten, welche Distanz pro Tag zurückgelegt werden konnte. Überdies benötigten Mensch und Tier Ruhezeiten, was gleichfalls bei einer durchschnittlichen Reisezeit pro Tag unberücksichtigt bleibt.[193] Erhöhen ließ sich die Reisegeschwindigkeit allenfalls mit dem Wechsel von Pferden, wie die Post eindringlich zeigt[194] und auch Fynes Moryson wohl zu schätzen wusste, als seine Kutsche nach Weißenburg mit zwei frischen Pferden bespannt wurde. Wie bereits erwähnt, geschah dies nach einer beschwerlicheren Wegstrecke durch einen Wald, was den Pferdewechsel umso lohnender machte.[195] Deutlich mehr als 30 bis 40 km schafften von Pferden gezogene Fahrzeuge allerdings kaum,[196] was stets weniger war als die 50 km von geübten Reitern. Die Schnelligkeit, mit der sich Wagenreisende fortbewegen konnten, ist also relativ zu sehen und konnte mit Anzahl und Frische der Pferde stark variieren. Beides hat so sicherlich mit dazu beigetragen, dass Stanislaw Rescius wohl auch tatsächlich, wie bereits erwähnt, mit dem Wagen einmal langsamer war als Fußgänger.

Mensch – Tier Verhältnis, Reisememoria und Reisesicherheit

Das Mensch – Tier Verhältnis gestaltete sich insofern rein funktional im Sinne der raschen Fortbewegung, worauf, neben dem Pferdeaustausch bei Moryson, etwa auch der Verkauf des eigenen Pferdes kurz vor Venedig durch Philipp Ulner von Dieburg[197] oder der Ankauf von Kutschenstuten durch Hans Fugger hinweist.[198] Den Nutzwert des Pferdes[199] für den

---

193 Darauf wird ebd., S. 109 hingewiesen.
194 Dies lässt sich exemplarisch mit der 900 km langen Strecke von Augsburg nach Hamburg zeigen. Wie Behringer 2014 I aufzeigt, benötigte eine Briefsendung »vor 1500 bei ungemachten Wegen und unorganisiertem Reisen im Durchschnitt wohl 30 Tage. Nach Etablierung des Postkurses Köln–Hamburg, der 1612 den Anschluss an den bestehenden Postkurs von Augsburg über Rheinhausen nach Köln herstellte, benötigten Sendungen von Augsburg nach Hamburg noch elf Tage. Mit der Einrichtung eines Kurses Hamburg–Frankfurt verkürzte sich die Zeit 1642 um zwei Tage, mit dem Kurs Hamburg–Kassel–Nürnberg seit 1653 um einen weiteren Tag. Mit dem 1695 etablierten Direktkurs über Erfurt und Coburg brauchten Sendungen nur noch sechs Tage«.
195 Reisen und Reisende in Bayerisch-Schwaben 1980, S. 103 (Fynes Moryson, 1592 u. 1595).
196 Newman 2011, S. 96: »Horse-drawn vehicles moved faster, around 15 to 20 miles in a day«; Köppen 2014: »Die Reichweite eines zweispännigen Wagens, der 2 t Last trug, wurde mit etwa 40 km pro Tag angegeben«.
197 Dieburg, Bericht von der Wallfahrt 1521, fol. 5. Auch drei Juncker verkauften zwei Pferde in Augsburg 1585 auf ihre Reise nach Padua. Davor wurden die Pferde vom Schmied neu beschlagen [Hofmann, Hanns Hubert (Hg.): Eine Reise nach Padua 1585. Drei fränkische Junker »uff der Reiß nach Italiam«, Sigmaringen/München 1969, S. 19].
198 Karnehm 2003, Bd. 1: Nr. 136 (An Hans Jedelhauser in Bibersburg: Augsburg, 29. X. 1567).
199 Belege sind hierzu auch in den edierten Rechnungsfragmenten der Augsburger Welser-Gesellschaft zu finden. So hält ein Fragment von 1528 fest, dass Mathis Örtell sein Pferd, *so er geritten,* nach der Ankunft am Zielort für 4 Goldgulden verkauft hat, was entsprechend verrechnet wurde [Geffcken, Peter/Häber-

Menschen bringt auch der Vorschlag von Moryson zum Ausdruck, der Sparsamkeit wegen ein Pferd in Deutschland zu kaufen und sodann in Italien mit Gewinn wieder zu verkaufen.[200] Die Reisenden, die sich nicht zu Fuß oder mit Hilfe eines angemieteten Fahrzeugs fortbewegten, mussten sich zwangsläufig selbst um die Versorgung ihrer Tiere kümmern und waren auch ansonsten durchaus um deren Wohl bemüht. Die Reiseempfehlungen Gratarolis haben dies bereits angedeutet und können mit der Reisegruppe Ottheinrichs auf der Iberischen Halbinsel bestätigt werden, indem sie in ihren Aufzeichnungen auf die unzureichende Anzahl an Ställen hinwiesen oder gesondert vermerkten, wenn ein Pferd krank oder gar gestorben war.[201]

Mit einem gesunden Pferd, das einen Reisenden schmerz- und angstfrei bei passender Kleidung ohne Eile im Galopp bei 20 bis 25 Kilometer pro Stunde[202] über einen trockenen, geraden Weg führt, scheint sich ein Ideal der vormodernen Fortbewegung resümieren zu lassen. Obgleich eine solche Art des Reisens denkbar ist, ausdrücklich genannt wird sie in den Berichten nicht. Erst die angeführten *guten* Wege und die Gründe für die *bösen* Wege lassen zusammengenommen die zeitgenössischen Ansprüche und Erwartungen an eine Fortbewegung erkennen. Ebenso deutlich wurde, dass die Reisenden in erster Linie die Anstrengungen der Fortbewegung zum Gegenstand ihrer Berichte erhoben, da sich mit diesen die erbrachte Reise- und Lebensleistung weitaus umfänglicher betonen ließen. Die erinnerte körperliche Anstrengung, Wetter- und Umweltabhängigkeit materialisierte sich so gesehen auf Papier und Pergament. Von guten Wegen ist demgegenüber nur selten die Rede. Wenn ein solcher Reiseabschnitt positiv hervorgehoben wird, dann vor allem in jenen Momenten, in denen auf einen besonders anstrengenden Weg die willkommene Leichtigkeit folgte; die dichte Abfolge an guten und bösen Wegen in der Reisenarration Ottheinrichs zeigte dies deutlich.

Bei all den Erzählungen über die Reisewege darf allerdings eines nicht übersehen werden: Am häufigsten wurde gar nicht explizit über die Schwere oder Leichtigkeit des Gehens, Reitens oder Fahrens gesprochen. Berücksichtigt man die von den Reisenden zurückgelegten Distanzen von oftmals tausenden von Kilometern und die hierfür benötigte Reisezeit und setzt dies in Beziehung zu den klagenden oder lobenden Worten über die Reisewege, dann ist eher ein großes Schweigen zu konstatieren – ein Schweigen, das mehr auf die funktionierende Fortbewegung als auf ein Reisedefizit verweist. Vielleicht gab es also doch das skizzierte Ideal einer Fortbewegung, zumal es einer Betrachtung von

---

lein, Mark (Hg.): Rechnungsfragmente der Augsburger Welser-Gesellschaft (1496–1551). Oberdeutscher Fernhandel am Beginn der neuzeitlichen Weltwirtschaft (Deutsche Handelsakten des Mittelalters und der Neuzeit 22), Stuttgart 2014, S. 122; ferner etwa S. 295 u. 352].
200 Moryson Itinerary 1907/1908, Bd. 3, S. 466.
201 Zusammenfassend Hellwig 2010, S. 61 f.
202 Ohler 2004, S. 111.

Montaigne im dritten Teil seiner Italienreise sehr nahekommt. Dort ist von einer durch das Reisen gegebenen nützlichen Übung die Rede, denn während des Unterwegsseins sei die *Seele [...] in beständiger Tätigkeit, neue und unbekannte Gegenstände zu bemerken. Der Körper wiederum sei beim Reisen weder müßig noch angestrengt und diese leichte Bewegung erhält ihm in Atem. Ich bleibe zu Pferde ohne abzusteigen, so ein Steinpatient ich auch bin, und ohne müde zu werden, acht bis zehn Stunden.*[203]

Das Reisen, zumindest mit dem Pferd, musste also keineswegs zwangsläufig anstrengend sein, ja es konnte sogar, folgt man Montaigne, eine für die Seele anregende und für den Körper entspannende, da eintönige und unanstrengende Tätigkeit sein. Eine solche reflektierende, die eigene Reiseerfahrung wohl erinnernde literarische Verdichtung überging freilich den angeführten unbequemen Gebirgspfad im Allgäu oder einen gleichfalls unebenen Weg in den nördlichen Ausläufern des Apennins, den die Reisegruppe um Montaigne ungeplant nehmen musste, um plündernden Räuberbanden auszuweichen.[204] Solche Herausforderungen und Gefahren gehörten zum Reisen dazu und wurden immer dann fester Bestandteil der erinnerten und beschriebenen Reise, wenn die körperlichen Anstrengungen das individuell erträgliche Maß überschritten oder sogar lebensbedrohliche Situationen eintraten.

Neben Hieronymus Köler, der mehrmals in seinem Leben reisebedingte Todesängste ausstehen musste, betraf dies auch Hans Schad. Ihm lauerten 1594 im Wald auf dem Weg zwischen Leipzig und Naumburg etliche *landknecht und strassenrauber* auf, *durch augenscheinliche hilff gottes* wurde er jedoch von dieser Gefahr errettet, indem er von der Straße abwich.[205] Durch die *Gnad deß Allmechtigen glücklich und mit guter wolfart* zurückkehren konnten auch Herzog Wilhelm und seine Wegbegleiter 1574 von Neuburg nach Bensburg. Lediglich die beiden für das Wohlergehen der Pferde qua Beruf zuständigen Stallmeister erkrankten, konnten sich aber *Gottlob* wieder erholen.[206] Deutlich ist also nochmals, wie sehr die Körperlichkeit die zeitgenössische Reise- und Straßenerfahrung strukturierte und dies umso mehr, je einschneidender und bedrohlicher sich die menschengemachte (Straßenräuber), wetterbedingte (Unwetter) oder straßenabhängige Unwegsamkeit (schlechte Straße) gestaltete. Das Nichtauffinden eines Weges, wie es nicht erst um 1800 problematisiert wurde,[207] und allein schon das Angewiesensein auf einen Wegführer

---

203 Zitiert nach Montaigne/Flake 1915/1988, S. 345.
204 [M]ais un Alemat lui dict qu'il avoit esté volé des banis sur le duché de spolete et pais montueux [Montaigne/ Dédéyan 1946, S. 184].
205 Greiner 1908, S. 377 f.
206 Herrliche Beschreibung der beyder fürstlichen Heimfahrt 1576, fol. 116v.
207 So die Behauptung von Scharfe, Martin: Wegzeiger. Zur Kulturgeschichte des Verirrens und Wegfindens, Marburg 1998, S. 11.

war ein berichtswürdiges Ereignis. Wer dagegen sicher, zielgerichtet und ohne übermäßige Anstrengungen sein Wegeziel erreichte, verlor darüber kaum Worte.

3.4 Wohin führt der Weg? Itinerare

> *O HERRE GOTT, bewahre meinen Fus, das ich nicht schtrauchel und schaden neme, mit fallen, stossen oder mit unvorstichtigem wandel. Und das ich nicht in Wassernöten oder in [die] hende der Strassenreuber und Mörder komme. Behüte mich für den wilden Thieren und für allem ubel Leibs und der Seelen.*[208]

Das oben nicht vollständig zitierte, nach Reiseschutz flehende Gebet befindet sich beigefügt und von der Forschung bislang unbemerkt in einem gedruckten Itinerar aus dem Jahr 1597, anhand dessen der Reisende den allmächtigen Gott anrief, um in seinem Namen den Weg unfall- und sorgenfrei zu bestreiten. Behüte uns, so heißt es weiter, und richte *unsere Füsse auff ebener ban*. Führe mich *auff rechter strassen*, an den Ort, *dahin ich gedencke zukommen [...]*. Wie *der junge Tobias* möge den Betenden der Engel Raphael begleiten. Und schließlich sehnt sich der Fußreisende nach Herbergen bei frommen Leuten, nach dem Schutz des zurückgelassenen Hauses und Hofs sowie nach der gesunden, unversehrten Rückkehr *zu den meinigen*.[209]

Dieses Reisegebet ist in einem in Dresden gedruckten Itinerar enthalten,[210] obgleich die gattungsspezifischen Eigenschaften solcher Werke in der komprimierten und objektiven Informationswiedergabe bestand. So folgt die Bitte um göttlichen Beistand nach der Auflistung der Wegstrecke von Dresden nach Wien (4. Kapitel) oder von Dresden nach Salzburg über Schwandorf, Regensburg und München (8. Kapitel) als 80. Kapitel, es ist also nicht nur lose angefügt, sondern als fester Bestandteil der Anlage des Wegeverzeichnisses mit aufgenommen worden.[211] Der gemeinsame Druck von Reisegebet und Itinerar lässt sich damit erklären, dass beide dem gleichen Zweck – auf unterschiedlichen Ebenen –

---

208 HAB M: CC 606 (2), Wintzenberger: Wegweiser oder Reyse Büchlein 1597, Kapitel 80.
209 Ebd.
210 In dem zwei Jahre zuvor erschienenen Itinerar von Wintzenberger ist das Gebet noch nicht enthalten [Wintzenberger, Daniel: Ein Naw Reyse Buechlein. Von der Weitberuembten Churfuerstlichen Sechsischen Handelstad Leiptzig aus an die vornembsten œrter in Deudschland und etzlicher anstossenden Kœnigreichen und Lendern. Sampt einem Register dorjnen alles ordentlich angezeigt was in einem jeden Capittel erkleret wird Durch Daniel Wintzenberger weiland Churf. Sechsis. Postbereyter, Dresden 1595 [VD16 ZV 24154]]. Siehe zu den weiteren Auflagen dieses Itinerars Krüger 1974, S. 18 (Anm. 61). Reisegebete, Reisesegen und Dankeslieder nach erfolgter Rückkehr sprechen am Rande Gräf/Pröve 1997, S. 50 u. 52 an.
211 HAB M: CC 606 (2), Wintzenberger: Wegweiser oder Reyse Büchlein 1597.

dienten, nämlich den Reisenden die sichere und schnelle Erreichung des Wegeziels zu ermöglichen. Es kombiniert also die praktische Reiseanleitung mit der religiösen homo viator Vorstellung. Das Reisegebet ergänzte und erweiterte hierbei das Itinerar: nicht nur die durch das Itinerar zur Verfügung gestellten Informationen um den Verlauf und die Länge der Wegstrecke (von Dresden nach Salzburg: *Summa 72 Meilen*)[212] sollten die Reise planbar machen, sondern Gott wurde angerufen, um die weitgehend unkalkulierbaren, äußeren Gefahren im Reisevollzug, die unabhängig vom Reisehilfsmittel vorhanden waren, abzuwehren. Daneben konkretisierten und fixierten Itinerare schriftlich die sonst nur mündlich weitergegebenen Straßenverläufe, dienten zugleich als Erinnerungsstütze und konnten so zum Wissen um eine Route beitragen, um zielgerichteter zu reisen und damit die potentiellen Gefahren von Räubern, Mördern, wilden Tieren und unwegsamen Wegstellen zu minimieren. Itinerare erlaubten 1.) die Planung von bei Tageslicht zu bewältigenden Etappen unter Vermeidung von gefahranfälligeren Dämmerungszeiten oder gar dunklen Abend- und Nachtstunden. Damit verbunden ermöglichte es das Wissen um die Wegstrecke, 2.) den Bedarf an Proviant und Geld genauer zu kalkulieren und so vorab jene »Kosten-Nutzen-Analyse« durchzuführen, wie sie schon »für den Reisewilligen [in der Antike; AD] von zentraler Bedeutung gewesen sein« dürfte.[213] Schließlich und vor allem aber war es mit dem Itinerar 3.) möglich, die gesamte Abfolge der zu bewältigenden Wegetappe vorab festzulegen und sich ein möglichst komplettes Bild auf dem Papier über die einzelnen Stationen der Reise zu machen.

Aus diesen Gründen gehörten Itinerare neben Straßenkarten[214] und Meilenscheiben[215] in der Frühen Neuzeit zu den »wichtigsten Reisehilfsmitteln«.[216] Für den täglichen Gebrauch bestimmt, besaßen die als Hilfsmittel bereits in der Antike bekannten,[217] nun aber aufgrund des Buchdrucks einem viel größeren Kreis an Reisenden zugänglichen medialen Weg-

---

212 Ebd., Kapitel 8.
213 Rathmann, Michael: Orientierungshilfen von antiken Reisenden in Bild und Wort, in: Olshausen, Eckart/Sauer, Vera (Hg.): Mobilität in den Kulturen der antiken Mittelmeerwelt. 11. Internationales Kolloquium zur Historischen Geographie des Altertums in Stuttgart (Geographica Historica 11), Stuttgart 2014, S. 411–423, hier S. 411. Zu Reisevorbereitungen im Mittelalter: Evans 2016 u. für das 17./18. Jahrhundert: Petto, Christine M.: To Know the Distance: Wayfinding and Roadmaps of Early Modern England and France, in: Cartographica 51/4 (2016), S. 240–262. Siehe zum reisepraktischen Nutzen von Karten auch Pfaehler, Dietrich: Orientierung vor und auf der Reise. Gedruckte kartographische Hilfsmittel zur Reiseplanung vom 16. bis zum 18. Jahrhundert, in: Lotz, Wolfgang (Hg.): Deutsche Postgeschichte. Essays und Bilder, Berlin 1989, S. 105–122.
214 Siehe Kapitel 2.2.1.
215 Krüger 1963.
216 Didczuneit, Veit: Art. Itinerar, in: EdN 5 (2007), Sp. 1143–1145, hier Sp. 1143.
217 Kolb, Anne: Antike Straßenverzeichnisse – Wissensspeicher und Medien geographischer Raumerschließung, in: Boschung, Dietrich u. a. (Hg.): Geographische Kenntnisse und ihre konkreten Ausformungen (Morphomata 5), München 2013, S. 192–221; Rathmann 2003, S. 20–22; Rathmann 2014 II.

beschreibungen[218] in der Regel ein reisepraktisches Kleinformat – wie der 1552 erstmals erschienene und danach mehrfach aufgelegte *La Guide des chemins de France* (6 × 8 cm)[219] oder das etwas größere (7 × 10 cm) sogenannte *Raißbüchlin* von Jörg Gail aus dem Jahr 1563.[220] Letzteres gilt als das älteste deutsche Itinerar in gedruckter Form und als das »routenreichste Werk der frühen europäischen Reiseliteratur«.[221] Listenartig organisiert, führen Itinerare durch ihre Aufzeichnungsform eine »schriftmediale Ordnung«[222] herbei, wodurch sich die »Möglichkeit für Formation und Vermittlung von Wissensbeständen«[223] auf kleinem Raum ergibt, und zwar reduziert und doch nach bestimmten Prinzipien geordnet und verdichtet. In dieser reduzierten Darstellung wurden die verschriftlichten/ gedruckten Informationen gezielt ausgewählt bzw. vice versa bestimmte Informationen gezielt ausgeschlossen und generierten so Sinn.[224] In ihren Kernangaben und zentralen Informationsbausteinen gleichen sich die Itinerare weitgehend: zentrale Kategorien bilden die Ausgangs- und Zielorte, meist größere Städte, deren (Verbindungs-)Route anhand von aufeinanderfolgenden Stationsorten aufgelistet und mit Distanzangaben pro Station und im Gesamten beschrieben wird. Itinerare werden also zu Handlungsanweisungen.[225] Auch hierin zeigt sich deutlich die Prozesshaftigkeit von Mobilität und Fortbewegung. Die folgenden Ausführungen behandeln Aufbau, Beschreibungsmuster und zeitgenössischen Nutzwert dieser Listen, um zugleich die bisherigen vereinzelten Forschungsbefunde zu erweitern und notwendiger Weise zu korrigieren.

---

218 Denecke 1992, S. 250–252; Didczuneit 2007; Szabó, Thomas: Das Straßennetz zwischen Mittel- und Osteuropa. Der Weg nach Santiago, in: Herbers, Klaus/Bauer, Dieter R. (Hg.): Der Jakobuskult in Ostmitteleuropa. Austausch – Einflüsse – Wirkungen (Jakobus-Studien 12), Tübingen 2003, S. 27–40; Behringer 2003, S. 110–120.
219 HAB A: 27.1. Geogr., Estienne: Guide des Chemins 1580.
220 HAB A: 34 Geogr. [Rara], Gail: Raißbüchlin 1563.
221 Krüger 1974, S. XI.
222 Schaffrick, Matthias/Werber, Niels: Die Liste, paradigmatisch, in: Zeitschrift für Literaturwissenschaft und Linguistik 47 (2017), S. 303–316, hier S. 304.
223 Ebd.
224 Ebd. Schaffrick und Werber lehnen zwar im Konsens mit der linguistischen und literaturwissenschaftlichen Forschung den Standpunkt ab, dass Listen eine Form von Narration sind, da sie eben »nicht erzählen« (S. 305). Für Itinerare ist diese Position nicht grundsätzlich zu übernehmen, denn sowohl Produzenten der Itinerare als auch die Anwender und Nutzer waren sich dem Auflistungsverfahren bewusst und damit in der Lage aus den Stichpunkten und Informationsbeständen für sich eine Erzählung zu generieren. Voraussetzung dazu war das praktische Wissen und der Umgang mit den Itineraren. Insofern war es durchaus notwendig, dass die Anwender über den bestimmten Modus, wie ein Itinerar zu lesen ist, verfügen konnten. Damit wird das Lesen der Itinerare zur Bedingung und Einzelpraktik im Rahmen des Reisens und der Mobilität; zur Herstellung von Sinn und der Darstellung bestimmter »»modes of thought«« siehe Goody, Jack: The Domestication of the Savage Mind, Cambridge 1977, S. 81.
225 Listen mit ihrer Funktion als Handlungsanweisende beschreibt Contzen, Eva von: Die Affordanzen der Liste, in: Zeitschrift für Literaturwissenschaft und Linguistik 47 (2017), S. 317–326, besonders S. 320.

Aufbau von Itineraren und bisherige Forschungen

Wie bei allen anderen Itineraren werden in dem *Raißbüchlin* von Gail die Reiseetappen ausgehend von größeren Städten angeführt und die Distanzen zwischen den Stationsorten sowie die Gesamtdistanz am Zielort genannt. So verläuft die Strecke von Augsburg nach Salzburg über Mittelstetten (von Augsburg 2 Meilen entfernt), Bruck (3), München (4), Zorneding (1), Ebersberg (3), Wasserburg (3), Altenmarkt (3), Waging (3), Prethausen (1) bis zum Zielort (4).[226] Die Gesamtdistanz beträgt 27 Meilen, was gut 200 Kilometern entspricht.[227] In dieser Form umfänglich vermerkt sind hier auch die von und nach Nürnberg führenden Straßen (siehe hierzu Abb. 56).

Gail verzeichnet aber nicht nur die oberdeutschen Straßen. Auf den 225 Seiten werden Wegstrecken in die Schweiz, nach Österreich, Italien, Spanien, in die Niederlande, nach Frankreich, England, Skandinavien, Russland sowie in das heutige Tschechien und Rumänien angeführt. Für alle diese Länder benennt Gail insgesamt 2400 Etappen.[228] Herbert Krüger, der 1974 ein Faksimile von Gails *Raißbüchlin* herausgegeben hat, versuchte mit insgesamt sechs Karten, diese Vielzahl an Straßen zu visualisieren.[229] Ihm und vielen anderen Forschern, die sich bislang mit Itineraren auseinandergesetzt haben, geht es also um die Frage, wohin welche Straße mit welcher Distanz führte.[230] Hierzu überträgt der Altstraßenforscher Krüger die bei Gail enthaltenen Wegstrecken in 150 Tabellen und vergleicht sie mit weiteren Itineraren. Abb. 49 zeigt etwa den Verlauf sowie die Distanzen der Wegstrecke von Augsburg über Regensburg nach Prag bei Gail und neun »Vergleichsitineraren«.[231]

Krügers Forschungsinteresse gilt entsprechend der Ausrichtung der Altstraßenforschung Abweichungen, mehr aber noch Übereinstimmungen, die als Übernahme der Angaben von Gail durch die anderen Itinerare verstanden werden. Neben dem um 1565 entstandenen »Meilenscheibenitinerar«[232] Hans Rogels (um 1520–1592) wird etwa die 1597 erschienene und in Abb. 49 als »Kronn« angeführte *Krone und Außbundt aller Wegweiser* zum Vergleich herangezogen[233] unter der Feststellung, dass dieses Itinerarwerk »für seine Linienführung über die gesamte Strecke bis Prag sich diesmal ausschließlich des

---

226 HAB A: 34 Geogr. [Rara], Gail: Raißbüchlin 1563, fol. 7r.
227 1 Meile entspricht 7,5 km. Siehe etwa die Berechnungen bei Krüger 1974, S. 40.
228 Krüger 1974, S. 8.
229 Ebd., Anhang.
230 Siehe hierzu den Überblick zur Altstraßenforschung.
231 Krüger 1974, S. 30.
232 Ebd., S. 36.
233 HAB A: 6.5 Geogr., [Quad, Matthias]: Krone und Außbundt aller Wegweiser. Darinnen verzeichnet sindt alle die Wege, so gehen auß 71. den vornembsten Städten von Teutschlandt, 17 von Niderlandt, 39 von Franckreich, 29 von Italia und 31 von Hispania, welcher Landschaften Mappen und Landtaffeln hirzu gethan seind, damit sich en jeglicher desto besser auff dem Wege darnach richten unnd schicken möge. Auch seind hierbey die Wege auß London in Engelandt, Copenhagen in Dennmarck [...], Köln 1597.

Tabelle 3

Heutige Ortsnamen	Gail 7	Rogel	IOC	Mayr 70	"Kronn"	Saur 60	Quad	M.-T.	Augustin	Jung
AUGSBURG	+	+	+	+	+	+	+	+	+	+
Friedberg	1	1	+	1	1	1	1	1		+
Dasing	1	1		1	1	1	1	1		
Aichach	1	1	+	1	1	1	1	1	3	+
Kühbach		1								
Schrobenhausen	2	1	+	2	2	2	1	2		
Waidhofen									2	
Hohenwart			+				1			
Pörnbach	2	2		2	1	2	1	2	2	
Geisenfeld	2	2		2	2	2	2	2	2	
Schwaig	2	2		2	2	2	2	2		
Neustadt / Donau	1	1	+	1	1	1	1	1	3	
Abensberg	2	2	+	2	1	2	2	2		+
Saal									2	
Abbach			+				2			+
Regensburg	4	4	+	8	3	4	2	4	3	+
Kürn									2	
Nittenau	4		+	4	4	4	4	4		
Bruck	1		+	2	1	1	1	1	2	+
Neukirchen	2		+	2	1	2	1	2		
Rötz	1		+	1	2	1	2	1	3	+
Waldmünchen	2		+	2	2	2	2	2	2	+
Klentsch									2	
Bischofteinitz	3½		+	3	3½	3½	4	3½	2	+
Staab									3	+
Choteschau			a							+
Pilsen	5		+	5	5	5	5	5	2	+
Rokitzan	2		+	1	2	2	2	2	2	+
Zerhowitz	1		+	1	2	1	1	1	2	+
Zebrak	1		+	1	1	1	1	1		+
Zditz									2	
Beraun	2		+	2	2	2	2	2		+
Wraz										+
Drahelschitz			b						3	
Prag	3		+	3	3	3	3	3	2	+

Abb. 49: Verlauf und Distanz der Wegstrecke von Augsburg über Regensburg nach Prag.

Gailschen Itinerars bedient hat«.[234] Neben der so dokumentierten Wirkungsgeschichte von Gail geht es Krüger um die Exaktheit der Distanzangaben. So stellt er für eine Wegstrecke von Augsburg nach Oberösterreich die Distanzangaben von Gail der »faktischen« Distanz gegenüber.[235] Der »Minuswert« von 34,9 % wird als ungewöhnlich hoch, die anderen Angaben ansonsten als »recht treffend« charakterisiert.[236]

Krüger ist mit Blick auf die Forschungsliteratur keine Ausnahme, werden doch, wie ausgeführt, von der Altstraßenforschung neben Geländerelikten, Karten und Akten mitunter Itinerare herangezogen, um den möglichst exakten Verlauf von Straßen zu rekonstruieren.[237] Eine solche Auswertung ist legitim, lässt jedoch den zeitgenössischen Entstehungs- und Verwendungskontext sowie gattungsspezifische und quellenkritische Eigenheiten unbeachtet. Es muss betont werden, dass jedes Itinerar immer nur eine gewisse Auswahl an Straßenverläufen benennt, die in der Regel von einer bestimmten Stadt ausgehend beschrieben sind. Bei Gails *Raißbüchlin* betrifft dies Augsburg,[238] bei der *Krone* Dresden[239] und bei dem 1539 erschienenen Itinerar von Sebastian Brant Straßburg.[240] Damit abstrahierten die Autoren der Itinerare bereits aus einem bestimmten Interesse heraus die real existierenden Straßen und vermitteln partiell einen durch das Druckmedium zugänglich gemachten Straßenraum. Diese Auswahl konnte, musste aber nicht länderübergreifend sein, wie bei dem *Guide des chemins*.[241] Der Autor und Sohn eines Druckers, Charles Estienne, führt darin ausschließlich die Straßen für das Königreich Frankreich an. Die Forschung betont zu Recht, dass hierdurch Frankreich als eine geographische und räumliche Einheit konstruiert wurde.[242] Grundsätzlich ist der Gattung der Itinerare also eigen, dass sie nicht nur den Verlauf und die Distanzen von Straßen angeben, sondern über die Straßen einen spezifischen Straßenraum konstituieren und produzieren, den es im Folgenden anhand von verschiedenen Beispielen zum oberdeutschen, aber auch zum europäischen Straßenraum darzustellen gilt.

---

234 Krüger 1974, S. 36.
235 Ebd., S. 40.
236 Ebd., S. 43.
237 Siehe nochmals etwa Denecke 1979, S. 438; Denecke 1992, S. 250–252; Veling 2014.
238 HAB A: 34 Geogr. [Rara], Gail: Raißbüchlin 1563.
239 HAB A: 6.5 Geogr., [Quad]: Krone und Außbundt aller Wegweiser 1597.
240 HAB A: 186.4 Hist. 2°, Brant, Sebastian: Beschreibung etlicher gelegenheyt Teutsches lands an wasser, berg, stetten vnd grentzen, mit Anzeigung dr meilen und strassen von statt zu statt, Straßburg 1539. Hierzu Krüger, Herbert: Die Straßburger Itinerarsammlung Sebastian Brants aus dem ersten Viertel des 16. Jahrhunderts, in: Archiv für deutsche Postgeschichte 1966/2, S. 2–31 u. Heimann, Heinz-Dieter: Von der Transferstraße zur Transferforschung. Erfahrungen auf der Straße im ausgehenden Mittelalter, in: Sauerland, Karol (Hg.): Kulturtransfer Polen–Deutschland. Wechselbeziehungen in Sprache, Kultur und Gesellschaft, Bd. 2, Rheinbreitbach 2001, S. 51–59.
241 HAB A: 27.1. Geogr., Estienne: Guide des Chemins 1580.
242 Liaroutzos, Chantal: Les premiers guides français imprimés, in: In Situ [En ligne], 15 (2011), mis en ligne le 29 juin 2011, consulté le 30 décembre 2011, URL: http://insitu.revues.org/486 (13.4.2023).

Beschreibung europäischer Straßen durch Experten

Anders als im rein auf Frankreich bezogenen *Guide de chemins* gestaltet sich die Abstrahierung des Straßenraumes bei der *Krone* von 1597. Hier sind die Wege zu 71 deutschen, 17 niederländischen, 39 französischen, 29 italienischen und vielen weiteren Städten Europas ausgewiesen. Den europäischen Charakter belegt auch die Anzahl der Seitenzahlen: 75 % der insgesamt 296 die Straßen verzeichnenden Seiten liegen außerhalb Deutschlands.[243] Eine solche Behandlung des europäischen Straßenraumes aus der – dies ist unbenommen – deutschen Perspektive erfolgt aufgrund des Adressatenkreises, der aus dem Titelblatt hervorgeht. Das Itinerar richtet sich an Diplomaten, Kaufleute, Wanderer, Handwerksgesellen, reitende und gehende Boten.[244] Andere Itinerare bestätigen, dass vor allem diese ständigen, vielfach länderübergreifend agierenden Straßennutzer zu den potentiellen Rezipienten der Druckschriften zählten.[245] Daneben waren die Produzenten der Itinerare oftmals selbst viel auf Straßen unterwegs, denn Gail erstellte sein Itinerar auf Grundlage einer eigenen sechsjährigen Reise und verwendete daneben Angaben von anderen Reisenden.[246] Von Brant ist bekannt, dass er als Stadtschreiber den Boten der Stadt Straßburg vorstand,[247] welche einen ebenso hohen Bewegungsradius hatten wie der kursächsische Postreiter Daniel Wintzenberger, der seinen Wegweiser mit dem uns bekannten Reisegebet herausgab.[248] Itinerare entstanden damit aus dem Expertenwissen vielreisender Straßennutzer, deren Erfahrung und Kenntnis der Wege und Straßen unabdingbare Grundlage für die Erstellung zuverlässig benutzbarer Itinerare war.

Die anonym publizierte *Krone* verfasste, wie Peter Meurer nachweisen konnte, der »umtriebige und selbst weitgereiste« Kupferstecher und Geograph Matthias Quad (1557–1613).[249] Für das umfängliche Itinerar hat Quad wohl auch »in Kölner Kontoren, Werkstätten und Herbergen systematisch Daten und Erfahrungen gesammelt«.[250] Das daneben womöglich auch unter Verwendung von Gails *Raißbüchlin* erstellte Itinerar sticht einerseits durch eigens beigefügte Übersichtskarten der Länder hervor, welche die »Bestimmung der Knotenpunkte für eine Fernreise« erlaubten.[251] Für die genauere Planung vor Ort ver-

---

243 HAB A: 6.5 Geogr., [Quad]: Krone und Außbundt aller Wegweiser 1597.
244 Ebd.
245 Der Dresdner Wegweiser von 1597 sollte *von vielen Handel-. Kauff und Wandersleuten, auch Boten, Postreutern, Handtwergs gesellen und andern* gebraucht werden [HAB M: CC 606 (2), Wintzenberger: Wegweiser oder Reyse Büchlein 1597, Vorrede].
246 HAB A: 34 Geogr. [Rara], Gail: Raißbüchlin 1563, Vorrede.
247 Krüger 1966, S. 6.
248 HAB M: CC 606 (2), Wintzenberger: Wegweiser oder Reyse Büchlein 1597.
249 Meurer, Peter H.: «Itinera ex Colonia egredientia». Das rheinische Fernstraßennetz um 1600 nach Kölner Itinerardrucken, in: Ebeling, Dietrich u. a. (Hg.): Landesgeschichte als multidisziplinäre Wissenschaft. Festgabe für Franz Irsigler zum 60. Geburtstag, Trier 2001, S. 541–558, hier S. 543.
250 Ebd.
251 Ebd., S. 545.

weist die *Krone* zudem jeweils auf die Regionalkarten des Gerhard Mercator (1512–1594), so etwa für die Wegstrecke von Regensburg nach Nürnberg auf *die Mappa von Franckenlandt*.[252] Anderseits führt die in Teilen auch ins Lateinische übertragene und ergänzte *Krone*[253] ein äußerst umfassendes »System ineinandergreifender Streckenspinnen« an,[254] welches die Reisenden eben nicht nur über den Verlauf und die Distanz von Routen, sondern auch über die Wegbeschaffenheit informierte. Diese und weitere bislang von der Forschung übersehene Angaben erlauben es, die mit der *Krone* bedienten Bedürfnisse und Bedingungen der vormodernen Fortbewegung im Folgenden genauer zu konturieren.

Praktiken der Beschreibung und Aneignung von Straßenräumen: Das Beispiel ›Krone‹

Bereits die Sammlung und Ordnung der Informationen im Herstellungsprozess der *Krone* beinhaltete ein Maß an Systematik und Vernetzung umfänglicher Angaben, die das Itinerar zum kondensierten Hilfsmittel in actu machte, aber auch Anstoß zur mentalen Durchschreitung von Routen und Räumen und damit einer individuellen Raumproduktion gab.[255] Itinerare als materielle Träger dieser Raumproduktionen sind damit im Schnittpunkt von *mental maps* und spezifischen Raumpraktiken angesiedelt. Der Schnittpunkt lässt sich auf drei Ebenen verdeutlichen: 1.) konstruieren Itinerare durch die ausgewählte Selektivität der Informationen eine kognitive Route und damit einen zu durchschreitenden Raum. Letzterer Aspekt führt 2.) direkt zu den Raumpraktiken. Denn als eine Art Handlungsanweisung, die etappenweise die Stationen darlegen und teilweise den Straßenraum beschreiben, spiegeln Itinerare »die aktivere Seite des räumlichen Handelns«[256] wider, die angeeignet werden und sich an die reine Lektüre der Itinerare anschließen muss. Anders als kartographische Darstellungen ignorieren Itinerare in der Regel 3.) Herrschaftsgrenzen und verzichten auf die Thematisierung herrschaftlicher Repräsentationen. Stattdessen lassen sie durch die lineare und etappenweise Konstruktion der Routen Grenzen überwinden und greifen dagegen andere, analytisch zu differenzierende topologische, naturräumliche,

---

252 HAB A: 6.5 Geogr., [Quad]: Krone und Außbundt aller Wegweiser 1597, S. 83.
253 HAB A: 11.2. Geogr.:1, Quad, Matthias: Itinerarium Universae Germaniae Quo Continentur Itinera Ex Sequentibus Germaniae Urbibus Oppidisq[ue]; longe celeberrimis egredienta, nempe [...], Ursellis 1602. Die Übertragung und Ergänzung, aber auch Abänderung geht etwa aus der Wegstrecke von Würzburg nach Frankfurt hervor [Itinerarium S. 289; *Krone* S. 106]. Beide Male führt der Weg mit jeweils neun Stationen unter Verweis auf eine Karte zu Franken durch den Spessartwald, während jedoch in der *Krone* der Ort *Espelpach* zusammen mit dem Spessart genannt wird, fehlt diese Ortsangabe beim Itinerarium; hier führt der Weg direkt von *Langfelt* – der Ort wird in der *Krone* vor *Espelpach* genannt – *usque ad sylvam Speshart waldt* [Itinerarium, S. 289]. Auffällig ist auch, dass die erste Etappe von Würzburg nach *Remling* in der *Krone* nur eine, beim Itinerarium hingegen zwei Meilen umfasst. Die Gesamtsumme der Wegstrecke Würzburg–Frankfurt ist dementsprechend beim Itinerarium mit 14 statt 13 Meilen um eine Meile höher als in der *Krone*.
254 Meurer 2001, S. 545.
255 Zur Raumkonstruktion siehe Rau 2013, S. 172–191, besonders S. 180–189.
256 Ebd., S. 183.

kulturelle und mobilitätstechnische Aspekte oder Routenalternativen auf, um anhand der Schriftlichkeit ein konkretes Bild der Route zu geben und Erwartbarkeiten zu produzieren:

So weist die *Krone* nicht einfach nur auf den Verlauf einer Route, sondern mehrfach auf anspruchsvolle Wegstrecken hin, vor allem auf zu überwindende Berge. So heißt es etwa für die Strecke Bologna–Florenz ganz basal: *Gehe uber die Berg Apenino.*[257] Für andere Wegstrecken in Deutschland,[258] Österreich,[259] Frankreich,[260] Italien[261] oder der Schweiz[262] konkretisieren sich die Angaben und der Reisende wird präzise und damit abschätzbar auf die zu bewältigenden Höhenmeter hingewiesen. Für die Strecke Chur–Tirano mit insgesamt zehn Meilen findet sich der Hinweis *gehe uber den Berg,* und dann noch genauer für die eine Meile zwischen den Orten *Ponterasin* und *Pisadellum: gehe auff den Berg biß zu einem Hauß daß darauff stehet.*[263] Ein solches auf einem Berg befindliches Haus als topographischer Marker wird auch für die bergreiche Strecke von Chambéry in Savoyen nach Turin vermerkt.[264]

Neben Bergen sind es Wälder, auf die die *Krone* den Reisenden immer wieder hinweist. *Allhie ist lauter Wald,* heißt es etwa für eine Wegstrecke von Besançon nach Lyon,[265] oder aber – für eine Etappe von Marburg nach Kassel – *Biss an waldt* und dann *durch [den] waldt dasselbig wehret 3/4,* also eine dreiviertel Meile.[266] Solche Waldstrecken hatte

---

257 HAB A: 6.5 Geogr., [Quad]: Krone und Außbundt aller Wegweiser 1597, S. 188.
258 Von Münster nach Minden solle man *uber den Minder Berg* gehen [ebd., S. 75]. Und auch von Minden nach Lippe wird der zu überwindende Minder Berg genannt [S. 72]. Für die Strecken, die von Kassel wegführen, sind sogar zahlreiche Berge angeführt [S. 18]. Ferner sind für Deutschland auf S. 5, 14, 40, 47, 50, 51, 52, 53, 54 und 69 Berge benannt.
259 Für die Strecke von Villach nach Salzburg müsse man *uber den Kasberg, S. Michel, Mautridorf, Im gezvveng* und sodann *gehe[n] uber ein grossen Berg Undern Thauren* [ebd., S. 95]. Die gleiche, entgegengesetzte Wegstrecke *uber den Kaxberg* wird nochmals unter Salzburg genannt [S. 87]. Bei der Wegetappe von Mauthausen nach Grein Richtung Spitz galt es ebenso, über einen *hohen Berg* zu gehen [S. 63]. Auch der Brenner wird genannt [S. 55].
260 Für einen Weg von *Mollins* Richtung Lyon wird auf den Anfang, die Spitze und den Fuß eines Berges sowie kurz danach auf einen weiteren, kleinen Berg *(ist ein kleiner Berg)* hingewiesen [ebd., S. 153]. Auf S. 150 wird wiederum ein großer Berg vermerkt. Berge in Frankreich sind ferner auf S. 11 (für Besançon), 133, 134, 139, 140, 142, 144, 147 und 149 zu finden.
261 Für die Strecke Brixen–Chur: *Gehe uber den Berg Berlina* sowie *Gehe uber den Berg Albera* [ebd., S. 188]; Como–Basel: *Gehe uber den Gotharts Berg* [S. 190]; Como–Meran bei St. Maria: *ligt uber den Berg, ist ein tag reysen von der Statt Bormio* [ebd.]; Genua–Avignon: *Gehe uber den Berg Argentiere* [S. 195]; Ravenna–Cuneo: *Biß an berg Cona* [S. 206]; Genua–Turin: *uber den Berg le Taunier* [S. 267]; Genua–Lyon: *steige auff den Berg Crelo* [ebd.]; Turin–Avignon bei *Susa: hie gehet der Berg an* [S. 268]; Turin–Chambéry bei *Noualese: Ligt am fuß des bergs, den steig hin auff bis zur h. [Herberge; A.D.] Ferrera* [ebd.].
262 Für die Strecke Basel–Lugano: *biß an Gothartberg 1 [Meile] Ayarolum uber den Berg* [ebd., S. 7]; Zürich–Basel bei Bozen: *Gehe uber ein Berg biß gen Hornessen* [S. 263; in umgekehrter Richtung auf S. 7]; für die Strecke Chur–Brescia zweimal: *uber den Berg* [S. 265].
263 Ebd., S. 264.
264 Ebd., S. 266.
265 Ebd., S. 11.
266 Ebd., S. 68.

der Reisende in vielen Gegenden zu durchqueren, sie erfuhren in den Itineraren aber oftmals keine weitere räumliche Beschreibung. Man habe einfach einen *wald zu passiren*, heißt es für den Weg von Aachen nach Köln.[267] Entsprechend der Dokumentationskonventionen in Itineraren sind es schließlich Angaben zur bewältigenden Streckenlänge in Meilen und dem Verweis auf die ungefähre Größe des Waldes, die als Konkretisierungs- und Beschreibungsmittel eingesetzt werden.[268] Neben kleinen Wäldern mit bis zu einer Meile[269] gab es Wälder mit einer Weglänge von bis zu sechs Meilen.[270] Viel Wald hatten etwa die Reisenden in Frankreich von Toulouse nach Morlaix zu durchqueren: Der dortige *grosse[...] Wald Capusan geheissen* wird mit einer Wegstrecke von vier Meilen veranschlagt.[271]

Itinerare wie die *Krone* geben also nicht nur die Distanzen zwischen zwei Orten an, sondern verweisen in unterschiedlichen Beschreibungsmustern zusätzlich rege auf Waldwege, indem sie den Beginn eines Waldes markieren *(Da fahet der waldt an, wehret 1/1 [sic])*[272] oder eigens die Wegstrecken durch Wälder benennen *(gehe mitten durch den Wald)*.[273] Einige Wälder werden zudem mit ihrem Eigennamen genannt. Dies betrifft den Königsteiner Wald,[274] den Spessart,[275] den Thüringer Wald,[276] den Böhmerwald[277] und andere Wälder.[278] Solche namentlichen Spezifizierungen heben diese Wälder aus der anonymen Masse heraus und belegen durch die Nennung und Individualisierung der Wälder das dahinter stehende soziale Wissen um diese großen Waldgebiete. Räumlichkeit wurde also nicht nur durch die Beschreibung der Natur, sondern auch durch darüber hinausgehende Wissensbestände erzeugt. Bei Nantes erfährt der Wald mit dem Zusatz ›alt‹[279] und bei Hamburg mit dem Zusatz ›hässlich‹[280] eine weitere, andersgelagerte nähere Umschreibung. Letztgenannte Spezifizierungsvariante zur Beschreibung von Wäldern meinte, der Bedeutung des Wortes ›hässlich‹ nach, unansehnlich, unförmig, grob oder

---

267 Ebd., S. 2.
268 Ebd., S. 57, 67, 130, 131, 136, 140, 142, 143, 151, 159, 160, 176, 179, 256 u. 258. Alle diese Wälder haben keine Eigennamen.
269 Etwa ¼ Meile [ebd., S. 67], ¾ Meile [S. 68], eine Meile [S. 23].
270 In Litauen hat man über sechs Meilen einen Wald zu durchqueren [ebd., S. 256]. Waldstrecken von vier bis fünf Meilen finden sich auf S. 42, 48 u. 106. Die Meilenangaben sind hier wie auch generell als Richtwerte zu begreifen, da an dieser Stelle keine Umrechnung der regionalspezifischen Meilengröße erfolgt.
271 Ebd., S. 177.
272 Ebd., S. 23.
273 Ebd., S. 166.
274 Ebd., S. 22.
275 Ebd., S. 43 u. 106.
276 Ebd., S. 37. u. 105.
277 Ebd., S. 78 u. 260.
278 Ebd., S. 49 f., 138, 146, 148, 159 u. 181.
279 Ebd., S. 155.
280 Der ›hässliche‹ Wald wird auch namentlich genannt. Er heißt Münchsbroeck [ebd., S. 48; siehe auch S. 65].

einfach nur schlimm.²⁸¹ Deutlich lässt sich mit den konkretisierten Beschreibungsangaben und informatorischen Zusätzen zeigen, dass mit der Vielzahl an benannten Wäldern und den Informationen zu Distanzangaben als auch bestimmten Eigennamen und der – gleichwohl seltenen – Hinzufügung von Adjektiven das Itinerar die natürliche Umgebung der Verkehrsinfrastruktur genauer konturierte als es die bisherige Forschung glauben lässt.

Wälder waren also ein zu durchquerender natürlicher Bestandteil einer Wegstrecke, der reale (Überfall/Verirrung) oder imaginierte (Teufelsbegegnung) Gefahren mit sich bringen konnte. Die *Krone* hob diese besonders gefährlichen Wegstellen hervor. Darüber hinaus vermerkt dieses Itinerar an einer Stelle eigens eine Herberge in einem Wald²⁸² sowie für eine Wegstrecke von Paris nach Péronne zwei nicht näher umschriebene Orte *(Malegerest; Croix s. Ojan)*²⁸³ und für eine weitere Wegstrecke in Frankreich sogar eine im Wald gelegene und als Anlaufpunkt beschriebene Stadt.²⁸⁴ Auch die Rast im Wald scheint somit Bestandteil der Reisepraktiken gewesen zu sein. Ähnlich wie das Haus am Berg versprach die Herberge im Wald Schutz und Schirm vor den natürlichen Gefahren, Regen, Kälte, Dunkelheit oder Räubern.

Neben den Bergen und Wäldern war es das fließende oder stehende Gewässer, auf das das Itinerar die Reisenden hinwies. Für Deutschland erwähnt die Krone die Elbe,²⁸⁵ den Rhein²⁸⁶ und die Ruhr²⁸⁷ sowie in Frankreich mitunter die Rhone,²⁸⁸ die Seine,²⁸⁹ die Saint-Claire,²⁹⁰ die Mereine²⁹¹ und die Adour.²⁹² In Italien galt es auf bestimmten Routen jeweils den Tessin²⁹³ und den *Lago Maggiore,*²⁹⁴ in den Niederlanden die Maas²⁹⁵ und in Spanien den Tormes²⁹⁶ zu überwinden. Bei all diesen Gewässern informierten die Itinerarangaben den Reisenden über die naturräumliche Gegebenheit und fügten den Hinweis *fahre uber* hinzu. Einmal wurde die Angabe mit topographischen Gegebenheiten ergänzt, um dem Straßennutzer auch über die herrschaftlich-rechtliche Dimension zu informieren: *Hie muß*

---

281 FWB, Lemma ›häslich‹, URL: http://fwb-online.de/go/h%C3%A4slich.s.4adj_1543787560 (13.4.2023).
282 HAB A: 6.5 Geogr., [Quad]: Krone und Außbundt aller Wegweiser 1597, S. 2.
283 Ebd., S. 162.
284 Ebd., auf S. 148 heißt es wörtlich: *st [Stadt; AD] Lothier 3 [Meilen] das ligt im Wald Robert.*
285 Ebd., S. 8 u. 49.
286 Ebd., S. 21, 22, 24, 33, 39, 69 u. 102.
287 Ebd., S. 39.
288 Ebd., S. 152 u. 158.
289 Ebd., S. 162 u. 172.
290 Ebd., S. 172.
291 Ebd., S. 141.
292 Ebd., S. 129 u. 136.
293 Ebd., S. 134.
294 Ebd., S. 189.
295 Ebd., S. 101.
296 Ebd., S. 237.

man uber den Fluß Tegam die scheidet Oesterrich von Mehrern.[297] Alle Flüsse sind in der Regel namentlich genannt, lediglich für die Wegstrecke von Orléans nach Toulouse bei dem Ort *Esteron* fehlt die konkrete Bezeichnung, wird aber mit einer adjektivischen Zugabe zum fokussierten Substantiv für den Reisenden konkretisiert und damit mental vorstellbar: *uber einen kleinen Fluß*.[298] Nach diesem namenlosen kleinen Fluss setzte sich laut Itinerar der Weg Richtung Toulouse über *Espentour* nach *Rochenbron* fort. Dort heißt es dann wiederum in der vollständigen Ausführung der fast schon formalisierten Textbausteine: *gehe über den Fluß Linde.*[299]

Diesen Fluss Linde sollte der Reisende ›übergehen‹. Ein solches Überqueren wird ein weiteres Mal in Frankreich für den vor *La Borde* gelegenen *kleinen Fluß Orge* empfohlen. Auch hier ist von *gehe uber* die Rede.[300] Dieses Übergehen oder Begehen darf wohl wörtlich oder zumindest in dem Sinne verstanden werden, dass an diesen Flüssen keine Fähren oder dergleichen Transportmittel zur Verfügung standen und offensichtlich auch gar nicht erforderlich waren, da es sich zumindest beim Fluss Orge entsprechend der angegebenen Breite um einen kleinen Fluss handelte. Wie differenziert in der *Krone* die Fortbewegungsarten und auch die Richtung der Fortbewegung angegeben sind, kann eine drei Meilen lange Wegstrecke in Frankreich bei Falaise von *Sourdeual* nach *Mortain* unterstreichen. Dort heißt es: *fahre uber die Houssaye [ein Fluss; A.D.] und gehe gen La tournerie 1 [Meile], gehe umb den Wald [...] lasse es an die lincke bis gen Neufbourg, gehe uber die Brügge Bassard, steige ein hohen Berg auff der seitten des Schlosses.*[301] Besonders auf die Richtungsangaben *an die lincke* oder *auff der seitten des Schlosses* ist hier hinzuweisen, denn anders als bei Adjektiven werden bei diesem Beschreibungsmechanismus konkrete Raumdimensionen vermittelt.

Flüsse wie die Houssaye waren zu übergehende oder zu überfahrende Hindernisse. Zur Überwindung eines Flusses dienten daneben Brücken, die zwar immer wieder angeführt werden,[302] aber dann doch nicht so zahlreich vermerkt sind wie jene Stellen, bei denen ohne Brücken ein Fluss überquert werden konnte. Es ist also offenkundig, dass Itinerare zwar den Reisenden weitaus mehr Informationen an die Hand gaben als den Verlauf und die Distanz einer Route, sie aber dennoch vieles nicht mitteilten, sei es des limitierten Seitenumfangs, der gattungsspezifischen, zwangsweise informationsreduzierten Aufbereitung des Straßenraumes, des anvisierten Nutzerkreises wegen oder aber aufgrund der vom Autor vorausgesetzten Bekanntheit – wie wahrscheinlich bei der Steinernen Brücke

---

297 Ebd., S. 63.
298 Ebd., S. 160.
299 Ebd.
300 Ebd., S. 166.
301 Ebd., S. 146.
302 Ebd., S. 22, 25, 55, 68, 146, 152 u. 155.

von Regensburg.[303] Diese und viele andere Brücken bleiben in der *Krone* wohl deshalb unerwähnt, da es sich um äußerst markante Wegelemente handelte, die ohnehin auf den Mercator-Karten, auf die Quad ja rege hinweist, mittelbar durch die flussnahen Siedlungen verzeichnet sind.[304] Aber auch im *Guide des chemins* werden nur an wenigen Stellen[305] und im *Raißbüchlin* gar keine Brücken vermerkt.[306]

Flüsse waren mittels Brücken, Fähren oder fußläufig zu überwindende Hindernisse. Sie konnten aber ebenso Wasserstraßen sein, auf deren Benutzung die *Krone* eigens hinweist: *Hie findet man Schiff, da man mit nach Emden fehrt*, heißt es für die letzte Etappe einer Wegstrecke von Essen nach Emden.[307] Die zu befahrende Ems wird hier und an einer weiteren Stelle[308] als Wasserstraße ausgewiesen. Dies trifft auch für einen Weg von Brüssel nach Antwerpen für den Fluss Schelde[309] und für einen Weg von Herzogenbusch nach Wesel für die Maas zu.[310] Für letztgenannte Strecke ist eine Flussetappe über die Maas von eineinhalb Meilen vorgesehen.[311] Eine weitaus längere Flussetappe schlägt die *Krone* für eine Reise von Bordeaux nach Pons vor. Für die insgesamt 20½ Meilen[312] werden gleich zu Beginn sieben Meilen ausgewiesen, die mittels Schiff entlang der Garonne zu befahren seien.[313] Detailliert wird hier selbst der Name des Schiffes *(Anguille)*[314] genannt. Noch genauer in Bezug auf die Reiseplanungen und ihre Umsetzung sind die Angaben für die sieben Meilen lange Schifffahrt von Harburg nach Hamburg auf der Elbe: *Da muß man sein umb 10 Uhr, so kompt man ins schiff*.[315] Itinerare nehmen damit als kulturelle Kon-

---

303 Ohne Brücke wird Regensburg auf ebd., S. 83 f. behandelt. Und auch bei den Wegen, die nach Regensburg führen, wie etwa von Nürnberg [S. 78] oder Passau [S. 82], wird die Brücke nicht als zu überwindendes oder zu beachtendes Wegelement benannt. Demgegenüber listet Wintzenberger: Wegweiser oder Reyse Büchlein 1597 im 70. Kapitel eigens die in dem Buch enthaltenen 18 steinernen Brücken auf, zuvorderst jene in Regensburg über die Donau und als letztes die steinerne Brücke in Eichstätt über die Altmühl [HAB M: CC 606 (2)].
304 Horst, Thomas: Die Welt als Buch. Mercator, Gerhard (1512–1594) und der erste WeltATLAS. Bildband anlässlich der Faksimilierung des Mercatoratlas von 1595 (2° Kart B 180/3) der Staatsbibliothek zu Berlin – Preußischer Kulturbesitz, mit allen Kartentafeln dieser Ausgabe, München 2012, S. 252 f. Die Karte »Germania« einschließlich dem verzeichneten Regensburg findet sich in der *Krone* zwischen S. 108 u. 109 [HAB A: 6.5 Geogr.].
305 HAB A: 27.1. Geogr., Estienne: Guide des Chemins 1580, etwa S. 87, 167 u. 191.
306 HAB A: 34 Geogr. [Rara], Gail: Raißbüchlin 1563.
307 HAB A: 6.5 Geogr., [Quad]: Krone und Außbundt aller Wegweiser 1597, S. 38. Für weite Teile dieser Wegstrecke sind allerdings außergewöhnlicherweise keine Meilenangaben aufgenommen.
308 Ebd., S. 102. Dort heißt es: *da gehet man zu Schiff biß gen Embden*.
309 Ebd., S. 114.
310 Ebd., S. 122.
311 Ebd.
312 Dies ist die im Itinerar ausgewiesene Gesamtlänge der Strecke. Es ist allerdings nicht ersichtlich, ob die Zählung erst nach oder bereits mit der Flussstrecke beginnt [ebd., S. 137].
313 Ebd.
314 Ebd. Ein weiteres Schiff wird namentlich auf S. 147 genannt.
315 Ebd., S. 13.

strukte punktuell Bezug auf notwendige Details, die nicht nur das spezifische Wissen des Autors belegen. Die Zeitangabe macht überdies die enge Verbindung von Reisepraktiken und Zeit deutlich. Die mit den Straßen eben nur in Grenzen vertrauten Zeitgenossen des 16. Jahrhunderts waren also nicht nur aufgrund der Vorteile der Tageshelligkeit auf vorausschauende zeitliche Planungen angewiesen, sondern ebenso bei der konkreten Nutzung der Verkehrsinfrastruktur.

Als Wasserstraßen dienten neben Flüssen auch Meere. Nach Sizilien sollte der Reisende das *enge Meer* zehn Meilen weit überfahren.[316] Die Ostseeinsel Seeland sei, so wird der Reisende informiert, nur über das Meer zu erreichen,[317] was auch für die meisten Wegstrecken in Dänemark galt, wo das Meer oder Meerengen *(fahre uber den Sund)*, in Frankreich wiederum Meerarme,[318] als zu befahrende Wasserstraßen ausgewiesen werden.[319] Im Nordosten Europas wurde dem Reisenden das Weiße Meer empfohlen, um vom lappischen zum russischen Strand zu gelangen.[320] Außer den Meeren und Flüssen waren es schließlich Seen und stehende Gewässer wie der Bodensee,[321] der Gardasee[322] und der Schweizer Walensee,[323] die das Itinerar als zu be- oder überfahrende Wegetappen markierte. Was die Itinerare darlegen, entspricht den bereits aus der Forschung bekannten Grundelementen des vormodernen Reisens, die sich aus einer Nutzungskombination von Land- und Wasserwegen speisten. Als praktische Hilfsmittel gaben die Itinerare damit sowohl Orientierungs- als auch Anwendungswissen an die Reisenden weiter. Die in den Itineraren sprachlich verfassten Handlungen des Reisens spiegeln so gesehen eine soziale Praxis wider, die in ihrer tatsächlichen Ausübung Unterstützung durch die Itinerare erfahren konnte, deren Handlungsmöglichkeiten und Nutzungsalternativen die Itinerare zur Sprache brachten und gleichzeitig Bewältigungsstrategien für kontingente Erfahrungsmomente im Reisevollzug beinhalteten, wie die folgenden Ausführungen mit Blick auf die Beschreibung der naturräumlichen Straßenumwelt und der materiellen Beschaffenheit der Straßen darlegen können.

Naturräumliche Umgebung und Nutzbarkeit von Straßen

Berge, Wälder und Flüsse – all diese natürlichen Gegebenheiten waren von der *Krone* benannte Bestandteile von Wegetappen. Im Unterschied etwa zum *Raißbüchlin*[324] oder

---

316 Ebd., S. 201.
317 Ebd., S. 65, 85 u. 247.
318 Ebd., S. 173 f.
319 Ebd., S. 247 f.
320 Ebd., S. 248.
321 Ebd., S. 5. u. 264.
322 Ebd., S. 189.
323 Ebd., S. 264. Weitere zu überquerende Seen sind auf S. 7, 94, 162 und 252 benannt.
324 HAB A: 34 Geogr. [Rara], Gail: Raißbüchlin 1563.

zum zeitgleich in Dresden erschienenen Wegweiser[325] erfährt der Reisende darüber hinaus, dass er über Heiden,[326] Büsche,[327] wilde Wiesen,[328] Sand,[329] *gezenck*,[330] Einöden[331] oder ein tiefes Tal[332] zu gehen hat. Eigens werden außerdem Hohlwege,[333] ein Sumpf[334] oder aber, allgemeiner, ›böse‹ Wege ausgewiesen. Das Itinerar kategorisiert den Straßenraum. Warum ein Weg schlecht war, welche Bedingungen zu dieser Einschätzung im Einzelnen führten, wird an einer Wegstelle in der *Krone* für Frankreich zwar vermerkt, aber nicht näher erläutert.[335] Zweimal heißt es jedoch jahreszeitlich präzisiert für Wege, die nach Moulins führen, hier sei jeweils ein *böser Weg im Winter*.[336] Wege konnten also vor allem im Winter, aber ebenso im Sommer ›böse‹ sein, wie die Wegbeschreibung für das Baltikum ausweist. Besonders detailreich wird hier für eine 30 Meilen lange Strecke von Tartu *(Derpt)* nach Narwa *(Narua)* auf zwei Landstraßen hingewiesen – eine *sommer und ein[e] winterstraß* –, die beide *böß und verhackt* seien.[337] Verhackt bedeutet ausgeholzt.[338] Ein ›böser‹ und ›verhackter‹ Weg lässt sich somit als ein mit Holz nicht befestigter, schlechter Weg verstehen.

Nicht weniger böse war die für die baltische Wegstrecke Tartu-Narwa in dem Itinerar alternativ vorgeschlagene Route. Statt die Landstraße zu benutzen, war es laut der *Krone* auch möglich, zunächst zwölf Meilen einen See und dann fünf Meilen einen Fluss zu befahren. Durch die Benutzung dieser Wasserstraßen konnte die Wegstrecke um sechs Meilen auf insgesamt 24 Meilen verkürzt werden – was allerdings seinen Preis hatte, da die Überfahrt des Sees gefährlich war, *wenns windet, denn die See gibt kurtze wag*.[339] Und auch für die Flussfahrt gab das Itinerar zu bedenken, dass hier *viel[e] Klippen und stein im strom ligen*, weshalb man *bekante steurleut* benötige.[340]

Erfahrene Steuerleute konnten den Schwierigkeiten eines bösen wasserreichen Weges trotzen. Ob demgegenüber jener Weg bleibend ›böse‹ war, der in Deutschland von Frank-

---

325 HAB M: CC 606 (2), Wintzenberger: Wegweiser oder Reyse Büchlein 1597.
326 HAB A: 6.5 Geogr., [Quad]: Krone und Außbundt aller Wegweiser 1597, S. 38, 51, 57, 102, 109, 129, 143, 155 u. 171.
327 Zumindest einmal heißt es ebd. auf S. 51: *Ist lauter Heyde biß gegn Monster 4 hiernach ligt der Busch genennet die Roosskammer*.
328 Ebd., S. 88 u. 108.
329 Ebd., S. 43 u. 136.
330 Ebd., S. 12.
331 Ebd., S. 140. Daneben wird auch ein *wuest Land* ausgewiesen [S. 142].
332 Ebd., S. 139.
333 Ebd., S. 247 u. 249.
334 Ebd., S. 162.
335 Ebd., S. 135.
336 Ebd., S. 138 u. 157.
337 Ebd., S. 252.
338 Lexer, Lemma ›ver-hacken‹.
339 HAB A: 6.5 Geogr., [Quad]: Krone und Außbundt aller Wegweiser 1597, S. 252.
340 Ebd.

furt nach Kassel als *Diebspfad* kategorisiert wird,[341] ist nicht auszuschließen. Sogenannte Diebespfade gab es ausweislich zeitgenössischer Benennungen sehr viele. Für das heutige Hessen lassen sich insgesamt 67 Belegstellen für 44 Orte nachweisen.[342] Ob jeder dieser auch als Schleichwege bezeichneten Diebespfade[343] irgendwann einmal für Diebesüberfälle besonders anfällig war, kann nicht entschieden werden. Zumindest findet sich in der *Krone* keine weitere Erläuterung. Wahrscheinlich wurde der dort erwähnte Weg bei der Stadt Treis gerade deshalb als ein Diebspfad ausgewiesen, da es sich um einen (in der Vergangenheit) für Diebstähle besonders anfälligen oder aber zumindest aufgrund seiner natürlichen Gestalt als Pfad einen für Überfälle besonders prädestinierten Weg handelte. Denn ein Pfad war keine größere Landstraße, sondern nur ein schmaler Fußweg.[344] Wegbeschaffenheit und ungewollte Wegnutzung durch Diebe konnten sich hier gegenseitig bedingen.

Ob allein schon die Benennung eines Weges als Diebespfad Reisende vor dessen zumindest unbewaffneter Nutzung abschreckte, lässt sich nicht sagen. Zumindest handelte es sich um keinen gänzlich unbeschwert benutzbaren, guten Weg. Solche Wege werden ohnehin in der *Krone* kaum eigens erwähnt. Nur einmal weist das Itinerar für Savoyen zwei Wegabschnitte mit vielen Bergen als eben aus.[345] Noch außergewöhnlicher ist die Angabe für eine Wegetappe von Paris nach Fontaine, weil hier nicht die naturräumliche Umgebung zum Maßstab für die Beschreibung herangezogen wird, sondern die Nutzerfrequenz. Es wird nämlich geraten, statt den Weg einzuschlagen, den *etlich nehmen*,[346] eine alternative Route zu wählen, welche *scheinet wol der kürtzte und gemecklichste zu sein*.[347] Kürze und Bequemlichkeit tauchen hier ebenso als Merkmale einer guten Wegführung auf. Eine solche positive Wegbeschreibung ist für die *Krone* die Ausnahme, sie verweist jedoch auf den generellen Anspruch eines Itinerars, den schnellen, richtigen und nach Möglichkeit guten Weg zu weisen. Andere Itinerare bestätigen dies, wenn beispielsweise der Drucker in der Vorrede zum Wegweiser Wintzenbergers explizit den Anspruch erwähnt, viele *Reysen [...] ordentlich und richtig* zu verzeichnen,[348] während im *Guide des chemins* etwa der Weg von Paris nach Rom als *le plus court et le plus commun*[349] bezeichnet wird.

---

341 Ebd., S. 20 u. 41.
342 URL: https://www.lagis-hessen.de/de/subjects/idrec/sn/fln?id=21919&tbl=flurname (13.4.2023).
343 Siehe Kapitel 5.1.
344 FWB, Lemma ›pfad‹, http://fwb-online.de/go/pfad.s.0m_1544596648 (13.4.2023).
345 HAB A: 6.5 Geogr., [Quad]: Krone und Außbundt aller Wegweiser 1597, S. 266.
346 Ebd., S. 166.
347 Ebd.
348 HAB M: CC 606 (2), Wintzenberger: Wegweiser oder Reyse Büchlein 1597 (Vorrede).
349 HAB A: 29 Geogr., Estienne, Charles: La Grande Guide des chemins pour aller & venir par tout le Royaume de France [...]. Troyes [ca. 1612], fol. 175v.

Und auch in Gails *Raißbüchlin* werden die *richtigsten und besten* Wege angezeigt, um teils *irrig[e] und eins tails umbschwaiffig[e]* Reisen zu vermeiden.[350]

Alternative Routen und Benutzerfrequenz

Die richtige Wegführung beschränkte sich in den Itineraren aber nicht nur auf die Festlegung einer einzigen kurzen und geläufigen Wegstrecke. Es werden ebenso immer alternative Routen vorgeschlagen, wie bereits für die *Krone* die Wasser- und Landwege im Baltikum sowie der bequeme Alternativweg in Frankreich angedeutet haben. Während der letztgenannte Weg allerdings nur kurz, eher unbekannt und deshalb besonders begründungswürdig war, wurden vielerorts größere Wegstrecken ohne nähere Angaben als gängige Wegalternativen angeboten. Dies betraf etwa in der *Krone* die Wegstrecke von Augsburg nach Bad Cannstatt, die einmal über Plochingen mit 16 Meilen und ein weiteres Mal über *Tantsavv* mit 15 ½ Meilen ans Ziel führte.[351] Im *Guide des chemins* waren es wiederum, wie schon in der *Krone* für das Baltikum, ein Wasser- und ein Landweg, die alternativ etwa für die Wegstrecke *Preousté-Corbeuil* vorgeschlagen wurden.[352] Die Länge sowie die Beschaffenheit (Land/Wasser) der Wegstrecke erscheinen hier als zentrale Bestandteile einer guten Wegführung.

Daneben taucht im *Guide des chemins* und damit nicht nur in der *Krone* die Benutzerfrequenz als ein weiteres, aber diesmal positives Kriterium möglicher Wegalternativen auf. Dem Reisenden wird etwa für die Strecke von Dijon nach Besançon ein alternativer Weg angeboten *plus long, mail il est plus frequent.*[353] Eine solche längere Wegstrecke schuf durch die intensivere Nutzung mehr Sicherheit. Sicherheit und Benutzerfrequenz konnten somit gleichfalls ein Kriterium der guten Wegführung sein, die Länge der Wegstrecke spielte lediglich eine untergeordnete Rolle. Die Gründe für eine intensivere Wegnutzung werden im *Guide des chemins* auch für andere Gegenden Frankreichs genannt. Im *Pays La Haute Beausse* waren es Getreide-, Holz- und Viehmärkte[354] und in *La Comté de Perche* Vieh, Geflügel, Wildtiere *(sauvagine)*, Früchte und Getreide,[355] die zu einer regen Wegnutzung führten und Routenverlauf und Ereignisse an der Route miteinander kombinierten. Diese Itinerare nutzen damit zeit- und kontextspezifische Eigenheiten, um etwa auf Versorgungsstationen auf dem Reiseweg hinzuweisen und damit gleichermaßen eine Prosperität an den Routen hervorzuheben. Für andere Gegenden waren es die Wolle,[356] der

---

350 HAB A: 34 Geogr. [Rara], Gail: Raißbüchlin 1563 (Vorrede).
351 HAB A: 6.5 Geogr., [Quad]: Krone und Außbundt aller Wegweiser 1597, S. 3.
352 HAB A: 27.1. Geogr., Estienne: Guide des Chemins 1580, S. 7 f.
353 Ebd., S. 86.
354 *Ces chemins sont frequentez pour les foires de graine, bois & bestial* [ebd., S. 99].
355 Ebd., S. 108. Wildtiere werden auch auf S. 140 u. 187 angeführt.
356 Ebd., S. 140.

Handel mit Tuchen *(draperie)*,[357] der gute Wein[358] sowie die Fruchtbarkeit der Böden,[359] die zur Frequentierung der Wege führten und die Straße zur Handelsroute machten. Warenhandel, Binnenmärkte und Wegenutzung bedingten sich also gegenseitig: Der Handel mit Waren und deren Verkauf auf Märkten bedurfte der Wege und die Wege bedurften der Waren respektive der handelsbedingten Nutzung, um allgemein ein Weg oder doch zumindest ein solcher Weg zu sein, den der *Guide des chemins* als eine frequentierte und daher empfehlenswerte Reiseroute ausweist.

Die Frequentierung hing aber nicht nur vom Handel, Transport und Verkauf von Waren ab. Unter Berücksichtigung der geographischen Lage einer Gegend waren laut dem französischen Itinerar auch das Meer[360] oder, spezifischer, Meereshäfen,[361] Grenzen innerhalb Frankreichs,[362] Grenzen zu Italien[363] und Spanien[364] sowie generell der Zugang zu anderen Gegenden *(acés aux autres contrees)*[365] Gründe für eine häufige Nutzung der Verkehrswege. Die geographische Lage hatte wiederum Einfluss auf den bereits angesprochenen Warenhandel. So werden die Wege in der Normandie als bekannt beschrieben, aufgrund der Händler, *qui abordent aux ports de mer*.[366] Die Bretagne zog durch ihre Lage am Meer und als Verbindungsregion zu Spanien und England die Händler und den Verkehr an.[367] Aber auch jenseits eines Warenhandels gab es in Frankreich bestimmte Gegenden, die aufgrund ihrer Grenzlage zu Wasser oder zu Lande über besonders zahlreiche, sehr rege genutzte Wege verfügten. Dies traf etwa auf Savoyen zu, wo die Wege aufgrund der Passagen nach Italien eine besonders intensive Nutzung erfuhren.[368]

Im *Guide des chemins* werden also die Natur, der von der Natur beeinflusste Handel sowie die natürlichen und – hier ganz explizit – die politischen Grenzen als entscheidende Gründe für die intensive Nutzung von Wegen benannt. Das Itinerar bietet damit keine monokausalen Erklärungen, als ob etwa nur der Handel mit einer bestimmten Ware oder das Vorhandensein eines Hafens pauschal die Wegefrequentierung bedingte. Meh-

---

357 Ebd., S. 187.
358 Ebd., S. 175. Daneben werden andere, nicht näher benannte Dinge als Grund für die Wegenutzung angeführt.
359 *Lec chemins de ce Pays [d'Auuergne] sont assez notables, tant pour la commodité des villes dudit pays, comme pour la fertilité d'iceluy* [ebd., S. 182].
360 Ebd., S. 198.
361 Ebd., S. 170.
362 Ebd., S. 174 für die *Gasconge*; S. 198 für *Guyenne*.
363 Ebd., S. 170.
364 Ebd., S. 174.
365 Ebd., S. 140.
366 Ebd., S. 119.
367 *Ces chemins sont frequentez tant à raison de la mer, par laquelle on entre en Espaigne & Angleterre, comme à cause des merchandises & traffiques* [ebd., S. 132].
368 Ebd., S. 156. Das Passieren von Tälern und Bergen führte auch im *Lymosin* zu einer bemerkenswerten Wegenutzung [ebd., S. 187].

rere Ursachen führten so auch im Languedoc zur intensiven Wegenutzung. Die dortigen Wege gelten im Itinerar als frequentiert aufgrund der Grenze zur *Gascogne* und zu Spanien sowie aufgrund des Handels mit gutem Wein und anderen Dingen, aber auch aufgrund des Parlaments von Toulouse.[369] Eine solche politische Einrichtung konnte also ebenfalls die Wegenutzung befördern. Dies trifft gleichermaßen auf das – nicht näher spezifizierte – Ansehen sowie die (dadurch bedingte) allgemeine Frequentierung des *Poictou* zu, welches die dortigen Wege bemerkenswert machte.[370] Die intensive Wegenutzung, die je nach Gegend aus sehr verschiedenen Ursachen resultierte, ist also im *Guide des chemins* das entscheidende Kriterium für eine gute Wegführung. Außerdem sind im *Guide des Chemins* die bereits bekannten Merkmale einer guten Wegweisung benannt: Bequemlichkeit,[371] Kürze,[372] Existenz von Wegalternativen etwa zur Vermeidung von Gefahren[373] oder doch zumindest Hinweis auf mögliche Gefahren im Wald[374] sowie auf schlechte Wege.[375]

Spezifizierung durch Orientierungs- und Anlaufpunkte

Eine gute Wegführung lebte von einer – durch die Benutzerfrequenz beförderten oder gar bedingten – sicheren und/oder bequemen Fortbewegung. Um eine zielgerichtete und vorausschauende Festlegung von Wegstrecken zu ermöglichen und um insgesamt den Straßenraum a priori unter Berücksichtigung spezifischer Merkmale möglichst konkret imaginieren zu können, nahmen die Itinerare zudem gesonderte Angaben von Orientierungs- und Anlaufpunkten auf. Dies betrifft jene Städte, Klöster und Schlösser, die in der *Krone* eigens vor jedem Ort mit einem entsprechenden Zusatz ausgewiesen sind, wie etwa *st. Baden*,[376] *sch. Bensburg*[377] oder *cl. Creuenraedt*.[378] Auf die Bedeutung dieser Abkürzungen wird der Leser zu Beginn des Itinerars hingewiesen. Hier werden auch, neben Märkten *(m.)* und Abteien *(Ab. oder ab)*, die Abbreviaturen für Gasthöfe *(kr.* für *krug)* und Herbergen *(her. oder h.)* aufgelöst.[379] Solche Anlaufpunkte für eine Reise werden wiederkehrend

---

369 *Ces chemins sont frequentez, tant pour les limites de la Gascongne & Espaigne, comme pour le Parlement de Tholoze, & merchandise de bons vins & autres choses* [ebd., S. 175].
370 *Ces chemins sont notables pour la renommee & frequentation du lieu* [ebd., S. 189].
371 Dies betrifft etwa eine Wegstrecke von *Dreux* nach *Caen*. Der hierfür vorgeschlagene alternative Weg sei *plus aisé* [ebd., S. 121].
372 Ebd., S. 153, 192 u. 206.
373 Ebd., S. 166.
374 Ebd., S. 163. Auf (vermeidbare) Gefahren wir daneben etwa auch auf S. 167 u. 192 hingewiesen.
375 Ebd., S. 148 u. 157.
376 HAB A: 6.5 Geogr., [Quad]: Krone und Außbundt aller Wegweiser 1597, S. 7.
377 Ebd., S. 23.
378 Ebd., S. 22.
379 Die *Nota an den Leser* ist in der *Krone* auf der ersten paginierten Seite nach dem Register der Städte zu finden.

unter Angabe der Abkürzung genannt.[380] Eigens in den Beschreibungen erwähnt werden daneben ein *gut Wirtshauß* für einen Gebirgspass in Italien[381] sowie eine Unterkunft jeweils in einem Wald[382] und auf einem Berg.[383] Die Angabe solcher Orientierungs- und Anlaufpunkte ist ein typischer Bestandteil von Itineraren.[384]

Doch nicht bloß Worte,[385] auch Zeichen spezifizierten den Straßenraum und stellen damit ein dokumentarisches Mittel dar, wie es außerdem bei kartographischen Darstellungen zur Anwendung kam.[386] Zumindest im sächsischen Wegweiser werden weltliche und geistliche Zentren eigens mit Symbolen markiert.[387] Davon abgesehen überwogen verbale Spezifizierungen, da den meisten Itineraren Worte ausreichen, um die Orientierungs- und Anlaufpunkte genauer zu beschreiben. Dies war bei der *Krone* ebenso wie bei einem Postitinerar,[388] mehr aber noch beim *Guide des chemins* der Fall. Neben Städten *(ville)*, Märkten *(bourg)*, Schlössern *(chasteau)* und Landgütern *(ferme)* werden hier Herzogtümer *(duché)*, Häuser *(maison)*, Poststationen *(poste)* sowie Unterkünfte *(giste* für *gîte)* und Orte der Mahlzeit *(repeue* für *repas)* benannt.[389] Alle diese Angaben bilden ein Grundrepertoire an Orientierungs- und Anlaufpunkten, die einzeln oder in Kombination angeführt sind: So hatte in Narbonne die Stadt (*v.* für *ville*) *Sainct Tubery* zugleich eine

---

380 Gasthöfe sind etwa ebd. auf S. 51 u. 53 sowie Herbergen auf S. 51, 107, 110, 114, 121, 134 und 138 zu finden.
381 Ebd., S. 190.
382 Ebd., S. 2.
383 Ebd., S. 203.
384 Das von der *Krone* beeinflusste Werk von Quad: Itinerarium Universae Germaniae 1602 [HAB A: 11.2. Geogr.:1] kennzeichnet lediglich mit einem Kreissymbol die Städte.
385 Die im *Raißbüchlin* aufgenommenen verbalen Spezifizierung bezüglich mancher Städte, Märkte, Klöster und Dörfer [HAB A: 34 Geogr. [Rara], Gail: Raißbüchlin 1563] hat Saur, Abraham: Theatrvm Vrbivm. Warhafftige Contrafeytung vnd Summarische Beschreibung, vast aller Vornehmen vnd namhafftigen Stätten, Schlössern vnd Klöster, wann dieselbige entweder anfenglich erbawet, oder hernacher bekrieget, erweitert, und bevestiget worden [...]. Jtem discurs vnd Wegweiser von einer Statt zur andern mit angehenckter Verzeichnuß aller Röm. Keyser. jrer Gemahelin. angemasten neben Keysern vnd Tyrannen. Allen Studenten, Mahlern, Kauff vnd Wanderßleuthen sehr nützlich und dienstlich, Frankfurt 1595, S. 453–483 übernommen [HAB M: Ca 270].
386 Delano-Smith 2007, besonders S. 533 f.
387 HAB M: CC 606 (2), Wintzenberger: Wegweiser oder Reyse Büchlein 1597, etwa Kapitel 39. Mit einem Kreuzsymbol sind die Unterkünfte und Wirtshäuser bei Turquet de Mayerne, Theodore de: Sommaire Description De La France, Allemagne, Italie & Espagne: Avec La Gvide Des Chemins pour aller & venir par les prouinces, & aux villes plus renommées des ces quatre regions; A qouy est adiousté vn recueil des foires plus celebres presque de toute l'Europe [...], [Genf] 1591 markiert [HAB A: 25.2 Geogr. (1)].
388 HAB M: Ob 15: [L'Herba, Giovanni da/Stella, Cherubinus de]: Poste per diverse parti del mondo. Et il viaggio di San Iacomo di Galitia. Con tutte le Fiere notabilis, chesi fanno per tutto'l mondo. Con una narratione delle cose di Roma & massime del le fette Chiese, brevemente ridotta. Et aggiuntoui di nuouo, il viagio di Gierusalem. Con alcune altre poste mai piu poste in luce, Venedig 1565. Hier werden Städte *(città)*, Schlösser *(castello)*, Klöster *(monasterio)*, Dörfer *(borgo/villagio)*, Landgüter *(villa)* und Herbergen *(hostería)* unterschieden. Siehe zu den Postitineraren Behringer 2003, S. 111–115.
389 HAB A: 27.1. Geogr., Estienne: Guide des Chemins 1580. Die Abkürzungen werden zu Beginn aufgelöst.

Herberge (g. für giste).³⁹⁰ In Erweiterung hierzu spezifiziert das Itinerar zudem, ob es etwa bei einer Stadt auch ein Schloss, einen Bischofssitz, ein Parlament oder eine Universität gab. Für diese und weitere kombinierte Angaben finden sich im *Guide des chemins* eigene Abkürzungsreihen, die zu Beginn des Itinerars aufgelöst sind. *Montpelier v. ch. un.*³⁹¹ lässt sich so als *Montpelier ville chasteau université* lesen.³⁹²

Nicht jedes Itinerar versorgte den Reisenden also mit gleich vielen, dichten Informationen, was ebenfalls auf die der Orientierung dienenden Richtungsangaben zutrifft. So sind in der gesamten *Krone* ebenso wie im *Guide des chemins*,³⁹³ nicht jedoch im *Raißbüchlin*³⁹⁴ und im sächsischen Wegweiser,³⁹⁵ wiederholt Hinweise zu finden, einen Weg *an die lincke hand* oder *an die rechte hand* zu nehmen.³⁹⁶ In der *Krone* wird darüber hinaus eigens auf eine im physischen Raum zu findende Orientierungshilfe hingewiesen: Von *Luneborgo* ausgehend wird für die bergreiche Strecke von Chambéry nach Turin der Aufstieg *(steige hin auff biß)* von einer Meile bis zu einem Haus vermerkt und sodann Baumzweige *(bäume zwey)* hervorgehoben, die beim Haus jene Stelle markieren, *damit man den Berg hinabfährt*.³⁹⁷ Auf ebendiesem Abstieg wird darüber hinaus nach einer Meile ein Kreuz eigens als Etappenziel erwähnt.³⁹⁸ Dieses und andere Kreuze³⁹⁹ waren wichtige Markierungspunkte des Straßenraumes und können damit die Befunde für die kartographischen Darstellungen bestätigen.⁴⁰⁰

---

390 Ebd., S. 176.
391 Ebd., S. 181.
392 Bei Turquet de Mayerne: Sommaire Description De La France 1591 [HAB A: 25.2 Geogr. (1)] werden ähnliche Abkürzungen sowie das bereits erwähnte Kreuzsymbol [siehe Anm. 387 (Kapitel 3)] verwendet.
393 HAB A: 27.1. Geogr., Estienne: Guide des Chemins 1580, S. 15.
394 HAB A: 34 Geogr. [Rara], Gail: Raißbüchlin 1563.
395 HAB M: CC 606 (2), Wintzenberger: Wegweiser oder Reyse Büchlein 1597.
396 Die linke Hand findet sich bei der *Krone* [HAB A: 6.5 Geogr.] auf S. 2 (dreimal), 14, 20 u. 24 (zweimal), 25 u. 26 (dreimal), 29, 38, 39, 40, 46, 49, 56, 71, 72, 75, 84, 102, 107, 114, 130, 137, 139, 142, 145, 146, 150, 159 u. 160 (zweimal), 162 (hier sogar viermal), 163 (ebenfalls viermal), 164, 166, 167 u. 174 (dreimal), 179 u. 266 (einmal). Auf S. 178 heißt es genauer zur Stadt *Saumur*, die sich auf einer Strecke von Tours ausgehend befindet: *Welcher da nicht zuthun hat, der mag die Stett ahn der lincke hand lassen*. Die rechte Hand wird je einmal auf S. 9, 14, 20, 21, 24, 26, 29, 41, 47, 50, 56, 61, 68, 75, 85, 89, 107, 108, 122, 123, 132, 137, 138, 139, 142, 145, 157, 160, 165 u. 167, je zweimal auf S. 23, 25, 40, 46, 101, 130, 143, 146, 163, 170 u. 174 sowie auf S. 2 sogar insgesamt fünfmal angeführt. Es konnte aber auch einfach nur *gehe aussen umbe* [S. 130], *lasse es [Stadt Crambonne; A.D.] an der seitten* [S. 162] oder *da gehe neben her* [S. 161] heißen.
397 Wörtlich heißt es insgesamt: *Luneborgo hie gehet der Berg Cinis an, steige hin auff biß zu einem hauß, darinn die bäume zwey gelegt werden, damit man den Berg hinabfähret* [ebd., S. 266].
398 Ebd.
399 Ebd., S. 166 u. 268.
400 Siehe Kapitel 2.2.4.

Plurale Ausgestaltungweisen unter weitgehendem Verzicht auf die Post

Wie schon die Angaben bei Abb. 49 andeuten, ist überdies bei den Itineraren nicht jede Route mit gleich vielen Zwischenstationen angegeben. So umfasst die 160 km lange Strecke[401] zwischen Mailand und Genua bei Gail[402] und im sächsischen Wegweiser[403] je sieben, im Postitinerar[404] und im französischen Itinerar von *Turquet de Mayerne* (1573–1655) aus dem Jahr 1591 je 11[405] sowie in der *Krone* 15 Stationen.[406] Die Itinerare unterscheiden sich auch hinsichtlich der Register. Im *Raißbüchlin* werden, anders als in der *Krone*,[407] nicht nur die Städte, sondern die dazugehörigen Routen[408] und im *Guide des chemins* die Regionen sowie die Wegziele mit je einem Verzeichnis erschlossen.[409] Die Benutzbarkeit sowie ihre Anlage sind also für jedes Itinerar eigenständig und unterschiedlich zu erfassen, um sich ihrer Gebrauchslogik zu nähern.

Wegstrecken, Wegführung und die Erschließung durch Verzeichnisse konnten in den Itineraren sehr stark variieren. Demgegenüber fällt eine Gemeinsamkeit auf: Die Post spielte für die Wegeverzeichnisse, abgesehen vom Postitinerar, nur eine untergeordnete Rolle. Dies zeigt sich besonders beim Itinerar von *Turquet de Mayerne*. Hier wird zwar, wie schon bereits im *Guide des chemins*,[410] für die Angabe der Poststationen die Abkürzung p. verwendet. Die Ausweisung solcher Poststationen beschränkt sich jedoch auf wenige Stel-

---

401 Krüger 1974, S. 308.
402 An anderer Stelle werden auch nur sechs Stationen angeführt. Siehe hierzu die Übersicht bei ebd., S. 308 f. Hier werden für die Wegstrecke von Mailand über Pavia und Voghera nach Genua die Angaben von insgesamt elf verschiedenen Itineraren und Karten verglichen. Im *Raißbüchlin* handelt es sich um folgende Strecke: Mailand (20), Pavia (18), Voghera (10), Tortona (14), Seravella Scrivia (2), Arquata Scrivia (15), Búsalla (14), Genua [HAB A: 34 Geogr. [Rara], fol. 93v].
403 Mailand (20), Pavia (18), Voghera (10), Tortona (14), *Sanarale* (14) [sic!], Arquata (22), Búsalla (14), Genua [HAB M: CC 606 (2), Wintzenberger: Wegweiser oder Reyse Büchlein 1597, Kapitel 40].
404 Mailand (10), Bonasco (10), Pavia (8), Bastida-Pancarana (8), Voghera (10), Tortona (8), Bétolle (7), Arquata Scrivia (5), Isola (5), Borgo Fornari (8), Ponte decimo (7), Genua [HAB M: Ob 15: [L'Herba/Stella]: Poste per diverse parti del mondo 1565, fol. 16].
405 Mailand (10), Bonasco (10), Pavia (8), Bastida-Pancarana (8), Voghera (10), Tortona (8), Bétolle (7), Arquata Scrivia (5), Isola (5), Borgo Fornari (8), Ponte decimo (7), Genua [HAB A: 25.2 Geogr. (1): Turquet de Mayerne: Sommaire Description De La France 1591, S. 214].
406 Mailand (10), Bonasco (10), Certosa (5), Pavia (3), Cava Manera (6), Bastida-Pancarana (8), Voghera (5), Pontecurone (5), Tortona (8), Bétolle (3), Serravalle Scrivia (4), Arquata Scrivia (5), Isola (6), Borgo Fornari (7), Ponte decimo (15), Genua [HAB A: 6.5 Geogr., [Quad]: Krone und Außbundt aller Wegweiser 1597, S. 195 f.].
407 Ebd., Städteregister nach der Vorrede.
408 Etwa *Augspurg auf Nürnberg gehen Würtzburg* [HAB A: 34 Geogr. [Rara], Gail: Raißbüchlin 1563, fol. 114v].
409 HAB A: 27.1. Geogr., Estienne: Guide des Chemins 1580, Register nach der Vorrede.
410 Ebd.

len.[411] Neben diesen einzelnen Poststationen und vier Routen, für die alternativ[412] oder ausschließlich[413] die Post vorgeschlagen wird, findet sich außerdem noch im Anhang des französischen Itinerars ein eigenes Verzeichnis von 35 Poststationen zu je drei *lieus* für die Route Lyon–Paris.[414] Ein Vergleich dieser Postroute mit den 45 Stationen, die für die gleiche Strecke von Lyon nach Paris über *Neuers* mit einer variierenden Distanz zwischen den Stationen von einem halben bis zu vier *lieus* mitten im Itinerar zu finden sind,[415] verdeutlicht jedoch, dass die Poststationen nicht konsequent, sondern in Ergänzung zu den weitaus zahlreicheren Wegen ohne Postverkehr angegeben werden. Damit bestätigen sich die Befunde von Behringer: Während in Gails *Raißbüchlin,* dem *Guide des chemins* und einem weiteren Itinerar[416] lediglich »7 % der etwa 6100 Einzeletappen [...] Poststationen« sind,[417] geht auch aus der Bearbeitung der anderen Itinerare hervor,[418] dass die Post im 16. Jahrhundert noch weit davon entfernt war, als »Maßeinheit für Raum und Zeit«[419] den Straßenraum zu strukturieren.

3.5 Zusammenfassung

Wer reiste, um schnell und sicher an ein Ziel zu gelangen, war darum bemüht, vor der Reise und auf dieser den richtigen Weg zu finden. Itinerare waren hierfür, neben Meilenscheiben, Karten oder auch konsultierten Reiseberichten, wichtige gedruckte Hilfsmittel, da sie es erlaubten, Reiseverlauf, Etappen und zeitlichen Umfang sowohl von Tagesetappen als auch der Gesamtreise zu kalkulieren. Die bei Bedarf auch auf der Reise wieder-rezipierbaren Angaben selbst zu – in den Itineraren durchaus angeführten – Wegalternativen

---

411 HAB A: 25.2 Geogr. (1), Turquet de Mayerne: Sommaire Description De La France 1591, S. 135, 146f. u. 152–154.
412 Ebd., S. 161 für die Route Paris–*Gand.*
413 Ebd., S. 165 für die Route *Anuers*–Augsburg; S. 207 für die Route Turin–Rom; S. 241 für die Route Sevilla–Toledo.
414 Ebd., S. 293f.
415 Ebd., S. 133–135. Für die insgesamt 99 *lieus* lange Strecke werden lediglich 12 Poststationen ausgewiesen, einige Poststationen, die auf S. 293f. zu finden sind (etwa *Noian* und *Biouuè*), werden nicht markiert.
416 Es handelt sich um die Reise-Regimina Gratarolis, die im zweiten Teil »eine stattliche Anzahl meilengenauer Itinerare wichtiger Durchgangsstraßen« führt [Krüger 1974, S. 7].
417 Behringer 2003, 118, der die 6100 Einzeletappen aber fälschlicherweise nur auf Gails *Raißbüchlin* bezieht. Die von Krüger 1974, S. 9 erhobenen Zahlen beziehen sich auf die drei genannten Itinerare.
418 In der *Krone* findet sich lediglich zu Livland der Hinweis: *Wenn man der Narva uber land von einer Jam oder Post zu der ander reyset, kompt man erst zu Jamgrod, ist 15 Werst, welche 3 meil machen* [HAB A: 6.5 Geogr., [Quad]: Krone und Außbundt aller Wegweiser 1597, S. 253]; bei Wintzenberger: Wegweiser oder Reyse Büchlein 1597 wird im 35. Kapitel ein *Postweg gegen Wien und ferner der Postweg von Wien gegen Kascha in Zips und Zagmar* angezeigt [HAB M: CC 606 (2)]; bei Saur: Theatrvm Vrbivm 1595, S. 453–483 werden im Itinerar gar keine Poststationen angeführt [HAB M: Ca 270].
419 Behringer 2003, S. 125.

ermöglichten in Kombination mit eigenen Reiseerfahrungen »ein souveränes Bewegen im Raum«[420] und bedurften der ergänzenden Informationseinholung bei Ortskundigen oder anderen Reisenden in den Unterkünften.[421] Anders als Meilenscheiben informierten Itinerare aber nie ausschließlich über den ohnehin variablen Verlauf und die Distanz einer Route, sondern verorteten die Wegstrecken in ihr natürliches Umfeld, was die Kalkulierbarkeit der Reisezeit und die Orientierung vor Ort erleichterte. In den Wegeverzeichnissen erscheinen die Straßen als Teil einer von Wäldern, Bergen und Gewässern geprägten natürlichen Welt. Mit und gegen die das Reisen erschwerende oder erleichternde Natur wurde jener rechte Weg gewiesen, um den auch der Wanderer in dem Gebet bat, welches ein Itinerar mit anführt und damit das reisebedingte Oszillieren zwischen Gewissheiten und Ungewissheiten vor Augen geführt hat. Denn der göttliche Beistand sollte vor den Unplanbarkeiten des Reisens schützen, während die Angabe von Streckenverläufen und Distanzen das Reisen zumindest ein stückweit planbarer, kalkulierbarer machten. Gerade deshalb greift es auch zu kurz, Wegeverzeichnisse nur zur Rekonstruktion von Reisewegen heranzuziehen. Sie geben weit mehr auch Aufschluss über die Bedürfnisse und Erwartungshaltungen der Zeitgenossen, um sich im physischen Raum fortzubewegen. Itinerare sind hybride, vielschichtige Repräsentanten von Raumpraktiken, sie sind Teil eines gleichermaßen realen sowie konstruierten und von den Rezipienten individuell imaginierten Straßenraumes, den die Menschen nur mit der Natur in Abhängigkeit von der eigenen Körperlichkeit erfahren konnten. Sich darauf einzulassen, sich vorzubereiten und im Vorfeld Vertrautheit mit den immer nur in Grenzen vertrauten Straßenraum aufzubauen, zumal die Fremde schon wenige dutzende Kilometer von der Heimat entfernt beginnen konnte,[422] macht aus den statischen Itineraren ein dynamisches Informations- und Orientierungsangebot für Straßennutzer.

Das Wissen um den Straßenraum zielte auf eine möglichst schnelle, sichere und bequeme Fortbewegung, womit die voraussetzungsvollen Hilfsmittel überzeitliche Grundbedürfnisse von Reisenden bedienten.[423] Indem allerdings einerseits die materielle Beschaffenheit von Straßen und Wegen und andererseits die naturräumliche Umgebung der Verkehrsinfrastruktur entscheidenden Einfluss auf die Fortbewegung hatten, ließ sich der Straßenraum in listenförmig angelegten und allein schon des Seitenumfangs wegen limitierten Übersichten nur in Grenzen konkretisieren. Es blieb dem Reisevorgang selbst vorbehalten, den Straßenraum individuell zu erleben, ihn zu erfahren und darüber vor allem dann nachträglich zu berichten, wenn die Erreichung eines Wegeziels Unvorhersehbarkeiten und Erschwernisse bereithielt. Die Gründe, warum ein Ziel nicht immer

---

420 Rathmann 2014 II, S. 419.
421 Denecke 1992, S. 249.
422 Siehe hierzu auch Kapitel 6.
423 Rathmann 2014 II, S. 411.

schnell, sicher und bequem erreicht werden konnte, sind nach Betrachtung von Ratgeberliteratur und Reisetexten offensichtlich: Sobald Weg und Wegumgebung größere Mühen bereiteten als erwartbar, erschwerte sich die Fortbewegung. Eben darüber berichteten die Reisenden wiederkehrend und – dies bleibt zu betonen – auch unabhängig von den bereisten Gegenden, da die *sorg und arbeit des wegs* (Pictorius) eine reisebedingte Grunderfahrung war, die sich umso mehr einprägte und auch deshalb umso berichtswürdiger war, je beschwerlicher und gefährlicher sich der Weg gestaltete.

Die Reisenden wussten um diese Beschwerlichkeiten und Gefahren, welche von dem Weg als solchem, aber auch von der natürlichen Umgebung ebenso unmittelbar etwa durch Steinschlag in den Bergen oder von übergetretenen Flüssen ausgingen wie mittelbar durch Straßenräuber, die im Wald auf Schleichwegen jedem Fuß-, Pferde- oder Kutschenreisenden auflauern konnten. All diese Gefahren und Erschwernisse waren nur bedingt vorhersehbar, ließen sich jedoch umso besser abschätzen, je mehr über die vor einem liegende Wegetappe bekannt war. Demgegenüber lag es in erster Linie in der Hand der Reisenden selbst, etwa für die passende Kleidung, ausreichend Proviant oder die Verpflegung der Pferde zu sorgen, dann aber ebenso auf übermäßige körperliche Beanspruchungen und Verletzungen wie etwa Fußblasen zu reagieren. Medizinische Handlungsanweisungen waren hierfür willkommene Ratgeber, um den strapazierten Körper zu schützen, zumal nochmals zu konstatieren bleibt: wer einmal unterwegs war, tat dies oft wochen-, monate- und nicht tageweise.

Es sind so vor allem die in der Ferne sich sehr lange fortbewegenden Menschen, die in Überwindung weiterer Distanzen einen lebens- und berufsbedingt immer nur partiell oder auch gar nicht bekannten Straßenraum retrospektiv in Reiseberichten fragmentarisch beschreiben. Bei aller Routine und bei allem Wissen um die naturabhängigen Variablen von Reisestrapazen, gerade wer zu wenig oder sogar nichts um den Wegverlauf wusste, war vor Ort auf aktualisierte Informationen und Wegkundige angewiesen, setzte sich dadurch aber zugleich einer neuen Gefahr verstärkt aus: Der bewussten Irreleitung durch potenzielle Räuber, Mörder – und den Teufel. Wahren Schutz auf den Reisen konnte deshalb nach protestantisch-theologischem Verständnis nur Gott bieten. Er war der von vielen ersehnte metaphysische *Gleitsman*,[424] dessen Beistand Michael Sachs eindringlich empfahl und den all jene Reisenden ersehnten, die das einem Itinerar beigegebene Gebet sprachen.

Die von der Forschung bislang weitgehend übersehene theologisch-religiöse Dimension des Reisens beschränkte sich weniger auf eine symbolisch-metaphorische Sinnebene, gerade die theologisch-ideelle Aufladung des Reisens formuliert ausgehend von realen oder imaginierten irdischen und diabolischen Sorgen und Nöten von Reisenden den Weg zum Heil. Sicherheit konnten nach dieser in seinen Grundzügen hier erstmals dargelegten

---

424 HAB M: CC 606 (2), Wintzenberger: Wegweiser oder Reyse Büchlein 1597, Kapitel 80.

Vorstellung, deren konfessions- und religionsübergreifende Ausformung weitere Studien zu ergründen haben, weder Itinerare noch eigene oder mündlich tradierte respektive verschriftlichte Reiseerfahrungen oder säkular-medizinische Reiseratgeber spenden, sondern einzig und allein Gott. Die von Sachs in seinem Traktat an die Hand gegebenen Gebete, Lieder und Sprüche sollten dementsprechend eine gottgefällige Fortbewegung ermöglichen. Es ging also darum, sich vor den sündhaften Verführungen der Welt – vor allem in Gasthäusern – zu hüten und entsprechend des Inhalts und des Titels seines Traktats die Reisezeit in Einvernehmen mit Gott nützlich zu vertreiben.[425] Ob Sachs gleichzeitig zur spirituellen Wegfindung auch einen konkreten Beitrag zu einer christlichen Reisepraxis im Alltag geben wollte, sei dahingestellt. Aus praxeologischer Perspektive zeigen sich aber kondensiert Wissensbestände um Reisen und Straßen, die auf außerhalb der moralischen Mahnung liegende Wirklichkeiten der Zeit verweisen. Das theologische Plädoyer für den Zeitvertreib mit christlichen Weggefährten deckt eindringlich auf, dass Reisen nicht nur Gefahren mit sich brachten, sondern es selbst bei der Fortbewegung mit den eigenen Füßen oder auf einem Pferd und keineswegs nur in den sich zunehmend in Gebrauch befindlichen Kutschen zahlreiche Momente der Straßennutzung gab, welche es Montaigne nachweislich ermöglichten, bei sich und der beobachtbaren Welt zu sein.

Der französische Philosoph bringt damit ebenso wie Michael Sachs zum Ausdruck, was viele Reiseberichte insofern verschweigen, als hier weitaus häufiger der schlechte Weg und nur in wenigen, aber durchaus vorhandenen Fällen der gute Weg benannt werden: Viele Straßen und Wege waren auch ohne Ängste und Nöte benutzbar. Sobald jedoch die Verkehrsinfrastruktur ihren Fortbewegungszweck erfüllt hat, war sie kaum eine Notiz wert, ja es konnte auf den Straßen sogar langweilig sein, wie der Engländer Moryson seine diesbezügliche Reise in Deutschland sogar resümierte: *To conclude, the solitudes of the way [...] make a journey on foote most tedious in Germany.*[426] Straßen waren in solchen Momenten ein ungeliebter und in den Reiseberichten in der Regel nicht erwähnenswerter, da allzu selbstverständlicher Bestandteil der Fortbewegung. Besonders aus diesem Grund wird die Verkehrsinfrastruktur oftmals überhaupt nicht oder lediglich am Rande durch die Angabe der Wegstationen und Distanzen explizit in den Berichten thematisiert.

Nicht zufällig war es jedoch Montaigne, für den Straßen weitaus mehr waren als ein Mittel zum Zweck der Fortbewegung und der gerade auch deshalb deren Instandhaltung als keineswegs selbstverständlich erachtete. So bemerkte er in den Apenninen die durch einen Ausbau geschaffene Bequemlichkeit des Weges und wies darauf hin, dass die für den Bau zuständigen Anwohner weniger den Bau als vielmehr den Umstand beklagten,

---

425 Sachs, Reißbüchlein 1580/81.
426 Moryson, Itinerary 1907/1908, Bd. 3, S. 390.

hierdurch ohne Entschädigung bebautes Land verloren zu haben.[427] Straßen konnten für Montaigne schließlich sogar Gegenstand seiner zur Bildung und zum Zeitvertreib vorgenommenen humanistischen Beobachtung sein. Auf dem Weg von Isny nach Kempten hielt er aus diesem Grund Ausschau nach antiken Ausbesserungsarbeiten, die laut einer in einem Kloster in Isny aufgespürten Inschrift Kaiser Pertinax und Antoninus Verus im 2. Jh. n. Chr. durchführen ließen. Die Spuren der Ausbesserung suchte er jedoch auf der rund 25 km langen Strecke vergeblich. Es gab nichts, was *solcher Arbeit würdig gewesen wäre. Es gab nicht einmal Brücken.*[428] Straßen waren also nicht nur Orte der körperlichen Anstrengung und potentiellen Gefährdung, sondern ebenso Ausgangs- und Bezugspunkt einer erstrebten »Welterschließung«.[429] Die reisebedingte Begegnung und Auseinandersetzung mit der Welt bedurfte zwangsläufig der plural wahrgenommenen und plural in Schriftmedien thematisierten Straßen.

---

427 Montaigne/Flake 1915/1988, S. 175 f.
428 Ebd., S. 52.
429 So hebt es Heimann 2001, S. 56 für das Itinerar von Sebastian Brant hervor: Straßen werden für die Zeitgenossen als »Ort der Welterschließung« greifbar.

4. Die Materialität der Verkehrsinfrastruktur: Eine vielschichtige Konstellation – Baustoffe, Kosten und Arbeiter

Eine Straße muss sich ihren Weg durch Natur und Umwelt brechen, hoben jüngst Valerie Allen und Ruth Evans in einem einschlägigen Sammelband über Straßen im mittelalterlichen England hervor.[1] Dieses »violent cutting into a surface«[2], also die Umformung räumlicher Gegebenheiten zur Implementierung oder Instandhaltung von Infrastruktur, weist ebenso auf die materielle Beschaffenheit von Straßen, auf ihre Abhängigkeit von der Erdoberfläche hin wie auf jene Menschen, die die physische Welt unter Verwendung von Ressourcen in einen für den Verkehr benutzbaren Zustand versetzten. Beide Aspekte, die für die bauliche Ausgestaltung von Verkehrsrouten benötigten materiellen Ressourcen sowie die Arbeitskräfte, stehen im Folgenden im Vordergrund. Basierend auf der Rechnungsbuchüberlieferung zum Nürnberger Weg- und Stegamt soll das folgende Kapitel anhand einer Fallstudie für das weitläufige Landgebiet der Reichsstadt Nürnberg einen Blick auf die vielschichtige Instandhaltungspraxis der Verkehrsinfrastruktur (Straßen, Brücken, Wege) werfen. Durch die Rechnungsbuchüberlieferung können zwei Dimensionen dieser Praxis näher analysiert werden: Erstens sind es die zum Erhalt gehörigen Akteure und ihr mit dem Erhalt der Infrastruktur verbundenes Aufgabenfeld, die in den Fokus geraten. Zweitens erlauben es die Rechnungsbücher, konkret herauszuarbeiten, welche Materialien und Ressourcen in welcher Menge wann und wo verbaut wurden. Darüber hinaus geben die Rechnungseinträge Aufschluss über Praktiken der Instandsetzung und ermöglichen es so, die doppelte Naturabhängigkeit der Infrastruktur (Bauressourcen von der Natur und Verschleiß durch die Natur) näher aufzuzeigen.

Die besondere Bedeutung von außerurbanen Straßen im Kontext der Stadtentwicklung hat bereits Fernand Braudel beschrieben. Er formulierte: Jede »Stadt lebt von der Bewegung, die sie an sich reißt, zu ihren eigenen Gunsten unterbricht und dann wieder freigibt«,[3] während jede »Bewegung der Schiffe, der Lasttiere, der Fuhrwerke und der Menschen selbst« Straßen benötigt.[4] Gerade weil Siedlungen den Verkehr an sich zogen und von ihnen *vice versa* entscheidende Impulse für das Verkehrsaufkommen ausgingen,

---

1 Allen, Valerie/Evans, Ruth: Introduction: roads and writing, in: Dies. 2016 I, S. 1–32, hier S. 2, sie beschreiben dies als »must break through resistances«.
2 Ebd.
3 Braudel 1979/1990, S. 457.
4 Ebd., S. 400.

ja mehr noch, weil urbane Gefüge nur durch die Mobilität auf Straßen existieren konnten,[5] waren vor allem Städte darum bemüht, die verkehrsinfrastrukturelle Zugänglichkeit zur Stadt über das Land sicherzustellen.[6]

Die von Ernst Gasner bereits Ende des 19. Jahrhunderts formulierte Einschätzung, wonach der Straßenbau im 15. Jahrhundert durch die baulichen Initiativen der Städte einen Höhepunkt erlebt hatte,[7] konnten seitdem weitere Studien etwa für die Städte Basel,[8] Bern,[9] Florenz,[10] Freiburg im Üechtland,[11] Görlitz,[12] Lauingen,[13] Lüneburg,[14] Luzern[15] und

---

5 »Im Anfang war die Straße«, so hat es programmatisch Karlheinz Blaschke erstmals 1973 formuliert. Im Jahr 2000 ergänzte er diese Aussage mit dem Zusatz: »Die mittelalterliche Stadt ist weithin als Produkt der Straße zu klären« [Städte, Straßen und Fernhandel im Mittelalter. Eine Forschungsaufgabe zur geschichtlichen Landeskunde in Sachsen, in: Zwahr, Hartmut/Schirmer, Uwe/Steinführer, Henning (Hg.): Leipzig, Mitteldeutschland und Europa. Festgabe für Manfred Straube und Manfred Unger zum 70. Geburtstag, Beucha 2000, S. 263–273, hier S. 264]. Siehe etwa auch Aerni, Klaus/Egli, Hans-Rudolf: Zusammenhänge zwischen Verkehrs- und Siedlungsentwicklung in der Schweiz seit dem Mittelalter, in: Geographica Helvetica 46/2 (1991), S. 71–78; Brandstätter, Klaus: Städtische Maßnahmen zur Verkehrsorganisation im Mittelalter und in der Frühen Neuzeit: Der Anteil der Städte an der Erschließung der Alpenübergänge, in: Niederstätter 2001, S. 183–216; Denecke, Dietrich: Zur Entstehung des Verkehrs, in: Niederstätter, Alois (Hg.): Stadt: Strom – Straße – Schiene. Die Bedeutung des Verkehrs für die Genese der mitteleuropäischen Städtelandschaft (Beiträge zur Geschichte der Städte Mitteleuropas 16), Linz 2001, S. 1–25, hier bes. S. 21; Heinze, Gert Wolfgang/Drutschmann, Hans-Michael: Raum, Verkehr und Siedlung als System dargestellt am Beispiel der deutschen Stadt des Mittelalters, Göttingen 1977; Hye, Franz-Heinz: Das Verhältnis Stadt und Straße in Tirol von den Anfängen bis in die frühe Neuzeit, in: Riedenauer 1996, S. 197–217; Kaufhold, Karl Heinrich: Die Stadt als Verkehrsraum, in: Niederstätter 2001, S. 27–53. Den Zusammenhang von Stadt und Straße hat bereits die Analyse der kartographischen Darstellungen hinlänglich deutlich machen können: Jede Landverbindung führt zu einer Siedlung oder endet dort [siehe Kapitel 2].
6 Braudel 1979/1990, der auf S. 410 von »armseligen Straßen« sprach, kann also die kontinuierliche Instandhaltung entgegengehalten werden. Zur Instandhaltung der Nürnberger Straßen siehe hierzu näher Denzler, Alexander/Weber, Maria: ›Ein Nemen und aus geben von wegen an Steg und Weg‹ – Materialität, Instandhaltungsmaßnahmen und Kosten Nürnberger Straßen und Brücken am Beispiel des Straßenmanuals von 1547, in: Denzler 2018 I, S. 25–51, hier S. 27–29.
7 Gasner 1889/1966, S. 144, wobei er damit seine Ausführungen zu sowohl außer- als auch innerstädtischen Ausbesserungsarbeiten resümiert. Zu den Arbeiten an Wegen »vor dem Thore« etwa ebd., S. 126. In diesen Jahren entstand etwa auch die Qualifikationsschrift von Simon, August: Die Verkehrsstraßen in Sachsen und ihr Einfluß auf die Städteentwicklung bis zum Jahre 1500, Diss. phil. Leipzig 1892.
8 Fouquet 1999, S. 350f.
9 Esch 1998 III, S. 217.
10 Szabó 2012, S. 40.
11 Hübner, Klara: Melliorar chimins et pont. Zwischen städtischer Infrastruktur und Fernhandelsinteressen. Straßen- und Brückenbau im spätmittelalterlichen Freiburg im Uechtland, in: Schwinges 2007 I, S. 257–287.
12 Szabó, Thomas: Die Straßen in Deutschland und Italien im Mittelalter, in: Schwinges 2007 I, S. 71–118, hier S. 100.
13 Kießling, Rolf: Die Stadt und ihr Land. Umlandpolitik, Bürgerbesitz und Wirtschaftsgefüge in Ostschwaben vom 14. bis ins 16. Jahrhundert (Städteforschung A 29), Köln/Wien 1989, S. 435–443.
14 Petersen 2015, S. 341.
15 Landolt, Oliver: Straßenbau im Gebiet der heutigen Schweiz im Spätmittelalter, in: Wege und Geschichte 2015/2, S. 1–6, hier S. 4.

Memmingen[16] bestätigen. Neben dem Eigeninteresse der Siedlungen, für die Benutzbarkeit der für Handel und Verkehr benötigten Straßen zu sorgen und damit zugleich Herrschaftsansprüche im Raum sichtbar zu machen,[17] waren es die mit den Zollprivilegien einhergehenden Verpflichtungen, die die Instandsetzungsarbeiten begründeten. So hob die Reformatio Sigismundi von 1439 eigens die Verantwortung der Reichsstädte hervor, des Zolls wegen auf *allen strassen* zu achten und zur Einhaltung dieses Gebots zwei Personen zu wählen und schwören zu lassen.[18] Schon vom 12. bis zum 14. Jahrhundert waren es in erster Linie italienische Kommunen, für die Szabó teils sehr umfängliche Maßnahmen zur Ausbesserung von Straßen belegen konnte.[19] Im Jahr 1344 kam es zudem vor den Stadttoren Bremens zum Ausbau einer 5 km langen Straße;[20] einen noch längeren Straßenabschnitt nach Bad Tölz ließ 1330 die Stadt München reparieren.[21] Im 16. Jahrhundert schließlich führten Paris und Orléans[22] sowie Florenz[23] und Basel[24] nachweisbar Instandsetzungsarbeiten für die im Umland gelegenen Landstraßen durch. Auch für Hamburg hat die Forschung ein »ehrgeiziges Programm *ad vias lapideas extra civitatem*« für die Zeit zwischen 1539 und 1546 konstatiert.[25]

Wie genau jedoch Straßen gebaut und instandgehalten wurden, zu welcher Jahreszeit, in welcher Regelmäßigkeit, unter Verwendung welcher Materialien und schließlich von wem, wurde bislang noch nicht systematisch untersucht. Dabei gilt es zu beachten: Wie sich generell für das Untersuchungsobjekt Straße herausgestellt hat, erschwert die sehr disparate Quellenlage eine solche Nahperspektivierung. Zwar gewähren etwa Statuten, Ratsprotokolle und Missive in der Regel Einblicke in die Instandsetzungsarbeiten,[26] jedoch meist nur sehr bruchstückhaft. Erst die Ausweitung und Kombination dieses amtlichen Schriftguts mit seriell erhaltenen Rechnungen verbreitet die Quellengrundlage und erlaubt es, die Materialität von Straßen und das damit verbundene »set of doings and sayings«[27], die Praktiken der Instandsetzung und des Erhalts von Straßen zu erforschen. Dabei ist es nicht so sehr die longue durée der Überlieferung, als vielmehr die der Rechnungslegung

---

16 Kießling 1989, S. 595 f.
17 Siehe zur Instandsetzung von Geleitstraßen als Ausdruck von Herrschaft über Straßen Kapitel 2.2.3.
18 Koller, Heinrich (Hg.): Reformation Kaiser Siegmunds (MGH Staatsschriften des späteren Mittelalters 6), Stuttgart 1964, S. 262. Inwieweit es in Nürnberg solche Amtsträger gab, ließ sich nicht eruieren. Zum Zoll siehe Kapitel 5.2.
19 Szabó 2012, S. 36–40.
20 Petersen 2015, S. 339. Ferner zu Baumaßnahmen im 14. Jahrhundert etwa bei Bozen Stolz 1910, S. 265 und Wien Szabó 2007, S. 100.
21 Fouquet 1999, S. 351.
22 Livet 2003, S. 160.
23 Szabó 2012, S. 41.
24 Fouquet 1999, S. 350.
25 Ebd., S. 351.
26 Esch 1998 III, S. 216–218; Szabó 2012, S. 38 f.
27 Schatzki 2002, S. 73.

inhärente Informationsdichte, die Straßeninstandhaltungsmaßnahmen dicht untersuchbar macht und zentrale Aspekte dieser Praxis hervorhebt.[28] Die hier umfänglich bearbeitete Rechnungslegung des Weg- und Stegamts der Reichsstadt Nürnberg erlaubt also weitergehende Zugriffe auf die zeitgenössischen *Doings* zum Erhalt der außerurbanen Straßen. Mit der sowohl quantitativen als auch qualitativen Analyse der seriell überlieferten Rechnungslegung von 1544 bis 1562 wird es im Folgenden möglich sein, Instandhaltungspraktiken von Verkehrswegen im Rahmen ihrer erforderlichen Körperlichkeit (Straßenarbeiter), Materialität (Bauressourcen) und Zeitlichkeit zu fokussieren. Die bisherigen Forschungen erfahren so eine systematische Erweiterung um das Fallbeispiel der Reichsstadt Nürnberg, die als wirtschaftliches und politisches Zentrum im 16. Jahrhundert eine anziehende Großstadt im Gebiet des römisch-deutschen Reiches und in Europa darstellte und damit besonderes Augenmerk auf die Verkehrsinfrastruktur legte.

Die Fokussierung auf eine der verkehrsreichsten Gegenden ihrer Zeit, welche sich nach Braudel »im Glanz des Mittelmeers sonnen« konnte[29] und genügend Autonomie besaß, um in den Quellen deutliche Spuren von Straßeninstandsetzungsarbeiten zu hinterlassen,[30] erfordert zunächst die Klärung, um welche Straßen es sich handelte und wie sich insgesamt die Verkehrsinfrastruktur im Nürnberger Umland gestaltete [4.1]. Unter Problematisierung entsprechender Zuschreibungen werden die Verkehrsrouten als gleichermaßen für den Nah- und Fernverkehr benötigte Straßen vorgestellt, um darauf aufbauend die in den Rechnungen aufgeführten Ausbesserungsmaßnahmen geographisch genau verorten zu können. Die Auswertung der Rechnungsserie gibt sodann Aufschluss über die vielschichtige Instandhaltungskonstellation: wann wo welche Straßen und Brücken unterhalten wurden und welche Personalkosten aufgewendet werden mussten, wobei die entsprechenden Rechnungen sehr genau in ihren Entstehungskontext, die Ämter- und Finanzstruktur der Reichsstadt Nürnberg, einzuordnen sind [4.2]. Drei Bestandteile der Verkehrsinfrastruktur gilt es danach näher zu analysieren:

---

28 Rechnungen zur Instandhaltung hat die Forschung bislang mehr benannt als ausgewertet. Dies trifft etwa auf das bereits angeführte Instandsetzungsprogramm in Hamburg zu. Doch auch für die Stadt Basel weist Fouquet 1999, S. 350 zwar darauf hin, dass fast »in jedem Jahr zwischen 1445 und 1549 [...] für den Wegebau Gelder verwendet wurde«, die Rechnungen werden insgesamt aber nur fragmentarisch ausgewertet. Haubrichs 1997, S. 135 macht in der 259. Anmerkung auf fortlaufende Arbeiten an einen Steinweg aufmerksam, die eine Rechnungsserie für die Stadt Hannover ab dem Jahr 1480 dokumentiert. Neben Petersen 2015 gründet Hübner 2007 seine Ausführungen zwar hauptsächlich auf Rechnungen, eine quantifizierende Betrachtung bleibt allerdings aus. Zugleich hebt Hübner insgesamt für die schweizerischen Städte und deren Interesse an Straßen hervor, dass »Verwaltungsschriftgut zu diesem Thema selten vor 1450 zu finden« ist [Hübner 2007, S. 261].
29 Braudel 1979/1990, S. 401.
30 In Anlehnung an Brandstätter 2001, S. 215, der ex negativo anführt, dass gerade die eingeschränkte Autonomie von Städten im Alpenraum es nicht erlaubte, »in den Quellen deutliche Spuren verkehrspolitischer Initiativen zu hinterlassen«.

Neben Art und Menge der benötigten Baustoffe sowie deren Verwendungszweck für 1.) den Erhalt von Straßen [4.3.1] werden 2.) mit Gräben fallstudienartig zentrale verkehrsinfrastrukturelle Bauten behandelt [4.3.2], die entweder am Straßenrand lagen oder aber in Form von Landwehren Straßen kreuzten. Die Gräben, dies war die mit der Instandhaltung verbundene zentrale Funktion, schützten einerseits den Straßenkörper vor Wasser und anderseits den Straßenraum vor Eindringlingen im städtischen Umland. Die zur Überquerung der Gräben benötigten Brücken fielen gleichfalls in den Zuständigkeitsbereich des Weg- und Stegamts. Die Einträge zu den zahlreichen Ausgaben des Weg- und Stegamts erlauben es somit ebenso, Gemeinsamkeiten und Unterschiede im Erhalt von Straßen und Brücken in Hinblick auf kosten- und arbeitsintensive Instandsetzungsmaßnahmen und ihre Materialität zu analysieren. Vor diesem Hintergrund widmet sich eine eigene Fallstudie 3.) den Brücken [4.4].

Sämtliche in den Rechnungen aufgelisteten Ausgaben beziehen sich ausschließlich auf Personalkosten. Die Aufwendungen für die verbauten Materialien sind nicht eigens als Posten oder Konten in den Rechnungsbüchern greifbar, können aber mittelbar über deren Nennung in den Rechnungen annäherungsweise erschlossen werden. Neben den Personennamen sowie der Art, Dauer und dem Ort der verrichteten Tätigkeiten wurden nämlich auch die für Straßen- und Brückenarbeiten benötigten Baustoffe und deren Kosten erfasst, da Menge, Verfügbarkeit und Verarbeitbarkeit des Materials entscheidenden Einfluss darauf hatte, wie lange wie viele Personen an Brücken und Straßen arbeiten mussten. Die Texte der Rechnungsbucheinträge bilden in ihrer Informationsdichte für die hier vorgenommene Analyse also ein Verweissystem auf die hinter dem Erhalt und den Rechnungen stehenden Instandhaltungspraktiken: Um etwa Holz für den Brückenbau zu erhalten, mussten passende Bäume erst im Stadtwald durch den Förster ausgewählt, personal- und damit kostenintensiv durch Arbeiter geschlagen, durch Tagwerker, Helfer oder Fronarbeiter transportiert, durch Zimmerleute entsprechend der notwendigen Maßnahmen bearbeitet und zum passenden materiellen Gegenstand der Ausbesserung verarbeitet und eingesetzt werden. Diese Arbeiter mussten versorgt und zusammen mit den Arbeiten koordiniert und abgestimmt werden. Wer diese Arbeiten verrichtete, welche Expertisen hierfür erforderlich waren [4.6] und mit welchen Geldern [4.5] die Verkehrsinfrastruktur instandgesetzt wurde, gilt es gleichfalls zu untersuchen, um die Bedingungen und Möglichkeiten des Baus und Erhalts von Straßen und Brücken und damit die Bau- und Instandhaltungspraxis der außerurbanen Verkehrsinfrastruktur zu ergründen.

4.1 Die Fern- und Nahhandelsstraßen im Nürnberger Umland

Die Rechnungen des Weg- und Stegamts geben Aufschluss über den Unterhalt und die materielle Beschaffenheit von Straßen, die aus allen Himmelsrichtungen auf Nürnberg zuliefen. Es handelt sich um ein Straßen- oder Handelsnetz,[31] das sich (Abb. 50)[32] wie folgt, ausgehend von den fünf Nürnberger Haupttoren, beschreiben lässt:

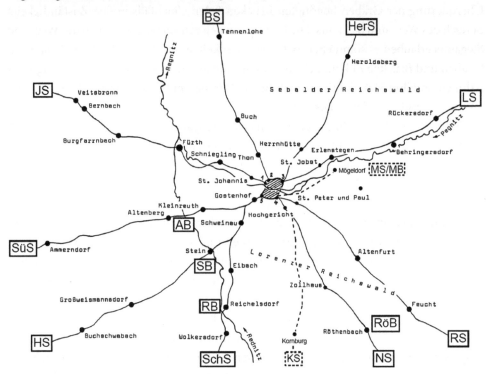

Abb. 50: Die Fern- und Nahhandelsstraßen im Nürnberger Umland.

Die Johannisstraße (JS): Nach dem Neutor (1) begann die Straße Richtung Würzburg und Frankfurt am Main, vorbei an St. Johannis und Schniegling zunächst nach Fürth, wo eine Brücke über die Rednitz führte. Weiter über Burgfarrnbach und Veitsbronn nach Nordwesten querte die Straße bei Kitzingen das erste Mal den Main.

---

31 Die Netzmetapher wird häufig zur Beschreibung der Nürnberger Straßen verwendet: Müller 1907 II, S. 2; Höhn 1985, S. 48; Stadtlexikon Nürnberg, Art. ›Fernhandelsstraßen‹, S. 280; Endres, Rudolf: Ein Verzeichnis der Geleitstraßen der Burggrafen von Nürnberg, in: Jahrbuch für fränkische Landesforschung 23 (1963), S. 107–138, hier S. 108. Siehe zu dieser Metapher bereits Kapitel 1.2.1.

32 Hier und im gesamten Kapitel werden folgende Abkürzungen verwendet: AB = Altenberger Brücke; BS = Bucher Straße; HerS = Heroldsberger Straße; HS = Heilsbronner Straße; JS = Johannisstraße; KS = Kornburger Straße; KB = Kleine Brücken u. Dolen; LS = Laufer Straße; MB = Brücken zu Mögeldorf; MS = Straßen auf Mögeldorf; NS = Neustädter Straße; RB = Reichelsdorfer Brücke; RS = Regensburger Straße; RöB = Brücken zu Röthenbach bei Wendelstein; SB = Steiner Brücke; SchS = Schwabacher Straße; SLG = Straßen- und Landgräben; SüS = Sündersbühler Straße.

Die Bucher Straße (BS): Nordwärts durch das Tiergärtnertor (2) waren Erfurt und Leipzig zu erreichen, vorbei an Thon, Buch, Tannenlohe und Erlangen, von dort entlang der Regnitz nach Forchheim und Bamberg und von dort weiter nach Coburg bis zu den Pässen des Thüringer Waldes.

Die Heroldsberger Straße (HerS): Eine weitere Fernhandelsstraße führte über Herrnhütte durch den Sebalder Wald nach Heroldsberg, um dann über die nördliche Frankenalb auf Bayreuth zuzulaufen.

Die Laufer Straße (LS): Gleichfalls vom Laufertor (3) führte der Weg entlang der Pegnitz an St. Jobst und Rückersdorf vorbei nach Lauf und Hersbruck und weiter über Sulzbach zum Oberpfälzer Wald.

Die Regensburger Straße (RS): Am Frauentor (4) nahm die Straße über Altenfurt und Feucht nach Regensburg ihren Anfang.

Die Neustädter Straße (NS): Ebenso durch das Frauentor (4) Richtung Südosten unter Durchquerung des Lorenzer Waldes führte eine Fernstraße, die bei Röthenbach die Schwarzach querte (RöB), nach Allersberg, Berching und Neustadt an der Donau.

Die Schwabacher Straße (SchS): Beim Spittlertor (5) nahmen insgesamt drei Straßen ihren Anfang. Die Erste führte über Gostenhofen, Schweinau und Eibach zunächst an die Rednitz, welche bei Reichelsdorf mittels einer Brücke (RB) überquert werden konnte. Nach dem Flussübergang ging es weiter über Wolkersdorf Richtung Schwabach, wo sich die Straße wiederum gabelte, um auf einer Trasse über Weißenburg und Donauwörth nach Augsburg oder auf einer anderen über Nördlingen nach Ulm zu gelangen.

Die Heilsbronner Straße (HS): Hinter Schweinau, nach dem Verlassen des Spittlertors (5) und der Durchquerung von Gostenhof, bog die Straße nach Südwesten über die Brücke zum Stein (SB) ab, um von dort über Großweismannsdorf und Heilsbronn nach Ansbach zu führen.

Die Sündersbühler Straße (SüS): Bei einer weiteren Weggabelung kurz nach Gostenhof setzte sich die Straße vom Spittlertor (5) über Sündersbühl und Kleinreuth zum Rednitzübergang bei Altenberg (AB) fort. Sie führte weiter über Ammerndorf und Großhabersdorf nach Rothenburg.

Jede dieser »Verkehrsstraßen«[33] verband Nürnberg mit Handels- und Wirtschaftsräumen, also »Räume[n] intensiven kommerziellen Austauschs«,[34] in ganz Europa: im Westen mit Lothringen, der Champagne, der Île de France, im Nordwesten mit Flandern, Brabant, weiteren Teilen der Niederlande und England, im Norden mit den niederdeutschen Küstenregionen von der Nordsee (Hamburg, Bremen) bis zur Ostsee (Lübeck) sowie mit Skandinavien; im Nordosten und Osten mit Böhmen, Mähren, Schlesien, Polen, Preußen, dem Baltikum, Russland und dem Schwarzen Meer, im Südosten mit Österreich, Ungarn und Siebenbürgen, im Süden mit Italien (v. a. Venedig) und schließlich im Südwesten mit Südfrankreich sowie seit dem frühen 16. Jahrhundert, im Zuge der allgemeinen Schwerpunktverlagerung der europäischen Wirtschaft vom Mittelmeer hin zum Atlantik, mit Spanien, Portugal und den Kolonialgebieten in Übersee.[35] Insgesamt drei große »Welt-

---

33 Diefenbacher, Michael: Der Handel des Nürnberger Patriziats nach Osten: Das Beispiel Tucher um 1500, in: MVGN 94 (2007), S. 49–80, hier S. 50.
34 Häberlein 2007, Sp. 113.
35 Kellenbenz, Hermann: Gewerbe und Handel am Ausgang des Mittelalters, in: Pfeiffer 1971, S. 176–186; Kellenbenz, Hermann: Wirtschaftsleben im Zeitalter der Reformation, in: Pfeiffer 1971, S. 186–193; Schremmer 1997; Diefenbacher, Michael: Handel im Wandel. Die Handels- und Wirtschaftsmetropole Nürnberg in der frühen Neuzeit (1550–1630), in: Kirchgässner, Bernd/Becht, Hans-Peter (Hg.): Stadt und Handel (Stadt in der Geschichte 22), Sigmaringen 1995, S. 63–81; Diefenbacher, Michael: Nürnberg, Reichsstadt:

handelsstraßen« – so hat es Johannes Müller zu Beginn des 20. Jahrhunderts formuliert – kreuzten sich in Nürnberg: die Routen Brüssel–Wien, Hamburg–Venedig und Breslau–Genf.[36] Zu diesen »Haupthandelsrouten«[37] kamen weitere für den Nah- und Fernverkehr bedeutsame Straßen hinzu, die an einem der fünf Nürnberger Stadttore ihren Anfangs-, End- oder Zwischenpunkt fanden.

Wie viele (Fern-)Handelsstraßen es aber genau waren, lässt sich nicht exakt beziffern. In der Forschung variieren die Zahlen, es ist von zwölf, von zehn, acht oder sieben die Rede.[38] Solche voneinander abweichenden Angaben deuten an, dass der Erfassung und Kategorisierung von *Handelsstraßen,* also Straßen, die dem Transport von Waren dienten, keine eindeutigen Parameter zugrunde liegen. Damit bestätigen sich die generellen Schwierigkeiten, die Straßen der Vormoderne retrospektiv zu typisieren und zu hierarchisieren.[39]

Eine divergierende Zählweise von Straßen resultiert vor allem aus der qualitativen Zuschreibung, mit der eine Verkehrsroute als eine Haupt- oder Nebenstraße betrachtet wird;[40] Alfred Höhn spricht auch von Straßen erster oder zweiter Ordnung.[41] Solche Zuschreibungen, wie sie außerdem Denecke in seinem Typisierungsschema verwendet,[42] erlauben es, die Vielzahl an Routen hinsichtlich ihrer Relevanz für den Transport von Handelsgütern zu differenzieren, was jedoch insofern problematisch ist, als sich die Verkehrsdichte respektive das Volumen der transportierten Handelsgüter nur punktuell über die verzeichneten Zolleinnahmen und Geleitsgelder erfassen lässt.[43] Haupt- und Neben-

---

Handel, publiziert am 15.03.2010, in: Historisches Lexikon Bayerns, URL: http://www.historisches-lexikon-bayerns.de/Lexikon/Nürnberg,_Reichsstadt:_Handel (29.3.2023).

36 Müller 1907 II, S. 2.
37 Höhn 1985, S. 45–74 spricht von Hauptrouten des Nürnberger Handels. Die Karte bei Diefenbacher, Michael: Nürnberger Handel um 1500, in: Baumann, Wolfgang u. a. (Hg.): Der Nürnberg-Atlas. Vielfalt und Wandel der Stadt im Kartenbild, Köln 2007, S. 30 f., hier S. 31 zeigt das um 1500 in Europa bestehende Netz der »[b]edeutende[n] Nürnberger Handelswege«.
38 Müller 1907 II, S. 3 (12); Höhn 1985, S. 49 (10); Stadtlexikon Nürnberg, Art. ›Fernhandelsstraßen‹, S. 280 (8); Stromer, Wolfgang von: Handel und Gewerbe der Frühzeit, in: Pfeiffer 1971, S. 46–54 (7).
39 Unterschiede ergeben sich bereits aus der Erfassungsgrundlage, mit der ein Straßennetz verbal beschrieben und/oder kartographisch dargestellt wird. In Abb. 50 nicht mehr erfasst sind etwa die Straßen Nördlingen–Nürnberg und Augsburg–Nürnberg, da diese nach Spalt eine gemeinsame Trasse über Schwabach hatten. Mit einem anderen Kartenausschnitt würden auch diese Straßenabschnitte in den Blick geraten. Zugleich hängt es von der Zählweise ab, ob diese Straßen aufgrund der unterschiedlichen Wegführungen bis kurz nach Spalt als zwei oder aber aufgrund der danach folgenden gemeinsamen Trasse bis vor das Spittlertor als eine Straße gewertet werden. Letzterer Aspekt spielt bei der Zählweise von Müller 1907 II, S. 3 eine wichtige Rolle. Siehe auch Kapitel 2.1 u. Kapitel 6.
40 Müller 1907 II.
41 Höhn 1985, S. 75–77. Dort ist von Straßen zweiter Ordnung im Unterschied zu den »Hauptrouten« [S. 45–74] die Rede.
42 Siehe Kapitel 2.
43 Auf die nur »[s]pärlich« vorhandenen Nachrichten über die Verkehrsdichte der Nürnberger Straßen weisen etwa Höhn 1985, S. 48 und bereits Müller 1907 II, S. 12–14 hin. Angaben zum Umfang des Güterver-

straßen können also nicht mit letzter Bestimmtheit unterschieden werden. Erschwerend für eine solche Kategorisierung von Routen als Haupt- oder Nebenstraße kommt hinzu, dass der Handel mit Waren ja keineswegs gleichförmig und gleichbleibend über immer dieselben großen Handelsstraßen verlief, sondern es mit dem bereits angesprochenen Aufstieg des Atlantikhandels zu erheblichen Verschiebungen kam. Auch die Eroberung Antwerpens durch die Spanier 1576 beeinflusste das Volumen der transportierten Güter und führte zu einem gravierenden Einbruch des Nürnberger Großhandels mit Tuchen aus Flandern und England.[44] Die Typisierung einer Straße als Fernhandelsstraße oder Haupthandelsroute ist also zeitabhängig. Daneben lässt eine solche Kategorisierung ebenso leicht übersehen, dass Straßen immer auch für eine wirtschaftliche ›Nähe‹ benötigt wurden. Die Fernstraßen waren so gesehen immer zugleich *Nahstraßen,* die in Nürnberg nicht nur dem Transport von Lebensmitteln dienten. Auch Rohstoffe wie die etwa für den Guss von Erz und Messing oder der Erzeugung von Glaswerk benötigten Ressourcen wurden in diesem verkehrsinfrastrukturellen Nahbereich befördert.[45]

Schließlich sind generell Nähe und Ferne nur relative Größen, auch wenn die Wirtschaftsgeschichte für bis zu 100 km von einem Regionalhandel und ab 400 km von einem Fernhandel spricht, dazwischen läge ein Handel mittlerer Reichweite.[46] Ab welcher Distanz jedoch etwa die über Schwabach, Gunzenhausen und Nördlingen nach Ulm und von dort weiter bis nach Genf und Lyon führende Schwabacher, Nördlinger, Ulmer, Genfer oder Lyoner Straße eine Fern- oder Nahstraße war, entzieht sich einer letztgültigen Zuschreibung. So wird zwar von Höhn und Müller die Ulmer Straße einschließlich der

---

kehrs sind möglich, wie Endres, Rudolf: Die Nürnberg-Nördlinger Wirtschaftsbeziehungen im Mittelalter bis zur Schlacht von Nördlingen. Ihre rechtlich-politischen Voraussetzungen und ihre tatsächlichen Auswirkungen (Schriften des Instituts für fränkische Landesforschung, 11), Neustadt a.d. Aisch 1963, S. 192–204 für die Straße Nürnberg–Nördlingen zeigt. Siehe daneben auch die zahlreichen Angaben zu den Transportfrequenzen bei Straube 2015 zu den »Haupthandelsstraßen« (u.a. auf S. 101) und »Nebenstraßen« (etwa auf S. 50, 67 u. 370) im thüringisch-sächsischen Raum. Die quantitative Erfassung der von Wagen und Karren transportierten Güter bleibt dessen ungeachtet aufgrund der divergierenden Maße und Gewichte ein schwieriges Vorhaben, wie Straube, Manfred: Aktuelle Fragen der deutschen und internationalen Messegeschichte, in: Denzel/Blockmans 2018, S. 15–42, hier S. 30f. hervorhebt. Siehe insgesamt hierzu bereits Kapitel 1.2.2.

44 Schremmer 1997, S. 910.
45 Kellenbenz 1971 I, S. 177. Gleiches trifft auf die über die Donau gehandelten Transitgüter zu. Sie konnten, ebenso wie die Güter der metall- und textilverarbeitenden Gewerbe in Nürnberg, nur über den Landweg durch den Lorenzer Reichswald zur Verschiffung nach Regensburg gelangen [Serles, Andrea: Metropole und Markt. Die Handelsbeziehungen zwischen Nürnberg und Krems/Donau in der Frühen Neuzeit (Diplomarbeit Universität Wien), Wien 2013, S. 59 Online unter: https://services.phaidra.univie.ac.at/api/object/o:1295637/get [28.3.2023]; siehe auch Serles 2017]. Speziell zu den Land- und Wasserstraßen, die für die Ein- und Ausfuhren des Metallhandels benötigt wurden: Dettling, Käthe: Der Metallhandel Nürnbergs im 16. Jahrhundert, in: MVGN 27 (1928), S. 99–241, hier S. 202–232.
46 Kellenbenz 1986, S. 232; Hassinger 1979, S. 444.

Wegetappen über Nördlingen als ein *Fernhandelshauptweg* beschrieben,[47] nach Hermann Kellenbenz erfolgte der Warenaustausch zwischen Main, Donau, Böhmerwald und Ries aber lediglich im weiteren Umkreis von Nürnberg »[n]eben dem Fernhandel«.[48] Rudolf Endres spricht in seiner Untersuchung zu den Wirtschaftsbeziehungen zwischen Nürnberg und Nördlingen explizit von Nahhandel,[49] obgleich damit noch nicht gesagt ist, ob die Waren auch an diesen beiden Orten jeweils verblieben sind oder sie als Zwischenetappe genutzt wurden. Ein solcher Befund wäre aber zur Einordnung der handelsbedingten Straßennutzung und davon abhängiger Zuschreibungen insofern wichtig, als zu Beginn des 16. Jahrhunderts 50 % des vorwiegend aus der Oberpfalz nach Nürnberg gebrachten Eisens nach Nördlingen weitertransportiert wurde und von dort weiter in den Südwesten gelangte.[50] Solche Handelsketten beförderten seit jeher Güter über große Entfernungen[51] und waren beides zugleich: Fern- und Nahhandel.

Eine Straße ließe sich somit nur durch das Merkmal ›große Distanz‹ zwischen Anfangs- und Zielort des Warentransports eindeutig als Fern- oder Nahhandelsroute kategorisieren. Die Straßen der Handelsmetropole Nürnberg waren aber nie ausschließlich für den Handel in die Ferne bestimmt, auf ihnen wurden zugleich und stets in der Region benötigte Waren transportiert. Die folgenden Ausführungen tragen diesem Befund Rechnung, indem sie gelöst von einzelnen Nutzungsformen das Nürnberger Straßennetz ergebnisoffen untersuchen. Mit berücksichtigt werden also auch jene etwa von Höhn als Straßen zweiter Ordnung begriffenen, regionalen Wegstrecken, die er a priori ausklammert.[52] Dazu gehört auch die nach München führende und hier als Kornburger Straße bezeichnete Wegstrecke; sie ist auf Abb. 50 ebenso mit einer gestrichelten Linie ergänzt wie die Mögeldorfer Straße und Brücke.[53] Sämtliche Straßen und Brücken werden im Folgenden mit den in den Rechnungen verwendeten Begrifflichkeiten benannt. Außer den Namen von Orten, die sich vor den Toren der Stadt (Sündersbühl/Mögeldorf/St. Johannis) befanden, waren weiter entfernte Orte innerhalb oder außerhalb des Nürnberger Landgebietes namensgebend für Straßen. Letzteres trifft etwa auf das links der Rednitz gelegene Schwabach zu, welches 1364 in den Besitz der Burggrafen von Nürnberg gelangte und seitdem »als

---

47 Müller 1907 II, S. 3 spricht von einem Hauptweg, Höhn 1985, S. 69 von einer Fernhandelsstraße mit einem hohen Rang.
48 Kellenbenz 1971 II, S. 191.
49 Endres 1963 I, S. 7 f., 134 u. 186.
50 Schremmer 1997, S. 913; Endres 1963 I, S. 123.
51 Köhler, Ulrich: Formen des Handels in ethnologischer Sicht, in: Düwel, Klaus (Hg.): Untersuchungen zu Handel und Verkehr der vor- und frühgeschichtlichen Zeit in Mittel- und Nordeuropa, Teil 1: Methodische Grundlagen und Darstellungen zum Handel in vorgeschichtlicher Zeit und in der Antike, Göttingen 1985, S. 13–55, hier S. 44.
52 Höhn 1985, S. 75–77.
53 Letztgenannte Straße und Brücke findet bei Höhn 1985 und Müller 1907 II keine Erwähnung.

strategisch wichtiger Stützpunkt gegenüber dem nahen Nürnberg und als stark frequentierte Zoll- und Geleitstation am Kreuzungspunkt mehrerer Fernhandelsstraßen intensiv gefördert« wurde.[54] Innerhalb des mit rund 1.200 km² sehr großen Landgebiets der Reichsstadt Nürnberg befand sich demgegenüber, etwa fünf Kilometer vom Tiergärtnertor entfernt, das für die Bucher Straße namensgebende Dorf Buch. Es ging 1427 mit vielen weiteren Dörfern und Gütern in den Besitz der Reichsstadt über.[55] Die Laufer Straße ist wiederum nach der Stadt Lauf benannt. Sie wurde von Nürnberg 1504 im Landshuter Erbfolgekrieg auf dem Höhepunkt seiner Erwerbspolitik erobert und blieb unter Wahrung von Selbstverwaltungsrechten bis 1806 nürnbergisch.[56]

Im Unterschied zu Lauf lag Buch in der sogenannten ›Alten Landschaft‹, welche seit dem 14. Jahrhundert unter Einschluss der Sebalder und Lorenzer Reichswälder als ein »Konglomerat aus Herrschaften und Besitzungen Nürnberger Bürger, Klöster und Sozialeinrichtungen« vor allem zwischen den drei Grenzwassern, der (Erlanger) Schwabach im Norden, der Regnitz/Rednitz im Westen und der Schwarzach im Süden, entstand.[57] Die flächenmäßig etwa doppelt so große ›Neue Landschaft‹ ging aus dem Landshuter Erbfolgekrieg und den Besitzübernahmen im Zuge der Reformation hervor.[58] Der Zuständigkeitsbereich des Weg- und Stegamts erstreckte sich trotz dieser territorialen Zugewinne nur auf die Alte Landschaft, da sich hier die seit dem 14. Jahrhundert nachweisbaren Besitzungen der ehemaligen Stiftung des Weg- und Stegamts befanden. Dementsprechend belegen die Rechnungsbücher des Weg- und Stegamts nur Ausgaben für die Verkehrsinfrastruktur der *Alten Landschaft*. Lediglich für die vom Laufer Tor bis in die Neue Landschaft führende Laufer Straße werden für das Rechnungsjahr 1557/58 Unterhaltsmaßnahmen vermerkt. Und da es, wie noch näher auszuführen ist, in diesem und weiteren Fällen häufig nicht möglich ist, die reparierten Wegstellen genauer zu lokalisieren, muss für diesen Rechnungsposten bezüglich der Laufer Straße offenbleiben, ob damit tatsächlich Straßenarbeiten in der Neuen Landschaft gemeint sind. Insgesamt sind es die für

---

54 Stadtlexikon Nürnberg, Art. ›Schwabach‹ (1. Aufl.). Näheres zu Schwabach als Amtssitz und Stadt der Burggrafen bei Eigler, Friedrich: Schwabach (Historischer Atlas von Bayern, Teil Franken, Reihe I, Heft 28), München 1990, S. 205–222.
55 Stadtlexikon Nürnberg, Art. ›Buch‹ (1. Aufl.), Wüllner, Wolfgang: Das Landgebiet der Reichsstadt Nürnberg, Nürnberg 1970, S. 12 u. Diefenbacher, Michael: Nürnberg, Reichsstadt: Territorium, publiziert am 10.03.2010, in: Historisches Lexikon Bayerns, URL: http://www.historisches-lexikon-bayerns.de/Lexikon/Nürnberg,_Reichsstadt:_Territorium (29.3.2023).
56 Stadtlexikon Nürnberg, Art. ›Lauf‹ und ›Landgebiet‹, S. 610 u. 615; Wüllner 1970, S. 12.
57 Schnelbögl, Fritz: Zwischen Zollern und Wittelsbachern, in: Pfeiffer 1971, S. 120–127, hier S. 125 f.; Diefenbacher 2010 I; Wüllner 1970, S. 11 f.; Hofmann, Hanns Hubert: Nürnberg-Fürth (Historischer Atlas von Bayern, Teil Franken, Reihe I, Heft 4), München 1954, S. 25–30.
58 Wüllner 1970, S. 12 f.; Diefenbacher 2010 I; Schnelbögl 1971, S. 122–126; Hofmann 1954, S. 39 f.

den Nah- und Fernverkehr benötigten Straßen und Brücken in der Alten Landschaft,[59] deren Unterhalt sich für das 16. Jahrhundert mit der überlieferten Rechnungslegung des Weg- und Stegamts untersuchen lässt.

4.2 Die Rechnungen des Weg- und Stegamts: Quantitative Befunde

Die Rechnungslegung des Weg- und Stegamts war eingebunden in einen mehrstufigen Prozess der Verschriftlichung von Einnahmen und Ausgaben – angefangen von Einzelrechnungen über die Verzeichnung der Posten in einem Manual und der Zusammenführung der Hauptrechnungen des Jahres in das große Rechnungsbuch bis zur Rechnungslegung und Entlastung des Pflegers des Weg- und Stegamts vor den Losungern und den Bürgermeistern.[60]

Die Aufzeichnung von Einnahmen und Ausgaben erfolgte auf Grundlage von Einzelrechnungen und eines handlichen und damit vor Ort mitführbaren Manuals (27,8 × 10 cm), in das man die einzelnen Posten eintrug.[61] Diese Rechnungslegung dokumentiert die Tätigkeiten, Einnahmen und Ausgaben und wurde vom Weg- und Stegamt eigenständig angefertigt.[62] Am Ende jedes Rechnungsjahres entstand dann die Abrechnung für die Losungsherren,[63] wodurch die Finanzen des Weg- und Stegamts Eingang in die Losungsakten gefunden haben.[64] Das Rechnungsjahr begann und endete jeweils Ende Mai/Anfang Juni.[65] Für die Rechnungsjahre 1544/45 bis 1561/62 sind Konzepte der für die Losungsherren bestimmten Abrechnung tradiert.[66] Dies betrifft die Jahre 1556/57, 1557/58, 1558/59, 1559/60 und 1561/62; das Rechnungsjahr 1560/61 ist nicht mehr überliefert.[67] Außerdem hat sich durchgehend für die Rechnungsjahre von 1544/45 bis 1555/56 eine Zusammen-

---

59 Dannenbauer, Heinz: Die Entstehung des Territoriums der Reichsstadt Nürnberg (Arbeiten zur deutschen Rechts- und Verfassungsgeschichte 7), Stuttgart 1928, S. 106–148.
60 Das Rechnungswesen der Reichsstadt Nürnberg skizziert Wüllner 1970, S. 46–51 und im Stadtlexikon Nürnberg die Art. ›Stadtrechnungen‹; ›Amtsrechnungen‹; ›Losungsamt‹ (1. Aufl.). Grundlegend ist nach wie vor Sander, Paul: Die reichsstädtische Haushaltung Nürnbergs. Dargestellt aufgrund ihres Zustandes von 1431 bis 1440, Leipzig 1902.
61 StAN Reichsstadt Nürnberg, Bauamtsakten 327. Das Manual behandeln näher Denzler/Weber 2018.
62 StAN, Reichsstadt Nürnberg, Bauamtsakten 323.
63 Ebd., 328.
64 Siehe hierzu das *Rechen büchlin weg und steg*: StAN, Reichsstadt Nürnberg, Losungsamt Akten, Nr. S.I.L. 114.
65 Zur Übertragung der Rechnungsposten aus dem Manual in das Rechnungsbuch siehe Denzler/Weber 2018, S. 41. Die Rechnung von 1557/58 etwa reicht *vom letztenn tag des monadts may 57 Jars Bys uff den Erstenn Juny des 58 Jar* [StAN Reichsstadt Nürnberg, Bauamtsakten 328].
66 Für die Jahre davor und danach ist keine Überlieferung vorhanden, abgesehen von der fragmentarischen Überlieferung für die Jahre 1543/44 [ebd., 330].
67 Ebd., 328.

führung der im Manual verzeichneten Posten erhalten.[68] In diesem großen Rechnungsbuch sind allerdings nicht alle Kostenpunkte aufgenommen, zudem fehlen Einnahme- und Ausgabeübersichten, wie sie für die Jahre 1556/57 bis 1561/62 vorliegen. Aus diesen buchinternen Gründen erfährt im Folgenden zunächst der Zeitraum von 1556/57 bis 1561/62 eine genauere Beachtung, um anhand der in diesen Büchern verzeichneten Informationsdichte die Instandhaltungsmaßnahmen und dahinterstehende Praktiken der Erhaltung von Straßen und Brücken darlegen zu können.

Listenartig und aus typischen »Textbausteinen«[69] bestehend, entsprechen sich die einzelnen Einträge des Rechnungsbuchs formal (siehe Abb. 51): Auf ein den Einzeleintrag markierendes und vom eigentlichen Text abgehobenes *adj* linkerhand folgen die numerische Nennung des Eintragungstages und -monats sowie – neben oder unterhalb des Datums notiert – die Wiedergabe des Verwendungskontextes der Ausgaben mit dem Namen des Empfängers, seiner Tätigkeit, dem Tätigkeitsort und der aufgewendeten Arbeitszeit inklusive der entsprechenden Lohnangabe pro Arbeitstag. An diese Ausgabenbeschreibung in der Mitte schließt sich rechts daneben die summierte Gesamtausgabe des jeweiligen Einzelpostens in den gängigen Nürnberger Rechenwährungen Gulden (R), Heller (h) und Pfennige (dn) an.[70] Ein Rechengulden entsprach durchgehend 252 Pfennigen, bzw. 8 Hellern und 12 Pfennigen (1 Heller entsprach 30 Pfennigen). Damit fügt sich die Rechnungslegung des Weg- und Stegamts in das in Nürnberg vorhandene silberbasierte Rechensystem des 16. Jahrhunderts ein, wie es Gömmel, Dirlmeier und Bauernfeind herausgearbeitet haben.[71] Darüber hinaus findet sich im Rechnungsbuch von 1557/58 ein Goldguldenkurs von umgerechnet 315 Pfennigen pro Gulden, wie sich aus dem folgenden Eintrag ergibt: *Von meinen Herren aus d[er] losung stuben entp[fangen] den zins Marttini des 57 Jars was R 14 gollt den gulden zu 5 ortten gerechnett thutt müntz 17 (fl)*

---

68 Ebd., 323.
69 Schmidt, Sven: Das Gewerbebuch der Augsburger Christoph-Welser-Gesellschaft (1554–1560) (Documenta Augustana 22), Augsburg 2015, S. 57.
70 Zum Rechengeldsystem in Nürnberg siehe Bauernfeind, Walter: Materielle Grundstrukturen im Spätmittelalter und der Frühen Neuzeit. Preisentwicklung und Agrarkonjunktur am Nürnberger Getreidemarkt von 1339 bis 1670 (Nürnberger Werkstücke zur Stadt- und Landesgeschichte. Schriftenreihe des Stadtarchivs Nürnberg 50), Nürnberg 1993, besonders S. 23 f.; Gömmel, Rainer: Vorindustrielle Bauwirtschaft in der Reichsstadt Nürnberg und ihrem Umland (16.–18. Jh.) (Beiträge zur Wirtschafts- und Sozialgeschichte 30), Wiesbaden 1985, S. 253.
71 Bauernfeind 1993, S. 45–47, der auf S. 47 auch den Goldguldenkurs von 315 Pfennigen pro Gulden aus anderer reichsstädtischer Überlieferung herausarbeiten konnte, welche im Anhang auf S. 393–397 näher ausdifferenziert wird. Siehe zusätzlich Gömmel 1985 u. Dirlmeier, Ulf: Untersuchungen zu Einkommensverhältnissen und Lebenshaltungskosten in oberdeutschen Städten des Spätmittelalters (Mitte 14. bis Anfang 16. Jahrhundert) (Abhandlungen der Heidelberger Akademie der Wissenschaften. Philosophisch-historische Klasse 1), Heidelberg 1978.

6 (h) 4 (dn).[72] In welcher Form die eingeschriebenen Arbeitslöhne dagegen tatsächlich ausbezahlt wurden, geht aus den Rechnungen nicht hervor.

Abb. 51: Auszug aus dem Rechnungsbuch des Jahres 1557/58.

---

72 StAN Reichsstadt Nürnberg, Bauamtsakten 328, hier und im Folgenden unfol.

Rechnungsbücher sind »kognitive Artefakte, die in eine Handlungskette eingefügt waren und denen im praxeologischen Verständnis Praktiken eingeschrieben sind«.[73] Diese Handlungsketten, wie sie jüngst Heinrich Lang explizit für den verschrifteten Rechnungslegungsprozess bei den Florentinern Salviati und Augsburger Welsern herausgearbeitet hat, nehmen ihren Ursprung in der vollzogenen Realität: Die Textsemantik der Rechnungsbucheinträge verweist auf vollzogene außersprachliche Praktiken, die letztlich schriftförmig und zahlenbasiert in die Einträge der Rechnungsbücher übertragen wurden. Die Texte, so ließe sich zusammenfassen, repräsentieren in der Form von Rechnungsbuchkonventionen Handlungen auf und mit Straßen.

Numerisch lässt sich vorweg festhalten: In den fünf Rechnungsjahren 1556/57, 1557/58, 1558/59, 1559/60 und 1561/62 wurden insgesamt 122.536 dn (486 fl) für acht Straßen sowie für – in sechs Kostenpunkte ausgewiesen – acht große und mehrere kleine Brücken ausgegeben (Diagramm 1).[74] Der Kostenanteil für Straßen (53 %) an den Gesamtausgaben war nur geringfügig höher als der für Brücken (47 %). Während sich jedoch die Brückenkosten von insgesamt 57.203 dn (227 fl) zu annähernd gleichen Anteilen zwischen 11.400 dn (45 fl) und 12.500 dn (50 fl) auf die vier in den Rechnungsbüchern eingetragenen Brücken, nämlich die Altenberger Brücke, die Mögeldorfer Brücke, die Röthenbacher Brücke und die Brücke zum Stein, verteilten und die diesbezüglichen Kostenpunkte für die Reichelsdorfer und kleineren Brücken um die 5.000 dn (20 fl) lagen, ergibt sich für die Straßen eine deutlich andere Verteilung. Denn die Bucher und Schwabacher Straße kosteten in den fünf Rechnungsjahren allein 46.009 dn (183 fl). Dieser Wert umfasst ca. 80 % aller aufgewendeten Ausgaben für die in der Rechnungslegung genannten Straßen. Verglichen mit den Gesamtausgaben für die Brücken und Straßen in den Jahren 1556/57, 1557/58, 1558/59, 1559/60 und 1561/62 macht dieser Wert immerhin 38 % der Ausgaben dieser Jahre aus. Alle anderen Straßen verursachten Kosten, die einmal bei 7.016 dn (28 fl; Sündersbühler Straße), ansonsten aber immer und teils erheblich (Kornburger Straße mit 432 dn; 2 fl) unter 5.000 dn lagen. Warum also waren die Schwabacher und Bucher Straße derart kostenintensiv?

Es sind im Wesentlichen zwei Gründe, die diese ungleiche Verteilung bei den Einzelstraßen produzierten. Erstens ist die Verteilung zunächst in Relation zu setzen zur Verzeichnung und Dokumentation der Ausgaben. Ein synthetisierender Blick auf die Einträge verweist nämlich auf einen dynamischen Prozess der Instandhaltung: nicht alle Straßen waren in gleichem Maße und zum gleichen Zeitpunkt instandhaltungsbedürftig. Dadurch veränderten sich die verzeichneten Straßenposten in ihrer Anzahl: Denn während sich zu

---

73 Lang 2020, S. 107.
74 Siehe zu den im Diagramm verwendeten Abkürzungen Anm. 32 (Kapitel 4). Hier und im gesamten Kapitel erfolgen die Angaben in Pfennigen und nicht in Gulden, da sich viele Ausgaben unter einem Gulden beliefen und diese ansonsten nicht präzise erfasst werden können.

der Bucher *(Pucher)*, Heilsbronner *(Haylsprunner)*, Mögeldorfer *(Megelldörfer)*, Schwabacher *(Schwabecher)* und Sündersbühler *(Synntherspühler)* Straße Einträge zu allen fünf Rechnungsjahren finden lassen und die Heroldsberger *(Heroltzperger)* Straße seit 1557 durchgehend aufgeführt wird, taucht die Kornburger *(Kornps/Kornsberger)* Straße nur für die letzten beiden Rechnungsjahre und die Laufer *(Lauffer)* Straße sogar nur einmal 1557/58 auf.[75] Hier nicht mehr ins Gewicht fallen die im großen Rechnungsbuch noch vereinzelt zu findenden fehlerhaften Einträge – fehlerhaft insofern, als nicht alle Ausgaben unter den entsprechenden Kostenpunkten angeführt sind, obgleich der Rechnungsschreiber stets darum bemüht war, dass der Rechnung *nith unrecht geschicht*.[76] So wird etwa am 17. Mai 1550 für die Schwabacher Straße die Reinigung eines Grabens bei Sündersbühl angegeben, obgleich es einen eigenen Kostenpunkt zu dieser Straße gibt. Solche Vermischungen sind sowohl der bei diesem Rechnungsbuch noch nicht abgeschlossenen Rechnungslegung geschuldet als auch der Praxis der Instandsetzungsarbeiten selbst, erhielten doch die Arbeiter am Zahltag Geld für Tätigkeiten, die innerhalb kürzester Zeit an verschiedenen Orten verrichtet werden konnten. Pankraz Weber beispielsweise bekam am 7. Mai 1558 sowohl 3 h 20 dn (110 dn) für Arbeiten an der Röthenbacher Brücke als auch 2 h 24 dn (84 dn) für die Besserung *(gepessert)* der Reichelsdorfer Brücke.[77] Ein solches noch genauer darzulegendes flexibles, aber mit räumlichen Schwerpunkten versehenes Tätigkeitsprofil der Straßenarbeiter konnte dazu führen, dass die eigentlich an zwei Orten durchgeführten Arbeiten unter dem Eintrag eines Zahltages subsumiert wurden.

In den für die Losungsherren bestimmten Endabrechnungen finden sich keine solchen ›Fehleinträge‹ mehr. Die erheblichen Unterschiede der vom Weg- und Stegamt an verschiedenen Orten mit einer variablen Intensität durchgeführten Instandsetzungsarbeiten resultieren zweitens aus der beschriebenen Entwicklung der Nürnberger Landschaft. Denn nach dem Erwerb der Neuen Landschaft 1504 richtete der Innere Rat 1513 das Landpflegeamt zur zentralen Verwaltung des Nürnberger Landgebiets ein, zu dessen Aufgaben auch der Straßenbau gehörte. Der Kompetenzbereich der mit der Leitung des Landpflegeamts betrauten Landpfleger beschränkte sich jedoch auf die alle in der Neuen Landschaft liegenden Pflegämter Altdorf, Betzenstein, Engelthal, Hauseck, Lauf und Hersbruck. Die älteren Gebiete der Reichsstadt mit den beiden Waldämtern, dem Amt der Veste und dem Pflegamt Gostenhof, in denen etwa die straßennamensgebenden Orte Buch und Mögeldorf lagen,[78] blieben hingegen eigenständig. In diesen von der Zuständigkeit des Landpflegeamts ausgenommenen Gebieten unterhielt seit dem 14. Jahrhundert das

---

75 Die zeitgenössischen Straßenbezeichnungen sind StAN Reichsstadt Nürnberg, Bauamtsakten 328 entnommen.
76 Ebd., 323 (Randnotiz zum 24. März 1548).
77 Ebd.
78 Hofmann 1954, S. 89f.

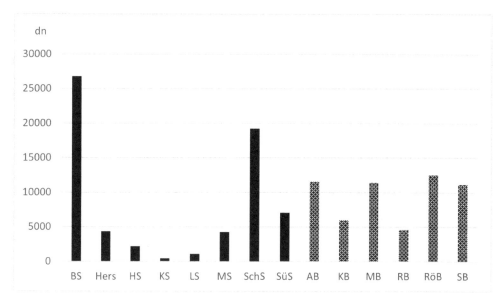

Diagramm 1: Die Gesamtausgaben für Straßen und Brücken im Nürnberger Umland in den Rechnungsjahren 1556/57, 1557/58, 1558/59, 1559/60 u. 1561/62 (n = 122.536 dn).

Weg- und Stegamt die Straßen und Brücken, während in den sogenannten Pflegämtern auf dem Land das Landpflegeamt für den Unterhalt der Verkehrsinfrastruktur zuständig war.[79] Diese Trennung der Zuständigkeitsbereiche geht eindeutig aus den Eintragungen von 1557/58 bezüglich der Laufer Straße hervor, denen vorangestellt vermerkt ist: *Wie wol nitt in meyn Versuchung gehorig sind würdt von meine[n] landts pflegern mir widerumb erstattett un[d] wid[er] geben.*[80] Die Ausgaben erfolgten also vorbehaltlich der erfolgten Erstattungen. Da die entsprechenden Einträge durchgestrichen und damit getilgt wurden, kann von einer Rückerstattung durch die Landpfleger ausgegangen werden. In der vorliegenden Studie sind diese insgesamt sechs Posten dennoch aufgenommen, da in der Phase der Rechnungslegung für das Jahr 1557/58 die Laufer Straße in den Zuständigkeitsbereich des Weg- und Stegamts fiel. Die dortigen Arbeiten verrichtete Heinz Zengele, der auch an anderen Orten für das Weg- und Stegamt tätig war und wahrscheinlich aufgrund kurzfristiger finanzieller oder personeller Engpässe – sei es aufseiten der Straßenarbeiter

---

79 Wüllner 1970, S. 23–28; Hofmann, Hanns Hubert: Die Einrichtung des Nürnberger Landpflegeamtes, in: Mitteilungen der Altnürnberger Landschaft 12 (1963), S. 57–64; Stadtlexikon Nürnberg, Art. ›Pflegämter auf dem Land‹ u. ›Landpflegamt‹ (1. Aufl.).
80 StAN Reichsstadt Nürnberg, Bauamtsakten 328.

oder des sehr kleinen Pflegamts[81] – die wenigen Unterhaltsmaßnahmen zunächst auf Kosten des Weg- und Stegamtes durchführte.[82]

Wie die Pflegämter den Unterhalt der Straßen und Brücken organisierten und finanzierten, lässt sich nicht genauer feststellen. Sie verfügten jedoch über eigene personelle Ressourcen, um die Verkehrsinfrastruktur auszubessern, wobei sie hierbei der Kontrolle durch den Inneren Rat unterlagen. So wies der Rat 1616 den Pfleger von Hersbruck an, *Ireen Stainbrecher* zur Ausbesserung einer bei Lauf gelegenen steinernen Brücke zu entsenden.[83] Das Weg- und Stegamt wiederum war sowohl in personeller als auch in struktureller Hinsicht eng mit dem Bauamt der Stadt, der zentralen städtischen Institution für Baumaßnahmen, verwoben.[84] Dem Pfleger des Weg- und Stegamtes oblag nämlich die Aufgabe, dem Bauamt die Arbeiten an Straßen und Brücken anzuordnen und diese zu kontrollieren. Er war auch dafür verantwortlich, den Zustand jener Verkehrsinfrastruktur zu überprüfen, die ausweislich der Rechnungen in der Alten Landschaft lag. Als Verwalter einer ehemaligen, mit Grund- und Hausbesitz ausgestatteten Stiftung war der Weg- und Stegamtspfleger schließlich für die Eintreibung der mit der Stiftung verbundenen Zinsen und Abgaben sowie für die Verwendung dieses »Sondervermögens« zuständig.[85]

Als Pfleger des Weg- und Stegamts in den untersuchten Rechnungsjahren lässt sich Bartholomäus/Bartl Grolock identifizieren. Er war von 1541 bis 1562 als *Ambtmann, Pfleger unnd Diener* der Stadt mit der Verwaltung der Steinbrüche sowie mit der *pfleg [von] weg. und steg und aller Landgebew*[86] betraut und tritt in der hier bearbeiteten Rechnung als deren Schreiber auf. Die erhaltenen Bestallungsurkunden aus den Jahren 1552 und 1556 bis 1561 lassen erkennen, dass Grolock zum Anschicker und Schaffer des Bauhofes, der Peunt, und damit zum technischen Gehilfen des Baumeisters aufstieg.[87] Sie belegen zudem eindeutig die Verpflichtung, *wann und so offt das an mich ervordert wirdet, an gebürlichen orten rechnung [zu] thun* und ohne Rücksprache mit den Baumeistern keine Baumaßnahmen an den Landgebäuden bzw. an Weg und Steg vorzunehmen.[88]

Das Mitte des 16. Jahrhunderts bereits seit 200 Jahren bestehende Weg- und Stegamt hatte also zusammen mit der übrigen städtischen Verwaltung einen Organisationsgrad

---

81 Wüllner 1970, S. 27.
82 Er räumte Ende Juni/Anfang Juli einen Graben aus, schlug Holz und legte es aus. Am 25. September erhielt daneben der Förster für das Zeichnen des Holzes 1 h 12 dn.
83 StAN Reichsstadt Nürnberg, Landpflegeamt, Pflegamt Hersbruck, 1551/5–15.
84 Gömmel 1985, ohne jedoch das Weg- und Stegamt zu erwähnen.
85 Stadtlexikon Nürnberg, Art. ›Weg- und Stegamt‹, S. 1162.
86 StAN Reichsstadt Nürnberg, Losungsamt Nr. 35, neue Laden, Urkunden 2015.
87 Bognár, Anna-Victoria: Der Architekt in der Frühen Neuzeit: Ausbildung – Karrierewege – Berufsfelder, Heidelberg 2020, S. 216.
88 StAN Reichsstadt Nürnberg, Losungsamt Nr. 35, neue Laden, Urkunden 2015.

erreicht, bei dem die Rechnungslegung zur Grundaufgabe gehörte.[89] Die im Rahmen des beschriebenen mehrstufigen Verschriftlichungsprozesses seriell erstellten, aber nur selektiv überlieferten Quellen bezeugen dies eindrucksvoll, während sich für die dem Landpflegeamt unterstehenden Pflegämter keine solchen Quellen erhalten haben. Dieser Befund könnte zum einen auf eine fehlende Schriftproduktion in Hinblick auf das verkehrsinfrastrukturelle Verwaltungshandeln hindeuten, zum anderen darauf, dass die dortige Verkehrsinfrastruktur nicht gleichermaßen systematisch instandgehalten wurde. Obwohl sich für die Nürnberger Pflegämter keine straßenerhaltungsbezogene Überlieferung erhalten hat, zeigen doch Policey- und Landesordnungen ein anderes Bild auf, wie noch herausgearbeitet wird.[90] Nur das Weg- und Stegamt als zuständige Institution für die Instandhaltung und den Unterhalt der Straßen des Nürnberger Umlands ins Feld zu führen, würde also zu kurz greifen. Neben der städtischen und territorialen Verwaltung waren es gerade auch die Landgemeinden und ansässigen Anrainer, die für den praktischen Erhalt und Unterhalt der nicht nur lokal benötigten Straßen sorgten.[91]

Im weitläufigen Landgebiet der Reichsstadt Nürnberg betraf dies neben Dörfern auch Landstädte wie Lauf.[92] Wie für viele andere Orte regelte auch hier eine auf den 15. August 1541 datierte Ordnung den Unterhalt der außerstädtischen Verkehrsinfrastruktur. So war bis zum 3,5 km entfernten Ort Rückersdorf, aber ebenso gen Nordwesten *bis an den Wald* beim Heroldsberg, nordöstlich bis an einen von Neunkirchen herabfließenden Fluss und damit etwa Richtung Westen bis gegen Ottensoos zuvorderst die Stadt und weniger das Pflegamt Lauf dafür verantwortlich, sich *umb des Wegzolls und der gemein wegenn* um die *prücken, gemeine[n] Weg und Steg[e]* zu kümmern.[93] Diese in der Ordnung angeführte Begründung für die Instandsetzungsverpflichtung – Zolleinnahmen und Gemeiner Nutzen – folgte zeitüblichen Argumentationsmustern.[94]

Grundsätzlich gilt es zu beachten: Die hier angeführten Rechnungen erfassen nur einen Teil der im 16. Jahrhundert durchgeführten Ausbesserungsarbeiten, zumal nicht alle Arbei-

---

89 Siehe zur städtischen Finanzverwaltung Fouquet, Gerhard: Zur öffentlichen Finanzverwaltung im späten Mittelalter, in: Hesse, Christian/Oschema, Klaus (Hg.): Aufbruch im Mittelalter. Innovationen in Gesellschaften der Vormoderne. Studien zu Ehren von Rainer C. Schwinges, Ostfildern 2010, S. 69–86 und zum Schrift- und Aktenwesen der städtischen Verwaltung im Spätmittelalter Pitz, Ernst: Schrift- und Aktenwesen der städtischen Verwaltung im Spätmittelalter. Köln-Nürnberg-Lübeck. Beitrag zur vergleichenden Städteforschung und zur spätmittelalterlichen Aktenkunde (Mitteilungen aus dem Stadtarchiv von Köln 45), Köln 1959.
90 Siehe Kapitel 5.
91 Siehe Kapitel 6.
92 Wüllner 1970, S. 38 f.
93 StAN Rep. 499, Nachlass Schrötter (Lauf 1541).
94 Siehe Kapitel 6.2. An dieser Stelle bleibt anzumerken, dass sich in den Bauamtsakten auch ein Bericht über die *Notturfft der Furwegs und strass vor den thoren und zu der Stath* Lauf von 1559 befindet. Drei Zöllner werden hierzu befragt [StAN Reichsstadt Nürnberg, Bauamtsakten 359]. Der Unterhalt der Laufer *Zollgeleitstraße* blieb also keineswegs der Gemeinde Lauf selbst überlassen.

ten des Weg- und Stegamts tatsächlich verrechnet wurden. So gab es beispielsweise vor Fürth eine Brücke, die das Weg- und Stegamt unterhielt, aber nicht in den hier ausgewerteten Rechnungsbüchern aufgeführt ist.[95] Dessen ungeachtet wird die quantitative Analyse aufzeigen können, dass die Instandsetzung der Brücken in der sehr flussreichen Alten Landschaft erhebliche Kosten verursachte (Diagramm 1). Acht Brücken und Flussüberquerungen galt es zu erhalten. Allein die Rednitz konnte bei Reichelsdorf, Altenberg und Stein überquert werden; die Brücke bei dem Ort Stein zur Fortsetzung der Heilsbronner Straße ist schon seit 1296 belegt.[96] Über die Schwarzach führten bei Röthenbach und 6,5 km flussabwärts bei Neuses ausgebaute Flussübergänge, die in der Rechnung unter *Rottenpach 2 pruecken* summiert wurden, während unmittelbar bei Mögeldorf insgesamt drei in einem Kostenpunkt gebündelt angeführte Brücken die Überquerung der Pegnitz erlaubten.[97]

Als eigenständigen Kostenpunkt weist die Rechnung daneben kleine Brücken (KB) und *Dolln* aus. Letztere sind überdeckte Abwassergräben,[98] die in zeitlichen Abständen gesäubert werden mussten, wie etwa am 7. Mai 1558 bei Gostenhof, wofür der Arbeiter drei Tage benötigte und zum Lohn 120 dn (in etwa einen halben Gulden[99]) erhielt. Ausbesserungsarbeiten für *prucklein* fielen ferner bei St. Leonhard, an der Kornburger Straße oder an der *pillenreutt[er] straßß[en]* an.[100] Diese Straße führte zwischen der Schwabacher und Kornburger Straße durch den Lorenzer Reichswald zu der 3,5 km westlich von Reichelsdorf gelegenen Augustinerinnenklause Pillenreuth.[101] Mit absoluten 5.994 dn (ca. 24 Gulden) entstanden durch die Instandhaltung der kleinen Brücken und Dolen mehr Kosten als für die Heilsbronner, Kornburger und Laufer Straße zusammen.

Nimmt man die Ergebnisse aus diesem Überblick zusammen, so lässt sich festhalten, dass der Schwerpunkt der Instandsetzungsarbeiten durch das Weg- und Stegamt einerseits auf den Brücken und andererseits auf der Bucher und Schwabacher Straße lag. Neben der Lage in der Nürnberger Alten Landschaft waren es damit die von Süden nach Norden verlaufenden Wegverbindungen, die als besonders arbeits- und kostenintensiv in den Rechnungsbüchern verzeichnet wurden. Denn gerade die hier verlaufende »Rednitzfurche mit ihren breiten Sandterrassen« bot eine in ganz Mitteleuropa kaum vergleichbare günstige natürliche Voraussetzung für den Verkehrsfluss in ebendiese Richtung.[102] So wurde

---

95 Schwammberger, Adolf: Fürth von A bis Z. Ein Geschichtslexikon, Fürth 1968, S. 74.
96 Stadtlexikon Nürnberg, Art. ›Stein‹ (1. Aufl.).
97 StAN Reichsstadt Nürnberg, Bauamtsakten 328.
98 FWB, Lemma ›dole‹, URL: http://fwb-online.de/go/dole.h1.1f_1544228967 (29.3.2023).
99 Alle Umrechnungen beziehen sich auf einen Rechnungsgulden mit 252 Pfennigen.
100 StAN Reichsstadt Nürnberg, Bauamtsakten 328.
101 Stadtlexikon Nürnberg, Art. ›Pillenreuth (Augustinerinnen)‹ (1. Aufl.).
102 Berninger, Otto: Geographische Grundlage für die Entstehung und mittelalterliche Blüte Nürnbergs, in: Pfeiffer 1971, S. 1–5, hier S. 4. Die Gunst der verkehrsgeographischen Lage darf aber nicht überbetont werden, wie Denzler/Weber 2018, S. 30f. resümieren.

diese Gegend bereits im Hochmittelalter in süd-nördlicher Richtung gezielt zur Fortbewegung genutzt. Dies belegt ein von Nürnberg über Pillenreuth und damit zwischen der späteren Schwabacher und Kornburger Straße verlaufender Rennweg.[103] Solche Rennwege lassen sich seit dem 9. Jahrhundert nachweisen; sie bildeten schmalere Lauf- oder Reitwege, auf denen man »Boten oder Reiterscharen nach einem rasch zu erstrebenden Ziel sandte«.[104] Die Bucher und Schwabacher Straße bildeten daneben langgezogene, befahrbare Trassen, deren umfassender und kontinuierlicher Unterhalt den Transport von Gütern aus Nah und Fern sicherstellte.

Zwei Hintergründe gilt es aber im Umgang mit den quantitativen Ergebnissen zu beachten: Die Überlieferung für die Rechnungsjahre 1556/57, 1557/58, 1558/59, 1559/60 und 1561/62 (Diagramm 1) deckt für die Alte Landschaft des Nürnberger Umlands Kostenaufwände für unterschiedliche Straßen auf, die sich nur bedingt vergleichen lassen. Dies ist zum einen der Tatsache geschuldet, dass die Längen der Strecken und damit der potenziell zu erhaltende Umfang erheblich variierten, wie Abb. 50 bereits andeutet. Zum anderen ist es die Verschiedenheit von topographischen und natürlichen Gegebenheiten, von Nutzungsintensität und möglicherweise damit verbunden auch der Bedeutsamkeit der Straße, die unterschiedlich hohe Kosten (und damit auch eine variable Überlieferungsdichte) produzierten.

4.3 Die Materialität von Straßen

Die Ausgaben für die Verkehrsinfrastruktur des Nürnberger Umlandes verteilten sich aufgrund des kostenintensiven Unterhalts der Bucher und Schwabacher Straße zu annähernd gleich großen Teilen auf Straßen und Brücken.[105] Eine Einzelbetrachtung der Rechnungsjahre (Diagramm 2) lässt weiterhin Unterschiede zwischen den beiden Investitionsgruppen ›Straßen und Brücken‹ in Bezug auf die divergierenden lokalen Aufwendungen erkennen.

Auffällig ist zunächst, dass jede große Brücke im Untersuchungszeitraum ein- (RöB; RB) bis zweimal (AB; MB; SB) einen Kostenaufwand von über 3.000 dn (ca. 12 Gulden) verursachte, während die kleinen Brücken und Dolen fortlaufend Investitionen zwischen

---

103 Eigler 1990, S. 56.
104 Kluge, Friedrich: Etymologisches Wörterbuch der deutschen Sprache, 21. Aufl. Berlin/New York 1975, S. 596. Siehe hierzu bereits Kapitel 2.1.
105 Im Rechnungsjahr 1557/58 wurden insgesamt 18.338 dn (ca. 73 Gulden) in Brücken investiert, was einem Anteil von 55 % aller Ausgaben entsprach. In den übrigen Rechnungsjahren lagen die Kosten für die Brücken zwei weitere Male leicht über denen für die Straßen, zweimal unter diesen, wobei 1559 der Anteil mit 26 % am geringsten war. Für die einzelnen Rechnungsjahre ergibt sich folgende Aufteilung: 1556/57: 14.876 dn für Brücken, 12.449 dn für Straßen; 1557/58: 18.338 dn für Brücken, 14.807 dn für Straßen; 1558/59: 7175 dn für Brücken, 11.954 dn für Straßen; 1559/60: 5354 dn für Brücken, 15.329 dn für Straßen; 1561/62: 11.460 dn für Brücken, 10.794 dn für Straßen [StAN Reichsstadt Nürnberg, Bauamtsakten 328].

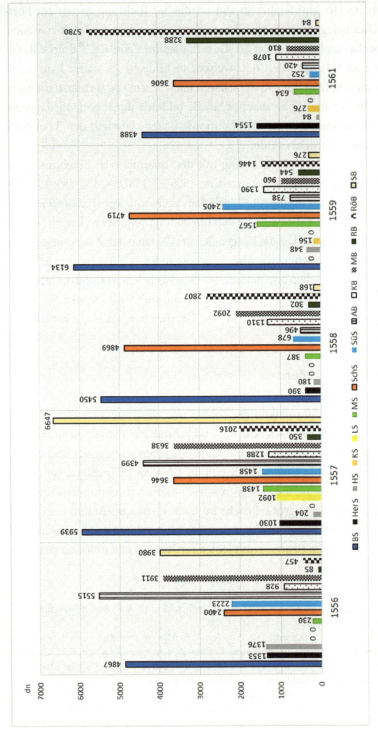

Diagramm 2: Die Einzelausgaben für Straßen und Brücken im Nürnberger Umland in den Rechnungsjahren 1556/57, 1557/58, 1558/59, 1559/60 u. 1561/62 (n = 122.536 dn).

900 und 1.400 dn (zwischen ca. 4 und 5,5 Gulden) und damit einen Umfang erforderten, den viele Straßen nicht erreichten. Die Summe der Investitionen für die Heilsbronner Straße lag sogar, bis auf eine Ausnahme im Rechnungsjahr 1556/57, jährlich unter den oben aufgeführten 900 dn (4 fl). Gleiches gilt für die Kornburger Straße in den beiden Rechnungsjahren 1559/60 und 1561/62. Hier allerdings wie auch bei der Laufer Straße, für die lediglich im Rechnungsjahr 1557/58 Investitionen von insgesamt 1.092 dn (etwas mehr als 4 Gulden) nachweisbar sind, darf der ansonsten zu konstatierende Nullwert nicht als ein Ausbleiben jeglicher Investition verstanden werden, da zumindest bei der Laufer Straße nachweislich andere Ämter zu ihrem Unterhalt beitrugen. Anders gestaltet es sich hingegen bei der Heroldsberger Straße, bei der nach zwei relativ investitionsstarken Jahren von je über 1.000 dn zunächst nur 390 dn (ca. 1,5 Gulden) und danach, im Rechnungsjahr 1559/60, sogar gar keine Ausgaben anstanden, bevor der Wert am Ende der überlieferten Rechnungsjahre auf über 1.500 dn sprang (6 Gulden). Eine solche Investitionskurve ist auffällig, darf allerdings nicht losgelöst von dem allgemeinen deutlichen Rückgang der Investitionen zwischen 1557/58 (gesamt: 33.145 dn oder 132 Gulden) und 1558/59 (gesamt: 19.129 dn oder 76 Gulden) betrachtet werden, wie auch umgekehrt der Anstieg für die Einzelkosten einer Straße auf über 1.500 dn (6 Gulden) umso bemerkenswerter für einen Zeitraum ist, in dem die Investitionssumme für alle Straßen von 15.329 dn (61 Gulden) im Jahr 1559 auf 10.794 (43 Gulden) im Jahr 1561 sank.

Solche Schwankungen, die auch für die Mögeldorfer Straße und die bereits angesprochenen Brücken festzustellen sind, scheinen der Regelfall zu sein und werden für die Brücken an entsprechender Stelle näher erörtert. Ins Auge stechen daneben die im Vergleich zu allen anderen Straßen und Brücken konstant hohen Ausgaben für die Bucher und die Schwabacher Straße (Diagramm 2). Eine der beiden Straßen kostete pro Jahr wenigstens 2.400 dn (10 Gulden) (SchS 1556) und höchstens 6.134 dn (24 Gulden) (BS 1559), nur die Sündersbühler Straße erforderte einmal (1559) mit 2.405 dn (10 Gulden) kaum nennenswert höhere und ein weiteres Mal (im Jahr 1556) leicht darunter liegende Aufwendungen. Den hohen Stellenwert, den die beiden Straßen aufgrund des hier zunächst konstatierten hohen finanziellen Aufwands genossen, unterstreicht eindringlich das Rechnungsjahr 1558/59, welches, wie bereits erwähnt, von einem Rückgang aller Investitionen um ca. ein Drittel geprägt war. Bei der Bucher Straße wirkten sich diese Einbußen kaum und bei der Schwabacher Straße sogar überhaupt nicht aus. Vielmehr erreichten in diesem relativ investitionsarmen Jahr die Ausgaben für die durch den südlichen Teil der Alten Landschaft führende Wegstrecke ihren Höhepunkt. Für beide Straßen lassen sich zusammengenommen Ausgaben von 10.319 dn (41 Gulden) feststellen, was alle Brückenausgaben dieses Jahres um über 3.000 dn (12 Gulden) übertraf und einem Anteil von 86 % der Aufwendungen für alle Straßen entsprach.

Die reine numerische Auflistung der Ausgaben, differenziert in Straßen- und Brückenposten sowie aufgeschlüsselt auf die konkret zu erhaltenden Objekte, gibt einen deskriptiven

Überblick über die jeweiligen Erhaltungskosten. Der Vorteil dieser Analyse besteht darin, dass über die Darlegung der Kosten bestimmte Auffälligkeiten, Brüche und Kontinuitäten in der Instandhaltung sichtbar werden, die ohne die numerische Auswertung hinter der Narration der Rechnungslegung verborgen bleiben. Darüber hinaus geben die einzelnen Einträge Einblicke nicht nur in die Abrechnung, sondern in abgeschlossene Arbeiten, in die Praxis der Instandhaltung. Kosten für Arbeiter, Material und Ressourcen, für Nahrungsmittel, Kleidung oder Werkzeug transformierten die Erhaltungsmaßnahmen in einen abstrakten Wert, eine abstrakte Schriftlichkeit, die jedoch mehr aussagt als nur den finanziellen Aufwand der Instandhaltung.

4.3.1 Erde, Holz und Steine: Straßen als Teil der Natur

Der Unterhalt von Straßen musste aufgrund der Anfälligkeit vor Umwelteinflüssen wiederkehrend Gegenstand von koordinierten Instandhaltungsmaßnahmen sein. Wie aus den Rechnungen hervorgeht, wurden unterschiedliche materielle Ressourcen wie Erde, Holz und Stein benötigt, um die Befestigung des Ober- oder Unterbaus der Straße zu gewährleisten und damit die gute Straße herzustellen.[106] Alle verbauten Ressourcen und die Erdoberfläche waren jedoch den sich im Jahresverlauf ändernden Witterungs- und Temperaturverhältnissen ausgesetzt. Besonders die in der Vormoderne oft knappe Bauressource Holz hatte eine begrenzte Nutzungsdauer, wozu die kleinen und großen Niederschlagsmengen entscheidend beitrugen.[107] Neben den Nutzern selbst war es somit die Natur, welche die Instandsetzung der Straßen zu einer Daueraufgabe machte.

---

106 Den Grundaufbau einer modernen Straße legt Kreiß, Burkhard: Straßenbau und Straßenerhaltung. Ein Handbuch für Studium und Praxis, Bielefeld 1982, S. 33 dar, eine genauere Skizze findet sich bei Velske, Siegfried u. a.: Straßenbau – Straßentechnik (Werner-Ingenieur-Texte), 7. neu bearbeitete Auflage, Köln 2013 (1. Aufl. 1977), S. 1; Hayen, Hajo: Bau und Funktion der hölzernen Moorwege. Einige Fakten und Folgerungen, in: Jankuhn, Herbert u. a. (Hg.): Untersuchungen zu Handel und Verkehr der vor- und frühgeschichtlichen Zeit in Mittel- und Nordeuropa, Teil V: Der Verkehr: Verkehrswege, Verkehrsmittel, Organisation (Abhandlungen der Akademie der Wissenschaften in Göttingen, Philologisch-Historische Klasse, Dritte Folge 180), Göttingen 1989, S. 11–82, hier S. 18 f. spricht davon abweichend für die frühgeschichtlichen Bohlenwege von einem über der Deckschicht befindlichem Oberbau. Unter Deckschicht wird jedoch in der vorliegenden Arbeit entsprechend der im modernen Straßenbau verwendeten Begrifflichkeiten ein – in der Vormoderne oftmals der einzige – Teil des Oberbaus begriffen.
107 Siehe zur Nutzungsdauer der Bauressourcen die weiteren Ausführungen. Zu den Bauressourcen Nürnbergs: Gömmel 1985, bes. S. 236–244; Schnelbögl, Fritz: Die wirtschaftliche Bedeutung ihres Landgebiets für die Reichsstadt Nürnberg, in: Stadtarchiv Nürnberg (Hg.): Beiträge zur Wirtschaftsgeschichte Nürnbergs (Beiträge zur Geschichte und Kultur der Stadt Nürnberg 11/1), Nürnberg 1967, S. 261–317. Zum Holzmangel und den Grenzen der Bevorratung näher Anm. 287 (Kapitel 4).

Wie sich der Prozess des Neubaus und des Ausbaus, also die bauliche Vervollständigung,[108] von Straßen unter diesen Bedingungen gestaltete und welche Materialien hierbei in welchem Umfang erforderlich waren, wird für die aufgeführten Verkehrswege im Nürnberger Umland (Abb. 50) auf Grundlage der Rechnungen des Weg- und Stegamts im Folgenden untersucht. Besondere Aufmerksamkeit erfährt die *Schwabacher Straße*, da für diese ebenso wie für die *Bucher Straße* besonders hohe Ausgaben (Diagramm 1) entstanden und sich dadurch die Bedingungen und benötigten Materialien auf Grund der dichteren Überlieferung für den Straßenbau eingehender eruieren lassen; andere Straßen werden in die Ausführungen miteinbezogen. Im Unterschied zur Bucher Straße war die auf den südlichen Stadtteil zulaufende Schwabacher Straße eingebunden in ein bis vor die Stadttore Nürnbergs reichendes Wegenetz. Dies hatte Einfluss auf die Instandsetzungsarbeiten.

Für die knapp 10 km vom Spittlertor über Schweinau und Eibach bis zur Reichelsdorfer Brücke und danach weiter Richtung Schwabach verlaufende Straße wurden allein zwischen 1544 und 1554 rund 140 fl (3. 4831 dn) ausgegeben.[109] Neun unterscheidbare Kostenkategorien (Diagramm 3) geben Auskunft über die auf und neben der Straße verrichteten Arbeiten und das hierfür benötigte Material, aber auch insgesamt über die naturbedingten Anforderungen zum Unterhalt der Verkehrsinfrastruktur und ihre bau-

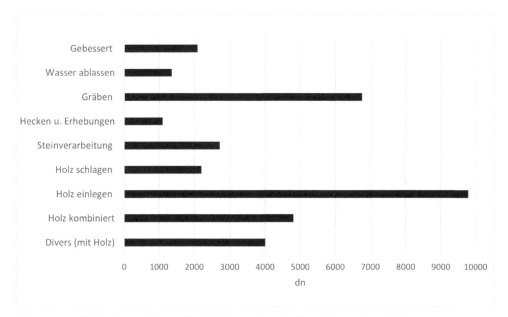

Diagramm 3: Tätigkeiten und Kosten für die Schwabacher Straße 1544–1554 (n = 34831 dn).

---

108 So lässt sich das Prädikat ›ausbauen‹ mit dem frühneuhochdeutschen Wortverständnis präzisieren [FWB, Lemma ›ausbauen‹, URL: http://fwb-online.de/go/ausbauen.s.3v_1533454780 (29.3.2023)].
109 StAN Reichsstadt Nürnberg, Bauamtsakten 323.

technische Gestaltung. Es wurde das ganze Jahr über an sehr unterschiedlichen Straßenabschnitten *gepessert,* wie ein Rechnungseintrag für den 12. November 1552 besagt, ohne den tatsächlichen Inhalt der Tätigkeit näher zu benennen. Ein bis zwei Tage dauerte in der Regel das Bessern, welches den Etat des Weg- und Stegamts in den hier näher betrachteten Rechnungen mit der vergleichsweisen geringen Summe von 1 fl 51 h 305 dn (2.087 dn) belastete. Am 31. Mai 1551 waren es sechs Tageslöhne, die Pankraz Weber und ein Helfer erhielten, nachdem sie *auff der straß gegen Reichelsdorff und Schwab[ach] nach dem großß[en] gewess[er] wid[er] pesertt* haben.

Was genau wie gebessert wurde, lässt sich bei diesem und allen anderen unter der Kostenkategorie ›Gebessert‹ zusammengefassten Rechnungsposten nicht sagen; Abb. 50 gibt jedoch Anhaltspunkte, an welchen Straßen und Brücken gearbeitet wurde. Das ganze Jahr über waren Arbeiter an den vorzugsweise dem Wasserabfluss dienenden Gräben am Straßenrand beschäftigt. Die hier anfallenden Tätigkeiten und hohen Ausgaben, wie sie bereits für die Schwabacher Straße offensichtlich sind (Diagramm 1), werden noch eigens darzulegen sein. Nicht so sehr ins Gewicht fallen hingegen, bezogen auf die Gesamtkosten für die Jahre 1544 bis 1554, die ungeachtet der Gräben erforderlichen Ausgaben von 5 fl 3 h 12 dn (1.362 dn) für das Ablassen von Wasser (Diagramm 3).[110] Die Beseitigung von Wasseransammlungen auf der Straße verursachte geringfügig mehr Kosten als das Schlagen/Beseitigen von Hecken und das Ausgleichen von ungünstigen Erhebungen auf der Fahrbahn. Diese Arbeiten kosteten im gesamten Untersuchungszeitraum am wenigsten, waren aber dennoch wichtig.

Für die Quellengattung ungewöhnlich lange, über mehrere Zeilen reichende Ausführungen sprechen für den Dezember 1551 von Hecken und Bäumen, die bei der Heilsbronner Straße *so verwachsen und eingezogen[,] das kein wagen dem andern weichen mecht,* weshalb der Pfleger des Weg- und Stegamts die Hecke entfernen und das hieraus resultierende Material selbst *in die lachen legen* ließ. Mit dem Zurückschneiden von Bäumen und dicht aneinander stehenden, weitverzweigten Sträuchern erfuhr die Natur nicht nur eine Begrenzung zugunsten der gebauten Straßen. Das abgeschlagene Material wurde zudem dazu verwendet, die Stellen auf der Straße, an denen sich Wasser aufgrund von Vertiefungen angesammelt hatte, also Pfützen *(lachen),*[111] aufzufüllen. Hierzu wurden die Zweige und Äste zu Büscheln zusammengebunden und damit die fehlerhafte Fahrbahn repariert.[112] Daneben waren es leichte Erhebungen *(rangen)*[113] der Straßenbahn, die eingeebnet, ausgeglichen und auf oder neben der Straße verteilt wurden.[114]

---

110 FWB, Lemma ›ablassen‹, URL: http://fwb-online.de/go/ablassen.s.3v_1543520505 (29.3.2023).
111 FWB, Lemma ›lache‹, URL: http://fwb-online.de/go/lache.h1.1f_1545698681 (29.3.2023).
112 StAN Reichsstadt Nürnberg, Bauamtsakten, 328 (Heilsbronner Straße, 8. Jan. 1557). Dort heißt es: *8 Jenner zaltt im die heck[en] abgehawen, die zu püschel[n] gepund[en] und die strass darmitt gepessertt.* Auch am 27. Nov. 1557 heißt es zu dieser Straße: *an etlich[en] ortt[en] [...] die dörn an heck[en] abgehauh[en].*
113 Heydenreuther/Pledl/Ackermann 2010, S. 173.
114 StAN Reichsstadt Nürnberg, Bauamtsakten 323 (Heilsbronner Straße, 12., 19. u. 24. Dez. 1551).

Auch auf der Schwabacher Straße hatte ein Arbeiter die *Rang eingegleicht* und *die Heck abgehawen*.[115] Diese Tätigkeit kostete das Weg- und Stegamt 4 h 6 dn (126 dn). Der hierfür eingesetzte Arbeiter, Pankraz Weber, benötigte bei einem Tageslohn von 36 dn dreieinhalb Tage für diese Instandhaltungsarbeiten. Arbeits- und Kostenumfang lassen erahnen, dass nicht wenige Hecken beschnitten und Straßenunebenheiten beseitigt werden mussten. Die Arbeit war jedoch nicht derart umfangreich, dass Weber einen Helfer benötigte, wie es häufig bei Holzarbeiten der Fall war.[116] Mehr als zwei Personen arbeiteten sehr selten an der Schwabacher Straße im Unterschied etwa zur Steiner Brücke, wo allein am 19. Juni 1557 insgesamt neun Arbeiter den Lohn für 43,5 Arbeitstage empfingen.[117] Gearbeitet wurde von Montag bis Samstag und nur gelegentlich an Sonn- und Feiertagen.[118] Zahltage waren immer Arbeitstage[119], worauf die Häufigkeit hindeutet, mit der die Arbeiter an diesen Tagen entlohnt wurden. Die dem Diagramm 3 zugrunde liegenden 138 fl 1 h 25 dn (34.831 dn) erhielten die Arbeiter – einschließlich zahlreicher Posten der Kostenkategorie ›Divers (mit Holz)‹ ohne Tagesnachweis – für 614 Arbeitstage, die an 58 Kalendertagen und damit durchschnittlich fünfmal im Monat bezahlt wurden. Diese wöchentliche Auszahlungsfrequenz bedingte eine große zeitliche Nähe zwischen den Tagen der Arbeit und dem Zeitpunkt der Bezahlung.[120]

Teurer als das Wasserablassen und Heckenschlagen zusammen war die Verarbeitung von Steinen, eines für den Straßenbau seit jeher grundlegenden Baustoffes.[121] Steine, welche »in Abhängigkeit von den spezifischen mechanischen Eigenschaften, wie Bruchver-

---

115 Ebd. (Schwabacher Straße, 6. Dez. 1550; 9. Jun. 1554).
116 Ebd. (Schwabacher Straße, 26. Apr. 1551).
117 Hans Paur, Hans Prolla, Heinz Stoy, Jorg Pock, Jörg Schmid, Kintz Schurrer, Pankraz Weber, Stoffel Sayler und einmal ohne Namensnennung. Es wurden nicht nur ganze, sondern auch halbe Tage abgerechnet, wie etwa aus dem Eintrag unter Anm. 230 (Kapitel 4) beispielhaft hervorgeht.
118 Die Arbeit an Feiertagen wurde eigens vermerkt. Siehe etwa den Randvermerk zum 28. Okt. 1553 [StAN Reichsstadt Nürnberg, Bauamtsakten 323]. 1557 erhielten Pankraz Weber und Heinz Zengele *suppen und grug* als Zulage für Arbeiten am Sonntag [ebd., 328 (Gemeine Ausgaben 1557/58)].
119 Dies geht besonders deutlich aus den Zahlungen und Arbeiten für die Brücke hervor. So erhielt am 3. Juli 1557 Hans Prolla den Lohn für eine fünftägige Arbeit an der Altenberger Brücke. Sieben Tage später, am 10. Juli 1557, lässt sich der nächste Zahltag für eine neuerliche, zweitägige Arbeit an der Altenberger Brücke sowie für weitere fünf Tage an der Mögeldörfer Brücke feststellen. Da der 3. Juli ein Samstag und der 4. Juli als Sonntag arbeitsfrei war, erfolgte die am 10. Juli ausgezahlte siebentägige Arbeit am 3., 5., 6., 7., 8., 9. und 10. Juli [ebd.].
120 Eine Ausnahme stellte deshalb der 22. November 1545 dar, als Pankraz Weber auf einmal den Lohn für 17 Arbeitstage erhielt. An diesen Tagen wurde Holz eingelegt und die Gräben geräumt [ebd., 323].
121 Zur vorrömischen Zeit: Kastl, Johannes: Entwicklung der Straßenbautechnik vom Saumpfad bis zur Autobahn, Berlin 1953, S. 26–35; zur römischen Zeit etwa Höcker, Christoph: Art. ›Straßen- und Brückenbau‹, in: Der Neue Pauly – Online, URL: http://dx.doi.org./10.1163/1574-9347_dnp_e1123690 (2.4.2023) u. Cech, Brigitte: Technik in der Antike, Darmstadt 2010. S. 80–86; zu einer gepflasterten Landstraße in Schlesien, auf die eine Gedenktafel aus dem Jahr 1582 hingewiesen hat: Eymann, Werner: Die Entwicklung der Straßen und Brücken, in: Klemm, Friedrich (Hg.): Die Technik der Neuzeit, Bd. 3: Verkehrs- und Bautechnik, Potsdam 1941, S. 1–31, hier S. 22; zu Chausseen etwa Hennigs 2002, S. 57–81.

halten, Dichte, Gefüge, Mohs-Härte [...] oder Spaltbarkeit«, als natürlich bearbeitbarer Rohstoff Verwendung fanden,[122] wurden als Steinpflaster in erster Linie innerhalb von Städten für Straßen und Gassen verbaut.[123] Die systematische Pflasterung setzte in vielen Städten bereits im 14. Jahrhundert ein,[124] so auch in Nürnberg seit 1368.[125] *[S]teynpflaster*[126] dienten aber auch außerhalb der Stadtmauern dazu, einen festen Oberbau für den Straßenkörper zu schaffen. Dies geschah im März 1553 bei der Schwabacher Straße, als ein dem städtischen Pflastermeister unterstehender *pflasterer* für den Straßenabschnitt bei St. Leonhard 24 Stück *steins eingegraben hatt*.[127] Solche verbauten Pflastersteine stammten aus einem der über 30 Steinbrüche, die sich im ausgehenden Mittelalter für das Nürnberger Umland feststellen lassen.[128] Der ortsübliche Naturstein (Burgsandstein) mit seinen »quarzitgebundene[n] Steinlagen« eignete sich besonders gut für den Straßenbau und wurde in den Steinbrüchen Wendelstein und Worzeldorf abgebaut.[129] Doch nicht nur Festgestein, das verstärkt seit dem Bau von Chausseen verwendet wurde,[130] kam bei der Schwabacher Straße zum Einsatz, sondern ebenso lockeres Gestein.

Die Verarbeitung dieser Gesteinsform erfolgte beispielsweise in der ersten Hälfte des Jahres 1548 bei St. Leonhard und damit genau an dem gleichen Straßenabschnitt, der fünf Jahre später gepflastert wurde. Das Festgestein von 1553 ersetzte womöglich das 1548 verwendete Lockergestein, bedeckte aber eine weitaus größere Straßenfläche als die vormals verwendeten 24 Pflastersteine. Denn insgesamt 146 *Fuder* Stein wurden auf der Schwabacher Straße *eingleicht,* also nach dem Ausschütten gleichmäßig verteilt und eingestampft, wodurch sich der Straßenkörper verfestigen ließ.[131] Mit *Fuder* war einerseits

---

122 Balke, Thomas E. u.a.: Stein, in: Meier, Thomas u.a. (Hg.): Materiale Textkulturen. Konzepte, Materialien, Praktiken, Berlin u.a. 2015, S. 247–268, hier S. 252.
123 Beyrer 2014 II.
124 Gasner 1889/1966, S. 124 f.; Müller 2010, Sp. 1131 spricht von einer zunehmenden Pflasterung der städtischen Straßen seit dem 12. Jahrhundert, wohingegen Birk 1934/1971, S. 217 die Pflasterung der Straße vor dem Pariser Königsschloss 1185 als Ausgangspunkt und Vorbild nennt, dem noch im 12. Jahrhundert italienische Städte folgten.
125 Stadtlexikon Nürnberg, Art. ›Pflastermeister‹ (1. Aufl.).
126 Die Zeitgenossen kannten das Wort als Übersetzung von *Lithostrotum:* Dasypodius, Petrus: Dictionarium latinogermanicum. Mit einer Einführung v. Gilbert de Smet, Straßburg 1536. Nachdruck (Documenta Linguistica. Reihe I: Wörterbücher des 15. und 16. Jahrhunderts) Hildesheim/New York 1974, S. 16.
127 StAN Reichsstadt Nürnberg, Bauamtsakten 323 (25. März 1553); Tucher, Endres: Baumeisterbuch der Stadt Nürnberg (1464–1475). Mit einer Einleitung und sachlichen Anmerkungen von Friedrich von Weech (Bibliothek des Litterarischen Vereins in Stuttgart 64), hg. v. Matthias Lexer, Stuttgart 1862 (Baumeisterbuch 1464–1475), S. 48–51; Stadtlexikon Nürnberg, Art. ›Pflastermeister‹ (1. Aufl.).
128 Schnelbögl 1967, S. 274.
129 Stadtlexikon Nürnberg, Art. ›Steinbrüche‹ (1. Aufl.).
130 Ludwig, Jan/Kirnbauer, Thomas: Art. ›Steine und Erden‹, in: EdN – Online [2014].
131 StAN Reichsstadt Nürnberg, Bauamtsakten 323 (4. März 1548).

Die Materialität von Straßen 279

eine Volumenmaßeinheit gemeint, die in Nürnberg ca. 884 Litern entsprach.[132] Andererseits bezeichnete *Fuder* die Ladung eines ein- oder zweispännigen Wagens. Gerade der Transport von Holz, Heu, Steinen, Mist und dergleichen wurde durch Fuder beschrieben, weshalb hier eine Umrechnung auf eine metrische Größe ausbleiben konnte, ohne die Rechnungslegung grob an Informationen zu beschneiden.[133]

Die 146 Fuder Stein gelangten von Ende Februar bis Mitte Mai 1548 in zwei Schüben zur *stras gegen S. Lienhartt* und in einem weiteren Schub zum Straßenabschnitt zwischen St. Leonhard und Gostenhof. Die Arbeiten begannen mit dem Zusammentragen des Gesteins *(graben),* welches die zum Fronen verpflichteten Bauern transportieren mussten; den unbezahlten Fronbauern stand lediglich die übliche Verpflegung zu.[134] Am 8. und 11. März erhielten zudem zwei nicht fronpflichtige Bauern aus Gostenhof für den Transport und das Verteilen der Steine ihren Lohn. Die Besonderheit dieser Instandsetzungsarbeiten wird durch die Anwesenheit des Pflegers vom Weg- und Stegamt unterstrichen. Bartl Grolock begleitete den ersten Frontransport persönlich, wie die Erstattung der Verpflegungskosten für ihn selbst und zwei Arbeiter ausweist.[135] Nach dem Transport der Steine begann die Arbeit von Pankraz Weber und anderen Arbeitern. Mehr als 20 Tage waren sie damit beschäftigt, das Gestein auf die Straßenoberfläche aufzubringen, zu *schütten,* wie es für den 15. Mai 1548 heißt. Gemeint ist damit das Schottern, also das Befestigen der Straße mit losem Material,[136] welches in einem nächsten Schritt von den Arbeitern gleichmäßig zu verteilen *(ein zu geleichen)* und schließlich nochmals zu *beschütten* war.[137] Letztgenannte Tätigkeit bestand darin, Erde über die Steine zu geben, um Unebenheiten auszugleichen oder den gesamten Straßenkörper zu stabilisieren.[138]

Die Festigung der Straße mit lockerem – und gerade deshalb mit Erde nochmals zu überschüttendem – Gestein umfasste 1548 einen räumlichen Bereich, der sich vom Spittler-

---

132 Kahnt, Helmut/Knorr, Bernd: Alte Maße, Münzen und Gewichte, Mannheim 1987, S. 96; Stadtlexikon Nürnberg, Nürnberger Maßeinheiten (Anhang 23) (1. Auflage).
133 Krünitz Bd. 15 (1778), S. 424 spricht von einer Ladung, die ein Rüst- oder Bauernwagen auf einmal führen kann, im Unterschied zu »zwey-, drey- oder vierspänniges Fuder [...], welches durch 2, 3 oder 4 tüchtige Ackerpferde gezogen« wird. Für Kahnt/Knorr 1987, S. 96 hingegen ist Fuder nur ein Volumenmaß, welches »ursprünglich von der Ladung eines zweispännigen Wagens abgeleitet war«.
134 Am 8. März 1548 bekamen sie 28 dn zum Brotkauf. Die Nürnberger Steinfronen wurden umfassend organisiert, wie aus Mandaten und Verzeichnissen *aller Örtter, so in der Steinbrück Frönen soln,* hervorgeht [StAN Reichsstadt Nürnberg, Bauamtsakten 260 (Verzeichnis von 1594); Bauamtsakten 121]. Siehe zum Fronwesen näher das Kapitel zur Verkehrsinfrastruktur auf dem Land.
135 *Item ich vertzertt tzu schweinau am faren mit den tzweyen arbeittern* [StAN Reichsstadt Nürnberg, Bauamtsakten 323 (1. März 1548)].
136 FWB, Lemma ›beschütten‹, URL: http://fwb-online.de/go/besch%C3%BCtten.s.3v_1543608897 (29.3.2023).
137 StAN Reichsstadt Nürnberg, Bauamtsakten 323 (15. Mai 1548).
138 Die Verwendung von Erde geht aus einem Kostennachweis für die Bucher Straße bei Thon vom 12. März 1558 hervor: *Gab Heintz Zengele der die stein eingleichtt mitt erd[en] beschütt* [ebd. (Stiftungsgelder Witwe Bayr)].

tor ausgehend 1,5 km Richtung Südwesten erstreckte. Durch das dortige Zusammenlaufen dreier Fern- und Nahhandelsstraßen aus Süden und Südwesten (Abb. 50)[139] bot sich gerade hier der instandsetzende Aus- bzw. Neubau der Straßen an. Ein Jahr später bezogen sich solche Baumaßnahmen auch auf den Straßenabschnitt bis ins Dorf Schweinau (siehe gleichfalls Abb. 50). Insgesamt 100 Fuder Stein gelangten auf die *straßßen zwischen gostenhoff und schweinach*.[140] Die hier und in den anderen Rechnungsjahren verwendeten Steinmassen erlaubten es neben der Befestigung der Oberfläche ebenso, durch Wasser entstandene Furchen (Erosionsrinnen) und Feuchtstellen aufzufüllen. Besonders die Jahreszeiten konnten Einfluss auf diese Tätigkeit nehmen, denn gerade in der Übergangszeit zwischen Winter und Frühling waren vermehrt derartige Instandhaltungsmaßnahmen erforderlich.[141] Im Unterschied zur Pflasterung von Wegen, bei denen etwa 1 cm bis 5 cm große Steine einen mehrfach geschichteten Oberbau von 10 cm bilden konnten,[142] handelte es sich bei der Verwendung von lockerem Gestein einerseits um ein punktuelles Ausgleichen von Vertiefungen unterschiedlichen Grades. Andererseits belegt die Menge des verteilten und abschließend mit Erde überschütteten Gesteins, dass Straßenabschnitte großflächig mit Steinen bedeckt wurden. Damit eröffnet sich der Blick auf eine Form der Instandhaltung von Verkehrsinfrastruktur, der zum routinisierten Arbeitskanon der am Weg- und Stegamt beschäftigten Arbeiter auch außerhalb urbaner Straßen gehörte.

Damit lässt sich feststellen, dass die *Schwabacher Straße* zwar in einzelnen Abschnitten eine Steinstraße war, zumeist aber durch Holz oder hölzernes Material instandgehalten wurde. Insgesamt 66 fl 5 h 13 dn (16.795 dn) und damit fast 50 % aller zwischen 1544 und 1554 angefallenen Kosten resultierten aus Arbeiten mit Holz, wohingegen nur 8 % der Ausgaben auf die Steinverarbeitung fielen. Die hohen Holzausgaben waren zunächst durch die vielen Teilarbeiten bedingt, die für die Beschaffung und Verarbeitung des Baustoffes erforderlich waren. Nach dem Fällen der Bäume stand der wiederum von einem Arbeiter zu organisierende Transport des geschlagenen Holzes an *(dem pauren zum faren gepott[en])*,[143] bevor mit dem Einlegen des Holzes und dessen Überschütten mit Erde die wiederum zweistufige Verarbeitung beginnen konnte. All dem vorgelagert war die in der Rechnung stets zuletzt genannte Kennzeichnung des Holzes durch den Förster oder

---

139 Die Sündersbühler Straße verlief aber bis kurz vor das Spittlertor mehr neben als mit der Schwabacher Straße, wie unter Kapitel 1.3.2 noch darzulegen ist.
140 StAN Reichsstadt Nürnberg, Bauamtsakten 323 (Schwabacher Straße, 12. Mai 1549).
141 Denecke, Dietrich: Art. ›Wege und Wegenetze‹, in: Reallexikon der Germanischen Altertumskunde 35 (2007), S. 626–648, hier S. 635.
142 Thrane, Henrik: Weg und Grab. Ein Beispiel von Gudme auf Ostfünen, in: Brath, Sebastian u. a. (Hg.): Historia archaeologica. Festschrift für Heiko Steuer zum 70. Geburtstag, Berlin 2009, S. 179–204, hier S. 183 mit einem – auch im Bild befindlichen (S. 184) – Beispiel für eine Wegepflasterung im heute dänischen *Mollegardsmarken*.
143 StAN Reichsstadt Nürnberg, Bauamtsakten 323 (Schwabacher Straße, etwa 10. März u. 16. März 1546).

waltherrn, wie es für den 26. März 1552 heißt. Dieser Waldherr gehörte zum Kreis der vom Rat seit 1489 mit der Verwaltung des Reichswaldes betrauten Deputierten und war in dieser Funktion auch Teil der vielschichtigen Instandhaltungskonstellation.[144] Daneben wird zweimal der Förster von Eibach (vgl. Abb. 50) in den Rechnungen genannt.[145] Die Kosten für die Kennzeichnung des Holzes waren in den elf Jahren von 1544 bis 1554 insgesamt nicht sehr hoch (2 fl 1 h 16 dn; 550 dn), weshalb sie in Diagramm 3 unter der Kostenkategorie ›Divers (mit Holz)‹ aufgeführt werden. Hier zu finden sind auch die 16 dn, die eine Holzhacke am 8. März 1550 kostete, des Weiteren 7 dn für Stiefel (22. Oktober 1544) sowie die Verpflegungskosten und teils sehr hohe Zulagen für die Holzarbeiter.[146]

Das in der Schwabacher Straße verbaute Holz stammte aus dem nahegelegenen Lorenzer Reichswald. Von diesem Wald gelangten jährlich dutzende Fuhren Holz auf und – wie gleich darzulegen ist – in die Straßen. Die Menge lässt sich im Unterschied zu den Steinen nicht eindeutig quantifizieren, da nur vereinzelt genauere Angaben vorliegen. Erschwerend kommt hinzu, dass viele Rechnungsposten Holzarbeiten nur kombiniert anführen und es dadurch nicht möglich ist, die Dauer und damit den Umfang der Tätigkeit näher zu bestimmen. So bekamen Pankraz Weber und drei Helfer am 3. November 1554 den Lohn für je sechs Tage, an denen sie nicht nur Holz geschlagen, sondern ebenso den Holztransport organisiert und überdies das Holz *zum theil* eingelegt hatten.[147] Eine Ausnahme stellte das Jahr 1555 dar. Für dieses Jahr beziffern sechs von sieben Einträgen die Menge des geschlagenen Holzes genauer und weiten so die Eintragsinformationen aus. An insgesamt sechs Rechnungstagen wurden 73 Fuhren Holz bezahlt, die an bis zu 26 Arbeitstagen gefällt worden waren.[148] Der Posten für den 19. Oktober 1555 benennt neben dem Schlagen von 15 Fuhren Holz auch das Abhängen des Holzes *(abgehengtt).*[149]

---

144 Stadtlexikon Nürnberg, Art. ›Waldämter‹ (1. Aufl.).
145 StAN Reichsstadt Nürnberg, Bauamtsakten 323 (Schwabacher Straße, etwa 10. März u. 16. März 1546).
146 Im Mai 1546 (ohne genaue Tagesangabe) erhielt Pankraz Weber 1 fl [ebd. (Schwabacher Straße)].
147 Die Einträge zum 16. August 1550 unterstreichen die Schwierigkeit, den Umfang der Tätigkeiten genauer zu erfassen. An diesem Tag bekam ein Arbeiter den Lohn für das zweitägige Schlagen von 21 Fuhren Holz, einer Tätigkeit, bei der er von einem anderen Arbeiter unterstützt wurde, welcher aber zwei Tage lang nicht nur Holz schlug, sondern daneben den Transport des Holzes organisierte. Ob das Schlagen des Holzes hier also an zweieinhalb oder annähernd vier Tagen erfolgte, bleibt offen [ebd.].
148 Dies sei beispielhaft für das Jahr 1555 ausgeführt: 6. Apr.: 12 Fuhren; 25. Mai: 24 Fuhren (mit zwei Einträgen für je einen Arbeiter); 7. Sept.: 12 Fuhren; 19. Okt.: 15 Fuhren; 23. Nov.: 10 Fuhren. Am 13. April schlug Peter Winter gleichfalls Holz, hier jedoch ohne genauere Angabe der Menge, obgleich die Aufzeichnungen nahelegen, dass Winter zusammen mit Weber die am 6. April genannten 12 Fuhren bearbeitet hat. Die Arbeitstage lassen sich aufgrund weiterer Tätigkeiten, die in zwei Rechenposten ausgewiesen sind (25. Mai u. 19. Okt.), nicht exakt beziffern, weshalb die 26 Arbeitstage als Maximalwert zu begreifen sind [ebd.].
149 Ebd.

War das jährliche Schlagen von mehreren Dutzend Fuhren bereits eine zeit-, personal- und damit kostenintensive Tätigkeit,[150] dann galt dies umso mehr für die Verarbeitung dieses Holzes. Bis zum 18. April 1551 gelangten zunächst 25 Fuhren Holz zur Straße, die dann bis zum 26. April an sechs Tagen von Pankraz Weber und seinem Helfer *ein[ge]legett* wurden. Dieses Einlegen war – wie Diagramm 3 zum Ausdruck bringt – eine der häufigsten Tätigkeiten, die die Arbeiter verrichteten. 252 der 614 Arbeitstage lassen sich eindeutig dem Holzeinlegen zuordnen. Hinzu kommen die Rechnungseinträge, die das Einlegen mit anderen holzbezogenen Tätigkeiten kombinieren (Fällen u. Transportorganisation). Da die insgesamt 24 kombinierten Rechnungseinträge dreizehnmal auch das Holzeinlegen auflisten und an diesen 13 Zahltagen 78 von 125,5 Arbeitstagen entlohnt wurden, waren es annähernd 300 Tage, die Arbeiter mit dem Holzeinlegen beschäftigt waren. In den elf Rechnungsjahren von 1544 bis 1554 verbrachten die Arbeiter also durchschnittlich 27 Tage im Jahr damit, Holz einzulegen. Was bedeutete diese Tätigkeit?

Zunächst ist bei dem Verb ›einlegen‹ die häufig ausgelassene Präpositionalbestimmung hinzuzudenken:[151] Es ging um das Einlegen des Holzes *in, auf* oder auch *über* die Straße. Damit konnten größere Löcher auf der Straße überdeckt werden,[152] wozu auch das bereits erwähnte abgeschlagene Heckenwerk Verwendung fand. Holz konnte jedoch rasch verfaulen und dadurch instabil werden,[153] weshalb für das Auffüllen von Löchern eher Kleingestein genutzt wurde. Das Holz wurde vielmehr dazu benötigt, um entweder bei weichem oder gar sumpfigem Untergrund größere Straßenabschnitte neu zu befestigen oder aber um Teile einer bereits mit Holz ausgebauten Wegstelle zu erneuern. Eine solche Verwendung des natürlichen Rohstoffs lässt sich mit einem längeren Eintrag für die über Mögeldorf nach Lauf am Holz führende Straße verdeutlichen. Der Eintrag, dem sich sechs Zahltage vom 15. Juni bis zum 23. August 1555 anschließen, beginnt mit der Feststellung, dass die *strassen durchs da neben dem Dorff zu Lauffaholtz gantz dieff und auffgefaren worden [,] das nymandtt durchkomen mocht*.[154] Die Straße war also ungewöhnlich ausgehöhlt (tief), es wurde ein tiefes Gleis durch die Benutzung hineingegraben (auffahren).[155] Bei diesem Straßenabschnitt handelte es sich somit um einen *Hohlweg*, dessen Vertiefungen im vorliegenden Fall durch die Wagenräder in Kombination mit unterschiedlichen Witterungsverhältnissen entstanden sind.[156]

---

150 Etwa am 16. Aug. 1550 16 Fuder, am 8. Nov. 1550 18 Fuder oder am 18. Apr. 1551 25 Fuder. Ansonsten ist für das Holzeinlegen häufig, so auch am 6. Nov. 1547 oder am 1. Dez. 1554, von *etlich[en] Fuder* die Rede [ebd.].
151 DWB, Lemma ›einlegen‹, URL: https://www.dwds.de/wb/dwb/einlegen (31.3.2023).
152 Müller 2010, Sp. 1132.
153 Spiess, Karl: Die Entwicklung des Strassenwesens in Mittelfranken, Diss. phil. Würzburg 1925, S. 48.
154 Die Durchstreichung durchs da weist darauf hin, dass der Rechnungsschreiber die Straße erst durch das Dorf und nicht daneben führen lassen wollte. Siehe hierzu Anm. 156 (Kapitel 6). Unklar war die Beteiligung der Anwohner an den Instandsetzungsarbeiten [StAN Reichsstadt Nürnberg, Bauamtsakten 323 (Lauffahöltzer Strassen 1555)].
155 FWB, Lemma ›tief‹, URL: http://fwb-online.de/go/tief.s.4adj_1668867018 (30.3.2023); DWB, Lemma ›auffahren‹, URL: https://www.dwds.de/wb/dwb/auffahren (30.3.2023).
156 Adelung, Lemma ›Hohlweg‹. Siehe bereits Kapitel 2.1.

Zur Überdeckung dieser Aushöhlungen und damit zur Stabilisierung des Straßenuntergrunds fand das Holz Verwendung. Die neben dem Dorf Lauf am Holz im Sommer vorgenommene Holzverarbeitung ist die Ausnahme, wenn man die Rechnungseinträge für die Schwabacher Straße von 1544 bis 1554 vergleichend heranzieht. Hier wurde vor allem im März und April sowie im Oktober und November und damit in besonders nassen Jahreszeiten Holz eingelegt. Aber auch das ganze Jahr über konnte es erforderlich sein, die Straße mit Holz zu bedecken. Beim Dorf Lauf am Holz benötigten zwei Arbeiter je 21 Tage, um 40 Fuhren Holz zu verarbeiten.[157] Diese Holzmenge sowie die durch den Abstand zweier Wagenräder bedingte Distanz zwischen den Vertiefungen legen es nahe, dass die Straße über die gesamte Breite mit Holz bedeckt wurde. Die Ausdehnung der befahrbaren Fläche erlaubte es in der Regel, dass ein Wagen dem anderen ausweichen konnte.[158]

Weitergehende Anhaltspunkte für die Straßenbreite und die Konstruktion von mit Holz bedeckten Straßen gibt die Archäologie. Dies betrifft in erster Linie *Moorwege*, die auch in der Frühen Neuzeit und nicht nur in der breit untersuchten Frühgeschichte existierten.[159] *Moorwege* waren mit Holz gebaute Wege, deren materielle Infrastruktur das Begehen und Befahren einer sumpfigen Oberfläche ermöglichte.[160] Aufgrund der verwendeten Holzform werden sie auch *Bohlenwege* genannt.[161] Die hier verwendeten Holzkonstruktionen machte es möglich, Wege durch Moore oder andere sumpfige, nasse Naturräume zu befestigen sowie durch Wagenräder verursachte Vertiefungen zu überdecken.

Die archäologische Forschung zu den *Moor- und Bohlenwegen* konnte entsprechend der Spurweite von Wagen (90–120 cm) eine Wegbreite von 300 bis 340 cm feststellen.[162] Zur Überdeckung solcher Wegbreiten mit Holz über mehrere Kilometer hinweg wurden Baumstämme sehr verschieden bearbeitet. Aus einem Stamm von 110 cm Länge ließ sich, bei einer Halbierung, eine maximale Weglänge von 220 cm, bei einer Vierteilung von 440 cm und bei anderen Spaltformen von über 10,00 m herstellen.[163] Solche hölzernen, quer zur Fahrtrichtung gelegten Pflasterungen konnten längstens 20 bis 25 Jahre,[164] aber auch weitaus kürzer die Deckschicht einer Straße bilden, alles in Abhängigkeit vom Baugrund, von den Witterungsbedingungen, den Belastungen durch den Verkehr und der Dicke des

---

157 Es sind auch explizit Kosten für das Holz angegeben (12 fl), was im Rahmen der Dokumentationspraktik außergewöhnlich ist [StAN Reichsstadt Nürnberg, Bauamtsakten 323 (Lauffahöltzer Strassen 1555)].
158 Siehe hierzu bereits Kapitel 2.1.
159 Birk 1934/1971, S. 216; Hayen, Hajo: Art. ›Bohlenweg‹, in: Reallexikon der Germanischen Altertumskunde 3 (1978), S. 175–183.
160 Hayen 1989, S. 16.
161 Raftery, Barry: Archäologie der vor- und frühgeschichtlichen Bohlenwege Irlands, in: Szabó 2009 I, S. 139–154.Vom Bohlenweg spricht auch Hayen 1989, S. 18 u.a.
162 Ebd., S. 19.
163 Ebd., S. 39.
164 Ericsson 2009, S. 168; Hayen 1989, S. 60 spricht von 20 bis 30 Jahren als Höchstmaß.

gespaltenen Holzes. Neben der Deckschicht konnte der Unterbau aus mehreren in Längsrichtung des Weges gelegten hölzernen Reihen bestehen.[165] In den Boden eingerammte Holzpflöcke ermöglichten es zudem, den gesamten Straßenkörper zu stabilisieren.[166]

Diese frühgeschichtlichen Befunde der Moorarchäologie zeigen Möglichkeiten der Holzverarbeitung auf, die sich mit den Rechnungen und mit allen anderen für die vorliegende Studie herangezogenen Schrift- und Bildquellen nicht greifen lassen. Wie sich letztendlich die Verarbeitung des Holzes auf den Straßen im Nürnberger Umland des 16. Jahrhunderts genau gestaltete, geht auch aus vergleichenden archäologischen Befunden für Nürnberg nicht hervor. Dass es jedoch bei der Schwabacher Straße Straßenabschnitte gab, die gänzlich mit Holz bedeckt waren, legt das in den Rechnungen wiederkehrend genannte Beschütten des Holzes nahe. In der Quelle heißt es so: *Auff 16 märtz [1549] zaltt im 4 tag das er das obgemellt holttz hatt beschutt[en]; Adj 2 Mai [1551] zaltt pang[-ratz] web[er] das er gemeltts holtz beschutt; 14 ditto [August 1557] zaltt Heintz Zengele das holtz beschutt.*[167] Wie bei den Steinen wurde also auch über der Holzdecke Erde zum Ausgleichen der Unebenheiten und Abfederung von Stößen verteilt. Eine solche Auflage über der Straßendecke unter Verwendung des vor Ort verfügbaren Materials gab es auch bei *Moor- und Bohlenwegen*.[168] Im vorliegenden Fall ließ die mit Erde bedeckte hölzerne Fahrdecke über dem Erduntergrund einen Oberbau entstehen, der befahrbar war, wodurch sich die auf den *Bohlenwegen* befindlichen Räderspuren eindeutig abzeichneten.[169]

Vor *groß[em] wasser* war freilich keine Straße und Brücke sicher, wie im März 1545, als nach einem schweren Unwetter *auff den strassen auch bey den prucken* geräumt werden musste.[170] Nach drei Tagen Aufräumen war die Schwabacher Straße wieder benutzbar, zumindest sind in der Rechnung keine weiteren, gar umfassenden Renovierungsarbeiten genannt. Danach ging die Instandsetzung der Schwabacher Straße ihren gewohnten Gang: Über mehrere Wochen wurde kurz vorher gezeichnetes Holz geschlagen, zur Straße gebracht, eingelegt – und wohl auch beschüttet, allerdings schweigt sich diesmal die Rechnung über einen solchen Arbeitsschritt aus.[171] Lediglich bei St. Leonhard ebneten die Arbeiter eigens herbeigeschaffte Erde ein, was zwei Jahre später nochmals geschah.

---

165 Hayen 1989, S. 18.
166 Raftery 2009, S. 144.
167 StAN Reichsstadt Nürnberg, Bauamtsakten 323 (Schwabacher Straße, 16. März 1549 u. 2 Mai 1551); ebd., 328 (Bucher Straße, 14. Aug. 1557).
168 Hier bestanden Auflagen aus vom Moor entnommenem Material, um die Hölzer der Deckschicht zu ebnen, zu schützen und auch bei Nässe befahrbar zu machen [Hayen 1989, S. 19]. Allgemein zur Verwendung von Erde bei Straßen: Birk 1934/1971, S. 215.
169 Steuer, Heiko: Art. ›Fahren und Reiten, § 4: Römische Kaiserzeit und freies Germanien‹, in: Reallexikon der Germanischen Altertumskunde 8 (1994), S. 158–160, hier S. 159.
170 StAN Reichsstadt Nürnberg, Bauamtsakten 323 (Schwabacher Straße, 8. März 1545).
171 Ebd. (Schwabacher Straße, 16. u. 25. März; 6., 12. u. 18. Apr. 1545).

Die Materialität von Straßen   285

1548 wiederholte sich dieser Vorgang bei St. Leonhard abermals, allerdings waren zu diesem Zeitpunkt bereits 96 der insgesamt 146 Fuhren Lockergestein verteilt, mit denen in diesem Jahr die Schwabacher Straße befestigt worden war. Die 90 Fuhren Erde, welche 1548 ihren Weg auf diesen Straßenabschnitt fanden, gelangten also auf die bereits mit Steinen bedeckte Straße.[172] All dies geschah wiederum an jener Stelle, die 1553 gepflastert wurde. Im Verlauf der Jahre gestaltete sich damit die materielle Beschaffenheit des Straßenabschnittes bei St. Leonhard sehr unterschiedlich: Sie entwickelte sich von einer reinen *Erdstraße* über eine mit Erde bedeckte *Schotterstraße* hin zu einer – zumindest in Teilen – gepflasterten Straße. Viele andere Straßenabschnitte fanden zeitgleich einen gänzlich anderen Ausbau oder auch – die Menge des verbauten Baustoffs legt es für manche Arbeiten nahe – Neubau unter Verwendung von Holz. Doch ob aus Erde, Holz oder Stein, eines war gewiss: die witterungs- und nutzerbedingte Wiederkehr der Instandsetzungsarbeiten.

4.3.2 Straßen- und Landgräben: Der Schutz vor Wasser und Eindringlingen – die praktische Herstellung von Sicherheit vor Umwelteinflüssen

In sämtlichen Rechnungen taucht eine Kostenkategorie auf, die bislang in der Analyse keine Erwähnung fand: *Straßen und Landtt Gräbenn was an denen auch nacher den prucklein derselben zu fegen ist,* wie es in einer Überschrift für die Rechnung des Jahres 1557/58 heißt.[173] Ausgaben von fast drei Gulden (712 dn) werden unter diesem Titel aufgelistet. Hinzu kommen Rechnungsposten für einzelne Straßen, die Gräben als einen kostenintensiven Bestandteil der Verkehrsinfrastruktur erkennen lassen; Diagramm 3 hat dies bereits angedeutet. Gleich welches Rechnungsjahr, Gräben verursachten durchweg hohe Kosten für die Schwabacher, Bucher, Laufer oder Heroldsberger Straße.[174] Wofür die Kosten anfielen, was überhaupt die Funktion und der Nutzen dieser Gräben waren, wie mit ihnen umgegangen wurde und wie sich dies auf die Verkehrsinfrastruktur des Nürnberger Umlands auswirkte, gilt es im Folgenden darzulegen.

Erste Anhaltspunkte zur Lage, Gestalt und zum Umfang der zunächst zu betrachtenden Landgräben und ihrer Funktion für die Straßen gibt der Ausschnitt aus einem zwischen 1577 und 1581 entstandenen vierblättrigen Rundprospekt des Nürnberger Umlands (Abb. 52). Die Abbildung stellt von einem erhöhten fiktiven Standort über dem Nürnberger Zentrum aus den an die Stadtmauer angrenzenden Befestigungsgürtel der Reichsstadt dar,

---

172 Ebd. (Schwabacher Straße, 18. Apr. 1545; 1 Jun. 1547; 22. u. 26. Mai 1548).
173 Ebd., 328.
174 Ebd. (Schwabacher Straße, u.a. 23. Okt. 1557; Bucher Straße, u.a. 17. Jul. 1558; Laufer Straße, 12. Jun. 1557; Heroldsberger Straße, u.a. 28. Apr. 1558).

welcher im Zuge des Ersten Markgrafenkriegs 1449/50 errichtet worden war.[175] Zu sehen ist der südwestliche Bereich des teils mit Zäunen versehenen Landgrabens, der sich – beginnend am linken Rand etwa auf der Höhe der Bildmitte – in rund 1,5 km Entfernung[176] von der Stadtmauer über Wiesen bis an den St. Leonhard-Steg der Schwabacher Straße [Nr. 3] erstreckte, von dort weiter bei der hier mit einem Pfeil gekennzeichneten steinernen Brücke entlang der Sündersbühler Straße [Nr. 2] verlief, danach – Richtung Bildunterkante – zwischen Feldern bis zur Fürther Straße [Nr. 1] und von hier weiter nach Nordwesten führte. Der Landgraben lief also teils quer zu oder entlang den bereits bekannten Straßen, wobei auch hier St. Leonhard eine markante Stelle an der Schwabacher Straße markierte. Die Kirche stand bei einem seit dem 14. Jahrhundert nachweisbaren Siechkobel. Aus einer Kapelle für die Aussätzigen entstand die Gemeindekirche St. Leonhard für die umliegenden Dörfer, vor allem für Sündersbühl und Schweinau.[177] Die bei St. Leonhard und an vielen anderen Straßenstellen vorbeiführende Nürnberger Landwehr war etwas schlichter gestaltet als etwa die Rothenburger Landhege[178] und musste auch deshalb bei Kriegsgefahr immer wieder erneuert werden. Zum Zeitpunkt der Prospektanfertigung befand sich die Landwehr in einem renovierungsbedürftigen Zustand.[179]

Der drehbare Prospekt resultierte aus einer im April 1577 vom Rat der Reichsstadt Nürnberg veranlassten Inspektion des Landgebiets, bei der die steuerpflichtigen Häuser und Gärten innerhalb der Landwehr erfasst wurden. Die Stadtobrigkeit konnte mit der auf Grundlage dieser Erhebung gezeichneten und danach in 17 Exemplaren gedruckten Rundsicht den Anspruch auf das Nürnberger Landgebiet und das Recht zur Erhebung von Steuern, aber ebenso die in die Landschaft gleichsam eingegrabene Wehrhaftigkeit der Stadt dokumentieren.[180]

---

175 Siehe zur Bedeutung dieses Kriegs von 1449/50 für die Stadtgeschichte und besonders für die »Entstehung und Rezeption ›identitätsstiftender‹ Texte in Nürnberg« Meyer, Carla: Die Stadt als Thema. Nürnbergs Entdeckung in Texten um 1500 (Mittelalter-Forschungen 26), Ostfildern 2009, S. 355–368, für das Zitat S. 356.
176 Diesen ungefähren maximalen Abstand gibt Birzer, Matthias: Die Nürnberger Landwehr, in: Friedel, Birgit/Frieser, Claudia, (Hg.): »... nicht eine einzige Stadt, sondern eine ganze Welt ...«. Nürnberg. Archäologie und Kulturgeschichte. 950 Jahre Nürnberg, 1050–2000, Büchenbach 1999, S. 330–335, hier S. 331 an. Er lässt sich mit URL: https://geoportal.bayern.de/bayernatlas (30.3.2023) bestätigen. Fleischmann 1994, S. 47 spricht hingegen von 500 bis 1000 Metern. Im Norden lag die Landwehr näher bei der Stadt als im hier genauer betrachteten Süden [Stadtlexikon Nürnberg, Art. ›Landwehr‹ (1. Aufl.)].
177 Stadtlexikon Nürnberg, Art. ›St. Leonhard (Siechkobel)‹ (1. Aufl.).
178 Siehe Abb. 58.
179 Doosry, Yasmin: »Also muss es von oben herab verstanden werden«: Topographische Vogelschauansichten, in: Dies. (Hg.): Von oben gesehen. Die Vogelperspektive (Katalog zur Ausstellung im Germanischen Nationalmuseum, Nürnberg vom 20. Nov. 2014 bis 22. Febr. 2015), Nürnberg 2014, S. 96–125, hier S. 119 u. Birzer 1999, S. 332. Siehe ferner zur Nürnberger Landwehr insgesamt Stadtlexikon Nürnberg, Artikel ›Landwehr‹ (1. Aufl.) u. Mummenhoff, Ernst: Die Nürnberger Landwehr, in: Ders., Aufsätze und Vorträge zur Nürnberger Ortsgeschichte, Nürnberg 1931, S. 105–127.
180 Der Aspekt der Wehrhaftigkeit wird bei Doosry 2014 II u. Birzer 1999 marginalisiert, obgleich Doosry 2014 II, S. 119 u. 123 die bauliche Wiederherstellung der Landwehr nach deren Besichtigung und die Verwahrung der Federzeichnung in der Kriegsstube hinter einem Vorhang anmerkt.

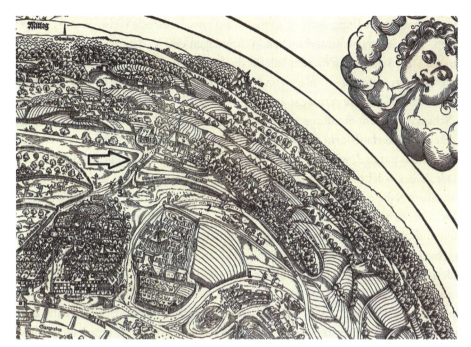

Abb. 52: Die Landgräben im Südwesten Nürnbergs. Ausschnitt aus dem Rundprospekt von 1577/1581.

Denn ungeachtet der angedachten, aber nicht realisierten Ausbesserungsarbeiten[181] blieb die Landwehr ein prägendes bauliches Element des städtischen Umlands, wie sich nicht nur für Nürnberg und Rothenburg sagen lässt. Auch in Schwäbisch Hall setzte sich der Rat seit 1500 in zunehmenden Maße mit der Landwehr auseinander, um außerhalb der Stadtmauern Herrschaftsansprüche sichtbar zu machen und zu behaupten.[182] Eine so geartete städtische Territorialisierungspolitik anhand von Gräben zielte auf den Aufbau eines geschlossenen Herrschaftsgebietes[183] und konkurrierte respektive korrespondierte mit den landesherrlichen Bemühungen, nicht mehr nur *im,* sondern verstärkt *über* den physischen Raum mit festgelegten Grenzen zu herrschen.[184] Landwehren, wie sie im gesamten römisch-deutschen Reich des Spätmittelalters entstanden waren,[185] umgrenzten den

---

181 StadtAN A 26 Rep 87, Nr. 95 mit einem Gutachten von Paul Pfinzing von 1595 zur Verbesserung der Landwehr. Weitere Gutachten aus späteren Zeiten belegen die Nichtumsetzung dieser Maßnahmen. Siehe auch Mummenhoff 1931, S. 116 f.
182 Oelze, Patrick: Recht haben und Recht behalten. Konflikte um die Gerichtsbarkeit in Schwäbisch Hall und seiner Umgebung (15.–18. Jahrhundert) (Historische Kulturwissenschaft 16), Konstanz 2011, S. 220–310.
183 Ebd., S. 224 u. 309.
184 Rutz 2018.
185 Kneppe, Cornelia (Hg.): Landwehren. Zu Funktion, Erscheinungsbild und Verbreitung spätmittelalterlicher Wehranlagen (Veröffentlichungen der Altertumskommission für Westfalen 20), Münster 2014; Petersen 2015, S. 316–339.

Nahbereich einer Siedlung und beeinflussten auf entscheidende Weise die dort gelegenen Straßen, denn einerseits unterbrachen Wehranlagen den Verlauf von Straßen. Nur Brücken und Stege konnten in diesem Fall für die Überwindung der Weghindernisse sorgen, andernfalls begrenzten Sperranlagen im Gefahrenfall die Nutzungsmöglichkeiten zentraler Verkehrsrouten. Denecke vermag sogar ganze Straßenzüge zu benennen, die zur Errichtung von Schutzzonen um Siedlungsbereiche verlegt wurden.[186] Andererseits gaben Straßen umgekehrt die Verlaufsform von Wehranlagen vor, Landwehr und Landstraßen verliefen also durchaus parallel, wie ebenfalls bereits für Nürnberg festgestellt werden konnte.[187]

Der Zweck solcher Wehranlagen bestand darin, das unbemerkte Eindringen in die unmittelbare Nähe eines Siedlungsbereiches zu verhindern und der Landbevölkerung einen Zufluchtsbereich für sich und ihr Vieh zu bieten.[188] Der zunehmende Gebrauch von Feuerwaffen und die Durchsetzung des Ewigen Landfriedens minderten jedoch den Nutzwert von gebauten Wällen und Gräben im Umland von Städten,[189] gleichwohl sie bis ins 19. Jahrhundert hinein als Hindernis für Zollsünder, Holzdiebe und streunendes Vieh fungieren konnten.[190] Für das 17. Jahrhundert ist überdies bekannt, wie bei nicht mehr genutzten Wehrflächen neue Baumbestände entstehen konnten und das Holz redistributiv zur Ausbesserung von Straßen Verwendung fand.[191] Eine solche Sekundärnutzung kam häufig vor.[192]

Wehranlagen aus Wällen und Gräben beeinflussten also in mehrfacher Hinsicht das Erscheinungsbild von Straßen, wie sich auch für das Nürnberger Umland näher darlegen lässt. Anhand des Prospektausschnitts wird zunächst deutlich, dass der mit Gräben markierte Schutzgürtel um die Reichsstadt im Südwesten vor den Toren der Stadt, neben der nach Fürth verlaufenden Straße [Nr. 1], die beiden großen Fern- und Nahhandelsrouten nach Sündersbühl [Nr. 2] und Schwabach [Nr. 3] kreuzte. Der bereits mit Abb. 50 in seinen Grundzügen dargelegte Straßenverlauf lässt sich anhand des Rundprospekts wie folgt

---

186 Denecke 1969, S. 155.
187 Digitale Geländemodelle erlauben es mittlerweile, etwa für Beckum deutlich zu machen, wie mit dem Bau der Landwehr Wegetrassen abgeschnitten wurden [Kneppe, Cornelia: Aufbau und Funktion von westfälischen Landwehren. Ein Überblick, in: Kneppe 2014 I, S. 13–24, hier S. 22 (Abb. 16)]; allgemein zur digitalen Rekonstruktion von Landwehren Pfeffer, Ingo: Das Digitale Geländemodell. Ein computergestütztes Hilfsmittel zur Rekonstruktion von Landwehren, in: Kneppe 2014 I, S. 43–50]. Die Sperrung von wichtigen *Zufahrtsstraßen* durch Landwehren hebt etwa auch Koch, Michael: Zum Nutzen des ganzen Landes. Die Landwehr um Höxter im späten Mittelalter, in: Kneppe 2014 I, S. 155–172, hier S. 170 hervor.
188 Stadtlexikon Nürnberg, Lemma ›Landwehr‹ (1. Aufl.); Birzer 1999, S. 330.
189 Balzer, Manfred: Die Paderborner Stadtlandwehren. Rekonstruktion – Alter – Funktion, in: Kneppe 2014 I, S. 133–154, hier S. 149. Kneppe, Cornelia: Resümee, in: Kneppe 2014 I, S. 341–343, hier S. 341 hebt freilich hervor, wie bisweilen mit Schanzen versucht wurde, »die mittelalterlichen Fortifikationen der frühneuzeitlichen Kriegsführung anzupassen«.
190 Kneppe 2014 II, S. 23; Denecke 1969, S. 153 betont dementsprechend bis ins 18. Jahrhundert feststellbare Bemühungen, die Anlagen zu erhalten.
191 Kneppe 2014 II, S. 20.
192 Ilisch, Peter: Landwehren im Bereich des Kreises Coesfeld, in: Kneppe 2014 I, S. 173–190, hier S. 189.

beschreiben: Die Sündersbühler Straße führte ab dem Spitaler Stadttor zwischen dem in der Folge der Pestepidemie von 1517/18 angelegten Rochusfriedhof und Gostenhof entlang über das gleichfalls auf Abb. 52 eingezeichnete Sündersbühl zur Altenberger Brücke. Die Schwabacher Straße [Nr. 3] verlief von Gostenhof über eine Brücke an St. Leonhard vorbei bis nach Schweinau. Vor Röthenbach gabelte sich der Weg: der eine führte zur Brücke zum Stein nach Roßtal und weiter nach Heilsbronn (Heilsbronner Straße), der andere nahm seinen Weg von Schweinau weiter über die Reichelsdorfer Brücke Richtung Schwabach. Die Wegziele Schwabach und Roßtal sind im Horizont des Rundprospekts vermerkt.

Diese und alle anderen Straßen und Wege erfuhren seit dem 15. Jahrhundert in der Nähe der Stadtmauer aufgrund des Landgrabens teils erhebliche bauliche Veränderungen. So unterbrach der Verteidigungsgraben die Wegführung etwa bei St. Leonhard. Wie eine Karte im Pfinzing-Atlas näher ausweist, waren neben der steinernen Brücke kurz nach einer Weggabelung zwei Stege zur Überquerung des Landgrabens erforderlich (Abb. 53, links). Ein Stück weiter (Abb. 53, rechts) zerteilte der Graben geradezu den Fahrweg nach Gibitzenhof *(Gigitzen hof)* sowie den schmalen Fußweg nach Steinbühl. Einzig hölzerne Stege setzen hier und an vielen anderen Stellen die Straßen- oder Wegführung fort. Selbst vor der Landstraße nach Kornburg (Abb. 54, links), zwischen St. Peter und dem Galgenhof südöstlich von Nürnberg, machte der Landgraben keinen Halt. Gut zu erkennen ist hier, wie zunächst ein Steg über ein mehr oder weniger natürliches Weghindernis, einen Bach,[193] und danach über das künstliche Weghindernis, die Wehranlage, führte.

Abb. 53: Der Landgraben bei St. Leonhard mit der Schwabacher Straße und zwei weiteren Wegen (links) sowie bei Steinbühl mit dem Weg nach Gibitzenhof (rechts).

---

193 Es handelt sich um den Fischbach, dessen Natürlichkeit relativ war, verlegte man diesen doch erst 1496 vom Dutzendteich südöstlich von Nürnberg in die Innenstadt [Stadtlexikon Nürnberg, Artikel ›Fischbach (Gewässer)‹ (1. Aufl.)].

Abb. 54: Der Landgraben beim Galgenhof mit der Landstraße nach Kornburg (links) und bei der Deutschherrenbleiche über die Fürther Straße (rechts).

Abb. 55: Der Landgraben mit einer Vorrichtung zur Sperrung der Straße nach Schnigling.

Die Landwehr durchbrach aber nicht nur Straßen und Wege, sondern integrierte diese in die Verteidigungsanlage, indem Verkehrsrouten wie gewohnt die Stadt mit dem Umland verbanden, wie sich bereits bei der Fürther Straße (Abb. 52; Nr. 1) angedeutet hat. Die gleiche Stelle hielt 20 Jahre später Paul Pfinzing (1554–1599) unweit von der von dem Deutschen Orden betriebenen Wäschebleiche fest (Abb. 54, rechts). Im Falle einer Bedrohung konnte hier quer über die befahrbare Straßenoberfläche eine Sperre errichtet werden, so wie sie nachweislich beim Weg nach Schnigling in westlicher Richtung stand (Abb. 55). Ob das unweit von dieser Vorrichtung zur Straßensperrung befindliche Gebäude zu St. Johannes gehörte oder als Wachhaus fungierte, lässt sich nicht eindeutig klären. Wachhäuser gab es zumindest in den 1470er Jahren. In dieser Zeit beschrieb Baumeister Endres Tucher (1423–1507) die Landwehr und verwies auf mehrere Hütten, von denen aus Schützen *die Strass in acht heten*.[194] Paul Pfinzing übernahm gut 100 Jahre später diese Beschreibungen in den Atlas und ergänzte sie um jene verschriftlichten Inspektionsbefunde von 1577, welche den Ausgangspunkt für die anvisierte Erneuerung der Nürnberger Landwehr bildeten.

Dergestalt verfügte Nürnberg das gesamte 16. Jahrhundert hindurch über einen gesonderten Sicherheitsbereich, der unter Einschließung (Sperren) oder Ausschließung (Brücke/Stege) der Straßen und Wege gerade auch deshalb für die Verkehrsinfrastruktur von Bedeutung war, da aus den Gräben der Landwehr – kurz Landgräben – besonders

---

194 Pfinzing-Atlas 1594, S. 18. Vgl. auch Mummenhoff 1931, S. 110–112.

unterhaltsintensive Wegstellen vorzugsweise bei den Brücken oder Stegen resultierten. So erhielt Pankraz Weber am 23. Oktober 1557 1 fl für das Fegen der Landgräben bei Sündersbühl hinter Gostenhof, *auch bei S. linhartt,* wie die Rechnung gesondert anmerkt. Mit dieser Arbeit war Weber ganze sechs Tage beschäftigt. Einen Monat davor, am 25. September, hatte er zwei Tage ausschließlich *unther allen pruck[en] am landgrab[en] gefegt.*[195] Wie sich dieses Fegen genau gestaltete, geht aus den Einträgen nicht hervor, meint das Wort ›Fegen‹ doch lediglich Reinigen, Entfernen von Schmutz oder Ähnlichem.[196] Es dürfte sich – gerade im Herbst – um das Entfernen von Ästen und Laub gehandelt haben. Mit einer solchen Säuberung war es möglich, das Auffüllen der Bodenvertiefungen zu verhindern und damit den Schutz vor Eindringlingen aufrechtzuerhalten.

Im Unterschied dazu ging es bei der Säuberung der Straßengräben darum, den Straßenkörper trocken zu halten. Denn Wasser hatte und hat einen entscheidenden negativen Einfluss auf die Nutzungsdauer von Straßen, da es die bauliche Substanz erheblich schädigen konnte.[197] Die für die Schwabacher Straße angeführte Tätigkeit des Wasserablassens weist darauf hin, obgleich es zu solchen Wasseransammlungen gar nicht erst kommen sollte. Straßengräben bezweckten nämlich entweder den Abfluss von Wasser, welches bei Regen oder Unwetter unmittelbar auf den Straßenkörper selbst gelangte, oder aber sie sollten verhindern, dass von außen, etwa über Hügel oder Erhebungen, Wasser auf die Straße floss. In beiden Fällen bedurfte es sauberer Gräben, weshalb etwa am 26. Februar 1548 Pankraz Weber dafür entlohnt wurde, *das er zwen tag am graben tzu schweinach gefegt hatt*. Und auch für die Bucher Straße hält die Rechnung immer wieder fest: *wasser abgestossen und die graben geräumptt.*[198] Der Zweck der Gräben bestand also nicht nur darin, »das Abweichen des Fuhrwerks von den Straßen auf die Felder [zu] verhindern«, wie Alfred Birk in seiner nach wie vor einschlägigen Studie vermutete.[199] Gräben und Wehren nahmen vielmehr zwei Funktionen ein: Sie schützten vor Wasser und vor unliebsamen Eindringlingen.

Bei allen gestalterischen Unterschieden zwischen diesen beiden Arten von Gräben lässt Abb. 53 ebenso erkennen, dass die Landgräben nicht nur unter (Brücke/Stege) oder über (Gatter), sondern zugleich entlang von Straßen führten. Dieses bereits angemerkte Nebeneinander von Straßenoberfläche und Landgraben war auch in der nördlichen Hälfte der Landwehr beim Lindnerischen Garten unweit des auf Abb. 55 zu sehenden

---

195 StAN Reichsstadt Nürnberg, Bauamtsakten 328.
196 FWB, Lemma ›ausfegen‹, URL: http://fwb-online.de/go/ausfegen.s.3vu_1543784307 (30.3.2023); Lexer, Lemma ›vegen‹.
197 Velske 2013, S. 11, 39–43, 48–67 u. 69.
198 StAN Reichsstadt Nürnberg, Bauamtsakten 323 (Bucher Straße, 22. Jan. 1547; Schwabacher Straße 26. Febr. 1548).
199 Birk 1934/1971, S. 213. Straßengräben finden keine Erwähnung bei Spiess 1925, S. 46–52, Gasner 1889/1966, S. 38–39 und Voigt 1965, S. 401.

Ausschnitts der Fall. Dort gab es nach der Beschreibung von 1577 einen ausgehobenen Graben,[200] der beides zugleich war: Land- und Straßengraben. Beide Arten von Gräben konnten sich also ergänzen und bestanden auch deshalb mehr mit- als nebeneinander, da sie gleichermaßen gesäubert werden mussten. Darauf weist eindringlich ein Posten für den 30. Oktober 1557 hin. Hier erhielt Pankraz Weber 7 h für fünf Tage, an denen er *den landgrab[en] bei S. Linhartt, unnd sunst hinauf gegen schweinauch die greb[en] an d[er] straßß[en] gefett hatt.*[201] An die Räumung des Landgrabens schloss sich also unmittelbar das Fegen eines Straßengrabens an. Letzterer Graben verlief von St. Leonhard, wo Weber sich noch um Landgräben kümmerte, bis nach Schweinau *hinauf,* was wörtlich zu nehmen ist, da hier der Weg auf einer Länge von rund 900 Metern um über sechs Meter anstieg.[202] Gerade an solchen Stellen war es geboten, die Straßengräben freizuhalten. Dass die Säuberung dieses Grabens zusammen mit dem Landgraben bei St. Leonhard insgesamt fünf Tage dauerte, unterstreicht, wie arbeits- und damit kostenintensiv diese Tätigkeit war. Vor allem aus diesem Grund kamen bei der Räumung der Gräben, ähnlich wie beim Holztransport, auch Fronarbeiter zum Einsatz, und zwar im für diese Tätigkeit besonders arbeitsreichen Herbst. Am 2. Oktober 1557 erhielten Pankraz Weber und Heinz Zengel 1 h 12 dn dafür, die Bauern mit dem Fegen zu beauftragen. Am 30. Oktober sagte

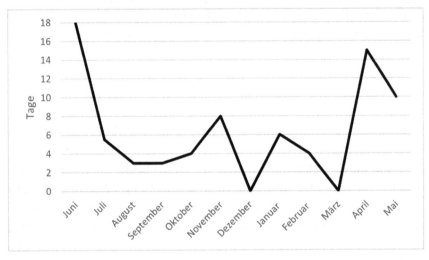

Diagramm 4: Der zeitliche Verlauf der Straßengrabenräumungsarbeiten im Rechnungsjahr 1557/58.

---

200 Pfinzing-Atlas 1594, S. 22. In der Beschreibung ist von *auffgeworffner Graben* die Rede. Aufwerfen meint nicht nur das Aufhäufen, sondern ebenso das Ausheben von Erde [FWB, Lemma ›aufwerfen‹, URL: http://fwb-online.de/go/aufwerfen.s.3vu_1543690295 (30.3.2023)].
201 StAN Reichsstadt Nürnberg, Bauamtsakten 328.
202 Angabe nach URL: https://geoportal.bayern.de/bayernatlas (30.3.2023).

zusätzlich ein Stadtknecht *den leutt[en]* das Fegen an.[203] Bei diesen Leuten handelte es sich um die Stadtbewohner, welche vom Stadtknecht zur Fronarbeit aufgerufen wurden.[204] Die Fronpflichtigen mussten nach der Ankündigung außerhalb der Stadt die Land- und Straßengräben säubern. Zwei weitere Male, am 10. Oktober 1557 und am 30. April 1558, rief ein Stadtknecht in sechs Pfarreien sowie in den Dörfern Thon und Gostenhof zur Säuberung der innerstädtischen Straßen auf. Dass es sich hierbei um eine eigenständige Räumungsarbeit handelt, unterstreicht die Auflistung dieser Posten in der Rechnung, denn während normalerweise jeder Kostenpunkt chronologisch verzeichnet ist, werden die Arbeiten innerhalb der Stadt separat aufgelistet und als eigene Posten gesammelt nach den außerstädtischen Räumungsarbeiten angeführt.[205]

Die Straßengräben außerhalb der Stadtmauer sind aber auch deshalb als spezifische Art von Gräben zu begreifen, da diese nicht nur zweimal im Jahr, sondern das ganze Jahr über geräumt werden mussten (Diagramm 4).[206] An insgesamt 76,5 Tagen des Rechnungsjahres 1557/58 widmeten sich die Arbeiter dieser Aufgabe, wobei es mit den Monaten Juni (18 Tage) und April (15 Tage) ausgesprochene Spitzenzeiten gab. Allein am 30. April wurden Pankraz Weber für das viertägige Fegen der Gräben an der Schwabacher Straße und Heinz Zengele für das sechstägige Räumen der Gräben an der Heroldsberger Straße ent-

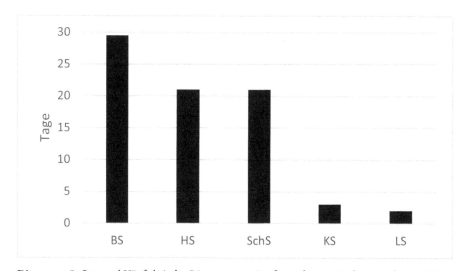

Diagramm 5: Orte und Häufigkeit der Räumung von Straßengräben im Rechnungsjahr 1557/58.

203 StAN Reichsstadt Nürnberg, Bauamtsakten 328.
204 Stadtlexikon Nürnberg, Art. ›Stadtknecht‹ (1. Aufl.). Der Einbezug der Landbevölkerung in den Unterhalt der Landwehr führte in Schwäbisch Hall zu wiederkehrenden Auseinandersetzungen mit den territorialen Nachbarn [Oelze 2011, S. 228].
205 StAN Reichsstadt Nürnberg, Bauamtsakten 328.
206 Ein einziges Mal, am 4. Sept. 1558, erhielt auch Stoffel Sayler für die zweitägige Besserung der *strassen an greben zum schopffenhof* Geld [ebd.].

lohnt. Doch auch der Mai und der November brachten mit zehn bzw. acht Tagen gerade im Vergleich zu den diesbezüglich arbeitsfreien Monaten Dezember und März gehäuft Arbeiten an den Straßengräben mit sich. Die Räumungstätigkeiten von Weber und Zengele korrespondierten mit dem Einsatz der Fronarbeiter, trugen diese doch im Oktober die Hauptlast der Arbeit, während im April zwar für die innerstädtischen Gräben, aber nicht für die außerstädtischen gefront werden musste. Hier waren es Weber und Zengele, die im Frühjahr die Gräben fegten und festigten. Auffällig ist daneben der Spitzenwert für den Juni, wobei zu berücksichtigen bleibt, dass die Rechnung die Tage der Bezahlung und nicht den Zeitpunkt der Tätigkeiten festhält. So wurden am 5. und 6. Juni Arbeiten für insgesamt zwölf Tage entlohnt, die Ende Mai/Anfang Juni und damit eher noch im ausgehenden Frühling/Frühsommer durchgeführt wurden.

Der zeitliche Verlauf der Straßengrabenräumungsarbeiten darf auch nicht losgelöst von den Straßen betrachtet werden, die von diesen Arbeiten betroffen waren. Denn die zur Räumung erforderlichen Arbeitstage verteilten sich ungleich auf die verschiedenen Straßen (Diagramm 5). Während die Gräben der Laufer Straße lediglich an zwei Juni-Tagen gesäubert wurden und an drei Februar-Tagen beim Lichtenhof an der Kornburger Straße ein neuer Graben enstand, fielen je 21 Tage für die Räumungsarbeiten an der Heroldsberger und Schwabacher Straße an. An 29,5 Tagen widmeten sich Zengele und Weber sogar ausschließlich den Gräben an der Bucher Straße. An welchen Stellen sie sich genau um die Instandhaltung kümmerten, lässt sich für einzelne Arbeitstage konkret sagen. So wurde am 22. Januar und 21. Mai 1558 bei Röthenbach für die Schwabacher Straße und im Juni des Vorjahres sechs Tage *an den greben d[er] straßß zum thon gefegt*. Gemeint sind damit die beim Dorf Thon gelegenen Gräben der Bucher Straße. Betrachtet man, dass die Räumungsarbeiten der Gräben hier und ebenso an der Heroldsberger Straße[207] 1,5 km von der Stadtmauer entfernt begonnen haben, lässt sich nicht nur zeigen, dass Gräben zur zentralen Verkehrsinfrastruktur des städtischen Umlands zu zählen sind. Mehr noch wird deutlich, dass mit den Gräben ein für die Wehrhaftigkeit der Stadt und die Herstellung von Sicherheit sensibler Raum markiert ist, der vermehrt Aufmerksamkeit verlangte, besonders im kriegs- und gefahrenreichen 16. Jahrhundert.[208]

Bei allen Unterschieden bezüglich der Zeiten, Orte und dem personellen Arbeitsaufwand der Instandhaltung ist offenkundig, dass die Straßengrabenräumungsarbeiten von grundlegender Bedeutung für den Unterhalt der Straßen waren. Neben der prekären Materialität der Straßen waren es die unzureichenden Entwässerungstechniken – je nachdem, ob man die Straßenkonstruktionen der Antike oder die Chausseen des 18. Jahrhunderts zum Bezugspunkt nimmt –, die solche Unterhaltsarbeiten erforderten. Allerdings dürfen auch

---

207 Hier begannen die Arbeiten beim 1,5 km von der Stadtmauer entfernten Schoppershof [ebd.].
208 Siehe Kapitel 5.

hier nicht zu vorschnell Entwicklungslinien angenommen werden. Noch bis in die 1960er Jahre gab es im Bayerischen Wald Dörfer, in denen abwechselnd pro Jahr ein Hof für das Kehren der teils mit und teils ohne Holzrohre versehenen Straßengräben zuständig war.[209] Wie mit Gräben die Verkehrsinfrastruktur zu schützen war, wussten die Dorfbewohner des 20. Jahrhunderts ebenso wie die Zeitgenossen des 16. Jahrhunderts. Dies traf auf die Straßen, aber ebenso auf die Brücken zu. Um nach einem Unwetter das Überlaufen des Wassers über einen Erdwall bei der Altenberger Brücke zu verhindern, legte Pankraz Weber im April 1557 *ein kleins greblein* an.[210] Auch dieser Graben schützte vor Wasser.

4.4 Brücken aus Holz und Stein

Die Verkehrsinfrastruktur des Nürnberger Umlands war nicht nur von Straßen und Gräben, sondern ebenso von Brücken geprägt, die gleichfalls in großem Umfang in den Rechnungen des Weg- und Stegamts auftauchen. Wie bereits in der quantitativen Auswertung angesprochen, erwiesen sich die Altenberger, die Mögeldorfer, die Reichelsdorfer, die Röthenbacher und die Steiner Brücke für jeweils ein bis zwei Jahre als besonders unterhaltsintensiv, während sich danach die Kosten erheblich reduzierten (Diagramm 2). So mussten die Altenberger und die Steiner Brücke im Rechnungsjahr 1556/57 für 9.495 dn (38 Gulden) und im Folgejahr für zusammengenommen 11.046 dn (44 Gulden) renoviert werden, was in diesen beiden Jahren einen Anteil von 34 % an den Gesamtkosten ausmachte. 1557 erreichten die Ausgaben für die Steiner Brücke mit 6.647 dn (26 Gulden) sogar den Spitzenwert aller jährlichen Investitionen. In den Rechnungen für die Jahre 1558, 1559 und 1561 beliefen sich hingegen die Kosten für die Steiner Brücke auf stets unter 300 dn. Und auch bei der Altenberger Brücke folgten auf sehr hohe Ausgaben in Höhe von annähernd 10.000 dn (37 Gulden) drei kostengünstige Rechnungsjahre mit Aufwendungen von zusammengenommen nur 1.654 dn (ca. 7 Gulden). Selbst die Reichelsdorfer Brücke, die im Vergleich zu allen anderen Brücken bezogen auf die Rechnungsjahre von 1556/57 bis 1561/62 mit 4569 dn (18 Gulden) die geringsten Kosten verursacht hat (Diagramm 1), erreichte im Rechnungsjahr 1561/62 einen Investitionshöhepunkt von 3.288 dn (13 Gulden).

---

209 Ich danke meinem Schwiegervater Anton Weber (geb. 1948) für diese Auskunft. Er hat noch selbst bis zum Bau einer betonierten Straße bei Rettenbach in der Nähe von Zenting im Jahr 1962 die Gräben gekehrt. Die Arbeit wurde getan, weil sie notwendig war. Auch diese Einschätzung ist für die weiteren Ausführungen über die straßenbezogenen Fronarbeiten des 16. Jahrhunderts von Interesse [siehe Kapitel 6]. In Rettenbach der 1950er und 1960er Jahre wies ein Obmann des Dorfes die Arbeiten den Höfen zu, deren Erfüllung ein Jahr lang in der Hand des zuständigen Bauern lag. Es erfolgte keine Kontrolle von oben, sondern durch die Dorfgemeinde vor Ort.
210 StAN Reichsstadt Nürnberg, Bauamtsakten 328.

Betrachtet man den Verwendungszweck für die Brückenaufwendungen näher, dann erklärt sich, warum der Umfang der Instandsetzungen bei den einzelnen Brücken derart variieren konnte und weitaus weniger konstant war als bei der Bucher und der Schwabacher Straße. Zu den üblichen jährlichen Brückenkosten zählten Befestigungsmaßnahmen der Brückenpfeiler. Dies betraf zuvorderst die auf dem Flussboden stehenden Pfähle. Als *eyss[en] pock* oder *Eysspfehl* bezeichnete eiserne Vorrichtungen trugen zur Stabilität der Brücken bei.[211] Besonders in Hinblick auf Hochwasser und Eisgänge war dies notwendig, um eine Beschädigung oder gar die Zerstörung von Brücken zu vermeiden.[212] Bereits im Sommer 1557 ergriff man entsprechende Vorkehrungen und verschalte die Pfeiler der Reichelsdorfer Brücke zum Schutz vor Witterungseinflüssen drei Tage lang mit Brettern. Die hierfür benötigten Nägel kosteten 16 dn. Reichten solche präventiven Maßnahmen nicht aus, mussten auch im Winter schadhafte Pfeiler erneuert werden. Dies geschah etwa am 1. Januar 1558 bei der Altenberger Brücke. Die Witterungseinflüsse ließen sich aber nicht gänzlich abhalten, weshalb am gleichen Tag die *steine[n] pfeyler* der Brücke zu Stein von Eis befreit werden mussten. Ende Januar und Anfang Februar war es hier zudem erforderlich, die Fahrbahn eisfrei zu halten, da ansonsten *Nymans durchkommen mochte*.[213]

Darüber hinaus unterlag jede Brücke in unterschiedlicher Weise spezifischen, sehr kostenintensiven Renovierungsarbeiten, wenn nicht gar Neubauten erforderlich waren. So wurde für den 12. Februar 1558 festgehalten, dass Pankraz Weber zusammen mit Peter Winter und einem weiteren Helfer *etlich hundertt fuder stein und Sandtt*[214] auf die Altenberger Brücke geschüttet und eingelegt hatte, wobei nicht näher bezeichnete *pauren* zum Transport der Steine verpflichtet worden waren. Jeder dieser Arbeiten ging wohl eine Inspektion durch Bartl Grolock oder andere Werkleute voraus, auf deren Einschätzung hin die Baumeister über die erforderlichen Maßnahmen entschieden[215] und Weber die Erhaltungsmaßnahmen koordinierte.

Bereits zu Beginn des Rechnungsjahres 1557/58, Anfang Juni und im Juli, war Pankraz Weber damit beschäftigt, die Brücken in Altenberg, in Stein und in Mögeldorf zu renovieren, indem er schadhafte Holzteile entfernte, durch neue ersetzte und alte hölzerne

---

211 Ebd.
212 Maschke 1978, S. 20 f.
213 So die Begründung für die Ausgabe von Stiftungsgeldern, die die Rechnung separat anführt [StAN Reichsstadt Nürnberg, Bauamtsakten 328]. Siehe hierzu die Ausführungen zu den Finanzierungsgrundlagen des Weg- und Stegamts. Das Aufbrechen von Eis war daneben etwa auch im Januar 1560 bei der Steiner Brücke erforderlich.
214 Ebd. Der Eintrag ist unter den »Gemeinen Ausgaben« vom 12. Februar 1558 zu finden, da *In die Rechnung der selb[en] pruch[en] ein zu schreyb[en] ubersehen*.
215 Dieser Entscheidungsprozess kann nur angenommen werden, da sich keine Überlieferung zu diesem Thema finden lassen. Allerdings haben sich einige aus den Inspektionen hervorgegangene Kostenvoranschläge erhalten, die den Prozess der Inaugenscheinnahme und der erforderlichen Besserungstätigkeiten widerspiegeln, wie noch gezeigt werden wird.

Geländer austauschte. Diese Arbeiten erscheinen mit insgesamt 44,5 Arbeitstagen auf die beiden Monate verteilt deshalb so intensiv, da alle drei Brücken abgebrochen,[216] neue Dammbäume angebracht und mit Holz belegt wurden. Zusammen mit dem *Hantlanger Stoffel Sayler,* vier *arbeyttern* sowie den Zimmermännern Hans Prolla und Heinz Toy hatte Pankraz Weber in der Woche vor dem 26. Juni *dy pruck zum alttenbergk abgeproch[en] und di an den dampäumen gepessertt [und] nachmals mitt [...] holzt überlegtt.*[217] Bei den Dammbäumen handelt es sich um die für den Bau von hölzernen Brücken benötigten Längs- oder Streckbalken. Sie wurden entweder auf die Pfähle selbst oder auf die mit den Pfählen verbundenen Jochbalken (Holme) gelegt. Für die querliegenden Holme dürfte gleichfalls das aus den Dammbäumen gewonnene massive Holz verwendet worden sein, denn erst danach konnte der Fahrbahnuntergrund errichtet werden. Er setzte sich aus kleinen, dicht aneinandergereihten Hölzern zusammen, auf denen eine weichere, zur Abfederung der Stöße benötigte Schicht aus Reisig, Astwerk, Kies, Sand oder Erde lag. Auf dieser Schicht konnte die eigentliche Fahrbahn angebracht werden. Sie bestand aus Brettern oder Steinplatten, konnte aber ebenso ohne die weichere Abfederungsschicht unmittelbar aus festgestampfter Erde hergestellt werden.

Beschrieben ist damit – ausgehend von den in den Rechnungen ausgewiesenen Dammbäumen und unter Berücksichtigung zeitgenössischer Skizzen zu den Mögeldorfer Brücken[218] – die Bauweise vormoderner Holzbrücken auf Grundlage sowohl archäologischer als auch technikgeschichtlicher Befunde.[219] Die Brücken in Altenberg, in Stein und in Mögeldorf

---

216 Ob die Brücken teilweise oder ganz abgebrochen worden sind, ist auf Grundlage der Rechnungseinträge nicht zu klären.
217 StAN Reichsstadt Nürnberg, Bauamtsakten 328.
218 StadtAN A 4/I, 90 u. 91; A 4/IV, 196; Skizzen von 1550 bis 1637. Die Karten sind dem Akt StadtAN B1/II, 910 entnommen. Siehe zum Neubau der Brücke nach dem Hochwasser von 1595 auch StadtAN B1/II, 911.
219 Mehlhorn, Gerhard/Curbach, Manfred: Handbuch Brücken. Entwerfen, Konstruieren, Berechnen, Bauen und Erhalten, 3. Auflage, Wiesbaden 2014, S. 1–41 (Brückenbau vom Altertum bis ins 18. Jahrhundert); Cech 2010, S. 89 (Rekonstruktion von Caesars Rheinbrücke); Lehnemann, Esther Maria/Urz, Ralf/Meiborg, Christa: Die latènezeitliche Brücke mit Siedlung bei Kirchhain-Niederwald, Landkreis Marburg-Biedenkopf. Interdisziplinäre Forschungen zur eisenzeitlichen Siedlungslandschaft des Amöneburger Becken (Materialien zur Vor- und Frühgeschichte von Hessen 31), 2 Teile, Wiesbaden 2021 (Idealisierte Rekonstruktion der Bauweise der Brücke von Kirchhain-Niederwald aus der Mittellatènezeit). Beachtung fanden daneben – unter Ausklammerung einfacher, nur aus einem Knüppelbelag bestehender Bauweisen [Schußmann, Markus: Die hallstattzeitliche Sumpfbrücke bei der Feldmühle im Wellheimer Tal, in: Bayerisches Landesamt für Denkmalpflege (Hg.): Brücken in Bayern. Geschichte, Technik, Denkmalpflege (Denkmalpflege Themen 2), Parsdorf 2011, S. 54 f.] – folgende Studien zu den (Holz-)Brücken des Mittelalters und der Frühen Neuzeit: Fouquet, Gerhard: Brücken. Bauen und Bauunterhalt im späten Mittelalter und in der frühen Neuzeit. Das Beispiel der Weidenhäuser Brücke in Marburg, in: Andermann/Gallion 2018, S. 47–73; Maschke 1978; Zucker, Paul: Die Brücke. Typologie und Geschichte ihrer künstlerischen Gestaltung, Berlin 1921, S. 69–80.
Die antiken Techniken des Brückenbaus wurden seit der Mitte des 15. Jahrhunderts durch die Rezeption des Werkes *De architectura libri decem* von Vitruv wieder bekannt. Demgegenüber erschien erst

waren somit keine reinen Steinbrücken, wie die innerhalb Nürnbergs nach einem schweren Hochwasser von 1595 neu errichtete und noch heute bestehende Fleischbrücke, welche bereits zeitgenössisch wegen der »Kühnheit der Konstruktion eines [steinernen; AD] Bogens von 15,60 m Spannweite, 3,90 m Pfeilhöhe und 1,22 m Schlußsteinstärke« große Beachtung fand.[220] Die Unterscheidung zwischen Holz- und Steinbrücke ist insofern trügerisch, als natürlich auch Holz für die Konstruktion von Steinbrücken und umgekehrt Stein in Holzbrücken verwendet wurde. So besteht das Fundament der neugebauten Fleischbrücke aus insgesamt 2.123 Holzpfählen mit Eisenspitzen,[221] während die Brücke in Stein laut dem bereits angeführten Rechnungsbucheintrag zum 1. Januar 1558 auf steinernen Pfeilern ruhte.[222] Bei der Steiner Brücke handelt es sich also um eine durchaus übliche Mischkonstruktion, welche Steinpfeiler und hölzerne Überbrückung miteinander verband.[223]

Die Trennlinie zwischen Holz- und Steinbrücken darf auch deshalb nicht so strikt gezogen werden, da Steine nicht nur für die Pfeiler, sondern ebenso für den Fahrbahnbelag auf den Brücken genutzt wurden. Dies lässt sich etwa auf der Altenberger Brücke anhand der Rechnungseinträge belegen, als ein Arbeiter einen Tag lang etliche hundert Fuder Steine und Sand *einglechtt hatt*. Nach diesem Einlegen folgte das Abfegen der Brücke durch Pankraz Weber, wie eine zwei Tage später verzeichnete, separate Entlohnung aufdeckt.

Wie allerdings genau die Verarbeitung von Sand und Steinen geschah, ob die genannten Materialien als Fahrbahn oder als deren Untergrund dienten, lässt sich auch hier mit letzter Bestimmtheit nicht sagen. Ebenso wenig kann auf Grundlage der Rechnungsbucheinträge abschließend geklärt werden, was mit den 400 Fudern Steinen und Sand geschah, die die Bauern im Mai 1558 *an beeden Orten dieser prucken* von Altenberg transportiert haben.[224] Weiterführend lässt sich aber wiederum mit der Brückenarchäologie betonen,

---

nach den hier mit den Rechnungen fokussierten Brücken die wirkmächtige und mit einem eigenen Kapitel zum Brückenbau versehene Abhandlung *I quattro libri dell'architettura* (Venedig 1570) von Andrea Palladio [Bühler, Dirk: Art. ›Brücke‹, in: EdN – Online [2014]]. Eine wissensgeschichtliche Betrachtung der Brücken auf Grundlage von Schrift- und Bildquellen stößt schnell an ihre Grenzen, die jedoch – wie hier geschehen – mit der Brückenarchäologie ein Stückweit überwunden werden können. Siehe deshalb auch besonders Bayerische Gesellschaft für Unterwasserarchäologie (Hg.): Archäologie der Brücken. Vorgeschichte, Antike, Mittelalter, Neuzeit/Archaeology of bridges. Prehistory, Antiquity, Middle Ages, Modern Era, Regensburg 2011.

220 Zucker 1921, S. 24.
221 Schultheiß, Werner: Baukosten Nürnberger Gebäude in reichsstädtischer Zeit. Beiträge zu den Quellen der Baugeschichte der Stadt, in: MVGN 55(1967/68), S. 270–299, hier S. 284f. Zu vergleichbaren Befunden für die Verwendung von Holz bei Steinbrücken in der Antike Kroes, Richard: Woodwork in the foundations of stone-built Roman bridges, in: Bulletin Antieke Beschaving 65 (1990), S. 97–105 und im Mittelalter Maschke 1978, S. 20.
222 StAN Reichsstadt Nürnberg, Bauamtsakten 328.
223 Vollmar, Bernd: Brückenkonstruktionen, in: Bayerisches Landesamt für Denkmalpflege 2011, S. 37–41, hier S. 37.
224 StAN Reichsstadt Nürnberg, Bauamtsakten 328.

dass zu einer Brücke nicht nur die Querung des eigentlichen Wasserlaufs, sondern ebenso das angrenzende Gebiet gehörte. Denn hier sanken leicht »Fußgänger, Tiere und Wagen so weit ein, dass ein Fortkommen ohne Befestigung des Untergrunds nicht möglich« war.[225] Die in der Rechnung genannten beiden Orte lassen sich als solche Bereiche im Übergang von der Brücke zur materiell anders gebauten Straße begreifen, die mit Sand und Steinen einen besonderen Ausbau erfuhren.

Diese Steinabdeckungen machten es möglich, die Rednitz bei der Steiner Brücke und deren Übergangsbereiche Richtung Heilsbronn zu überqueren und von dort weiter über Ansbach Richtung Südwesteuropa zu gelangen. Den Handelsverkehr, und dies hieß konkret, einen beladenen und mit sechs oder acht Pferden bespannten vierrädrigen Wagen, musste dieser besonders sensible Straßenabschnitt von über 30 m problemlos tragen können.[226] Verschleiß war hier unvermeidbar. Zur Belastung durch den Straßenverkehr kam das Wasser hinzu, das sich immerfort um die Pfeiler herum einen Weg bahnte. Jeder Brückenbauer wusste, dass »[t]he continuous stream of water [...] has an eroding effect and will be disastrous in the long run«.[227] Daneben hatte die Witterung entscheidenden Einfluss auf den Erhaltungszustand einer Brücke.[228] Das bereits

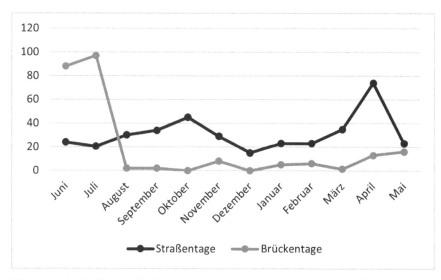

Diagramm 6: »Straßen- und Brückentage« im Rechnungsjahr 1557/58 (n = 614).

---

225 Weski, Timm: Brückenarchäologie, in: Bayerisches Landesamt für Denkmalpflege 2011, S. 15–19, hier S. 15.
226 Maschke 1978, S. 11. Allein die Brücke zu Stein hatte zu Beginn des 19. Jahrhunderts ohne Übergangsbereiche eine Spannweite von über 30 m, URL: https://geoportal.bayern.de/bayernatlas (30.3.2023).
227 Kroes 1990, S. 97.
228 Fouquet 2018, S. 53 f.

angesprochene Bedachen der Pfähle sollte hiervor schützen. Jede Brücke blieb jedoch störanfällig, was vor allem auf die Holzbrücken zutraf, die aber im Unterschied zu den weitgehend aus Steinen gebauten Brücken prinzipiell schnell und kostengünstig wieder errichtet oder ausgebessert werden konnten, zumal im Nürnberger Umland relativ viel Holz vorhanden war. Die verhältnismäßig geringe Lebensdauer des Holzes blieb dennoch ihr größter Nachteil.[229]

Für Pankraz Weber und die anderen Straßen- und Brückenarbeiter hieß dies im Sommer 1557, mehrere Wochen an den Brücken zu arbeiten, dies betraf also den für Brückenarbeiten insgesamt arbeitsreichsten Zeitraum des Jahres (Diagramm 6). Parallel zu den Unterhaltsmaßnahmen für die Altenberger Brücke bearbeitete Weber in seiner Funktion als Zimmermann (was sich in einem höheren Tageslohn von 55 Pfennig zeigt) zudem einen großen, eichenen *dampaum,* der, nachdem dieser von Bauern dorthin transportiert und die alte Brücke in Stein abgebrochen worden war,[230] am 19. Juni 1557 neu auf die Brücke aufgelegt wurde.

Dieser Eintrag im Rechnungsbuch zeigt nicht nur die zeitintensive Ausbesserungsarbeit deutlich auf, welche die Arbeitskraft von insgesamt zehn Arbeitern, darunter zwei Zimmermännern und ein Steinmetz, über eineinhalb Wochen hinweg erforderte. Er vermittelt darüber hinaus einen detaillierteren Einblick in den Umfang und die Art der Tätigkeit selbst. Zunächst rechtfertigte nämlich Grolock seine Mehrausgaben für Bier und Brot mit dem Hinweis darauf, dass das Abbrechen der Brücke und das Auflegen des Dammbaums *ein hartte und ein gefarliche arbeytt* gewesen sei und es in diesen Sommerwochen *hays* war, was zusammengenommen zu einem Sonderzuschlag für die Nahrungsversorgung geführt hat. Die Mehrkosten entstanden aber auch deshalb, da nach all den aufgewendeten Mühen und Kosten (*großßer mühe und ziemlich Kosten*) der Dammbaum mit einer Mischung aus Wagenschmiere und Leinöl bestrichen wurde, um das Holz *zuverschonen und dester lenger [...] zu erhaltt[en].*[231]

All diese Arbeiten verursachten mehr als 80 % der im gesamten Rechnungsjahr 1557/58 für die Steiner Brücke entstandenen Kosten von 6647 dn (Diagramm 2). Im Juli 1557 kamen für Pankraz Weber, den Zimmermeister Hanns Prolla und drei weiteren Arbeitern[232] die Besserung an Pfählen, am Dammbaum, an den Geländern sowie die Erneuerung von Brückenhölzern an einer der drei Brücken in Mögeldorf hinzu, wofür ebenfalls ins-

---

229 Mehlhorn/Curbach 2014, S. 14 u. 37f.
230 Die Einträge aus dem Rechnungsbuch hierzu lauten: *Adj 12 Juni zaltt pang[ratz] weber das er den pauren zum holtz faren d[er] großßen aich[en] hinnen vorm spittler thor gelegen hinaus zu faren potte[n], den pauren freytag 0,5 tag und sunst beim faren und auffladen gewes[en] un[d] geholff[en], hatt In alles 3,5 tag zu 50 dn, mitt 12 dn; Adj 19 Juni Zaltt die arbeitt[er] do sy die dampaum auff zu legen doch darvon die altte prucken abgeprochen und geräumptt hab[en]* [StAN Reichsstadt Nürnberg, Bauamtsakten 328].
231 Ebd.
232 Stoffel Sayler, Fritz Schuster, Hans Wagenle.

gesamt zweieinhalb Wochen Arbeitszeit aufgewendet werden mussten. Ende Juli tauschte Weber schließlich noch, wie bereits erwähnt, die eisernen Pfähle an der Brücke in Reichelsdorf aus. Vergleicht man die Renovierungsarbeiten im Sommer 1557 mit den Arbeiten in den folgenden Sommern, so muss festgehalten werden, dass die Erhaltungs- bzw. Neubaumaßnahmen 1557 singuläre Ereignisse bildeten, die nicht jedes Jahr erforderlich waren. Dennoch unterstreicht die bei Holzkonstruktionen kontinuierliche Bautätigkeit an den Brücken ihre große Bedeutung für die vormoderne Verkehrsinfrastruktur, denn von ihrer Benutzbarkeit hing die Überwindung naturräumlicher Grenzen und damit die Sicherung des für den Handel unerlässlichen Warenstroms ab. Gerade deshalb mussten außer Straßen auch Brücken im Nürnberger Umland instandgehalten werden. Im Rechnungsjahr 1557/58 wurde so 375,5 Tage an den Straßen und 238,5 Tage an den Brücken gearbeitet, was eine Mehrarbeit von 137 Tagen auf den Straßen im Vergleich zu den Brücken ausmacht.

Wie ferner ersichtlich ist, arbeitete Pankraz Weber über das Jahr betrachtet am kontinuierlichsten an der Brücke in Altenberg. 35,5 Tage (43 % aller dortigen ›Brückentage‹) verbrachte er an dieser Brücke, um im Herbst das Flussbett zur Anlage eines neuen Grabens auszubessern oder Fichten für die in diesem Fall hölzerne Fahrbahn zu schlagen. Im Winter entfernte er zudem schadhafte Pfähle, fegte und besserte die Brücke. Im April wurde nach dem Frühjahrshochwasser ein neuer Graben angelegt. Sein Arbeitsleben war also nicht nur von den Instandsetzungsarbeiten an Straßen, sondern ebenso von sehr unterschiedlichen Tätigkeiten im Zusammenhang mit Brücken bestimmt. Die hierdurch bedingten hohen Personalkosten für den Unterhalt der Brücken waren in der flussreichen Gegend um Nürnberg unvermeidbar. Aber auch zahlreiche Bäche mussten mit *prucklein* überquert werden.[233] Fließgewässer stellten natürliche Weghindernisse dar, die an – durchaus mit Pflastern oder Holz befestigten[234] – Furten ohne, andernfalls aber nur mit Fähren oder eben auf Brücken überwunden werden konnten. Der Wasserreichtum Nürnbergs ermöglichte zwar die für jegliche menschliche Siedlungstätigkeit unerlässliche Versorgung mit Frischwasser[235] und die Energiegewinnung mittels Wasserräder – Anfang des 17. Jahrhunderts gab es an der Pegnitz und den Nebenbächen fast 300 hiervon;[236] zugleich erforderte er aber erhebliche Investitionen in Brückenbauten, um die Fortbewegung im Umland der Stadt zu gewährleisten. Als natürliche Hindernisse boten die Fließgewässer freilich auch Schutz im Kriegsfall und vor Räuberbanden.[237] Dessen

---

233 StAN Reichsstadt Nürnberg, Bauamtsakten 328.
234 Weski 2011, S. 15.
235 Fischer, Karl/Leo, Walther: Die Wasserversorgung der Stadt Nürnberg von der reichsstädtischen Zeit bis zur Gegenwart, Nürnberg 1912; Fouquet, Gerhard: Art. ›Wasserversorgung‹, in: EdN – Online [2014].
236 Franzke, Jürgen: Räder im Fluß. Die Geschichte der Nürnberger Mühlen, Nürnberg 1986, S. 44–46.
237 Siehe Kapitel 5.1.

ungeachtet begünstigte die geographische Lage keineswegs den Verkehrsfluss nach und von Nürnberg, zumal es keinen größeren schiffbaren Fluss gab.[238] Um so wichtiger waren gute Brücken und Straßen.

4.5 Finanzierungsgrundlagen: Gattergelder und Stiftungen

Die Finanzierung der Erhaltungs- und Baumaßnahmen durch das Nürnberger Weg- und Stegamt setzte sich aus verschiedenen Einkommensquellen zusammen, die sich aus städtischen ›Haushaltskassen‹ und privaten Geldern speisten. Neben den kontinuierlich erzielten Einnahmen aus Zinsgeldern aus der Losungsstube mit einer in den Jahren 1556 bis 1561 gleichbleibenden Summe von 39 Gulden und 5 Hellern[239] konnte das Nürnberger Weg- und Stegamt in seiner Position als Haus- und Grundeigentümer auch auf hiermit zusammenhängende Zinsen und Abgaben zugreifen, um den Geldstock für den Erhalt der Verkehrsinfrastruktur zu erhöhen. Diese ebenfalls in den Rechnungsbüchern verzeichneten Einnahmen (Diagramm 7) konstituierten sich aus den dem Weg- und Stegamt zugehörigen Gebäude- und Bodenzinsen in der Stadt und auf dem Land sowie aus nicht näher bestimmten Getreideabgaben der zum Weg- und Stegamt zinspflichtigen Bauern. Die hieraus resultierenden Einkünfte wurden in den Rechnungsjahren von 1556 bis 1559 und 1561 jeweils in einem eigenständigen Posten zu Beginn des Rechnungsbuches aufgelistet und können differenziert werden in den *Zins aus der Losung,* Einnahmen aus dem *Salbuch,* ›Getreidezinsen neu‹ und ›Getreidezinsen Schulden (alt)‹ sowie den Einnahmen auf dem Land durch das Gattergeld.

Letztere Einnahmequelle bezeichnet entsprechend der Wortbedeutung[240] die Zinsabgabe der Haus- und Grundstücksmieter des Weg- und Stegamts außerhalb der Stadt. Diese wurde stets an Allerheiligen eingenommen und belief sich durchgehend auf 14 Gulden (3.528 dn). Anders verhielt es sich mit den Einnahmen aus den Getreideabgaben. Sie sanken von etwas mehr als 32 Gulden (8.118 dn) im Jahr 1556 auf knapp 21 Gulden ein Jahr später (5.520 dn), um schließlich von 23 Gulden im Jahr 1558 (5.805 dn) auf 30 Gulden 1559 (7.560 dn) und auf etwas mehr als 31 Gulden (7.992 dn) 1561 wieder anzusteigen. Parallel dazu vermochten es die Bauern, ihre angelaufenen Schulden von mehr als 38 Gulden im betrachteten Zeitraum gänzlich zu tilgen.

---

238 Berninger 1971, S. 4.
239 StAN Reichsstadt Nürnberg, Bauamtsakten 328.
240 »Zins, der durch das Hofgatter gereicht wird und das der Besitzer selbst holen (lassen) muss« [FWB, Lemma ›gattergeld‹, URL: http://fwb-online.de/go/gattergeld.s.2n_1543800113 (30.3.2023)].

Finanzierungsgrundlagen: Gattergelder und Stiftungen

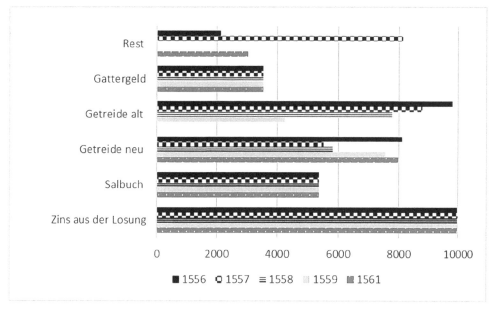

Diagramm 7: Einnahmen des Weg- und Stegamts in den Rechnungsjahren 1556/57, 1557/58, 1558/59, 1559/60 u. 1561/62 (n = 122.536 dn).

Wie die Grafik aufzeigt, waren die Einnahmen aus dem *Zins aus der Losung* im gesamten Untersuchungszeitraum ebenso konstant (9.978 dn bzw. ca. 39 Gulden) wie die Einnahmen aus einem nicht näher bestimmten Salbuch (5.381 dn oder 21 fl 2 h 29 dn). Als *Rest* hielt der Pfleger für Weg und Steg nicht weiter bezeichnete Ausstände fest, die 1557 mit 32 Gulden (8.136 dn) besonders hoch ausfielen, aber dennoch nicht verhindern konnten, dass dieses Rechnungsjahr mit einem leichten Defizit von 8 Gulden schloss. Geringfügige Mehrausgaben gab es ebenso 1556 (222 dn oder 7 h 12 dn), wohingegen sich 1561 das Defizit auf 18 Gulden (4.543 dn) summierte und damit höher ausfiel als die jährlich zu veranschlagenden Gattergelder. Mehreinnahmen von gut 3 Gulden (920 dn für 1558) konnte das Weg- und Stegamt hingegen 1558 verbuchen. 1559 erwirtschaftete man sogar einen Überschuss von mehr als 43 Gulden (11039 dn), was den gesamten Renovierungskosten für die Altenberger und die Steiner Brücke im Rechnungsjahr 1557/58 entsprach.

Dass der Erhalt von Straßen und Brücken von »regelmäßig fließende[n] Geldquellen«[241] abhing, konnten die vorigen Analysen deutlich herausstellen. Eine Vielzahl vormoderner Brücken und Straßen wurde daneben durch Schenkungen oder Stiftungen instandgehalten, die entweder generell für den Erhalt der Infrastruktur gegeben oder aber

---

241 Maschke 1978, S. 24.

ganz bestimmten und detailliert benannten Wegen oder Brücken zugutekommen sollten. Schenkungen und Stiftungen zur Verbesserung der öffentlichen Infrastruktur sind keine Erscheinung des nachreformatorischen Nürnberg. Wie bereits Frank Rexroth darlegen konnte, profitierte das Weg- und Stegamt bereits im 14. und 15. Jahrhundert von Stiftungs- und Schenkungsgeldern, außerdem konnte die öffentliche Wasserversorgung durch Brunnen Gegenstand frommer Stiftungen zum gemeinen Nutzen der Stadt sein.[242] Als Finanzierungsgrundlage für die Instandhaltungen lassen sich damit neben den regulären Einkünften aus Zinsen und Abgaben auch außerordentliche Geldströme fassen: So sind es Ablassgelder, die etwa für den Bau oder Erhalt von Brücken Verwendung gefunden hatten, war doch die Brücke Abbild und »Werk der Nächstenliebe«, wie es Erich Maschke herausgearbeitet hat.[243] Aber auch Straf- und Ungelder konnten zur Finanzierung von Bau- und Reparaturmaßnahmen beitragen.[244] Zu den außerordentlichen Finanzierungsformen ist schließlich das oben bereits benannte Stiftungs- und Schenkungswesen hinzuzuzählen, welches etwa auch im England des 16. Jahrhunderts darauf zielte, »to aid in keeping up the roads«.[245]

Eine ebensolche Schenkung findet sich für das Nürnberger Weg- und Stegamt beispielsweise im Abrechnungsjahr 1557, als die Witwe des verstorbenen Jörg Bayr dem Weg- und Stegamt 87 ½ Taler zu je 24 Groschen – umgerechnet 100 rheinische Gulden – aus dem Vermögen ihres Mannes zukommen ließ, zur *pesserung und verpauhung* einiger Abschnitte der Straße von Nürnberg nach Lohe. Das Geld wurde also an konkrete Vorhaben geknüpft und sollte nicht zu *teglicher pesserung* genommen werden. Stattdessen lieferten die beiden Vormünder der Witwe dem Bartl Grolock als Vertreter des Weg- und Stegamts konkrete Vorschläge zur Verbesserung der Straße durch das Dorf Thon, die Grolock in Rücksprache mit Fritz Kohler allerdings *für unnutz und vergebens befunden* hatte. So wurde beschlossen, den ebenfalls von den Vormündern angesprochenen, *sehr pauffellig* gewordenen Fußsteig nach der steinernen Brücke über die Geilach zwischen Buch und Lohe als erstes ausbessern und erneuern zu lassen. Dafür plante Grolock die vorhandene Holzkonstruktion im Wasser abzubrechen, durch eine Steinfassung zu ersetzen und den Fußsteig selbst, *wie der Itztt mitt steine[n]* belegt ist, etwas höher zu machen, was in den Rechnungsjahren 1557 bis 1561 Kosten von mehr als 20 Gulden verursachte. Über die

---

242 Rexroth, Frank: Stiftungen und die Frühgeschichte von Policey in spätmittelalterlichen Städten, in: Borgolte, Michael (Hg.): Stiftungen und Stiftungswirklichkeiten. Vom Mittelalter bis zur Gegenwart, Berlin 2000, S. 111–131, hier S. 121–125.
243 Maschke 1978, S. 39. Die Verwendung von Ablassgeldern für die Instandhaltung von Brücken, aber ebenso von Wegen spricht bereits Gasner 1889/1966, S. 112 an. Siehe neuerdings auch Bauch, Martin/Forster, Christian: Seelenheil und Infrastruktur. Zum Zusammenhang von Brückenbau, Ablässen und Extremereignissen im Spätmittelalter, in: Kühne/Popp 2022, S. 15–78.
244 Maschke 1978, S. 26–34.
245 Jackman, William T.: The Development of Transportation in Modern England, Cambridge 1916, S. 30.

Verwendung des übrigen Geldes schweigt sich das Rechnungsbuch aus. Mit der Schenkung aber war es möglich, außerordentliche Erhaltungsmaßnahmen durchzuführen und den Handlungsspielraum des Weg- und Stegamts zu erweitern.[246]

Die große Bedeutung testamentarisch verfügter Stiftungen oder Schenkungen für öffentliche Einrichtungen und Bauten wurde bisher vor allem von der mittelalterlichen und frühneuzeitlichen Testamentsforschung aufgezeigt.[247] Rexroth betont, dass Brücken und Straßen sozial konstruierte Orte waren, deren Erhalt dem gemeinen Nutzen in Hinblick auf Handel und Verkehr, aber auch dem christlichen Gemeinwohl (Gute Policey) diente.[248] Die frommen Stiftungen und Schenkungen in ihrer Grundmotivation, das eigene Seelenheil zu sichern, sich einer Memoria im Diesseits gewiss zu sein und aus christlicher *caritas* heraus zu handeln, werden damit in einen weiteren, einen »anderen Sinnzusammenhang« gestellt.[249]

Durch karitatives Handeln diesseitige Verhältnisse zu verbessern, war auch das Ziel des Nürnberger Pelzhändlers Matthes Baur, als er in seinem Testament von 1585 unter anderem ein Legat zum *weg und steg zu und umb Lebenzettel*, seinem Heimatort in der Nähe von Gunzenhausen, etwa 40 km südwestlich von Nürnberg gelegen, festschreiben ließ. Von den insgesamt 3.000 gestifteten Gulden an Münze (Bargeld), die mit einer jährlichen Verzinsung von 5 % bei der Losungsstube hinterlegt wurden,[250] sollten jährlich 150 Gulden genommen werden, um davon in und um Laubenzedel *haußarme[n]* und *allein frommen gottsfürchtigen christlichen Leuten* zu helfen.[251] Darüber hinaus sollten jährlich weitere 20 Gulden für den Erhalt und die Verbesserung der *weg und Steg zu und*

---

246 StAN Reichsstadt Nürnberg, Bauamtsakten 328.
247 Siehe dementsprechend Meyer, Gunnar: »Besitzende Bürger« und »elende Sieche«. Lübecks Gesellschaft im Spiegel ihrer Testamente 1400–1449 (Veröffentlichungen zur Geschichte der Hansestadt Lübeck. Reihe B; 48), Rostock 2010. Dort [ebd., S. 73] wird resümiert, dass von den 1618 für den Zeitraum von 1400 bis 1449 überlieferten Testamenten lediglich zwei keine Abgabe für Wege und Stege enthalten! Die Abgabe schrieb das lübische Recht vor und lässt sich bis ins 18. Jahrhundert nachweisen [S. 71 u. 74].
248 Rexroth 2000.
249 Ebd., S. 112.
250 Bauernfeind, Walter: Die reichsten Nürnberger Bürger 1579 und ihre Stellung in der reichsstädtischen Gesellschaft, in: Bühl, Charlotte/Fleischmann, Peter (Hg.): Festschrift für Rudolf Enders zum 65. Geburtstag, gewidmet von Kollegen, Freunden und Schülern (Jahrbuch für Fränkische Landesforschung 60), Neustadt (Aisch), 2000, S. 200–253, hier S. 217 (Anm. 97); in dem Testament begründet Baur die Anlage des Geldes damit, etwaige Teuerungen ausgleichen zu können, sodass immer ein gewisser *vorrath vorhanden were*, um seine Legate auch in ökonomisch schwierigen Zeiten umzusetzen [Schnitzlein, Karl Wilhelm (Hg.): Selecta Norimbergensia oder Sammlung verschiedener kleiner Ausführungen und Urkunden, welche größtentheils bisher noch nicht gedruckt gewesen sind, doch aber vor dienlich angesehen worden, die Geschichte des Burggrafthums und der Stadt Nürnberg in einigen Stucken zu erläutern, 3. Theil, Anspach 1770, S. 156].
251 Ebd., S. 155. Für diese 3.000 Gulden sollten insgesamt elf Pfleger benannt werden, die das Geld und die festgelegten Legate verwalten und einstimmig über die Verwendung des Geldes entscheiden sollten.

umb Lebenzettel[252] verwendet werden, damit die dortigen Gassen sowie fünf weitere, genau lokalisierte Straßen und Wege um Laubenzedel, wo es erforderlich sei, mit Steinen belegt werden konnten. Besondere Aufmerksamkeit schenkte Baur dem sogenannten Hohen Weg von Laubenzedel bis an die steinerne Brücke in Schlungenhof, obgleich die Brücke eigentlich im Zuständigkeitsbereich der Gunzenhausener Herrschaft lag. Der Weg sollte aufgeschüttet und ein Steg über den Weiher angelegt werden, indem *zween guter [...] behauener Stein, nebeneinander allweg einer ungeferlich zween schuch breit, ziemlich hoch gelegt, und an beeden Seiten, wo es vonnöthen [...] verglendert*[253] werden. Damit niemand über den Steg reiten könne, sollten *aicherne Stöckhl*[254] den Zugang verengen. Das notwendige Stein- und Holzmaterial müsse im Herbst und Winter besorgt werden, wohingegen die Ausbesserungsarbeiten im Frühling und Herbst stattfinden sollten.

Diese Vorschläge waren Teil seines Legats. Initiativ jedoch hatte Baur bereits zuvor auf eigene Kosten die steinerne Brücke von Gunzenhausen in Richtung Schlungenhof ausbessern lassen und forderte nun im Testament die eigentlich dafür zuständige Herrschaft in Gunzenhausen auf, die Hälfte der Kosten zu übernehmen. Denn die Brücke sei *gar eingefallen* und es habe sich oftmals begeben, dass die Überquerenden der Brücke ins Wasser *gefallen* seien, weil *der steg schmal, und ihr zween nebenainander nit gehen kounten.*[255] Um diesem Mangel zu begegnen und Handel und Gewerbe in Laubenzedel attraktiver zu machen,[256] habe er die Brücke *fein lang und breit* anlegen lassen, damit *man zu wagen und roß [...] unverhindert darüber kommen, und mit einem roß nebem einem wagen herreiten könnte.*[257] Für den Arbeitsablauf und zur Sicherstellung des gemeinen Nutzens schlug Baur weiterhin vor, die Materialbeschaffung den umliegenden, die Verkehrsinfrastruktur nutzenden Obrigkeiten sowie die Instandhaltungsarbeit an Brücken und Straßen den Hauptnutzern zu übertragen und neben den Dorfbewohnern von Schlungenhof und Laubenzedel auch die umliegenden Dörfer und Ortschaften am Unterhalt zu beteiligen, indem sie Fuhr- und Spannfron leisten sollten, sofern es *die Not erfordern würdt.*[258] Inwiefern und auf welche Art und Weise die Stiftung umgesetzt wurde, sich also eine vom Handbuch ›Stiftung und Gesellschaft‹ so bezeichnete Umsetzung des »Stiftungshandelns«[259] entfaltete, ist anhand der vorliegenden Quellen nicht zu entscheiden, zumal der gleich-

---

252 Ebd., S. 156.
253 Ebd.
254 Ebd.
255 Ebd., S. 157.
256 Ebd., S. 158.
257 Ebd., S. 157.
258 Ebd., S. 159.
259 Borgolte, Michael (Hg.): Enzyklopädie des Stiftungswesens in mittelalterlichen Gesellschaften, Bd. 3: Stiftung und Gesellschaft, Berlin/Boston 2017, S. 15.

namige Sohn und Haupterbe, Matthes Baur, mit dem Pelzgewerbe des Vaters 1600 und 1613 Bankrott ging.[260]

Der Erhalt der vormodernen Verkehrsinfrastruktur hing auf elementare Weise von den Möglichkeiten und Handlungsspielräumen der für den öffentlichen Raum zuständigen Herrschaften, Instanzen, Ämter und Personen ab. Den *Gutnweg* und die Benutzbarkeit infrastruktureller Nadelöhre wie Brücken zu gewährleisten, zielte in hohem Maße darauf ab, sowohl fiskalische Interessen zu bedienen, Handel und Gewerbe in einer vormodernen Konsumenten- und Produzentenstadt zu fördern, als auch Natur und Umwelt, soweit es ging, unter Kontrolle zu halten. Die materielle Existenzsicherung der Straßen bedurfte allerdings eines erheblichen Arbeits- und Kostenaufwands, der von den vormodernen Obrigkeiten organisiert und delegiert werden musste und sich unter anderem in den Rechnungsbüchern des Weg- und Stegamts niederschlug. Die hier vorgefundenen Formen der Finanzierung stützten sich dabei nicht auf die andernorts für den Unterhalt der Straßen unerlässlichen Zolleinnahmen.[261] Eine mittelbare Verwendung der Zolleinnahmen über den städtischen Bauhof muss dennoch angenommen werden, da neben dem Personal immer auch das Baumaterial selbst bezahlt werden musste und solche Kosten in den Rechnungen des Weg- und Stegamts keine Erwähnung finden. Die schließlich einmal greifbare Kostenangabe von 12 Gulden für 40 Fuhren Holz unterstreicht,[262] dass Gattergelder und Stiftungen nicht nur einen willkommenen, sondern einen unerlässlichen Beitrag zur Finanzierung der Verkehrsinfrastruktur leisteten.

4.6 Die Straßen- und Brückenarbeiter – ein mikrohistorischer Blick auf Akteure der Verkehrsinfrastruktur

Strukturiert dargestellt und ausgewertet, beinhalten die Rechnungsbücher des Weg- und Stegamts Informationen über die Straßen, die über die bloßen Zahlen und die Angaben zu verwendeten Materialien hinausgehen. Aus den Einträgen über Tätigkeiten vor Ort und den notwendigen Personal-, Material- und Kostenaufwand eröffnet das Rechnungsbuch Einblicke in die von Gerhard Fouquet bezeichneten und einleitend bereits genannten »Mikrostrukturen der Sozialgeschichte des Bauens«.[263] Auf Grundlage der Informationen

---

260 Dalwigk, Carl Friedrich von: Versuch einer philosophisch juristischen Darstellung des Erbrechts nach Anleitung des römischen Rechts, neuerer Gesetzbücher und mehrerer Landesstatuten mit Gesetzesvorschlägen, 3. Teil, Wiesbaden 1822, S. 140–141. Um das Erbe entspann sich im 18. Jahrhundert ein weitläufiger Prozess vor dem Reichskammergericht, wie Dalwigk unter der Fragestellung seiner Erbrechtsdarstellung darlegt, ebd. S. 140–176.
261 Siehe Kapitel 5.2.
262 StAN Reichsstadt Nürnberg, Bauamtsakten 323 (Lauffahöltzer Strassen 1555).
263 Fouquet 1999, S. 49.

zu Tätigkeiten, Arbeitszeiten und Lohnhöhen können nicht nur grundsätzliche Konstituenten eines erhaltungsbedürftigen Straßenraumes herausgearbeitet, sondern darüber hinaus auch die sozialen Logiken einer für den Unterhalt der Verkehrsinfrastruktur wirksamen vormodernen Arbeiterhierarchie dargelegt werden.

Für das Rechnungsjahr 1557/58 finden sich insgesamt 248 Einzeleinträge, die dem Tätigkeits- und Lohnbereich dreier Gruppen zugeordnet werden können: In einer ersten Gruppe lassen sich die vorrangig genannten Angestellten des Weg- und Stegamts, Pankraz Weber und Heinz Zengele, die *arbeitt[er] an der straßß*,[264] fassen. Neben Pankraz Weber und Heinz Zengele ist in den Abrechnungen in einer zweiten Gruppe eine größere Anzahl temporär beschäftigter Personen genannt, die teilweise mit Namen eingeschrieben sind, häufig aber auch nur als Arbeiter, Handlanger oder Tagwerker bezeichnet werden. Auf ihre Arbeitskraft wurde in erster Linie in den arbeitsreichen Sommermonaten zurückgegriffen, wie sich unten noch zeigen wird. Des Weiteren heben sich in einer dritten Gruppe durch ihren weitaus höheren Tageslohn Bauhandwerker von den beiden beschriebenen Gruppen ab: Zimmerer, Steinmetz, Schmied und Förster. Während der Förster für die Zeichnung des notwendigen Holzes im Auftrag des Weg- und Stegamts agierte,[265] sind es vor allem der Zimmerer Hans Prolla und der Steinmetz Hans Stoy, deren praktisches Anwendungswissen für die Bearbeitung der Rohstoffe Holz und Stein zu verbaubaren Werkstoffen und deren technisches Wissen im Brückenbau für den Erhalt der Verkehrsinfrastruktur um Nürnberg unabdingbar war.

Pankraz Weber und Heinz Zengele, Arbeiter und Handlanger, Zimmermeister und Steinmetz – sie bilden die drei aus den Rechnungsbucheinträgen herausgearbeiteten Gruppen, die innerhalb einer Straßenumwelt agierten, um die materielle Existenz der Straßen, Wege und Brücken um Nürnberg zu gewährleisten. Die Gruppen lassen sich in erster Linie durch die Häufigkeit ihrer Nennung in den Abrechnungen und damit der von ihnen aufgewendeten Arbeitszeit unterscheiden: Wie bereits ausgeführt, sind Pankraz Weber und Heinz Zengele dabei als Hauptangestellte zu identifizieren. Von den insgesamt auf die drei Gruppen verteilten und eingetragenen 614 Arbeitstagen entfallen auf sie 423 (68,9 %). Differenziert man die Gesamtarbeitstage der beiden Hauptangestellten, so ergeben sich aus dem Rechnungsbuch von 1557/58 für Pankraz Weber insgesamt 215,5 über das Jahr verteilte Arbeitstage, für Heinz Zengele 207,5 Tage. Nur in den arbeitsintensiven Monaten

---

264 StAN Reichsstadt Nürnberg, Bauamtsakten 328 (Eintrag zu den Gemeinen Ausgaben 1557). Soweit nichts anderes angegeben, sind alle weiteren Zitate der folgenden Ausführungen dieser Akte entnommen.
265 Szabó 2007, S. 100 weist auf einen Forstknecht hin, der die Besserung des Weges nach Thon für einen Tag unterstützte und das Holz anschaffte. Siehe insgesamt ebd., S. 99–112 die vergleichende Betrachtung der Ämter und des Personals des spätmittelalterlichen Straßenbaus in Städten und auf dem Land in Italien und Deutschland. Auf die bei Freiburg im Uechtland tätigen Straßen- und Brückenarbeiter geht Hübner 2007, S. 280–284 ein.

Mai, Juni, Juli und September kamen weitere Arbeiter hinzu. Wie Diagramm 6 bereits gezeigt hat, waren Pankraz Weber und Heinz Zengele kontinuierlich über das Jahr hinweg mit einer ständigen »öffentlichen Daseinsvorsorge«[266] für Straßen und Brücken betraut. Diese Daseinsvorsorge verteilte sich auf unterschiedliche Tätigkeitsfelder, unter anderem nach jahreszeitlichem Bedarf, wenn beispielsweise im Dezember, Januar und Februar die Bucher Straße oder Altenberger Brücke von Eis befreit[267] oder aber im April nach Frühjahrshochwasser Gräben zum Ablaufen des Wassers angelegt werden mussten.[268]

Obgleich sich die Arbeits- und Zuständigkeitsorte von Pankraz Weber und Heinz Zengele deutlich unterschieden, ähneln sich die Tätigkeitsfelder und Instandhaltungspraktiken sehr stark: an den Straßen wurde *gebessert,* Gräben wurden gezogen, geräumt und gefegt, das Wasser wurde abgelassen, die Hecken abgehauen, zu Büscheln zusammengenommen und in Straßenlöcher gelegt, ferner wurde Holz geschlagen, eingelegt und den Bauern zu

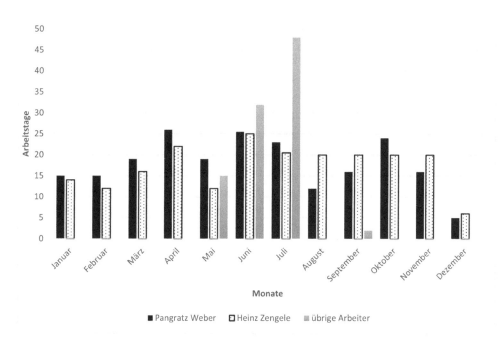

Diagramm 8: Monatliche Arbeitstage von Pankraz Weber, Heinz Zengele und den übrigen Arbeitern im Rechnungsjahr 1557/58 (n = 614).

---

266 Fouquet 1999, S. 54.
267 StAN Reichsstadt Nürnberg, Bauamtsakten, 328 (Bucher Straße, 18. u. 24. Dez. 1557, 22. Jan. u. 5. Febr. 1558; Altenberger Brücke 1. Jan. 1558).
268 Ebd. (Altenberger Brücke, 18. Apr. 1558).

den Fronfuhren geboten. Für die Brücken wurde ebenfalls Holz geschlagen, sie wurden gefegt und gebessert.

Betrachtet man die Arbeitstage Heinz Zengeles für das Weg- und Stegamt im Abrechnungsjahr 1557/58 näher (siehe Diagramm 8), so verbrachte er von seinen insgesamt 207,5 Arbeitstagen 149,5 Tage oder knapp drei Viertel der Zeit mit Instandhaltungsmaßnahmen an der Bucher Straße und arbeitete darüber hinaus weitere 36 Tage an der Sündersbühler und Laufer Straße. Durchschnittlich war Zengele damit etwas mehr als 17 Tage pro Monat im Auftrag Bartl Grolocks auf der Bucher und Sündersbühler Straße tätig, wobei der Monat Juni mit 25 Arbeitstagen für Zengele den arbeitsreichsten Monat bildete, worauf mit 22 bis 20 Arbeitstagen die Monate April, Juli, August bis November folgten.

Die Mehrzahl der Tätigkeiten bezog sich auf die Bearbeitung des Rohstoffes Holz und seine Verarbeitung im Straßenbau. So nennen die Abrechnungen für das Schlagen von 18 bzw. 24 Fudern Holz im April und Juni 1557 insgesamt 17 Arbeitstage für die Bucher und Laufer Straße, bevor es im August und November an zusammengenommen 23 Tagen eingelegt werden konnte. Die Analyse der Arbeitsbiografien auf Grundlage der Rechnungsbucheinträge lässt aber ebenso erkennen, dass sich der Arbeitsradius von Pankraz Weber nicht, wie bei Heinz Zengele, auf überwiegend eine Straße beschränkte; Weber war über das Jahr betrachtet an allen im Diagramm 2 angeführten 14 Orten tätig. Als Zimmermann und Sohn des Werkmeisters und Wasserbauspezialisten Georg Weber[269] übernahm er auch die Arbeiten an den Brücken: 82,5 Tage oder 38 % seiner gesamten Arbeitszeit war er mit verschiedenen Renovierungs- und Instandhaltungsarbeiten an den Brücken in Altenberg, Mögeldorf, Reichelsdorf, Röthenbach und Stein beschäftigt. Immer wieder befreite Weber die Brücken vom Eis, fegte und besserte aus. Neben dem Erhalt der Brücken und einigen Ausbesserungsarbeiten an der Bucher, Mögeldorfer und Sündersbühler Straße mit insgesamt 10 Arbeitstagen im November und Januar war Pankraz Weber daneben in erster Linie für den Unterhalt der Schwabacher Straße zuständig. An dieser Straße arbeitete er über das Jahr verteilt an 75 Tagen, was knapp 35 % seiner gesamten Arbeitszeit oder gut 55 % der von ihm für den Erhalt der Straßen aufgewendeten Zeit in Anspruch nahm. Das aus den Abrechnungen gewonnene Tätigkeitsprofil Pankraz Webers lässt sich damit in etwa mit der Position eines von Endres Tucher im 15. Jahrhundert als *prucken meister*[270] bezeichneten Zimmerer(gesellen) beschreiben, der laut Manual von 1547 die *steg und weg warttet und versichtt*.[271]

---

269 Schnurrer, Ludwig: Georg Weber von Dinkelsbühl (1495–1567). Leben und Tätigkeit eines Nürnberger Werkmeisters, in: MVGN 66 (1979), S. 111–171.
270 Tucher 1862 (Baumeisterbuch 1464–1475), S. 59.
271 StAN Reichsstadt Nürnberg, Bauamtsakten 327 (Eintrag zum 18. Jul. 1547); zum Manual von 1547 siehe ausführlich Denzler/Weber 2018.

Wie Ulf Dirlmeier, Reiner Gömmel und Peter Fleischmann zeigen konnten, setzte sich der Arbeitslohn der Bauhandwerker in der Reichsstadt Nürnberg aus dem Tageslohn und der Zugabe eines Vesper- bzw. Trink- und Verpflegungsgeldes zusammen.[272] Dies geht auch aus dem Rechnungsbuch über Weg und Steg hervor. Die Lohnhöhen leiteten sich dabei nicht nur aus den jahreszeitlichen Zyklen von Sommer- und Winterlohn ab, sondern orientierten sich zudem am Status der Person. So schwankte beispielsweise der Lohn der nicht näher bezeichneten und temporär in den Sommermonaten agierenden Arbeiter und Handlanger zwischen wenigstens 28 und höchstens 48 Pfennigen, und auch der Verdienst des dauerhaft am Weg- und Stegamt beschäftigten Heinz Zengele bewegte sich zwischen 35/36 Pfennigen im Winter[273] und einem maximalen Sommerlohn von 40 Pfennigen.[274] Rechnet man alle Lohnposten für Heinz Zengele zusammen, so kam er auf einen Jahreslohn von 27 fl 2 h 5 dn, was einem Gesellenlohn entsprach.[275] Der Arbeitshierarchie folgend verdiente Pankraz Weber etwas mehr: Sein Jahreslohn von 34 fl 5 h 5 dn verteilte sich auf eine Lohnspanne von 36 Pfennigen im Winter (Nov.–Mrz.), 40 Pfennigen von April bis Mai und einen Sommer- bzw. Herbstlohn von 42 Pfennigen. Während die Lohnstruktur von Heinz Zengele und den Arbeitern in das Modell des Sommer- und Winterlohns eingepasst werden kann,[276] scheint sich der Arbeitslohn des Pankraz Weber zudem auch dann geändert zu haben, wenn er als Zimmermann für das Weg- und Stegamt arbeitete. Wurde er als Zimmermann in den Abrechnungen bezeichnet, stieg sein Sommerlohn von 42 auf 55 Pfennige bzw. von 60 auf 65 Pfennige, wie beispielsweise bei der Abräumung der Brücken von Stein, Altenberg und Reichelsdorf im Juni 1558. Damit glich sein Lohn dem des Zimmermanns Hans Prolla und des Steinmetzen Heinz Toy: Für ihre Arbeit von insgesamt 32,5 Tagen wurden ihnen 9 fl 3 h 14 dn ausbezahlt. Nicht einberechnet in diese Aufschlüsselung sind die Bad-, Zehr- und Verehrungsgelder, denn zusätzlich zum Tageslohn hatten die Arbeiter »Anspruch auf Käse, Brot und ein Seidlein Bier«[277] – Leistungen, die entweder als Verpflegung oder aber in einem entsprechenden Geldwert von 4 Pfennigen übergeben wurden. Im Rechnungsbuch folgt die Abrechnung dieser Zehrleistungen entweder unmittelbar auf die dazugehörigen Personalkosten oder sie wurde unter dem Punkt gemeine Ausgaben subsumiert. Darin finden sich nicht nur die Zehrkosten von Bartl Grolock, dem bereits in der Bestallungsurkunde versichert wurde, dass alle seine Kosten, müsse er aufgrund seiner Aufgaben die Nacht außerhalb der Stadt

---

272 Dirlmeier 1978, S. 150–237; Gömmel 1985, S. 208–214; Fleischmann, Peter: Das Bauhandwerk in Nürnberg vom 14. bis zum 18. Jahrhundert (Nürnberger Werkstücke zur Stadt- und Landesgeschichte. Schriftenreihe des Stadtarchivs Nürnberg 38), Nürnberg 1985, S. 148–156.
273 Nov.–März: 35 dn; Apr.–Mai: 36 dn.
274 Jun.–Okt.: 40 dn.
275 Fleischmann 1985, S. 150.
276 Dirlmeier 1978, S. 163; Fleischmann 1985, S. 149.
277 Ebd., S. 155.

verbringen, von der Stadt übernommen würden.[278] Darüber hinaus wurden unter diesem Punkt Zusatzgelder für Pankraz Weber und Heinz Zengele für den Fall aufgenommen, dass sie *etlich mal hynnen geplib[en] und yed[er] beim waldttamptima[n] holtz halb[en] ansuch[en] mueßß[en].*[279] Das neue Paar Stiefel für Pankraz Weber kam ebenso zu den zusätzlichen Vergütungsposten dazu wie die Verehrungsgelder zu Neujahr (1 Gulden bei Pankraz Weber, 4 h 6 dn bei Heinz Zengele) und an Ostern (lediglich Pankraz Weber erhielt 1 Gulden) sowie einige wenige außerordentliche Lohn- und Werkzeugkosten.[280]

Wie die Analyse gezeigt hat, sind die Rechnungsbucheinträge auf drei Ebenen zu betrachten: Zunächst und in ihrer Ursprungsfunktion sind sie Teil einer organisierten, strukturierten Rechnungslegung und Ausdruck eines Herrschaftsakkumulierungs- und Verdichtungsprozesses im 16. Jahrhundert, der die Rechnungslegung als Instrument der Verwaltung nutzte. Am Rechnungsbuch des Weg- und Stegamts können zweitens die Techniken der Rechnungslegung und ihrer Systematisierung deutlich abgelesen werden. Darüber hinaus aber und drittens erscheinen die sprachlichen Einheiten im Rechnungsbuch als materiell eingeprägte »Spuren vergangener Handlungsabfolgen«,[281] die auf eine außersprachliche Wirklichkeit verweisen und die Notwendigkeit der kontinuierlichen Erhaltungsmaßnahmen und Instandhaltungspraktiken aufzeigen.

Diese Maßnahmen wurden, wie dies der Eintrag zu den Brücken bereits herausgestellt hat, vorab umfassend geplant: Bevor mit außerordentlichen Arbeiten an Brücken und Straßen begonnen wurde, inspizierte Bartl Grolock diese zusammen mit Bau- oder Werkmeistern; wenige erhaltene Kostenvoranschläge geben hierüber Aufschluss.[282] Der damit verbundene Verwaltungsprozess (Inspektion – Kostenvoranschlag – Umsetzung) lässt sich einerseits wiederum auf die Einbindung des Weg- und Stegamts in die Ämterhierarchie der Reichsstadt Nürnberg zurückführen, denn ohne das Einverständnis der Baumeister oder gar der Räte blieben die Handlungsmöglichkeiten Bartl Grolocks und seiner Arbeiter beschränkt. Andererseits verdeutlichen die Vorbereitungen den für die Baumaßnahmen nötigen Planungsaufwand, der nicht zuletzt von der Expertise der Zimmermänner, Steinmetze und Arbeiter geprägt wurde, deren »Sonderwissen [...] für die Meisterung spezifischer Herausforderungen«[283] notwendig war. Ähnlich wie dies noch für den Zöllner Jan

---

278 StAN, Reichsstadt Nürnberg, Losungsamt Nr. 35, neue Laden, Urkunden 2014.
279 StAN Reichsstadt Nürnberg, Bauamtsakten 328 (Eintrag unter gemeine Ausgaben 1557).
280 Lohnkosten: städtische Schuttmeister sollen beim Beschütten der Sündersbühler Straße beim Kramer die Aufsicht über diese Tätigkeit haben; Werkzeugkosten: neue Zangen eingekauft, Zangen zu spitzen, Kettenmachen, Beschaffung einer Hacke [ebd.].
281 Haasis, Lucas/Rieske, Constantin: Historische Praxeologie. Zur Einführung, in: Dies. (Hg.): Historische Praxeologie. Dimensionen vergangenen Handelns, Paderborn 2015, S. 7–54, hier S. 28.
282 Vgl. Anm. 215 (Kapitel 4).
283 Rexroth, Frank/Schröder-Stapper, Teresa: Woran man Experten erkennt. Einführende Überlegungen zur performativen Dimension von Sonderwissen während der Vormoderne, in: Dies. (Hg.): Experten, Wis-

Liebhart aufzuzeigen ist,[284] bedurfte die vormoderne Verkehrsinfrastruktur bestimmter Fachleute und Funktionsträger, um der »Permanenz der Schäden«[285] an den der Natur ausgesetzten Straßen und Brücken zu begegnen und die Qualität des *Gutnwegs*[286] zu steigern.

4.7 Zusammenfassung

Die Rechnungen des Weg- und Stegamts haben deutlich gemacht, dass die Straßen und Brücken des Nürnberger Umlands eingebunden waren in und angewiesen waren auf die Natur, da ohne die natürlichen Ressourcen Holz und Stein kein Fluss überquert, keine größere Vertiefung auf der Straße überfahren und keine Hauptroute unabhängig von der Jahreszeit genutzt werden konnte. Auch Erde und Sand sowie abgeschlagenes und zusammengebundenes Astwerk waren unerlässliche Ressourcen für den Straßen- und Brückenbau. Jeglicher Aus- und Neubau eines Straßenoberbaus bzw. -unterbaus konnte jedoch immer nur auf Zeit den wiederkehrenden Belastungen durch die Fuhrwägen, mehr aber noch dem naturbedingten Verschleiß trotzen, der mit jedem Regenschauer unweigerlich vor allem bei den nicht besteinten Straßenabschnitten voranschritt. Selbst Kleingestein und Pflastersteine waren keine Garanten für langanhaltend befahrbare Straßen.

Eine Straße, die von den Natureinflüssen unberührt blieb, gab es ebenso wenig wie eine kilometerlang gleichförmig gebaute Deckschicht. Die Schwabacher Straße – neben der Bucher Straße die am intensivsten unterhaltene Straße des Nürnberger Umlands – bestand in ihrer Materialität aus Erde, Stein und Holz. Der Ausbau mit dem äußerst belastbaren, aber im Vergleich zum Holz teureren Rohstoff Stein blieb nahe am Stadttor gelegenen Straßenabschnitten vorbehalten. Holz hingegen konnte leichter, schneller und günstiger großflächig vor allem dort verbaut werden, wo die Vertiefungen auf der Erdbahn ohne Steine ein Fortkommen unmöglich zu machen drohten. Das Erscheinungsbild der Straße wandelte sich von Kilometer zu Kilometer und blieb über mehrere Jahre kaum gleich. Am Beispiel des besonders stark frequentierten Straßenabschnitts bei St. Leonhard konnte dies exemplarisch aufgezeigt werden: Er entwickelte sich im Untersuchungszeitraum von einer Erdbahn zu einer mit Kleingestein bedeckten und schließlich zu einer zumindest in Teilen gepflasterten Straße.

Die solchermaßen in den Rechnungen greifbare Materialität lässt Konturen der materiellen Beschaffenheit von Straßen erkennen, die sich freilich einer letzten Eindeutigkeit

---

sen, Symbole. Performanz und Medialität vormoderner Wissenskulturen (HZ, Beihefte 71), Berlin/Boston 2018, S. 7–26, hier S. 10.
284 Siehe Kapitel 5.2.
285 Fouquet 2018, S. 54.
286 BayHStA, Gerichtsliteralien Landshut, Nr. 59, fol. 350v.

entziehen, da die Schriftquellen die einzelnen Handgriffe zur Verbauung von Werkstoffen nicht beschreiben. Die Verwendung des einen Materials bedeutete zudem nicht, dass ein paar Meter weiter das gleiche Instandsetzungsmaterial zum Einsatz kam. Denn Art und Ausmaß der auszubessernden Stellen, die Verfügbarkeit des Materials, der Arbeitskraft sowie die – gerade nach schweren Unwettern stets gebotene – Eile oder aber Ruhe, mit der gearbeitet werden konnte, bestimmten die Art der als geeignet oder unmöglich erscheinenden Maßnahmen. Der Umfang der für das Nürnberger Umland nachgewiesenen Instandsetzungen beruhte aber weniger auf Ad-hoc-Ausbesserungen, wie es sehr wahrscheinlich das in den Rechnungen nicht weiter spezifizierte *gepessertt* zum Ausdruck bringt, als vielmehr auf Arbeiten, die geplant werden konnten und mussten, wie sowohl die Kostenvoranschläge als auch die Inspektionsgänge der Werkleute und Bartl Grolocks verdeutlichen. Die Dauer einzelner Arbeitsprozesse war maßgeblich von der Verfügbarkeit der für den Straßenbau grundlegenden Ressourcen Holz und Stein abhängig, da beides zunächst von der Natur genommen (geschlagen, abgebaut), dann unter Rückgriff auf Fronbauern zur Baustelle transportiert und erst danach mindestens zweistufig verbaut (eingelegt/beschüttet) werden konnte. Die Anlage umfangreicher Vorräte dieser Ressourcen war demgegenüber aufgrund des benötigten Umfangs und permanenten Mangels von Holz und Steinen weder möglich noch vorstellbar.[287]

Straßennutzer aus nah und fern benötigten und bezahlten über den Zoll den Straßenunterhalt, für den unentgeltlich auch die Fronbauern ihren Beitrag leisten mussten. Jeglicher Straßenbau[288] konnte allerdings nur durch Menschen erfolgen, die implizit oder explizit wussten, unter Verwendung welchen Materials ein Oberbau neu entstehen oder schadhafte Stellen beseitigt werden konnten und die sich auch darüber hinaus um die Straßen sorgten. Handlanger, Bauhandwerker und die Hauptangestellten des Weg- und Stegamts, Pangraz Weber und Heinz Zengele, stellten gegen Bezahlung ihre Arbeitskraft und ihr Können zum materiellen Unterhalt der Straßen und Brücken zur Verfügung.

---

287 Im Nürnberger Umland herrschte ein besonders durch Seigerhütten verursachter Holzmangel [Fuhrmann, Bernd: Holzversorgung, Waldentwicklung, Umweltveränderungen und wirtschaftliche Tendenzen in Spätmittelalter und beginnender Neuzeit, in: VSWG 100 (2013), S. 311–327]. Die Möglichkeiten zur Bevorratung mit Brenn- und Werkholz waren auch in Augsburg limitiert, wie Watanabe, Yuichi: Waldpolitik und Holzversorgung der Reichsstadt Augsburg im 16. Jahrhundert, Phil. Diss. Universität Augsburg 2017, URL: https://opus.bibliothek.uni-augsburg.de/opus4/37868 (30.6.2023) deutlich macht. Siehe zur Nürnberger Waldpoltik ebd., S. 228–232; ferner Müller, Johannes: Der Nürnberger Reichswald, seine Bodenbeschaffenheit und seine Bewirtschaftung vom 13. bis zum 16. Jahrhundert, in: Verhandlungen des sechzehnten Deutschen Geographentages zu Nürnberg, Berlin 1907, S. 147–177; Jegel, August: Der Reichswald als Stolz und Sorgenkind von Alt-Nürnberg, in: Forstwissenschaftliches Centralblatt 54–5 (1932), S. 145–155; Stadtlexikon Nürnberg, Art. ›Reichswald‹ (1. Aufl.); Freytag, Nils: »Daß die Errichtung eines Holtzmagazins würklich nur ein Traume seye«. Städtische Verfassung und Holzversorgung in Nürnberg um 1800, in: Siemann, Wolfram/Ders./Piereth, Wolfgang (Hg.), Städtische Holzversorgung. Machtpolitik, Armenfürsorge und Umweltkonflikte in Bayern und Österreich (1750–1850), München 2002, S. 107–124.
288 Dementsprechend sei hier nochmals auf Allen/Evans 2016 II, S. 2. hingewiesen.

All dies geschah im Sinne und mit Unterstützung der Nürnberger Stadtobrigkeit, die den Pfleger des Weg- und Stegamts einsetzte und es erlaubte, mittelbar die Zolleinnahmen für die Bezahlung der Rohstoffe zu verwenden, um damit eine Finanzierung der Verkehrsinfrastruktur zu vervollständigen, die zuvorderst auf Zinsabgaben aus Besitzungen und Rechten gründete. Stiftungen, die vermögende Stadtbürger zum Eigennutz und Gemeinen Nutzen für die Verkehrsinfrastruktur einrichteten, erweiterten die Möglichkeiten des allerdings nur in Grenzen planbaren Unterhalts. Große Unwetter kamen ebenso unvorhergesehen wie Kriege. Die kriegerischen Auseinandersetzungen im Zuge des Zweiten Markgrafenkriegs führten 1553 nachweislich zu einem signifikanten Rückgang der Ausgaben für die Schwabacher Straße.[289] Auch dies lassen die Rechnungen erkennen.

Neben den Einnahmen schwankten die Ausgaben des Weg- und Stegamts auch aufgrund des divergierenden Investitionsbedarfs der Straßen und Brücken. Brücken stellten besonders konstruierte Straßenabschnitte dar, die kaum mehr als hundert Meter über Flüsse hinwegführten, während die zu erhaltenden Straßen im hier betrachteten Nürnberger Umland Tausende an Metern umfassten. Der Komplexität des Brückenbaus standen somit kilometerlange Straßen gegenüber, die mit stets breiteren Ausmaßen über Ebenen, aber ebenso über Anhöhen führten. Aus- und Neubauten der Brücken hielten im Unterschied zu Straßenbauten mehrere Jahre, verursachten jedoch in den Bauphasen sehr hohe Kosten. Denn erst nach der Beschaffung von Bauholz durch das Handeln des Försters, der die Bäume auswählte und markierte, sowie dem sich daran anschließenden Fällen und den Transport des Holzes konnten Weber und Zengele das Material in der Regel allein verarbeiten, während Baumaßnahmen an Fahrbahn und Untergrund von Brücken den Einsatz von stets mehreren Personen erforderten, zumal wenn schwere Dammbäume anzubringen waren. Ohne Helfer war es immer möglich, die Oberflächen von Straßen und Brücken zu säubern, kleinere Unebenheiten auszugleichen und das hierbei gewonnene Erdmaterial zur Aufschüttung von Vertiefungen zu verwenden. Die Straßen endeten jedoch nicht mit der befahrbaren Fläche, sondern hatten über die Seitenränder hinausreichende Gräben, die das Abfließen des Wassers ermöglichten. Solche Schutzeinrichtungen waren unentbehrlich, um die Nutzungsdauer der gebauten Straßenoberflächen zu erhöhen. Im Spiegel der Rechnungsüberlieferung scheint es, dass für das Reinigen der Gräben kein Preis zu hoch war!

Zusammenfassend lässt sich damit sagen, dass der Arbeitsprozess zum Erhalt von Straßen und Brücken durch unterschiedliche Akteure, materiell und pekuniär, durch Arbeitskraft, Wissen, fromme Bestrebungen in den Stiftungen und obrigkeitliches Handeln geprägt war. Beliebig, planlos, möglichst billig und immer nur schnell[290] – mit die-

---

289 StAN Reichsstadt Nürnberg, Bauamtsakten 328.
290 So urteilt etwa Taylor 1979, S. 150.

sem Motto konnte keine Straße und Brücke Jahr für Jahr benutzbar gehalten werden. Die Instandsetzungsarbeiten geben demgegenüber deutlich die Vielzahl an Arbeits- und Fachkräften sowie den teils erheblichen Umfang an Finanzierungsmitteln und Baumaterialien zu erkennen, welche immer wieder aufgebracht werden mussten, um die Verkehrsinfrastruktur entsprechend der bautechnischen Möglichkeiten der Zeit in einem benutzbaren Zustand zu erhalten. Die Zeitgenossen wussten um diesen Aufwand, weshalb andernorts, im schweizerischen Evionnaz, ein Hochwasser 1541 zum Anlass genommen wurde, gleich den gänzlichen Neubau einer Straße zu planen, um sich die jährlichen Ausbesserungsarbeiten ersparen zu können.[291] Das dortige Bauprojekt unter Leitung des bedeutenden Baumeisters Ulrich Ruffiner (um 1480–1549) zog sich jedoch deshalb mehrere Jahre hin, da sich die Zufuhr von Kiesmaterial öfter verzögerte. Die Beschaffung und Verarbeitung von Rohstoffen war also auch andernorts ein zeit- und kostenaufwendiges Unterfangen. Und selbst nach der Errichtung des Neubaus musste in Evionnaz viel Aufwand für den Unterhalt betrieben werden.[292] Eine solche Sisyphusarbeit besorgten im Nürnberger Umland Pankraz Weber und Heinz Zengele, um über gute Straßen, Brücken und Wege zu verfügen.

---

291 Aerni 2009, S. 161.
292 Ebd., S. 166 u. 172. Siehe zu diesem und einem weiteren Bauprojekt auch das Ablaufmodell der Reparaturarbeiten [ebd. S. 166 f.].

5. Herrschen mit und über Straßen

Die zunehmende herrschaftliche Erfassung und Durchdringung des physischen Raumes, wie sie sich mit den kartographischen Darstellungen und den Landesbeschreibungen bereits gezeigt haben, machen deutlich: Ohne Straßen konnte im 16. Jahrhundert nur schwerlich geherrscht werden. Straßen fielen in die politische Agenda der Obrigkeiten und hinterließen ihre Spuren in der (Akten-)Überlieferung, die sich in unterschiedlichste Schriftstücke differenziert: Amtsbücher, Aktenstücke, Supliken, Policeyordnungen, Urkunden, Rechnungen, Korrespondenzen.[1] Diese Hinweise einer ›Straßenherrschaft‹ gewinnen weiter an Gewicht, wenn man die archivalische Schriftüberlieferung des 16. Jahrhunderts unter der Perspektive eines herrschaftsbezogenen Betrachtungsmaßstabs (Jacques Revel)[2] liest und analysiert.[3] Das Handeln von Herrschern mit und über Straßen ist aufgrund des obrigkeitlich-verwaltenden Entstehungskontextes diskursleitend und zentral für das Verständnis von Quellenüberlieferung und Quelleninterpretation. Denn sowohl die Initiative zum Straßenbau und Straßenerhalt als auch vor allem die schriftliche Fixierung der notwendigen Bautätigkeiten, von hergebrachten Rechten, von verbauten Materialien, von beteiligten Akteuren, von durchgeführten Aktionen, der in Korrespondenzen dokumentierte kontinuierliche Austausch zwischen den Beteiligten, der Vergegenwärtigung der Tätigkeiten in Rechnungen oder der Festlegung eines idealtypischen Umgangs in regelnden Ordnungen nehmen ihren Ausgangs- oder zumindest Bezugspunkt im Umfeld der Obrigkeit und ihrer delegierten Amtsträger. Die folgenden Ausführungen tragen dieser Tatsache Rechnung, indem der Entstehungshintergrund der Quellen und die Gründe der Schriftproduktion reflektiert werden. Mit der dichten Analyse und der Kombination der oben genannten Quellenüberlieferung verbunden ist dar-

---

1 Diese Vielfalt an unterschiedlichem Quellenmaterial lässt sich besonders deutlich am Würzburger Standbuch noch heute sehen!
2 Revel 1996.
3 Mit dieser Herangehensweise lässt sich zeigen, dass straßenbezogene Diskurse durchaus in der Überlieferung des 16. Jahrhunderts zu greifen sind, nicht nur »zufällige und vereinzelte Nachrichten« [S. 129], wie dies Ernst Pitz annahm, der der Sombart'schen These bezüglich Straßen das Wort redete: In den Archiven vom Hochmittelalter, so Pitz, hätten sich »so gut wie gar keine« [ebd.] und vom Spätmittelalter bis ins 16. Jahrhundert »nur zufällige und vereinzelte Nachrichten über Straßen« [ebd.] erhalten, während es zum 17. Jahrhundert, mehr aber noch zum 18. Jahrhundert, gar eigene »Wegebauakten« [ebd.] gibt, siehe Pitz, Ernst: Archivalische Quellen zur Wegeforschung, in: Harz-Zeitschrift 14 (1962), S. 129–136.

über hinaus die **Forschungsgeschichte**, die das Erfordernis markiert, sich systematisch mit Herrschaft und Obrigkeit auseinanderzusetzen und damit systematisch den Referenzrahmen der Analyse zu benennen. Denn die Forschungen zum Chausseebau des 18. Jahrhunderts sowie generell das von Sombart begründete und von der Forschung breit bediente Entwicklungsmodell zum Straßenerhalt konstatiert kontinuierlich ein modernisierungstheoretisches Gefälle der obrigkeitlichen Handlungen um Straßen. Verlässt man allerdings den Pfad des unmittelbaren Vergleiches zwischen den überlieferten Wegebauakten, Chausseen des 18. Jahrhunderts und den Bau- und Instandhaltungsmaßnahmen des 16. Jahrhunderts und fokussiert die Interessen von Obrigkeiten an Straßen, das darauf gerichtete obrigkeitliche Handeln für das 16. Jahrhundert unter Berücksichtigung der komplexen Herrschaftsstruktur des römisch-deutschen Reiches und insgesamt der Dynamik des Territorialisierungsprozesses, so lässt sich auch für die Zeit vor dem Chausseebau die **Relevanz von Straßen für Herrschaft und Gesellschaft** auf einer breiten Quellengrundlage herausstellen.

Quellenkorpus und inhaltliche Perspektivierung

Die folgenden Ausführungen fokussieren ein obrigkeitliches Handeln, das auf die Benutzbarkeit der Straßen zum Wohle des Territoriums, der Untertanen und der eigenen Herrschaft zielte und der Erfüllung einer seit der Antike bekannten Herrschertugend (Sorge um Sicherheit auf Straßen) diente. Indem Straßen Symbol und Mittel von Herrschaft waren, eröffnet sich ein basaler Zugriff auf ein Alltagsphänomen des menschlichen Daseins, wie er sich allerdings zunächst nur in Abhängigkeit vom angesprochenen Quellengefälle untersuchen lässt. Denn auch wenn »[l]a route existe avant qu'on en parle«,[4] so ist es doch erst die Schriftüberlieferung, die seit dem 12. Jahrhundert Straßen als ein »Instrument und Objekt der Politik und Wirtschaftspolitik« übergeordnet sichtbar macht. Vor dem 12. Jahrhundert hätten, so Thomas Szabó, »die Straßen die Schwelle der Schrift gewöhnlich nicht erreicht[...]«.[5] Eine Nichtüberlieferung kann zwar im Umkehrschluss in Zeiten der expandierenden Dokumentations- und Verwaltungsschriftlichkeit auf ein mangelndes Interesse an Straßen hindeuten, bleibt aber zu relativieren, da Bestände mit dem Aktenbetreff ›Wegebau‹ für die Zeit vor 1650 durchaus, wenn auch nur punktuell in so geschlossenen Beständen wie dem Nürnberger Weg- und Stegamt überliefert sind. Straßenbezogenes Handeln ist eher disparat in unterschiedlichen Zusammenhang thematisiert worden, vor allem auch in Beständen mit scheinbar geringem bis gar keinem Bezug zum Straßen-

---

4 Livet 2003, S. 12.
5 Szabó, Thomas: Die Entdeckung der Straße im 12. Jahrhundert, in: Centro italiano di studi sull'alto medioevo (Hg.): Società, istituzioni, spiritualità, Bd. 2, Spoleto 1994, S. 913–929, hier S. 914 u. 929. Siehe auch Szabó, Thomas: Straßen und Brücken im mittelalterlichen Italien – wie steht es um die »Rivoluzione stradale«?, in: Holzner-Tobisch/Kühtreiber/Blaschitz 2012, S. 19–47.

wesen: »Überlieferung ist [...] ungleichmäßig«[6] aus den unterschiedlichsten Gründen. Es deutet sich an, dass die Prozesshaftigkeit der Instandhaltung oder die Wandelbarkeit von Zuständigkeiten die disparate Aufzeichnung beförderten. Ein als Getreiderechnung verzeichnetes Dokument zur Rechnungslegung kann die Offenheit an Verantwortlichkeiten und die Variabilität des daraus resultierenden schriftlichen Niederschlags im Folgenden verdeutlichen und damit unterstreichen, was die vorangegangenen Kapitel bereits gezeigt haben: Es steht ein breites, aber oftmals nicht geschlossen verwahrtes und überdies nicht immer von den Zeitgenossen und/oder den Archiven als straßenrelevante Überlieferung ausgewiesenes Quellenspektrum zur Verfügung, um die Straßen des 16. Jahrhunderts zu untersuchen. In Hinblick auf die Überlieferungen ist es geradezu ein Charakteristikum der Alltagsphänomene Straßen und Wege: sie werden in vielfältigen Zusammenhängen, aber eben nicht immer explizit zur Sprache gebracht. Es ist die Offenheit der Überlieferung, die dieses Alltagsphänomen konstruiert und rekonstruieren lässt!

Neben der genannten Getreiderechnung und ebenfalls straßenrelevanten Gerichtsakten sind es Policeyordnungen, Verwaltungsakten und Suppliken, die im Folgenden explizit erkennen lassen, dass Herrschaftsträger mit und über Straßen herrschten und dadurch entscheidend zu deren Nutzbarkeit beitrugen. Das Wort ›Nutzbarkeit‹ meint hierbei nicht ausschließlich den baulichen Erhaltungszustand von Straßen, wie er bereits mit den Rechnungen des Nürnberger Weg- und Stegamts im Vordergrund stand und nun weiter auf Grundlage entsprechender Policeyordnungen zu behandeln bleibt. Vielmehr haben die Ausführungen zu am Straßenrand stehenden Wegheiligtümern und Sühnekreuzen sowie die Befunde zu den Reisenden bereits aufgedeckt, dass die Straßennutzung mit Ängsten und Gefahren verbunden war und deshalb die sichere Nutzung der Verkehrsinfrastruktur ein hohes und keineswegs selbstverständliches Gut darstellte. Gerade deshalb standen die Obrigkeiten in der Verantwortung, den öffentlichen Straßenraum zu schützen. Inwieweit sich also die Herrschaftsträger im 16. Jahrhundert um beide Aspekte, sowohl um den baulichen Zustand, damit verbundene fiskalische oder politische Interessen als auch um die Sicherheit auf Straßen sorgten, warum sie das taten und welche Möglichkeiten und Grenzen ein solches straßenbezogenes Herrschaftshandeln hatte, wird auf der genannten Quellengrundlage dargelegt. Entsprechend der Herrschaftsstruktur des römisch-deutschen Reiches sind dabei neben einzelnen Territorial- und Stadtobrigkeiten auch der Kaiser als Oberhaupt und der Reichstag als zentrales Forum politischer Beschlussfassung auf Reichsebene beteiligt.[7] Das Verhältnis zwischen territorialen Herrschaftsträgern sowie Kaiser

---

6   Esch, Arnold: Überlieferungs-Chance und Überlieferungs-Zufall als methodisches Problem des Historikers, in: HZ 240 (1985), S. 529–570, hier S. 531.
7   Aulinger, Rosemarie: Das Bild des Reichstages im 16. Jahrhundert: Beiträge zu einer typologischen Analyse schriftlicher und bildlicher Quellen (Schriftenreihe der Historischen Kommission bei der Bayerischen Akademie der Wissenschaften 18), Göttingen 1980; Burkhardt 2002, S. 136–199; Stollberg-Rilinger 2008.

und Reich hatte hierbei in zweifacher Hinsicht entscheidenden Einfluss darauf, wie mit und über die Straßen des 16. Jahrhunderts geherrscht werden konnte: Zum einen betraf dies die ursprünglich der königlichen bzw. kaiserlichen Gewalt anhaftenden und mittels Privilegien an Landes- und Stadtherren übertragenen hoheitlichen Rechte bezüglich des Straßenwesens. Es handelt sich um die Geleits- und Zollregalien, welche sich zusammengenommen als Straßenregal bezeichnen lassen.[8] Besonderes Augenmerk gilt es deshalb auf die »Regalität der öffentlichen Straßen und Wege«[9] für ein straßenbezogenes Herrschaftshandeln zu legen und zu zeigen, inwieweit die Nutzbarkeit der Verkehrsinfrastruktur von diesen Rechten abhing. Zum anderen war es das Bemühen um Sicherheit auf sämtlichen Straßen, die zwar zuvorderst die Inhaber des Straßenregals auf den *Zoll- und Geleitstraßen* zu garantieren hatten.[10] Ohne allgemeinen Frieden im Reich konnte es jedoch keinen Straßenfrieden geben, weshalb die Herrschaftsträger nie ausschließlich für sich, sondern immer auch mit Kaiser und Reich agierten. Für den Versicherheitlichungsdiskurs und die Implementierung antizipierter Maßnahmen *(Securitization)*[11] bezogen auf Straßen oder Straßenpolitik entscheidend sind hierbei neben dem Ewigen Landfrieden von 1495 die Reichskreise, denen ab 1555 die Durchsetzung des Landfriedens oblag. Wie die Obrigkeiten in Ergänzung und Erweiterung zur Reichs- und Kreisebene in ihren Territorien und Stadtgebieten um eine Befriedung der Straßen rangen, spielte ebenfalls eine bedeutende Rolle für das Herrschen über Straßen. Denn jedes Vorhaben im Reich und in den Reichskreisen zur sicheren Straßennutzung war auf die Mitwirkung, Akzeptanz und Kooperation zumindest der Territorialobrigkeiten angewiesen, und dies umso mehr, wie in der Frühen Neuzeit Sicherheit und Frieden immer mehr weniger personal, sondern apersonal und interrterritorial »*in* [Hervorhebung im Orginal; AD] einem politi-

---

8   Marquardt, Bernd: Art. ›Regalien‹, in: EdN – Online [2014], der zudem das Stapelregal als Bestandteil des Straßenregals benennt. Dies trägt der Tatsache Rechnung trägt, dass aus den Niederlags- und Stapelrechten oftmals der Zwang zur Benutzung bestimmter Straßen resultierte [Csendes, Peter: Die Straßen Niederösterreichs im Früh- und Hochmittelalter (Dissertation der Universität Wien 33), Wien 1969, S. 45]. Unmittelbarer mit dem Straßenregal verbunden waren jedoch zuvorderst, neben den Geleitsrechten, das Zollregal [ebd., S. 42]. Näher hierzu, unter Ausklammerung des Stapelregals und in Ergänzung von Postrechten, Schulz, Hermann: Das System und die Prinzipien der Einkünfte im werdenden Staat der Neuzeit dargestellt anhand der kameralwissenschaftlichen Literatur (1600–1835) (Schriften zum Öffentlichen Recht 421), Berlin 1982, S. 286 f.
9   Engel 1978, S. 196–203.
10 Csendes 1969, S. 42; Flachenecker 2009, S. 6.
11 Carl, Horst/Westermeier, Carola (Hg.): Sicherheitsakteure. Epochenübergreifende Perspektiven zu Praxisformen und Versicherheitlichung, Baden-Baden 2018; Wilson, Peter H.: Securitization in the Holy Roman Empire 1495–1806, in: Carl, Horst/Babel, Rainer/Kampmann, Christoph (Hg.): Sicherheitsprobleme im 16. und 17. Jahrhundert. Bedrohungen, Konzepte, Ambivalenzen, Baden-Baden 2019, S. 59–90.

schen Raum« hergestellt wurde.[12] Sicherheit als »Ziel einer übergeordneten Politik«[13] verpflichtete besonders die Inhaber von Straßenregalien für die Befriedung der je eigenen Straßen und ebenso für deren Unterhalt in Erfüllung ihrer Regalpflichten zu sorgen. Zoll- und Geleitsprivilegien waren damit gleichermaßen Teil und Ausdruck gesteigerter landesherrlicher Zugriffsrechte, beinhalteten aber zugleich die Pflicht zur Aufsicht und Pflege der Verkehrsinfrastruktur. Rechte und Pflichten gingen Hand in Hand. In den zahlreichen Einzelregelungen von Landes- und Policeyordnungen sowie in Verhandlungen auf den Reichs- und Kreistagen des 16. Jahrhunderts lassen sich so einerseits die obrigkeitlichen Regelungsbestrebungen fassen, um die jeweiligen Straßen als Orte und Gegenstand von Herrschaft politisch und policeylich zu kontrollieren und zu beaufsichtigen. Andererseits wird die Regelungsbedürftigkeit der Straßen von unten, durch Supliken oder Eingaben, in Aushandlungs- und Kommunikationsprozessen zwischen Obrigkeit und Straßennutzer greifbar.

Das Herrschaftshandeln mit und über Policeyordnungen, aber ebenso jenseits von Normen darf nicht als ein eindimensionaler ›top-down‹-Vorgang verstanden werden.[14] Mit dem weiten Feld der Policey-Forschungen hervorheben lässt sich, dass Zwischengewalten und lokale Amtsträger, aber ebenso die Untertanen auf dem Land und in der Stadt den Grad der Implementation erlassener Gesetze entscheidend mitbestimmten.[15] Für die vorliegenden Zusammenhänge trifft dies vor allem auf die Zöllner und Geleitsmänner zu. Sie waren die entscheidenden Amtsträger für den Unterhalt der von Untertanen

---

12 Zwierlein, Cornel: Sicherheit und Nichtwissen – ein historischer Aufriss, in: Zoche, Peter u.a. (Hg.): Grenzenlose Sicherheit? Gesellschaftliche Dimensionen der Sicherheitsforschung, Berlin 2016, S. 23–47, hier S. 26. Siehe auch Zwierlein, Cornel: Sicherheitsgeschichte – ein neues Feld der Geschichtswissenschaften, in: Geschichte & Gesellschaft 38 (2012), S. 365–386, hier S. 369.
13 Zwierlein 2016, S. 27.
14 Siehe hierzu bereits die Einleitung.
15 Schlumbohm, Jürgen: Gesetze, die nicht durchgesetzt werden – ein Strukturmerkmal des frühneuzeitlichen Staates?, in: Geschichte und Gesellschaft 23 (1997), S. 647–663, hier S. 649, 656, 659, 663. Siehe auch Schennach, Martin P.: Herrschaft im Land und Herrschaft auf dem Land. Zur Genese frühmoderner Staatlichkeit, in: ZRG GA 134 (2017), S. 99–140, basierend auf Schennach, Martin P.: Gesetz und Herrschaft. Die Entstehung des Gesetzgebungsstaates am Beispiel Tirols (Forschungen zur deutschen Rechtsgeschichte 28), Köln u.a. 2010. Ferner etwa Gehringer, Horst u.a. (Hg.): Landesordnung und Gute Policey in Bayern, Salzburg und Österreich (Studien zu Policey und Policeywissenschaft), Frankfurt a.M. 2008; Holenstein, André: »Gute Policey« und lokale Gesellschaft im Staat des Ancien Régime. Das Fallbeispiel der Markgrafschaft Baden(-Durlach) (Frühneuzeit-Forschungen 9), 2 Bde., Epfendorf 2003; Kissling, Peter: »Gute Policey« im Berchtesgadener Land. Rechtsentwicklung und Verwaltung zwischen Landschaft und Obrigkeit 1377 bis 1803 (Studien zu Policey und Policeywissenschaft), Frankfurt a.M 1999; Landwehr, Achim: Policey im Alltag. Die Implementation frühneuzeitlicher Policeyordnungen in Leonberg (Studien zu Policey und Policeywissenschaft), Frankfurt a.M. 2000; Schilling, Lothar: Normsetzung in der Krise. Zum Gesetzgebungsverständnis im Frankreich der Religionskriege, Frankfurt a.M. 2005; Simon, Thomas: »Gute Policey«, Ordnungsleitbilder und Zielvorstellungen politischen Handelns in der Frühen Neuzeit (Studien zur europäischen Rechtsgeschichte 170), Frankfurt a.M. 2004.

und Herrscher gleichermaßen benötigten *Zoll- und Geleitstraßen*, weshalb ihre Tätigkeit im Zuge des Territorialisierungsprozesses immer umfänglicher geregelt und überwacht wurde. Dennoch waren sie ebenso wenig passive Befehlsempfänger wie etwa jene Teile der Landbevölkerung, die vor Ort immer auch für sich selbst Sicherungsmaßnahmen zum Schutz vor Räubern ergriffen, was oftmals detaillierte Kenntnisse des Straßenraumes einschließlich der *Schleichwege* voraussetzte. Auch die für die Straßennutzung zahlenden und sich bei unzureichender Straßenqualität darüber bei Herrschern mittels Suppliken beschwerenden Fuhrleute beförderten ein straßenbezogenes Herrschaftshandeln, indem sie gute Straßen dezidiert einforderten und als argumentativen Bezugspunkt für Policeyordnungen legitimierten. Gesellschaft und Herrschaft waren an einer Benutzbarkeit von Straßen interessiert. Solche Interessenkongruenzen erleichterten grundsätzlich die obrigkeitliche Ordnung des Gemeinwesens[16] und waren bei den Straßen bezüglich der Sicherheit und des Erhaltungszustandes in erhöhtem Maße gegeben.

Die von der Forschung weitgehend edierten und verzeichneten Policeyordnungen schaffen zunächst die Möglichkeit, die normativen Bestimmungen für Herrschaftsgebiete zu behandeln, die nicht nur in Oberdeutschland lagen. Dadurch ist es möglich, Umfang und Inhalte der straßenbezogenen Normen breiter zu erfassen und präziser in den Gesamtzusammenhang der expandierenden Policeygesetzgebung einzuordnen. Die normativen Bestimmungen über die Straßen dienten freilich, wie angesprochen, nie ausschließlich der Erfüllung eines Herrscherwillens, sondern immer auch dem Interesse der Straßennutzer, die sich geschützt vor Räubern, marodierenden Knechten (Gartknechte) oder anderen, in der Zeit als Vaganten stigmatisierten unliebsamen Straßennutzern, fortbewegen wollten oder mussten. Auf Straßen gab es zwischen ›oben‹ und ›unten‹ einen Schnittpunkt der Interessen, denn Fuhrleute, Kaufleute und gewerblich mobile Akteure – und sei es nur, um auf dem Markt überschüssige Produkte zu verkaufen oder notwendige natürliche Abgaben an den Dienstherrn zu leisten – waren auf die Zugänglichkeit und Öffentlichkeit der Straßen angewiesen: Obrigkeiten, um fiskalische Einkünfte zu generieren, ihr Regal zu erfüllen, um ›gut‹ zu regieren; die Nutzer, um ihr Handwerk auszuüben oder ihre Subsistenz zu sichern. Dazu war nicht nur die Sicherheit vor Räubern notwendig, sondern auch die Sicherheit vor Schlaglöchern und einer maroden Verkehrsinfrastruktur. Denn fehlerhafte Straßen und Wege konnten neben Zeit, Nerven, zahlreiche Wagenräder und Wagenladungen selbst das Leben kosten.[17] Zu den Akteuren, die gegenüber Herrschern ihre Interessen artikulierten und die es zu berücksichtigen gilt, gehörten neben den Zoll- und Geleitsleuten also auch die Fuhr- und Kaufleute. Entsprechend erhaltene oder mittelbar als Bezugspunkt von Ordnungen und Auseinandersetzungen greifbare

---

16 Schennach 2010, S. 386.
17 Siehe Kapitel 2.2.3.

Supplliken erlauben es, die Straßen diesseits und jenseits von Normen als Teil eines komplexen, dynamischen Herrschaftsprozesses zu beschreiben. Die Herrschaftsstruktur des römisch-deutschen Reiches erfordert es dabei, das Verhältnis von Reich und Territorien für das Straßenwesen grundlegend zu bestimmen. Innerhalb von drei Untersuchungsfeldern soll dies aufgezeigt werden:

1.) Das straßenbezogene Herrschaftshandeln, welches um den baulichen Zustand der Straßen und deren Versicherheitlichung kreiste, fand nicht nur normativ seine scheinbar geordnete Umsetzung. Straßen konnten ebenso Auslöser und Bezugspunkt von Herrschaftskonflikten sein, da sie in der Regel über die in der Zeit noch keineswegs eindeutig festgelegten und daher umstrittenen territorialen Herrschaftsgrenzen hinaus verliefen. Die von Andreas Rutz breit für die Vormoderne untersuchten Bestrebungen von Herrschern, *im* und immer mehr *über* einen Raum zu herrschen, betrafen eindeutig auch die Verkehrsinfrastruktur.[18] Straßen waren deshalb 2.) Gegenstand von Visitationen, die darauf abzielten, im Auftrag des Landesherrn die bauliche Qualität der Verkehrsinfrastruktur zu verbessern, wie für das Herzogtum Bayern aufgezeigt werden kann. Schließlich ist es 3.) eine über mehrere Jahrzehnte währende Kooperation zur kontinuierlichen, gemeinsamen Instandsetzung einer *Zollgeleitstraße* durch die Fürstbischöfe von Würzburg und die Herzöge von Sachsen-Coburg, die das konfessionsübergreifende kooperative Handeln von benachbarten Herrschaften zur Instandhaltung einer Straße aufdeckt.

Diese Dimensionen des Herrschens mit und über Straßen herauszuarbeiten und zu ergründen, inwieweit Herrschaftshandeln als Straßenpolitik verstanden werden kann und welchen Einfluss all dies für die Nutzbarkeit der Verkehrsinfrastruktur hatte, ist das Anliegen der folgenden Ausführungen. Relativiert werden kann damit nicht zuletzt das angeführte Quellengefälle, da sich zu den Straßen des 16. Jahrhunderts umfängliches Schriftgut unterschiedlichster Art erhalten hat, dessen systematische Analyse bislang ausgeblieben ist.

Kapitelaufbau

Beginnend mit dem Unfrieden auf den Straßen und dem Streben von Gesellschaft und Herrschaft nach der störungsfreien Fortbewegung auf Straßen, wird zunächst das zeitgenössische Ideal befriedeter Straßen behandelt, welches die Herrschaft zum Handeln mit und für Straßen verpflichtete und eine Straßenpolitik begründete, die auf die Wahrung respektive Schaffung des Straßenfriedens zielte. Besonders zum Schutz vor Straßenräubern sind es aber auch sehr konkrete, auf den Straßenraum ausgerichtete Schutzmaßnahmen, die eingefordert und eingeübt wurden und sich nachvollziehen lassen [5.1]. Das politische Agieren des 16. Jahrhunderts entsprach dem Sicherheitsverlangen der Untertanen.

---

18 Rutz 2018. Siehe hierzu bereits die Befunde von Kapitel 2.2.

Die Obrigkeiten setzten sich aber auch deshalb mit Straßen auseinander, da Geleits- und Zollregalien und damit das Straßenregal Herrschaft im und über den physischen Raum legitimierten und eine wichtige fiskalische Einnahmequelle schufen. Aus den Rechten und Einnahmemöglichkeiten ergaben sich zugleich Ausgaben- und Investitionsverpflichtungen sowie Konfrontationen mit territorialen Nachbarn, die gleichfalls die Geleits- und Zollhoheit über Straßen beanspruchten. Mit und über Straßen unter Einbindung der zum Unterhalt verpflichteten Zöllner zu herrschen war trotz und wegen des Straßenregals kein leichtes Unterfangen [5.2]. Essentieller Bestandteil dieses herrschaftlichen Straßenraumes waren die Mautner und Zöllner. Sie agierten im Rahmen ihrer Tätigkeiten im Bezugsfeld zwischen lokaler Eigenständigkeit und obrigkeitlicher Anleitung. Letzteres wurde auch in Policeyordnungen [5.3] formuliert und damit als Teil des obrigkeitlichen Arbeitsfeldes öffentlich markiert. Aber auch andere policeylich geregelte Maßnahmen in Hinblick auf Straßen werden für das 16. Jahrhundert auf Grundlage entsprechender Verzeichnisse für das gesamte römisch-deutsche Reich erfasst und unter Auswertung zahlreicher Policeyordnungen näher analysiert. Hervorheben lässt sich so die divergierende herrschaftsrechtliche Grundlage, auf der Amtsträger und Untertanen als Anrainer in der Verantwortung des Straßenerhalts standen. Daneben ist es der Bedarf der limitierten Ressource Holz, der sich mit Wald- und Forstordnungen in seiner Tragweite nochmals herausstellen und differenzieren lässt.[19] Mit den Policey- und Forstordnungen kann das Sprechen über die Materialität von Straßen auf einer zweiten Ebene gefasst werden: während die Rechnungen des Weg- und Stegamts einen kondensierten Blick auf die praktische Mikroebene erlaubt haben, thematisieren die Ordnungen die Materialität von Straßen und die auf den Erhalt der Straßen zielenden baulichen Maßnahmen auf einer übergeordneten Struktur [5.3]. Aber auch hier lassen sich Praktiken herausfiltern und auf Praxiswissen rückschließen.

Herausstellen lässt sich also, dass der Straßenunterhalt bereits im 16. Jahrhundert zunehmend obrigkeitlich reglementiert und diskutiert wurde. Dies bringen neben den Policeyordnungen die von der Forschung weitgehend[20] übersehenen Straßenvisitationen sehr deutlich zum Ausdruck [5.4]. Die seit etwa 1580 für die Rentämter und damit für die Mittelbehörden des Herzogtums Bayern greifbaren, regelmäßig durchgeführten landesherrlichen Überprüfungen lassen weit vor dem 18. Jahrhundert[21] ein obrigkeitliches Qualitätsmanagement erkennen, das unter Einbindung verschiedenster Herrschafts- und

---

19 Siehe zum Holzbedarf bereits die Ausführungen zur Materialität der Straßen.
20 Holenstein 2003, S. 307 weist auf »Landstraßen, Brücken, Dorfpflaster, Straßenmauern und -gräben« inspizierende Visitationen hin, wie sie sich hier und auch ansonsten vor allem für das 18. Jahrhundert greifen lassen. Siehe so auch Iseli 2009, S. 77 f.
21 Der Begriff ›Straßenvisitation‹ lässt sich erstmals im 18. Jahrhundert in einem Verzeichnis zum Policey-Wesen unter dem Lemma ›Landstraßen‹ finden: Bergius, Johann Heinrich Ludwig (Hg.): Policey-und Cameral-Magazin in welchem nach Alphabetischer Ordnung die vornehmsten und wichtigsten bey dem Policey-und Cameralwesen vorkommende Materien nach richtigen und vernünftigen Grundsätzen prac-

Verwaltungsebenen die Nutzbarkeit der Verkehrsinfrastruktur zum Ziel hatte. Eine solche *Straßen-Policey*[22] trat vor allem für den sorgsamen Umgang mit den Ressourcen sowie für den konsequenten Arbeitseinsatz der ressourcenverarbeitenden bezahlten (Amtsleute) und unbezahlten (Anrainer u. Fronarbeiter) Straßenarbeiter ein.

Die unter Einbindung von Amtsträgern und Untertanen erfolgte Instandsetzung der Verkehrsinfrastruktur erfüllte dennoch scheinbar nur unzureichend das Anliegen von Herrschaft und Gesellschaft, wie die zeitgenössischen Klagen offenlegen. Die Forschung hat jedoch bislang übersehen, dass das Reden über schlecht benutzbare Straßen einer Beschwerdepraxis folgte, die sich im 16. Jahrhundert merklich dynamisierte. Aufzudecken sind [5.5] die zeitspezifischen Beschwerdemechanismen, die per se zur Steigerung des Klageaufkommens führten. Dabei sind es nicht nur die Straßennutzer, sondern ebenso die für den Straßenerhalt zuständigen Zöllner und Geleitsmänner, die versuchten, sich bei den Herrschern Gehör zu verschaffen – der Straßen wegen und um eigene (berufliche) Interessen durchzusetzen. Fokussieren lässt sich so die konfessionsübergreifend unterhaltene *Zollgeleitstraße,* die zwar keineswegs zeitgleich an jeder Stelle und immerfort, aber insgesamt gut benutzbar war – obgleich oder auch gerade deshalb, weil das Hochstift Würzburg und das Fürstentum Sachsen-Coburg den Straßenunterhalt kooperativ besorgten?

Das Ende dieses mit der Teilung von Geleitsrechten begründeten Kondominats forciert abschließend die Frage, ob sich für die Zeit um 1600 ein Wendepunkt bezüglich der herrschaftlichen Durchdringung des Straßenraumes greifen lässt, der insbesondere den Unterhalt von Straßen betraf [5.6]. Nochmals und resümierend in den Blick zu nehmen ist also ausgehend von einer policeylichen Anordnung zum Unterhalt der Landstraßen im Fürstbistum Würzburg der Territorialisierungsprozesses und damit verbunden die Verdichtung von Herrschaft und Schriftüberlieferung. Die Rolle der Reichskreise für den Straßenunterhalt gilt es in diesen Zusammenhang ebenfalls grundlegend zu bestimmen.

---

tisch abgehandelt und durch landesherrliche Gesetze hin und wieder wirklich gemachte Einrichtungen erläutert werden, Bd. 6: Erste Abteilung ›L‹, neue verbesserte Aufl. o. O. 1787, S. 73.
22 Zincke, Georg Heinrich: Anfangsgründe der Cameralwissenschaft worinne dessen Grundriß weiter ausgeführt und verbessert wird. Des Zweyten Theils, welche die eigentliche Finanz- und Cammerwissenschaft enthält, Erste Abtheilung, Leipzig 1755, S. 437. Hier ist von *Straßen-Policey- und Privat-Rechte* die Rede.

5.1 Sicherheit und Straßenfrieden

Die Unsicherheit auf den Straßen der Vormoderne, wie sie die Forschung bereits für das römisch-deutsche Reich[23] oder etwa für Frankreich konstatiert hat (»Nobody is safe on the highways«),[24] verweist eindringlich auf eine in ihrer Tragweite kaum zu überschätzende Tatsache: Es war keine Selbstverständlichkeit, auf Straßen unbeschadet und unversehrt *ziehen, handlen und wandlen* zu können.[25] Vielmehr drohte in Zeiten des Krieges und der Fehde, aber auch durch Straßenräuber und andere *Beschediger* – wie es in der bayerischen Landesordnung von 1553 heißt[26] – eine Gefährdung von Leib und Gütern. Damit niemand mehr auf den Straßen *gefangen, geschlagen, beraupt, hinweggeschleifft, seine gueter uffgehauen, hinweggefurt* oder anderweitig belästigt werde,[27] gab es wiederkehrend auf obrigkeitlicher Ebene im gesamten Reich, in den Reichskreisen, in den Territorien oder in den Reichsstädten Initiativen zur Befriedung der Straßen.

Gerade auf Zoll- und Geleitstraßen, die eigentlich unter besonderem Schutzgebot standen und privilegiert waren, wurde kontinuierlich über die Sicherstellung und/oder Optimierung von Sicherheit gesprochen.[28] Anhand der empirischen Grundlage kann dargelegt werden, wie und warum welche Gegenmaßnahmen aufgrund welcher Gefahren ergriffen wurden und inwieweit das Ringen um einen Straßenfrieden sich als eine Straßenpolitik entsprechend der Guten Policey begreifen lässt, die die Herrscher in Kooperation mit anderen Reichs- und Kreisständen auch zur Erfüllung einer Herrschertugend betrieben haben. Für das römisch-deutsche Reich und das 16. Jahrhundert entscheidend ist hierbei der Ewige Landfrieden. Denn entgegen aller Bemühungen zur Integration des Adels in die sich verdichtenden Territorien blieb das physische Gewaltpotential von Teilen der gesellschaftlichen Elite hoch,[29] was die Durchsetzung des Ewigen Landfriedens von 1495 erheblich erschwerte. Die Gewaltanwendung blieb in der Gesellschaft der Vormoderne ein konstituierendes Element und nahm »in Teilen [...] sogar – parallel zum Staatswerdungs-

---

23 Spicker-Beck, Monika: Räuber, Mordbrenner, umschweifendes Gesind. Zur Kriminalität im 16. Jahrhundert (Rombach-Wissenschaften 8), Freiburg 1995 mit dem programmatischen Einleitungssatz: »Ich hätte nicht auf den Straßen des 16. Jahrhunderts unterwegs sein wollen« [ebd., S. 13]. Doch schon im 14. und 15. Jahrhundert war eine Straße etwa bei Zürich »durch Kriege und Fehden ständig bedroht und unsicher« [Raiser, Elisabeth: Städtische Territorialpolitik im Mittelalter. Eine vergleichende Untersuchung ihrer verschiedenen Formen am Beispiel Lübecks und Zürichs, Lübeck/Hamburg 1969, S. 95].
24 Goubert 1974, S. 107.
25 Reichsabschied 1547 (§ 20) [Deutsche Reichstagsakten, hrsg. durch die Historische Komm. bei der Bayer. Akad. der Wiss: Der Reichstag zu Augsburg 1547/48 (Deutsche Reichstagsakten unter Kaiser Karl V. 18), 3 Teilbände, bearb. von Ursula Machoczek, München 2006, S. 2659].
26 Bairische Lanndtßordnung, Ingolstadt 1553 [VD16 B 1034], Buch 6, Tit. 9.
27 Reichsabschied 1547 (§ 20) [Machoczek 2006 (Reichstagsakten), S. 2658 f.].
28 Engel 1978, S. 235.
29 Wieland, Christian: Nach der Fehde. Studien zur Interaktion von Adel und Rechtssystem am Beginn der Neuzeit: Bayern 1500 bis 1600 (Frühneuzeit Forschungen 20), Epfendorf/Neckar 2014, S. 434–458.

vorgang – zu«,[30] was sich auch auf den Straßen bemerkbar machte. Straßenbezogene Überlieferungen visualisieren dieses Gefahrenpotential etwa anhand der Sühnekreuze am Straßenrand.[31] Indem die obrigkeitliche Strafverfolgung das Aufstellen von Kreuzen zur privaten Sühne von Tötungsdelikten am Wegesrand mehr und mehr ersetzte, deutet sich freilich ein Wandel an.

In Anlehnung an die Landfriedensgebote des späten 15. und 16. Jahrhunderts sahen es zunächst die Territorialherren wie der bayerische Herzog als ihre Aufgabe an, den auf den spätmittelalterlichen Königs- und späteren Reichstagen getroffenen Verpflichtungen des Landfriedens nachzukommen und *unnser Hertzogthomb zu befriden und die weg und strassen in unserm lannde vor straßraubern und beschedigern zu verhuetenn*.[32] Entsprochen wurde damit dem besonderen Friedensgebot für Straßen, wie es etwa bereits der Bamberger Gottesfrieden von 1085[33] und dann ebenso der Sachsenspiegel formulierte. In der ältesten kodifizierten mittelhochdeutschen Rechtsaufzeichnung wurde der Straßenraub als schwerwiegendes Eigentumsdelikt benannt und der besondere Schutz für die Königsstraßen zu Wasser und zu Lande *(regia via tam in aquis quam in campestribus)* eingefordert.[34] Ein solcher Sonderfrieden für die Königsstraßen,[35] wie es ihn auch in England gab,[36] erhob die öffentlichen Straßen zu »Rechts- und Friedensräume[n] eigener Art«,[37] weshalb dort begangene Verbrechen besonders streng bestraft wurden,[38] Reisende bei Fehdehandlungen zu verschonen waren[39] und keine Pfändungen vorgenommen werden durften.[40]

Die Durchsetzung des Straßenfriedens oblag in erster Linie den Inhabern der Zoll- und Geleitsregalien, die seit dem Früh- (Zoll) bzw. Hochmittelalter (Geleit) an die Territorial-

---

30 So resümiert Wieland 2014, S. 436 dann auch seine eigenen Forschungen.
31 Siehe Kapitel 2.2.4.
32 Franz, Monika Ruth: Die Landesordnung von 1516/1520. Landesherrliche Gesetzgebung im Herzogtum Bayern in der ersten Hälfte des 16. Jahrhunderts (Bayerische Rechtsquellen 5), München 2003, S. 26 f.
33 Csendes 1969, S. 41.
34 Sachsenspiegel, Leipzig 1582, 2. Buch, Art. 66, fol. 293. Einen »absoluten Straßenfrieden« gab es jedoch nicht; »nur die Beraubung befriedeter Personen [war] strafbarer Straßenraub« [Lieberich, Heinz: Kaiser Ludwig der Baier als Gesetzgeber, in: ZRG GA 76 (1959), S. 173–245, hier S. 199 (Anm. 68)]. Siehe auch Engel 1978, S. 235.
35 Brandstätter, Klaus: Straßenhoheit und Straßenzwang im hohen und späten Mittelalter, in: Schwinges 2007 I, S. 201–228, hier S. 205.
36 Reuter 1996, S. 179.
37 Friehe, Heinz-Albert: Wegerecht und Wegeverwaltung in der alten Grafschaft Schaumburg. Ein Beitrag zur Geschichte des deutschen Wegerechts (Archiv für die Geschichte des Strassenwesens 3), Bonn/Bad-Godesberg 1971, S. 108.
38 Engel 1978, S. 75.
39 Brandstätter 2007, S. 202.
40 Engel 1978, S. 75.

herren und Stadtobrigkeiten gingen.[41] Doch auch die Landfrieden des 13., 14. und 15. Jahrhunderts legten wiederkehrend die herausgehobene Sicherheit auf Straßen als Aufgabe des gesamten Reiches fest.[42] Es galt, auf den *Strassen zu Lande und zu Wasser* Geistliche, Boten, Kaufleute, Pilger, Frauen und all jene zu schützen, die *zu den Märckten und dannen zu ihren Hüsern wandeln*.[43] Der Frieden auf den Straßen blieb dennoch auch nach dem Ewigen Landfrieden brüchig, da die Randgruppen der Bettler, Spielleute oder Gartknechte[44] über den Straßenraub auf Königs- und Landstraßen ihr (zunehmend) randständiges Dasein in der Gesellschaft oder erlittene Einkommensverluste auszugleichen versuchten. Dies trifft auch auf die von Eberhard Isenmann am Beispiel westfälischer Niederadeliger und Ritter dargelegten raubenden ›Friedensbrecher‹ zu.[45] Die Dringlichkeit, mit der noch im 16. Jahrhundert gegen den Straßenraub vorgegangen werden musste, verdeutlicht eine 1521 an Karl V. gerichtete Supplik des *gemein handwerksman, so des heilgen reichs strassen besucht und paut*.[46] Unter Rückgriff auf Bestimmungen aus der Goldenen Bulle und durch Schilderung aktueller Überfälle forderten sie den Kaiser dazu auf, den Landfrieden zu gewährleisten, da die Übergriffe der Ritter und anderer *lantfridbruchigen dermassen ingebrochen und uberhand genommen haben, das wir uns auch des bishere gar beschwerlich erholt und schir zu ganzem verderben gemussigt sein*.[47] Mit den auf diese Umstände des 16. Jahrhunderts reagierenden Reichs- und Landes(policey)ordnungen wurde deviantes Verhalten kriminalisiert und zugleich der Weg zur gerichtlichen und damit institutionell-herrschaftlichen Verfolgung der Straftaten eingeschlagen, um den Frieden zu sichern. Straßen als plural genutzte, sensible Räume von Wirtschaft

---

41 Pohl, Hans: Zölle II: Geschichte, in: Albers, Willi u. a. (Hg.): Handwörterbuch der Wirtschaftswissenschaft, Bd. 9, Stuttgart/New York 1982, S. 648–660, hier S. 650 (Zoll); Lingelbach, Gerhard: Art. ›Geleit‹, in: HRG II 2 (2011), Sp. 37–42, hier Sp. 39 (Geleit).

42 Reichssatzung Deß Heiligen Römischen Reichs / Keyser / König / Churfürsten und Gemeiner Stände / Constitution / Ordnung / Rescript und Außschreiben / auff den gehaltenen Reichstägen und Keyserlichen Höffen statuirt und außgangen [...], Bd. 1, Hanau 1609 [VD17 1:018457C]: Landfrieden von 1398 (S. 154) u. 1467 (S. 183); zum Mainzer Landfrieden von 1235: Baumbach 2017, S. 69. Siehe zu den Landfrieden ferner Baumbach/Carl 2018.

43 Reichssatzung Deß Heiligen Römischen Reichs, Bd. 1, Hanau 1609: Landfrieden von 1398 (S. 154).

44 Reusch, Marius Sebastian: »Bedrohliche Mobilität« – Das Problem der »Gartknechte« für die Landfriedenswahrung im Südwesten des Reiches im 16. Jahrhundert, in: Baumbach/Carl 2018, S. 208–231, schreibt von den Gartknechten als »größte Gefährdung« [S. 212], die im Alltag wahrgenommen wurde und worauf sich der »Sicherheitsdiskurs« [S. 211] im Laufe des 16. Jahrhunderts allmählich verlagerte, wenn man die Reichsbeschlüsse betrachtet, die das Gartknechtwesen sukzessive kriminalisieren [S. 212, Anm. 9]. Grundlegnd und näher hierzu Huntebrinker, Jan Willem: »Fromme Knechte« und »Garteteufel«. Söldner als soziale Gruppe im 16. und 17. Jahrhundert (Konflikte und Kultur 22), Konstanz 2010.

45 Isenmann, Eberhard: Die deutsche Stadt im Mittelalter 1150–1550. Stadtgestalt, Recht, Verfassung, Stadtregiment, Kirche, Gesellschaft, Wirtschaft, 2. durchgesehene Aufl., Köln 2014, S. 500.

46 Köpf, Ulrich (Hg.): Deutsche Geschichte in Quellen und Darstellungen, Bd. 3: Reformationszeit 1495–1555, Stuttgart 2002, S. 64–66 (Bürgerliche Beschwerde über die Ritter), hier S. 64.

47 Ebd., S. 65.

und Handel, Eigentum, Geld und geldwerten Materialitäten sowie ihre der Natur ausgelieferten Nutzer galt es in dieser Hinsicht besonders zu schützen.

Die Schaffung von Sicherheit blieb ein »main field of state activity« im frühneuzeitlichen Europa,[48] das grundsätzlich auf Einzelgesetzen wie Mandate, Edikte, Erlasse und Reskripte und weniger auf umfassende Policeyordnungen gründete. Erstere erlaubten es, flexibel und schnell »auf aktuelle Bedrohungen, Risiken und Gefahren« zu reagieren,[49] wie am 19. April 1517, als im Fürstentum Pfalz-Neuburg Friedrich II. von der Pfalz (1482–1556) für seine Mündel Ottheinrich (1502–1559) und Philipp (1503–1548) ein Mandat gegen *Strassrauber* erließ. Es war das allererste Mandat überhaupt, welches in der jungen Pfalz und gleichzeitig in der Kurpfalz und im Herzogtum Bayern in Anlehnung an ein bayerisches Landgebot von 1512 erging,[50] um kooperativ umherziehende Räuber abzuwehren. Hierzu wurden auf den Straßen streifende Rotten eingerichtet und die Nacheile, also die Verfolgung und Gefangennahme der Straftäter, umfassend organisiert: Amtleute, die von den Straßenräubern Kenntnis bekamen, sollten auf Straßen, über Brücken, an Ufern und in Hölzern, aber ebenso entlang von *ungewönndlich[en] wege[n]* fahnden. In und um die Dörfer herum waren die Untertanen dazu angehalten, bei Gefahr die Schranken, Straßen, Hölzer, Brücken, Furten, Stege und Wege zu besetzen. Nach Möglichkeit waren ferner die Straßen, Hölzer und *alltweg[e]*[51] zu versperren. Gleiches galt für die schwer

---

48 Härter, Karl: Security and »gute Policey« in Early Modern Europe: Concepts, Laws and Instruments, in: Historical Social Research 35 (2010), Special Issue: The Production of Human Security in Premodern and Contemporary History, hg. v. Zwierlein, Cornel/Graf, Rüdiger/Ressel, Magnus, S. 41–65, hier S. 41.

49 Härter, Karl: Sicherheit und gute Policey im frühneuzeitlichen Alten Reich. Konzepte, Gesetze und Instrumente, in: Dollinger, Bernd/Schmidt-Semisch, Henning (Hg.): Sicherer Alltag? Politiken und Mechanismen der Sicherheitskonstruktion im Alltag, Wiesbaden 2016, S. 29–55, hier S. 35. Umfassende Erlasse erforderten zudem in der Regel die Beteiligung der Landstände. Im Herzogtum Bayern war deshalb unter Leonhard von Eck (1480–1550) »das einzelne, von der landesherrlichen Verwaltung nahezu beliebig zu erlassende Mandat das bevorzugte Instrument der Policeygesetzgebung« [Franz 2003, S. 180*].

50 BayHStA Pfalz-Neuburg, Akten, Nr. 1491 (Mandat vom 19. April 1517). In dem Mandat wird die Kooperation der Wittelsbacher der *rauberey und Lanndfridprechunghalb[er]* wegen angeführt. Zur Gesetzgebung unter der Vormundschaft von Pfalzgraf Friedrich siehe Heydenreuter, Reinhard: Ottheinrich und die Gesetzgebung im Fürstentum Neuburg, in: Stadt Neuburg a.d. Donau (Hg.): Pfalzgraf Ottheinrich. Politik, Kunst und Wissenschaft im 16. Jahrhundert, Regensburg 2002, S. 128–141, hier S. 130f. Das ebendort angeführte Vorbild des bayerischen Landgebots vom 4.10.1512 *wider die Mörder, Todtschläger, Außtreter, ihre Helfer und Enthalter und von Befridung der weg und strassen auch Ordnung von Rüstung der Ambtleutt unnd Fueßvolckhs im Lannde zu Bairn* hat sich unter anderem in BayHStA Kurbayern Mandatensammlung erhalten.

51 Die Sicherung von Altwegen führt auch das bereits angeführte Landgebot von 1512 an. Und noch 100 Jahre später, in der bayerischen Landes- und Policeyordnung von 1616, ist von der Sicherung *unnottürfftige[r] Strassen, Holtz und Altweeg* die Rede [Landrecht, Policey- Gerichts- Malefitz- vnd andere Ordnungen. Der Fürstenthumben Obern vnd Nidern Bayrn, München 1616 [VD17 12:730090R], S. 715 (Landrecht, 5. Buch, 10. Tit., 8. Art.)].

kontrollierbaren Furten, Stege und *haymlichen weg[e]*.⁵² Besondere Aufmerksamkeit erfuhren im pfalz-neuburgischen Mandat die Brücken und Flussufer. Kein Unbekannter dürfe eine Brücke oder ein Ufer überqueren, um heimlich *abseits von den Strassen* zu fliehen.⁵³ Straßen und Wege mussten also zusammen mit Brücken, Stegen und Furten überwacht und in den Aufmerksamkeitsfokus gerückt werden, damit sie nicht zum Einfallstor für Delinquenten und Kriminelle wurden. Die Mandate und Ordnungen griffen dabei auf individuelle Schutzmaßnahmen zurück, die sich bereits im englischen hochmittelalterlichen ›hue and cry‹,⁵⁴ aber ebenso im privaten *qui tam* Verfahren als »essential peacekeeping mechanisms«⁵⁵ finden lassen. Auch die Stadtrechte nahmen ihre Bürger in die Pflicht, gemeinsam für Sicherheit und die Verfolgung Flüchtiger zu sorgen.⁵⁶ Hier wurde die Straße zum öffentlichen Ort, der im Falle von Delinquenz und Kriminalität die Verantwortung auf alle übertrug und damit temporär übergeordnete Kompetenzen für den Einzelnen erzeugte. Denn nur mit sicheren Straßen und Wegen konnte es Frieden und Sicherheit geben, wie auch die Gelehrten der Zeit bestätigen.

Für den Humanisten Jakob Wimpfeling (1450–1528) zählte es »zu den herrscherlichen Tugenden, öffentliche[n] Frieden im eigenen Reich zu bewahren und nicht zuzulassen, daß Räuber auf den Wegen straflos ihr Unwesen treiben können«.⁵⁷ Für die Sicherheit auf den Straßen zu sorgen begriff auch der Rechtsgelehrte Regnerus Sixtinus (1543–1617) als eine Aufgabe für all jene, *quibus via publica ex concessione Imperiali, praescriptione, consuetudineve competit, observari soleat.*⁵⁸ In seinem 1602 erstmals und danach mehrfach neu aufgelegten ›Tractatus de regalibus‹, welcher als einer der ersten überhaupt das Straßenrecht behandelte,⁵⁹ erhob er den Straßenschutz zu einem Kernmerkmal einer guten Regierung: *Man soll einen Fürsten kennen bey reiner Strassen, guter Münz und Haltung beschehener Zusage,* lautet der Ausspruch des Landgrafen Philipp von Hessen (1504–

---

52 Letztere lassen sich als Schleichwege begreifen, die eigentlich dazu dienten, sich auf der Jagd dem Wild anzupirschen. Die Funktion von Schleichwegen war also durchaus festgelegt. Sie konnten aber auch von Straßenräubern für die Flucht oder für Überfälle auf Reisende genutzt werden [Krünitz 1827, S. 379 (Lemma Schleichweg)].
53 BayHStA Pfalz-Neuburg, Akten, Nr. 1491 (Mandat vom 19. April 1517).
54 Sagui, Samantha: The hue and cry in medieval English towns, in: Historical Research 87 (2014), S. 179–193.
55 Ebd., S. 179.
56 Eibach, Joachim: Burghers or town councils: who was responsible for urban stability in early modern German towns?, in: Urban History 34 (2007), S. 14–26, besonders S. 17–18, wo er auf den Straßburger Bürgereid verweist, der die Bürger zur Aufmerksamkeit und Nacheile bei Delikten festlegte.
57 Kintzinger, Martin: Cum salvo conductu. Geleit im westeuropäischen Spätmittelalter, in: Schwinges Rainer C./Wriedt, Klaus (Hg.): Gesandtschafts- und Botenwesen im spätmittelalterlichen Europa (Vorträge und Forschungen 60), Ostfildern 2003, S. 313–363, hier S. 313 f.
58 Sixtinus, Regnerus: Tractatus de regalibus, 3. Aufl., Nürnberg 1683 (1. Auf. 1602) [VD17 3:606077V]. Liber II, Cap. II, Nr. 33.
59 Behringer 2003, S. 518.

1567), den der hessische Geheimrat Sixtinus anführte und übersetzte, wobei er unter ›rein‹ ›sicher‹ verstand *(Princeps agnoscendus est ex tuta via)*.[60] Gemeint ist also nicht die bauliche Qualität, wie Wolfgang Behringer irrtümlich annimmt,[61] gleichwohl diese durchaus ebenso als Ausdruck einer guten Herrschaft verstanden wurde. So hob ein Lobspruch über den französischen König Heinrich IV. (1553–1610) seine besonderen Verdienste für die Erneuerung und Anlage von Landstraßen nach den Bürger- und Religionskriegen hervor.[62] Entsprochen wurde damit dem vorzugsweise im katholischen Europa stark rezipierten italienischen Geistlichen Giovanni Botero (um 1544–1617) und »Hauptvertreter des Staatsräsondenkens um 1600«.[63] Er bezeichnete nämlich in seinem 1589 veröffentlichten Hauptwerk *Della Ragion di Stato* (1589) den Unterhalt von Straßen sowohl innerhalb als auch außerhalb von Städten als ein ehrenvolles Unterfangen von Herrschern. Als Vorbild hob er explizit die Via Appia, Via Cassia und Via Emilia hervor.[64]

Die besondere Verantwortung begründeten Wimpfeling, Sixtinus und Botero nicht neu. Schon in der Antike symbolisierte »der Weg *(via)* [...] den Staat, dessen Pflicht es war, sich um die *viae publicae* zu kümmern«.[65] Zur Erfüllung dieser Aufgabe gehörte in erster Linie, für die Sicherheit auf Straßen zu sorgen. Sie wurde in der Vormoderne wiederkehrend zu einem Ideal eines tugendhaften Herrschers erhoben[66] und eignete sich

---

60 Sixtinus 1602/1683, Liber II, Cap. II, Nr. 34. Vor und nach dem Ausspruch Philipps von Hessen geht es um die Sicherheit auf Straßen. Das ›rein‹ gleichbedeutend für ›sicher‹ steht, geht auch aus dem Reichsabschied von 1555 hervor. Er verpflichtete die Reichsstände, die *Strassen rein und darzu nottürfftige streifende Rotten zu erhalten* [Der Ander Theil. Aller des heiligen Römischen Reichs Ordnungen gehaltener Reichßtäge vnd Abschiedt, Sampt der Gülden Bullen. Besonderlich auch der Articket Policey, Constitucionen, das Keyserlich Regiment, Cammergericht, den Landtfrieden vnd anders, diesem allem anhengig, belangendt [...], Mainz 1579 [VD16 ZV 4404], fol. 92r].

61 Behringer 2003, S. 518 führt gleichfalls mit Sixtinus den Ausspruch Philipps von Hessen an, versteht ihn aber anders.

62 Ranke, Leopold von: Französische Geschichte vornehmlich im sechzehnten und siebzehnten Jahrhundert, Bd. 2, 2. Aufl., Stuttgart/Augsburg 1857, S. 112.

63 Häberlein, Mark: Wirtschaftspolitik im Spannungsfeld von Staatsräson, »guter Policey« und Glaubenseinheit. Geistliche Territorien in der Zeit Julius Echters, in: Walter, Peter/Weiß, Wolfgang/Wriedt, Markus (Hg.): Ideal und Praxis – Bischöfe und Bischofsamt im Heiligen Römischen Reich 1570–1620 (Reformationsgeschichtliche Studien und Texte 174), Münster 2020, S. 139–163, hier S. 142.

64 Botero, Giovanni: The Reason of State, übersetzt u. hg. v. Bireley, Robert, Cambridge 2017 (ursprünglich 1589 unter dem Titel ›Della Ragion di Stato‹), S. 74.

65 Mrozewicz, Leszek: Via et Imperium. Straßenbau und Herrschaft in römischer Welt, in: Siedlung und Verkehr im römischen Reich. Römerstraßen zwischen Herrschaftssicherung und Landschaftsprägung, Bern u.a. 2004, S. 348–359, hier S. 348f. Siehe hierzu auch Kolb, Anne (Hg.): Infrastruktur und Herrschaftsorganisation im Imperium Romanum. Herrschaftsstrukturen und Herrschaftspraxis, Berlin 2014 mit einem Beitrag von Rathmann, Michael: Der Princeps und die viae publicae in den Provinzen. Konstruktion und Fakten eines planmäßigen Infrastrukturausbaus durch die Reichszentrale [S. 197–221] sowie Rathmann 2003.

66 Kintzinger 2003, S. 313 f. Die bayerische Landesordnung von 1516 betonte dementsprechend »die fürstliche Verpflichtung zur Sicherung der Straßen und Wege im gesamten Land« [Brandstätter 2007, S. 202].

damit bestens, den Herrscher topisch zu loben. Zahlreiche historiographische Quellen des Mittelalters berichten von Herrschern, die es Reisenden in ihren Reichen ermöglicht hätten, mit Wertsachen unbehelligt zu reisen oder am *Straßenrand* verloren gegangene Wertsachen wieder zu erlangen.[67] Die ›reinen‹, sicheren Straßen Philipps von Hessen entsprachen diesem Topos des Herrscherlobes, das in ähnlicher Form »schon in der Bibel oder in Panegyriken auf römische Kaiser zu finden ist«.[68]

Sichere Straßen waren also gleichermaßen gedachtes Ideal und praktizierte Verpflichtung von Herrschaft. Die bayerische Landesordnung von 1553 betonte dementsprechend, wie schon die von 1516, die Verantwortung der *Fürstliche[n] Obrigkeit* im Herzogtum *die weg und strassen in unnserm lannde vor den Straßraubern und Beschedigern zuverhuetten*.[69] Damit wollten die Obrigkeiten den »Lackmus-Test für die Fähigkeit des Herrschers und den Zustand der öffentlichen Ordnung« bestehen, wie es Timothy Reuter für das Früh- und Hochmittelalter formuliert hat.[70] Die politischen Rahmenbedingungen und Handlungsmöglichkeiten veränderten sich seitdem maßgeblich, denn einerseits waren zwar auch die Straßen des 16. Jahrhunderts keineswegs gewalt- und fehdefrei,[71] andererseits leistete der Ewige Landfriede und das zur Durchsetzung des Landfriedens begründete Reichskammergericht doch einen herausgehobenen Beitrag zur vermehrten Durchsetzung des Straßenfriedens. Denn aus der Möglichkeit, das Gericht anzurufen, entwickelte sich ein »Angebot gerichtlicher Verfahren [und] letztendlich eine Alternative zur Fehdepraxis«.[72] Um die Übergriffe von den Räubern *uff die Strassen* zu verhindern,[73] standen im 16. Jahrhundert zudem die 1500 und 1512 eingerichteten zehn Reichskreise zur Verfügung.

---

67 Reuter 1996, S. 174 (Anm. 16).
68 Ebd., S. 173.
69 Bairische Lanndtßordnung 1553, Buch 6, Tit. 9.
70 Reuter, Timothy: Die Unsicherheit auf den Straßen im europäischen Früh- und Hochmittelalter: Täter, Opfer und ihre mittelalterlichen und modernen Betrachter, in: Fried, Johannes (Hg.): Träger und Instrumentarien des Friedens im hohen und späten Mittelalter, Sigmaringen 1996, S. 169–201, hier S. 170.
71 Siehe etwa Krafft, Otfried: Eine Fehde, ein Reichsachtverfahren und das Ende zweier Grafschaften. Die Kaufleute Veckinchusen im Streit mit den letzten Grafen von Ziegenhain, in: Zeitschrift des Vereins für Hessische Geschichte und Landeskunde 111 (2006), S. 31–62; Franz 2003, S. 181* resümiert mit Blick auf die sicherheitsrelevanten Bestimmungen der bayerischen Landesordnung von 1516, dass »gewalttätige Fehde, bäuerliche Austreter sowie Einfälle an den Landesgrenzen immer noch mehr oder weniger zu den alltäglichen Ereignissen zählten«.
72 Baumbach 2015.
73 Oettinger, Johannes: Tractatus De Iure Et Controversiis Limitum; Ac Finibus Regundis. Oder Gründlicher Bericht / Von den Gräntzen und Marcksteinen / wie durch dieselbe der Königreich / Landschafften / ... nach Außweisung der gemeinen Rechten / und eines jeden Lands Gewonheit / unterschieden / eingesteint / und die darauß entstehende Nachbarliche Stritt und Mißverständ / erörtert und beygelegt werden sollen [....], Ulm 1642 [VD17 1:014798], S. 32.

Anfänglich nur als »Hilfsmittel« für den Einzug von Gebühren und zur Bereitstellung von Beisitzern für Reichsregiment und Reichskammergericht vorgesehen, waren die Reichskreise seit der Reichsexekutionsordnung von 1555 mit der Wahrung des Landfriedens betraut.[74] Doch bereits 1553 beschäftigte sich ein Abschied des Fränkischen Reichskreises mit *Irrungen [des] gartenden und aufrührerischen Kriegsvolks*,[75] bevor auf Grundlage einer im November 1554 während einer Versammlung aller Reichskreise angenommenen Ordnung bezüglich der Exekution des Landfriedens[76] die Friedenswahrung zu einer Kernaufgabe der »regionale[n] Selbstverwaltungskörper und Selbsthilfeeinrichtungen« wurde.[77] Vor allem in den Reichskreisen mit einer Vielzahl an sehr unterschiedlichen Reichs- und Kreisständen war die Wahrung des Landfriedens und damit immer auch des Straßenfriedens ein wiederkehrender Gegenstand von Kreisverhandlungen und -abschieden.[78]

Die Wahrung respektive Schaffung des Ewigen Landfriedens im Reich und auf den Straßen war daneben stets ein Anliegen, das mit dem Kaiser auf Reichstagen verhandelt wurde. Dabei lassen sich ähnliche Mechanismen der Versicherheitlichung herausstellen, wie dies die Mandate und Ordnungen für Pfalz-Neuburg bereits gezeigt haben. 1548 forderte der Reichsabschied die Stände dazu auf, in ihrem jeweiligen Herrschaftsgebiet für das sichere Geleit auf den *offnen, freyhen strassen* des Reiches[79] und im Falle der Verletzung für die Nacheile zu sorgen.[80] Diese Bestimmung ging auf Initiative der Reichsstädte zurück.[81] In einer Supplik an Kaiser Karl V. wiesen sie auf die Schädigung des Handels

---

74 Dotzauer, Winfried: Die deutschen Reichskreise (1383–1806). Geschichte und Aktenedition, Stuttgart 1998, S. 34 (Zitat) u. 59 f.
75 StAB Fränkischer Kreis, Kreisarchiv, 2b (Abschied vom 12.4.1553). Siehe insgesamt zur Entwicklung des Fränkischen Reichskreises bis 1559 Hartung, Fritz: Geschichte des Fränkischen Kreises. Darstellung und Akten, Bd. 1 [kein weiterer Band erschienen]: Die Geschichte des Fränkischen Kreises von 1521–1559, Leipzig 1910.
76 Hartmann, Peter Claus: Der Bayerische Reichskreis (1500 bis 1803): Strukturen, Geschichte und Bedeutung im Rahmen der Kreisverfassung und der allgemeinen institutionellen Entwicklung des Heiligen Römischen Reiches (Schriften zur Verfassungsgeschichte 52), Berlin 1997, S. 46. Bei dem General-Kreis-Konvent in Frankfurt a. M. waren, abgesehen vom Oberrheinischen Kreis, alle Kreise vertreten. Mit Ausnahme des Kurrheinischen Kreis wurde die Ordnung von allen Anwesenden angenommen.
77 Gotthard, Axel: Das Alte Reich (1495–1806), 4. Aufl., Darmstadt 2009, S. 26.
78 Dies geht für den fränkischen Reichskreis aus Verzeichnissen der Kreisabschiede [StAB Fränkischer Kreis, Kreisarchiv, 1, 2a u. 2b] sowie aus gleichfalls zeitgenössischen Sachindices der Kreisaktenbestände hervor [ebd., Kreisarchiv, 13 u. 14]. So verweist etwa StAB Fränkischer Kreis, Kreisarchiv, 14, fol. 16v–17r für den Aktenband für die Jahre 1550 bis 1560 durchgehend auf den Landfrieden und den Gegenstand *Raub und Plackerey*. Siehe zum Schwäbischen Reichskreis etwa den Kreisabschied vom 29. Aug. 1556 [HStAS C 9, Nr. Bü 558], vom 18. Jan. 1577 [HStAS C 9, Nr. Bü 561] u. 30. Mai/9. Juni 1590 [HStAS C 9, Nr. Bü 562]. Zur Friedenssicherung des Bayerischen Kreises: Hartmann 1997, S. 321–335.
79 So lautet die Formulierung in der Supplik der Reichsstädte [Machoczek 2006 (Reichstagsakten), S. 963].
80 Reichsabschied 1547 (§ 20) [ebd., S. 2658 f.].
81 Ebd., S. 73.

durch die Unsicherheit auf den Straßen hin und hoben zugleich den bereits für die Antike konstatierten Ruhm hervor, welchen der Kaiser erlangen könne, wenn er die Straßen *geseubert, befriedet und in sicherung gestellt* habe. Mit solchen Straßen könne man nach Ansicht der Reichsstädte wie in anderen *landen und provintzien* wieder sicher *handeln und wandeln*.[82] Ausschließlich um den Straßenfrieden ging es den Städten jedoch nicht, versuchten sie doch wiederholt auf dem Reichstag, die Obrigkeiten mit Geleitsprivilegien dazu anzuhalten, einen erlittenen Schaden zu ersetzen.[83] Einen solchen Schadensersatz sah das Geleitsrecht nur bei Sachschäden vor, die durch Dritte (Räuber), nicht aber bei Unfällen entstanden waren.[84] Die säumigen Geleitsgeber blieben bei Unfällen aber weiterhin unbehelligt – der Reichsabschied von 1548 forderte lediglich dazu auf, die *strassen frey und rain* zu halten und für die Sicherheit auf den Straßen zu sorgen.[85] Wie in Pfalz-Neuburg, so sollten zur Wahrung des Straßenfriedens und *zu befurderung des gmainen nutz* Angreifer auf der Straße durch alle Mitglieder des Gemeinwesens (*oberkaith, amptleuth und underthanen*[86]) verfolgt, dadurch gefasst und einer Bestrafung zugeführt werden.

Wie dieses Beispiel zeigt, waren Straßen mittelbar über die Durchsetzung des Landfriedens und über die Aushandlung einer konformen Ausgestaltung des Geleitwesens zwischen den unterschiedlichen Obrigkeiten Gegenstand von Verhandlungen auf dem Reichstag. Das politische Macht- und Herrschaftsgemenge zwischen den Ständen, konfessionelle Spannungen sowie teils militärische Auseinandersetzungen (Schmalkaldischer Krieg und Fürstenkrieg) erschwerten allerdings die Befriedung von Straßen. Die Schaffung von Sicherheit verlief keineswegs konstant, erfuhr aber immer wieder eine konkrete Ausformung, so auch – bezeichnenderweise – auf dem Augsburger Reichstag von 1555, der anordnete, zur Sicherung der Straßen auf eigene Kosten streifende Rotten einzurichten. Der Reichsabschied von 1559 schärfte die Nacheile und das Vorgehen gegen *strassenrauber* nochmals ein.[87]

Wie sehr sich Land- und Straßenfrieden gegenseitig bedingten, bestätigt der Markgrafenkrieg von 1552 bis 1554, in dessen Verlauf Markgraf Albrecht Alcibiades von Brandenburg-Kulmbach versuchte, eine Vormachtstellung in Franken zu erkämpfen.

---

82 Supplikation der Freien und Reichsstädte an Karl V. um Wiederaufrichtung des sicheren Geleits, Augsburg, 21. April 1548 [ebd., S. 963 f.].
83 Ebd., S. 73.
84 Koehler, B.: Art. ›Geleit‹, in: HRG I 1 (1971), Sp. 1481–1489, hier Sp. 1482.
85 Reichsabschied 1547 (§ 20) [Machoczek 2006 (Reichstagsakten), S. 2659].
86 Ebd.
87 Siehe zusammenfassend zu diesem Normenkomplex Härter, Karl: Entwicklung und Funktion der Policeygesetzgebung des Heiligen Römischen Reiches Deutscher Nation im 16. Jahrhundert, in: Ius commune 20 (1993), S. 61–141, hier S. 118 mit Hinweisen zu den Reichsabschieden von 1548, 1555 und 1559. Zum Reichsabschied von 1559 (Nacheile §§ 21–26, Zitat § 28): Der Kurfürstentag zu Frankfurt 1558 und der Reichstag zu Augsburg 1559 (Reichsversammlungen 1556–1662), Teilbd. 3, bearb. v. Josef Leeb, Göttingen 1999, S. 2012–2015.

Der Rat der Reichsstadt Nürnberg hob in einem Bericht über die Kriegsgeschehnisse hervor, wie Alcibiades wider allen Rechts Kaufmannswaren und Güter *auf den offentlichen Kay: und des hailigen Reychs Landstrassen* plündern ließ. Gegen den Vorwurf, mit den Fürstbischöfen von Bamberg und Würzburg trotz Konfessionsunterschieden zu koalieren, machte die Reichsstadt die komplexe Struktur der Herrschaftsgebiete geltend. Diese seien derart verschränkt *(vergaiselt und eingemengt)*, dass *schier kein strassen o[h]n des andern theils beförderung [...] sicher* sein könne. Zur Handhabung des *landfridens, sicherhait der strassen und guter polliceyscher ordnungen* musste also mit katholischen Reichsständen kooperiert werden.[88] Neben Kaiser und Reich, den Reichskreisen sowie den Landesherren waren es damit die Reichstädte, die in Erfüllung einer Herrschertugend und -pflicht »im Schutz der Verkehrswege ihre Aufgabe«[89] sahen und zu diesem Zweck Bündnisse schlossen. Es kann von einer auf die Befriedung von Straßen zielenden Politik gesprochen werden, die die Herrscher auch betrieben haben, um Handel und Wirtschaft zu schützen. Um die Abhängigkeiten einer funktionierenden Verkehrsinfrastruktur wusste aber ebenso Albrecht Alcibiades. Er ließ im Rahmen der genannten Auseinandersetzung die eindeutig so typisierbaren *Fernhandelsstraßen* des Nürnberger Umlands sperren, was zu einem merklichen Rückgang des Nürnberger Handels führte.[90]

Die Sperrung von Straßen durch Alcibiades markiert eine gleichermaßen negative Straßen- und offensive Kriegspolitik. Straßen konnten aber ebenso zur Verteidigung in Kriegszeiten gesperrt und damit gesichert werden. Im Zuge des Schmalkaldischen Krieges hielt der Rat der Stadt Nürnberg das *Landtvolck* nämlich dazu an, sich vor Überfällen des *Kriegsvolcks* zu schützen und deshalb nicht nur die Landgräben[91] an den *Strassen, Wegen und Fußsteygen* sowie um die Dörfer herum zu erneuern. Die Straßen und Wege sollten daneben nach Möglichkeit auch mit Schranken oder Gittertoren *(Schneller)* versehen und bei Nacht immer verschlossen werden. Nicht nur optional, sondern unumgänglich war laut Rat die Versperrung von Straßen, Wegen und Stegen, die *inn und an einem yeden Dorff* lagen. Sie sollten bei Nacht und notfalls auch tagsüber bewacht sowie die Schranken oder Tore geschlossen werden.[92]

---

88 AJns Erbarn Raths der Statt Nuermberg/Bestendiger warhafter Bericht der landfridbrüchigen Eempörung/vheindlicher thaten vnd handlungen/so Marggraf Albrecht zu Brandenburg [...] wider ainen Rhat vnd gemelte Stat Nürnberg/auch der selben Vnderthan vnd verwandten/Jm 1552 vnd 1553 Jaren geübt hat [...], Nürnberg 1553 [VD16 N 1961].
89 Conze, Werner: Art. ›Sicherheit, Schutz‹, in: Brunner, Otto/ders./Koselleck, Reinhart (Hg.): Geschichtliche Grundbegriffe. Historisches Lexikon zur politisch-sozialen Sprache in Deutschland, Bd. 5, Stuttgart 1984, S. 831–862, hier S. 836 f.
90 Endres 1963 II, S. 108. Den Straßenfrieden als Ziel der städtischen Umlandpolitik zur Förderung des Handels spricht für Lübeck und Zürich Raiser 1969, S. 95 an.
91 Siehe Kapitel 4.3.2.
92 StAN Reichsstadt Nürnberg, Druckschriften, 99 (Mandat vom 9. Nov. 1546).

Deutlich ist also, dass der Straßenfrieden nicht nur ein erstrebenswertes und durch den Diskurs sorgsam konstruiertes Ideal war, sondern immer wieder praktische Maßnahmen zu seiner Durchsetzung ergriffen werden mussten, an deren Durchführung Herrschaft und Untertanen gleichermaßen beteiligt waren. Das Interesse von Stadtobrigkeit und Landbevölkerung ging hier Hand in Hand. Den Straßenfrieden bedrohten aber nicht nur Krieg und Fehden sowie Straßenräuber, *Straßmörder,* Totschläger und Vergewaltiger.[93] Daneben stellten die nach Kriegs- und Fehdehandlungen beschäftigungslosen, umherziehenden Landsknechte eine, so Bernhard Kroener, »Landplage« dar,[94] gegen die gleichermaßen das Reich (Kaiser und Reichstag), die Reichskreise, die Territorien und Städte, ja selbst Dörfer vorgingen. Die Bestimmungen der Reichspoliceyordnungen[95] zielten zusammen mit den zahlreichen Mandaten und Generalartikeln, die etwa in Pfalz-Neuburg,[96] Augsburg (Domkapitel),[97] Nürnberg,[98] Würzburg (Fürstbistum),[99] Burggrumbach (Dorf)[100] und vor allem im Herzogtum Bayern[101] gegen die Gartknechte erlassen wurden, darauf, die

---

93 BayHStA Kurbayern Mandatensammlung, Mandat vom 4.10.1512.
94 Kroener, Bernhard R.: Kriegswesen, Herrschaft und Gesellschaft 1300–1800 (EDG 92), München 2013, S. 27.
95 Reichspoliceyordnung von 1548 [Abschnitt 7]: *Von den Hernlosen Knechten, so sich understehen zuversamblen und die armen Leuthe zubeschweren* [Weber, Matthias (Hg.): Die Reichspolizeiordnungen von 1530, 1548 und 1577. Historische Einführung und Edition (Ius Commune Sonderhefte, Studien zur Rechtsgeschichte 146), Frankfurt a. M. 2002, S. 177 f.] sowie der fast gleichlautend betitelte Abschnitt der Reichspoliceyordnung von 1577 [ebd., S. 225–227]; siehe hierzu auch Härter 1993, S. 112.
96 Mandat vom 4.11.1545; Mandat vom 27.4.1554; Generalartikel vom 20.2.1576; Mandat vom 28.9.1581; Mandat vom 26.6.1582; Mandat vom 13.6.1598; Befehl vom 10.1.1601; Policeyordnung vom 13.6.1606; Befehl vom 13.11.1609; Mandat vom 3.8.1613; Befehl vom 18.1.1614 [Rep. 3.2., Nr. 44, 55, 98, 109, 111, 129, 137, 156, 172, 175 u. 180].
97 Die »gute« Policey im Schwäbischen Reichskreis, unter besonderer Berücksichtigung Bayerisch-Schwabens (Die »gute« Policey im Reichskreis 1), hg. v. Wüst, Wolfgang, Berlin 2001, S. 293 f. (Policeyordnung Domkapitel Augsburg 1571/1579), Abschnitt: *Von hausen, geheuseten auch gartenden knechten, fremden und betlern.*
98 Vernewte Policeyordnung, Mandata und Gesetz, Järlich am Ersten und Andern Sontag in der Fasten auff dem Lande zuverkünden, [Nürnberg] 1527, Abschnitt *Gartierende landtsknecht und herrenloß gesind belangend* [StAN Reichsstadt Nürnberg, Druckschriften, 110]. Ebenso abgedruckt in: Die »gute« Policey im Fränkischen Reichskreis (Die »gute« Policey im Reichskreis 2), hg. v. Wüst, Wolfgang, Berlin 2003, S. 125–166, hier S. 156 f.
99 Ordnung vom 8.7.1559 [Rep. 11.2, Nr. 95].
100 Policeyordnungen zur fränkischen Adelskultur (Die »gute« Policey im Reichskreis 8), hg. v. Wüst, Wolfgang, Erlangen 2018, S. 325 f. (*Grumbachische dorffs gerichts ordthnung,* zw. 1562 u. 1592), Abschnitt: *Von frombten betlern, landtsknechtend vnd andern streichern.*
101 Landgebot vom 26.5.1501; Landgebot vom 27.11.1507; Landesordnung vom 23.4.1516; Mandat vom 1.6.1523; Mandat vom 21.10.1525; Mandat vom 18.02.1526; Mandat vom 11.2.1527; Landgebot vom 25.2.1529; Mandat vom 28.3.1530; Mandat vom 19.4.1533; Mandat vom 23.2.1534; Mandat vom 17.4.1535; Mandat vom 25.12.1539; Mandat vom 18.3.1540; Mandat vom 3.4.1540; Mandat vom 9.3.1543; Mandat vom 23.3.1543; Mandat vom 9.5.1543; Mandat vom 4.1.1545; Mandat vom 12.8.1545; Mandat vom 1.10.1548; Mandat vom 21.3.1550; Mandat vom 16.7.1551; Landesordnung vom 9.1.1553; Mandat vom 6.4.1554; Mandat vom 5.5.1554; Mandat vom 26.7.1555; Mandat vom 22.12.1556; Mandat vom 14.2.1560;

öffentliche Sicherheit und Ordnung dies- und jenseits der Straßen herzustellen.[102] Neben der Häufigkeit, mit der Verfügungen gegen die *gartenden,* also marodierenden, bettelnd durch die Lande ziehenden und vagabundierenden Landsknechte ergingen,[103] ist es die Auflagenhöhe der einzelnen Mandate, die von der Relevanz dieses Sicherheitsproblems zeugt. So war 1551 im Herzogtum Bayern ein Mandat zur Regulierung dieser »bedrohliche[n] Mobilität«[104] 1.870 Mal und drei Jahre später weitere 1.300 Mal im Umlauf. Mandate zu anderen Themenbereichen wie dem Fürkauf oder dem Handwerk wurden demgegenüber 1551 nur zwischen 230 und 950 Mal gedruckt.[105]

Als Bedrohung für den (Straßen-)Frieden wahrgenommen wurde daneben die im Zuge der Bevölkerungszunahme stetig wachsende »Großgruppe der ›herrenlosen, fahrenden Leute‹«, zu denen außer den vagabundierenden Söldnern Bettler, Schausteller, Tagelöhner, Hausierer, Kleinhändler, ›Zigeuner‹ und nicht zuletzt diejenigen zählten, die sich »durch ihre Unterhaltungskünste, Gelegenheitsarbeiten, Kleinkriminalität ernährten«.[106] Gegen diese sehr mobilen, nicht-sesshaften Gruppen ergingen wiederholt Bestimmungen.[107]

Mandat vom 1.9.1561; Mandat vom 7.6.1563; Mandat vom 18.3.1564; Mandat vom 4.8.1565; Mandat vom 25.2.1566; Mandat vom 29.11.1556; Mandat vom 2.4.1567; Mandat vom 1.5.1568; Mandat vom 22.4.1569; Mandat vom 20.9.1569; Mandat vom 5.1.1570; Mandat vom 7.4.1570; Mandat vom 16.12.1570; Mandat vom 20.12.1570; Mandat vom 14.4.1572; Mandat vom 17.5.1574; Mandat vom 22.6.1577; Mandat vom 21.2.1579; Mandat vom 7.5.1580; Mandat vom 6.5.1581; Mandat vom 20.6.1583; Mandat vom 18.9.1584; Mandat vom 13.10.1584; Mandat vom 10.6.1589; Mandate vom 16.3.1590; Mandat vom 1.3.1594; Verordnung vom 17.5.1595; Mandat vom 6.1.1597; Mandat vom 6.6.1597; Landgebot vom 13.3.1598; Mandat vom 15.3.1598; Mandat vom 6.5.1598; Mandat vom 30.12.1598 [Rep. 3.1.: Bayern, Nr. 52, 152, 166, 183, 192, 195, 200, 207, 211, 225, 231, 235, 255, 258, 259, 272, 273, 274, 280, 282, 291, 294, 299, 307, 312, 313, 320, 322, 331, 336, 340, 345, 357, 361, 368, 370, 379, 384, 386, 391, 393, 399, 401, 410, 422, 428, 435, 442, 453, 467, 468, 471, 484, 487, 488, 508, 518, 527, 530, 532, 533, 534, 537]. Eine Auswahl dieser Mandate wertet Brunner, Hilmar: Polizeigesetzgebung im Herzogtum Bayern 1508–1598 (Rechtsgeschichtliche Studien 29), Hamburg 2009, S. 44–54 aus.

102 Siehe insgesamt hierzu Härter 1993, S. 107 f. u. Reusch 2018.
103 FWB, Lemma ›garten‹, URL: http://fwb-online.de/go/garten.s.3v_1543823821 (18.4.2023). Zur Bezeichnung Gartknecht und der damit verbundenen Stigmatisierung von Söldnern: Huntebrinker 2010, S. 122–127.
104 Reusch 2018.
105 Brunner 2009, S. 16 f. Zum Münzverruf oder zu Schießstätten gingen 1554 jedoch gleichfalls 1300 Stück in den Druck. Zur Bedeutung des Drucks für die Geltungskraft einer Policeyordnung siehe Härter, Karl: Gesetzgebungsprozeß und gute Policey: Entstehungskontexte, Publikation und Geltungskraft frühneuzeitlicher Policeygesetze (PolicyWorkingPapers des Arbeitskreises Policey/Polizei in der Vormoderne 3), hg. v. Holenstein, André u. a., Frankfurt a. M. 2002, S. 1–32, URL: https://akpolicey.univie.ac.at/wp-content/uploads/pwp_03.pdf (18.4.2023), hier bes. S. 15 u. 23.
106 Härter 1993, S. 108; Schubert 1995.
107 Kleinschmidt, Harald: Menschen in Bewegung. Inhalte und Ziele historischer Migrationsforschung, Göttingen 2002, S. 122. Siehe zur Definition von Reisenden (zeitliche begrenzten Aufenthalt in einer anderen Region unter Beibehaltung des ›Wohnortes‹) und Migranten (Um- und Wegzug) auch Hahn, Sylvia: Historische Migrationsforschung (Historische Einführungen 11), Frankfurt a. M. 2012, S. 24–27, bes. S. 26.

Der ›Gesetzgebungsstaat‹[108] respektive die gesetzgebenden Obrigkeiten des 16. Jahrhunderts versuchten, die Fortbewegung auf den Straßen dauerhaft in Erfüllung einer seit der Antike bekannten Herrschertugend und -pflicht zu sichern. Eine solche Kontinuität kann freilich nicht über die neue Qualität (Ewiger Landfrieden als Versprechen und Verpflichtung; kooperatives Vorgehen von Nachbarterritorien, über die Reichskreise und auf dem Reichstag; verstärkte Reglementierung und Normierung) der Versicherheitlichungsbemühungen hinwegtäuschen. Dazu trug auch auf entscheidende Weise die Gute Policey als allgemeine Ordnungsvorstellung politischen Handelns bei. Sie etablierte sich gerade in Reaktion »auf krisenhafte Symptome und Entwicklungen wie Bevölkerungszunahme, Teuerung, Hunger, Seuchen, Fehde und Gewalttaten«.[109] Besonders das Bevölkerungswachstum beförderte aber nicht nur die Reglementierung nahezu aller Gesellschafts- und Lebensbereiche des Gemeinwesens,[110] sondern führte tatsächlich zu einer gesteigerten Armut und einer Zunahme jener auf den Straßen umherziehenden Menschen, deren geographische Mobilität auch aufgrund der verstärkten Trennung zwischen ›würdigen‹ und ›unwürdigen‹ Armen nicht mehr geduldet war;[111] der nicht-sesshafte, fahrende gemeine Mann galt, anders als im Mittelalter, als Müßiggänger und wurde als zwielichtige Existenz stigmatisiert.[112] Auf den Straßen zogen aber auch deshalb mehr Menschen umher, da die Söldnerhaufen anders als die Reiterheere auf viele Fußknechte angewiesen waren, wodurch wiederholt zahlreiche Gartknechte unterwegs waren.[113]

Wie bereits angesprochen, ist Herrschaft jedoch nie ein einseitiger Prozess, weshalb die Versicherheitlichung ebenso und vor allem dem Interesse der sesshaft(er)en Menschen entsprach, obgleich Nichtsesshafte wie umherziehende Geschäftsleute immer auch unverzichtbarer Teil der Gesellschaft waren[114] und die Übergänge zwischen Sesshaftigkeit und Mobilität fließend sein konnten.[115] Zu bedenken ist zudem, dass die Gesellschaft an der Wende vom Mittelalter zur Frühen Neuzeit aufgrund der Entdeckung der Neuen Welt, des Verlusts der Einheit der westlichen Christenheit und der Verlagerung der Wirtschaftsströme hin zum Atlantik in eine allgemeine Unordnung geraten ist.[116] Wie Winfried Schulze hervorhob, führte dies dazu, dass die ständische Ordnung durch den ver-

---

108 Bahlcke, Joachim: Landesherrschaft, Territorien und Staat in der Frühen Neuzeit (EDG 91), München 2012, S. 26.
109 Härter, Karl: Art. ›Polizei‹, in: EdN – Online [2014].
110 Härter 1993, S. 63.
111 Schubert 1995, S. 351–385.
112 Ebd., S. 2 f.
113 Ebd., S. 415. Zur sozialen Zusammensetzung von Söldnern näher Huntebrinker 2010, S. 55–70.
114 Schubert 1995, S. 20–23; Lucassen, Jan/Lucassen, Leo: Art. ›Fahrendes Volk‹, in: EdN – Online [2014] die jedoch, anders als Schubert 1995, nur einen kleinen Teil der Bevölkerung zum fahrenden Volk rechnen.
115 Zeitlhofer 2001 u. Zeitlhofer 2014, S. 157–168.
116 Eser/Armer 2017.

mehrten Bezug auf das Dreiständemodell als ein statisches »Ordnungssystem höherer Qualität« gerade im 16. Jahrhundert wiederholt beschworen wurde.[117] Zugleich wurde die geographische Mobilität unter der Prämisse der Sicherheit verstärkt reglementiert.

Straßensicherheit war ein Anspruch, den eine immer umfassender werdende »Sicherheitspolicey«[118] zu verwirklichen versuchte. Die Herrschaftsstruktur des römisch-deutschen Reiches bedingte es hierbei, dass die Sicherheit auf Straßen, wie insgesamt die Friedenswahrung im Reich, im Unterschied zu den westeuropäischen Monarchien in England und Frankreich nicht autoritativ durchgesetzt werden konnte,[119] sondern in erster Linie einer dezentralisierten und regionalisierten Umsetzung bedurfte.

Einen absoluten Straßenfrieden, der überall für jeden Nicht-Vaganten galt, konnte es aber allein schon aufgrund des Umfangs der Verkehrsinfrastruktur nicht geben. Die von verschiedensten Akteuren getragene, dynamische und prozesshafte Versicherheitlichung[120] der Straßen war in ihrer Wirkung auch deshalb limitiert, da prinzipiell jeder Straßenabschnitt von jedermann zu jederzeit in guter wie in schlechter Absicht zu erreichen war. Diese Öffentlichkeit[121] konnten sich vor allem die Straßenräuber so lange zunutze machen, wie Schutzmaßnahmen und Strafverfolgung auf die Ad-hoc-Kooperation von Amtsträgern und Untertanen vor Ort angewiesen waren. Doch auch wenn erst »die Entstehung größerer Staatsgebilde im Zeitalter Napoleons mit leistungsfähigen Verwaltungen und weiterem Aktionsradius [...] den Räuberbanden bis in die 1820er Jahre den Garaus« bereiteten,[122] gab es bereits im 16. Jahrhundert mittels Policeyordnungen implementierte komplexe Maßnahmen zur Sicherung sowohl zentraler als auch abgelegener Wege und Stege. Besonders das lokale Wissen um Schleich- und Ausweichwege war für die Absicherung und Überführung der Räuber zusammen mit der Organisation der Nacheile ein unerlässlicher Bestandteil der von Untertanen, Amtsträgern und Herrschaftsträgern gemeinsam angestrebten und etablierten Schutzmechanismen. Einzig den Obrigkeiten war es allerdings möglich, bei Bedarf territoriumsübergreifend umfänglichere Schutzmaßnahmen zu koordinieren.

---

117 Schulze, Winfried: Die ständische Gesellschaft des 16./17. Jahrhunderts und die moderne historische Forschung, in: Bödeker, Hans Erich (Hg.): Alteuropa – Ancien régime – frühe Neuzeit, Stuttgart 1991, S. 51–77, hier S. 58.
118 Härter 2016, S. 31.
119 Carl, Horst: Landfrieden als Konzept und Realität kollektiver Sicherheit im Heiligen Römischen Reich, in: Naegle Gisela (Hg.): Frieden schaffen und sich verteidigen im Spätmittelalter/Faire la paix et se défendre à la fin du Moyen Âge (Pariser Historische Studien 98), Göttingen 2011, S. 121–138, hier S. 123.
120 Carl/Westermeier 2018.
121 Siehe Kapitel 2.2.5.
122 Hippel, Wolfgang von: Armut, Unterschichten, Randgruppen in der Frühen Neuzeit (EDG 34), 2. akt. u. um einen Nachtrag erweiterte Aufl., München 2013, S. 36.

Der Fragilität des Straßenfriedens resultierte auch daher, dass wenige Anlässe und Personen zur Bedrohung ausreichten und es erschwerten, sich fortzubewegen. So konnten Straßenräuber für eine Unsicherheit auf Straßen sorgen, die, im Vergleich zu Kriegen und Fehden, von kürzerer Dauer, aber unkalkulierbarer war.[123] Wie virulent die Bedrohung durch Straßenräuber war und wie vehement hierauf die sanktionierende Obrigkeit reagierte, unterstreicht ein Index für eine Sammlung von Abschieden und Ordnungen von 1609. Dort wird auf *Strassräuber* verwiesen, die *an die Strassen gehenckt werden* sollen.[124] Mit solchen angekündigten Todesurteilen wurde der Straßenfrieden gleichermaßen für die nicht-devianten Straßennutzer sowie die autoritär agierenden Obrigkeiten wiederhergestellt, um vor Folgetaten weithin sichtbar abzuschrecken. Darüber hinaus konnten die Obrigkeiten als Normdurchsetzer in Erscheinung treten und damit performativ Herrschaft über ihre Straßen zum Ausdruck bringen.[125] Der Straßenrand rückte so ins Zentrum der Ordnungs- und Stabilisierungsbemühungen des Landfriedens und wurde damit Teil der Herrschaftspraxis. Zum ersten Mal überhaupt taucht in der genannten Sammlung überdies das Wort *Strassensicherheit* auf.[126] Dennoch: Alle Maßnahmen, die im Rahmen der Sicherheits- und Straßenpolicey ergriffen wurden, konnten nicht darüber hinwegtäuschen, dass der Friede auf den Straßen fragil blieb, obgleich insgesamt die Straßen des 16. Jahrhunderts im Vergleich zum Spätmittelalter wohl sicherer wurden,[127]

---

123 Siehe beispielhaft, neben den Befunden von Spicker-Beck 1995 u. Esch 1998 II, die auf oder in der Nähe der Straße von Köln nach Aachen begangenen Raubtaten des 1527 hingerichteten Ludwig von Tetz [Schwerhoff, Gerd: Karrieren im Schatten des Galgens. Räuber, Diebe und Betrüger um 1500, in: Schmitt, Sigrid/Matheus, Michael (Hg.): Kriminalität und Gesellschaft in Spätmittelalter und Neuzeit, Stuttgart 2005, S. 11–46, hier S. 16–20]; zur Quantität an Hinrichtungen von Dieben und Räubern – alleine in München waren es zwischen 1574 und 1591 31 von insgesamt 48 – ebd., S. 36.
124 Reichssatzung Deß Heiligen Römischen Reichs, Bd. 1, Hanau 1609, Indexeintrag *Von Strassenraub*.
125 Schwerhoff, Gerd: Historische Kriminalitätsforschung (Historische Einführungen 9), Frankfurt a. M. 2011, besonders S. 96–99. Hier gilt es zu beachten, was die Kriminalitätsforschung in Hinblick auf die tatsächliche Umsetzung von Todesstrafen herausgearbeitet hat: nur ein geringer Anteil der Strafen wurde als Todesstrafen formuliert. Die Ankündigung von 1609 lässt sich damit differenziert betrachten und zeigt, dass über den Straßenfrieden und konkrete Maßnahmen verhandelt und sie auch ergriffen wurden. Die Umsetzung blieb freilich hinter der Ankündigung zurück.
126 Reichssatzung Deß Heiligen Römischen Reichs, Bd. 1, Hanau 1609, Indexeintrag *Von Strassen*.
127 So die Einschätzung von Brübach, Nils: Die Reichsmessen von Frankfurt am Main, Leipzig und Braunschweig (14.–18. Jahrhundert) (Beiträge zur Wirtschafts- und Sozialgeschichte 55), Stuttgart 1994, S. 372 f. für die Straßennutzung hin zur Frankfurter Messe mittels Geleits, darunter das »›Nürnberger Messegeleit‹ über Würzburg oder Ansbach-Tauberbischofsheim-Miltenberg-Aschaffenburg nach Frankfurt« [ebd., S. 376]. Der Befund einer zunehmenden Sicherheit bedürfte freilich – allein schon aufgrund der von Rothmann 1998, S. 20 f. (Anm. 73) vorgebrachten generellen Bedenken gegenüber der Studie – einer eingehenden, epochenübergreifenden Untersuchung, die über die Messen hinausgeht. Denn die Messen waren nicht nur Zeiten der erhöhten Gefährdung auf Straßen aufgrund ihrer von den potentiellen Räubern erwarteten Frequentierung, sondern erfuhren gerade aufgrund dieser erhöhten Gefahrenlage auch einen besonderen Schutz. Siehe hierzu etwa die von Müller, Johannes: Geleitswesen und Güterverkehr zwischen Nürnberg und Frankfurt im 15. Jahrhundert, in: VSWG 5 (1907), S. 173–196 u. 361–409 unter-

und zwar ungeachtet oder womöglich sogar aufgrund der Mehrzahl an Menschen, die auf den Straßen unterwegs waren.[128]

5.2 Zollrechte, Unterhaltspflichten und Zöllner als Straßenerhaltungsexperten

Wer *Zoll- und Geleitstraßen* in der Vormoderne nutzte und befuhr, musste dafür in der Regel bezahlen. Ob auf *Königs- bzw. Reichsstraßen, Landstraßen* oder zahlungspflichtigen *Nebenstraßen*: Zoll- und Geleitsprivilegien stellten seit deren Übertragung an die Territorialherren und Stadtobrigkeiten ein zentrales und daher vielfach umstrittenes Mittel der Handels-, Wirtschafts- und Territorialpolitik dar. Indem sie überdies für die Rechteinhaber eine bedeutende Einnahmequelle schufen,[129] markieren die Geleits- und Zollregalien ein wichtiges Handlungsfeld der Obrigkeiten. Zusammen mit den Bemühungen um eine Befriedung der Straßen resultierte hieraus eine Straßenpolitik, deren Konfliktpotential mit der Geleitstraße bei Hohenmemmingen bereits zur Sprache kam.[130]

Wie die historische Forschung zum Zoll- und Geleitwesen differenziert feststellen konnte, existierte Zoll einerseits als »Abgabe, die beim Transport eines Gutes über eine Zoll-Grenze« erhoben wurde.[131] Andererseits fiel für die Benutzung »öffentlicher Verkehrseinrichtungen (Straßen, Brücken, Flüssen, Häfen)«[132] Maut an, welche gleichfalls

---

suchten Bemühungen des Nürnberger Rates und der Kaufleute, die Geleitstraßen zur Frankfurter Messe im 15. Jahrhundert nicht mehr nur »infolge von Anschlägen oder ausgebrochenen Fehden« [ebd., S. 177], sondern generell zu sichern. Der besondere Schutzbedarf zu Messezeiten ergab sich auch daraus, dass die Nürnberger Geleitszüge mindestens sechs Tage benötigten, um in das rund 230 Kilometer entfernte Frankfurt zu gelangen [ebd., S. 176].

128 Mehr Straßennutzer bedingten nicht zwangsläufig eine größere Sicherheit, da jeder Moment, in denen man nur für sich (zusammen mit Reisegefährten) des Weges ging oder fuhr, Gelegenheiten für einen Überfall schuf. Davon unberührt bleibt zu bedenken, dass nicht zuletzt die Bevölkerungszunahme nur ein Indiz für die schon von Schubert 1995, S. 43 kritisch bedachte und hier in der Einleitung bereits angeführte Vermutung bleibt, »die Landstraßen wären im 16. Jahrhundert voller geworden«.

129 Adam, Hildegard: Das Zollwesen im Fränkischen Reich und das spätkarolingische Wirtschaftsleben. Ein Überblick über Zoll, Handel und Verkehr im 9. Jahrhundert (VSWG Beihefte 126), Stuttgart 1996; Denzel, Markus A.: Art. ›Zoll‹, in: EdN 15 (2012), Sp. 547–552; Endres 1963 I; Koch, Alois: Zoll und Maut in Schwaben (bis 1800), publiziert am 01.08.2014, in: Historisches Lexikon Bayerns, URL: http://www.historisches-lexikon-bayerns.de/Lexikon/Zoll_und_Maut_in_Schwaben_(bis_1800) (18.4.2023); Merz, Johannes: Fürst und Herrschaft. Der Herzog von Franken und seine Nachbarn 1470–1519, München 2000, S. 54–59; Oberndörfer, Klaus: Das Zollwesen der Reichsstadt Nürnberg, Diss. iur. Erlangen-Nürnberg 1965; Stolz, Otto: Die Geschichte des Zollwesens, Verkehrs und Handels in Tirol und Vorarlberg von den Anfängen bis ins XX. Jahrhundert (Schlern-Schriften 108), Innsbruck 1953.

130 Siehe Kapitel 2.2.3.

131 Denzel 2012, Sp. 547.

132 Pohl 1982, S. 649.

von Forschern[133] und vormodernen Zeitgenossen oftmals gleichlautend und auch hier als Zoll bezeichnet wird.[134] Eine weitere, sehr ursprüngliche »Art von Zoll«, musste in »Verbindung mit [dem] Geleit« gezahlt werden.[135] »Man spricht deshalb auch von Zollgeleit,«[136] welches sowohl die »Sicherung des Handelsverkehrs als auch sekundär die Sicherung von Reisenden zum Ziel« hatte.[137] Die Zoll- und Geleitsrechte brachten für die Privilegierten neben Einnahmen auch gewisse Pflichten mit sich, da sich hieraus Nutzungsansprüche und Instandhaltungsgebote für die Obrigkeiten ergaben, die ein dezidiert straßenbezogenes Handeln von Herrschern einforderten. Zu zeigen bleibt also, dass die Straßen des 16. Jahrhunderts nicht sich selbst überlassen blieben, sondern wichtiger Teil des Territorialisierungsprozesses waren.

Neben der im Zusammenhang mit dem (Zoll-)Geleit bereits angesprochenen Sicherheit stand beim Zoll dezidiert der Unterhalt der Straßen im Vordergrund.[138] Denn alle, die *Zolle nehmen uff Wasser oder auff dem Lande, die sollen den Wegen unnd Brucken ihre Recht halten mit machen und mit Besserunge.*[139] Wo dies jedoch nicht geschehe, dürfe – laut der 1609 wiedergedruckten sogenannten Reformation Kaiser Friedrichs III. von 1441 – der Zoll einbehalten werden, *so lange bis der Weg gemacht würde.*[140] Das Recht zur Erhebung von Zöllen ging im römisch-deutschen Reich seit dem Mittelalter mit der Pflicht zum

---

133 Denzel 2012, Sp. 548.
134 Bereits im »15. Jahrhundert wurden Zoll und Maut unterschiedslos gebraucht« [Rosenthal, Eduard: Geschichte des Gerichtswesens und der Verwaltungsorganisation Baierns, Bd. 1: Vom Ende des 12. bis zum Ende des 16. Jahrhunderts (1180–1598), Würzburg 1889 (ND 1906), S. 389].
135 Koch 2014. Nach Voigt 1965, S. 234 hatte der Zoll grundsätzlich den »ursprüngliche[n] [...] Charakter eines Entgelts für den gewährten Rechtsschutz, er war Geleitgeld«. »Dieser sogenannte Geleitzoll trennte sich im dreizehnten [sic] Jahrhundert vom Passierzoll«, wie die Maut auch genannt werden kann [Pohl 1982, S. 649].
136 Schaab 1982, S. 5.
137 Lingelbach 2011, Sp. 40. Siehe hierzu näher Fiesel, Ludolf: Woher stammt das Zollgeleit?, in: VSWG 19 (1926), S. 385–412. Eine genaue Abgrenzung von Zollgeleit zum Zoll ist jedoch nicht möglich, wie Schmoeckel, Mathias: Art. ›Zollgeleit‹, in: HRG I 5 (1998), Sp. 1757–1759, hier Sp. 1758 einräumt.
138 Treffend betont so etwa auch Ziegler, Walter: Studien zum Staatshaushalt Bayerns in der zweiten Hälfte des 15. Jahrhunderts. Die regulären Kammereinkünfte des Herzogtums Niederbayern 1450–1500, München 1981, S. 84, dass »die Sicherung der Straßen wie der Schiffsrouten sowohl gegen die Unbill der Natur (Ausgaben für ›Weg und Steg‹) als auch gegen fremde Gewalt (Geleit) zu den Grundaufgaben der Zollstätten« gehörten.
139 Reichssatzung Deß Heiligen Römischen Reichs/Keyser/König/Churfürsten und Gemeiner Stände/Constitution/Ordnung/Rescript und Außschreiben/auff den gehaltenen Reichstägen und Keyserlichen Höffen statuirt und außgangen [...], Bd. 2, Frankfurt a. M. 1613 [VD17 1:018459T]: Reichsabschied von 1236 (S. 19).
140 Reichssatzung Deß Heiligen Römischen Reichs, Bd. 1, Hanau 1609: Reformation Kaiser Friedrichs III. von 1441 (S. 166). Ein Druck hiervon datiert bereits aus dem Jahr 1531 [VD16 D 785]. Ob es diese Reformation tatsächlich gab, ist aber zweifelhaft, wie bereits Homeyer, Carl Gustav: Über die unächte Reformation Kaiser Friedrichs des Dritten, in: Monatsberichte der Königlichen Preuß. Akademie der Wissenschaften zu Berlin, Juni 1856, S. 291–304 ausführt.

Unterhalt der Straßen einher. Alle zur Erhebung von Zöllen berechtigten *Städte oder Flecken* hatten somit unter Verwendung von Holz, Rasen/Erdreich *(Wasen)*, dürren Zweigen *(Reisig)*, Steinen oder anderen, vor Ort üblichen Baumaterialien die *zerbrochene[n] bösen Wege und Stege zu machen und zu bessern*.[141] Die aus dem Zollregal resultierende Unterhaltspflicht bildete einen häufigen Bezugspunkt sowohl für die zollzahlenden Straßennutzer als auch für die zolleinnehmenden Herrschaften. So führte Sebastian Schertlin zu Burtenbach (1496–1577) in einer Supplik an Kaiser Maximilian II. (1517–1576) die steigende Frequentierung der Straße durch Burtenbach in Richtung Augsburg und die damit verbundenen erhöhten Reparaturkosten an, um für eine Erhöhung eines 1541 erstmals gewährten Zolls zu werben. Das an die Kurfürsten weitergeleitete Gesuch wurde »wegen der Belastung der Untertanen und der Gefahr der Teuerung« abgelehnt.[142] Ende des 16. Jahrhunderts verteidigte Graf Wilhelm von Oettingen (1544–1602) eine bereits durchgeführte, aber umstrittene Zollerhöhung mit dem gegenteiligen Argument: Die Landstraße von Röhlingen über Zöbingen nach Nördlingen sei zu wenig befahren und bedürfe deshalb unter Verwendung der mehreingenommenen Zollgelder einer Ausbesserung.[143] Zolleinnahmen und Erhaltungszustand der Straßen bedingten sich also gegenseitig.[144]

Damit bestätigt sich der Befund von Rolf Kießling, wonach König Maximilian 1498 Ottobeuren »wegen der besonderen Schwierigkeiten der Wegführung« für den Unterhalt einer Landstraße in Schlegelsberg zwischen Günz- und Kammlachtal eine Zollerhöhung »von 1 Pfg. pro Roß gegenüber 2 Pfg. pro Wagen und 1 Pfg. pro Karren bisher« gewährte.[145] Unabhängig davon, welche Ziele die Zeitgenossen damit verfolgten, bezogen sie wiederholt, auch in Urkunden als Begründung für die Erteilung von Zollprivilegien,[146] die Zolleinnahmen auf die Investitionen in die Verkehrsinfrastruktur. Dies geht auch aus einem von Mark Häberlein angeführten Beispiel aus dem Erzstift Salzburg hervor. Dort begründete Erzbischof Wolf Dietrich von Raitenau (1559–1617) die »massive Erhöhung der Mauttarife auf der Straße über den Katschberg und den Radstädter Tauern [...] mit der schlechten finanziellen Situation seines Territoriums, den niedrigen Mautsätzen (die

---

141 Löhneysen, Georg Engelhard: Hof- Staats- und Regier-Kunst. Bestehend in dreyen Büchern, deren Erstes handelt Von Erziehung und Information Junger Herren. Das Andre Vom Ambt / Tugenden und Qualitäten Regierender Fürsten / auch Bestellung deren Rähte / Officirer und Diener. Das Dritte Von verschiednen Rahts-Collegiis / so ein Fürst [...] in seinem Lande haben muß, Frankfurt a. M. 1676 [VD17 23:270876U], S. 295. Botero 1589/2017, S. 74 riet lediglich dazu, dass repräsentative Bauwerke und Straßen nicht zur übermäßigen Belastung des Volkes beitragen dürfen.
142 Der Reichstag zu Speyer 1570 (Reichsversammlungen 1556–1662), Teilbd. 1. Protokolle, bearb. v. Maximilian Lanzinner, Göttingen 1988: Supplikation an den Kaiser (präsentiert 22.8.1570) und an die Kurfürsten (Burtenbach, 16.11.1570), S. 1108.
143 BayHStA Reichskammergericht, Nr. 12791.
144 Siehe hierzu etwa auch Stolz 1953, S. 195 u. 296.
145 Kießling 1989, S. 442; daneben 439, 441 u. 443.
146 Ebd., S. 442.

seit 1425 konstant geblieben waren) und hohen Instandhaltungskosten«.[147] Beschwerden von Fuhrleuten und Händlern trugen zur Teilrücknahme der Erhöhung bei.[148] Neben Straßen erfuhr der Unterhalt von Brücken mit Zollerhebungen eine Finanzierung, wie die Reichsstadt Regensburg 1627 für die Steinerne Brücke in einer Auseinandersetzung mit Kurfürst Maximilian I. von Bayern (1573–1651) um die Einführung eines neuen Zolls geltend machte.[149]

Wie sehr die Kontrolle, Organisation und Verfügung über Zollrechte sowie die Instandsetzung der Verkehrsinfrastruktur, aber auch die zu hohe oder zu geringe Nutzung der zahlungspflichtigen Straßen (argumentative) Bezugspunkte des Herrschaftshandelns mit und über Straßen bildeten, bestätigen Verhandlungen aus dem Supplikationsrat[150] des Reichstags. So bat Herzog Wilhelm von Braunschweig auf dem Speyerer Reichstag von 1570, die Wasserzölle zu Belkede und Schnackenburg erhöhen zu dürfen, damit sie an die vom Kaiser privilegierten Wasserzölle zwischen Hamburg und Magdeburg angepasst würden und die »rückläufigen Landzölle«[151] ausgleichen könnten. Ebenfalls auf dem Reichstag in Speyer reichten Kauf- und Fuhrleute eine Supplik ein, worin sie die zuständigen Obrigkeiten daran erinnerten, »Brücken, Straßen und Wege in gutem Zustand zu erhalten«, damit den Handelsleuten auch bei schlechter Witterung kein Verzug entstünde und sie ihren Geschäften nachgehen können.[152] Entstandene Schäden an Straßen oder Brücken durch Unwetter, Naturkatastrophen oder Kriegsschäden[153] tauchen regelmäßig in der Supplikenargumentation auf. So bat die Stadt Magdeburg 1570, den Brückenzoll nach einer Überschwemmung und Beschädigung zweier Brücken und eines Steindammes verdoppeln zu dürfen, um den Erhalt zu sichern, was jedoch mit dem Hinweis auf die außerordentliche Belastung der Untertanen und dadurch bestehender Teuerungsgefahr abgelehnt wurde.[154]

Um den Zusammenhang von Zollzahlungen und Erhaltungszustand der zollpflichtigen Straßen wussten also sowohl die Inhaber der Zollprivilegien als auch die zollzahlenden Straßennutzer. Zugleich handelte es sich um plausible Argumentationsstrategien, die es erlaubten, Maßnahmen zum Straßenerhalt zu (de-)legitimieren, woraus leicht Interessen-

---

147 Häberlein 2020, S. 154.
148 Ebd.
149 BayHStA Reichskammergericht, Nr. 3733/1.
150 Neuhaus, Helmut: Supplikationen auf Reichstagen des 16. Jahrhunderts. Zahl, Inhalt und Funktion, in: Lanzinner, Maximilian/Strohmeyer, Arno (Hg.): Der Reichstag 1486–1613. Kommunikation – Wahrnehmung – Öffentlichkeiten (Schriftenreihe der Historischen Kommision bei der Bayerischen Akademie der Wissenschaften 73), Göttingen 2006, S. 149–161.
151 RTA, Reichstag zu Speyer 1570, erster Teilband: Protokolle, S. 1013 (Regesteintrag).
152 Ebd., S. 1044–1045.
153 RI XIV, Nr. 914.
154 RTA, Reichstag zu Speyer 1570, erster Teilband: Protokolle, S. 1057 (Regesteintrag).

divergenzen und Konflikte entstehen konnten. So forderten die privilegierten Obrigkeiten immer wieder eine Erhöhung der Zolleinnahmen ein, um Straßen besser zu unterhalten, oder aber sie sprachen »aus taktischen Gründen« von »Wegeabnützung und gestiegene[n] Unterhaltskosten«, um mehr Geld für den ›Staatshaushalt‹ einzunehmen.[155] Auf Seiten der Straßennutzer waren es besonders die immerfort auf den Straßen fahrenden Fuhrleute, für die jede einzelne Zollstätte – in Schwaben gab es um 1600 über 130[156] – eine kalkulierbare Last darstellte, die sie entweder durch Umfahrung der Zollstationen zu vermeiden versuchten[157] oder argumentativ in Beschwerden zum Zweck der Ausbesserung von schlechten Wegen und Stegen vorbrachten. Mit sehr deutlichen Worten beklagten beispielsweise 1525 die in Südtirol und damit in einer der verkehrsreichsten Gegenden Europas agierenden Fuhrleute,[158] die wohl auch Waren aus Oberdeutschland über den Brenner brachten,[159] den Zustand der Verkehrsinfrastruktur im Hochstift Brixen. Eine Brücke sei so *lochrig, erbrochen und ganz übel*, dass um Leib und Gut zu fürchten sei. Die Straßen von Brixen bis gegen Klausen und darüber hinaus seien *eng und schmal und die Wagengleise hängen allweg gegen das Wasser des Eichsack*. Die Schlussfolgerung der Fuhrleute lautete dementsprechend: *Wenn uns armen Fuhrleuten in der Gebung der Zöll kein Gnad beschied, so ist auch dagegen billig, daß die Straßen vorgesehen und gemacht werden, damit männiglich sicher fahren und wandeln mag.*[160] Solche Klagen konnten durchaus erfolgreich sein, wie Manfred Straube für die Straße von und nach Leipzig bei Schkeuditz zeigen konnte.[161] Die sich beschwerenden Fuhrleute mussten hier allerdings fortan (1557) selbst die geforderte Pflasterung eines Straßenabschnittes durch die Entrichtung eines Wegegeldes mitfinanzieren; den anderen Teil hatten die Bürger von Schkeuditz aufzubringen, ansonsten war der Bischof zur Unterstützung der Ausbesserungsarbeiten

---

155 Dollinger, Heinz: Studien zur Finanzreform Maximilians I. von Bayern in den Jahren 1598–1618. Ein Beitrag zur Geschichte des Frühabsolutismus (Schriftenreihe der Historischen Kommission bei der Bayerischen Akademie der Wissenschaften 8), Göttingen 1968, S. 212.
156 Koch 2014.
157 »So verfolgten mehrere Reiter den Endres Schilher auf der Katzwanger Straße und nötigten ihn, mit seinem Karren mit Käse über Roth zu fahren« [Endres 1963 I, S. 25]. Zum *meiden und fliehen* vor dem Zoll Aibling 1546 Dollinger 1968, S. 526 und zum Nürnberger Straßenzwang in Reaktion auf das Umfahren Oberndörfer 1965, S. 148 f.
158 Die Wege über die Alpen wurden »intensiver begangen und befahren als diejenigen nach Frankreich, Osteuropa oder Skandinavien. Nur der Verkehr mit den Niederlanden lässt sich einigermaßen mit dem nach Italien vergleichen« [Kellenbenz, Hermann: Oberdeutschland und Mailand zur Zeit der Sforza, in: Gli Sforza a Milano e in Lombardia e i loro rapporti con gli Stati italiani ed europei (1450–1535), Mailand 1981, S. 193–227, hier S. 193]. Siehe zu diesen *Transportwegen* auch Stolz 1953, S. 291–299.
159 Stauber, Reinhard: Der Norden des Südens. Bayern, Tirol und der Weg nach Italien in der Frühen Neuzeit, in: Schmid, Alois (Hg.): Von Bayern nach Italien. Transalpiner Transfer in der Frühen Neuzeit, München 2010, S. 27–50.
160 Stolz 1953, S. 185.
161 Straube 2015, S. 86.

bereit.¹⁶² Daneben ergaben sich für die Kaufleute aus der Zahlungspflicht Ansprüche an die Straßenqualität, die sie gegenüber den Inhabern der Zollprivilegien vorbrachten. So waren es 1579 die Nürnberger Kaufleute, die sich bei Herzog Friedrich Wilhelm I. von Sachsen-Weimar (1562–1602) über schlechte Straßen nach Leipzig beschwerten, woraufhin der Herzog mehrere Amtmänner und Räte zum Ausbau dieser Straßen aufforderte.¹⁶³

Die durchaus wirkungsvollen Beschwerden der Kauf- und Fuhrleute scheinen zu belegen, dass die eigentlich für den Wegebau (mit-)bestimmten Zollabgaben und Wegegelder »meist [...] ins private Säckel des Einnahmeberechtigten« flossen.¹⁶⁴ Diese Bewertung trifft allerdings in dieser Pauschalität nicht zu. Denn obgleich die Einkünfte aus dem Zollregal »einen beträchtlichen Anteil an den Herrscherfinanzen ausmachen« konnten¹⁶⁵ und der vormoderne ›Finanzstaat‹ einen immensen Geldbedarf hatte,¹⁶⁶ der in Frankreich etwa um 1600 tatsächlich und ungeachtet des angesprochenen zeitgenössischen Lobes für Heinrich IV. teils dazu führte, dass »*voirie* money [Hervorhebung im Original; AD] was entirely diverted from the purpose for which it was ostensibly levied«,¹⁶⁷ lässt sich für das Herzogtum Bayern die Verwendung der Zolleinnahmen eigens für den Straßenunterhalt deutlich belegen. Eine Rechnung des Rentamts Straubing beispielsweise listet für die bei Kelheim an einer zentralen Straßengabelung gelegene Zollstation Langquaid für das Jahr 1585 insgesamt vier Ausgabenposten auf. Neben dem Sold des Zöllners, Lebensmitteln sowie Wachs und Papier waren es rund acht der insgesamt mehr als 20 Gulden, die für die *Pesserung und machung der weg* ausgegeben wurden. Bei der Zollstation in Stadt am Hof vor Regensburg fanden sogar 50 % der Ausgaben für den Straßenerhalt Verwendung.¹⁶⁸

Damit wird nicht nur der für Nürnberg bereits dargelegte Befund der hohen Unterhaltskosten für die Straßen bestätigt. Entscheidender für die vorliegenden Zusammenhänge ist, dass die Inhaber der Zollregalien der daraus resultierenden Erhaltungspflicht der Verkehrsinfrastruktur trotz aller benannten Einschränkungen nachweislich nachkamen. Der ursprüngliche Zweck, die Zollgelder »als äquivalent für die Einrichtung oder Unterhaltung von Verkehrsanstalten (Wege, Brücke, Häfen usw.)« zu verwenden, war also keineswegs in Vergessenheit geraten.¹⁶⁹ Dies betraf neben dem Herzogtum Bayern auch die im nürnbergischen Territorium gelegenen Stadt Lauf. Hier wurden die *prücken*,

---

162 Ebd.
163 Ebd., S. 85 (Anm. 205).
164 Engel 1978, S. 294.
165 Rauscher/Serles 2015 II, S. 28.
166 Bahlcke 2012, S. 85 f.
167 Buisseret, David: Sully and the growth of centralized government in France 1598–1610, London 1968, S. 108.
168 StAL Rentkastenamt Straubing, Rechnungen, Nr. 4.
169 Dies vermutete Rosenthal 1889/1906, S. 390. Gegenteiliges konnte bereits Ziegler 1981, S. 84 aufzeigen. Siehe auch Spranger 2006, S. 356 f., Straube 2015, S. 84 u. Häberlein 2020, S. 154.

gemeine[n] Weg und Steg [...] umb des Wegzolls willen unterhalten.[170] Und selbst für das erst wenige Jahre zuvor begründete Herzogtum Pfalz-Neuburg weist eine Rechnung von 1512 neben den Einnahmen aus dem Brückenzoll die Ausgaben für den Unterhalt einer Brücke bei Neuburg aus. Demnach wurde von den eingenommenen 1.044 lb 3 ß 1 dn ein Betrag von 137 lb 6 ß 7 dn dafür verwendet, das Eis aufzuhacken. Weitere 28 lb 6 ß und 13 dn fanden der *prucken notturfft* halber für Handwerker, Boten, Eisen und schließlich auch Papier Verwendung. Wie schon in Langquaid waren es also auch hier die Instandsetzungsarbeiten, welche als ein genauso selbstverständlicher, basaler Kostenpunkt ausgewiesen wurden wie die Kosten für den Beschreibstoff Papier. Doch nicht nur für die Brücke, sondern ebenso für eine Straße bei Neuburg führt die Rechnung die Entlohnung des namentlich genannten Micheln Eyselen zu Wittenhausen an. Eyselen sorgte wahrscheinlich für den Unterhalt der von Neuburg nach Augsburg führenden Landstraße. Daneben erhielt ein Brotmüller für die Pflege dieser oder einer anderen Straße *(von den Straßwege zu huetten)* 1 lb und 6 ß.[171]

Die Ausgaben für die Neuburger Straßen und Brücken sind in einer Akte angeführt, die mit dem Betreff ›Getreiderechnungen 1512‹ verzeichnet ist. Die Thematisierung von Straßen in Zusammenhang mit dem Grundnahrungsmittel Getreide in einer gemischten Rechnung hebt 1.) hervor, dass Straßen Teil des vormodernen Alltagshandelns waren und sich 2.) diese Relevanz der Verkehrsinfrastruktur für Gesellschaft und Herrschaft in einer bislang übersehenen disparaten und dichten Quellenlage widerspiegelt. Die Rechnung listet als Erstes die Einnahmen aus Getreideabgaben auf, danach folgen jedoch sogleich die Ausgaben für den Unterhalt der *Straßwege*. Neben eigens für den Unterhalt der Verkehrsinfrastruktur angelegten Rechnungen (Reichsstadt Nürnberg) und Jahresrechnungen sind es also auch solche Rechnungen ohne offenkundigen Straßenbezug, die Aufschluss geben über das von den Obrigkeiten in den Erhalt der Wege und Stege investierte Geld.[172] Gemeinsam deuten die Rechnungen die großen Geldsummen an, die im Laufe des 16. Jahrhunderts in den Unterhalt der Straßen flossen.

Der Unterhalt der Straßen ist dabei, ebenso wie deren Versicherheitlichung durch das Geleit und die Abwehr von ›äußeren‹ Gefahren wie Krieg, Fehden und Räuber, als eine Seite der Medaille zu begreifen, die Herrschaft und Straßen miteinander verband. Die ›Getreiderechnung‹ bringt dies gleichfalls deutlich zum Ausdruck. An Ausgaben sind dort nämlich nicht nur die genannten Kostenpunkte für Straßen und Brücken angeführt. Dar-

---

170 StAN Rep. 499, Nachlass Schrötter (Lauf 1541).
171 BayHStA Pfalz-Neuburg, Akten, Nr. 83.
172 Für Neuburg sind Getreiderechnungen umso wichtiger, als das »Gros der Neuburger Einnahmen [...] die Getreideeinkünfte« bildete [Nadler, Markus: Neuburg an der Donau. Das Landgericht Neuburg und die Pfleggerichte Burgheim und Reichertshofen (Historischer Atlas von Bayern, Teil Schwaben, Reihe I, Heft 16), München 2004, S. 165].

über hinaus flossen 4 ß in die Entsendung eines Wagenknechts in das 20 km westlich von Neuburg gelegene Graisbach, um dort Pferde zu füttern, die für das Geleit zur Nürnberger Messe bereitstanden. Für die Zollstätte Hagenau wiederum wird auf diejenigen verwiesen, die das *gleit beritten und underhallten* haben.[173] Damit gemeint sind die Geleitsknechte. Sie hatten im Rahmen des ›lebendigen‹, persönlichen Geleits, welches im Unterschied zum ›toten‹, schriftlichen Geleit nicht nur aus einem ideellen Schutz in Form einer Urkunde oder eines Schutzbriefes bestand,[174] die persönliche »Beschirmung der Reisenden und ihrer Güter zu besorgen und die Gebühr aufgrund des Tarifs zu erheben und an den Zöllner abzuliefern [...] unter Abrechnung des ihnen tarifmäßig zukommenden Anteils an Gebühren«.[175]

Der Unterhalt der Straßen und die Sicherung der Straßennutzung mittels Geleits hatten also ihre ganz konkreten Kosten, die die ›Getreiderechnung‹ wie selbstverständlich zusammenhängend anführt.[176] Dies belegen auch die sogenannten Nürnberger ›Freßgeldrechnungen‹, welche die Kosten für die an den Geleitszügen zur Frankfurter Messe beteiligten Kaufleute umlegten. So zahlten im Jahr 1500 insgesamt 41 Personen aus »Nürnberg, Leipzig, Augsburg, Regensburg, Spalt, Schwabach und anderen Orten aus der Umgebung Nürnbergs« für den Geleitszug zur Frankfurter Herbstmesse 186 fl 24 gr. An Ausgabenkosten sind hier neben den Standgebühren auf der Messe sowohl der Zoll als auch das Geleit genannt.[177]

Solche Geldzahlungen kamen den Inhabern der Zoll- und Geleitsrechte entlang der *Zollgeleitstraßen*[178] zugute. Mit diesen Einnahmen aus Zoll und Geleit ist die andere Seite der Medaille benannt, die Herrschaft und Straßen miteinander verband. Die mit den angeführten Rechnungen des Fürstentums Pfalz-Neuburg und des Herzogtums Bayern greifbaren Ausgaben für die Sicherung und den Unterhalt der Verkehrsinfrastruktur lassen sich in diesem Sinne als Investitionen begreifen, die den Fortbestand einer immer wichtiger werdenden Einnahmequelle[179] gewährleisten sollte. Denn allein das Recht zur Erhebung des Zolls und zur Führung des Geleits sowie die Möglichkeit, mithilfe des Straßenzwangs die Benutzung bestimmter Straßen »für den Handelsverkehr insgesamt

---

173 BayHStA Pfalz-Neuburg, Akten, Nr. 83.
174 Rothmann 1998, S. 82.
175 Rosenthal 1889/1906, S. 394.
176 Näheres zu den Geleitskosten von Zollstätten bei Ziegler 1981.
177 Brübach 1994, S. 382 f. Die ›Freßgeldrechnungen‹ wertet umfassender Rothmann 1998, S. 489–499 aus.
178 Schaab 1982, S. 9 (Abb. 5).
179 Schlögl, Daniel: Der planvolle Staat. Raumerfassung und Reformen in Bayern 1750–1800 (Schriftenreihe zur bayerischen Landesgeschichte 138), München 2002, S. 27 bilanziert einen »zunehmend in den Vordergrund tretenden rein finanziellen Aspekt des Zolls«.

oder auch den Transport einzelner Güter [...] anzuordnen«,[180] reichte noch nicht aus, um den Verkehrsfluss fiskalisch nutzbar zu machen; ebenso entschieden nicht nur die Höhe der Zölle und die Transportdauer, ob eine »Route bevorzugt oder gemieden wurde«.[181] Die Attraktivität einer Straße bemaß sich vielmehr immer auch nach deren Sicherheit und Beschaffenheit.[182]

Befunde für England um 1300[183] und Frankreich um 1600[184] bestätigen, dass Zolleinnahmen und Ausgaben zum Erhalt der gebührenpflichtigen Verkehrsinfrastruktur vielerorts in einem Zusammenhang standen. Die Konstruktion, Nutzung und Naturabhängigkeit der Straßen erforderte also in der europäischen Vormoderne wiederholt (Re-) Investitionen, denen nicht nur die hier fokussierten Obrigkeiten nachkamen. Die von den Zollstätten in den Wegebau in durchaus beachtenswertem Umfang[185] investierten Gelder waren deshalb weniger eine Ausnahme als vielmehr eine, wie Walter Ziegler bereits für das ausgehende 15. Jahrhundert konstatiert hat, »feste Größe, die von der Lage des Ortes und von seinem Platz im Verkehrsnetz bestimmt war und kaum geändert werden konnte«.[186] Zudem hatten Witterung und Wetterextreme Einfluss auf die Unterhaltskosten.[187] Was für Nürnberg durch die Rechnungslegung des Weg- und Stegamtes in seiner qualitativen Wirkung nicht eindeutig belegt werden konnte,[188] lässt sich für das Poitou im Westen Frankreichs konkreter sagen, nämlich dass »the work on roads and bridges was extensive and had a very stimulating effect on trade and traffic«.[189] Weitere Einzelbefunde für Frankreich bestätigen: »Here and there [...] is direct evidence of growth as a result of improved roads and bridges«.[190]

Dass der Unterhalt der Verkehrsinfrastruktur nicht zufällig für einen wirtschaftlichen Aufschwung sorgte, sondern die Herrscher um die Notwendigkeit benutzbarer Straßen

---

180 Rauscher/Serles 2015 II, S. 31. Neben dem rechtlichen Straßenzwang gab es freilich einen noch schwerer zu umgehenden ›faktischen‹ Straßenzwang aufgrund mangelnder Straßenalternativen [Erler 1998, Sp. 36].
181 Rauscher/Serles 2015 II, S. 31. Zu den Möglichkeiten, die Zolltarife zu ändern, siehe Ziegler 1981, S. 83 f.
182 Die Beschaffenheit der Verkehrswege führen auch Rauscher/Serles 2015 II, S. 31 als Grund für die Wahl einer Route an.
183 Nightingale, Pamela: Enterprise, Money and Credit in England before the Black Death 1285–1349 (Palgrave Studies in the History of Finance), Cham 2018, S. 4.
184 Buisseret 1968, S. 108.
185 Der Zoll in Landshut gab 1469 etwa 6,2 % der eingenommenen 1298 lb für ›Weg und Steg‹ aus. Hinzu kamen 9 lb (0,7 %) für die Geleitsreiter. Der Zoll Dingolfing gab demgegenüber 1452/60 und 1481/90 38 % der Einnahmen für den Erhalt der Wege und Stege aus [Ziegler 1981, S. 84 u. 87; weitere Angaben zu den Zöllen des Rentmeisteramts Burghausen auf S. 119]. Die Höhe der Zolleinnahmen sowie die Ausgaben für den Unterhalt und die Sicherung der Straßen umfänglicher zu erfassen, würde es künftig erlauben, die Zoll- und Geleitstraßen differenzierter zu betrachten.
186 Ziegler 1981, S. 88.
187 Siehe Kapitel 4. Dies stellt auch Ziegler 1981, S. 88 fest.
188 Siehe Kapitel 4.
189 Buisseret 1968, S. 117, der hier Forschungen zum oben Genannten resümiert.
190 Ebd.

und Brücken für das Wohl ihres Herrschaftsgebietes wussten, deutet sich mit einer 1613 vor Gericht ausgetragenen Auseinandersetzung an, die sowohl die Zollstätten und den Erhaltungszustand der zollpflichtigen Straßen und Brücken als auch den Verkehrsfluss hin zu Zollstätten betraf. Die Konfrontation zwischen dem Bamberger Fürstbischof Johann Gottfried I. von Aschhausen (1575–1622) und Markgraf Christian von Brandenburg-Bayreuth (1581–1655) vermag darüber hinaus aufzuzeigen, dass Zollstätten nicht nur mittelbar durch die Reparatur der zollpflichtigen Verkehrsinfrastruktur und unmittelbar durch die Renovierung oder den Neubau von Zollhäusern[191] wichtige Einnahmequellen der eigenen Herrschaft waren. Sie mussten ebenso als Symbol und Mittel zentraler Herrschaftsrechte sowie als besonders störanfällige, da verkehrsgünstig gelegene Einrichtungen gegenüber konkurrierenden Obrigkeiten behauptet werden. Auf kartographischen Darstellungen verzeichnete Zollhäuser unterstreichen diesen Aspekt.[192]

Der Konflikt zwischen dem Bamberger Fürstbischof und dem Markgrafen von Brandenburg-Bayreuth kreiste um die Sperrung einer bei Lonnerstadt über die Aisch führenden, zollpflichtigen Brücke, für deren Unterhalt die Nürnberger Familie Baumgartner als Inhaberin des lehnbaren Brückenzolls sorgte. Als der mitbeklagte Bayreuther Forstmeister die Sperrung der Brücke und einer darüber laufenden *freye[n] offene[n] Landstraßen* bemerkte, zerschlug er die Schranke und warf die Trümmer in den Fluss. Der Bamberger Bischof klagte dagegen und verwies auf die rund 20 Jahre davor errichtete, teils aus Steinen bestehende neue Brücke – ein Ersatz für die vorher wiederholt durch Hochwasser beschädigte hölzerne Brücke. Durch den Neubau dieser Brücke sei, so die Argumentation von Johann Gottfried von Aschhausen, der Handelsverkehr mit Wein, Salz und anderen Gütern nach Höchstadt von der *alten und gemeinen Landstraß* abgewichen und der bambergische Zoll umfahren worden. Neben den Einbußen der Zolleinnahmen verwies der Bischof auf die *Armen Underthanen*. Diesen sei durch die davor *nie gebrauchte straß* ein erheblicher Schaden entstanden, da Fuhrleute regelmäßig Felder, Wiesen und Wälder im Umfeld der Brücke durchquerten und dadurch schädigten. Um diesen Schaden abzuwenden und die Fuhrleute *uf die alte gewohnliche Landtstraßen* zu verweisen, sei die Schranke errichtet worden. Der Markgraf machte demgegenüber geltend, dass die Schranke die Reisenden *zu Roß und Wagen* von einer *ruig gebrauchten Landtstraßen unnd guten weg mit gewalt abgetrieben* und auf eine abgelegene und vor allem zu Winterszeiten schlechte Straße verwiesen habe. Diese Bamberger Straße, die in der Quelle aufgrund des Wegziels als *Höchsteter Straße* bezeichnet wird, sei aber auch ansonsten ein *böser und tief-*

---

191 Die Pfalz-Neuburger ›Getreiderechnung‹ führt auch Kosten für den Bau eines neuen Zollhauses für die Zollstätte Hagenau an. Maurer, Zimmerleuten und Tagelöhner mussten entlohnt und Steine, Holz, Ziegel und anderes Baumaterial beschafft werden. Das Bauholz wurde aber auch für *dy weg zumachen* verwendet, wie die Rechnung gleichfalls festhält [BayHStA Pfalz-Neuburg, Akten, Nr. 83].
192 Siehe Kapitel 2.2.4.

fer weg und nicht wol fort zukommen. Die Sperre der alten, öffentlichen Straße über die Brücke habe zudem die Nahrungsmittelversorgung und generell die Erreichbarkeit von Nürnberg und anderen Orten erschwert.[193]

Die Auseinandersetzung zeigt deutlich, dass die Zolleinnahmen keine selbstverständliche Einnahmequelle darstellten, sondern von einem Verkehrsfluss abhingen, der lenkbar war. Während die eine Seite den Neubau einer Brücke als legitime Investition in eine *allgemeine frey offene Landstraßen aus dem Landt Francken gegen der Stadt Nürnberg und andern orten* begriff, sah die andere, Bamberger Seite darin den Versuch, eine *neue und zuvor nie gebrauchte straß* zu Lasten einer alten Landstraße zu errichten.[194] Eine solche Verschiebung des regionalen Verkehrsgefüges blieb für die Straßennutzer, Anwohner und benachbarten Herrschaften nicht folgenlos. Dies versuchte der Bamberger Bischof mittels einer Brücken- und Straßensperre schon aufgrund der finanziellen Einbußen durch die Minderung der Zolleinnahmen zu verhindern. Die so beschaffene, auf der Verfügungsgewalt über Zölle und Straßen beruhende Zoll- und Straßenpolitik,[195] die der Wahrung der Macht diente, aber auch – entsprechend des von der Guten Policey bestimmten Denkrahmens[196] – auf die »Erhaltung der auskömmlichen ›Nahrung‹ der Bevölkerung« zielte,[197] erhob die Qualität der Straßen in zweifacher Hinsicht zu einem zentralen Argument der Auseinandersetzung. Zum einen war die Rechtsqualität und damit verbunden das Alter der Straße umstritten, also die Frage, ob es sich um eine von alters her öffentliche Land- oder um eine Neustraße handelte. Zum anderen erhoben die Streitparteien die Bauqualität zum Argument für die (Un-)Rechtmäßigkeit einer entweder gut oder schlecht befahrbaren Straße. Mit dem baulichen Erhaltungszustand war zugleich der Unterhalt der Verkehrsinfrastruktur angesprochen, wobei der Markgraf unter Verweis auf die neugebaute Brücke den Zugriff auf die gesamte Landstraße beanspruchte. Ausdruck der Rechts- und Bauqualität war schließlich ebenso die Lage der Straße.

Der Konflikt zwischen dem Bamberger Fürstbischof und dem Markgrafen von Brandenburg-Bayreuth kreiste dabei nicht zufällig um die Zugänglichkeit von Zollstätten. Denn mit dem Neubau oder der Sperrung der Brücke war der gesamte zahlungspflichtige Handelsverkehr über die Aisch, eine für die Region wichtige Verkehrsroute, betroffen. Da

---

193 BayHStA Reichskammergericht, Nr. 3549 (Q 6, 7, 9, 10, 12) u. Inventar Reichskammergericht, Nr. 506.
194 BayHStA Reichskammergericht, Nr. 3549 (Q 6 u. 7).
195 Es kann auch von Verkehrs- und Zollpolitik gesprochen werden, wie Kießling 1989, S. 435–443 seine diesbezüglichen Befunde für Memmingen bündelt.
196 Mit Häberlein 2020, S. 145f. ist hier auf Zwierlein, Cornel: Discorso und Lex Dei. Die Entstehung neuer Denkrahmen im 16. Jahrhundert und die Wahrnehmung der französischen Religionskriege in Italien und Deutschland (Schriftenreihe der Historischen Kommission bei der Bayerischen Akademie der Wissenschaften 74), Göttingen 2006 zu verweisen, der den Begriff Denkrahmen in die Frühneuzeitforschung eingeführt hat.
197 Häberlein 2020, S. 145.

der Brückenzoll der Nürnberger Familie Baumgartner zustand, war es aber weniger die Brücke selbst als vielmehr die bauliche und rechtliche Qualität der darüber führenden Landstraße, mit der der Markgraf die Zerstörung der Schranke verteidigte. Demgegenüber hielt der Fürstbischof die Errichtung einer Schranke für gerechtfertigt, um die fürstbischöfliche Zollstätte zu Höchstadt und mit dieser sowohl die Zolleinnahmen als auch die für den Transport der zollpflichtigen Ware erforderliche Landstraße zu schützen. Es galt somit, eine wichtige Einnahmequelle und ein zentrales Herrschaftsrecht gleichermaßen durch den Schutz des Verkehrsflusses hin zur eigenen Zollstätte und durch die Störung des Transportweges zu einem territorialen Nachbarn zu behaupten.

Jeder Konflikt um die Herrschaft im und mit dem physischen Raum[198] betonte aufs Neue für die beteiligten Akteure – Obrigkeiten, aber auch vor Ort agierende Amtsträger, Untertanen oder *Auslendische gemeine Fuhrleuth*[199] – die herrschaftsimmanente Dimension der Verkehrsinfrastruktur. Gleiches galt für die in den Rechnungen greifbaren Zöllner, die aufgrund ihres Wissens um die Zustände auf den Straßen für den praktischen Unterhalt verantwortlich waren und das Geleit im Alltag organisierten. Für alle Akteure – vom Fürsten bis zum Fuhrmann – konnte ein und dieselbe Straße sehr Verschiedenes sein: sie konnte Mittel des Herrschens, aber ebenso ein beständiger (Zöllner) oder vorübergehender (Fuhrleute) Ort des Arbeitens und der Existenzsicherung sein, der von den Möglichkeiten (Sicherheit; guter Unterhalt), Grenzen (Unsicherheit; defizitärer Unterhalt) und Mechanismen (Nutzung nach Zahlung) der ›Herrschaft vor Ort‹ zeugte. Ein und dieselbe Straße erscheint zugleich als ein notwendiger und umso fragilerer (Straßensperre) Bereich der Nahversorgung (Lebensmitteltransport),[200] der für die Anwohner überdies und ungeachtet der gerade deshalb so zahlreich am Wegesrand befindlichen Zäune[201] Versorgungseinbußen mit sich brachte durch abseits von der Straße über landwirtschaftliche Nutzflächen fahrende Fuhrleute.[202]

---

198 Schaab 1982, S. 6 spricht für das Geleitswesen von einer »immer engere[n] Verknüpfung von Geleit und Flächenherrschaft«, die die »Zahl der Geleitstraßen und Geleitwege« respektive der Zollgeleitstraßen »ganz wesentlich vermehrt hat«. An anderer Stelle ist deshalb auch von der »Blütezeit des Geleitswesens im 16. Jahrhundert« [ebd.] die Rede.
199 BayHStA Reichskammergericht, Nr. 3549 (Q 6).
200 Die Pfalz-Neuburger ›Getreiderechnung‹ führt so für die Faiminger Zollstätte bei Lauingen Karren voll Kalbsfelle, Schweinehäute, Fische, Schmalz, Brot, Bier, Käse, Eisen, Wolle, Leinen und mehr an [BayHStA Pfalz-Neuburg, Akten, Nr. 83]. Die Zollstätte wurde also nicht bereits 1470 aufgehoben, wie Seitz, Reinhard H.: Der Faiminger Zoll, in: Jahrbuch des Historischen Vereins Dillingen an der Donau 61 (1959), S. 82–85, hier S. 85 vermutet.
201 Siehe hierzu Kapitel 2.2.4.
202 In dem behandelten Fall hat sich ein Verzeichnis von Personen erhalten, *denen durch die Fuhrleuth Zwey Jahr hero an Ihren Veldern, Wießmathen undt Gehulz [...] großer Schaden zugefügt worden.* So führt ein Bamberger Untertan folgenden Schaden an: *Ackher beym staine Brucklin [...] an Samen und gedraith großer Abbruch.* Zu einem weiteren Anwohner heißt es: *[...] gefahren uber ein Aecker undt Ime In die 3 oder 4 beth verwüst* [BayHStA Reichskammergericht, Nr. 3549 (Q 12)].

Den Zöllnern kam dabei im Komplex der Straßennutzung eine besondere Rolle zu. Ihnen oblag nicht nur die Verantwortung für die Einnahmen des Zolls, sondern sie waren darüber hinaus dafür zuständig, die aus dem Zollregal resultierende Pflicht zum Erhalt der *Zollgeleitstraßen* zu erfüllen, indem sie das Erfordernis von Instandhaltungsarbeiten erfassten, dokumentierten und unter Verwendung der Zolleinnahmen anordneten.[203] Die Zöllner und ihre Knechte hatten also erheblichen Einfluss darauf, inwieweit die Straßen benutzbar waren. Die Qualität einer einzelnen Straße hing entscheidend von diesem Personal ab, was umso offensichtlicher wird, wenn man die 400 Haupt- und Nebenzollstätten in Betracht zieht, die es alleine im Herzogtum Bayern gab.[204]

Neben dem Personal als solchem war es damit auch die Arbeitseinstellung der Zöllner, die das unbeschwerte Fortkommen auf Geleitstraßen mitbestimmte. Darauf weisen die Forschungsbefunde von Ziegler hin. Er konnte in seiner quantitativ angelegten Studie über die Einnahmen und Ausgaben des Herzogtums Niederbayern im ausgehenden 15. Jahrhundert nachweisen, dass »mehrfach Spitzenerträge eines Zolls mit dem Amtsantritt eines neuen Zollbeamten zusammenfallen«.[205] Solche durch Personalwechsel bedingten Schwankungen waren womöglich ebenso für den Straßenunterhalt von Bedeutung. Zumindest konnten sich die Ausgaben für den Straßenunterhalt sehr unterschiedlich gestalten, wie sich mit der Rechnung des Rentamts Straubing von 1585 bestätigen lässt. Denn neben den bereits angeführten Ausgaben für den Erhalt der Straßen für die Zollstationen Langquaid und Stadt am Hof heißt es für das Pfleg- und Kastenamt der Stadt Straubing zum Kostenpunkt *Auf Pesserung der Pösen weeg* lediglich: *Nihil*.[206]

Ob solche Investitionen, wie Ziegler seine Zahlen deutet, auf Beamtentreue hinweisen, sei dahingestellt;[207] die Ausgaben für die Straßen lagen im Interesse des Territorialherren. Daneben waren die Zöllner aber auch besonders aufgrund des alltäglichen Kontakts zuvorderst den geldzahlenden Straßennutzern verpflichtet. Wie sehr Zöllner und Fuhrleute aufeinander angewiesen waren, zeigt sich vor allem bei den Brücken, deren Über-

---

203 Das in Pfalz-Neuburg für die Wegmachung verwendete und bezahlte Holz [BayHStA Pfalz-Neuburg, Akten, Nr. 83] dürfte kaum der Zöllner selbst verlegt haben, wie die weiteren Ausführungen nahelegen.
204 Albert, Johann Baptist: Bayerns Zollwesen aus den ältesten bis auf unsere Zeiten nach seinen Haupt-Perioden bearbeitet, München 1829, S. 11 führt für die »früheren Zeiten« unter Verwendung von gedruckten Übersichten aus dem 18. Jahrhundert folgende Zahlen an: 89 Hauptzollstätten zu Lande und 27 zu Wasser sowie 293 Wehrzölle; Letztere sind Nebenzollstellen, welche die Umgehung eines Hauptzolls verhindern [DWB, Lemma ›Wehrzoll‹, URL: https://www.dwds.de/wb/dwb/wehrzoll (19.4.2023)]. Die »früheren Zeiten« lassen sich aufgrund der Kapitelüberschrift (»Uraltes Zollwesen in Bayern vor dem Jahre 1609«) und eines davor angeführten Privilegs von 1534 mit dem 16. Jahrhundert konkretisieren. Genauere Angaben zu den Hauptzollstätten und insgesamt zu den bayerischen Zollstätten um 1610 finden sich bei Dollinger 1968, S. 225–231. Zu den Haupt- und Wehrzöllen in und um Nürnberg und diesbezüglichen Auseinandersetzungen mit dem Markgrafen von Brandenburg: Endres 1963 I, S. 29.
205 Ziegler 1981, S. 89.
206 StAL Rentkastenamt Straubing, Rechnungen, Nr. 4.
207 Ziegler 1981, S. 89.

querung beide Seiten gleichermaßen zu verantworten hatten. Im Herzogtum Bayern galt das Gebot für die Brückenzöllner, die Brücke in der Form benutzbar zu erhalten, *daß die Leut darüber treiben und fahren mögen*. Kam einem Nutzer, allen voran den Fuhrleuten, etwas zu schaden, mussten die Brückner dafür aufkommen, außer im Falle der Überladung. Das Abhängigkeitsverhältnis zwischen obrigkeitlichem Amtmann und Straßennutzer zeigt sich auch darin, dass die Fuhrleute den Anweisungen und Einschätzungen des Brückners Folge leisten musste. Falls der Brückner nämlich befand, dass ein Transportwagen überladen sei, um die Brücke schadlos überqueren zu können, übertrug sich die alleinige Verantwortung und das Risiko der Brückennutzung auf den Fuhrmann selbst. Entstand dadurch Schaden an der Brücke, musste der Fuhrmann selbst dafür aufkommen, ebenso wie für den Verlust seines eigenen Transportguts.[208] Es oblag also der Entscheidung der Fuhrleute, der Einschätzung des Brückners zu vertrauen oder das Risiko der Nutzung selbst zu tragen. Dadurch hebt die Diskussion um eine Überladung von Transportwägen zwei Aspekte besonders hervor. Erstens zeigt sie, dass die delegierten Amtsträger in hohem Maße gleichzeitig Verantwortung und eine entsprechende Verfügungsgewalt bzw. Gewalt zur Handlungsanweisung über die Verkehrsinfrastruktur und deren Nutzung besaßen. Gleichzeitig traten sie hierdurch in einen Interaktionsprozess mit den Nutzern ein, woraus sich für den Nutzer die Möglichkeit eröffnete, ungeachtet (zu) schwerer Transportgüter selbst über das Überqueren der Brücke zu entscheiden, obgleich hier unmittelbar die persönliche Verantwortung und Haftung für den Erhalt der Verkehrsinfrastruktur zu tragen waren.

Für den Erhaltungszustand der zollpflichtigen Verkehrsinfrastruktur waren hingegen eindeutig und in erster Linie die Zöllner verantwortlich. Als Amtsträger hatten sie zuvorderst der aus dem Zollregal resultierenden Unterhaltspflicht nachzukommen. Wie fleißig oder nachlässig die Zöllner ›ihre‹ *Zollgeleitstraßen* unterhielten, lässt sich ein stückweit über die für den Unterhalt verwendeten Gelder erfassen.[209] Ein solcher Befund erlaubt es, die klagenden Worte der Straßennutzer insofern differenzierter zu betrachten, als womöglich intensiver unterhaltene Straßen weniger Anlass zu Klagen gaben als jene Straßen, die die Zöllner tatsächlich oder vermeintlich weniger umfassend pflegten. Einen solchen Zusammenhang scheint es für die Handelsrouten durch das Ries gegeben zu haben.[210]

---

208 Landrecht, Policey- Gerichts- Malefitz- vnd andere Ordnungen, München 1616, S. 309 (Landrecht, 2. Buch, 24. Tit., 1. Art.).

209 Fleißig scheint man in Sachsen gewesen zu sein. Straube 2015, S. 85 spricht etwa für das Geleitsamt Torgau aufgrund der nachweisbaren Ausgaben für die Instandsetzung der Wege und Stege von »ernsthaften Bemühungen [...], den Erfordernissen des Warentransports gerecht zu werden«.

210 Unter dem Nachweis, dass 1627/28 bis zu 50 % der eingenommenen 6.000 fl für den Straßenunterhalt aufgewendet wurden, spricht Endres 1963 I von »relativ guten Straßenverhältnissen«, die die Nürnberger Fuhrleute auf »ihren Fernhandelszügen nach dem Südwesten Deutschlands und Europas und auf ihren kürzeren Fahrten in das Ries« vorfanden, so dass nicht einmal die ansonsten »wegen jeder Kleinigkeit

Warum freilich ein Zöllner viel oder wenig für den Unterhalt einer Straße unternahm, konnte viele Gründe haben. Zu berücksichtigen ist – auch generell und nicht nur zur besseren Einordnung der zeitgenössischen Klagen –, dass sich nicht jede Straße aufgrund ihrer Länge, der topographischen Gegebenheiten und wetterabhängigen Bedingungen gleich leicht unterhalten ließ. Die Qualität einer Straße hing schließlich auch deshalb nicht nur vom (Un-)Willen eines Zöllners ab, da er auf die Knechte, aber ebenso darauf angewiesen war, genügend Zeit für den Straßenunterhalt zu haben. Zöllner waren nämlich häufig nicht nur als solche tätig, sondern sie mussten ihr Geld (und mutmaßlich ihr Ansehen) zudem als Förster, Richter, Gerichtsschreiber, Verwalter oder als für die Erhebung des Ungelds zuständige Ungelter verdienen bzw. erwerben.[211] Mit dem Zoll generierten die Obrigkeiten also nicht nur herrschaftliche Einnahmen; es ist in den hier untersuchten Regionen vielmehr ein redistributives System zu erkennen, denn die eingenommenen Zölle wurden wiederum für den Erhalt der Zollstraße eingesetzt, um so ihre Benutzbarkeit zu sichern. Als Medium zwischen Obrigkeit und Straßennutzer agierten die Zöllner zwischen alltäglicher Praxis und vorgegebener Norm: Die Vorgabe für die bayerischen Zöllner, ihre Wege und Stege mindestens zweimal im Jahr persönlich zu inspizieren und gegebenenfalls wiederherzustellen,[212] mag auf eine Nachlässigkeit der Zöllner in der Praxis oder aber auf die obrigkeitliche Reglementierung des Straßenunterhalts selbst hinweisen.

Dass der Unterhalt von Straßen, Wegen und Brücken jedoch vielfach Teil eines Aushandlungsprozesses vor Ort und zwischen zuständigen Zöllnern und der Obrigkeit war, führt eine 1506 von dem Zöllner von Landshut, Jan Liebhart, selbst geschriebene *Leutterung* deutlich ins Feld. Liebhart, der nach eigener Aussage bis dahin bereits 32 Jahre lang als bayerischer Zöllner im Zollamt Landshut agiert hatte und sich 1489 auch als herzoglicher Ungelter in Landshut fassen lässt, bewarb sich 1506 für die Verlängerung seiner Zollamtstätigkeit. Im Rahmen zweier an Herzog Albrecht IV. (1447–1508) versandter Schreiben nutzte der Zöllner sein von ihm besonders betontes seit Jahrzehnten generiertes Expertenwissen bezüglich des lokalen und territorialen Zollwesens dazu, dem Herzog unter Bezugnahme auf seine praktische Informations- und Wissenshoheit den Fortbestand seiner Dienste anzubieten.[213] Ob die von Liebhart angefertigten »konkrete[n] Vorschläge«[214] und Handlungsmöglichkeiten in Verbindung mit der Neuordnung des

---

beim Rat vorstellig[en]« Nürnberger Fuhrleute einen »Grund zu irgendwelchen Beschwerden« hatten [S. 58 u. 61].
211 Rosenthal 1889/1906, S. 391 (mit Anm. 1).
212 Bairische Lanndtßordnung 1553, Buch 4, Tit. 14.
213 Zur Problematik und Unterscheidung von ›Information‹ und ›Wissen‹ als historische Analysekategorien vgl. Brendecke, Arndt/Friedrich, Markus/Friedrich, Susanne: Information als Kategorie historischer Forschung. Heuristik, Etymologie und Abgrenzung zum Wissensbegriff, in: Brendecke/Friedrich/Friedrich 2008 I, S. 11–44.
214 Ziegler 1981, S. 307 (Anm. 235).

territorialen Finanzwesens nach dem bayerischen Erbfolgekrieg standen, ist nicht mehr zu entscheiden. Die Schriften von Liebhart erlauben es aber, die Bedeutung der Zöllner für den Erhalt von Straßen und Wegen sowie für die Durchsetzung obrigkeitlicher Interessen auf lokaler Ebene aus der Sicht eines Zöllners selbst näher zu beleuchten. Für eine Weiterbeschäftigung im Zollamt Landshut führte Liebhart Argumente ins Feld, die sich zunächst am ökonomischen Nutzen ordentlicher Zolleinnahmen für das Herzogtum und dessen Ansehen orientierten. Im Rückgriff auf seinen eigenen Beitrag zur Sicherung des Straßenunterhalts unter dem verstorbenen Herzog Georg von Bayern-Landshut (1455–1503) und die Misswirtschaft jüngerer Zollkollegen fertigte er in seinem zweiten Schreiben – ein Antwortschreiben auf die Aufforderung des Herzogs zur Konkretisierung seiner ersten Bewerbungsschrift – ein *Lautter und grundtlich vertzaichnus* an, in dem er vier Argumente zur Reform des Landshuter Zollamts anführte. Grundsätzlich zentriert Liebhart seine Bewerbungs- und Erläuterungsschrift um das ökonomische und fiskalische Element der Erhebung von Zöllen, die er direkt proportional zu drei Faktoren sieht: Zum Ersten führt er den Verfall der Zolleinnahmen zwischen 1490 und 1505, wie ihn auch Walter Ziegler anhand der Rechnungsüberlieferung des Zollamts darstellen konnte,[215] auf die fehlende Sorgfalt der beschäftigten jüngeren Zöllner zurück, die keinen oder zu wenig Zoll eingenommen hätten, ungeachtet dreier Gruppen, die nach Liebharts Ansicht die Zolleinnahmen weitaus umfänglicher hätten mehren können: 1.) Die handeltreibenden Landshuter Bürger der unterschiedlichsten Berufsgruppen[216], 2.) *die täglich und Jarlich schmaltz, garn, flagks, leinbat, Zinslechen und anderes hierein gen Landshut bringen* sowie 3.) die mit textilen Luxuswaren oder Gewürzen nach Landshut kommenden *Schottn, Walln und ander gesst*.[217] Obgleich er seine Kollegen mehrfach auf die sorgfältige Arbeit an den Zollstationen hingewiesen hätte, sei keine Besserung eingetreten.

Daneben mahnte der Zöllner, so der Ausgangspunkt seines zweiten Reformarguments, die Umgehung des Straßen- und Zollzwanges durch die Fuhr- und Kaufleute an, die aufgrund geringerer Zollkosten ihre Waren über die Beizollstätten führten und *sy faren wo si wellen*,[218] wodurch den ordentlichen Zollstätten finanzielle Einbußen entstünden. Diese Umfahrungspraxis allerdings und die sorgfältigere Zolleinnahme könnten, so der Vorschlag Liebharts, durch eine *Berueffung* durch den Herzog, also ein Mandat, kontrolliert und geregelt werden, indem den Fuhrleuten die Nutzung der Zollstätten bei *allter Rechten*

---

215 Ebd., S. 500 f.
216 Liebhart nennt in seiner Schrift: Kramer, Nestler, *peutler, paher* (?), Ringler, *tuechler*, Schneider, *wallen hueter, Khuffner*, Sailer, Riemenschuster, Lederer, Weber, Bäcker, Müller, *tragner*, Fischer, *Floßleut*, Schwertfeger, Schmied, Nagler, Schlosser *und alle hanttierung alles gewerbs* [BayHStA Gerichtsliteralien Landshut, Nr. 59, fol. 347v].
217 Ebd., fol. 357v.
218 Ebd., fol. 351r.

Landstraß vorgeschrieben und der Verkauf ihrer Waren nicht mehr auf dem Weg zu den Städten und Märkten, sondern nur noch in den vorbestimmten Städten selbst erlaubt sei und eine Nichtbeachtung der Grundsätze mit Geldbußen bestraft werden solle.[219] Drittens müsse eine nachvollziehbare und ordentliche jährliche Rechnungslegung in den Zollämtern wieder eingeführt werden, worin alle Zolleinnahmen und Amtsausgaben täglich zu verzeichnen seien, damit sowohl die Zöllner als auch die Rentmeister Kontrolle über den Zoll und die darin generierten Einnahmen und Ausgaben behielten.

In seinem vierten Argument, das Liebhart gleich zu Beginn des Schreibens anführt, glaubte er den Rückgang der Zolleinnahmen in der Vernachlässigung des Straßenerhalts selbst identifiziert zu haben, denn der *mergklichs unfleis der Zollner* beschränke sich nicht nur auf die Misswirtschaft im fiskalischen Bereich, sondern wirke sich auf die nachlässige Wartung des Straßenzustandes aus. Diesen Problemlagen und disruptiven Störungen Abhilfe zu schaffen und gleichzeitig Strategien und Planungen zu ihrer künftigen Vermeidung zu entwickeln – sich sozusagen resilient gegenüber den beschriebenen Unzulänglichkeiten zu machen –, ging Liebhart über die reine Konstatierung der Probleme im Landshuter Zollamt hinaus und bot dem Herzog Lösungsmöglichkeiten aus seiner Perspektive an. Denn um der fehlerhaften Praxis, die gleichsam *schier [...] zu einer gwohnhait [...]* und *für ain allts herkommen angetzogn* werde, und den ökonomischen Defiziten zu begegnen, sei es vor allen Dingen notwendig, den guten Zustand der Straßen zu gewährleisten, *dann khain Ursach hab Ich nie In disem ambt bishere gemerkgt dardurch die Zöll alls groß gmeret worden alls alltzeit durch den Gutnweg.*[220]

Diese Argumentation verbleibt nicht bei der reinen Benennung – vielmehr belegt Jan Liebhart seine Ausführungen mit der Angabe durchschnittlich eingenommener Zollgelder: Im Vergleich zu den geringen wöchentlichen Zolleinnahmen bei schlechtem Straßenzustand (6 bis 17 Pfund Pfennige) ließen sich bei gutem Wegzustand in der Spitze mehr als fünfmal so viel Geld einnehmen (zwischen 30 und 80 Pfund Pfennige), da sich die Anzahl der Fuhrleute und ihre auf guten Wegen zu transportierende Fracht deutlich vermehrten.[221] Sein Wissen um den Erhalt der guten Straßen verknüpfte Liebhart wiederum mit einem finanziellen Aspekt, denn durch seine Erfahrung könnten die Straßen nachhaltig

---

219 Ebd., fol. 351v–352r.
220 Ebd., fol. 350v.
221 Ebd., fol. 350r–350v.: *Gnädiger Herr wenn dan der weg also gut gmacht und die furan mit solchem vleis gewart alls Ich yetz hie vor angetzaigt habe dardurch so mächtns nach mals altzeit die wagnleut und furleut wintter und Summer Es regnet schneibet oder gfräd mit völliger ladunb* [sic!] *In ainem tag wol [...] faren als mit halber Ladunb* [sic] *In pösem* [sic] *weg In dreyen tagn khawen beschehn möchte. Item Gnädiger Herr [...] die weg bei den Rechtn Landstraßßen alltzeit also gut wären als hiervor durch mich an getzaigt ist das dardurch die wagn unnd furleut täglichen auf der Straßßen Mit allen Zolpeen gueter gefaren möchten so muessen ye all Ewere gnaden dardurch groß gemert werden dann khain Ursach hab Ich nie In disem ambt bishere gemergkt dardurch die Zöll alls groß gemeret worden alls alltzeit durch den Gutnweg.*

ausgebessert und benutzbar gehalten werden, *altzeit on alle Klag der Furleut, Wagnleut und Kaufleut,* wodurch sich die Kosten für den Straßenerhalt über die Jahre abschreiben ließen, oder, um mit den Worten Liebharts zu sprechen: *deshalben, das die Kchostung so vor hin darüber gangen ist umb sunst nit verlorn werde*.[222]

Nimmt man die Argumente zusammen, so bleibt festzuhalten, dass es »Prinzipien hinsichtlich der Instandhaltung des Straßennetzes« gab,[223] welche die Forschung bereits für die Spätantike und das Frühmittelalter herausstellen konnte, und nachdem sie Eingang in die Reformatio Sigismundi[224] und die Reformschriften des Spätmittelalters gefunden hatten, sich ebenso für das 16. Jahrhundert greifen lassen. Fest steht außerdem, dass schon in der Spätantike »Zolleinhebung und Erhaltung der Wege«[225] zusammengedacht wurde, wie dies auch Jan Liebhart für das lokale und territoriale bayerische Zollwesen zu Beginn des 16. Jahrhunderts tat. Liebhart nutzte seinen Wissens- und Erfahrungsschatz aus der Praxis, um durch alltagsnahe Belege und Beispiele aus der Rechnungslegung seine Reformvorschläge faktisch zu untermauern. In dieses Feld gehört auch die von Liebhart angefertigte und an den Herzog versandte Liste, welche detailliert darlegt, wer wann wie viel Zoll in Landshut abzugeben hatte. Das praktische Wissen um die Zolleinnahmen, aber auch um den Erhalt der Straßen, für den Liebhart in seiner ersten Schrift gar einen weiteren Zolldiener mit Pferd für die Wartung und Inspektion der Straßen einstellen wollte, kann als Herrschaftswissen identifiziert und als Teil einer auf Aushandlung und Akzeptanz beruhenden politischen Kultur verstanden werden. Weiterhin verdeutlichen die Schriften Liebharts, dass die mit und durch Straßen herrschenden Obrigkeiten über ihre Amtsträger den Erhalt von Straßen und Wegen als dringliche Aufgaben wahrnahmen – seien die Gründe fiskalischer, wirtschaftlicher oder persönlicher Natur – und diese delegierten Beamten zum Wohle ›ihrer‹ Straßen und ihrer Herrschaft individuellen beruflichen Verpflichtungen nachkamen. Der Informationsaustausch zwischen Obrigkeit und Amtmann eröffnet zugleich Einblicke in das weite Handlungsfeld des Straßenerhalts und stellt deutlich heraus, dass Grundzüge resilienten Handelns im Hinblick auf die vorausschauende Planung des Straßennetzes getroffen, Anpassungen vorgenommen, Bewältigungsstrategien entwickelt und Transformationen durchgeführt wurden, wie ebenso die Rechnungen des Nürnberger Weg- und Stegamts offengelegt haben.[226]

Mit Straßen ließ sich so vielleicht Karriere machen, zumindest aber gab es Zöllner wie Liebhart, die jahrzehntelang für Straßen arbeiteten. Ihr Beitrag für das vormoderne

---

222 Ebd., fol. 356v.
223 Brandstätter 2007, S. 202.
224 Koller 1964, S. 258.
225 Ebd., S. 202.
226 Denzel, Markus A.: Beharrungskraft und Anpassungsleistungen wirtschaftlicher Systeme angesichts schockartiger Umbrüche – oder: Von der Resilienz zum Resilienz-Management, in: VSWG 105 (2018), S. 528–547.

Straßenwesen im Rahmen der Möglichkeiten der Zeit kann kaum hoch genug veranschlagt werden, da sie vor Ort in der Verantwortung standen. Die zentrale Rolle, die den Zöllnern beim Straßenunterhalt zukam, zeigt sich auch daran, dass ihnen die Aufgabe oblag, zur Ersparung des Holzes neue Baustoffe für den Unterhalt der Straße auszuprobieren.[227] Und wenn eine ältere forstgeschichtliche Studie zur Einschätzung kommt, dass die Wege und Stege im Herzogtum Bayern im Laufe des 16. Jahrhunderts besser unterhalten wurden,[228] dann waren es zuvorderst die Zöllner, die dazu beitrugen – für sich, die Obrigkeiten und die Straßennutzer.

5.3 Herrschen über Straßen: Zur Beseitigung der *unwesenhait und zeschlaipfung*

Wie die bisherigen Ausführungen deutlich machten, verteilte sich die Zuständigkeit über Straßen und Wege gemäß der Herrschaftsstruktur im römisch-deutschen Reich und bei den einzelnen Reichsständen auf unterschiedliche Herrschafts- und Verwaltungsebenen, die von Zöllnern über landesherrliche Städte bis zum Kaiser reichten. Dass Straßen im 16. Jahrhundert vermehrt in den Blickpunkt der Obrigkeiten gerieten, ist zu einem gewissen Grad auch der bereits angesprochen Überlieferungssituation geschuldet, denn mit dem Ausbau und der Verdichtung territorialer Verwaltungen kondensierten sich alltägliche Herrschaftsaufgaben wie der Erhalt von Straßen oder die Eintreibung von Zöllen in der Schriftlichkeit der Verwaltung, die beispielsweise Manfred Straube für sein Werk zum Geleitwesen außerordentlich intensiv nutzen konnte.[229] Die Erinnerungs- und Kontrollfunktion der Schriftproduktion in Hinblick auf verkehrsinfrastrukturelle Maßnahmen, wie sie oben geschildert wurden, verharrte aber nicht hinter den Buchdeckeln der Rechnungs- oder Amtsbücher. Vielmehr traten obrigkeitliche Bestimmungen in Form von Dorf-, Landes- oder Reichspoliceyordnungen in die Öffentlichkeit der Gesellschaft und konstituierten einen Bezugsrahmen, innerhalb dessen frühneuzeitliche Ordnungsvorstellungen ausgehandelt, gestaltet und normiert wurden.[230] Dies geschah in Wechselwirkung mit dem von Herrschafts- und Amtsträgern beobachteten und geteilten Lebensalltag sowie im Austausch mit den Untertanen. Denn die Gute Policey zeichnet sich zugleich durch

---

227 Siehe hierzu den Folgeabschnitt.
228 Jucht, Wilhelm: Geschichte der Holzzoll- und Holzhandels-Gesetzgebung in Bayern, Berlin 1905, S. 87.
229 Straube 2015.
230 Schildt, Bernd: Die frühneuzeitliche Policey- und Landesgesetzgebung am Beispiel von Dorf- und Landesordnungen der Grafschaft Schwarzburg aus dem 16. Jahrhundert, in: Lück, Heiner/ders. (Hg.): Recht – Idee – Geschichte. Beiträge zur Rechts- und Ideengeschichte für Rolf Lieberwirth anläßlich seines 80. Geburtstags, Köln/Weimar/Wien 2000, S. 229–249, hier S. 230.

einen »proaktiven und reaktiven sozialen Gestaltungswillen« aus,[231] um keineswegs obrigkeitliche Interessen einseitig durchzusetzen, sondern mit den von Achim Landwehr so bezeichneten »normativ definierte[n] Korridor« legten die Policeyordnungen ein Handlungs- und Bezugsfeld fest, das Herrscher und Untertanen gleichermaßen zur Gestaltung des zirkulären Prozesses von Norm und Praxis verpflichtete.[232] Analysiert man die seit 1996 am Max-Planck-Institut für Europäische Rechtsgeschichte angesiedelte und von Karl Härter und Michel Stolleis herausgegebene Reihe »Repertorien der Policeyordnungen der Frühen Neuzeit« diachron und räumlich geweitet,[233] so ergibt sich auch für das Straßenwesen im 16. Jahrhundert aus dem weiten Spektrum kaiserlicher und landesherrlicher Verordnungen ein normatives Bezugs- und Tätigkeitsfeld mit zahlreichen Bestimmungen zum Unterhalt von Straßen, Wegen und Plätzen, zum Straßenbau selbst, zum Umgang mit Wegegeldern und Zolleinnahmen, zu Fronleistungen im Straßenwesen sowie zur Nutzung von und zur Sicherheit auf Straßen.

Inwieweit frühneuzeitliche Policeyordnungen in den Bestimmungen »ihre Geschichtlichkeit mitschleppten«,[234] lässt sich oftmals nicht genau sagen, allerdings ist unumwunden festzuhalten, dass sie sich in einer Amplitude von einerseits altem Herkommen und andererseits »ständigen Änderungsmöglichkeiten« im Hinblick »auf die jeweiligen Zeit- und Situationsbedingungen«[235] bewegten. Die Thematisierung von Straßen und Ver-

---

231 Holenstein 2003, S. 31. Näher zum damit verbundenen divergierenden normativen Charakter der Policeyordnungen ebd., S. 32 f.
232 Landwehr, Achim: Policey vor Ort. Die Implementation von Policeyordnungen in der ländlichen Gesellschaft der Frühen Neuzeit, in: Härter, Karl (Hg.): Policey und frühneuzeitliche Gesellschaft (Studien zu Policey und Policeywissenschaft), Frankfurt a. M. 2000, S. 47–70, hier S. 68. Ein solcher Korridor bestimmte den Bereich, in dem sich die Untertanen zu bewegen hatten, wie Landwehr hervorhebt. Im Sinne der Zirkularität [siehe hierzu auch Landwehr 2000 I] verpflichtete er aber ebenso die Obrigkeiten, wie sich ergänzend sagen lässt.
233 Repertorium der Policeyordnungen der Frühen Neuzeit (Studien zur europäischen Rechtsgeschichte), hg. v. Härter, Karl/Stolleis, Michael. Folgende Bände wurden ausgewertet: Bd. 1: Deutsches Reich und geistliche Kurfürstentümer (Kurmainz, Kurköln, Kurtrier), hg. v. Härter, Karl, Frankfurt a. M. 1996 [im Folgenden mit ›Rep. 1‹ etc. abgekürzt]; Bd. 2: Brandenburg/Preußen mit Nebenterritorien (Kleve-Mark, Magdeburg und Halberstadt), hg. v. Simon, Thomas, Frankfurt a. M. 1998; Bd. 3: Wittelsbachische Territorien (Kurpfalz, Bayern, Pfalz-Neuburg, Pfalz-Sulzbach, Jülich-Berg, Pfalz-Zweibrücken), hg. v. Schilling, Lothar/Schuck, Gerhard, 2 Halbbände, Frankfurt a. M. 1999; Bd. 4: Baden und Württemberg, hg. v. Landwehr, Achim/Simon, Thomas, Frankfurt a. M. 2001; Bd. 5: Reichsstädte 1: Frankfurt am Main, hg. v. Halbleib, Henrik/Worgitzki, Inke, Frankfurt a. M. 2004; Bd. 6: Reichsstädte 2: Köln, hg. v. Militzer, Klaus, Frankfurt a. M. 2005; Bd. 7: Orte der Schweizer Eidgenossenschaft: Bern und Zürich, hg. v. Schott-Volm, Claudia, Frankfurt a. M. 2006; Bd. 8: Reichsstädte 3: Ulm, hg. v. Kremmer, Susanne/Specke, Hans Eugen, Frankfurt a.M 2007; Bd. 9: Danmark og Slesvig-Holsten/Dänemark und Schleswig-Holstein, hg. v. Tamm, Ditlev, Frankfurt a. M. 2008; Bd. 11: Fürstbistümer Augsburg, Münster, Speyer, Würzburg, hg. v. Härter, Karl, 2 Halbbände, Frankfurt a. M. 2016.
234 Blattmann, Marita: Über die ›Materialität‹ von Rechtstexten, in: Frühmittelalterliche Studien 28 (1994), S. 333–354, hier S. 344.
235 Landwehr 2000 I, S. 65.

kehrswegen, wie sie mit den in den Repertorien massenhaft erschlossenen Policeyordnungen greifbar sind, lässt sich vereinzelt seit der zweiten Hälfte des 15. Jahrhunderts feststellen, verstetigte sich im 16. Jahrhundert,[236] erfuhr eine graduelle Ausweitung im 17. Jahrhundert[237] und massierte sich unter dem Aspekt des Straßen- und Chausseebaus im 18. Jahrhundert massiv.[238] Eindeutig scheinen dabei auch die von Iseli herausgearbeiteten zahlenmäßigen Befunde für das Kurfürstentum Köln, wo die Verordnungsdichte policeylicher Angelegenheiten vom 16. ins 18. Jahrhundert rasant zugenommen hatte: Wurden bis 1600 18 Ordnungen, »darunter zwei umfassende Policeyordnungen«[239] erlassen, so erhöhte sich ihre Anzahl und Dichte im folgenden Jahrhundert auf 190 Verordnungen, deren Zahl bis ins 18. Jahrhundert dann auf mehr als 1.000 Gesetzestexte angestiegen ist.[240] Verwaltungsausbau, Reformabsichten sowie Zentralisierungs- und Ordnungsbestrebungen sind dabei nur vier Aspekte, die an Stelle der mittelalterlichen mündlichen Rechtsgewohnheiten die schriftlich fixierten und territorialherrschaftlich zu eigen gemachten Regelungskompetenzen beförderten.

Innerhalb der Bestimmungen zum Straßenwesen können drei legislatorische Muster konkretisiert werden, die für die bis 1618 näher erfassten Policeyordnungen wiederholt formulierte Aspekte und dadurch ein zeittypisches Ordnungsgefüge erkennen lassen. Als erstes Muster lassen sich die bereits ausgeführten Bestrebungen identifizieren, Sicherheit auf den Straßen zu gewährleisten und deviantes sowie kriminelles Verhalten auf den Straßen der Territorien zu sanktionieren.[241] Daneben finden sich in den Ordnungen Artikel, die generell das Phänomen der Straßen umschreiben, Zoll- und Wegegelder thematisieren, Preis- und Lohntaxen festlegen oder die Güterbeförderung zum Gegenstand haben.[242] Als drittes systematisches Element der landesherrlichen Bestimmungen im Hinblick auf die

---

236 Die Ordnungen bis 1618 werden im weiteren Verlauf unter Einbeziehung der in den Repertorien verzeichneten Quellen näher behandelt. Generell anzumerken bleibt, dass sich auf Grundlage der Einträge im Policey-Repertorium nicht immer zweifelsfrei klären ließ, ob die Bestimmungen auch oder sogar ausschließlich innerstädtische Straßen betrafen. Einzelüberprüfungen haben hier und auch ansonsten stattgefunden.
237 Etwa Herzogtum Bayern: Rep. 3.1, Nr. 650, 1399; Fürsterzbistum Magdeburg: Rep. 2.2, Nr. 210, 304, 337, 346, 347, 355, 356, 445, 455; Herzogtümer Schleswig u. Holstein: Rep. 9, Nr. 60, 115, 145, 147, 276, 325; Kurfürstentum Brandenburg: Rep. 2.1, Nr. 415 u. 417.
238 Etwa Fürstbistum Würzburg: Rep. 11.2, Nr. 970, 1050, 1076, 1095, 1102, 1215, 1223, 1236, 1238, 1347, 1374, 1585, 1607, 1628, 1657; Kurmainz: Rep. 1, Nr. 753, 818, 832, 861, 939, 967, 1122, 1473, 1482, 1551, 1619, 1622, 1759, 1789, 1849, 1852, 1875, 2078, 2087, 2139; Herzogtum Kleve u. Mark: Rep. 2.2, Nr. 449, 579, 703, 736, 742, 760, 849, 971, 994, 1005, 1013,1084, 1117, 1119, 1181, 1375, 1387, 1408,1741, 1744; Kurfürstentum Brandenburg: Rep. 2.1, Nr. 928, 945, 1272, 1275, 1276, 1283, 1948, 2341, 2676, 2795, 2901, 3352, 3482; Markgrafschaft Baden-Baden: Rep. 4, Nr. 258, 292, 352, 378, 394, 469, 601, 664.
239 Iseli 2009, S. 87.
240 Ebd., S. 86 f.
241 Siehe hierfür die für das Herzogtum Bayern bereits unter Anm. 101 (Kapitel 5) angeführten Bestimmungen und ferner etwa zu Pfalz-Neuburg: Rep. 3.1, Nr. 2, 142, 147, 173.
242 Etwa Herzogtum Bayern: Rep. 3.1, Nr. 500; Fürstbistum Würzburg: Rep. 11.2, Nr. 21, 23, 42 (alle vor 1500).

frühneuzeitlichen Straßen, Wege und Brücken lässt sich die hier näher zu behandelnde Thematisierung des Straßenerhalts selbst, der dafür zuständigen Personen und aufzubringenden Mittel greifen.

Die frühesten policeylichen Bestimmungen zum Straßenbau und -erhalt sowie dem Straßenwesen insgesamt sind in städtischen Ordnungen enthalten, wo seit Überlieferungsbeginn dieser Art der Schriftlichkeit nördlich der Alpen am Anfang des 15. Jahrhunderts kontinuierlich auf die Reinhaltung und den Erhalt innerstädtischer Straßen, Gassen und Plätze verwiesen wurde.[243] Bislang von der Forschung wenig beachtet, regeln die Ordnungen aber nicht nur solche inner-, sondern ebenso außerstädtische Maßnahmen zum Erhalt der dortigen Verkehrsinfrastruktur. Eine der ersten dokumentierten Bestimmungen findet sich in der Landesordnung des Herzogtums Württemberg von 1495. Legitimierender Ausgangspunkt für diese und viele weitere Anweisungen zum Straßenunterhalt ist die auch in anderen Zusammenhängen immer wieder vorgebrachte Klage über den baulichen Erhaltungszustand von Straßen. In Württemberg waren es Kaufleute, Pilger, Adelige und *onEdel [sic]*, welche sich *mercklich beclag[t]en* über die Wege und Stege des Herzogtums. Zudem war *die wirtschafft hoch beschwert,* weshalb die Amtleute und Gerichte angehalten waren, die Wege und Stege *uff gemainß Ampts Costen und fron* im guten Zustand zu erhalten.[244] Neben den Amtsträgern, die unter Verwendung landesherrlicher Gelder für die Instandsetzung zu sorgen hatten, waren, wie *von Alters[s] her,* fronpflichtige Untertanen zur unentgeltlichen Ausbesserung der Verkehrsinfrastruktur verpflichtet. Diese Zuständigkeiten wurden in den Policeyordnungen wiederholt festgelegt. Schließlich formulierte die württembergische Landesordnung das grundlegende Ziel jeglicher Unterhaltsanweisungen: Es sollten die *Strassen, Weg und Steg, In guttem bauw und Wesen furgenommen und gehalten werden.* Bei Nichteinhaltung drohte eine Strafe, damit jeder sehen könne, *das wir misfallens darab haben würden.*[245]

Das Herzogtum Württemberg war zusammen mit der Markgrafschaft Baden, wo gleichfalls 1495 eine Landesordnung einschlägige Vorgaben zu den Straßen traf,[246] das erste Territorium, welches zur Jahrhundertwende den Straßenunterhalt zum Gegenstand einer Policeyordnung erhob. Lediglich das Herzogtum Kleve und Mark hatte bereits 1455 Regelungen für den Unterhalt der Verkehrsinfrastruktur festgelegt.[247] Das Policey-Repertorium lässt daneben erkennen, dass nach einer ersten Reglementierung für die Aus-

---

243 Etwa Reichsstadt Köln: Rep. 6.1, Nr. 238 (für das Jahr 1402); Reichsstadt Frankfurt: Rep. 5, Nr. 408 (1435); Reichsstadt Ulm: Rep. 8, Nr. 1250 (1519), 1297 (1521).
244 Reyscher, August Ludwig (Hg.): Sammlung der württembergischen Regierungs-Gesetze, Bd. 12: Sammlung der württembergischen Regierungs-Gesetze, Teil 1 von Zeller, Gustav: Regierungs-Gesetze vom Jahre 1489 bis zum Jahre 1634, Tübingen 1841, S. 5–15, hier S. 5f.
245 Ebd., S. 6.
246 Rep. 4, Nr. 6.
247 Rep. 2.2, Nr. 10.

besserung von Straßen oftmals weitere folgten. Das trifft auf das Herzogtum Kleve und Mark zu, welches nochmals 1554 und 1612 unter Pfalzgraf Wolfgang Wilhelm (1578–1653) den Straßenunterhalt bestimmte,[248] und ebenso nach der Aufteilung der Markgrafschaft Baden auf Baden-Durlach (1604)[249] und Baden-Baden (1572 und 1588).[250] Im Herzogtum Württemberg fand der Straßenunterhalt Beachtung in den Landesordnungen von 1515, 1521, 1536, 1552 und 1567.[251] Eine solche retrospektiv zu konstatierende Wiederholung darf nicht als Vollzugsdefizit missverstanden werden, haben doch Forschungen zur Guten Policey hinlänglich deutlich gemacht, dass eine Mehrfachverkündung Voraussetzung für den Geltungsanspruch war und aus dem spezifischen Rechtsverständnis der Vormoderne resultierte. Denn Recht legitimierte sich in erster Linie durch Herkommen und Tradition und war nicht unbedingt schriftlich niedergeschrieben oder gar gedruckt. Die vielfach auf altes Herkommen rekurrierenden Policey-Normen waren noch nicht fester Bestandteil des Rechts, weshalb es »geradezu unabdingbar [war], die Policeygesetze ständig zu wiederholen«.[252] Die für Württemberg konstatierte repetitive Bestimmung des Straßenunterhalts ist freilich in Zusammenhang mit dem Zeitraum der Veröffentlichungen zu sehen, womit sich der Charakter der Wiederholung relativiert. Denn in den 90 Jahren von 1495 bis 1585 – nimmt man die 1576 und 1585 wiederabgedruckte Landesordnung von 1567 hinzu[253] – kam es nur achtmal und damit nicht einmal alle zehn Jahre zu Anordnungen bezüglich des Straßenunterhalts, während Einzelgesetze, wie sie auch für die Versicherheitlichung entscheidend waren, jährlich und »manchmal sogar alle drei Monate« wiederholt wurden.[254]

Von einer bloßen Wiederholung kann zudem deshalb nicht gesprochen werden, da die Bestimmungen nicht wortgleich blieben, sondern teils erhebliche Veränderungen erfuhren. Die nochmals in der Württemberger Landesordnung von 1621 aufgenommene Regelung von 1567 legte detaillierter als die vorangegangene Ordnung fest, dass die Amtleute in ihren jeweiligen Ämtern entweder selbst oder die Unteramtleute *mit gutem Fleiß* unter Mitwirkung jener, die dazu verpflichtet waren, vorzugsweise im Sommer, *so das Bawen am besten verfänglich ist,* den Schaden *an den Landstraßen* des Herzogtums zu beheben hatten.[255] Die Unterhaltspflicht hatten, neben den Amtsleuten und Fronarbeitern, die Bürgermeister, Kommunen oder Personen zu erfüllen, die Wegezölle oder dergleichen

---

248 Rep. 2.2, Nr. 89 u. 184.
249 Rep. 4, Nr. 87.
250 Rep. 4, Nr. 30, 117.
251 Rep. 4, Nr. 17, 29, 73, 127, 195.
252 Iseli 2009, S. 120. Siehe hierzu auch Härter 2002, S. 23.
253 Reyscher/Zeller 1841, S. 344.
254 Schlumbohm 1997, S. 660. Die Publikation der Normen hat sich freilich nicht selbst genügt, wie Holenstein 2003, S. 42 betont.
255 Reyscher/Zeller 1841, S. 344 (Verweis für 1567 auf die Ordnung von 1621) u. 837 (Ordnung von 1621).

einnahmen. Wie bereits ausgeführt, resultierte aus solchen Zolleinnahmen die Pflicht zur Instandsetzung der fiskalisch nutzbar gemachten Verkehrsinfrastruktur. Daran erinnerte auch die württembergische Landesordnung von 1567. Denn wer diese Schuldigkeit nicht erfüllte, sollte die Zölle und Freiheiten verlieren und die Kosten für die Beseitigung der Mängel erstatten.[256] Die ebenso zum Unterhalt der Straßen verpflichteten Anrainer sollten wiederum von den Amtsleuten kontrolliert werden, welche zugleich *Macht und Gewalt* hatten, bei Nichterfüllung der Pflichten Strafgebühren zu verhängen und dieses Geld für den Straßenbau zu verwenden.[257]

Wie sich policeyliche Verfügungen für den Unterhalt der Straßen verändern konnten, verdeutlicht ein Blick auf das Herzogtum Bayern. Zwar finden Straßen und Wege in der ersten großen Landesordnung des Herzogtums 1516 explizit noch keine eigene Erwähnung, allerdings führen Landgebote und Mandate aus dem 15. Jahrhundert für die Teilherzogtümer Bayern-Landshut und Bayern-München regelmäßig Bestimmungen zur Sicherheit auf den Straßen aus.[258] Detailliert schildert dann die Landesordnung von 1553 die vom Herzog und den Landständen gemeinsam beschlossenen und auf die Klagen von Fuhrleuten, *Sämern und andern durchwandletn Personen*[259] reagierenden Maßnahmen,[260] um dem gemeinen Nutzen und dem alten Herkommen zu dienen, so die topische Legitimierung. Im bayerischen Herzogtum lag es an den Zöllnern und Mautnern, für die Straßennutzer in ihrem jeweiligen Amtsbezirk *(amtsverwaltung)* die *weg zemachen* und sie in ihrer materiellen Existenz zu erhalten.[261] Dem *alte[n] herkommen* nach sollten daneben entsprechend der territorialen Verwaltungsorganisation die Pfleger und Landrichter die Untertanen *mit allem ernst und mererem fleiß, dann bisher bescheen* dazu anhalten, vor ihren Anwesen, aber ebenso an anderen Orten die *Landstraßßen, Weg und Steg* zu unterhalten, damit sich niemand darüber beklagen könne. Schließlich forderte die Landesordnung von 1553 die Gerichts- und Hofmarksherren *sambt iren Underthonen* sowie die Städte und Märkte dazu auf, der Unterhaltspflicht, wie sie *von alter zusteet*, nachzukommen.[262] Für die Instandhaltung waren also im Herzogtum Bayern zugleich

---

256 Ebd., S. 838.
257 Ebd.
258 1461 Bayern-Landshut, Landgebot: Rep. 3.1, Nr. 19; 1474 Bayern-Landshut, Landesordnung: Rep. 3.1, Nr. 33; 1488 Bayern-Landshut, Landgebot: Rep. 3.1, Nr. 39; 1470 Bayern-München, Landgebot: Rep. 3.1, Nr. 92.
259 Bairische Lanndtßordnung 1553, Buch 4, Tit. 14.
260 Holenstein, André: Empowering Interactions: Looking at Statebuilding from Below, in: Blockmans, Wim u. a. (Hg.): Empowering Interactions. Political Cultures and Emergence of the State in Europe, 1300–1900, Farnham/Surrey 2009, S. 1–31.
261 Bairische Lanndtßordnung 1553, Buch 4, Tit. 14.
262 Ebd.

Amtleute, Städte und Märkte sowie die Untertanen der verschiedenen Verwaltungs- und Herrschaftsbezirke (Landgerichte/Hofmarken) zuständig.

Die Bestimmungen zum Unterhalt der Straßen im Herzogtum Bayern blieben noch Jahrzehnte später scheinbar die gleichen, wenn man die Artikel der 1616 publizierten Landesordnung mit der vorhergehenden vergleicht. Die Landes- und Policeyordnung von 1616 wiederholte nämlich wortgleich die Zuständigkeiten von Zöllnern, Land- und Pfleggerichten, Hofmarksherren, Städten, Märkten und Untertanen. Ebenso waren es, wie schon 1553, die Klagen der Fuhrleute, Säumer und anderer Reisender sowie der gemeine Nutzen, der die Anweisungen legitimierte. Zwei nicht unerhebliche Präzisierungen gab es jedoch: Erstens wurde nun eigens die Instandhaltung von Brücken expressis verbis angemahnt, und zweitens präzisierte der zweite Artikel die Tätigkeiten der Zöllner, Mautner und aller anderen Straßenbeauftragten im Hinblick auf die Inspizierung der schadhaften Infrastruktur und ihrer Instandsetzung. Wurden sie in der Landesordnung von 1553 lediglich darauf hingewiesen, zweimal im Jahr *alle straß, weg unnd steg selb persönlich [zu] bereiten unnd alles fleiß [zu] besichtigen,* damit die Straßen *nit mer also zu unwesenhait und zeschlaipfung komen, wie bisher beschehen,*[263] so legte die Ordnung 1616 zunächst die Besichtigungszeiten fest, nämlich bei schlechtem Wetter, wo *man die mengel am besten sehen und warnemmen kann.*[264] Darüber hinaus schlug die Ordnung Zeiten für umfassendere Baumaßnahmen vor: Zöllner und Mautner sollten sie nicht irgendwann und schon gar nicht erst um St. Martin (11. November) bei besonders ungünstigen Witterungsverhältnissen, sondern zwischen Ostern und Pfingsten erledigen, da *in solcher zeit gemainklich die Weeg und Strassen trucken* sind. Dadurch könnten *Unkosten* erspart werden und, wie es weiter unter explizitem Verweis auf die Forstordnung von 1616 heißt, der Holzverbrauch für die Instandhaltungsmaßnahmen reduziert werden.[265]

Eine solche Bestimmung für die Schonung der natürlichen Bauressourcen findet sich in den württembergischen Ordnungen nicht. Verschieden ist zudem die Festlegung des Zeitpunkts für die Instandsetzungsarbeiten. Für das Herzogtum Württemberg ist nur allgemein von der Sommerzeit die Rede, während im Herzogtum Bayern der Zeitraum genauer auf die 50 Tage zwischen Ostern und Pfingsten begrenzt wurde. Beide Male handelt es sich um bevorzugte Zeiten für umfassendere Instandsetzungsarbeiten. Die bayerische Landesordnung sah daneben aber auch generell vor, die Straßenqualität nach schlechtem Wetter zu überprüfen. Im Gegensatz zu den Reisenden, die nach Möglichkeit unter Vermeidung schlechter Straßen ihren Weg suchten, war es in diesem Fall genau

---

263 Ebd.
264 Landrecht, Policey- Gerichts- Malefitz- vnd andere Ordnungen, München 1616, S. 594 (Landes- und Policeyordnung, 3. Buch, 13. Tit., 2. Art.).
265 Ebd., S. 594 (Landes- und Policeyordnung, 3. Buch, 13. Tit., 1. Art.).

umgekehrt: Gerade bei erwartbaren schlechten Straßen, wenn es nass war, sollte die Straßenqualität überprüft werden.

Die ausgedehnten Inspektions- und Instandsetzungszeiten im Herzogtum Bayern waren auch deshalb erforderlich, da für den Straßenbau besonders Holz Verwendung fand und dessen Beständigkeit weitaus begrenzter war als bei Steinen.[266] Holz als »Bau-, Brenn- und Werkstoff sowie allgemein als Energieträger«[267] war darüber hinaus eine vielfach benötigte und damit äußerst regelungsbedürftige Ressource, wie die Landesordnung von 1616 mit ihrem Hinweis auf die Schonung der Holzressourcen bereits andeutet. Zum geregelten Umgang mit Holz riefen neben Landesordnungen policeyliche Wald- und Forstordnungen auf. Allein für den Nürnberger Reichswald ergingen zwischen 1535 und 1768 mehr als 86 Mandate, Edikte und Verordnungen.[268] Für das vormoderne Straßenwesen sind diese Ordnungen von Interesse, da sie nochmals eindringlich vor Augen führen, wie sehr der Unterhalt an Wegen und Stegen auf Holz angewiesen war. Zudem lassen sie erkennen, welche anderweitigen Baustoffe für den Straßenunterhalt zum Einsatz kamen. Bereits die ersten Nürnberger Waldordnungen des 13. und 14. Jahrhunderts sprechen von einem Brücken- und Stegholz, welches zu schlagen nur dem Zöllner zustand.[269] In der bayerischen Forstordnung, die 1568 und damit in einer Zeit der verstärkten obrigkeitlichen Reglementierung des Waldes erlassen wurde,[270] wird das zur *machung der weg und prugkhen* benötigte Holz zunächst im Zusammenhang mit den Windwürfen thematisiert. Sämtliche durch einen Sturm entwurzelte oder abgeknickte Bäume sollten für die Weg-

---

266 Siehe hierzu bereits das Kapitel über die Materialität von Straßen.
267 Rösener, Werner: Der Wald als Wirtschaftsfaktor und Konfliktfeld in der Gesellschaft des Hoch- und Spätmittelalters, in: ZAA 55 (2007) S. 14–31 hier S. 15. Siehe auch Brandstätter, Klaus: Maßnahmen zur Sicherung der Holzversorgung in der frühen Tiroler Montanindustrie, in: Kießling, Rolf/Scheffknecht, Wolfgang (Hg.): Umweltgeschichte in der Region (Forum Suevicum 9), Konstanz 2012, S. 181–204 u. in ebendiesen Sammelband Immler, Gerhard: Probleme der Waldnutzung in Schwaben, dargestellt am Beispiel des Fürststifts Kempten, S. 161–180.
268 Rösel, Ludwig: Alt-Nürnberg. Geschichte einer deutschen Stadt im Zusammenhang der deutschen Reichs- und Volksgeschichte, Nürnberg 1895, S. 61. Siehe auch Burger, Daniel: Waldordnung, Waldmandat und Verkündzettel. Die Vermittlung herrschaftlicher Weisungen zum Schutz und zur Bewirtschaftung des Waldes in der Frühen Neuzeit am Beispiel der Reichsstadt Nürnberg, in: Dauser, Regina/Fassl, Peter/Schilling, Lothar (Hg.): Wissenszirkulation auf dem Land vor der Industrialisierung (Documenta Augustana 26), Augsburg 2016, S. 143–164 mit einer Übersicht zu Waldordnungen und Waldmandate der Reichsstadt Nürnberg 1535–1800.
269 Baader, Joseph: Nürnberger Polizeiordnungen aus dem 13. bis 15. Jahrhundert, Stuttgart 1861, S. 300 u. 304.
270 Allmann, Joachim: Der Wald in der frühen Neuzeit. Eine mentalitäts- und sozialgeschichtliche Untersuchung am Beispiel des Pfälzer Raumes 1500–1800 (Schriften zur Wirtschafts- und Sozialgeschichte 36), Berlin 1989, S. 354. Siehe zu den pfälzischen Forstordnungen der 1560er und 1570er ebd. u. a. S. 43–45 und zu den Ordnungen des Hochstifts Würzburg aus ebendieser Zeit Schenk, Winfried: Waldnutzung, Waldzustand und regionale Entwicklung in vorindustrieller Zeit im mittleren Deutschland. Historisch-Geographische Beiträge zur Erforschung von Kulturlandschaften in Mainfranken und Nordhessen (Erdkundliches Wissen 117), Stuttgart 1996, S. 116 f.

und Stegmachung verwendet werden. Erst danach sah die Ordnung vor, das verwertbare Holz an den herzoglichen Hof zu schicken oder – bei zu weiten Entfernungen – als Brennholz zu veräußern.[271] Daneben setzte sich die mit 108 Artikeln sehr umfassende bayerische Forstordnung in einem eigenen Artikel mit dem Holz auseinander, so *man in die Landstrassen unnd weg einlegt*.[272] Um den Holzverbrauch für den Unterhalt der Straßen zu reduzieren, sollten die Mautner und Zöllner die Verwendung eines alternativen Baustoffs überprüfen: Weiden- und Fichtenbüschel, wie sie *bey den Wassern und Mösern gern gerathen*.[273] Zur Ersparung der *holtz-mühe[n]* ordnete die bayerische Forstordnung überdies an, schadhafte Stellen unverzüglich mit *Wachalter oder pauschholtz*, also Wacholdersträuchern oder Reisigbündeln,[274] zu belegen sowie anschließend mit Kieselsteinen und Geröll[275] zu beschütten.[276] Neben den Wegen waren schließlich Gräben zum Abfließen des Wassers auszuheben. Dies sollte gleichfalls die Nutzbarkeit der Wege erhöhen und damit den Bedarf an Holz reduzieren.[277] Alle Bestimmungen wurden 30 Jahre später in einem Neudruck der bayerischen Forstordnung wiederaufgenommen.[278] 1616 fand die Ordnung schließlich in überarbeiteter Form Eingang in den Codex Maximilianeus.[279]

Holz war also eine für den Weg- und Stegbau nur begrenzt verfügbare Ressource, deren Verbrauch durch zügige Ausbesserungsarbeiten und durch den Einsatz alternativer Baustoffe reduziert werden sollte. Um schadhafte Stellen möglichst schnell reparieren zu können, sah die bayerische Forstordnung ferner vor, Bauern mit der Beaufsichtigung und dem Unterhalt jener Straßenabschnitte zu betrauen, die die Mautner und Zöllner aufgrund der Straßenlänge nicht so leicht kontrollieren konnten. Im Gegenzug sollten die Bauern von allen anderen Fronarbeiten befreit werden. Dies galt jedoch nur für die zollpflichtigen Straßen. Wege und Stege bei den eigenen Gründen mussten die Anrainer selbst erhalten.[280]

Die Wälder waren aber nicht nur Ressourcengeber für den Unterhalt von Wegen und Stegen, sondern selbst Teil der Verkehrsinfrastruktur. Die Beschaffenheit der Waldwege hatte wiederum Einfluss darauf, wie viel Holz aus den Wäldern transportiert werden konnte. Eine Waldordnung von 1535, die die Waldgerechtigkeit von Untertanen der

---

271 Bayrische Vorstordnung, München 1568 [VD16 B 1031], fol. 5v. Siehe zu dieser Ordnung insgesamt Freitag, Winfried: Landbevölkerung, Forstpersonal und ›gute Waldordnung‹ in der »Bayrischen Vorstordnung« von 1568, in: ZAA 55 (2007) S. 32–57 und zu der angeführten Bestimmung ebd. S. 52.
272 Bayrische Vorstordnung 1568, fol. 28r–v.
273 Ebd., fol. 28r.
274 Heydenreuther/Pledl/Ackermann 2010, S. 29.
275 In der Ordnung ist von *Gries* die Rede. Siehe hierzu FWB, Lemma ›gries‹, URL: http://fwb-online.de/go/gries.s.0mn_1544331881 (19.4.2023).
276 Bayrische Vorstordnung 1568, fol. 28r–v.
277 Ebd., fol. 29v.
278 Bayrische Vorstordnung, München 1598 [VD16 B 1032].
279 Freitag 2007, S. 32.
280 Bayrische Vorstordnung 1568, fol. 29r.

Markgrafen von Brandenburg-Ansbach in den Nürnberger Wäldern regelte, erlaubte es deshalb lediglich, bei schlechten Wegen nicht mehr als vier Zugtiere an einem Geschirr zu verwenden, um eine unerlaubte Überladung zu vermeiden und damit die Fahrbahn durch das Gewicht der Ladung nicht unnötig zu beschädigen.[281] Die *Waldstraßen* waren zu schützen und überdies zu überwachen, da sie ebenso von Holzdieben verwendet wurden: In Ansbach waren aus diesem Grund die Forstknechte dazu angehalten, *ettlich tag in der wochen auff den strassen darauff [zu] sehen*.[282] Doch selbst bereits verbautes Holz für die Verkehrsinfrastruktur war vor Dieben nicht sicher. In Uttenreuth hatten *etliche leichtfertige gesellen* Geländer und Brückenhölzer *zerschnitten und zersäget*, wodurch etliche Male *unrat an leuthen und viehe daraus erfolget*. Eine Strafgebühr von einem Gulden sollte hier Abhilfe schaffen.[283] Mit solchen Sanktionsandrohungen erfuhr die Verkehrsinfrastruktur einen gewissen Schutz. Dass auch auf diese Weise mit und über Straßen geherrscht wurde, unterstreicht die württembergische Landesordnung von 1567. Dort reagierte man gleichfalls auf den Diebstahl von für den Straßenbau verwendeten Ressourcen; allerdings betraf dies nicht Holz, sondern Steine, welche *auff dem Land- und andern Strassen [...] weggenommen [und] zum Weingarten, Kalgbrennen und anderm gebraucht* werden.[284] Selbst die zur Befestigung des Straßenkörpers benötigte Erde wurde entwendet, was ebenso unter Strafe stand.[285] Ob die explizite Thematisierung von Steindiebstahl darauf verweist, dass, anders als etwa im Herzogtum Bayern oder im Nürnberger Umland, in Württemberg mehr Steine als Holz verbaut wurden, sei dahingestellt. Auf jeden Fall war die Verwendung und der Schutz von benötigtem und/oder bereits verbautem Material für die Verkehrsinfrastruktur ein wiederholt formuliertes, zentrales Regelungsfeld der Guten Policey.

Wie sehr aus der Naturabhängigkeit des Straßenraumes ein Regelungsbedarf resultierte, bekräftigt die bayerische Landesordnung von 1616 durch die Festlegung, die *Strassen* – bezeichnenderweise fehlen hier die Wege – von Hecken, Gebüschen, hereinragenden Ästen und dergleichen, besonders in der Winterszeit, zu befreien. Solche Räumungsarbeiten waren zu erledigen, bevor *man mit Gutschen unnd schweren Fuehren zu fahren hat*.[286] Eigens berücksichtigt wurden damit erstmals in den hier untersuchten Unterhalts-

---

281 Walds Ordnung betreffend die Marggrevischen Unterthanen so Wald gerechtigkeit in den Nürmberger Welden haben, Nürnberg 1529 [VD16 B 6979], unfoliiert.
282 Policeyordnungen in den Markgraftümern Ansbach und Kulmbach-Bayreuth, hg. v. Wüst, Wolfgang, Erlangen 2011 (Die »gute« Policey im Reichskreis 5), S. 90 (*Marggreuische Waldtordnung* [30.06.1531]).
283 Die lokale Policey. Normensetzung und Ordnungspolitik auf dem Lande. Ein Quellenwerk, hg. v. Wüst, Wolfgang, Berlin 2008, S. 277, dort Anm. 26: Ergänzung der mundierten Fassung (Uttenreuth 1598).
284 Reyscher/Zeller 1841, S. 838.
285 Ebd.
286 Landrecht, Policey- Gerichts- Malefitz- vnd andere Ordnungen, München 1616, S. 594 (Landes- und Policeyordnung, 3. Buch, 13. Tit., 1. Art.).

bestimmungen die Kutschen, welche sich, ebenso wie die schweren Transportfuhren, nur auf den – im Vergleich zu Wegen – breiteren und besser ausgebauten Straßen fortbewegen konnten. Das Erfordernis, Straßen vor allem im Winter benutzbar zu halten, ergab sich aus dem Schnee, dessen Last die Natur am Straßenrand etwa bei Hecken nicht immer standhalten konnten und die daher die Nutzbarkeit der Fahrbahn bedrohten. Anders gesprochen war es der Naturraum, der sich des Straßenraumes zunehmend bemächtigte, was besondere Gegenmaßnahmen erforderte. Für den Zeitraum, in dem im Laufe eines Jahres im Herzogtum Bayern Maßnahmen zur Nutzbarhaltung der Straßen ergriffen werden sollten, lässt sich also festhalten, dass dies nicht nur bei schlechtem Wetter sowie zwischen Ostern und Pfingsten, sondern ebenso in den Wintermonaten vorgesehen war. Die Jahreszeiten und Wetterbedingungen strukturierten den Zeitpunkt von Unterhaltsmaßnahmen, die präventiv (Beschneidung der Büsche und Bäume im Winter) und reaktiv nach der Feststellung von Mängeln durchgeführt werden sollten.

5.4 Straßenvisitationen: Möglichkeiten und Grenzen des obrigkeitlichen Straßenunterhalts

Mit den Policeyordnungen forderten die Obrigkeiten die Sicherheit auf Straßen und deren Instandsetzung nicht nur lose ein, sondern legten in der Regel fest, wer auf welche Weise zur (Ab-)Sicherung oder Instandhaltung der Verkehrsinfrastruktur einen Beitrag leisten sollte. Lediglich die unter Philipp von Hessen (1504–1567) 1526 erstmals und 1528 nochmals ergangene sogenannte *Reformation Gesetze vnd Ordnung* sprach nur allgemein bezüglich des Straßenunterhalts für die Landgrafschaft Hessen davon, dass jeder in seinem Amt *fleyssig auffsehen habe, das die strassen und wege in unserm Furstentum gebawet werden*.[287] Wer, wann, was genau zu tun hatte, geht aus einer solchen Bestimmung zumindest für den retrospektiven Betrachter nicht hervor, dürfte aber für die Zeitgenossen weitaus eindeutiger gewesen sein. Und doch weisen weitere Ordnungen darauf hin, dass die schriftliche Dokumentation von bestehenden Zuständigkeiten ein wichtiges Anliegen der normativen Bestimmungen war.

Die bisherigen, hier kurz zu resümierenden Ausführungen konnten für das Herzogtum Bayern bereits die Unterhaltsverpflichtungen der Zöllner, Land- und Pfleggerichte, Hofmarksherren, Städte, Märkte und Untertanen aufzeigen. Deren Zuständigkeit wurde gerade

---

287 Reformation Gesetze vnd ordnung vnser von Gotts gnaden Philipsen Landtgrauen zu Hessen. Graue zu Catzenelnbogen, Marburg 1528 [VD16 H 2874], unfoliiert. Zwei Jahre davor ist die Ordnung unter folgendem Titel erschienen: Unser Landtgrave Philipsen Reformation und ordnunge, von allerley gebrechlichkeit und unordnunge, so bisher in unserem Fürstendumb, Landen und Gebeden geschiedt synt, o.O. [1526] [VD16 H 2882].

deshalb in Ordnungen benannt, da Fuhrleute und andere Straßennutzer den Erhaltungszustand der Verkehrsinfrastruktur beklagten. Klagen über schlechte Straßen konnten aber unweigerlich nicht ausbleiben, da es mehrere strukturelle Gründe dafür gab, warum sich der Straßenunterhalt nicht einfach gestaltete und die Straßen nicht überall und jederzeit gut benutzbar waren. Außer der zeitbedingten Unumgänglichkeit, sich unter Einsatz des eigenen Körpers und gegebenenfalls unter Zuhilfenahme von Reit- oder Zugtieren (Wagen/Kutsche) fortzubewegen,[288] ist es die für Wetterereignisse und jahreszeitliche Naturveränderungen anfällige Straßenbautechnik der Zeit,[289] die ebenso die Wirksamkeit der Instandsetzungsarbeiten limitierten wie die Tatsache, dass nur die eigenen Hände zur Verfügung standen, um Straßen zu reparieren, was einen hohen Personaleinsatz und viel Zeit erforderte.[290] Schließlich bündelte sich die Verfügungsgewalt über die Straßen keineswegs bei einem Herrscher, sondern verteilte sich auf eine Vielzahl an für den Unterhalt zuständigen Personen, Herrschafts- und Verwaltungsebenen. Zuständigkeitskonflikte konnten hier nicht ausbleiben und betrafen vor allem die Zöllner und Untertanen, wie die bayerische Landesordnung von 1553 gleichfalls zu erkennen gibt.[291] Anlässlich einer *irrung zwischen Zöllnern und Untertanen bezüglich der Frage, weme die Landstrassen zemachen von alter her gebürn*, wurde festgelegt, die Hofräte oder *in unsern Vitzdombambten unsere Regiment* entscheiden zu lassen.[292]

So schwierig und unmöglich es war, das ganze Jahr über gut benutzbare Straßen zu verfügen, so waren es dennoch vor allem die Zöllner, die vor Ort für gute Straßen sorgen konnten. Zöllner und andere Amtsträger waren jedoch mitnichten durchweg ergebene und pflichtbewusste Diener ihrer Herren,[293] wie die Einschätzung des Zöllners Liebhart über seine jüngeren Kollegen offengelegt hat. Die Zöllner verfügten daneben über keinen gleichförmigen Erfahrungshorizont. Schon das Wissen, wie schadhafte Straßenstellen im Voraus oder nach Unwettern möglichst zügig und gegebenenfalls unter Einsatz neuer Baustoffe (Weiden- und Fichtenbüschel) repariert werden konnten, ergab sich nicht von selbst. Die Handlungsfähigkeit eines Zöllners hing ebenso von dem ihm untergebenen Personal ab (Zoll-/Geleitsknechte). Aus gutem Grund plante Liebhart in seinem Reform- und Empfehlungsschreiben einen Helfer ein, um den Straßenunterhalt verbessern zu können. Auch die Ausstattung mit qualifiziertem Personal sowie dessen gute Führung konnte sich auf den Erhaltungszustand der Straßen auswirken.

---

288 Siehe Kapitel 3.
289 Siehe Kapitel 4.
290 Ebd.
291 Ein solcher Konflikt zwischen Zöllner und Untertanen wird im Kapitel 6 behandelt.
292 Bairische Lanndtßordnung 1553, Buch 4, Tit. 14.
293 Brakensiek/Wunder 2005.

Die von den Obrigkeiten eingeforderte Verbesserung des Straßenunterhalts musste vor Ort umgesetzt werden. Eben darauf nahmen die Obrigkeiten Einfluss, indem sie die Zuständigkeiten in den Ordnungen explizit machten und Inspektionsfrequenzen für die Zöllner festlegten. Die Eigenempfehlung Liebharts für die Weiterbeschäftigung als Zöllner lässt daneben erkennen, dass zumindest für ihn ein gutes Auskommen zu erwarten war. Auch über die Entlohnung und Honorierung des Amtspersonals konnten die Obrigkeiten auf den Straßenunterhalt einwirken. Verschiedentlich belegt ist zudem die materielle Unterstützung der Instandsetzungsarbeiten durch die obrigkeitliche Bereitstellung von Holz für den Straßenbau.[294] Entscheidender war jedoch, dass die Obrigkeiten über den Erhaltungszustand der Verkehrsinfrastruktur Bescheid wussten, um hierauf entsprechend reagieren zu können. Im Kern ging es also darum, den obrigkeitlichen Zugriff auf die Amtsleute, aber ebenso auf die als Anrainer oder aufgrund des Fronwesens für den Straßenunterhalt gleichfalls verantwortlichen Untertanen zu intensivieren. Solche Bemühungen haben sich im Herzogtum Bayern mit der Entscheidungsgewalt bei unklaren Zuständigkeiten zwischen Zöllnern und Untertanen bereits angedeutet und lassen sich für die Rentämter genauer nachweisen. Näher betrachtet werden also die Mittelbehörden des Herzogtums, von denen es im Untersuchungszeitraum insgesamt vier gab (München, Landshut, Straubing, Burghausen).[295]

In diesen Rentämtern kam es seit etwa 1580 zu Visitationen und damit zur Anwendung eines in der Vormoderne grundlegenden Herrschaftsmittels, um zum Beispiel Gewerbe, Forsten, Schulen, die Organisation des Scharwerkswesens uvm. zu kontrollieren, aber ebenso um den Erhaltungszustand und die Instandsetzung von Straßen zu überprüfen.[296] Die Überprüfungen führten die Rentmeister als oberste Amtsträger der Rentämter persönlich durch. Die auch als Umritte bezeichneten Visitationen fanden nachweislich für das Rentamt Landshut in den Jahren 1579, 1586, 1594, 1600, 1604 und 1618 statt,[297] die Frequenz dürfte aber höher gewesen sein, wie neben Aktenvernichtungen aus dem 19. Jahr-

---

294 Siehe Kapitel 6.
295 Rankl, Helmut: Der bayerische Rentmeister in der frühen Neuzeit. Generalkontrolleur der Finanzen und Justiz, Mittler zwischen Fürst und Bevölkerung, Promotor der »baierischen Libertät«, in: ZBLG 60 (1997), S. 617–648, hier S. 622.
296 Näther, Birgit: Die normative Kraft des Praktischen: Strukturen und Prozesse vormoderner Verwaltungsarbeit. Das Beispiel der landesherrlichen Visitation in Bayern (Verhandeln, Verfahren, Entscheiden – Historische Perspektiven 4), Münster 2017. Siehe zu den Aufgaben ebd., S. 53–55 sowie zu den Anfängen und Abläufen des Verfahrens S. 64–72. Eine grundlegende Einordnung des Verfahrens hat Brakensiek, Stefan: Legitimation durch Verfahren? Visitationen, Supplikationen, Berichte und Enquêten im frühmodernen Fürstenstaat, in: Stollberg-Rilinger, Barbara/Krischer, André (Hg.): Herstellung und Darstellung von Entscheidungen. Verfahren, Verwalten und Verhandeln in der Vormoderne (ZHF, Beihefte 44), Berlin 2010, S. 363–377 vorgelegt. Bislang nicht eigens behandelt wurde die Visitation von Straßen.
297 StAL Rentmeisteramt Landshut, P 1, P 2, P 3, P 4, P 5, P 6, P 7.

hundert[298] die bereits 1574 ergangene Instruktion für die Rentmeister vermuten lässt.[299] Straßenbezogene Aufgabe der Rentmeister war es, die Instandsetzungsarbeiten der Pfleger, Richter, Zöllner und Mautner für die *gemainen Landtstrassen* zu überprüfen.[300] Damit sind die Zuständigkeiten benannt, die sich in den Rentämtern auf die Land- und Pfleggerichte als unterste Verwaltungs- und Gerichtsebene (Pfleger und Richter) und auf das für die Erhebung der Straßengebühren und die Erfüllung der damit verbundenen Instandsetzungspflicht verantwortliche Amtspersonal verteilten. Der Zugriff auf die Zöllner und Mautner erfolgte durch die Rentmeister jedoch nicht unmittelbar, sondern nur mittelbar über die Pfleger und Richter, die ihrerseits die Zöllner und Mautner zu überprüfen hatten. Die Rentmeister waren somit Kontrolleure der Kontrolleure. Dies schloss Untertanen ein, denen *die weeg zumachen vor allter schuldig gewesen*[301] und deren Instandsetzungsarbeiten die Rentmeister gleichfalls mittelbar über die Pfleger und Richter kontrollierten. So mahnte der Rentmeister 1604 im Landgericht Natternberg bei Plattling *(Plädling)* die Aufschüttung der von Regensburg nach Passau führenden Landstraßen mit Geröll durch die Untertanen von Osterhofen an.[302] Aber auch ansonsten kontrollierten die Rentmeister auf ihren Umritten, ob die Richter und Pfleger dafür gesorgt hätten, dass die Untertanen, welche *uf Iren Gründten ausser den ordinari Landstrassen [...] die weeg und steeg zuerhalten schuldig, [...] darob halten, damit diesem wirklich nachgelebt werde.*[303]

Zu den Personen, welche zur Instandsetzung der Wege und Stege verpflichtet waren, gehörten auch die Hofmarksherren. Sie hatten in ihrem grund- und gerichtsherrlichen Herrschaftsbezirk unter Heranziehung der fronpflichtigen Untertanen[304] für gute Straßen zu sorgen und waren diesbezüglich den Pflegern und Richtern Rechenschaft schuldig. 1591 kommentierte deshalb der Rentmeister einen Bericht des Pflegers aus dem Landgericht Kehlheim über den *etwas saumselig[en]* Hofmarksherren Taberzhofen zu Paring. Zur ordentlichen *Machung der weeg und Landstrassen,* die nach Schierling liefen, habe der Pfleger bereits einen Brief an Taberzhofen geschrieben. Der Rentmeister jedoch ordnete an, den Hofmarksherren nochmals anzuschreiben und auf dessen *verwaigern* hin der Regierung, also der in Stellvertretung des Landesherrn agierenden Kollegialbehörde des Rentamtes, zu berichten.[305]

---

298 Näther 2017, S. 74.
299 StAL Lehnprobstamt Landshut, A1169 (Instruktion von 1574). Siehe zum Begriff ›Umritt‹ Näther 2017, S. 64.
300 StAL Lehnprobstamt Landshut, A1169, fol. 4r.
301 Ebd.
302 StAL Rentmeisteramt Straubing, P 5, unfoliiert.
303 StAL Rentmeisteramt Landshut, P 7 (Umritt Rentamt Landshut 1614).
304 Siehe Kapitel 6.
305 StAL Rentmeisteramt Straubing, P 3, unfoliiert; zu den Regierungen: Schwertl, Gerhard: Die Mittelbehörden der Rentmeisterämter Unterlands 1507–1802 und ihre Bestände im Staatsarchiv Landshut, in: Archivalische Zeitschrift 88 (2006), S. 931–948, hier S. 934.

Mit diesem Bericht an die Regierung delegierte der Rentmeister seine Kontrollaufgabe bei Nichterfüllung der Unterhaltspflicht durch die Hofmarksherren an die von ihm selbst geleitete Kollegialbehörde. Eine solche Übertragung der Kontrolle zur weitergehenden Überprüfung der Hofmarksherren kam immer wieder vor. Für den Umritt im Jahr 1594 hielt beispielsweise der Landshuter Rentmeister ebenfalls fest, er habe bei *widerspenstig[en]* Hofmarksherren einen Bericht an die Regierung eingefordert.[306] Demnach mussten alle, denen die Richter und Pfleger *nit mechtig* sind[307] und welche die Ausbesserungsarbeiten *[nach]lessig* durchführten,[308] an das zentrale Beratungs- und Entscheidungsgremium der Mittelbehörde gemeldet werden. Doch auch wenn keine Probleme auftauchten, bestand ein wesentlicher Zweck der Visitationen darin, die Verantwortlichen an die Erfüllung ihrer Instandsetzungspflichten zu erinnern. Das zu Beginn vieler Umrittsprotokolle aufgenommene Resümee einer Visitation zeigt dies auf. So hob 1595 die Inspektion aller Land- und Pfleggerichte im Rentamt Straubing hervor, allen dort zuständigen Personen verfügt zu haben, die Straßen und Wege *sowol in den Hofmarchen als in des Landgerichten aufs Pesste* zu machen.[309] Vier Jahre davor wirkte der Straubinger Rentmeister darauf hin, dass *die gemainen weeg unnd Lanndtstrassen stadtlich zuegericht unnd wesentlich unnderhallten werden*.[310] Die im Rahmen der Umritte durchgeführten Straßenvisitationen zielten also darauf, *die gemainen Landstraßen sowol in den Hofmarchen als in den Landgerichten aufs bässer [...] [zu machen] und wesentlich [zu] underhalten*.[311]

Eine solche Überprüfung musste 1.) entlang der Herrschafts- und Verwaltungsstruktur des Herzogtums Bayern erfolgen, 2.) die für das vormoderne Straßenwesen basale Zuständigkeit der Zöllner erfassen und 3.) die ebenfalls andernorts aufgrund von Herrschaftsrechten bestehende Unterhaltspflicht der Untertanen berücksichtigen. Diese im Rahmen der Umritte erfolgte Kontrolle der Zuständigkeiten führten die Rentmeister im Auftrag des Landesherrn durch. Ihm bzw. dem Münchner Hof oblag die Einführung und Anleitung der landesherrlichen Visitationen mittels Instruktionen sowie die Kontrolle auf Grundlage der Protokolle. Wie Birgit Näther zeigen konnte, trugen daneben vor allem die Mittelbehörden entscheidend zur Ausformung des Verfahrens bei, indem sie bereits bestehende administrative Dokumentationspraktiken weiterentwickelten, den

---

306 StAL Rentmeisteramt Landshut, P 3, fol. 1v.
307 Aufgrund der eigenen Herrschaftsrechte entzogen sich, neben den Hofmarken, auch Städte, Märkte und Herrschaften mit hochgerichtlichen Rechten der unmittelbaren Kontrolle durch die Richter und Pfleger [Albrecht, Dieter: Staat und Gesellschaft: 1500–1745, in: Spindler, Max/Kraus, Andreas (Hg.): Handbuch der bayerischen Geschichte. 2. Band: Das Alte Bayern. Der Territorialstaat vom Ausgang des 12. Jahrhunderts bis zum Ausgang des 18. Jahrhunderts, 2. überarb. Aufl., München 1988, S. 625–663, hier S. 626].
308 StAL Rentmeisteramt Landshut, P 1, fol. 2r. (Umritt Rentamt Landshut 1579).
309 StAL Rentmeisteramt Straubing, P 5, unfoliiert.
310 Ebd., P 3, unfoliiert.
311 Ebd., P 6, unfoliiert (Umritt Rentamt Straubing 1604).

vorgegebenen Überprüfungskanon »explizierten und ergänzten« sowie mit den Protokollen außer ihren Inspektionsergebnissen »zugleich ihre Entscheidungen bezüglich der Gestaltung des Verfahrens« übermittelten.[312] Mit den Protokollen entstand überdies ein von Näther als Norm-Praxis-Dialog bezeichneter Austausch zwischen Mittel- und Oberbehörden, da die landesherrliche Verwaltung die Visitationsberichte als Vorlagen für Folgeanordnungen verwendete.[313]

Die Überprüfung des Straßenwesens war von einer solchen Anpassung der Visitationsrichtlinien ebenfalls betroffen. Denn während die Instruktion von 1574 die verschiedenen, vom Rentmeister zu kontrollierenden Zuständigkeitsebenen lediglich pauschal benannte (Richter, Pfleger, Mautner, Zöllner und wie *vor allter schuldig*),[314] legte die darauffolgende Instruktion von 1613 die Zuständigkeiten genau fest. So erhielten die Mautner und Zöllner die Anweisung, die Straßen, Wege und Brücken sowie die hölzernen Befestigungen am Ufer *(Archen)*,[315] anderweitige Schutzbauten im Fluss *(Schlachten)*[316] und Stauwehre *wesentlich [zu] erhalten*.[317] Falls der Mautner oder Zöllner *schlechtes antrifft*, müsse er dies *alsbalden* beheben und bei größeren Unkosten der Hofkammer melden.[318] Die Erfüllung dieser Pflichten hatte wiederum der Rentmeister zu überprüfen, und zwar – wie die Instruktion von 1613 nun hervorhob – nicht nur auf Grundlage von Berichten, da die *Beambten [...] niemahlen wollen vnrecht gethon haben,* sondern mittels der eigenen Inaugenscheinnahme.[319] Die hier eingeforderte persönliche Kontrolle umfasste vor allem die Landstraßen, aber auch Wege, deren Unterhalt gleichfalls *vnns vvnd gantzem Landt,* also Maximilian I. von Bayern (1573–1651), dem Münchner Hof und dem gesamten Herzogtum, *nicht wenig gelegen*. Als Grund für diese erweiterte Kontrollmaßnahme wurde eigens die *Verbesserung und erhaltung der Commertien* hervorgehoben.[320]

Die in der Instruktion von 1613 festgehaltene Ausweitung der Kontrolle respektive präzisere Festlegung der Zuständigkeiten begann beim Rentmeister und setzte sich mit den Pflegern und Richtern fort. Sie wurden nun eigens angewiesen, die Instandsetzungsarbeiten der Untertanen zu überprüfen.[321] Die Mautner und Zöllner wiederum hatten

---

312 Näther 2017, S. 98 f.
313 Ebd., S. 98.
314 StAL Lehnprobstamt Landshut, A1169, fol. 4r.
315 Lemma ›Arch‹, in: Heydenreuther/Pledl/Ackermann 2010, S. 20.
316 Lemma ›B(e)schlacht‹, in: ebd., S. 32.
317 Ziegler, Walter: Dokumente zur Geschichte von Staat und Gesellschaft in Bayern, Abteilung I: Altbayern vom Frühmittelalter bis 1800, Bd. 3, Teil 1 u. 2, Altbayern von 1550–1651, München 1992, Nr. 179: Die Aufgaben des Rentmeisters und der nachgesetzten Obrigkeiten im Land vom 22.4.1613, S. 781–811, hier S. 802.
318 Ebd.
319 Ebd., S. 793.
320 Ebd.
321 Ebd., S. 800.

nicht nur die untergebenen Knechte zu kontrollieren, sondern auch darauf zu achten, ob *die benachbarten Ire weeg gebührlicher weiß* unterhielten. Falls dies nicht geschehe, müsse dies *bey Zeiten* geahndet und bei Nichtbefolgung dem Hof berichtet werden.[322] Nach wie vor nicht berücksichtigt wurden in der Instruktion von 1613, wie schon 1574, die Hofmarksherren, obgleich die Umrittprotokolle gezeigt haben, dass deren Zuständigkeit für den Straßenunterhalt gleichfalls Gegenstand der Kontrolle war. Der Grund hierfür geht aus der letzten 1553 im Herzogtum Bayern ergangenen Landesfreiheitserklärung der intermediären Gewalten hervor. Für die Hofmarksobrigkeiten wurde gleich als Erstes ihre Gewalt über die im jeweiligen Hofmarksbezirk gelegenen Äcker, Felder, Wiesen, Wälder, Gewässer und schließlich auch über *die wegen* und *stegen* festgelegt.[323]

1613 wurden die Kompetenzen und Verantwortlichkeiten der Kastner neu formuliert, welche in den Land- und Pfleggerichten die herzoglichen Urbars- oder Kammergüter verwalteten.[324] Die wiederum vom Rentmeister zu überprüfenden Kastner sollten ebenso wie die Pfleger, Richter, Mautner, Zöllner und – was jedoch aufgrund der bereits charakterisierten Herrschaftsgewalt normativ ungeschrieben blieb – die Hofmarksherren, auf die Instandhaltung der Verkehrsinfrastruktur achten und zudem bei erwartbar hohen Kosten die Hofkammer informieren. Ein besonderes Augenmerk sollten die Kastner daneben auf die *umbweeg[e]* legen, welche die Fuhrleute zur Vermeidung von Zollzahlungen gebrauchten. Zur diesbezüglichen Kontrolle waren sie dazu angehalten, persönlich ab und an *(Zeweilen)* die Straßen zu bereiten und die Um- und Schleichwege zu versperren. Bei der Gelegenheit waren zugleich die Untertanen dazu verpflichtet, *Ire weeg vnnd strassen der Schuldigkeit vnd notdurfft nach* zu unterhalten.[325]

Die Instruktionsbestimmungen von 1613 fußten auf den vorher protokollierten Visitationsergebnissen, entsprachen aber auch dem Willen des seit 1597 regierenden Herzogs Maximilian, die Finanzen zu reformieren und die Staatseinnahmen zu erhöhen.[326] So wurden etwa die Mautner dazu angehalten, bei der Feststellung von gebührenpflichtigen, aber nicht als solche deklarierten Waren die Güter zu beschlagnahmen. Gleichzeitig kriminalisierte die Instruktion den Vorgang der Nicht-Deklaration, indem der Delinquent vom Landesherren und der Hofkammer auf Grund seines Vergehens gegen den gemeinen

---

322 Ebd., S. 802.
323 Ziegler 1992, Nr. 13: Letzte Landesfreiheit (10.1.1553), S. 161–182, hier S. 166.
324 Albrecht, Dieter: Maximilian I. von Bayern 1573–1651, München 1998, S. 50.
325 Ziegler 1992, S. 801.
326 Cramer-Fürtig, Michael: Finanzkontrolle durch Rechnungsprüfung im Herzogtum Bayern. Zur Normierung der amtlichen Buchführung in der Frühen Neuzeit, in: Edelmayer, Friedrich u.a. (Hg.): Finanzen und Herrschaft. Materielle Grundlagen fürstlicher Politik in den habsburgischen Ländern und im Heiligen Römischen Reich im 16. Jahrhundert (Veröffentlichungen des Instituts für Österreichische Geschichtsforschung 38), München 2003, S. 270–290, hier S. 282 f.; Albrecht 1998, S. 186–218.

Nutz *nit gnad* erwarten könne.[327] Um diese Maßnahme und andere Eingriffe zu legitimieren und bei etwaigen Beschwerden nachvollziehbar zu machen, durften die Mautner und Zöllner in allen Amtsangelegenheiten nur mit einem Gegenschreiber handeln.[328] Solche Kontroll- und Sanktionsinstanzen bezweckten genau das, was bereits über 100 Jahre zuvor Liebhart angestrebt hatte: die Vermehrung der Zolleinnahmen und den guten Weg. Und auch die von Liebhart anvisierte fleißigere Erfüllung der Unterhaltspflicht kam nun die Instruktionen, mehr aber noch die Umritte nach, wie ein eingehender Blick auf die protokollierten Umrittergebnisse zeigen kann. Im Landgericht Biburg wies beispielsweise der Rentmeister 1579 den Pfleger an, *die Landtstrassen seines gebiets, die er als Zolner zumachen schuldig,* auszubessern, denn es werde *vil Clagens* gehört, dass in Regenzeiten die Straße gar *pöß* sei.[329] Der Pfleger führte als Entschuldigung an, bislang erfolglos nach Kies *(gries)*[330] gegraben und gesucht zu haben. Bei dieser Feststellung des Unterhaltsdefizits aufgrund des tatsächlichen oder auch nur vermeintlichen Mangels an Baumaterial beließ es der Rentmeister jedoch nicht. Vielmehr äußerte er seine zu Protokoll gegebene Zuversicht *(Wie mir dann nit Zweifels),* der Pfleger und Zöllner könne bei fleißiger Suche *in der Nähet herumben* den benötigten Kies finden und damit die Straßen beschütten.[331] Im Landgericht Abbach war es nicht der Pfleger selbst, der als Zöllner oder Mautner fungierte, sondern eine Amtsperson, die gleichfalls – so die Feststellung beim Umritt von 1585 – nur unzureichend für den Unterhalt der Landstraßen, Wege und Stege sorge, weshalb der Rentmeister dem Pfleger die Abstellung dieses Missstandes befahl.[332] Schlechte Straßen gab es im Jahr 1585 auch im gesamten Landgericht Mitterfels, besonders aber auf den *Hofmarcksgründten*. Der Pfleger bekam deshalb die Anweisung, nicht nur die Untertanen in seinem Landgericht zur Straßenbesserung aufzufordern, sondern ebenso den Hofmarksherren anzuschreiben, damit dieser gleichfalls seine Untertanen *mit sonndern ernnst* zum Unterhalt anhalte.[333]

Landstraßen, Wege und Stege waren aufgrund säumiger Pfleger, Hofmarksherren, Zöllner und Untertanen, aber ebenso aufgrund *des Nassen Wetters halben nit guet, auch nicht wol bestendig zumachen.*[334] Die Rentmeister berücksichtigten solche wetterbedingten Unterhaltsdefizite bei ihren Anweisungen. Wiederum im Jahr 1585 und gleichfalls im Rentamt Straubing, wo bereits weniger die Natur, sondern menschenbedingte Nachlässigkeiten zur unzureichenden Pflege geführt hatten, wies der Rentmeister den Landrichter

---

327 Ziegler 1992, S. 802.
328 Ebd.
329 StAL Rentmeisteramt Landshut, P 1, fol. 13v.
330 FWB, Lemma ›gries‹, URL: http://fwb-online.de/go/gries.s.0mn_1544331881 (19.4.2023).
331 StAL Rentmeisteramt Landshut, P 1, fol. 13v.
332 StAL Rentmeisteramt Straubing, P 2, unfoliiert.
333 Ebd.
334 Ebd.

von Viechtach angesichts des nassen Wetters an, die Straßen *sovil müglich ist, deren Pessern [zu] lassen.*[335] Im Landgericht Regen führten die hohen Niederschlagsmengen dazu, dass die Verkehrsinfrastruktur *nit nottmessig gemacht werden möge[...]*, während für das Landgericht Bärnstein folgender kurzer Positivbefund in das Protokoll aufgenommen wurde: *Landstrassen, Weeg unnd Steeg gemacht.*[336]

Neben schlechten Straßen gab es also in ein und demselben Rentamt innerhalb desselben Zeitraums – die Umritte dürften nicht länger als ein paar Wochen gedauert haben – ebenso gute Straßen. Ein solcher von Rentmeistern stets eingeforderter guter Unterhalt[337] konnte viele Gründe haben: günstiges Wetter, der sorgsame Unterhalt in der Vergangenheit, schnell und reichlich verfügbare Ressourcen, der rechte Moment der Ausbesserungsarbeiten, die regelmäßigen Visitationen, pflichtschuldige Untertanen, erfahrenes Amtspersonal oder einfach nur der im Vergleich zu einem anderen Landgericht geringere Umfang der Verkehrsinfrastruktur oder die variierende Nutzungsfrequenz. Einen nicht unerheblichen Beitrag leisteten daneben jene Ordnungen, die einen sorgsamen Unterhalt einforderten. Zumindest verstanden die Rentmeister gute Straßen selbst als Ausdruck der Normbefolgung. So hob 1585 ein Rentmeister Mandate und Befehle *sonderlich mit Machung der Weeg und Landstrassen* hervor, denen im Landgericht Dietfurt seiner *eingezognen Erfarung nach* und wie er selbst gesehen habe, *gelebt und nachkommen* werde.[338] Eine solche Mandatsbefolgung lässt sich 1584 auch für das Landgericht Stadt am Hof feststellen, und für das Landgericht Haidau hielt der Rentmeister in ebendiesem Jahr die ordentliche Publikation der Mandate und daran anschließend fest: *Die Landstrassen, weeg und Steg sein der Zeit bey guetes würden und erscheint daran nit Mangel.*[339]

Alle Normen, günstigen Wetterbedingungen und verfügbaren Ressourcen halfen jedoch nichts, wenn keine Arbeitshände zum Einsatz kamen und sorgsam ihre Aufgaben erfüllten. Aufgrund der strukturellen Störanfälligkeit der Verkehrsinfrastruktur war es besonders der Fleiß, den bereits Liebhart um 1500[340] und sodann die bayerische Landesordnung von 1553 von dem für den Straßenunterhalt zuständigen Amtspersonal einforderten.[341] Die fleißige oder unfleißige Erledigung der Straßenerhaltungsmaßnahmen war zugleich eine zentrale Bewertungskategorie, so etwa für jenen Rentmeister, der 1604 im Landgericht Kötzting den Hauptmann von Furth visitierte. Für diese an der untersten Stufe

---

335 Ebd.
336 Ebd.
337 So wurde etwa auch im Landgericht Kehlheim die Verkehrsinfrastruktur 1585 *zimblich vleissig gehalten* [ebd.].
338 Ebd.
339 StAL Rentmeisteramt Straubing, P 1, unfoliiert.
340 Siehe Kapitel 5.2.
341 Bairische Lanndtßordnung 1553, Buch 4, Tit. 14.

der landesherrlichen Ämterorganisation[342] tätige und auch für den Straßenunterhalt zuständige Amtsperson konstatierte er: *Khome[t] nit hinaus auf khain Straß, sonder lige Immerdar auf der faulen seitten.*[343]

5.5 Beschwerden von ›unten‹ und die Ordnung von ›oben‹

Die Gründe für die Klagen über den Straßenzustand waren vielfältig. Sie reichten, wie dargelegt, vom Eingebundensein der Straßen in die Natur über den Unwillen oder die – zeit- und naturbedingte – Unmöglichkeit der raschen Ausbesserung von schadhaften Stellen bei den zur Instandhaltung verpflichteten Amtsträgern bis hin zu Obrigkeiten, die sich auf die Erfüllung der mit den Privilegien einhergehenden Instandhaltungspflicht von Zollgeleitstraßen konzentrierten, da die Amtsträger vor Ort (noch) keine unumschränkt ergebenen Diener ihrer Herren waren und insgesamt in dieser Zeit die herrschaftliche Durchdringung des physischen Raumes regelmäßig (gegenüber konkurrierenden Herrschaftsträgern) etwa mittels Visitationen behauptet bzw. durchgesetzt werden musste. Hinzu kam angesichts der Herrschaftsstrukturen, dass sich die Zuständigkeiten für den Unterhalt weder bei einer Obrigkeit gleichsam ›absolutistisch‹ bündelten noch die Verantwortlichkeiten immer eindeutig waren.

Mit alldem sind strukturelle Ursachen für eine Instandhaltung benannt, die sehr schnell defizitär sein konnte, und über diese Defizite beschwerten sich Straßennutzer. Die Beschwerden können generell als Reaktion auf die Unzulänglichkeiten der Verkehrsinfrastruktur verstanden werden, was allerdings übersehen lässt, dass sich die Beschwerdeintensität in der Vormoderne insgesamt keineswegs gleichförmig gestaltete. Forschungen zu Unruhen und Revolten haben stattdessen deutlich machen können, dass erst an der Wende vom Mittelalter zur Frühen Neuzeit Beschwerden zum selbstverständlichen Bestandteil der politischen Kultur der Vormoderne wurden.[344] Überdies hat Peter Blickle den Zusammenhang zwischen Beschwerden und Guter Policey unter Verweis auf die »große Schnittmenge ihrer materialen Betreffe« und die gemeinsame »Art ihrer Legitimation«[345] herausgestellt. Der Gemeine Nutzen legitimierte so auch den von den Straßennutzern gegenüber den Obrigkeiten erbetenen Straßenunterhalt. Zugleich sprachen die

---

342 Rankl 1997, S. 624.
343 StAL Rentmeisteramt Straubing, P 6, unfoliiert.
344 Blickle, Peter: Beschwerden und Polizeien. Die Legitimation des modernen Staates durch Verfahren und Normen, in: Ders. u. a. (Hg.): Gute Policey als Politik im 16. Jahrhundert. Die Entstehung des öffentlichen Raumes in Oberdeutschland (Studien zu Policey und Policeywissenschaft), Frankfurt a. M. 2003, S. 549–568.
345 Ebd., S. 560.

Obrigkeiten gegenüber den zur Instandsetzung verpflichteten Untertanen und Amtsträgern von einem Gemeinen Nutzen, um die Erhaltungsmaßnahmen einzufordern.[346] Die »Prägekraft der Beschwerden« bestand also gerade darin, »daß sie den Geboten und Verboten eine Richtung gaben, die der Allgemeinheit dienten«.[347] Daneben waren es die von Blickle gleichfalls bedachten Privilegien,[348] die das policeyliche Regelungsfeld für den Unterhalt der *Zollgeleitstraßen* vorgaben.

Die Beschwerden dürfen damit nicht nur als Ausdruck eines Unterhaltsdefizits verstanden werden. Indem die von den Untertanen gegenüber den Herrschenden vorgebrachten Anliegen »dem Inhalt und Gegenstand nach völlig offen und unbegrenzt waren«,[349] kam es vielmehr zu einer Dynamik des Beschwerens, die auch die Straßen erfasste. Damit ist deutlich: Die expandierende Kommunikationsform des Beschwerens prägte oder beeinflusste zumindest den zeitgenössischen Diskurs um Straßen; auch deshalb waren sie derart defizitär, wie es die Forschung wiederkehrend betont hat, ohne allerdings die Beschwerdemechanismen zu berücksichtigen. Anders gesprochen, im 16. Jahrhundert war es leichter, über Straßen zu klagen und sich mit diesen Klagen bei den Obrigkeiten Gehör zu verschaffen, denn der Nutzen der Beschwerdepraxis war für die Herrschaft ein mehrfacher. Über den Kanal der Beschwerden, die Argumentation in den Texten und damit über das Sprechen über den Straßenzustand erhielten die Obrigkeiten von ›unten‹, eindeutig lokalisierbar, zuordenbar und weitergehend eruierbar, Informationen auf verschiedensten Ebenen: Zunächst wurden sie ganz basal durch einen Einzelnen, eine Gruppe oder einen Amtsträger über Problemlagen vor Ort informiert, womit sie Einblicke in das Funktionieren/Nicht-Funktionieren von lokaler Verwaltung im Allgemeinen und in die Praxis der Instandsetzung der Verkehrsinfrastruktur im Speziellen gewannen. Die Interessen der sich beklagenden Personen und des anvisierten obrigkeitlichen Empfängers überschnitten sich in diesem Moment entscheidend. Der »›delegierte Augenschein‹«[350] war hier in gewisser Weise der zentrale Ausgangspunkt, um über die »konkreten Zustände ›vor Ort‹ [Hervorheb. i. Orig.]« Auskunft zu geben und zu informieren, und zwar genauer, als es »durch noch so raffiniert ausgestaltete Visitationen« möglich gewesen wäre.[351] Oder, um es mit den Worten von André Holenstein gewendet auf die

---

346 Siehe Bairische Lanndtßordnung 1553, Buch 4, Tit. 14.
347 Blickle 2003, S. 563 f.
348 Ebd., S. 563.
349 Ebd., S. 557.
350 Friedrich, Markus: ›Delegierter Augenschein‹ als Strukturprinzip administrativer Informationsgewinnung. Der Konflikt zwischen Claudio Acquaviva und den memorialistas um die Rolle von ›Information‹ im Jesuitenorden, in: Brendecke/Friedrich/Friedrich 2008 I, S. 109–135, hier S. 110. Anders als bei den Karten wurde der Augenschein nicht visualisiert festgehalten, sondern als Text in Form von Beschwerden und Suppliken, wodurch textschriftlich ein Bild gezeichnet wurde.
351 Blickle 2003, S. 557.

Beschwerdepraxis auszudrücken: »Politik als Regierung setzte die Kenntnis der aktuellen Lage voraus.«[352] Obrigkeiten konnten zudem durch Beschwerden den Zugriff auf die Verkehrsinfrastruktur intensivieren. Eine solche Herrschaftsintensivierung erfuhr überdies mit den Klagen und dem Gemeinen Nutzen eine Legitimierung, womit die Obrigkeiten zugleich einem Kernmerkmal guter Regierung – über sichere und gut erhaltene Straßen zu verfügen – näherkamen.

Die verdichtete Kommunikation zwischen Herrschaft und Untertan stellte also explizit das Defizit in das Zentrum der Diskussion, um Lösungsmöglichkeiten zu generieren. Schlechte Straßen wurden gezielt angesprochen, um ein Defizit zu beheben. Mechanismen zu deren Behebung mussten demgegenüber erst (weiter-)entwickelt werden, wozu Straßenvisitationen ebenso einen wichtigen Beitrag leisteten wie die Policeyordnungen.

Welche Dynamiken die Beschwerdepraktiken durchliefen und wie diese auch das Straßenwesen erfassten, zeigt sich mit den auf den Landtagen vorgebrachten Beschwerden. Denn neben den Untertanen waren es die Landstände und damit die intermediären Gewalten der Territorien, welche beispielsweise im Herzogtum Bayern den schlechten Zustand der Straßen beklagten und damit zur »Genauigkeit im Aufzeigen von Mißständen« erheblich beitrugen.[353] Die Gravamina der Stände beförderten sogar noch mehr als die Supliken die Ausgestaltung der Guten Policey.[354] Für die Auseinandersetzung mit dem Straßenwesen ergibt sich aus alldem eine nicht unerhebliche Erkenntnis: Die in den Policeyordnungen benannten Klagen der Untertanen und Landstände lassen ebenso wie die bereits angesprochene expandierende Verschriftlichung die Defizite sowie insgesamt die arbeitsorganisatorischen und bautechnischen Grenzen des Straßenwesens weitaus besser erkennen als das Funktionieren des Straßenunterhalts, das in den Umrittprotokollen gleichwohl miterfasst wurde. Eine Defizitgeschichte der Verkehrsinfrastruktur ist hierdurch sehr leicht bei der Hand, und zwar eben vor allem für das beschwerde- und – im Vergleich zum Mittelalter – schriftreichere 16. Jahrhundert. Damit soll das Defizit der Straßen nicht marginalisiert werden, doch zeigt sich hier und mit den Forschungen zum Supplikations- und Beschwerdewesen deutlich,[355] dass Beschwerden sich nicht nur in sich

---

352 Holenstein, André: Gute Policey und die Information des Staates im Ancien Régime, in: Brendecke/Friedrich/Friedrich 2008 I, S. 201–213, hier S. 203.
353 Wittmütz, Volkmar: Die Gravamina der bayerischen Stände im 16. und 17. Jahrhundert als Quelle für die wirtschaftliche Situation und Entwicklung Bayerns (Miscellanea Bavarica Monacensia – Dissertationen zur Bayerischen Landes- und Münchener Stadtgeschichte 26), München 1970, S. 1 (Zitat) u. 67 f.
354 Blickle 2003, S. 554.
355 Bowie, Karin/Munck, Thomas (Hg.): Early modern political petitioning and public engagement in Scotland, Britain and Scandinavia, c.1550–1795, London/New York 2021; Ullmann, Sabine/Haug-Moritz, Gabriele (Hg.): Frühneuzeitliche Supplikationspraxis und monarchische Herrschaft in europäischer Perspektive (Beiträge zur Rechtsgeschichte Österreichs 5), Wien 2015; Nubola, Cecilia/Würgler, Andreas (Hg.): Bittschriften und Gravamina. Politik, Verwaltung und Justiz in Europa (14.–18. Jahrhundert) (Schriften des Italienisch-Deutschen Historischen Instituts in Trient 19), Berlin 2005.

erschöpften, sondern bestimmte Funktionen besaßen, die Handlungen angestoßen haben. Eine solche Fokussierung erlaubt es dann auch, die mittelbar und unmittelbar benannten Defizitgründe differenzierter zu betrachten.

Aus der großen Anzahl an Beschwerdefällen soll exemplarisch einer herausgegriffen werden, um an einem spezifischen Kommunikationsvorgang die dort aufgeführten sowohl musterhaften als auch singulären Defizitgründe herauszufiltern und einzuordnen. Klaus Backhäuser, coburgischer Geleitsmann, supplizierte zwischen dem 3. November 1576 und 12. März 1577 dreimal an den für die Verwaltung der Zoll- und Geleitsgelder zuständigen Würzburger Amtsmann Philipp von Lichtenstein – für sich, sein Geld und sein Ansehen sowie für die von ihm seit 34 Jahren mitbetreute *Geleits- und Handelsstraße* von Coburg Richtung Bamberg. Backhäuser nämlich stand in Verdacht, die Straße unterhalb einer Einöde nicht wie erforderlich ausgebessert zu haben, ja der Straßenabschnitt sei sogar *Immer dar* baufällig gewesen.[356] Diese vom Amtsmann Bucharius von Selbitz vorgebrachten Beschwerden versuchte Backhäuser mit mehreren Argumenten zu entkräften. Zunächst verwies er auf die von ihm *vor etlich Jahrenn* angeregte und nach einer Inaugenscheinnahme für notwendig erachtete Instandhaltung einer Brücke. Die Baumaßnahmen konnten allerdings nicht in vollem Umfang aufgrund einiger, nicht näher benannter Komplikationen und seiner – nicht nur an dieser Stelle betonten – *langwierigen Schwachheit* durchgeführt werden. Schon diesen Winter jedoch, so schrieb er am 3. November 1576, sei der Einsturz der Brücke zu befürchten *(Welches Gott Gnedig verhütten wolle)*, obgleich das Fundament bereits ausgebessert wurde. Um dieses Unheil abzuwenden, regte er eine neuerliche Besichtigung und das Brechen von Steinen als Vorbereitung für den seiner Einschätzung nach erforderlichen Neubau der Brücke an.[357]

Mit diesem Vorschlag, um *künfftigenn schaden zuvor [zu] kommen*, leitete Backhäuser seine erste Supplik ein, mit dem Ziel, dem für ihn nicht nachvollziehbaren Vorwurf des Unterhaltsdefizits zu widersprechen. Ob der Erhaltungszustand überhaupt schon jemals in dieser Pauschalität so unzureichend gewesen sei, daran könne er sich nicht *im geringsten [...] erinnernn*. Er habe sich bei alten Leuten und bei Claus Schrinpffen, *dessen vatter vor mir Glaitsmann gewesen*, erkundigt, doch niemand wüsste etwas.[358] Von ihm selbst wurde zudem die Straße zweimal unter den Amtsvorgängern des Bucharius von Selbitz ausgebessert, welche ihm jedes Mal umsonst Bau- und zusammengebundenes Astholz (Reisholz)[359] gegeben hätten; er selbst habe nur die Tagelöhner und Arbeiter bezahlen müssen und dies in die Rechnung aufgenommen. Die Straße nun aber neuerlich unter zusätzlicher Übernahme der Materialkosten auszubessern, sei ihm aufgrund altersbedingter *täg-*

---

356 StAW, Standbuch 761, fol. 131r (Klaus Backhäuser an Philipp von Lichtenstein, 3. Nov. 1576).
357 Ebd., fol. 131r-v.
358 Ebd., fol. 132r.
359 Heydenreuther/Pledl/Ackermann 2010, S. 177.

licher Kranckheitt unnd Schwachheitt sowie der *schwerenn Haushalttung* nicht möglich. Ja er könne sogar den *Dienst* nicht mehr länger verrichten, weshalb er um Entlassung und Anstellung einer anderen Person bat, die *Altershalben* tauglicher sei. Die letzte Rechnung über die Kosten der letzten fünf Jahre bat er noch abzunehmen.[360]

Die zwei weiteren Supplika decken auf, dass den Bitten Backhäusers nicht entsprochen wurde. Für die seiner Ansicht nach baufällige Brücke wurden keine Steine gebrochen,[361] die Besichtigung der Straße durch ihn und einen Amtsmann war mittlerweile angeordnet, ohne allerdings Baumaterial zuzusichern.[362] Ein weiteres Schriftstück in dieser Angelegenheit von einem sachsen-coburgischen Statthalter an den Amtsmann lässt gleichwohl die Dringlichkeit der Instandsetzung erkennen, damit *die durchraisenden forthkommen und nichtt den von Selbitzs uber seine Aecker und Wießen zu fahrenn ursach haben mügenn.*[363] Eben hierin hatte die Auseinandersetzung ihren Ursprung: Durch die eingeschränkte Benutzbarkeit der Straßen überfuhren Fuhrleute und im Wagen oder in einer Kutsche sitzende Reisende die angrenzenden Felder des Bucharius von Selbitz. Auf dieses bereits bekannte Problem reagierte der wohl auch als Grundherr agierende von Selbitz, indem er sich über schlechte Straße, mehr aber noch über die Nachlässigkeit des für die Instandhaltung zuständigen Geleitsmanns beschwerte. Backhäuser sah dies anders, verwies auf die Mitverantwortung von Selbitz durch die Zurverfügungstellung des Baumaterials und vor allem auf sein körperliches Gebrechen. Andererseits hatte er als Geleitsmann für die Instandsetzung zu sorgen, beginnend mit der Feststellung des Defizits über die Organisation von Straßenarbeitern sowie deren Anleitung und die Mitwirkung an den Ausbesserungsarbeiten bis zur Abrechnung der Kosten. Backhäuser trug also, vergleichbar mit dem Nürnberger Pankraz Weber, eine große Verantwortung für den Erhalt der Verkehrsinfrastruktur – eine Verantwortung, der er nach eigener Einschätzung nicht mehr nachkommen konnte, weshalb er um seine Entlassung bat. Den Schritt hin zu diesem Entlassungsgesuch beförderte von Selbitz, der Backhäuser persönlich mehrmals an seine Verpflichtung erinnerte *(etliche male angered)* und meinte, er müsse *die Landstrass unter Aynod so baufellig [...] in wesen haltten unnd wiederumb bessern lassen.*[364]

Bei der Instandhaltung konnten also mehrere Probleme entstehen, die eine zügige Ausbesserung schadhafter Stellen erschwerten. Für die vorliegenden Zusammenhänge hervorzuheben ist, dass die Straßen schlicht und ergreifend von Menschen nutzbar gehalten werden mussten und es Straßenarbeiter gab, die wie der zuvor angeführte *Immerdar auf*

---

360 StAW, Standbuch 761, fol. 132r-v (Klaus Backhäuser an Philipp von Lichtenstein, 2. Nov. 1576).
361 Ebd., fol. 135r-v (Klaus Backhäuser an Philipp von Lichtenstein, 2. März 1577).
362 Ebd., fol. 137r-v (Klaus Backhäuser an Philipp von Lichtenstein, 12. März 1577).
363 Ebd., fol. 138r-v (Burkhard Graf und Herr zu Barby und Mühlingen an Heinrich Stein Schossern, 8. März 1577).
364 Ebd., fol. 131r (Klaus Backhäuser an Philipp von Lichtenstein, 3. Nov. 1576).

der faulen seitten liegende Further Hauptmann wenig effizient arbeiteten[365] oder aber aufgrund ihrer körperlichen Verfasstheit nicht oder zumindest nicht immer in ausreichendem Maße zur Erledigung ihrer Aufgaben in der Lage waren. Ob und inwieweit die Leistungsfähigkeit von Backhäuser nach über 30 Jahren tatsächlich derart eingeschränkt war, wie er selbst geltend machte, lässt sich retrospektiv natürlich nicht sagen, vielleicht hob er seine körperliche Schwachheit überbordend hervor, um sein Nichthandeln zu erklären. Entscheidender ist ohnehin, dass die Leistungsgrenzen des Körpers in der Zeit sagbare Argumente waren und hier die menschliche Dimension der Instandsetzungsarbeiten eindringlich vor Augen geführt wird.

Deutlich ist ebenso, dass es sich beim vorliegenden Konfliktfall nicht um eine kleinere, schnell durchführbare Ausbesserungsarbeit handelte, sondern um umfassende Instandsetzungen, die sich wie schon bei manchen Straßen des Nürnberger Umlandes eher als Straßenneubau begreifen lassen. Gerade deshalb musste Backhäuser auch andere Straßenarbeiter organisieren und war darauf bedacht, wie bisher, Holz *so vill man bedürfftig* zur Verfügung gestellt zu bekommen.[366] Die Versorgung mit Baumaterial lag also seiner Ansicht nach nicht in seiner Verantwortung. Damit angesprochen ist eine Unklarheit bezüglich der Zuständigkeiten, da der Geleitsmann in der Vergangenheit von den Amtsmännern das benötigte Baumaterial erhalten hatte. Eine solche mündlich vereinbarte organisatorische Regelung war allerdings keine Gewohnheit und auch kein Schriftstück konnte eine solche Verbindlichkeit offensichtlich belegen, denn der neue Amtsmann von Selbitz fühlte sich an die Vereinbarung nicht gebunden.

Übergeordnete Instanzen konnten hier Klarheit schaffen und taten dies im vorliegenden Fall insofern, als sie die Besichtigung von Straßen und die Durchführung der Ausbesserungsarbeiten unter Beteiligung des Geleitsmanns anordneten. Schriftbasierte Entscheidungshandlungen bedurften im 16. Jahrhundert allerdings Zeit und erforderten es zunächst, über ein Unterhaltsdefizit informiert zu sein, um darauf reagieren zu können. Diese Informationsbeschaffung erfolgte im Herzogtum Bayern mit den sich um 1580 etablierenden Straßenvisitationen, während bei der hier betrachteten *Geleitstraße* kein geregeltes Verfahren, keine Interaktionspraxis, sondern die Beschwerde eines Straßenanrainers und Amtsmannes das Unterhaltsdefizit explizit machte. Die Beschwerde selbst hat sich nicht erhalten, sie muss jedoch lange vor dem 3. November 1576 geschrieben worden sein, als Backhäuser erstmals darauf reagierte; zumindest wurde bereits davor mehrmals mündlich Kritik am Straßenzustand von Selbitz gegenüber Backhäuser geübt.

Neben dem Anrainer Selbitz erachteten die Straßennutzer den Zustand des Fahrweges für derart unzureichend, dass sie die Straße mieden und stattdessen über die angrenzenden

---

365 StAL Rentmeisteramt Straubing, P 6, unfoliiert.
366 StAW, Standbuch 761, fol. 132r.

Felder fuhren. Eben diese Ausweichpraktik führte zu der Beschwerde des Anrainers.[367] Ob ein gesunder Backhäuser die Straße sofort hätte ausbessern lassen können,[368] bleibt spekulativ, nicht jedoch seine 34-jährige Dienstzeit, die zwar keineswegs frei von Klagen blieb; insgesamt aber dürfte der von ihm organisierte und angeleitete Unterhalt zumindest im Großen und Ganzen funktioniert haben. Die Dienstbeflissenheit des Geleitmanns ist offenkundig, wenn man seine Ausführungen zur genannten Brücke einbezieht. Hier konstatierte er nämlich nicht nur das Erfordernis eines Neubaus und erinnerte daran, dass schon nach der zurückliegenden Besichtigung – wenngleich vergeblich – die Anbringung von ein oder zwei Schwibbögen angedacht wurde, sondern er bemühte sich überdies um eine neuerliche Inspektion, um auf den mittlerweile unumgänglichen Neubau zu drängen. Dazu beitragen sollte die Einschätzung eines auswärtigen Steinmetzes, was er jedoch aufgrund einer neuerlichen *leibs schwachheitt* nicht persönlich in die Wege leiten konnte. Solche Bemühungen um den Neubau der Brücke geschahen *nicht ohne Verseumnis anderer Arbeitt*, wie Backhäuser eigens anmerkte.[369] Auf Anregung des Geleitsmanns sollte also ein Steinmetz ein Gutachten zur *Verhütung künftigges Schadens* verfassen,[370] womit sich die für die Nürnberger Verkehrsinfrastruktur aufgezeigten Befunde bestätigen: Die Instandsetzung der Verkehrsinfrastruktur, besonders von Brücken, musste gezielt geplant werden, machte neben dem Praxis- vor allem auch Expertenwissen evident und bedurfte damit meist mehr Zeit, Geld, Personal und Material als kleinere Ausbesserungsarbeiten. Im vorliegenden Fall war es nach Angabe Backhäusers vorgesehen, dass der namentlich nicht näher genannte Steinmetz die Brücke zusammen mit Kollegen nicht nur planen und neu bauen sollte, sondern auch die Steine selbst brechen durfte. Wo allerdings die Steine am *bequembsten und füglichstenn* zu bekommen seien, müsse – so Backhäuser – die Obrigkeit mitteilen.[371] Wie schon bei der Straße, war es bei der Brücke – neben der grundsätzlichen Erlaubnis zum Bau – die Beschaffung des Baumaterials, die in den Zuständigkeitsbereich von übergeordneten Instanzen fiel, entweder durch die unmittelbare Bereitstellung von Holz oder durch die Zuweisung von Steinbrüchen. Damit gestaltete sich die Materialbesorgung weitaus schwieriger als in Nürnberg, was gleichfalls die Ausbesserungsarbeiten in die Länge ziehen konnte. Bei der Straße von und nach Coburg sorgte schließlich die

---

367 Das Umfahren wird im Schreiben des sachsen-coburgischen Statthalters vom 8. März 1577 angemerkt [StAW, Standbuch 761, fol. 138v (Burkhard Graf und Herr zu Barby und Mühlingen an Heinrich Stein Schossern, 8. März 1577)].
368 In den mindestens fünf Monaten von der mündlichen Klage von Selbitz im Oktober 1577 bis zur Ausbesserung frühestens ab Mitte März änderte sich die Straßenqualität nicht entscheidend.
369 StAW, Standbuch 761, fol. 135r-v (Klaus Backhäuser an Philipp von Lichtenstein, 2. März 1577).
370 Ebd.
371 Ebd., fol. 135v.

Natur für Verzögerungen, sodass die *Verbessserunng wegen eingefallenes ungewitters nichts ins Werck gerichtt werden konnen.*[372]

Die von Backhäuser vor Ort zu verantwortenden Instandsetzungsarbeiten konnten aber auch deshalb nicht so leicht realisiert werden, weil hierfür nicht eine, sondern zwei Herrschaften sorgten. Die Herrschaftskooperation zwischen dem katholischen Fürstbistum Würzburg und den benachbarten protestantischen ernestinischen Wettinern (seit 1542 mit der Nebenlinie Sachsen-Coburg[373]) hatte unmittelbaren Einfluss auf die Arbeit des Geleitmanns. Er richtete seine Suppliken an den Würzburger Amtsmann und Keller Philipp von Lichtenstein, da dieser die Geleitsrechnungen abnahm, während Bucharius von Selbitz seine Beschwerde *der fürstlichen Sachssischen Regierung zu Coburgk* vorbrachte.[374] Die sachsen-coburgische Regierung wiederum wies am 8. März 1557 über einen Statthalter ihren Amtsmann von Heldburg an, *mitt zuziehung des gleittmans den Strassen bau [zu] besichtigen und wo derselb mangelhafftig, aus gemeinen Einkohmenn des gleids, die strassen notturfftig [zu] bauen und [zu] bessern.*[375] Über Geleitspersonal und Geleitsgelder verfügten also beide Herrschaften gleichermaßen, und dies zum Zeitpunkt der Beschwerde über Backhäuser bereits seit mehr als 40 Jahren.

Auskunft über diese Herrschaftskooperation zum Erhalt der *Zollgeleitstraße* entlang des Flusses Itz von Coburg Richtung Bamberg und einer für das Hochstift Würzburg zentralen Verkehrsverbindung[376] geben knapp eintausend Seiten überlieferter Tagungsabschiede, Korrespondenzen und Supplikationen.[377] Vom Ursprung der Überlieferung her beinhaltet das so bezeichnete Standbuch in erster Linie die bereits von Gebhard Weig in seiner Studie zum Ius Conducendi behandelte, in seinem Ausmaß jedoch nur angedeutete Geleitskooperation zwischen dem Hochstift Würzburg und dem Kurfürstentum Sachsen bzw. (seit 1542) Fürstentum Sachsen-Coburg.[378] Mit Alexander Jendorff kann auch von einer kondominialen Herrschaftsform gesprochen werden, wie sie im vormodernen Europa immer dann vorkam, wenn die »Abstimmungs-, Integrations- und Konsensfähig-

---

372 Ebd., fol. 138r. (Burkhard Graf und Herr zu Barby und Mühlingen an Heinrich Stein Schossern, 8. März 1577).
373 Nicklas, Thomas: Das Haus Sachsen-Coburg: Europas späte Dynastie, Stuttgart 2003, S. 41; siehe zum Territorium die Karte auf S. 14.
374 StAW, Standbuch 761, fol. 131v (Klaus Backhäuser an Philipp von Lichtenstein, 2. Nov. 1576).
375 Ebd., fol. 138r (Burkhard Graf und Herr zu Barby und Mühlingen an Heinrich Stein Schossern, 8. März 1577).
376 Henker, Michael u.a. (Hg.): Ein Herzogtum und viele Kronen. Coburg in Bayern und Europa. Katalog zur Landesausstellung 1997 des Hauses der Bayerischen Geschichte und der Kunstsammlungen der Veste Coburg in Zusammenarbeit mit der Stiftung der Herzog von Sachsen-Coburg und Gotha'schen Familie und der Stadt Coburg, Veste Coburg und Schloß Callenberg, 3. Juni bis 28. September 1997 (Veröffentlichungen zur Bayerischen Geschichte und Kultur 36/37), Sonnefeld 1997, S. 105.
377 StAW, Standbuch 761.
378 Weig, Gebhard: Das ius conducendi der Bischöfe zu Würzburg. Eine Studie zur Rechtsstruktur, politischen Funktion und Organisation des Geleitsrechtes im Hochstift Würzburg, Diss. phil. Würzburg 1970, S. 145f.

keit« ausreichte, um regionalpolitische Herrschaftsgefüge zum gegenseitigen Nutzen zu stabilisieren, und zwar auf Grundlage eines »Besitzobjekt[es], das gewisse Nutz- und/oder Herrschaftsrechte mit sich brachte«.[379] Im vorliegenden Fall betraf dies die Zollgeleitstraße auf Grundlage der Geleitsrechte. Ungeachtet der Konfessionsunterschiede wurden für dieses gemeinsame ›Besitzobjekt‹ jahrzehntelang die damit verbundenen Rechte, aber auch Verpflichtungen zur Instandhaltung der Straße geteilt.

Das Standbuch erhellt eine straßenbezogene Kooperation, deren rechtsbegründender Anfangspunkt jedoch unklar bleibt. Auch das Ende der Kooperation wird aus dem Standbuch selbst nicht ersichtlich und lässt sich erst mit weiterem Schriftgut im Rahmen der Reichskreise untersuchen. Umso deutlicher tritt mit der Überlieferung der praktische Vollzug der Herrschaftskooperation zum Unterhalt der Straße zutage. Denn weitläufig breitet es den Austauschprozess zwischen zwei Obrigkeiten, ihren Amtsleuten und Untertanen aus, macht die jeweiligen Handlungsspielräume und Verpflichtungen deutlich und ermöglicht in ihrer Zusammenschau offenzulegen, in welchen Zusammenhängen die Verkehrsinfrastruktur erhalten wurde. Struktureller Ausgangspunkt der Überlieferung ist ein zwischen dem Fürstbischof Konrad II. von Thüngen (um 1466–1540) und dem Kurfürsten Johann Friedrich I. (1503–1554) geteiltes Ius Conducendi. Auf Grund dieser allerdings nicht näher greifbaren Regalienteilung nahmen die beiden Herrschaftsträger zu gleichen Teilen die Geleitsgelder ein, stellten für ihre Abschnitte jeweils die Geleitsmänner und waren dazu verpflichtet, *das Bauen und bessern [...] zu gleichen theil*[380] vorzunehmen. Aus der Überlieferung wird zudem ersichtlich, dass die Kooperation auf einem ständigen Austausch zwischen den verantwortlichen Amtsleuten, den *Schultheissen oder dorffmeister[n]* und den Dorfgemeinden[381] vor Ort beruhte und in gemeinsamen Planungen – sowohl im schriftlichen Austausch als auch in persönlichen Inspektionen – der Straßenerhalt erörtert und Baumaßnahmen beschlossen wurden.[382] Den Ausbesserungsmaßnahmen der *vier meil wegs* langen Itzerstraße von Coburg nach Bamberg gingen so 1531/32 mehrere Korrespondenzschreiben voraus, bis sich die verantwortlichen Amtsleute persönlich in Gleußen trafen, um die *sachen zuberathschlagen und zubesichtigen.*[383]

---

379 Jendorff Alexander: Condominium: Typen, Funktionsweisen und Entwicklungspotentiale von Herrschaftsgemeinschaften in Alteuropa anhand hessischer und thüringischer Beispiele (Veröffentlichungen der Historischen Kommission für Hessen 72), Marburg 2010, S. 40 u. 520. Unter Kondominien lassen sich insgesamt jede Form von »gemeinsamer Herrschaft mehrerer Eigentümer an Herrschaftstiteln unabhängig vom geographischen Umfang der Herrschaft, von der Rechtsqualität der Herrschaftstitel und von der ständischen Qualität der Kondomini« verstehen [ebd., S. 31]; zu den entwicklungsgeschichtlichen Phasen vom 12. bis ins 20. Jahrhundert ebd. S. 32–34.
380 StAW, Standbuch 761, fol. 13v.
381 Ebd., fol. 11r.
382 Siehe hierzu: ebd., fol. 11r–14v.
383 Ebd., fol. 12v.

Der Bericht des Würzburger Rentmeisters von Rattelsdorf, Conrad Schazhauer, hielt fest, dass zwar bereits acht Jahre zuvor der Versuch unternommen worden sei, die Straße auszubessern, allerdings *wol mit vil geringern Costen*, sodass sich der Zustand der Straße stark verschlechtert habe, *Mangel* und *Irrung* entstanden seien, die, wie es *gelaitsherren gepurt*, abzustellen seien. Das notwendige Material *(Stain, Veechen, holz und ander notturft)* könne über die Winterzeit besorgt werden und im Anschluss an eine Inspektion im Winter, *sobald [...] es ge[e]ist*, sollten die Fürsten die Ausbesserungsmaßnahmen für den kommenden Frühling anordnen.[384]

Der geschilderte Austausch nahm seinen Ausgangspunkt einerseits in der Planung der Ausbesserungsarbeiten, war aber andererseits auch deshalb notwendig, da die beiden Geleitsherren an der hier benannten Straße nur das Geleitsrecht besaßen und nur wenige Orte an der Straße *on mittel hertzogisch* waren, also mit voller Landeshoheit dem Herzogtum Sachsen-Coburg unterstanden, wie der Bericht des Rentmeisters festhielt.[385] Im Rahmen der Erhaltungsmaßnahmen der Verkehrsinfrastruktur und des Bauprozesses selbst waren der sächsische Kurfürst und der Bischof von Würzburg als Geleitsherren deshalb darauf angewiesen, die Herrschaften von Straßenanrainern (Kloster Banz, Kloster Leonberg) *aus Bitthe und nit aus gerechtigkait* anzusuchen, damit die Untertanen *mit faren und handtreichen auch frone und Fuer zu solichem Straßbesserung sovil Innen wol nützlich*[386] verpflichtet würden. Wie noch ersichtlich wird,[387] hing der Erhalt außerurbaner Straßen zu großen Teilen von der Arbeitskraft der lokalen Bevölkerung ab und berührte in diesem Fall die das würzburgische Territorium non clausum umgebende Herrschaftstektonik. Denn nur über die Obrigkeiten der an der Straße lebenden und wohnenden Untertanen konnte die Benutzbarkeit der Straßen und Brücken gewährleistet werden, wie der Bericht des Rentmeisters selbst eingestand.[388] Darüber hinaus verweisen die Korrespondenzen auf die Organisation des Straßenbaus, die im Unterschied etwa zur Reichsstadt Nürnberg nicht auf ein an das politische Zentrum der Stadt geknüpftes eigenständiges Amt zurückzuführen ist, sondern auf die einzelnen, vom Bischof delegierten Geleits- und Amtsleute.

Gewährt die Überlieferung mit dem Jahr 1531/32 einen punktuellen Einblick in die Praxis der Geleits- und damit Straßenerhaltungskooperation zweier Herrschaftsträger, so verdichtet sich die Quellenlage ab 1562: Mit der regelmäßigen Rechnungslegung zur *Zollgeleitstraße* wurden der Bischof und sein zentraler Verwaltungsapparat in Würzburg gleichzeitig über notwendige Vorhaben im Straßenbau sowie die Finanzierung und Beschaffung des hierfür zu verbauenden Materials informiert. Die Kontrolle der Instand-

---

384 Ebd., fol. 11v–12r.
385 Ebd., fol. 12v.
386 Ebd., fol. 11v.
387 Siehe Kapitel 6.
388 StAW, Standbuch 761, fol. 11v.

setzungsarbeiten über die Rechnungslegung erlaubte einen stärkeren Zugriff auf die Amtsträger, wie er bereits für das Herzogtum Bayern konstatiert wurde. Die bayerische Landes- und Policeyordnung von 1616 forcierte diesen Zugriff, indem sie nun gleichfalls auch die Überprüfung von Rechnungen *unsere[r] Beambte[n]* festlegte, welche für den Straßenunterhalt zu sorgen hatten.[389]

Die Herrschaftsintensivierung hatte allerdings insofern ihre Kehrseite, als dadurch die Amtsträger kostenintensivere Straßenunterhaltsmaßnahmen erst in Rücksprache mit übergeordneten Instanzen durchführen konnten, was unweigerlich vor allem dann Zeit erforderte, wenn die Amtsträger für die notwendig erachteten Maßnahmen nicht das erforderliche Placet erhielten. Verzögerungen im Rahmen von Neubau- oder Instandhaltungstätigkeiten traten daneben durch die Rechnungsabnahme ein, was den ökonomischen Handlungsspielraum der Amtsträger einschränkte. Straßenherrschaft beruhte also auf Planung und koordinierende Interaktion, die organisiert werden musste. Dieser Prozess ist vor allem geprägt durch die Komplexität vormoderner Herrschaft und die Arbeitspraxis der zuständigen Amtsträger, womit klagende Straßenbenutzer erst ganz am Ende einer langen Kette an koordinierenden und kommunizierenden Maßnahmen stehen. Diese verdeutlicht nochmals, dass Beschwerden nur die Spitze des Eisbergs bilden und keineswegs als allgemeingültige Aussagen zu begreifen sind.

Der für die Herrschaft, Straßennutzer und sich selbst arbeitende Geleitsmann war zur kontinuierlichen und regelmäßigen Rechnungslegung verpflichtet. Die sich seit 1562 verdichtenden Quellen lassen daneben erkennen, wie sich die Zuständigkeiten bei dem von Backhäuser zu unterhaltenden Straßenabschnitt *am Hundtzshage zu Helberg* prinzipiell verteilten.[390] Wie *von alters hero* sollte Sachsen-Coburg das Holz zur Verfügung stellen und Würzburg *die anderen uncostens mit gelt* begleichen. Diese auf dem Herkommen basierende schriftliche Festlegung beruhte auf Angaben von Backhäuser: *Ist bay dem glaidtman daselbsten die Zeit Clausen Backheusers erkundigung genomen.*[391] Die Aufgabenverteilung zwischen Sachsen-Coburg und Würzburg sollte auch in Zukunft gelten, allerdings nur so lange, bis auf *beder herren anderre, bessere vergleichung und verordnung*.[392] Zu solchen Vergleichen kam es in der Folge, jedoch wurde nicht alles geregelt, wie Backhäuser noch leidvoll erfahren musste. Bei der Erfassung bestehender Zuständigkeiten blieb es nicht. Am 5. Juni 1566 brachen zwei *sachsische und Wirtzburgische verordnete* von Coburg in das rund 30 km entfernte Rattelsdorf auf, um den Straßenbau selbst zu besichtigen. Die Verordneten befanden hierbei, dass durch die nahen Auen *wilde was-*

---

389 Landrecht, Policey- Gerichts- Malefitz- vnd andere Ordnungen, München 1616, S. 594 (Landes- und Policeyordnung, 3. Buch, 13. Tit., 1. Art.).
390 StAW, Standbuch 761, fol. 23r.
391 Ebd.
392 Ebd.

ser [...] die wege voerderben, weshalb sie verfügten, *die greben zimlicher weid und tieffe auszuheben, damit das Wasser abfließen könne*.[393] Die Arbeiten sollten zwei Baumeister erledigen unter der Vorgabe, sich auch ansonsten um den *strassenbau nach irem besten verstande* zu kümmern und auf die Tagelöhner fleißig aufzupassen, damit diese nicht in *mußigang* verfallen.[394] Zudem waren die zum Unterhalt verpflichteten *meister und arbeitter* der würzburg-sachsen-coburgischen Zollgeleitstraße dazu angehalten, mit *trewen vleis* die Arbeiten zu erledigen und Straßenmängeln sorgsam nachzugehen.[395]

Ein sorgsamer Straßenunterhalt bedeutete, die Schäden rasch festzustellen und ebenso zügig zu beheben. Für die Straße bei Rattelsdorf befanden die beiden Verordneten deshalb, dauerhaft zwei Straßenbeauftragte zu entsenden, damit der Unterhalt *desto schleuniger fortgesetzt, bestendig ahngein thue und in guter besserung erhalten werden* möchte.[396] Den beiden Obrigkeiten empfahlen sie überdies, die etwa vier Kilometer lange Wegstrecke von Rattelsdorf bis an den Main nach Biegen gänzlich neu zu bauen. Hierfür sollten wiederum zwei Baubeauftragte sorgen unter Verwendung von Steinen, Kalk und Holz, die *von einer Jeden Herren wegen In vorrathe verschafft [zu] werden* hatten.[397] Zu bedenken gaben sie ferner, auch hier die Ortsanrainer über die Obrigkeiten einzubeziehen. Im vorliegenden Straßenabschnitt betraf dies das Benediktinerkloster St. Michael (Michaelsberg) zu Bamberg. Der Neubau sollte im Frühjahr 1567 beginnen, also etwa ein dreiviertel Jahr nach der Besichtigung, doch Gräben und Löcher konnten keinen weiteren *verzug leiden*, weshalb hierfür Sofortbaumaßnahmen empfohlen wurden.[398]

Dass diese Empfehlungen umgesetzt und hier wie insgesamt der Unterhalt der würzburgisch-sachsen-coburgischen Zollgeleitstraße im Laufe der Jahre ausgeweitet und systematisiert wurde, geht aus einer Liste von 1570 hervor.[399] Darin festgehalten sind die Orte ausgehend vom Straßenverlauf von Coburg nach Bamberg und die jeweils für notwendig erachteten Arbeitsmaßnahmen. So wurde für den Straßenabschnitt bei Ketschendorf, etwa einen Kilometer nach Coburg, festgelegt, unterhalb der St. Nikolaus-Kapelle auf beiden Seiten einen Graben auszuheben, den Weg mit Holz zu belegen und mit Steinen zu beschütten. Unterhalb von Ketschendorf sollte zudem eine tiefe Stelle (Schlund) der Itz ausgebessert und gleichfalls auf beiden Seiten der Straße ein Graben aufgeworfen werden. Als Drittes wurde für diesen Straßenabschnitt bestimmt, bei einer Wiese einen Graben anzulegen, damit das Wasser dorthin abfließen könne. Viertens schließlich sollte

---

393 Ebd., fol. 24r.
394 Ebd., fol. 24r–v.
395 Ebd., fol. 24v.
396 Ebd.
397 Ebd., fol. 25r.
398 Ebd., fol. 26r.
399 Ebd., fol. 113r–117v. Die Liste ist Teil eines Abschieds, der auf den 9. Oktober 1570 datiert ist.

eine kleine Steinbrücke, die *so versuncken* war, wieder instandgesetzt werden, um den Durchfluss des Wassers zu ermöglichen.[400]

Etwa acht Kilometer weiter in Richtung Bamberg weist die Liste für Großheirath den Neubau einer Holzbrücke und die Anbringung einer Straßenoberfläche aus Stein und Kies bis zum Dorfbrunnen aus.[401] Unmittelbar nach Großheirath folgte der Ort Rossach mit tiefen Pfützen, die mit Holz, Reisig und Steinen zugeschüttet werden sollten. Unterhalb bei Gleußen war darüber hinaus eine neue Steinbrücke angedacht, um die *böse quellen* und Pfützen zu überwinden. Diese Brücke, so ist gleichfalls vermerkt, war bereits bezahlt worden und hätte nur noch in der nächsten Geleitsrechnung verrechnet werden müssen.[402] Für das an der Zollgeleitstraße gelegene Kaltenherberg waren es Löcher, die mit Steinen, und bei Schreyersberg zahlreiche Pfützen, die mit Steinen und Reisig gefüllt werden sollten.[403] Mit absehbar *geringen Costen* ließen sich nach den auf der Liste aufgenommenen Empfehlungen die durch Karren-, Wagen- und Kutschenräder entstandenen tiefen Gleise bei Rattelsdorf ausgleichen, und zwar mit Steinen, welche an diesem Ort *genugsam bay der handt* seien. Schließlich war es der Straßenabschnitt von Rattelsdorf nach Bingen, dem rund dreieinhalb Jahre nach dessen Neubau bescheinigt wurde: *hat noch kain sonderlichen Mangell des Jahrs, daran zu bauen unnottwenndig.*[404]

Nicht nur um die zuletzt genannte Straßenstelle war es also um 1570 gut bestellt. Das auf geteilten Geleitsrechten beruhende Kondominat begründete einen kooperativen Straßenunterhalt, der gerade auch deshalb funktionierte, da ausreichend Baumaterial zur Verfügung stand und erfahrene, aber eben keineswegs durchweg fehlerfrei agierende Amtsleute ebenso dafür arbeiteten wie die zur Fron verpflichteten Untertanen. Die gute Nutzbarkeit von Straßen, die die Herrscher für sich selbst und das (wirtschaftliche) Wohl ihres Territoriums besorgten, blieb freilich nur eine Momentaufnahme – örtlich etwa für den zuletzt genannten Straßenabschnitt und zeitlich, weil der Straßenunterhalt per se eine wiederkehrende Aufgabe war, der Arbeitsfleiß Schwankungen unterlag und die Zusammenarbeit zwischen dem Hochstift Würzburg und dem Fürstentum Sachsen-Coburg ein Ende fand.

---

400 Ebd., fol. 113r–v.
401 Ebd., fol. 114v.
402 Ebd.
403 Ebd., fol. 116r.
404 Ebd., fol. 116v.

5.6 Straßenunterhalt um 1600: Eine Wendezeit?

Wie dargelegt, enthält das Würzburger Standbuch weitaus mehr als die im Aktenbetreff ausgewiesenen Geleitsrechnungen, sondern gewährt detailreiche Einblicke in eine konfessionsübergreifende und mehrere Herrschergenerationen überdauernde Kooperation zum Unterhalt einer Geleitstraße. Auch zu Zeiten des Würzburger Fürstbischofs Julius Echter (1545–1617) bestand die Kooperation fort. Eines der letzten Folioblätter aus dem Standbuch datiert auf das Jahr 1596 und hält die von Ort zu Ort in Schritten gemessene Länge der Zollgeleitstraße fest, etwa von Großheirath nach Roßbach *1760 Schridt und durch das dorff 642 Schridt,* von Roßbach bis nach Gleusen 4.100 Schritt und durch das Dorf 400 Schritt und von Gleusen nach Kaltenbrunn zur Kirche 1.760 Schritt. Die Geleitstraße maß auf ihrer gesamten Länge von Coburg bis nach Biegen am Main 37.885 Schritt.[405] Den Zweck dieser Wegabmessung verschweigt das Standbuch. Ob die Schrittzählung eine genauere Planung und Überwachung erforderlicher Unterhaltsmaßnahmen erlaubte oder die Längenerfassung dazu diente, die Zuständigkeitsbereiche klarer zu trennen, um die Straße weniger mit- als nebeneinander zu unterhalten, lässt sich auf Grundlage dieser Quelle nicht sagen. Dass es sich hier aber weniger um den Fortbestand oder sogar um eine Intensivierung der Straßenkooperation, sondern vielmehr um ihr allmähliches Ende handelte, lässt sich mit jüngsten Forschungsbefunden eindeutig sagen. Wie Christian Boseckert in seiner Biographie über Herzog Johann Casimir von Sachsen-Coburg (1564–1633) zeigen konnte, gab es – wohl befördert durch einen 1586 begonnenen Streit um einen Geleitsmann und dessen Rechnungslegung – seit 1594 Verhandlungen über das Ende der Kooperation, das 1599 besiegelt wurde und zur Aufteilung der Zuständigkeiten führte.[406] Ungeachtet der »30 Jahre andauernde[n] Ausgleichspolitik«[407] zwischen Coburg und Würzburg waren es die Bemühungen um eindeutigere Grenzen und damit die voranschreitende Herrschaftsverdichtung, die deutlich machen, dass sich Ende des 16. Jahrhunderts die politischen Rahmenbedingungen für eine konfessionsübergreifende Kooperation erheblich verändert hatten.

Mit seiner Wahl zum Bischof 1573, seiner päpstlichen Approbation im Jahr darauf und der kaiserlichen Belehnung mit dem Hochstift 1575 übernahm Julius Echter eines der größten geistlichen Territorien des Reiches, das durch die konfessionellen Auseinandersetzungen und die territorialpolitische Konkurrenz im fränkischen Raum am Ende des

---

405 Ebd., fol. 536r.
406 Boseckert, Christian: Ein Herzog und sein Staat. Eine politische Biografie Herzog Johann Casimirs von Sachsen-Coburg (1564–1633) (Norm und Struktur 53), Wien u. a. 2021, S. 382 f.
407 Ebd., S. 386.

16. Jahrhunderts in einer geistlichen, finanziellen und wirtschaftlichen Krise steckte.[408] Durch Reformen in religiösen, sozialen,[409] wirtschaftlichen und jurisdiktionellen Handlungsfeldern konsolidierte Echter das Hochstift: er baute die Verwaltung[410] aus und bezog die Zentralisierung politischer Handlungskompetenz auf sich selbst und seine beratenden Gremien, wovon eine »Unzahl von Erlassen«,[411] so Alfred Wendehorst bereits 1966, zeitgenössischen Mandaten, Ordnungen und Briefwechsel Einblicke gewähren.[412] Die »Fürsorgepflicht«[413] des Landesherrn äußerte sich in der Vielzahl obrigkeitlicher Erlasse im Hinblick auf verschiedenste regelungsbedürftige policeyliche Zuständigkeitsbereiche, worunter sich auch eine Verordnung zu Besserungen der gemeinen Landstrassen[414] befindet. Insofern nutzte Julius Echter als Landesherr Ordnungen und Erlasse als Herrschaftsmittel im Territorialisierungsprozess des ausgehenden 16. Jahrhunderts, um seinen Einfluss im Herrschaftsgebiet zu intensivieren, was gerade die Verkehrsinfrastruktur mit einschloss.

Die Verordnung von 1599 zum Unterhalt der Landstraßen im Fürstbistum Würzburg steht so zwar auch in der Tradition der seit der zweiten Hälfte des 15. Jahrhunderts feststellbaren Policeyordnungen mit Regelungen zur Instandsetzung der Straßen und Wege. Eine solche Tradition gab es jedoch in Würzburg selbst nicht. Vielmehr ist die am 26. Oktober 1599 ergangene Ordnung die erste ihrer Art sowohl im fränkischen Fürstbistum als auch überhaupt in einem geistlichen Territorium, soweit es sich mit dem Repertorium

---

408 Weiß, Wolfgang/Romberg, Winfried: Julius Echter – Der Fürst und sein Land, in: Leng, Rainer/Schneider, Wolfgang/Weidmann, Stefanie (Hg.): Julius Echter. Der umstrittene Fürstbischof. Eine Ausstellung nach 400 Jahren, Katalog zur Ausstellung vom 23. Juni bis 17. September 2017 im Museum am Dom Würzburg (Quellen und Forschungen zur Geschichte des Bistums und Hochstifts Würzburg, Sonderveröffentlichung), Würzburg 2017, S. 31–38, hier S. 32 f. Die spätmittelalterlichen Vorläufer der kirchlichen Reformforderungen sowie die Frömmigkeitsintensivierung im Übergang des 15. und 16. Jahrhunderts beschreibt knapp und konkret Weiß, Dieter J.: Reformation und konfessionelles Zeitalter (1517–1618/48) – Das Fürstbistum Würzburg im Kontext der Entwicklung im Römisch-deutschen Reich, in: Weiß, Wolfgang (Hg.): Fürstbischof Julius Echter – verehrt, verflucht, verkannt. Aspekte seines Lebens und Wirkens anlässlich des 400. Todestages (Quellen und Forschungen zur Geschichte des Bistums und Hochstifts Würzburg 75), Würzburg 2017, S. 135–153.
409 Paul, William: Konfessionalisierung und niederes Schulwesen im Hochstift Würzburg zur Zeit des Bischofs Julius Echter von Mespelbrunn (1573–1617) (Quellen und Forschungen zur Geschichte des Bistums und Hochstifts Würzburg 69), Würzburg 2014.
410 Hierzu zählt zuvorderst der Erlass einer neuen Kanzlei- und Gerichtsordnung 1574.
411 Wendehorst, Alfred: Das Bistum Würzburg. Ein Überblick von den Anfängen bis zur Säkularisation, in: Freiburger Diözesan-Archiv 86 (1966), S. 9–93, hier S. 69.
412 Siehe die Auflistung der Erlasse, Mandate und Ordnungen in thematischer Zusammenstellung bei Merzbacher, Friedrich: Fürstbischof Julius Echter von Mespelbrunn als Gesetzgeber, in: Ders. (Hg.): Julius Echter und seine Zeit. Gedenkschrift aus Anlass des 400. Jahrestages der Wahl des Stifters der Alma Julia zum Fürstbischof von Würzburg am 1. Dezember 1573, Würzburg 1973, S. 63–126.
413 Ebd., S. 121.
414 Schneidt, Joseph Maria: Thesaurus Iuris Franconici Oder Sammlung theils gedruckter theils ungedruckter Abhandlungen, Dissertationen, Programmen, Gutachten, Gesätze, Urkunden […], Teil 2, Heft 10, Würzburg 1789 [VD 18 11031999–002], S. 1884–1887, hier S. 1884.

der Policeyordnungen erfassen lässt.[415] Betrachtet man zudem Julius Echters Sorge um die Straßen in Zusammenhang mit den straßenpolitischen Bemühungen anderer Territorien, so lässt sich mehr eine quantitative und qualitative Veränderung des Straßenunterhalts als eine Fortsetzung bestehender Ordnungsmuster erkennen. Denn neben Würzburg ergingen um 1600 in der Kurpfalz,[416] in Bayern,[417] Baden-Baden,[418] Baden-Durlach,[419] Kleve und Mark,[420] Tirol[421] und Bern[422] diesbezügliche Ordnungen. Daneben hat die für das Herzogtum Bayern dargelegte Entwicklung der Bestimmungen zum Straßenunterhalt sowohl in den Policey- und Landesordnungen als auch in den Instruktionen für die Straßenvisitationen der Rentmeister bereits gezeigt, dass sich die Qualität der Regelungen insofern änderte, als Umfang, Zeitpunkt und Zuständigkeit der Instandsetzungsarbeiten präziser festgelegt wurden. Einer solchen qualitativen Veränderung entsprach die Würzburger Ordnung von 1599.

Der Erhalt der Straßen wurde in der Argumentation der Verordnung zunächst mit zwei zentralen Themen frühneuzeitlicher Policeygesetzgebung verknüpft: Zum einen nutzte Echter das Mandat, um darzulegen, dass befahrbare Straßen der Ausgangspunkt wirtschaftlicher Aktivitäten jener Untertanen seien, die ihre landwirtschaftlichen Produkte *auff die fuhr,* also direkt von ihren an den Straßen gelegenen Häusern an vorbeiziehende Fuhr- und Handelsleute verkauften.[423] *Wegen solcher tieffen Löcher, und schlägigen Sümpffen* zögen die Händler aber *abweeg,* beschädigten durch die Ausweichrouten *besahmte Felder, Wiesen und andere Gütther,* und gleichzeitig bräche mit der Wegeverlagerung der Absatz der Untertanen ein.[424] Dies zu vermeiden und, so das zweite Argument, den gemeinen Nutzen zu befördern und überdies sowohl Fremden als auch *Unsere[n] Unterthanen* wieder eine unbeschwerte Fortbewegung zu ermöglichen, erging *ein ernstlicher Befelch,* die Amtsleute des Fürstbistums mögen *sobald alle weeg und straßßen mit fleiß* noch vor Wintereinbruch inspizieren.[425]

---

415 Die Verordnung vom 26. Oktober 1599 wird unter Rep. 11.2, Nr. 140 geführt. Auf sie macht auch Merzbacher 1973, S. 101 aufmerksam.
416 Rep. 3.1, Nr. 557 (Ordnung von 1609).
417 Landrecht, Policey- Gerichts- Malefitz- vnd andere Ordnungen, München 1616, S. 594 (Landes- und Policeyordnung, 3. Buch, 13. Tit., 2. Art.).
418 Rep. 4, Nr. 117 (Ordnung von 1588).
419 Rep. 4, Nr. 6 (Ordnung von 1604).
420 Rep. 2.2, Nr. 184 (Ordnung von 1612).
421 New Reformierte Landts-Ordnung der Fürstlichen Graffschafft Tyrol, wie die auß LandsFürstlichem Bevelch im 1603. Jar umbgetruckt worden, Innsbruck 1603 [VD17 1:015857M], fol. 58 (Buch IV, Tit. 1: *Die Landstrassen, Weeg und Bruggen sollen in gutem Wesen unterhalten werden*).
422 Rep. 7.1, Nr. 535 (Ordnung von 1609).
423 Schneidt 1789, S. 1885.
424 Ebd.
425 Ebd., S. 1885 f.

Durch das Abreiten oder Abgehen der Landstraßen sollten zu enge Wegstellen, Löcher, Gräben oder sumpfige Straßenabschnitte erfasst und deren Behebung durch die jeweiligen Ämter angeordnet werden. An Material waren Steine und, wo diese nicht vorhanden seien, Holz zu verwenden. Wer aber Steine habe, solle bei Bedarf gleich eine Brücke bauen.[426] Daneben waren die Straßenseiten mit Steinen auszubauen sowie Gräben und Abflüsse anzulegen und mit Stämmen zu befestigen, damit sie *desto weniger eingehen, auch darüber nit weither gefahren, noch durch die Einwohnere mit den anstossenden Güthern darüber gegriffen oder gebauet werden.*[427] Derart befestigte Gräben sollten also nicht nur das Wasser ableiten, sondern zugleich das Überfahren und Überbauen verhindern.[428] Die hierfür benötigten Baumstämme hatten die Gemeinden zur Verfügung zu stellen. Damit die fahrenden oder reitenden Straßennutzer auf dem Weg blieben, wurde es ebenso des *gemeine[n] Nutz[ens]* wegen gutgeheißen, wenn Untertanen ihre Güter mit Schranken schützten.[429] Demgegenüber waren alle Straßenanrainer, die mit ihren Gütern und Bauten zu weit auf die Straße ausgegriffen hatten, zu einem Rückbau verpflichtet. Zu solchen Fahrbahnverengungen habe niemand, *auch Unser selbst nit,* das Recht.[430] Bestätigt wird damit die Einschätzung bezüglich der Funktionalität von Zäunen, da eben nicht nur das Ausgreifen von Straßennutzer auf die angrenzenden Felder, sondern ebenso die Schmälerung der befahrbaren Straßenoberfläche durch Straßenanrainer verhindert werden sollte.[431]

Julius Echter nahm mit diesen Bestimmungen von 1599 ähnlich wie die bayerischen Herzöge in den Landesordnungen von 1553 und 1616 eine Aufsichtsposition über die territoriale Verkehrsinfrastruktur ein und gab die Fürsorge für die Straßen an seine Amtsleute sowie die Untertanen weiter. Die womöglich auch in Reaktion auf das Ende der Straßenkooperation mit Coburg angeordnete Inspektion sollte hierbei nur den Auftakt zur Überprüfung der Verkehrsinfrastruktur bilden, denn es war vorgesehen, die Besichtigung und Ausbesserung jährlich vornehmen zu lassen.[432] Solche im Herzogtum Bayern bereits um 1580 eingerichteten Straßenvisitationen sind eine Neuerung und markieren damit eine Wende im Umgang der Obrigkeiten mit der Verkehrsinfrastruktur. Im Fürstbistum Würzburg war man sich dieser Änderung insofern bewusst, als die 1599 – wie es in der Verordnung selbst heißt – *erstmals* eingeforderten Instandsetzungsmaßnahmen unweigerlich viel Arbeit mit sich brachten. Nach der tatsächlich neu eingeforderten Erledigung der Reparaturen und Ausbauten sei jedoch *das schwehrste in besserung gerichtet,* so dass

---

426 Ebd., S. 1886.
427 Ebd.
428 Siehe Kapitel 4.3.2.
429 Schneidt 1789, S. 1887.
430 Ebd., S. 1886.
431 Siehe Kapitel 2.2.4.
432 Schneidt 1789, S. 1887.

Straßenunterhalt um 1600: Eine Wendezeit?

die Verkehrsinfrastruktur fortan *mit weniger Mühe und Kosten erhalten werdte*.[433] Den Obrigkeiten ging es also um die kontinuierliche und mittels Straßenvisitationen mit Nachdruck angemahnte Instandsetzung der Straßen. Dazu beitragen sollte die Verpflichtung, die Ausbesserungsarbeiten für den Landesherrn zu dokumentieren.[434]

Die Verordnung von 1599 und deren Bestimmungen erlaubten es der Obrigkeit, den herrschaftlichen Zugriff auf die Verkehrsinfrastruktur zu intensivieren. Im Vordergrund stand hierbei die von der Herrschaft eingeforderte Eigenverantwortung der Amtsträger und Untertanen für den Straßenunterhalt. Herrschaftsübergreifende Kooperationen zur Straßeninstandsetzung widersprachen dem insofern, als die Verantwortung geteilt wurde und überdies der alleinige Zugriff auf eine Straße nicht gegeben war. Für die würzburg-sachsen-coburgische Straßenkooperation markiert die Verordnung von 1599 so vielleicht eine Wende, obgleich die Kooperation in den ersten mehr als 20 Jahren der Regierungszeit Echters fortbestand. Zu dieser Kontinuität der Kooperation hat sicherlich eine gewisse Tradition beigetragen, wurde doch seit über 50 Jahren die Straße nach den Möglichkeiten der Zeit äußerst effektiv unterhalten. Ein solches kooperatives Handeln von Herrschaftsträgern war zudem keine Ausnahme. Um die Verkehrsinfrastruktur funktionsfähig zu halten, lassen sich bereits für das Mittelalter »bilaterale oder multilaterale Verkehrsverträge zur Regelung der entsprechenden Unterhaltszuständigkeiten fassen«.[435] Zum Ausbau und Unterhalt etwa der Grimelstraßen über die Alpen schlossen im Jahr 1397 die Stadt Bern mit an der Grimelsroute gelegenen Gemeinden sowie dem Kloster Interlaken einen Vertrag, der die Zuständigkeiten für einzelne Straßenabschnitte bestimmte.[436] Marie-Claude Schöpfer Pfaffen konnte daneben ein solches herrschaftsübergreifendes Bauprojekt zur Anlage einer »gut begehbaren Straße« über den Berg Lötschen für das Jahr 1519 nachweisen.[437] Das Projekt scheiterte jedoch aufgrund der »sich rasch wandelnden politischen Konstellationen«,[438] womit es auf die Störanfälligkeit solcher Kooperationen hinweist. Der gemeinsame Unterhalt der Geleitstraßen von Coburg nach Bamberg durch das Fürstbistum Würzburg und Herzogtum Sachsen-Coburg blieb von solchen Störungen zumindest bis in die 1590er Jahre hinein verschont und konnte sich so über Jahrzehnte verstetigen. Diese Permanenz führte zu regelmäßigen Treffen und Besichtigungen der Straße durch Amtsträger beider Seiten. Es handelt sich also um Organisationsstrukturen, die sich gerade

---

433 Ebd.
434 Ebd.
435 Schöpfer Pfaffen 2011, S. 286 f.
436 Ebd.
437 Ebd., S. 291. Drei Walliser Bezirke (Zenden) und die Stadt Bern wollten unter Aufteilung der Kosten sowie »im Einvernehmen mit den lokalen Herren und Gemeinden« den Lötschenpassweg zunächst umfassend erneuern und dann dauerhaft kooperativ unterhalten mittels eines Spitalmeisters und Zöllnern, die die Wegegebühren einnehmen und für den Straßenunterhalt verwenden sollten [ebd., S. 290 f. (Zitat S. 291)].
438 Ebd., S. 293.

deshalb ausbilden konnten, da keine Herrschaftskonflikte von ›außen‹ auf die Kooperation einwirkten. Der Straßenunterhalt durfte sich selbst genügen, schließlich erfüllte er die privilegienbedingte Unterhaltspflicht, diente dem gemeinen Nutzen, entsprach dem Ideal eines tugendhaften Herrschers mit sicheren und benutzbaren Straßen und beförderte zu guter Letzt – was jedoch so im Fürstbistum Würzburg erst die Verordnung von 1599 explizit machte – den Handel.

Obgleich das Fürstbistum Würzburg und das Herzogtum Sachsen-Coburg von der Kooperation profitierten, fand sie ein Ende. Wie außergewöhnlich aber ihr Fortbestand über Jahrzehnte hinweg war, kann der 1534 zwischen dem Herzogtum Bayern und dem Hochstift Augsburg geschlossene Vertrag zum Unterhalt der Straße *über dem Schuchried* bei Buchloe deutlich machen.[439] Die aus *nachbarlichen Wille, gemainen Nutz zu Fürderung und Guetem und aus kainer Gerechtigkeit* geschlossene Vereinbarung[440] war nämlich auf acht Jahre begrenzt und sah nicht – wie für den Lötschenpassweg angedacht und für die würzburg-sachsen-coburgische Geleitstraße umgesetzt – die Beteiligung von Amtsträgern beider Herrschaftsträger vor. Die Finanzierung und Durchführung des Unterhalts oblag vielmehr dem Hochstift Augsburg; das Herzogtum Bayern unterstützte diese Maßnahme mit der einmaligen Zurverfügungstellung von 400 Reisigbündeln samt Ästen. Das Hochstift Augsburg durfte demgegenüber acht Jahre lang erhöhte Zollgebühren für Karren und Wagen verlangen. Die Zolleinnahmen sollten für den Straßenunterhalt verwendet und alle Einnahmen und Ausgaben dokumentiert werden, was jährlich ein herzoglicher Amtsträger aus Landsberg zusammen mit dem vom Hochstift Augsburg verordneten Zöllner zu überprüfen hatte. Nach acht Jahren bestand die Option für einen neuerlichen Vertrag, wobei die alten Bestimmungen nichtig und *todt* seien und Neuverhandlungen notwendig würden.[441]

Das Ende der Straßenkooperation

Eine solche zeitliche Limitierung gab es bei der würzburg-sachsen-coburgischen Kooperation lange Zeit nicht. Dass sich die Kooperation auflöste, geht aus dem Trappstadter Rezess von 1599[442] und in der Folge aus Verhandlungen des Fränkischen Kreistags hervor. 1607 nämlich war es der sachsen-coburgische Kreisgesandte, der über den *böse[n] Weg von Rattelsdorff nacher Coburg wieder [gegen; AD] Würzburg* und damit genau über jene Geleitstraße klagte, die das Herzogtum Sachsen-Coburg jahrzehntelang gemeinsam

---

439 Lori 1770, S. 286 f., hier S. 286.
440 Ebd., S. 287.
441 Ebd.
442 Boseckert 2021, S. 383.

mit dem Fürstbistum Würzburg unterhalten hatte.[443] Der sachsen-coburgische Kreisgesandte verwies dabei auf die Verpflichtung Julius Echters, aufgrund der Zolleinnahmen die Straße *im wesentlichen Bauen zu erhalten,* worauf der würzburgische Kreisgesandte entgegnete, das *Bauen [sei] im Werck.* Um diese Unklarheiten zu beseitigen, beschloss der Kreistag, die Straße durch die benachbarten Kreisstände begutachten zu lassen. Falls die Augenscheinkommission die Verbesserung der Straße *mehr für einen Schein, dann zu einem Bestand* hielt, durften die benachbarten Kreisstände in dem Abschied nicht näher benannte Mittel ergreifen.[444]

Diese Auseinandersetzung mag aufgrund der jahrzehntelangen Kooperation verwundern, lässt sich aber damit erklären, dass die Herrscher den alleinigen Zugriff auf die Verkehrsinfrastruktur ihres noch keineswegs abschließend ausgebildeten Territoriums intensivierten und sich überdies die konfessionspolitischen Rahmenbedingungen entscheidend verändert hatten, wie die wenige Wochen nach dem Nürnberger Kreistag von 1607 durchgeführte hochumstrittene Exekution der Reichsacht über Donauwörth durch das Herzogtum Bayern vor Augen führt.[445] Deutlich ist, dass der sachsen-coburgische Gesandte die Zollgeleitstraße von Coburg nach Bamberg kritisierte, da für deren Unterhalt nicht mehr der eigene Landesherr, sondern ausschließlich der Fürstbischof von Würzburg verantwortlich war. Wie sich die Zuständigkeiten für diese Straße geändert haben, geht aus einer Instruktion von Herzog Johann Casimir von Sachsen-Coburg für den Kreisgesandten hervor. Sie führt einen eigenen Betreff mit der Überschrift ›*Den bösen Weg um Rattelsdorf*‹ und nennt zuvorderst die Übergabe der Geleitsrechte zu Rattelsdorf an Julius Echter auf Grundlage eines *unlangsten* geschehenen Vergleichs,[446] womit wahrscheinlich der Trappstadter Rezess gemeint war. Mit dieser Übereinkunft war Echter in diesem Straßenabschnitt alleiniger Geleitsherr, aber ebenso alleine für die Instandsetzung der Geleitstraße verantwortlich, was nach Ansicht Casimirs nur unzureichend geschehen sei. Denn die Straße sei, wie es in der Instruktion weiter heißt, *dermassen böß und tieff, das die Fuhrleut auff andere strassen* ausweichen, wodurch sich auch die sachsen-coburgischen Zoll- und Geleitseinnahmen *dermassen geschmehlert, da[ss] wir auch den glaidts dienern Ihre Besoldung nit vollkommenlich darvonn vergnügen können.*[447]

Die Einschätzung des schlechten Erhaltungszustands der würzburgischen Zollgeleitstraße teilte der Bamberger Fürstbischof Johann Philipp von Gebsattel (1599–1609). Mit

---

443 Moser, Friedrich Carl: Des hochlöblichen Fränckischen Crayses Abschide und Schlüsse, vom Jahr 1600 biß 1748. Aus Archiven an das Licht gestellt, Nürnberg 1752 [VD18 11060719], S. 59–63, hier S. 61 (Nebenabschied des Fränkischen Kreiskonvents vom 27./17. August 1607).
444 Ebd., S. 62.
445 Siehe etwa Burkhardt 2002, S. 197.
446 StAB Fränkischer Kreis, Kreisarchiv, Nr. 1094, fol. 464r.
447 Ebd.

seiner *nachbarliche[n] Erinnerung und Suchen,* so heißt es in der Instruktion für den Bamberger Kreisgesandten, habe er sich zusammen mit Johann Casimir und anderen Ständen vergeblich um eine Verbesserung bemüht. Wenn nun aber die Geleitstraße *in alten Unwesen* verbleiben solle, dann müsse es zu der schließlich auf dem Kreistag beschlossenen Inaugenscheinnahme kommen.[448] Die Instruktion für den Bamberger Kreisgesandten hob daneben explizit die mit der Reichskonstitution bestätigte Verpflichtung hervor, die Zolleinnahmen für den Straßenunterhalt zu verwenden. Dies *sei von gemeines Reichs wegen gemeint und destinirt.*[449]

Die Folgen des defizitären Straßenzustands skizzierte gleichfalls die Bamberger Instruktion in bekannter Form. Durch das Ausbleiben der Instandsetzung würden je länger je mehr *der Handelsman und die Fuhrleut* Nebenwege und andere Stapelorte *(Niderlagen)* suchen, wodurch *die gemeine gewerb, Commertien, Victualien und alle hantirungen In noch höheren Auffschlag gerathen.*[450] Die Handels- und Versorgungsengpässe, ja vielleicht sogar -nöte resultierten indes nicht nur aus dem Erhaltungszustand der von Bamberg nach Coburg führenden Straße. Daneben sorge die Straße von Bamberg über Haßfurt nach Schweinfurt laut der Bamberger Instruktion bei Ebelsbach seit vielen Jahren für eine *gemeine Landtklag [...], groser schaden an Roß, Wägen, Wein und Andern mehrn, täglich unnd noch uff dieser Stundt* wurde moniert.[451] Über diese ebenso von Julius Echter zu unterhaltende Straße wurde gleichfalls auf dem Nürnberger Kreistag von 1607 gesprochen und im Abschied, wie schon bei der Zollgeleitstraße von Bamberg nach Coburg, die Inaugenscheinnahme angeordnet.[452] Ob es zu der einen oder anderen Inspektion kam, geht aus der Überlieferung nicht hervor.[453]

Im Zuge dieser Verhandlungen hat sich der Fränkische Kreistag im Jahr 1607 erstmals in seiner Geschichte mit dem Unterhalt von Straßen beschäftigt.[454] Für den Reichskreis markiert dies einen weiteren Wendepunkt, da sich nun eine interterritoriale Instanz um den Straßenunterhalt sorgte. Die Verhandlung über die Unterhaltspflicht des Würzburger Fürstbischofs erfolgte allerdings nicht voraussetzungslos. Denn zu Beginn des 17. Jahrhunderts waren die Reichskreise bereits lange institutionalisiert und setzten sich, neben dem Finanz- (Matrikel), Münz- und Kriegswesen, auch mit der Sicherheit auf Straßen

---

448 Ebd., fol. 475v.
449 Ebd.
450 Ebd., fol. 476r.
451 Ebd., fol. 475r.
452 Moser 1752, S. 61.
453 In den Kreisakten von 1607 (ab Kreistag vom August) bis 1611 ließ sich nichts auffinden [StAB Fränkischer Kreis, Kreisarchiv, Nr. 1095, 1096, 1097, 1098, 1099, 1100].
454 Der Unterhalt von Straßen wird nicht in den Kreisaktenbeständen von 1521–1599 [StAB Fränkischer Kreis, Kreisarchiv, Nr. 14] und in den vor 1607 ergangenen Kreisabschieden thematisiert [StAB Fränkischer Kreis, Kreisarchiv, Nr. 1, 2a u. 2b].

auseinander. Die Nutzbarhaltung der Verkehrsinfrastruktur war also bereits eine Aufgabe der Reichskreise. Mehr noch haben die Verdichtung der Policeyordnungen um 1600 mit ihren Bestimmungen für den Straßenunterhalt sowie die Straßenvisitationen des Herzogtums Bayern gezeigt, dass die Obrigkeiten die Straßen vermehrt zu einem Gegenstand ihres Herrschaftshandelns erhoben. Die voranschreitende Territorialisierung war hierfür entscheidend, da sich ein Herrschaftsgebiet nur mit einer Verkehrsinfrastruktur ausbilden konnte. Nochmals betonen lässt sich also: Herrschaft vollzog sich gerade durch und mit Straßen immer mehr *über* den physischen Raum als nur lose *im* physischen Raum.

Gute Straßen dank Reichskreise? Möglichkeiten und Grenzen

Wie deutlich wurde, war der herrschaftliche Bedarf an Straßen allein schon deshalb gegeben, da sie eine wichtige Einnahmequelle auf Grundlage von Zoll- und Geleitsprivilegien darstellten und für den überregionalen Handel ebenso unerlässlich waren wie für die regionale Versorgung mit Lebens- und Arbeitsgütern. Hierfür bedurfte es intakter Straßen, wie schon die Württemberger Landesordnung von 1495 zu nennen wusste *(die wirtschafft hoch beschwert)*[455] und auch der Kreisabschied von 1607 fast wortgleich festhielt: Ohne Besserung der Straßen werden *die vorüber Reisende[n] an Roßen, Wahren und Wägen [...] Schaden nehmen.*[456] Ein solcher Schaden an – so heißt es wiederum in der Bamberger Instruktion für die Ebelsbacher Straße – *gewerb, Commertien, Victualien und alle hantirungen,* also Handel,[457] konnte entstehen, weil ein Nachbarterritorium der Unterhaltspflicht unzureichend nachkam. Straßen waren so nicht nur die Angelegenheit eines Herrschers, da deren Nichtbenutzbarkeit territoriumsübergreifende Auswirkungen hatte. Die Reichskreise als interterritoriale Einrichtungen eigneten sich somit sehr gut, um sich mit der defizitären Straßeninstandsetzung eines Kreisstandes auseinanderzusetzen.

Die Ordnungsmöglichkeiten der Reichskreise beschränkten sich dabei nicht nur auf die für die Würzburger Straßen angedachten Inaugenscheinnahmen. Empirisch belegt werden kann auch die von Seiten des Reichskreises eingeforderten Mittel bei der Feststellung eines Unterhaltsdefizits. Bei Nichterfüllung der aus den Privilegien resultierenden Instandsetzungspflicht war es vorgesehen, dass den *nechstgesessenen Stenden die Unterhaltung und Nutzung der strassen und Weeg uffgetragen, eingeraumbt und [an]vertrauten* werde.[458]

Die Aneignung des Straßenunterhalts durch Nachbarterritorien war um 1500 weder möglich noch denkbar, aber 100 Jahre später ein legitimes Mittel. Die Reichskreise geben auch damit eine Wendezeit zu erkennen, gleichwohl ebenso deutlich ist, dass der Unter-

---

455 Reyscher/Zeller 1841, S. 5 f.
456 Moser 1752, S. 61.
457 StAB Fränkischer Kreis, Kreisarchiv, Nr. 1094, fol. 476r; FWB, Lemma ›hantirung‹, URL: http://fwb-on-line.de/go/hantirung.s.1f_1543822702 (19.4.2023).
458 StAB Fränkischer Kreis, Kreisarchiv, Nr. 1094, fol. 476v.

halt von Straßen im Vergleich zu anderen Aufgaben ein minder wichtiges Betätigungsfeld darstellte, wie gemeinsame Versammlungen mehrerer oder aller Kreise bestätigen.[459] Dies sollte sich erst im 18. Jahrhundert mit den Chausseen ändern, als sich vor allem der Schwäbische und Oberrheinische, aber auch der Fränkische Kreis der Wartung und des Ausbaus eines überörtlichen Straßennetzes annahmen.[460] Die Förderung des Verkehrswesens entwickelte sich in dieser Zeit sogar zu einem derart zentralen Betätigungsfeld, dass manche aus ebendiesem Grund bedauerten, nicht zu den genannten Kreisen zu gehören.[461]

Eine derartige Entwicklung des Straßenunterhalts durch die Reichskreise darf aber nicht übersehen lassen, dass bereits seit Jahrhunderten Herrschaftsträger für den Unterhalt der Verkehrsinfrastruktur kooperierten. Die Reichskreise erweiterten so zwar um 1600 die Kooperationsmöglichkeiten über die Kreistage und damit in institutionalisierter Form. Die Inspektion der Würzburger Straßen war allerdings dem Fürstbistum Bamberg und dem Herzogtum Sachsen-Gotha vorbehalten, welche sich gemeinsam darum bemühten, den Unterhalt der Straßen zu verbessern und bei Feststellung des Unterhaltsdefizits zu einer Straßenkooperation zusammenzufinden, wie sie in ähnlicher Form seit den 1530er Jahren zwischen dem Fürstbistum Würzburg und dem Herzogtum Sachsen-Coburg bestand. Deutlich ist daneben, dass Konfessionsunterschiede auch weiterhin keinen Hinderungsgrund darstellten, um gemeinsam Straßen zu unterhalten.

Schließlich waren die Wendejahre um 1600 auch deshalb nur relativ gegeben, da eines gleich blieb: die Klage der Straßennutzer über den Erhaltungszustand der Verkehrsinfrastruktur. Dies betraf beim Kreistag von 1607 zwar lediglich zwei Straßen eines Kreisstandes von mehr als 100 Kreisständen, dafür wurde die Beschwerde über die Ebelsbacher Straße mit großer Schärfe und Deutlichkeit formuliert. Die Straßennutzer gerieten nämlich laut der Bamberger Instruktion derart in Rage, *das sie nit allein den lieben Gott sehr lästern, sondern auch sich feintselich wortt und dahin verlauten lassen, Ebelspach und andern angränzende Dörffer, mit Feue[r]n und Andern thetlich handlungen in grundt zu verderben.*[462]

---

459 Dotzauer 1998, S. 585–587 mit einer Auflistung dieser Versammlungen von 1530 bis 1796/97 unter Angabe der Beratungsgegenstände.
460 Ebd., S. 50 (Reichskreise insgesamt), S. 135 (Fränkischer Reichskreis), S. 175 (Schwäbischer Reichskreis) u. S. 241 f. (Oberrheinischer Kreis); Hartmann 1997, S. 70; Wunder 1996 u. 2018. Mit den Straßen setzte sich der Fränkische Kreis auch 1654 auseinander [Dotzauer 1998, S. 116]. Siehe ferner zur verkehrsbezogenen Kooperation zwischen dem Oberrheinischen Kreis und dem Kurrheinischen Kreis ebd., S. 38.
461 Dies betraf die dem Österreichischen Kreis zugehörigen Österreichischen Vorlande. Hier wurde die Kreiseinteilung wegen »der gemeinsamen Aufgaben im deutschen Südwesten [Schwäbischer u. Oberrheinischer Kreis; A.D.] im Blick auf Verkehrswesen (Chausseenbau) und Verteidigung gegen Frankreich […] als wesentlicher Nachteil […] empfunden« [ebd., S. 381].
462 StAB Fränkischer Kreis, Kreisarchiv, Nr. 1094, fol. 475r.

5.7 Zusammenfassung

Die Herrschaft über Straßen schuf einen komplexen Aktionsraum, der Obrigkeiten, Amtsträger, Straßennutzer, Anrainer und Untertanen gleichermaßen zur Ausgestaltung zwang. Über Straßen zu herrschen war, wie sich im vorangehenden Kapitel gezeigt hat, ein Praxisfeld, das in wechselseitige kommunikative Prozesse und Zuständigkeitszuweisungen zwischen Obrigkeiten, Amtsträgern vor Ort und Untertanen eingebunden war und daher differenzierte mikrohistorische Einblicke in die grundlegende Organisation von Herrschaft als soziale Praxis erlaubt. In der Herrschaft mit und über Straßen, so lässt sich pointiert zusammenfassen, kristallisiert sich der Anspruch frühneuzeitlicher Staatsbildungsprozesse: Normen mussten entlang komplexer kommunikativer Praktiken und entsprechend der vielgliedrigen Herrschaftspraxis ausgehandelt und implementiert, dabei Status und Prestige der einzelnen Obrigkeiten praktisch und symbolisch hergestellt und hierüber Deutungshoheit erlangt und institutionell gefestigt werden. Nicht nur der Zugriff auf Zollstationen und territoriale Grenzsetzungsmechanismen ließen den physischen Raum zum beherrschten Raum werden – es sind die den Raum konstituierenden Einzelelemente wie die Verkehrsinfrastruktur, die zur Herrschaftsressource und gerade deshalb zum Streitobjekt der Obrigkeiten wurden. Verkehrsinfrastruktur war, wie die Straßenkooperation zwischen dem Fürstbistum Würzburg und dem Herzogtum Sachsen-Coburg gezeigt hat, integraler Teil obrigkeitlicher Aushandlungsprozesse im Zeichen territorialer Verdichtung in der Frühen Neuzeit. Denn obgleich die Kooperation gemeinsame Zielsetzungen verband und Erhaltungsmaßnahmen theoretisch auf vielen Schultern verteilte, konfligierte die permanent nach Unterhalt und Erhalt verlangende Verkehrsinfrastruktur vielfach mit der Pluralität an Zuständigkeiten, den praktisch-materiellen Möglichkeiten und Grenzen zur Instandsetzung und nicht zuletzt mit der Finanzierbarkeit dieser Maßnahmen. Instandsetzungsnormen – wie bei der Ebelsbacher Straße, den Zollrechten oder Straßenvisitationen thematisiert – zu formulieren und kontinuierlich proaktiv vorsorgend einzufordern und Instandsetzungsarbeiten nicht nur in Reaktion auf ergangene Schäden durchzuführen, markierten einen Handlungsrahmen zum Straßenunterhalt, dessen Erfüllung die Obrigkeiten von den und für die Amtsträger und Untertanen verlangten.

Ersichtlich wurde ebenfalls, welch vielgestaltigen Mittel ergriffen wurden, um über Straßen zu herrschen und wie sich hierdurch die Ausdifferenzierung vormoderner Verwaltungspraxis widerspiegelt: in Inspektionen, Visitationen, Rechnungen, Suppliken, Ordnungen, Korrespondenzen. Mit den Visitationen wurden zugleich mittlere und untere Verwaltungs- und Herrschaftsebenen in die Fürsorgepflicht für den Straßenunterhalt eingebunden. Die Rentämter sowie Land- und Pfleggerichte des Herzogtums Bayern haben hierbei gezeigt, dass der Fleiß der noch keineswegs ergebenen Diener ihrer Herren entscheidenden Einfluss auf die Straßenqualität hatte und deshalb umso mehr mit den Ordnungen eingefordert wurde.

Nimmt man die Ergebnisse zum Straßenbau in Würzburg in Kooperation mit dem sachsen-coburgischen Nachbarterritorium und die aus weiteren Policeyordnungen gewonnenen Einsichten hinzu, so wird deutlich, dass der Straßenraum in seiner materiellexistenten Form in unterschiedliche Arten der Interaktion eingebunden war: Zum einen markierten punktuelle Ordnungen Straßen als Herrschaftsmittel, zum anderen waren die Obrigkeiten auf ihre Amtsträger oder Untertanen vor Ort angewiesen, um Informationen über den Straßenzustand zu erhalten und vor allem Baumaßnahmen an den Straßen durchführen zu können. Verantwortlich für die Gute Straße zeigten sich damit Obrigkeit und Untertan gleichermaßen. Mit der Ausweitung des Verwaltungsapparats und der zunehmenden herrschaftlichen Durchdringung der Territorien, was sich an einer regelmäßigen Kontrolle der Rechnungslegung und kontinuierlicher Informationsbeschaffung ablesen lässt, wurden die Straßen nicht nur aus fiskalischen und wirtschaftlichen Gründen zum Herrschaftsmittel; vielmehr trug die ›Gute Straße‹ auch zum Ansehen und zur Wirkmächtigkeit der Obrigkeit selbst bei.

Das Ende der Kooperation zwischen dem Fürstbistum Würzburg und dem Herzogtum Sachsen-Coburg zeigt gleichwohl, wie Unterhaltsmaßnahmen insofern keine nachhaltige Wirkung entfalten konnten, als Straßen immer wieder ausgebessert werden mussten, was bei der schließlich verfluchten Ebelsbacher Straße eindeutig ausblieb. Für eine kontinuierliche, wenn auch nie abschließend erfolgreiche Durchführung der Erhaltungsmaßnahmen konnte demgegenüber nachhaltig die würzburg-sachsen-coburgische Kooperation ebenso wie in Nürnberg das Weg- und Stegamt und im Herzogtum Bayern die Straßenvisitationen durch Rentmeister sorgen. Dieses Herrschaftshandeln mit und über Straßen lässt eine Straßenpolitik erkennen, die nicht nur in Kooperation, sondern ebenso in Konfrontation mit Nachbarterritorien die auskömmliche Nahrung des eigenen Territoriums sichern sollte. Kooperatives und konfrontatives Handeln vollzog sich ebenso über die Reichskreise, welche die Handlungsmöglichkeiten erweiterten, um Störungen des regionalen Verkehrsgefüges zu überwinden. Sorgsam unterhaltene Straßen garantierten indes noch keineswegs deren unbeschwerte Nutzung, sondern bedurften auch der Sicherheit, welche die Territorien selbst bei grenzüberschreitend agierenden Räubern nur in Zusammenarbeit mit Nachbarterritorien durchsetzen konnten. Mehr noch waren es Kaiser und Reich, die mit dem Ewigen Landfrieden strukturelle Sicherheit schufen und damit entscheidend zur Nutzbarkeit der Verkehrsinfrastruktur beitrugen. Denn erst mit dieser zwar nie absoluten und nach wie vor fragilen, aber dennoch umfassenderen Sicherheit auf den Straßen war ein Grad der Versicherheitlichung erreicht, der die zeitgenössische Fokussierung der Instandhaltungsarbeiten beförderte, wenn nicht sogar mancherorts erst ermöglichte. Die materielle Beschaffenheit der Straßen erfuhr nämlich erst auf Grundlage des gesteigerten

Grades an Straßensicherheit jene Aufmerksamkeit, wie sie die Straßenvisitationen und die sich verdichtenden Bestimmungen um 1600 sowie die diesbezügliche Auseinandersetzung auf dem Kreistag erkennen lassen. Vielleicht mag dies auch zur Schärfe beigetragen haben, mit der Straßennutzer die Ebelsbacher Straße verfluchten. Denn wer keine Kriege, Fehden und Räuber zu fürchten hatte, konnte sich umso ausgiebiger über den baulichen Erhaltungszustand der Verkehrsinfrastruktur beklagen, zumal im beschwerdereichen 16. Jahrhundert.

Das Herrschen mit und über Straßen gibt sich also als eine vieldimensionale Angelegenheit zu erkennen, bei der Obrigkeiten für sich unter Einbindung von Verwaltungs- und Herrschaftsbezirken, aber auch in Kooperation mit Nachbarterritorien für die Sicherheit und den Erhalt von Straßen sorgten. Drei Aspekte wurden besonders hervorgehoben: Die Nutzbarkeit der Verkehrsinfrastruktur beruhte 1.) auf eine seit der Antike bekannte Verpflichtung von Herrschaft zur Schaffung und Wahrung des Straßenfriedens. Dieses Ideal war praktizierte Verpflichtung und Vorbedingung dafür, dass 2.) Amtsträger in Kooperation und in Konkurrenz mit Anwohnern und Untertanen Erhaltungsmaßnahmen zum eigenen und gemeinen Nutzen auf zunehmend normierter Grundlage wiederkehrend durchführten. Zur relativen Permanenz der Instandsetzungsarbeiten trugen 3.) expandierende Klagen, die Durchführung von Straßenvisitationen und die Gute Policey bei. All dies begründete eine Straßenpolitik, an der schließlich in Erweiterung zu Kaiser und Reichstag auch die Reichskreise partizipierten.

Die obrigkeitliche Sorge um die Straßen gründete auf politischen, gesellschaftlichen und dann auch dezidiert wirtschaftlichen Erwartungen und Erfordernissen. So lässt sich die Straßenpolitik für das Herzogtum Bayern auch mit ökonomischen Zielsetzungen aus den zeitlichen Umständen heraus erklären, war doch das Herzogtum nicht in erster Linie für sein produzierendes Gewerbe als vielmehr für seine Transitfunktion im Fernhandel bekannt, wie die Straßenausbaumaßnahmen, begonnen bei der Kesselbergstraße 1492, schon andeuten und die präzise Zoll-Rechnungslegung im Teilherzogtum Bayern-Landshut bereits Ende des 15. Jahrhunderts belegt.[463] Mit der Thematisierung von Straßen und Wegen in der Landesordnung wurde den Normempfängern der Straßenerhalt als herrschaftliche Aufgabe präsentiert.[464] Zugleich war der Erhaltungsdiskurs ein beidseitiger Kommunikations- und Interaktionsprozess zwischen »state representatives and members of local societies«.[465]

Korrespondenzen und gemeinsame Rechnungslegungen begründeten, beförderten und belegen eine solche Straßenherrschaft ebenso wie die vor Ort zur Kontrolle der

---

463 Schremmer 1970, S. 157–206.
464 Hesse, Christian: Handeln und Straßen. Der Einfluss der Herrschaft auf die Verkehrsinfrastruktur in Fürstentümern des spätmittelalterlichen Reiches, in: Schwinges 2007 I, S. 229–256, hier S. 247.
465 Holenstein 2009, S. 26.

Straßenqualität und den Straßenarbeitern durchgeführten Inspektionen und Inaugenscheinnahmen. Doch auch die Straßennutzer selbst legitimierten und beförderten durch ihre Klagen gegenüber den Obrigkeiten und den zur Instandsetzung verpflichteten Amtsträgern eine Straßenpolitik zum ›gemeinen Nutzen‹, standen aber ebenso selbst in der Verantwortung, etwa beim Überqueren von Brücken eigenverantwortlich auf allzu schwere Transportlasten zu verzichten respektive den Anweisungen der Amtsträger zu folgen. Alle jene sich dem Zwang zur Benutzung zahlungspflichtiger Straßen entziehende Fuhrleute nutzten ihrerseits den Handlungsspielraum, um einer schlechten Straßenqualität, aber ebenso den zweckgebunden verwendeten Geldzahlungen zu entgehen. Schließlich sind es die Zöllner und anderweitig von den Obrigkeiten mit der Instandhaltung der Straßen betraute und verpflichtete Personen, vor allem die Anrainer, die sich der Aufgabe der wiederkehrenden Ausbesserungsarbeiten zu stellen hatten – bei Wind und Wetter, zu jeder Jahreszeit, bei Bedarf sehr zügig und auch im hohen Alter. Die Verantwortlichkeiten für eine ›rechte‹, gut erhaltene Straße lassen sich also nicht monokausal benennen.

Die von den Ordnungen eingeforderten und mittels Visitationen überprüften Arbeitsleistungen sind nur ein Bestandteil einer sich verdichtenden Straßenherrschaft. Ein zweiter Aspekt berührte vor allem den Regelungsbedarf in Hinblick auf die für den Erhalt und Neubau notwendigen Ressourcen. Besonders die Wald- und Forstordnungen nahmen hierauf Bezug. Mit den Regelungen in den Policeyordnungen lässt sich grundsätzlich ein Blick auf die »Zunahme [...] und den Ausbau der Verwaltung auf verschiedensten Ebenen«[466] gewinnen. Auch der Erhalt der Verkehrsinfrastruktur wurde in diesen Prozess miteinbezogen – allerdings weitaus punktueller als andere Regelungen. Das Bild, welches die Repertorien von der Guten Policey vermitteln, ist freilich nicht zuletzt deshalb unvollständig,[467] da hier keine Gemeinde- und Dorfordnungen aufgenommen sind, obgleich

---

466 Holenstein, André: ›Gute Policey‹ und lokale Gesellschaft. Erfahrung als Kategorie im Verwaltungshandeln des 18. Jahrhunderts, in: Münch 2001, S. 433–450, hier S. 434.
467 Schwierigkeiten und Selektivitäten in der Recherche ergeben sich bereits aus der Verschlagwortung. Anhand eines Beispiels lassen sich die kritischen Aspekte exemplarisch hervorheben: Zwar ist in den Repertorien die bayerische Forstordnung von 1568 aufgenommen und inhaltlich verschlagwortet, etwa mit den Begriffen »Forstfrevel«, »Holzverwendung« und »Transport« [Rep. 3.1, Nr. 381]. Der Straßenbezug deutet sich damit jedoch nur mittelbar an, anders als etwa bei der bayerischen Landesordnung von 1553, deren inhaltliche Erschließung mittels Schlagworten auch »Straßen: Unterhaltung« umfasst [Rep. 3.1, Nr. 307]. So wichtig die Repertorienbände zur Erfassung der straßenpoliceylichen Maßnahmen sind, sollte auch nicht übersehen werden, dass die Erfassungsgrundlage der Ordnungen in den Repertorien ein Ungleichgewicht aufweist. Wie die Herausgeber der Repertorienreihe, Karl Härter und Michael Stolleis, selbst hervorheben, ergeben sich im Vorgehen der Sachbearbeiter quellenbezogene Unschärfen, resultierend aus zwei Aspekten: einerseits, da bis weit ins 17. Jahrhundert selbst umfangreiche Ordnungen nicht gedruckt, sondern lediglich »handschriftlich in Kopie den zuständigen Lokalbehörden [...] übersandt« wurden [Härter/Stolleis, Einleitung, in: Rep. 1, S. 15]. Andererseits ist es die »mühsame und zeitaufwendige Durchforstung« von Archivgut, die die Sachbearbeiter der einzelnen Repertorienbände nur sehr eingeschränkt vornehmen konnten [ebd.]. Zwei Einschränkungen, die es zu bedenken gilt.

gerade die vor Ort lebenden Menschen von *Alters[s] her,* so die württembergische Ordnung von 1495, einen entscheidenden Beitrag zu der von der bayerischen Landesordnung von 1553 formulierten *Landstraß-, Weg- und Stegmachung* leisteten.

Straßen wurden expliziter Teil des Herrschaftshandelns und Voraussetzung für die Ordnungsbestrebungen, die gute Regierung. Nimmt man diese Ergebnisse in Zusammenschau mit den Analyseergebnissen der ebenfalls ausgewerteten Visitationsakten, Getreiderechnungen und Forst- und Waldordnungen, so kann festgehalten werden, dass sich die Obrigkeiten des 16. Jahrhunderts weitaus umfassender um den Unterhalt der Verkehrsinfrastruktur bemüht haben als es bislang bekannt war.

6. Wege und Stege: Die Verkehrsinfrastruktur auf dem Land als Gemeinschaftsressource

Die von Martina Löw 2001 im Zeichen von »schnelle[n] Transporttechnologien« und globalen »Echtzeit-Übertragungen von Informationen« formulierte Einschätzung, wonach Räume erst durch die Wechselwirkung von menschlichem Handeln und Strukturen entstehen,[1] berührte in der Vormoderne zwangsläufig und auf entscheidende Weise auch die Beziehung Mensch – Straße. Eine vormoderne »intimacy«[2] mit der Verkehrsinfrastruktur hat sich bereits in den Reisebewegungen, den großen, übergeordneten Expansionen und Fernhandelsbeziehungen oder den obrigkeitlichen Territorialisierungsbestrebungen über Raum und Straßen gezeigt. Straßen, Wege und Brücken prägen aber immer auch den lebensweltlichen Nahbereich der Menschen. Die Raumgebundenheit und Raumabhängigkeit der auf dem Land lebenden und arbeitenden Bevölkerungsmehrheit brachte spezifische Notwendigkeiten des Erhalts von Straßen, Wegen und Brücken hervor. Die Verkehrsinfrastruktur wird hierdurch zum Brennpunkt und »wesentlichen Bestandteil[...] des ruralen Gesamtgefüges.«[3] Diesen ländlichen Nahbereich zu fokussieren, die Interessen zur Nutzung von Verkehrsinfrastruktur, die sozialen und herrschaftsrechtlichen Abhängigkeiten zur Organisation der Instandhaltung sowie die sozialen Routinen und Muster des Erhalts von dort gelegenen Straßen zu ergründen und damit einen bislang weitgehend übersehenen, zentralen Bestandteil des außerstädtischen Straßenraumes der Vormoderne in den Mittelpunkt zu rücken, ist das Anliegen der folgenden Ausführungen. Jedes Dorf war Zentrum der Instandhaltung der Verkehrsinfrastruktur und jeder Bewohner Teilnehmer an diesem Vollzugsgeschehen.

Das Erfordernis einer solchen Perspektivierung des verkehrsinfrastrukturellen, ländlichen Nahbereichs ist eminent und wird schon dadurch offenkundig, dass die Menschen der Vormoderne vornehmlich auf dem Land ihre »lebensräumliche Verankerung«[4] fanden

---

1 Löw, Martina: Raumsoziologie, Frankfurt a. M. 2001, S. 158–198 sowie zum Zitat S. 10 und den Informationstext vor dem Schmutztitel.
2 Delano-Smith 2006, S. 17.
3 Reichert-Schick, Anja: Ökonomischer und infrastruktureller Wandel im ländlichen Raum. Wirtschaft und Infrastruktur im Kontext der Funktionen ländlicher Räume und Siedlungen, in: Nell, Werner/Weiland, Marc (Hg.): Dorf. Ein interdisziplinäres Handbuch, Berlin 2019, S. 193–202, hier S. 193.
4 Gotthard, Axel: Vormoderne Lebensräume. Annäherungsversuch an die Heimaten des frühneuzeitlichen Mitteleuropäers, in: HZ 276 (2003), S. 37–73, hier S. 41. Der Durchschnittswert der in städtischen Siedlungen lebenden Menschen lag in Westeuropa zwischen 9 % um 1500 und 17,3 % um 1800 [Clark, Peter:

und eben hier die genutzten und zu erhaltenden Straßen und Wege lagen. Bei aller geographischen Mobilität von Teilen der Gesellschaft, dem Streben nach »Welterschließung«[5] und Welterkundung im Zeichen des »große[n] Aufbruch[s]«[6] und ungeachtet des sich intensivierenden Zugriffs von Herrschaft auf Straßen, lag der Lebens- und Bewegungshorizont eines Großteils der vormodernen Bevölkerung in einem verkehrsinfrastrukturellen Nahbereich. Das Verhältnis der auf dem Land lebenden, nur vermeintlich »immobilen Bevölkerungsmehrheit«[7] zur als ›Wege und Stege‹ bezeichneten ländlichen Verkehrsinfrastruktur lässt sich gelöst von vorschnell bedienten »Raster[n] und Paradigmen«[8] mit dem von Daniel Schläppi eingeführten und zusammen mit Gabriele Jancke weiterentwickelten Konzept der »Ökonomie sozialer Beziehungen« begreifen und beschreiben.[9] Das Konzept betont den Zusammenhang von Wirtschaften und sozialen Beziehungen, jegliche Form des »Wirtschaften[s] von Individuen und/oder Gemeinschaft zur Allokation und Distribution von Ressourcen«, so die Autor:innen, forderte das Handeln von mehreren Menschen ein, evozierte Koordinationsaufgaben und schuf damit eigene soziale Logiken.[10] Als eine ebenso kooperativ zu pflegende und zu konsolidierende[11] materielle Ressource lassen sich Straßen begreifen. Sie waren, genauso wie Gemeindewälder, Fluss- und Seeallmende, ein kollektives und zum ›gemeinen Nutzen‹ zu unterhaltendes Gemeingut.[12] Allen solchen gemeinschaftlichen Ressourcen[13] waren Praktiken und soziale Beziehungen »immanent eingeschrieben« und nicht bloß nachgelagert und mussten in der Vormoderne den »Leitprinzipien *Kompromiss und Kooperation* [Kursivsetzung im Original; AD] innerhalb ständischer Gefüge« entsprechen.[14] Wie sich die Fähigkeit, Bereitschaft und das Erfordernis zur gemeinsamen Erhaltung von Wegen und Stegen als essentieller Bestand-

---

European Cities and Towns 400–2000, Oxford 2009, S. 128]; ungefähr »ein Viertel aller Deutschen [lebte] in einer Stadt« [Rosseaux, Ulrich: Städte in der Frühen Neuzeit, Darmstadt 2006, S. 6].
5 Heimann 2001, S. 56.
6 Behringer, Wolfgang: Der große Aufbruch. Globalgeschichte der Frühen Neuzeit, München 2023.
7 Gotthard 2003, S. 71.
8 Schläppi, Daniel: Ökonomie als Dimension des Relationalen. Nachdenken über menschliches Wirtschaften jenseits disziplinärer Raster und Paradigmen, in: Jancke/Schläppi 2015 I, S. 37–64.
9 Jancke/Schläppi 2015 I; Schläppi/Gruber 2018; Schläppi, Daniel: Die Ökonomie sozialer Beziehungen. Forschungsperspektiven hinsichtlich von Praktiken menschlichen Wirtschaftens im Umgang mit Ressourcen, in: Brendecke 2015, S. 684–695.
10 Jancke, Gabriele/Schläppi, Daniel: Einleitung: Ressourcen und eine Ökonomie sozialer Beziehungen, in: Jancke/Schläppi 2015 I, S. 7–33, hier S. 14.
11 Schläppi, Daniel: Einleitung, in: Schläppi/Gruber 2018, S. 9–70, hier S. 21.
12 Jancke/Schläppi 2015 II, S. 8; eine Auflistung von »im weitesten Sinn als ›Allmenderessourcen‹« zu begreifende materielle Güter findet sich bei Schläppi 2018, S. 33. Hier mitangeführt sind auch Brücken und Wege. Zum Begriff Gemeingut ebd., S. 26.
13 Auch anderen materiellen (etwa Geld u. Immobilien) und immateriellen Ressourcen (etwa Loyalität u. Ehre) lag ein »Gruppenhandeln« zugrunde [Jancke/Schläppi 2015 II, S. 8 u. 14 (Zitat); Schläppi 2015 I, S. 58].
14 Jancke/Schläppi 2015 II, S. 20.

teil des vormodernen Straßenraumes gestaltete, lässt sich für die Verkehrsinfrastruktur auf Grundlage von Verwaltungsakten und Dorfordnungen darlegen. Deutlich wird dabei die Abhängigkeit der Instandsetzungsarbeiten von zwei Rahmenbedingungen: 1.) von der sozialen Hierarchisierung jeglicher Dorfgemeinde und 2.) von den Sachzwängen, also den Nutzungs- und Aneignungsmöglichkeiten wie Regenerationszyklen, Verwertbarkeit und Missbrauchsgefahren, die jeder Ressource eigen war.[15]

Als ein auf Teilhabe und »Erhalt der Lebensgrundlage«[16] zielendes Gemeingut lassen sich Straßen in einem ländlichen Nahbereich untersuchen, denn der rurale Raum gab den sozialen und herrschaftsrechtlichen Bezugs- und Handlungsrahmen zur Erhaltung kooperativ benötigter Wege und Stege vor. Es geht also darum zu analysieren wie, von wem und warum dieser Nahbereich verkehrsinfrastrukturell genutzt und erhalten wurde und was unter einem solchen Nahbereich bezogen auf die Straßen verstanden werden kann. In einem ersten Schritt werden deshalb die Vorbedingungen und die räumlichen Konturen eines verkehrsinfrastrukturellen Nahbereichs geklärt [6.1], um darauf aufbauend die Vielfalt der Wege und Stege in ihrer Existenz, ob als kleine Nebenwege oder große *Landstraßen,* zu untersuchen [6.2]. Forschungen zur ländlichen Gesellschaft der Vormoderne erlauben es, die Befunde in einen größeren Zusammenhang, vor allem der Sozial- und Herrschaftsstruktur, einzuordnen. Auf diese Weise werden die für die Organisation und Umsetzung jeglicher Ressourcen entscheidenden sozialen Beziehungsgefüge beobachtbar[17] und die Rolle von Herrschaft für die Instandsetzung der Wege und Stege bestimmbar. Diese Beziehungefüge spiegeln sich vor allem in dem komplexen Herrschaftsverhältnis wider, in das die rurale Welt eingebunden war und das in erster Linie und strukturell betrachtet aus drei Akteursebenen bestand: 1.) der Dorfgemeinde, 2.) den Amtsträgern und 3.) der Herrschaft.[18] Das Eingebundensein der Dorfbewohner in diese übergeordneten Strukturen ist deshalb notwendige Ausgangsposition, weil es uns zeigt, welchen Herrschafts- und Amtsträgern die Dorfbewohner zum Unterhalt der Wege und Stege verpflichtet waren und welche Freiheiten und Zwänge sich bei den Arbeiten für die an der Instandsetzung beteiligten Untertanen ergaben [6.3]. Sich mit den zeitgenössischen Möglichkeiten und Grenzen des Straßenunterhalts aufgrund herrschaftsrechtlicher Abhängigkeiten auseinanderzusetzen, ist umso mehr erforderlich, als nach bisherigem Verständnis die Fronarbeiten für Straßen und Brücken nur aus einem Zwang heraus erfolgten und

---

15 Schläppi 2018, S. 55.
16 Ebd., S. 26.
17 Jancke/Schläppi 2015 II, S. 17.
18 Hirbodian, Sigrid: Recht und Ordnung im Dorf. Zur Bedeutung von Weistümern und Dorfordnungen in Spätmittelalter und Frühneuzeit, in: Andermann, Kurt/Auge, Oliver (Hg.): Dorf und Gemeinde. Grundstrukturen der ländlichen Gesellschaft in Spätmittelalter und Frühneuzeit (Kraichtaler Kolloquien 8), Epfendorf 2012, S. 45–63, hier S. 48.

dies – so die bislang gängige Meinung – unweigerlich zu einer schlecht instandgesetzten und daher kaum benutzbaren Verkehrsinfrastruktur führte.[19] Diese Annahmen können mit der Praxis der Instandhaltung der Verkehrsinfrastruktur kritisch reflektiert und hinterfragt werden. Als eine von der Landgemeinde benötigte und durch die Herrschaft reglementierte Gemeinderessource sollen die (delegierte) Autonomie, die Handlungsspielräume, eigenständige Entscheidungsprozesse und Verantwortlichkeiten aufgezeigt werden, die mit dem Prozess der Instandhaltung für die ländliche Gesellschaft einhergingen. Klagen und Beschwerden über die übermäßige Fronarbeit für die Instandhaltung zählten ebenso dazu wie der über die gemeinsame Ressource erzielte Nutzen. Straßen befinden sich forschungsgeschichtlich betrachtet damit im Zentrum des Spannungsfeldes der *empowering interactions*.

6.1 Der übersehene verkehrsinfrastrukturelle Nahbereich

Die Thematisierung von Wegen und Stegen im ländlichen Nahbereich ergibt sich aus einem blinden Fleck: sie fehlen weitgehend auf den kartographischen Darstellungen und in den Itineraren der Zeit. Die kleine und fast schon unsichtbare Rolle, die die ländliche Gemeinderessource ›Weg und Steg‹ in zeitgenössischen Quellen wie auch in modernen Darstellungen spielt, lässt sich exemplarisch aufzeigen.

Hierfür ist zunächst nochmals ein Blick auf Jörg Gails (1520–1584) *Raißbüchlin* von 1563 zu werfen. Auf insgesamt sechs Karten bündelt der Altstraßenforscher Herbert Krüger die bei Gail und in anderen Itineraren sehr umfassend, aber dann doch nur selektiv verzeichneten Verkehrswege Europas.[20] Verzeichnet (siehe Abb. 56) ist etwa die überregional bedeutsame Straße von Nürnberg über Lauf (*Laufer Straße*) nach Hersbruck, die von dort über Sulzbach, Hirschau und Pilsen Richtung Prag führt. Weitere Straßen gehen von Nürnberg über Neumarkt nach Regensburg oder über Erlangen, Forchheim, Bamberg, Coburg und Neustadt Richtung Leipzig.[21] Von Augsburg aus weisen die Wege zum Beispiel über Donauwörth, Nördlingen, Dinkelsbühl und Rothenburg nach Würzburg oder über Mittelstetten und Fürstenfeldbruck nach München. Als Knotenpunkte für die Verbindungen dienen Gail und damit auch Krüger ausschließlich die größeren Ortschaften, Städte und damit verbunden die entsprechend bekannten Fernhandelsstraßen.

---

19 Siehe stellvertretend und resümierend Müller 2010 und Black, Jeremy: Eighteenth-Century Britain, 1688–1783, 2. Aufl., Basingstoke 2001, S. 61. Letzterer spricht davon, dass die »local communities« ihre 1555 für England und Wales festgelegten Instandsetzungspflichten »generally not adequately carried out […]. This contributed to the poor state of the roads« [ebd., S. 61].
20 Krüger 1974, Kartenbeilagen 1–6.
21 Krüger 1974, S. 81, 83 u. 100.

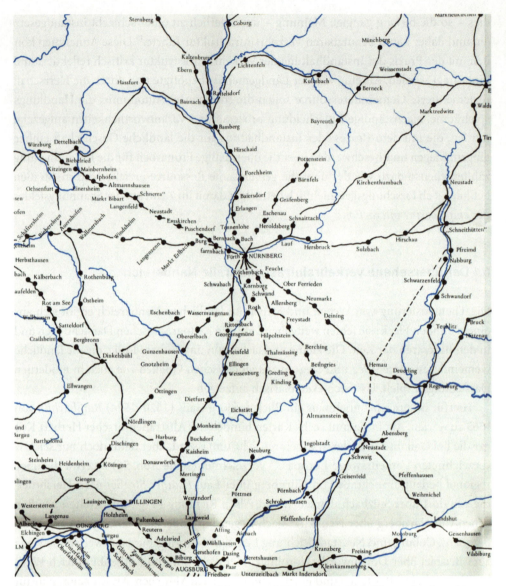

Abb. 56: Reisewege in Franken, Schwaben und Bayern nach Jörg Gails »Raißbüchlin« und anderen Itineraren © Copyright 1974 – Akademische Druck- u. Verlagsanstalt (Graz/Austria).

Dass Quellen wie Gails *Raißbüchlin* der Gattung wegen nur bruchstückhafte Einsichten in das zeitgenössische Straßen- und Wegenetz ermöglichen und der verkehrsinfrastrukturelle, ländliche Nahbereich gezielt exkludiert wurde, ergibt sich aus dem weiträumigen Betrachtungsmaßstab[22] des Straßenwesens in Itineraren. Diese Weiträumigkeit nimmt auch die zweite Abbildung in den Blick (Abb. 57). Basierend aus den Angaben in einem fränkischen Geleitsverzeichnis von 1596 sind hier die *Zollgeleitstraßen* in Franken aufgeführt, die sich zwischen Schweinfurt, Bamberg und Coburg auf einem Gebiet von knapp 1000 km² verteilten.[23] In Erweiterung zu den von Gail verzeichneten Routen ist neben den Straßen von Bamberg nach Haßfurt und Zimmerau (bei Sternberg) über Ebern und in Richtung Coburg ein gegenüber Abb. 56 zwar deutlich ausdifferenzierteres System zwischen und neben den Zollstraßen gelegener *Geleitstraßen* eingezeichnet.[24] Die durch den Kartenausschnitt abgebildeten rund 1000 km² lassen dennoch erahnen, dass es abseits der Geleitstraßen ein weiteres Netz aus Stegen und Wegen geben musste, das vor allem der Mobilität der ruralen Gesellschaft in einem Nahbereich diente. Um diesen Bereich im Rahmen der ländlichen Mobilität und Instandhaltungspraxis konzeptuell präzise und gebündelt zu bezeichnen, wird im Folgenden von einer Mikromobilität gesprochen. Der Begriff ›Mikromobilität‹ wird bislang nur gegenwartsorientiert verwendet und meint die Mobilität mit kleinen und leichten (elektrischen) Transportmitteln im urbanen Raum.[25] In der vorliegenden Studie wird darunter die mikrohistorisch zu untersuchende Mobilität in einem ›kleinen‹ Nahbereich verstanden. Es ist also jene vergangene Mobilität zu fokussieren, die den auf dem Land lebenden und arbeitenden Menschen ihre straßenbedingten Alltagsgeschäfte ermöglichte, Ortschaften miteinander verband, natürliche Hindernisse überwand und an ›große‹ Straßenverbindungen anknüpfte. Wie gestaltete sich diese Verkehrsinfrastruktur jenseits, aber keineswegs abseits der größeren Straßen?

Gänzlich anders als bei den vorangegangen beiden Abbildungen verhält es sich mit der kartographischen Darstellung des Rothenburger Landgebiets von 1537 (Abb. 58): Dutzende Dörfer und zahlreiche verkehrsinfrastrukturelle Elemente wurden auf der topographischen Karte visualisiert[26] und gruppieren sich um die in der Mitte befindliche Reichsstadt. Die abgebildeten Landgemeinden abseits der großen *Zoll- und Landstraßen* sind eingebettet in ein von Hecken, Wällen und Gräben geschütztes und mit einem

---

22 Siehe zum »Jeux d'échelle«, wie er in der Einleitung bereits zur Sprache kam, Revel 1996 u. Bretschneider/Duhamelle 2016, S. 721 u.a.
23 Das Verzeichnis wurde vom Würzburger Fürstbischof Julius Echter (1545–1617) auf Grundlage von Befragungen von Amtsträgern angelegt [Schäfer 1976, S. 100].
24 Etwa von Schweinfurt, über Haßfurt und Königsberg nach Gemeinfeld, von Haßfurt über Obernhohenried nach Milz oder von Ebern nach Heldburg.
25 Zur ursprünglichen Wortbedeutung: URL: https://www.ivm-rheinmain.de/was-ist-mikromobilitaet/ (14.4.2023).
26 Siehe zu solchen topographischen Karten mit Straßenelementen näher Kapitel 2.2.

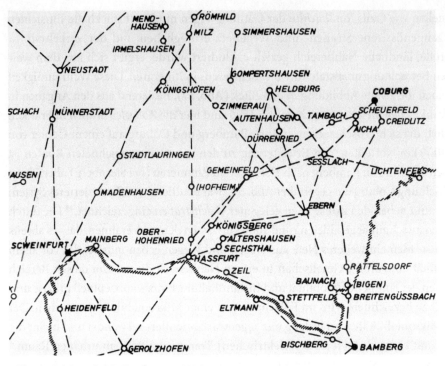

Abb. 57: Geleitstraßen in Franken von 1596.

umfassenden Wegenetz versehenes Landgebiet. Das befestigte Areal im Rothenburger Landgebiet hatte eine Länge von 60 km und diente zugleich als obrigkeitliche Zollgrenze. Aus allen Himmelsrichtungen führten die anhand von durchgezogenen Doppellinien visualisierten Straßen aus und in das Landgebiet. Auch die von Gail verzeichnete Straße Dinkelsbühl–Rothenburg–Würzburg ist aufgenommen, ersichtlich vom rechten, südlichen Kartenrand kommend an der Tauber entlang und durch Dörfer hindurch. Was Gail jedoch verschweigt und hier zu sehen ist, sind zwei weitere von südwestlicher und westlicher Richtung über zwei Brücken hinweg zur Stadt führende Straßen. Auf einer dieser Straßen, kurz vor einer Wegkreuzung, fährt ein Fuhrwagen. Doch auch zu Fuß sind viele Menschen unterwegs. Einer dieser Fußgänger läuft auf einen der zahlreichen Stege, also einer Brücke mit einer geringen Breite,[27] zu. Über den gesamten Kartenausschnitt verteilen sich zudem mit einfachen Strichlinien nur zaghaft angedeutete Pfade.

---

27 FWB, Lemma ›steg‹, URL: http://fwb-online.de/go/steg.s.0m_1545735167 (14.4.2023). Nicht jeder in den Dorfordnungen benannte Steg ist jedoch eine Brücke, sondern kann auch einen schmalen Weg oder Pfad bezeichnen [ebd.]. Siehe etwa Fried 1983, S. 62 (Lutzingen 1536).

Der übersehene verkehrsinfrastrukturelle Nahbereich

Abb. 58: Die von Süden (rechts) nach Rothenburg entlang der Tauber führende Landstraße – und weitere Straßen, Wege und Stege.

Abb. 59: Ein quer zu den Straßen fahrender Fuhrwagen (links), ein Pilger bei einem Bildstock (Mitte) und eine scheinbar straßenlose Siedlung (rechts).

Abb. 60: Frau mit Korb auf dem Rücken zieht abseits von Straßen ihres Weges.

In diesem von dem Landschaftszeichner Wilhalm Ziegler (um 1470/80–vor 1541) angefertigten »vortreffliche[n] und ebenso monumentale[n] Exempel früher Regionalkartographie«[28] bestätigt sich, dass eine kartographische Darstellung in Abhängigkeit vom Betrachtungsmaßstab die Verkehrsinfrastruktur durchaus mit einer detailreichen Nähe visualisieren konnte. Diese Genauigkeit und Präzision ergab sich jedoch nicht zufällig, denn Ziel der Abbildung war es, die ›gute Ordnung‹ in dem Landgebiet darzustellen,[29] wobei Straßen wiederum als raumstrukturierende, raumdurchdringende und raumverbindende Elemente in der kartographischen Darstellung als auch in der außerbildlichen Wirklichkeit zum Vorschein treten. Ebenso deutlich erkennen lässt sich die Naturabhängigkeit des Straßenraumes von den topographischen Gegebenheiten vor Ort sowie die Ausrichtung des Straßenverlaufs auf Siedlungen wie umgekehrt die Massierung der Siedlungsstruktur entlang von Straßen zu Lande und Flussläufen.[30] Ungewöhnlich für eine solche Darstellung sind hingegen die bereits angesprochenen zahlreichen figürlichen Elemente. Ihre Abbildung verweist über die Nutzung der Straßen auf ihre Öffentlichkeit und damit gleichzeitig auf Straßen als gemeinsame Ressource. Quer zur Straßenführung fahrende Fuhrwägen (Abb. 59, links) oder ein abseits von den Straßen hin zu einem Bildstock gehender Pilger (Abb. 59, mittig) heben hervor, dass nicht visualisierte Wege durchaus existierten.[31] Die Darstellung bringt die gute Ordnung des Landgebiets auch insofern zum Ausdruck, als sie explizit alltägliche Bewegungen, Handlungen und Arbeitsvorgänge wie den Transport von Waren oder das Bestellen von Feldern (Abb. 59, rechts) im gesicherten Umland abbildet. Eine solche detailreich ausgestaltete Momentaufnahme der Aneignung und Produktion des Straßenraumes musste aber auf Grund von gattungsnotwendigen Reduktionen sowie der Übersichtlichkeit und Schwerpunktsetzung halber auf die Sichtbarmachung sämtlicher vorhandener Straßen, Wege, Brücken und Stege verzichten. Angedeutet sind dennoch auch hier existente, aber nur mittelbar über Siedlungen visualisierte Verkehrsbahnen (Abb. 59, rechts). Und auch die in Richtung eines Bachlaufes gehende und mit einem Korb auf dem Rücken beladene Frau ist auf einen nicht eigens visualisierten Weg unterwegs (Abb. 60). Eben diese in kartographischen Darstellungen und andernorts oftmals übergangenen, ›kleinen‹ Straßen waren zentral für die Mikromobilität der ländlichen Gesellschaft. Sie sollen im Folgenden im Mittelpunkt stehen, und zwar in bewusster Überwindung von bereits in der Zeit bestehenden Hierarchisierungen zwischen ›großen‹ und ›kleinen‹ Straßen, ›wichtigen‹ und ›unwichtigen‹ Wegen. Denn auch wenn bestimmte verkehrsinfrastrukturelle Elemente in Karten und Itineraren fehlen und nur scheinbar durch eine lokale Bevölkerungsminorität genutzt wurden, so wird sich

---

28 Eser, Thomas: Über-Blick. Die kartographische Perspektive, in: Doosry 2014 I, S. 71–95, hier S. 86.
29 Ebd.
30 Vergleiche hierzu die Befunde von Kapitel 2.2.
31 In Teilen lässt sich eine einfache durchgezogene Linie erkennen. Sie weist auf einen Pfad bzw. Weg hin.

zeigen, dass auch sie zentrale Bestandteile des vormodernen Straßenwesens waren. Ob *Fußsteig, Schleichweg, Transportweg,* schmaler *Steg* oder mit Steinen gebaute *Brücke*, sie alle waren Teil eines als Gemeinschaftsressource instandgehaltenen verkehrsinfrastrukturellen Nahbereichs, der letztlich oszillierte zwischen obrigkeitlichen und kommunalen Interessen, Verantwortungen und Handlungsspielräumen.

6.2 Pfade, Stiegel, Straßen: Mikromobilitäten

Der verkehrsinfrastrukturelle Nahbereich des ländlichen Raumes lässt sich in seiner Vielfalt zunächst mit den frühestens seit dem 15. Jahrhundert schriftlich fixierten und auf Grundlage des genossenschaftlichen Satzungsrechtes für das innerdörfliche Zusammenleben getroffenen Regelungen der Gemeinde- und Dorfordnungen untersuchen. Eine systematische Analyse der darin enthaltenen Bestimmungen zu Wegen und Stegen liegt bislang ebenso wenig vor wie der Versuch, die ländliche Verkehrsinfrastruktur als zentralen Bestandteil der ›großen‹ Straßen zu begreifen.[32] Aufbauend auf den Forschungen zur lokalen Policeygesetzgebung im dörflichen Kontext stehen in der folgenden Analyse die durch Dorfordnungen festgehaltenen, zwischen Gemeinde und Herrschaft ausgehandelten und ordnungsstabilisierenden Erhaltungsmaßnahmen der ländlichen Verkehrsinfrastruktur ›von unten‹ im Zentrum. Gerade dieser den Ordnungen vorgelagerte

---

32 Die Wege und Stege werden in der Regel nur am Rande behandelt, etwa bei Schmitt, Sigrid: Territorialstaat und Gemeinde im kurpfälzischen Oberamt Alzey. Vom 14. bis zum Anfang des 17. Jahrhunderts (Geschichtliche Landeskunde 38), Stuttgart 1992, S. 265 f.; Trauchburg, Gabriele von: Ehehaften und Dorfordnungen. Untersuchungen zur Herrschafts-, Rechts- und Wirtschaftsgeschichte des Rieses anhand ländlicher Rechtsquellen aus der Grafschaft Oettingen (Materialien zur Geschichte des bayerischen Schwaben 23), Augsburg 1995, S. 248; Wilhelm, Rudolf: Rechtspflege und Dorfverfassung. Nach niederbayerischen Ehehaftsordnungen vom 15. bis zum 18. Jahrhundert, in: Verhandlungen des Historischen Vereins für Niederbayern 80 (1954), S. 1–151, hier S. 109–111; Schrepfer, Gustav: Dorfordnungen im Hochstift Bamberg. Ein Beitrag zur Rechtsgeschichte des fränkischen Bauern, Bamberg 1941, S. 77–79; Rheinheimer, Martin: Die Dorfordnungen des Herzogtums Schleswig. Dorf und Obrigkeit in der Frühen Neuzeit, 2 Bde., Stuttgart 1999, S. 94–96. Letzterer weist für 349 Dorfordnungen einen Anteil von 29,2 % mit Regelungen zu den Wegen und Stegen nach [ebd., S. 95]. Dessen ungeachtet fehlt eine eingehende Analyse der ländlichen Verkehrsinfrastruktur, deren Ertrag bereits Szabó 2007, S. 118 andeutet; Schildt, Bernd: Art. ›Dorfordnungen‹, in: HRG II 1 (2008), Sp. 1133–1135 u. Hirbodian 2012, S. 45–63, hier S. 61 gehen auf die lange Zeit umstrittenen und nicht immer eindeutig aufzulösenden Unterschiede zwischen Dorfordnungen und Weistümern ein. Siehe neben der dort dokumentierten Forschungsliteratur etwa auch Ofer, Monika: Nachbarschaft und Gemeinde. Zur dörflichen Selbstverwaltung im westlichen Oberbayern im 16. und beginnenden 17. Jahrhundert, in: Myking, John Ragnar/Thoma, Gertrud/Iversen, Tore (Hg.): Bauern zwischen Herrschaft und Genossenschaft/Peasant relations to Lords and Government. Scandinavia and the Alpine region 1000–1750 (Trondheim Studies in History), Trondheim 2007, S. 41–57; Wilhelm 1954 und Ziegler, Hans-Peter: Die Dorfordnungen im Gebiet der Reichsstadt Rothenburg. Diss. iur. Universität Würzburg, Rothenburg 1977. Zeitpunkt und Ausmaß der Verbreitung von Dorfordnungen in Mittel- und Nordeuropa behandelt näher Rheinheimer 1999, S. 272–277.

Aushandlungsprozess siedelt den Text im Schnittpunkt zwischen innerdörflichen Notwendigkeiten und kommunalen Handlungsspielräumen an. Die Bestimmungen lassen sich so einerseits als übergeordnete normative Festlegungen von und für die Kommune begreifen, als auch andererseits als schriftliche Niederlegungen, die Einblick in die Binnenstrukturen der ländlichen Dorfgesellschaften ermöglichen. Jedem Eintrag, jeder Norm liegt eine unmittelbare Praxis zugrunde. Mit der Instandhaltung der Verkehrsinfrastruktur wird dabei ein Bestandteil dieser Praxis herausgegriffen. Auf diese Weise erlauben es die in den Dorfordnungen weitgehend musterhaft thematisierten Ausführungen zur Instandhaltung, die jeweilige Verantwortlichkeit und Zuständigkeit von Einzelpersonen und sozialen Gruppen zu lokalen Wegen und Stegen zu behandeln.

Dabei differenzieren die Ordnungen durchaus zwischen Gemeingut und individuellen Interessen und legen Zuständigkeitsbereiche, mehr aber die Voraussetzungen für Instandhaltungsarbeiten fest. Die folgenden Ausführungen orientieren sich an diesen beiden Hauptpunkten – Zuständigkeiten und Straßenarbeiten – in den Dorfordnungen und machen anhand von empirischen Befunden deutlich, dass Straßen als kommunale Gemeinschaftsressource eine gemeinsame Praxis erforderten [6.2]. Als gemeinsame Ressource waren Wege und Stege auch Teil des Fronwesens. Die Policey- und Landesordnungen, die würzburg-sachsen-coburgische *Zollgeleitstraße* sowie die Instandsetzungsarbeiten im Nürnberger Umland haben dies bereits angedeutet.[33] Darauf aufbauend steht im Folgenden die Instandhaltung von Weg und Steg als Bestandteil der frühneuzeitlichen Fronpraxis im Zentrum [6.3].

Zuständigkeit für Weg und Steg

Die Klärung der Frage, wer welche verkehrsinfrastrukturellen Einrichtungen instand zu halten hatte, resultierte meist aus Konflikten oder wurde bei Herrscherwechseln neu ausgehandelt.[34] Besonders zwei Aspekte stehen in den schriftlichen Festlegungen der Landgemeinden im Vordergrund. Zum einen wurde eindeutig festgehalten, wer im Dorf für den Unterhalt welcher verkehrsinfrastrukturellen Einrichtung federführend zuständig war. Zum anderen wurde in den Ordnungen dokumentiert, welchen Anteil (Geld, Rohstoffe, Arbeitszeit) jeder Dorfbewohner, differenziert (teilweise) nach seinem rechtlichen Status, für die Instandhaltung zu leisten hatte.

Dies betraf häufig Brücken. So legte die im ausgedehnten Nürnberger Landgebiet gelegene Gemeinde Engelthal im Jahr 1623 in ihrer Dorfordnung fest, zwei renovierungswürdige Brücken *mit guten, starken und diken Schwarten machen und ausbessern* zu las-

---

33 Siehe Kapitel 4. u. 5.
34 So der entscheidende Aufzeichnungsgrund nach Schildt 2008, Sp. 1133.

sen.[35] Über eine dieser Brücken, die sog. Hammerbrücke, lief nämlich der gesamte Verkehr in nördliche (Henfenfeld) und nordwestliche Richtung (Sendelbach).[36] Im markgräflich brandenburg-kulmbachischen Uttenreuth, wo auch die Nürnberger Patrizierfamilie Kreß begütert war, wurden die Zuständigkeiten differenzierter und individualisiert entlang des rechtlichen Status ausgeführt: So sollten für den Unterhalt der *gemein pruckeenn* die Bauern bei Bedarf je zwei, die Seldner jedoch nur je ein Brett bereitstellen. Ausdrücklich davon ausgenommen war eine Brücke, mit der lediglich zwei Bauern Zugang zu ihren Wiesen erhielten. In diesem Fall war es nicht die gesamte Gemeinde, sondern ausschließlich die beiden Bauern, die die Brücke *zu bauen und zu unterhalten schuldig* waren.[37] Im am Fluss Paar gelegenen, neuburgischen Ort Baar, der im 13. Jahrhundert als »wichtiger Straßenknotenpunkt und alter Flußübergang« galt,[38] regelte eine 1495 aufgestellte und noch 1585 gültige Bestimmung die Rechte und Pflichten an einem Steg beim Hof des *Hannßen Paurn*. Der Hofbesitzer hatte die Erlaubnis erhalten, über diesen Steg Schafe und Schweine zu treiben, weshalb er und die Erben seines Hofes dazu verpflichtet waren, diesen Steg, falls er *lecherig und zerbrochenn wurdt,* mit neuen Brettern auszubessern.[39] Nur den Hofbesitzern oblag es, den Zustand des Stegs zu überprüfen und gegebenenfalls durch eigene Ressourcen Maßnahmen zu dessen Erhalt zu ergreifen. Die Ordnungen und Texte betrafen zwar generell die ganze Gemeinde, unterschieden jedoch anhand sozialer oder praktischer Aspekte den Grad an notwendiger Kooperation und gemeinsamer Instandhaltung.

Neben solchen Stegen und Brücken waren es die Wege, für deren Erhalt gleichfalls die Dörfer sorgten, da nur mit diesen die Felder, das Holz, das nächste Dorf – kurzum, die dörfliche Lebens- und Arbeitswelt jenseits des Etters zu erreichen war. Jedes Mitglied der Dorfgemeinde hatte »das Recht auf die zur ordnungsgemäßen Bewirtschaftung der Felder erforderliche[n] Zufahrt«.[40] Aber auch »das ›Steg und Weg‹ zur Kirche, zur Mühle, zur Schmiede, zum Markt, ins Holz und [nicht nur; AD] ins Feld« gehörte zum Wegerecht auf dem Land.[41] Die Dorfordnungen hielten dieses Recht für zweierlei Arten von

---

35 StAN Rep. 499, Nachlass Schrötter (Engelthal 1623).
36 Die verkehrsgeographische Verortung erfolgte hier und im Folgenden unter Verwendung des BayernAtlas: URL: https://geoportal.bayern.de/bayernatlas (14.4.2023).
37 Wüst 2008, S. 277, Anm. 26 (Uttenreuth 1598). Es handelt sich um eine wohl 1599 aufgenommene Ergänzung.
38 Fried 1983, S. 136.
39 Ebd., S. 137 u. 140 (Baar 1585). Andernorts wurde es bestraft, wenn das Vieh unbeaufsichtigt über die Brücke ging; Kießling, Rolf/Steiner, Thaddäus (Hg.): Die ländlichen Rechtsquellen aus der Grafschaft Oettingen (Veröffentlichungen der Schwäbischen Forschungsgemeinschaft, Reihe 5b: Rechtsquellen 2), bearbeitet von Bernhard Brenner, Augsburg 2005, S. 226 (Löpsingen/Amt Harburg 1518).
40 Epperlein, Siegfried: Bäuerliches Leben im Mittelalter. Schriftquellen und Bildzeugnisse, Köln 2003, S. 185.
41 Mittler, Max: Pässe, Brücken, Pilgerpfade. Historische Verkehrswege der Schweiz, Zürich/München 1988, S. 16.

Verbindungen fest, die sich grundsätzlich »zwischen dem Dorf und dem ›Außen‹« eines Dorfes unterscheiden lassen: »Die Verbindungen von Dorf und Flur [....] und jene Straßen und Wege, die das Dorf mit anderen Ortschaften verknüpften«.[42] Die erste Kategorie von Verbindungen umfasste sowohl die dauerhaft offen zu haltenden Fahr- und Gehwege über Felder, Flur- und Etterzäune hinweg (Erblucken, Erbsteige)[43] als auch die für die Bewirtschaftung erforderlichen Dünge- und Schleifwege[44] sowie schließlich die Wege für den Viehtrieb.[45] Die zweite Kategorie an Verbindungen erstreckte sich auf all jene Fahr- und Gehwege, die es über die Bestellung der Felder und den Viehtrieb hinausgehend erlaubten, sich zwischen einem Dorf und seinem Umland zu bewegen.[46]

In Großweingarten zählten zur zweiten Kategorie mehrere mittels Fuhrwerken befahrbare Wege und zu Fuß begehbare Pfade nach Spalt, Wasserzell und zu anderen umliegenden Ortschaften.[47] Für das pfalz-neuburgische Bergheim hielt die Dorfordnung vier *von dem dorff gehen[de]* Wege fest, darunter einen Gehweg zu einer rund ein Kilometer entfernten Donau-Überfuhr. Ein weiterer befahrbarer Weg führte bis hinter die Kirche der nächstgelegenen Ortschaft Irgertsheim.[48] Wege wie diese ermöglichten die alltägliche Fortbewegung, um etwa Nachbarn zu besuchen, Handel zu treiben, zur Arbeit zu gehen oder die Kirche aufzusuchen. Zu diesem Zweck schickte vermutlich – so hat es Rainer Beck formuliert – »jeder Ort strahlenförmig ein Dutzend schmale Pfade aus,

---

42 Beck, Rainer: Unterfinning. Ländliche Welt vor Anbruch der Moderne, München 2004 (Erstausgabe in Leinen 1993), S. 44.
43 StAN Rep. 499, Nachlass Schrötter (Kruppach 1561); Wüst 2008, S. 288 (Weingarten 1610). Die Definition von Erblucke und Erbsteig folgt in Anlehnung an Kießling/Steiner 2005, S. 635. Bei Fried 1983, S. 193 ist das Bestimmungswort ›Erb‹ für ›Erbweg‹ noch mit einem Fragezeichen versehen.
44 *Geh-, Thung-, [und] Schleif-Weeg* behandelt etwa die Ordnung von Entenberg 1557 [StAN Rep. 499, Nachlass Schrötter]. Mit Schleifweg ist ein schmaler Weg gemeint, »den man bei seinem Acker unbesät lässt, damit man zur Erntezeit darauf in den rechten Weg kommen, und das Getreide herausfahren und dann einfahren kann« [Krünitz 1827, S. 426 (Lemma Schleifweg)].
45 Wüst 2008, S. 293–296 (Großweingarten 1610); Fried 1983, S. 109 (Bergheim 1549). In den beiden Dorfordnungen werden eigens Wege für den Viehtrieb genannt. Ansonsten waren es aber auch Erblucken und Erbsteige wie bei Wüst 2008, S. 288 (Großweingarten 1610), die dem Viehtrieb dienten. Ein Weg zum Viehtrieb ist prominent auf der Augenscheinkarte mit dem bei Landsberg tödlich verunglückten Getreidehändler eingezeichnet [BayHStA, Plansammlung, Nr. 20607; siehe Anhang].
46 Sigrid Schmitt unterscheidet in ihrem Wortbeitrag auf der Reichenau-Tagung über das Straßen- und Verkehrswesen im Hoch- und Spätmittelalter drei Kategorien an Wegen: Feldwege, Verbindungen zwischen Dörfern und Landstraßen. Während die »zwischenörtliche[n] und innerörtliche[n] Wege« vom Dorf »durch Gemeindefronen finanziert bzw. erhalten werden«, seien die »mehr oder weniger als ›Fernstraßen‹ anzusehenden großen Verbindungslinien [...] durch Zölle und Geleitsgelder finanziert« worden [Konstanzer Arbeitskreis für Mittelalterliche Geschichte e.v.: Protokoll Nr. 394 über die Arbeitstagung auf der Insel Reichenau vom 4.–7. Oktober 2005. Thema: Straßen und Verkehrswesen im hohen und späten Mittelalter«, [Konstanz 2005], S. 26 (Wortbeitrag Sigrid Schmitt). Wie zu zeigen sein wird, waren es auch ›große‹ Straßen und Brücken, die ›im Kleinen‹ erhalten wurden.
47 Wüst 2008, S. 286f. (Großweingarten 1610).
48 Fried 1983, S. 108f. (Bergheim 1549).

die ihn auf möglichst kurzer Linie über eine Distanz von fünf, sechs oder mehr Kilometern mit jedem Nachbarort verbanden, ja die bisweilen auch weit entferntere Ziele auf direktem Weg ansteuerten«.[49] Solche sternförmigen Verkehrsadern eines Dorfes waren schmale Fußwege, sie konnten aber ebenso befahrbare Wege und als solche wiederum Wegabschnitte einer überlokal bedeutsamen Straße sein. So war der Fahrweg von Bergheim nach Irgertsheim zugleich Teil einer größeren Straße, die Ingolstadt (11 km östlich von Bergheim) mit Neuburg (7 km südwestlich von Bergheim) verband. Der Verkehr eines Dorfes konnte stets solchen größeren Verkehrsverbindungen einer Region folgen,[50] wie auch umgekehrt der überregionale Handel auf die Wege durch[51] und entlang von Siedlungen angewiesen sein konnte.

In den Dorfordnungen werden solche Straßen, ebenso wie die landwirtschaftlichen Nutzwege, oftmals nur kurz angeführt, deren Verlauf erfahren aber durch topographische Angaben oder durch die Nennung einer in der Wegrichtung gelegenen Ortschaft eine Konkretisierung. Weitläufiger listet etwa die 1422 erstellte und 1569 erneuerte Dorf- und Gemeindeordnung des am Fuße der Fränkischen Schweiz gelegenen Oberehrenbach einen Weg *biß auf den berg [...] Creüz Egeten genanndt,* eine Gasse nach Mittelehrenbach und einen Fuhrweg zum knapp ein Kilometer entfernten Ort Regensperg auf.[52] All diese und viele weitere Wege führt die Ordnung aus Oberehrenbach sehr umfassend an,[53] um damit für die Gemeinde selbst sowie gegenüber den Dorf- und Gemeindeherren die Verkehrsinfrastruktur als essentiellen Bestandteil des Ortes und der Gemeinde zu dokumentieren. Die sich als *freÿ aigene gemain[e]* begreifenden Oberehrenbacher, zu denen auch drei Untertanen der Reichsstadt Nürnberg zählten, markierten damit ihre verkehrsinfrastrukturelle Existenzgrundlage jenseits des Etters. Die Wege bestanden dauerhaft, ja waren geradezu unveränderlich, wie eine weitere Ordnung von 1720 aufzeigt: Nach 150 Jahren hatte sich Oberehrenbachs Wegenetz kaum verändert.[54]

---

49 Beck 1993/2004, S. 45.
50 So folgten in Graubünden die Pfade und Flurwege der Talgemeinden auch den »beiden gut ausgebauten, teilweise befahrbaren großen alpinen Passstraßen über den Splügen und Septimer« [Liniger, Sandro: Gesellschaft in der Zerstreuung. Soziale Ordnung und Konflikt im frühneuzeitlichen Graubünden, Konstanz 2017, S. 26].
51 Siehe zu Straßendörfern Anm. 156 (Kapitel 6).
52 Wüst 2008, S. 155 (Oberehrenbach 1569). Zu den Nürnberger Untertanen ebd. S. 151 u. 153. Ediert ist hier die Ordnung von 1569 und nicht die älteste, nicht erhaltene Abfassung von 1422, wie fälschlicherweise in der Überschrift angegeben ist. Wie die Editorin Claudia Kirner ausführt, wurde die Dorfordnung von 1569 in einer Abschrift aus dem Jahr 1684 und ergänzend die 1720 erneuerte Version verwendet [ebd., S. 150].
53 Siehe zu den Gassen, *so von dorff außgechen,* gemeinen Fuhrwegen, Fußsteigen und Schleifwegen ebd. S. 155–159.
54 Die marginalen Änderungen sind ebd. im Anmerkungsapparat dokumentiert.

Der Fortbestand der Fahr- und Gehwege über Jahrhunderte hinweg war einerseits durch die topographischen Gegebenheiten bestimmt. Andererseits sorgte die Gemeinde selbst für die Unveränderlichkeit bzw. Dauerhaftigkeit des Wegenetzes, um über die geklärten Zuständigkeiten auf den Wegen und Stegen den Dorffrieden[55] zu wahren, routinisierten Abläufen und Musterhaftigkeiten folgen zu können und damit über Generationen hinweg die Instandhaltung kontinuierlich aufrechtzuerhalten. Obgleich Ordnungen sich den Zeitumständen entsprechend schrittweise aktualisieren konnten, war es mancherorts ausdrücklich verboten, *neue Weg und Steg zumachen, auch andere ungewöhnliche Weg[e]* zu begehen oder zu befahren.[56] Daneben galt für die Verkehrsinfrastruktur des Dorfes der Grundsatz des freien Zugangs. Dies bedeutete, dass kein Weg nachträglich mit Zäunen oder dergleichen versperrt werden durfte.[57] Jeglicher *Furweg oder Fussteig*[58] der Gemeinde sollte ohne Hindernisse nutzbar sein. Für über abgezäunte Felder führende Gehwege gab es am Zaun befestigte Pflöcke oder Bretter, die »dem Darübersteigenden als Stufe«[59] und damit als praktische Hilfsmittel dienten, um die Mikromobilität nicht an diesen Hindernissen scheitern zu lassen. Diese sogenannten Stiegel waren als Steighilfen über die Zäune ein wichtiger Bestandteil zur Herstellung der dörflichen Mikromobilität, deren Erhalt die Ordnungen festlegten.[60]

Auch die Breite von Wegen blieb sich nicht selbst überlassen. In Oberehrenbach beispielsweise sollten die Gehwege vier Schuh und die Fuhrwege 12 Schuh breit sein.[61] Im pfalz-neuburgischen Lutzingen war es ein Fußweg *(gassen)* neben einem Garten, der so breit angelegt sein musste, dass ein Bauer ein großes Tragetuch mit Gras oder Dinkel *ungeirrt tragen möge*.[62] Mit Gegenständen dieser Art bemaß man häufig die Ausdehnung von sehr unterschiedlichen Wegen. So konnte bei einem Fahrweg ein Baum als sog. Berührungsmaß dienen. Noch öfter als die gegenständliche Berührung waren es nebeneinander gehende oder fahrenden Menschen, Tiere oder Karren, welche als sog. Ausweichmaße zur

---

55 Irsigler, Franz: Was ist eine Landgemeinde?, in: Andermann/Auge 2012, S. 31–44, hier S. 43 spricht von Nachbarschaft und Gemeindeorganen, »ohne die man sich die Erfüllung der Aufgaben Ordnung, Friedenswahrung und Rechtsprechung nicht vorstellen kann«. Siehe hierzu etwa Bader, Karl Siegfried: Das mittelalterliche Dorf als Friedens- und Rechtsbereich (Studien zur Rechtsgeschichte des mittelalterlichen Dorfes 1), Weimar 1957 u. Schildt, Bernd: Der Friedensgedanke im frühneuzeitlichen Dorfrecht. Das Beispiel Thüringen, in: ZRG GA 107 (1990), S. 188–235.
56 Fried 1983, S. 100 (Bergen vor 1544); zur Datierung dieser Ordnung S. 97. Diese und alle weiteren pfalz-neuburgischen Weg- und Stegbestimmungen wurden 1585 zusammengetragen [BayHStA Neuburger Kopialbücher, Nr. 150]. Das Verbot für die Anlage neuer Wege findet sich auch bei StAN Rep. 499, Nachlass Schrötter (Altensittenbach 1543).
57 Kießling/Steiner 2005, S. 387 (Ehingen 1487).
58 StAN Rep. 499, Nachlass Schrötter (Altensittenbach 1543).
59 Fried 1983, S. 218.
60 Siehe etwa StAN Rep. 499, Nachlass Schrötter (Entenberg 1557) u. Fried 1983, S. 62 (Lutzingen 1536).
61 Wüst 2008, S. 159 (Oberehrenbach 1569).
62 Fried 1983, S. 63 (Lutzingen 1536).

Bemessung der Wegbreite herangezogen wurden.[63] Solche Bemessungsmethoden kamen wahrscheinlich auch bei einem weiteren Pfad *(gangsteig)* in Steinheim zum Einsatz, den die Gemeinde, falls er zu eng würde, selbst erweitern durfte.[64]

Die Dorfordnung hielt die Lutzinger daneben dazu an, die Fahr- und Gehwege nicht zu beschädigen: Das über Gräben abgeleitete (Gülle-)Gewässer *(jauche)* und der Mist durften *die gemeinen strassen und weeg nit verderben.*[65] Für die Anlage und Säuberung der Gräben mit einer vorgegebenen Weite von drei und einer Tiefe von zwei Schaufelstichen waren die jeweiligen Anrainer zuständig.[66] Andernorts war das Abschöpfen von Wasser aus einem Bach mit der Vorgabe verbunden, die Wege, Stege und Straßen nicht zu beschädigen.[67] Mehr aber noch und unter Androhung einer Geldstrafe wurde wiederholt darauf geachtet, von den Fuhr- und Fußwegen kein Holz oder anderes Baumaterial wegzunehmen, um die Verkehrsinfrastruktur nicht mutwillig zu beschädigen, ja im Endeffekt die Gemeinde zu bestehlen und in ihrer Autonomie der Instandhaltung zu unterminieren.[68] Im (heute) mittelfränkischen Prühl legte der Bußkatalog von 1593 pauschal ein hohes Strafgeld für jeden fest, der die Wege *verhauet und bößert,* also beschädigte und verschlechterte.[69]

Schadensvermeidungsgebote und -verbote wie diese sollten zum Erhalt der von einem Dorf benötigten Wege beitragen. Zahlreiche Ordnungen gingen noch einen Schritt weiter, indem sie konkrete Ausbesserungsarbeiten festlegten. *Alle weg und steeg wie sich gebürt zu machen,* lautete eine pauschale Bestimmung für das neuburgische Bergen.[70] Im nürnbergischen Eibach war die *besserung und erpauung [von] Weeg und Steg* vorgeschrieben, sobald es die *Notturfft* erforderte. Trat ein solcher Notfall ein, ordneten die Vierer als Gemeindevorsteher die Ausbesserungsarbeiten an, wobei speziell die Wagen- und Pferdebesitzer dazu verpflichtet waren, *Stain, Sanndt, Erden und was man bedarff* zu transportieren, alle anderen Fronpflichtigen mussten Handarbeit leisten.[71] Ordnungen wie diese regelten also sehr genau die Organisation des Instandhaltungsprozesses, indem sie der Gemeindehierarchie und damit verbunden den Rechten und Pflichten der einzelnen

---

63 Bader, Karl Siegfried: Rechtsformen und Schichten der Liegenschaftsnutzung im mittelalterlichen Dorf (Studien zur Rechtsgeschichte des mittelalterlichen Dorfes 3), Wien u.a. 1973, S. 225f.
64 Fried 1983, S. 63 (Lutzingen 1536).
65 Ebd., S. 66.
66 Ebd., S. 63–66.
67 Wüst 2008, S. 181 (Tennenlohe 1515/1539).
68 StAN Rep. 499, Nachlass Schrötter (Altensittenbach 1543). Ein Verbot, Brückenholz zu stehlen, wurde nach entsprechenden Vorfällen 1599 in der Uttenreuther Ordnung von 1599 ergänzt [Wüst 2008, S. 277, Anm. 26 (Uttenreuth 1598)].
69 Wüst 2008, S. 226 u. 254 (Prühl 1566/1593); FWB, Lemma ›bösern‹, URL: https://fwb-online.de/go/b%C3%B6sern.s.3v_1533268437 (14.4.2023); Lexer, Lemma ›verhouwen‹.
70 Fried 1983, S. 98 (Bergen vor 1544).
71 StAN Rep. 499, Nachlass Schrötter (Eibach 1574).

Akteure je nach ihrem sozio-ökonomischen und rechtlichen Status, aber auch nach ihren praktischen Möglichkeiten entsprachen.

Zur *rechte[n]*, aber nicht näher definierten Zeit waren auch im bereits genannten Großweingarten die Wege und Stege *zu bauen und zu unterhalten;* wer den Arbeiten fernblieb, wurde sanktioniert und musste mit Geldstrafen rechnen.[72] Von solchen Erhaltungsarbeiten war der Dorfschmied in Weichering, einem Dorf zwischen Ingolstadt und Neuburg an der Donau gelegen, zumindest teilweise befreit: Nur die Benutzer der Straßen, wer *an weeg und steeg ferth,* musste Spann- und damit Instandhaltungsdienste leisten.[73]

Instandhaltungspraxis

Dorfordnungen legten solche Arbeiten an Wegen und Stegen einerseits pauschal für die gesamte Verkehrsinfrastruktur der Gemeinde fest. Die *Besserung [von] Steeg und Weg*[74] umfasste in diesem Fall jegliche Fahr- und Gehwege sowie Brücken und Stege des Dorfes. Die in den Ordnungen sehr häufig verwendete Paarformel ›Weg und Steg‹ bedeutet also ›überall, jede Örtlichkeit‹.[75] Andererseits weist das »verschwisterte[...] Wortpaar mit austauschbaren Gliedern (so auch *steg und weg*)«[76] stets auf konkrete Bestandteile einer komplexen dörflichen Verkehrsinfrastruktur hin, deren Erhaltungs- und Ausbesserungsarbeiten eine detaillierte Darstellung fanden. Die Dorfordnung von Steinheim kann dies verdeutlichen. Das zwischen Höchstädt (2,5 km nordöstlich) und Dillingen (3,5 km südwestlich) unweit der Donau gelegene Steinheim bestand im Jahr 1560 aus 14 Höfen und 83 Sölden.[77] Am 11. Mai 1582 verlas im Wirtshaus des Ortes der Landvogt und pfalzgräflich-neuburgische Rat Hans Caspar Roth von Schreckenstein zu Oberbechingen eine neue Ordnung, da die Ordnungen seiner Vorgänger von 1558 und 1563 *wenig gelebt* wurden.[78] Die auf Bitten der Gemeinde erlassene neue Ordnung regelte umfassend die Gemeindearbeiten an Weg und Steg. Anhand dieser Ordnung lässt sich exemplarisch dieses auf Kooperation und Eigenverantwortlichkeit ausgerichtete Praxisfeld der Instandhaltung dörflicher Verkehrsinfrastruktur entlang der Aspekte Zeitpunkte, Instandhaltungsankündigung, Materialeinsatz, Transporttätigkeit und Arbeiter darlegen.

Gleich als erstes wurde festgelegt, jegliche Weg- und Stegarbeiten drei Tage im Voraus anzukündigen. Dringende Tätigkeiten sollten ohne Verzug von jedem, *so nicht uber landt ausgeraist,* erledigt werden. Eine Stunde vor der Arbeit hatte der Mesner zu läuten,

---

72 Wüst 2008, S. 286 (Weingarten 1610).
73 Fried 1983, S. 114 (Weichering 1579).
74 StAN Rep. 499, Nachlass Schrötter (Großreuth Ende 16. Jh.).
75 FWB, Lemma ›steg‹, URL: http://fwb-online.de/go/steg.s.0m_1545735167 (14.4.2023).
76 Bader 1973, S. 213.
77 Fried 1983, S. 45.
78 Ebd., S. 46 (Steinheim 1582). Alle Zitate dieses Abschnitts sind von S. 46 f.

woraufhin der Vogt, die Vierer oder die beiden für die Pfändung zuständigen Pfandträger alle Mitglieder der Gemeinde abzählten. Bei der Abzählung war zugleich festzustellen, ob jeder sein Ross, Wagen, Karren oder dergleichen, *so ihm bey solcher arbeit zu haben gebüret,* mit sich führe. So hatte der Besitzer eines Hofes namens Christoph Meyer zwei Wägen, zwei Gespanne und fünf Personen und jeder andere Bauer ein Gespann und drei Personen zur Verfügung zu stellen. Falls keine Spanndienste erforderlich waren, musste jeder Bauer sowie grundsätzlich jeder Seldner persönlich erscheinen. Die in Steinheim wohnhaften Zimmerer hatten sich gleichfalls gegen Entlohnung mit ihrem Eisenwerkzeug an den Weg- und Stegarbeiten zu beteiligen. Bei Nichterscheinen drohte jedem eine Strafzahlung von 18 Pfennig, außer im Krankheitsfall oder anderer *erhebliche[r] geschefft[e] bey der herrschafft*. Die von Arm und Reich gleichermaßen geforderten Strafgelder wurden bei Bedarf unmittelbar gepfändet und generell für den Ankauf von Brot verwendet, welches unter jenen verteilt wurde, die sich an den Instandsetzungsarbeiten beteiligt hatten.

Bei diesen Vorgaben für den Ablauf sowie die mitzubringenden Gerätschaften und Werkzeuge in Abhängigkeit von Stand, Besitz und Beruf beließ es die Dorfordnung jedoch nicht.[79] Sie traf auch genauere Anordnungen für den akteursbezogenen und ressourcengebundenen Unterhalt der durch Steinheim hindurch in Richtung Höchstädt und Dillingen führenden *Landtstraßen*. Organisiert in einer Art Arbeitsteilung waren die Bauern angehalten, das für den Erhalt der Straßen benötigte Holz zu transportieren, welches anschließend die beiden Müller, *wie sich gepürt, ordentlich inn die Strassen* zu legen hatten, wobei die übrigen Gemeindeleute zur Mithilfe am Transport und dem Verlegen verpflichtet waren. Bauer und Müller leiteten die Aktionen wohl federführend an und sind in der Ordnung als Fixpunkte der Instandhaltung hervorgehoben. Der Müller *im dorff* war ferner dazu aufgefordert, für die Instandsetzung der über die Donau führenden Brücke die Säge zur Verfügung zu stellen, um Bretter zurechtzuschneiden.[80] Der Fischer hatte sich gleichfalls an den Brückenarbeiten zu beteiligen. Er hatte als Gegenleistung für die Nutzung einer Gemeindewiese und für die Befreiung von Abgaben aufgrund der Fischereirechte mit einem Boot die Ausbesserungsarbeiten zu unterstützen.[81] Durch das Praxisfeld der hier normativ-schriftlich-fixierten Instandhaltung lassen sich einerseits einzelne Vollzugssituationen und dazugehörige Praktiken näher greifen: Der Transport des Holzes etwa, das im Vorfeld geschlagen, dann zum Ort der Ausbesserung durch die

---

79 Nur hervorzuheben, »daß alle Dorfgenossen ohne Unterschied von Stand und Besitz zum Wegebau herangezogen werden soll[t]en« und sich vor allem die »Inhaber grundherrlicher Ding-, Frei- und Fronhöfe« dieser Verpflichtung entledigten, reicht also nicht aus [Bader 1973, S. 230]. Die zu Erfüllung der Wegefronpflicht zu leistenden Arbeiten konnten sehr unterschiedlich sein und dürften nur so auch akzeptiert worden sein.
80 Fried 1983, S. 48.
81 Ebd.

Bauern in Zusammenarbeit mit übrigen Dorfbewohnern transportiert werden musste. Es waren Pferde, Ochsen oder Handkarren notwendig, das Material musste mitgeführt und Werkzeuge bereitgehalten werden. Am Ort der Instandhaltung war es erforderlich, das Holz gemeinsam abzuladen, teilweise zu Brettern zu verarbeiten und durch den Müller, die Zimmerleute und andere Arbeiter zu verbauen.[82] Zum anderen lässt sich aus der Narration dieser Ordnung nicht nur die Gemeindehierarchie ableiten, sondern durch die Berufsnennungen auch ausschnitthaft die dörfliche soziale Zusammensetzung greifen (Bauern, Müller, Fischer, Schmied, Zimmerleute, Knechte, Jungknechte). Straßen, Wege und Brücken waren hierbei als gemeinsame Ressourcen im Schnittpunkt ihrer Interessen und Verantwortungen. Der Arbeits- und Zeitaufwand von Instandhaltungsmaßnahmen erforderte geradezu die Kooperation der Dorfgemeinschaft. Die Dorfordnung dokumentierte und koordinierte diese Maßnahmen und sprach explizit über die notwendigen *Doings* des Erhalts.

Derart umfassend sind Weg- und Stegarbeiten nur selten in Dorfordnungen geregelt. Den hohen Stellenwert, den die dörfliche Verkehrsinfrastruktur für die Steinheimer hatte, unterstreichen Abgaben für den Brückenbau. Bei unzureichenden Rücklagen und fehlender Finanzierungsgrundlage hatten die Bauern 90 Pfennige und die Hausgenossen, welche ohne eigenes Haus bei jemandem wohnten, 15 Pfennige zu zahlen.[83] Die Finanzierung der Weg- und Stegarbeiten fand allerdings nicht nur in Steinheim eine Regelung. In Kühnhofen waren es Bußgelder, deren Verwendung der *erhaltung steeg, weeg und anders* vorbehalten war.[84] Im gleichfalls im nürnbergischen Territorium gelegenen Wetzendorf sollten ebenso die vom Dorfmeister und Vierer in einer Büchse verwahrten Bußgelder ausschließlich, neben dem Kauf von Feuerlaternen und Hacken, *zu weg unnd Steg [...] genuzt unnd gepraucht werden*.[85] Andernorts waren es Abgaben für die Nutzung von Allmenden, die dem Erhalt von Wegen und Stegen dienten.[86]

Die Dörfer regelten den Erhalt von Wegen und Stegen sehr unterschiedlich: Von der bloßen Benennung der dörflichen Verkehrsinfrastruktur über Gebote und Verbote zur Vermeidung von Schäden bis hin zu pauschalen oder detailreichen Angaben zu den Ausbesserungsarbeiten und deren Finanzierungsgrundlage – das Spektrum ist sehr weit gefasst. Die Gründe für die divergierende Thematisierung von Wegen und Stegen in den

---

82 Ebd., S. 46–48.
83 Ebd.
84 StAN Rep. 499, Nachlass Schrötter (Wetzendorf 1538).
85 Ebd. Fast wortgleich findet sich diese Bestimmung in der Großreuther Dorfordnung vom Ende des 16. Jahrhunderts [ebd.].
86 Reyer, Herbert: Die Dorfgemeinde im nördlichen Hessen. Untersuchungen zur hessischen Dorfverfassung im Spätmittelalter und in der frühen Neuzeit (Schriften des Hessischen Landesamtes für geschichtliche Landeskunde 38), Marburg 1983, S. 106. Angeführt wird ein Salbuch des Amtes Ulrichstein von 1592.

Ordnungen sind schwer zu fassen. Da generell der von der Gemeinde geregelte Bereich »von Ort zu Ort je nach Herrschaftsverfassung und wirtschaftlichen Grundlagen differierte«,[87] waren auch die Möglichkeiten und Notwendigkeiten zur Regelung für die Wege und Stege nicht überall gleich. Während die 1569 in Oberehrenbach »selbst und unabhängig von Dorf- und Gemeindeherren formuliert[e] und erlassen[e]«[88] Ordnung die Verkehrsinfrastruktur als überkommenen, unveränderlichen Bestandteil des Ortes an erster Stelle benannte, war es in Steinheim der Landvogt, der 1582 die Ordnung mit umfassenden Bestimmungen zum Unterhalt der Wege und Stege erließ. Zu kurz würde es allerdings greifen, hier und ansonsten von einem Gegensatz zwischen Dorfgemeinde und Obrigkeit auszugehen.[89] In Steinheim bestand vielmehr ein gemeinsames Interesse an den Wegen und Stegen, da durch den Ort eine lokal wie regional bedeutsame Landstraße führte, und auch die Brücke über die Donau war von überlokaler Bedeutung.[90] Dorf und Herrschaft kooperierten hier.

Neben der Qualität hatte die Quantität der Wege und Stege Einfluss darauf, ob und wie diese geregelt wurden. In Oberehrenbach führten Dutzende Wege über Berg und Tal zu den umliegenden Orten. Im Winter konnte sogar für einen zugefrorenen Fahrweg alternativ ein Gehweg benutzt werden, allerdings unter der Auflage, diesen nicht zu beschädigen.[91] Solche Wegalternativen gab es nicht überall, obgleich Gehwege des Öfteren der Breite von Fahrwegen entsprochen haben. Darauf weisen auch die ganzjährig benutzbaren Fußwege hin, die mit »Haspeln« – etwa auf Pfosten liegende Balken mit Gewinde[92] – versehen waren, um das Bereiten oder Befahren zu verhindern.[93] Demgegenüber zwang die topographische Lage Steinheims gerade dazu, sich den Weg entlang der Donau und über den Nebenfluss Egau hinweg Richtung Donauwörth oder Höchstädt zu bahnen. Daneben konnten die Steinheimer ihre Gemeindewälder nur mittels der Brücke über die Donau erreichen.[94] Wie in Uttenreuth und Engelthal war also auch hier die Brü-

---

87 Troßbach, Werner/Zimmermann, Clemens: Die Geschichte des Dorfes. Von den Anfängen im Frankenreich zur bundesdeutschen Gegenwart, Stuttgart 2006, S. 80. Siehe zu den Ordnungen der im Nürnberger Landgebiet liegenden Dörfer Endres, Rudolf: Stadt- und Landgemeinde in Franken, in: Blickle, Peter (Hg.): Landgemeinde und Stadtgemeinde in Mitteleuropa. Ein struktureller Vergleich, München 1991, S. 101–117, hier S. 110 f.
88 Kirner, Claudia: Einleitung zur Dorf- und Gemeindeordnung von Oberehrenbach, in: Wüst 2008, S. 150.
89 Troßbach/Zimmermann 2006, S. 80. Ohnehin lassen sich herrschaftliche und genossenschaftliche Anteile bei Dorfordnungen oftmals nicht trennen [Birr, Christiane: Ordnung im Dorf. Eine Skizze zur Normgenese in Weistümern und Dorfordnungen, in: Drossbach, Gisela (Hg.): Von der Ordnung zur Norm. Statuten in Mittelalter und Früher Neuzeit, Paderborn 2010, S. 153–166, hier S. 156].
90 Die Brücke ist auf Tafel 1 von Fried 1983, S. 164 verzeichnet.
91 Wüst 2008, S. 158 (Oberehrenbach 1569).
92 FWB, Lemma ›haspel‹, URL: http://fwb-online.de/go/haspel.s.0m_1543589300 (14.4.2023).
93 Mone, Franz Joseph: Straßenbau vom 14. bis 16. Jahrhundert, in: Zeitschrift für die Geschichte des Oberrheins 19 (1866), S. 129–148, hier S. 129.
94 Siehe dazu die Tafel 1 bei Fried 1983, S. 164.

cke und ebenso die Straße ein zentraler, da alternativloser und deshalb besonders instandsetzungswürdiger Bestandteil der Verkehrsinfrastruktur.

Je wichtiger ein Weg oder Steg für eine Gemeinde war und je aufwendiger sich ihr Unterhalt gestaltete, desto weniger reichten pauschale Bestimmungen aus. So waren es in Steinheim Bauern und Müller sowie ein Fischer, die im Rahmen der Instandhaltungsarbeiten in besonderer Verantwortung standen. Eine solche – oftmals im Zuge von innergemeindlichen Konflikten schriftlich fixierte – Aufgabenverteilung vollzog sich auf Grundlage der besonderen Rechte, die einzelne Mitglieder des Dorfes genossen.[95] Gerade Müller, denen die Gewinnung der »begrenzten Ressource Wasser« zum Betrieb der Mühle gestattet war und die aufgrund der »wichtigen Versorgungsfunktion für die Bevölkerung« eine privilegierte, aber vielfach misstrauisch gesehene Stellung innerhalb der dörflichen Gesellschaft einnahmen,[96] mussten häufig mehr für den Erhalt der Wege und Stege tun als andere Mitglieder der Dorfgemeinde.[97] Es konnten aber auch umgekehrt einzelne Mitglieder, wie der bereits genannte Dorfschmied von Weichering, aufgrund ihrer herausgehobenen, von der gesamten Gemeinde benötigten Tätigkeit von den Weg- und Stegarbeiten zumindest teilweise befreit sein.

Die von den Bewohnern eines Dorfes für die Instandsetzung der Wege und Stege zu erbringenden Arbeiten hingen ferner davon ab, ob es sich um einen Bauern mit eigenem Hof oder Klein- und Kleinststellenbesitzer handelte. Wer welche Hand- und Spanndienste leistete, Holz und anderes Baumaterial zur Verfügung stellte oder für die Weg- und Stegarbeiten zahlte, konnte also entsprechend des Besitzes und – damit verbunden – der sozialen Stellung variieren. Denn die »Gleichstellung nach Besitz und sozialer Bewertung war dem Dorf [...] fremd«.[98] Entscheidend für dieses Oben und Unten im Dorf war die Gemeindezugehörigkeit. Nur wer die Gemeindegerechtsame besaß, also Anspruch auf die Nutzung der Allmende hatte und damit über ein »aktives und oft auch ein passives Wahl-

---

95 Fried 1983, S. 46 (Steinheim 1582): *Dieweil aber solchen alten gerechtigkheiten unnd gebreuchen wenig gelebet unnd dardurch zwischen einer gemaindt aller handt widerwill unnd schaden ervolgt, also hab ich, Hanß Caspar zu Rott von Schreckenstein zu Oberbechingen [...] einer gantzen gemeindt angeregte alte gebreuch fürgelesen, erneuert unnd uff ihr aller bittlichs begeren erleutert, die lautten wie underschidlich hernach folgt.* Insgesamt zu den Entstehungsbedingungen von Dorfordnungen Troßbach, Werner: Einung, Willkür, Dorfordnung. Anmerkungen zur (Re-)Formierung dörflicher Gemeinden (13. bis 16. Jahrhundert), in: Flemming, Jens u.a. (Hg.): Lesarten der Geschichte: Ländliche Ordnungen und Geschlechterverhältnisse. Festschrift für Heide Wunder zum 65. Geburtstag, Kassel 2004, S. 597–620.
96 Bleidick, Dietmar: Art. ›Mühle‹, in: EdN 8 (2008), Sp. 811–816, hier Sp. 814f.
97 Wehrenberg, Dietmar: Die wechselseitigen Beziehungen zwischen Allmendrechten und Gemeinfronverpflichtungen vornehmlich in Oberdeutschland (Veröffentlichungen der Kommission für geschichtliche Landeskunde in Baden-Württemberg, Reihe B; 54), Stuttgart 1969, S. 72f.
98 Bader, Karl Siegfried: Dorfgenossenschaft und Dorfgemeinde (Studien zur Rechtsgeschichte des mittelalterlichen Dorfes 2), 2. unveränd. Aufl., Wien 1974 (1. Aufl. 1962), S. 280.

recht« für die Ämter etwa des Bürgermeisters, des Vierers oder Untergängers verfügte,[99] war für die gemeindlichen Arbeiten[100] und damit auch für die dörfliche Verkehrsinfrastruktur verantwortlich. Dass in Steinheim bei Bedarf selbst die landlosen Hausgenossen und damit Angehörige der nicht-bäuerlichen Schicht für den Unterhalt der Brücke auf Grundlage des Schutzverhältnisses »zwischen ihnen und der übrigen Dorfgenossenschaft« mitaufkommen mussten,[101] bestätigt den besonderen Erhaltungsaufwand der Brücke und die Tatsache, dass alle *bauren, söldner unnd inwhonere*[102] gleichermaßen angesprochen waren.

Für den Unterhalt dieser Wege und Stege war damit nicht mehr, wie noch im Mittelalter, ausschließlich der Wohnort ausschlaggebend. Statt der Pflicht einzelner Anlieger waren die Instandsetzungsarbeiten nunmehr eine von der gesamten Gemeinde entsprechend der Gerechtsamen zu leistende Gemeinfron.[103] Die Wegebaupflicht der Dorfgemeinde resultierte aus dem Wegenutzungsrecht, welches dem Einzelnen »kraft seiner Zugehörigkeit zur Dorfgemeinde zusteht«.[104] Dies betraf allerdings nur jene Wege, über die die Gemeinde selbst verfügte. Wege und Stege zu einzeln genutzten Äckern, Wiesen, Gärten oder Höfen mussten nach wie vor die Anrainer selbst erhalten, wie etwa mit dem ausschließlich von zwei Bauern zu unterhaltenden Steg in Uttenreuth bereits zur Sprache kam. In Lutzingen waren ebenfalls aufgrund der individuellen Nutzung fünf Äcker-, Wiesen- und Hofbesitzer für die Instandhaltung von Stiegeln an Zäunen, für die Stege über Bäche und für Gräben bei einem Gehweg zuständig, der in das drei Kilometer entfernte Deisenhofen führte.[105] Auch solche Fußwege und nicht nur Straßen, Brücken oder Stege bedurften der kontinuierlichen Pflege. Denn ob sie »im Eigentum und in der Obhut der Dorfgemeinde« lagen oder nicht,[106] die dörfliche Verkehrsinfrastruktur bedurfte regelmäßig eines Unterhalts. Wer was als Anrainer bei dem eigenen Grund oder als Dorfbewohner für die gesamte Gemeinde zu leisten hatte, regelten bei Bedarf die Dorfordnungen.

---

99 Sczesny, Anke: Ländliche Sozialstruktur in Schwaben (Spätmittelalter/Frühe Neuzeit), publiziert am 29.11.2011, in: Historisches Lexikon Bayerns, URL: http://www.historisches-lexikon-bayerns.de/Lexikon/Ländliche_Sozialstruktur_in_Schwaben_(Spätmittelalter/Frühe_Neuzeit) (14.4.2023); DRW, Lemma ›Gemein(de)gerechtigkeit‹; Irsigler 2012, S. 44 schreibt dementsprechend: »Gemeindemitglieder sind in der Regel die zur Allmendenutzung berechtigten Besitzer von Haus und Hof«.
100 Wehrenberg 1969, S. 103.
101 Ebd., S. 105. Siehe allgemein zum Dorfrecht der Haushalte Troßbach/Zimmermann 2006, S. 81 f., zur sozialen Schichtung der ländlichen Gesellschaft Sczesny 2011 und zu den Landlosen im Speziellen Troßbach/Zimmermann 2006, S. 65.
102 Fried 1983, hier S. 46.
103 Wehrenberg 1969, S. 84–93; zur Baupflicht der Anwohner und dem »Übergang zum genossenschaftlichen Wegebau« [ebd. S. 87]; Bader 1935, wobei Wehrenberg die Gründe für die Entwicklung anders akzentuiert.
104 Bader 1936, S. 435.
105 Fried 1983, S. 62 (Lutzingen 1536).
106 Bader 1936, S. 436.

Als Zwischenfazit lässt sich festhalten, dass sich Form und Aufwand zum Unterhalt von Wegen und Stegen sehr unterschiedlich gestalten konnten. Sowohl die – womöglich alternativlose – Wegführung über Privat- oder Gemeindebesitz, die Gestalt der Feldfluren,[107] der generelle Umfang der Gemarkung sowie die natürlichen Gegebenheiten wie Flussläufe und Berge beeinflussten die Komplexität eines Wegenetzes und führten zu unterschiedlichen Regelungen bezüglich des Umgangs mit der dörflichen Verkehrsinfrastruktur. Die Dorfordnungen sind freilich nicht voraussetzungslos, sondern verweisen auf soziale Praktiken und Routinen, die einem traditionellen, ja womöglich einem »der ältesten Aufgabenfelder der Dorfgemeinde[n]« entspringen.[108]

Funktionalisierung der Dorfordnungen und: von der Eigenarbeit zur Fron

Die in Abhängigkeit von der Herrschaft erlassenen Dorfordnungen fundierten und komplementierten die in den Landes- und Policeyordnungen eher allgemein gehaltenen Bestimmungen zur Unterhaltspflicht von Wegen und Stegen.[109] Sie schlossen damit die rechtlichen Lücken, die die Landes- und Policeyordnungen aufgrund lokaler Besonderheiten oder neuartiger Probleme in der individuellen Interaktion mit dem Natur- und Straßenraum vor Ort stets hinterließen.[110] Überdies legitimierten die Gemeinde- und Dorfordnungen für den Nahbereich benötigte Weg- und Stegarbeiten.[111] Die Dorfgemeinde war somit nicht bloß Träger der von der Obrigkeit delegierten policeylichen Aufgaben,[112] als vielmehr Themensteller, Ausgestalter und Vermittler eines schließlich von der »straffe[n] ›Policey‹ des Obrigkeitsstaates«[113] miterfassten und -regulierten zentralen Policeyfeldes.

Der kooperative Regelungsbedarf erstreckte sich zwangsläufig auch auf die Verkehrsinfrastruktur. Denn ländliche Gemeinden waren soziale, wirtschaftliche und topographische Einheiten,[114] deren Gesamtgefüge neben Kirchen, Wirtshäusern, Schmieden, Backhäusern oder Brunnen[115] auch Wege und Stege umfasste. Die Dorfordnungen versuchten, diese verkehrsinfrastrukturelle Existenzgrundlage des gemeindlichen Lebens-

---

107 So waren in Gewannfluren die Einzeläcker »meist nicht von den Wegen her erreichbar« [Kießling/Konersmann/Troßbach 2016, S. 78]. Ob und inwiefern es also Wege innerhalb der Flur und durch diese gab, konnte sich unterschiedlich gestalten.
108 Reyer 1983, S. 105.
109 Dorfordnungen sind »im Grunde nur eine spezifisch lokale Form landesherrlicher Gesetzgebung« [Schildt, Bernd: Policeyrecht in thüringischen Dorfordnungen, in: Buchholz, Stephan/Lück, Heiner (Hg.): Worte des Rechts – Wörter zur RechtsGeschichte: Festschrift für Dieter Werkmüller zum 70. Geburtstag, Berlin 2007, S. 332–346, hier S. 335].
110 Rheinheimer 1999, S. 288.
111 Ebd.
112 Bog, Ingomar: Dorfgemeinde und Unfreiheit in Franken (Quellen und Forschungen zur Agrargeschichte 3), Stuttgart 1956, S. 67.
113 Ebd.
114 Troßbach, Werner: Art. ›Dorf‹, in: EdN 2 (2005), Sp. 1087–1094, hier Sp. 1087.
115 Ebd., Sp. 1089 f.

raumes[116] zu dokumentieren, zu ordnen und zu wahren. Zugleich deuten sie jene Konflikte an, die mit den Erhaltungsarbeiten einhergingen, und zwar allein schon deshalb, da sie fortlaufend zu leisten waren. Eine *Notturfft*[117] konnte jederzeit entstehen, zumal bei Unwetter.[118] Manche Dörfer regelten eigens den Unterhalt nach Naturkatastrophen,[119] während in Steinheim ad hoc Maßnahmen zusätzlich zu den regulär drei Tage vorab ankündbaren Arbeiten vorgesehen waren.[120] Andernorts standen jeden Frühling[121] oder bis zu viermal im Jahr Ausbesserungsarbeiten an.[122]

Trotz oder auch wegen ihrer unvermeidbaren Wiederkehr – jedes Jahr, jedes Quartal oder nach jedem zu starken Regenschauer aufs Neue – blieben die Weg- und Stegarbeiten eine kontinuierliche Aufgabe, die mit den Dorfordnungen eine Regulierung fand. Die Bestimmungen der Dorfordnungen resultieren also auch hier aus dem »Regelungsbedarf des innerdörflichen Zusammenlebens«[123] und verweisen zugleich auf die ihnen vorausgegangenen Konflikte. Welche Herausforderung der Erhalt der Verkehrsinfrastruktur für ein Dorf mit sich bringen konnte und welche Wege und Stege hiervon besonders betroffen waren, lässt sich mittels des sogenannten Frammersbacher Sechserbuchs genauer zeigen. In diesem Buch haben die Feldhüter der im Spessart gelegenen Gemeinde Frammersbach ihre Urteile festgehalten. Weit über 70 der insgesamt 200 zwischen 1572 bis 1764 erlassenen ›Sechserspruche‹ betrafen die Wege und Stege des Dorfes.[124] Neben unerlaubten Wegen über Äcker und Gärten[125] und einem *missweg* durch ein Tal,[126] behandelten die Frammers-

---

116 In Anlehnung an Irsigler 2012, S. 34, der von einer »lebensräumliche[n] Einheit eine[r] Gemeinde« als wichtiges Kriterium für die Definition einer solchen spricht.
117 StAN Rep. 499, Nachlass Schrötter (Eibach 1574 u. Kühnhofen 1598); Baumann, Lorenz: Dorfordnungen aus dem 16./17. Jahrhundert im nördlichen Gebiet der Herrschaft Rothenberg. Die Dorfordnungen von Hüttenbach (1513), Oberndorf (1531) und Simmelsdorf (1664) (Altnürnberger Landschaft e.V., Sonderheft 40), Simmelsdorf 1993, S. 74 (Oberndorf 1531). In Blindheim galt die Vorgabe, *so offt [...] waß zu bessern von nötten* [Fried 1983, S. 41].
118 In Deggingen in der Grafschaft Oettingen sollte man bei *willden wasser hellfen vnd laytten, [...] damit es dem ranndelweg kainen schaden noch verderbnus bringen mug* [Kießling/Steiner 2005, S. 238].
119 Wehrenberg 1969, S. 78.
120 Fried 1983, S. 46 (Steinheim 1585). In Walxheim waren die Arbeiten ein bis drei Tage vorher anzukündigen [Wehrenberg 1969, S. 182].
121 Hartinger, Walter (Hg.): »... wie von alters herkommen ...«. Dorf-, Hofmarks-, Ehehaft- und andere Ordnungen in Ostbayern (Passauer Studien zur Volkskunde 15 u. 20), 3 Bde., Passau 1998/2002, hier Bd. 2, S. 883 (Schwarzenfeld 1561).
122 Ebd., S. 503 (Chammünster 1529).
123 Hirbodian 2012, S. 61.
124 Leng, Rainer: Grenzen, Steine, Sechserspruche. Die dörfliche Rechtspraxis im Spiegel des ›Frammersbacher Sechserbuchs‹ (1572–1764) (Publikationen aus dem Kolleg »Mittelalter und Frühe Neuzeit« 3), Würzburg 2017. Der Autor und Editor der Quelle zählt »ca. 74 Fälle[...], in denen Wege eine Rolle spielten« [S. 112]. Hinzu kommen die Fälle zu Stegen und der Steinernen Brücke (siehe im Überblick das Register auf S. 308 f.), die sich teils mit den Wege-Fällen überschneiden.
125 Ebd., S. 131 f. u. 180.
126 Ebd., S. 204.

bacher Feldhüter in erster Linie Streitfragen bezüglich der Zugänglichkeit und des Erhalts von erlaubten Wegen. So haben die ›Sechser‹ häufiger Grundstückserweiterungen zu Lasten der Breite von Fahr- und Gehwegen beanstandet.[127] Ein anderes Mal drohte ein Pfad durch das Umpflügen und Säen über die Ackergrenzen hinweg sogar gänzlich zu verschwinden,[128] aber auch ein mit Steinen versperrter Weg musste wieder zugänglich gemacht werden.[129] Daneben war es das Zuwachsen von Wegen durch Sträucher und dergleichen, welches die Feldhüter nach einer Augenscheinnahme zum Anlass nahmen, Steine zu setzen und die Anrainer zum Erhalt *ohne der gemeindt costen* aufzufordern.[130] Die Anrainer mussten in diesem Fall einen Weg mit einer Breite von 1,80 bis 2,30 Metern und einer Länge von rund 200 Metern durch das Ausheben eines Grabens am Wegesrand trocken halten. Ergänzend wurde erlassen, diesen *wäg oder fußpadt* nicht mit Pferden zu bereiten oder Vieh darüber zu treiben.[131]

Der so geordnete Pfad lief von der *Steinern Brücken* über die Lohr bis zur *gemeine[n] straß*.[132] Während Erhaltungsmaßnahmen für diese Straße nicht erwähnt sind, taucht in dem ›Sechserbuch‹ die Brücke mehrfach auf. Sorge bereitete den Feldhütern wiederholt der Uferbereich. Besonders nach *grossen gewesser und gewitter zeiten* verlor der Fluss durch angeschwemmte Steine, Sand und anderes Schwemmmaterial an Breite und Tiefe, wodurch sich der Druck auf die drei Brückenbögen erhöhte und ein Eingreifen notwendig war. Zum Schutz der Brücke sollten 1625 zunächst *etlich gemeins leud in der frohn* die Ufer aufräumen. Die Gemeindeleute beschwerten sich jedoch und verwiesen auf die Zuständigkeit der Anrainer. Das Dorfgericht nahm sich dieser Streitsache an und übertrug die Aufräumung bis zur Brücke den Anrainern und unter der Brücke der Gemeinde.[133] Als 50 Jahre später die Zuständigkeit für einen Uferbereich aufgrund fehlender Grenzmarkierungen (Sträucher) nicht mehr eindeutig war, bot die Gemeinde an, diesen *in der frohn [...] uffzuraumen*.[134] Zu Beginn des 18. Jahrhunderts war es schließlich eine Mauer, die das Ufer bei einer Wiese schützen sollte. Das für die Mauer benötigte Material mussten die Wiesenbesitzer *frohnen*, während die Gemeinde zur Hälfte die Kosten für die Handwerker übernahm.[135]

---

127 Ebd., S. 131 u. 159 f.
128 Ebd., S. 179.
129 Ebd., S. 180.
130 Ebd., S. 148. Explizit zum Abhauen von Sträuchern am Wegesrand S. 238.
131 Ebd., S. 149. Die Maße wurden nach den Angaben auf S. 37 berechnet: ein Schuh = 29,2 cm und eine Rute = 12 Schuh, ca. 3,5 m.
132 Ebd., S. 148.
133 Ebd., S. 132 f.
134 Ebd., S. 175.
135 Ebd., S. 262.

Die Einträge unterstreichen, dass die dörfliche Verkehrsinfrastruktur gleichermaßen von der gesamten Gemeinde und einzelnen Anrainern zu erhalten war. Eine solche Aufgabenteilung konnte zu Konflikten führen, sobald die Zuständigkeiten nicht eindeutig waren. Mit den Feldhütern standen deshalb Instanzen zur Verfügung, die in Frammersbach und andernorts zunächst Flur- und Feldfrevel ahndeten.[136] Neben der Verletzung von Wegerechten und der Missachtung von Abgrenzungen in der Flur und auf dem Feld waren es aber ebenso Wege und Stege jenseits der landwirtschaftlichen Nutzflächen, für die die Feldhüter etwa auch in Würzburg sorgten.[137] Mit dem ›Sechserbuch‹ deutet sich daneben an, dass Anrainer und Gemeinde allein schon deshalb kooperieren konnten bzw. – nach einem Urteil des Dorfgerichts oder der Feldhüter – mussten, da Anrainer immer Teil der Gemeinde waren und umgekehrt die Gemeinde aus Anrainern bestand. In diesem Sinne waren es in Frammersbach sowohl die Anrainer des Flussufers, die zum Erhalt der von der gesamten Gemeinde benutzten Steinernen Brücke beitrugen, wie auch umgekehrt die Gemeinde, die Anrainer mit Geld und Arbeitskraft bei außergewöhnlichen Arbeiten unterstützte.

Die Sicherungs- und Erhaltungsarbeiten für die Frammersbacher Brücke bestätigen zudem, dass jedes Dorf seine besonders arbeits- und kostenintensiven Wege und Stege haben konnte. Neben Landstraßen, wie sie durch Steinheim führten, waren es vor allem Brücken, deren Unterhalt eine besondere Herausforderung darstellte. Den Arbeitsaufwand für ›Weg und Steg‹ bedingten neben der Natur die Menschen selbst, die die Verkehrsinfrastruktur zu einem zentralen Aufgabenbereich eines Dorfes erhoben, weil es die Nutzung als solche erforderte. Arbeiten an Wegen und Stegen konnten aber auch dann erforderlich sein, wenn Erhaltungsmaßnahmen unzureichend durchgeführt oder widerrechtlich Acker- oder sonstige Flächen zu Lasten von angrenzenden Wegen erweitert wurden. Die Landbewohner gingen mit der Gemeinderessource ›Weg und Steg‹ also nicht immer sehr sorgsam um, was zu regelungsbedürftigen Konflikten und der Neuordnung von Zuständigkeiten führte.[138] Zu berücksichtigen ist allerdings, dass die Frammersbacher Feldhüter die insgesamt über 200 Urteile in knapp 200 Jahren fällten.[139] Die Streitfragen »um Acker-

---

136 Siehe etwa Riepertinger, Rainhard: Aschheim und Dornach. Eine Mikroanalyse zweier altbayerischer Dörfer bis zum Jahr 1800 (Studien zur bayerischen Verfassungs- und Sozialgeschichte 18), München 2000, S. 351–353; Bader 1936, S. 437 f.
137 Hoffmann, Hermann (Hg.): Würzburger Polizeisätze. Gebote und Ordnungen des Mittelalters 1125–1495 (Quellen zur Rechts- und Wirtschaftsgeschichte Frankens 5), Würzburg 1955, S. 127 u. 140. Siehe daneben Trauchburg 1995, S. 248.
138 Sehr deutlich wird dies etwa, wenn man nach ›Weg und Steg‹ im online Findmittel der Baden-Württembergischen Staatsarchive mit diesem Schlagwort sucht. Eine Vielzahl an (auch digitalisierten) Neu-Ordnungen stand im Zusammenhang mit Konfliktregulierungen.
139 Zur Dichte und Abfolge der Urteile Leng 2017, S. 19 f. und zu den Terminen, Frequenzen und Konjunkturen der Sechsergänge S. 50 f.

grenzen, Wegerechte, Wassergräben, Mühlwehre, Hochwasserschäden und Hochwasserschutz«[140] traten somit zwar wiederholt, aber insgesamt verhältnismäßig selten auf.

Die Arbeiten an Wegen und Stegen wurden aber ebenso ordentlich erledigt,[141] womit sich Routinen des Erhalts von Wegen und Stegen andeuten, die funktionierten. Selbst das ›Frammersbacher Sechserbuch‹ gewährt keineswegs nur Einblicke in die – schließlich behobenen – Defizite der dörflichen Wege und Stege. Die Feldhüter sorgten vielmehr selbst für die »Sicherheit und Leichtigkeit des Verkehrs«,[142] indem sie eine *Straß[e]* erweiterten, die an einer Stelle zu eng war, um sich *füglich threen und wenden* zu können. Hierfür wurde ein Platz von einem Anrainer gekauft.[143] Es konnte aber auch umgekehrt ein Anrainer einen Platz der Gemeinde erwerben unter der Vorgabe, für die beständige Erhaltung eines Fußpfades zu sorgen. Festgelegt wurde zugleich, dass auf dem Pfad weder Esel, Vieh *noch zihkarren* benutzt bzw. getrieben werden durften.[144] Durch eine solche Nutzungsbeschränkung ließ sich der Unterhaltaufwand begrenzen.

Die Frammersbacher Feldhüter überwachten also einerseits die seit dem 19. Jahrhundert sogenannte Wegebaupflicht[145] der Anrainer und sanktionierten deren Verletzungen. Andererseits trugen sie selbst zur Erfüllung der Wegebaupflichten bei, die für die Gemeinde bestanden. Die im ›Sechserbuch‹ nicht weiter behandelte *gemeine straß*[146] dürfte somit entweder von der gesamten Gemeinde mittels jener Fronarbeiten erhalten worden sein, wie sie bei der Steinernen Brücke zur Sprache kamen, oder aber – Kurmainz besaß ab 1559 sämtliche Herrschaftsrechte in Frammersbach – sie wurden vom kurmainzischen Amt Lohr unterhalten.[147]

---

140 Ebd., S. 8.
141 Fried 1983, S. 98 (Bergen vor 1544).
142 Seydel, Gustav: Das Wegerecht und die Wegeverwaltung in Preußen (Handbücher des Preußischen Verwaltungsrechts 2), 2 Bde., 4. vollst. neu bearb. Aufl., Berlin 1933, hier Bd. 1, S. 26.
143 Leng 2017, S. 239.
144 Ebd., S. 166.
145 Bei Scotti, Johann Josef: Sammlung der Gesetze und Verordnungen, welche in dem Königlich Preußischen Erbfürstenthume Münster und in den standesherrlichen Gebieten Horstmar, Rheina-Wolbeck, Dülmen und Ahaus-Bocholt-Werth über Gegenstände der Landeshoheit, Verfassung, Verwaltung und Rechtspflege vom Jahre 1359 bis zur französischen Militair-Occupation und zur Vereinigung mit Frankreich und dem Großherzogthume Berg in den Jahren 1806 und resp. 1811 ergangen sind, Bd. 1: Hochstift Münster. Von 1359 bis 1762, Münster 1842, S. 248 findet dieser Begriff für die Beschreibung einer Verordnung für den Wegebau im Hochstift Münster von 1659 Verwendung. Im 20. Jahrhundert wird die Wegebaupflicht als »öffentlich-rechtliche Verpflichtung« verstanden, »die öffentlichen Wege anzulegen, zu verlegen und einzuziehen, sie dem Verkehrsbedürfnis entsprechend zu unterhalten, zu verbessern und zu verbreitern, Verkehrshindernisse auf ihnen zu beseitigen und die durch Anlegung, Verbesserung, Verbreiterung, Verlegung und Einziehung von Wegen oder durch Umwandlung von Privatwege in öffentliche Wege gesetzlich begründete Entschädigung zu gewähren« [Preiss, Ulrich: Die Befugnisse der Wegeaufsichtsbehörden gegenüber der deutschen Reichsbahn, Diss. iur. Universität Breslau, Breslau 1939, S. 12].
146 Leng 2017, S. 148.
147 Moser 1990, S. 35 f.

Pfade, Stiegel, Straßen: Mikromobilitäten

Diese Straße scheint zunächst keine größere überregionale Bedeutung gehabt zu haben. Zumindest wird sie von Gail und in anderen Itineraren nicht erwähnt.[148] Dessen ungeachtet wird in Schriftzeugnissen des 14. Jahrhunderts bereits eine Straße über Frammersbach nach Partenstein bis Langenprozelten genannt und am Ende des 17. Jahrhunderts berücksichtigt eine kartographische Darstellung »eine Straße von Lohr via Frammersbach nach Orb«.[149] Frammersbach lag also, wie Peter Moser die Befunde in seiner Studie über die dortigen Fuhrleute resümiert, »an einer Hauptstraße mit entsprechendem Durchgangsverkehr«.[150] Die Straße durch Frammersbach erfuhr auch nachweislich im 18. Jahrhundert eine besondere Aufmerksamkeit durch die Mainzer Regierung.[151]

Die Frammersbacher unterhielten damit als Anrainer und zur Gemeinfron verpflichtete Dorfbewohner eine für den Regionalverkehr, aber wahrscheinlich auch überregional bedeutende Brücke mittels Hand- und Spanndienste. Zusammen mit den aufgezeigten Instandsetzungsarbeiten etwa in Steinheim und Uttenreuth wird also deutlich: Wege und Stege bestanden nicht nur neben den Landstraßen, sondern sie konnten Teil der von Gail und anderen erfassten zentralen Verkehrsrouten sein. Denn die Landgemeinden als topographische Einheiten waren nicht nur auf die Wege und Stege zu den und durch die Fluren angewiesen, sondern sie benötigten gleichermaßen Fahrwege sowie Stege und Brücken zu den umliegenden Siedlungen.[152] In Steinheim war so der Fahrweg eine von der Gemeinde benötigte und unterhaltene Landstraße. Sie führte gleichermaßen nach Dillingen und Donauwörth und damit auch zu wichtigen Wegetappen für Reisende in Oberdeutschland (Abb. 56).

Die Verkehrsinfrastruktur auf dem Land lässt sich also nicht klar von großen Routen trennen. Bereits das von den Zeitgenossen verwendete Wort »Land-Straße« deutet eine Nähe zwischen den überregionalen Straßen und den Wegen und Stegen des Landes an.

---

148 Lediglich für die Route Nürnberg–Würzburg–Frankfurt ist ein Wegabschnitt nach Eselbach über den Spesserwald (Esselbach) angeführt [Krüger 1974, S. 92 u. 378].
149 Moser 1990, S. 32. Diese Straße ist jedoch nicht auf der Spessartkarte im Pfinzing Atlas von 1594 zu finden. Dort ist lediglich von Lohr kommend eine Straße über *Roselprunn* und *Buschprun* nach Rötenbach eingezeichnet [Pfinzing-Atlas, S. 41].
150 Moser 1990, S. 32.
151 Dies geht aus folgender gesichteter, aber selbst nicht eingesehener Akte mit der Laufzeit 1749–1774 hervor: »Herstellung der Fahrstraßen von der Stadt Lohr zur Rechtenbacher Glashütte zwischen Lohr und Frammersbach, dann von der Emmerichsthaler Glashütte nach Aschaffenburg« [StAWü, Mainzer Regierungsarchiv 9333, daneben Mainzer Regierungsarchiv 9330]. Eine andere Akte für 1803/04 behandelt die »Herstellung der Landstrasse von Frammersbach nach Kempfenbrunn zum Behufe der Frachtfuhren und zur Schonung der anstoßenden Gemeindewiese« [ebd., Mainzer Regierungsarchiv 4269].
152 Nicht jeder Fahrweg war freilich eine Landstraße, wie auch umgekehrt nicht jede Straße Teil des in den Dorfordnungen benannten Wegenetzes war. Die Dorfordnung von Entenberg von 1557 führte etwa einen Gehweg *über die Land Strass* an, nicht jedoch die Landstraße als solche [StAN Rep. 499, Nachlass Schrötter].

Dies unterstreicht eine 1564 in Pfalz-Neuburg zwischen Neuburg und Regensburg durchgeführte Inspektion der Straßen und Wege. Bei dieser fünfwöchigen Bereitung der Verkehrswege unter Leitung des pfalz-neuburgischen Hofbediensteten Christoph Preu kam es zur intensiven Begutachtung der durch den Nordgau laufenden Landstraße Nürnberg-Regensburg. Wiederholt wurde der schlechte Erhaltungszustand festgestellt und Ausbesserungsarbeiten empfohlen. Wer jedoch sollte dafür bezahlen? An *ettlichen Orthen* verwiesen die Bauern auf die für den Unterhalt verwendeten Zolleinnahmen, während die Zöllner die Mitverantwortlichkeit der Landgemeinden geltend machten. Dies betraf etwa die ca. 7 km westlich von Regensburg über die Naab führende Brücke. Nachdem sich die Gemeinde Etterzhausen unter Verweis auf die zollpflichtigen Güter- und Weinwägen geweigert hatte einen Neubau zu finanzieren, handelte der Zöllner einen Kompromiss aus: Die Gemeinde beteilige sich an den Kosten, insoweit sie die Brücke selbst zum Viehtrieb und zum Befahren mit kleinen Wägen benötige; den Rest der benötigten Gelder wolle der Zöllner beim Landesherren einwerben.[153]

Bei Seubersdorf, das etwa auf halbem Wege zwischen Nürnberg und Regensburg lag, war die Landstraße gleichfalls nur unzureichend unterhalten. Der dortige Straßenabschnitt war sogar derart *tief und böß, das die Fuerleuth am selbigen Orth ein groß Abscheuhen haben*. Der Leiter der Inspektionsreise fragte daraufhin den Zöllner, *wer sölchen Weg zu machen schuldig sey,* woraufhin dieser auf die Untertanen des den Herren von Wiesbeck gehörenden Dorfes verwies. Sie seien für die Instandhaltung verantwortlich, da sie *Äcker und Wisen neben und darumb ligen haben*. Die Verantwortung der Bauern zu Seubersdorf sei umso klarer, als der Zöllner über einen Vorfall berichten konnte, der sich 18 Jahre vor der Inspektion ereignet hatte. Ein Fuhrmann habe nämlich, da *der Weg beim Dorf seer tief gewesen,* eine kleine Wiese überfahren, was den Eigentümer, genannt Thangrundler, derart zornig gemacht habe, dass er einen Fuß des Fuhrmanns mit einem Beil entzweischlug. Der von seiner Herrschaft dafür bestrafte Thangrundler war also einer jener Bauern, die unter dem Befahren der landwirtschaftlichen Nutzflächen litten.[154] Die Schädigung mache nach Ansicht des Zöllners offenkundig, dass es in erster Linie im Eigeninteresse der Bauern läge, den Weg mit dem ohnehin vor Ort leicht verfügbaren Holz zu unterhalten, *damit man inen an iren Äckern unnd Wisen desto weniger schaden thette.*[155]

---

153 Frank, Günther/Paulus, Georg: Die nordgauische Straßenbereitung von 1564, URL: https://www.heimatforschung-regensburg.de/75/ (5.5.2023), S. 9f.
154 Siehe Kapitel 5.2.
155 Frank/Paulus: Straßenbereitung 1564, S. 8f. Auf das Interesse der Anrainer, die Straßen im guten Zustand zu halten, um das Ausweichen von Reisenden auf angrenzendes Land zu verhindern, weist dann auch berechtigter Maßen Lay 1994, S. 122 hin.

Bauern, Fuhrleute, Zöllner – sie alle benötigten Landstraßen. Für die bei oder als Straßendörfer – es gab hunderte[156] – unmittelbar an den Straßen gelegenen Landgemeinden brachte eine solche verkehrsinfrastrukturell günstige Lage zwar den Vorteil der guten Erreichbarkeit von Wegzielen jenseits der eigenen Gemarkungen mit sich, um Waren zu Märkten zu transportieren. Demgegenüber bestand ein nicht unerhebliches Risiko darin, dass fremde Fuhrleute die landwirtschaftlichen Nutzflächen als Ausweichrouten für das Umfahren von zu schlechten Straßen benutzten und dadurch schädigten. Eine solche Gefahr war umso größer, als die Beschaffenheit und Instandhaltungsmöglichkeiten von Straßen einen fortwährend guten Erhaltungszustand kaum erlaubten. Zudem mussten auf *Zollgeleitstraßen* nicht nur Zöllner, sondern ebenso Landgemeinden als Anrainer für den Straßenunterhalt sorgen – ein strukturelles Defizit im Mikromobilitätsbereich, das die Ordnungen zu regulieren versuchten. Der von dem Zöllner ausgehandelte Kompromiss für den Neubau der Brücke bei Etterzhausen zeigt, dass Konflikte um Wege und Stege vor Ort geklärt werden konnten. Es kann aber auch von einem Zwang zum Konsens gesprochen werden, dem neben den Zöllnern die Landgemeinden selbst dann folgen mussten, wenn es, wie bei Etterzhausen, um für den Viehtrieb benötigte Brücken ging.

Die Möglichkeiten, die Wege und Stege ausschließlich für und innerhalb der Landgemeinde zu unterhalten, waren also gerade in der Nähe von *Zollgeleitstraßen* begrenzt.

---

156 An Orten, die wie bei Burgheim westlich von Neuburg den Namen »Strass« [Reitzenstein, Wolf-Armin Frhr. v.: Lexikon bayerischer Ortsnamen. Herkunft und Bedeutung, Oberbayern, Niederbayern, Oberpfalz, München 2006, S. 266] oder auch »Strasshof«, »Strasskirchen« oder dergleichen führen, ließen sich mit der Ortsdatenbank der Bayerischen Landesbibliothek Online an die 200 zählen [URL: https://www.bayerische-landesbibliothek-online.de/ortsdatenbank]. Die Suchfunktion der Seite, die mittlerweile »schrittweise nach bavarikon« umzieht [ebd. (11.5.2023)], stand bei der Drucklegung der vorliegenden Studie nicht mehr zur Verfügung. Für Burgheim ist der Siedlungsname *Straza*, ebenso wie der für *Strazchirchen* bei Straubing, seit dem 12. Jahrhundert belegt [Reitzenstein 2006, S. 266]. Zu den über die Orte mit dem Namen »Strass« hinausgehenden *Dörfern an der Straß* – so eine Formulierung aus dem 18. Jahrhundert – gehörten aber etwa auch Hurlach bei Landsberg [Kink, Barbara: Adelige Lebenswelt in Bayern im 18. Jahrhundert. Die Tage- und Ausgabenbücher des Freiherrn Sebastian von Pemler (1718–1772) (Studien zur bayerischen Verfassungs- und Sozialgeschichte 26), München 2007, S. 59] oder Aschheim bei München [Riepertinger 2000, S. 68]. Bei all diesen Siedlungen ist die Straße, »ganz gleich ob schnurgerade oder leicht geschwungen, die Längsachse, ja das Rückgrat« [Radig, Werner: Die Siedlungstypen in Deutschland und ihre frühgeschichtlichen Wurzeln (Deutsche Bauakademie. Schriften des Forschungsinstituts für Theorie und Geschichte der Baukunst), Berlin 1955, S. 99]. Im Unterschied etwa zu den bei Reihendörfern nur locker und unregelmäßig längs einer Hauptachse angeordneten Anwesen [Stepp, Robert: Kulturgeographische Wandlungen auf der Iller-Lech-Platte (Berliner Geographische Arbeiten 16), Stuttgart 1937, S. 42], sind bei Straßendörfern die Höfe »dicht aneinandergebaut. Die Scheunen an der Hinterfront der Höfe betonen die großen Straßenachse, laufen ihr parallel, ebenso die Siedlung umziehenden Längszäune« [Radig 1955, S. 98 f.]. Siehe zu diesen und weiteren dörflichen Siedlungsformen und der Frage, »ob die Straße älter als die Siedlung oder durch sie erst entstanden ist«, Gebhard, Torsten: Zur Frage der frühen dörflichen Siedlungen in Bayern, in: Joachim Werner (Hg.): Aus Bayerns Frühzeit. Friedrich Wagner zum 75. Geburtstag (Schriftenreihe zur Bayerischen Landesgeschichte 62), München 1962, S. 351–369 (Zitat S. 361).

Hier hatte die Herrschaft aufgrund der Zolleinnahmen ein besonderes Interesse, den Unterhalt zu regeln. Die neuburgische Inspektionsreise durch den Nordgau belegt dies eindringlich, da zwischen zollpflichtigen sowie für den überregionalen Verkehr unerheblichen und daher zollfreien Straßen genau unterschieden wurde. So wurden am 18. Mai 1564 die Straßen von Hemau über Painten nach Kelheim bis zu einer großen Eiche, *alda sich die Grenitz mit Bayern und Pfaltz schaidet,* besichtigt und festgestellt, dass *khain Mauth noch Zoll* notwendig noch sinnvoll sei, da diese Straßen einzig die Hemauer, *wann sie auf die Märckt ghen Kelhaim,* und umgekehrt die Kelheimer gegen Hemau oder *sonsten die Pauern, so die an die bede Orthen auf die Märckt faren und reutten,* benötigten. Die Einschätzung der Inspektoren stützte sich auf einen Nebenzoll, der bei Kelheim bereits einmal erhoben worden war und nur einen geringen Ertrag gebracht hatte. Denn die Fuhrleute hätten nur bei zu viel Wasser das Tal bei Riedenburg gemieden und den *Berg* nach bzw. von Hemau genommen.[157]

Die derart aufgrund der Zolleinnahmen klassifizierten Straßen unterstreichen die Bedeutung der finanziellen Nutzbarmachung des Verkehrsflusses für die Herrschaft. Doch obgleich damit *Zollgeleitstraßen* im Fokus der Herrschaftsträger standen, bedeutet dies nicht, dass die Landgemeinden den Unterhalt ihrer Wege und Stege völlig herrschaftsunabhängig regeln konnten. Vielmehr waren die Dörfer im 16. Jahrhundert »zunehmend herrschaftlicher Kontrolle und regulierenden Eingriffen unterworfen«.[158] Die neuburgische Straßeninspektion, welche unter Einbezug der Zöllner die Zuständigkeit von Gemeinden für den Unterhalt von Landstraßen feststellte, kann dies ebenso belegen wie die Landesordnungen, welche die Untertanen dazu anhielten, die Straßen, Wege und Stege *vor iren gründten unnd ander orten* zu erhalten.[159]

Herrschaft ist jedoch nie ein einseitiger Top-down Vorgang, wie die Forschung bereits eingehend deutlich gemacht hat.[160] Zwar konnten Obrigkeiten in den Normierungsprozess der Dorfordnungen eingreifen, allerdings lag die tatsächliche Organisation und Umsetzung in den Händen der Dorfbewohner und Anrainer. In diesem Sinne sind die Dorfordnungen als »Dokumente eines permanenten Dialogs zwischen Herrn, Amtleuten und Gemeinden« zu begreifen, ja sie sind ein geradezu unentwirrbares »Konglomerat aus herrschaftlicher bzw. amtmannschaftlicher Initiative, gemeindlicher Beratung und Gegeninitiative, aus den alltäglichen Notwendigkeiten des Zusammenlebens sich ergebenden neuen Regelungsbedarf, herrschaftlichen Vorschriften und aus deren Umsetzung entstehenden neuen

---

157 Ebd., S. 5 f. Auf der ca. 18 km langen Strecke von Kelheim nach Hemau waren 250 Höhenmeter zu überwinden.
158 Hirbodian 2012, S. 61.
159 Baierische Landesordnung 1553, fol. 112v (Buch IV, Titel 14).
160 Siehe die Einleitung.

Regeln«.[161] Die in Steinheim von einem Landvogt und pfalzgräflich-neuburgischen Rat verlesene Ordnung hat ein solches Konglomerat bereits deutlich hervorgehoben. Und auch in Altensittenbach wurde die Ordnung mit Wissen und Willen eines Nürnberger Landpflegers erlassen.[162] Welchen Einfluss hatten jedoch die Dorfherren und Amtsträger auf die Bestimmungen für die Wege und Stege? Und wie gestaltete sich das straßenbezogene »Miteinander und das Gegeneinander von Herrschaft und Genossenschaft«?[163]

6.3 Gemeinde, Anlieger und Herrschaft: Wer front für wen?

Für die schlechten Straßenverhältnisse vor der Zeit des Chausseebaus gibt es nach bisheriger Auffassung einen eindeutigen Grund: die Bauern. Sie seien »fast immer die einzigen [...] [gewesen], die – wenn auch nur sporadisch – für den Unterhalt der Straßen und Wege sorgten« und diese Arbeiten »mehr schlecht als recht durchführte[n]«, da in der Regel unklar gewesen sei, ob sie dies in ihrer »Funktion als Anlieger (Adjazent) oder aber im Rahmen [ihrer] Leistungs-Pflicht gegenüber der Landesherrschaft bzw. der Grundherrschaft oder Gutsherrschaft tat[en]«.[164] Obgleich ein Großteil der Straßen, Wege und Stege nicht zuletzt aufgrund der Eigeninteressen der Landbevölkerung von den Gemeinden selbst erhalten wurde, fiel die Instandsetzung von Verkehrsinfrastrukturen auch in den Bereich der fronpflichtigen Aufgaben. Welche Verpflichtungen bestanden hier genau gegenüber wem? Und inwieweit wurden diese Arbeiten tatsächlich defizitär (»mehr schlecht als recht«) ausgeführt?

Nach bisherigem Verständnis waren die Straßenerhaltungsmaßnahmen der Bauern und Dorfbewohner deshalb nicht ausreichend, da sie »zumeist keinen Nutzen in der Verbesserung der Verkehrsinfrastruktur« sahen.[165] Das Defizit resultierte also aus einem Erhaltungszwang, den die Verkehrsinfrastruktur vorgab und dem die fronpflichtigen Bauern Widerwillen nachkommen mussten. Solche Einschätzungen fußen auf der Beobachtung, dass die Untertanen tatsächlich für den Erhalt der Straßen unentgeltlich fronen mussten. Der Umfang der für den Erhalt der Verkehrsinfrastruktur geleisteten unfreien, also weder vertraglich geregelten noch entlohnten oder selbstorganisierten

---

161 Hirbodian 2012, S. 61 f.
162 StAN Rep. 499, Nachlass Schrötter (Altensittenbach 1543).
163 Lechner, Karl: Entstehung, Entwicklung und Verfassung der ländlichen Gemeinde in Niederösterreich, in: Konstanzer Arbeitskreis für mittelalterliche Geschichte (Hg.): Die Anfänge der Landgemeinde und ihr Wesen, Bd. 1, Sigmaringen 1964, S. 107–162, hier S. 112.
164 Müller 2010, Sp. 1132.
165 Ebd.

Arbeit[166] hat jedoch bislang ebenso wenig genauere Beachtung gefunden wie die Art und die Praktiken des Fronens und der vermeintliche Zwangscharakter der Frontätigkeiten. Denn Fron war nicht gleich Fron. Zu unterscheiden ist zunächst mit der älteren rechtshistorischen Forschung zwischen ›Herrschaftsfron‹ und ›Gemeinfron‹. Während die erstere Form der Fron von Herrschern für die eigene Herrschaft eingefordert werden konnte, musste zweitere *für* die Gemeinde und ihre Interessen selbst durchgeführt werden.[167] Es greift somit zu kurz, die »Straßenfronen«[168] pauschal als Herrschaftsfronen und damit als Teil jener Hand- und Spanndienste zu begreifen, die in der gesamten Frühen Neuzeit zu teils gewaltsamen Auseinandersetzungen zwischen Untertanen und Obrigkeiten führten.[169] Mittels der Hand (Handscharwerk) fielen so etwa »Feldarbeiten wie Korn schneiden, Gras mähen, aber auch Holzhacken und Botengänge« an, im Unterschied zu den Rossscharwerken, welche mit Vieh und Gespann »für den obrigkeitlichen Eigenbetrieb (pflügen, eggen, einfahren) und in Transportleistungen (Getreide, Holz, Heu, Dung, Baumaterial)« zu erbringen waren.[170]

Diese Formen von Fron waren im für das Fronwesen vergleichsweise gut untersuchten Herzogtum Bayern von den auf dem Land lebenden Untertanen für die Gerichts- oder Vogtherren und damit für die niedere Obrigkeit zu erbringen, wozu auch in den Landgerichten der Herzog »in seiner Funktion als Vogt und Niedergerichtsherr« zählte.[171] Daneben gab es die ausschließlich dem Landesherrn zustehende hohe landesfürstliche oder Territorialscharwerk, zu der »alle Landesbewohner gleich welchen Standes [an]gehalten« waren.[172] Hierzu gehörte »die Nacheile, d. h. die Verfolgung und das Streifen auf landschädliche Leute [...], die Jagd auf schädliche Tiere (Wölfe), der Bau von Festungen« oder der Grenzschutz.[173] Die zum Erhalt der Wege und Stege durchgeführten Fronarbeiten werden in der Forschung wiederholt als Teil dieses herrschaftsbezogenen Fronwesens und

---

166 Blickle, Renate: Politische Streitkultur in Altbayern. Beiträge zur Geschichte der Grundrechte in der Frühen Neuzeit (Quellen und Forschungen zur Agrargeschichte 58), Berlin/Boston 2017, S. 183.
167 Wehrenberg 1969.
168 Müller 2010, Sp. 1132.
169 Blickle, Renate: Scharwerk in Bayern. Fronarbeit und Untertänigkeit in der Frühen Neuzeit, in: Geschichte und Gesellschaft 17 (1991), S. 407–433, hier S. 416; Kellner, Stephan: Die Hofmarken Jettenbach und Aschau in der Frühen Neuzeit (Studien zur bayerischen Verfassungs- und Sozialgeschichte 10), München 1986, S. 113–181; Münch, Ernst: Art. ›Fron‹, in: EdN 4 (2006), Sp. 65–69, hier Sp. 68.
170 Blickle, Renate: Frondienste/Scharwerk in Altbayern, publiziert am 21.02.2014, in: Historisches Lexikon Bayerns, URL: http://www.historisches-lexikon-bayerns.de/Lexikon/Frondienste/Scharwerk_in_Altbayern (14.4.2023).
171 Ebd. Grundsätzlich konnten Landesherr, Niedergerichtsherr, Leib- und Vogtherr sowie Grundherr Scharwerke beanspruchen [Rankl 1999, S. 432].
172 R. Blickle 1991, S. 411.
173 R. Blickle 2014. Siehe zum »Frondienst für den Landesherrn und die Stände« auch Rankl 1999, S. 226–259 u. 493–581 (Zitat S. 226).

sogar als eigenständige Kategorie des gesamten Fronwesens begriffen.[174] Ob jedoch der Unterhalt der Wege und Stege im Herzogtum Bayern aufgrund der hohen Territorialscharwerk, der niederen Scharwerk oder aufgrund beider Scharwerkformen erfolgte, darüber ist sich die Forschung nicht einig.[175] Mit Helmut Rankl scheint es sich jedoch nur um eine dem Landesfürsten zustehende gerichtsherrliche Scharwerk gehandelt zu haben.[176] In den weiteren Ausführungen kommen die Weg- und Stegarbeiten dieser auch als landesherrliche Gerichtsscharwerk zu bezeichnenden Herrschaftsfron zur Sprache.[177]

Die unklaren Zuordnungen der Weg- und Stegarbeiten zu den unterschiedlichen Scharwerksformen machen deutlich, wie randständig dieses Forschungsthema bislang behandelt wurde. Erschwerend kommt hinzu, dass Herrschafts- und Gemeinfron bislang keine aufeinander bezogene Untersuchung erfahren haben. Selbst Renate Blickle, die sich einschlägig mit dem Fronwesen beschäftigt hat, bemerkt lediglich am Rande in einem 2017 neuabgedruckten Aufsatz, dass es mit der »Gemeindescharwerk« eine Fronarbeit sui generis für die Instandhaltung von Weg und Steg gab.[178]

Die für die Straßen zu leistenden Fronen derart separiert zu betrachten, verkennt, dass die Wege und Stege auch Straßen umfassten und der überwiegende Teil der Verkehrsinfrastruktur auf dem Land als Gemeinschaftsressource von den Gemeinden selbst instandgesetzt wurde, da der gemeindliche Eigenbedarf dies erforderte. Im Unterschied zu vielen ausschließlich *für* die Herrschaft und überdies oftmals nicht in den Gemarkungen

---

174 R. Blickle 2014; Franz, Monika Ruth: Der Verkauf von Scharwerksgeldern an die bayerischen landständischen Klöster unter Kurfürst Max Emanuel, in: ZBLG 56 (1993), S. 649–723, hier S. 652; letzterer Einteilung folgt Riepertinger 2000, S. 432. Rankl 1999 verzeichnet im Register (S. 1304) seine Befunde von S. 239 u. 509 f. – nicht jedoch jene von S. 229 – zu den Weg- und Stegarbeiten unter dem Lemma »Straßenscharwerk«. Siehe daneben zu den Weg- und Stegarbeiten als Herrschaftsfron etwa Kellner 1986, S. 89 u. Kopfmann, Klaus: Die Hofmark Eurasburg. Ein Beitrag zur Geschichte der bayerischen Hofmark (Studien zur bayerischen Verfassungs- und Sozialgeschichte 24), München 2005, S. 362.
175 Bei R. Blickle 1991 wird so auf S. 412 im Anmerkungsapparat (Fortsetzung von Anm. 19) auf die »verbreitetsten Arten der Territorialscharwerk« hingewiesen. Dazu zählten auch »Bauarbeiten an [...] Straßen u. Brücken«. R. Blickle 2014 hingegen führt die Weg- und Stegarbeiten als einen Unterpunkt des niederen Scharwerks an. Als gleichermaßen landes- und gerichtsherrliche Scharwerk werden Straßenbauarbeiten bei Franz 1993, S. 653 genannt. Bei Riepertinger 2000, S. 433 ist nur von einem landesherrlichen Scharwerk die Rede.
176 Rankl 1999, S. 239 u. bes. 502–514, der 1999 das Verhältnis von Landbevölkerung und bayerischen Landesherren von 1400 bis 1800 unter Einbezug des Scharwerkwesens untersucht hat.
177 Wie im Folgenden, wertet auch Rankl die 1612 auf Verlangen Herzogs Maximilian I. (1573–1651) von allen Landgerichten eingesendeten Auszüge aus den Scharwerksbüchern aus. Dies erfolgt bei Rankl in dem Hauptkapitel »Scharwerk für den Landesherrn« und dem Unterkapitel »Der Umfang der landesherrlichen Gerichtsscharwerk«. Letzterer Formulierung wird gefolgt, da sie präzise den Zugriff der Landesherren auf die niedere gerichtsherrliche Scharwerk zum Ausdruck bringt. Siehe zu den unklaren Begrifflichkeiten, mit denen die Forschung bereits versucht hat, das Scharwerkswesen zu umschreiben, R. Blickle 1991, S. 422.
178 R. Blickle 2017, S. 202.

einer Gemeinde zu leistenden Fronen,[179] kam der Erhalt der Verkehrsinfrastruktur also immer auch der Gemeinde zugute. Dies betraf sowohl die Gemeinfron als auch die im Rahmen einer Herrschaftsfron zu leistenden Instandsetzungsarbeiten. Bezweifelt werden kann damit, dass die Weg- und Stegarbeiten wie all die anderen Fronarbeiten »zumeist widerwillig und lustlos«[180] und in großer »Untüchtigkeit und Widersetzlichkeit«[181] erledigt wurden.[182]

Um diese Annahmen zu revidieren, bedürfte es einer genaueren Untersuchung des Fronwesens für die gesamte Frühe Neuzeit. Zweifel an der Vorstellung einer schließlich »zum untersten Organ der Staatsverwaltung«[183] degradierten Dorfgemeinde sind aber allein schon deshalb angebracht, da Gemeinde und Herrschaft nie ausschließlich konfrontativ, sondern immer auch kooperativ agierten. Gerade bei den Weg- und Stegarbeiten konnten deshalb die »Übergänge zwischen dem ausschließlich im Interesse der Gemeinde liegenden ›Gemeinwerk‹ und jenen für die Herrschaft gemeinsam zu leistenden Diensten fließend« sein.[184] Dies zeigte sich im Sommer 1555 in Nürnberg, als Untertanen einen Weg beim *Lauffenholz* aufgrund von Ernearbeiten nicht ausbessern konnten. Der

---

179 Die Distanz zwischen Gemeindeort und Herrschaftssitz bzw. Herrschaftsbesitzungen, an denen die Arbeiten zu leisten waren, trug erheblich zur Schwere der Herrschaftsfronen bei. Siehe hierzu die weiteren Ausführungen.
180 Münch 2006, Sp. 66.
181 Feuchtwanger, Siegbert: Das öffentliche Bauwesen in Bayern vom Ende des Mittelalters bis zum Beginn des 19. Jahrhunderts. Ein Beitrag zur Verwaltungsgeschichte Bayerns, in: Oberbayerisches Archiv für vaterländische Geschichte 56 (1912), S. 88–129, hier S. 91.
182 Auch Wetzel, Michael: Das schönburgische Amt Hartenstein 1702–1878: Sozialstruktur – Verwaltung – Wirtschaftsprofil (Schriften zur Sächsischen Landesgeschichte), Leipzig 2004, S. 186 spricht von »oft lustlos, liederlich und ohne Motivation verrichtet[en]« Frondiensten. Ein Desinteresse der Bauern an der Nutzbarkeit der Straßen konstatiert ebenso Salzwedel, Jürgen: Wege, Straßen und Wasserwege, in: Jeserich, Kurt G. A./Pohl, Hans/Unruh, Georg-Christoph von (Hg.), Deutsche Verwaltungsgeschichte, Bd. 2: Vom Reichsdeputationshauptschluss bis zur Auflösung des Deutschen Bundes, Stuttgart 1983, S. 199–226, hier S. 201 und Müller, Uwe: Standardisierung im Straßen- und Straßenfahrzeugbau von der frühen Neuzeit bis zum Beginn der Automobilisierung, in: Ambrosius, Gerold u. a. (Hg.): Standardisierung und Integration europäischer Verkehrsinfrastruktur in historischer Perspektive, Baden-Baden 2009, S. 37–58, hier S. 39 f. Dezidiert weiter geht eine ältere rechtshistorische Studie, die zwar die Weg- und Stegarbeiten als eine grundlegende Aufgabe der Gemeinde erkennt. Mit der zunehmenden »Übernahme der gemeindlichen Selbstverwaltungsfunktion durch die Herrschaft« sei jedoch die Instandsetzung der Verkehrsinfrastruktur »als gleichartig und als gleich lästig empfunden« worden wie jeder andere Frondienst [Wehrenberg 1969, S. 182 u. 188]. In diesem Sinne könnte auch von einer mit der Herrschaftsintensivierung voranschreitenden ›mentalen‹ Entfremdung und realen Entwertung der dörflichen Weg- und Stegarbeiten gesprochen werden, die zulasten des Erhaltungszustandes der ländlichen Verkehrsinfrastruktur ging. Der Befund von R. Blickle 1991, S. 430, wonach erst in der Frühen Neuzeit die »Unterscheidung zwischen freiwilliger und erzwungener Arbeit« an Bedeutung gewann, möge auf eine solche Entfremdung hinweisen.
183 Endres 1991, S. 108. Siehe ganz in diesem Sinne auch Endres, Rudolf: Absolutistische Entwicklungen in fränkischen Territorien im Spiegel der Dorfordnungen, in: Jahrbuch für Regionalgeschichte 16/II (1989), S. 81–93.
184 Reyer 1983, S. 106.

Rat bot daraufhin unter Verweis auf die Unkosten an, als Ersatz für die Arbeitsleistung eine Gebühr an das Weg- und Stegamt durch all jene zu entrichten, *so dieselbenn strassen geprauchen*.[185] Gerade in den arbeitsreichen Sommermonaten war es für die Landbevölkerung kein Leichtes, die Straßen zu unterhalten, da zeitlich parallel die Arbeiten zur eigenen Subsistenz erbracht werden mussten. Wegeordnungen des 18. Jahrhunderts erachteten es deshalb regelmäßig für unzulässig, »Wegebauten in der Saat- und Erntezeit einzufordern«.[186] *Vice versa* konnten Bauern Instandhaltungsarbeiten durch finanzielle Gegenleistungen ersetzen. Bereits im Spätmittelalter handelten Herrscher und Untertanen bezüglich der Straßen konsensual, wenn Dorfherren Abgaben für den Erhalt der dörflichen Verkehrsinfrastruktur erließen.[187] Im 16. Jahrhundert bestand für die Bauern die Möglichkeit, sich von sämtlichen Fronarbeiten befreien zu lassen, wenn sie die Zöllner bei den Instandsetzungsarbeiten unterstützten.[188] Auch hier oblag also den Bauern in der Praxis die besondere Beaufsichtigung und Instandhaltung von Straßenabschnitten.

Solche sich aus den Landgemeinden selbst rekrutierenden Straßenaufseher gab es nicht nur im Herzogtum Bayern. Auch in England traten seit 1555 *Surveyors of Highways* in Erscheinung. Sie wurden von den Gemeinden für jeweils ein Jahr gewählt und mussten unentgeltlich die von der gesamten Gemeinde zu leistenden Instandsetzungsarbeiten koordinieren und überwachen. Die *Surveyors of Highways* hatten zudem das »highway money« zu verwalten und mindestens dreimal im Jahr »all the roads, highways, watercourses, bridges, and pavements« in ihrem Bezirk (»precinct«) zu überprüfen.[189] Das »highway money« speiste sich mitunter aus Bußgeldern,[190] welche, wie gleichfalls bereits angesprochen, auch in Oberdeutschland herangezogen wurden, um die Wege und Stege in den jeweiligen Gemarkungen instandzusetzen. Genau auf eine solche »Zweckgebundenheit der Gemeindebußen«[191] wirkte die Dorfherrschaft hin, da die aus geringen Delikten stammenden Gelder häufig vertrunken wurden und in den Kehlen versiegten![192]

Die Verwendung der von den Gemeinden in Gänze oder in Teilen verwalteten Bußgelder[193] unterstreicht zugleich die kommunale Verantwortung für die Wege und Stege.

---

185 StAN Reichsstadt Nürnberg, Bauamtsakten 323.
186 Seydel 1933, Bd. 1, S. 29. Die Rücksichtnahme auf Saat- und Erntezeiten erfolgte aber nicht überall, wie Müller 2000, S. 129 bemerkt.
187 Konstanzer Arbeitskreis für Mittelalterliche Geschichte e.V. 2005, S. 26 (Wortbeitrag Sigrid Schmitt).
188 Bayrische Vorstordnung 1568, fol. 29r.
189 Webb, Sidney/Webb, Beatrice: English local government: The story of the king's highway, London 1913, S. 14–17.
190 Ebd., S. 16.
191 Reyer 1983, S. 100.
192 Ebd.
193 In Lutzingen teilten sich Gemeinde und Vogt die Bußgelder [Fried 1983, S. 66 (Lutzingen 1536)], in Eibach konnten sie gänzlich zur Besserung der *gemeinen Nutz Anlagen* verwendet werden [StAN Rep. 499, Nachlass Schrötter (Eibach 1574)]. In Uttenreuth führte eine Auseinandersetzung bezüglich der Beteiligung

Nicht nur im Dorf Sinbronn bei Dinkelsbühl hieß es deshalb immer wieder aufs Neue, wie der Dorfpfarrer in seiner Chronik für den 17. Mai 1589 notierte: *Hat man alsbald zu einer Gemain geläutet. Man soll alsbald Steinlein aus den Äckern hereinführen, etliche Wege zu bessern.*[194]

Wo jedoch begann und wo endete der Eigennutz der Instandsetzungsarbeiten? Der Bedarf einer Verkehrsinfrastruktur ergab sich zumindest in jenem Bereich, der zum sozialen und wirtschaftlichen (Über-)Leben benötigt wurde, also durch die Dörfer in der Nachbarschaft und Städte, die es erlaubten, etwa Getreide oder gewerbliche Rohstoffe abzusetzen. Das Umland einer Stadt bestand freilich aus unterschiedlichen Zonen, deren Reichweite variieren konnte. Wie Rolf Kießling gezeigt hat, konnte sich ein intensiv an die Stadt angebundenes Umland auf 15 km (Memmingen u. Nördlingen) bis maximal 50 km (Augsburg) erstrecken.[195] Daneben sind es die an einem Tag fußläufig zu erreichenden maximalen 40 km, die Anhaltspunkte für den lebensweltlich relevanten Bewegungsradius der Landbevölkerung geben können.[196] Darauf weisen auch die Händler und Gewerbetreibende in dem von Michaela Fenske untersuchten Hildesheim hin. Sie legten regelmäßig 30 bis 40 Kilometer zurück, um Jahr- und Viehmärkte zu besuchen.[197]

Fallbeispiele Scharwerk

In ebendiesem Radius mussten in der Regel die Untertanen unentgeltlich die Verkehrsinfrastruktur für Herrscher instandsetzen, wie etwa im Landgericht Aibling westlich von Rosenheim. Die hier für den Unterhalt der Verkehrsinfrastruktur durchgeführten Herrschaftsfronen werden im Folgenden genauer beleuchtet, um neben der räumlichen Dimension die Anlässe, Gegenstände und Organisation der Straßenfronen genauer bestimmen zu können.

Im Jahr 1608 wurde die bei Aibling über die Mangfall führende Brücke von Untertanen unterhalten, die höchstens sechs Kilometer entfernt davon lebten.[198] Die ersten Arbeiten für diesen regional, aber auch überregional bedeutsamen Übergang für die Landstraße

---

    der *Kreßischen Erben* an die Bußgelder zu einer Revidierung der Gemeindeordnung [Herdegen, Werner: Einleitung zur Gemeindeordnung Uttenreuth, in: Wüst 2008, S. 264].

194 Gabler, August: Altfränkisches Dorf- und Pfarrhausleben 1559–1601. Ein Kulturbild aus der Zeit vor dem 30-jährigen Krieg. Dargestellt nach den Tagebüchern des Pfarrherrn Thomas Wirsing von Sinbronn, Nürnberg 1952, S. 48.

195 Kießling 1989, S. 707–709.

196 Isenmann 2014, S. 893.

197 Fenske, Michaela: Marktkultur in der Frühen Neuzeit. Wirtschaft, Macht und Unterhaltung auf einem städtischen Jahr- und Viehmarkt, Köln 2006, S. 69. Es gab aber auch einen Händler, der wiederkehrend aus 70 km Entfernung den Markt beschickte [ebd.].

198 BayHStA Generalregister 1271/1. Darin enthalten sind zwei Bände mit Berichten über die Scharwerke aus den Rentämtern München (Tom. I) und Straubing/Burghausen (Tom. I); siehe hierzu näher Rankl 1999, S. 502. Die folgenden Angaben sind Tom. I, fol. 39v–44v entnommen.

Gemeinde, Anlieger und Herrschaft   443

München–Aibling–Rosenheim verrichteten am 10. März zum Fuhrscharwerk verpflichtete
Untertanen der sogenannten Hauptmannschaft von Willing. Zu dieser – auch Obermannschaft genannten – untersten Verwaltungseinheit der Landgerichte[199] gehörten zwei Höfe,
fünf Huben, 17 Lehen, drei Gütl (Bausölde), drei Sölden (wohl Leersölde), zwei Häusl
sowie eine Kapelle, zwei Mühlen und eine Schmiede.[200] *12 Scharberch Furen Aicher Holz*
brachten die mit Fuhrwerken versehenen Anwesen der Hauptmannschaft Willing zu der
Brücke. Fünf Tage später transportierten die Willinger zudem 20 Fuhren Poschen (Busch/
Gesträuch)[201] für die Instandsetzung des Uferbereiches an die Brücke. Die nächsten Arbeiten standen im Sommer an. Sechs Tage lang bearbeiteten zunächst, vom 3. bis 5 Juli, die
Hauptmannschaften Kirchdorf, Norderwiechs und Sonderwies und danach, vom 7. bis
9 Juli (der 6. Juli war ein Sonntag), die Hauptmannschaften Holzham, Windhaim und
Högling Holz für die Brücke. Jeweils 21 Handscharwerker haben an diesen Tagen *stecken geschlagen,* also Pfähle für das zu renovierende Brückenfundament angefertigt.[202]
Daneben wurde in diesen Sommertagen der Uferbereich neuerlich mit mehr als 40 Fuhren Poschen befestigt, welche die Hauptmannschaften Kirchdorf, Holzham und Norderwiechs transportierten.[203]

Sämtliche an diesen Arbeiten beteiligten Hauptmannschaften gehörten zum Amt Aibling, welches zusammen mit dem Amt Au, Aschhofen, Feldkirchen, Föching, am Wasen
und Waitb das Landgericht Aibling bildeten.[204] Mit dieser Einteilung in Ämter und Hauptmannschaften – es waren insgesamt über 80 – erfuhr das ohnehin in seiner Gesamtausdehnung prinzipiell in einem Tag von Westen nach Osten (34 km) oder von Norden nach
Süden (37 km) begehbare Landgericht[205] eine räumliche Segmentierung, die darauf zielte,
die Scharwerklast »aller Betroffenen in der Dorf- oder Obermannschaftsgemeinde[n] ausgewogen zu verteilen«.[206] Die Aiblinger Hauptmannschaften verrichteten so Weg- und
Stegscharwerke ausschließlich innerhalb ihres Amtes. Dies betraf nicht nur die Brücke bei
Aibling, sondern am 20. August 1608 auch nicht näher spezifizierte Wege. Hierzu heißt es

---

199 Rankl 1999, S. 46f.
200 Andrelang, Franz: Landgericht Aibling und Reichsgrafschaft Hohenwaldeck (Historischer Atlas von Bayern, Teil Altbayern, Reihe I, Heft 17), München 1967, S. 86. Siehe zum Hoffuß und den Schwierigkeiten
  zur Festlegung der Hofgrößen Riepertinger 2000, S. 213–219 sowie Rankl 1999, S. 103–145 u. 703–726.
201 FWB, Lemma ›busch‹, URL: http://fwb-online.de/go/busch.h1.0m_1543795911 (14.4.2023).
202 FWB, Lemma ›stecke‹, URL: http://fwb-online.de/go/stecke.s.0m_1543836172 (14.4.2023).
203 BayHStA Generalregister 1271/1, Tom. I, fol. 39v–44v.
204 Andrelang 1967, S. 85–97. Die Hauptmannschaft Windhaim taucht in dieser Übersicht jedoch nicht auf
  und lässt sich auch ansonsten nicht verorten.
205 Es handelt sich um die Luftlinien, gemessen von den westlichsten (Inselkam), östlichsten (Happing), nördlichsten (Dürrnhaar) und südlichsten (Geitau) Orten. Diese Orte lassen sich zumindest für das 18. Jahrhundert auf Grundlage der Karte von Andrelang 1967 festlegen. Die Lokalisierung der Orte und Berechnung der Distanz erfolgte auch hier über URL: https://geoportal.bayern.de/bayernatlas/ (14.4.2023).
206 Rankl 1999, S. 236.

in dem Scharwerksbericht: *Zu verpessung der weeg [...] auß der Haubtmanschafft Willing 1 Fuer und 4 Handtscharwerchen braucht.*[207]

Die Hauptmannschaft Willing war damit in diesem Jahr, nach dem Transport von Holz zur Brücke im März 1608, ein weiteres Mal in den Unterhalt der Verkehrsinfrastruktur eingebunden. Dass zwischen der ersten und zweiten Tätigkeit sechs Monate lagen, kann als Entlastung der im März mit 12 Holzfuhren bereits erheblich beanspruchten Hauptmannschaft verstanden werden. Abgesehen von diesem Sachverhalt lässt sich eine ausgewogene Verteilung der Arbeiten unter den Aiblinger Hauptmannschaften feststellen. So waren 1608 neun der insgesamt zwölf Hauptmannschaften in die Instandsetzungsarbeiten eingebunden.[208] Warum die Hauptmannschaften Harthausen, Mietraching und Mitterham davon ausgenommen waren, geht aus dem 1612 von Herzog Maximilian (1573–1651) von allen Landgerichten eingeforderten und von Helmut Rankl 1999 erstmals eingehender ausgewerteten Scharwerksbericht nicht hervor.[209] Ohnehin sind Umfang und Inhalt der Berichte sehr unterschiedlich. Der Pfleger von Wolfratshausen etwa entschuldigte »seine Unkenntnis der Belastung des einzelnen Untertanen mit der Behauptung, daß drei seiner vier Hauptamtleute weder lesen noch schreiben könnten«.[210] Ähnliches gab der Pfleger von Aibling an. Ihm zufolge hätten die Hauptleute oder Amtsknechte aufgrund anderer Verpflichtungen nicht immer in Aibling oder anderswo die Scharwerksarbeiten *aufschreiben oder verzeichnen lassen* können, außer es wäre jedes Mal gleich ein Schreiber dabei gewesen. Der Aiblinger Pfleger machte zudem als Begründung für die Unvollständigkeit des Berichts geltend, dass es beim Fürstengeleit oftmals *unangemeldt und so eillendts zugeet,* zumal Herzog Maximilian einen Bericht über die Scharwerkstätigkeiten der vergangenen sechs Jahre eingefordert habe und unmöglich *alles zuermercken sei.*[211]

Außer dem schwer erinnerbaren sechsjährigen Berichtszeitraum und der Eile bei dem Fürstengeleit entschuldigte der Pfleger die unvollständigen Angaben zu den Weg- und Stegfronen mit deren Häufigkeit. Es werde gar *vil Handscharwerchen aufpotten, zu Machung der Wuergepeu* [Wehren zum Abhalten des Wassers; A.D.], *Weg, Steg, Prückhen, Traidt umbschlag.* Wenngleich solche per Hand auszuführenden Fronarbeiten aufgrund ihrer Häufigkeit laut dem Pfleger kaum dokumentiert worden sind, finden sich zumindest für das Amt Aibling solche Angaben. Nachdem im Sommer 1608 die Hauptmannschaft Willing für einen Weg *handscharwerkte,* waren es im März 1609 nicht näher spezifizierte

---

207 BayHStA Generalregister 1271/1, Tom. I, fol. 44v.
208 Neben den bereits angeführten Hauptmannschaften leisteten im Sommer 1608 auch die Hauptmannschaften Jakobsberg, Holzhausen und Ellmosen einen Beitrag für den Unterhalt der nicht näher lokalisierbaren *Fleischprüggen* [ebd., fol. 43].
209 Rankl 1999, S. 502–520. Die Berichte verwendet auch Riepertinger 2000, S. 435 f.
210 Rankl 1999, S. 505.
211 BayHStA Generalregister 1271/1, Tom. I, fol. 32 u. 32v.

Gemeinde, Anlieger und Herrschaft 445

Schaufler – so konnten die Handscharwerker auch bezeichnet werden –, die einen *weg im Holz hinab uf Rosenheim* ausbesserten. Für diesen Weg durch einen Wald in Richtung Rosenheim verbauten zunächst vom 22. bis zum 25. März zwölf Schaufler vier Fuhren Holz. Am 27. und 28. März kamen weitere 14 Schaufler zum *beschitten des wegs in Holz hinab* zu Einsatz.[212] Zwei Tage lang wurden die Hohlräume zwischen den Holzbalken mit Kieselsteinen, lockeren Gesteinen (Geröll) und dergleichen Material ausgefüllt. Hierfür waren insgesamt 16 Fuhren erforderlich. Die Arbeiten verrichteten die Scharwerker für einen Abschnitt der von Aibling nach Rosenheim führenden rund acht Kilometer langen Straße. Mit dem »Hinab« ist entweder der Weg ins Holz hinein, die Wegrichtung nach Rosenheim oder aber das Gefälle des Weges gemeint. Letzteres ist wahrscheinlich, da kurz nach der Brücke über die Mangfall die Straße nach Rosenheim durch eine waldreiche Gegend führte und tatsächlich der Weg auf einer Länge von rund zwei Kilometern um gut acht Meter abwärtsging.[213]

Solche Arbeiten an und auf der Straße waren weitaus seltener erforderlich als die bereits angeführten Tätigkeiten, die die Aiblinger für die Brücken und die Befestigung der Ufer erbringen mussten.[214] Alle Instandsetzungsarbeiten waren jedoch zumindest in Teilen planbar und unter den Hauptmannschaften koordinierbar. Koordinierung und Planbarkeit bedingten sich gegenseitig, und gerade Ersteres war dem Aiblinger Pfleger ein großes Anliegen. In dem eingesendeten Scharwerkbericht hob er jedenfalls die Verteilung der zu leistenden Fuhren entsprechend der Größe der Hauptmannschaften hervor, so dass *solche Scharwerck gar selten an einen Underthon allein* kommt. Und auch unter den Handscharwerkern müsse eine *gleichait gehalten* werden, damit *khain Obmanschafft für die ander nit beschwerdt werde.*[215] Solche Bemühungen der Amtsleute um Gleichheit und Äquivalenz an der Fron dürften die Akzeptanz der Untertanen für die Instandsetzungsarbeiten erhöht haben. Dazu konnte ebenso beitragen, dass die Hauptmannschaften die Arbeiten nach der Erteilung des Scharwerkauftrags über die Amtleute (Beamter) an die Obleute (Bauer oder Söldner) selbstständig organisierten.[216] Denn die Hauptmannschaften, welche »stets die gesamte (haushäbliche) Dorfbewohnerschaft und darüber hinaus

---

212 Ebd., fol. 45v u. 46. Dieses Beschütten meint die Befestigung der Straße mittels Gesteine, wie es etwa auch die bayerische Forstordnung von 1568 vorsah [Bayrische Vorstordnung 1568, fol. 28r–v]. Siehe zum Beschütten bereits Kapitel 4 und zu *Machung der Wuergepeu* Lexer, Lemma ›wuor‹.
213 Diese mit dem BayernAtlas berechneten Angaben erfolgen vorbehaltlich der nicht auszuschließenden Verschiebungen der Bodenhöhen in den letzten 400 Jahren. Und auch die Waldgegend lässt sich auf Grundlage der im BayernAtlas aufgenommenen Karten aus der 1. Hälfte des 19. Jahrhunderts nur grob bestimmen.
214 Im März 1609 mussten für die Brücke bei Aibling – sie hieß aufgrund des nahegelegenen Ortes auch Pullacher Brücke – Holz und Späne geschlagen werden. Im Februar sind acht Fuhren und 22 Handscharwerker für die *Prueggen gen Beyhardting* im Einsatz [BayHStA Generalregister 1271/1, Tom. I, fol. 45]. Beyharting lag am nördlichen Rand des Amtes Aibling etwa sieben Kilometer nördlich von Aibling.
215 Ebd., fol. 32.
216 Rankl 1999, S. 239. Zu der Unterscheidung zwischen Amtmann und Obmann ebd., S. 84.

meist einen Personenverband aus mehreren Siedlungen umfaßte[n]«, waren »›Träger der öffentlichen Gewalt in Dorfgemeinschaften‹, allein an sie richtete die Regierung ihre Befehle und Aufträge«.[217] Mit Rankl können die seit dem 15. Jahrhundert auftretenden Hauptmannschaften als ein bewusst von den Landesherren in Zeiten der Hussitenkriege, der Auseinandersetzung mit dem Osmanischen Reich und »der durch Bevölkerungsvermehrung bewirkten sozialen Spannungen« gefördertes kommunales Element im Herzogtum Bayern verstanden werden.[218] Die aufgezeigten Instandsetzungsarbeiten, bei denen mehrere Hauptmannschaften mitwirkten, benötigten und beförderten gleichermaßen die »genossenschaftlich handelnden Landgerichtsgemeinden in Altbayern«.[219]

Die Hauptmannschaften waren gerade bei Fuhrscharwerken auf gegenseitige Hilfe angewiesen. Falls nämlich bei erforderlichen Fuhren *ainer mit Rossen versehen, der annder nit, muessen es derwegen gmainelich andern Fuerleuthen [...] verrichten lassen.* Die Fuhren konnten andere Bauern gegen Bezahlung übernehmen, wobei auch hier die Hauptmannschaften federführend waren.[220] In welchem Umfang die Fuhrscharwerke innerhalb der eigenen Hauptmannschaft oder an benachbarte Fuhrleute verkauft wurden, lässt sich nicht sagen. Für die Erfüllung der Fronpflicht und die Durchführbarkeit der Instandsetzungsarbeiten war nur entscheidend, dass *Holz, Gries, Poschen* und anderes benötigtes Baumaterial an der benötigen Stelle verfügbar war, damit entweder die Handscharwerker an den Wegen und Straßen oder aber Handwerker an Brücken ihre Arbeit erledigen konnten. Die zu Beginn des 17. Jahrhunderts intensivierten Bemühungen »zur Umwandlung der Naturalscharwerk in ein jährliches Scharwerksgeld« verdeutlicht die fiskalische Dimension und Möglichkeit der Ablösung der Fronverpflichtungen.[221] Auch deshalb greift es zu kurz, die Herrschaftsfron als nur zwangsweise und daher ineffektiv durchgeführte Tätigkeit zu begreifen. Gerade die Fuhren, zu denen ja nur ein geringer Teil der Landbevölkerung aufgrund des benötigten Gespanns fähig war, konnten von Dritten gegen Entgelt erbracht werden, womit die nach wie vor schwer zu bestimmenden Bewertungskategorien von »Nutzen – Nichtnutzen« oder »motiviert – unmotiviert« eine nicht unerhebliche Verschiebung erfahren. Dies gilt umso mehr, als bereits Ende des 16. Jahrhunderts vor allem die Inhaber größerer und mittlerer Güter und damit die Untertanen selbst als Käufer der Scharwerke in Erscheinung traten.[222] Die gerichtsherrlichen Scharwerke waren also eine Arbeitsleistung, die Untertanen nicht nur den Landesherren, sondern ebenso gegenüber

---

217 Ebd., S. 72 u. 76.
218 Ebd., S. 72–97.
219 Ebd., S. 83.
220 BayHStA Generalregister 1271/1, Tom. I, fol. 31v: Es *werden die Fuern durch die Hauptmanschafften angedingt.*
221 Rankl 1999, S. 523.
222 Ebd., 521.

anderen Untertanen erbrachten. Auch dies dürfte Einfluss auf die Akzeptanz der Fronarbeiten gehabt haben.

Die zwar nicht dauerhafte, aber punktuelle Veräußerung von Fronverpflichtungen konnte gerade bei größeren und weniger präzise kalkulierbaren Erhaltungsmaßnahmen für die Verkehrsinfrastruktur unausweichlich sein. Dies war wohl im Winter 1607 der Fall, als es bei Aibling so große Schneemassen gab, dass man mit dem erlegten Wild *etlichmaln durch den Schne pröchen* und es schwer war, sich den Weg zu bahnen. Für die Schaffung von Wegen und das Freiräumen der Straßen *(Auch durch Grueb die Strassen ausraumen miessen)* waren 30 Schlitten mit eingespannten Rossen, 60 weitere Rosse und an die *100 Persohnen auf etliche mal zu underschidlichen Tägen* erforderlich.[223] Diese Ressourcen an Menschen, Tieren und Material über mehrere Tage hinweg zu mobilisieren, erforderte funktionierende Organisationsstrukturen einschließlich der Möglichkeit, über die Hauptmannschaften die Verpflichtung zur Leistung von Fuhren zu verkaufen. Wer freilich für wen fronte, lässt sich selbst im vorliegenden Fall nicht eindeutig beantworten. Denn obwohl das Freiräumen der Wege im Zusammenhang mit der Verfügbarkeit von Wild stand und das Jagen von Wild ein im 16. Jahrhundert schließlich sogar mit der Todesstrafe bedrohtes Vorrecht der Landesherren war, gab es neben dem Hochwild auch Niederwild, welches die Bauern teilweise bejagen durften.[224]

Dessen ungeachtet lässt sich 1.) festhalten, dass die Schaffung von Wegen in den Schneemassen wahrscheinlich weniger als eine Wegfron, sondern als eine Jagdfron erfolgte, da dazu, neben der Bildung von Treiberketten und der Errichtung von Tränken, durchaus auch die Anlage von Wegen zählen konnte.[225] Die winterbedingten Arbeiten umfassten 2.) neben (Wild-)Wege Straßen. Sie wurden der allgemeinen Passierbarkeit wegen tagelang von Schnee freigeräumt durch – betrachtet man die Tage zusammen – hunderte Personen, die in einem Nahbereich der Straßen lebten und daher die Straßen selbst benötigten und auch kannten.

Die Grenzen der Auswertung verkehrsinfrastruktureller Fron- und Scharwerksarbeiten ergibt sich aus der schwierigen Quellenlage. So muss es unbeantwortet bleiben, von welchen Hauptmannschaften die Vielzahl oben geschilderter Personen, Rosse und Schlitten stammte. Vielmehr werden die Straßen- und Wegarbeiten, anders als die Brückenarbeiten, oftmals nur summarisch angeführt. Während ganze vier Folioseiten etwa ausführlich Aufschluss über das Heizen, Einzäunen, Einschneiden und Dreschen an den Höfen Schwarzach und Degenberg geben sowie den zwischen 1605 bis 1611 erfolgten Auf- und Ausbau der fürstlichen Brauerei dokumentieren oder für das adelige Herrschaftsgericht Schwar-

---

223 BayHStA Generalregister 1271/1, Tom. I, fol. 37.
224 Freitag, Winfried: Wilderei, publiziert am 21.01.2013, in: Historisches Lexikon Bayerns, URL: http://www.historisches-lexikon-bayerns.de/Lexikon/Wilderei (14.4.2023).
225 Kopfmann 2005, S. 137.

zach den fronbedingten Transport von Malz zu den Mühlen oder die Abholung von Weizen vermerken, wurden die Ross- und Handscharwerker lediglich *In summa* verzeichnet. Auch der Hinweis darauf, dass die *weeg und Steeg* in das Praxisfeld des Scharwerks fielen und Arbeiten daran durchgeführt wurden, ist mit nur wenigen Worten dokumentiert. Die schriftlichen Aufzeichnungen zur Weg- und Stegerhaltung lassen den Erhalt als eine Tätigkeit begreifen, die nicht näher beschrieben werden musste – etwa deshalb, weil sie Routine war und weitgehend in den Tätigkeitsbereich der Gemeinden selbst fiel? War es die vielfach in den Dorfordnungen geregelte, eigenständig vollzogene Instandhaltungspraxis, eine gemeindliche Autonomie, die die Dokumentation überflüssig machte? Oder lässt es sich damit erklären, dass der Erhalt von Straßen mit wenigen Handscharwerkern bewältigt werden konnte, wie es zumindest in Aibling der Fall war? Ableiten ließe sich dies aus der Überlieferung zu Schwarzach: Hier mussten die Schwarzacher Rossscharwerker jährlich insgesamt 40 und die Handscharwerker 36 Tage fronen, wovon alleine 15 bzw. 18 Tage für die Wirtschaft der beiden Höfe und noch mehr für das Brauwesen (*manche Wochen täglich scharberchen muessen*) anfielen. Für den Unterhalt der Verkehrsinfrastruktur blieben also nicht mehr viele Tage übrig.[226]

Fraglich muss zudem bleiben, wie sich diese ›sonstigen Tätigkeiten‹ der Weg- und Stegerhaltung (*»weeg und Steeg machen und anders«*)[227] für ein einzelnes Amt oder eine einzelne Hauptmannschaft ausgestaltet haben. *15 täg robolten [Fronarbeiten, A.D.]* hieß es etwa im Landgericht Mitterfels für das Amt Schwarzach und Bogen aufgrund der *machung [von] Weeg und Steeg* für den Zoll Bogen und damit für eine Zollgeleitstraße. Die 15 Arbeitstage fielen allerdings nicht gänzlich für die Wege und Stege allein in Schwarzach-Bogen an, sondern waren im Berichtszeitraum von 1607 bis 1612 auch für das Schloss Mitterfels zu erbringen. Im Landgericht Mitterfels wurden also die Frondienste für die Instandsetzung der Verkehrsinfrastruktur gebündelt mit anderen Frontätigkeiten angeführt. Diese Kombinationen, wie sie etwa auch für das Landgericht Schongau festzustellen sind,[228] scheinen den Charakter der Fronarbeiten, also den begrenzten Umfang und die ausschließliche Durchführung in einem lokalen Nahbereich, zu bestätigen. Für die Einschätzung, welchen Stellenwert die Herrschaftsfron für den Unterhalt der Straßen hatte, ist zudem zu berücksichtigen, dass es nicht nur im bereits genannten Amt Aibling,[229] sondern ebenso im Landgericht Mitterfels viele Ämter ohne (aufzeichnungswürdige) Weg- und Stegfronen gab. Im Amt Landasberg, Rattenberg und anderen waren die Fuhrscharwerker in erster Linie mit dem Transport von Kalk, Sand, Brettern, Steinen, Holz, Getreide

---

226 Alle Zitate dieses Abschnitts nach: BayHStA Generalregister 1271/1, Tom. II, fol. 382–385.
227 Ebd., fol. 383.
228 BayHStA Generalregister 1271/1, Tom. I, fol. 346v.
229 Hier sind für drei Hauptmannschaften keine Weg- und Stegarbeiten verzeichnet – entweder aufgrund ihrer Nichtdurchführung oder aber aufgrund einer Nichtverzeichnung.

und Heu nach Gossersdorf und zu den Schlössern Donaustauf und Mitterfels beschäftigt. Im Amt »Heybisch« mussten die Bauern lediglich unterhalb von Bogen *zu Machung der Landstrassen, weeg und steeg farn, trifft ainen Inn zway Jaren uber 1 fuer nit.*[230]

Innerhalb der Landgerichte und zwischen den Landgerichten gab es also – sicherlich begünstigt durch den variierenden Grad der Verschriftlichung – erhebliche Unterschiede bezüglich der Art und des Umfangs der Straßenfronen. Die zahlreichen Einträge zum Amt Aibling und die summarischen Angaben zu vielen anderen Hauptmannschaften, Ämtern oder Landgerichten dürfen deshalb auch nicht über die häufige Nicht-Verzeichnung hinwegtäuschen. Selbst zum Landgericht Aibling liegen für nur neun von über 80 Hauptmannschaften Angaben zur Instandsetzung der Wege und Stege vor. Die neun Hauptmannschaften für sich betrachtet geben für einen Nahbereich Einblicke in Instandsetzungsarbeiten, die erst in Relation zu den vielen Straßen und Brücken, welche nicht (nachweislich) mittels der Herrschaftsfron instandgesetzt wurden, als gering erscheinen.

Jedes Landgericht und jedes Amt konnte seine eigenen sowohl regionalen als auch überregionalen Scharwerksbelastungen haben. Letztere fielen gerade für Transporte von Baumaterialien für die fürstlichen Amts- und Schlossbauten an. Doch auch ohne überregionale Aufgaben konnten sich höhere Belastungen ergeben, »wenn hohe Lasten etwa durch fürstliche Jagden, Reparatur von Burgen und Hofbauwirtschaften der Pfleger auf eine kleine landgerichtische Untertanenschaft […] zu verteilen waren«.[231] Als Grund für die Ungleichheit der zu leistenden Scharwerke in den Einzelgerichten führt Rankl, neben der Entfernung zu den fürstlichen Amts- und Schlossbauten, die »Unwirtlichkeit des Bodens, die Ferne von den großen Handelsrouten« und die Tierhaltung an, da vor allem im Bayerischen Wald und in den alpennahen Gerichten die von jedem Anwesen zu erbringende Fronleistung aufgrund der verbreiteten Ochsenhaltung geringer war.[232] Mehr aber noch war es, neben dem Ertrag des Bodens, die Anbindung an große Handelsrouten, die über die Qualität und Quantität der Scharwerksarbeiten bestimmte. Letzteres hat sich bereits anhand der Zollstation Bogen und der Instandsetzungsarbeiten im Amt Aibling gezeigt. Ex negativo galt dies auch für eine Einöde, die in den ausgedehnten Waldungen des Landgerichts Donaustauf lag. Die Bewohner werden *wegen ihres schwachen Menath [Gespanns; AD] mit den oxen, auch weil sy zimblich weith entlegen und pesen weeg alher haben, des Jars wenig oder bisweilen ain Jar gar nit zur Scharberch braucht.*[233]

Wie schon für viele andere Gemeinden festgestellt, hatten Distanz und Nähe zu den Straßen also Einfluss auf die Fronbelastungen, und zwar nicht nur aufgrund des per se aufwendigeren Unterhalts als etwa bei Gehwegen oder Stegen. Auch die erhöhte Benutzer-

---

230 BayHStA Generalregister 1271/1, Tom. II, fol. 249–254v.
231 Rankl 1999, S. 523.
232 Ebd., S. 505.
233 BayHStA Generalregister 1271/1, Tom. II, fol. 245v.

frequenz, die davon abhängigen Zolleinnahmen und die größere herrschaftliche Relevanz konnten einen stärkeren Unterhalt von Straßen erfordern. Die Unmittelbarkeit eines Dorfes zu einem Verkehrsweg konnte auch darüber entscheiden, wie umfänglich die Fronpflichtigen für den Transport von Gütern für das Fürstengeleit eingebunden waren.

Dies betraf 1607 in Aibling Karl Markgraf von Burgau (1560–1618). Als dieser von Österreich kommend auf dem Wasser über den Inn nach Rosenheim kam und von dort weiter nach München reiste, mussten ab Peiss bei Aying über 20 km weit 12 Wägen, 24 Reitrosse und acht angeschirrte Rosse die zum Geleit verordneten Kommissare Richtung München begleiten. Auf dem Rückweg von München nach Rosenheim war sogar eine 30 km lange Begleitung erforderlich.[234] Die Untertanen des vor den Toren der Reichsstadt Regensburg gelegenen Landgerichts Stadtamhof ereilte gleichfalls aufgrund der besonders verkehrsgünstigen Lage entsprechende Scharwerksverpflichtungen. Insgesamt fielen zwar wenige Arbeiten an, 1610 musste aber sowohl für die Festung Donaustauf als auch für die *machung der weeg und Landstrassen* gefront werden.[235] Die Einöde im Landgericht Donaustauf blieb demgegenüber von solchen Arbeiten verschont, was in Altbayern nicht die Ausnahme war, da es hier im Unterschied zu den großen und geschlossenen Dörfern in Schwaben und Franken eine »überdurchschnittlich große Zahl von Weilern und Einöden« gab.[236]

Fronpraxis: Instandhaltungszwang?

Die bisherige Bewertung der für die Verkehrsinfrastruktur zu leistenden Fronarbeiten folgte einer doppelten negativen Prämisse: 1.) Die Straßen waren nur eingeschränkt benutzbar, was sich mit der auf Zwang beruhenden Fronarbeit der Untertanen erklären lässt. 2.) Das frühneuzeitliche Fronwesen generierte zahlreiche Konflikte zwischen Herrschenden und Beherrschten. Beide Prämissen stimmen insofern, als das Fronwesen und die dafür eingeforderten Arbeiten wiederholt zu Auseinandersetzungen zwischen Untertanen und Fronherren führten. Das Fronwesen lediglich auf eine Geschichte des Konflikts zu reduzieren, greift im Rahmen der fronpflichtigen Instandhaltungsmaßnahmen allerdings zu kurz.[237] Ohnehin scheint unklar, wie viel Eigenwille es bei den sehr unterschied-

---

234 BayHStA Generalregister 1271/1, Tom. I, fol. 35v u. 38r.
235 BayHStA Generalregister 1271/1, Tom. II, fol. 235r/v.
236 Rankl 1999, S. 54.
237 Das Fronwesen wird traditionell in erster Linie mit einem konfrontativen Gegenüber von Fronarbeitern und Fronherren begriffen. So hebt bereits Lütge, Friedrich: Die bayerische Grundherrschaft. Untersuchungen über die Agrarverfassung Altbayerns im 16.–18. Jahrhundert, Stuttgart 1949, S. 122 die Streitigkeiten als ein Qualitätsmerkmal der Scharwerksleistungen hervor. Wilhelm 1954 führt von S. 136–151 einen Anhang mit mehreren Dokumenten zum Thema »Der Kampf zwischen Bauern und Herrschaft um das Recht von Oberviebach von 1590–1772«. Die kommunale Organisation der Fronarbeiten über die Hauptmannschaften sowie die seit 1665/66 in großem Stil, aber immer auch bereits davor erfolgte Ablösung der Schar-

lichen Formen der Fronpraxis geben konnte oder ob – wie Renate Blickle hervorhebt – Zwangsgewalt und freier Wille tatsächlich in einem unauflöslichen Gegensatz standen.[238]

»Straßenscharwerk« respektive »Weg- und Brückenscharwerk«[239] erfolgte zudem auf dem Niveau der Mikromobilität, die nicht nur räumlich aufgrund des eigenen Mobilitätsbedarfs, sondern auch sozial nah war. Noch im 18. Jahrhundert betrug etwa der Heiratsradius eines Dorfes selten über zehn Kilometer.[240] Ferdinand Kramer konstatierte gar generell für den frühneuzeitlichen Dorfbewohner einen alltäglichen Bewegungsradius von 10 bis 15 Kilometern; darüber hinaus gelangte man nur in Ausnahmen, etwa bei Auseinandersetzungen vor Gericht.[241] In ebendiesem primären Radius von bis zu 15 Kilometer des Heiratens, Wohnens, Arbeitens und Lebens unterhielten beispielsweise die Aiblinger Hauptmannschaften die Straßen und Brücken. Als Obleute waren die Untertanen überdies selbst in die Organisation der keineswegs nur von oben nach unten diktierbaren Fronarbeit eingebunden. Schließlich waren es nicht nur unentgeltlich tätige, fronverpflichtete Untertanen, sondern auch in Stellvertretung von Scharwerkspflichtigen bezahlte Arbeiter, die für die Verkehrsinfrastruktur arbeiteten.

Die Wege hin zur Fronarbeit sowie die Interessen an der Erfüllung dieser Arbeitspflichten konnten somit vielseitig und nicht nur von Zwängen geprägt sein.

Fronpraxis: Instandhaltungspraktiken

Aus den analysierten Scharwerksbüchern gehen in Bezug auf die Fronpraxis im Rahmen der Instandhaltung verkehrsinfrastruktureller Bauten verschiedene Arbeitsfelder hervor. In erster Linie vermerken diese Bücher Transporttätigkeiten sowie Erhaltungsarbeiten, wie sie auch im Nürnberger Rechnungsbuch des Weg- und Stegamtes dokumentiert wurden: Das Verlegen von Holz auf den Straßen, die Verteilung von Schotter, das Wegräumen von Schnee; bei Brückenbauten waren die Fronarbeiter auch für das Zurechtschneiden von Pfählen verantwortlich. Diese Tätigkeiten zielten auf die gute Benutzbarkeit der Straßen, Stege und Wege. Während die Dorfordnungen die Instandhaltungspraxis für die Gemeinde schriftlich festlegten und verantwortliche Akteure für die Organisation der

---

werke [R. Blickle 2017, S. 194–223] deuten jedenfalls an, dass es sich bei den Fronarbeiten nie nur um ein Gegenüber von Untertanen und Herrscher handelte. Denn im Rahmen der Verkehrsinfrastruktur bleibt zu bedenken, dass die fronpflichtigen und instandsetzenden Untertanen die Straßen, die sie unmittelbar selbst oder mittelbar durch bezahlte Stellvertreter instand setzten, im Vollzug der Mikromobilität auch selbst nutzten, siehe hierzu auch Rankl 1999, S. 520–528 u. 700–703.

238 R. Blickle 2017, S. 194–223.
239 Ebd., S. 239 (mit Anm. 735).
240 Kink 2007, S. 96.
241 Kramer, Ferdinand: Außenbeziehungen und Einzugsgebiet eines Dorfes in der Frühen Neuzeit. Untermühlhausen: Erfahrbare Welt von Dorfbewohnern und Verbreitungsmöglichkeiten geistiger Strömungen in einer ländlichen Region, in: Fassl, Peter u.a. (Hg.): Aus Schwaben und Altbayern. Festschrift für Pankraz Fried zum 60. Geburtstag, Sigmaringen 1991, S. 133–155, hier S. 155.

Tätigkeiten explizit benannten, wurden die Scharwerksarbeiten von unterschiedlichen Obleuten angeleitet und kontrolliert. Generell eröffneten die Fronarbeiten eine gewisse Arbeitshierarchie, die sich aus den Tätigkeiten ablesen lässt,[242] denn die Verbauung des Holzes beim Brückenbau übernahmen bezahlte Handwerker – Ähnlichkeiten, die mit den systematisch ausgewerteten Quellen raumübergreifende Instandhaltungspraktiken offensichtlich machen.

Die Technik des Straßen- und Wegebaus vor dem Chausseebau war geprägt durch den Einsatz vieler Nicht-Experten, erforderte aber zugleich Expertenwissen und -fertigkeiten. Planungen, Kostenvoranschläge, Inaugenscheinnahmen, Koordination und Organisation über gemeinsam ausgehandelte Ordnungen, die Sicherstellung von Ressourcen – all diese Aspekte trugen zum Erhalt der Verkehrsinfrastruktur bei. Die Verantwortung für die Benutzbarkeit der Verkehrsinfrastruktur lastete auf mehreren Schultern. Dessen ungeachtet erlaubten es die technischen Möglichkeiten und zur Verfügung stehenden Materialien nicht, eine jeder Jahreszeit und jedem Wetter trotzende Verkehrsinfrastruktur zu schaffen. Gerade deshalb standen regelmäßig Instandsetzungsarbeiten an, welche auch die zur Fron angehaltenen Untertanen zu erledigen hatten. Die Verpflichtung zur Durchführung von Erhaltungsmaßnahmen galt dabei den Gerichts- oder Landesherren und zugleich der Dorfgemeinde und der Hauptmannschaft.[243] So gesehen gab es für die Instandsetzung der Verkehrsinfrastruktur keine eindeutige Trennlinie zwischen Herrschafts- und Gemeinfron, denn die für die Straßen zu erbringenden Arbeiten resultierten nicht nur aus der Scharwerksverpflichtung, sondern ebenso aus der Anliegerpflicht oder den Gemeindegerechtsamen.[244]

Insgesamt zeigt sich durch die kombinierte Analyse von Dorfordnungen und Scharwerksbüchern: die Instandsetzungsverpflichtungen bestanden mehr mit- als nebeneinander. Denn in Hinblick auf die Straßenherrschaft bleibt vielfach zu bedenken, dass Wege und Stege auf dem Land immer auch Landstraßen umfassen konnten, die letztlich auf Grundlage von Gemein- oder Herrschaftsfron gleichermaßen unterhalten werden mussten.[245] Dieses Nebeneinander der Fronen genauer zu erhellen, ist Aufgabe weiterer

---

242 Im Bereich der Fronpraxis ist dies nicht negativ konnotiert – vielmehr macht die Arbeitshierarchie deutlich, dass die fronpflichtigen Untertanen auf bestimmte Arbeitsfelder beschränkt blieben und ›nur‹ dort ihre Pflicht erfüllen mussten.

243 Siehe zu der altbayerischen ›Gmain‹ und der »Erweiterung bäuerlicher Mitsprache in der ›Hauptmannschaft‹« Rankl 1999, S. 54–97 (Zitat S. 72).

244 Müller 2000, S. 123 erklärt die Entstehung der »Straßenbaufrondienste« aus der »Verbindung des Wegeregals mit der ursprünglich den Anliegern obliegenden Unterhaltspflicht […], die sich allmählich in Reallasten für einen über den Kreis der unmittelbaren Anlieger hinausgehenden Teil der Bauernschaft wandelten«.

245 Dies konstatierte bereits Bader 1973, S. 229, wobei er generalisierend anmerkte: »Soweit eine Straße, Königs-, Heer- oder Landstraße in eines gestellt, innerhalb der Dorfmark verläuft, soll die Gemeinde sie unterhalten«. Die Zuständigkeiten waren freilich nicht immer eindeutig, wie gezeigt werden konnte. Und auch

Forschungen.[246] Daneben ist es die Praxis der Fronarbeiten selbst, die Aufschluss über den Status der Arbeiten im zeitgenössischen Horizont geben kann.

Die hier erfolgte schrittweise Analyse über Anlässe, Gegenstände und Organisation der Frontätigkeiten leistet einen Beitrag dazu, um den bisherigen pauschalen Bewertungsmaßstab »Zwang« zu überwinden und die Frontätigkeiten nicht nur als eine Geschichte der Konflikte zu begreifen. Dass die Zeitgenossen mit der Instandhaltungspflicht umgehen konnten und nicht nur deren Ablösung anstrebten, geht auch aus dem Zusammenwirken von mehreren Gemeinden zur Ausbesserung von Straßen und Wegen hervor. Solche gemeindeübergreifenden Instandsetzungsmaßnahmen, wie sie Karl Siegfried Bader festgestellt hat, decken aufgrund daraus resultierender Konflikte zwar weitere Zwänge,[247] weit mehr aber gemeindebezogene, aushandelbare und vor Ort selbst produzierte Handlungsmöglichkeiten auf.

Erforderlich ist also nicht weniger, als das Verhältnis von Herrschaft und Untertanen für das Fronwesen neu zu bestimmen. Das auf Anspruch und Gegenanspruch sowie Leistung und Gegenleistung gründende Verhältnis von Bauern zur Herrschaft[248] gestaltete sich durchaus kooperativ, wohl auch gerade, wenn es um Wege und Stege ging. Auch dies bleibt bei der näheren Erforschung des ohnehin regional und zeitlich stark variierenden Konfliktpotentials zwischen Landbevölkerung und Herrschaftsträgern zu beachten.[249]

---

ob und inwieweit jedes der vielzähligen Straßendörfer [siehe Anm. 156 (Kapitel 6)] die Straßen unterhielt, müssen weitere Forschungen klären.

246 Zu überwinden bleibt dabei das Ungleichgewicht bezüglich des Fronwesens, welches für Altbayern zwar bereits verschiedentlich Beachtung gefunden hat, während über die Fronverpflichtungen gerade der fränkischen Untertanen bislang nur wenig bekannt ist. Lediglich Einzelbefunde geben etwa Aufschluss über die von den Seifriedsburgern bei Gemünden mittels Herrschaftsfron zu leistenden Instandsetzungsarbeiten der Steige von Reichenbach, siehe Richter, Karl: Gemünden (Historischer Atlas von Bayern, Teil Franken, Reihe I, Heft 11), München 1963, S. 87. Welche weg- und stegbezogenen Gemeinfronverpflichtungen jedoch in Franken und ebenso in den Gemeinden des Herzogtums Bayern bestanden und mit welcher – das konnte gezeigt werden – teils erheblich divergierenden Intensität die Verkehrsinfrastruktur als Herrschaftsfron verbessert werden musste, gilt es künftig genauer zu betrachten. Dabei muss die Erforschung von Dorfordnungen voranschreiten. Denn obgleich Fried 1983 einen wichtigen Beitrag zur Erforschung der altbayerischen Dorfordnungen vorlegte, sind die von Rankl 1999, S. 54 konstatierten »großen Lücken in der Sammlung und Edition gemeindegeschichtlicher Quellen« noch nicht geschlossen. Mit Rankl selbst sowie den Editionen von Hartinger1998/2002 mit Einzelbefunden zu den Wegen und Stegen – wie Chammünster 1529 (Bd. 2, S. 503) und Floß/Amt Flossenbürg um 1610 (Bd. 2, S. 554) – sind jedoch Grundlagen für weitergehende Forschungen gelegt.

247 Bader 1973, S. 229 betont die »mannigfache[n] Streitigkeiten, die zu Schiedssprüchen und Verträgen führen«.

248 Bader 1962/1974, S. 234–250.

249 Dieses Forschungsdesiderat hat jüngst Mayenburg, David von: Land, in: Decock, Wim (Hg.): Konfliktlösung in der Frühen Neuzeit (Handbuch zur Geschichte der Konfliktlösung in Europa 3), Berlin 2021, S. 267–283, hier S. 272 unter Hinweis auf Frondienste angemerkt.

6.4 Zusammenfassung

Die meisten Menschen der Frühen Neuzeit lebten, wohnten und arbeiteten auf dem Land,[250] wo sie als Anrainer, Gemeindemitglieder und/oder als den Obrigkeiten verpflichtete Untertanen für den Erhalt der Verkehrsinfrastruktur arbeiten mussten. Die Straßenfron war in der Regel in einem von den Fronarbeitern selbst benötigten Nahbereich zu erbringen, wodurch sich ein von der Forschung bislang nicht erkanntes Eigeninteresse an den Instandsetzungsarbeiten ergab. Dass die Ausbesserungsarbeiten für die Wege und Stege keineswegs nur lustlos und zwangsweise erfolgten, findet seine Bestätigung in den Scharwerksaufzeichnungen, die viele Klagen, nicht jedoch solche über die Straßenfron und diesbezügliche Instandhaltungsmaßnahmen benennen.

Die für die Obrigkeiten zu erbringende Herrscherfron als mittelbare Ursache für den defizitären Straßenunterhalt der Vormoderne zu begreifen, wie es die Forschung bislang in erster Linie mit Befunden aus dem 18. Jahrhundert zu begründen versucht hat, kann in der vorliegenden Studie auch deshalb keine Bestätigung finden, da sich im 16. Jahrhundert der unmittelbare Zugriff von Herrschaft auf die ländliche Gesellschaft vielfach erst allmählich und vor allem über die Ordnung des Dorflebens durchsetzte. Herrscher- und Untertaneninteressen waren bezogen auf die Verkehrsinfrastruktur mehr komplementär als konfrontativ. Deutlich ist zudem, dass die Dorfordnungen bereits praktizierte Instandsetzungsgewohnheiten schriftlich verankerten und so zwar durchaus auch auf innerdörfliche Konflikte reagierten, aber mehr noch überkommen, mit der Gemeindegerechtsame einhergehende Straßenarbeiten einforderten, die mit den Ordnungen eine zusätzliche Akzeptanz und Legitimation erfuhren.

Gleichzeitig geben die Dorfordnungen das Wissen um den Nutzen und die Bedingungen der Instandhaltung der Verkehrsinfrastruktur zu erkennen. Die hier erstmals systematisch im Hinblick auf das Phänomen Straße betrachteten Dorfordnungen haben so einen mikroskopischen Blick auf den Umgang der ländlichen Gesellschaft mit der Verkehrsinfrastruktur und deren Gestalt ermöglicht. Trotz der inhaltlich individuellen Ausgestaltung der lokalbezogenen Ordnungen lassen sich übergreifende Phänomene, Muster und Praktiken im Umgang mit Straßen und ihrer Instandhaltung erkennen: Die in erster Linie in den Gemarkungen für die Gemeinde und/oder für die Herrschaft zu erbringenden Instandsetzungsarbeiten wurden regelmäßig fest terminiert und/oder bedarfsorientiert unter Androhung von – wiederum für den Straßenunterhalt zu verwendenden – Bußgeldern per Hand oder Spann in einem Nahbereich eingefordert, der nicht nur landwirtschaftliche Nutzwege, sondern ebenso überregional bedeutsame Fahrwege und Brücken

---

250 Mit dieser basalen Feststellung beginnt bezeichnenderweise, neben Heuvel 2023 II, auch Mayenburg 2021, S. 267 seine Ausführungen.

umfassen konnte. Die Befunde machen besonders deutlich: Die vormoderne Verkehrsinfrastruktur bestand vorwiegend aus den und über das Land führenden Verkehrswegen, die die Landbevölkerung und Gemeinden benötigten und auf verschiedenen Ebenen instand hielten, wodurch sie Eigenverantwortlichkeiten zeigten und Handlungsspielräume nutzten. Die kooperativen Instandsetzungsarbeiten generierten daneben gleichermaßen deshalb wiederkehrend Konflikte, da es sich um eine Gemeinschaftsressource handelte, die überdies auch Außenstehende nutzten. Straßen, Wege und Stege waren ein kollektives Gemeingut, das zuvorderst in einem lokalen Nahbereich die Existenz ermöglichte und sie mit formte, da nur eine intakte, benutzbare Verkehrsinfrastruktur die Anbindung an (über-)regionale Märkte und Nachbargemeinden erlaubte. Dafür aber musste die Gemeinschaftsressource kontinuierlich und kollektiv instandgesetzt werden – auch dies bedingte das intime, sehr nahe, (leidig) vertraute und existentielle Verhältnis Mensch – Straße.

7. Ergebnisse und Ausblick

Die gute Straße – danach strebten auch die Zeitgenossen des 16. Jahrhunderts. Anhand der vorangegangenen Quellenanalysen und kontextuellen Einordnungen im Rahmen der fünf Untersuchungsfelder Visualisierung/Begriffe, Reisen, Materialität, Herrschaft und Mikromobilität lässt sich aber nicht nur dieser Befund abschließend herausstellen. Straßen und Wege gehörten vielmehr zu denjenigen Praxisformationen der gebauten Umwelt, deren Existenz zwar allen bekannt war und ist, die einzelnen notwendigen Bestandteile und Bedingungen seiner Vollzugswirklichkeit jedoch allzu schnell hinter die durch sie bewirkten, oft negativ erfahrenen Effekte und dem wahrgenommenen Nicht-Funktionieren der im Vordergrund stehenden Bewegung und des Fortkommens im physischen Raum zurücktraten. Die Verkehrsinfrastruktur stattdessen als voraussetzungsvolles Phänomen der gebauten und geschaffenen Umwelt zu begreifen bedeutet, sie als materialisiertes Arrangement von bestimmten Handlungen und sozialen Praktiken zum Ausgangspunkt zu machen und nach eben jenen Bedingungen und Voraussetzungen zu fragen, welche das Phänomen Straße im 16. Jahrhundert konstituierten.

Ausgangs- und Bezugspunkt der Studie bildet eine aus dem Gegenstand und Anliegen der Untersuchung resultierende disparate Quellengrundlage: vom Reisebericht über Apodemiken, Rechnungen, Korrespondenzen, Suppliken, topographischen Aufnahmen und Flugblättern bis hin zu gerichtlichen Augenscheinkarten, Zeugenberichten, Verwaltungsschriftgut, Scharwerksbüchern, Policey-, Landes- und Dorfordnungen. Gerade diese hybride Medienkonstellation aus einer Vielzahl an Schrift- und Bildquellen lässt Muster genauso wie Eigenlogiken der zeitgenössischen Nutzung, Wahrnehmung und des Erhalts von Straßen erkennen. Mit Theodore Schatzki können diese Muster als Praktiken, als ein »›bundle‹ of activities«, als »organized constellation of action«, als ein »set of doings and sayings«[1] charakterisiert werden. Konkreter formuliert: »Soziale Praktiken sind an bestimmte situative, räumliche und materielle Kontexte gebunden, vollziehen sich überwiegend im Modus des Gewohnten und Selbstverständlichen, sind kollektiv oder zumindest von mehreren Personen geteilt und regelmäßig«.[2] Betrachtet man die aus der

---

1 Schatzki 2002, S. 71 u. 73.
2 Dickmann, Jens-Arne/Elias, Friederike/Focken, Friedrich-Emanuel: Praxeologie, in: Meier, Thomas/Ott, Michael R./Saur, Rebecca (Hg.): Materiale Textkulturen. Konzepte – Materialien – Praktiken (Materiale Textkulturen 1), Berlin/Boston/München 2015, S. 135–146, hier S. 136 f.

Überlieferung herausgearbeiteten Muster, so lassen sich besonders drei dieser Praktiken hervorheben, die in allen Überlieferungen ihre empirische Verankerung finden. Dies sind 1.) Nutzungs- und Fortbewegungspraktiken, 2.) Instandhaltungspraktiken und 3.) Austausch- und Aneignungspraktiken. Nicht in jedem der Untersuchungsfelder finden sich diese Muster in gleichem Maße explizit, zumindest aber gibt es Hinweise auf die Kombination dieser drei Praktiken in allen ausgewerteten Überlieferungssträngen. Sowohl beim Quellentyp der Reiseberichte und Apodemiken, im Verwaltungsschriftgut/der pragmatischen Schriftlichkeit, in Suppliken, Berichten, Ordnungen und Rechnungen – wendet man die Definition der Praktiken auf die hier untersuchten Straßenkontexte, so lassen sich die übergreifenden Praktiken als Produkt und Konstituenten des zeitgenössischen Umgangs, des Erhalts, der Nutzung und der Wahrnehmung von Straßen betrachten.

Während Reiseberichte narrativ die Welt- und damit auch Straßenerfahrung memorieren und beglaubigen, sind Itinerare bestimmten Ordnungsprinzipien verpflichtet, die der Rezipient an diese Form der Dokumentation von Verkehrsinfrastrukturen heranträgt. Nichtsdestotrotz zeigen die vorangegangenen Analysen deutlich auf, dass es eben nicht ›nur‹ Listen sind. Itinerare bilden vielmehr – wie auch medizinische und theologische Ratgeber – konkrete Nutzungs-, Reise- und Fortbewegungspraktiken auf und durch Straßen ab. In beiden Textgattungen wird dokumentiert, wie sich die Fortbewegung gestalten konnte, welche Mittel erforderlich waren, um den physischen Raum zu überwinden. Die Vorbereitung des Körpers auf den Reiseweg, also auf den Fortbewegungsprozess, war dabei ebenso Bestandteil, wie die Schilderungen medizinischer Versorgungspraktiken oder der Hinweis auf das Tragen adäquater Kleidung in Abhängigkeit von der Jahreszeit; zusammengenommen alles, um den Körper auf und durch die Straße vor Natur und Wetter zu schützen. Daneben galt es im christlichen Europa der Vormoderne, sich geistig mit den Strapazen des irdischen und zugleich heilsgeschichtlichen Weges auseinanderzusetzen, Gott zu suchen und seine Hilfe zu erbitten. So wurde in theologischen Schriften der Weg zur Metapher und der Leser bzw. Reisende darin auf die übersinnlichen Gefahren (Teufel) eines metaphysischen und zugleich real-existierenden Wegbeschreitens aufmerksam gemacht, wozu auch das in einem Itinerar beigefügte Reisegebet zu zählen ist. Straßen und Wege sind als ein wahrgenommenes »Amalgam von Geist und Körper, von Semantischem und Somatischem, von Subjektivität und Objektivität«[3] und zugleich als ein erklärungsbedürftiges Artefakt zu begreifen, das weitaus mehr beinhaltet als einen durch die Brille der Reiseberichte und Klagen gewonnenen und von der Forschung bislang überbetonten Defizitbefund.

---

3   Henny, Sundar: Vom Leib geschrieben. Der Mikrokosmos Zürich und seine Selbstzeugnisse im 17. Jahrhundert (Selbstzeugnisse der Neuzeit 25), Köln/Weimar/Wien 2016, S. 11.

Für die Einschätzung eines Defizits der Straßenqualität aufgrund organisatorischer, finanzieller und arbeitsmoralischer Unzulänglichkeiten (Letzteres sowohl für die Fronarbeiter als auch für Zöllner) wurden bislang zu wenig die Schreib- und Darstellungskonventionen der vielfach als Hauptquelle zur Untersuchung des Straßenwesens fungierenden Reiseberichte bedacht. Wie die Studie zeigen konnte, diente das von den Reisenden für sich selbst, die Nachkommen und die Nachwelt memorierte, be- und erschriebene Reisen in erster Linie als (toposhafte) Argumentationsstrategie, um etwa Gefahren und Risiken des Reisens, aber auch Interessen zu artikulieren und hervorzuheben. Deutete die von unterschiedlichen Einflüssen geprägte Quellengattung der Reiseberichte die Bedingungen bzw. das implizite Wissen der hinter den Bedingungen von Straßen, vor allem aber des Reisens stehenden sozialen Praktiken nur an, so erlaubte die medizinische und theologische Ratgeberliteratur, die den Reiseberichten entnommenen Elemente um eine Vielfalt an in der Zeit erörterten Grundbedingungen des Reisens zu erweitern. Die in dieser Schriftlichkeit oft angesprochene Naturabhängigkeit bildet ein nicht nur für Reisende grundlegendes Element des Straßenraumes und der Fortbewegungspraktiken. Zudem gewinnt man mit der Analyse von Apodemiken und Itineraren, aber mehr noch mit den Reiseberichten und der darin beschriebenen Mobilitätspraktiken Einblick in die Aneignungspraxis des Straßenraumes selbst. Mit der reflektiven Verschriftlichung oder der Vorbereitung auf die Route durch das Rezipieren oder Anfertigen von Itineraren und Apodemiken wurde der Straßenraum je individuell produziert und angeeignet. Die Dokumentationsleistung ist also gleichzeitig Teil dieser Aneignungspraktiken, sowohl auf Seiten des Autors als auch des Adressaten und Rezipienten. Instandhaltungspraktiken und Erhaltungsbedarf deuten sich in den Apodemiken, Reiseberichten und Itineraren nur zwischen den Zeilen an, wenn etwa über die schlechte Straße gesprochen oder geschrieben wurde.

Über Straßen wurde aber nicht nur gesprochen und geschrieben, sie wurden vielfach abgebildet, visualisiert und in die skopische Ordnung des Weltwissens eingebunden. Anhand von Flugblättern, Augenscheinkarten, Straßenkarten und kartographischen Landesaufnahmen wurden sowohl übergreifende Visualisierungselemente[4] als auch Praktiken der Aneignung besonders deutlich. Anders als dies bisherige Forschungen zu kartographischem Material in den Vordergrund gerückt haben, lag der Schwerpunkt im Kontext der hier analysierten kartographischen Darstellungen darauf, die herrschaftliche Durchdringung und Aneignung des physischen Raumes bezogen auf die Verkehrsinfrastruktur herauszuheben. Mit dem Fokus auf Straßen ging es nicht nur darum, Karten als »Herrschaftswissen und ideologische Rhetorik«[5] zu funktionalisieren, obgleich sie

---

4 Man könnte auch von Dokumentationspraktiken sprechen.
5 Stercken, Martina: Regionale Identität im spätmittelalterlichen Europa. Kartographische Darstellungen, in: Baumgärtner, Ingrid/Kugler, Hartmut (Hg.): Europa im Weltbild des Mittelalters. Kartographische Konzepte (Orbis mediaevalis. Vorstellungswelten des Mittelalters 10), Berlin 2008, S. 277–300, hier S. 280.

diese Rolle im Laufe der Frühen Neuzeit vermehrt einnehmen; Landesaufnahmen und Augenscheinkarten zielten darauf ab, Herrschaftsverhältnisse zu klären, Lagepositionen zu bestimmen, ein Verweissystem zwischen vermeintlichem Recht und visualisierter Realität herzustellen. Die bildliche Darstellung der Räume, von Natur und Landschaft nahm im Rahmen der hier bearbeiteten Visualisierungen mehr aber die Rolle eines Dritten ein, über den Straßen angeeignet wurden: erst durch Prozesse und Praktiken der autorisierten Inaugenscheinnahme wurden die Abbildungen erstellt und zu Zeugen funktionalisiert. Die Erfahrung und kartographische Erfassung von Straßen war so Teil der Konkretisierung von Herrschaft über den physischen Raum. Vor allem die im Rahmen von Gerichtsprozessen angefertigten Augenscheinkarten waren darüber hinaus unmittelbar in das soziale Wissen der vor Ort befragten Zeugen eingebunden, wie die Grenzstreitigkeiten zwischen Pfalz-Neuburg und Württemberg belegt haben. Geographische Darstellung und humanes Wissen standen hier in unmittelbarer Wechselwirkung und spiegeln konkret Austauschpraktiken zwischen Obrigkeit und vor Ort Ansässigen wider. Straßen waren bei diesen kartographischen Darstellungen sowohl essentieller Bestandteil von Herrschaftsrechten als auch notwendige Elemente, um das Herrschaftsgebiet strukturiert zu visualisieren. Dabei markierten die Verkehrswege sowohl herrschaftliche und geographische Zusammenhänge als auch Grenzen und damit oftmals unterschiedliche Herrschafts- und Verfügungsrechte.

Anhand des visuellen Zugriffs auf Straßen war es daneben möglich, nach Darstellungskonventionen und immer wiederkehrenden, musterhaften Visualisierungselementen zu fragen, die die begriffliche Näherung ergänzten und eine mögliche Straßentypologie über das Gezeichnete/Gemalte/Dargestellte konkretisierten. Dabei geriet nicht nur die Materialität der Straßen in den Fokus, sondern vor allem auch der Straßenrand: die Detailperspektive nämlich machte deutlich, dass kartographische Darstellungen ihr Augenmerk nicht nur auf die Visualisierung der natürlichen Gegebenheiten und gemachten Verkehrsinfrastruktur legten, sondern auch auf den sie unmittelbar angrenzenden Straßenrand. Bildstöcke, Martersäulen und Wegkreuze säumten die Straßen. Hier kristallisiert sich weltliches Fortbewegen, religiöses Innehalten und individuelles Erinnern, hier konzentriert sich die Aneignung des Straßenraumes. Auch Flugblätter bildeten Straßen ab, allerdings nicht als zentrale Bildelemente, sondern als Bühnen für das Geschehen. Straßen auf Flugblättern verwiesen in erster Linie metaphorisch auf die Öffentlichkeit und Zugänglichkeit, aus der eine gesellschaftlich gleichermaßen gewollte und gefürchtete Aneignungsmöglichkeit des Straßenraumes resultierte. Straßennutzer und Herrschaft versuchten gemeinsam in Aushandlungsprozessen, diese Straßenöffentlichkeit zu reglementieren und einen stabilen Straßenfrieden auf Grundlage des Ewigen Landfriedens zu finden.

Unmittelbare Einblicke in die Instandhaltungspraktiken selbst (und damit zu einem gewissen Grad in die Aneignungs- und Austauschpraktiken, da die Muster unauflöslich zusammenhängen) wurden in den Untersuchungsfeldern in erster Linie aus dem analysierten pragmatischen Schriftgut[6] gewonnen. Sowohl in der Rechnungslegungsüberlieferung des Weg- und Stegamts der Reichsstadt Nürnberg, den Suppliken und Berichten durch Amtleute vor Ort, den Policey-, Landes und Dorfordnungen und dem Korrespondenzschriftgut aus der Geleitskooperation zwischen Sachsen-Coburg und Würzburg ließen sich die einzelnen Instandhaltungspraktiken sehr dicht analysieren: Arbeiten und Tätigkeiten konnten personalisiert, lokalisiert, zeitlich bestimmt, monetär eingeordnet und als übergreifende Routinen identifiziert, Zuständigkeiten und Pflichten zugeordnet werden. Die Kombination dieser außersprachlichen Wirklichkeiten stiftete darüber hinaus ein konkretes Bild der Instandhaltung: Es zeigte, wer wann wie vor Ort oder darüber hinaus beteiligt war, wie Obrigkeit und/oder Lokalitäten zusammenarbeiteten, Zuständigkeiten aushandelten oder konkurrierten, welche Notwendigkeiten die Straßenarbeit wann wo evozierte, wann Instandhaltungen scheiterten, welche Beziehungsgeflechte aus der Instandhaltung oder durch die Herrschaft mit oder über Straßen, Wege und Brücken entstanden. Es ließ sich zeigen, welcher Materialaufwand für die Reparatur von Straßen, aber auch von Brücken geleistet werden musste und wie sich die unterschiedlichen Arbeiten im Einzelnen verteilten. Sehr verschiedene Menschen und Gruppen waren am Erhalt der Straßen des Nürnberger Umlands beteiligt: der Amtmann für die Rechnungslegung, die Werkmeister, Zimmerleute und Steinmetze, Arbeiter, Stadtknechte, Taglöhner, Bauern, Fronarbeiter, sogar ein Stadtpfeifer begleitete einen Tag lang die Arbeiten auf der Straße. Obgleich die Verkehrsinfrastruktur Bestandteil verwaltungstechnischen Handelns war, ging auch hier das religiös-magische Weltbild nicht spurlos vorüber, denn Einträge zu frommen Stiftungen, die für den Erhalt der Verkehrsinfrastruktur eingesetzt wurden, wiederholten sich auch im bereits protestantischen Nürnberg und schlossen damit an mittelalterliche Vorbilder an. Auch dies bringt zum Ausdruck: Straßen waren eine Gemeinschaftsressource, das Handeln für den Gemeinen Nutzen evozierte.

Instandhaltungspraktiken machten die Binnenlogiken des Erhalts der Verkehrsinfrastruktur, die sozialen, ökonomischen und politischen Bezugspunkte des Bauens und Erhaltens deutlich, die auf übergeordnete Strukturen der vormodernen Gesellschaft verwiesen: Hierarchisierung, Territorialisierung, Aushandlung und Vermittlung. Zudem ließ sich im Sprechen und Schreiben über Straßen in den schriftlichen Interaktionen zwischen den Beteiligten der Diskurs und das Ringen um die ›gute Straße‹ herauslesen. Instandhaltung ging dabei immer mit Aneignung und Austausch einher, alle drei Prozesse wirkten aufeinander ein, ja bedingten sich gegenseitig. Dies wird besonders deutlich, wenn man

---

6   Von pragmatischem Schriftgut, nicht etwa Verwaltungsschriftgut, wird hier explizit deshalb gesprochen, da es in der praxeologischen Analyse auf die hinter der Versprachlichung stehenden außersprachlichen Wirklichkeiten ankommt, die die übergreifenden Muster und Praktiken erst sichtbar machen.

den Aufmerksamkeitsfokus auf die konkreten Aneignungspraktiken selbst legt, die sich in allen Untersuchungsfeldern zeigten. Dies sind 1.) schriftliche Niederlegungen (Berichte, Suppliken usw.) und 2.) Inaugenscheinnahmen durch Inspektionen, Umritte und Kommissionen. Besonders die Praktiken der Inaugenscheinnahme bzw. des Augenscheins selbst waren in allen Untersuchungsfeldern fassbar. Als »rem oculis nostris subjicimus« war der Augenschein jene Praktik, die als älteste bei Streitigkeiten und Unsicherheiten, aber auch bei den Verwaltungsvorgängen auf Straßen verarbeitbare Informationen erzeugte und ein Bild über die Zustände liefern sollte. Die in Hinblick auf Straßen angewandten Einzelpraktiken des vor Ort und mit eigenen Augen Inspizierens sollten es ermöglichen, über Ortsansässige oder delegierte Amtsträger verlässliches Wissen zu generieren, erforderliche Maßnahmen zu diskutieren, Kostenkalkulationen vorzunehmen, Bedingungen zu implementieren und Planungen in Angriff zu nehmen, da besonders die Besorgung von Ressourcen unweigerlich Zeit in Anspruch nehmen konnte. Interpretiert man also den Augenschein und damit verbundene Praktiken wie Inspektionen oder Umritte nicht als vorstrukturierte Verfahren, sondern als einzelne Situationen, die individuelle Konstellationen hervorbrachten, so erscheint auch die beschränkte Umsetzung von Instandsetzungsarbeiten weniger als mangelhafte Durchführung und starre Routine und damit als Mitursache für vermeintlich omnipräsent schlechte Straßen. Vielmehr öffnet sich hierdurch der Blick auf den möglichen flexibleren Umgang, um durch die Situationsanalyse vor Ort (mit anderen Beteiligten) angemessen reagieren zu können und kontingente Situationen innerhalb eines mehrteiligen Interaktionsprozesses zu bewältigen, an dessen Ende dann durchaus gute Straßen standen.

Augenschein und Inspektion, Instandhaltung und Aneignung, spielten auch in den Policey-, Landes- und Dorfordnungen eine große Rolle. In allen Überlieferungssträngen sind es aber nicht nur die Instandhaltungspraktiken, die konkretisiert und definiert wurden – in Dorfordnungen übrigens weitaus präziser. Deutlicher wurden vor allem die Aneignungsvorgänge und die Zielsetzung der reibungslose(re)n Fortbewegung artikuliert. Normative Festlegungen als eine Art Handlungsanweisung und Teilhabe bedingten sich hierbei gegenseitig und sind charakteristisch für die Thematisierung straßenbezogener Praktiken in den Ordnungen. Die schriftlichen Fixierungen sicherten dabei das hergebrachte Wissen um die Instandhaltung, organisierten die Praxis vor Ort und stellten damit im Rahmen der Mikromobilität auf dem Land den Erhalt sicher. Der Text der Ordnung verzeitlichte sozusagen die Praktiken, hielt aber gleichzeitig die Möglichkeit bereit, bei Auseinandersetzungen oder Wandlungen aktualisiert werden zu können – im Spannungsfeld zwischen Obrigkeit und Untertan. Durch die Ordnungen wird zudem deutlich, dass die ländliche Verkehrsinfrastruktur weitgehend als gemeinsame Ressource in Eigenverantwortlichkeiten der zuständigen Gemeinden vor Ort und in Selbstregulierungsprozesse eingebunden war. Die Instandhaltungspraxis mit ihren individuellen Festlegungen stabilisierte dabei die innerdörfliche soziale Struktur und Zusammensetzung: Alle Gemeindemitglieder, differenziert nach sozio-ökonomischen und rechtlichen Status, mussten instandhalten, um die Fortbewegung im Raum für sich selbst und andere zu ermöglichen. Straßen wurden also auch im gemeindlichen Bereich angeeignet. Letztlich lässt sich feststellen und betonen: Im Rahmen der Mikromobilität überschnitten sich Praktiken der Instandhaltung, der Aneignung und der Fortbewegung.

Als essentielle Elemente des durchdrungenen physischen Raums zum Zwecke der Mobilität, als Teile von Gemeinschaftsressourcen oder als Herrschaftsmittel sind Straßen, Wege und Brücken Knotenpunkte, die charakteristische Binnenbeziehungen/Binnenelemente der vormodernen politischen Kultur und Gesellschaft in sich vereinen und zum Ausdruck bringen. »Wahrnehmungen und Sichtweisen, Normen und Werte, Handlungsmuster und Aktionsformen«[7] werden dabei zum Ausgangspunkt genommen, um spezifische Binnenlogiken betrachteter Phänomene, Institutionen oder Organisationen konzise erfassen und innerhalb ihres Settings und ihrer Funktionalisierung bestimmen zu können. Diese Ausgangspunkte aber ergaben sich für Straßen erst im Anschluss an die Auswertung des disparaten Quellenmaterials. Die drei oben beschriebenen übergreifenden Muster sind also forschungspragmatisch gesehen beides gleichermaßen Praktiken der Vollzugssituationen und Effekte der Dokumentation.

Die Praktiken der Instandhaltung, Fortbewegung und Aneignung von Straßen sind Ausdruck und Bestandteil der den vormodernen Menschen eigenen Vertrautheit mit Straßen und Wegen. Diese »intimacy«[8] ergab sich nicht trotz, sondern wegen der Ungewissheiten und Unsicherheiten der Straßennutzung. Denn eine gute Straße hing von vielem ab: Von der Sicherheit, von arbeitenden Menschen, von deren Arbeitsorganisation und Arbeitsmoral, von dem natürlichen Untergrund, von der Verfügbarkeit von Baustoffen und nicht zuletzt vom Wetter. All diese Aspekte hat die Studie behandelt, um mit einer erweiterten Perspektive und auf breiter Quellengrundlage herauszuarbeiten, warum es in der Vormoderne keine Selbstverständlichkeit war, sich unversehrt, konfliktfrei und gesund über weite Strecken fortzubewegen. Mit den Straßen musste sich jeder Straßennutzer arrangieren, da sie in Abhängigkeit von der Distanz zum Wegziel viel Zeit auf die Begehung, das Bereiten oder Befahren von keineswegs selbstverständlich ganzjährig gut benutzbaren Ortsverbindungen verwendeten.

Die Intimität der Menschen mit den Straßen in Abhängigkeit von der eigenen Körperlichkeit und der Natur weist auf erhebliche Risiken und Verletzbarkeiten hin. Nicht zuletzt deshalb war der Beistand Gottes ein wichtiges Anliegen vieler Reisender. Für die (ver-

---

7 Emich, Birgit: Verwaltungshandeln im Kirchenstaat? Konzeptionelle Überlegungen zu einer Kulturgeschichte der Verwaltung, in: Brakensiek, Stefan/Bredow, Corinna v./Näther, Birgit (Hg.): Herrschaft und Verwaltung in der Frühen Neuzeit (Historische Forschungen 101), Berlin 2014, S. 163–180, hier S. 163 im Zusammenhang mit der Frage, was ›Kultur‹ ausmache.
8 Delano-Smith 2006, S. 17.

Ergebnisse und Ausblick

zauberte) Welt des 16. Jahrhunderts ist dieser Befund offensichtlich: Die im Straßenraum mittels Wegheiligtümer eingeschriebene sowie von den Reisenden vor und auf Reise erbetene Gottesnähe ist wesentlicher Bestandteil der musterhaften Fortbewegungs- und Aneignungspraktiken – zumindest im christlichen Europa der Vormoderne. In dieser Hinsicht sind die für das 16. Jahrhundert mit einem räumlichen Schwerpunkt erarbeiteten Befunde der Studie verallgemeinerungsfähig, obgleich konfessionsspezifische Varianten der transzendentalen Durchdringung des Straßenraumes zu eruieren bleiben. Mit dem von der Studie fokussierten 16. Jahrhundert und den zwar mit Reisenden, Kaiser und Reich sowie ordnenden Territorialherren erweiterten, aber schwerpunktmäßig auf Oberdeutschland liegenden Untersuchungsraum wurde bezüglich des Straßenerhalts zunächst ein zeit-, aber weniger raumspezifischer Befund erarbeitet; abgesehen davon, dass auch die Chausseen äußerst wartungsintensiv waren,[9] bleibt ohne Umschweife zu konstatieren: Die Straßen des 16. Jahrhunderts mussten überall und regelmäßig unterhalten und instandgehalten werden. Aufgrund der Anfälligkeit der Natur gegenüber wurden die Praktiken der Instandhaltung und Zuständigkeiten verteilt und umgesetzt, um die schnell unzureichend unterhaltenen Straßen und Wege benutzbar zu halten und die Öffentlichkeit der Straße, das Gemeingut, über die Benutzbarkeit zu ermöglichen. Diese Praxis der Instandhaltung beförderte die Schaffung von Organisationsstrukturen sowohl in den Dörfern als auch im Rahmen der obrigkeitlichen Straßenherrschaft. Besonderes Augenmerk hat dabei die von den 1530er Jahren bis um 1600 bestehende konfessionsübergreifende Kooperation zum Unterhalt der Geleitstraße von Coburg nach Bamberg zwischen den Fürstbischöfen von Würzburg und den Herzögen von Sachsen-Coburg erfahren, denn sie institutionalisierten die Instandhaltungspraktiken musterhaft: Der Straßenerhalt basierte auf einer vertraglichen Regelung, war eingebunden in wiederkehrende Inspektionen, in routinierte Zusammenkünfte, in eine gemeinsame Rechnungslegung und ständige Interaktionsprozesse. Einen flächendeckenden Unterhalt der Straßen gab es jedoch damals wie heute nicht, ein Bündel an Ressourcenbegrenzungen, das sich auf die Praxis der Instandhaltung, Aneignung und damit Fortbewegung auswirkte und so wiederum Fragen der Instandhaltung aufwarf, konnte mit der Quellenanalyse aufgezeigt werden.

Auch für den Unterhalt der Straßen des Nürnberger Umlands wurden umfänglich Ressourcen unter kontinuierlichem Einsatz von Straßenarbeitern aufgewendet. Solche Investitionen konnte sich nicht jeder leisten. Dessen ungeachtet weist die Ressourcenabhängigkeit des Straßenerhalts sowie der Ressourcen- und Geldmangel der Vormoderne auf ein grundlegendes Spannungsverhältnis der Mensch-Straßen Beziehung hin. In erheblichem Maße dazu beigetragen hat die Fronarbeit und damit eine Erscheinungsform der

---

9   Siehe hierzu das Projekt »Helvetische Strassenenquête« unter der Leitung von Prof. Dr. André Holenstein, URL: http://www.strassenenquete.ch (17.6.2023).

unentgeltlichen Straßenarbeit, deren raum- und zeitübergreifende Ergründung weiteren Untersuchungen überlassen bleibt. Denn deutlich ist, dass die vorliegende Studie mit der Fronarbeit und dem damit verbundenen verkehrsinfrastrukturellen Nahbereich der Menschen eine bislang nur randständig behandelte, aber zentrale soziale und lebensweltliche Dimensionen des Straßenwesens fokussiert hat. Die bisherigen Forschungsbefunde und -annahmen bleiben weiter auszudifferenzieren, um durch die dezidierte Analyse der Fronpraxis mögliche Entwicklungslinien dieses die Vormoderne umfassend prägenden Feldes genauer erfassen zu können. Gezeigt werden konnte nämlich, dass im 16. Jahrhundert die von Anrainern und Mitgliedern einer Gemeinde für den Nahbereich zu erbringende Gemeinfron des Straßenerhalts die Gesellschaft vor Ort, aber auch immer mehr die Herrschaft selbst einforderten. Die Befunde legen es daher nahe, die Praxis des Straßenerhalts vor Ort im Spannungsverhältnis zwischen Untertan und Obrigkeit näher zu fokussieren und systematisch anhand der Instandhaltungspraxis danach zu fragen, warum und ob im zunehmenden Maße die Notwendigkeit des Erhalts der Infrastruktur weniger Ausdruck und Bestandteil von Selbstregulierungsmechanismen, autonomen Handlungsspielräumen und einer durch Dorfordnungen geregelten Selbstorganisation vor Ort in der lokalen dörflichen Gesellschaft war, sondern weitaus mehr in die für die Obrigkeiten zu erbringende Herrschaftsfron eingebunden worden ist. Der für das 18. Jahrhundert konstatierte Zwangscharakter der unentgeltlichen Straßenarbeit kann eine Folge der Herrschaftsverdichtung sein, das Verhältnis einerseits von Straße und lokaler Gesellschaft sowie andererseits von Straße und Herrschaft gestaltete sich im 16. Jahrhundert jedoch im Rahmen von Interaktion und Aushandlung. Woher also kam dieser Wandel? Zu kurz greift es, die Konflikthaftigkeit und Ablehnung der für die Obrigkeiten unentgeltlich zu erbringenden Fronarbeiten pauschal für die Straßenfronarbeiten anzunehmen. Die Arbeiten auf und für die Straßen des 16. Jahrhunderts forderte in erster Linie die lokale Gesellschaft zum Erhalt einer Gemeinschaftsressource selbst ein.

Mit dem verstärkten herrschaftlichen Zugriff, der sich auf den Zollgeleitstraßen alleine aufgrund der (zunehmend) umstrittenen Zollrechte und daraus resultierenden Inspektions- und Instandhaltungsverpflichtungen ergab, kam es freilich langfristig zu einer Ablehnung von Straßenfronarbeiten. Eine solche mentalitätsgeschichtliche Entfremdung bedarf noch einer umfänglichen Gesamtanalyse des sich wandelnden Umgangs von Herrschaft und Gesellschaft mit Straßen. Denn auf das Verhältnis Mensch – Straße wirkte keineswegs nur von ›außen‹ Herrschaft ein, ist es doch zunächst der Straßennutzer selbst, der variable Mobilitätsmöglichkeiten und Mobilitätserwartungen hatte. Eben dies blieb in der Frühen Neuzeit nicht gleich. Mit der Entwicklung des Postwesens, der Durchsetzung von Kutschen als Fortbewegungsmittel und dem sich wandelnden Drang nach Welterfahrung veränderten sich die Fortbewegungspraktiken, die Nutzungsansprüche und Nutzungsmöglichkeiten zumindest für einen elitären Teil der Gesellschaft.

Der Straßenraum erfuhr also in Abhängigkeit von 1.) der Natur als Ressourcengeber der Erhaltungsmaßnahmen, 2.) den Siedlungen sowie 3.) den von den Siedlungen abhängigen Nutzungsaufkommen eine Ausgestaltung. Das Verhältnis von Menschen (als Nutzer, Siedler und Straßenarbeiter), Natur (als Ressourcengeber) und Straße gestaltete sich aber auch 4.) vor allem in Abhängigkeit von der topographischen Gestalt der besiedelten und zur Fortbewegung und zum Transport genutzten Erdoberfläche. Unterschiede sind offensichtlich, wenn man die Befunde für die Erhaltungsmaßnahmen eines überregional bedeutsamen Verkehrsknotenpunktes wie Nürnberg und damit einer Gegend ohne schiffbare Flüsse, aber dafür mit zahlreichen Brücken und ›großen‹ Straßen, in Beziehung setzt zu einer einzelnen, auf Anhöhen verlaufenden Hochstraße. Gerade für den metropolitan geprägten Raum um Nürnberg ergab sich die Notwendigkeit eines eigenen, dem Straßenerhalt dienenden Weg- und Stegamtes und blieb auch für die zur Fronarbeit verpflichteten Bewohner sowie die bauressourcengebende Natur des städtischen Umlandes nicht folgenlos. Die Variabilität des Verhältnisses Mensch – Natur – Siedlung – Straße weiter zu erhellen, ist Aufgabe künftiger Forschungen. Deutlich ist, dass die Nutzungsansprüche kein Spezifikum des hier schwerpunktmäßig betrachteten oberdeutschen Raumes darstellen. Gleiches trifft auf die vermehrte herrschaftliche Erfassung und Durchdringung des Straßenraumes zu. Straßen waren zudem auch immer eine von lokalen Gemeinschaften benötigte Gemeinschaftsressource in einem ländlichen Nahbereich. Der Naturraum verweist aber auf eine von Siedlungsstrukturen, Populationsaufkommen und Güterbedarf beeinflusste variable Nutzungsintensität. Hieraus ergaben sich spezifische Erfordernisse der Ausgestaltung und des Unterhalts des Straßenraumes, denen die Obrigkeiten nicht überall mit gleichen Mitteln (Straßenvisitationen, Straßenkooperationen, Straßenpolicey, Weg- und Stegamt) entsprechen wollten und konnten. Die Instandhaltungserfordernisse hingen schließlich erheblich von Krieg und Frieden, politischen und sozialen Konstellationen, aber auch besonders von den Niederschlagsmengen sowie insgesamt vom Gang der Jahreszeiten ab; die Arbeitszyklen im Nürnberger Umland haben dies mehr als deutlich gemacht. Wetter und Klima unterlagen in der Frühen Neuzeit freilich erheblichen Wandlungen; so war der Winter des Jahres 1573 in Europa der kälteste im 16. Jahrhundert und sogar »der drittkälteste der zurückliegenden 500 Jahre«.[10] Solche klimatischen Gegebenheiten berührten unmittelbar die Straßenarbeiter und Straßennutzer in ihrer Körperlichkeit, mit der sie die Straßen begingen, beritten, befuhren oder unterhielten. Und auch der Ressourcenbedarf zur Erhaltung von Straßen konnte nicht jederzeit gleichermaßen gedeckt werden. Deutlich ist: Gerade die Abhängigkeiten von Natur, Klima und Wetter forderten beständig das Handeln von Herrschaft und Gesellschaft mit und auf Straßen ein.

---

10 Mauelshagen, Franz: Klimageschichte der Neuzeit, Darmstadt 2010, S. 65.

Erhalt – Nutzung – Wahrnehmung: Diese drei Schlagwörter prägten das Sprechen und Schreiben über Straßen und Wege. Sie sind die Bezugs- und Ankerpunkte, die über die Praktiken der Instandhaltung, Fortbewegung und Aneignung von Straßen einen Beitrag dazu leisten, neue Einblicke in Mechanismen und Funktionsweisen grundlegender Kategorien der Frühen Neuzeit zu liefern.

Dank

Die Studie wurde 2021 von der Geschichts- und Gesellschaftswissenschaftlichen Fakultät der Katholischen Universität Eichstätt-Ingolstadt als Habilitationsschrift angenommen und für die Drucklegung geringfügig überarbeitet. Den Mitgliedern des Fachmentorats Sabine Ullmann, Michael Rathmann und Mark Häberlein möchte ich ebenso danken wie Stefan Brakensiek, der das externe Gutachten erstellt hat. Für vielfältige Anregungen und Diskussionen bedanke ich mich bei Maria Weber, Stephanie Armer, Jörn Retterath, Monika Müller, Markus Seemann, Stefan Grüner, Teresa Neumeyer, Oliver Sowa und Christina Patz. Sabrina Swirsch übernahm die abschließende Prüfung des gesamten Textes und Fußnotenapparates. Ihnen allen gebührt großer Dank für diese Unterstützung!

Wissenschaftlich hat diese Monographie von zahlreichen Momenten des kollegialen Austausches profitiert. Ein Stipendium ermöglichte mir ein Aufenthalt an der Herzog-August-Bibliothek Wolfenbüttel. Weiterführende Erkenntnisse und Diskussion ergaben sich auch in den Oberseminaren von Lothar Schilling (Augsburg), Mark Häberlein (Bamberg), Horst Carl (Gießen), Arnd Reitemeier (Göttingen), Arndt Brendecke (München), Ulrike Ludwig und André Krischer (Münster). In Eichstätt ermöglichte, neben teils fach- und epochenübergreifend ausgerichteten Oberseminaren, besonders ein Seminarprojekt in Kooperation mit Simon Falch den interdisziplinären Austausch.

Für die Aufnahme der Studie in die Reihe »Ding, Materialität, Geschichte« danke ich den Reihenherausgeber:innen sowie Dorothee Wunsch und Julia Roßberg für die Betreuung auf Seiten des Verlages. Ohne finanzielle Unterstützung durch die Geschwister Boehringer Ingelheim Stiftung für Geisteswissenschaften in Ingelheim am Rhein und die Forschungsstiftung Bayerische Geschichte würde die Studie nicht in dieser Form vorliegen.

Die Kriege und Krisen unserer Gegenwart unterstreichen, dass alle diese helfenden und stützenden Hände und Köpfe keine Selbstverständlichkeit sind. Die wissenschaftliche Auseinandersetzung mit der Vergangenheit berührt schließlich sehr schnell nicht nur das berufliche, sondern ebenso das private Umfeld. Der abschließende Dank gilt deshalb allen Familienangehörigen und Freund:innen, die gewollt oder ungewollt mit mir implizit und explizit die Straßen, Wege und Stege des 16. Jahrhunderts erkundet haben. Geschichte ist auch in dieser Hinsicht Gegenwart.

Rettenbach/Eichstätt/Freiburg, 1. Juli 2023

Verzeichnis der Abbildungen und Diagramme

Abbildungen

Abb. 1: »Klassifikation der alten Verkehrswege« nach Denecke. Denecke 1969, S. 111 f. © Copyright 1969 – Geographisches Institut der Georg-August-Universität Göttingen/Goltze Druck (Göttingen/Germany).

Abb. 2: Bezeichnungen für den von Nürnberg über Fulda Richtung Hamburg und Lübeck verlaufenden Fernverkehrsweg. Denecke 1969, S. 252. © Copyright 1969 – Geographisches Institut der Georg-August-Universität Göttingen/Goltze Druck (Göttingen/Germany).

Abb. 3: Gepunktete Doppellinien zeigen im ersten Straßenatlas der Welt von 1579/80 (ca. 15 × 20 cm) die von und nach Prag führenden Fern- und Handelsstraßen. Am Kartenrand wird zudem auf außerhalb des Kartenblatts liegende zentrale Wegeziele verwiesen. Itinerarium orbis Christiani, o. O. [Bayerische Staatsbibliothek, 4 Mapp. 48 a, Blatt 14], URL: https://www.digitale-sammlungen.de/de/view/bsb11164852?page=32,33.

Abb. 4: Die Straße von Nürnberg nach Prag und weitere Straßen als gepunktete Doppellinien in einer Skizze zur Pfalz-Neuburger Landesaufnahme, [1597/98–1604]. Das Landrichteramt Sulzbach (Teilkarte 7), [1597/98-1604], URL: https://bavarikon.de/object/bav:GDA-LAA-0000BAYHSTAPL252.

Abb. 5: Verschiedene Visualisierungsformen von Straßen auf gedruckten topographischen Karten, 1547–1617. Delano-Smith 2007, S. 569. © Copyright 2007 – Chicago: The University of Chicago Press (Chicago/USA).

Abb. 6: Wald, Berge und Flüsse als Umgebung und Teil von Straßen bei Neuhaus an der Pegnitz, um 1600. Geometrischer Abrieß der Pfleg Veldenstein sambt deroselben Waldt, der Veldner Forst genandt, mit allen seinen Ecken, auch namhafftigsten Örtern, [1597–1608], URL: https://bavarikon.de/object/bav:GDA-LAA-000000STABAPL371.

Abb. 7: Die schriftlich-textuelle Spezifizierung von Straßen und Wege bei Langenaltheim, 1537. [Fraisch-, Wildbann- und Halsgerichtsgrenzen der Herrschaft Pappenheim, der Grafschaft Graisbach und der Fürstentümer Pfalz-Neuburg und Pfalz-Sulzbach im Gebiet zwischen Monheim und Pappenheim, Langen-

Abbildungen 469

altheim und Wemding], 1537 [BayHStA, Plansammlung 20842], URL: https://dfg-viewer.de/show/?tx_dlf%5Bid%5D=https://gda.bayern.de/mets/7a2a4d56-8094-4aff-ba9c-e86bddba4c30.

Abb. 8: Hohe Straße bei Schornweisach, um 1603. Geometrischer Abris des Ambts Obern Höchstatt [Oberhöchstädt], um 1603, URL: https://bavarikon.de/object/bav:GDA-LAA-000000STABAPL374.

Abb. 9: Hochstraße bei Hirschau, 1590–1610. Riss über die Grenzen des Amtes Parkstein gegen das Amt Hirschau, 1590–1610, URL: https://bavarikon.de/object/bav:GDA-LAA-0000BAYHSTAPL385.

Abb. 10: Steig im Spessart bei Miltenburg unweit von Bürgerstadt (›Pur-stat‹), 1594. Pfinzing-Atlas 1594, S. 41 (Die älteste Karte des Spessart, 1594).

Abb. 11: Reitsteig bei Konstein im Altmühltal, 1597/9–1604. Die Pfalz-Neuburger Landesaufnahme: Das Landgericht Graisbach (Teilkarte 11), 1597/98–1604, URL: https://bavarikon.de/object/bav:GDA-LAA-0000BAYHSTAPL221.

Abb. 12: Steig von Neunhof nach Bullach (›Polach‹) bei Lauf, 1590. Pfinzing-Atlas 1594, S. 47 rechts (Jagdstreitigkeiten mit den Herren von Koler bei Neunhof/Lauf, 1590).

Abb. 13: Hohlweg bei Henfenfeld, 1592. Pfinzing-Atlas 1594, S. 53 (Der Stammsitz Henfenfeld mit näherer Umgebung, 1592).

Abb. 14: Hohlweg bei Altenburg im Spessart, 1594. Pfinzing-Atlas 1594, S. 41 (Die älteste Karte des Spessart, 1594).

Abb. 15: Grenzverlauf des Pflegamts Hersbruck bei Artelshofen »am Fußstaig neben dem Holweg am Berg hinauf« bis zum Steinkreuz, 1595/96. Pfinzing-Atlas 1594, S. 16 u. 16 a (Das Pflegamt Hersbruck mit beigefügter Beschreibung, 1595/96).

Abb. 16: Verlauf der Wildbanngrenze entlang eines »new[en] weg[es]« bei Lussaw zwischen der Kurpfalz und dem Hochstift Speyer, 1548. Ausschnitt aus: Wildbanngrenze zwischen der Kurpfalz und dem Hochstift Speyer, 1548 [Generallandesarchiv Karlsruhe H-f 1108], URL: https://www.leo-bw.de/documents/10157/23753/07_05+GLA+H-f_1108_voll/317d544e-d579-45d9-adfb-5d3f58c7266f?t=1334146757739.

Abb. 17: Über die »straß nach Allersperg« verlaufender Wildzaun bei Brunnau an der Grenze zwischen dem Herzogtum Pfalz-Neuburg und dem Markgrafentum Brandenburg-Ansbach, 1579. Ausschnitt aus: *Ungeverliche Verzaichnus des neuen angefangen Wiltzauns,* 1573 [StAN, Fürstentum Brandenburg-Ansbach, Karten und Pläne, Nr. 240].

Abb. 18: Bei und zwischen Straßen aufgestellten Jagdsäulen im Pflegamt Lichtenau, 1594. Pfinzing-Atlas 1594, S. 35 (Jagdstreit mit Markgraf Georg Friedrich im Pflegamt Lichtenau, 1594).

Abb. 19: Umstrittener Grenzverlauf zwischen dem Herzogtum Pfalz-Neuburg und dem Herzogtum Württemberg bei Hohenmemmingen an einer Kreuzstraße, 1579. Das Waldgebiet westlich von Ballhausen und Landshausen, 1579 (Maße: 24,8×21,8 cm) [BayHStA, Plansammlung 10331], URL: https://dfg-viewer.de/show/?tx_dlf%5Bid%5D=https://gda.bayern.de/mets/9533f385-35b0-4a45-8e51-3f8c6f1dfffd.

Abb. 20: Die bei Ludwigsstadt durch den Thüringer Wald führende Landstraße, 1596–1598. Pfinzing-Atlas 1594, S. 6 (Die Gegend westlich von Ludwigsstadt, 1596–98).

Abb. 21: Alte und neue Landstraße sowie Fußweg (›gangsteig‹) im Grenzgebiet zwischen dem Herzogtum Bayern und dem Hochstift Passau oberhalb der Ortschaft Rieß. Straßenverlauf oberhalb der Ortschaft Rieß, (Stadt Passau) zwischen der bayerischen Grafschaft Hals und dem Hochstift Passau, 1627 [BayHStA, Plansammlung 20802], URL: https://dfg-viewer.de/show/?tx_dlf[id]=https://gda.bayern.de/mets/dbc83ff2-558f-44e9-80fd-bf6b07eabc3a.

Abb. 22: Ein Ackerzaun begrenzt die Landstraße bei Braunau, 1616. Der Grundbesitz des Klosters Raitenhaslach in Nöfing, 1616 [BayHStA, Plansammlung 18580], URL: https://dfg-viewer.de/show/?tx_dlf%5Bid%5D=https://gda.bayern.de/mets/e1155079-8430-4fd1-a14d-0ead48532141.

Abb. 23: Zäune verschiedener Bauart neben dem Transportweg zur Saigerhütte bei Ludwigsstadt, 1588. Pfinzing-Atlas 1594, S. 45 (Die Saigerhütte bei Ludwigsstadt, 1588).

Abb. 24: Eine weithin mit Zäunen versehene Landstraße bei Traunstein, 1611. Das Gebiet an der Traun zwischen Stein und der Poschmühle bei Weisbrunn, 1611 [BayHStA, Plansammlung 18589], URL: https://dfg-viewer.de/show/?tx_dlf%5Bid%5D=https://gda.bayern.de/mets/e9a02127-45e2-4312-83a7-2a9bdf4bdf2f.

Abb. 25: Die Landstraße nach Passau bei Breiteich mit Bildstock und einem über die Straße verlaufenden Grenzzaun, 1558. Grenze zwischen dem Hochstift Passau und dem Herzogtum Bayern bei Breiteich, Socking, Kalteneck, 1558 [BayHStA, Plansammlung 20801], URL: https://dfg-viewer.de/show/?tx_dlf%5Bid%5D=https://gda.bayern.de/mets/4e820408-1f39-401b-b145-8c81736cbca1.

Abb. 26: Zollsäule an einer Straßenkreuzung vor Naila an der Hochgerichtsgrenze zwischen den Freiherren von Wildenstein und dem Fürstentum Brandenburg-Kulmbach-Bayreuth, 1605. Grenzverlauf zwischen den Halsgerichten Wildenstein-Presseck, Schwarzenbach am Wald, Enchenreuth, Naila und Schauenstein, 1605, URL: https://bavarikon.de/object/bav:GDA-LAA-000000STABAPL380.

Abb. 27: Steine an der ›gemeine[n] Landtstraß‹ markieren bei Ippesheim eine Gemarkungsgrenze. Das Gebiet zwischen Bullenheim, Ippesheim, Herrnberchtheim und Gnötzheim, 1580 [BayHStA, Plansammlung 10338], URL: https://dfg-viewer.de/

Abbildungen

show/?tx_dlf%5Bid%5D=https://gda.bayern.de/mets/e6df0919-4336-4efc-801f-43674a8e5aca. Von gemeine[r] Landtstraß wird in der dazugehörigen Prozessakte gesprochen [BayHStA Reichskammergericht, Nr. 10941].

Abb. 28: An Straßen gelegene Richtstätten bei Sulzbach (links), Dinkelsbühl (mittig) und Mattsee/Salzburg (rechts), um 1568–1604. Das Landrichteramt Sulzbach (Teilkarte 8), [1597/98–1604], URL: https://bavarikon.de/object/bav:GDA-LAA-0000BAYHSTAPL253 Augenscheinkarte der Dinkelsbühler Stadtmarkung, 1590, URL: https://bavarikon.de/object/bav:GDA-OBJ-0000000000000028 Das Gebiet zwischen dem Mattsee und dem Kloster Mattsee (Österreich) (Salzburg), um 1568 [BayHStA, Plansammlung 20782], URL: https://dfg-viewer.de/show/?tx_dlf%5Bid%5D=https://gda.bayern.de/mets/51444e7f-5bff-49a2-a303-a5eb76c55ac4.

Abb. 29: Wildtafel und ›Stainen Marten Seil« an der Landstraße von München nach Ingolstadt, [Anfang 17. Jh.] (siehe auch Abb. 34). Streit der Hofmarken Ottenburg und Haimhausen, [Anfang 17. Jh.] [BayHStA, Plansammlung 20652], URL: https://dfg-viewer.de/show/?tx_dlf%5Bid%5D=https://gda.bayern.de/mets/d90ab158-90eb-48f4-a6c8-0a8a773d8eb2. Hierzu näher Horst 2008, S. 330.

Abb. 30: Zollhäuser an Straßen bei Mindelheim vor der Brücke über die Wertach (links oben), bei Lichtenhan (links unten) und bei Türkheim an der ›Straß gen Landsberg‹ (rechts), 1592–1617. Lageskizze: »In der graffschafft Schwabeckh bei dem milpach wegen eines hinweckh geführten todten cörpels nit weit von dem staingadischen dorff Widergelting«, 1617 [BayHStA, Plansammlung 20695], URL: https://dfg-viewer.de/show/?tx_dlf%5Bid%5D=https://gda.bayern.de/mets/dbd2f7fb-f2ff-4e49-b15f-473f15a41ea3. Pfinzing-Atlas 1594, S. 6 (Die Gegend westlich von Ludwigsstadt, 1596–1598) Das Hartfeld zwischen Kirchdorf und Türkheim mit zwei genauer bezeichneten Gräbern, [1592] [BayHStA, Plansammlung 20766], URL: https://dfg-viewer.de/show/?tx_dlf%5Bid%5D=https://gda.bayern.de/mets/baa0fdc6-b2ed-4fc5-9f12-5cb20c9ca0cf.

Abb. 31: ›Hössellbacher Marten‹ im pfalz-neuburgischen Pflegamt Schwandorf bei Steinberg am Rand der von Heselbach nach Warmersdorf führenden Straße in einer Skizze und einer Karte, um 1600. Das Pflegamt Schwandorf (Hauptkarte), 1601–1700 [Skizze], URL: https://bavarikon.de/object/bav:HVR-LAA-0000000HVORPL354. Das Pflegamt Schwandorf (Hauptkarte), [1597/98–1604], URL: https://bavarikon.de/object/bav:GDA-LAA-0000BAYHSTAPL086.

Abb. 32: Bildstock und Kreuz bei Hofheim i. Ufr., 1609. Die strittige Jagdgerechtigkeit bei Friesenhausen, 1609 [BayHStA, Plansammlung 10723], URL: https://dfg-viewer.de/show/?tx_dlf%5Bid%5D=https://gda.bayern.de/mets/c786785a-90a3-4908-9df0-2985698a3f2a.

Abb. 33: Steinkreuz bei einer Wegkreuzung an der Fraischgrenze des fürstbischöflich-bambergischen Amts Oberhöchstädt, um 1603. Geometrischer Abris des Ambts Obern Höchstatt [Oberhöchstädt], um 1603, URL: https://bavarikon.de/object/bav:GDA-LAA-000000STABAPL374.

Abb. 34: Bildstock (›Stainen Marten Seil‹) und Kreuzigungsgruppe an einer Straßeneinmündung bei Haimhausen in die Straße München-Ingolstadt (siehe auch Abb. 29). Streit der Hofmarken Ottenburg und Haimhausen, [Anfang 17. Jh.] [BayHStA, Plansammlung 20652] URL: https://dfg-viewer.de/show/?tx_dlf%5Bid%5D=https://gda.bayern.de/mets/d90ab158-90eb-48f4-a6c8-0a8a773d8eb2. Es handelt sich um die von Innhausen und Haimhausen (mit Kreuzigungsgruppe) führenden Straßen, die in die Landstraße Ingolstadt-München münden.

Abb. 35: Bildstock bei Weilach, 1608. Die Grenzen zwischen dem Dorf Weilach und der Hofmark Sattelberg, 1608 [BayHStA, Plansammlung 18598], URL: https://dfg-viewer.de/show/?tx_dlf[id]=https://gda.bayern.de/mets/c2c123b0-15c0-4fec-8664-1480cf6abd41.

Abb. 36: Bildstock bei Oberaurach, 1589. Pfinzing-Atlas 1594, S. 43 links (Stegaurach bei Bamberg, 1589).

Abb. 37: Umgehauene Bildsäule an der Straße von Übermatzhofen nach Langenaltheim, 1537/38. [Stumme Karte des Raumes Pappenheim, wahrscheinlich das Gebiet zwischen Monheim und Pappenheim, Wemding und Langenaltheim], 1537 [BayHStA, Plansammlung 20843] (links oben), URL: https://dfg-viewer.de/show/?tx_dlf%5Bid%5D=https://gda.bayern.de/mets/50cd3c3f-14d4-4cd8-bff1-f59b56ecea9c [Strittige Fraischgrenzen im Gebiet zwischen Solnhofen und Wemding, Dietfurt und Monheim], 1538 [ebd., Plansammlung 20844] (rechts), URL: https://dfg-viewer.de/show/?tx_dlf%5Bid%5D=https://gda.bayern.de/mets/f7e2f4ff-c0c0-456f-982d-f4112980338b [Fraisch-, Wildbann- und Halsgerichtsgrenzen der Herrschaft Pappenheim, der Grafschaft Graisbach und der Fürstentümer Pfalz-Neuburg und Pfalz-Sulzbach im Gebiet zwischen Monheim und Pappenheim, Langenaltheim und Wemding], 1537 [ebd., Plansammlung 20842] (links unten), https://dfg-viewer.de/show/?tx_dlf%5Bid%5D=https://gda.bayern.de/mets/7a2a4d56-8094-4aff-ba9c-e86bddba4c30.

Abb. 38: Ein Reisender betend bei einem Bildstock, 1615. Erster Abriss des alten und neuen Khüenbergweegs, dem Closter Etal gehörig, 1615 [BayHStA, Plansammlung 11115], URL: https://dfg-viewer.de/show/?tx_dlf%5Bid%5D=https://gda.bayern.de/mets/502e3efd-37f2-4b1c-8661-9d346a759be2.

Abb. 39: Visuelle und verbale Kenntlichmachung von zwei Bildstöcken im Spessart, 1594. Pfinzing-Atlas 1594, S. 41 (Die älteste Karte des Spessart, 1594).

Abbildungen 473

Abb. 40: Bildstöcke und Kreuze auf und neben Straßen beim Nürnberger Dutzendteich, 1590. Pfinzing-Atlas 1594, S. 29 (Die Weiher des Dutzendteichs, 1590).

Abb. 41: Bildstock und Kreuze am Straßenrand bei Boxdorf, 1591. Pfinzing-Atlas 1594, S. 55 (Die Gründlach zwischen Boxdorf und der Regnitz, 1591).

Abb. 42: Bildstöcke, Steinkreuze und verfaulte Säulen im Nürnberger Pflegamt Lichtenau, 1592–1594. Pfinzing-Atlas 1594, S. 33 (Das Pflegamt Lichtenau, 1592) [links oben und rechts oben]; ebd., S. 35 (Jagdstreit mit Markgraf Georg Friedrich im Pflegamt Lichtenau, 1594) [links oben und rechts oben].

Abb. 43: Ermordung einer schwangeren Frau auf offener Straße, 1556. Ein grausamlich mord / so geschehen ist in dem Minster thal sechs meil wegs von Kur / da ein Pfaff ein schwangere frawen gemördt hat / die in Kindsnöten gelegen ist: Wahrafftig geschehen im 56. Jar, Straßburg [1556] [Zentralbibliothek Zürich, Graphische Sammlung und Fotoarchiv, PAS II 12/50], URL: https://www.e-manuscripta.ch/zuzneb/content/pageview/2724104.

Abb. 44: Ein alter Mann findet abseits der Straße die schwer verletzte Caritas auf, um 1535–1551. Parabel von dem Eigennutz und der Caritas, um 1535–1551 [Holzschnitt 400 × 281 mm]. Stiftung Schloss Friedenstein Gotha, Inv. Nr. 37,13.

Abb. 45: Straßen in Kriegszeiten: Ein Weg zum ›Christen Lager‹ bei der Festung Gran, 1595 (links) und die Landstraße von Böhmen Richtung Waidhausen, 1621 (rechts). Johann Sibmacher, Abris und kurcze Beschreibung, der Aufgebung Gran, geschehen DE. 1. und 2. Septembris. IM. 15.95., 1595 [Radierung 256 × 318 mm]. Kulturstiftung Sachsen-Anhalt, Kunstmuseum Moritzburg Halle (Saale); Foto: Kulturstiftung Sachsen-Anhalt Abriß Ihr Fürstl: Durchl: in Bayrn / [et]c. und deß Manßfeldischen Legers: wie sie beyderseits zu Roßhaupten in Böheim / und zu Waydhausen in in der Obern ChurPfaltz gegen einander gelegen / im 1621. Jahr, [S.l.] [ca.1621], URL: http://diglib.hab.de/drucke/ih-528/start.htm.

Abb. 46: Bezeugung einer am Wegesrand befindlichen Blutquelle bei Halle, 1550. »Dis Jars Anno Daussent Fünff-Hundert«, [1550?] [Zentralbibliothek Zürich, Graphische Sammlung und Fotoarchiv, PAS II 2/21], URL: https://www.e-manuscripta.ch/zuzneb/wick/content/titleinfo/2725382.

Abb. 47: Ein Liebespaar in Sorge vor den Gefahren auf Straßen, nach 1531. Liebespaar an einem Brunnen, nach 1531. Stiftung Schloss Friedenstein Gotha, Inv. Nr. 37,13.

Abb. 48: Beobachtung von Himmelserscheinungen vor den Toren Wiens bei und auf der Via Regia, 1557 XY Signa Et Prodigia In Sole Et Luna, Viennæ Austriæ visa. Anno M.D.LVII. [...], Wien 1557 [Zentralbibliothek Zürich, Graphische Sammlung und Fotoarchiv, PAS II 21/1], URL: https://www.e-manuscripta.ch/zuzneb/doi/10.7891/e-manuscripta-92068.

Abb. 49: Verlauf und Distanz der Wegstrecke von Augsburg über Regensburg nach Prag. Krüger 1974, S. 37. © Copyright 1974 – Akademische Druck- u. Verlagsanstalt (Graz/Austria).

Abb. 50: Die Fern- und Nahhandelsstraßen im Nürnberger Umland. Erstellt auf Grundlage von Höhn 1985, S. 47.

Abb. 51: Auszug aus dem Rechnungsbuch des Jahres 1557/58. StAN, Reichsstadt Nürnberg, Bauamtsakten Nr. 328, unfol.

Abb. 52: Die Landgräben im Südwesten Nürnbergs. Ausschnitt aus dem Rundprospekt von 1577/1581. Rundprospekt der Umgebung von Nürnberg, Stefan Gansöder (1533–1588) nach einer Zeichnung von Paulus Reinhart (gest. 1586), zwischen 1577 u. 1581 [Bayerische Staatsbibliothek, Mapp. XI, 483 d], URL: https://www.digitale-sammlungen.de/de/view/bsb00077014?page=2,3.

Abb. 53: Der Landgraben bei St. Leonhard mit der Schwabacher Straße und zwei weiteren Wegen (links) sowie bei Steinbühl mit dem Weg nach Gibitzenhof (rechts). Ausschnitte aus Pfinzing-Atlas 1594, S. 19 (Die südliche Hälfte der Nürnberger Landwehr).

Abb. 54: Der Landgraben beim Galgenhof mit der Landstraße nach Kornburg (links) und bei der Deutschherrenbleiche über die Fürther Straße (rechts). Ausschnitte aus Pfinzing-Atlas 1594, S. 19 (Die südliche Hälfte der Nürnberger Landwehr).

Abb. 55: Der Landgraben mit einer Vorrichtung zur Sperrung der Straße nach Schnigling. Ausschnitt aus Pfinzing-Atlas 1594, S. 23 (Die nördliche Hälfte der Nürnberger Landwehr).

Abb. 56: Reisewege in Franken, Schwaben und Bayern nach Jörg Gails »Raißbüchlin« und anderen Itineraren. Auszug aus: Krüger 1974, Kartenbeilage 2. © Copyright 1974 – Akademische Druck- u. Verlagsanstalt (Graz/Austria).

Abb. 57: Geleitstraßen in Franken von 1596. Auszug aus: Schäfer 1976, Kartenbeilage 2.

Abb. 58: Die von Süden (rechts) nach Rothenburg entlang der Tauber führende Landstraße – und weitere Straßen, Wege und Stege. Ausschnitt aus: Germanisches Nationalmuseum, Nürnberg Inv. Nr. La 4040.

Abb. 59: Ein quer zu den Straßen fahrender Fuhrwagen (links), ein Pilger bei einem Bildstock (Mitte) und eine scheinbar straßenlose Siedlung (rechts). Detailaufnahme aus: Germanisches Nationalmuseum, Nürnberg Inv. Nr. La 404.

Abb. 60: Frau mit Korb auf dem Rücken zieht abseits von Straßen ihres Weges. Detailaufnahme aus: Germanisches Nationalmuseum, Nürnberg Inv. Nr. La 404.

Diagramme

Diagramm 1: Die Gesamtausgaben für Straßen und Brücken im Nürnberger Umland in den Rechnungsjahren 1556/57, 1557/58, 1558/59, 1559/60 u. 1561/62 (n = 122.536 dn). Erstellt auf Grundlage von StAN Reichsstadt Nürnberg, Bauamtsakten 328.

Diagramm 2: Die Einzelausgaben für Straßen und Brücken im Nürnberger Umland in den Rechnungsjahren 1556/57, 1557/58, 1558/59, 1559/60 u. 1561/62 (n = 122.536 dn). Erstellt auf Grundlage von StAN Reichsstadt Nürnberg, Bauamtsakten 328.

Diagramm 3: Tätigkeiten und Kosten für die Schwabacher Straße 1544–1554 (n = 34831 dn). StAN Reichsstadt Nürnberg, Bauamtsakten 328.

Diagramm 4: Der zeitliche Verlauf der Straßengrabenräumungsarbeiten im Rechnungsjahr 1557/58. StAN Reichsstadt Nürnberg, Bauamtsakten 328.

Diagramm 5: Orte und Häufigkeit der Räumung von Straßengräben im Rechnungsjahr 1557/58. StAN Reichsstadt Nürnberg, Bauamtsakten 328.

Diagramm 6: »Straßen- und Brückentage« im Rechnungsjahr 1557/58 (n = 614). StAN Reichsstadt Nürnberg, Bauamtsakten 328

Diagramm 7: Einnahmen des Weg- und Stegamts in den Rechnungsjahren 1556/57, 1557/58, 1558/59, 1559/60 u. 1561/62 (n = 122.536 dn). StAN Reichsstadt Nürnberg, Bauamtsakten 328.

Diagramm 8: Monatliche Arbeitstage von Pankraz Weber, Heinz Zengele und den übrigen Arbeitern im Rechnungsjahr 1557/58 (n = 614). StAN Reichsstadt Nürnberg, Bauamtsakten, 328.

Abkürzungsverzeichnis

ADB	Allgemeine Deutsche Biographie
DRW	Deutsches Rechtswörterbuch
DWB	Deutsche Wörterbuch
dn	Pfennig
EDG	Enzyklopädie deutscher Geschichte
EdN	Enzyklopädie der Neuzeit
FWB	Frühneuhochdeutsches Wörterbuch
fl	Gulden
gr	Groschen
HRG I	Handwörterbuch zur deutschen Rechtsgeschichte, 1. Aufl.
HRG II	Handwörterbuch zur deutschen Rechtsgeschichte, 2. Aufl.
HZ	Historische Zeitschrift
lb	Pfund
MVGN	Mitteilungen des Vereins für Geschichte der Stadt Nürnberg
ND	Neudruck
NDB	Neue Deutsche Biographie
QFHG	Quellen und Forschungen zur höchsten Gerichtsbarkeit im Alten Reich
ß	Schilling
VSWG	Vierteljahrschrift für Sozial- und Wirtschaftsgeschichte
ZAA	Zeitschrift für Agrargeschichte und Agrarsoziologie
ZBLG	Zeitschrift für bayerische Landesgeschichte
ZHF	Zeitschrift für Historische Forschung
ZNR	Zeitschrift für Neuere Rechtsgeschichte
ZRG GA	Zeitschrift der Savigny-Stiftung für Rechtsgeschichte. Germanistische Abteilung

Quellen- und Literaturverzeichnis

Quellen

Archivalische, bibliothekarische und museale Quellen

Bayerisches Hauptstaatsarchiv München (BayHStA)

Generalregister 1271/1
Gerichtsliteralien Landshut, Nr. 59
Kurbayern Äußeres Archiv, Nr. 26
Kurbayern Geheimes Landesarchiv, Nr. 1067, 1098, 1099, 1142, 1164, 1187
Kurbayern Mandatensammlung, Mandat vom 4.10.1512
Neuburger Kopialbücher, Nr. 150
Pfalz-Neuburg Akten, Nr. 83, 1491
Reichskammergericht, Nr. 2695, 3332, 3549, 3733/1, 10187, 10941, 12791

Bayerische Staatsbibliothek (BSB)

Clm 431, Itinerarium des Hieronymus Münzer 1494, in: Conradi Celtis Protucii libellus de situ, moribus et institutis Norimbergae, fol. 96r–274v.

Germanisches Nationalmuseum, Nürnberg

Inv. Nr. La 4040, Karte vom Rothenburger Landgebiet 1537

Hauptstaatsarchiv Stuttgart (HStAS)

C 9, Nr. Bü 558, Bü 561, Bü 562

Herzog August Bibliothek Wolfenbüttel (HAB)

A: 34 Geogr. [Rara] Gail, Jörg: Ein neüwes nützliches Raißbüchlin / der fürnemesten Land vnnd Stettnn Durch mich Jörg Gail Burger zů Augspurg in truck verfertiget, Augsburg 1563.
A: 6.5 Geogr. [Quad, Matthias]: Krone und Außbundt aller Wegweiser. Darinnen verzeichnet sindt alle die Wege, so gehen auß 71. den vornembsten Städten von Teutschlandt, 17 von Niderlandt, 39 von Franckreich, 29 von Italia und 31 von Hispania, welcher Landschafften Mappen und Landtaffeln hirzu gethan seind, damit sich en jeglicher desto besser auff dem Wege darnach richten unnd schicken möge. Auch seind hierbey die Wege auß Londen in Engelandt, Copenhagen in Dennmarck [...], Köln 1597.
A: 11.2. Geogr.:1 Quad, Matthias: Itinerarium Universae Germaniae Quo Continentur Itinera Ex Sequentibus Germaniae Urbibus Oppidisq[ue]; longe celeberrimis egredienta, nempe [...], Ursellis 1602.
A: 25.2 Geogr. (1) Turquet de Mayerne, Theodore de: Sommaire Description De La France, Allemagne, Italie

& Espagne: Avec La Gvide Des Chemins pour aller & venir par les prouinces, & aux villes plus renommées des ces quatre regions; A qouy est adiousté vn recueil des foires plus celebres presque de toute l'Europe [...], [Genf] 1591.

A: 27.1. Geogr. Estienne, Charles: La Grande Guide des chemins pour aller & venir par tout le Royaume de France. Avec les noms des Fleuves & Rivieres qui courent parmy lesdicts pays. Augmenté du voyage de S. Jaques, de Rome, de Venise & Jerusalem, Troyes 1580.

A: 29 Geogr. Estienne, Charles: La Grande Guide des chemins pour aller & venir par tout le Royaume de France [...]. Troyes [ca. 1612].

A: 107.27 Jur. (6) Oettinger, Johannes: Tractatus De Iure Et Controversiis Limitum; Ac Finibus Regundis. Oder Gründlicher Bericht / Von den Gräntzen und Marcksteinen / wie durch dieselbe der Königreich / Landschafften [...], Ulm 1642.

A: 186.4 Hist. 2° Brant, Sebastian: Beschreibung etlicher gelegenheyt Teutsches lands an wasser, berg, stetten vnd grentzen, mit Anzeigung dr meilen und strassen von statt zu statt, Straßburg 1539.

H: N 189.2° Helmt. Fronsperger, Leonhart (1596): Kriegßbuch, ander Theil: Von Wagenburgk vmb die Veldleger, Wie man die schliessen, sich darein verschantzen [...] soll, Frankfurt a.M. 1596.

M: CC 606 (2) Wintzenberger, Daniel: Wegweiser, oder Reyse Büchlein, Von der Stad Dreßden aus, der fürnemsten Wege und strassen durch gantz Deudschland, in viel andere Städte und anstossende Königreiche, Herrschafften und umbligende Lender. Auffs fleißigste auffgezeichnet und ordentlich beschrieben Durch Daniel Wintzenberger, weyland Churf. Sächsisch. Postreiter. Samt einem Vorzeichnis der vornembsten Jarmärckten, sonderlichen im Lande Meissen, Dresden 1597.

M: Ca 270 Saur, Abraham: Theatrvm Vrbivm. Warhafftige Contrafeytung vnd Summarische Beschreibung, vast aller Vornehmen vnd namhafftigen Stätten, Schlössern vnd Klöster, wann dieselbige entweder anfenglich erbawet, oder hernacher bekrieget, erweitert, und bevestiget worden [...]. Jtem discurs vnd Wegweiser von einer Statt zur andern mit angehenckter Verzeichnuß aller Röm. Keyser. jrer Gemahelin. angemasten neben Keysern vnd Tyrannen. Allen Studenten, Mahlern, Kauff vnd Wanderßleuthen sehr nützlich und dienstlich, Frankfurt a.M.1595.

M: Ob 156 [L'Herba, Giovanni da/Stella, Cherubinus de]: Poste per diverse parti del mondo. Et il viaggio di San Iacomo di Galitia. Con tutte le Fiere notabilis, chesi fanno per tutto'l mondo. Con una narratione delle cose di Roma & massime del le fette Chiese, brevemente ridotta. Et aggiuntoui di nuouo, il viagio di Gierusalem. Con alcune altre poste mai piu poste in luce, Venedig 1565.

Kulturstiftung Sachsen-Anhalt, Kunstmuseum Moritzburg Halle (Saale)

Johann Sibmacher, Abris und kurcze Beschreibung, der Aufgebung Gran, geschehen DE. 1. und 2. Septembris. IM. 15.95., 1595

Staatsarchiv Bamberg (StAB)

Fränkischer Kreis, Kreisarchiv, Nr. 1, 2a, 2b, 13, 14, 1063, 1094, 1095, 1096, 1097, 1098, 1099, 1100

Staatsarchiv Landshut (StAL)

Lehnprobstamt Landshut, A1169
Rentmeisteramt Landshut, P 1, P 2, P 3, P 4, P 5, P 6, P 7
Rentmeisteramt Straubing, P 1, P 2, P 3, P 5, P 6
Rentkastenamt Straubing, Rechnungen, Nr. 4

Staatsarchiv Nürnberg (StAN)

Fürstentum Brandenburg-Ansbach, Karten und Pläne, Nr. 240
Reichsstadt Nürnberg, Bauamtsakten, Nr. 121, 260, 323, 327, 328, 330, 359
Reichsstadt Nürnberg, Druckschriften, Nr. 99, 110
Reichsstadt Nürnberg, Landpflegeamt, Pflegamt Hersbruck, 1551/5-15
Reichsstadt Nürnberg, Losungsamt Akten, Nr. S.I.L. 114
Reichsstadt Nürnberg, Losungsamt Nr. 35, neue Laden, Urkunden 2014, 2015
Rep. 499, Nachlass Schrötter

Staatsarchiv Würzburg (StAW)

Standbuch, Nr. 761

Staatsbibliothek zu Berlin Preußischer Kulturbesitz (SBB)

Ms. Germ. Quart 1126 Ulner von Dieburg, Philipp: Bericht von der Wallfahrt zum Heiligen Land 1521

Stadtarchiv Nürnberg (StadtAN)

A 4/I, Nr. 90 u. 91 (Plansammlung)
A 4/IV, 196 (Plansammlung)
A 26 Rep 87. Nr. 95
B1/II, 910 u. 911 (Bauamtsakten)

Stiftung Schloss Friedenstein Gotha

Inv. Nr. 37,13 Parabel von dem Eigennutz und der Caritas, um 1535–1551
Inv. Nr. 39,28b Liebespaar an einem Brunnen, nach 1531

Gedruckte Schriftquellen

Abriß Ihr Fürstl: Durchl: in Bayrn / [et]c. und deß Manßfeldischen Legers: wie sie beyderseits zu Roßhaupten in Böheim / und zu Waydhausen in in der Obern ChurPfaltz gegen einander gelegen / im 1621. Jahr, [S.l.] [ca.1621], URL: http://diglib.hab.de/drucke/ih-528/start.htm (5.4.2023). [VD17 23:676006Q]

AJns Erbarn Raths der Statt Nuermberg/Bestendiger warhafter Bericht der landfridbrüchigen Eempörung / vheindlicher thaten vnd handlungen / so Marggraf Albrecht zu Brandenburg [...] wider ainen Rhat vnd gemelte Stat Nürnberg / auch der selben Vnderthan vnd verwandten / Jm 1552 vnd 1553 Jaren geübt hat [...], Nürnberg 1553. [VD16 N 1961]

Bairische Lanndtßordnung, Ingolstadt 1553. [VD16 B 1034]
Bayrische Vorstordnung, München 1568. [VD16 B 1031]
Bayrische Vorstordnung, München 1598. [VD16 B 1032]
Bergius, Johann Heinrich Ludwig (Hg.): Policey-und Cameral-Magazin in welchem nach Alphabetischer Ordnung die vornehmsten und wichtigsten bey dem Policey-und Cameralwesen vorkommende Materien nach richtigen und vernünftigen Grundsätzen practisch abgehandelt und durch landesherrliche Gesetze hin und wieder wirklich gemachte Einrichtungen erläutert werden, Bd. 6: Erste Abteilung ›L‹, neue verbesserte Aufl. o. O. 1787.

Dasypodius, Petrus: Dictionarium latinogermanicum. Mit einer Einführung v. Gilbert de Smet, Straßburg 1536. Nachdruck (Documenta Linguistica. Reihe I: Wörterbücher des 15. und 16. Jahrhunderts) Hildesheim/New York 1974.

Der Ander Theil. Aller des heiligen Römischen Reichs Ordnungen gehaltener Reichßtäge vnd Abschiedt, Sampt der Gülden Bullen. Besonderlich auch der Articker Policey, Constitucionen, das Keyserlich Regiment, Cammergericht, den Landtfrieden vnd anders, diesem allem anhengig, belangendt [...], Mainz 1579. [VD16 ZV 4404]

Grataroli, Guglielmo: De regimine iter agentium, vel equitum, vel peditum, vel navi, vel curru seu rheda [...], Basel 1561. [VD16 G 2907]

Herrliche, warhaffte Beschreibung der beyder fürstlichen Heimfahrt, so mit [...] Wilhelmen, Hertzogen zu Gülich Cleve [...] zweyen ältern Töchtern, Hertzogin Maria Leonora in das Landt zu Preussen und Hertzogin Anna in das Fürstenthumb Newbuerg in der obern Pfaltz [...] beschehen [...], Frankfurt a. M. 1576. [VD16 H 2601]

Kayserlich und königlich Land- und Lehenrecht, Satzungen, Sitten und Gebreuch, wie unsere Teutsche Vorfahren lang wol hergebracht und erhalten: auch durch Röm. Keyser und König weyters erklärt und gebessert worden sind [...], Frankfurt a. M. 1566. [VD16 D 723]

Landrecht, Policey- Gerichts- Malefitz- vnd andere Ordnungen. Der Fürstenthumben Obern vnd Nidern Bayrn, München 1616. [VD17 12:730090R]

Löhneysen, Georg Engelhard: Hof- Staats- und Regier-Kunst. Bestehend in dreyen Büchern, deren Erstes handelt Von Erziehung und Information Junger Herren. Das Andre Vom Ambt / Tugenden und Qualitäten Regierender Fürsten / auch Bestellung deren Rähte / Officirer und Diener. Das Dritte Von verschiednen Rahts-Collegiis / so ein Fürst [...] in seinem Lande haben muß, Frankfurt a. M. 1676. [VD17 23:270876U]

Lucae, Friedrich: Schlesiens curiose Denckwürdigkeiten oder vollkommene Chronica, Teil 2, Frankfurt a. M. 1689. [VD17 39:122810Z]

Moser, Friderich Carl: Des hochlöblichen Fränckischen Crayses Abschide und Schlüsse, vom Jahr 1600 biß 1748. Aus Archiven an das Licht gestellt, Nürnberg 1752. [VD18 11060719]

Nefe, Matthias: Arithmetica – Zwey Newe Rechenbücher, Breslau 1565. [VD16 N 455]

Neuer europäischer Staats-Secretarius, Teil 37, [Leipzig] 1752. [VD18 90280067]

New Reformierte Landts-Ordnung der Fürstlichen Graffschafft Tyrol, wie die auß LandsFürstlichem Bevelch im 1603. Jar umbgetruckt worden, Innsbruck 1603. [VD17 1:015857M]

Oettinger, Johannes: Tractatus De Iure Et Controversiis Limitum; Ac Finibus Regundis. Oder Gründlicher Bericht / Von den Gräntzen und Marcksteinen / wie durch dieselbe der Königreich / Landschafften / ... nach Außweisung der gemeinen Rechten / und eines jeden Lands Gewonheit / unterschieden / eingesteint / und die darauß entstehende Nachbarliche Stritt und Mißverständ / erörtert und beygelegt werden sollen [....], Ulm 1642. [VD17 1:014798]

Pictorius, Georg: Raiss Büchlin. Ordnung wie sich zuhalten so einer raisen will in weite onerfarne land unnd wie man allen zufällen so dem raisenden zustehn mögen mit guten miteln der artzney begegnen soll. Mit angehencktem regiment wie sich uff dem Möre oder anderen wassern zu schicken, o. O. 1557. [VD16 ZV 12470]

Pictorius, Georg: Itinerarium peregrinantium. Das ist, Kurtzer bericht für die so da reisen wöllen inn frömbde unbekannte land, darmit sy bey guter gesundtheit bleyben mögen, und ob sy durch ungelägenheit des wäges die selbige gesundtheit verlore[n] hetten, durch welche mittel der artzney sy wider gebracht mög werden. Zu dem anderen mal beschriben und gar vil gemeert, Mülhausen [1557–1559]. [VD16 P 2707]

Pictorius, Georg: Reißbüchlein. Sehr wol erfarne vnd heilsame Ratschläg, wie sich alle, die so in frömde vnd vnbekannte Land zu rossz oder zu fuß reisen wöllen, ihr gesundtheit erhalten mögen oder wenn sie die vmb vngelegenheit des luffts, landes oder sunst verloren, durch was mittel sie sie wider erholen mögen [...], Frankfurt a. M. 1566. [VD16 P 2709]

Reichssatzung Deß Heiligen Römischen Reichs / Keyser / König / Churfürsten und Gemeiner Stände / Constitution / Ordnung / Rescript und Außschreiben / auff den gehaltenen Reichstägen und Keyserlichen Höffen statuirt und außgangen [...], Bd. 1, Hanau 1609 [VD17 1:018457C]; Bd. 2, Frankfurt a. M. 1613. [VD17 1:018459T]

Reformation Gesetze vnd ordnung vnser von Gotts gnaden Philipsen Landtgrauen zu Hessen. Graue zu Catzenelnbogen, Marburg 1528. [VD16 H 2874]

Rosenbusch, Christoph: Zeitung, welcher Gestallt, im Martio dieses fünffundachtzigsten Jars, etlich König und Fürsten auß Japonia ihre Abgesandten, deß Glaubens halben, gen Rom geschickt haben [...], o. O. 1586. [VD16 A 145]

Sachsenspiegel. Auffs newe vbersehen mit Summarijs vnd newen Additionen so aus den gemeinen Keyserrechten [...]. Durch [...] Christoff Zobel der Rechten Doctorn [...] zugerichtet [...], Leipzig 1582. [VD16 D 739]

Sachs, Michael: Reißbüchlein. Darin Christliche Wanderer unterrichtet werden, wie sie ire gefahr und hinderung bedencken, darwider sich rüsten und trösten, beten und singen sollen [...], Nürnberg 1580/1581. [1580: VD16 S 718; 1581: VD16 ZV 19032]

Sachs, Michael: Reisebüchlein. Darin Christliche Wanderer unterrichtet werden, wie sie ire gefahr und hinderung bedencken, darwider sich rüsten und trösten, beten und singen sollen [...], Leipzig 1600. [VD16 W 1431]

Sammlung der Churpfalz-Baierischen allgemeinen und besonderen Landes-Verordnungen, Bd. 4: Polizey-u. Landesverbesserungs-, Religions-, Kirchen- und Geistlichkeits-Kriegs- und Vermischten-Sachen, München 1788. [VD18 90159314]

[Schnitzlein, Karl Wilhelm (Hg.)], Selecta Norimbergensia oder Sammlung verschiedener kleiner Ausführungen und Urkunden, welche größtentheils bisher noch nicht gedruckt gewesen sind, doch aber vor dienlich angesehen worden, die Geschichte des Burggrafthums und der Stadt Nürnberg in einigen Stucken zu erläutern, 3. Theil, Anspach 1770. [VD18 80280528]

Sixtinus, Regnerus: Tractatus de regalibus, 3. Aufl., Nürnberg 1683 (1. Auf. 1602). [VD17 3:606077V]

Spangenberg, Cyriacus: Adels-Spiegel, Historischer Ausführlicher Bericht: Was Adel sey und heisse [...], Schmalkalden 1591. [VD16 S 7472]

[Truckenbrot, Michael]: Nachrichten zur Geschichte der Stadt Nürnberg, Bd. 2: Welcher die Geographie des Distrikts, und die politische Geschichte der Stadt enthält, Nürnberg 1786. [VD18 90029208]

Turler, Hieronymus: De Peregrinatione Et Agro Neapolitano, Libri II., Omnibus peregrinantibus utiles ac necessarii, ac in eorum gratiam nunc primum editi, Argentorati 1574. [VD16 T 2315]

Unser Landtgrave Philipsen Reformation und ordnunge, von allerley gebrechlichkeit und unordnunge, so bisher in unserem Fürstendumb, Landen und Gebeden geschiedt synt, o. O. [1526]. [VD16 H 2882]

Walds Ordnung betreffend die Marggrevischen Unterthanen so Wald gerechtigkeit in den Nürmberger Welden haben, Nürnberg 1529. [VD16 B 6979]

Warhafftige Newe zeitung / So geschehen den Ersten tag Martij im 70. Jar hat man diese nachfolgende zwen Moerder gericht / einer mit namen Mertin Farkas / der ander Paul Wasansky / zu Ewantzitz im Moehrrn Land / die auch bis in die hundert vnd vier vnd zwantzig Mord bekennet haben, [Prag] 1570. [VD16 ZV 26280]

Wintzenberger, Daniel: Ein Naw Reyse Buechlein. Von der Weitberuembten Churfuerstlichen Sechsischen Handelstad Leipzig aus an die vornembsten œrter in Deudschland und etzlicher anstossenden Kœnigreichen und Lendern. Sampt einem Register dorjnen alles ordentlich angezeigt was in einem jeden Capittel erkleret wird Durch Daniel Wintzenberger weiland Churf. Sechsis. Postbereyter, Dresden 1595. [VD16 ZV 24154]

Zincke, Georg Heinrich: Anfangsgründe der Cameralwissenschaft worinne dessen Grundriß weiter ausgeführet und verbessert wird. Des Zweyten Theils, welche die eigentliche Finanz- und Cammerwissenschaft enthält, Erste Abtheilung, Leipzig 1755.

Karten und Bildquellen online[1]

»Abriß augenscheins [des Gebiets östlich von Rothenburg] in sachen Rotenburg uf der Tauber contra Brandenburg«, 1590 [BayHStA, Plansammlung 20586/I], URL: https://dfg-viewer.de/show/?tx_dlf%5Bid%5D=https://gda.bayern.de/mets/ecdc1600-5307-488e-9d8b-68736d1adea1.

Ansicht der Reichsstadt Regensburg von Süden her, 1612 [BayHStA, Plansammlung 11231], URL: https://dfg-viewer.de/show/?tx_dlf%5Bid%5D=https://gda.bayern.de/mets/6381f8f5-e633-4ee2-8b61-d9b0c527af7a.

Apian, Philipp: Bairische Landtafeln 1568, Landtafel 16, URL: https://bavarikon.de/object/bav:BSB-MAP-000000HBKSF15B16.

Augenscheinkarte der Dinkelsbühler Stadtmarkung, 1590, URL: https://bavarikon.de/object/bav:GDA-OBJ-0000000000000028.

Das Gebiet an der Traun zwischen Stein und der Poschmühle bei Weisbrunn, 1611 [BayHStA, Plansammlung 18589], URL: https://dfg-viewer.de/show/?tx_dlf%5Bid%5D=https://gda.bayern.de/mets/e9a02127-45e2-4312-83a7-2a9bdf4bdf2f.

Das Gebiet zwischen Bullenheim, Ippesheim, Herrnberchtheim und Gnötzheim, 1580 [BayHStA, Plansammlung 10338], URL: https://dfg-viewer.de/show/?tx_dlf%5Bid%5D=https://gda.bayern.de/mets/e6df0919-4336-4efc-801f-43674a8e5aca.

Das Gebiet zwischen dem Mattsee und dem Kloster Mattsee (Österreich) (Salzburg), um 1568 [BayHStA, Plansammlung 20782], URL: https://dfg-viewer.de/show/?tx_dlf%5Bid%5D=https://gda.bayern.de/mets/51444e7f-5bff-49a2-a303-a5eb76c55ac4.

Das Gebiet zwischen Trockau, Bodendorf, Püttlach, Büchenbach, Leups und Lindenhardt, 1606 [BayHStA, Plansammlung 10710], URL: https://dfg-viewer.de/show/?tx_dlf%5Bid%5D=https://gda.bayern.de/mets/267aa3a6-eda1-4ba3-b41b-fa023f308b62.

Das Hartfeld zwischen Kirchdorf und Türkheim mit zwei genauer bezeichneten Gräbern, [1592] [BayHStA, Plansammlung 20766], URL: https://dfg-viewer.de/show/?tx_dlf%5Bid%5D=https://gda.bayern.de/mets/baa0fdc6-b2ed-4fc5-9f12-5cb20c9ca0cf.

Das Paartal bei Hohenwart, 1588 [BayHStA, Plansammlung 18705], URL: https://dfg-viewer.de/show/?tx_dlf%5Bid%5D=https://gda.bayern.de/mets/4af180bc-ab31-4c1d-9657-5629ac17bc29.

Das zwischen dem Hochstift Bamberg und den Markgrafen von Brandenburg strittige kleine Weidwerk bei Büchenbach, 1588 [BayHStA, Plansammlung 11114], URL: https://dfg-viewer.de/show/?tx_dlf%5Bid%5D=https://gda.bayern.de/mets/1a4692d5-2007-46f2-98b3-56cb4c775259.

Das Waldgebiet westlich von Ballhausen und Landshausen, 1579 [BayHStA, Plansammlung 10331], URL: https://dfg-viewer.de/show/?tx_dlf%5Bid%5D=https://gda.bayern.de/mets/9533f385-35b0-4a45-8e51-3f8c6f1dfffd.

Der Grundbesitz des Klosters Raitenhaslach in Nöfing, 1616 [BayHStA, Plansammlung 18580], URL: https://dfg-viewer.de/show/?tx_dlf%5Bid%5D=https://gda.bayern.de/mets/e1155079-8430-4fd1-a14d-0ead48532141.

Die Donau bei Regensburg, 1598 [BayHStA, Plansammlung 11305], URL: https://dfg-viewer.de/show/?tx_dlf%5Bid%5D=https://gda.bayern.de/mets/92730817-33be-43eb-ae44-5f6acc243739.

Die Donau zwischen Lauingen – Dillingen – Höchstädt – Blindheim (Extrakt aus der Mappa des Pfalzgrafischen Landgerichts Höchstädt), 1593 [BayHStA, Plansammlung 10796], URL: https://dfg-viewer.de/show/?tx_dlf%5Bid%5D=https://gda.bayern.de/mets/0be9a441-f00a-4c6f-9f4b-410b58ae2e26.

Die Forsten um Stammham, Westerhofen (Gde. Stammham) und Appertshofen, vor 1562 [BayHStA, Plansammlung 19816], URL: https://dfg-viewer.de/show/?tx_dlf%5Bid%5D=https://gda.bayern.de/mets/6d757ba9-ec48-41a3-86e6-7ec6875a8386.

---

1 Letzter Zugriff jeweils am 15.4.2023. Die Internetadressen werden nur hier nachgewiesen. Im Fließtext erfolgt ausschließlich die Nennung von Titel, Jahreszahl und Archivsignatur.

Quellen   483

Die Grenzen zwischen dem Dorf Weilach und der Hofmark Sattelberg, 1608 [BayHStA, Plansammlung 18598], URL: https://dfg-viewer.de/show/?tx_dlf[id]=https://gda.bayern.de/mets/c2c123b0-15c0-4fec-8664-1480cf6abd41.

Die Landesaufnahme von Pfalz-Neuburger, 1597/98-1604:
- Das Landgericht Graisbach (Hauptkarte), [1597/98-1604], URL: https://bavarikon.de/object/bav:GDA-LAA-0000BAYHSTAPL208.
- Das Landgericht Graisbach (Teilkarte 11), [1597/98-1604], URL: https://bavarikon.de/object/bav:GDA-LAA-0000BAYHSTAPL221.
- Das Landrichteramt Sulzbach (Teilkarte 1), [1597/98-1604], URL: https://bavarikon.de/object/bav:GDA-LAA-0000BAYHSTAPL246.
- Das Landrichteramt Sulzbach (Teilkarte 7), [1597/98-1604], URL: https://bavarikon.de/object/bav:GDA-LAA-0000BAYHSTAPL252.
- Das Landrichteramt Sulzbach (Teilkarte 8), [1597/98-1604], URL: https://bavarikon.de/object/bav:GDA-LAA-0000BAYHSTAPL253.
- Das Pflegamt Schwandorf (Hauptkarte), 1601–1700 [Skizze], URL: https://bavarikon.de/object/bav:HVR-LAA-0000000HVORPL354.
- Das Pflegamt Schwandorf (Hauptkarte), [1597/98-1604], URL: https://bavarikon.de/object/bav:GDA-LAA-0000BAYHSTAPL086.
- Das Pflegamt Schwandorf (Hauptkarte), 1751–1800, URL: https://bavarikon.de/object/bav:GDA-LAA-0000BAYHSTAPL114.
- Riss über die Grenzen des Amtes Parkstein gegen das Amt Hirschau, 1590–1610, URL: https://bavarikon.de/object/bav:GDA-LAA-0000BAYHSTAPL385.
- Die Landesaufnahme des Hochstifts Bamberg, 1597–1608:
- Die Ämter Höchstadt a.d. Aisch, Oberhöchstädt und Wachenroth, 1600–1650, URL: https://bavarikon.de/object/bav:GDA-LAA-000000STABAPL375.
- Die zwischen dem nürnbergischen Pflegamt Betzenstein und den bambergischen Ämtern Pottenstein und Leienfels strittige Fraischgrenze, [1597–1608], URL: https://bavarikon.de/object/bav:GDA-LAA-0000000STANPL381.
- Geometrischer Abrieß der Pfleg Veldenstein sambt deroselben Waldt, der Veldner Forst genandt, mit allen seinen Ecken, auch namhafftigsten Örtern, [1597–1608], URL: https://bavarikon.de/object/bav:GDA-LAA-000000STABAPL371.
- Geometrischer Abris des Ambts Obern Höchstatt [Oberhöchstädt], um 1603, URL: https://bavarikon.de/object/bav:GDA-LAA-000000STABAPL374.
- Grenzverlauf zwischen den Halsgerichten Wildenstein-Presseck, Schwarzenbach am Wald, Enchenreuth, Naila und Schauenstein, 1605, URL: https://bavarikon.de/object/bav:GDA-LAA-000000STABAPL380.

Die strittige Jagdgerechtigkeit bei Friesenhausen, 1609 [BayHStA, Plansammlung 10723], URL: https://dfg-viewer.de/show/?tx_dlf%5Bid%5D=https://gda.bayern.de/mets/c786785a-90a3-4908-9df0-2985698a3f2a.

»Dis Jars Anno Daussent Fünff-Hundert«, [1550?] [Zentralbibliothek Zürich, Graphische Sammlung und Fotoarchiv, PAS II 2/21], URL: https://www.e-manuscripta.ch/zuzneb/wick/content/titleinfo/2725382.

Ein grausamlich mord / so geschehen ist in dem Minster thal sechs meil wegs von Kur / da ein Pfaff ein schwangere frawen gemördt hat / die in Kindsnöten gelegen ist: Wahrafftig geschehen im 56. Jar, Straßburg [1556] [Zentralbibliothek Zürich, Graphische Sammlung und Fotoarchiv, PAS II 12/50], URL: https://www.e-manuscripta.ch/zuzneb/content/pageview/2724104.

Ein zwischen dem Hochstift Eichstätt und den Grafen von Pappenheim strittiges Waldstück bei St. Thomas, 1587 [BayHStA, Plansammlung 10711], URL: https://dfg-viewer.de/show/?tx_dlf%5Bid%5D=https://gda.bayern.de/mets/6c78b654-bff8-483c-8150-355444b89c19.

Erster Abriss des alten und neuen Khüenbergweegs, dem Closter Etal gehörig, 1615 [BayHStA, Plansammlung 11115], URL: https://dfg-viewer.de/show/?tx_dlf%5Bid%5D=https://gda.bayern.de/mets/502e3efd-37f2-4b1c-8661-9d346a759be2.

[Fraisch-, Wildbann- und Halsgerichtsgrenzen der Herrschaft Pappenheim, der Grafschaft Graisbach und der Fürstentümer Pfalz-Neuburg und Pfalz-Sulzbach im Gebiet zwischen Monheim und Pappenheim, Langenaltheim und Wemding], 1537 [BayHStA, Plansammlung 20842], URL: https://dfg-viewer.de/show/?tx_dlf%5Bid%5D=https://gda.bayern.de/mets/7a2a4d56-8094-4aff-ba9c-e86bddba4c30.

Grenze zwischen dem Hochstift Passau und dem Herzogtum Bayern bei Breiteich, Socking, Kalteneck, 1558 [BayHStA, Plansammlung 20801], URL: https://dfg-viewer.de/show/?tx_dlf%5Bid%5D=https://gda.bayern.de/mets/4e820408-1f39-401b-b145-8c81736cbca1.

Itinerarium orbis Christiani, o. O. [ca. 1580] [Bayerische Staatsbibliothek, 4 Mapp. 48 a, Blatt 14], URL: https://www.digitale-sammlungen.de/de/view/bsb11164852?page=32,33.

Lageskizze: »In der graffschafft Schwabeckh bei dem milpach wegen eines hinweckh geführten todten cörpels nit weit von dem staingadischen dorff Widergelting«, 1617 [BayHStA, Plansammlung 20695], URL: https://dfg-viewer.de/show/?tx_dlf%5Bid%5D=https://gda.bayern.de/mets/dbd2f7fb-f2ff-4e49-b15f-473f15a41ea3.

Plan eines Unfallgeschehens bei Oberbergen, [1563] [BayHStA, Plansammlung Nr. 20607], URL: https://dfg-viewer.de/show/?tx_dlf%5Bid%5D=https://gda.bayern.de/mets/b251a78c-414a-4b6e-a5f3-155d307892e1.

Rundprospekt der Umgebung von Nürnberg, Stefan Gansöder (1533–1588) nach einer Zeichnung von Paulus Reinhart (gest. 1586), zwischen 1577 u. 1581 [Bayerische Staatsbibliothek, Mapp. XI, 483 d], URL: https://www.digitale-sammlungen.de/de/view/bsb00077014?page=2,3.

Signa Et Prodigia In Sole Et Luna, Viennæ Austriæ visa. Anno M.D.LVII. [...], Wien 1557 [Zentralbibliothek Zürich, Graphische Sammlung und Fotoarchiv, PAS II 21/1], URL: https://www.e-manuscripta.ch/zuzneb/doi/10.7891/e-manuscripta-92068.

[Sitze Hohenkottenheim, Hohenlandsberg und Speckfeld mit den zwischen Georg Ludwig d. Ä. von Seinsheim zu Hohenkottenheim und Friedrich von Limpurg-Speckfeld strittigen Waldgebieten], 1581 [BayHStA, Plansammlung 10046], URL: https://dfg-viewer.de/show/?tx_dlf%5Bid%5D=https://gda.bayern.de/mets/dcefb3e9-5201-493b-99f3-cea2e2ebff8d.

Stangengehau (südlich von Feigenhofen in der Gde. Biberbach, Lkr. Augsburg) in Abgrenzung von den umliegenden Waldstücken, [1600] [BayHStA, Plansammlung 20371], URL: https://dfg-viewer.de/show/?tx_dlf%5Bid%5D=https://gda.bayern.de/mets/54fba2e6-7172-47ec-bb5d-2ffcaf5a5c33.

Straßenverlauf oberhalb der Ortschaft Rieß, (Stadt Passau) zwischen der bayerischen Grafschaft Hals und dem Hochstift Passau, 1627 [BayHStA, Plansammlung 20802], URL: https://dfg-viewer.de/show/?tx_dlf[id]=https://gda.bayern.de/mets/dbc83ff2-558f-44e9-80fd-bf6b07eabc3a.

Streit der Hofmarken Ottenburg und Haimhausen, [Anfang 17. Jh.] [BayHStA, Plansammlung 20652], URL: https://dfg-viewer.de/show/?tx_dlf%5Bid%5D=https://gda.bayern.de/mets/d90ab158-90eb-48f4-a6c8-0a8a773d8eb2.

[Strittige Fraischgrenzen im Gebiet zwischen Solnhofen und Wemding, Dietfurt und Monheim], 1538 [BayHStA, Plansammlung 20844], URL: https://dfg-viewer.de/show/?tx_dlf%5Bid%5D=https://gda.bayern.de/mets/f7e2f4ff-c0c0-456f-982d-f4112980338b.

»Neuerer abriss augenscheins [des Gebiets östlich von Rothenburg] inn sachen Rothenburg auff der Tauber contra Brandennburg«, 1598 [BayHStA, Plansammlung 20586/II], URL: https://dfg-viewer.de/show/?tx_dlf%5Bid%5D=https://gda.bayern.de/mets/be9bb7d7-f1f4-4c59-b3b8-96abb734ed25.

[Stumme Karte des Raumes Pappenheim, wahrscheinlich das Gebiet zwischen Monheim und Pappenheim, Wemding und Langenaltheim], 1537 [BayHStA, Plansammlung 20843], URL: https://dfg-viewer.de/show/?tx_dlf%5Bid%5D=https://gda.bayern.de/mets/50cd3c3f-14d4-4cd8-bff1-f59b56ecea9c.

Uferschutzbauten am Inn bei Aising, ca. 1600 [BayHStA, Plansammlung 10820], URL: https://dfg-viewer.de/show/?tx_dlf%5Bid%5D=https://gda.bayern.de/mets/13289dc4-ecba-41bc-adc8-ca03d4a39e28.

Wildbanngrenze zwischen der Kurpfalz und dem Hochstift Speyer, 1548 [Generallandesarchiv Karlsruhe H-f 1108], URL: https://www.leo-bw.de/documents/10157/23753/07_05+GLA+H-f_1108_voll/317d544e-d579-45d9-adfb-5d3f58c7266f?t=1334146757739.

Editionen, Regesten, Repertorien und Inventare

Amburger, Hannah S. M.: Die Familiengeschichte der Koeler. Ein Beitrag zur Autobiographie des 16. Jahrhunderts, in: MVGN 30 (1931), S. 153–288.
Baader, Joseph: Nürnberger Polizeiordnungen aus dem 13. bis 15. Jahrhundert, Stuttgart 1861.
Baumann, Lorenz: Dorfordnungen aus dem 16./17. Jahrhundert im nördlichen Gebiet der Herrschaft Rothenberg. Die Dorfordnungen von Hüttenbach (1513), Oberndorf (1531) und Simmelsdorf (1664) (Altnürnberger Landschaft e. V., Sonderheft 40), Simmelsdorf 1993.
Bonacker, Wilhelm: Die älteste deutsche Wegerechtsordnung von 1220/30, Bad Godesberg 1968.
De Beatis, Antonio: Die Reise des Kardinals Luigi d'Aragona durch Deutschland, die Niederlande, Frankreich und Oberitalien 1517–1518 (Erläuterungen und Ergänzungen zu Janssens Geschichte des deutschen Volkes 4, 4), Freiburg 1905.
Botero, Giovanni: The Reason of State, übersetzt u. hg. v. Bireley, Robert, Cambridge 2017 (ursprünglich 1589 unter dem Titel ›Della Ragion di Stato‹).
Deutsche Reichstagsakten, hrsg. durch die Historische Komm. bei der Bayer. Akad. der Wiss.:
- Der Reichstag zu Augsburg 1547/48 (Deutsche Reichstagsakten unter Kaiser Karl V. 18), 3 Teilbände, bearb. von Ursula Machoczek, München 2006.
- Der Kurfürstentag zu Frankfurt 1558 und der Reichstag zu Augsburg 1559 (Reichsversammlungen 1556–1662), Teilbd. 3, bearb. v. Josef Leeb, Göttingen 1999.
- Der Reichstag zu Speyer 1570 (Reichsversammlungen 1556–1662), Teilbd. 1. Protokolle, bearb. v. Maximilian Lanzinner, Göttingen 1988.
Die »gute« Policey im Reichskreis. Zur frühmodernen Normensetzung in den Kernregionen des Alten Reiches, hg. v. Wüst, Wolfgang:
- Bd. 1: Die »gute« Policey im Schwäbischen Reichskreis, unter besonderer Berücksichtigung Bayerisch-Schwabens, Berlin 2001.
- Bd. 2: Die »gute« Policey im Fränkischen Reichskreis, Berlin 2003.
- Bd. 4: Die lokale Policey. Normensetzung und Ordnungspolitik auf dem Lande. Ein Quellenwerk, hg. v. Berlin 2008.
- Bd. 5: Policeyordnungen in den Markgraftümern Ansbach und Kulmbach-Bayreuth, Erlangen 2011.
- Bd. 8: Policeyordnungen zur fränkischen Adelskultur, Erlangen 2018.
Fleischmann, Peter (Bearb.): Die handgezeichneten Karten des Staatsarchivs Nürnberg bis 1806 (Bayerische Archivinventare 49), München 1998.
Frank, Günther/Paulus, Georg: Die nordgauische Straßenbereitung von 1564, URL: https://www.heimatforschung-regensburg.de/75 (5.5.2023).
Frank, Günther/Paulus, Georg (Bearb.): Die pfalz-neuburgische Landesaufnahme unter Pfalzgraf Philipp Ludwig. Mit einem kartographiehistorischen Beitrag von Thomas Horst (Regensburger Beiträge zur Heimatforschung 6), Regensburg/Kollersried 2016, URL: https://www.heimatforschung-regensburg.de/97/ (4.4.2023).
Fried, Pankraz (Hg.): Die ländlichen Rechtsquellen aus den pfalz-neuburgischen Ämtern Höchstädt, Neuburg, Monheim und Reichertshofen vom Jahre 1585 (Veröffentlichungen der Schwäbischen Forschungsgemeinschaft, Reihe 5b: Rechtsquellen 1), bearbeitet von Franz Genzinger, Sigmaringen 1983.
Gabler, August: Altfränkisches Dorf- und Pfarrhausleben 1559–1601. Ein Kulturbild aus der Zeit vor dem 30-jährigen Krieg. Dargestellt nach den Tagebüchern des Pfarrherrn Thomas Wirsing von Sinbronn, Nürnberg 1952.

Geffcken, Peter/Häberlein, Mark (Hg.): Rechnungsfragmente der Augsburger Welser-Gesellschaft (1496–1551). Oberdeutscher Fernhandel am Beginn der neuzeitlichen Weltwirtschaft (Deutsche Handelsakten des Mittelalters und der Neuzeit 22), Stuttgart 2014.

Greiner, Hans (Hg.): Das Memorial- und Reisebuch des Hans Schad. Ein Beitrag zur Geschichte Ulms im 17. Jahrhundert, in: Württembergische Vierteljahreshefte für Landesgeschichte, Neue Folge 7 (1908), S. 334–420.

Grimm, Jacob (Hg.): Weisthümer, Bd. 1, Göttingen 1840.

Harms, Wolfgang/Schilling, Michael (für Bd. 1–9)/Pietrzak, Ewa (für Bd. 9) (Hg.): Deutsche Illustrierte Flugblätter des 16. und 17. Jahrhunderts, 9 Bde., Tübingen (Bd. 1 u. 3–8)/München (Bd. 2) 1980–2005; Berlin/Boston (Bd. 9) 2018.

Hartinger, Walter (Hg.): »... wie von alters herkommen ...«. Dorf-, Hofmarks-, Ehehaft- und andere Ordnungen in Ostbayern (Passauer Studien zur Volkskunde 15 u. 20), 3 Bde., Passau 1998/2002.

Hellwig, Karin: Die Reise Ottheinrichs von der Pfalz durch Spanien und Portugal 1519/20 im Spiegel des Reisetagebuchs von Johann Maria Warschitz, Heidelberg 2010.

Hofmann, Hanns Hubert (Hg.): Eine Reise nach Padua 1585. Drei fränkische Junker »uff der Reiß nach Italiam«, Sigmaringen/München 1969.

Hoffmann, Hermann (Hg.): Würzburger Polizeisätze. Gebote und Ordnungen des Mittelalters 1125–1495 (Quellen zur Rechts- und Wirtschaftsgeschichte Frankens 5), Würzburg 1955.

Horst, Thomas: Die Welt als Buch. Mercator, Gerhard (1512–1594) und der erste WeltATLAS. Bildband anlässlich der Faksimilierung des Mercatoratlas von 1595 (2° Kart B 180/3) der Staatsbibliothek zu Berlin – Preußischer Kulturbesitz, mit allen Kartentafeln dieser Ausgabe, München 2012.

Horst, Thomas: Die älteren Manuskriptkarten Altbayerns. Eine kartographiehistorische Studie zum Augenscheinplan unter besonderer Berücksichtigung der Kultur- und Klimageschichte, 2 Teilbde., München 2008.

Horst, Thomas: Die Karten der Pfalz-Neuburgischen Landesaufnahme (1579–1605), in: KN – Journal of Cartography and Geographic Information 67 (2017), S. 301–308.

Karnehm, Christl (Bearb.): Die Korrespondenz Hans Fuggers von 1566 bis 1594. Regesten der Kopierbücher aus dem Fuggerarchiv (Quellen zur Neueren Geschichte Bayerns III: Privatkorrespondenzen; Bd. I, II/1, II/2), 3 Bde., München 2003.

Kießling, Rolf/Steiner, Thaddäus (Hg.): Die ländlichen Rechtsquellen aus der Grafschaft Oettingen (Veröffentlichungen der Schwäbischen Forschungsgemeinschaft, Reihe 5b: Rechtsquellen 2), bearbeitet von Bernhard Brenner, Augsburg 2005.

Koller, Heinrich (Hg.): Reformation Kaiser Siegmunds (MGH Staatsschriften des späteren Mittelalters 6), Stuttgart 1964.

Köpf, Ulrich (Hg.): Deutsche Geschichte in Quellen und Darstellungen, Bd. 3: Reformationszeit 1495–1555, Stuttgart 2002.

Krüger, Herbert: Das älteste Routenhandbuch. Jörg Gails »Raissbüchlin«, Graz 1974.

Leng, Rainer: Grenzen, Steine, Sechsersprüche. Die dörfliche Rechtspraxis im Spiegel des ›Frammersbacher Sechserbuchs‹ (1572–1764) (Publikationen aus dem Kolleg »Mittelalter und Frühe Neuzeit« 3), Würzburg 2017.

Lori, Johann Georg: Der Geschichte des Lechrains: zweyter band, urkunden enthaltend, o. O. 1770.

Losch, Bernhard: Sühne und Gedenken. Steinkreuze in Baden-Württemberg. Ein Inventar (Forschungen u. Berichte zur Volkskunde in Baden-Württemberg 4), Stuttgart 1981.

Meuche, Hermann/Neumeister, Ingeborg (Hg.): Flugblätter der Reformation und des Bauernkrieges. 50 Blätter aus der Sammlung des Schloßmuseums Gotha, 2 Bde., Leipzig 1976.

Montaigne, Michel de: Journal de voyage en Italie par la Suisse et l'Allemagne en 1580 et 1581, hg. v. Dédéyan, Charles, Paris 1946.

Montaigne, Michel de: Tagebuch einer Reise durch Italien, die Schweiz und Deutschland 1580 und 1581, hg. und übersetzt v. Otto Flake, Frankfurt a. M. 1988 (erstmals München/Berlin 1915).

Monumenta Boica, Bd. 33/1 (1841).

Moryson, Fynes: An Itinerary. Containing his ten yeeres travell through the twelve dominions of Germany, Bohmerland, Swetzerland, Netherland, Denmarke, Poland, Italy, Turky, France, England, Scotland and Ireland, 4 Bde., Glasgow 1907/1908.

Münzer, Hieronymus: Itinerarium, hg. von Klaus Herbers unter Mitarbeit von Deimann, Wiebke u. a. (Monumenta Germaniae historica, Reiseberichte des Mittelalters 1), Wiesbaden 2020.

Der Pfinzing-Atlas von 1594. Faksimile, hg. v. Staatsarchiv Nürnberg und Altnürnberger Landschaft e. V., Nürnberg 1994.

Pfundner, Thomas: Historische Grenzsteine in Bayerisch-Schwaben. Inventar zu einem unendlichen Feld (Schwäbische Geschichtsquellen und Forschungen 30), Weißenhorn 2015.

Rauwolf, Leonhard: Aigentliche beschreibung der Raiß, so er vor diser zeit gegen Auffgang inn die Morgenländer, fürnemlich Syriam, Iudaeam, Arabiam, Mesopotamiam, Babyloniam, Assyriam, Armeniam etc. nicht ohne geringe mühe vnnd grosse gefahr selbs volbracht [...], o. O. 1583. [VD16 R 431]

Reichert, Folker: Die Reise des Pfalzgrafen Ottheinrich zum Heiligen Land 1521, Regensburg 2005.

Reyscher, August Ludwig (Hg.): Sammlung der württembergischen Regierungs-Gesetze, Bd. 12: Sammlung der württembergischen Regierungs-Gesetze, Teil 1 von Zeller, Gustav: Regierungs-Gesetze vom Jahre 1489 bis zum Jahre 1634, Tübingen 1841.

Reisen und Reisende in Bayerisch-Schwaben und seinen Randgebieten in Oberbayern, Franken, Württemberg, Vorarlberg und Tirol (Veröffentlichungen der Schwäbischen Forschungsgemeinschaft, Reihe 6: Reiseberichte und Selbstzeugnisse aus Bayerisch-Schwaben), Bd. 1: Dussler, Hildebrand (Hg.), 2. Aufl., Weißenhorn 1980; Bd. 2: Dussler, Hildebrand (Hg.), Weißenhorn 1974; Bd. 3: Gier, Helmut (Hg.), Weißenhorn 2015.

Repertorium der Policeyordnungen der Frühen Neuzeit (Studien zur europäischen Rechtsgeschichte), hg. v. Härter, Karl/Stolleis, Michael:

– Bd. 1: Deutsches Reich und geistliche Kurfürstentümer (Kurmainz, Kurköln, Kurtrier), hg. v. Härter, Karl, Frankfurt a. M. 1996.

– Bd. 2: Brandenburg/Preußen mit Nebenterritorien (Kleve–Mark, Magdeburg und Halberstadt), hg. v. Simon, Thomas, Frankfurt a. M. 1998.

– Bd. 3: Wittelsbachische Territorien (Kurpfalz, Bayern, Pfalz-Neuburg, Pfalz-Sulzbach, Jülich-Berg, Pfalz-Zweibrücken), hg. v. Schilling, Lothar/Schuck, Gerhard, 2 Halbbände, Frankfurt a. M. 1999.

– Bd. 4: Baden und Württemberg, hg. v. Landwehr, Achim/Simon, Thomas, Frankfurt a. M. 2001.

– Bd. 5: Reichsstädte 1: Frankfurt am Main, hg. v. Halbleib, Henrik/Worgitzki, Inke, Frankfurt a. M. 2004.

– Bd. 6: Reichsstädte 2: Köln, hg. v. Militzer, Klaus, Frankfurt a. M. 2005.

– Bd. 7: Orte der Schweizer Eidgenossenschaft: Bern und Zürich, hg. v. Schott-Volm, Claudia, Frankfurt a. M. 2006.

– Bd. 8: Reichsstädte 3: Ulm, hg. v. Kremmer, Susanne/Specke, Hans Eugen, Frankfurt a.M 2007.

– Bd. 9: Danmark og Slesvig-Holsten/Dänemark und Schleswig-Holstein, hg. v. Tamm, Ditlev, Frankfurt a. M. 2008.

– Bd. 11: Fürstbistümer Augsburg, Münster, Speyer, Würzburg, hg. v. Härter, Karl, 2 Halbbände, Frankfurt a. M. 2016.

Röhricht, Reinhold: Zwei Berichte über eine Jerusalemfahrt (1521), in: Zeitschrift für deutsche Philologie 25 (1893), S. 163–220 u. 475–501.

Rheinheimer, Martin: Die Dorfordnungen des Herzogtums Schleswig. Dorf und Obrigkeit in der Frühen Neuzeit, 2 Bde., Stuttgart 1999.

Schäfer, Bernd/Eydinger, Ulrike/Reko, Matthias: Die Sammlung der Einblattholzschnitte des 15. und 16. Jahrhunderts der Stiftung Schloss Friedenstein Gotha, Bd. 2: Abbildungen, Stuttgart 2016.

Schneidt, Joseph Maria: Thesaurus Iuris Franconici Oder Sammlung theils gedruckter theils ungedruckter Abhandlungen, Dissertationen, Programmen, Gutachten, Gesätze, Urkunden [...], Teil 2, Heft 10, Würzburg 1789. [VD 18 11031999-002]

Schuler, Josef Egon (Hg.): Der älteste Reiseatlas der Welt. Mit einem Vorwort v. Alois Fauser u. Traudl Seifert, Stuttgart 1965.

Scotti, Johann Josef: Sammlung der Gesetze und Verordnungen, welche in dem Königlich Preußischen Erbfürstenthume Münster und in den standesherrlichen Gebieten Horstmar, Rheina-Wolbeck, Dülmen und Ahaus-Bocholt-Werth über Gegenstände der Landeshoheit, Verfassung, Verwaltung und Rechtspflege vom Jahre 1359 bis zur französischen Militair-Occupation und zur Vereinigung mit Frankreich und dem Großherzogthume Berg in den Jahren 1806 und resp. 1811 ergangen sind, Bd. 1: Hochstift Münster. Von 1359 bis 1762, Münster 1842.

Tucher, Endres: Baumeisterbuch der Stadt Nürnberg (1464–1475). Mit einer Einleitung und sachlichen Anmerkungen von Friedrich von Weech (Bibliothek des Litterarischen Vereins in Stuttgart 64), hg. v. Lexer, Matthias, Stuttgart 1862.

Weber, Matthias (Hg.): Die Reichspolizeiordnungen von 1530, 1548 und 1577. Historische Einführung und Edition (Ius Commune Sonderhefte, Studien zur Rechtsgeschichte 146), Frankfurt a. M. 2002.

Weiland, Ludwig (Hg.): Constitutiones et Acta Publica Imperatoreum et Regum, Tomus II (Monumenta Germania Historica), Hannover 1896.

Ziegler, Walter: Dokumente zur Geschichte von Staat und Gesellschaft in Bayern, Abteilung I: Altbayern vom Frühmittelalter bis 1800, Bd. 3, Teil 1 u. 2, Altbayern von 1550–1651, München 1992.

Literatur

Adam, Hildegard: Das Zollwesen im Fränkischen Reich und das spätkarolingische Wirtschaftsleben. Ein Überblick über Zoll, Handel und Verkehr im 9. Jahrhundert (VSWG Beihefte 126), Stuttgart 1996.

Addison, William W.: The old roads of England, London 1980.

Aerni, Klaus/Egli, Hans-Rudolf: Zusammenhänge zwischen Verkehrs- und Siedlungsentwicklung in der Schweiz seit dem Mittelalter, in: Geographica Helvetica 46/2 (1991), S. 71–78.

Aerni, Klaus: Ziele und Ergebnisse des Inventars historischer Verkehrswege der Schweiz (IVS), in: Riedenauer 1996, S. 61–84.

Aerni, Klaus: Ulrich Ruffiner – Straßen und Brücken, in: Ders. u. a.: Ulrich Ruffiner von Prismell und Raron/ Ulrich Ruffiner de Prismell et Rarogne. Der bedeutendste Baumeister im Wallis des 16. Jahrhunderts/Le plus important architecte et ingénieur du XVIe siècle en Valais (Cahiers de Vallesia 20), 2. erw. Aufl., Sitten 2009, S. 141–190.

Agai, Bekim/Pataki, Zita Ágota (Hg.): Orientalische Reisende in Europa – Europäische Reisende im Nahen Osten. Bilder vom Selbst und Imaginationen des Anderen (Bonner Islamstudien 19), Berlin 2010.

Albert, Bill: The turnpike road system in England, 1663–1840, Cambridge 1972.

Albert, Johann Baptist: Bayerns Zollwesen aus den ältesten bis auf unsere Zeiten nach seinen Haupt-Perioden bearbeitet, München 1829.

Albrecht, Dieter: Staat und Gesellschaft: 1500–1745, in: Spindler, Max/Kraus, Andreas (Hg.): Handbuch der bayerischen Geschichte. 2. Band: Das Alte Bayern. Der Territorialstaat vom Ausgang des 12. Jahrhunderts bis zum Ausgang des 18. Jahrhunderts, 2. überarb. Aufl., München 1988, S. 625–663.

Albrecht, Dieter: Maximilian I. von Bayern 1573–1651, München 1998.

Allen, Valerie/Evans, Ruth (Hg.): Roadworks: Medieval Britain, medieval roads, Manchester 2016. [= Allen/Evans 2016 I]

Allen, Valerie/Evans, Ruth: Introduction: roads and writing, in: Dies. 2016 I, S. 1–32. [= Allen/Evans 2016 II]

Allmann, Joachim: Der Wald in der frühen Neuzeit. Eine mentalitäts- und sozialgeschichtliche Untersuchung am Beispiel des Pfälzer Raumes 1500–1800 (Schriften zur Wirtschafts- und Sozialgeschichte 36), Berlin 1989.

Alpers, Svetlana: The Art of Describing: Dutch Art in the Seventeenth Century, Chicago 1983.

Andermann, Kurt/Auge, Oliver (Hg.): Dorf und Gemeinde. Grundstrukturen der ländlichen Gesellschaft in Spätmittelalter und Frühneuzeit (Kraichtaler Kolloquien 8), Epfendorf 2012.

Andermann, Kurt/Gallion, Nina (Hg.): Weg und Steg. Aspekte des Verkehrswesens von der Spätantike bis zum Ende des Alten Reichs (Kraichtaler Kolloquien 11), Ostfildern 2018.

Andraschek-Holzer, Ralph: Dorfansichten der Frühen Neuzeit: Fiktionen oder Quellen, in: Beiträge zur Mittelalterarchäologie in Österreich 25 (2009), S. 231–258.

Andraschek-Holzer, Ralph: Darstellung von Verkehrswegen in topographischen Ansichten des 15. und 16. Jahrhunderts, in: Holzner-Tobisch/Kühtreiber 2012, S. 331–352.

Andrelang, Franz: Landgericht Aibling und Reichsgrafschaft Hohenwaldeck (Historischer Atlas von Bayern, Teil Altbayern, Reihe I, Heft 17), München 1967.

Angus, Bill: A history of crossroads in early modern culture, Edinburgh 2022.

Asch, Ronald G./Freist, Dagmar (Hg.): Staatsbildung als kultureller Prozess. Strukturwandel und Legitimation von Herrschaft in der Frühen Neuzeit, Köln u. a. 2005.

Auer, Johann: Altwege zwischen Abens, Donau und Isar (Regensburger Beiträge zur Regionalgeographie und Raumplanung 5), Kallmünz 1999.

Auge, Oliver: Auf dem Weg zur Nachhaltigkeit? Ansätze zu Ressourcenschutz und Ressourcenregeneration im spätmittelalterlichen und frühneuzeitlichen Schleswig-Holstein, in: Schulz, Günther/Reith, Reinhold (Hg.): Wirtschaft und Umwelt vom Spätmittelalter bis zur Gegenwart. Auf dem Weg zur Nachhaltigkeit (VSWG, Beiheft 233), Stuttgart 2015, S. 31–51

Auge, Oliver/Schneider, Joachim: Der Niederadel, in: Freitag/Kißener/Reinle/Ullmann 2018, S. 303–334.

Aulinger, Rosemarie: Das Bild des Reichstages im 16. Jahrhundert: Beiträge zu einer typologischen Analyse schriftlicher und bildlicher Quellen (Schriftenreihe der Historischen Kommission bei der Bayerischen Akademie der Wissenschaften 18), Göttingen 1980.

Babel, Rainer/Paravicini, Werner (Hg.): Grand Tour: Adeliges Reisen und europäische Kultur vom 14. bis zum 18. Jahrhundert (Beihefte der Francia 60), Ostfildern 2005.

Bade, Klaus J.: Migration in European history, Malden 2003.

Bader, Karl Siegfried: Ländliches Wegerecht im Mittelalter vornehmlich in Oberdeutschland, in: Zeitschrift für die Geschichte des Oberrheins 88, Neue Folge 49 (1936), S. 371–444.

Bader, Karl Siegfried: Das mittelalterliche Dorf als Friedens- und Rechtsbereich (Studien zur Rechtsgeschichte des mittelalterlichen Dorfes 1), Weimar 1957.

Bader, Karl Siegfried: Rechtsformen und Schichten der Liegenschaftsnutzung im mittelalterlichen Dorf (Studien zur Rechtsgeschichte des mittelalterlichen Dorfes 3), Wien u. a. 1973.

Bader, Karl Siegfried: Dorfgenossenschaft und Dorfgemeinde (Studien zur Rechtsgeschichte des mittelalterlichen Dorfes 2), 2. unveränd. Aufl., Wien 1974 (1. Aufl. 1962).

Bagrow, Leo: Carta Itineraria Europae Martini Ilacomili, 1511, in: Imago Mundi 11 (1954), S. 149f.

Bahlcke, Joachim: Landesherrschaft, Territorien und Staat in der Frühen Neuzeit (EDG 91), München 2012.

Bahn, Bernd W. u. a. (Hg.): Altstraßen in Südthüringen. Stand und Perspektiven der Altstraßenforschung, Langenweißbach 2015.

Bahn, Bernd W: Die Kupferstraße. Geographisch-prähistorische Untersuchung ihres Verlaufs in Thüringen (Beiträge zur Altwegeforschung 2), Langenweißbach 2016.

Balke, Thomas E. u. a. (Hg.): Stein, in: Meier, Thomas u. a. (Hg.): Materiale Textkulturen. Konzepte, Materialien, Praktiken, Berlin u. a. 2015, S. 247–268.

Balzer, Manfred: Die Paderborner Stadtlandwehren. Rekonstruktion – Alter – Funktion, in: Kneppe 2014 I, S. 133–154.

Bangert, Julia: Buchhandelssystem und Wissensraum in der Frühen Neuzeit (Schriftmedien/Written Media 7), Berlin/Boston 2019.
Barber, Peter: Mapmaking in England, ca. 1470–1650, in: Woodward 2007, S. 1589–1669.
Barker, Theodore C.: The rise and rise of road transport 1700–1990, Basingstoke u. a. 1993.
Bauch, Martin/Forster, Christian: Seelenheil und Infrastruktur. Zum Zusammenhang von Brückenbau, Ablässen und Extremereignissen im Spätmittelalter, in: Kühne/Popp 2022, S. 15–78.
Bauernfeind, Walter: Materielle Grundstrukturen im Spätmittelalter und der Frühen Neuzeit. Preisentwicklung und Agrarkonjunktur am Nürnberger Getreidemarkt von 1339 bis 1670 (Nürnberger Werkstücke zur Stadt- und Landesgeschichte. Schriftenreihe des Stadtarchivs Nürnberg 50), Nürnberg 1993.
Bauernfeind, Walter: Die reichsten Nürnberger Bürger 1579 und ihre Stellung in der reichsstädtischen Gesellschaft, in: Bühl, Charlotte/Fleischmann, Peter (Hg.): Festschrift für Rudolf Enders zum 65. Geburtstag, gewidmet von Kollegen, Freunden und Schülern (Jahrbuch für Fränkische Landesforschung 60), Neustadt (Aisch) 2000, S. 200–253.
Baumann, Anette/Eichler, Anja/Xenakis, Stefan (Hg.): Augenscheine – Karten und Pläne vor Gericht, Katalog zur gleichnamigen Ausstellung im Reichskammergerichtsmuseum Wetzlar vom 22. November 2014 bis 15. Februar 2015, Wetzlar 2014.
Baumann, Anette: Augenscheinkarten am Reichskammergericht (1495–1806) (Schriftenreihe der Gesellschaft für Reichskammergerichtsforschung 47), Wetzlar 2019. [= Baumann 2019 I]
Baumann, Anette: Augenscheinkarten des Reichskammergerichts (1495–1806) im Generallandesarchiv Karlsruhe, in: Zeitschrift für die Geschichte des Oberrheins 167 (2019), S. 141–153. [= Baumann 2019 II]
Baumann, Anette: Visualisierte Evidenz. Inaugenscheinnahmen und ihre Dokumentation durch Augenscheinkarten am Reichskammergericht (1495–1806). Erste Beobachtungen, in: Zeitschrift Rechtsgeschichte/Legal History 27 (2019), S. 458–461, URL: http://rg.rg.mpg.de/en/article_id/1330 (28.6.2023). [= Baumann 2019 III]
Baumann, Anette/Jendorff Alexander/Theisen, Frank (Hg.): Religion – Migration – Integration. Studien zu Wechselwirkungen religiös motivierter Mobilität im vormodernen Europa, Tübingen 2019.
Baumann, Anette/Timpener, Evelien/Schmolinsky, Sabine (Hg.): Raum und Recht. Visualisierung von Rechtsansprüchen in der Vormoderne (bibliothek altes Reich 29), Berlin/Boston 2020.
Baumann, Anette: Karten vor Gericht. Augenscheinkarten der Vormoderne als Beweismittel, Darmstadt 2022.
Baumbach, Hendrik: Königliche Gerichtsbarkeit und Landfriedenssorge im deutschen Spätmittelalter. Eine Geschichte der Verfahren und Delegationsformen zur Konfliktbehandlung (QFHG 68), Köln u. a. 2017.
Baumbach, Hendrik: Landfriede (Spätmittelalter), publiziert am 25.09.2015, in: Historisches Lexikon Bayerns, URL: http://www.historisches-lexikon-bayerns.de/Lexikon/Landfriede_(Spätmittelalter) (28.6.2023).
Baumbach, Hendrik/Carl, Horst (Hg.): Landfrieden – epochenübergreifend. Neue Perspektiven der Landfriedensforschung auf Verfassung, Recht, Konflikt (ZHF, Beihefte 54), Berlin 2018.
Baumgärtner, Ingrid/Thiel, Lena (Hg.): Fürstliche Koordinaten. Landesvermessung und Herrschaftsvisualisierung um 1600 (Schriften zur Sächsischen Geschichte und Volkskunde 46), Leipzig 2014.
Bäumler, Suzanne u. a. (Hg.): Von Kaisers Gnaden. 500 Jahre Pfalz-Neuburg (Katalog zur Bayerischen Landesausstellung 2005), Augsburg 2005.
Baur-Heinhold, Margarete: Bildstöcke in Bayern, in: Rheinisches Jahrbuch für Volkskunde 5 (1954), S. 53–92.
Bayerische Gesellschaft für Unterwasserarchäologie (Hg.): Archäologie der Brücken. Vorgeschichte, Antike, Mittelalter, Neuzeit/Archaeology of bridges. Prehistory, Antiquity, Middle Ages, Modern Era, Regensburg 2011.
Bayerisches Landesamt für Denkmalpflege (Hg.): Brücken in Bayern. Geschichte, Technik, Denkmalpflege (Denkmalpflege Themen 2), Parsdorf 2011.
Bayerl, Günter: Technik in Mittelalter und Früher Neuzeit, Stuttgart 2013.

Beale, Philip: England's Mail. Two Millennia of Letter Writing, Stroud 2011.
Beck, Rainer: Unterfinning. Ländliche Welt vor Anbruch der Moderne, München 2004 (Erstausgabe in Leinen 1993).
Behringer, Wolfgang/Roeck, Bernd (Hg.): Das Bild der Stadt in der Neuzeit 1400–1800, München 1999.
Behringer, Wolfgang: Im Zeichen des Merkur. Reichspost und Kommunikationsrevolution in der Frühen Neuzeit (Veröffentlichungen des Max-Planck-Instituts für Geschichte 189), Göttingen 2003.
Behringer, Wolfgang: Mit der Karte auf Grand Tour. Infrastrukturbildung und Mental Mapping in der Frühen Neuzeit, in: Dipper, Christof/Schneider, Ute (Hg.): Kartenwelten. Der Raum und seine Repräsentation in der Neuzeit, Darmstadt 2006, S. 77–93.
Behringer, Wolfgang: Die Visualisierung von Straßenverkehrsnetzen in der frühen Neuzeit, in: Szabó 2009 I, S. 255–278.
Behringer, Wolfgang: Art. ›Beschleunigung‹, in: EdN – Online [2014] [http://dx.doi.org/10.1163/2352-0248_edn_a0424000]. [= Behringer 2014 I]
Behringer, Wolfgang: Art. ›Reichspost‹, in: EdN – Online [2014] [http://dx.doi.org/10.1163/2352-0248_edn_a3557000]. [= Behringer 2014 II]
Behringer, Wolfgang: Der große Aufbruch. Globalgeschichte der Frühen Neuzeit, München 2023.
Bellingradt, Daniel: Das Flugblatt im Medienverbund der Frühen Neuzeit. Bildtragendes Mediengut und Recycling-Produkt, in: Daphnis 48 (2020), S. 516–538.
Below, Stefan von/Breit, Klaus: Wald. Von der Gottesgabe zum Privateigentum. Gerichtliche Konflikte zwischen Landesherren und Untertanen um den Wald in der frühen Neuzeit (Quellen und Forschungen zur Agrargeschichte 43), Stuttgart 1998.
Bérard, Julien, Kommunikation, Wissensproduktion und Kartographie. Abraham Ortelius und die Kartenproduktion im Antwerpen des späten 16. Jahrhunderts, Baden-Baden 2020.
Berninger, Otto: Geographische Grundlage für die Entstehung und mittelalterliche Blüte Nürnbergs, in: Pfeiffer 1971, S. 1–5.
Beyrer, Klaus: Die Postkutschenreise, Tübingen 1985.
Beyrer, Klaus: Art. ›Verkehrsregeln‹, in: EdN – Online [2014] [http://dx.doi.org/10.1163/2352-0248_edn_a4550000]. [= Beyrer 2014 I]
Beyrer, Klaus: Art. ›Weg‹, in: EdN – Online [2014] [http://dx.doi.org/10.1163/2352-0248_edn_a4714000]. [= Beyrer 2014 II]
Beyrer, Klaus: Art. ›Straßenkarte‹, in: EdN – Online [2014] [http://dx.doi.org/10.1163/2352-0248_edn_a4183000]. [= Beyrer 2014 III]
Beyrer, Klaus: Art. ›Post‹, in: EdN – Online [2019] [http://dx.doi.org/10.1163/2352-0248_edn_COM_330038].
Beyrer, Klaus/Weigl, Andreas: Art. ›Infrastruktur‹, in: EdN – Online [2014] [http://dx.doi.org/10.1163/2352-0248_edn_COM_284531].
Biaggini, Olivier: »Todos somos romeos que camino pasamos«: homo viator dans le mester de clerecía, in: Cahiers d'Études Hispanique Médiévales 30 (2007), S. 25–54.
Birk, Alfred: Die Straße. Ihre verkehrs- und bautechnische Entwicklung im Rahmen der Menschheitsgeschichte, Karlsbad 1934 (Neudruck Aalen 1971).
Birr, Christiane: Ordnung im Dorf. Eine Skizze zur Normgenese in Weistümern und Dorfordnungen, in: Drossbach, Gisela (Hg.): Von der Ordnung zur Norm. Statuten in Mittelalter und Früher Neuzeit, Paderborn 2010, S. 153–166.
Birzer, Matthias: Die Nürnberger Landwehr, in: Friedel, Birgit/Frieser, Claudia, (Hg.): »… nicht eine einzige Stadt, sondern eine ganze Welt …«. Nürnberg. Archäologie und Kulturgeschichte. 950 Jahre Nürnberg, 1050–2000, Büchenbach 1999, S. 330–335.
Bischoff, Michael/Lüpkes, Vera/Crom, Wolfgang (Hg.): Kartographie der Frühen Neuzeit. Weltbilder und Wirkungen (Studien zur Kultur der Renaissance 5), Marburg 2015, S. 79–92.

Bischoff, Michael/Lüpkes, Vera/Schönlau, Rolf (Hg.): Weltvermesser. Das goldene Zeitalter der Kartographie [Katalog zur Ausstellung vom 13. September bis 6. Dezember 2015, Weserrenaissance-Museum Schloss Brake, Lemgo], Dresden 2015.

Black, Jeremy: Eighteenth-Century Britain, 1688–1783, 2. Aufl., Basingstoke 2001.

Blanchard, Ian: The Continental European Cattle Trades, 1400–1600, in: The Economic History Review, New Series 39 (1986), S. 427–460.

Blanchard, Ian: The International Economy in the »age of the Discoveries«, 1470–1570. Antwerp and the English Merchants' World (Studien zur Gewerbe- und Handelsgeschichte der vorindustriellen Zeit 29), Stuttgart 2009.

Blaschitz, Gertrud: Unterwegs in der mittelhochdeutschen Epik des 12. und 13. Jahrhunderts. Das sprachliche und literarische Erscheinungsbild von Weg und Straße in der Heldenepik, im Frauendienst des Ulrich von Liechtenstein und im Helmbrecht von Wernher dem Gärtner, in: Szabó 2009 I, S. 185–214.

Blaschke, Karlheinz: Städte, Straßen und Fernhandel im Mittelalter. Eine Forschungsaufgabe zur geschichtlichen Landeskunde in Sachsen, in: Zwahr, Hartmut/Schirmer, Uwe/Steinführer, Henning (Hg.): Leipzig, Mitteldeutschland und Europa. Festgabe für Manfred Straube und Manfred Unger zum 70. Geburtstag, Beucha 2000, S. 263–273.

Blattmann, Marita: Über die ›Materialität‹ von Rechtstexten, in: Frühmittelalterliche Studien 28 (1994), S. 333–354.

Bleidick, Dietmar: Art. ›Mühle‹, in: EdN 8 (2008), Sp. 811–816.

Blickle, Peter: Beschwerden und Polizeien. Die Legitimation des modernen Staates durch Verfahren und Normen, in: Ders. u. a. (Hg.): Gute Policey als Politik im 16. Jahrhundert. Die Entstehung des öffentlichen Raumes in Oberdeutschland (Studien zu Policey und Policeywissenschaft), Frankfurt a. M. 2003, S. 549–568.

Blickle, Renate: Scharwerk in Bayern. Fronarbeit und Untertänigkeit in der Frühen Neuzeit, in: Geschichte und Gesellschaft 17 (1991), 407–433.

Blickle, Renate: Politische Streitkultur in Altbayern. Beiträge zur Geschichte der Grundrechte in der Frühen Neuzeit (Quellen und Forschungen zur Agrargeschichte 58), Berlin/Boston 2017.

Blickle, Renate: Frondienste/Scharwerk in Altbayern, publiziert am 21.02.2014, in: Historisches Lexikon Bayerns, URL: http://www.historisches-lexikon-bayerns.de/Lexikon/Frondienste/Scharwerk_in_Altbayern (28.6.2023).

Blockmans, Wim/Holenstein, André/Mathieu, Jon (Hg.): Empowering Interactions. Political Cultures and the Emergence of the State in Europe 1300–1900, Aldershot 2009.

Blondé, Bruno/Stabel, Peter/Boone, Marc u.a (Hg.): Buyers and Sellers. Retail circuit and practices in medieval and early Modern Europe (Studies in European Urban History 9), Turnhout 2006.

Blumin, Stuart M.: The encompassing city. Streetscapes in early modern art and culture, Manchester 2008.

Blumin, Stuart M.: The encompassing city: Vedutismo in Early Modern Art and Culture, in: Groos, Arthur u.a. (Hg.): Topographies of the early modern city (Transatlantische Studien zu Mittelalter und Früher Neuzeit 3), Göttingen 2008, S. 239–256.

Bockmann, Jörn u.a (Hg.): Diabolische Vigilanz. Studien zur Inszenierung von Wachsamkeit in Teufelserzählungen des Spätmittelalters und der Frühen Neuzeit (Vigilanzkulturen 2), Berlin/Boston 2022, URL: https://www.degruyter.com/document/doi/10.1515/9783110774382/html (28.6.2023).

Boehm, Gottfried: Augenmaß. Zur Genese der ikonischen Evidenz, in: Boehm, Gottfried/Mersmann, Birgit/Spies, Christian (Hg.): Movens Bild. Zwischen Evidenz und Affekt, München 2008.

Bog, Ingomar: Dorfgemeinde und Unfreiheit in Franken (Quellen und Forschungen zur Agrargeschichte 3), Stuttgart 1956.

Bognár, Anna-Victoria: Der Architekt in der Frühen Neuzeit: Ausbildung – Karrierewege – Berufsfelder, Heidelberg 2020.

Bönisch, Fritz u. a. (Hg.): Kursächsische Kartographie bis zum Dreißigjährigen Krieg, Bd. 1: Die Anfänge des Kartenwesens (Veröffentlichungen des Mathematisch-Physikalischen Salons – Forschungsstelle Dresden 8), Dresden 1990, URL: https://books.ub.uni-heidelberg.de/arthistoricum/catalog/book/76 (28.6.2023).

Borght, Richard van der: Das Verkehrswesen, 3. Aufl., Leipzig 1925.

Borgolte, Michael (Hg.): Enzyklopädie des Stiftungswesens in mittelalterlichen Gesellschaften, Bd. 3: Stiftung und Gesellschaft, Berlin/Boston 2017.

Boroffka, Anna: Introduction: Regionally Specified Knowledge Compendia between Encyclopedia and Chorography, in: Dies. (Hg.): Between Encyclopedia and Chorography: Defining the Agency of »Cultural Encyclopedias« from a Transcultural Perspective (Cultures and Practices of Knowledge in History/Wissenskulturen und ihre Praktiken 12), Berlin/Boston 2022, S. 1–39.

Boseckert, Christian: Ein Herzog und sein Staat. Eine politische Biografie Herzog Johann Casimirs von Sachsen-Coburg (1564–1633) (Norm und Struktur 53), Wien u. a. 2021.

Böth, Mareike: Erzählweisen des Selbst. Körperpraktiken in den Briefen Liselottes von der Pfalz (1652–1722) (Selbstzeugnisse der Neuzeit 24), Köln u. a. 2015.

Bowie, Karin/Munck, Thomas (Hg.): Early modern political petitioning and public engagement in Scotland, Britain and Scandinavia, c.1550–1795, London/New York 2021.

Boys, Jayne E. E: London's News Press and the Thirty Years War (Studies in Early Modern Cultural, Political and Social History), Woodbridge 2011.

Brakensiek, Stefan/Wunder, Heide (Hg.): Ergebene Diener ihrer Herren? Herrschaftsvermittlung im alten Europa, Köln/Weimar/Wien 2005.

Brakensiek, Stefan: Akzeptanzorientierte Herrschaft: Überlegungen zur politischen Kultur der Frühen Neuzeit, in: Neuhaus, Helmut (Hg.): Die Frühe Neuzeit als Epoche (HZ, Beihefte 49), München 2009, S. 395–406.

Brakensiek, Stefan: Legitimation durch Verfahren? Visitationen, Supplikationen, Berichte und Enquêten im frühmodernen Fürstenstaat, in: Stollberg-Rilinger, Barbara/Krischer, André (Hg.): Herstellung und Darstellung von Entscheidungen. Verfahren, Verwalten und Verhandeln in der Vormoderne (ZHF, Beihefte 44), Berlin 2010, S. 363–377.

Brandstätter, Klaus: Städtische Maßnahmen zur Verkehrsorganisation im Mittelalter und in der Frühen Neuzeit: Der Anteil der Städte an der Erschließung der Alpenübergänge, in: Niederstätter 2001, S. 183–216.

Brandstätter, Klaus: Straßenhoheit und Straßenzwang im hohen und späten Mittelalter, in: Schwinges 2007 I, S. 201–228.

Brandstätter, Klaus: Maßnahmen zur Sicherung der Holzversorgung in der frühen Tiroler Montanindustrie, in: Kießling/Scheffknecht 2012, S. 181–204.

Brandstetter-Köran, Michaela: Bildstöcke im Taubertal um Bad Mergentheim, Weikersheim und Creglingen, Bergatreute 2000.

Braudel, Fernand: Das Mittelmeer und die mediterrane Welt in der Epoche Philipps II., Bd. 1: Die Rolle des Milieus, übersetzt von Osterwald, Grete nach der vierten durchgesehenen und berichtigten Auflage von 1979 (zuerst erschienen 1949), Frankfurt a. M. 1990.

Braunstein, Philippe: Guerre, vivres et transports dans le Haut-Frioul en 1381, in: Franz Huter u. a. (Hg.): Erzeugung, Verkehr und Handel in der Geschichte der Alpenländer. Festschrift für Univ.-Prof. Dr. Herbert Hassinger, Innsbruck 1977, S. 86–108.

Brendecke, Arndt/Friedrich, Markus/Friedrich, Susanne (Hg.): Information in der Frühen Neuzeit. Status, Bestände, Strategien (Pluralisierung & Autorität 16), Münster 2008. [= Brendecke/Friedrich/Friedrich 2008 I]

Brendecke, Arndt/Friedrich, Markus/Friedrich, Susanne: Information als Kategorie historischer Forschung. Heuristik, Etymologie und Abgrenzung zum Wissensbegriff, in: Brendecke/Friedrich/Friedrich 2008 I, S. 11–44. [= Brendecke/Friedrich/Friedrich 2008 II]

Brendecke, Arndt: Imperium und Empirie. Funktionen des Wissens in der spanischen Kolonialherrschaft, Köln u. a. 2009.
Brendecke, Arndt (Hg.): Praktiken der Frühen Neuzeit. Akteure. Handlungen. Artefakte (Frühneuzeit-Impulse 3), Köln u. a. 2015.
Brenner, Peter J. (Hg.): Der Reisebericht. Die Entwicklung einer Gattung in der deutschen Literatur, Frankfurt a. M. 1989. [= Brenner 1989 I]
Brenner, Peter J.: Die Erfahrung der Fremde. Zur Entwicklung einer Wahrnehmungsform in der Geschichte des Reiseberichts, in: Brenner 1989 I, S. 14–49. [= Brenner 1989 II]
Brenner, Peter J.: Der Reisebericht in der deutschen Literatur. Ein Forschungsüberblick als Vorstudie zu einer Gattungsgeschichte, Tübingen 1990.
Brenner, Peter J.: Art. ›Reiseliteratur‹, in: EdN – Online [2014] [http://dx.doi.org/10.1163/2352-0248_edn_a3577000].
Bretschneider, Falk/Duhamelle, Christoph: Fraktalität. Raumgeschichte und soziales Handeln im Alten Reich, in: ZHF 43 (2016), S. 703–746.
Brichzin, Hans: Augenschein-, Bild- und Streitkarten, in: Bönisch 1990, S. 112–206.
Brincken, Anna-Dorothee von den: Unterwegs im Mittelalter – mit und ohne Karten?, in: Szabó 2009 I, S. 237–254.
Brübach, Nils: Die Reichsmessen von Frankfurt am Main, Leipzig und Braunschweig (14.–18. Jahrhundert) (Beiträge zur Wirtschafts- und Sozialgeschichte 55), Stuttgart 1994.
Brückner, Wolfgang/Schneider, Ute: Art. ›Flugschrift‹, in: EdN – Online [2019] [http://dx.doi.org/10.1163/2352-0248_edn_COM_264998].
Brugger, Eva/Burschel, Peter/Schürch, Isabelle (Hg.): Historische Anthropologie 26/1 (2018), Themenschwerpunkt: Hafen, Köln u. a. 2018.
Brunner, Hilmar: Polizeigesetzgebung im Herzogtum Bayern 1508–1598 (Rechtsgeschichtliche Studien 29), Hamburg 2009.
Brunner, Kurt: Erhard Etzlaubs Karte »Die Landstraßen durch das Römische Reich«, in: Reiner Buzin (Hg.): Kartographie 2001 – multidisziplinär und multimedial. Beiträge zum 50. Deutschen Kartographentag, Heidelberg 2001, S. 43–54.
Bucka, Hans: Die Steinkreuze und Kreuzsteine im Landkreis Hof und in der Stadt Hof, Hof 1986.
Bühler, Dirk: Art. ›Brücke‹, in: EdN – Online [2014] [http://dx.doi.org/10.1163/2352-0248_edn_a0546000].
Buisseret, David: Sully and the growth of centralized government in France 1598–1610, London 1968.
Burgard, Friedrich/Haverkamp, Alfred (Hg.): Auf den Römerstraßen ins Mittelalter. Beiträge zur Verkehrsgeschichte zwischen Maas und Rhein von der Spätantike bis ins 19. Jahrhundert (Trierer Historische Forschungen 30), Mainz 1997.
Burger, Daniel: Waldordnung, Waldmandat und Verkündzettel. Die Vermittlung herrschaftlicher Weisungen zum Schutz und zur Bewirtschaftung des Waldes in der Frühen Neuzeit am Beispiel der Reichsstadt Nürnberg, in: Dauser, Regina/Fassl, Peter/Schilling, Lothar (Hg.): Wissenszirkulation auf dem Land vor der Industrialisierung (Documenta Augustana 26), Augsburg 2016, S. 143–164.
Burkart, Peter u. a.: Bildstöcke, Flurdenkmale und Kreuze in Aschaffenburg (Veröffentlichungen des Geschichts- und Kunstvereins Aschaffenburg e. V. 49), Aschaffenburg 2003.
Burkhardt, Johannes: Der Dreißigjährige Krieg, Frankfurt a. M. 1992.
Burkhardt, Johannes: Die Friedlosigkeit in der Frühen Neuzeit. Grundlegung einer Theorie der Bellizität Europas, in: ZHF 24 (1997), S. 509–574.
Burkhardt, Johannes: Das Reformationsjahrhundert. Deutsche Geschichte zwischen Medienrevolution und Institutionenbildung 1517–1617, Stuttgart 2002.
Burkhardt, Johannes: Vollendung und Neuorientierung des frühmodernen Reiches 1648–1763 (Gebhardt. Handbuch der deutschen Geschichte 11), Stuttgart 2006.

Burkhardt, Johannes: Der Krieg der Kriege. Eine neue Geschichte des Dreißigjährigen Krieges, Stuttgart 2018.
Burschel, Peter/Juterczenka, Sünne (Hg.): Das Meer. Maritime Welten in der Frühen Neuzeit/The sea. Maritime worlds in the early modern period (Frühneuzeit-Impulse 4), Wien u. a. 2021.
Bütow, Sascha: Straßen im Fluss. Schifffahrt, Flussnutzung und der lange Wandel der Verkehrsinfrastruktur in der Mark Brandenburg und der Niederlausitz vom 13. bis zum 16. Jahrhundert (Studien zur brandenburgischen und vergleichenden Landesgeschichte 18), Berlin 2015.
Canny, Nicholas (Hg.): Europeans on the Move. Studies on European Migration 1500–1800, Oxford 1994.
Carl, Horst: Landfrieden als Konzept und Realität kollektiver Sicherheit im Heiligen Römischen Reich, in: Naegle Gisela (Hg.): Frieden schaffen und sich verteidigen im Spätmittelalter/Faire la paix et se défendre à la fin du Moyen Âge (Pariser Historische Studien 98), Göttingen 2011, S. 121–138.
Carl, Horst/Westermeier, Carola (Hg.): Sicherheitsakteure. Epochenübergreifende Perspektiven zu Praxisformen und Versicherheitlichung, Baden-Baden 2018.
Cech, Brigitte: Technik in der Antike, Darmstadt 2010.
Chaney, Edward: The Evolution of the Grand Tour. Anglo-Italian cultural relations since the Renaissance, London 2000.
Chartres, John A.: The English Inn and Road Transport before 1700, in: Peyer 1983, S. 153–176.
Claassen, Chreyl: Waning pilgrimage paths and modern roadscapes: moving through landscape in northern Guerrero, Mexico, in: World archaeology 43/3 (2011), S. 493–503.
Clark, Peter: European Cities and Towns 400–2000, Oxford 2009.
Classen, Albrecht: Roads, Streets, Bridges, and Travelers, in: Ders. (Hg.): Handbook of medieval culture. Fundamental Aspects and Conditions of the European Middle Ages, Bd. 3, Berlin/Boston 2015, S. 1511–1534.
Classen, Albrecht (Hg.): Travel, Time, and Space in the Middle Ages and Early Modern Time: Explorations of Worldly Perceptions and Processes of Identity Formation (Fundamentals of Medieval and Early Modern Culture 22), Berlin/Boston 2018. [= Classen 2018 I]
Classen, Albrecht: Travel, Time, and Space in the Pre-Modern World: Theoretical an Historical Reflections. An Introduction, in: Classen 2018 I, S. 1–75. [= Classen 2018 II]
Coers, Birgitta: Monumente am Wegesrand. Piranesis »Via Appia« und die antiquarische Forschung im 17. und 18. Jahrhundert, in: Denzler 2018 I, S. 73–94.
Collet, Dominik: Die doppelte Katastrophe. Klima und Kultur in der europäischen Hungerkrise 1770–1772, Göttingen 2019.
Conchon, Anne: La corvée des grands chemins au XVIIIe siècle. Économie d'une institution, Rennes 2016.
Conchon, Anne/Plouviez, David/Szulman, Éric (Hg.): Le financement des infrastructures de transport XVIIe–début XIXe siècle, Paris 2018.
Contzen, Eva von: Die Affordanzen der Liste, in: Zeitschrift für Literaturwissenschaft und Linguistik 47 (2017), S. 317–326.
Conze, Werner: Art. ›Sicherheit, Schutz‹, in: Brunner, Otto/ders./Koselleck, Reinhart (Hg.): Geschichtliche Grundbegriffe. Historisches Lexikon zur politisch-sozialen Sprache in Deutschland, Bd. 5, Stuttgart 1984, S. 831–862.
Coolen, Joris: Places of justice and awe: The topography of gibbets and gallows in medieval and early modern north-western and Central Europe, in: World Archaeology 45/5 (2013), S. 762–779.
Copeland, John: Roads and their traffic, 1750–1850, Newton Abbot 1968.
Cramer-Fürtig, Michael: Finanzkontrolle durch Rechnungsprüfung im Herzogtum Bayern. Zur Normierung der amtlichen Buchführung in der Frühen Neuzeit, in: Edelmayer, Friedrich u. a. (Hg.): Finanzen und Herrschaft. Materielle Grundlagen fürstlicher Politik in den habsburgischen Ländern und im Heiligen Römischen Reich im 16. Jahrhundert (Veröffentlichungen des Instituts für Österreichische Geschichtsforschung 38), München 2003, S. 270–290.

Cramsie, John: British Travellers and the Encounter with Britain, 1450–1700 (Studies in Early Modern Cultural, Political and Social History), Woodbridge 2015.
Cremer, Annette C./Baumann, Anette/Bender, Eva (Hg.): Prinzessinnen unterwegs. Reisen fürstlicher Frauen in der Frühen Neuzeit (bibliothek altes Reich 22), Berlin/Boston 2018.
Csendes, Peter: Die Straßen Niederösterreichs im Früh- und Hochmittelalter (Dissertation der Universität Wien 33), Wien 1969.
Dalhede, Christina: The European Ox Trade in Early Modern Time. Southern Germany, the Southern Netherlands and Western Sweden, in: Liljewall, Britt (Hg.): Agrarian Systems in Early Modern Europe, Stockholm 1999, S. 57–95.
Dalwigk, Carl Friedrich von: Versuch einer philosophisch juristischen Darstellung des Erbrechts nach Anleitung des römischen Rechts, neuerer Gesetzbücher und mehrerer Landesstatuten mit Gesetzesvorschlägen, 3. Teil, Wiesbaden 1822.
Dannenbauer, Heinz: Die Entstehung des Territoriums der Reichsstadt Nürnberg (Arbeiten zur deutschen Rechts- und Verfassungsgeschichte 7), Stuttgart 1928.
Das, Nandini/Youngs, Tim (Hg.): The Cambridge history of travel writing, Cambridge 2019.
Dauser, Regina: Informationskultur und Beziehungswissen – das Korrespondenznetz Hans Fuggers (1531–1598) (Studia Augustana 16), Tübingen 2008.
Daybell, James: The material letter in early modern England: manuscript letters and the culture and practices of letter-writing, 1512–1635, Houndmills 2012.
Degl'Innocenti, Luca/Rospocher, Massimo (Hg.): Street singers in Renaissance Europe (Renaissance studies 33/1), Oxford 2019.
Delano-Smith, Catherine: Milieus of Mobility. Itineraries, Route Maps, and Road Maps, in: Akerman, James R. (Hg.): Cartographies of Travel and Navigation, Chicago 2006, S. 16–68.
Delano-Smith, Catherine: Signs on Printed Topographical Maps, ca. 1470 – ca. 1640, in: Woodward 2007, S. 528–590.
Delano-Smith, Catherine: New Light on the Medieval Gough Map of Britain, in: Imago mundi 69 (2017), S. 1–36.
Demel, Walter: Als Fremde in China. Das Reich der Mitte im Spiegel frühneuzeitlicher europäischer Reiseberichte, München 1992.
Denecke, Dietrich: Methodische Untersuchungen zur historisch-geographischen Wegeforschung im Raum zwischen Solling und Harz. Ein Beitrag zur Rekonstruktion der mittelalterlichen Kulturlandschaft (Göttinger geographische Abhandlungen 54), Göttingen 1969.
Denecke, Dietrich: Methoden und Ergebnisse der historisch-geographischen und archäologischen Untersuchung und Rekonstruktion mittelalterlicher Verkehrswege, in: Jankuhn, Herbert/Wenskus, Reinhard (Hg.): Geschichtswissenschaft und Archäologie. Untersuchungen zur Siedlungs-, Wirtschafts- u. Kirchengeschichte (Vorträge und Forschungen 22), Sigmaringen 1979, S. 433–483.
Denecke, Dietrich: Straße und Weg im Mittelalter als Lebensraum und Vermittler zwischen entfernten Orten, in: Herrmann, Bernd (Hg.): Mensch und Umwelt im Mittelalter, Stuttgart 1986, S. 203–219.
Denecke, Dietrich: Straßen, Reiserouten und Routenbücher (Itinerare) im späten Mittelalter und in der Frühen Neuzeit, in: Ertzdorff 1992, S. 227–253.
Denecke, Dietrich: Zur Entstehung des Verkehrs, in: Niederstätter 2001, S. 1–25.
Denecke, Dietrich: Vor und während der Reise. Informationen und Planungen zum Weg, zur Fahrt und zur Rast in historischer Zeit, in: Aurig, Rainer u. a. (Hg.): Im Dienste der historischen Landeskunde. Beiträge zu Archäologie, Mittelalterforschung, Namenkunde und Museumsarbeit vornehmlich in Sachsen. Festgabe für Gerhard Billig zum Geburtstag dargebracht von Schülern und Kollegen, Leipzig 2002, S. 459–469.
Denecke, Dietrich: Wege der historischen Geographie und Kulturlandschaftsforschung. Ausgewählte Beiträge. Zum 70. Geburtstag hg. v. Fehn, Klaus/Simms, Anngret, Stuttgart 2005.

Denecke, Dietrich: Art. ›Wege und Wegenetze‹, in: Reallexikon der Germanischen Altertumskunde 35 (2007), S. 626–648.
Denzel, Markus A./Pfister, Ulrich: Art. ›Handel‹, in: EdN 5 (2007), Sp. 68–89.
Denzel, Markus A.: Art. ›Zoll‹, in: EdN 15 (2012), Sp. 547–552.
Denzel, Markus A.: Beharrungskraft und Anpassungsleistungen wirtschaftlicher Systeme angesichts schockartiger Umbrüche – oder: Von der Resilienz zum Resilienz-Management, in: VSWG 105 (2018), S. 528–547.
Denzel, Markus A./Blockmans, Wim (Hg.): Europäische Messegeschichte 9.–19. Jahrhundert. Tagung zum Thema »Internationale Messen in Vergangenheit und Gegenwart«, Leipzig 2015, Köln/Weimar/Wien 2018.
Denzel, Markus A.: Art. ›Spedition‹, in: EdN – Online [2019] [http://dx.doi.org/10.1163/2352-0248_edn_SIM_352420].
Denzler, Alexander (Hg.): Die Nutzung und Wahrnehmung von Straßen und Wegen (1100–1900) (Themenband im Jahrbuch für Regionalgeschichte 36), Stuttgart 2018. [= Denzler 2018 I]
Denzler, Alexander/Weber, Maria: ›Ein Nemen und aus geben von wegen an Steg und Weg‹ – Materialität, Instandhaltungsmaßnahmen und Kosten Nürnberger Straßen und Brücken am Beispiel des Straßenmanuals von 1547, in: Denzler 2018 I, S. 25–51.
Denzler, Alexander: Art. ›Straße‹, in: EdN – Online [2018] [http://dx.doi.org/10.1163/2352-0248_edn_COM_058533]. [= Denzler 2018 II]
Denzler, Alexander: Häfen des Mittelmeers und der Ostsee als Kontaktzonen? Pilgerreisende, Seefahrer und Inselbewohner an der Schnittstelle zwischen Land und Meer, in: Burschel/Juterczenka 2021, S. 149–153.
Denzler, Alexander: Willkommen und Abschied? Häfen und die maritime Raumerfahrung von Reisenden im 16. Jahrhundert, in: Burschel/Juterczenka 2021, S. 183–193.
Dettling, Käthe: Der Metallhandel Nürnbergs im 16. Jahrhundert, MVGN 27 (1928), S. 99–241.
De Vries, Jan: The industrious revolution. Consumer behavior and the household Economy, 1650 to the present, Cambridge 2008.
Dickmann, Jens-Arne/Elias, Friederike/Focken, Friedrich-Emanuel: Praxeologie, in: Meier, Thomas/Ott, Michael R./Saur, Rebecca (Hg.): Materiale Textkulturen. Konzepte – Materialien – Praktiken (Materiale Textkulturen 1), Berlin/Boston/München 2015, S. 135–146.
Didczuneit, Veit: Art. ›Itinerar‹, in: EdN 5 (2007), Sp. 1143–1145.
Diefenbacher, Michael: Handel im Wandel. Die Handels- und Wirtschaftsmetropole Nürnberg in der frühen Neuzeit (1550–1630), in: Kirchgässner, Bernd/Becht, Hans-Peter (Hg.): Stadt und Handel (Stadt in der Geschichte 22), Sigmaringen 1995, S. 63–81.
Diefenbacher, Michael: Nürnberger Handel um 1500, in: Baumann, Wolfgang u. a. (Hg.): Der Nürnberg-Atlas. Vielfalt und Wandel der Stadt im Kartenbild, Köln 2007, S. 30 f.
Diefenbacher, Michael: Der Handel des Nürnberger Patriziats nach Osten: Das Beispiel Tucher um 1500, in: MVGN 94 (2007), S. 49–80.
Diefenbacher, Michael (Hg.): Tucherbriefe. Eine Nürnberger Patrizierfamilie im 16. Jahrhundert. Eine Ausstellung des Museums für Kommunikation Nürnberg und des Stadtarchivs Nürnberg im Museum für Kommunikation Nürnberg vom 28. November 2008 bis 1. Februar 2009 (Ausstellungskataloge des Stadtarchivs Nürnberg 18), Neustadt an der Aisch 2008.
Diefenbacher, Michael: Nürnberg, Reichsstadt: Territorium, publiziert am 10.03.2010, in: Historisches Lexikon Bayerns, URL: http://www.historisches-lexikon-bayerns.de/Lexikon/Nürnberg,_Reichsstadt:_Territorium (28.6.2023). [= Diefenbacher 2010 I]
Diefenbacher, Michael: Nürnberg, Reichsstadt: Handel, publiziert am 15.03.2010, in: Historisches Lexikon Bayerns, URL: http://www.historisches-lexikon-bayerns.de/Lexikon/Nürnberg,_Reichsstadt:_Handel (28.6.2023). [= Diefenbacher 2010 II]
Diefenbacher, Michael/Beyerstedt, Horst-Dieter: Nürnberg, in: Adam, Wolfgang/Westphal, Siegrid (Hg.): Handbuch kultureller Zentren der Frühen Neuzeit, Bd. 3, Berlin 2012, S. 1569–1610.

Dienel, Hans-Liudger: Verkehrsgeschichte auf neuen Wegen, in: Jahrbuch für Wirtschaftsgeschichte/Economic History Yearbook 48 (2007), S. 19–38.

Dienel, Hans-Liudger/Schiedt, Hans Ulrich (Hg.): Die moderne Straße. Planung, Bau und Verkehr vom 18. bis zum 20. Jahrhundert, Frankfurt a. M. 2010. [= Dienel/Schiedt 2010 I]

Dienel, Hans-Liudger/Schiedt, Hans Ulrich (Hg.): Einleitung in die Geschichte der modernen Straße, in: Dies. 2010 I, S. 7–21. [= Dienel/Schiedt 2010 II]

Dietz, Alexander: Frankfurter Handelsgeschichte, 4 Bde., Frankfurt a. M. 1910–1925.

Dijksterhuis, Eduard J.: Die Mechanisierung des Weltbildes, Berlin 1956.

Dinzelbacher, Peter: Handbuch der Religionsgeschichte im deutschsprachigen Raum, Bd. 2: Hoch- und Spätmittelalter, Paderborn u. a. 2000.

Dinzelbacher, Peter: Raum, in: Ders. (Hg.): Europäische Mentalitätsgeschichte, 2. durchg. u. erg. Aufl. Stuttgart 2008, S. 695–708.

Dippacher, Edwin: Kreuze und Hofkapellen, Bildstöcke und Flurdenkmale in Heroldsbach, Forchheim 2019.

Dirlmeier, Ulf: Untersuchungen zu Einkommensverhältnissen und Lebenshaltungskosten in oberdeutschen Städten des Spätmittelalters (Mitte 14. bis Anfang 16. Jahrhundert) (Abhandlungen der Heidelberger Akademie der Wissenschaften. Philosophisch-historische Klasse 1), Heidelberg 1978.

Divall, Colin: Introduction: Cultural histories of sociabilities, spaces and mobilities, in: Ders. (Hg.). Cultural histories of sociabilities, spaces and mobilities (Studies for the International Society for Cultural History), London 2015, S. 3–15.

Dollinger, Heinz: Studien zur Finanzreform Maximilians I. von Bayern in den Jahren 1598–1618. Ein Beitrag zur Geschichte des Frühabsolutismus (Schriftenreihe der Historischen Kommission bei der Bayerischen Akademie der Wissenschaften 8), Göttingen 1968.

Dolz, Wolfram: Instrumente und Methoden der Landvermessung in der Frühen Neuzeit, in: Bischoff/Lüpkes/Crom 2015, S. 79–92.

Doosry, Yasmin (Hg.): Von oben gesehen. Die Vogelperspektive (Katalog zur Ausstellung im Germanischen Nationalmuseum, Nürnberg vom 20. Nov. 2014 bis 22. Febr. 2015), Nürnberg 2014. [= Doosry 2014 I]

Doosry, Yasmin: »Also muss es von oben herab verstanden werden«: Topographische Vogelschauansichten, in: Dies. 2014 I, S. 96–125. [= Doosry 2014 II]

Dotzauer, Winfried: Die deutschen Reichskreise (1383–1806). Geschichte und Aktenedition, Stuttgart 1998.

Dünninger, Josef/Schemmel, Bernhard: Bildstöcke und Martern in Franken, Würzburg 1970.

Ebengreuth, A. Luschin v.: Art. ›Wegemaße‹, in: Reallexikon der Germanischen Altertumskunde 4 (1918/1919), S. 492 f.

Eckart, Wolfgang Uwe: Art. ›Blut. 1. Medizin‹, in: EdN – Online [2014] [http://dx.doi.org/10.1163/2352-0248_edn_a0497000]. [= Eckart 2014 I]

Eckart, Wolfgang Uwe: Art. ›Humorallehre‹, in: EdN – Online [2014] [http://dx.doi.org/10.1163/2352-0248_edn_a1760000]. [= Eckart 2014 II]

Eckart, Wolfgang Uwe: Art. ›Sucht‹, in: EdN – Online [2014] [http://dx.doi.org/10.1163/2352-0248_edn_a4211000]. [= Eckart 2014 III]

Eckart, Wolfgang Uwe: Geschichte, Theorie und Ethik der Medizin, 8. überarb. Aufl., Heidelberg 2017.

Edelmann, Hans, Oberfränkische Altstraßen (Die Plassenburg. Schriften für Heimatforschung und Kulturpflege in Ostfranken 8), Kulmbach 1955.

Ehmer, Josef: Art. ›Bevölkerung‹, in: EdN – Online [2019] [http://dx.doi.org/10.1163/2352-0248_edn_COM_246321]. [= Ehmer 2019 I]

Ehmer, Josef: Art. ›Demographische Krisen‹, in: EdN – Online [2019] [http://dx.doi.org/10.1163/2352-0248_edn_COM_253170]. [= Ehmer 2019 II]

Ehmer, Josef: Art. ›Tagelöhner/in‹, in: EdN – Online [2019] [http://dx.doi.org/10.1163/2352-0248_edn_COM_362355]. [= Ehmer 2019 III]

Eibach, Joachim: Burghers or town councils: who was responsible for urban stability in early modern German towns?, in: Urban History 34 (2007), S. 14–26.
Eigler, Friedrich: Schwabach (Historischer Atlas von Bayern, Teil Franken, Reihe I, Heft 28), München 1990.
Emich, Birgit: Bildlichkeit und Intermedialität in der Frühen Neuzeit. Eine interdisziplinäre Spurensuche, in: ZHF 35 (2008), S. 31–56.
Emich, Birgit: Verwaltungshandeln im Kirchenstaat? Konzeptionelle Überlegungen zu einer Kulturgeschichte der Verwaltung, in: Brakensiek, Stefan/Bredow, Corinna v./Näther, Birgit (Hg.): Herrschaft und Verwaltung in der Frühen Neuzeit (Historische Forschungen 101), Berlin 2014, S. 163–180.
Enders, Liselott: Art. ›Bäuerliche Besitzrechte‹, in: EdN – Online [2019] [http://dx.doi.org/10.1163/2352-0248_edn_COM_244502].
Endres, Rudolf: Die Nürnberg-Nördlinger Wirtschaftsbeziehungen im Mittelalter bis zur Schlacht von Nördlingen. Ihre rechtlich-politischen Voraussetzungen und ihre tatsächlichen Auswirkungen (Schriften des Instituts für fränkische Landesforschung, 11), Neustadt a.d. Aisch 1963. [= Endres 1963 I]
Endres, Rudolf: Ein Verzeichnis der Geleitstraßen der Burggrafen von Nürnberg, in: Jahrbuch für fränkische Landesforschung 23 (1963), S. 107–138. [= Endres 1963 II]
Endres, Rudolf: Absolutistische Entwicklungen in fränkischen Territorien im Spiegel der Dorfordnungen, in: Jahrbuch für Regionalgeschichte 16/II (1989), S. 81–93.
Endres, Rudolf: Stadt- und Landgemeinde in Franken, in: Blickle, Peter (Hg.): Landgemeinde und Stadtgemeinde in Mitteleuropa. Ein struktureller Vergleich, München 1991, S. 101–117.
Engel, Volker: Die Entwicklung des bayerischen Strassen- und Wegerechts, Diss. iur. Erlangen-Nürnberg 1978.
Engels, Jens Ivo/Schenk, Gerrit Jasper: Infrastrukturen der Macht – Macht der Infrastrukturen. Überlegungen zu einem Forschungsfeld in: Förster/Bauch 2015, S. 22–58.
Englisch, Brigitte: Erhard Etzlaub's Projection and Methods of Mapping, in: Imago Mundi 48 (1996), S. 103–123.
Enke, Roland/Probst, Bettina (Hg.): Via regia – 800 Jahre Bewegung und Begegnung (Katalog zur 3. Sächsischen Landesausstellung Staatliche Kunstsammlung Dresden, Görlitz 21. Mai bis 31. Oktober 2011), Dresden 2011.
Epperlein, Siegfried: Bäuerliches Leben im Mittelalter. Schriftquellen und Bildzeugnisse, Köln 2003.
Erfen, Irene/Spieß, Karl-Heinz (Hg.): Fremdheit und Reisen im Mittelalter, Stuttgart 1997.
Ericsson, Ingolf: Straßen des Mittelalters im archäologischen Befund, in: Szabó 2009 I, S. 155–171.
Erler, Adalbert, Art. ›Straßenzwang‹, in: HRG I 5 (1998), Sp. 35–37.
Ertzdorff, Xenja u. a. (Hg.): Reisen und Reiseliteratur im Mittelalter und in der Frühen Neuzeit, Amsterdam 1992.
Ertzdorff, Xenja u. a. (Hg.): Beschreibung der Welt. Zur Poetik der Reise- und Länderberichte (Chloe 31), Amsterdam 2000.
Ertzdorff, Xenja/Giesemann, Gerhard (Hg.): Erkundung und Beschreibung der Welt. Zur Poetik der Reise- und Länderberichte (Chloe 34), Amsterdam 2003.
Esch, Arnold: Gemeinsames Erlebnis – individueller Bericht. Vier Parallelberichte aus einer Reisegruppe von Jerusalempilgern 1480, in: ZHF 11 (1984), S. 385–416.
Esch, Arnold: Überlieferungs-Chance und Überlieferungs-Zufall als methodisches Problem des Historikers, in: HZ 240 (1985), S. 529–570.
Esch, Arnold: Alltag der Entscheidung. Beiträge zur Geschichte der Schweiz an der Wende vom Mittelalter zur Neuzeit. Festgabe zum 60. Geburtstag von Arnold Esch, Bern 1998. [= Esch 1998 I]
Esch, Arnold: Räuber, Diebe, Wegelagerer: Reviere, Beute, Schicksale in Berner Verhörprotokollen des frühen 16. Jahrhunderts, in: Esch 1998 I, S. 137–160. [= Esch 1998 II]
Esch, Arnold: Spätmittelalterlicher Passverkehr im Alpenraum. Typologie der Quellen, in: Esch 1998 I, S. 173–248. [= Esch 1998 III]
Eser, Thomas: Über-Blick. Die kartographische Perspektive, in: Doosry 2014 I, S. 71–95.
Eser, Thomas/Armer, Stephanie (Hg.): Luther, Kolumbus und die Folgen. Welt im Wandel 1500–1600 (Katalog zur Ausstellung im Germanischen Nationalmuseum, Nürnberg vom 13. Juli bis 12. Nov. 2017), Nürnberg 2017.

Estor, Johann Georg: Bürgerliche rechtsgelehrsamkeit der Teutschen [...], Tl. 1, Marburg 1757. [VD18 11121564]
Evans, Ruth: Getting There: Wayfinding in the Middle Ages, in: Allen/Evans 2016 I, S. 127–156.
Eymann, Werner: Die Entwicklung der Straßen und Brücken, in: Klemm 1941, S. 1–31.
Faasen, Felix: Hohlweg und Steinbruch – Moderne Prospektion macht alte Strukturen sichtbar. Digitales Geländemodell (DGM) zeigt Spuren eines bisher unbekannten Steinbruchs und Hohlweges in Nottuln, URL: https://blog.altertumskommission.lwl.org/de/hohlweg-und-steinbruch-moderne-prospektion-macht-alte-strukturen-sichtbar/ (28.6.2023) [veröffentlicht am 26.08.2019].
Falke, Johannes: Die Geschichte des deutschen Zollwesens. Von seiner Entstehung bis zum Abschluß des deutschen Zollvereins, Leipzig 1869.
Farge, Arlette: Vivre dans la rue à Paris au XVIIIe siècle, Paris 1992.
Fenske, Lutz: Jagd und Jäger im früheren Mittelalter. Aspekte ihres Verhältnisses, in: Rösener, Werner (Hg.): Jagd und höfische Kultur im Mittelalter (Veröffentlichungen des Max-Planck-Instituts für Geschichte 135), Göttingen 1997, S. 29–94.
Fenske, Michaela: Marktkultur in der Frühen Neuzeit. Wirtschaft, Macht und Unterhaltung auf einem städtischen Jahr- und Viehmarkt, Köln 2006.
Feuchtwanger, Siegbert: Das öffentliche Bauwesen in Bayern vom Ende des Mittelalters bis zum Beginn des 19. Jahrhunderts. Ein Beitrag zur Verwaltungsgeschichte Bayerns, in: Oberbayerisches Archiv für vaterländische Geschichte 56 (1912), S. 88–129.
Fiesel, Ludolf: Woher stammt das Zollgeleit?, in: VSWG 19 (1926), S. 385–412.
Fieseler, Christian: Der kranke Körper auf Reisen, in: Bracher, Philip u.a. (Hg.): Materialität auf Reisen. Zur kulturellen Transformation der Dinge (Reisekultur und Kulturanthropologie 8), Münster 2006, S. 159–174.
Fischer, Karl/Leo, Walther: Die Wasserversorgung der Stadt Nürnberg von der reichsstädtischen Zeit bis zur Gegenwart, Nürnberg 1912.
Fischer, Klaus: Das Rodfuhrwesen zwischen Augsburg und Venedig vom 13. bis zur Mitte des 18. Jahrhunderts, in: Baer, Wolfram/Fried, Pankraz (Hg.): Schwaben/Tirol. Historische Beziehungen zwischen Schwaben und Tirol von der Römerzeit bis zur Gegenwart, Rosenheim 1989, S. 240–250.
Fischer, Thomas/Horn, Heinz Günter (Hg.): Straßen von der Frühgeschichte bis in die Moderne. Verkehrswege – Kulturträger – Lebensraum (ZAKMIRA-Schriften des Lehr- und Forschungszentrums für die antiken Kulturen des Mittelmeerraumes 10), Wiesbaden 2013.
Fischer-Kattner, Anke: Spuren der Begegnung. Europäische Reiseberichte über Afrika, 1760 bis 1860 (Schriftenreihe der Historischen Kommission bei der Bayerischen Akademie der Wissenschaften 91), Göttingen 2015.
Flachenecker, Helmut: Vom Straßenbündel zur verrechtlichten Straße, in: Frankenland 61 (2009), S. 4–9.
Flasch, Kurt: Der Teufel und seine Engel. Die neue Biographie, 2. Aufl., München 2016.
Fleischmann, Peter: Das Bauhandwerk in Nürnberg vom 14. bis zum 18. Jahrhundert (Nürnberger Werkstücke zur Stadt- und Landesgeschichte. Schriftenreihe des Stadtarchivs Nürnberg 38), Nürnberg 1985.
Fleischmann, Peter (Bearb.): Der Pfinzing-Atlas von 1594: Eine Ausstellung des Staatsarchivs Nürnberg anlässlich des 400jährigen Jubiläums der Entstehung (Katalog zur Ausstellung, Nürnberg vom 9. Sept. bis 23. Okt. 1994), hg. v. d. Generaldirektion der Staatlichen Archive Bayerns, München 1994.
Flonneau, Mathieu/Guigueno Vincent: Introduction. De l'histoire des transports à l'histoire de la mobilité? Mise en perspective d'un champ, in: Dies. (Hg.) De l'histoire des transports à l'histoire de la mobilité? Etat de lieux, enjeux et perspectives de recherche, Rennes 2009, S. 11–21.
Flückiger, Daniel: Entscheiden an Ort und Stelle. Verfahren im Straßenbau am Beispiel des Kantons Bern 1740–1850, in: Stollberg-Rilinger, Barbara/Krischer, André (Hg.): Herstellung und Darstellung von Entscheidungen. Verfahren, Verwalten und Verhandeln in der Vormoderne (ZHF, Beihefte 44), Berlin 2010, S. 335–362.
Flückiger, Daniel: Strassen für alle. Infrastrukturpolitik Kanton Bern 1790–1850, Baden u.a. 2011.
Förster, Birte/Bauch, Martin (Hg.): Wasserinfrastrukturen und Macht von der Antike bis zur Gegenwart (HZ, Beihefte 63), Berlin u.a. 2015.

Fouquet, Gerhard: Bauen für die Stadt. Finanzen, Organisation und Arbeit in kommunalen Baubetrieben des Spätmittelalters (Städteforschung, Reihe A: Darstellungen 48), Köln/Weimar/Wien 1999.

Fouquet, Gerhard: Zur öffentlichen Finanzverwaltung im späten Mittelalter, in: Hesse, Christian/Oschema, Klaus (Hg.): Aufbruch im Mittelalter. Innovationen in Gesellschaften der Vormoderne. Studien zu Ehren von Rainer C. Schwinges, Ostfildern 2010, S. 69–86.

Fouquet, Gerhard/Zeilinger, Gabriel: Katastrophen im Spätmittelalter, Darmstadt 2011.

Fouquet, Gerhard: Art. ›Wasserversorgung‹, in: EdN – Online [2014] [http://dx.doi.org/10.1163/2352-0248_edn_a4708000].

Fouquet, Gerhard: Brücken. Bauen und Bauunterhalt im späten Mittelalter und in der frühen Neuzeit. Das Beispiel der Weidenhäuser Brücke in Marburg, in: Andermann/Gallion 2018, S. 47–73.

Franz, Monika Ruth: Der Verkauf von Scharwerksgeldern an die bayerischen landständischen Klöster unter Kurfürst Max Emanuel, in: ZBLG 56 (1993), S. 649–723.

Franz, Monika Ruth: Die Landesordnung von 1516/1520. Landesherrliche Gesetzgebung im Herzogtum Bayern in der ersten Hälfte des 16. Jahrhunderts (Bayerische Rechtsquellen 5), München 2003.

Franzke, Jürgen: Räder im Fluß. Die Geschichte der Nürnberger Mühlen, Nürnberg 1986.

Frei, Hans: Landschaft und Siedlung in Schwaben. Ries, Mittelschwaben, Allgäu, in: Gebhard, Helmut/Frei, Hans (Hg.): Schwaben (Bauernhäuser in Bayern 7), München 1999, S. 19–52.

Freist, Dagmar (Hg.): Diskurse – Körper – Artefakte. Historische Praxeologie in der Frühneuzeitforschung – eine Annäherung, in: Dies. (Hg.): Diskurse – Körper – Artefakte. Historische Praxeologie in der Frühneuzeitforschung, Bielefeld 2015, S. 9–30.

Freitag, Werner/Kißener, Michael/Reinle, Christine/Ullmann, Sabine (Hg.): Handbuch Landesgeschichte, Berlin/Boston 2018.

Freitag, Winfried: Landbevölkerung, Forstpersonal und ›gute Waldordnung‹ in der »Bayrischen Vorstordnung« von 1568, in: ZAA 55 (2007) S. 32–57.

Freitag, Winfried: Wald, Waldnutzung, publiziert am 25.01.2012, in: Historisches Lexikon Bayerns, URL: http://www.historisches-lexikon-bayerns.de/Lexikon/Wald,_Waldnutzung (28.6.2023).

Freitag, Winfried: Wilderei, publiziert am 21.01.2013, in: Historisches Lexikon Bayerns, URL: http://www.historisches-lexikon-bayerns.de/Lexikon/Wilderei (28.6.2023).

Freytag, Nils: »Daß die Errichtung eines Holtzmagazins würklich nur ein Traume seye«. Städtische Verfassung und Holzversorgung in Nürnberg um 1800, in: Siemann, Wolfram/Ders./Piereth, Wolfgang (Hg.): Städtische Holzversorgung. Machtpolitik, Armenfürsorge und Umweltkonflikte in Bayern und Österreich (1750–1850), München 2002, S. 107–124.

Friehe, Heinz-Albert: Wegerecht und Wegeverwaltung in der alten Grafschaft Schaumburg. Ein Beitrag zur Geschichte des deutschen Wegerechts (Archiv für die Geschichte des Strassenwesens 3), Bonn/Bad-Godesberg 1971.

Friedrich, Markus: Chorographica als Wissenskompilationen – Strukturen und Probleme, in: Büttner, Frank/Ders./Zedelmaier, Helmut (Hg.): Sammeln, Ordnen, Veanschaulichen. Zur Wissenskompilatorik in der Frühen Neuzeit (Pluralisierung & Autorität 2), Münster 2003, S. 83–109.

Friedrich, Markus: ›Delegierter Augenschein‹ als Strukturprinzip administrativer Informationsgewinnung. Der Konflikt zwischen Claudio Acquaviva und den memorialistas um die Rolle von ›Information‹ im Jesuitenorden, in: Brendecke/Friedrich/Friedrich 2008 I, S. 109–135.

Friedrich, Susanne: ›Zu nothdürfftiger information‹. Herrschaftlich veranlasste Landeserfassungen des 16. und 17. Jahrhunderts im Alten Reich, in: Brendecke/Friedrich/Friedrich 2008 I, S. 301–334.

Friedrich, Udo: Wahrnehmung – Experiment – Erinnerung. Erfahrung und Topik in Prosaromanen der Frühen Neuzeit, in: Das Mittelalter 17 (2012), S. 75–94.

Fuchs, Antje, Art. ›Gasthaus‹, in: EdN – Online [2019] [http://dx.doi.org/10.1163/2352-0248_edn_COM_268788].

Fuchs, Stefan: Herrschaftswissen und Raumerfassung im 16. Jahrhundert. Kartengebrauch im Dienste des Nürnberger Stadtstaates (Medienwandel – Medienwechsel – Medienwissen 35), Zürich 2018.

Fuhrmann, Bernd: Holzversorgung, Waldentwicklung, Umweltveränderungen und wirtschaftliche Tendenzen in Spätmittelalter und beginnender Neuzeit, in: VSWG 100 (2013), S. 311–327.

Fuller, Mary C.: Voyages in print. English travel to America, 1576–1624 (Cambridge studies in Renaissance literature and culture 7), Cambridge 1995.

Füssel, Marian: Die Materialität der Frühen Neuzeit. Neuere Forschungen zur Geschichte der materiellen Kultur, in: ZHF 42 (2015), S. 433–463.

Fütterer, Pierre: Merkmale, Erfassung und Schutz von Altstraßen. Einbeziehung von ehrenamtlichem Engagement in Thüringen, in: Bund und Umwelt in Deutschland (BHU) (Hg.): Historische Wege. Dokumentation der Tagung am 13. und 14. September 2012 in Winterberg (NRW), Bonn 2013, S. 23–25.

Fütterer, Pierre: Wege und Herrschaft. Untersuchungen zu Raumerschließung und Raumerfassung in Ostsachsen und Thüringen im 10. und 11. Jahrhundert (Palatium 2), 2 Teile, Regensburg 2016.

Gadebusch-Bondio, Mariacarla: Art. ›Diätetik‹, in: EdN – Online [2014] [http://dx.doi.org/10.1163/2352-0248_edn_a0757000].

Ganjalyan, Tamara: Armenische Handelsnetzwerke, in: Europäische Geschichte Online (EGO), hg. vom Leibniz-Institut für Europäische Geschichte (IEG), Mainz 2016-05-09, URL: http://www.ieg-ego.eu/ganjalyant-2016-de (28.6.2023).

Ganz-Blättler, Ursula: Andacht und Abenteuer. Berichte europäischer Jerusalem- und Santiago-Pilger (1320–1520), 3. Auf., Tübingen 2000.

Gareis, Iris: Art. ›Kannibalismus‹, in: EdN – Online [2019] [http://dx.doi.org/10.1163/2352-0248_edn_COM_289411].

Gasner, Ernst: Zum deutschen Strassenwesen von der älteren Zeit bis zur Mitte des XII. Jahrhunderts. Eine germanistisch-antiquarische Studie, Stuttgart 1889 (Neudruck Wiesbaden 1966).

Gassert, Michael: Kulturtransfer durch Fernhandelskaufleute. Stadt, Region und Fernhandel in der europäischen Geschichte. Eine wirtschaftshistorische Untersuchung der Beziehungen zwischen wirtschaftlichen Vorgängen und kulturellen Entwicklungen anhand von Karten, 12. bis 16. Jahrhundert (Europäische Hochschulschriften, Reihe III: Geschichte und ihre Hilfswissenschaften 915), Frankfurt a. M. 2001.

Gebhard, Torsten: Zur Frage der frühen dörflichen Siedlungen in Bayern, in: Joachim Werner (Hg.): Aus Bayerns Frühzeit. Friedrich Wagner zum 75. Geburtstag (Schriftenreihe zur Bayerischen Landesgeschichte 62), München 1962, S. 351–369.

Gehringer, Horst u. a. (Hg.): Landesordnung und Gute Policey in Bayern, Salzburg und Österreich (Studien zu Policey und Policeywissenschaft), Frankfurt a. M. 2008.

Gerbing, Luise: Erfurter Handel und Handelsstrassen, in: Mitteilungen des Vereins für die Geschichte und Altertumskunde von Erfurt 23 (1900), S. 97–148.

Gerhold, Dorian: Packhorses and wheeled vehicles in England, 1550–1800, in: The Journal of Transport History 14 (1993), S. 1–26.

Gerhold, Dorian (Hg.): Road transport in the horse-drawn era, London 1996.

Gerhold, Dorian: Carriers and Coachmasters. Trade and Travel before the Turnpikes, Chichester 2005.

Glauser, Jürg/Kiening, Christian (Hg.): Text-Bild-Karte. Kartographie der Vormoderne (Litterae 105), Freiburg 2007. [= Glauser/Kiening 2007 I]

Glauser, Jürg/Kiening, Christian: Einleitung, in: Glauser/Kiening 2007 I, S. 11–35. [= Glauser/Kiening 2007 II]

Goetz, Hans-Werner: »Wahrnehmung« der Arbeit als Erkenntnisobjekt der Geschichtswissenschaft, in: Postel, Verena (Hg.): Arbeit im Mittelalter. Vorstellungen und Wirklichkeiten, Berlin 2006, S. 21–33.

Goetz, Hans-Werner: Gott und die Welt. Religiöse Verstellungen des frühen und hohen Mittelalters, IV: Die Geschöpfe: Engel, Teufel, Menschen, Teil I, Bd. 3 (Orbis mediaevalis 13.1), Göttingen 2016.

Göderle, Wolfgang: Art. ›Triangulation‹, in: EdN – Online [2017] [http://dx.doi.org/10.1163/2352-0248_edn_COM_398159].
Gömmel, Rainer: Vorindustrielle Bauwirtschaft in der Reichsstadt Nürnberg und ihrem Umland (16.–18. Jh.) (Beiträge zur Wirtschafts- und Sozialgeschichte 30), Wiesbaden 1985.
Gömmel, Rainer: Handel und Verkehr, in: Schulz, Günther u.a. (Hg.): Sozial- und Wirtschaftsgeschichte. Arbeitsgebiete – Probleme – Perspektiven, München 2005, S. 133–145.
Good, Ronald: The old Roads of Dorset, Dorchester 1940.
Goody, Jack: The Domestication of the Savage Mind, Cambridge 1977.
Gordon, Andrew: Materiality and the Streetlife of the Early Modern City, in: Richardson, Catherine/Hamling, Tara/Gaimster, David (Hg.): The Routledge Handbook of Material Culture in Early Modern Europe, London/New York 2016, S. 130–140.
Gotthard, Axel: Vormoderne Lebensräume. Annäherungsversuch an die Heimaten des frühneuzeitlichen Mitteleuropäers, in: HZ 276 (2003), S. 37–73.
Gotthard, Axel: In der Ferne. Die Wahrnehmung des Raums in der Vormoderne, Frankfurt a.M. 2007.
Gotthard, Axel: Das Alte Reich (1495–1806), 4. Aufl., Darmstadt 2009.
Goubert, Pierre: The ancien regime. French society, 1600–1750, New York u.a. 1974.
Graef, Pieter De: The fruits of better roads and waterways: Facilitating fertiliser improvement through transport innovations in 18th-century Flemish Husbandry, in: The Journal of Transport History 39/2 (2018), S. 170–192.
Graessner, Holm: Punkt für Punkt. Zur Kartographie des staatlichen Territoriums vor und mit der Geometrisierung, in: Glauser/Kiening 2007 I, S. 293–316.
Graf, Friedrich Wilhelm: Art. ›Entzauberung der Welt‹, in: EdN – Online [2019] [http://dx.doi.org/10.1163/2352-0248_edn_SIM_258736].
Gräf, Holger Th./Pröve, Ralf: Wege ins Ungewisse. Reisen in der Frühen Neuzeit, Frankfurt a.M. 1997.
Gräfenberg, Felix: Privatwirtschaftliche Partizipation im preußischen Chausseewesen (1816 bis späte 1830er Jahre). Überlegungen zum politischen Wandel aus prozess- und praxisorientierter Perspektive, in: VSWG 108 (2021), S. 291–317.
Gräfenberg, Felix: Preußens Werk und Vinckes Beitrag. Chausseebau in Westfalen als Gegenstand politischen Entscheidens, ca. 1816–1840er Jahre, in: Westfälische Forschungen 72 (2022), S. 75–95.
Gränitz, Frauke: Landverkehrswege als Faktoren der Entwicklung der Kulturlandschaft und des Straßenwesens im Kurfürstentum Sachsen von 1648 bis 1800, Diss. phil. Chemnitz 2006, URL: https://nbn-resolving.org/urn:nbn:de:bsz:ch1-200800219 (28.6.2023).
Grasediek, Werner: Eine Eifler ›Weinstraße‹. Der Koblenz-Lütticher Fernhandelsweg, in: Burgard/Haverkamp 1997, S. 427–446.
Griep, Wolfgang/Jäger, Hans Wolfgang (Hg.): Reisen im 18. Jahrhundert. Neue Untersuchungen, Heidelberg 1986.
Grillmaier, Anna-Maria: Fleisch für die Stadt. Ochsenimporte nach Augsburg und Schwaben im 15. und 16. Jahrhundert (Veröffentlichungen der Schwäbischen Forschungsgemeinschaft bei der Kommission für Bayerische Landesgeschichte 44), Augsburg 2018.
Grosser, Thomas: Reisen und soziale Eliten: Kavalierstour – Patrizierreise – bürgerliche Bildungsreise, in: Maurer 1999 I, S. 135–176.
Grosser, Thomas: Art. ›Bildungsreise‹, in: EdN – Online [2019] [http://dx.doi.org/10.1163/2352-0248_edn_SIM_247598].
Gruber, Thomas u. unter Mitarbeit von Haberlah-Pohl, Annett: Kleindenkmäler im Landkreis Roth. Flurkreuze, Grenzsteine, Bildstöcke, Sühnekreuze und vieles mehr (Das Steinkreuz), Roth 2015.
Grüner, Stefan: Mit Sitz und Stimme. Die Erlangung der Reichsstandschaft durch die Familie Fugger auf dem Augsburger Reichstag von 1582 (Materialien zur Geschichte der Fugger 9), Augsburg 2017.

Guckelsberger, Kurt: Das moderne Kartenbild von Europa auf der Carta Itineraria Waldseemüllers von 1511/1520, in: Cartographica Helvetica 48 (2013), S. 34–48.

Günther, Hermann: Galgen an der »Alten Heerstraße«, in: Heimatkalender für den Landkreis Wolfenbüttel 7 (1961), S. 91–94.

Günzel, Stephan: Raum – Topographie – Topologie, in: Ders. (Hg.): Topologie. Zur Raumbeschreibung in den Kultur- und Medienwissenschaften, Bielefeld 2007, S. 13–29.

Gunzelmann, Thomas: Landschaft und Siedlung in Oberfranken, in: Gebhard, Helmut/Popp, Bertram (Hg.): Oberfranken (Bauernhäuser in Bayern 2), München 1995, S. 19–52.

Gustrau, Maibritt: Orientalen oder Christen. Orientalisches Christentum in Reiseberichten deutscher Theologen (Kirche, Konfession, Religion 66), Göttingen 2016.

Haas, Hanns: Wandergewerbe und Wanderhandel aus den und in die Alpen. Ein wirtschaftlicher Funktionstypus im sozialen Umfeld, in: Jahrbuch für Regionalgeschichte 35 (2017), S. 33–66.

Haasis, Lucas/Rieske, Constantin: Historische Praxeologie. Zur Einführung, in: Dies. (Hg.): Historische Praxeologie. Dimensionen vergangenen Handelns, Paderborn 2015, S. 7–54.

Haberlah-Pohl, Annett: Fränkische Untertanen im Spannungsfeld von frühneuzeitlichen Herrschaftskonflikten, in: Zeitschrift des Historischen Vereins für Schwaben 106 (2014), S. 179–191.

Häberlein, Mark: Art. ›Handelsräume. 1. Einleitung‹, in: EdN 5 (2007), Sp. 113–117.

Häberlein, Mark: Der Donauraum im Horizont Augsburger Handelsgesellschaften des 16. und frühen 17. Jahrhunderts, in: Rauscher/Serles 2015, S. 411–431.

Häberlein, Mark: Fuhrleute, Säumer, Flösser und Schiffer. Logistische Probleme und Praktiken der Augsburger Welser und Fugger im 16. Jahrhundert, in: Ferrum 88 (2016), S. 28–37.

Häberlein, Mark: Wirtschaftspolitik im Spannungsfeld von Staatsräson, »guter Policey« und Glaubenseinheit. Geistliche Territorien in der Zeit Julius Echters, in: Walter, Peter/Weiß, Wolfgang/Wriedt, Markus (Hg.): Ideal und Praxis – Bischöfe und Bischofsamt im Heiligen Römischen Reich 1570–1620 (Reformationsgeschichtliche Studien und Texte 174), Münster 2020, S. 139–163.

Hacke, Daniela: Contact Zones. Überlegungen zum sinneshistorischen Potential frühneuzeitlicher Reiseberichte, in: Brendecke 2015, S. 421–434.

Hacke, Daniela/Krampl, Ulrike/Mißfelder, Jan-Friedrich: Can you hear the light? Sinnes- und Wahrnehmungspraktiken in der Frühen Neuzeit, in: Brendecke 2015, S. 386–390.

Hadry, Sarah: Kartographie, Chorographie und Territorialverwaltung um 1600. Die Pfalz-Neuburgische Landesaufnahme (1579/84–1604) (Studien zur bayerischen Verfassungs- und Sozialgeschichte 32), München 2020.

Hagedorn, Volker: Bachs Welt. Die Familiengeschichte eines Genies, Hamburg 2016.

Hahn, Sylvia: Historische Migrationsforschung (Historische Einführungen 11), Frankfurt a. M. 2012.

Hardie, Iain/MacKenzie, Donald: Assembling an economic actor: the agencement of a Hedge Fund, in: The Sociological Review 55 (2007), S. 57–80.

Harley J. B./Woodward, David: Preface, in: Dies. (Hg.): The history of cartography, Bd. 1: Cartography in Prehistoric, Ancient, and Medieval Europe and the Mediterranean, Chicago 1987, S. XV–XXI.

Harms, Wolfgang: Einleitung, in: Ders./Schilling, Michael (Hg.): Deutsche illustrierte Flugblätter des 16. und 17. Jahrhunderts, Bd. 1: Die Sammlung der Herzog-August-Bibliothek in Wolfenbüttel, Teil 1: Ethica, Physica, Tübingen 1985, S. VII–XXX.

Harms, Wolfgang: Das illustrierte Flugblatt als meinungsbildendes Medium in der Zeit des Dreißigjährigen Krieges, in: Bussmann, Klaus/Schilling, Heinz (Hg.): 1648. Krieg und Frieden in Europa. Textband II, Münster u. a. 1998, S. 323–327. [= Harms 1998 I]

Harms, Wolfgang/Schilling, Michael (Hg.): Das illustrierte Flugblatt in der Kultur der frühen Neuzeit (Mikrokosmos 50), Frankfurt a. M. 1998.

Harms, Wolfgang/Messerli, Alfred (Hg.): Wahrnehmungsgeschichte und Wissensdiskurs im illustrierten Flugblatt der Frühen Neuzeit (1450–1750), Basel 2002.

Harms, Wolfgang/Schilling, Michael: Das illustrierte Flugblatt der frühen Neuzeit: Traditionen, Wirkungen, Kontexte, Stuttgart 2008.

Härter, Karl: Entwicklung und Funktion der Policeygesetzgebung des Heiligen Römischen Reiches Deutscher Nation im 16. JahrhundertEntwicklung und Funktion der Policeygesetzgebung des Heiligen Römischen Reiches Deutscher Nation im 16. Jahrhundert, in: Ius commune 20 (1993), S. 61–141.

Härter, Karl (Hg.): Policey und frühneuzeitliche Gesellschaft (Studien zu Policey und Policeywissenschaft), Frankfurt a. M. 2000.

Härter, Karl: Gesetzgebungsprozeß und gute Policey: Entstehungskontexte, Publikation und Geltungskraft frühneuzeitlicher Policeygesetze (PoliceyWorkingPapers des Arbeitskreises Policey/Polizei in der Vormoderne 3), hg. v. Holenstein, André u. a., Frankfurt a. M. 2002, S. 1–32, URL: https://akpolicey.univie.ac.at/wp-content/uploads/pwp_03.pdf (28.6.2023).

Härter, Karl: Security and »gute Policey« in Early Modern Europe: Concepts, Laws and Instruments, in: Historical Social Research 35 (2010), Special Issue: The Production of Human Security in Premodern and Contemporary History, hg. v. Zwierlein, Cornel/Graf, Rüdiger/Ressel, Magnus, S. 41–65.

Härter, Karl: Art. ›Polizei‹, in: EdN – Online [2014] [http://dx.doi.org/10.1163/2352-0248_edn_a3293000].

Härter, Karl: Sicherheit und gute Policey im frühneuzeitlichen Alten Reich. Konzepte, Gesetze und Instrumente, in: Dollinger, Bernd/Schmidt-Semisch, Henning (Hg.): Sicherer Alltag? Politiken und Mechanismen der Sicherheitskonstruktion im Alltag, Wiesbaden 2016, S. 29–55.

Hartmann, Peter Claus: Der Bayerische Reichskreis (1500 bis 1803): Strukturen, Geschichte und Bedeutung im Rahmen der Kreisverfassung und der allgemeinen institutionellen Entwicklung des Heiligen Römischen Reiches (Schriften zur Verfassungsgeschichte 52), Berlin 1997.

Hartung, Fritz: Geschichte des Fränkischen Kreises. Darstellung und Akten, Bd. 1 [kein weiterer Band erschienen]: Die Geschichte des Fränkischen Kreises von 1521–1559, Leipzig 1910.

Haslauer, Johannes: Kesselbergstraße, publiziert am 30.03.2010, in: Historisches Lexikon Bayerns, URL: http://www.historisches-lexikon-bayerns.de/Lexikon/Kesselbergstraße (28.6.2023).

Hassinger, Herbert: Zur Verkehrsgeschichte der Alpenpässe in der vorindustriellen Zeit, in: VSWG 66 (1979), S. 441–465.

Haubrichs, Wolfgang: Die volkssprachlichen Bezeichnungen für alte Fernwege im Deutschen, vorwiegend nach westmitteldeutschen Quellen dargestellt, in: Burgard/Haverkamp 1997, S. 97–181.

Haug, Christine, Reisen und Lesen im Zeitalter der Industrialisierung. Die Geschichte des Bahnhofs- und Verkehrsbuchhandels in Deutschland von seinen Anfängen um 1850 bis zum Ende der Weimarer Republik, Wiesbaden 2007.

Haumann, Sebastian: Materiality and Practice Theory, in: Ders./Knoll, Martin/Mares, Detlev (Hg.): Concepts of Urban-Environmental History (Umwelt- und Klimageschichte 1), Bielefeld 2020, S. 51–64.

Haversath, Johann-Bernhard: Landschaft und Siedlung in Niederbayern, in: Gebhard, Helmut/Baumgartner, Georg (Hg.): Niederbayern (Bauernhäuser in Bayern 5), München 1995, S. 19–35.

Hayen, Hajo: Art. ›Bohlenweg‹, in: Reallexikon der Germanischen Altertumskunde 3 (1978), S. 175–183.

Hayen, Hajo: Bau und Funktion der hölzernen Moorwege. Einige Fakten und Folgerungen, in: Jankuhn, Herbert u. a. (Hg.): Untersuchungen zu Handel und Verkehr der vor- und frühgeschichtlichen Zeit in Mittel- und Nordeuropa, Teil V: Der Verkehr: Verkehrswege, Verkehrsmittel, Organisation (Abhandlungen der Akademie der Wissenschaften in Göttingen, Philologisch-Historische Klasse, Dritte Folge 180), Göttingen 1989, S. 11–82.

Heers, Jacques: Rivalité ou colloboration de la Terre et de L'Eau? Position Générale des Problémes, in: Les grandes voies maritimes 1965, S. 13–63.

Heide, Mareike: Holzbein und Eisenhand. Prothesen in der Frühen Neuzeit (Disability History 7), Frankfurt a. M./New York 2018.

Heidenreich, Elisabeth: Fliessräume. Die Vernetzung von Natur, Raum und Gesellschaft seit dem 19. Jahrhundert, Frankfurt a. M. 2004.

Heimann, Heinz-Dieter: Dorfbild, Ereignisbild, Weltbild: Die neue Sicht der »kleinen« Welt in frühen Kartenwerken, in: Rösener, Werner (Hg.): Kommunikation in der ländlichen Gesellschaft vom Mittelalter bis zur Moderne (Veröffentlichungen des Max-Planck-Instituts für Geschichte 156), Göttingen 2000, S. 189–208.

Heimann, Heinz-Dieter: Von der Transferstraße zur Transferforschung. Erfahrungen auf der Straße im ausgehenden Mittelalter, in: Sauerland, Karol (Hg.): Kulturtransfer Polen–Deutschland. Wechselbeziehungen in Sprache, Kultur und Gesellschaft, Bd. 2, Rheinbreitbach 2001, S. 51–59.

Heinze, Gert Wolfgang/Drutschmann, Hans-Michael: Raum, Verkehr und Siedlung als System dargestellt am Beispiel der deutschen Stadt des Mittelalters, Göttingen 1977.

Heller, Friedrich Hermann: Die Handelswege Inner-Deutschlands im 16., 17. und 18. Jahrhundert und ihre Beziehungen zu Leipzig, Dresden 1884.

Hellwig, Fritz: Tyberiade und Augenschein. Zur forensischen Kartographie im 16. Jahrhundert, in: Baur, Jürgen/Müller-Graff, Peter-Christian/Zuleeg, Manfred (Hg.): Europarecht, Energierecht, Wirtschaftsrecht – Festschrift für Bodo Börner zum 70. Geburtstag, Köln u. a. 1992, S. 805–834.

Helmedach, Andreas: Das Verkehrssystem als Modernisierungsfaktor. Straßen, Post, Fuhrwesen und Reisen nach Triest und Fiume vom Beginn des 18. Jahrhunderts bis zum Eisenbahnzeitalter (Südosteuropäische Arbeiten 107), München 2002.

Hengerer, Mark Sven: Wer regiert im Finanzstaat? Zur Entstehung landesfürstlicher Entscheidungen unter Mitwirkung der Niederösterreichischen Kammer im 16. Jahrhundert, in: Butz, Reinhardt (Hg.): Hof und Macht. Dresdener Gespräche II zur Theorie des Hofes; Ergebnisse des gleichnamigen Kolloquiums auf Schloß Scharfenberg bei Dresden, 19. bis 21. November 2004 (Vita curialis 1), Berlin 2007, S. 87–140.

Henker, Michael u. a. (Hg.): Ein Herzogtum und viele Kronen. Coburg in Bayern und Europa. Katalog zur Landesausstellung 1997 des Hauses der Bayerischen Geschichte und der Kunstsammlungen der Veste Coburg in Zusammenarbeit mit der Stiftung der Herzog von Sachsen-Coburg und Gotha'schen Familie und der Stadt Coburg, Veste Coburg und Schloß Callenberg, 3. Juni bis 28. September 1997 (Veröffentlichungen zur Bayerischen Geschichte und Kultur 36/37), Sonnefeld 1997.

Hennigs, Annette: Gesellschaft und Mobilität. Unterwegs in der Grafschaft Lippe 1680 bis 1820 (Sonderveröffentlichungen des Naturwissenschaftlichen und Historischen Vereins für das Land Lippe 66), Bielefeld 2002.

Henning, Friedrich-Wilhelm: Deutsche Wirtschafts- und Sozialgeschichte im Mittelalter und in der frühen Neuzeit (Handbuch der Wirtschafts- und Sozialgeschichte Deutschlands 1), München/Wien/Zürich 1991.

Henny, Sundar: Vom Leib geschrieben. Der Mikrokosmos Zürich und seine Selbstzeugnisse im 17. Jahrhundert (Selbstzeugnisse der Neuzeit 25), Köln/Weimar/Wien 2016.

Herbers, Klaus: Vom Bodensee nach Spanien. Eigenes und Fremdes im Blick eines Reisenden um 1500, in: Bauer, Dieter R. u. a. (Hg.): Oberschwaben und Spanien an der Schwelle zur Neuzeit. Einflüsse – Wirkungen – Beziehungen, Ostfildern 2006, S. 9–31.

Herbers, Klaus: Humanismus, Reise und Politik. Der Nürnberger Arzt Hieronymus Münzer bei europäischen Herrschern am Ende des 15. Jahrhunderts, in: Gotthard, Axel u. a. (Hg.): Studien zur politischen Kultur Alteuropas. Festschrift für Helmut Neuhaus zum 65. Geburtstag (Historische Forschungen 91), Berlin 2009, S. 207–220.

Herbers, Klaus: Der Reisebericht des Hieronymus Münzer. Ein Nürnberger Arzt auf der »Suche nach der Wahrheit« in Westeuropa (1494/95), Tübingen 2020.

Herbers, Klaus/Plötz, Robert: ›Itinerarium Hispanicum‹ des Nürnbergers Hieronymus Münzer (1494). Auch Humanisten Pilgern, in: Dies. (Hg.): Nach Santiago zogen sie. Berichte von Pilgerfahrten ans ›Ende der Welt‹, München 1996, S. 135–150.

Hermann, Oliver: Lothar III. und sein Wirkungsbereich. Räumliche Bezüge königlichen Handelns im hochmittelalterlichen Reich (1120–1137), Bochum 2000.

Herz, Randall: Der Arzt und Frühhumanist Hieronymus Münzer, in: MVGN 105 (2018), S. 99–215

Herzog, Irmela: The Potential and Limits of Optimal Path Analysis, in: Bevan, Andrew/Lake, Walnut (Hg.): Computational Approaches to Archaeological Spaces, London/New York 2013, S. 179–211.

Herzog, Steffen: »... die hohe und die niedere Landstraß aus Polen und Schlesien«. Augenschein-, Bild- und Streitkarten als Quellen der Altstraßenforschung, in: Aurig, Rainer/Ders./Lässig, Simone (Hg.): Landesgeschichte in Sachsen. Tradition und Innovation (Studien zur Regionalgeschichte 10), Bielefeld 1997 S. 109–128.

Hesse, Christian: Handeln und Straßen. Der Einfluss der Herrschaft auf die Verkehrsinfrastruktur in Fürstentümern des spätmittelalterlichen Reiches, in: Schwinges 2007 I, S. 229–256.

Heuvel, Danielle van den (Hg.): Early Modern Streets. A European Perspective, London/New York 2023. [= Heuvel 2023 I]

Heuvel, Danielle van den: Framing the street, in: Dies. 2023 I, S. 3–27. [= Heuvel 2023 II]

Heuvel, Danielle van den u. a.: Capturing Gendered Mobility and Street Use in the Historical City: A New Methodological Approach, in: Cultural and Social History 17 (2020), S. 515–536.

Heydenreuter, Reinhard: Landgericht Graisbach und Pflegamt Monheim, in: Fried, Pankraz (Hg.): Die ländlichen Rechtsquellen aus den pfalz-neuburgischen Ämtern Höchstädt, Neuburg, Monheim und Reichertshofen vom Jahre 1585 (Veröffentlichungen der Schwäbischen Forschungsgemeinschaft, Reihe 5b: Rechtsquellen 1), bearbeitet von Franz Genzinger, Sigmaringen 1983, S. 118–120.

Heydenreuter, Reinhard: Ottheinrich und die Gesetzgebung im Fürstentum Neuburg, in: Stadt Neuburg a. d. Donau (Hg.): Pfalzgraf Ottheinrich. Politik, Kunst und Wissenschaft im 16. Jahrhundert, Regensburg 2002, S. 128–141.

Heydenreuter, Reinhard: Steinkreuze und Totschlagssühnen: Anmerkungen zum rechtshistorischen Hintergrund der Steinkreuzsetzung im 15. und 16. Jahrhundert, in: Hermann, Hans-Georg/Hecker, Hans-Joachim (Hg.): Rechtsgeschichte des ländlichen Raums in Bayern (Rechtskultur Wissenschaft 8), Regenstauf 2012, S. 75–88.

Hillebrandt, Frank: Soziologische Praxistheorien. Eine Einführung, Wiesbaden 2014.

Hippel, Wolfgang von: Armut, Unterschichten, Randgruppen in der Frühen Neuzeit (EDG 34), 2. akt. u. um einen Nachtrag erweiterte Aufl., München 2013.

Hirbodian, Sigrid: Recht und Ordnung im Dorf. Zur Bedeutung von Weistümern und Dorfordnungen in Spätmittelalter und Frühneuzeit, in: Andermann/Auge 2012, S. 45–63.

Hirschmann, Norbert: Salzhandel in der Oberpfalz bis zum 30-jährigen Krieg unter besonderer Berücksichtigung der Residenzstadt Amberg, in: Hocquet, Jean-Claude/Palme, Rudolf (Hg): Das Salz in der Rechts- und Handelsgeschichte, Berenkamp 1991, S. 127–134.

Hlavin-Schulze, Karin: »Man reist ja nicht, um anzukommen«. Reisen als kulturelle Praxis, Frankfurt a. M./New York 1998.

Hochstadt, Steve: Migration in preindustrial Germany, in: Central European History 16 (1983), S. 195–224.

Hochstrasser, Julie Berger: Inroads to Seventeenth-Century Dutch Landscape Painting, in: Netherlands Yearbook for History of Art 48 (1998), S. 193–221.

Höcker, Christoph: Art. ›Straßen- und Brückenbau‹, in: Der Neue Pauly – Online, URL: http://dx.doi.org./10.1163/1574-9347_dnp_e1123690 (28.6.2023).

Hoffstadt, Christian: Denkräume und Denkbewegungen. Untersuchungen zum metaphorischen Gebrauch der Sprache der Räumlichkeit (Europäische Kultur und Ideengeschichte. Studien 3), Karlsruhe 2008.

Hofmann, Hanns Hubert: Nürnberg-Fürth (Historischer Atlas von Bayern, Teil Franken, Reihe I, Heft 4), München 1954.

Hofmann, Hanns Hubert: Gunzenhausen-Weissenburg (Historischer Atlas von Bayern, Teil Franken, Reihe I, Heft 8), München 1960.

Hofmann, Hanns Hubert: Die Einrichtung des Nürnberger Landpflegamtes, in: Mitteilungen der Altnürnberger Landschaft 12 (1963), S. 57–64.

Höhn, Alfred: Altstraßen im Coburger Land, in: Jahrbuch der Coburger Landesstiftung 28 (1983), S. 171–202.
Höhn, Alfred: Die Straßen des Nürnberger Handels. Ein Streifzug durch Geschichte und Landschaft, Nürnberg 1985.
Holenstein, André: ›Gute Policey‹ und lokale Gesellschaft. Erfahrung als Kategorie im Verwaltungshandeln des 18. Jahrhunderts, in: Münch 2001, S. 433–450.
Holenstein, André: »Gute Policey« und lokale Gesellschaft im Staat des Ancien Régime. Das Fallbeispiel der Markgrafschaft Baden(-Durlach) (Frühneuzeit-Forschungen 9), 2 Bde., Epfendorf 2003.
Holenstein, André: Gute Policey und die Information des Staates im Ancien Régime, in: Brendecke/Friedrich/Friedrich 2008 I, S. 201–213.
Holenstein, André: Empowering Interactions: Looking at Statebuilding from Below, in: Blockmans, Wim u. a. (Hg.): Empowering Interactions. Political Cultures and Emergence of the State in Europe, 1300–1900, Farnham/Surrey 2009, S. 1–31.
Holmberg, Eva Johanna (Hg.): Renaissance and Early Modern Travel: Practice and Experience, 1500–1700 (Renaissance Studies 33/4, Special Issue), Oxford 2019.
Holterman, Bart u. a.: Viabundus. Map of Premodern European Transport and Mobility. in: Research Data Journal for the Humanities and Social Sciences 7 (2022), S. 1–13, URL: https://doi.org/10.1163/24523666-bja10025 (11.4.2023).
Holzner-Tobisch, Kornelia/Kühtreiber, Thomas/Blaschitz, Gertrud (Hg.): Die Vielschichtigkeit der Straße. Kontinuität und Wandel in Mittelalter und früher Neuzeit (Österreichische Akademie der Wissenschaften. Philosophisch-Historische Klasse, Sitzungsberichte 826. Veröffentlichungen des Instituts für Realienkunde des Mittelalters und der Frühen Neuzeit 22), Wien 2012.
Homeyer, Carl Gustav: Über die unächte Reformation Kaiser Friedrichs des Dritten, in: Monatsberichte der Königlichen Preuß. Akademie der Wissenschaften zu Berlin, Juni 1856, S. 291–304.
Hooper, Glenn/Youngs, Tim (Hg.): Perspectives on travel writing (Studies in European cultural transition 19), Aldershot 2004.
Hopf, Herbert: Studien zu den Bildstöcken in Franken insbesondere im Stadtbereich und Landkreis Würzburg (Mainfränkische Hefte 54), Volkach 1970.
Hoppe, Werner: Flurdenkmäler im Landkreis Haßfurt am Main, Haßfurt 1968.
Horden, Peregrine: Travel sickness: Medicine and mobility in the Mediterranean from Antiquity to the Renaissance, in: Harris, William V. (Hg.): Rethinking the Mediterranean, Oxford 2005, S. 179–199.
Huber, Franz M.: Altbayerische Frondienste. Eine Geschichte des Scharwerks, in: Bayerisches Landwirtschaftliches Jahrbuch 68 (1991), S. 823–907.
Hübner, Klara: Melliorar chimins et pont. Zwischen städtischer Infrastruktur und Fernhandelsinteressen. Straßen- und Brückenbau im spätmittelalterlichen Freiburg im Uechtland, in: Schwinges 2007 I, S. 257–287.
Hülsen-Esch, Andrea (Hg.): Flusslandschaften. In Mittelalter und Moderne (Studia humaniora 50), Düsseldorf 2023.
Hundsbichler, Helmut: Wahrnehmung von Wegen – Wege der Wahrnehmung. Straßen als Bildelemente im späten Mittelalter, in: Szabó 2009 I, S. 215–236.
Hundt, Michael: Beschreibung der dreijährigen chinesischen Reise. Die russische Gesandtschaft von Moskau nach Peking 1692 bis 1695 in den Darstellungen von Eberhard Isbrand Ides und Adam Brand (Quellen und Studien zur Geschichte des östlichen Europas 53), Stuttgart 1999.
Huntebrinker, Jan Willem: »Fromme Knechte« und »Garteteufel«. Söldner als soziale Gruppe im 16. und 17. Jahrhundert (Konflikte und Kultur 22), Konstanz 2010.
Hurtienne, René: Arzt auf Reisen. Medizinische Nachrichten im Reisebericht des doctoris utriusque medicinae Hieronymus Münzer (+ 1508) aus Nürnberg, in: Fuchs, Franz (Hg.): Medizin, Jurisprudenz und Humanismus in Nürnberg um 1500 (Pirckheimer-Jahrbuch für Renaissance- und Humanismusforschung 24), Wiesbaden 2010, S. 47–70.

Hvattum, Mari u. a. (Hg.): Routes, roads and landscapes, Farnham/Surrey 2011.
Hye, Franz-Heinz: Das Verhältnis Stadt und Straße in Tirol von den Anfängen bis in die frühe Neuzeit, in: Riedenauer 1996, S. 197–217.
Ilisch, Peter: Landwehren im Bereich des Kreises Coesfeld, in: Kneppe 2014 I, S. 173–190.
Immler, Gerhard: Probleme der Waldnutzung in Schwaben, dargestellt am Beispiel des Fürststifts Kempten, in: Kießling/Scheffknecht 2012, S. 161–180.
Irler, Hans: Heroisierung – Ironisierung – Verspottung. Landsknechtflugblätter und ihr historischer Erkenntniswert, in: Harms/Messerli 2002, S. 85–108.
Irsigler, Franz: Was ist eine Landgemeinde?, in: Andermann/Auge 2012, S. 31–44.
Iseli, Andrea: Gute Policey. Öffentliche Ordnung in der Frühen Neuzeit, Stuttgart 2009.
Isenmann, Eberhard: Die deutsche Stadt im Mittelalter 1150–1550. Stadtgestalt, Recht, Verfassung, Stadtregiment, Kirche, Gesellschaft, Wirtschaft, 2. durchgesehene Aufl., Köln 2014.
Jackman, William T.: The Development of Transportation in Modern England, Cambridge 1916.
Jäger, Hans Wolfgang (Hg.): Europäisches Reisen im Zeitalter der Aufklärung, Heidelberg 1992.
Jäger, Helmut: Geographische und historische Methoden der Altstraßenforschung, in: Riedenauer 1996, S. 39–59.
Jancke, Gabriele/Schläppi, Daniel (Hg.): Die Ökonomie sozialer Beziehungen. Ressourcenbewirtschaftung als Geben, Nehmen, Investieren, Verschwenden, Haushalten, Horten, Vererben, Schulden, Stuttgart 2015. [= Jancke/Schläppi 2015 I]
Jancke, Gabriele/Schläppi, Daniel: Einleitung: Ressourcen und eine Ökonomie sozialer Beziehungen, in: Jancke/Schläppi 2015 I, S. 7–33. [= Jancke/Schläppi 2015 II]
Janßen-Schnabel, Elke: Die Straße als Lebensraum in Antike, Mittelalter und Neuzeit. Darstellung in der bildlichen Kunst von der Antike bis heute, in: Fischer/Horn 2013, S. 251–264.
Jaritz, Gerhard (Hg.): Die Strasse: Zur Funktion und Perzeption öffentlichen Raums im späten Mittelalter: Internationales Round Table Gespräch, Krems an der Donau, 2. und 3. Oktober 2000 (Forschungen des Instituts für Realienkunde des Mittelalters und der Frühen Neuzeit Diskussionen und Materialien 6), Wien 2001. [= Jaritz 2001 I]
Jaritz, Gerhard: ›Strassenbilder‹ des Spätmittelalters, in: Ders. 2001, S. 47–70. [= Jaritz 2001 II]
Jaritz, Gerhard/Müller, Albert (Hg.): Migration in der Feudalgesellschaft (Studien zur historischen Sozialwissenschaft 8), Frankfurt a. M./New York 1988.
Jaser, Christian/Lotz-Heumann, Ute/Pohlig, Matthias: Alteuropa – Vormoderne – Neue Zeit. Leistungen und Grenzen alternativer Periodisierungskonzepte für die europäische Geschichte, in: Dies. (Hg.): Alteuropa – Vormoderne – Neue Zeit. Epochen und Dynamiken der europäischen Geschichte (1200–1800) (ZHF, Beihefte 46), Berlin 2012, S. 9–24.
Jay, Martin: Die skopischen Ordnungen der Moderne, in: Leviathan 20/2 (1992), S. 178–195.
Jegel, August: Der Reichswald als Stolz und Sorgenkind von Alt-Nürnberg, in: Forstwissenschaftliches Centralblatt 54–5 (1932), S. 145–155.
Jehle, Manfred: Ansbach: Die markgräflichen Oberämter Ansbach, Colmberg-Leutershausen, Windsbach, das Nürnberger Pflegamt Lichtenau und das Deutschordensamt (Wolframs-)Eschenbach (Historischer Atlas von Bayern, Teil Franken, Reihe I, 35), Kallmünz 2009.
Jendorff, Alexander: Bilder der Gemeinsamkeit oder Bilder des Streits? Kartographiehistorische Beobachtungen zu Augenscheinkarten der Ganerbschaft Treffurt und der Vogtei Dorla am Beginn des 17. Jahrhunderts, in: Hessisches Jahrbuch für Landesgeschichte 60 (2010), S. 31–67. [= Jendorff 2010 I]
Jendorff, Alexander: Condominium: Typen, Funktionsweisen und Entwicklungspotentiale von Herrschaftsgemeinschaften in Alteuropa anhand hessischer und thüringischer Beispiele (Veröffentlichungen der Historischen Kommission für Hessen 72), Marburg 2010. [= Jendorff 2010 II]

Johanek, Peter: Die Straße im Recht und in der Herrschaftsausübung des Mittelalters, in: Holzner-Tobisch/Kühtreiber/Blaschitz 2012, S. 233–262.

Jolly, Anne: Comment mobiliser les fonds alloués aux infrastructures royales routières? L'exemple de la stratégie financière du Trésorier général des Ponts et Chaussées Gabriel Prévost (1748–1778), in: Conchon/Plouviez/Szulman 2018, S. 141–172.

Jost, Erdmut: »Gerechte Lobsprüche«. Zur positiven Zeitschriften-Rezeption von Friedrich Nicolais Beschreibung einer Reise durch Deutschland und die Schweiz im Kontext einer sich wandelnden Poetik der Reisebeschreibung 1783–1796, in: Stefanie Stockhorst (Hg.): Friedrich Nicolai im Kontext der kritischen Kultur der Aufklärung (Schriften des Frühneuzeitzentrums Potsdam 2), Göttingen 2013, S. 133–153.

Jucht, Wilhelm: Geschichte der Holzzoll- und Holzhandels-Gesetzgebung in Bayern, Berlin 1905.

Jussen, Bernhard: Historische Semantik aus der Sicht der Geschichtswissenschaft, in: Jahrbuch für Germanistische Sprachgeschichte 2 (2011), S. 51–61.

Jütte, Robert: Augenlob – oder die (Neu-)Bewertung des Sehsinns in der Frühen Neuzeit, in: Wimböck/Leonhard/Friedrich 2007, S. 39–56.

Jütte, Robert: Über Krankheit und Gesundheit in der Frühen Neuzeit, Stuttgart 2014.

Kaplony, Andreas: Das Verkehrsnetz Zentralasiens: die Raumgliederung der arabischen Geographen al-Muqaddasī und Ibn Ḥawqal, in: Schwinges 2007 I, S. 353–364.

Karrow, Robert W.: Mapmakers of the sixteenth century and their maps. Bio-bibliographies of the cartographers of Abraham Ortelius, 1570, Chicago 1993.

Käsbauer, Anton: Großlangheimer Marterlesweg: Bildstöcke in Dorf und Flur, Großlangheim 2001.

Kastl, Johannes: Entwicklung der Straßenbautechnik vom Saumpfad bis zur Autobahn, Berlin 1953.

Kaufhold, Karl Heinrich: Die Stadt als Verkehrsraum, in: Niederstätter 2001, S. 27–53.

Kaune, Daniel: Augenzeugen und Augenschein im Prozess. Ein Zeugenverhör-Rotulus des Reichskammergerichts im Spiegel seiner Augenschein-Karte, in: Laux, Stephan/Schmidt, Maike (Hg.): Grenzraum und Repräsentation. Perspektiven auf Raumvorstellungen und Grenzkonzepte in der Vormoderne (Trierer historische Forschungen 74), Trier 2019, S. 85–98.

Keil, Gundolf: Art. ›Regimina‹, in: Gerabek, Werner E. u. a. (Hg.): Enzyklopädie Medizingeschichte, Berlin/New York 2007, S. 1225 f.

Kellenbenz, Hermann: Der russische Transithandel mit dem Orient im 17. und zu Beginn des 18. Jahrhunderts, in: Jahrbücher für Geschichte Osteuropas, Neue Folge 12 (1965), S. 481–498. [= Kellenbenz 1965 I]

Kellenbenz, Hermann: Landverkehr, Fluss- und Seeschiffahrt im europäischen Handel (Spätmittelalter bis Anfang des 19. Jahrhunderts), in: Les grandes voies maritimes 1965, S. 327–441. [= Kellenbenz 1965 II]

Kellenbenz, Hermann: Gewerbe und Handel am Ausgang des Mittelalters, in: Pfeiffer 1971, S. 176–186. [= Kellenbenz 1971 I]

Kellenbenz, Hermann: Wirtschaftsleben im Zeitalter der Reformation, in: Pfeiffer 1971, S. 186–193. [= Kellenbenz 1971 II]

Kellenbenz, Hermann: Oberdeutschland und Mailand zur Zeit der Sforza, in: Gli Sforza a Milano e in Lombardia e i loro rapporti con gli Stati italiani ed europei (1450–1535), Mailand 1981, S. 193–227.

Kellenbenz, Hermann: Wirtschaft und Gesellschaft Europas 1350–1650, in: Ders. (Hg.): Europäische Wirtschafts- und Sozialgeschichte vom ausgehenden Mittelalter bis zur Mitte des 17. Jahrhunderts (Handbuch der europäischen Wirtschafts- und Sozialgeschichte 3), Stuttgart 1986, S. 1–387.

Kellner, Stephan: Die Hofmarken Jettenbach und Aschau in der Frühen Neuzeit (Studien zur bayerischen Verfassungs- und Sozialgeschichte 10), München 1986.

Kelly, Jason M: Reading the Grand Tour at a Distance: Archives and Datasets in Digital History, in: The American Historical Review 122/2 (2017), S. 451–463.

Kessler, Sabrina: Kartographien von Identität und Alterität in englischen Reiseberichten über die Neue Welt: 1560–1630, Frankfurt a. M. 2016.

Kießling, Rolf: Die Stadt und ihr Land. Umlandpolitik, Bürgerbesitz und Wirtschaftsgefüge in Ostschwaben vom 14. bis ins 16. Jahrhundert (Städteforschung A 29), Köln/Wien 1989.

Kießling, Rolf/Scheffknecht, Wolfgang (Hg.): Umweltgeschichte in der Region (Forum Suevicum 9), Konstanz 2012.

Kießling, Rolf/Konersmann, Frank/Troßbach, Werner: Grundzüge der Agrargeschichte, Bd. 1: Vom Spätmittelalter bis zum Dreißigjährigen Krieg (1350–1650), Köln u. a. 2016.

Kikuchi, Yūta, Hamburgs Ostsee- und Mitteleuropahandel 1600–1800. Warenaustausch und Hinterlandnetzwerke (Wirtschafts- und Sozialhistorische Studien 20), Köln 2018.

Kink, Barbara: Adelige Lebenswelt in Bayern im 18. Jahrhundert. Die Tage- und Ausgabenbücher des Freiherrn Sebastian von Pemler (1718–1772) (Studien zur bayerischen Verfassungs- und Sozialgeschichte 26), München 2007.

Kintzinger, Martin: Cum salvo conductu. Geleit im westeuropäischen Spätmittelalter, in: Schwinges Rainer C./Wriedt, Klaus (Hg.): Gesandtschafts- und Botenwesen im spätmittelalterlichen Europa (Vorträge und Forschungen 60), Ostfildern 2003, S. 313–363.

Kissling, Peter: »Gute Policey« im Berchtesgadener Land. Rechtsentwicklung und Verwaltung zwischen Landschaft und Obrigkeit 1377 bis 1803 (Studien zu Policey und Policeywissenschaft), Frankfurt a. M. 1999.

Kleinschmidt, Harald: Menschen in Bewegung. Inhalte und Ziele historischer Migrationsforschung, Göttingen 2002.

Klemm, Friedrich (Hg.): Die Technik der Neuzeit, Bd. 3: Verkehrs- und Bautechnik, Potsdam 1941.

Klemm, Susanne: Straßen für den Steirischen Erzberg. Archäologisch-historische Altstraßenforschung in der Steiermark, 16.–18. Jahrhundert (Forschungen zur geschichtlichen Landeskunde der Steiermark 51), Münster u. a. 2011.

Klimek, Tomáš/Bolina, Pavel: Cosmas' Road across Hill Osek as an Example of how Narrative Sources Can Help us Interpret Medieval Roads, in: Denzler 2018 I, S. 115–129.

Klinckowstroem, Carl v.: Knaurs Geschichte der Technik, München/Zürich 1959.

Kneppe, Cornelia (Hg.): Landwehren. Zu Funktion, Erscheinungsbild und Verbreitung spätmittelalterlicher Wehranlagen (Veröffentlichungen der Altertumskommission für Westfalen 20), Münster 2014. [= Kneppe 2014 I]

Kneppe, Cornelia: Aufbau und Funktion von westfälischen Landwehren. Ein Überblick, in: Kneppe 2014 I, S. 13–24. [= Kneppe 2014 II]

Kneppe, Cornelia: Resümee, in: Kneppe 2014 I, S. 341–343. [= Kneppe 2014 III]

Knoll, Martin: Die Natur der menschlichen Welt. Siedlung, Territorium und Umwelt in der historisch-topografischen Literatur der Frühen Neuzeit (Histoire 42), Bielefeld 2013.

Koch, Alois: Die Trassen des Fernhandelsweges Augsburg-Füssen im 15. und 16. Jahrhundert (Lech Ammersee Studien 3), Landsberg am Lech 2007.

Koch, Alois: Straßen (Mittelalter/Frühe Neuzeit), publiziert am 23.05.2012, in: Historisches Lexikon Bayerns, URL: http://www.historisches-lexikon-bayerns.de/Lexikon/Straßen_(Mittelalter/Frühe_Neuzeit) (28.6.2023).

Koch, Alois: Zoll und Maut in Schwaben (bis 1800), publiziert am 01.08.2014, in: Historisches Lexikon Bayerns, URL: http://www.historisches-lexikon-bayerns.de/Lexikon/Zoll_und_Maut_in_Schwaben_(bis_1800) (28.6.2023).

Koch, Michael: Zum Nutzen des ganzen Landes. Die Landwehr um Höxter im späten Mittelalter, in: Kneppe 2014 I, S. 155–172.

Kocher, Gernot: Art. ›Kreuz‹, in: HRG II 3 (2016), Sp. 228–230.

Koehler, B.: Art. ›Geleit‹, in: HRG I 1 (1971), Sp. 1481–1489.

Kohler, Alfred: Neue Welterfahrungen. Eine Geschichte des 16. Jahrhunderts, Münster 2014.

Köhler, Ulrich: Formen des Handels in ethnologischer Sicht, in: Düwel, Klaus (Hg.): Untersuchungen zu Handel und Verkehr der vor- und frühgeschichtlichen Zeit in Mittel- und Nordeuropa, Teil 1: Methodische Grundlagen und Darstellungen zum Handel in vorgeschichtlicher Zeit und in der Antike, Göttingen 1985, S. 13–55.

Kohlheim, Rosa/Kohlheim, Volker: Gasse und Straße als Grundwörter in frühen deutschen Straßennamen, in: Brendler, Andrea/Brendler, Silvio (Hg.): Eigennamen. Neue Wege ihrer Erforschung, Hamburg 2011, S. 169–194

Kolb, Anne: Antike Straßenverzeichnisse – Wissensspeicher und Medien geographischer Raumerschließung, in: Boschung, Dietrich u. a. (Hg.): Geographische Kenntnisse und ihre konkreten Ausformungen (Morphomata 5), München 2013, S. 192–221.

Kolb, Anne (Hg.): Infrastruktur und Herrschaftsorganisation im Imperium Romanum. Herrschaftsstrukturen und Herrschaftspraxis, Berlin 2014.

Kolb, Anne (Hg.): Roman Roads: New Evidence – New Perspectives, Berlin/Boston 2019. [= Kolb 2019 I]

Kolb, Anne: Via ducta – Roman Road Building: An Introduction to Its Significance, the Sources and the State of Research, in: Kolb 2019 I, S. 3–21. [= Kolb 2019 II]

Kolb, Karl: Bildstöcke im Taubertal, Tauberbischofsheim, 1952.

Kollmeier, Kathrin: Begriffsgeschichte und Historische Semantik, Version: 2.0, in: Docupedia-Zeitgeschichte, 29.10.2012, URL: https://docupedia.de/zg/Begriffsgeschichte_und_Historische_Semantik_Version_2.0_Kathrin_Kollmeier (28.6.2023).

Konstanzer Arbeitskreis für Mittelalterliche Geschichte e.V.: Protokoll Nr. 394 über die Arbeitstagung auf der Insel Reichenau vom 4.–7. Oktober 2005. Thema: Straßen und Verkehrswesen im hohen und späten Mittelalter«, [Konstanz 2005].

Kopfmann, Klaus: Die Hofmark Eurasburg. Ein Beitrag zur Geschichte der bayerischen Hofmark (Studien zur bayerischen Verfassungs- und Sozialgeschichte 24), München 2005.

Koppelt, Hans: Der Schlüssel zu einem monolithischen Bildstocktyp des 16./17. Jahrhunderts in Unterfranken, Gerolzhofen 1983.

Köppen, Thomas: Ungarische Kocsi-Wagen, nach 1600, in: Beyrer, Klaus (Hg.): Zeit der Postkutschen. Drei Jahrhunderte Reisen 1600–1900 (Publikation anlässlich der gleichnamigen Ausstellung im Deutschen Postmuseum, Frankfurt a. M. 20.10.1992–10.1.1993), Karlsruhe 1992, S. 44 f.

Köppen, Thomas: Art. ›Kutsche‹, in: EdN – Online [2014] [http://dx.doi.org/10.1163/2352-0248_edn_a2355000].

Körber, Esther-Beate: Der Dreißigjährige Krieg als europäisches Medienereignis, in: Europäische Geschichte Online (EGO), hg. vom Leibniz-Institut für Europäische Geschichte (IEG), Mainz 2015-09-01, URL: http://www.ieg-ego.eu/koerbere-2015-de (28.6.2023).

Koselleck, Reinhart: Begriffsgeschichten. Studien zur Semantik und Pragmatik der politischen und sozialen Sprache, Frankfurt a. M. 2006.

Krafft, Otfried: Eine Fehde, ein Reichsachtverfahren und das Ende zweier Grafschaften. Die Kaufleute Veckinchusen im Streit mit den letzten Grafen von Ziegenhain, in: Zeitschrift des Vereins für Hessische Geschichte und Landeskunde 111 (2006), S. 31–62.

Kramer, Ferdinand: Außenbeziehungen und Einzugsgebiet eines Dorfes in der Frühen Neuzeit. Untermühlhausen: Erfahrbare Welt von Dorfbewohnern und Verbreitungsmöglichkeiten geistiger Strömungen in einer ländlichen Region, in: Fassl, Peter u. a. (Hg.): Aus Schwaben und Altbayern. Festschrift für Pankraz Fried zum 60. Geburtstag, Sigmaringen 1991, S. 133–155.

Kranz, Horst: Auf Schultern, Achse und Kiel. Kohlentransport in Spätmittelalter und früher Neuzeit, in: Mitteilungen der Deutschen Gesellschaft für Archäologie des Mittelalters und der Neuzeit 14 (2003) (Themenheft zu ›Warentransport im Mittelalter und in der Frühen Neuzeit. Transportwege – Transportmittel – Infrastruktur‹), S. 71–79.

Krasnobaev, Boris I./Robel, Gert/Zeman, Herbert (Hg.): Reisen und Reisebeschreibungen im 18. und 19. Jahrhundert als Quellen der Kulturbeziehungsforschung (Studien zur Geschichte der Kulturbeziehungen in Mittel- und Osteuropa 6), Berlin 1980.

Kreiß, Burkhard: Straßenbau und Straßenerhaltung. Ein Handbuch für Studium und Praxis, Bielefeld 1982.

Kroener, Bernhard R.: Les routes et les étapes. Die Versorgung der französischen Armeen in Nordostfrankreich (1635–1661). Ein Beitrag zur Verwaltungsgeschichte des Ancien Régime (Schriftenreihe der Vereinigung zur Erforschung der Neueren Geschichte 11), Münster 1980.

Kroener, Bernhard R.: Krieg und Karriere. Geographische Mobilität als Voraussetzung sozialen Aufstiegs in der militärischen Gesellschaft des 17. Jahrhunderts, in: Beer, Mathias/Dahlmann, Dittmar (Hg.): Über die trockene Grenze und über das offene Meer. Binneneuropäische und transatlantische Migration im 18. und 19. Jahrhundert (Migration in Geschichte und Gegenwart 1), Essen 2004, S. 45–65.

Kroener, Bernhard R.: Kriegswesen, Herrschaft und Gesellschaft 1300–1800 (EDG 92), München 2013.

Kroes, Richard: Woodwork in the foundations of stone-built Roman bridges, in: Bulletin Antieke Beschaving 65 (1990), S. 97–105.

Krüger, Herbert: Erhard Etzlaub's Romweg Map and Its Dating in the Holy Year of 1500, in: Imago Mundi 3 (1951), S. 17–26.

Krüger, Herbert: Des Nürnberger Meisters Erhard Etzlaub älteste Straßenkarten von Deutschland, in: Jahrbuch für fränkische Landesforschung 18 (1958), S. 1–286.

Krüger, Herbert: Hessische Altstraßen des 16. und 17. Jahrhunderts nach zeitgenössischen Itinerar- und Kartenwerken (1500–1650) (Hessische Forschungen zur geschichtlichen Landes- und Volkskunde 5), Kassel/Basel 1963. [= Krüger 1963 I]

Krüger, Herbert: Oberdeutsche Meilenscheiben des 16. und 17. Jahrhunderts als straßengeschichtliche Quellen, in: Jahrbuch für fränkische Landesforschung 23 (1963), S. 171–197 [Teil 1]; 24 (1964), S. 167–206 [Teil 2]; 25 (1965), S. 325–379 [Teil 3]; 26 (1966), S. 239–306 [Teil 4]. [= Krüger 1963 II]

Krüger, Herbert: Die Straßburger Itinerarsammlung Sebastian Brants aus dem ersten Viertel des 16. Jahrhunderts, in: Archiv für deutsche Postgeschichte 1966/2, S. 2–31.

Krüger, Kersten: Finanzstaat Hessen 1500–1567. Staatsbildung im Übergang vom Domänenstaat zum Steuerstaat (Quellen und Darstellungen zur Geschichte des Landgrafen Philipp des Großmütigen 5), Marburg 1981.

Kühne, Hartmut/Popp, Christian (Hg.): Pilgern zu Wasser und zu Lande (Jakobus-Studien 24), Tübingen 2022.

Kühtreiber, Thomas: Einleitung, in: Holzner-Tobisch/Kühtreiber/Blaschitz 2012, S. 5–18.

Kümin, Beat/Tlusty, B. Ann (Hg.): The World of the Tavern. Public Houses in Early Modern Europe, Aldershot 2002.

Kümin, Beat: Wirtshaus, Reiseverkehr und Raumerfahrung am Ausgang des Mittelalters, in: Schwinges 2007 I, S. 331–352.

Kupčík, Ivan: Alte Landkarten. Von der Antike bis zum Ende des 19. Jahrhunderts, Prag 1983.

Kupčík, Ivan: Karten der Pilgerstrassen im Bereich der heutigen Schweiz und des angrenzenden Auslandes vom 13. bis zum 16. Jahrhundert, in: Cartographica Helvetica 6/2 (1992), S. 17–28.

Kussmaul, Ann: Servants in Husbandry in Early Modern England, Cambridge 1981.

Küther, Carsten: Menschen auf der Straße. Vagierende Unterschichten in Bayern, Franken und Schwaben in der zweiten Hälfte des 18. Jahrhunderts (Kritische Studien zur Geschichtswissenschaft 56), Göttingen 1983.

Laitinen, Riitta/Cohen, Thomas V. (Hg.): Cultural History of Early Modern Streets, Leiden 2009.

Landau, Georg: Über Straßen im Allgemeinen, in: Zeitschrift für deutsche Kulturgeschichte 1 (1856), S. 383–405.

Landau, Georg: Beiträge zur Geschichte der alten Heer- und Handelsstraßen in Deutschland (Hessische Forschungen zur geschichtlichen Landes- und Volkskunde 1), Kassel 1958.

Landolt, Oliver: Straßenbau im Gebiet der heutigen Schweiz im Spätmittelalter, in: Wege und Geschichte 2015/2, S. 1–6.

Landwehr, Achim: Policey im Alltag. Die Implementation frühneuzeitlicher Policeyordnungen in Leonberg (Studien zu Policey und Policeywissenschaft), Frankfurt a. M. 2000. [= Landwehr 2000 I]

Landwehr, Achim: Policey vor Ort. Die Implementation von Policeyordnungen in der ländlichen Gesellschaft der Frühen Neuzeit, in: Härter 2000, S. 47-70. [= Landwehr 2000 II]

Landwehr, Achim: Die Stadt auf dem Papier durchwandern. Das Medium des Reiseberichts im 17. Jahrhundert, in: Jahrbuch für Kommunikationsgeschichte 3 (2001), S. 48-70.

Landwehr, Achim: Die Erschaffung Venedigs. Raum, Bevölkerung, Mythos 1570-1750, München u. a. 2007.

Landwehr, Achim: Welsch und wie er die Welt sah. Ein württembergischer Rentkammerrat und seine »Wahrhafftige Reiß-Beschreibung«, in: Becker, Peter/Krosigk, Rüdiger v. (Hg.): Figures of authority. Contributions towards a cultural history of governance from seventeenth to twentieth century, Brüssel u. a. 2008, S. 51-80.

Lang, Heinrich: »Dan auf disen vornemen handelsplatzen ist gelt vollauf«. Zu transalpinen Transferbeziehungen zwischen Süddeutschen und Florentiner Handelsgesellschaften während des Dreißigjährigen Krieges, in: Annales Mercaturae 2 (2016), S. 33-76.

Lang, Heinrich: Wirtschaften als kulturelle Praxis. Die Florentiner Salviati und die Augsburger Welser auf den Märkten in Lyon (1507-1559) (VSWG - Beihefte 248), Stuttgart 2020.

Latour, Bruno: Reassembling the Social. An Introduction to Actor-Network-Theory, Oxford 2005.

Lay, Maxwell G.: Die Geschichte der Straße. Vom Trampelpfad zur Autobahn, Frankfurt a. M./New York 1994.

Lechner, Karl: Entstehung, Entwicklung und Verfassung der ländlichen Gemeinde in Niederösterreich, in: Konstanzer Arbeitskreis für mittelalterliche Geschichte (Hg.): Die Anfänge der Landgemeinde und ihr Wesen, Bd. 1, Sigmaringen 1964, S. 107-162.

Lehnemann, Esther Maria/Urz, Ralf/Meiborg, Christa: Die latènezeitliche Brücke mit Siedlung bei Kirchhain-Niederwald, Landkreis Marburg-Biedenkopf. Interdisziplinäre Forschungen zur eisenzeitlichen Siedlungslandschaft des Amöneburger Becken (Materialien zur Vor- und Frühgeschichte von Hessen 31), 2 Teile, Wiesbaden 2021.

Leibetseder, Mathis: Die Kavalierstour. Adlige Erziehungsreisen im 17. und 18. Jahrhundert (Beihefte zum Archiv für Kulturgeschichte 56), Köln u. a. 2004.

Leibetseder, Mathis: Kavalierstour - Bildungsreise - Grand Tour: Reisen, Bildung und Wissenserwerb in der Frühen Neuzeit, in: Europäische Geschichte Online (EGO), hg. vom Leibniz-Institut für Europäische Geschichte (IEG), Mainz 2013-08-14, URL: http://www.ieg-ego.eu/leibetsederm-2013-de (28.6.2023).

Leidel, Gerhard unter der Mitarbeit von Franz, Monika Ruth: Von der gemalten Landschaft zum vermessenen Land: Eine Ausstellung des Bayerischen Hauptstaatsarchivs zur Geschichte der handgezeichneten Karte in Bayern (Katalog zur Ausstellung München, 6. Oktober bis 22. Dezember 2006), München 2006.

Leighton, Albert Chester: Transport and communication in early Medieval Europe, AD 500-1100, Newton Abbot 1972.

Leng, Rainer: Grenzen, Steine, Sechserprüche. Die dörfliche Rechtspraxis im Spiegel des ›Frammersbacher Sechserbuchs‹ (1572-1764) (Publikationen aus dem Kolleg »Mittelalter und Frühe Neuzeit« 3), Würzburg 2017.

Lepetit, Bernard: Chemins de terre et voies d'eau. Réseaux de transports et organisation de l'espace en France (1740-1840), Paris 1984.

Lepetit, Bernard: De l'échelle en histoire, in: Revel 1996, S. 71-94.

Les grandes voies maritimes dans le monde, XVe - XIXe siècles: rapports présentés au XIIe Congrès International des Sciences Historiques par la Commission Internationale d'Histoire Maritime à l'occasion de son VIIe Colloque (Vienne, 29 août - 5 septembre 1965), Paris 1965.

Lewin, Kurt: Der Richtungsbegriff in der Psychologie. Der spezielle und allgemeine Hodologische Raum, in: Psychologische Forschung 19 (1934), S. 249-299.

Liaroutzos, Chantal: Les premiers guides français imprimés, in: In Situ [En ligne], 15 |(2011), mis en ligne le 29 juin 2011, consulté le 30 décembre 2011, URL: https://doi.org/10.4000/insitu.486 (28.6.2023).

Lieb, Norbert: Die Fugger und die Kunst im Zeitalter der hohen Renaissance (Studien zur Fuggergeschichte 14; Veröffentlichungen der Schwäbischen Forschungsgemeinschaft 4), München 1958.

Lieberich, Heinz: Kaiser Ludwig der Baier als Gesetzgeber, in: ZRG GA 76 (1959), S. 173–245.

Lindgren, Ute: Art. ›Kartographie‹, in: EdN – Online [2019] [http://dx.doi.org/10.1163/2352-0248_edn_COM_290211].

Lingelbach, Gerhard: Art. ›Geleit‹, in: HRG II 2 (2011), Sp. 37–42.

Liniger, Sandro: Gesellschaft in der Zerstreuung. Soziale Ordnung und Konflikt im frühneuzeitlichen Graubünden, Konstanz 2017.

List, Ulrich: Untersuchungen zum Transportwesen und den Transportwegen des Systems der »Goldenen Straße« zwischen dem mittelfränkischen und dem böhmischen Becken, seine ökonomische Entwicklung und Bedeutung (Regensburger Beiträge zur Regionalgeographie und Raumplanung 11), Kallmünz 2006.

List, Ulrich: Goldene Straße, publiziert am 01.03.2010, in: Historisches Lexikon Bayerns, URL: http://www.historisches-lexikon-bayerns.de/Lexikon/Goldene_Straße (28.6.2023).

Livet, Georges: Histoire des routes et des transports en Europe des chemins de Saint-Jacques à l'âge d'or des diligences, Straßburg 2003.

Löhdefink, Jan: Zeiten des Teufels. Teufelsvorstellungen und Geschichtszeit in frühreformatorischen Flugschriften (1520–1526) (Beiträge zur historischen Theologie 182), Tübingen 2016.

Longen, Nicole: Financer l'extension des infrastructures routières: l'emploi de la corvée dans l'électorat de Trèves (1750–1850), in: Conchon/Plouviez/Szulman 2018, S. 83–98.

Löw, Martina: Raumsoziologie, Frankfurt a.M. 2001.

Löw, Martina: Vom Raum aus die Stadt denken. Grundlagen einer raumtheoretischen Stadtsoziologie (Materialitäten 24), Bielefeld 2018.

Lucassen, Jan/Lucassen, Leo: Art. ›Fahrendes Volk‹, in: EdN – Online [2014] [http://dx.doi.org/10.1163/2352-0248_edn_a1023000].

Lucassen, Jan/Lucassen, Leo: Art. ›Arbeitsmigration‹, in: EdN – Online [2019] [http://dx.doi.org/10.1163/2352-0248_edn_COM_240752].

Ludwig, Friedrich: Untersuchungen über die Reise- und Marschgeschwindigkeit im XII. und XIII. Jahrhundert, Berlin 1897.

Ludwig, Jan/Kirnbauer, Thomas: Art. ›Steine und Erden‹, in: EdN – Online [2014] [http://dx.doi.org/10.1163/2352-0248_edn_a4139000].

Lundh, Christer: Servant Migration in Sweden in the Early Nineteenth Century, in: Journal of Family History 24 (1999), 53–74.

Lütge, Friedrich: Die bayerische Grundherrschaft. Untersuchungen über die Agrarverfassung Altbayerns im 16.–18. Jahrhundert, Stuttgart 1949.

Lütge, Friedrich: Geschichte der deutschen Agrarverfassung vom frühen Mittelalter bis zum 19. Jahrhundert (Deutsche Agrargeschichte 3), 2. Aufl., Stuttgart 1967.

Maclean, Gerald: Early Modern Travel Writing (1): Print and Early Modern European Travel Writing, in: Das/Youngs 2019, S. 62–76.

Mączak, Antoni/Teuteberg, Hans Jürgen (Hg.): Reiseberichte als Quellen europäischer Kulturgeschichte. Aufgaben und Möglichkeiten der historischen Reiseforschung (Wolfenbütteler Forschungen 21), Wolfenbüttel 1982.

Mączak, Antoni: Travel in Early Modern Europa, Cambridge 1995.

Mączak, Antoni: ›Eine Kutsche ist wie eine Straßendirne …‹. Reisekultur im Alten Europa, Paderborn 2016.

Maier, Edgar: Historische Straßen und Wege: Altwegeforschung als Disziplin der Heimatforschung, in: Heimatkundliche Blätter 7 (2004), S. 1–5.

Malanima, Paolo: Europäische Wirtschaftsgeschichte. 10.–19. Jahrhundert, Köln/Weimar/Wien 2010.

Manske, Dietrich-Jürgen: Ambergs Lage im Straßennetz der Oberpfalz während des Mittelalters und der Neuzeit. Ein Beitrag zur historischen und Verkehrsgeographie, in: Schriftenreihe der Universität Regensburg 11 (1985), S. 9–45.

Manske, Dietrich-Jürgen: Landschaft und Siedlung in der Oberpfalz, in: Gebhard, Helmut/Unterkircher, Paul (Hg.): Oberpfalz (Bauernhäuser in Bayern 4), München 1995, S. 19–44.

Manske, Dietrich-Jürgen: Altstraßenforschung in Ostbayern: Auf den Spuren alter Fern- und Nahverbindungen, mittelalterlicher Wegweiser und Gefahrenhinweise, in: Beiträge zur Flur und Kleindenkmalforschung in der Oberpfalz 26 (2003), S. 29–48.

Marquardt, Bernd: Art. ›Regalien‹, in: EdN – Online [2014] [http://dx.doi.org/10.1163/2352-0248_edn_a3525000].

Maschke, Erich: Die Brücke im Mittelalter, in: Ders./Sydow, Jürgen (Hg.): Die Stadt am Fluß (Stadt in der Geschichte 4), Sigmaringen 1978, S. 9–39.

Mathis, Franz: Die deutsche Wirtschaft im 16. Jahrhundert (EDG 11), München 1992.

Mauelshagen, Franz: Klimageschichte der Neuzeit, Darmstadt 2010.

Maurer, Michael (Hg.): Neue Impulse der Reiseforschung (Aufklärung und Europa. Beiträge zum 18. Jahrhundert), Berlin 1999. [= Maurer 1999 I]

Maurer, Michael: Reisen interdisziplinär – Ein Forschungsbericht in kulturgeschichtlicher Perspektive, in: Maurer 1999 I, S. 287–410. [= Maurer 1999 II]

Maurer, Michael: Reiseberichte, in: Ders. (Hg.): Aufriß der Historischen Wissenschaften, Bd. 4: Quellen, Stuttgart 2002, S. 325–348.

Maurer, Michael: Reiseberichte als Wissensspeicher, in: Grunert, Frank/Syndikus, Anette (Hg.): Wissensspeicher der Frühen Neuzeit. Formen und Funktionen, Berlin 2015, S. 391–411.

Mayenburg, David von: Land, in: Decock, Wim (Hg.): Konfliktlösung in der Frühen Neuzeit (Handbuch zur Geschichte der Konfliktlösung in Europa 3), Berlin 2021, S. 267–283.

Medick, Hans: Mikro-Historie, in: Schulze, Winfried (Hg.): Sozialgeschichte, Alltagsgeschichte, Mikro-Historie. Eine Diskussion, Göttingen 1994, S. 40–53.

Mehl, Heinrich: Bildstöcke im nördlichen Unterfranken: Volkskundliche Untersuchung der Bildstöcke in den Landkreisen Hofheim, Bad Kissingen, Königshofen i. Gr., Mellrichstadt und Bad Neustadt, Würzburg 1969.

Mehlhorn, Gerhard/Curbach, Manfred: Handbuch Brücken. Entwerfen, Konstruieren, Berechnen, Bauen und Erhalten, 3. Auflage, Wiesbaden 2014.

Mergel, Thomas: Staat und Staatlichkeit in der europäischen Moderne, Göttingen 2022.

Merki, Christoph Maria/Schiedt, Hans Ulrich (Hg.): Strasse und Strassenverkehr (Traverse. Zeitschrift für Geschichte 6), Zürich 1999.

Merki, Christoph Maria: Unterwegs in unwegsamem Gelände. Historische Straßenverkehrsforschung in der Schweiz, in: Merki/Schiedt 1999, S. 37–54.

Merki, Christoph Maria: Verkehrsgeschichte und Mobilität, Stuttgart 2008.

Merz, Johannes: Fürst und Herrschaft. Der Herzog von Franken und seine Nachbarn 1470–1519, München 2000.

Merzbacher, Friedrich: Fürstbischof Julius Echter von Mespelbrunn als Gesetzgeber, in: Ders. (Hg.): Julius Echter und seine Zeit. Gedenkschrift aus Anlass des 400. Jahrestages der Wahl des Stifters der Alma Julia zum Fürstbischof von Würzburg am 1. Dezember 1573, Würzburg 1973, S. 63–126.

Meumann, Markus/Pröve, Ralf: Die Faszination des Staates und die historische Praxis. Zur Beschreibung von Herrschaftsbeziehungen jenseits teleologischer und dualistischer Begriffsbildungen, in: Dies. (Hg.): Herrschaft in der Frühen Neuzeit. Umrisse eines dynamisch-kommunikativen Prozesses (Herrschaft und soziale Systeme in der Frühen Neuzeit 2), Münster 2004, S. 11–49.

Meumann, Markus: Art. ›Spanische Straße‹, in: EdN – Online [2019] [http://dx.doi.org/10.1163/2352-0248_edn_SIM_352087].

Meurer, Peter H.: Atlantes Colonienses, Die Kölner Schule der Atlaskartographie 1570–1610, Bad Neustadt a. d. Saale 1988.
Meurer, Peter H.: »Itinera ex Colonia egredientia«. Das rheinische Fernstraßennetz um 1600 nach Kölner Itinerardrucken, in: Ebeling, Dietrich u. a. (Hg.): Landesgeschichte als multidisziplinäre Wissenschaft. Festgabe für Franz Irsigler zum 60. Geburtstag, Trier 2001, S. 541–558.
Meurer, Peter H.: Cartography in the German Lands, 1450–1650, in: Woodward 2007, S. 1172–1245.
Meyer, Carla: Die Stadt als Thema. Nürnbergs Entdeckung in Texten um 1500 (Mittelalter-Forschungen 26), Ostfildern 2009.
Meyer, Gunnar: »Besitzende Bürger« und »elende Sieche«. Lübecks Gesellschaft im Spiegel ihrer Testamente 1400–1449 (Veröffentlichungen zur Geschichte der Hansestadt Lübeck. Reihe B; 48), Rostock 2010.
Michalsky, Tanja: Medien der Beschreibung. Zum Verhältnis von Kartographie, Topographie und Landschaftsmalerei in der Frühen Neuzeit, in: Glauser/Kiening 2007 I, S. 319–349.
Michalsky, Tanja: Projektion und Imagination. Die niederländische Landschaft der Frühen Neuzeit im Diskurs von Geographie und Malerei, München 2011.
Michel, Boris: Geographische Visualitätsregime zwischen Länderkunde und Quantitativer Revolution, in: Schlottmann, Antje/Miggelbringk, Judith (Hg.): Visuelle Geographien. Zur Produktion, Aneignung und Vermittlung von RaumBildern (Sozial- und Kulturgeographie 2), Bielefeld 2015, S. 209–224.
Miedema, Nine: Erhard Etzlaubs Karten. Ein Beitrag zur Geschichte der mittelalterlichen Kartographie und des Einblattdruckes, in: Gutenberg-Jahrbuch 71 (1996), S. 99–125.
Mittler, Elmar/Tappenbeck, Inka (Hg.): Weltbild – Kartenbild. Geographie und Kartographie in der frühen Neuzeit. Katalog zur Ausstellung aus den Beständen der Niedersächsischen Staats- und Universitätsbibliothek Göttingen; Paulinerkirche, Historisches Gebäude der SUB, 24.2.–7.4.2002, Göttingen 2002.
Mittler, Max: Pässe, Brücken, Pilgerpfade. Historische Verkehrswege der Schweiz, Zürich/München 1988.
Mom, Gijs: What Kind of Transport History did we get? Half a Century of JTH and the Future of the Field, in: The Journal of Transport History 24 (2003), S. 121–138.
Mom, Gijs/Tissot, Laurent (Hg.): Road History. Planning, building and use, Neuchâtel 2007.
Mone, Franz Joseph: Straßenbau vom 14. bis 16. Jahrhundert, in: Zeitschrift für die Geschichte des Oberrheins 19 (1866), S. 129–148.
Moraglio, Massimo: Seeking a (new) ontology for transport history, in: The Journal of Transport History 38 (2017), S. 3–10.
Moraw, Peter (Hg.): Unterwegssein im Spätmittelalter (ZHF, Beihefte 1), Berlin 1985.
Möser, Kurt: Prinzipielles zur Transportgeschichte, in: Sieferle 2008 I, S. 39–78.
Möser, Kurt: Transport-, Verkehrs- oder Mobilitätsgeschichte? Neue Paradigmen der Technik- und Industriekultur, in: Keazor, Henry u. a. (Hg.): Genialer Schrott. Interdisziplinäre Studien zur Industriekultur, Saarbrücken 2014, S. 61–82.
Moser, Peter: Mittel- und Nordwesteuropäischer Landtransport. Die Frammersbacher Fuhrleute und ihr Beitrag zur Transportgeschichte (15.–19. Jahrhundert), Diss. phil. Bamberg 1990.
Mrozewicz, Leszek: Via et Imperium. Straßenbau und Herrschaft in römischer Welt, in: Siedlung und Verkehr im römischen Reich. Römerstraßen zwischen Herrschaftssicherung und Landschaftsprägung, Bern u. a. 2004, S. 348–359.
Müller, Johannes: Das Rodwesen Bayerns und Tirols im Spätmittelalter und zu Beginn der Neuzeit, in: VSWG 3 (1905), S. 361–420.
Müller, Johannes: Geleitswesen und Güterverkehr zwischen Nürnberg und Frankfurt im 15. Jahrhundert, in: VSWG 5 (1907), S. 173–196 u. 361–409. [= Müller 1907 I]
Müller, Johannes: Die Hauptwege des Nürnbergischen Handels im Spätmittelalter. Ein Beitrag zur mittelalterlichen Verkehrsgeographie, in: Archiv für Kulturgeschichte 5 (1907), S. 1–23. [= Müller 1907 II]

Müller, Johannes: Der Nürnberger Reichswald, seine Bodenbeschaffenheit und seine Bewirtschaftung vom 13. bis zum 16. Jahrhundert, in: Verhandlungen des sechszehnten Deutschen Geographentages zu Nürnberg, Berlin 1907, S. 147-177. [= Müller 1907 III]

Müller, Uwe: Infrastrukturpolitik in der Industrialisierung. Der Chausseebau in der preußischen Provinz Sachsen und dem Herzogtum Braunschweig vom Ende des 18. Jahrhunderts bis in die siebziger Jahre des 19. Jahrhunderts (Schriften zur Wirtschafts- und Sozialgeschichte 57), Berlin 2000.

Müller, Uwe: Art. ›Chaussee‹, in: EdN 2 (2005), Sp. 654-656.

Müller, Uwe: Standardisierung im Straßen- und Straßenfahrzeugbau von der frühen Neuzeit bis zum Beginn der Automobilisierung, in: Ambrosius, Gerold u. a. (Hg.): Standardisierung und Integration europäischer Verkehrsinfrastruktur in historischer Perspektive, Baden-Baden 2009, S. 37-58.

Müller, Uwe: Art. ›Straßen- und Wegebau‹, in: EdN 12 (2010), Sp. 1130-1137.

Müller, Winfried (Hg.): Menschen unterwegs. Die via regia und ihre Akteure (Essayband zur 3. Sächsischen Landesausstellung Staatliche Kunstsammlung Dresden, Görlitz 21. Mai bis 31. Oktober 2011), Dresden 2011.

Mummenhoff, Ernst: Die Nürnberger Landwehr, in: Ders., Aufsätze und Vorträge zur Nürnberger Ortsgeschichte, Nürnberg 1931, S. 105-127.

Münch, Ernst: Art. ›Fron‹, in: EdN 4 (2006), Sp. 65-69.

Münch, Paul (Hg.): »Erfahrung« als Kategorie der Frühneuzeitgeschichte (HZ, Beihefte 31), München 2001.

Münch, Roger, Art. ›Druckmedien‹, in: EdN – Online [2019] [http://dx.doi.org/10.1163/2352-0248_edn_COM_255285].

Nadler, Markus: Neuburg an der Donau. Das Landgericht Neuburg und die Pfleggerichte Burgheim und Reichertshofen (Historischer Atlas von Bayern, Teil Schwaben, Reihe I, Heft 16), München 2004.

Näther, Birgit: Die normative Kraft des Praktischen: Strukturen und Prozesse vormoderner Verwaltungsarbeit. Das Beispiel der landesherrlichen Visitation in Bayern (Verhandeln, Verfahren, Entscheiden – Historische Perspektiven 4), Münster 2017.

Navratil, Ansgar/Royackers, Karl: Die Bildstöcke im ehemaligen Landkreis Marktheidenfeld (Schriftenreihe des Historischen Vereins Marktheidenfeld und Umgebung 12), Marktheidenfeld 1989.

Nelting, David: Frühneuzeitliche Autorschaft zwischen Diskurs und Identität, in: Romanistisches Jahrbuch 56 (2006), S. 124-140.

Neuber, Wolfgang: Fremde Welt im europäischen Horizont. Zur Topik der deutschen Amerika-Reiseberichte der Frühen Neuzeit (Philologische Studien und Quellen 121), Berlin 1991.

Neuber, Wolfgang: Der Arzt und das Reisen. Zum Anleitungsverhältnis von Regimen und Apodemik in der frühneuzeitlichen Reisetheorie, in: Benzenhöfer, Udo/Kühlmann, Wilhelm (Hg.): Heilkunde und Krankheitserfahrung in der frühen Neuzeit. Studien am Grenzrain von Literaturgeschichte und Medizingeschichte (Frühe Neuzeit 10), Tübingen 1992, S. 94-113.

Neuber, Wolfgang: Der Zauber des Fremden. Zur frühneuzeitlichen Reiseliteraturforschung, in: Internationales Archiv für Sozialgeschichte der deutschen Literatur 23/2 (1998), S. 142-155.

Neubert, Christoph/Schabacher, Gabriele: Verkehrsgeschichte an der Schnittstelle von Technik, Kultur und Medien. Einleitung, in: Dies. (Hg.): Verkehrsgeschichte und Kulturwissenschaft. Analysen an der Schnittstelle von Technik, Kultur und Medien, Bielefeld 2012, S. 7-45.

Neuhaus, Helmut: Supplikationen auf Reichstagen des 16. Jahrhunderts. Zahl, Inhalt und Funktion, in: Lanzinner, Maximilian/Strohmeyer, Arno (Hg.): Der Reichstag 1486-1613. Kommunikation – Wahrnehmung – Öffentlichkeiten (Schriftenreihe der Historischen Kommission bei der Bayerischen Akademie der Wissenschaften 73), Göttingen 2006, S. 149-161.

Neumann, Joachim, Reichskammergericht und Kartographie. Über Entstehung und Benennung der Augenschein-Karten, in: Scharfe, Wolfgang (Hg.): 9. Kartographiehistorisches Colloquium Rostock 1998. Vorträge, Berichte, Posterbeiträge, Bonn 2002, S. 163-169.

Neumeyer, Teresa: Dinkelsbühl. Der ehemalige Landkreis (Historischer Atlas von Bayern, Teil Franken, Reihe I, Heft 40), München 2018.
Nevola, Fabrizio: Street life in Renaissance Italy, New Haven/London 2020.
Nevola, Fabrizio: Sources and methods for studying historical streets, in: Heuvel 2023 I, S. 28–49.
Newman, Paul B.: Travel and Trade in the Middle Ages, Jefferson/London 2011.
Nicke, Herbert: Vergessene Wege: das historische Fernwegenetz zwischen Rhein, Weser, Hellweg und Westerwald, seine Schutzanlagen und Knotenpunkte, Nümbrecht-Elsenroth 2001.
Nicklas, Thomas: Das Haus Sachsen-Coburg: Europas späte Dynastie, Stuttgart 2003.
Niederstätter, Alois (Hg.): Stadt: Strom – Straße – Schiene. Die Bedeutung des Verkehrs für die Genese der mitteleuropäischen Städtelandschaft (Beiträge zur Geschichte der Städte Mitteleuropas 16), Linz 2001.
Niggemann, Ulrich: Migration in der Frühen Neuzeit. Ein Literaturbericht, in: ZHF 43 (2016), S. 293–321.
Nightingale, Pamela: Enterprise, Money and Credit in England before the Black Death 1285–1349 (Palgrave Studies in the History of Finance), Cham 2018.
North, Michael (Hg.): Kultureller Austausch. Bilanz und Perspektiven der Frühneuzeitforschung, Köln/Weimar/Wien 2009.
Nubola, Cecilia/Würgler, Andreas (Hg.): Bittschriften und Gravamina. Politik, Verwaltung und Justiz in Europa (14.–18. Jahrhundert) (Schriften des Italienisch-Deutschen Historischen Instituts in Trient 19), Berlin 2005.
Nuhn, Helmut/Hesse, Markus: Verkehrsgeographie (Grundriss Allgemeine Geographie), Paderborn 2006.
Oberndörfer, Klaus: Das Zollwesen der Reichsstadt Nürnberg, Diss. iur. Erlangen-Nürnberg 1965.
Oehme, Ruthardt: Johannes Oettinger 1577–1633. Geograph, Kartograph u. Geodät (Veröffentlichungen der Kommission für Geschichtliche Landeskunde in Baden-Württemberg 103), Stuttgart 1982.
Oelze, Patrick: Recht haben und Recht behalten. Konflikte um die Gerichtsbarkeit in Schwäbisch Hall und seiner Umgebung (15.–18. Jahrhundert) (Historische Kulturwissenschaft 16), Konstanz 2011.
Ofer, Monika: Nachbarschaft und Gemeinde. Zur dörflichen Selbstverwaltung im westlichen Oberbayern im 16. und beginnenden 17. Jahrhundert, in: Myking, John Ragnar/Thoma, Gertrud/Iversen, Tore (Hg.): Bauern zwischen Herrschaft und Genossenschaft/Peasant relations to Lords and Government. Scandinavia and the Alpine region 1000–1750 (Trondheim Studies in History), Trondheim 2007, S. 41–57.
Ogilvie, Sheilagh/van den Heuvel, Danielle: Retail Development in the consumer revolution: The Netherlands, c. 1670 – c. 1815, in: Explorations in Economic History 50 (2013), S. 69–87.
Ohler, Norbert: The Medieval Traveler, Woodbridge 1989.
Ohler, Norbert: Reisen im Mittelalter, Düsseldorf/Zürich 2004.
Örley, Leopold: Das Fernstraßenproblem Europas und seine Lösung für Länder geringerer Bevölkerungsdichte, Wien 1936.
Osterhammel, Jürgen: Die Verwandlung der Welt. Eine Geschichte des 19. Jahrhunderts, München 2009.
Otruba, Gustav: Das Verkehrswesen Österreichs in der Neuzeit (16.–18. Jahrhundert), in: Gutkas, Karl/Bruckmüller, Ernst (Hg.): Verkehrswege und Eisenbahnen. Beiträge zur Verkehrsgeschichte Österreichs aus Anlaß des Jubiläums »150 Jahre Dampfeisenbahn in Österreich« (Schriften des Instituts für Österreichkunde 53), Wien 1989, S. 23–59.
Ott, Katherine: Material Culture, Technology, and the Body in Disability History, in: Rembis, Michael/Kudlick, Catherine/Nielsen, Kim E. (Hg.): The Oxford Handbook of Disability History, New York 2018, S. 125–140, URL: https://doi.org/10.1093/oxfordhb/9780190234959.013.8.
Ott, Martin: Salzhandel in der Mitte Europas. Raumorganisation und wirtschaftliche Außenbeziehungen zwischen Bayern, Schwaben und der Schweiz, 1750–1815 (Schriftenreihe zur bayerischen Landesgeschichte 165), München 2013.
Otto, Martin: Art. ›Wegerecht‹, in: EdN – Online [2014] [http://dx.doi.org/10.1163/2352-0248_edn_a4715000].

Palme, Rudolf: Der spätmittelalterliche und frühneuzeitliche »Rod«-Verkehr durch Tirol, in: Hartmut Zwahr u. a. (Hg.): Leipzig, Mitteldeutschland und Europa. Festgabe für Manfred Straube und Manfred Unger zum 70. Geburtstag, Beucha 2000, S. 523–530.

Parker, Geoffrey: The Army of Flanders and the Spanish Road 1567–1659. The Logistics of Spanish Victory and Defeat in the Low Countries' Wars, Cambridge 1972.

Parry, John H.: Transport and Trade Routes, in: E. E. Rich/C. H. Wilson (Hg.): The Cambridge Economic History of Europe, Bd. 4: The Economy of Expanding Europe in the Sixteenth and Seventeenth Century, Cambridge 1967, S. 155–219.

Paul, Gerhard: Von der Historischen Bildkunde zur Visual History. Eine Einführung, in: Ders. (Hg.): Visual History. Ein Studienbuch, Göttingen 2006, S. 7–36.

Paul, Gerhard: Visual History, Version: 3.0, in: Docupedia-Zeitgeschichte, 13.03.2014, URL: https://docupedia.de/zg/Visual_History_Version_3.0_Gerhard_Paul (28.6.2023).

Paul, William: Konfessionalisierung und niederes Schulwesen im Hochstift Würzburg zur Zeit des Bischofs Julius Echter von Mespelbrunn (1573–1617) (Quellen und Forschungen zur Geschichte des Bistums und Hochstifts Würzburg 69), Würzburg 2014.

Paulinyi, Akos/Troitzsch, Ulrich: Mechanisierung und Maschinisierung 1600 bis 1840 (Propyläen Technikgeschichte 3), Berlin 1997.

Pernold, Magdalena: Traumstraße oder Transithölle? Eine Diskursgeschichte der Brennerautobahn in Tirol und Südtirol (1950–1980), Bielefeld 2016.

Perol, Céline: Les réseaux routiers de la France médiévale. Ambitions et limites d'un champ d'investigation historique, in: Szabó 2009 I, S. 69–84.

Perseke, Franz: Bildstöcke und ausgewählte Flur- und Kulturdenkmäler im ehemaligen Landkreis Alzenau, 2., überarb. und erg. Aufl., Aschaffenburg 2009.

Peters, Jan: Die Recht-Zeitigkeit bäuerlichen Lebens und Arbeitens: Wiederholen oder Verändern?, in: Brendecke, Arndt/Fuchs, Ralf-Peter/Koller, Edith (Hg.): Die Autorität der Zeit in der Frühen Neuzeit (Pluralisierung & Autorität 10), Berlin 2007, S. 133–147.

Petersen, Niels: Stadt und Umland: Der Bau des Alster-Beste-Trave-Kanals 1525–1530 aus dem Blick der Rechnungen, in: Blätter für deutsche Landesgeschichte 149 (2014), S. 251–285.

Petersen, Niels: Die Stadt vor den Toren. Lüneburg und sein Umland im Spätmittelalter (Veröffentlichungen der Historischen Kommission für Niedersachsen und Bremen 280), Göttingen 2015.

Petersen, Niels/Holterman, Bart/Huang, Angela: Digitale Werkzeuge zur Analyse von Straßen und Wasserwegen als Rückgrat eines vormodernen Märktenetzwerks in Zentral- und Ostmitteleuropa, in: Zeitschrift für Ostmitteleuropa-Forschung 70 (2021), S. 325–356, URL: https://doi.org/10.25627/202170311015 (11.4.2023).

Petto, Christine M.: To Know the Distance: Wayfinding and Roadmaps of Early Modern England and France, in: Cartographica 51/4 (2016), S. 240–262.

Peyer, Hans Conrad (Hg.): Gastfreundschaft, Taverne und Gasthaus im Mittelalter (Schriften des Historischen Kollegs 3), München/Wien 1983.

Pfaehler, Dietrich: Orientierung vor und auf der Reise. Gedruckte kartographische Hilfsmittel zur Reiseplanung vom 16. bis zum 18. Jahrhundert, in: Lotz, Wolfgang (Hg.): Deutsche Postgeschichte. Essays und Bilder, Berlin 1989, S. 105–122.

Pfeffer, Ingo: Das Digitale Geländemodell. Ein computergestütztes Hilfsmittel zur Rekonstruktion von Landwehren, in: Kneppe 2014 I, S. 43–50.

Pfeifer, Wolfgang: Seltzlins Schwäbischer Kreis von 1572 und seine möglichen Quellen, in: Ulm und Oberschwaben 53/54 (2007), S. 149–171.

Pfeiffer, Gerhard (Hg.): Nürnberg – Geschichte einer europäischen Stadt, München 1971.

Pferschy, Gerhard (Hg.): Siegmund von Herberstein. Kaiserlicher Gesandter und Begründer der Russlandkunde und die europäische Diplomatie (Veröffentlichungen des Steiermärkischen Landesarchives 17), Graz 1989.

Pfister, Ulrich: Art. ›Agrarverfassung‹, in: EdN – Online [2019] [http://dx.doi.org/10.1163/2352-0248_edn_COM_237657].

Pierik, Bob: Coaches, Sleighs, and Speed in the Street: »Vehicularization« in Early Modern Amsterdam, in: Journal of Urban History (September 2022), URL: https://doi.org/10.1177/00961442221117856 (11.4.2023).

Piller, Gudrun: Private Körper. Spuren des Leibes in Selbstzeugnissen des 18. Jahrhunderts (Selbstzeugnisse der Neuzeit 17), Köln u. a. 2006.

Pitz, Ernst: Schrift- und Aktenwesen der städtischen Verwaltung im Spätmittelalter. Köln-Nürnberg-Lübeck. Beitrag zur vergleichenden Städteforschung und zur spätmittelalterlichen Aktenkunde (Mitteilungen aus dem Stadtarchiv von Köln 45), Köln 1959.

Pitz, Ernst: Archivalische Quellen zur Wegeforschung, in: Harz-Zeitschrift 14 (1962), S. 129–136.

Pohl, Hans: Zölle II: Geschichte, in: Albers, Willi u. a. (Hg.): Handwörterbuch der Wirtschaftswissenschaft, Bd. 9, Stuttgart/New York 1982, S. 648–660.

Pohler, Alfred: Flurdenkmäler. Bildstöcke, Marterln, Kleinkapellen und Kreuze. Perlen in den Landschaften des alpinen Raums, Pflach bei Reutte 2002.

Pollak, Marianne: Wege zum Wohlstand. Technologie und Infrastruktur in den Zentralalpen, in: Fischer/Horn 2013, S. 11–41.

Pooley, Colin G.: Mobility, Migration and Transport: Historical Perspectives (Palgrave Studies in Migration History), Cham 2017.

Popovic, Mihailo St.: Zur Kontinuität der Römerstraßen in Südosteuropa. Das Beispiel der Felsenstraße des Djerdap, in: Holzner-Tobisch/Kühtreiber/Blaschitz 2012, S. 173–182.

Popp, Stefan: Bildstöcke im nördlichen Landkreis Würzburg. Inventarisierung und mentalitätsgeschichtliche Studien zu religiösen Kleindenkmalen, Würzburg 2004.

Popplow, Marcus: Europa auf Achse. Innovationen des Landtransports im Vorfeld der Industrialisierung, in: Sieferle 2008 I, S. 79–142.

Popplow, Marcus/Ellmers, Detlev: Art. ›Verkehr und Transport‹, in: EdN – Online [2019] [http://dx.doi.org/10.1163/2352-0248_edn_COM_372640].

Preiss, Ulrich: Die Befugnisse der Wegeaufsichtsbehörden gegenüber der deutschen Reichsbahn, Diss. iur. Universität Breslau, Breslau 1939.

Price, Roger: The modernization of rural France. Communications networks and agricultural market structures in nineteenth-century France, New York 1983.

Raab, Werner: Marterln und Bildstöcke in der Pfarrei Kümmersbruck, Kümmersbruck 2005.

Radig, Werner: Die Siedlungstypen in Deutschland und ihre frühgeschichtlichen Wurzeln (Deutsche Bauakademie. Schriften des Forschungsinstituts für Theorie und Geschichte der Baukunst), Berlin 1955.

Raftery, Barry: Archäologie der vor- und frühgeschichtlichen Bohlenwege Irlands, in: Szabó 2009 I, S. 139–154.

Raiser, Elisabeth: Städtische Territorialpolitik im Mittelalter. Eine vergleichende Untersuchung ihrer verschiedenen Formen am Beispiel Lübecks und Zürichs, Lübeck/Hamburg 1969.

Ranke, Leopold von: Französische Geschichte vornehmlich im sechzehnten und siebzehnten Jahrhundert, Bd. 2, 2. Aufl., Stuttgart/Augsburg 1857.

Rankl, Helmut: Der bayerische Rentmeister in der frühen Neuzeit. Generalkontrolleur der Finanzen und Justiz, Mittler zwischen Fürst und Bevölkerung, Promotor der »baierischen Libertät«, in: ZBLG 60 (1997), S. 617–648.

Rankl, Helmut: Landvolk und Frühmoderner Staat in Bayern 1400–1800 (Studien zur bayerischen Verfassungs- und Sozialgeschichte 17/I u. II), 2 Teilbde., München 1999.

Rathmann, Michael: Untersuchungen zu den Reichsstraßen in den westlichen Provinzen des Imperium Romanum (Beihefte Bonner Jahrbücher 55), Mainz 2003.

Rathmann, Michael: Der Princeps und die viae publicae in den Provinzen. Konstruktion und Fakten eines planmäßigen Infrastrukturausbaus durch die Reichszentrale, in: Kolb 2014, S. 197–221. [= Rathmann 2014 I]

Rathmann, Michael: Orientierungshilfen von antiken Reisenden in Bild und Wort, in: Olshausen, Eckart/Sauer, Vera (Hg.): Mobilität in den Kulturen der antiken Mittelmeerwelt. 11. Internationales Kolloquium zur Historischen Geographie des Altertums in Stuttgart (Geographica Historica 11), Stuttgart 2014, S. 411–423. [= Rathmann 2014 II]

Rathmann, Michael: Tabula Peutingeriana. Die einzige Weltkarte aus der Antike, 3. überarb. Aufl., Darmstadt 2018.

Rau, Susanne: Zeit-Räume, Parcours und Karte. Die Raum-Erkundungen der Reisenden in frühneuzeitlichen Großstädten, in: Tiller, Elisabeth/Mayer, Christoph O. (Hg.): RaumErkundungen. Einblicke und Ausblicke, Heidelberg 2011, S. 154–180.

Rau, Susanne: Räume. Konzepte – Wahrnehmungen – Nutzungen (Historische Einführungen 14), Frankfurt a. M. 2013.

Rau, Susanne: Räume der Stadt: Eine Geschichte Lyons 1300–1800, Frankfurt a. M. 2014.

Rau, Susanne: Die Vielfalt des Räumlichen – Stand und Perspektiven der frühneuzeitlichen Raumforschung, in: Frühneuzeit-Info 28 (2017), S. 75–86.

Rau, Susanne: History, Space, and Place, London/New York 2019.

Rauck, Max: Geschichte der gleislosen Fahrzeuge, in: Klemm 1941, S. 41–81.

Rauscher, Peter/Serles, Andrea (Hg.): Wiegen – Zählen – Registrieren. Handelsgeschichtliche Massenquellen und die Erforschung mitteleuropäischer Märkte (13.–18. Jahrhundert) (Beiträge zur Geschichte der Städte Mitteleuropas 25), Innsbruck u. a. 2015. [= Rauscher/Serles 2015 I]

Rauscher, Peter/Serles, Andrea: Fluch und Segen. Handelsgeschichtliche Massenquellen und die Erforschung mitteleuropäischer Märkte (13.–18. Jahrhundert), in: Dies. 2015 I, S. 19–42. [= Rauscher/Serles 2015 II]

Recker, Gabriele: Prozeßkarten in den Reichskammergerichtsakten. Ein methodischer Beitrag zur Erschließung und Auswertung einer Quellengattung, in: Baumann, Anette u. a. (Hg.): Prozessakten als Quelle. Neue Ansätze zur Erforschung der höchsten Gerichtsbarkeit im alten Reich (QFHG 37), Köln 2001, S. 165–182.

Recker, Gabriele: Von Trier nach Köln 1550–1850. Kartographiehistorische Beiträge zur historisch-geographischen Verkehrswegeforschung. Betrachtungen zum Problem der Altkarten als Quelle anhand eines Fallbeispieles aus den Rheinlanden, Rahden/Westfalen 2003.

Recker, Gabriele: Gemalt, gezeichnet und kopiert. Karten in den Akten des Reichskammergerichts (Schriftenreihe der Gesellschaft für Reichskammergerichtsforschung 30), Wetzlar 2004.

Reckwitz, Andreas: Grundelemente einer Theorie sozialer Praktiken. Eine sozialtheoretische Perspektive, in: Zeitschrift für Soziologie 32/4 (2003), S. 282–301.

Reichert, Folker (Hg.): Fernreisen im Mittelalter (Das Mittelalter 3/2), München 1998.

Reichert, Folker: Erfahrung der Welt. Reisen und Kulturbegegnung im späten Mittelalter, Stuttgart 2001.

Reichert-Schick, Anja: Ökonomischer und infrastruktureller Wandel im ländlichen Raum. Wirtschaft und Infrastruktur im Kontext der Funktionen ländlicher Räume und Siedlungen, in: Nell, Werner/Weiland, Marc (Hg.): Dorf. Ein interdisziplinäres Handbuch, Berlin 2019, S. 193–202.

Reichold, Klaus: Der Himmelsstürmer. Ottheinrich von Pfalz-Neuburg (1502–1559), Regensburg 2004.

Reinhard, Wolfgang: Geschichte der Staatsgewalt. Eine vergleichende Verfassungsgeschichte Europas von den Anfängen bis zur Gegenwart, 3. durchgesehene Aufl., München 2002.

Reinhard, Wolfgang: Lebensformen Europas. Eine historische Kulturanthropologie, München 2004.

Reinkemeier, Peter: Die Gouvernementalisierung der Natur. Deutung und handelnde Bewältigung von Naturkatastrophen im Kurfürstentum Bayern des 18. Jahrhunderts (Umwelt und Gesellschaft 27), Göttingen 2022.

Reinle, Adolf: Art. ›Wegheiligtümer‹, in: Lexikon des Mittelalters 8 (1997), Sp. 2091–2093.

Reith, Reinhold: Umweltgeschichte der Frühen Neuzeit (EDG 89), München 2011.

Reith, Reinhold: The Forest as a Topic of Environmental History, in: Knoll, Martin/Reith, Reinhold (Hg.): An Environmental History of the Early Modern Period – Experiments and Perspectives, Wien 2014, S. 33–36.

Reith, Reinhold/Popplow, Marcus: Art. ›Umwelt und technischer Wandel‹, in: EdN – Online [2014] [http://dx.doi.org/10.1163/2352-0248_edn_a5045000].
Ressel, Magnus: Protestantische Händlernetze im langen 18. Jahrhundert. Die deutschen Kaufmannsgruppierungen und ihre Korporationen in Venedig und Livorno von 1648 bis 1806 (Schriftenreihe der Historischen Kommission bei der Bayerischen Akademie der Wissenschaften 107), Göttingen 2021.
Reusch, Marius Sebastian: »Bedrohliche Mobilität« – Das Problem der »Gartknechte« für die Landfriedenswahrung im Südwesten des Reiches im 16. Jahrhundert, in: Baumbach/Carl 2018, S. 208–231.
Reuter, Timothy: Die Unsicherheit auf den Straßen im europäischen Früh- und Hochmittelalter: Täter, Opfer und ihre mittelalterlichen und modernen Betrachter, in: Fried, Johannes (Hg.): Träger und Instrumentarien des Friedens im hohen und späten Mittelalter, Sigmaringen 1996, S. 169–201.
Revel, Jacques (Hg.): Jeux d'échelles. La microanalyse à l'expérience, Paris 1996.
Reverdy, Georges: L' histoire des routes de France du Moyen Age à la Révolution, Paris 1997.
Rexroth, Frank: Stiftungen und die Frühgeschichte von Policey in spätmittelalterlichen Städten, in: Borgolte, Michael (Hg.): Stiftungen und Stiftungswirklichkeiten. Vom Mittelalter bis zur Gegenwart, Berlin 2000, S. 111–131.
Rexroth, Frank/Schröder-Stapper, Teresa: Woran man Experten erkennt. Einführende Überlegungen zur performativen Dimension von Sonderwissen während der Vormoderne, in: Dies. (Hg.): Experten, Wissen, Symbole. Performanz und Medialität vormoderner Wissenskulturen (HZ, Beihefte 71), Berlin/Boston 2018, S. 7–26.
Reyer, Herbert: Die Dorfgemeinde im nördlichen Hessen. Untersuchungen zur hessischen Dorfverfassung im Spätmittelalter und in der frühen Neuzeit (Schriften des Hessischen Landesamtes für geschichtliche Landeskunde 38), Marburg 1983.
Rheinheimer, Martin: Die Dorfordnungen des Herzogtums Schleswig. Dorf und Obrigkeit in der Frühen Neuzeit (Quellen und Forschungen zur Agrargeschichte 46), Bd. 1: Einführung, Stuttgart 1999.
Rheinheimer, Martin: Arme, Bettler und Vaganten. Überleben in der Not 1450–1850, Frankfurt a. M. 2000.
Rheinheimer, Martin: Die Schifffahrt des Herzogtums Schleswig im Spiegel des Sundzolls 1634–1857, in: Jahrbuch für Regionalgeschichte 35 (2017), S. 15–32.
Richter, Hedwig: Einleitung. Eine Neue Geschichte der Wahlen, in: Dies./Buchstein, Hubertus (Hg.): Kultur und Praxis der Wahlen. Eine Geschichte der modernen Demokratie, Wiesbaden 2017, S. 1–27.
Richter, Karl: Gemünden (Historischer Atlas von Bayern, Teil Franken, Reihe I, Heft 11), München 1963.
Richter, Sandra/Garner, Guillaume (Hg.): ›Eigennutz‹ und ›gute Ordnung‹. Ökonomisierung der Welt im 17. Jahrhundert (Wolfenbüttler Arbeiten zur Barockforschung 54), Wiesbaden 2016.
Riedenauer, Erwin (Hg.): Die Erschließung des Alpenraums für den Verkehr im Mittelalter und in der frühen Neuzeit. L'Apertua dell'area alpina al traffico, nel medioevo e nella prima era moderna (Schriftenreihe der Arbeitsgemeinschaft Alpenländer, Neue Folge 7), Bozen 1996.
Riepertinger, Rainhard: Aschheim und Dornach. Eine Mikroanalyse zweier altbayerischer Dörfer bis zum Jahr 1800 (Studien zur bayerischen Verfassungs- und Sozialgeschichte 18), München 2000.
Riguelle, William: ›Look out! Get back!‹ Horse-drawn traffic and its challenges in Belgian cities in the early modern period, in: Urban History 49 (2022), S. 1–17.
Rinke, Stefan/Rüther, Kirsten/Mann, Michael/Wendt, Reinhard: Art. ›Entdeckungsreise‹, in: EdN – Online [2019] [http://dx.doi.org/10.1163/2352-0248_edn_COM_258533].
Roeck, Bernd: Der Morgen der Welt. Geschichte der Renaissance, München 2017.
Rogg, Matthias: Landsknechte und Reisläufer: Bilder vom Soldaten. Ein Stand in der Kunst des 16. Jahrhunderts (Krieg in der Geschichte 5), Paderborn 2002.
Rohr, Christian: Extreme Naturereignisse im Ostalpenraum. Naturerfahrung im Spätmittelalter und am Beginn der Neuzeit (Umwelthistorische Forschungen 4), Köln u. a. 2007.

Rösch, Barbara: Der Judenweg. Ein ergänzender Beitrag zur Geschichte und Kulturgeschichte des ländlichen unterfränkischen Judentums aus Sicht der Flurnamenforschung (Jüdische Religion, Geschichte und Kultur 8), Göttingen 2009.

Rösel, Jochen: Parkstein-Weiden, Gemeinschaftsamt, publiziert am 19.04.2010, in: Historisches Lexikon Bayerns, URL: http://www.historisches-lexikon-bayerns.de/Lexikon/Parkstein-Weiden,_Gemeinschaftsamt (28.6.2023).

Rösel, Ludwig: Alt-Nürnberg. Geschichte einer deutschen Stadt im Zusammenhang der deutschen Reichs- und Volksgeschichte, Nürnberg 1895.

Rösener, Werner: Bauern im Mittelalter, München 1985.

Rösener, Werner: Die Bauern und die Zeit – Anmerkungen zum bäuerlichen Zeitverständnis in der vormodernen Gesellschaft, in: ZAA 52 (2004), S. 8–24.

Rösener, Werner: Der Wald als Wirtschaftsfaktor und Konfliktfeld in der Gesellschaft des Hoch- und Spätmittelalters, in: ZAA 55 (2007) S. 14–31.

Rosenthal, Eduard: Geschichte des Gerichtswesens und der Verwaltungsorganisation Baierns, Bd. 1: Vom Ende des 12. bis zum Ende des 16. Jahrhunderts (1180–1598), Würzburg 1889 (ND 1906).

Rosevear, Alan/Bogart, Dan/Shaw-Taylor, Leigh: The spatial patterns of coaching in England and Wales from 1681 to 1836: A geographic information systems approach, in: The Journal of Transport History 40/3 (2019), S. 418–444.

Rosseaux, Ulrich: Städte in der Frühen Neuzeit, Darmstadt 2006.

Rothmann, Michael: Die Frankfurter Messen im Mittelalter (Frankfurter Historische Abhandlungen 40), Stuttgart 1998.

Röttel, Karl: Das Hochstift Eichstätt. Grenzsteine, Karten, Geschichte (Das Steinkreuz 1990/1), Nürnberg 1990.

Rotzoll, Maike: Art. ›Humanismus, medizinischer‹, in: EdN – Online [2014] [http://dx.doi.org/10.1163/2352-0248_edn_a1758000].

Rubiés, Joan-Paul: Instructions for travellers: teaching the eye to see, in: Ders.: Travellers and Cosmographers Studies in the History of Early Modern Travel and Ethnology, Aldershot 2007, S. 139–190 (Text 2 von 1996).

Ruch, Ralph A.: Kartographie und Konflikt im Spätmittelalter. Manuskriptkarten aus dem oberrheinischen und schweizerischen Raum (Medienwandel – Medienwechsel – Medienwissen 33), Zürich 2015.

Rudolph, Harriet: »Pain in the Reality, yet a Delight in the Representation« – Verbale und visuelle Repräsentationen von Gewalt, in: Ulbrich, Claudia/Jarzebowski, Claudia/Hohkamp, Michaela (Hg.): Gewalt in der Frühen Neuzeit. Beiträge zur 5. Tagung der Arbeitsgemeinschaft Frühe Neuzeit im VHD (Historische Forschungen 81), Berlin 2005, S. 391–408.

Rudolph, Harriet: Das Reich als Ereignis. Formen und Funktionen der Herrschaftsinszenierung bei Kaisereinzügen (1558–1618) (Norm und Struktur 38), Köln u. a. 2011.

Rykwert, Joseph: The Street. The use of its history, in: Anderson, Stanford (Hg.): On Streets, Cambridge 1978, S. 15–27.

Sagui, Samantha: The hue and cry in medieval English towns, in: Historical Research 87 (2014), S. 179–193.

Saito, Keita: Das Kriegskommissariat der bayerisch-ligistischen Armee während des Dreißigjährigen Krieges (Herrschaft und soziale Systeme in der frühen Neuzeit 24), Göttingen 2020.

Saller, Barbara: Steinkreuze im Landkreis Straubing-Bogen, in: Jahresbericht des Historischen Vereins für Straubing und Umgebung 85 (1984), S. 183–219.

Salzwedel, Jürgen: Wege, Straßen und Wasserwege, in: Jeserich, Kurt G. A./Pohl, Hans/Unruh, Georg-Christoph von (Hg.): Deutsche Verwaltungsgeschichte, Bd. 2: Vom Reichsdeputationshauptschluss bis zur Auflösung des Deutschen Bundes, Stuttgart 1983, S. 199–226.

Samida, Stefanie/Eggert, Manfred/Hahn, Hans Peter (Hg.): Handbuch materielle Kultur. Bedeutung, Konzepte, Disziplinen, Stuttgart 2014.

Sander, Paul: Die reichsstädtische Haushaltung Nürnbergs. Dargestellt aufgrund ihres Zustandes von 1431 bis 1440, Leipzig 1902.

Saygi Gamze/Yasunaga, Marie: The Digital Urban Experience of a Lost City. Using Mixed Methods to Depict the Historical Street Life of Edo/Tokyo, in: magazén. International Journal for Digital and Public Humanities 2 (2021), S. 193–224, URL: http://doi.org/10.30687/mag/2724-3923/2021/04/002 (11.4.2023).

Schaab, Meinrad: Geleitstraßen um 1550, in: Historischer Atlas von Baden-Württemberg, Beiwort zu Karte X,1: Geleitstraßen um 1550, Stuttgart 1982.

Schäfer, Hans-Peter: Die Entwicklung des Straßennetzes im Raum Schweinfurt bis zur Mitte des 19. Jahrhunderts (Mainfränkische Studien 13), Würzburg 1976.

Schäfer, Hans-Peter: Vom Raißbüchlin zur Postrouten-Karte. Gedruckte Reisehilfsmittel aus der Sammlung der Postabteilung beim Verkehrsmuseum Nürnberg, in: Fränkische Postgeschichtsblätter 400 (1990), S. 29–76.

Schaffrick, Matthias/Werber, Niels: Die Liste, paradigmatisch, in: Zeitschrift für Literaturwissenschaft und Linguistik 47 (2017), S. 303–316.

Scharfe, Martin: Wegzeiger. Zur Kulturgeschichte des Verirrens und Wegfindens, Marburg 1998.

Schatzki, Theodore R.: The Site of the Social: A Philosophical Account of the Constitution of Social Life and Change, Pennsylvania 2002.

Schatzki, Theodore R.: Nature and technology in history, in: History and Theory, Theme Issue 42 (2003), S. 82–93.

Scheffknecht, Wolfgang: Kleinterritorium und Heiliges Römisches Reich. Der »Embsische Estat« und der Schwäbische Reichskreis im 17. und 18. Jahrhundert, Konstanz 2018.

Scheitler, Irmgard: Gattung und Geschlecht. Reisebeschreibungen deutscher Frauen 1780–1850 (Studien und Texte zur Sozialgeschichte der Literatur 67), Tübingen 1999.

Schenk, Winfried: Landschaft und Siedlung in Unterfranken, in: Gebhard, Helmut/Bedal, Konrad/Wald, Albrecht (Hg.): Unterfranken (Bauernhäuser in Bayern 3), München 1996, S. 19–46. [= Schenk 1996 I]

Schenk, Winfried: Waldnutzung, Waldzustand und regionale Entwicklung in vorindustrieller Zeit im mittleren Deutschland. Historisch-Geographische Beiträge zur Erforschung von Kulturlandschaften in Mainfranken und Nordhessen (Erdkundliches Wissen 117), Stuttgart 1996. [= Schenk 1996 II]

Schennach, Martin P.: Gesetz und Herrschaft. Die Entstehung des Gesetzgebungsstaates am Beispiel Tirols (Forschungen zur deutschen Rechtsgeschichte 28), Köln u. a. 2010.

Schennach, Martin P.: Herrschaft im Land und Herrschaft auf dem Land. Zur Genese frühmoderner Staatlichkeit, in: ZRG GA 134 (2017), S. 99–140.

Schich, Winfried. Die Havel als Wasserstraße im Mittelalter: Brücken, Dämme, Mühlen, Flutrinnen. Antrittsvorlesung vom 24. November 1992, URL: https://edoc.hu-berlin.de/handle/18452/2270 (28.6.2023).

Schiedt, Hans-Ulrich: Trampelpfade und Chausseen – Literaturbericht einer strassenbezogenen Verkehrsgeschichte, in: Merki/Schiedt 1999, S. 17–35.

Schiedt, Hans-Ulrich: Chausseen und Kunstrassen: Der Bau der Hauptstrassen zwischen 1740 und 1910, in: Schweizerische Zeitschrift für Geschichte 56 (2006), S. 13–21.

Schiedt, Hans Ulrich/Schneider, Guy/Herzig, Heinz E.: Historische Strassen- und Wegeforschung in der Schweiz, in: Schwinges 2007 I, S. 119–159.

Schiedt, Hans Ulrich u. a. (Hg.): Verkehrsgeschichte/Histoire des transports (Schweizerische Gesellschaft für Wirtschafts- und Sozialgeschichte 25), Zürich 2010.

Schiedt, Hans-Ulrich: Landstrasse, in: Lampugnani, Vittorio Magnago/Domhardt, Konstanze Sylva/Schützeichel, Rainer (Hg.): Enzyklopädie des gestalteten Raumes, Zürich 2014, S. 318–329.

Schiedt, Hans-Ulrich: Strassen, in: Historisches Lexikon der Schweiz, Version vom 10.02.2015, URL: https://hls-dhs-dss.ch/de/articles/007959/2015-02-10 (4.4.2023).

Schildt, Bernd: Der Friedensgedanke im frühneuzeitlichen Dorfrecht. Das Beispiel Thüringen, in: ZRG GA 107 (1990), S. 188–235.

Schildt, Bernd: Die frühneuzeitliche Policey- und Landesgesetzgebung am Beispiel von Dorf- und Landesordnungen der Grafschaft Schwarzburg aus dem 16. Jahrhundert, in: Lück, Heiner/ders. (Hg.): Recht – Idee – Geschichte. Beiträge zur Rechts- und Ideengeschichte für Rolf Lieberwirth anläßlich seines 80. Geburtstags, Köln/Weimar/Wien 2000, S. 229–249.

Schildt, Bernd: Policeyrecht in thüringischen Dorfordnungen, in: Buchholz, Stephan/Lück, Heiner (Hg.): Worte des Rechts – Wörter zur RechtsGeschichte: Festschrift für Dieter Werkmüller zum 70. Geburtstag, Berlin 2007, S. 332–346.

Schildt, Bernd: Art. ›Dorfordnungen‹, in: HRG II 1 (2008), Sp. 1133–1135.

Schilling, Lothar: Normsetzung in der Krise. Zum Gesetzgebungsverständnis im Frankreich der Religionskriege, Frankfurt a. M. 2005.

Schilling, Michael: Bildpublizistik der frühen Neuzeit: Aufgaben und Leistungen des illustrierten Flugblatts in Deutschland bis um 1700 (Studien und Texte zur Sozialgeschichte der Literatur 29), Tübingen 1990.

Schilling, Michael: Illustrierte Flugblätter der frühen Neuzeit als historische Bildquellen, in: Tolkemitt/Wohlfeil 1991, S. 107–119.

Schillinger, Klaus: Entwicklung des Vermessungswesens im 16. Jahrhundert, in: Bönisch 1990, S. 11–36.

Schindler, Maria/König, Hans: Zeichen der Frömmigkeit. Marterl, Wegkreuze und Bildstöcke in der Gemeinde Nagel, Nagel [2000].

Schläppi, Daniel: Ökonomie als Dimension des Relationalen. Nachdenken über menschliches Wirtschaften jenseits disziplinärer Raster und Paradigmen, in: Jancke/Schläppi 2015 I, S. 37–64. [= Schläppi 2015 I]

Schläppi, Daniel: Die Ökonomie sozialer Beziehungen. Forschungsperspektiven hinsichtlich von Praktiken menschlichen Wirtschaftens im Umgang mit Ressourcen, in: Brendecke 2015, S. 684–695. [= Schläppi 2015 II]

Schläppi, Daniel: Sorge um Wald und Bäume als Kerngeschäft vormoderner Politik und Verwaltung am Beispiel der Schweizer Kleinstadt Zug, in: MEMO – Medieval and Early Modern Material Culture Online 1 (2017), S. 12–32, URL: https://memo.imareal.sbg.ac.at/wsarticle/memo/2017-schlaeppi-sorge-um-wald/ (4.4.2023).

Schläppi, Daniel/Gruber, Malte-Christian (Hg.): Von der Allmende zur Share Economy. Gemeinbesitz und kollektive Ressourcen in historischer und rechtlicher Perspektive (Beiträge zur Rechts-, Gesellschafts- und Kulturkritik 15), Berlin 2018.

Schläppi, Daniel: Einleitung, in: Schläppi/Gruber 2018, S. 9–70.

Schlögl, Daniel: Der planvolle Staat. Raumerfassung und Reformen in Bayern 1750–1800 (Schriftenreihe zur bayerischen Landesgeschichte 138), München 2002.

Schlumbohm, Jürgen: Gesetze, die nicht durchgesetzt werden – ein Strukturmerkmal des frühneuzeitlichen Staates?, in: Geschichte und Gesellschaft 23 (1997), S. 647–663.

Schmeissner, Rainer H.: Steinkreuze in der Oberpfalz. Ein volkskundlich-rechtskundlich-topographischer Beitrag zur Flurdenkmalforschung in Bayern, Regensburg 1977.

Schmidt, Dorothee: Wissen über fremde Welten um 1600. Reisen in das Orientalische Indien, Köln 2016.

Schmidt, Sven: Das Gewerbebuch der Augsburger Christoph-Welser-Gesellschaft (1554–1560) (Documenta Augustana 22), Augsburg 2015.

Schmidt-Funke, Julia: Materielle Kultur und Konsum in der Frühen Neuzeit (Ding, Materialität, Geschichte 1), Köln/Weimar/Wien 2017.

Schmitt, Sigrid: Territorialstaat und Gemeinde im kurpfälzischen Oberamt Alzey. Vom 14. bis zum Anfang des 17. Jahrhunderts (Geschichtliche Landeskunde 38), Stuttgart 1992.

Schmitt, Wolfram: Medizinische Lebenskunst. Gesundheitslehre und Gesundheitsregimen im Mittelalter, Berlin 2013.

Schmoeckel, Mathias: Art. ›Zollgeleit‹, in: HRG II 5 (1998), Sp. 1757–1759.

Schneider, Hans-Christian, Altstraßenforschung (Erträge der Forschung 170), Darmstadt 1982.

Schneider, Ulrich Johannes: Die Erfindung des allgemeinen Wissens. Enzyklopädisches Schreiben im Zeitalter der Aufklärung, Berlin 2013.

Schnelbögl, Fritz: Die wirtschaftliche Bedeutung ihres Landgebiets für die Reichsstadt Nürnberg, in: Stadtarchiv Nürnberg (Hg.): Beiträge zur Wirtschaftsgeschichte Nürnbergs (Beiträge zur Geschichte und Kultur der Stadt Nürnberg 11/1), Nürnberg 1967, S. 261–317.

Schnelbögl, Fritz: Zwischen Zollern und Wittelsbachern, in: Pfeiffer 1971, S. 120–127.

Schnitzler, Norbert: Ikonoklasmus – Bildersturm. Theologischer Bilderstreit und ikonoklastisches Handeln während des 15. und 16. Jahrhunderts, München 1996.

Schnurrer, Ludwig: Georg Weber von Dinkelsbühl (1495–1567). Leben und Tätigkeit eines Nürnberger Werkmeisters, in: MVGN 66 (1979), S. 111–171.

Scholz, Cordula: In fremden Landen Handel treiben – ausländische Händler in Byzanz, in: Das Mittelalter 6 (2001), S. 91–107.

Scholz, Luca: Borders and Freedom of Movement in the Holy Roman Empire, Oxford 2020.

Schönheid, Karlheinz: Die Hegsäule – Eine verschwundene gegenständliche Quelle der Jagdgeschichte, in: Rudolstädter Heimathefte 56/5 (2010), S. 123–126.

Schöpfer Pfaffen, Marie-Claude: Verkehrspolitik im Mittelalter. Bernische und Walliser Akteure, Netzwerke und Strategien (Vorträge und Forschungen 55), Ostfildern 2011.

Schramm, Manuel: Die Entstehung der modernen Landschaftswahrnehmung (1580–1730), in: HZ 287 (2008), S. 37–59.

Schremmer, Eckart: Die Wirtschaft Bayerns. Vom hohen Mittelalter bis zum Beginn der Industrialisierung. Bergbau, Gewerbe, Handel, München 1970.

Schremmer, Eckart: Die Wirtschaftsmetropole Nürnberg, in: Max Spindler/Andreas Kraus (Hg.): Handbuch der bayerischen Geschichte. 3. Band, 1. Teil: Geschichte Frankens bis zum Ausgang des 18. Jahrhunderts, 3. Aufl., München 1997, S. 902–929.

Schremmer, Eckart: Handel und Gewerbe bis zum Beginn des Merkantilismus, in: Max Spindler/Andreas Kraus (Hg.): Handbuch der bayerischen Geschichte. 3. Band, 2. Teil: Geschichte Schwabens bis zum Ausgang des 18. Jahrhunderts, München 2001, S. 539–570.

Schrepfer, Gustav: Dorfordnungen im Hochstift Bamberg. Ein Beitrag zur Rechtsgeschichte des fränkischen Bauern, Bamberg 1941.

Schubert, Ernst: Fahrendes Volk im Mittelalter, Bielefeld 1995.

Schülein, Johannes-Georg/Wöpking, Jan: Der indirekte Augenschein. Annäherungen an das Problem kartographischer Evidenz, Berlin 2011, URL: http://www.cms.fu-berlin.de/geisteswissenschaften/v/drehmomente/content/5-Schuelein_Woepking/Drehmomente_SchueleinWoepking.pdf (4.4.2023).

Schulte, Aloys: Geschichte des mittelalterlichen Handels und Verkehrs zwischen Westdeutschland und Italien mit Ausschluss von Venedig, 2 Bde., Leipzig 1900.

Schultheiß, Werner: Baukosten Nürnberger Gebäude in reichsstädtischer Zeit. Beiträge zu den Quellen der Baugeschichte der Stadt, in: MVGN 55 (1967/68), S. 270–299.

Schulz, Hermann: Das System und die Prinzipien der Einkünfte im werdenden Staat der Neuzeit dargestellt anhand der kameralwissenschaftlichen Literatur (1600–1835) (Schriften zum Öffentlichen Recht 421), Berlin 1982.

Schulze, Winfried: Die ständische Gesellschaft des 16./17. Jahrhunderts und die moderne historische Forschung, in: Bödeker, Hans Erich (Hg.): Alteuropa – Ancien régime – frühe Neuzeit, Stuttgart 1991, S. 51–77.

Schulze, Winfried (Hg.): Ego-Dokumente. Annäherungen an den Menschen in der Geschichte (Selbstzeugnisse der Neuzeit 2), Berlin 1996.

Schulze, Winfried: Wahrnehmungsmodi von Veränderung in der Frühen Neuzeit, in: Mitteilungen Sonderforschungsbereich 573: Pluralisierung und Autorität in der Frühen Neuzeit 1 (2005), S. 16–25.

Schunka, Alexander: Soziales Wissen und dörfliche Welt. Herrschaft, Jagd und Naturwahrnehmung in Zeugenaussagen des Reichskammergerichts aus Nordschwaben (16.-17. Jahrhundert) (Münchner Studien zur neueren und neuesten Geschichte 21), Frankfurt a. M. u. a. 2000.

Schußmann, Markus: Die hallstattzeitliche Sumpfbrücke bei der Feldmühle im Wellheimer Tal, in: Bayerisches Landesamt für Denkmalpflege 2011, S. 54 f.
Schwarz, Klaus: Archäologisch-topographische Studien zur Geschichte frühmittelalterlicher Fernwege und Ackerfluren im Alpenvorland zwischen Isar, Inn und Chiemsee, Kallmünz/Opf. 1989.
Schwarzmaier, Hansmartin: Kartographie und Gerichtsverfahren. Karten des 16. Jahrhunderts als Aktenbeilagen. Zugleich ein Katalog der ältesten handgezeichneten Karten des Generallandesarchivs Karlsruhe, in: Richter, Gregor (Hg.): Arbeit des Archivars. Festschrift für Eberhard Gönner (Veröffentlichungen der staatlichen Archivverwaltung Baden-Württemberg 44), Stuttgart 1986 S. 163–186.
Schwerhoff, Gerd: Karrieren im Schatten des Galgens. Räuber, Diebe und Betrüger um 1500, in: Schmitt, Sigrid/Matheus, Michael (Hg.): Kriminalität und Gesellschaft in Spätmittelalter und Neuzeit, Stuttgart 2005, S. 11–46.
Schwerhoff, Gerd: Historische Kriminalitätsforschung (Historische Einführungen 9), Frankfurt a. M. 2011.
Schwertl, Gerhard: Die Mittelbehörden der Rentmeisterämter Unterlands 1507–1802 und ihre Bestände im Staatsarchiv Landshut, in: Archivalische Zeitschrift 88 (2006), S. 931–948.
Schwinges, Rainer Christoph (Hg.): Straßen- und Verkehrswesen im hohen und späten Mittelalter (Vorträge und Forschungen 66), Ostfildern 2007. [= Schwinges 2007 I]
Schwinges, Rainer Christoph: Straßen- und Verkehrswesen im hohen und späten Mittelalter – Eine Einführung, in: Schwinges 2007 I, S. 9–18. [= Schwinges 2007 II]
Scott, Hamish: Travel and Communications, in: Ders. (Hg.): The Oxford Handbook of Early Modern European History 1350–1750, Bd. I, Peoples and Place, Oxford 2015, S. 165–191.
Sczesny, Anke: Ländliche Sozialstruktur in Schwaben (Spätmittelalter/Frühe Neuzeit), publiziert am 29.11.2011, in: Historisches Lexikon Bayerns, URL: http://www.historisches-lexikon-bayerns.de/Lexikon/Ländliche_Sozialstruktur_in_Schwaben_(Spätmittelalter/Frühe_Neuzeit) (28.6.2023).
Seitz, Reinhard H.: Der Faiminger Zoll, in: Jahrbuch des Historischen Vereins Dillingen an der Donau 61 (1959), S. 82–85.
Selter, Bernward/Marquardt, Bernd: Art. ›Wald‹, in: EdN – Online [2014] [http://dx.doi.org/10.1163/2352-0248_edn_COM_377023].
Serles, Andrea: Metropole und Markt. Die Handelsbeziehungen zwischen Nürnberg und Krems/Donau in der Frühen Neuzeit (Diplomarbeit Universität Wien), Wien 2013, URL: https://services.phaidra.univie.ac.at/api/object/o:1295637/get (3.4.2023).
Serles, Andrea: Nürnberger Händler und Nürnberger Waren: Reichsstädtische Wirtschaftsinteressen und der Donauhandel in der Frühen Neuzeit, in: Jahrbuch für Regionalgeschichte 35 (2017), S. 93–128.
Seydel, Gustav: Das Wegerecht und die Wegeverwaltung in Preußen (Handbücher des Preußischen Verwaltungsrechts 2), 2 Bde., 4. vollst. neu bearb. Aufl., Berlin 1933.
Sheller, Mimi/Urry, John: The new mobilities paradigm, in: Environment and Planning A 38 (2006), S. 207–226.
Siebenhüner, Kim: Things that matter. Zur Geschichte der materiellen Kultur in der Frühneuzeitforschung, in: ZHF 42 (2015), S. 373–409.
Sieferle, Rolf Peter (Hg.): Transportgeschichte (Der Europäische Sonderweg 1), Berlin 2008. [= Sieferle 2008 I]
Sieferle, Rolf Peter: Transport und wirtschaftliche Entwicklung, in: Sieferle 2008 I, S. 1–38. [= Sieferle 2008 II]
Simane, Jan: Die Welt im Bild – Städte- und Landschaftsdarstellungen im 16. und 17. Jahrhundert, in: Behringer/Roeck 1999, S. 56–65.
Simon, August: Die Verkehrsstraßen in Sachsen und ihr Einfluß auf die Städteentwicklung bis zum Jahre 1500, Diss. phil. Leipzig 1892.
Simon, Thomas: »Gute Policey«, Ordnungsleitbilder und Zielvorstellungen politischen Handelns in der Frühen Neuzeit (Studien zur europäischen Rechtsgeschichte 170), Frankfurt a. M. 2004.
Skinner, Quentin: Meaning and Understanding in the History of Ideas, in: History and Theory 8/1 (1969), S. 3–53.

Sombart, Werner: Das europäische Wirtschaftsleben im Zeitalter des Frühkapitalismus. Historisch-systematische Darstellung des gesamteuropäischen Wirtschaftslebens von seinen Anfängen bis zur Gegenwart, Bd. II/1, München 1987 (Nachdruck der zweiten, neugearbeiteten Aufl. München/Leipzig 1916).

Sommerhoff, Gerd/Weber, Christian: Naturraum und Kulturraum, in: Gebhard, Helmut (Hg.): Oberbayern 1 (Bauernhäuser in Bayern 6), München 1998, S. 19–43.

Spicker-Beck, Monika: Räuber, Mordbrenner, umschweifendes Gesind. Zur Kriminalität im 16. Jahrhundert (Rombach-Wissenschaften 8), Freiburg 1995.

Spier, Heinrich: Stand, Aufgaben und Methoden der Wegeforschung im Harz, in: Harz-Zeitschrift 14 (1962), S. 121–128.

Spiess, Karl: Die Entwicklung des Strassenwesens in Mittelfranken, Diss. phil. Würzburg 1925.

Spranger, Carolin: Der Metall- und Versorgungshandel der Fugger in Schwaz in Tirol 1560–1575 zwischen Krisen und Konflikten (Veröffentlichungen der Schwäbischen Forschungsgemeinschaft, Reihe 4, 31; Studien zur Fuggergeschichte 40), Augsburg 2006.

Stabel, Peter/Baatsen, Inneke: At Home and on the Road. Comparing Food Cultures in the Medieval Low Countries, in: Classen 2018 I, S. 331–358.

Stagl, Justin: Die Apodemik oder »Reisekunst« als Methodik der Sozialforschung vom Humanismus bis zur Aufklärung, in: Rassem, Mohammed/Stagl, Justin (Hg.): Statistik und Staatsbeschreibung in der Neuzeit vornehmlich im 16.–18. Jahrhundert, Bericht über ein interdisziplinäres Symposium in Wolfenbüttel, 25.–27. September 1978 (Quellen und Abhandlungen zur Geschichte der Staatsbeschreibung und Statistik 1), Paderborn u. a. 1980, S. 131–204.

Stagl, Justin: Ars apodemica: Bildungsreise und Reisemethodik von 1560 bis 1600, in: Ertzdorff 1992, S. 141–189.

Stagl, Justin: Eine Geschichte der Neugier. Die Kunst des Reisens 1550–1800, Wien u. a. 2002 [ursprünglich Chur 1995: A History of Curiosity. The Theory of Travel 1500–1800].

Stagl, Justin: Art. ›Apodemik‹, in: EdN – Online [2014] [http://dx.doi.org/10.1163/2352-0248_edn_a0192000].

Stauber, Reinhard: Der Norden des Südens. Bayern, Tirol und der Weg nach Italien in der Frühen Neuzeit, in: Schmid, Alois (Hg.): Von Bayern nach Italien. Transalpiner Transfer in der Frühen Neuzeit, München 2010, S. 27–50.

Steinmetz, Willibald: Vierzig Jahre Begriffsgeschichte – The State of the Art, in: Kämper Heidrun/Eichinger Ludwig M. (Hg.): Sprache, Kognition, Kultur. Sprache zwischen mentaler Struktur und kultureller Prägung, Berlin 2008, S. 174–189.

Stepp, Robert: Kulturgeographische Wandlungen auf der Iller-Lech-Platte (Berliner Geographische Arbeiten 16), Stuttgart 1937.

Stercken, Martina: Regionale Identität im spätmittelalterlichen Europa. Kartographische Darstellungen, in: Baumgärtner, Ingrid/Kugler, Hartmut (Hg.): Europa im Weltbild des Mittelalters. Kartographische Konzepte (Orbis mediaevalis. Vorstellungswelten des Mittelalters 10), Berlin 2008, S. 277–300.

Steuer, Heiko: Art. ›Fahren und Reiten, § 4: Römische Kaiserzeit und freies Germanien‹, in: Reallexikon der Germanischen Altertumskunde 8 (1994), S. 158–160.

Stierle, Karlheinz, Petrarcas Landschaften. Zur Geschichte ästhetischer Landschaftserfahrung (Schriften und Vorträge des Petrarca-Instituts Köln 29), Krefeld 1979.

Sting, Stephan: Straße, in: Wulf, Christoph (Hg.): Vom Menschen. Handbuch Historische Anthropologie, Weinheim/Basel 1997, S. 202–211.

Stolberg, Michael: Der gesunde Leib: Zur Geschichtlichkeit frühneuzeitlicher Körpererfahrung, in: Münch 2001, S. 37–57.

Stollberg-Rilinger, Barbara: Europa im Jahrhundert der Aufklärung, Stuttgart 2000.

Stollberg-Rilinger, Barbara: Des Kaisers alte Kleider. Verfassungsgeschichte und Symbolsprache des Alten Reiches, München 2008.

Stollberg-Rilinger, Barbara: Cultures of decision-making, London 2016.

Stolleis, Michael: Pecunia nervus rerum. Zur Staatsfinanzierung in der frühen Neuzeit, Frankfurt a. M. 1983.
Stolz, Otto: Zur Geschichte der Organisation des Transportwesens in Tirol im Mittelalter, in: VSWG 8 (1910), S. 196–267.
Stolz, Otto: Die Geschichte des Zollwesens, Verkehrs und Handels in Tirol und Vorarlberg von den Anfängen bis ins XX. Jahrhundert (Schlern-Schriften 108), Innsbruck 1953.
Storm, Monika/Ullmann, Sabine: Das Land in seinen Beziehungen zu Reich und Nation, in: Freitag/Kißener/Reinle/Ullmann 2018, S. 236–267.
Straube, Manfred: Geleitswesen und Warenverkehr im thüringisch-sächsischen Raum zu Beginn der Frühen Neuzeit (Veröffentlichungen der Historischen Kommission für Thüringen, Kleine Reihe 42), Köln u. a. 2015.
Straube, Manfred: Aktuelle Fragen der deutschen und internationalen Messegeschichte, in: Denzel/Blockmans 2018, S. 15–42.
Stromer, Wolfgang von: Handel und Gewerbe der Frühzeit, in: Pfeiffer 1971, S. 46–54.
Struck, Bernhard: Nicht West – nicht Ost. Frankreich und Polen in der Wahrnehmung deutscher Reisender zwischen 1750 und 1850, Göttingen 2006.
Szabó, Thomas: Die Entdeckung der Straße im 12. Jahrhundert, in: Centro italiano di studi sull'alto medioevo (Hg.): Società, istituzioni, spiritualità, Bd. 2, Spoleto 1994, S. 913–929.
Szabó, Thomas: Das Straßennetz zwischen Mittel- und Osteuropa. Der Weg nach Santiago, in: Herbers, Klaus/Bauer, Dieter R. (Hg.): Der Jakobuskult in Ostmitteleuropa. Austausch – Einflüsse – Wirkungen (Jakobus-Studien 12), Tübingen 2003, S. 27–40.
Szabó, Thomas: Die Straßen in Deutschland und Italien im Mittelalter, in: Schwinges 2007 I, S. 71–118.
Szabó, Thomas (Hg.): Die Welt der europäischen Straßen. Von der Antike bis in die Frühe Neuzeit, Köln u. a. 2009. [= Szabó 2009 I]
Szabó, Thomas: Einleitung, in: Szabó 2009 I, S. 1–3. [= Szabó 2009 II]
Szabó, Thomas: Die Itinerarforschung als Methode zur Erschließung des mittelalterlichen Straßennetzes in: Szabó 2009 I, S. 85–96. [= Szabó 2009 III]
Szabó, Thomas: Nachwort. Ergebnisse und Probleme, in: Szabó 2009 I, S. 355–376. [= Szabó 2009 IV]
Szabó, Thomas: Straßen und Brücken im mittelalterlichen Italien – wie steht es um die »Rivoluzione stradale«?, in: Holzner-Tobisch/Kühtreiber/Blaschitz 2012, S. 19–47.
Szilágyi, Magdolna: On the Road: The History and Archaeology of Medieval Communication Networks in East-Central Europe (Archaeolingua. Series Minor), Budapest 2014.
Taddey, Gerhard: Über den Augenschein. Ein Beitrag zur Identifizierung historischer Karten, in: Der Archivar 33 (1980), S. 397–402.
Taetz, Sascha: Richtung Mitternacht. Wahrnehmung und Darstellung Skandinaviens in Reiseberichten städtischer Bürger des 16. und 17. Jahrhunderts (Kieler Werkstücke 3), Frankfurt a. M. 2004.
Talkenberger, Heike: Von der Illustration zur Interpretation. Das Bild als historische Quelle. Methodische Überlegungen zur historischen Bildkunde, in: ZHF 21 (1994), S. 289–313.
Talkenberger, Heike: Historische Erkenntnis durch Bilder? Zur Methode und Praxis der Historischen Bildkunde, in: Goertz, Hans-Jürgen (Hg.): Geschichte, Ein Grundkurs, Reinbek b. Hamburg 1998, S. 83–98.
Taylor, Christopher: Roads and tracks of Britain, London u. a. 1979.
Temming, Rolf L.: Das Transportwesen im Wandel der Zeiten, Bielefeld 1985.
Terpstra, Nicholas: Creations and Re-creations: Contexts for the Experience of the Renaissance Street, in: I Tatti studies 16 (2013), S. 221–230.
Terpstra, Nicholas/Rose, Colin (Hg.): Mapping space, sense, and movement in Florence: Historical GIS and the early modern city (Routledge research in digital humanities), London/New York 2016.
Teuteberg, Hans-Jürgen: Entwicklung, Methoden und Aufgaben der Verkehrsgeschichte, in: Jahrbuch für Wirtschaftsgeschichte/Economic History Yearbook 35 (1994), S. 173–194.
't Hart, Marjolein: Art. ›Staatsfinanzen‹, in: EdN – Online [2019] [http://dx.doi.org/10.1163/2352-0248_edn_COM_355009].

Thewes, Guy/Uhrmacher, Martin (Hg.): Extra muros. Vorstädtische Räume in Spätmittelalter und früher Neuzeit. Espaces suburbains au bas Moyen Âge et à l'époque moderne (Städteforschung. Reihe A: Darstellungen 91), Köln 2019.

Thiem, Wolfgang: Landschaft und Siedlung in Mittelfranken, in: Gebhard, Helmut/Bedal, Konrad (Hg.): Mittelfranken (Bauernhäuser in Bayern 1), München 1994, S. 19–46.

Thomas, Barbara: Adjektivderivation im Nürnberger Frühneuhochdeutsch um 1500. Eine historisch-synchrone Analyse anhand von Texten Albrecht Dürers, Veit Dietrichs und Heinrich Deichslers (Wortbildungen des Nürnberger Frühneuhochdeutschen 3), Berlin/New York 2002.

Thrane, Henrik: Weg und Grab. Ein Beispiel von Gudme auf Ostfünen, in: Brath, Sebastian u. a. (Hg.): Historia archaeologica. Festschrift für Heiko Steuer zum 70. Geburtstag, Berlin 2009, S. 179–204.

Timmermann, Achim: The Poor Sinners' Cross and the Pillory: Late Medieval Microarchitecture and Liturgies of Criminal Punishment, in: Umeni 55/5 (2007), S. 362–373.

Timmermann, Achim: Highways to Heaven (and Hell): Wayside Crosses and the Making of Late Medieval Landscape, in: Brusati, Celeste/Enenkel, Karl A. E./Melion, Walter (Hg.): The Authority of the Word. Reflecting on Image and Text in Northern Europe, 1400–1700 (Intersections 20), Leiden 2012, S. 385–441.

Timmermann, Achim: Memory and redemption. Public monuments and the making of late medieval landscape (Architectura medii aevi 8), Turnhout 2017.

Timpener, Evelien: Die Karte als Argument? Bildliche Darstellungen von territorialen Verhältnissen in Reichskammergerichtsprozessen zwischen Frankfurt und Hanau-Münzenberg im 16. Jahrhundert, in: Kälble, Mathias/Wittmann, Helge (Hg.): Reichsstadt als Argument (Studien zur Reichsstadtgeschichte 6), Petersberg 2019, S. 195–219.

Timpener, Evelien: In Augenschein genommen. Hessische Lokal- und Regionalkartographie in Text und Bild (1500–1575) (bibliothek altes Reich 38), Berlin/Boston 2022.

Tolkemitt, Brigitte/Wohlfeil, Rainer (Hg.): Historische Bildkunde. Probleme – Wege – Beispiele (ZHF, Beihefte 12), Berlin 1991.

Trauchburg, Gabriele von: Ehehaften und Dorfordnungen. Untersuchungen zur Herrschafts-, Rechts- und Wirtschaftsgeschichte des Rieses anhand ländlicher Rechtsquellen aus der Grafschaft Oettingen (Materialien zur Geschichte des bayerischen Schwaben 23), Augsburg 1995.

Tremel, Ferdinand: Die Fugger und Welser in Salzburg und die Fuggerstraße über die Tauern, in: Scripta Mercaturae 6 (1972), S. 73–104.

Treue, Wolfgang: Abenteuer und Anerkennung. Reisende und Gereiste in Spätmittelalter und Früher Neuzeit, Paderborn 2014.

Troßbach, Werner: Einung, Willkür, Dorfordnung. Anmerkungen zur (Re-)Formierung dörflicher Gemeinden (13. bis 16. Jahrhundert), in: Flemming, Jens u. a. (Hg.): Lesarten der Geschichte: Ländliche Ordnungen und Geschlechterverhältnisse. Festschrift für Heide Wunder zum 65. Geburtstag, Kassel 2004, S. 597–620.

Troßbach, Werner: Art. ›Dorf‹, in: EdN 2 (2005), Sp. 1087–1094.

Troßbach, Werner/Zimmermann, Clemens: Die Geschichte des Dorfes. Von den Anfängen im Frankenreich zur bundesdeutschen Gegenwart, Stuttgart 2006.

Tschopp, Silvia Serena: Das Unsichtbare begreifen. Die Rekonstruktion historischer Wahrnehmungsmodi als methodische Herausforderung der Kulturgeschichte, in: HZ 280 (2005), S. 39–81.

Tschopp, Silvia Serena: Augsburg, in: Adam, Wolfgang/Westphal, Siegrid (Hg.): Handbuch kultureller Zentren der Frühen Neuzeit, Bd. 1, Berlin 2012, S. 1–50.

Übleis, Franz: Deutsche in Indien 1600–1700. Entstehung, Struktur und Funktion des Indienbildes der deutschen Reiseberichte des 17. Jahrhunderts, in: Zeitschrift für Religions- und Geistesgeschichte 32/2 (1980), S. 127–151.

Ullmann, Sabine: Methodische Perspektiven der Herrschaftsgeschichte in komplexen territorialen Landschaften der Frühen Neuzeit, in: Hirbodian, Sigrid/Jörg Christian/Klapp, Sabine (Hg.): Methoden und Wege der Landesgeschichte (Landesgeschichte 1), Ostfildern 2015, S. 191–208.

Ullmann, Sabine/Haug-Moritz, Gabriele (Hg.): Frühneuzeitliche Supplikationspraxis und monarchische Herrschaft in europäischer Perspektive (Beiträge zur Rechtsgeschichte Österreichs 5), Wien 2015.

Unger, Eike Eberhard: Nürnbergs Handel mit Hamburg im 16. und beginnenden 17. Jahrhundert, in: MVGN 54 (1966), S. 1–85.

Unger, Tim: Verhinderte Konfessionsbildung an den Wegen. Kontroversen um die Aufstellung von Wegekreuzen und Heiligenbildern im Hochstift Osnabrück im 18. Jahrhundert, in: Osnabrücker Mitteilungen 115 (2010), S. 59–92.

Uytven, Raymond van: Landtransport durch Brabant im Mittelalter und im 16. Jahrhundert, in: Burgard/Haverkamp 1997, S. 471–499.

Vaillancourt, Daniel: Les urbanités Parisiennes au XVIIe siècle: Le livre du trottoir (Les collections de la république des lettres), Québec 2009.

Van Duzer, Chet A.: Martin Waldseemüller's ›Carta marina‹ of 1516. Study and transcription of the long legends, Cham 2020.

Van Laak, Dirk: Infrastruktur und Macht, in: Duceppe-Lamarre, François/Engels, Jens Ivo (Hg.): Umwelt und Herrschaft in der Geschichte/Environnement et pouvoir: une approche historique, München 2008, S. 106–114.

Van Laak, Dirk: Alles im Fluss. Die Lebensadern unserer Gesellschaft. Geschichte und Zukunft der Infrastruktur, Frankfurt a. M. 2018.

Van Lanen, Rowin J. u.a.: Route persistence. Modelling and quantifying historical route-network stability from the Roman period to early-modern times (AD 100–1600): a case study from the Netherlands, in: Archaeological and Anthropological Sciences 10 (2018), S. 1037–1052, URL: https://doi.org/10.1007/s12520-016-0431-z (11.4.2023).

Van Lanen, Rowin J./Pierik, Harm Jan: Calculating connectivity patterns in delta landscapes: Modelling Roman and early-medieval route networks and their stability in dynamic lowlands, in: Quaternity International 501 (2019), S. 393–412.

Veling, Alexander: Altwegeforschung. Forschungsstand und Methoden. aventinus varia Nr. 44 [28.03.2014], in: aventinus, URL: http://www.aventinus-online.de/no_cache/persistent/artikel/9847/ (28.6.2023).

Velske, Siegfried u.a.: Straßenbau – Straßentechnik (Werner-Ingenieur-Texte), 7. neu bearbeitete Auflage, Köln 2013 (1. Aufl. 1977).

Die Vermessung Bayerns. 450 Jahre Philipp Apians Große Karte (Katalog zur Ausstellung in Zusammenarbeit mit der Bayerischen Staatsbibliothek), hg. v. Bayerisches Staatsministerium der Finanzen, für Landesentwicklung und Heimat, Abteilung VII, Bayerische Vermessungsverwaltung, Informations- und Kommunikationstechnik, München 2013.

ViaStoria – Stiftung für Verkehrsgeschichte (Hg.): Wege und Geschichte 2018/1 (Themenheft zu ›15 Jahre IVS‹), Zürich 2018.

Vlami, Despina: Trading with the Ottomans. The Levant Company in the Middle East, London 2015.

Voigt, Fritz: Verkehr, Bd. II: Die Entwicklung des Verkehrssystems, 2 Teilbde., Berlin 1965.

Vollmar, Bernd: Brückenkonstruktionen, in: Bayerisches Landesamt für Denkmalpflege 2011, S. 37–41.

Voßkamp, Wilhelm/Weingart, Brigitte: Sichtbares und Sagbares. Text-Bild-Verhältnisse – Einleitung, in: Dies. (Hg.): Sichtbares und Sagbares (Mediologie 13), Köln 2005, S. 7–22.

Wacker, Reinhold: Das Verkehrswesen im Rheinland vom 15. Jahrhundert bis 1794 (Beiträge zur Landes- und Kulturgeschichte 7), Trier 2008.

Wackernagel, Rudolf H.: Zur Geschichte der Kutsche bis zum Ende des 17. Jahrhunderts, in: Treue, Wilhelm (Hg.): Achse, Rad und Wagen. 5000 Jahre Kultur- und Technikgeschichte, Göttingen 1986, S. 197–235.

Waiblinger, Wilfred Kreuze, Bildstöcke, Marterl auf Gilchinger Flur, 3. Aufl, Gilching 2015.

Watanabe, Yuichi: Waldpolitik und Holzversorgung der Reichsstadt Augsburg im 16. Jahrhundert, Phil. Diss. Universität Augsburg 2017, URL: https://opus.bibliothek.uni-augsburg.de/opus4/37868 (3.4.2023).

Webb, Sidney/Webb, Beatrice: English local government: The story of the king's highway, London 1913.
Weber, Andreas Otto: Regionalhandel zwischen Südbayern und Tirol im Mittelalter und früher Neuzeit, in: Konrad Ackermann u. a. (Hg.): Bayern vom Stamm zum Staat (Schriftenreihe zur bayerischen Landesgeschichte 140), München 2002, Bd. 1, S. 331–343.
Weber, Maria: Gemeinsames Abrechnen als kalkulative Praktik. Handlungssequenz in der Kleinkreditpraxis in Augsburg um 1500, in: VSWG 108 (2021), S. 5–29.
Weber, Maria: Zwischen organisierter Wachsamkeit und Chaos. Massenveranstaltungen, ephemere Räume und Herstellung von Sicherheit im 18. Jahrhundert, in: HZ 317/2 (2023).
Weber, Matthias: Die schlesischen Polizei- und Landesordnungen der Frühen Neuzeit, Köln u. a. 1996.
Weber, Max: Wirtschaft und Gesellschaft (Grundriss der Sozialökonomik, III. Abteilung), Tübingen 1922.
Wehrenberg, Dietmar: Die wechselseitigen Beziehungen zwischen Allmendrechten und Gemeinfronverpflichtungen vornehmlich in Oberdeutschland (Veröffentlichungen der Kommission für geschichtliche Landeskunde in Baden-Württemberg, Reihe B; 54), Stuttgart 1969.
Weig, Gebhard: Das ius conducendi der Bischöfe zu Würzburg. Eine Studie zur Rechtsstruktur, politischen Funktion und Organisation des Geleitsrechtes im Hochstift Würzburg, Diss. phil. Würzburg 1970.
Weiß, Dieter J.: Reformation und konfessionelles Zeitalter (1517–1618/48) – Das Fürstbistum Würzburg im Kontext der Entwicklung im Römisch-deutschen Reich, in: Weiß, Wolfgang (Hg.): Fürstbischof Julius Echter – verehrt, verflucht, verkannt. Aspekte seines Lebens und Wirkens anlässlich des 400. Todestages (Quellen und Forschungen zur Geschichte des Bistums und Hochstifts Würzburg 75), Würzburg 2017, S. 135–153.
Weiß, Wolfgang/Romberg, Winfried: Julius Echter – Der Fürst und sein Land, in: Leng, Rainer/Schneider, Wolfgang/Weidmann, Stefanie (Hg.): Julius Echter. Der umstrittene Fürstbischof. Eine Ausstellung nach 400 Jahren, Katalog zur Ausstellung vom 23. Juni bis 17. September 2017 im Museum am Dom Würzburg (Quellen und Forschungen zur Geschichte des Bistums und Hochstifts Würzburg, Sonderveröffentlichung), Würzburg 2017, S. 31–38.
Wendehorst, Alfred: Das Bistum Würzburg. Ein Überblick von den Anfängen bis zur Säkularisation, in: Freiburger Diözesan-Archiv 86 (1966), S. 9–93.
Wenz, Karin: Raum, Raumsprache und Sprachräume. Zur Textsemiotik der Raumbeschreibung (Kodikas/Code. Supplement 2), Tübingen 1997.
Werner, Paul/Werner, Richilde: Vom Marterl bis zum Gipfelkreuz. Flurdenkmale in Oberbayern, Berchtesgaden 1991.
Wertheim, Hans: Der erste Europäische Straßenatlas, in: Imago Mundi 1 (1935), S. 41–43.
Wertz, Tillmann: Georg Pictorius (1500–1569/73). Leben und Werk eines oberrheinischen Humanisten (Studien und Quellen zur Kulturgeschichte der Frühen Neuzeit 4), Heidelberg 2006.
Weski, Timm: Brückenarchäologie, in: Bayerisches Landesamt für Denkmalpflege 2011, S. 15–19.
Westphal, Jörn Robert: Die Darstellung von Unrecht in Flugblättern der Frühen Neuzeit (Studien zur Kultur- und Rechtsgeschichte 4), Mönchengladbach 2008.
Wetzel, Michael: Das schönburgische Amt Hartenstein 1702–1878: Sozialstruktur – Verwaltung – Wirtschaftsprofil (Schriften zur Sächsischen Landesgeschichte), Leipzig 2004.
Wiedemann, Hermann: Montaigne und andere Reisende der Renaissance. Drei Reisetagebücher im Vergleich: Das »Itinerario« von de Beatis, das »Journal de voyage« von Montaigne und die »Crudities« von Thomas Coryate (Grenzüberschreitungen – Studien zur europäischen Moderne 9), Trier 1999.
Wieland, Christian: Nach der Fehde. Studien zur Interaktion von Adel und Rechtssystem am Beginn der Neuzeit: Bayern 1500 bis 1600 (Frühneuzeit Forschungen 20), Epfendorf/Neckar 2014.
Wieser, Franz von/Bonacker, Wilhelm/Meine, Karl-Heinz (Hg.): Erläuterungen zur ersten gedruckten (Straßen-)Wandkarte von Europa, der Carta itineraria Evropae d. Jahre 1511 bzw. 1520 von Martin Waldseemüller, Bad Godesberg 1971.

Wijaczka, Jacek: Handelsstadt und Zollregister. Der Krakauer Außenhandel und seine Quellen in der Frühen Neuzeit, in: Rauscher/Serles 2015 I, S. 169–196.

Wilhelm, Rudolf: Rechtspflege und Dorfverfassung. Nach niederbayerischen Ehehaftsordnungen vom 15. bis zum 18. Jahrhundert, in: Verhandlungen des Historischen Vereins für Niederbayern 80 (1954), S. 1–151.

Wilson, Peter H.: Securitization in the Holy Roman Empire 1495–1806, in: Carl, Horst/Babel, Rainer/Kampmann, Christoph (Hg.): Sicherheitsprobleme im 16. und 17. Jahrhundert. Bedrohungen, Konzepte, Ambivalenzen, Baden-Baden 2019, S. 59–90.

Wiltenburg, Joy: Crime and Culture in Early Modern Germany, Charlottesville 2012.

Wimböck, Gabriele: Die Autorität des Bildes – Perspektiven für eine Geschichte vom Bild in der Frühen Neuzeit., in: Büttner, Frank/Dies. (Hg.): Das Bild als Autorität. Die normierende Kraft des Bildes (Pluralisierung & Autorität 4), Münster 2004, S. 9–41.

Wimböck, Gabriele/Leonhard, Karin/Friedrich, Markus (Hg.): Evidentia. Reichweiten visueller Wahrnehmung in der Frühen Neuzeit (Pluralisierung & Autorität 9), Münster 2007.

Winiwarter, Verena/Knoll, Martin: Umweltgeschichte. Eine Einführung, Köln 2007.

Wittmütz, Volkmar: Die Gravamina der bayerischen Stände im 16. und 17. Jahrhundert als Quelle für die wirtschaftliche Situation und Entwicklung Bayerns (Miscellanea Bavarica Monacensia – Dissertationen zur Bayerischen Landes- und Münchener Stadtgeschichte 26), München 1970.

Wohlfeil, Rainer: Das Bild als Geschichtsquelle, in: HZ 243 (1986), S. 91–100.

Wojtucki, Daniel: »... ein steynen Crewtze an die stelle setzen, do der Todslag gescheen ist ...«. Schlesische Sühneverträge vom 14. bis zum 16. Jahrhundert, in: Forschungen zur Rechtsarchäologie und Rechtlichen Volkskunde 24 (2007), S. 187–210.

Wolff, Hans (Hg.): Bayern im Bild der Karte: Cartographia Bavariae (Katalog zur Ausstellung vom 17. Mai bis 26. August 1988), Weißenhorn 1988.

Wolff, Hans (Hg.): Philipp Apian und die Kartographie der Renaissance, Weißenhorn 1989.

Wolfzettel, Friedrich: Von Santiago nach Babiloine. Wegesymbolik und Struktursymbolik in dem altfranzösischen Liebesroman Floire et Blancheflor, in: Szabó 2009 I, S. 173–184.

Woodward, David (Hg.): The history of cartography, Bd. 3: Cartography in the European Renaissance, Chicago 2007.

Wopfner, Hermann: Geschichtliche Heimatkunde. 4. Altstraßenforschung [Teil 1], in: Tiroler Heimat, N. F. Bd. 4, Heft 3, Innsbruck u. a. 1931, S. 83–136.

Wopfner, Hermann: Geschichtliche Heimatkunde. 4. Altstraßenforschung [Teil 2], in: Tiroler Heimat, N. F. Bd. 5, Heft 1 u. 2, Innsbruck u. a. 1932, S. 3–12.

Worschech, Reinhard: Bildstöcke. Wahrzeichen der Landschaft, Rosenheim 1981.

Worschech, Reinhard: Bildstöcke an den Wegen durch Unterfranken, Würzburg 1994.

Wüllner, Wolfgang: Das Landgebiet der Reichsstadt Nürnberg, Nürnberg 1970.

Wunder, Bernd: Der Schwäbische Kreis, in: Hartmann, Peter-Claus (Hg.): Regionen in der Frühen Neuzeit. Reichskreise im deutschen Raum, Provinzen in Frankreich, Regionen unter polnischer Oberhoheit. Ein Vergleich ihrer Strukturen, Funktionen und ihrer Bedeutung (ZHF, Beihefte 17), Berlin 1994, S. 23–39.

Wunder, Bernd: Der Kaiser, die Reichskreise und der Chausseebau im 18. Jahrhundert, in: ZNR 18 (1996), S. 1–22.

Wunder, Bernd: Die Anfänge des Chausseebaus in Österreich und im Schwäbischen Kreis (1717–1764), in: Andermann/Gallion 2018, S. 231–244.

Wunder, Heide: Die bäuerliche Gemeinde in Deutschland (Kleine Vandenhoeck-Reihe 1483), Göttingen 1986.

Wunder, Heide: Art. ›Bauern‹, in: EdN – Online [2014] [http://dx.doi.org/10.1163/2352-0248_edn_COM_244551].

Wunderli, Peter (Hg.): Reisen in reale und mythische Ferne: Reiseliteratur in Mittelalter und Renaissance (Studia humaniora 22), Düsseldorf 1993.

Würgler, Andreas: Medien in der Frühen Neuzeit (EDG 85), München 2013.

Ylimaunu, Timo u. a.: Street mirrors, surveillance, and urban communities in early modern Finland, in: Journal of Material Culture 19 (2014), S. 145–167.

Zak-Kulseza, Malgorzata/Lubiarz, Magdalena/Kulesza, Piotr: The European cultural heritage of the contemporary sacred landscape in Poland and its evaluation based on the example of roadside shrines and crosses, in: Cogent arts & humanities 9/1 (2022), S. 2–22.

Zeitelhack, Barbara (Hg.): Pfalzgraf Ottheinrich. Politik, Kunst und Wissenschaft im 16. Jahrhundert, Regensburg 2002.

Zeitlhofer, Hermann: Formen der Seßhaftigkeit bei Hausbesitzern und Landlosen in der südböhmischen Pfarre Kaplický 1640–1840, in: Oberpenning, Hannelore/Steidl, Annemarie (Hg.): Kleinräumige Wanderungen in historischer Perspektive (Institut für Migrationsforschung und Interkulturelle Studie, Beiträge 18), Osnabrück 2001, S. 51–67.

Zeitlhofer, Hermann: Besitzwechsel und sozialer Wandel. Lebensläufe und sozioökonomische Entwicklungen im südlichen Böhmerwald, 1640–1840 (Sozial und Wirtschaftshistorische Studien 36), Wien u. a. 2014.

Zenobi, Luca: Mobility and Urban Space in Early Modern Europe: An Introduction, in: Journal of Early Modern History 25 (2021), S. 1–10.

Ziegler, Hans-Peter: Die Dorfordnungen im Gebiet der Reichsstadt Rothenburg. Diss. iur. Universität Würzburg, Rothenburg 1977.

Ziegler, Walter: Studien zum Staatshaushalt Bayerns in der zweiten Hälfte des 15. Jahrhunderts. Die regulären Kammereinkünfte des Herzogtums Niederbayern 1450–1500, München 1981.

Zimmermann, Christian von: Reiseberichte und Romanzen. Kulturgeschichtliche Studien zur Perzeption und Rezeption Spaniens im deutschen Sprachraum des 18. Jahrhunderts (Frühe Neuzeit 38), Tübingen 1997.

Zoepfl, Friedrich: Art. ›Bildstock‹, in: Reallexikon zur Deutschen Kunstgeschichte – Labor [erstmals 1940], URL: http://www.rdklabor.de/wiki/Bildstock (5.4.2023).

Zögner, Lothar: Straßenkarten im Wandel der Zeit (Katalog zur Ausstellung in der Kartenabteilung der Staatsbibliothek Preußischer Kulturbesitz vom 7. bis 30. April 1975), Berlin 1975.

Zucker, Paul: Die Brücke. Typologie und Geschichte ihrer künstlerischen Gestaltung, Berlin 1921.

Zunckel, Julia: Rüstungsgeschäfte im Dreißigjährigen Krieg. Unternehmerkräfte, Militärgüter und Marktstrategien im Handel zwischen Genua, Amsterdam und Hamburg (Schriften zur Wirtschafts- und Sozialgeschichte 49), Berlin 1997.

Zweidler, Reinhard: Der Frankenweg – Via Francigena. Der mittelalterliche Pilgerweg von Canterbury nach Rom, Darmstadt 2003.

Zwierlein, Cornel: Discorso und Lex Dei. Die Entstehung neuer Denkrahmen im 16. Jahrhundert und die Wahrnehmung der französischen Religionskriege in Italien und Deutschland (Schriftenreihe der Historischen Kommission bei der Bayerischen Akademie der Wissenschaften 74), Göttingen 2006.

Zwierlein, Cornel: Sicherheitsgeschichte – ein neues Feld der Geschichtswissenschaften, in: Geschichte & Gesellschaft 38 (2012), S. 365–386.

Zwierlein, Cornel: Sicherheit und Nichtwissen – ein historischer Aufriss, in: Zoche, Peter u. a. (Hg.): Grenzenlose Sicherheit? Gesellschaftliche Dimensionen der Sicherheitsforschung, Berlin 2016, S. 23–47.

Nachschlagewerke und Hilfsmittel[2]

Adelung, Johann Christoph: Grammatisch-kritisches Wörterbuch der hochdeutschen Mundart. 1. Aufl. Leipzig 1774–1786, 5 Bde.; 2. Aufl. Leipzig 1793–1801, 4 Bde., Supplementband 1818, URL: http://www.woerterbuchnetz.de.

Allgemeine Deutsche Biographie, hg. v. d. historischen Commission b. d. Königlichen Akademie d. Wissenschaften, 56 Bde., Leipzig 1875–1912.

Ammoser, Hendrik/Hoppe, Mirko: Glossar Verkehrswesen und Verkehrswissenschaften. Definitionen und Erläuterungen zu Begriffen des Transport- und Nachrichtenwesens (Diskussionsbeiträge aus dem Institut für Wirtschaft und Verkehr, Technische Universität Dresden 2), Dresden 2006, URL: https://tu-dresden.de/bu/verkehr/ivw/ressourcen/dateien/diskuss/2006_2_diskusbtr_iwv.pdf?lang=de (28.6.2023).

Bonacker, Wilhelm: Bibliographie der Straßenkarte, Bonn-Bad Godesberg 1973.

Deutsches Rechtswörterbuch, hg. v. d. Heidelberger Akademie der Wissenschaften, 13 Bde., Weimar 1914–2018, URL: https://drw.hadw-bw.de/drw/info/.

Deutsches Wörterbuch von Jacob und Wilhelm Grimm, 16 Bde. in 32 Teilbänden, Leipzig 1854–1961; Quellenverzeichnis Leipzig 1971, URL: http://dwb.uni-trier.de/de/.

Enzyklopädie der Neuzeit, hg. v. Jaeger, Friedrich im Auftrag des Kulturwissenschaftlichen Instituts (Essen) und in Verbindung mit den Fachherausgebern, 16 Bde., Stuttgart/Weimar 2005–2012; seit 2017 Fortsetzung und Erweiterung Online, URL: https://referenceworks.brillonline.com/browse/enzyklopaedie-der-neuzeit.

Fordham, Herbert George: Les routes de France: étude bibliographique sur les cartes routières et les itinéraires et guides routiers de France, Paris 1929.

Frühneuhochdeutsches Wörterbuch – Online, URL: https://fwb-online.de/.

Handwörterbuch zur deutschen Rechtsgeschichte, hg. v. Erler, Adalbert/Kaufmann, Ekkehard, 5 Bde., Berlin 1971–1998.

Handwörterbuch zur deutschen Rechtsgeschichte, 2. völlig überarb. u. erw. Aufl., hg. v. Cordes, Albrecht u. a., Bd. 1–3, Berlin 2008–2016.

Heydenreuther, Reinhard/Pledl, Wolfgang/Ackermann, Konrad: Vom Abbrändler zum Zentgraf. Wörterbuch zur Landesgeschichte und Heimatforschung in Bayern, 3. Aufl., München 2010.

Höcker, Christoph: Metzler Lexikon antiker Architektur. Sachen und Begriffe, Darmstadt 2004.

Kahnt, Helmut/Knorr, Bernd: Alte Maße, Münzen und Gewichte, Mannheim 1987.

Kluge, Friedrich: Etymologisches Wörterbuch der deutschen Sprache, 21. Aufl., Berlin/New York 1975.

Köhnke, Klaus Christian: Art. ›Verkehr‹, in: Historisches Wörterbuch der Philosophie, Bd. 11, Darmstadt 2001, Sp. 703–705.

---

[2] Die Einzelartikel aus der EdN sind im Literaturverzeichnis wie folgt nachgewiesen: Entweder unter Angabe des Bandes, der Spaltenzahl und des jeweiligen Erscheinungsjahres für die aus der Printausgabe verwendeten Artikel; die online eingesehenen Artikel sind demgegenüber mit dem Zusatz »Online« und einem digitalen Identifikator (DOI) versehen. Bei der EdN Online wird daneben entweder das jeweilige Publikationsjahr des Artikels für neu erschienene Artikel oder aber für die von den Printbänden in die Online-Ausgabe übertragenen Artikel die Jahresangabe »2014« oder »2019« angeführt (für die letzgenannten Artikel haben sich die von der Plattform vorgegebenen pauschalen Nachweise im Laufe der Abfassung dieser Studie geändert). Die vom FWB verwendeten Lemmata werden im Text mit einer URL nachgewiesen, nicht jedoch jene des Wörterbuchs von ADELUNG, des DRW und DWB sowie des gleichfalls online verfügbaren LEXERS aufgrund des zu großen Umfangs der URL. Die im Text nachgewiesenen Artikel aus der ADB und NDB wurden gleichfalls online eingesehen [https://www.deutsche-biographie.de]. Die aus dem Stadtlexikon Nürnberg in 1. Auflage online [https://online-service2.nuernberg.de/stadt-archiv/] und in 2. Auflage in gedruckter Form eingesehenen Artikel erfahren im Text einen entsprechenden Nachweis mit dem Zusatz »1. Aufl.« oder – bei der Einsichtnahme der 2. Auflage – unter Nachweis der Seitenzahl.

Krausen, Edgar: Die handgezeichneten Karten im Bayerischen Hauptstaatsarchiv München und in den Staatsarchiven Amberg und Neuburg a.d. Donau bis 1650 (Bayerische Archivinventare 37), Neustadt a. d. Aisch 1973.

Krünitz, Johann Georg: Oekonomische Encyklopädie oder allgemeines System der Staats- Stadt- Haus- und Landwirthschaft, 242 Bde., Berlin 1773–1858.

Lexer, Matthias: Mittelhochdeutsches Handwörterbuch, 3 Bde., Leipzig 1872–1878, URL: http://www.woerterbuchnetz.de.

Müller, Wilhelm: Schrifttum zur Verkehrsgeschichte Frankens und der angrenzenden Gebiete, Nürnberg 1965.

Neue Deutsche Biographie, hg. v. d. Historischen Kommission b. d. Bayerischen Akademie d. Wissenschaften, Bd. 1–24, Berlin 1953–2010.

Oltmer, Jochen/Schubert, Michael (Hg.): Migration und Integration in Europa seit der Frühen Neuzeit. Eine Bibliographie zur Historischen Migrationsforschung (Institut für Migrationsforschung und Interkulturelle Studien), Osnabrück 2005.

Paravicini, Werner (Hg.): Europäische Reiseberichte des späten Mittelalters. Eine analytische Bibliographie, 3 Bde., Frankfurt a. M. 1994/1999/2000.

Reitzenstein, Wolf-Armin Frhr. v.: Lexikon bayerischer Ortsnamen. Herkunft und Bedeutung, Oberbayern, Niederbayern, Oberpfalz, München 2006.

Schwammberger, Adolf: Fürth von A bis Z. Ein Geschichtslexikon, Fürth 1968.

Siebers, Winfried/Rees, Joachim: Erfahrungsraum Europa. Reisen politischer Funktionsträger des Alten Reichs 1750–1800. Ein kommentiertes Verzeichnis handschriftlicher Quellen (Aufklärung und Europa. Schriftenreihe des Forschungszentrums Europäische Aufklärung e. V. 18), Berlin 2005.

Simon, Achim (1985): Bibliographie zur Verkehrsgeschichte Deutschlands im Mittelalter. Das mittelalterliche Straßen- und Wegenetz, 2. Aufl. Trier 1985.

Stadtlexikon Nürnberg, hg. v. Diefenbacher, Michael/Endres, Rudolf, 1. Aufl. Nürnberg 1999; 2. verb. Aufl. Nürnberg 2000.

Stagl, Justin u. a.: Apodemiken. Eine räsonnierte Bibliographie der reisetheoretischen Literatur des 16., 17. und 18. Jahrhunderts (Quellen und Abhandlungen zur Geschichte der Staatsbeschreibung und Statistik 2), Paderborn u. a. 1983.

Zedler. Grosses vollständiges UNIVERSAL LEXICON Aller Wissenschafften und Künste [...], 65 Bde. u. vier Supplementbände, Halle/Leipzig 1732–1754, URL: https://www.zedler-lexikon.de (3.4.2023).

Anhang

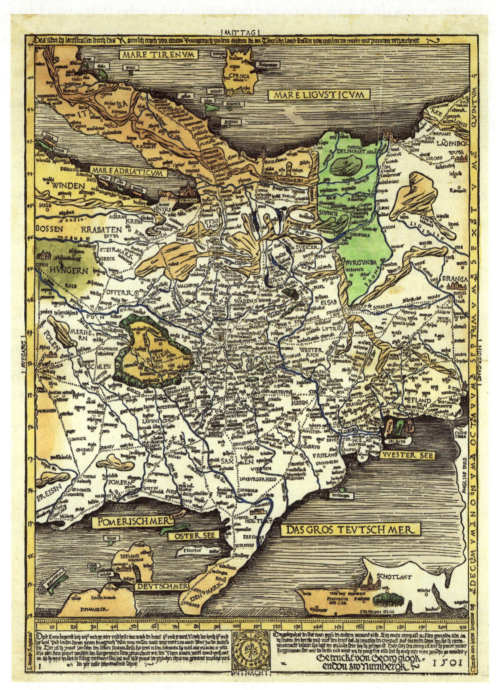

Erhard Etzlaub's Landstraßenkarte, Nürnberg 1501 (Original: 55 × 41 cm) [https://upload.wikimedia.org/wikipedia/commons/2/24/Etzlaub_Landstrassen_1501.jpg].

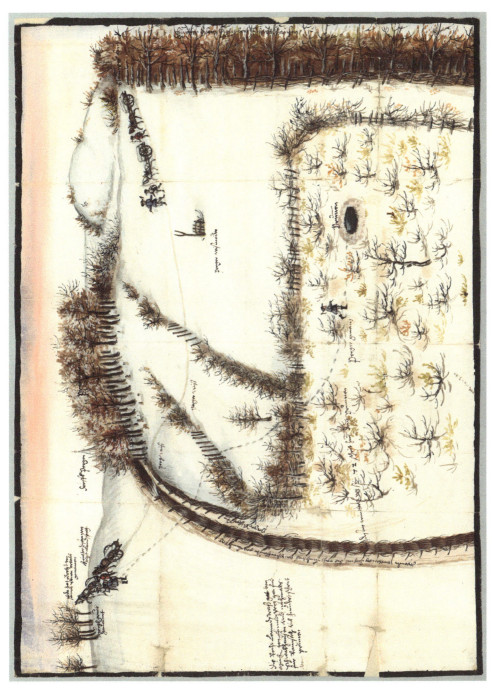

Tödlicher Unfall bei Landsberg unweit einer Landstraße neben einem *Winterweg*, [1563] (Original: 42 × 58 cm) [BayHStA Plansammlung, Nr. 20607].